D1702208

Kosmalla/Dürr · Lohnsteuer

Grüne Reihe Band 4

Lohnsteuer

Von
Professor Dr. Michael Kosmalla und
Dipl.-Finanzwirtin (FH) Christiane Dürr

16. Auflage
2017

Herausgeber:
Deutsche Steuer-Gewerkschaft

efv Erich Fleischer Verlag, Achim

Bibliografische Information Der Deutschen Bibliothek
Die Deutsche Bibliothek verzeichnet diese Publikation in der Deutschen Nationalbibliografie; detaillierte bibliografische Daten sind im Internet über http://dnb.ddb.de abrufbar.

ISBN 978-3-8168-1046-9

© 2017 Erich Fleischer Verlag, Achim

Das Werk einschließlich aller seiner Teile ist urheberrechtlich geschützt. Jede Verwertung außerhalb der engen Grenzen des Urheberrechtsgesetzes ist ohne schriftliche Zustimmung des Verlages unzulässig und strafbar. Das gilt insbesondere für die Vervielfältigung, Übersetzung, Mikroverfilmung und die Einspeicherung und Verarbeitung in elektronischen Systemen.

Gesamtherstellung: Griebsch & Rochol Druck GmbH, Hamm.

Vorwort zur 16. Auflage

Gut sechs Jahre sind seit Erscheinen der 15. Auflage vergangen – bei der Lohnsteuer eine „halbe Ewigkeit". Denn wie kaum ein anderes Rechtsgebiet lebt das Lohnsteuerrecht von seiner Aktualität. So hat sich auch im Vergleich zur Vorauflage vieles verändert. Nur beispielhaft genannt seien die Einführung der elektronischen Lohnsteuerabzugsmerkmale oder die Änderungen beim Reisekostenrecht ab dem Jahr 2014 mit der folgenden, teilweise der Verwaltungsauffassung widersprechenden Rechtsprechung. In der vorliegenden Auflage konnten Gesetzgebung, Rechtsprechung und Verwaltungsanweisungen bis einschließlich 15.07.2017 berücksichtigt werden. Auf wichtige Gesetzesvorhaben, die bereits verkündet, aber noch nicht in Kraft getreten sind, wird an geeigneter Stelle hingewiesen.

Geändert hat sich mit der 16. Auflage auch das Autorenteam: Frau *Christiane Dürr* hat die Kapitel 1 bis 8 und 15 bis 17 bearbeitet, Herr Prof. Dr. *Michael Kosmalla* die Kapitel 9 bis 14. Wir danken unseren Ludwigsburger Kollegen Prof. *Jürgen Kirschbaum* und Prof. Dr. *Markus Beckers*, die für die Vorauflagen bzw. die Vorauflage verantwortlich zeichneten, für das Vertrauen, die „Grüne Reihe" Lohnsteuer fortsetzen zu dürfen.

Obwohl nur eine besondere Erhebungsform der Einkommensteuer, hat es sich als richtig erwiesen, das Lohnsteuerrecht in einem eigenen Lehrbuch darzustellen. Denn mehr als die Hälfte der in der Bundesrepublik Deutschland Ansässigen sind Arbeitnehmer und daher von der Lohnsteuer „betroffen". Hinzu kommt das fiskalische Gewicht dieser Steuer: Im Jahr 2016 war sie mit rund 185 Mrd. Euro eine der aufkommensstärksten Steuern in der Bundesrepublik Deutschland.

Was sich nicht geändert hat, ist der Anspruch des Buches, im Studium, in der Ausbildung oder im Berufsalltag eine Hilfe beim Umgang mit dem Lohnsteuerrecht zu sein. Daher sind wir über Anregungen und Kritik aus dem Kreis der Leserinnen und Leser dankbar.

Ludwigsburg, im September 2017   *Michael Kosmalla*   *Christiane Dürr*

Vorwort

Rechtsgrundlagen:	
EStG	i. d. F. vom 08.10.2009 (BGBl 2009 I S. 3366), zuletzt geändert durch Art. 9 des Betriebsrentenstärkungsgesetzes vom 17.08.2017 (BGBl 2017 I S. 3214)
EStDV 2000	i. d. F. vom 10.05.2000 (BGBl 2000 I S. 717, zuletzt geändert durch Art. 4 des Gesetzes zum Ausschluss verfassungsfeindlicher Parteien von der Parteienfinanzierung vom 18.07.2017 (BGBl 2017 I S. 2730)
EStR 2012	i. d. F. vom 23.03.2013 (BStBl 2013 I S. 276) mit den Einkommensteuer-Hinweisen 2016
LStDV 1990	i. d. F. vom 10.10.1989 (BGBl 1989 I S. 1848), zuletzt geändert durch Art. 10 des Betriebsrentenstärkungsgesetzes vom 17.08.2017 (BGBl 2017 I S. 3214)
LStR 2015	i. d. F. vom 22.10.2014 (BStBl 2014 I S. 1344) mit den Lohnsteuer-Hinweisen 2017
5. VermBG	i. d. F. vom 04.03.1994 (BGBl 1994 I S. 406), zuletzt geändert durch Art. 8 des Gesetzes zur Modernisierung des Besteuerungsverfahrens vom 18.07.2016 (BGBl 2016 I S. 1679)
SolzG 1995	i. d. F. vom 15.10.2002 (BGBl 2002 I S. 4130), zuletzt geändert durch Art. 11 des Gesetzes zur Umsetzung der Änderungen der EU-Amtshilferichtlinie und von weiteren Maßnahmen gegen Gewinnkürzungen und -verlagerungen vom 20.12.2016 (BGBl 2016 I S. 3000)

Inhaltsübersicht

		Seite
1	Einleitung	23
1.1	Verhältnis der Lohnsteuer zur Einkommensteuer	23
1.2	Entwicklung des Lohnsteuerrechts	23
1.3	Steuerreformen	24
1.4	Rechtsgrundlagen	25
1.5	Gläubiger der Lohnsteuer	26

Erster Teil: Das Lohnsteuerabzugsverfahren

2	Elektronische Lohnsteuerabzugsmerkmale	29
2.1	Allgemeines und Begriffe	29
2.2	Grundsatz der Maßgeblichkeit	32
2.3	Rechtsnatur der elektronischen Lohnsteuerabzugsmerkmale	32
2.4	Bildung und Inhalt der ELStAM	34
2.4.1	ELStAM-Verfahren	34
2.4.2	Lohnsteuerabzugsmerkmale	34
2.4.3	Bildung und Änderung der (elektronischen) Lohnsteuerabzugsmerkmale	34
2.4.4	Zuständigkeit	35
2.4.5	Steuerklassenbildung bei Ehegatten/Lebenspartnern	35
2.4.6	Berücksichtigung von Kindern	38
2.5	Die elektronischen Lohnsteuerabzugsmerkmale im Einzelnen	39
2.5.1	Allgemeines	39
2.5.2	Steuerklassen	40
2.5.2.1	Allgemeines	40
2.5.2.2	Steuerklasse I	40
2.5.2.3	Steuerklasse II	40
2.5.2.4	Steuerklasse III	41
2.5.2.5	Steuerklasse IV	45
2.5.2.6	Steuerklasse V	45
2.5.2.7	Steuerklasse IV mit Faktor	47
2.5.2.8	Steuerklasse VI	50
2.5.2.9	Berücksichtigung einer ungünstigeren Steuerklasse	51

Inhaltsübersicht

	2.5.3	Berücksichtigung von Kinderfreibeträgen	51
	2.5.3.1	Auswirkung der Berücksichtigung von Kinderfreibeträgen als Lohnsteuerabzugsmerkmal	51
	2.5.3.2	Besonderheiten für das Lohnsteuer-Ermäßigungsverfahren	53
	2.5.3.3	Zahl der Kinderfreibeträge als Lohnsteuerabzugsmerkmal	54
	2.5.3.4	Änderung der Anzahl von Kinderfreibeträgen aufgrund geänderter Verhältnisse	54
	2.5.3.5	Haushaltsgemeinschaft mit einem Kind bei Steuerklasse II	55
	2.5.4	Pauschbeträge für Behinderte und Hinterbliebene	58
2.6	Zugehörigkeit zu Religionsgemeinschaften		59
3	**Stufenloser Formeltarif und Lohnsteuertabellen**		61
3.1	Der Einkommensteuertarif		61
3.2	Die Lohnsteuertabellen		63
	3.2.1	Allgemeines	63
	3.2.2	Jahreslohnsteuertabelle, Monats-, Wochen- und Tagestabellen ...	65
	3.2.2.1	Allgemeines	65
	3.2.2.2	Allgemeine und Besondere Lohnsteuertabelle	66
	3.2.2.3	Lohnsteuertabellen bei Eheleuten/Lebenspartnern	67
	3.2.2.4	Der Aufholtarif	67
	3.2.2.5	Tabellenfreibeträge	69
	3.2.3	Maschinelle Lohnsteuerermittlung anhand der Tarifformel	81
	3.2.4	Lohnzahlungszeitraum	82
4	**Pflichten und Rechte der Arbeitnehmer**		85
4.1	Pflichten der Arbeitnehmer		85
	4.1.1	Gegenüber dem Arbeitgeber	85
	4.1.2	Gegenüber der Finanzverwaltung	86
	4.1.3	Auskunftspflichten bei einer Außenprüfung oder Lohnsteuer-Nachschau	88
4.2	Rechte der Arbeitnehmer		88
	4.2.1	Im Rahmen des Abrufs der elektronischen Lohnsteuerabzugsmerkmale	88
	4.2.1.1	Abrufsperren und Abrufberechtigungen	88
	4.2.1.1.1	Positivliste	89
	4.2.1.1.2	Negativliste	89
	4.2.1.1.3	Vollsperrung	89
	4.2.1.2	Auskunft über die eigenen ELStAM	90

	4.2.2	Änderung/Ermittlung von Lohnsteuerabzugsmerkmalen	90
	4.2.2.1	Nachträgliche Änderungen von Lohnsteuerabzugsmerkmalen	91
	4.2.2.2	Steuerklassenwechsel	93
	4.2.2.3	Ermittlung eines Freibetrags	96
	4.2.2.4	Verfahren bei der Ermittlung von Freibeträgen	107
	4.2.2.5	Antrag auf ungünstigere Lohnsteuerabzugsmerkmale	108
	4.2.2.6	Bescheiderteilung	109
	4.2.3	Anrufungsauskunft	110
	4.2.3.1	Anfrage	110
	4.2.3.2	Betriebsstätte	111

5 Pflichten und Rechte des Arbeitgebers ... 113

5.1	Pflichten des Arbeitgebers		113
	5.1.1	Elektronische/s Verfahren, Lohnsteuerabzugsmerkmale und Lohnsteuerbescheinigung	113
	5.1.1.1	Anmeldung durch den Arbeitgeber bzw. einen Dritten	113
	5.1.1.2	Mitteilung der Steuernummer an den Arbeitnehmer	114
	5.1.1.3	Abruf der elektronischen Lohnsteuerabzugsmerkmale	114
	5.1.1.4	Laufendes Abrufverfahren	115
	5.1.1.5	Gültigkeit der elektronischen Lohnsteuerabzugsmerkmale, Beendigung des Dienstverhältnisses	116
	5.1.1.6	Lohnsteuereinbehalt bei Bezahlung von verschiedenartigen Bezügen	117
	5.1.1.7	Lohnzahlungen nach Beendigung des Dienstverhältnisses	118
	5.1.1.8	Elektronische Lohnsteuerbescheinigung	118
	5.1.1.9	Ausnahme vom Abrufverfahren	120
	5.1.1.9.1	Allgemeines	120
	5.1.1.9.2	Antragstellung	120
	5.1.1.9.3	Verfahren/Bescheinigung der Lohnsteuerabzugsmerkmale	121
	5.1.1.9.4	Pflichten des Arbeitgebers	121
	5.1.2	Lohnsteuerabzugspflichtige Personen	122
	5.1.2.1	Arbeitgeber	122
	5.1.2.2	Lohnsteuerabzugspflicht eines Dritten	123
	5.1.2.3	Lohnsteuerabzugspflicht des Arbeitgebers für Arbeitslohnzahlung durch Dritte	126
	5.1.3	Durchführung des Lohnsteuerabzugs ohne ELStAM	128
	5.1.3.1	Fehlende Lohnsteuerabzugsmerkmale	128
	5.1.3.2	Unbeschränkt einkommensteuerpflichtige Arbeitnehmer ohne steuerliche Identifikationsnummer	129

Inhaltsübersicht

5.1.3.3	Im Inland nicht meldepflichtige Arbeitnehmer	130
5.1.3.3.1	Beschränkt steuerpflichtige Arbeitnehmer	131
5.1.3.3.2	Erweiterte unbeschränkte Lohnsteuerpflicht (§ 1 Abs. 2 EStG)	134
5.1.3.3.3	Unbeschränkte Lohnsteuerpflicht auf Antrag (§ 1 Abs. 3 EStG)	134
5.1.4	Lohnkonto	135
5.1.5	Sammellohnkonto	138
5.1.6	Ermittlung der Lohnsteuer	138
5.1.6.1	Bei laufendem Arbeitslohn (R 39b.5 LStR)	139
5.1.6.2	Bei laufenden Nettolöhnen (R 39b.9 LStR)	142
5.1.6.3	Bei sonstigen Bezügen	143
5.1.6.4	Bei sonstigen Bezügen für mehrere Jahre	147
5.1.6.5	Entschädigungen i. S. von § 34 Abs. 1 und 2 Nr. 2 EStG als sonstige Bezüge	148
5.1.6.6	Bei sonstigen Nettobezügen	148
5.1.6.7	Bei Pauschalierung der Lohnsteuer – Überblick	150
5.1.6.8	Bei sonstigen Bezügen nach besonders zu ermittelnden Pauschsteuersätzen	152
5.1.6.9	Bei sonstigen Bezügen nach festen Pauschsteuersätzen	157
5.1.6.10	Pauschalierung der Lohnsteuer für Teilzeitbeschäftigte und geringfügig Beschäftigte	164
5.1.6.10.1	Geringfügig entlohnte Beschäftigung und pauschaler Beitrag des Arbeitgebers zur Rentenversicherung (§ 40a Abs. 2 EStG)	166
5.1.6.10.2	Geringfügig entlohnte Beschäftigung ohne pauschalen Beitrag des Arbeitgebers zur Rentenversicherung (§ 40a Abs. 2a EStG)	176
5.1.6.10.3	Kurzfristige Beschäftigung (§ 40a Abs. 1 EStG)	180
5.1.6.10.4	Aushilfskräfte in der Land- und Forstwirtschaft (§ 40a Abs. 3 EStG)	181
5.1.6.10.5	Zusatzvoraussetzungen nach § 40a Abs. 4 EStG	182
5.1.6.10.6	Pauschalierung der Kirchensteuer	185
5.1.6.11	Pauschalierung für bestimmte Zukunftssicherungsleistungen	186
5.1.6.12	Pauschalbesteuerung von Sachzuwendungen nach § 37b EStG	197
5.1.7	Einbehaltung der Lohnsteuer	200
5.1.8	Anmeldung und Abführung der Lohnsteuer und Lohnsteuer-Anmeldungszeitraum	201
5.1.9	Erlass, Stundung und Aussetzung von Lohnsteuer	205
5.1.10	Lohnsteuerbescheinigung	205
5.1.11	Nachforderung und Haftung	207
5.1.11.1	Nachforderung von Lohnsteuer	209
5.1.11.2	Nachforderung der Lohnsteuer vom Arbeitgeber nach Pauschsteuersätzen (§ 40 Abs. 1 Nr. 2 EStG)	210

	5.1.11.3	Nachforderung der Lohnsteuer vom Arbeitgeber, ohne dass dieser eine Pauschalierung beantragt	210
	5.1.11.4	Einschränkung der Haftung	212
	5.1.11.5	Haftung anderer Personen (R 42d.1 Abs. 2 LStR)	215
	5.1.11.6	Haftung, falls ein Dritter die Pflichten des Arbeitgebers trägt (§ 38 Abs. 3a EStG)	215
	5.1.11.7	Gesamtschuldnerschaft	216
	5.1.11.8	Gesamtschuldnerschaft von Arbeitnehmern und Dritten	219
	5.1.11.8.1	Allgemeines	219
	5.1.11.8.2	Haftung bei Arbeitnehmerüberlassung	220
	5.1.11.9	Nachforderungs- und Haftungsbescheid	221
	5.1.11.10	Einwendungen gegen die Inanspruchnahme	224
	5.1.12	Der Rückgriff	226
	5.1.13	Erstattung von Lohnsteuer	227
	5.1.14	Gesetzeskonkurrenz zwischen § 46 Abs. 2 Nr. 8 EStG und § 37 Abs. 2 AO	229
5.2		Rechte des Arbeitgebers	230
	5.2.1	Zu viel bzw. zu wenig einbehaltene Lohnsteuer	230
	5.2.2	Pauschalierung der Lohnsteuer	231
	5.2.3	Anrufungsauskunft	231
	5.2.4	Übertragung der Arbeitgeberpflichten auf einen Dritten	232
6		**Möglichkeiten des Finanzamts zur Überprüfung der einbehaltenen Lohnsteuer durch den Außendienst**	**233**
6.1		Die Lohnsteuer-Außenprüfung	233
6.2		Die Lohnsteuer-Nachschau	235
	6.2.1	Allgemeines	235
	6.2.2	Zweck der Lohnsteuer-Nachschau	235
	6.2.3	Durchführung der Lohnsteuer-Nachschau	236
	6.2.4	Mitwirkungspflicht	237
	6.2.5	Recht auf Datenzugriff	237
	6.2.6	Übergang zu einer Lohnsteuer-Außenprüfung	238
	6.2.7	Auswertungsmöglichkeiten	238
	6.2.8	Rechtsfolgen	239
	6.2.9	Zwangsmittel	239
	6.2.10	Rechtsbehelf	239

Inhaltsübersicht

7	**Der Lohnsteuer-Jahresausgleich durch den Arbeitgeber**		241
7.1	Allgemeines		241
7.2	Materielles Recht		241
7.3	Das Verfahren des Lohnsteuer-Jahresausgleichs durch den Arbeitgeber		243
	7.3.1	Maßgebender Steuertarif	243
	7.3.2	Ausgleichsberechtigte	243
	7.3.3	Ausgleichsverpflichtete	243
	7.3.4	Konkurrenzverhältnis	244
	7.3.5	Antragsverfahren	244
	7.3.6	Fristen	244
	7.3.7	Berechtigung des Arbeitgebers	244
	7.3.8	Ermittlung der Jahreslohnsteuer	246
	7.3.9	Durchführung des Lohnsteuer-Jahresausgleichs	248
	7.3.10	Der permanente Lohnsteuer-Jahresausgleich	249
	7.3.11	Pauschale Kirchensteuer	252
	7.3.12	Besonderheiten der Kirchensteuer bei Ehegatten/Lebenspartnern – Halbteilungsgrundsatz bei Konfessionsverschiedenheit	252
8	**Solidaritätszuschlag beim Lohnsteuerabzug**		253
8.1	Allgemeines (siehe auch Tz. 16.3)		253
8.2	Solidaritätszuschlag im Lohnsteuerabzugsverfahren		253
8.3	Solidaritätszuschlag beim permanenten Jahresausgleich durch den Arbeitgeber		254
8.4	Aufzeichnung, Anmeldung und Bescheinigung des Solidaritätszuschlags durch den Arbeitgeber		254

Zweiter Teil: Ermittlung der Einkünfte aus nichtselbständiger Arbeit

9	**Vorbemerkungen, Begriff der nichtselbständigen Arbeit**		255
10	**Dienstverhältnis**		257
10.1	Abgrenzung zur Selbständigkeit		257
10.2	Eigenständiger steuerlicher Begriff des Dienstverhältnisses		258
10.3	Typusbegriff		259
10.4	Einzelmerkmale des Dienstverhältnisses		260
	10.4.1	Schulden der Arbeitskraft	260
	10.4.2	Weisungsgebundenheit und Eingliederung	262
	10.4.2.1	Weisungsgebundenheit	262
	10.4.2.2	Eingliederung	263

Inhaltsübersicht

	10.4.3	Kein Geschäftsrisiko	265
	10.4.4	Entscheidung in Zweifelsfällen nach dem Gesamtbild	267
	10.4.5	Heimarbeiter und Hausgewerbetreibende	269
	10.4.6	Weitere Einzelfälle aus Rechtsprechung und Verwaltungspraxis	271
10.5	Mehrfachtätigkeit		273
	10.5.1	Grundsatz der getrennten Beurteilung	273
	10.5.2	Hilfstätigkeit	274
	10.5.3	Nebentätigkeit für denselben Arbeitgeber	275
	10.5.3.1	Allgemeines	275
	10.5.3.2	Nebenberufliche Lehr- und Prüfungstätigkeit	276
	10.5.3.2.1	Lehr- und Prüfungstätigkeit von nichtselbständig Tätigen	277
	10.5.3.2.2	Lehr- und Prüfungstätigkeit bei selbständiger Haupttätigkeit	280
10.6	Ehrenämter		280
10.7	Gefälligkeiten		281
10.8	Abgrenzung der Einkünfte aus nichtselbständiger Arbeit von den übrigen Überschusseinkünften		282
	10.8.1	Einkünfte aus Kapitalvermögen (§ 20 EStG)	282
	10.8.2	Einkünfte aus Vermietung und Verpachtung (§§ 21 und 22 Nr. 3 EStG)	282
	10.8.3	Sonstige Einkünfte (§ 22 EStG)	283
	10.8.3.1	Private Veräußerungsgeschäfte (§ 22 Nr. 2 i. V. m. § 23 EStG)	283
	10.8.3.2	Einkünfte aus Leistungen (§ 22 Nr. 3 EStG)	283
	10.8.3.3	Abgeordnetenbezüge (§ 22 Nr. 4 EStG)	284
10.9	Dienstverhältnisse zwischen nahestehenden Personen		284
	10.9.1	Allgemeines	284
	10.9.2	Form und Zustandekommen des Arbeitsvertrags	286
	10.9.3	Inhalt des Arbeitsvertrags	286
	10.9.4	Ernsthaftigkeit	286
	10.9.5	Tatsächliche Durchführung	287
11	**Arbeitnehmer**		290
11.1	Allgemeines		290
11.2	Rechtsnachfolger des Arbeitnehmers		290
11.3	Unbeschränkte und beschränkte Lohnsteuerpflicht		291
	11.3.1	Sachliche Abgrenzung	291
	11.3.2	Unbeschränkte Lohnsteuerpflicht	292
	11.3.2.1	Inland	292

Inhaltsübersicht

	11.3.2.2	Wohnsitz	292
	11.3.2.3	Gewöhnlicher Aufenthalt	293
	11.3.3	Erweiterte unbeschränkte Lohnsteuerpflicht	294
	11.3.4	Unbeschränkte Steuerpflicht auf Antrag	295
	11.3.5	Fiktive unbeschränkte Steuerpflicht	296
	11.3.6	Beschränkte Lohnsteuerpflicht	298
	11.3.6.1	Ausübung nichtselbständiger Arbeit im Inland (§ 49 Abs. 1 Nr. 4 Buchst. a 1. Alt. EStG)	298
	11.3.6.2	Verwertung der Arbeit im Inland (§ 49 Abs. 1 Nr. 4 Buchst. a 2. Alt. EStG)	299
	11.3.6.3	Arbeitslohn aus inländischen öffentlichen Kassen (§ 49 Abs. 1 Nr. 4 Buchst. b EStG)	300
	11.3.6.4	Tätigkeit als Geschäftsführer, Prokurist oder Vorstandsmitglied (§ 49 Abs. 1 Nr. 4 Buchst. c EStG)	301
	11.3.7	Zusammentreffen von unbeschränkter und beschränkter Lohnsteuerpflicht	301
	11.3.8	Besonderer Steuerabzug bei beschränkter Einkommensteuerpflicht	302
12	**Arbeitgeber**		303
12.1	Allgemeines		303
12.2	Die Arbeitnehmerüberlassung		304
13	**Arbeitslohn**		305
13.1	Begriff des Arbeitslohns		305
	13.1.1	Definition des Gesetzes	305
	13.1.2	Abgrenzung des Arbeitslohns gegenüber den nicht steuerbaren Zuwendungen	310
	13.1.2.1	Aufmerksamkeiten	313
	13.1.2.2	Betriebsveranstaltungen	313
	13.1.2.3	Fort- und Weiterbildungsleistungen	317
	13.1.2.4	Einzelfälle von Aufmerksamkeiten	319
	13.1.3	Zufluss des Arbeitslohns	323
	13.1.3.1	Zufluss als Besteuerungszeitpunkt – Begriffsbestimmung	323
	13.1.3.2	Gutschrift von Arbeitslohn	325
	13.1.3.3	Vorschüsse	327
	13.1.3.4	Zahlung an Dritte	327
	13.1.3.5	Zahlung durch Dritte	328
	13.1.3.6	Laufende und einmalige Bezüge	331

13.2	Arten des Arbeitslohns		331
	13.2.1	Gehälter, Löhne	331
	13.2.2	Gratifikationen	332
	13.2.3	Tantiemen	332
	13.2.4	Provisionen	332
	13.2.5	Ergebnislöhne	333
	13.2.6	Sachbezüge	334
	13.2.6.1	Begriff der Sachbezüge	334
	13.2.6.2	Bewertung der Sachbezüge	335
	13.2.6.2.1	Bewertungsmaßstab	335
	13.2.6.2.2	Einzelbewertung	337
	13.2.6.2.3	Freigrenze	338
	13.2.6.2.4	Sozialversicherungsentgeltverordnung	340
	13.2.6.2.5	Sonstige Durchschnittswerte	341
	13.2.6.3	Wichtige Einzelfälle von Sachbezügen	342
	13.2.6.3.1	Belegschaftsrabatte	342
	13.2.6.3.2	Kraftfahrzeuggestellung	346
	13.2.6.3.3	Mahlzeitengewährung	352
	13.2.6.3.4	Wohnung	354
	13.2.6.3.5	Zinsvorteile	356
	13.2.6.3.5.1	Bewertung nach § 8 Abs. 2 EStG	357
	13.2.6.3.5.2	Bewertung nach § 8 Abs. 3 EStG	358
	13.2.6.3.6	Darlehensgewährung im Übrigen	359
	13.2.7	Forderungsverzicht des Arbeitgebers	359
	13.2.8	Einnahmen aus früherem Dienstverhältnis	360
	13.2.8.1	Wartegelder und Ruhegelder	360
	13.2.8.2	Witwen- und Waisengelder	361
	13.2.9	Entschädigung für entgangenen Arbeitslohn (§ 24 Nr. 1 EStG, § 2 Abs. 2 Nr. 4 LStDV)	361
	13.2.10	Beiträge des Arbeitgebers zugunsten der Alterssicherung (§ 19 Abs. 1 Satz 1 Nr. 3 EStG)	367
13.3	Steuerlich begünstigter Arbeitslohn		368
	13.3.1	Jubiläumsgeschenke	368
	13.3.2	Zukunftssicherung der Arbeitnehmer (§ 2 Abs. 2 Nr. 3 LStDV)	368
	13.3.2.1	Allgemeines	368
	13.3.2.1.1	Begriff	368
	13.3.2.1.2	Einzelne Merkmale	369

Inhaltsübersicht

	13.3.2.2	Arten der Zukunftssicherung	370
	13.3.2.2.1	Allgemeines	370
	13.3.2.2.2	Innerbetriebliche Maßnahmen	371
	13.3.2.2.3	Direktversicherung	371
	13.3.2.2.4	Selbständige Versorgungseinrichtungen	373
	13.3.2.3	Lohnsteuerliche Behandlung der Aufwendungen des Arbeitgebers	373
	13.3.2.3.1	Allgemeines	373
	13.3.2.3.2	Ausgaben aufgrund gesetzlicher Verpflichtung	375
	13.3.2.3.3	Den gesetzlichen Pflichtbeiträgen gleichgestellte Zuschüsse	378
	13.3.2.3.4	Beiträge an Direktversicherungen	378
	13.3.2.3.5	Beiträge für eine Unfallversicherung	384
	13.3.2.3.6	Leistungen an Pensions- und Unterstützungskassen und an Pensionsfonds	384
	13.3.3	Vergütungen für eine mehrjährige Tätigkeit (§ 34 Abs. 2 Nr. 4 i. V. m. § 34 Abs. 1 EStG)	386
	13.3.4	Versorgungsbezüge	388
	13.3.4.1	Rechtslage bis 31.12.2004	389
	13.3.4.2	Rechtslage ab 01.01.2005	391
	13.3.5	Altersentlastungsbetrag	393
	13.3.5.1	Rechtslage bis 31.12.2004	393
	13.3.5.2	Rechtslage ab 01.01.2005	395
13.4	Steuerfreie Einnahmen		396
	13.4.1	Aufwandsentschädigungen	396
	13.4.1.1	Allgemeines	396
	13.4.1.2	Aufwandsentschädigungen aus öffentlichen Kassen (§ 3 Nr. 12 EStG)	397
	13.4.1.2.1	Aufwandsentschädigungen aus einer Bundes- oder Landeskasse	397
	13.4.1.2.2	Aufwandsentschädigungen aus öffentlichen Kassen für öffentliche Dienste	398
	13.4.1.2.2.1	Öffentliche Kassen	398
	13.4.1.2.2.2	Öffentlicher Dienst	399
	13.4.1.2.2.3	Aufwand	400
	13.4.1.2.2.4	Nachprüfungsrecht des Finanzamts	401
	13.4.1.2.2.5	Aufwandsentschädigung und Werbungskostenabzug	403
	13.4.1.3	Aufwandsentschädigungen seitens privater Arbeitgeber	404
	13.4.1.4	Steuerfreie Einnahmen aus bestimmten nebenberuflichen Tätigkeiten im Dienst oder Auftrag öffentlicher oder gemeinnütziger Einrichtungen (§ 3 Nr. 26 EStG)	404
	13.4.1.4.1	Allgemeines	404

13.4.1.4.2	Förderung gemeinnütziger, mildtätiger und kirchlicher Zwecke	405
13.4.1.4.3	Tätigkeiten im Dienst oder Auftrag bestimmter Körperschaften und Einrichtungen	406
13.4.1.4.4	Übungsleiter, Ausbilder, Erzieher, Betreuer und vergleichbare Tätigkeiten	407
13.4.1.4.5	Künstlerische Tätigkeit	408
13.4.1.4.6	Pflegetätigkeit	409
13.4.1.4.7	Nebenberufliche Tätigkeiten i. S. des § 3 Nr. 26 EStG (Übungsleiterpauschale)	409
13.4.1.4.8	Steuerfreibetrag	411
13.4.1.4.9	Werbungskosten	413
13.4.1.5	Steuerfreiheit wegen ehrenamtlicher Tätigkeit i. S. des § 3 Nr. 26a EStG (Ehrenamtspauschale)	414
13.4.1.5.1	Steuerbefreite Tätigkeiten	414
13.4.1.5.2	Nebenberufliche Ausübung der Tätigkeit	414
13.4.1.5.3	Berücksichtigungsfähiger Auftraggeber	415
13.4.1.5.4	Betragsmäßige Begrenzung der Höhe der Steuerfreiheit	415
13.4.1.5.5	Konkurrenzverhältnis zu anderen Steuerbefreiungsvorschriften	416
13.4.1.5.6	Werbungskosten- bzw. Betriebsausgabenabzug	416
13.4.2	Reisekosten- und Fahrtauslagenersatz	416
13.4.2.1	Allgemeines	416
13.4.2.2	Reisekosten	417
13.4.2.3	Auswärtstätigkeit	417
13.4.2.3.1	Gesetzliche Neuregelung	417
13.4.2.3.2	Erste Tätigkeitstätte	418
13.4.2.3.2.1	Ortsfeste betriebliche Einrichtung	418
13.4.2.3.2.2	Dauerhafte Zuordnung durch den Arbeitgeber	419
13.4.2.3.2.3	Fehlen einer dauerhaften Zuordnung durch den Arbeitgeber	420
13.4.2.3.2.4	Mehrere Tätigkeitsstätten	421
13.4.2.3.2.5	Bildungseinrichtung als erste Tätigkeitsstätte	421
13.4.2.4	Ersatz der Reisekosten durch den Arbeitgeber	422
13.4.2.4.1	Allgemeines	422
13.4.2.4.2	Fahrtauslagen	423
13.4.2.4.3	Kosten einer Unterkunft/Übernachtungskosten	426
13.4.2.4.3.1	Abzugsfähige Kosten	426
13.4.2.4.3.2	Längerfristige Auswärtstätigkeit	428
13.4.2.4.3.3	Erstattung der Kosten durch den Arbeitgeber	429
13.4.2.4.4	Mehraufwendungen für Verpflegung	430
13.4.2.4.4.1	Allgemeines	430

Inhaltsübersicht

13.4.2.4.4.2	Auswärtstätigkeit im Inland	431
13.4.2.4.4.3	Auswärtstätigkeit im Ausland	433
13.4.2.4.4.4	Dreimonatsfrist	435
13.4.2.4.4.5	Kürzung der Verpflegungspauschalen	435
13.4.2.4.4.6	Erstattung höherer Beträge durch den Arbeitgeber	436
13.4.2.4.4.7	Erstattung niedriger Beträge durch den Arbeitgeber	437
13.4.2.4.5	Reisenebenkosten	437
13.4.2.4.6	Reisekostenvergütungen aus öffentlichen Kassen	438
13.4.2.4.7	Auslösungen	440
13.4.2.4.7.1	Allgemeines	440
13.4.2.4.7.2	Auslösungen bei Auswärtstätigkeiten	440
13.4.2.4.7.3	Auslösungen bei doppelter Haushaltsführung	441
13.4.2.4.7.3.1	Eigener Hausstand	442
13.4.2.4.7.3.2	Wohnen am Ort der ersten Tätigkeitsstätte	446
13.4.2.4.7.3.3	Berufliche Veranlassung	447
13.4.2.4.7.3.4	Beibehaltung der doppelten Haushaltsführung	449
13.4.2.4.7.3.5	Kostenerstattung durch den Arbeitgeber	450
13.4.2.4.7.4	Auslösungen bei zeitlich beschränkter doppelter Haushaltsführung für Arbeitnehmer ohne eigenen Hausstand	454
13.4.3	Kaufkraftausgleich (§ 3 Nr. 64 EStG)	455
13.4.4	Umzugskostenvergütung	457
13.4.4.1	Umzugskostenvergütung aus öffentlichen Kassen	457
13.4.4.2	Umzugskostenvergütung durch private Arbeitgeber	458
13.4.5	Durchlaufende Gelder und Auslagenersatz	460
13.4.6	Überlassung typischer Berufskleidung	463
13.4.7	Werkzeuggelder	465
13.4.8	Sammelbeförderung von Arbeitnehmern und Fahrtkostenzuschüsse	466
13.4.8.1	Sammelbeförderung	466
13.4.8.2	Fahrtkostenzuschüsse	467
13.4.9	Private Nutzung von betrieblichen Personalcomputern und Telekommunikationsgeräten	467
13.4.10	Heirats-, Geburts- und sonstige Beihilfen sowie Zuwendungen zur Kinderbetreuung	468
13.4.10.1	Heirats- und Geburtsbeihilfen	468
13.4.10.2	Sonstige Beihilfen	468
13.4.10.2.1	Beihilfen aus öffentlichen Kassen	468
13.4.10.2.2	Beihilfen von privaten Arbeitgebern	469
13.4.10.3	Zuwendungen zur Kinderbetreuung	470

13.4.11	Zuschläge für Sonntags-, Feiertags- oder Nachtarbeit	472
13.4.11.1	Allgemeines	472
13.4.11.2	Zahlung von Zuschlägen	473
13.4.11.3	Grundlohn	475
13.4.11.4	Definition der Begriffe Sonntags-, Feiertags- und Nachtarbeit	477
13.4.11.5	Nachweis der tatsächlich geleisteten Sonntags-, Feiertags- oder Nachtarbeit	478
13.4.11.6	Höhe der steuerfreien Zuschläge	479
13.4.11.7	Zusammentreffen mit Mehrarbeitszuschlägen	480
13.4.12	Sonstige steuerfreie Einnahmen	481
13.4.12.1	Leistungen aus öffentlichen Mitteln	481
13.4.12.2	Steuerbefreiung aufgrund internationaler Abkommen	482
13.4.12.3	Steuerfreiheit von Einnahmen für Pflegeleistungen	483
13.4.12.4	Leistungen nach dem Altersteilzeitgesetz	484
13.4.12.5	Beiträge zur betrieblichen Altersversorgung	486
14	**Werbungskosten**	**488**
14.1	Begriff der Werbungskosten	488
14.1.1	Allgemeines	488
14.1.2	Die einzelnen Merkmale des Werbungskostenbegriffs	489
14.1.2.1	Aufwendungen	489
14.1.2.2	Zusammenhang der Aufwendungen mit dem Arbeitslohn	492
14.1.3	Abgrenzung der Werbungskosten von den Kosten der Lebensführung	494
14.1.3.1	Rechtslage vor der Entscheidung des Großen Senats des BFH zum allgemeinen Aufteilungs- und Abzugsverbot	495
14.1.3.2	Die Entscheidung des Großen Senats des BFH vom 21.09.2009: Abkehr vom allgemeinen Aufteilungs- und Abzugsverbot	495
14.1.3.2.1	Nichtabziehbare Aufwendungen der Lebensführung	496
14.1.3.2.2	Ausschließlich beruflich veranlasste Aufwendungen	497
14.1.3.2.3	Gemischte Aufwendungen	497
14.1.3.3	Schuldhaft verursachte Aufwendungen	499
14.1.4	Abgrenzung der Werbungskosten von den Sonderausgaben	500
14.1.5	Werbungskosten und Ersatz der Aufwendungen durch den Arbeitgeber	501
14.2	Pauschbeträge für Werbungskosten	501
14.2.1	Der Arbeitnehmer-Pauschbetrag	501
14.2.1.1	Allgemeines	501

14.2.1.2	Pauschbetrag bei mehreren Dienstverhältnissen	502
14.2.1.3	Pauschbetrag bei Ehegatten	502
14.2.2	Pauschalierte Werbungskosten	502
14.3	Einzelne Arten von Werbungskosten	502
14.3.1	Kraftfahrzeugkosten	502
14.3.1.1	Allgemeines	502
14.3.1.2	Aufwendungen für Fahrten zwischen Wohnung und erster Tätigkeitsstätte mit eigenen oder zur Nutzung überlassenen Kraftfahrzeugen	507
14.3.1.2.1	Wohnung, regelmäßige Arbeitsstätte, erste Tätigkeitsstätte	507
14.3.1.2.1.1	Wohnung	507
14.3.1.2.1.2	Regelmäßige Arbeitsstätte (bis VZ 2013)	509
14.3.1.2.1.3	Erste Tätigkeitsstätte (ab VZ 2014)	511
14.3.1.2.1.4	Ansatz der Entfernungspauschale	514
14.3.1.2.1.5	Entfernung zwischen Wohnung und erster Tätigkeitsstätte	515
14.3.1.2.2	Höhe der Entfernungspauschale	517
14.3.1.2.3	Durch die Entfernungspauschale abgegoltene Kosten	518
14.3.1.2.4	Fahrgemeinschaften und Entfernungspauschale	519
14.3.1.2.5	Benutzung verschiedener Verkehrsmittel	520
14.3.1.2.6	Zahl der Arbeitstage	521
14.3.1.2.7	Erstattung der Fahrtaufwendungen durch den Arbeitgeber	522
14.3.1.2.8	Gestellung von Kraftfahrzeugen durch den Arbeitgeber	523
14.3.1.2.9	Behinderte Menschen	524
14.3.1.2.10	Fahrtkosten bei einem Sammelpunkt und einem weiträumigen Tätigkeitsgebiet	524
14.3.1.2.10.1	Sammelpunkt	525
14.3.1.2.10.2	Weiträumiges Tätigkeitsgebiet	525
14.3.2	Mehraufwendungen für Verpflegung	527
14.3.2.1	Abzugsfähigkeit von Mehraufwendungen für Verpflegung	527
14.3.2.3	Nachweispflicht der Mehraufwendungen	527
14.3.3	Aufwendungen für ein häusliches Arbeitszimmer	527
14.3.3.1	Überblick über die Rechtsentwicklung	527
14.3.3.2	Definition des „häuslichen Arbeitszimmers"	529
14.3.3.2.1	Funktion und Ausstattung des häuslichen Arbeitszimmers	529
14.3.3.2.2	Private Mitbenutzung des Raums	529
14.3.3.2.3	Abgrenzung zum betriebstättenähnlichen Raum	530
14.3.3.2.4	Abgrenzung zum außerhäuslichen Arbeitszimmer	531
14.3.3.3	Abzug der Aufwendungen für das häusliche Arbeitszimmer	532

	14.3.3.4	Abzugsfähige Aufwendungen	537
	14.3.3.5	Häusliches Arbeitszimmer während der Erwerbslosigkeit	539
	14.3.4	Beiträge zu Berufsverbänden	539
	14.3.5	Aufwendungen für Arbeitsmittel	539
	14.3.6	Absetzungen für Abnutzung	545
	14.3.7	Aus- und Fortbildungskosten	547
	14.3.7.1	Ausbildung	547
	14.3.7.1.1	Überblick über die Rechtsentwicklung	547
	14.3.7.1.2	Die gesetzliche Regelung seit VZ 2015	549
	14.3.7.2	Fortbildung	550
	14.3.7.2.1	Studienreisen	550
	14.3.7.2.2	Sprachkurse	551
	14.3.7.2.3	Sportkurse	552
	14.3.7.2.4	Umfang der abzugsfähigen Aufwendungen	553
	14.3.8	Umzugskosten	554
	14.3.9	Sonstige Werbungskosten	557
14.4		Beschränkung des Werbungskostenabzugs	562
	14.4.1	Allgemeines	562
	14.4.2	Geschenke	563
	14.4.3	Bewirtungsaufwendungen	564
	14.4.4	Sonstige unangemessene Aufwendungen	566
	14.4.5	Nichtabzugsfähige Werbungskosten	567
	14.4.5.1	Aufwendungen für Gästehäuser	568
	14.4.5.2	Aufwendungen für Jagd, Fischerei und Jachten	568
	14.4.5.3	Geldbußen, Ordnungs- und Verwarnungsgelder sowie ähnliche Leistungen	569
	14.4.5.4	Hinterziehungszinsen	569
	14.4.5.5	Bestechungs- und Schmiergelder	570
	14.4.5.6	Aufwendungen zur Förderung staatspolitischer Zwecke	570
15		**Vermögensbildung der Arbeitnehmer**	571
15.1		Überlassen von Vermögensbeteiligungen an Arbeitnehmer	572
15.2		Zuwendungen aufgrund des Fünften Vermögensbildungsgesetzes	573
	15.2.1	Begünstigter Personenkreis	573
	15.2.2	Vermögenswirksame Leistungen	574
	15.2.3	Anlageformen für vermögenswirksame Leistungen	577
	15.2.3.1	Sparvertrag über Wertpapiere oder andere Vermögensbeteiligungen (§ 4 des 5. VermBG)	577

	15.2.3.2	Wertpapier-Kaufvertrag (§ 5 des 5. VermBG)	579
	15.2.3.3	Beteiligungs-Vertrag (§ 6 des 5. VermBG)	579
	15.2.3.4	Beteiligungs-Kaufvertrag (§ 7 des 5. VermBG).	580
	15.2.3.5	Sparvertrag (§ 8 des 5. VermBG)	580
	15.2.3.6	Kapitalversicherungsvertrag (§ 9 des 5. VermBG)	581
	15.2.4	Begründung der vermögenswirksamen Leistung	581
	15.2.4.1	Begründung durch Tarifvertrag	582
	15.2.4.2	Begründung durch Einzelvertrag	582
	15.2.5	Rechtsnatur der vermögenswirksamen Leistungen	583
	15.2.6	Arbeitnehmer-Sparzulage (§ 13 des 5. VermBG)	583
	15.2.6.1	Einkommensgrenzen	584
	15.2.6.2	Umfang der staatlichen Förderung	584
	15.2.6.3	Entstehung und Ausbezahlung.	585
16	**Zuschlagsteuern zur Lohnsteuer**		587
16.1	Allgemeines.		587
16.2	Kirchensteuer		589
16.3	Solidaritätszuschlag		590

Dritter Teil: Der Familienleistungsausgleich

17	**Steuerfreistellung des Existenzminimums eines Kindes**	593
17.1	Verfassungsrechtliche Vorgabe und gesetzliche Systematik	593
17.2	Auszahlung des Kindergeldes als Steuervergütung.	601

Abkürzungen	603
Paragraphenschlüssel	607
Stichwortverzeichnis	613

1 Einleitung

1.1 Verhältnis der Lohnsteuer zur Einkommensteuer

Lohnsteuer ist die Steuer, mit der der Arbeitslohn besteuert wird. Arbeitslohn ist gleichbedeutend mit Einnahmen aus nichtselbständiger Arbeit. Einkünfte aus nichtselbständiger Arbeit gehören zu den in § 2 Abs. 1 EStG aufgezählten sieben Einkunftsarten, die der Einkommensteuer unterliegen. Die in § 38 Abs. 1 EStG für die Lohnsteuer gegebene gesetzliche Definition besagt, dass Lohnsteuer die Einkommensteuer ist, die bei Einkünften aus nichtselbständiger Arbeit durch Abzug vom Arbeitslohn erhoben wird. Lohnsteuer ist somit Einkommensteuer und keine besondere Steuerart. Der Begriff Lohnsteuer soll lediglich verdeutlichen, dass es sich um Einkommensteuer handelt, die beim Bezug von Arbeitslohn durch Einbehalt an der Einkunftsquelle erhoben wird. Lohnsteuer umschreibt damit eine besondere Erhebungsform der Einkommensteuer. In den Fällen, in denen Arbeitnehmer zur Einkommensteuer veranlagt werden (§ 46 EStG), wird die einbehaltene Lohnsteuer nach § 36 Abs. 2 Nr. 2 EStG auf die Einkommensteuerschuld angerechnet. Ein Nebeneinander von Einkommen- und Lohnsteuer besteht daher insoweit nicht.

1.2 Entwicklung des Lohnsteuerrechts

Die Lohnsteuer in Form des Steuerabzugs wurde durch das erste Reichseinkommensteuergesetz vom 29.03.1920 eingeführt. Die Steuer betrug 10 % des Arbeitslohns. Die einbehaltene Steuer wurde durch auf Lohnsteuerkarten geklebte Marken nachgewiesen und bei der noch durchzuführenden Veranlagung angerechnet.

Das Einkommensteuergesetz vom 10.08.1925 führte die endgültige Besteuerung der Arbeitnehmer mit einem Einkommen aus nichtselbständiger Arbeit bis zu 8.000 Reichsmark in der Form des Lohnsteuerabzugs durch den Arbeitgeber ein, wie sie im Prinzip heute noch gilt. Arbeitnehmer mit einem höheren Einkommen wurden weiterhin noch veranlagt.

Durch eine Notverordnung vom 06.06.1931 entfiel die Erstattung zu viel einbehaltener Lohnsteuer. Damit hatte sich das Lohnsteuerrecht zu einem selbständigen, von der Einkommensteuer losgelösten Erhebungsverfahren entwickelt. Dieses Sonderrecht führte zu einer wesentlichen Verwaltungsvereinfachung, benachteiligte aber die Arbeitnehmer.

Deshalb wurde mit der Währungsreform durch das Erste Gesetz zur vorläufigen Neuordnung von Steuern vom 22.06.1948 der Lohnsteuer-Jahresausgleich eingeführt. Damit wurde die steuerliche Gleichbehandlung der Arbeitnehmer und der übrigen Steuerpflichtigen wiederhergestellt. In der Folgezeit wurde die über den

Lohnsteuer-Jahresausgleich ergangene Verordnung verschiedentlich geändert und ergänzt und war für die einzelnen Jahre in der jeweils geltenden Fassung anzuwenden. Ab 1991 trat an die Stelle des Lohnsteuer-Jahresausgleichs eine vom Arbeitnehmer zu beantragende Einkommensteuerveranlagung. Lediglich der Lohnsteuer-Jahresausgleich durch den Arbeitgeber blieb erhalten.

1.3 Steuerreformen

Das Einkommensteuergesetz ist seit Gründung der Bundesrepublik Deutschland wiederholt geändert worden. Änderungen und Anpassungen werden in Neufassungen des Einkommensteuergesetzes berücksichtigt.

Die Änderungen im den Lohnsteuerbereich betreffenden Einkommensteuerrecht beinhalteten bisher vor allem Änderungen in einzelnen Punkten, wie z. B. eine Neugestaltung und Senkung des Einkommensteuertarifs, die Steuerentlastung der Familie und den Abbau von nicht mehr gerechtfertigten Steuervergünstigungen, um damit dem Grundsatz der Besteuerung nach der Leistungsfähigkeit und dem Sozialstaatsprinzip besser gerecht zu werden. Des Öfteren erfolgten Änderungen auch mit dem Anspruch der Steuervereinfachung.

Eine tief greifende Vereinfachung des materiellen Einkommensteuersystems unterblieb bislang. Hinsichtlich des Lohnsteuer-Abzugsverfahrens erfolgte jedoch in neuerer Zeit die bedeutsame Hinwendung zum elektronischen Verfahrensablauf, wie z. B. die Einführung der elektronischen Lohnsteuerbescheinigung und der elektronischen Übermittlung im Anmeldungsverfahren bis hin zur Nutzung von elektronischen Datenbanken zum Abruf von Lohnsteuerabzugsmerkmalen. Aufgrund des allgemein als unübersichtlich empfundenen Rechtszustands im materiellen Einkommensteuer- bzw. Lohnsteuerrecht mehren sich die Stimmen, die eine tief greifende Reform dieses Rechtsgebiets als dringend erforderlich ansehen. Das Problem wird sein, ob einfache Modelle der Ertragsbesteuerung der Komplexität der Lebens- und Wirtschaftsverhältnisse gerecht werden bei Beachtung des Grundsatzes der Besteuerung nach der wirtschaftlichen Leistungsfähigkeit. Dieser Grundsatz ist Ausdruck der Beachtung des verfassungsrechtlichen, durchaus differenzierenden Gleichheitsgrundsatzes auch auf ertragsteuerrechtlichem Gebiet und fordert daher trotz aller Vereinfachungswünsche die gebührende Beachtung. Zudem wird auch künftig das Steuerrecht als sozial-, arbeitsmarkt- und wirtschaftspolitisches Lenkungsmittel eingesetzt werden bzw. als ein die auf diesen Gebieten erfolgenden Änderungen flankierendes Regelungswerk.

Durch das Jahressteuergesetz 1996 wurden der Familienleistungsausgleich verbessert und die Regelungen des Kindergeldes in das Einkommensteuergesetz übernommen. Die Kindergeldauszahlung erfolgt ab 1996 als Steuervergütung. Das Jahr über gilt der Vorrang der Kindergeldauszahlung. Deshalb werden Kinder beim laufenden Lohnsteuerabzug grundsätzlich nicht mehr berücksichtigt. Bei der Berechnung der

Zuschlagsteuern Kirchenlohnsteuer und Solidaritätszuschlag erfolgt allerdings weiterhin die Berücksichtigung von Kindern.

1.4 Rechtsgrundlagen

Rechtsgrundlagen für die Lohnsteuer sind die einschlägigen Gesetze. Das bedeutsamste ist das Einkommensteuergesetz. Als allgemeines Steuergesetz kommt die Abgabenordnung (AO 1977) vom 16.03.1976 mit der Finanzgerichtsordnung (FGO) als ihrem Nebengesetz in Betracht. Erwähnt seien hier noch das Fünfte Vermögensbildungsgesetz und das Wohnungsbau-Prämiengesetz, wenn sie auch nicht ausgesprochen lohnsteuerliche Vorschriften enthalten, und das Solidaritätszuschlaggesetz.

Weitere Rechtsgrundlagen sind die Durchführungsverordnungen. Zu den Rechtsgrundlagen können auch die Richtlinien i. V. m. den zugehörigen Hinweisen gerechnet werden, obwohl sie sich primär an die Verwaltung wenden. Da sie jedoch der Einheitlichkeit der Besteuerung dienen, entfalten sie insofern auch Wirksamkeit im Außenverhältnis zum Steuerbürger.

Zum Einkommensteuergesetz sind Einkommensteuer-Richtlinien und -Hinweise sowie Lohnsteuer-Richtlinien und -Hinweise erlassen worden.

Wie das Einkommensteuergesetz werden auch die Durchführungsverordnungen und die Richtlinien aus gegebenen Anlässen geändert und ergänzt. In unbestimmten Zeitabständen werden sie deshalb auch in neuer Fassung bekannt gemacht. Bei den Neufassungen werden dann ebenfalls alle bis zum Zeitpunkt der Bekanntmachung ergangenen Änderungen und Ergänzungen berücksichtigt. Als Beispiel sei genannt die Lohnsteuer-Durchführungsverordnung vom 10.10.1989 (BStBl 1989 I S. 405), zuletzt geändert durch das Betriebsrentenstärkungsgesetz vom 17.08.2017 (BGBl 2017 I S. 3214).

Schließlich gehören auch die von den obersten Finanzbehörden der Länder herausgegebenen Erlasse und die Verfügungen der Oberfinanzdirektionen zu den Rechtsgrundlagen.

Die Rechtswirkungen der verschiedenen Rechtsgrundlagen sind unterschiedlich.

Die Steuergesetze werden im ordentlichen Gesetzgebungsverfahren vom Bundestag beschlossen und bedürfen der Zustimmung des Bundesrats. Sie müssen in Übereinstimmung mit dem Grundgesetz stehen und binden die Steuerpflichtigen, die Verwaltungsbehörden und die Gerichte.

Die Durchführungsverordnungen sind Rechtsverordnungen, die von der Bundesregierung mit Zustimmung des Bundesrats herausgegeben werden. Das Gesetz, zu dem sie ergehen, muss eine Ermächtigung zum Erlass der Verordnung enthalten und den Rahmen abstecken, in dem sich die zu treffenden Regelungen halten müssen.

Hält sich die Verordnung im Rahmen der Ermächtigung, so steht sie materiell-rechtlich einem Gesetz gleich und hat auch die gleiche Bindungswirkung.

Die Richtlinien und Hinweise zum Lohnsteuerrecht behandeln in der Hauptsache Zweifelsfragen und Auslegungsfragen, die sich bei der praktischen Anwendung des Lohnsteuerrechts ergeben haben und von allgemeiner Bedeutung sind. Sie sind im Allgemeinen Verwaltungsanweisungen, die die Steuerpflichtigen und die Gerichte nicht binden. Werden jedoch im Wege der Gesetzesauslegung in den Lohnsteuer-Richtlinien Regelungen getroffen, die allgemein von der Verwaltung beachtet werden sollen, so haben dies die Gerichte unter dem Aspekt der steuerlichen Gleichbehandlung in ihre Entscheidungsfindung miteinzubeziehen. Im Übrigen enthalten insbesondere die Lohnsteuer-Hinweise höchstrichterliche Entscheidungen über Rechtsauslegungen und Hinweise auf die Fundstellen.

Die von der obersten Finanzbehörde eines Landes herausgegebenen Erlasse haben nur regionale Bedeutung. Werden Fragen von überregionaler Bedeutung behandelt, so werden aufeinander abgestimmte, gleichlautende Erlasse in allen Ländern herausgegeben. Auch bei den Erlassen handelt es sich um Verwaltungsanweisungen, an die die Steuerpflichtigen und die Gerichte nicht gebunden sind.

Verfügungen einer Oberfinanzdirektion sind Verwaltungsanweisungen an die der Oberfinanzdirektion unterstehenden Finanzämter oder an einzelne Finanzämter. Sie binden die Steuerpflichtigen und die Gerichte ebenfalls nicht.

Die Entscheidungen des Bundesfinanzhofs, des obersten deutschen Steuergerichts, sind zwar nur für den entschiedenen Einzelfall bindend. Der Steuerbürger kann sich aber bei gleich gelagerten Fällen auf die Entscheidungen des Bundesfinanzhofs berufen, und die Finanzämter werden grundsätzlich den Argumenten folgen. Hingegen sind die Urteile der Finanzgerichte weder für andere Steuergerichte noch für die Verwaltung bindend und haben geringere Bedeutung. Die Entscheidungen des Bundesverfassungsgerichts gewinnen auch für das Lohnsteuerrecht an Bedeutung, da immer häufiger die Verfassungsmäßigkeit von Steuerrechtsnormen erfolgreich bestritten wird. Außerdem beginnen sich Urteile des Europäischen Gerichtshofs auch im Lohnsteuerrecht auszuwirken.

1.5 Gläubiger der Lohnsteuer

Die Lohnsteuer gehört zu den Gemeinschaftssteuern, deren Aufkommen **Bund** und **Ländern** gemeinsam zusteht (Art. 106 GG). Die **Gemeinden** erhalten jedoch vorab einen Anteil am Aufkommen. Der Länderanteil steht den einzelnen Bundesländern am örtlichen Aufkommen zu (Art. 107 GG). Das ist das Aufkommen, das von den Finanzbehörden in ihrem Gebiet vereinnahmt wird. Es gilt aber der Grundsatz, dass der Anspruch auf die Steuer dem Land zusteht, in dem der Steuerpflichtige seinen Wohnsitz hat. Bei der Lohnsteuer kann das Land, dessen Finanzbehörde die Lohnsteuer vereinnahmt hat, aber ein anderes sein als das Land, in dem der Arbeitnehmer

1.5 Gläubiger der Lohnsteuer

seinen Wohnsitz hat, da die Lohnsteuer vom Arbeitgeber einbehalten und an das Finanzamt seiner Betriebsstätte abgeführt wird. Für solche Fälle sind eine Abgrenzung und eine **Zerlegung** des örtlichen Steueraufkommens erforderlich.

Die Abgrenzung und die Zerlegung der Lohnsteuer sind in § 7 des Zerlegungsgesetzes vom 06.08.1998 (BGBl 1998 I S. 1998) geregelt. Danach gilt ein Arbeitnehmer, der für den Feststellungszeitraum zur Einkommensteuer zu veranlagen ist, als in dem Land ansässig, in dem das für die Einkommensteuerveranlagung örtlich zuständige Finanzamt belegen ist (Wohnsitzland); in den übrigen Fällen gilt als Wohnsitzland das Land, in dem der Arbeitnehmer zu dem nach § 1 Abs. 1 Satz 1 ZerlG maßgeblichen Zeitpunkt, also mit Ablauf des 10. Oktobers des jeweiligen Jahres, seinen Wohnsitz hat. Die nach den Angaben der Arbeitgeber in der elektronischen Lohnsteuerbescheinigung einbehaltene Lohnsteuer gilt als von dem Land vereinnahmt, zu dem das Finanzamt gehört, an das die Lohnsteuer nach den Angaben in der elektronischen Lohnsteuerbescheinigung abgeführt worden ist (Einnahmeland). Die von einem Land vereinnahmte Lohnsteuer wird insoweit zerlegt, als sie von den Bezügen der in den anderen Ländern ansässigen unbeschränkt steuerpflichtigen Arbeitnehmer insgesamt einbehalten worden ist. Die Zerlegungsanteile der einzelnen Länder bemessen sich nach Prozentsätzen der vereinnahmten Lohnsteuer. Der Festsetzung der Prozentsätze sind die Verhältnisse zugrunde zu legen, die sich aus den Daten der elektronischen Lohnsteuerbescheinigung ergeben. Das Statistische Landesamt des Wohnsitzlandes hat anhand der Daten aus den elektronischen Lohnsteuerbescheinigungen und der maschinellen Datenträger, die ihm zugeleitet worden sind, die Lohnsteuer, die nicht vom Wohnsitzland vereinnahmt worden ist, zu ermitteln, dann die hiervon auf die Einnahmeländer entfallenden Beträge festzustellen und diese bis zum 30. Juni des dritten Kalenderjahres, das dem Feststellungszeitraum folgt, den obersten Finanzbehörden der Einnahmeländer mitzuteilen. Die Einnahmeländer stellen nun fest, in welchem Verhältnis jeder dieser Beträge zu der im Feststellungszeitraum von ihnen insgesamt vereinnahmten Lohnsteuer steht. Feststellungszeitraum ist jeweils das Kalenderjahr. Die so ermittelten Prozentsätze gelten für die Zerlegung der Lohnsteuer im dritten Kalenderjahr, das dem Feststellungszeitraum folgt. Die so festgestellten Zerlegungsanteile sind an die Wohnsitzländer zu überweisen.

Jedes Land hat als Wohnsitzland die empfangenen Zerlegungsanteile dem örtlichen Lohnsteueraufkommen hinzuzurechnen und als Einnahmeland die abzuführenden Beträge vom örtlichen Lohnsteueraufkommen abzuziehen.

Von dem durch die Zerlegung berichtigten örtlichen Lohnsteueraufkommen erhalten die Gemeinden des Landes in ihrer Gesamtheit aufgrund des **Gemeindefinanzreformgesetzes** vom 10.03.2009 (BGBl 2009 I S. 502) einen Gemeindeanteil i. H. von 15 %. Dieser Gemeindeanteil wird nach einer von den Statistischen Landesämtern für jede Gemeinde festgestellten Schlüsselzahl auf die einzelnen Gemeinden aufgeteilt. Jede Gemeinde erhält einen **amtlichen Gemeindeschlüssel (AGS)** zugeteilt.

1 Einleitung

An dem Lohnsteueraufkommen sind somit die Gemeinden in ihrer Gesamtheit mit **15 %** und Bund und Länder mit **je 42,5 %** als Gläubiger beteiligt.

Erster Teil:
Das Lohnsteuerabzugsverfahren

2 Elektronische Lohnsteuerabzugsmerkmale

2.1 Allgemeines und Begriffe

Die Lohnsteuerkarte war bis einschließlich des Jahres 2012 ein wichtiges Hilfsmittel für die Erhebung der Lohnsteuer durch den Arbeitgeber. Allerdings wurde die Lohnsteuerkarte im Jahr 2013 durch die elektronischen Lohnsteuerabzugsmerkmale (ELStAM) ersetzt.

Seither stellt die Finanzverwaltung den Arbeitgebern die ELStAM für die Arbeitnehmer maschinell verwertbar zum Abruf zur Verfügung. Technische Informationen zum Verfahren stehen unter https://www.elster.de/arbeitg_elstam.php zur Verfügung.

Das Erhebungsverfahren der Lohnsteuer durch den Arbeitgeber muss so gestaltet sein, dass dieser auch ohne lohnsteuerrechtliche Fachkenntnisse in der Lage ist, die auf einen zu zahlenden Arbeitslohn für einen bestimmten Lohnzahlungszeitraum entfallende Lohnsteuer zu ermitteln. Die für jeden Arbeitnehmer bereitgestellten ELStAM enthalten die individuellen Besteuerungsmerkmale des jeweiligen Arbeitnehmers.

Im ELStAM-Verfahren ist allein die Finanzverwaltung für die Bildung der Lohnsteuerabzugsmerkmale und deren Bereitstellung für den Abruf durch den Arbeitgeber zuständig. Es ist nicht vorgesehen und auch nicht erforderlich, dass der Arbeitnehmer sich vor Aufnahme einer Beschäftigung bzw. Beginn eines Dienstverhältnisses beim Finanzamt anmeldet oder einen Antrag zur Bildung der ELStAM stellt.

Seit dem Kalenderjahr 2013 ist der Arbeitgeber verpflichtet, den Arbeitnehmer bei Aufnahme des Dienstverhältnisses bei der Finanzverwaltung anzumelden und zugleich die ELStAM anzufordern. Diese Verpflichtung besteht auch, wenn das Finanzamt einen Härtefallantrag auf Nichtteilnahme am ELStAM-Verfahren (§ 39e Abs.7 EStG) abgelehnt hat. Hat das Finanzamt hingegen dem Antrag des Arbeitgebers auf Anwendung der Härtefallregelung zugestimmt, ist er von der Verpflichtung zur Anwendung des ELStAM-Verfahrens befreit. Die Anforderung von ELStAM ist nur für im Betrieb beschäftigte Arbeitnehmer zulässig.

Die Lohnsteuerabzugsmerkmale sind beim Bundeszentralamt für Steuern (BZSt) abzurufen. Dort ist ein bundeseinheitlicher Datenpool eingerichtet, in dem sich die

Daten mit Hilfe der für jeden Steuerbürger nach § 139b AO vergebenen steuerlichen Identifikationsnummer eindeutig einer Person zuordnen lassen. Das Finanzamt teilt die von ihm nach den §§ 39 bis 39d EStG festzustellenden Lohnsteuerabzugsmerkmale dem BZSt mit und das BZSt hält im Datenpool für die Arbeitgeber die elektronischen Lohnsteuerabzugsmerkmale der Arbeitnehmer zum automatisierten Abruf nach amtlich vorgeschriebenem Datensatz bereit. Dieser beinhaltet die steuerliche Identifikationsnummer des Arbeitnehmers, seinen melderechtlichen Familienstand, den Tag der Begründung oder Auflösung des Familienstands, sein Geburtsdatum, Merkmale für den Kirchensteuerabzug, die Steuerklasse in Zahlen, Zahl der Kinderfreibeträge, Freibetrag oder Hinzurechnungsbetrag und, wenn der Steuerpflichtige dies beantragt, die Höhe der Beiträge für eine Krankenversicherung und für eine private Pflege-Pflichtversicherung. Zudem sind bei Verheirateten die steuerliche Identifikationsnummer des Ehegatten/Lebenspartners und dessen Kirchenzugehörigkeit enthalten.

Außerdem sind gem. § 39e Abs. 2 Satz 1 Nr. 3 EStG auch Kinder mit ihrer steuerlichen Identifikationsnummer und – soweit bekannt – die Rechtsstellung und Zuordnung der Kinder zu den Eltern sowie die steuerliche Identifikationsnummer des anderen Elternteils gespeichert. Für die laufende Pflege der ELStAM und für die Mitteilung der Lohnsteuerabzugsmerkmale an den Arbeitgeber sind die Finanzämter zuständig. Allerdings werden lohnsteuerlich relevante amtliche Daten, die bei den Gemeinden ohnehin entstehen (wie etwa Geburt eines Kindes, Heirat, Scheidung, Kirchensteuererhebungsmerkmale), automatisch dem BZSt von den Gemeinden elektronisch ohne Zutun des Arbeitnehmers mitgeteilt, da die Meldebehörden insoweit gem. § 39e Abs. 2 Satz 2 EStG verpflichtet sind. Die Arbeitnehmer können die elektronischen Lohnsteuerabzugsmerkmale bei der Finanzverwaltung über das ElsterOnline-Portal elektronisch einsehen.

Nach dem Abruf sind die ELStAM in das Lohnkonto des Arbeitnehmers zu übernehmen und entsprechend deren Gültigkeit für die Dauer des Dienstverhältnisses für den Lohnsteuerabzug anzuwenden. Etwaige Änderungen stellt die Finanzverwaltung dem Arbeitgeber monatlich zum Abruf bereit. Der Arbeitgeber soll dem Arbeitnehmer die Anwendung des ELStAM-Verfahrens zeitnah mitteilen. Wird das Dienstverhältnis beendet, hat der Arbeitgeber das Beschäftigungsende (Datum) der Finanzverwaltung unverzüglich auf elektronischem Weg nach amtlich vorgeschriebenem Datensatz mitzuteilen.

Jedoch kann nicht jeder Arbeitgeber die ELStAM von beliebigen Arbeitnehmern abrufen: Nur die Personen, denen der Arbeitnehmer die Berechtigung erteilt hat (Arbeitgeber oder beauftragte Dritte), sind befugt, ELStAM abzurufen und zu verwenden (§ 39e Abs. 4 Satz 2 und 6 EStG). ELStAM sind nur für den Lohnsteuerabzug bestimmt (§ 39e Abs. 4 Satz 7 und Abs. 5 Satz 1 EStG). Folglich dürfen grundsätzlich weder der Arbeitgeber noch der mit der Durchführung des Lohnsteuerabzugs beauftragte Dritte abgerufene ELStAM bzw. Lohnsteuerabzugsmerkmale offenbaren. Dies gilt nicht, soweit eine Weitergabe von (elektronischen) Lohnsteuer-

2.1 Allgemeines und Begriffe

abzugsmerkmalen gesetzlich zugelassen ist oder der Arbeitnehmer einer anderen Verwendung zustimmt (§ 39 Abs. 8 Satz 2 EStG).

Vorsätzliche oder leichtfertige Zuwiderhandlungen stellen eine Ordnungswidrigkeit dar und können mit einer Geldbuße bis zu 10.000 Euro geahndet werden (§ 39 Abs. 9 i. V. m. § 39e Abs. 4 Satz 7 EStG).

Der Arbeitnehmer hat nach § 39e Abs. 6 Satz 5 EStG die ausgewiesenen ELStAM zu prüfen und die berücksichtigten ELStAM bezüglich der Steuerklasse und der Zahl der Kinderfreibeträge vom für den Arbeitnehmer zuständigen Finanzamt umgehend (in der Datenbank) berichtigen zu lassen, wenn die abgespeicherten Daten von den tatsächlichen Verhältnissen zu Beginn des jeweiligen Kalenderjahres zu seinen Gunsten abweichen. Ändern sich die persönlichen Verhältnisse des Arbeitnehmers und treten die Voraussetzungen zur Einreihung in eine für ihn ungünstigere Steuerklasse oder für eine geringere Zahl der Kinderfreibeträge ein, ist er auch in den Fällen, in denen die Änderungen nicht durch geänderte Meldedaten automatisch angestoßen werden, verpflichtet, dies dem Finanzamt mitzuteilen und die Steuerklasse sowie die Zahl der Kinderfreibeträge umgehend ändern zu lassen (§ 39 Abs. 5 Satz 1 EStG). Dies gilt insbesondere bei dauernder Trennung der Ehegatten bzw. Lebenspartner oder wenn die Voraussetzungen für die Berücksichtigung des Entlastungsbetrags für Alleinerziehende und somit für die Anwendung der Steuerklasse II entfallen.

Auch falls der Arbeitnehmer von sich aus eine Änderung der ELStAM beantragt, hat er dies bei dem für ihn regelmäßig nach § 19 AO zuständigen Finanzamt zu veranlassen.

Der Abruf der elektronischen Lohnsteuerabzugsmerkmale aus der Datenbank ELStAM darf nur durch den Arbeitgeber zum Zweck der Durchführung des Lohnsteuerabzugs erfolgen. Dazu muss eine Legitimationsgrundlage eingehalten werden. Der Arbeitnehmer teilt dazu dem Arbeitgeber seine steuerliche Identifikationsnummer und sein Geburtsdatum mit. Diese nutzt der Arbeitgeber dann zur Abfrage der elektronischen Lohnsteuerabzugsmerkmale. Abrufberechtigt sind nach § 39e Abs. 4 Satz 3 EStG dabei nur authentifizierte Arbeitgeber, wozu deren Wirtschafts-Identifikationsnummer erforderlich ist, oder ein von ihnen beauftragter authentifizierter Dritter. Die einmal mitgeteilten Lohnsteuerabzugsmerkmale bleiben für die Dauer des Dienstverhältnisses anwendbar. Etwaige Änderungen werden den Arbeitgebern elektronisch zum Abruf bereitgestellt und die Bereitstellung wird ihnen mitgeteilt. Nach § 39e Abs. 5 Satz 3 EStG besteht eine Verpflichtung des Arbeitgebers, die elektronisch bereitgestellten Änderungen zu den ELStAM monatlich abzurufen. Der Arbeitgeber hat die Beendigung des Dienstverhältnisses unverzüglich dem BZSt mitzuteilen, sodass danach die elektronischen Lohnsteuerabzugsmerkmale mit der Steuerklasse I bis V für den Abruf durch einen nachfolgenden Arbeitgeber zur Verfügung stehen. Ohne eine solche Mitteilung kann der neue Arbeitgeber nur die Lohnsteuerabzugsmerkmale mit der Steuerklasse VI abrufen und dem Lohnsteuerabzug zugrunde legen. Da das elektronische Abrufverfahren nicht allen Arbeitgebern zumutbar ist, insbesondere nicht bei Beschäftigung in Privathaushalten, können die Betriebsstätten-Finanzämter auf Antrag Ausnahmen vom Abrufverfahren zulassen, § 39e Abs. 7 EStG. In diesen Fällen erstellen die Betriebsstätten-Finanzämter Bescheinigungen für jeden Arbeitnehmer mit seinen elektronischen Lohnsteuerabzugsmerkmalen, die auf den beantragenden Arbeitgeber bezogen und zeitlich auf ein Kalenderjahr begrenzt sind. Nach § 39e Abs. 6 Satz 6 ff. EStG bestehen diverse Möglichkeiten des Arbeitnehmers, die Bereitstellung der ELStAM sperren zu lassen. Dies wird dann dem Arbeitgeber mitgeteilt und dieser hat dann die Lohnsteuer nach Steuerklasse VI zu ermitteln.

2.2 Grundsatz der Maßgeblichkeit

Im Lohnsteuerabzugsverfahren gilt der Grundsatz der Maßgeblichkeit der elektronischen Lohnsteuerabzugsmerkmale. Danach darf der Arbeitgeber bei der Berechnung der einzubehaltenden Lohnsteuer nur die abgerufenen elektronischen Lohnsteuerabzugsmerkmale berücksichtigen (§ 39e Abs. 5 EStG).

Beispiel:
Ein Angestellter, für den bisher als elektronisches Lohnsteuerabzugsmerkmal die Steuerklasse I mitgeteilt wurde, da er ledig ist, heiratet im Laufe des Kalenderjahres. Der Arbeitgeber berechnet die Lohnsteuer vom Zeitpunkt der Eheschließung an wie bei einem Arbeitnehmer, für den als elektronisches Lohnsteuerabzugsmerkmal die Steuerklasse III mitgeteilt wurde, da er verheiratet ist. Solange ihm das BZSt jedoch keine geänderten elektronischen Lohnsteuerabzugsmerkmale bereitstellt, darf er nicht einfach von sich aus die Steuerklasse III anwenden und haftet deshalb für zu wenig einbehaltene Lohnsteuer.

2.3 Rechtsnatur der elektronischen Lohnsteuerabzugsmerkmale

Sowohl die erstmalige Bildung der (elektronischen) Lohnsteuerabzugsmerkmale als auch deren spätere Änderungen sind eine gesonderte Feststellung von Besteuerungsgrundlagen i. S. von § 179 Abs. 1 AO, die unter dem Vorbehalt der Nachprüfung steht (§ 39 Abs. 1 Satz 4 EStG). Nach § 164 Abs. 2 AO kann die gesonderte Feststellung von Besteuerungsgrundlagen so lange aufgehoben oder geändert werden, wie der Vorbehalt der Nachprüfung wirksam ist.

Eine solche Feststellung ist ein anfechtbarer Verwaltungsakt, dessen Vollziehung gem. § 361 AO ausgesetzt werden kann. Da die Bildung der ELStAM unter dem

2.3 Rechtsnatur der elektronischen Lohnsteuerabzugsmerkmale

Vorbehalt der Nachprüfung steht, hat der Arbeitnehmer daneben auch die Möglichkeit, eine Änderung nach § 164 Abs. 2 Satz 2 AO zu beantragen.

Um als Verwaltungsakt erkennbar und anfechtbar zu sein, müssen die Bildung der (elektronischen) Lohnsteuerabzugsmerkmale und deren Änderungen dem Arbeitnehmer bekannt gegeben werden (§ 39 Abs. 1 Satz 5 EStG). Gemäß § 119 Abs. 2 AO kann dies schriftlich, elektronisch, mündlich oder in anderer Weise erfolgen. Üblicherweise hat der Arbeitgeber die ELStAM als Grundlage für die Lohnsteuerermittlung in der Lohn- und Gehaltsabrechnung auszuweisen (§ 39e Abs. 5 Satz 2 und Abs. 6 EStG). In diesen Fällen werden sie mit Aushändigung der Lohnabrechnung an den Arbeitnehmer bekannt gegeben (§ 39e Abs. 6 Satz 3 EStG). Wird die Lohnabrechnung elektronisch bereitgestellt, ist das Bereitstellungsdatum maßgebend (§ 39e Abs. 6 Satz 3 EStG).

Diesen Formen der Bekanntgabe ist keine Rechtsbehelfsbelehrung beizufügen (§ 39e Abs. 6 Satz 2 EStG). Dies führt dazu, dass ein Einspruch gegen die gebildeten ELStAM innerhalb eines Jahres ab Bekanntgabe des Verwaltungsaktes eingelegt werden kann (§ 356 Abs. 2 AO).

Erteilt das Finanzamt auf Antrag des Arbeitnehmers einen Bescheid über die Berücksichtigung von Lohnsteuerabzugsmerkmalen (§ 39 Abs. 1 Satz 8 EStG), ist diesem eine Rechtsbehelfsbelehrung beizufügen. Das Finanzamt ist zudem zur schriftlichen Erteilung eines Bescheids mit einer Belehrung über den zulässigen Rechtsbehelf verpflichtet, wenn dem Antrag des Arbeitnehmers auf Bildung oder Änderung der Lohnsteuerabzugsmerkmale (regelmäßig im Rahmen eines Antrags auf Lohnsteuer-Ermäßigung) nicht oder nicht in vollem Umfang entsprochen wird (§ 39 Abs. 1 Satz 8 EStG).

Solange der vorgeschriebene schriftliche Bescheid nicht formgerecht ergangen ist, gilt der Antrag als nicht bearbeitet. Für die Bearbeitung des Antrags durch die Behörde ist eine Frist nicht vorgeschrieben. Der Antragsteller hat in einem solchen Fall deshalb einen lediglich durch die Festsetzungsverjährung befristeten Anspruch auf Bescheiderteilung (§§ 169 ff. AO).[1]

Gegen den Bescheid, der den Antrag auf Ermittlung eines Freibetrags ganz oder teilweise ablehnt, ist als Rechtsbehelf **ebenfalls der Einspruch nach § 347 AO statthaft.**

Der Einspruch ist bei der **Finanzbehörde,** deren Verwaltungsakt angefochten wird, schriftlich einzulegen oder zur Niederschrift zu erklären (§ 357 AO). Das zuständige Finanzamt kann sowohl dem Einspruch abhelfen als auch eine **ablehnende Entscheidung** treffen.

---

1 BFH vom 13.03.1974 VI R 44/71 (BStBl 1974 II S. 466).

2.4 Bildung und Inhalt der ELStAM

2.4.1 ELStAM-Verfahren

Der Arbeitgeber hat das ELStAM-Verfahren seit dem 01.01.2013 anzuwenden. Soweit ein Arbeitgeber für die Durchführung des Lohnsteuerabzugs Lohnsteuerabzugsmerkmale benötigt, werden sie auf Veranlassung des Arbeitnehmers gebildet (§ 39 Abs. 1 Satz 1 EStG). Die Bildung der ELStAM erfolgt grundsätzlich automatisiert durch die Finanzverwaltung (BZSt, § 39e Abs. 1 Satz 1 EStG). Soweit das Finanzamt auf Antrag des Arbeitnehmers Lohnsteuerabzugsmerkmale nach § 39 Abs. 1 und 2 EStG bildet (z. B. Freibeträge nach § 39a EStG oder Steuerklassen nach antragsgebundenem Steuerklassenwechsel), teilt es diese dem BZSt zum Zweck der Bereitstellung für den automatisierten Abruf durch den Arbeitgeber mit.

2.4.2 Lohnsteuerabzugsmerkmale

Als Lohnsteuerabzugsmerkmale kommen in Betracht (§ 39 Abs. 4 EStG):
- Steuerklasse (§ 38b Abs. 1 EStG) und ggf. Faktor (§ 39f EStG),
- Zahl der Kinderfreibeträge bei den Steuerklassen I bis IV (§ 38b Abs. 2 EStG),
- Freibetrag und Hinzurechnungsbetrag (§ 39a EStG),
- Höhe der Beiträge für eine private Krankenversicherung und für eine private Pflege-Pflichtversicherung (§ 39b Abs. 2 Satz 5 Nr. 3 Buchst. d EStG) für die Dauer von 12 Monaten, wenn der Arbeitnehmer dies beantragt,
- Mitteilung, dass der von einem Arbeitgeber gezahlte Arbeitslohn nach einem Abkommen zur Vermeidung der Doppelbesteuerung von der Lohnsteuer freizustellen ist, wenn der Arbeitnehmer oder der Arbeitgeber dies beantragt,
- die für den Kirchensteuerabzug erforderlichen Merkmale (§ 39e Abs. 3 Satz 1 EStG).

2.4.3 Bildung und Änderung der (elektronischen) Lohnsteuerabzugsmerkmale

Für die (erstmalige) Bildung der (elektronischen) Lohnsteuerabzugsmerkmale stehen zwei Möglichkeiten zur Verfügung:
- Im Regelfall erfolgt die erstmalige Bildung der ELStAM zu Beginn eines Dienstverhältnisses aufgrund der Anmeldung des Arbeitnehmers durch seinen Arbeitgeber bei der Finanzverwaltung mit dem Ziel, die ELStAM des Arbeitnehmers abzurufen (§ 39e Abs. 4 Satz 2 EStG).
- Soweit Lohnsteuerabzugsmerkmale nicht automatisiert gebildet werden oder davon abweichend zu bilden sind (z. B. Freibeträge nach § 39a EStG oder Steuerklassen nach antragsgebundenem Steuerklassenwechsel), erfolgt die Bildung

2.4 Bildung und Inhalt der ELStAM

der Lohnsteuerabzugsmerkmale auf Antrag des Arbeitnehmers durch das Finanzamt (§ 39 Abs. 1 und 2 EStG).

Lohnsteuerabzugsmerkmale werden sowohl für ein erstes als auch für jedes weitere Dienstverhältnis gebildet (§ 39 Abs. 1 Satz 1 EStG). Auf Antrag des Arbeitnehmers teilt ihm das Finanzamt – auch im Hinblick auf ein zukünftiges Dienstverhältnis – seine (elektronischen) Lohnsteuerabzugsmerkmale mit (§ 39e Abs. 6 Satz 4 EStG).

Grundlage für die Bildung der Lohnsteuerabzugsmerkmale sind die von den Meldebehörden mitgeteilten melderechtlichen Daten (§ 39e Abs. 2 Satz 1 und 2 EStG), wobei die Finanzverwaltung grundsätzlich an diese melderechtlichen Daten gebunden ist (§ 39 Abs. 1 Satz 3 EStG). Änderungen der melderechtlichen Daten sind von den Meldebehörden dem BZSt tagesaktuell mitzuteilen und in dessen Datenbank für die elektronischen Lohnsteuerabzugsmerkmale (ELStAM-Datenbank) zu speichern. Dies ermöglicht der Finanzverwaltung, z. B. die Steuerklassen bei Änderung des Familienstands automatisch zu bilden und zu ändern. Auslöser hierfür sind jeweils die Mitteilungen der Meldebehörden. Bei der automatischen Änderung kann es eventuell zu zeitlichen Verzögerungen kommen, die das Finanzamt nicht beeinflussen kann.

In begründeten Ausnahmefällen hat das Finanzamt rechtliche Prüfungen zu melderechtlichen Merkmalen vorzunehmen und bei abweichenden Feststellungen selbst eine Entscheidung über die zutreffende Besteuerung zu treffen. Trifft das Finanzamt in diesen Einzelfällen eine von den gespeicherten melderechtlichen Daten abweichende Entscheidung für die Besteuerung, werden die Lohnsteuerabzugsmerkmale nicht auf Basis der ELStAM-Datenbank gebildet. Das Finanzamt stellt in diesen Fällen eine jahresbezogene Bescheinigung für den Lohnsteuerabzug aus, anhand derer der Arbeitgeber den Lohnsteuerabzug durchzuführen hat (§ 39 Abs. 1 Satz 2 EStG). Der Abruf der ELStAM wird zugleich für den Gültigkeitszeitraum der Bescheinigung allgemein gesperrt. Für Änderungen im Melderegister bleiben weiterhin allein die Meldebehörden zuständig.

2.4.4 Zuständigkeit

Die Zuständigkeit für die Bildung der Lohnsteuerabzugsmerkmale für nach § 1 Abs. 1 EStG unbeschränkt einkommensteuerpflichtige Arbeitnehmer richtet sich nach den Vorschriften der AO. Zuständiges Finanzamt ist i. d. R. das Wohnsitzfinanzamt. Abweichend hiervon kann dies nach Zuständigkeitsverordnungen der Länder auch das für die Veranlagung zur Einkommensteuer zuständige Finanzamt sein (z. B. durch Zentralisierungsmaßnahmen in Großstädten).

2.4.5 Steuerklassenbildung bei Ehegatten/Lebenspartnern

Ändert sich der Familienstand eines Arbeitnehmers, z. B. durch Eheschließung, Tod des Ehegatten/Lebenspartners oder Scheidung, übermitteln die nach Landesrecht für

2 Elektronische Lohnsteuerabzugsmerkmale

das Meldewesen zuständigen Behörden (Meldebehörden) die melderechtlichen Änderungen des Familienstands automatisch an die Finanzverwaltung.

Eheschließung

Heiraten Arbeitnehmer, teilen die zuständigen Meldebehörden der Finanzverwaltung den Familienstand „verheiratet", das Datum der Eheschließung und die Identifikationsnummer des Ehegatten mit. Dadurch werden beide Ehegatten programmgesteuert in die Steuerklasse IV eingereiht, wenn sie unbeschränkt einkommensteuerpflichtig sind, nicht dauernd getrennt leben und beide Arbeitslohn (§ 39e Abs. 3 Satz 3 Nr. 2 EStG) beziehen. Die Steuerklasse IV wird mit Wirkung vom Tag der Eheschließung an vergeben. Bezieht hingegen ein Ehegatte keinen Arbeitslohn und sind beide Ehegatten unbeschränkt einkommensteuerpflichtig und nicht dauernd getrennt lebend, wird dem Arbeitslohn beziehenden Ehegatte automatisch die Steuerklasse III zugeteilt (§ 39e Abs. 3 Satz 3 Nr. 1 EStG). (Hinweis: Ab dem 01.01.2018 werden die Ehegatten auch dann automatisch in Steuerklasse IV eingereiht, wenn einer der Ehegatten keinen Arbeitslohn bezieht und kein Antrag nach § 38b Abs. 1 Satz 2 Nr. 3 Buchst. a EStG n. F. gestellt wurde, § 38b Abs. 1 Satz 2 Nr. 4 EStG n. F.).

Soll die automatisch gebildete Steuerklassenkombination aus Sicht des Arbeitnehmers nicht zur Anwendung kommen, kann eine abweichende Steuerklassenkombination beim zuständigen Finanzamt beantragt werden (§ 39 Abs. 6 Satz 3 und 4 EStG; Vordruck „Antrag auf Steuerklassenwechsel bei Ehegatten/Lebenspartnern"). Diese Änderungen werden – abweichend von den übrigen Fällen des Steuerklassenwechsels – ab dem Zeitpunkt der Eheschließung wirksam. Ein solcher Antrag gilt nicht als Änderung der Steuerklassen i. S. des § 39 Abs. 6 Satz 3 EStG. Das Recht, einmal jährlich die Steuerklasse zu wechseln, bleibt davon unberührt (§ 39 Abs. 6 Satz 4 EStG). Ebenso gilt eine Änderung der Steuerklassen bei Wiederaufnahme der ehelichen Gemeinschaft nicht als Steuerklassenwechsel. Gleiches gilt, wenn die automatisch gebildete Steuerklasse nicht erst zum Tag der Eheschließung, sondern bereits ab dem Ersten des Heiratsmonats vergeben werden soll (§ 39 Abs. 6 Satz 2 EStG).

Ehegatten, die beide in einem Dienstverhältnis stehen (Hinweis: Ab dem 01.01.2018 ist dies keine Voraussetzung mehr, § 39 Abs. 6 Satz 3 EStG n. F.), können darüber hinaus wie bisher einmalig im Laufe des Kalenderjahres beim Finanzamt eine Änderung der Steuerklassen beantragen (Steuerklassenwechsel, Vordruck „Antrag auf Steuerklassenwechsel bei Ehegatten/Lebenspartnern"). Für eine Berücksichtigung der Änderung im laufenden Kalenderjahr ist der Antrag spätestens bis zum 30. November zu stellen (§ 39 Abs. 6 Satz 6 EStG). Die beantragten Steuerklassen werden mit Wirkung vom Beginn des Kalendermonats, der auf die Antragstellung folgt, gewährt (§ 39 Abs. 6 Satz 5 EStG).

2.4 Bildung und Inhalt der ELStAM

Scheidung

Wird die Ehe durch Scheidung aufgelöst, übermittelt die Meldebehörde den geänderten melderechtlichen Familienstand sowie das Datum der Scheidung der Ehe an die Finanzverwaltung. Zu Beginn des darauf folgenden Kalenderjahres wird für diese Arbeitnehmer automatisiert die Steuerklasse I gebildet. Davon unberührt bleibt die Anzeigepflicht des Arbeitnehmers bei Beginn eines dauernden Getrenntlebens. Zur Änderung der Steuerklassen im Scheidungsjahr vgl. R 39.2 Abs. 1 und 2 LStR 2015.

Auf die Möglichkeit eines zusätzlichen Steuerklassenwechsels nach R 39.2 Abs. 2 Satz 3 LStR 2015 in den Fällen, in denen im Laufe des Jahres ein Ehegatte/Lebenspartner aus dem Dienstverhältnis ausscheidet oder verstirbt, oder wenn sich die Ehegatten/Lebenspartner auf Dauer getrennt haben oder wenn nach einer Arbeitslosigkeit ein Arbeitsverhältnis wieder aufgenommen wird, wird hingewiesen (Vordruck „Antrag auf Steuerklassenwechsel bei Ehegatten/Lebenspartnern"). Entsprechendes gilt bei der Aufhebung einer Ehe/Lebenspartnerschaft.

Tod

Verstirbt ein Ehegatte, wird die Steuerklasse des überlebenden Ehegatten ab dem Ersten des auf den Todestag folgenden Monats automatisch in Steuerklasse III geändert. Etwas anderes gilt nur, sofern die Voraussetzungen für die Anwendung dieser Steuerklasse im Zeitpunkt des Todes nicht vorgelegen haben. Ab Beginn des zweiten Kalenderjahres nach dem Tod des Ehegatten wird programmgesteuert die Steuerklasse I gebildet.

Auslandssachverhalte

Gibt ein Ehegatte den inländischen Wohnsitz bzw. gewöhnlichen Aufenthalt auf, wird der Abruf der ELStAM des ins Ausland verzogenen Ehegatten gesperrt. In der Folge erhält der im Inland verbleibende Ehegatte ab dem Beginn des Folgejahres automatisiert die Steuerklasse I zugeteilt. Erfüllt der im Inland verbleibende unbeschränkt einkommensteuerpflichtige Ehegatte die Voraussetzungen des § 1a Abs. 1 Nr. 2 EStG, kann dieser auf Antrag in die Steuerklasse III eingereiht werden (Vordruck „Anträge zu den elektronischen Lohnsteuerabzugsmerkmalen – ELStAM –"). Zu den Pflichten des Arbeitnehmers beim Wechsel der Steuerpflicht vgl. Tz. 4.1.2.

Die erneute Begründung eines inländischen Wohnsitzes bzw. gewöhnlichen Aufenthalts nach einem Auslandsaufenthalt führt bei Ehegatten ab Beginn dieses Monats automatisch zur Einreihung in die Steuerklasse IV.

Dauerndes Getrenntleben

Leben Ehegatten dauernd getrennt, haben sie dies dem zuständigen Wohnsitzfinanzamt unverzüglich anzuzeigen (Vordruck „Erklärung zum dauernden Getrenntleben"). Dadurch wird – ungeachtet eines etwaigen Steuerklassenwechsels im Trennungsjahr – ab Beginn des darauf folgenden Jahres automatisch die Steuerklasse I gebildet.

Lebenspartnerschaften

Mit dem Gesetz zur Änderung des Einkommensteuergesetzes in Umsetzung der Entscheidung des Bundesverfassungsgerichtes vom 07.05.2013 (BGBl 2013 I S. 2397) sind die Regelungen des EStG zu Ehegatten und Ehen auch auf Lebenspartner und Lebenspartnerschaften anzuwenden (§ 2 Abs. 8 EStG). Damit sind die gesetzlichen Rechte und Pflichten von Ehegatten für den Lohnsteuerabzug auch für Lebenspartner einer Lebenspartnerschaft einschlägig. Dies gilt insbesondere bei Begründung und Auflösung einer Lebenspartnerschaft, im Todesfall eines Lebenspartners, bei Verlegung des inländischen Wohnsitzes bzw. gewöhnlichen Aufenthalts in das Ausland sowie bei dauerndem Getrenntleben.

2.4.6 Berücksichtigung von Kindern

Lohnsteuerabzugsmerkmal

Kinderfreibetragszähler werden als Lohnsteuerabzugsmerkmal ab Beginn des Jahres der Geburt des Kindes bis zum Ablauf des Jahres, in dem die Voraussetzungen für die Berücksichtigung des Kindes nach § 32 Abs. 1, 2, 4 und 5 EStG entfallen, berücksichtigt (Jahresprinzip).

Bei minderjährigen Kindern i. S. des § 32 Abs. 1 Nr. 1 EStG werden in den Steuerklassen I bis IV die Kinderfreibetragszähler bei beiden Elternteilen entsprechend der Regelungen in § 38b Abs. 2 EStG automatisch berücksichtigt, sofern Eltern und Kind in derselben Gemeinde wohnen.

Die Bildung der Kinderfreibetragszähler für minderjährige Kinder, die nicht in der Wohnung des Arbeitnehmers gemeldet sind, setzt einen einmaligen Antrag voraus (Vordruck „Antrag auf Lohnsteuer-Ermäßigung" bzw. „Vereinfachter Antrag auf Lohnsteuer-Ermäßigung"). Dabei ist der Nachweis beim Finanzamt durch Vorlage einer Geburtsurkunde des Kindes zu führen.

> **Beispiel:**
>
> Geburt eines Kindes am 28.09.01. Es ist im Haushalt der Mutter in Frankfurt gemeldet. Der Vater lebt in Stuttgart, wo er gemeldet ist.
>
> Die Geburt des Kindes wird von der Gemeinde automatisch dem BZSt elektronisch gemeldet. Der Vater muss mit der Geburtsurkunde beim Wohnsitzfinanzamt die Berücksichtigung des Kinderfreibetrages mit dem Vordruck „Antrag auf Lohnsteuer-Ermäßigung" bzw. „Vereinfachter Antrag auf Lohnsteuer-Ermäßigung" beantragen. Dieses stellt durch die Speicherung des Kindes im Finanzamtsdialog die Verknüpfung zwischen Vater und Kind her, sodass der Zähler 0,5 als Lohnsteuerabzugsmerkmal für den Vater gebildet wird.

Übertragung des Kinderfreibetrags

Kommt ein Elternteil seinen Unterhaltsverpflichtungen im Wesentlichen nicht nach oder ist er mangels Leistungsfähigkeit nicht unterhaltspflichtig (sog. Mangelunterhaltsfälle), ist eine Übertragung des Kinderfreibetrags auf den anderen Elternteil im Lohnsteuerabzugsverfahren nur dann möglich, wenn der Antragsteller keinen Unterhaltsvorschuss erhalten hat. Ein Antrag auf Übertragung kann auch im Rahmen einer Veranlagung zur Einkommensteuer gestellt werden.

Mehrjährige Berücksichtigung in den Antragsfällen nach § 38b Abs. 2 Satz 2 EStG

In den Antragsfällen nach § 38b Abs. 2 Satz 2 EStG ist eine mehrjährige Berücksichtigung von Kindern im Lohnsteuerabzugsverfahren möglich, wenn nach den tatsächlichen Verhältnissen zu erwarten ist, dass die Voraussetzungen bestehen bleiben (§ 38b Abs. 2 Satz 3 EStG). Eine mehrjährige Berücksichtigung kommt z. B. in den folgenden Fällen in Betracht:

- Pflegekinder in den Fällen des § 32 Abs. 1 Nr. 2 EStG,
- Kinder unter 18 Jahren, wenn der Wohnsitz/gewöhnliche Aufenthalt des anderen Elternteils nicht ermittelbar oder der Vater des Kindes amtlich nicht feststellbar ist, Kinder nach Vollendung des 18. Lebensjahres, die die Voraussetzungen des § 32 Abs. 4 EStG erfüllen. Bei Kindern, die sich in Berufsausbildung i. S. des § 32 Abs. 4 Nr. 2 Buchst. a EStG befinden, kann sich die mehrjährige Berücksichtigung bei einem Ausbildungsdienstverhältnis, z. B. aus dem Ausbildungsvertrag, ergeben; bei einem Erststudium kann für die mehrjährige Berücksichtigung grundsätzlich die Regelstudienzeit i. S. der §§ 11, 19 HRG zugrunde gelegt werden.

Der Antrag nach § 38b Abs. 2 Satz 2 EStG kann nur nach amtlich vorgeschriebenem Vordruck gestellt werden (§ 38b Abs. 2 Satz 5 EStG); hierfür stehen die Vordrucke „Antrag auf Lohnsteuer-Ermäßigung" bzw. „Vereinfachter Antrag auf Lohnsteuer-Ermäßigung" zur Verfügung.

2.5 Die elektronischen Lohnsteuerabzugsmerkmale im Einzelnen

2.5.1 Allgemeines

Die wesentlichsten Besteuerungsmerkmale für die Einbehaltung der Lohnsteuer sind die Steuerklasse und die Zahl der Kinderfreibeträge.

2 Elektronische Lohnsteuerabzugsmerkmale

2.5.2 Steuerklassen

2.5.2.1 Allgemeines

Die Steuerklassen stellen ein **technisches Hilfsmittel** dar, das es ermöglicht, in einem vereinfachten Verfahren Steuerfreibeträge bei der Erhebung der Lohnsteuer durch den Arbeitgeber zutreffend zu berücksichtigen. Bei diesen Freibeträgen handelt es sich um Pauschbeträge, die im Steuertarif und in besonderen Vorschriften vorgesehen sind, die aber je nach Familienstand und den persönlichen Verhältnissen der Arbeitnehmer in unterschiedlicher Höhe zu gewähren sind.

Nach § 38b EStG sind **sechs Steuerklassen** vorgesehen, von denen die Steuerklassen I bis III die Funktion haben, bestimmte Steuerfreibeträge zu gewähren, und die Steuerklassen IV bis VI die Funktion haben, zu verhindern, dass Steuerfreibeträge mehrfach gewährt werden. Durch die Einreihung der Arbeitnehmer in eine der Steuerklassen werden die in Betracht kommenden Freibeträge zutreffend berücksichtigt.

2.5.2.2 Steuerklasse I

In die Steuerklasse I sind die unbeschränkt steuerpflichtigen ledigen, geschiedenen, verwitweten und verheirateten Arbeitnehmer einzureihen, sofern für die verheirateten, verwitweten und in Sonderfällen auch für die geschiedenen Arbeitnehmer nicht Steuerklasse III oder für alle Arbeitnehmer dieser Familienstände unter bestimmten Voraussetzungen nicht Steuerklasse II in Betracht kommt.

2.5.2.3 Steuerklasse II

Es wechselt ein Arbeitnehmer von der Steuerklasse I gem. § 38b Satz 2 Nr. 2 EStG in Steuerklasse II hinüber, wenn ihm der Entlastungsbetrag für Alleinerziehende nach § 24b EStG zusteht. Der Entlastungsbetrag für Alleinerziehende beträgt als Jahresbetrag 1.908 Euro. Für jeden vollen Kalendermonat, in dem die gesetzlichen Voraussetzungen nicht vorgelegen haben, ermäßigt er sich gem. § 24b Abs. 3 EStG jedoch um ein Zwölftel. Da der Entlastungsbetrag über die Steuerklasse II berücksichtigt wird, besteht nach § 39 Abs. 5 Satz 1 EStG die Verpflichtung des Arbeitnehmers, die Steuerklasse ändern zu lassen, wenn die Steuerklasse II als elektronisches Lohnsteuerabzugsmerkmal gebildet ist, die Voraussetzungen für die Berücksichtigung des Entlastungsbetrags im Laufe des Kalenderjahrs aber entfallen. Durch diese Verpflichtung wird im Rahmen des Lohnsteuerabzugsverfahrens der Möglichkeit der monatsbezogenen Kürzung Rechnung getragen.

Voraussetzung des Entlastungsbetrags ist nach § 24b Abs. 1 EStG, dass zum Haushalt alleinstehender Steuerpflichtiger mindestens ein Kind gehört, für das ihnen ein Freibetrag für Kinder nach § 32 Abs. 6 EStG oder Kindergeld zusteht. Die Zugehörigkeit zum Haushalt ist dabei anzunehmen, wenn das Kind in der Wohnung des alleinstehenden Steuerpflichtigen gemeldet ist. Ist das Kind bei mehreren Steuerpflichtigen gemeldet, steht der Entlastungsbetrag demjenigen alleinstehenden Steu-

2.5 Die elektronischen Lohnsteuerabzugsmerkmale im Einzelnen

erpflichtigen zu, der das Kind in seinen Haushalt aufgenommen hat i. S. des § 64 Abs. 2 Satz 1 EStG. Eine Übertragung des Entlastungsbetrags auf den anderen Elternteil ist nicht vorgesehen. Als alleinstehend gelten nach § 24b Abs. 2 EStG solche Steuerpflichtige, die nicht die Voraussetzungen für die Anwendung des Splitting-Verfahrens (§ 26 Abs. 1 EStG) erfüllen oder verwitwet sind und keine Haushaltsgemeinschaft mit einer anderen volljährigen Person bilden, es sei denn, für diese andere Person steht ihnen ein Freibetrag nach § 32 Abs. 6 EStG oder Kindergeld zu oder es handelt sich um ein Kind im Sinne des Kindergeldrechts nach § 63 Abs. 1 Satz 1 EStG, das einen Dienst nach § 32 Abs. 5 Satz 1 Nr. 1 und 2 EStG leistet oder eine Tätigkeit nach § 32 Abs. 5 Satz 1 Nr. 3 EStG ausübt. Eine Haushaltsgemeinschaft mit einer anderen volljährigen Person wird **vermutet,** wenn sie in der Wohnung des Steuerpflichtigen mit Haupt- oder Nebenwohnsitz gemeldet ist. Diese Vermutung kann widerlegt werden außer in den Fällen, in denen der Steuerpflichtige und die andere Person in einer eheähnlichen Gemeinschaft oder in einer eingetragenen Lebensgemeinschaft leben. Dies hat beispielsweise zur Folge, dass nichteheliche Lebensgemeinschaften mit Kindern i. d. R. keinen Anspruch auf diesen Entlastungsbetrag haben. Ebenso ist es schädlich, wenn eine alleinerziehende Person zusammen mit einem Großelternteil des Kindes in derselben Wohnung wohnt und eine Haushaltsgemeinschaft bildet. Auch die Haushaltsgemeinschaft des alleinerziehenden Elternteils und seines minderjährigen Kindes mit einem Geschwisterkind über 18 Jahre, für das dem Steuerpflichtigen kein Kinderfreibetrag mehr zusteht oder das keine Tätigkeit i. S. des § 32 Abs. 5 Satz 1 Nr. 1 bis 3 EStG leistet, ist schädlich für die Gewährung des Entlastungsbetrags. Weitere Einzelheiten sind durch das BMF-Schreiben vom 29.10.2004 (BStBl 2004 I S. 1042) geregelt.

> **Beispiel:**
> Eine ledige 20-jährige Angestellte mit einem nichtehelichen Kind, für das sie einen Kinderfreibetrag erhält und mit dem sie in ihrer einzigen, ausschließlich von diesen beiden bewohnten Wohnung gemeldet ist, wechselt zulässig in die Steuerklasse II.

Zudem wird dem Alleinerziehenden für jedes weitere Kind, das zu seinem Haushalt gehört und für das ihm ein Freibetrag nach § 32 Abs. 6 EStG oder Kindergeld zusteht, ein Erhöhungsbetrag von 240 Euro je Kind gewährt. Dieser Erhöhungsbetrag je Kind wird nicht in der Steuerklasse II automatisch berücksichtigt. Um bereits eine Berücksichtigung im laufenden Jahr zu erhalten, sollte der Stpfl. einen Antrag auf Lohnsteuerermäßigung stellen (§ 39a EStG). Stellt er keinen Antrag auf Ermittlung eines Freibetrags, wird der Erhöhungsbetrag je Kind erst im Rahmen der Einkommensteuerveranlagung berücksichtigt.

2.5.2.4 Steuerklasse III

Unter bestimmten Voraussetzungen gehören nach § 38b Nr. 3 EStG in die Steuerklasse III verheiratete und verwitwete Arbeitnehmer sowie Arbeitnehmer, deren Ehe/Lebenspartnerschaft aufgelöst worden ist.

1. In die Steuerklasse III sind **verheiratete/verpartnerte Arbeitnehmer** einzureihen unter den Voraussetzungen, dass beide Ehegatten/Lebenspartner unbeschränkt steuerpflichtig sind und nicht dauernd getrennt leben, und ferner, dass der Ehegatte/Lebenspartner des Arbeitnehmers entweder keinen Arbeitslohn bezieht oder aber Arbeitslohn bezieht und in die Steuerklasse V eingereiht ist.

Für die Einreihung in die Steuerklasse III ist unbeachtlich, ob der Ehegatte/Lebenspartner Einkünfte aus anderen Einkunftsarten (§ 2 EStG) bezieht.

> **Beispiel:**
> Die Ehefrau eines freiberuflich tätigen Architekten ist Behördenangestellte.
> Die Ehefrau ist in Steuerklasse III einzustufen.

Die Ehegatten/Lebenspartner sind **unbeschränkt steuerpflichtig,** wenn sie ihren Wohnsitz oder gewöhnlichen Aufenthalt in der Bundesrepublik Deutschland haben (§ 1 Abs. 1 und 2 EStG) oder der andere Ehegatte/Lebenspartner nach § 1 Abs. 3 EStG i. V. m. § 1a Abs. 1 Nr. 2 EStG als unbeschränkt steuerpflichtig gilt. Im Fall des § 1a Abs. 1 Nr. 2 EStG ist es nicht erforderlich, dass der Ehegatte/Lebenspartner ebenfalls Staatsangehöriger eines EU/EWR-Mitgliedstaates ist. Allerdings bewirkt dann die Gewährung der Steuerklasse III eine Pflichtveranlagung nach § 46 Abs. 2 Nr. 7 Buchst. a EStG.

Ein **dauerndes Getrenntleben** ist anzunehmen, wenn die zum Wesen der Ehe/Lebenspartnerschaft gehörende **Lebens- und Wirtschaftsgemeinschaft** nach dem Gesamtbild der Verhältnisse auf die Dauer nicht mehr besteht. Entscheidend für die dauernde Trennung ist die Absicht eines oder beider Ehegatten/Lebenspartner, die eheliche/lebenspartnerschaftliche Lebens- und Wirtschaftsgemeinschaft nicht fortsetzen zu wollen. Die sonst nicht erforschbare Absicht muss durch Absichtsfolgewirkungen äußerlich erkennbar sein.

> **Beispiel:**
> Der Ehemann verlässt die gemeinsame eheliche Wohnung, um künftig mit einer anderen Frau zusammenzuleben.

Dem Getrenntleben kommt nach dem neuen Scheidungsrecht besondere Bedeutung zu. Denn nur das Getrenntleben wird noch als einziger Scheidungsgrund anerkannt. An das Getrenntleben knüpft § 1566 BGB die unwiderlegbare Vermutung, dass die Ehe gescheitert ist, wenn die Ehegatten seit mindestens einem Jahr getrennt leben. Nach § 1567 BGB leben Ehegatten getrennt, wenn zwischen ihnen keine häusliche Gemeinschaft besteht und ein Ehegatte sie erkennbar nicht herstellen will, weil er die eheliche Gemeinschaft ablehnt. In dieser Vorschrift wird ausdrücklich anerkannt, dass die häusliche Gemeinschaft auch dann nicht mehr besteht, wenn die Ehegatten innerhalb der ehelichen Wohnung getrennt leben. Der Vortrag der Eheleute im Ehescheidungsverfahren, in dem Kalenderjahr getrennt gelebt zu haben,

2.5 Die elektronischen Lohnsteuerabzugsmerkmale im Einzelnen

stellt ein gewichtiges Indiz für dauerndes Getrenntleben dar, wenn auch eine rechtliche Bindung fehlt.[1] Diese Aussage kann nur durch nachgewiesene Unrichtigkeit entkräftet werden. Ein gescheiterter Versöhnungsversuch unterbricht – anders als nach § 1567 Abs. 2 BGB – steuerlich das „dauernde" Getrenntleben.[2]

Aber nicht jedes räumliche Getrenntleben der Ehegatten führt zur Aufhebung der ehelichen Lebens- und Wirtschaftsgemeinschaft. Das ist insbesondere dann nicht der Fall, wenn die räumliche Trennung für kürzere oder längere Dauer beruflich oder aus zwingenden Gründen veranlasst ist und sonst keine erkennbaren Gründe von Gewicht vorhanden sind, die darauf schließen lassen, dass die Lebens- und Wirtschaftsgemeinschaft nicht aufrechterhalten werden soll.

Dasselbe gilt für das Getrenntleben und die Aufhebung einer Lebenspartnerschaft (§ 15 LPartG).

Beispiele:
Der Lebenspartner befindet sich auf unbestimmte Zeit auf einer Dienstreise in China.
Die Ehefrau ist zur Heilbehandlung auf unbestimmte Zeit in ein Krankenhaus eingeliefert worden.
Der Kapitän befindet sich mit seinem Schiff ein Jahr lang auf Trampfahrt zwischen Nord- und Südamerika.

Es ist häufig schwierig zu entscheiden, ob Ehegatten/Lebenspartner dauernd getrennt leben. In der Regel sind deshalb die Angaben der Ehegatten/Lebenspartner anzuerkennen (H 26 „Getrenntleben" EStH).

2. In die Steuerklasse III sind ferner Arbeitnehmer einzureihen, die **verwitwet** sind. Voraussetzungen hierfür sind, dass sie und ihr verstorbener Ehegatte/Lebenspartner im Zeitpunkt seines Todes unbeschränkt steuerpflichtig waren und nicht dauernd getrennt gelebt haben. Sie sind **nur für das Kalenderjahr** in die Steuerklasse III einzustufen, **das dem Kalenderjahr folgt, in dem der Ehegatte/Lebenspartner verstorben ist.** Dies entspricht der Anwendung des Splittingverfahrens in jenem (Folge-)Jahr gem. § 32a Abs. 6 Satz 1 Nr. 1 EStG.

Verwitwete Arbeitnehmer sind alleinstehend wie andere in die Steuerklasse I und II einzureihende Arbeitnehmer auch. Die Besserstellung der verwitweten Arbeitnehmer ist eine auf Billigkeitserwägungen beruhende gesetzliche Übergangsregelung und wurde deshalb nur für einen kurzen Zeitraum getroffen und daher auf ein Jahr beschränkt.

3. Auch **nur für ein Kalenderjahr** sind in die Steuerklasse III schließlich Arbeitnehmer einzureihen, deren Ehe/Lebenspartnerschaft in diesem Kalenderjahr **aufgelöst** worden ist. Für die Einreihung in Steuerklasse III müssen folgende Voraussetzungen erfüllt sein:

---
[1] BFH vom 13.12.1985 IV R 92/82 (BStBl 1986 II S. 486).
[2] Hessisches FG vom 14.04.1988 – 9 K 70/85 (EFG 1988 S. 639).

- Die früheren Ehegatten/Lebenspartner der aufgelösten Ehe/Lebenspartnerschaft mussten im Kalenderjahr der Auflösung zu irgendeinem Zeitpunkt beide unbeschränkt steuerpflichtig gewesen sein und durften nicht dauernd getrennt gelebt haben;
- der frühere Ehegatte/Lebenspartner des Arbeitnehmers muss in demselben Kalenderjahr, in dem die Ehe/Lebenspartnerschaft aufgelöst worden ist, wieder geheiratet haben und
- der frühere Ehegatte/Lebenspartner und sein neuer Ehegatte/Lebenspartner müssen unbeschränkt steuerpflichtig sein und dürfen nicht dauernd getrennt leben.

Hier stellt sich das **Problem**, dass der frühere Ehegatte/Lebenspartner, der wieder geheiratet hat, im Kalenderjahr der Auflösung der Ehe/Lebenspartnerschaft sowohl mit dem Arbeitnehmer aus früherer Ehe/Lebenspartnerschaft wie auch mit seinem neuen Ehegatten/Lebenspartner die Voraussetzungen für eine Zusammenveranlagung bzw. für die Steuerklasse III erfüllt und folglich mit beiden zusammen veranlagt werden müsste. Das Gesetz löst das Problem in der Weise, dass der Ehegatte/Lebenspartner, der wieder geheiratet hat, mit seinem neuen Ehegatten/Lebenspartner zusammen zu veranlagen bzw. in Steuerklasse III einzustufen ist und dass der Arbeitnehmer, um ihn nicht zu benachteiligen, für dieses Kalenderjahr ebenfalls in die Steuerklasse III eingereiht wird. Dies korrespondiert mit der Anwendung des Splittingverfahrens nach § 32a Abs. 6 Satz 1 Nr. 2 EStG.

Die Ehe/Lebenspartnerschaft des Arbeitnehmers kann durch Tod, Scheidung oder Aufhebung aufgelöst worden sein.

Arbeitnehmer in den hier in Betracht kommenden Fällen können der verstorbene Ehegatte/Lebenspartner oder jeder der beiden geschiedenen Ehegatten/Lebenspartner bzw. der Ehegatte/Lebenspartner aus der aufgehobenen Ehe/Lebenspartnerschaft sein, je nachdem von wessen Standpunkt aus die Rechtslage zu beurteilen ist. Selbstverständlich ist der Verstorbene kein Steuerpflichtiger mehr, für den elektronische Lohnsteuerabzugsmerkmale gebildet werden können oder dem ein Steuerbescheid zugeschickt werden könnte. Das ändert aber nichts daran, dass Einnahmen, die ihm zu Lebzeiten zugeflossen sind, noch entsprechend seinem Familienstand und seinen persönlichen Verhältnissen nach Steuerklasse III besteuert werden müssen. Dabei treten in seine Rechtsstellung nach § 45 Abs. 1 AO seine Erben, mit denen das Finanzamt in Verbindung zu treten hat.

Gerade die Tatbestände, nach denen ein Ehegatte/Lebenspartner verstorben ist und der Verwitwete im Sterbejahr eine neue Ehe/Lebenspartnerschaft eingegangen ist, sind die Hauptanwendungsfälle dieser Vorschrift. In Scheidungs-/Aufhebungs- und Eheanfechtungsfällen sind sämtliche Voraussetzungen in einem Kalenderjahr nur selten erfüllt.

Nach § 46 Abs. 2 Nr. 6 EStG ist für alle diese Fälle eine Einkommensteuerveranlagung vorgeschrieben.

2.5 Die elektronischen Lohnsteuerabzugsmerkmale im Einzelnen

Hat der Arbeitnehmer, der in Steuerklasse III einzureihen ist, zu berücksichtigende Kinder, so werden sie ihm für die Berücksichtigung als Lohnsteuerabzugsmerkmal voll zugerechnet (§ 38b Abs. 2 Satz 1 Nr. 2 EStG). Davon zu unterscheiden ist die zeitanteilige Berücksichtigung von Kinderfreibeträgen im Rahmen der Veranlagung.

Beispiel:
Der Arbeiter A mit drei Kindern unter 18 Jahren stirbt am 15. April. Der Arbeiter A ist in die Steuerklasse III einzureihen und erhält 3,0 als Zahl der Kinderfreibeträge für die Zuschlagsteuern nach § 51a Abs. 2a EStG als Jahresfreibeträge. Seine Witwe heiratet am 10. Oktober den Angestellten B.

Der Arbeiter A wird nach dem Splittingverfahren zur Einkommensteuer veranlagt. Das zu versteuernde Einkommen ist aus den Einnahmen zu ermitteln, die ihm bis zum 15. April zugeflossen sind. Für seine 3 Kinder erhält er bei der Einkommensteuerveranlagung zeitanteilige Kinderfreibeträge von je 786 € und zeitanteilige Freibeträge für den Betreuungs- und Erziehungs- oder Ausbildungsbedarf von je 440 € oder – soweit günstiger – das Kindergeld angerechnet.

2.5.2.5 Steuerklasse IV

Nach § 38b Abs. 1 Satz 2 Nr. 4 EStG gehören in die Steuerklasse IV Arbeitnehmer, die verheiratet sind, wenn beide Ehegatten/Lebenspartner unbeschränkt steuerpflichtig sind, nicht dauernd getrennt leben und beide Arbeitslohn beziehen. (Hinweis: Ab 01.01.2018 gilt dies auch, wenn einer der Ehegatten keinen Arbeitslohn bezieht und kein Antrag nach § 38b Abs. 1 Satz 2 Nr. 3 Buchst. a EStG gestellt worden ist; § 38b Abs. 1 Satz 2 Nr. 4 EStG n. F.).

Die bei Steuerklasse IV erforderlichen Voraussetzungen sind dieselben wie bei den verheirateten/verpartnerten Arbeitnehmern der Steuerklasse III, wobei dort der andere Ehegatte/Lebenspartner, der Arbeitslohn bezieht, in die Steuerklasse V einzustufen ist. Abweichend von dieser für Steuerklasse III getroffenen Regelung ist die Steuerklasse IV aber als Lohnsteuerabzugsmerkmal für das erste Dienstverhältnis beider Ehegatten/Lebenspartner zu berücksichtigen. Die Steuerklasse IV entspricht der Einzelveranlagung von Ehegatten/Lebenspartnern nach §§ 26, 26a EStG. Die Steuerklasse IV teilt jedem Ehegatten/Lebenspartner die ihm zustehenden Freibeträge zu und verhindert, dass einem Ehegatten/Lebenspartner Freibeträge in doppelter Höhe, wie das bei Steuerklasse III der Fall ist, gewährt werden. Bei Steuerklasse IV wird jeder Ehegatte/Lebenspartner steuerlich wie ein Alleinstehender in Steuerklasse I behandelt. Die Steuerklasse IV ist für Eheleute/Lebenspartner vorgesehen, die Arbeitslohn in etwa gleicher Höhe beziehen.

2.5.2.6 Steuerklasse V

In Steuerklasse V gehören nach § 38b Abs. 1 Satz 2 Nr. 5 EStG verheiratete/verpartnerte Arbeitnehmer unter den gleichen Voraussetzungen wie in Steuerklasse IV, wenn deren Ehegatte/Lebenspartner auf Antrag beider Ehegatten/Lebenspartner in

Steuerklasse III eingereiht wird. Als Lohnsteuerabzugsmerkmal des anderen Ehegatten/Lebenspartners ist dann die Steuerklasse III zu berücksichtigen.

Die Steuerklasse V ist für den Ehegatten/Lebenspartner mit dem geringeren Arbeitslohn vorgesehen. Es ist aber der freien Entscheidung der Ehegatten/Lebenspartner überlassen, zu bestimmen, bei wem die Steuerklasse III oder V als Lohnsteuerabzugsmerkmal berücksichtigt werden soll, wie es ihnen auch überlassen ist, zwischen der Kombination IV/IV und der Kombination III/V zu wählen.

Bei einem Arbeitnehmer mit der Steuerklasse V als Lohnsteuerabzugsmerkmal wird in jedem Fall zu viel Lohnsteuer einbehalten, wenn auch die Ehegatten/Lebenspartner zusammen zutreffend besteuert werden mögen. Die zu hohe Besteuerung ist darauf zurückzuführen, dass dem Ehegatten/Lebenspartner in der Steuerklasse III Freibeträge gewährt werden, die dem Arbeitnehmer zustehen. Die Steuerklasse V verhindert gerade, dass diese Freibeträge noch einmal bei dem Arbeitnehmer berücksichtigt werden. Dennoch kann, wenn man die Lohnsteuerabzüge beider Ehegatten/Lebenspartner betrachtet, die Kombination III/V dazu führen, dass der Lohnsteuerabzug geringer ausfällt als bei der Kombination IV/IV. Es hängt von der Höhe der Arbeitslöhne beider Ehegatten/Lebenspartner ab, bei welcher Steuerklassenkombination das Jahr über zusammen die geringste Lohnsteuer entrichtet werden muss (günstigste Steuerklassenkombination). Falls sich der betragsmäßige Unterschied beider Arbeitslöhne in einem bestimmten Rahmen bewegt, kann die Kombination III/V insgesamt zu einem geringeren Lohnsteuerabzug führen als die Kombination IV/IV. Zu beachten ist bei der Vergleichsprüfung auch, ob die Ehegatten/Lebenspartner der Sozialversicherungspflicht unterliegen oder nicht. Die Steuerklassenkombination III/V ist so gestaltet, dass die Summe der Steuerabzugsbeträge beider Ehegatten/Lebenspartner in etwa der zu erwartenden Jahressteuer entspricht, wenn der in Steuerklasse III eingestufte Arbeitnehmer circa 60 %, der in Steuerklasse V eingestufte circa 40 % des gemeinsamen Arbeitseinkommens erzielt. Um den Arbeitnehmerehegatten/-lebenspartnern die Steuerklassenwahl zu erleichtern haben das Bundesfinanzministerium und die obersten Finanzbehörden der Länder Tabellen ausgearbeitet (siehe Merkblatt zur Steuerklassenwahl für das Jahr 2017 bei Ehegatten oder Lebenspartnern, die beide Arbeitnehmer sind). Aus diesen ist ersichtlich, ab welchem Arbeitslohnverhältnis die Steuerklassenkombination den in der Summe geringsten Lohnsteuerabzug ergibt. Soweit beim Lohnsteuerabzug Freibeträge zu berücksichtigen sind, sind diese vor Anwendung der jeweils in Betracht kommenden Tabelle vom monatlichen Bruttoarbeitslohn abzuziehen.

Beispiel:

Bei einem Arbeitnehmer-Ehepaar, beide sozialversicherungspflichtig, bezieht der höher verdienende Ehegatte im Jahr 2017 einen Monatslohn (nach Abzug etwaiger Freibeträge) von 3.000 €. Wenn in diesem Fall der Monatslohn des geringer verdienenden Ehegatten (nach Abzug etwaiger Freibeträge) nicht mehr als 2.152 € beträgt, führt die Steuerklassenkombination III/V zur geringsten Lohnsteuer.

2.5 Die elektronischen Lohnsteuerabzugsmerkmale im Einzelnen

Würde der Monatslohn des geringer verdienenden Ehegatten (nach Abzug etwaiger Freibeträge) 2.152 € übersteigen, so würde die Steuerklassenkombination IV/IV für die Ehegatten zu einem geringeren oder zumindest nicht höheren Lohnsteuerabzug als die Steuerklassenkombination III/V führen.

Bei der Wahl der Steuerklassenkombination sollten die Ehegatten/Lebenspartner aber auch daran denken, dass die Steuerklassenkombination über die dann einzubehaltende Lohnsteuer auch die Lohnersatzleistungen beeinflussen kann, wie z. B. Arbeitslosengeld, Arbeitslosenhilfe, Krankengeld, Übergangsgeld und Elterngeld.

2.5.2.7 Steuerklasse IV mit Faktor

Anstelle der Steuerklassenkombination III/V können Arbeitnehmerehegatten/-lebenspartner gem. § 39f EStG die Steuerklassenkombination IV-Faktor/IV-Faktor wählen (**Faktorverfahren**). Es wird dabei als Lohnsteuerabzugsmerkmal des jeweiligen Ehegatten/Lebenspartners jeweils die Lohnsteuerklasse IV i. V. m. einem Faktor zur Ermittlung der Lohnsteuer gebildet, falls dieser Faktor geringer als 1 ist. Dadurch wird der relativ hohe Lohnsteuerabzug in der Steuerklasse V vermieden, der häufig als Hemmschwelle für Beschäftigungsaufnahme im Niedriglohnbereich empfunden wurde. Durch das Faktorverfahren wird erreicht, dass bei jedem Ehegatten/Lebenspartner die steuerentlastenden Vorschriften, insbesondere der Grundfreibetrag, beim eigenen Lohnsteuerabzug berücksichtigt werden wie bei Anwendung der Steuerklasse IV. Zudem tritt, anders als bei der Steuerklassenkombination IV/IV, durch die Berücksichtigung des Faktors beim Lohnsteuerabzug die steuermindernde Wirkung des Splittingverfahrens ein. Dies wird dadurch erreicht, dass die voraussichtliche Einkommensteuer für beide Eheleute/Lebenspartner auf der Basis der Arbeitslöhne ihrer **ersten Dienstverhältnisse** unter Anwendung des Splittingverfahrens (Y) durch die Summe der voraussichtlichen Lohnsteuern (X) bei Anwendung der Steuerklasse IV für jeden Ehegatten/Lebenspartner dividiert wird. Das Ergebnis dieser Division ist der einzutragende Faktor, der mit drei Nachkommastellen ohne Rundung vom Finanzamt zu berechnen ist.

Einzutragender Faktor = Y : X

Arbeitslohn aus weiteren Dienstverhältnissen wird dabei ebenso wenig berücksichtigt wie die darauf entfallende Lohnsteuer. Für diese weiteren Dienstverhältnisse erfolgt der Lohnsteuerabzug weiterhin nach Steuerklasse VI ohne Anwendung des Faktorverfahrens.

Mögliche Freibeträge nach § 39a Abs. 1 Nr. 1 bis 6 EStG werden gem. § 39f Abs. 1 Satz 6 EStG **bei der Berechnung von Y** berücksichtigt und wirken sich damit über den Faktor auf den Lohnsteuerabzug aus. Daher werden diese Freibeträge zwecks Vermeidung einer doppelten Begünstigung neben dem Faktor nicht mehr als Lohnsteuerabzugsmerkmal gebildet.

Dagegen ist ein Hinzurechnungsbetrag nach § 39a Abs. 1 Nr. 7 EStG sowohl bei der Berechnung von X als auch von Y gem. § 39f Abs. 1 Satz 7 EStG zu berücksichtigen und auch zusätzlich als Lohnsteuerabzugsmerkmal für das erste Dienstverhältnis zu bilden. Der voraussichtliche Jahresarbeitslohn aus dem ersten Dienstverhältnis wird also um den Hinzurechnungsbetrag erhöht.

Wurde ein Faktor gebildet, ist gem. § 46 Abs. 2 Nr. 3a EStG eine (Pflicht-)Veranlagung durchzuführen, da das Faktorverfahren, wie i. d. R. das Lohnsteuerabzugsverfahren allgemein, kein endgültiges Verfahren ist und die genaue Einkommensteuer daher in einer nachfolgenden Veranlagung zu ermitteln ist.

Für die Bildung des Faktors ist verfahrensmäßig das Finanzamt zuständig (§ 39f Abs. 3 EStG). Hierfür ist § 39 Abs. 6 Satz 3 und 4 EStG entsprechend anwendbar. Für die Bildung des Faktors als Lohnsteuerabzugsmerkmal ist ein Antrag beider Ehegatten/Lebenspartner erforderlich. Dieser kann formlos beim Finanzamt unter Angabe der für die Berechnung des Faktors erforderlichen Angaben eingereicht werden. Er kann auch mit dem von beiden Ehegatten/Lebenspartnern unterschriebenen Vordruck des Antrags auf Lohnsteuer-Ermäßigung beantragt werden. Die Verwendung dieses Vordrucks ist Pflicht, wenn bei der Faktorermittlung zugleich Beträge nach § 39a Abs. 1 Satz 1 Nr. 1 bis 6 EStG berücksichtigt werden sollen. Der Faktor muss spätestens mit Ablauf des Kalenderjahres, das auf das Kalenderjahr folgt, in dem der Faktor erstmals gilt oder zuletzt geändert worden ist, neu beim Finanzamt beantragt und gebildet werden. Der Wechsel von der Steuerklassenkombination III/V hin zur Steuerklassenkombination IV/IV i. V. m. dem Faktor kann beim Finanzamt beantragt werden. Die Bildung eines Faktors durch das Finanzamt **im laufenden Jahr** gilt als Steuerklassenwechsel, sodass in diesem Kalenderjahr grundsätzlich kein weiterer Steuerklassenwechsel nach III/V vorgenommen werden darf.

§ 39 Abs. 6 Satz 3 und 4 EStG gilt auch für die Änderung des Faktors. Sollen bei einem gebildeten Faktor jedoch **erstmals** steuermindernde Beträge nach § 39a Abs. 1 EStG berücksichtigt oder im Laufe des Jahres erhöht oder vermindert werden, ist eine weitere, insoweit zwangsläufig eintretende, Änderung des Faktors nicht ausgeschlossen. Danach kann vom Arbeitnehmer im Faktorverfahren wie in anderen Fällen auch eine erstmalige oder weitere Ermäßigung beim Lohnsteuerabzug unabhängig von der Regelung in § 39 Abs. 6 Satz 3 und 4 EStG erreicht werden.

Da Vorsorgeaufwendungen des Arbeitnehmers bereits im Rahmen des Lohnsteuerabzugsverfahrens durch den Ansatz einer Vorsorgepauschale nach § 39b Abs. 2 Satz 5 Nr. 3 EStG berücksichtigt werden, sind entsprechende Angaben hierzu bei Antragstellung zu machen, damit eine zutreffende Berechnung des Faktors erfolgen kann. Entsprechend der Zusammensetzung der Vorsorgepauschale aus den Teilbeträgen gem. § 39b Abs. 2 Satz 5 Nr. 3 Buchst. a bis d EStG sind hierzu Angaben zur Renten-, Kranken- und Pflegeversicherung zu machen.

Aufgrund der erklärten Arbeitslöhne und der Angaben zur Berechnung der Vorsorgepauschale, ggf. weiterer Angaben zu Freibeträgen nach § 39a Abs. 1 Nr. 1 bis 6

2.5 Die elektronischen Lohnsteuerabzugsmerkmale im Einzelnen

EStG und zu Hinzurechnungsbeträgen nach § 39a Abs. 1 Nr. 7 EStG, wird durch das Finanzamt für jeden Ehegatten/Lebenspartner die nach Steuerklasse IV einzubehaltende Lohnsteuer und des Weiteren die sich bei einer Veranlagung der Ehegatten/Lebenspartner bei Anwendung des Splittingverfahrens ergebende Einkommensteuer (Y) ermittelt. Das Verhältnis zwischen der ermittelten Einkommensteuer (Y) und der Summe der Lohnsteuern (X) ergibt den Faktor (Y : X), der auf drei Nachkommastellen berechnet wird. Diesen Faktor bildet dann das Finanzamt als Lohnsteuerabzugsmerkmal für beide Ehegatten/Lebenspartner jeweils zur Steuerklasse IV, wenn der Faktor kleiner als 1 ist. Anschließend berechnet dann der Arbeitgeber (programmmäßig) die Lohnsteuer nach der Steuerklasse IV und multipliziert mit dem Faktor, was dann den Lohnsteuerabzug ergibt.

Beispiel:
Die Ehegatten M und F beantragen für den Lohnsteuerabzug des Jahres 2017 das Faktorverfahren. Der voraussichtliche Jahresarbeitslohn der F beträgt 15.000 €, der des M 40.000 €. Zudem erklären M und F, dass sie beide in der gesetzlichen Renten-, Kranken- und sozialen Pflegeversicherung pflichtversichert sind.
Es sind zunächst die Jahreslohnsteuern von M und F nach § 39b Abs. 2 EStG zu berechnen unter Anwendung der Lohnsteuerklasse IV. Die Jahreslohnsteuern 2017 betragen bei Anwendung der Steuerklasse IV für M 6.412 € und für F 392 €. Die Summe X der Lohnsteuer beträgt demnach 6.804 €. Die Einkommensteuer beträgt für das gemeinsame Arbeitseinkommen nach dem Splittingverfahren 6.216 €[1]. Damit beträgt der Faktor Y : X = 0,913. Diesen Faktor bildet das Finanzamt als Lohnsteuerabzugsmerkmal für beide Ehegatten. Der Arbeitgeber von M wendet auf den (Jahres-)Arbeitslohn von 40.000 € die Steuerklasse IV unter Anwendung des Faktors an: 6.412 € × 0,913 = 5.854 €. Der Arbeitgeber von F wendet auf den (Jahres-)Arbeitslohn von 15.000 € die Steuerklasse IV unter Anwendung des Faktors an: 392 € × 0,913 = 357 €. Die Summe der Lohnsteuer unter Anwendung des Faktorverfahrens beträgt für die Ehegatten 6.211 € und entspricht damit in etwa der für das gesamte Arbeitseinkommen festzusetzenden Einkommensteuer unter Anwendung des Splittingverfahrens.

Für die Erhebung der Zuschlagsteuern (Kirchensteuer und Solidaritätszuschlag) sind § 51a Abs. 2a Satz 3 EStG bzw. § 3 Abs. 2a Satz 3 SolzG zu beachten. Danach ist zunächst die Lohnsteuer gem. § 51a Abs. 2a EStG bzw. § 3 Abs. 2a SolzG zu ermitteln, also unter Berücksichtigung der als Lohnsteuerabzugsmerkmal gebildeten Zahl der Kinderfreibeträge, und anschließend ist der Faktor anzuwenden. Das Ergebnis ist dann die jeweilige Bemessungsgrundlage der Zuschlagsteuer.

Der Faktor ist im Lohnkonto gem. § 4 Abs. 1 Nr. 1 LStDV aufzuzeichnen, weil es sich um ein für den Lohnsteuerabzug als Lohnsteuerabzugsmerkmal gebildetes allgemeines Besteuerungsmerkmal i. V. m. der Steuerklasse IV handelt.

Die Höhe der steuermindernden Wirkung des Splittingverfahrens hängt von der Höhe der Lohnunterschiede ab. Mit dem Faktorverfahren wird der Lohnsteuerabzug

---
[1] Siehe dazu auch Abgabenrechner des BMF für 2017 unter:
https://www.bmf-steuerrechner.de/fb2017/?clean=true.

2 Elektronische Lohnsteuerabzugsmerkmale

der voraussichtlichen Jahressteuerschuld sehr genau angenähert. Damit können höhere Nachzahlungen vermieden werden, die bei der Steuerklassenkombination III/V auftreten. In solchen Fällen ist die Summe der Lohnsteuer im Faktorverfahren dann folgerichtig höher als bei der Steuerklassenkombination III/V. Grundsätzlich führt die Steuerklassenkombination IV/IV-Faktor zu einer erheblich anderen Verteilung der Lohnsteuer zwischen den Ehegatten/Lebenspartnern als die Steuerklassenkombination III/V. Die Ehegatten/Lebenspartner sollten daher beim Faktorverfahren – ebenso wie bei der Steuerklassenkombination III/V – daran denken, dass dies die Höhe der Entgelt-/Lohnersatzleistungen beeinflussen kann.

Beispiel:
Arbeitnehmer A erzielt im Jahr 2017 einen monatlichen Bruttolohn von 3.000 €. Seine ebenfalls als Arbeitnehmerin beschäftigte Ehefrau B einen monatlichen Bruttolohn von 1.700 €. Beide Ehegatten sind sozialversicherungspflichtig.
Jährliche Lohnsteuer bei Steuerklassenkombination IV/IV:
Ehegatte A bei einem Jahresarbeitslohn von 36.000 €: 5.324 €
Ehegatte B bei einem Jahresarbeitslohn von 20.400 €: 1.526 €
Die Summe X der Lohnsteuern der Ehegatten bei Steuerklassenkombination IV/IV beträgt 6.850 € und die voraussichtliche Einkommensteuer Y im Splittingverfahren 6.646 €[1]. Der Faktor Y : X (6.646 € : 6.850 €) beträgt damit 0,970. Die Lohnsteuer für A beträgt bei Steuerklasse IV mit Faktor (5.324 € × 0,970 =) 5.164 € und die für B (1.526 € × 0,970 =) 1.480 €; insgesamt 6.644 €.
Bei der Steuerklassenkombination III/V (A III und B V) hätte die Jahreslohnsteuer bei A 2.396 € betragen und bei B 3.921 €. Die Lohnsteuer ist bei der Steuerklassenkombination IV/IV damit wesentlich anders verteilt als bei der Steuerklassenkombination III/V. Die Lohnsteuerverteilung bei der Steuerklassenkombination IV/IV führt dabei zu einer besseren familienrechtlichen Verteilung der Steuerlast im Innenverhältnis der Ehegatten.

2.5.2.8 Steuerklasse VI

Die Steuerklasse VI gilt nach § 38b Abs. 1 Satz 2 Nr. 6 EStG bei Arbeitnehmern, die nebeneinander von mehreren Arbeitgebern Arbeitslohn beziehen, für die Einbehaltung der Lohnsteuer vom Arbeitslohn aus dem zweiten und weiteren Dienstverhältnis.

Arbeitnehmer, die gleichzeitig Arbeitslohn von mehreren Arbeitgebern beziehen, müssen jedem Arbeitgeber ihre Identifikationsnummer sowie ihr Geburtsdatum mitteilen und ihn informieren, ob es sich um das erste oder ein weiteres Dienstverhältnis handelt. Für das erste Dienstverhältnis wird dem Arbeitgeber als Lohnsteuerabzugsmerkmal die Steuerklasse unter Berücksichtigung des Familienstands mitgeteilt. Dabei können die Steuerklassen I bis V in Betracht kommen. Auf jedes weitere Dienstverhältnis wird dem jeweiligen Arbeitgeber die Steuerklasse VI mitgeteilt. Der Arbeitnehmer kann selbst bestimmen, welches Dienstverhältnis das

---
1 Siehe dazu auch Abgabenrechner des BMF für 2017 unter:
  https://www.bmf-steuerrechner.de/fb2017/?clean=true.

2.5 Die elektronischen Lohnsteuerabzugsmerkmale im Einzelnen

„erste" sein soll. Wenn nicht besondere Gründe vorliegen, wird er als erstes Dienstverhältnis dasjenige bestimmen, bei dem er den höchsten Arbeitslohn bezieht.

Die Lohnsteuerklasse VI ist die ungünstigste von allen Steuerklassen, weil sie kaum noch Freibeträge berücksichtigt, ihr vielmehr die Funktion zukommt, zu verhindern, dass Freibeträge mehrfach gewährt werden.

2.5.2.9 Berücksichtigung einer ungünstigeren Steuerklasse

Nach § 38b Abs. 3 EStG haben unbeschränkt einkommensteuerpflichtige Arbeitnehmer die Möglichkeit, beim Wohnsitzfinanzamt die Berücksichtigung ungünstigerer Lohnsteuerabzugsmerkmale zu beantragen (eine ungünstigere Steuerklasse, eine geringere Anzahl von Kindern; ebenso ist die Rücknahme eines Antrags auf Berücksichtigung des Pauschbetrags für behinderte Menschen möglich); siehe Vordruck „Anträge zu den elektronischen Lohnsteuerabzugsmerkmalen – ELStAM –". Von ungünstigeren Besteuerungsmerkmalen ist stets auszugehen, wenn die vom Arbeitnehmer gewählten Lohnsteuerabzugsmerkmale zu einem höheren Lohnsteuerabzug (inkl. Solidaritätszuschlag und ggf. Kirchensteuer) führen oder wenn statt der Steuerklasse IV die Steuerklasse I gewählt wird. Im Verhältnis zu der Steuerklasse II ist nur die Steuerklasse I, im Verhältnis zur Steuerklasse III sind die Steuerklassen I, II und IV als ungünstiger anzusehen.

Ein solcher Antrag ist z. B. bei Arbeitnehmern denkbar, die dem Arbeitgeber ihren aktuellen Familienstand nicht mitteilen möchten. Um zu vermeiden, dass dem Arbeitgeber z. B. nach einer Eheschließung bzw. Begründung einer Lebenspartnerschaft die nunmehr für verheiratete bzw. verpartnerte Arbeitnehmer in Betracht kommende Steuerklasse III, IV oder V mitgeteilt wird, kann der Arbeitnehmer beantragen, stattdessen die Steuerklasse I beizubehalten.

Um das Ziel der Nichtoffenbarung von geänderten Besteuerungsmerkmalen zu erreichen, kann ein solcher Antrag bereits vor dem maßgebenden Ereignis beim Wohnsitzfinanzamt gestellt werden.

Ein einmal gestellter Antrag ist insoweit auch für die Folgejahre so lange zu berücksichtigen, bis er widerrufen wird.

2.5.3 Berücksichtigung von Kinderfreibeträgen

2.5.3.1 Auswirkung der Berücksichtigung von Kinderfreibeträgen als Lohnsteuerabzugsmerkmal

Freibeträge für Kinder nach § 32 Abs. 6 EStG (Kinderfreibetrag und Freibetrag für Betreuungs- und Erziehungs- oder Ausbildungsbedarf) wirken sich grundsätzlich nicht mehr auf die Höhe des Lohnsteuerabzugs aus, da der Kinderleistungsausgleich durch das vorrangig auszuzahlende Kindergeld erfolgt (vgl. auch Tz. 1.3).

2 Elektronische Lohnsteuerabzugsmerkmale

Trotz des in § 31 Satz 3 EStG geregelten Vorrangs der monatlichen Kindergeldzahlung erfolgt nach § 39 Abs. 4 EStG weiterhin eine Berücksichtigung der Zahl der den Arbeitnehmern bzw. Arbeitnehmerinnen zustehenden Kinderfreibeträge als Lohnsteuerabzugsmerkmal. Diese haben zwar keine Auswirkung mehr auf die Höhe der abzuführenden Lohnsteuer. Sie bleiben aber weiterhin für den Abzug der Zuschlagsteuern Solidaritätszuschlag und Kirchensteuer relevant. Für deren Berechnung bleibt weiterhin die Lohnsteuer maßgebend, die sich ergibt, wenn die entsprechenden Freibeträge für Kinder berücksichtigt werden (§ 51a Abs. 2a EStG).

Beispiel:

Für den Angestellten A – verheiratet, zwei Kinder unter 18 Jahren – wurden für 2017 als Lohnsteuerabzugsmerkmale die Steuerklasse III und 2,0 Kinderfreibeträge gebildet.

Seine Ehefrau bekommt nach gemeinsamem Antrag der Eheleute von der zuständigen Familienkasse monatlich 384 € Kindergeld ausgezahlt.

A erhält im Monat Februar 2017 ein Bruttogehalt von 4.500 €.

Die einzubehaltende Lohnsteuer beträgt 538,66 €, der einzubehaltende Solidaritätszuschlag beträgt unter Berücksichtigung der Freibeträge für Kinder 10,90 € und die Lohnkirchensteuer (bei einem Steuersatz von 8 %) 17,32 €. Bei nur 1,0 Kinderfreibeträgen bliebe die einzubehaltende Lohnsteuer unverändert 538,66 €. Hingegen würden sich der Solidaritätszuschlag auf 20,48 € und die Lohnkirchensteuer auf 29,80 € erhöhen.

Obwohl für die Gewährung von Freibeträgen für Kinder nach § 32 Abs. 6 EStG das Monatsprinzip gilt, wonach nur für solche (angefangenen) Monate, in denen die Voraussetzungen für die Berücksichtigung des Kindes vorgelegen haben, Freibeträge für Kinder gewährt werden, verbleibt es **im Lohnsteuerverfahren** weiterhin bei der Berücksichtigung der **Jahresfreibeträge.**

Nach § 39 Abs. 5 Satz 1 EStG ist der Arbeitnehmer verpflichtet, dem Finanzamt mitzuteilen, wenn bei ihm Voraussetzungen für eine geringere Zahl der Kinderfreibeträge eintreten. Er hat die Zahl der Kinderfreibeträge umgehend ändern zu lassen.

Beispiel:

Ein verheirateter Arbeitnehmer (Steuerklasse III) hat einen Sohn, der im Oktober 2017 das 25. Lebensjahr vollendet hat und an der Universität Karlsruhe Physik studiert. Der Sohn hat den gesetzlichen Zivildienst mit 15 Monaten abgeleistet.

Für den Arbeitnehmer kann auf Antrag ein Kinderfreibetrag (Zähler 1) als Lohnsteuerabzugsmerkmal für das Jahr 2018 gebildet werden, da das Kind am 01.01.2018 zwar bereits das 25. Lebensjahr vollendet hat, aber nach § 32 Abs. 5 Satz 1 Nr. 1 i. V. m. § 32 Abs. 4 Satz 1 Nr. 2 Buchst. a EStG noch bis Januar 2019 als Kind in Berufsausbildung berücksichtigt werden kann.

Da jedoch das Monatsprinzip im Rahmen der Einkommensteuerveranlagung zum Tragen kommt und damit über die entsprechende Berechnung der Einkommensteuer auch auf die Berechnung von Solidaritätszuschlag und Kirchensteuer durchschlagen würde, bestünde somit die Gefahr, dass es im Rahmen der Einkommensteuerveranlagung von Arbeitnehmern zu Nachforderungen dieser Zuschlagsteuern käme,

2.5 Die elektronischen Lohnsteuerabzugsmerkmale im Einzelnen

wenn die Voraussetzungen für die Berücksichtigung der Freibeträge für Kinder nicht für das ganze Kalenderjahr vorgelegen haben. Damit müsste für diese Arbeitnehmer eine Pflichtveranlagung eingeführt werden mit der Möglichkeit der Nachzahlung (nur) beim Solidaritätszuschlag und der Kirchensteuer.

Wegen der relativ geringen finanziellen Auswirkungen wird deshalb nach einer Entscheidung auf Bundesebene der Kinderfreibetrag bei der Veranlagung zur Einkommensteuer – wie im Lohnsteuerabzugsverfahren – **zur Berechnung des Solidaritätszuschlags und der Kirchensteuer** immer **als Jahresbetrag abgezogen.** Dies gilt auch dann, wenn die Voraussetzungen für die Gewährung des Kinderfreibetrags nur für einen Teil des Kalenderjahres vorgelegen haben.[1] Entsprechendes muss auch für den Freibetrag für Betreuungs- und Erziehungs- oder Ausbildungsbedarf des Kindes gelten.

Hinweis: Für die Einkommensteuerveranlagung gilt im Übrigen nach § 51a Abs. 2 EStG, dass unabhängig davon, ob bei der Veranlagung zur Einkommensteuer nach § 31 Satz 4 EStG Freibeträge für Kinder abgezogen werden oder nicht (wegen des günstigeren Kindergeldes), bei der Festsetzung des Solidaritätszuschlags und der Kirchensteuer stets die Freibeträge für Kinder zu berücksichtigen sind, und zwar als Jahresbeträge.

2.5.3.2 Besonderheiten für das Lohnsteuer-Ermäßigungsverfahren

Arbeitnehmern, die für nach § 32 Abs. 1 bis 4 EStG zu berücksichtigende Kinder keinen Anspruch auf Kindergeld haben, können nach § 39a Abs. 1 Nr. 6 EStG für diese Kinder die entsprechenden Freibeträge für Kinder als Lohnsteuerabzugsmerkmal bilden lassen, die sich dann bereits auf die Lohnsteuerberechnung und über diese auch auf die Berechnung von Solidaritätszuschlag und Kirchensteuer auswirken.

Der Kindergeldausschluss kann sich dabei aus § 62 Abs. 2 EStG oder § 63 Abs. 1 Satz 3, 4 oder 6 EStG ergeben.

Soweit für die betreffenden Kinder nach § 39 Abs. 4 EStG bereits Kinderfreibetrags-Zähler als Lohnsteuerabzugsmerkmal gebildet wurden, müssen diese im Gegenzug entsprechend vermindert werden gem. § 39a Abs. 1 Satz 2 Nr. 6 Satz 2 EStG. Ansonsten würden sich die Freibeträge für Kinder bei der Erhebung von Solidaritätszuschlag und Kirchensteuer doppelt auswirken.

> **Beispiel:**
> Arbeitnehmerin L kommt aus den USA. Sie wohnt und arbeitet seit dem 01.01.2017 in Deutschland. Ihre beiden 14 und 16 Jahre alten Kinder und ihr Ehemann wohnen weiterhin in den USA. L besucht ihre Familie regelmäßig.

---
[1] Vgl. auch OFD Berlin vom 17.03.1997 (FR 1997 S. 501).

2 Elektronische Lohnsteuerabzugsmerkmale

L hat nach § 63 Abs. 1 Satz 6 EStG keinen Anspruch auf Kindergeld. Dennoch stehen ihr für beide Kinder für das ganze Jahr 2017 gem. § 32 Abs. 3 EStG Freibeträge für Kinder zu.
Nach § 32 Abs. 6 Satz 3 Nr. 1 EStG insgesamt 2 × 7.356 € = 14.712 €. Im Lohnsteuerermäßigungsverfahren 2017 kann für L nach § 39a Abs. 1 Satz 1 Nr. 6 EStG auf Antrag ein Jahresfreibetrag i. H. von 14.712 € ermittelt werden, der sich auf die Erhebung der Lohnsteuer, des Solidaritätszuschlags und der Kirchensteuer auswirkt. Im Übrigen darf der L nur die Steuerklasse I/–,– bescheinigt werden.

2.5.3.3 Zahl der Kinderfreibeträge als Lohnsteuerabzugsmerkmal

Wird beim Arbeitnehmer ein Kind gem. § 32 EStG berücksichtigt (vgl. auch Tz. 2.5.3.1), führt dies bei den Steuerklassen I bis IV grundsätzlich zur Berücksichtigung von Kinderfreibeträgen als Lohnsteuerabzugsmerkmal.

Berücksichtigt wird die Zahl der nach § 32 Abs. 6 EStG zu gewährenden Kinderfreibeträge für jedes zu berücksichtigende Kind. Es wird dabei grundsätzlich der **Zähler 0,5** je Kind berücksichtigt, wenn dem Arbeitnehmer ein **Kinderfreibetrag von 2.358 Euro** zusteht, oder der **Zähler 1,** wenn dem Arbeitnehmer ein **Kinderfreibetrag von 4.716 Euro** zusteht. Bei den Lohnsteuerklassen **V und VI** erfolgt **keine Berücksichtigung von Freibetragszählern.**

In den Fällen der Steuerklassen III und IV sind nach § 38b Abs. 2 Satz 4 EStG bei der Bildung der Zahl der Kinderfreibeträge auch die Kinder des Ehegatten/Lebenspartners zu berücksichtigen.

Eine Berücksichtigung für nicht unbeschränkt einkommensteuerpflichtige Kinder entfällt gem. R 39.2 Abs. 3 LStR, wenn nach den Verhältnissen des Wohnsitzstaates nur ein nach § 32 Abs. 6 Satz 4 EStG **gekürzter Kinderfreibetrag** in Betracht kommt.

Von der Bildung der Kinderfreibeträge als Lohnsteuerabzugsmerkmal hängt auch die Einordnung von Arbeitnehmern in die Steuerklasse II ab.

Auf Antrag des Arbeitnehmers kann gem. § 38b Abs. 3 EStG eine geringere Zahl der Kinderfreibeträge als Lohnsteuerabzugsmerkmal berücksichtigt werden.

2.5.3.4 Änderung der Anzahl von Kinderfreibeträgen aufgrund geänderter Verhältnisse

Ändern sich die persönlichen Verhältnisse des Arbeitnehmers und treten die Voraussetzungen für eine geringere Zahl der Kinderfreibeträge ein, ist der Arbeitnehmer auch in den Fällen, in denen die Änderung nicht automatisch durch geänderte Meldedaten angestoßen wird, verpflichtet, dies dem Finanzamt mitzuteilen und die Zahl der Kinderfreibeträge umgehend ändern zu lassen (§ 39 Abs. 5 Satz 1 EStG). Allerdings kann der Arbeitnehmer eine **Änderung der Anzahl der** Kinderfreibeträge auch dann **beantragen,** wenn sich die dafür maßgeblichen **Verhältnisse im Laufe des Kalenderjahres zu seinen Gunsten geändert** haben (§ 39 Abs. 6 EStG). Die

Änderung ist dann mit Wirkung von dem Tage an vorzunehmen, an dem erstmals die Voraussetzungen für die Änderung vorlagen. Der Antrag ist gem. § 39 Abs. 6 Satz 6 EStG allerdings nur bis zum 30. November des Jahres möglich.

Beispiele:
1. Von den Eheleuten K und L ist im Kj. 2017 der Ehemann K als Arbeitnehmer beschäftigt. Er ist in Steuerklasse III eingereiht. Am 20.02.2017 wird den Eheleuten ihr erstes Kind geboren.

Die Geburt des Kindes wird von der Gemeinde automatisch dem BZSt elektronisch gemeldet und entsprechend ein Kinderfreibetrag mit Zähler 1,0 als Lohnsteuerabzugsmerkmal gebildet. Jedoch kann K gem. § 39 Abs. 6 EStG auch einen Antrag auf Bildung des vorgenannten Lohnsteuerabzugsmerkmals mit Wirkung vom 20.02.2017 stellen. Dieser Antrag kann bis zum 30.11.2017 gestellt werden.

2. Der ledige Arbeitnehmer S, der bislang in der Lohnsteuerklasse I eingeordnet ist, heiratet am 01.09.2017 die Witwe W, die unmittelbar anschließend zusammen mit ihrer 20 Jahre alten Tochter T in die Wohnung des S zieht. T ist das ganze Jahr 2017 Schülerin des örtlichen Gymnasiums. Der leibliche Vater der T und damalige Ehemann der W ist 2009 verstorben. W ist nicht als Arbeitnehmerin beschäftigt.

Die Heirat wird von der Gemeinde automatisch dem BZSt elektronisch mitgeteilt. Daraufhin wird von Amts wegen S in Steuerklasse III nach § 38b Abs. 1 Satz 2 Nr. 3 Buchst. a Doppelbuchst. aa EStG eingereiht. Allerdings kann S auch nach § 39 Abs. 6 EStG mit Wirkung ab 01.09.2017 einen Antrag auf Lohnsteuerklassenwechsel in Steuerklasse III beim zuständigen Wohnsitzfinanzamt stellen. Ebenfalls mit Wirkung ab dem 01.09.2017 kann S einen Kinderfreibetrag mit dem Zähler 1,0 als Lohnsteuerabzugsmerkmal beantragen, da die T gem. § 38b Abs. 2 Satz 4 EStG nunmehr auch bei S berücksichtigt werden kann. Für T steht der W nach § 32 Abs. 6 Satz 3 EStG ein Kinderfreibetrag von 4.716 € zu, was nach § 38b Abs. 2 Satz 1 Nr. 2 Buchst. b EStG zur Berücksichtigung des Zählers 1,0 führt.

3. Für V ist im Jahr 2017 für seinen 24 Jahre alten Sohn ein Kinderfreibetrag als Lohnsteuerabzugsmerkmal berücksichtigt. Ende April 2017 beendet der Sohn seine Berufsausbildung und ist anschließend beruflich tätig.

Die Berücksichtigung des Kinderfreibetrags-Zählers für den Sohn ist umgehend zu ändern, da es sich um eine Änderung zuungunsten des Arbeitnehmers V handelt, § 39 Abs. 5 Satz 2 EStG. Folglich ist V verpflichtet diese Änderung dem Finanzamt mitzuteilen.

2.5.3.5 Haushaltsgemeinschaft mit einem Kind bei Steuerklasse II

Gemäß § 38b Abs. 1 Satz 2 Nr. 2 EStG werden Arbeitnehmer in die Steuerklasse II eingestuft, wenn bei ihnen der Entlastungsbetrag für Alleinerziehende nach § 24b EStG zu berücksichtigen ist. Durch die Entlastung soll dem Umstand Rechnung getragen werden, dass Alleinerziehenden aufgrund ihrer Lebenssituation regelmäßig höhere Kosten für die Lebensführung entstehen als dies bei Elternteilen der Fall ist, die einen gemeinsamen Haushalt mit einer anderen erwachsenen Person führen.

Voraussetzung für die Gewährung des Entlastungsbetrags ist nach § 24b Abs. 1 EStG, dass zum Haushalt alleinstehender Steuerpflichtiger mindestens ein Kind gehört, für das ihnen ein Freibetrag für Kinder nach § 32 Abs. 6 EStG oder Kindergeld zusteht. Die Zugehörigkeit zum Haushalt ist dabei anzunehmen, wenn das

Kind in der Wohnung des alleinstehenden Steuerpflichtigen gemeldet ist. Auch ein Kind, das zwar in der Wohnung des alleinstehenden Steuerpflichtigen gemeldet ist, aber tatsächlich in einer eigenen Wohnung lebt, gehört i. S. des § 24b Abs. 1 Satz 1 EStG zum Haushalt des Steuerpflichtigen. Die Meldung nach § 24b Abs. 1 Satz 2 EStG begründet eine unwiderlegbare Vermutung der Haushaltszugehörigkeit.[1]

Ist das Kind bei mehreren Steuerpflichtigen gemeldet, steht der Entlastungsbetrag demjenigen alleinstehenden Steuerpflichtigen zu, der das Kind in seinem Haushalt aufgenommen hat i. S. des § 64 Abs. 2 Satz 1 EStG. Eine Übertragung des Entlastungsbetrags auf den anderen Elternteil ist nicht vorgesehen. Weitere Voraussetzung für die Berücksichtigung ist die Identifizierung des Kindes durch die an dieses Kind vergebene Identifikationsnummer (§ 139b AO). Ist das Kind nicht nach einem Steuergesetz steuerpflichtig (§ 139a Abs. 2 AO), ist es in anderer geeigneter Weise zu identifizieren.

Beispiel:

Die Eltern der 7-jährigen Katja sind geschieden. Katja ist in der Wohnung ihrer Mutter in Stuttgart mit Hauptwohnsitz und in der Wohnung ihres Vaters in Frankfurt mit Nebenwohnsitz gemeldet. Das Kindergeld erhält ihre Mutter ausbezahlt.

Die Mutter kann bei Erfüllung der übrigen Voraussetzungen die Steuerklasse II erhalten. Eine Übertragung des Entlastungsbetrags und damit die Möglichkeit der Steuerklasse II für ihren Vater ist nicht möglich.

Welche Person als alleinstehend gilt, ist in § 24b Abs. 3 EStG geregelt. Danach gelten als alleinstehend nach § 24b Abs. 3 EStG solche Steuerpflichtige, die nicht die Voraussetzungen für die Anwendung des Splitting-Verfahrens (§ 26 Abs. 1 EStG) erfüllen oder verwitwet sind und keine Haushaltsgemeinschaft mit einer anderen volljährigen Person bilden, es sei denn, für diese andere Person steht ihnen ein Freibetrag nach § 32 Abs. 6 EStG oder Kindergeld zu oder es handelt sich um ein Kind im Sinne des Kindergeldrechts nach § 63 Abs. 1 Satz 1 EStG, das einen Dienst nach § 32 Abs. 5 Satz 1 Nr. 1 und 2 EStG leistet oder eine Tätigkeit nach § 32 Abs. 5 Satz 1 Nr. 3 EStG ausübt. Auf das Verwandtschaftsverhältnis der im Haushalt lebenden Personen kommt es im Übrigen nicht an. Eine **Haushaltsgemeinschaft** mit einer anderen volljährigen Person wird **vermutet,** wenn diese in der Wohnung des Steuerpflichtigen mit Haupt- oder Nebenwohnsitz gemeldet ist. Diese Vermutung kann widerlegt werden außer in den Fällen, in denen der Steuerpflichtige und die andere Person in einer eheähnlichen Gemeinschaft oder in einer eingetragenen Lebenspartnerschaft leben. Dies hat zur Folge, dass beispielsweise nichteheliche Lebensgemeinschaften mit Kindern keinen Anspruch auf den Entlastungsbetrag haben.

---

[1] BFH vom 05.02.2015 III R 9/13 (BStBl 2015 II S. 926).

2.5 Die elektronischen Lohnsteuerabzugsmerkmale im Einzelnen

Beispiele:
1. Eine alleinerziehende Mutter lebt mit ihrer minderjährigen Tochter und ihrem volljährigen Sohn, der bereits seine Berufsausbildung abgeschlossen hat, in einem gemeinsamen Haushalt.
Die Mutter kann nicht in Steuerklasse II eingereiht werden, da sie mit ihrem Sohn in einer Haushaltsgemeinschaft lebt, für den sie kein Kindergeld bzw. keinen Kinderfreibetrag mehr erhält.
2. Der ledige Vater V eines mit ihm lebenden minderjährigen Kindes nimmt seine Mutter in seine Wohnung mit auf.
V kann nicht in Steuerklasse II eingereiht werden, da er mit einer anderen Person, nämlich seiner Mutter, in einer Haushaltsgemeinschaft lebt.

Wurde die Lohnsteuerklasse II als Lohnsteuerabzugsmerkmal gebildet und ändern sich die Verhältnisse im Verlauf des Jahres, ist der Arbeitnehmer nach § 39 Abs. 5 Satz 1 EStG verpflichtet, dies dem Finanzamt mitzuteilen und die unzutreffende Steuerklasse II umgehend ändern zu lassen.

Beispiel:
Der ledige Arbeitnehmer V wurde zunächst richtig in die Steuerklasse II eingereiht. Die Voraussetzungen für die Gewährung des Entlastungsbetrags für Alleinerziehende sind jedoch nur bis März gegeben, da V im März mit seiner Verlobten B zusammenzieht. V und B heiraten im September desselben Jahres. B ist das ganze Jahr über nicht als Arbeitnehmerin beschäftigt.
V ist verpflichtet, die Steuerklasse ab April von II auf I ändern zu lassen. Ab September kann er in Steuerklasse III eingereiht werden.

Falls die Voraussetzungen für die Einreihung in Steuerklasse II im Laufe des Kalenderjahres eintreten, kann der Arbeitnehmer nach § 39 Abs. 6 EStG die Änderung der Lohnsteuerklasse beantragen. Allerdings ist dabei zu beachten, dass sich der Entlastungsbetrag für jeden vollen Kalendermonat, in dem die Voraussetzungen nicht vorgelegen haben, nach § 24b Abs. 4 EStG um ein Zwölftel ermäßigt. Dies führt dazu, dass die abändernde Berücksichtigung der Steuerklasse II im Laufe des Jahres monatsbezogen und ggf. rückwirkend zu erfolgen hat.

Beispiele:
1. Die ledige und alleinlebende F bringt im August 2017 eine Tochter zur Welt. F kann sich ab August 2017 in die Steuerklasse II einreihen lassen.
2. Das berufstätige Kind der alleinerziehenden Arbeitnehmerin M vollendet am 20.01.2017 ihr 18. Lebensjahr. M war bis dato in Steuerklasse II eingereiht. Nach § 39 Abs. 5 Satz 1 EStG ist M verpflichtet, die Änderung dem Finanzamt mitzuteilen und umgehend ihre Einreihung in die Steuerklasse ändern zu lassen.
3. Die minderjährige Tochter Simone verlegt zum 15.01.2017 ihren Hauptwohnsitz von der Mutter zum Vater. Die Eltern sind und waren nicht miteinander verheiratet. Die Mutter war bislang in Steuerklasse II eingereiht. Simone ist jeweils die einzige Person, mit der ihre Mutter bzw. ihr Vater zusammenwohnen.
Die Steuerklasse II der Mutter ist zum 01.02.2017 auf Steuerklasse I abzuändern, da sie im Januar 2017 zumindest an einem Tag noch die Voraussetzungen für den Entlastungsbetrag erfüllt hatte. Bei ihrem Vater ist rückwirkend bereits ab dem 01.01.2017

die Steuerklasse I auf II zu ändern, da auch er bereits für den Januar die Voraussetzungen für den Entlastungsbetrag erfüllt.

Nicht zu verwechseln sind diese Fälle mit dem Fall, dass die Voraussetzungen für die Ehegattenveranlagung nach § 26 Abs. 1 EStG und somit für die Anwendung des Splitting-Verfahrens im Laufe des Jahres neu eintreten. In diesem Fall erfolgt keine monatsweise Betrachtung, sondern der Entlastungsbetrag für Alleinerziehende entfällt dann für das ganze Kalenderjahr, da die Ehegattenveranlagung für das gesamte Jahr wirkt, gleichgültig, ob die Voraussetzungen hierfür erst im Laufe des Kalenderjahres eingetreten sind. Daher liegen dann die Voraussetzungen für den Entlastungsbetrag auch das gesamte Jahr nicht vor.

Entsprechend wirkt sich die im Laufe des Jahres erfolgte Trennung von bislang die Voraussetzungen der Ehegattenveranlagung erfüllenden Ehepartnern/Lebenspartnern aus. Die Berücksichtigung der Steuerklasse II ab der Trennung ist grundsätzlich nicht möglich, da die Ehegatten/Lebenspartner für das Trennungsjahr noch Anspruch auf Ehegattenveranlagung haben. Etwas anderes gilt nur für den Fall, dass der andere Ehegatte/Lebenspartner im selben Jahr wieder geheiratet hat und zusammen mit seinem neuen Ehegatten/Lebenspartner die Voraussetzungen des § 26 Abs. 1 EStG erfüllt. Lebt der alleinstehend bleibende Elternteil anschließend in einem gemeinsamen Haushalt mit einem minderjährigen Kind, kann er ab dem Zeitpunkt der Trennung in Steuerklasse II eingereiht werden.

Beispiel:
Die ledige F und der alleinerziehende V, der bisher ausschließlich mit seinem 10-jährigen Sohn S in einem gemeinsamen Haushalt gelebt hat, heiraten am 30.04.2017. F zieht bei V und S ein. F ist nicht als Arbeitnehmerin tätig.

V stand gemäß den Verhältnissen zu Beginn des Jahres 2017 der Entlastungsbetrag für Alleinerziehende und damit die Steuerklasse II zu. Mit der Heirat im April 2017 erfüllt V jedoch für das ganze Jahr 2017 die Voraussetzungen für eine Ehegattenveranlagung nach § 26 Abs. 1 EStG. Der Entlastungsbetrag entfällt damit gem. § 24b Abs. 4 EStG grundsätzlich für das gesamte Jahr 2017. V ist nach § 39 Abs. 5 Satz 1 EStG verpflichtet, diese Änderung dem Finanzamt mitzuteilen und seine Steuerklasse zum 01.01.2017 auf Steuerklasse I abändern zu lassen. Im Übrigen kann er sich mit Wirkung ab dem Tag der Eheschließung 30.04.2017 in Steuerklasse III einreihen lassen. Die Einreihung in Steuerklasse III wird das BZSt automatisch aufgrund der Mitteilung der Gemeinde über die Heirat des V vornehmen (§ 38b Abs. 1 Satz 2 Nr. 3 Buchst. a Doppelbuchst. aa EStG).

2.5.4 Pauschbeträge für Behinderte und Hinterbliebene

Die Pauschbeträge für Behinderte und Hinterbliebene können im Rahmen eines Antrags auf Lohnsteuerermäßigung als Freibetrag (§ 39a EStG) ermittelt werden, der dann als Lohnsteuerabzugsmerkmal im Rahmen des Lohnsteuerabzugs berücksichtigt wird. Dies gilt auch für einen Pauschbetrag, der dem Kind des Arbeitnehmers zusteht und den das Kind aber noch nicht selbst in Anspruch nehmen kann, wenn der Arbeitnehmer einen entsprechenden Antrag auf Übertragung stellt (§ 33b

Abs. 5 EStG). Stehen dem Arbeitnehmer mehrere Pauschbeträge zu und wurden alle im Lohnsteuerermäßigungsantrag genannt, hat das Finanzamt bei der Bildung des Lohnsteuerabzugsmerkmals die Summe der Pauschbeträge zu bilden, die dann insgesamt als Freibetrag berücksichtigt werden. Gemäß § 39a Abs. 2 Satz 6 EStG ist der als Jahresfreibetrag ermittelte Freibetrag durch Aufteilung in Monats-, Wochen- und Tagesfreibeträge auf das Kalenderjahr **gleichmäßig zu verteilen.** Allerdings sind die Pauschbeträge für Behinderte und für Hinterbliebene **Jahresbeträge,** die nicht gekürzt werden, wenn die Voraussetzungen für die Gewährung nicht während des ganzen Kalenderjahres bestanden haben. Die Antragsgrenze von 600 Euro ist in diesen Fällen bei der Stellung eines Antrags auf Lohnsteuerermäßigung unbeachtlich (§ 39a Abs. 2 Satz 4 EStG).

2.6 Zugehörigkeit zu Religionsgemeinschaften

Die Tatsache, dass ein Steuerpflichtiger einer Religionsgemeinschaft angehört, für die Kirchensteuer zu zahlen ist, gehört zu den melderechtlichen Daten, die die Gemeinden als Meldebehörden dem BZSt mitzuteilen haben. Die Religionsgemeinschaft ist bei allen Steuerklassen – also bei Steuerklasse I bis VI – als Lohnsteuerabzugsmerkmal zu berücksichtigen.

Die Gemeinden übermitteln an die Finanzverwaltung daher die rechtliche Zugehörigkeit zu einer steuererhebenden Religionsgemeinschaft sowie das Datum des Eintritts und Austritts. Auf der Grundlage dieser Daten werden Beginn und Ende der Kirchensteuerpflicht als elektronisches Lohnsteuerabzugsmerkmal gespeichert und dem Arbeitgeber zum Abruf bereitgestellt. Gehören Arbeitnehmer keiner Religionsgemeinschaft an, für die Kirchensteuer von den Finanzbehörden erhoben wird, so wird kein Merkmal bereitgestellt.

Neben der Religionsgemeinschaft des Arbeitnehmers wird die Religionsgemeinschaft seines Ehegatten/Lebenspartners nur dann berücksichtigt, wenn dieser einer anderen steuererhebenden Religionsgemeinschaft angehört. Aus der Nichtangabe des Kirchensteuermerkmals für den Ehegatten/Lebenspartner kann deshalb nicht geschlossen werden, dass dieser keiner Religionsgemeinschaft angehört.

Bei Arbeitnehmern, die von ihrem Ehegatten/Lebenspartner dauernd getrennt leben oder deren Ehegatte/Lebenspartner beschränkt steuerpflichtig ist und die deshalb auch in die Steuerklasse I oder II einzureihen sind, wird die Religionsgemeinschaft des Ehegatten/Lebenspartners nicht als Lohnsteuerabzugsmerkmal beim Arbeitnehmer berücksichtigt.

Das **Kirchensteuermerkmal** ist bei konfessionsgleichen und bei glaubensverschiedenen Eheleuten/Lebenspartnern in den Steuerklassen III bis VI ohne Merkmal des Ehegatten/Lebenspartners zu berücksichtigen.

Die Regelung der Kirchensteuererhebung ist zum einen Sache der einzelnen Bundesländer und zum anderen der Religionsgemeinschaften. Die Länder haben Landeskirchensteuergesetze erlassen, in denen der Rahmen für die Berechtigung zur Erhebung der Kirchensteuer und für deren Höhe abgesteckt ist, und die Religionsgemeinschaften haben entsprechende Kirchensteuerordnungen erlassen, in denen dieser Rahmen ausgefüllt wird. Nach den Landeskirchengesetzen, die für ihren jeweiligen Geltungsbereich voneinander abweichende Regelungen enthalten können, sind die öffentlich-rechtlichen Religionsgemeinschaften jedoch befugt, Kirchensteuern von ihren Mitgliedern zu erheben. Sie können die Kirchensteuern selbst erheben oder aber die regionalen Finanzbehörden mit dem Einzug der Kirchensteuer beauftragen. Religionsgemeinschaften können sich darauf beschränken, nur in einem Land oder in mehreren Ländern die Finanzbehörden mit der Erhebung der Kirchensteuer zu beauftragen, und können in den anderen Ländern die Kirchensteuer selbst erheben. Die hieraus entstehenden Probleme haben die Religionsgemeinschaften bisher aber unter sich geklärt.

Für die Kirchensteuer gilt nach § 51a EStG die festgesetzte Einkommensteuer oder die Jahreslohnsteuer als Bemessungsgrundlage.

Gemäß § 51a Abs. 2a EStG wirkt sich die Zahl der Kinderfreibeträge als Lohnsteuerabzugsmerkmal durch Kürzung der Bemessungsgrundlage in der Form aus, dass bei den Steuerklassen I, II und III eine „fiktive" Lohnsteuer nach Abzug der Freibeträge für Kinder von 7.356 Euro je Kind und bei der Steuerklasse IV von 3.678 Euro je Kind ermittelt wird.

3 Stufenloser Formeltarif und Lohnsteuertabellen

3.1 Der Einkommensteuertarif

Der Einkommensteuertarif ist die Grundlage für die Erstellung von Einkommensteuer- und Lohnsteuertabellen. Nach dem Grundsatz der steuerlichen Gleichbehandlung müssen Steuerpflichtige mit Einkünften aus nichtselbständiger Arbeit und Steuerpflichtige mit Einkünften aus anderen Einkunftsarten gleich behandelt werden. Lohnsteuertabellen und Einkommensteuertabellen müssen deshalb zu gleichen steuerlichen Belastungen führen. Zwar ist die stufenlose maschinelle Ermittlung der Steuer anhand der Tarifformel die Grundregel und es besteht keine gesetzliche Pflicht, Einkommensteuer- und Lohnsteuertabellen aufzustellen und bekannt zu machen. Dennoch werden solche Tabellen weiter erstellt. Die Herausgabe der Steuertabellen ist jedoch auf Fachverlage übertragen worden.

Der Einkommensteuertarif findet seinen Niederschlag in der tariflichen Einkommensteuer. Die **tarifliche Einkommensteuer** bemisst sich gem. § 32a EStG nach dem zu versteuernden Einkommen. Sie kann je nach Lage des Einzelfalls für die festzusetzende Steuer noch um Steuerermäßigungsbeträge (z. B. bei Zuwendungen an politische Parteien – § 34g EStG – oder bei Aufwendungen für haushaltsnahe Beschäftigungsverhältnisse, haushaltsnahe Dienstleistungen und Handwerkerleistungen – § 35a EStG) zu kürzen oder aber auch um Nachsteuerbeträge (z. B. Abgeltungsteuer, die noch nach § 32d Abs. 3 EStG zu erheben ist) zu erhöhen sein, sodass die festzusetzende Steuer von der tariflichen Einkommensteuer abweichen kann. Steuertabellen können jedoch nur die tarifliche Einkommensteuer berücksichtigen.

Das **zu versteuernde Einkommen** ist ein steuerrechtlicher Fachbegriff (§ 2 Abs. 5 EStG). Es wird nach dem Schema gem. § 2 Abs. 1 bis 5 EStG ermittelt.

Das zu versteuernde Einkommen wird immer nur für ein Kalenderjahr festgestellt. Es wird vor Anwendung der Tarifformel berechnet. Die zulässigen Kürzungen richten sich nach den im Kalenderjahr gegebenen persönlichen Verhältnissen des Steuerpflichtigen und nach der Höhe seiner Aufwendungen. Dadurch werden die persönlichen Verhältnisse des Steuerpflichtigen auch bei seiner steuerlichen Leistungsfähigkeit berücksichtigt. Im Übrigen bemisst der Einkommensteuertarif die steuerliche Leistungsfähigkeit der Steuerpflichtigen nach der Höhe des zu versteuernden Einkommens. Je höher das zu versteuernde Einkommen ist, desto höher wird auch die steuerliche Leistungsfähigkeit angesehen.

Der Einkommensteuertarif des § 32a EStG sieht deshalb **fünf Besteuerungszonen** vor, nämlich eine Freizone, eine untere Progressionszone, eine obere Progressionszone und zwei obere Proportionalzonen.

Die verfassungsrechtlich gebotene Freistellung des **Existenzminimums** ist im Einkommensteuertarif durch den **Grundfreibetrag** berücksichtigt. Dieser beträgt 8.820 Euro ab dem Jahr 2017. Bei alleinstehenden Steuerpflichtigen ergibt sich somit erst bei einem zu versteuernden Einkommen von mehr als 8.820 Euro eine Einkommensteuerbelastung; bei zusammenveranlagten Ehegatten beginnt die Einkommensteuerbelastung bei einem zu versteuernden Einkommen von mehr als 17.641 Euro.

Der Tarif besteht oberhalb des Grundfreibetrags aus zwei Progressionszonen und zwei oberen Proportionalzonen, wobei in der zweiten oberen Proportionalzone der Spitzensteuersatz von 45 % anzuwenden ist.

Für die Berechnung der sich aus den verschiedenen Steuersätzen ergebenden tariflichen Einkommensteuer sind in § 32a EStG entsprechende **mathematische Formeln** und ein **Rechenschema** aufgestellt, wonach bei Anwendung elektronischer Datenverarbeitungsanlagen die Einkommensteuer zu programmieren ist bzw. wonach die Einkommensteuertabellen zu erstellen sind.

Es erfolgt eine durchgängige Berechnung der Einkommensteuer bzw. der Lohnsteuer bei unmittelbarer Anwendung der Tarifformel auf das ermittelte zu versteuernde Einkommen (Formeltarif ohne Besteuerungsstufen) bzw. auf den ermittelten Jahresarbeitslohn. Der so ermittelte Steuerbetrag ist auf volle Euro abzurunden.

Der Einkommensteuertarif lässt sich unterteilen in einen Grundtarif und einen Splittingtarif (Splittingverfahren). Das Splittingverfahren wird nach § 32a Abs. 5 EStG auf Ehegatten/Lebenspartner (über § 2 Abs. 8 EStG) angewendet, die nach §§ 26, 26b EStG zusammen zur Einkommensteuer veranlagt werden, und darüber hinaus in den Ausnahmefällen des § 32a Abs. 6 EStG auch bei der Veranlagung einzelner Personen. In allen anderen Fällen wird der Grundtarif angewendet. Falls die Einkommensteuer nicht maschinell ermittelt wird, sondern aus einer Steuertabelle abgelesen werden soll, ist zu beachten, dass es entsprechend eine Einkommensteuer-Grundtabelle und eine Einkommensteuer-Splittingtabelle gibt. Nach dem **Splittingverfahren** beträgt die Einkommensteuer bei Ehegatten/Lebenspartner, die unter den bezeichneten Voraussetzungen gemeinsam zur Einkommensteuer veranlagt werden, das **Doppelte des Steuerbetrags, der sich für die Hälfte ihres gemeinsam zu versteuernden Einkommens** ergibt (§ 32a Abs. 5 EStG). Die Splittingtabelle ist dabei so aufgebaut, dass aus der Tabelle die Einkommensteuer für das von den Ehegatten gemeinsam zu versteuernde Einkommen sofort abgelesen werden kann, ohne dass das Einkommen erst halbiert und die auf die Hälfte des Einkommens zu entrichtende Steuer verdoppelt zu werden braucht.

Kam es zum Abzug von Freibeträgen für Kinder, erhöht sich nach § 31 Satz 4 EStG die tarifliche Einkommensteuer um den Anspruch auf Kindergeld.

Die Einkommensteuer-Splittingtabelle ist auch auf das zu versteuernde Einkommen eines **verwitweten Steuerpflichtigen** – sog. „Witwen-Splitting" – für den Veranlagungszeitraum anzuwenden, der dem Kalenderjahr folgt, in dem der Ehegatte/

Lebenspartner verstorben ist, wenn der Steuerpflichtige und dessen verstorbener Ehegatte/Lebenspartner im Zeitpunkt seines Todes beide unbeschränkt steuerpflichtig waren und nicht dauernd getrennt gelebt haben. Ferner ist sie anzuwenden bei einem Steuerpflichtigen, dessen Ehe/Lebenspartnerschaft im Veranlagungszeitraum aufgelöst worden ist, wenn sein früherer Ehegatte/Lebenspartner im Veranlagungszeitraum wieder geheiratet hat und bei diesem die Voraussetzungen für eine Zusammenveranlagung sowohl mit dem Steuerpflichtigen als auch mit dem neuen Ehegatten/Lebenspartner im Veranlagungszeitraum vorliegen. Entsprechend wird dann gem. § 38b Abs. 1 Satz 2 Nr. 3 Buchst. b bzw. c EStG die Steuerklasse III als Lohnsteuerabzugsmerkmal berücksichtigt.

3.2 Die Lohnsteuertabellen

3.2.1 Allgemeines

Die Einkommensteuer ist nach § 2 Abs. 2 EStG eine Jahressteuer, die nach dem in einem Kalenderjahr bezogenen zu versteuernden Einkommen bemessen wird. Dementsprechend ist nach § 38a EStG auch die **Jahreslohnsteuer nach dem Jahresarbeitslohn** maßgebend. Sie wird so bemessen, dass sie der Einkommensteuer entspricht, die der Arbeitnehmer schuldet, wenn er ausschließlich Einkünfte aus nichtselbständiger Arbeit erzielt. Die Berechnung der Einkommensteuer unter durchgängiger Anwendung der Tarifformel ohne Besteuerungsstufen wirkt sich auf die Lohnsteuerberechnung so aus, dass hierfür die maschinelle Lohnsteuerermittlung anhand der Tarifformel als Grundregel gilt. Die Schritte, die bei der Berechnung des Lohnsteuerabzugs unter Anwendung der Tarifformel vorzunehmen sind, werden in § 39b Abs. 2 und 3 EStG ausführlich geregelt. Gemäß § 39b Abs. 2 Satz 6 ff. EStG wird dabei auf den entsprechend berechneten zu versteuernden Jahresbetrag unmittelbar und durchgängig die Tarifformel ohne Besteuerungsstufen angewendet. Nach § 39b Abs. 6 EStG wird das BMF verpflichtet, für die maschinelle Lohnsteuerberechnung einen Programmablaufplan aufzustellen. Dieser wird dann regelmäßig im Bundessteuerblatt Teil I veröffentlicht.

Gedruckte Lohnsteuertabellen werden allerdings als Hilfsmittel weiterhin ermöglicht, womit der Tatsache Rechnung getragen wird, dass immer noch ein Lohnsteuerabzug mit Lohnsteuertabellen stattfindet und in der täglichen Praxis auch bei maschineller Lohnsteuerberechnung noch Bedarf besteht, die Abzugsbeträge aus Tabellen ablesen zu können. Eine gesetzliche Verpflichtung zur Aufstellung und Bekanntmachung von Lohnsteuertabellen für das Lohnsteuerabzugsverfahren durch das BMF besteht jedoch nicht. Die Herausgabe von Lohnsteuertabellen bleibt vielmehr den privaten Fachverlagen überlassen. Damit die Steuerabzugsbeträge der Lohnsteuertabellen nach wie vor amtlichen Charakter haben, wird das BMF ermächtigt gem. § 51 Abs. 4 Nr. 1a EStG, im Einvernehmen mit den Ländern auch einen Programmablaufplan für die Herstellung von Lohnsteuertabellen zur manuel-

3 Stufenloser Formeltarif und Lohnsteuertabellen

len Berechnung der Lohnsteuer aufzustellen und bekannt zu machen. Dadurch ist sichergestellt, dass die manuelle Lohnsteuerberechnung weiterhin nach einheitlichen Lohnsteuertabellen durchgeführt werden kann.

Um die Einheitlichkeit der manuellen Berechnung der Lohnsteuerabzugsbeträge auf Basis der privaten Lohnsteuertabellen zu gewährleisten, sind in § 51 Abs. 4 Nr. 1a Satz 2 ff. EStG weitere Maßstäbe für die Aufstellung der privaten Lohnsteuertabellen fixiert. Es werden zwecks Erstellung der Tabellen wiederum Lohnstufen von 36 Euro (für die Jahrestabelle) vorgesehen, wobei allerdings die Lohnsteuer aus der Obergrenze der Arbeitslohnstufen zu berechnen ist und die so ermittelte Lohnsteuer an der Obergrenze mit der maschinell berechneten Lohnsteuer übereinstimmen muss. Dadurch soll weitestgehend verhindert werden, dass sich gegenüber der maschinellen (stufenlosen) Lohnsteuerberechnung eine geringere manuell berechnete Lohnsteuer ergibt. Bei dieser Vorgehensweise kann sich ein geringfügig höherer Lohnsteuerabzug bei Anwendung der Lohnsteuertabellen ergeben. Diese Differenz kann sich schon beim Lohnsteuer-Jahresausgleich durch den Arbeitgeber verringern und wird spätestens bei der Einkommensteuerveranlagung vollständig ausgeglichen. So wird beispielsweise im Jahr 2017 ein Jahresbruttoarbeitslohn von 20.000 Euro eines sozialversicherungspflichtigen Arbeitnehmers in Steuerklasse I bei maschineller Berechnung der Jahreslohnsteuer mit 1.433 Euro belastet, während bei Anwendung der Lohnsteuertabelle eine Jahreslohnsteuer von 1.437 Euro anfällt, da die Tabelle die Lohnsteuer aus der Tabellenstufenobergrenze 20.015,99 Euro berechnet.

Eine weitere Abweichung zwischen maschineller Berechnung der Lohnsteuer und dem Ablesen aus einer Lohnsteuertabelle ergibt sich daraus, dass bei der maschinellen Berechnung nach § 39b Abs. 2 Satz 5 Nr. 3 Buchst. a bis c EStG die Vorsorgepauschale auf der Basis des tatsächlichen Jahresarbeitslohns (unter Berücksichtigung der jeweiligen Beitragsbemessungsgrenzen) berechnet wird. Dabei ist der Arbeitslohn ohne Kürzung um einen Freibetrag nach § 39a EStG anzusetzen, sodass die Vorsorgepauschale in nach § 39b Abs. 2 Satz 5 Nr. 3 EStG zutreffender Höhe in die Lohnberechnung eingeht. Bei der Ermittlung der Steuerabzugsbeträge anhand einer Tabelle werden diese für den um den Freibetrag gekürzten Arbeitslohn ermittelt, wobei die Vorsorgepauschale dann auch nur für den gekürzten Arbeitslohn ermittelt und berücksichtigt wird. Die unterschiedlichen Bemessungsgrundlagen für die Vorsorgepauschale führen zu Differenzen zwischen der maschinell berechneten und der abgelesenen Lohnsteuer.

Beispiel:

A (Steuerklasse I) erzielt einen Jahresbruttoarbeitslohn von 30.000 € (Monatslohn 2.500 €), wobei für A ein Freibetrag nach § 39a EStG i. H. von 5.000 € ermittelt wurde. Bei einem Jahresbruttoarbeitslohn von 25.000 € ist die zu berücksichtigende Vorsorgepauschale geringer als bei einem Bruttoarbeitslohn von 30.000 €, bei dem ein Jahresfreibetrag von 5.000 € ermittelt wurde. Daher ist die Lohnsteuer wegen der niedrigeren Vorsorgepauschale bei einem Bruttoarbeitslohn von 25.000 € höher als bei einem Bruttoarbeitslohn von 30.000 € mit Freibetrag 5.000 €. Bei der maschinellen Lohnsteuerberechnung der Lohnsteuer des A wird zwar auch von einem monatlich zu besteuernden Betrag von 2.083,33 € ausgegangen, es wird dabei aber eine Vorsorgepauschale auf der Basis Monatslohn 2.500 € berücksichtigt. Falls die Lohnsteuer des A hingegen aus der Lohnsteuertabelle für einen Monatslohn 2.083,33 € abgelesen wird, führt dies dazu, dass ihm bei dieser Vorgehensweise nur eine Vorsorgepauschale auf der Basis dieses Monatslohns 2.083,33 € berücksichtigt wird. Dies führt zunächst zu einer höheren Lohnsteuer, als sich nach Ablauf des Jahres bei einer Veranlagung zur Einkommensteuer an Steuer ergeben kann, da die nach § 10 Abs. 1 Nr. 2 und 3 EStG abziehbaren Beiträge zu den gesetzlichen Sozialversicherungen grundsätzlich auf der Basis der tatsächlichen Arbeitslöhne berechnet werden. Für das Jahr 2017 ergäbe sich bei einem Bruttoarbeitslohn von 30.000 € und einem Freibetrag von 5.000 € eine maschinell berechnete Lohnsteuer von 2.406 €, während sich beim Ablesen der Lohnsteuer aus der Lohnsteuertabelle beim um den Freibetrag geminderten Bruttoarbeitslohn von 25.000 € ein Lohnsteuerbetrag von 2.532 € ergäbe.

Im Übrigen müssen die Lohnsteuertabellen neben den von der jeweiligen Steuerklasse abhängigen Lohnsteuerbeträgen auch die (Lohnsteuer-)Bemessungsgrundlage für die Berechnung von Kirchensteuer und Solidaritätszuschlag ausweisen. Hierbei ist diese Bemessungsgrundlage abhängig von der Zahl der Kinderfreibeträge.

Mit Rücksicht darauf, dass die Lohnsteuertabellen übersichtlich bleiben müssen und aus diesem Grunde nicht zu umfangreich gestaltet werden dürfen, lassen sich nicht alle vom Arbeitslohn abzuziehenden Beträge in die Lohnsteuertabellen einarbeiten. Das trifft auf die nur für einen kleinen Personenkreis in Betracht kommenden **Altersentlastungs- und Versorgungs-Freibeträge** zu. Für diese Freibeträge gilt die Besonderheit, dass sie auch nicht als Freibetrag, der ein Lohnsteuerabzugsmerkmal ist, ermittelt werden. Die Behinderten-Pauschbeträge, die zwar auch nicht in die Lohnsteuertabelle eingearbeitet sind, werden aber als Freibetrag ermittelt und entsprechend als Lohnsteuerabzugsmerkmal berücksichtigt. Der allgemeine Tariffreibetrag und der Entlastungsbetrag für Alleinerziehende sowie der Arbeitnehmer-Pauschbetrag, der Sonderausgaben-Pauschbetrag und die Vorsorgepauschale sind zweckentsprechend in die Lohnsteuertabellen eingearbeitet worden.

3.2.2 Jahreslohnsteuertabelle, Monats-, Wochen- und Tagestabellen

3.2.2.1 Allgemeines

Der vom BMF veröffentlichte Programmablaufplan[1] für die Erstellung von Lohnsteuertabellen berücksichtigt tägliche, wöchentliche, monatliche und jährliche Lohnsteuertabellen. Dementsprechend kann man unterscheiden in die Jahreslohnsteuertabellen und in Monats-, Wochen- und Tagestabellen. Nach § 51 Abs. 4 Nr. 1a EStG sind die Monats-, Wochen- und Tagestabellen aus den Jahrestabellen abzuleiten. Da die Tabellen in Lohnstufen mit Abstand 36 bei den Jahrestabellen eingeteilt sind (§ 51 Abs. 4 Nr. 1a Satz 2 EStG), sind auch die unterjährigen Tabellen in ent-

---
1 Für 2017: BMF vom 11.11.2016 (BStBl 2016 I S. 1253).

sprechende Lohnstufen eingeteilt. Gemäß § 39b Abs. 2 Satz 9 EStG sind die Lohnsteuerbeträge für die Monatstabellen mit 1/12, für die Wochentabellen mit 7/360 und für die Tagestabellen mit 1/360 der dem Jahresarbeitslohn entsprechenden Jahreslohnsteuer anzusetzen. Bei der Hochrechnung des Jahresarbeitslohns und bei der Berechnung der Monats-, Wochen- und Tageslohnsteuerbeträge bleiben Bruchteile eines Cents, die sich bei der Berechnung ergeben, nach § 39b Abs. 2 Satz 10 EStG außer Ansatz.

Für Lohnzahlungszeiträume, für die keine Lohnsteuertabellen aufgestellt sind, kann die Lohnsteuer aus den Lohnsteuerwochen- bzw. Lohnsteuertagestabellen abgeleitet werden. Dabei ist der Arbeitslohn durch die Zahl der Arbeitswochen bzw. durch die Zahl der Kalendertage zu teilen. Die auf den Wochenanteil bzw. Tagesanteil des Arbeitslohns entfallende Lohnsteuer ist mit der Zahl der Wochen bzw. der Kalendertage zu vervielfältigen. Das jeweilige Produkt ist die einzubehaltende Lohnsteuer.

Die Lohnsteuertabellen enthalten im Übrigen auch die Lohnsteuerbemessungsgrundlage für Kirchensteuer und Solidaritätszuschlag, die aufgrund der Regelung in § 51a Abs. 2 EStG in den Fällen, in denen mindestens ein Kinderfreibetrag als Lohnsteuerabzugsmerkmal zu berücksichtigen ist, bei den Steuerklassen I bis IV vom eigentlichen Lohnsteuerbetrag regelmäßig nach unten abweicht.

3.2.2.2 Allgemeine und Besondere Lohnsteuertabelle

Es wird in Allgemeine und in Besondere Lohnsteuertabellen unterschieden. Dies hängt mit der gem. § 39b Abs. 2 Satz 5 Nr. 3 EStG vorzunehmenden Berechnung der im Lohnsteuerabzugsverfahren zu berücksichtigenden Vorsorgepauschale zusammen (vgl. Tz. 3.2.2.5).

Die **Allgemeine Lohnsteuertabelle** wird für sozialversicherungspflichtige Arbeitnehmer herangezogen. Die **Besondere Lohnsteuertabelle** gilt für nicht sozialversicherungspflichtige Arbeitnehmer, die keine Beiträge in die gesetzliche Rentenversicherung abführen und die privat kranken- und pflegeversichert sind.

Unter die Besondere Lohnsteuertabelle fallen zum Beispiel:

- Beamte
- Beherrschende Gesellschafter-Geschäftsführer einer GmbH
- Vorstandsmitglieder von Aktiengesellschaften
- Weiterbeschäftigte Altersrentner
- Werkspensionäre mit Versorgungsbezügen i. S. des § 19 Abs. 2 Satz 2 Nr. 2 EStG
- Geringfügig beschäftigte Arbeitnehmer, bei denen die Lohnsteuer nach den mitgeteilten Lohnsteuerabzugsmerkmalen erhoben wird und der Arbeitnehmer keinen eigenen Beitrag zur Rentenversicherung zahlt.

3.2 Die Lohnsteuertabellen

Die beiden Tabellen unterscheiden sich nur durch die berücksichtigte bzw. eingearbeitete Vorsorgepauschale. Die Allgemeine Lohnsteuertabelle für sozialversicherungspflichtige Arbeitnehmer enthält die ungekürzte Vorsorgepauschale, die sich aus einem Teilbetrag für die Rentenversicherung, einem Teilbetrag für die Krankenversicherung und einem Teilbetrag für die Pflegeversicherung (jeweils in Höhe eines fiktiven Arbeitnehmerbeitrags) zusammensetzt. Die Besondere Lohnsteuertabelle enthält lediglich die Teilbeträge für die Kranken- und Pflegeversicherung in Form einer Mindestvorsorgepauschale. Sie berücksichtigt also keinen Teilbetrag für die Rentenversicherung. Falls die privat versicherten Arbeitnehmer ihre tatsächlich bezahlten Beiträge zur Kranken- und Pflegeversicherung berücksichtigt haben wollen, müssen sie dem Arbeitgeber die vom Versicherungsunternehmen bescheinigten Basiskranken- und Pflegeversicherungsbeiträge nachweisen. Diese werden dann berücksichtigt, wenn sie höher sind als die Mindestvorsorgepauschale. Der Arbeitgeber hat dann die Lohnsteuer nach Durchführung einer Nebenrechnung aus der Besonderen Lohnsteuertabelle zu ermitteln. Im Rahmen der Nebenrechnung ist der eventuelle Mehrbetrag einer privaten Basiskranken- und Pflegeversicherung als Freibetrag vor Anwendung der Tabelle abzuziehen (vgl. Tz. 3.2.2.5).

3.2.2.3 Lohnsteuertabellen bei Eheleuten/Lebenspartnern

Eheleute/Lebenspartner, bei denen die Voraussetzungen für die Steuerklasse III erfüllt sind, die aber beide Arbeitslohn beziehen und sich deshalb für die Steuerklasse IV entschieden haben, werden hiernach wie Unverheiratete in der Steuerklasse I behandelt. Durch diese Regelung wird die Lohnsteuer bei Eheleuten/Lebenspartnern auch zutreffend erhoben, wenn beide in etwa gleich hohen Arbeitslohn beziehen. Bei in der Höhe ungleichen Arbeitslöhnen ermöglicht das Faktorverfahren (vgl. Tz. 2.5.2.7) den sachlich zutreffenden Lohnsteuerabzug bei jedem Ehepartner/Lebenspartner. Den Lohnsteuertabellen der Steuerklasse III liegen wegen der Anwendung des Splittingverfahrens Lohnstufenabstände von 72 Euro, bezogen auf die Jahrestabelle, zugrunde.

3.2.2.4 Der Aufholtarif

Das Problem der zutreffenden Besteuerung taucht auch bei den **Steuerklassen V und VI** auf. Auch bei diesen Steuerklassen wird Arbeitslohn aus mehreren Dienstverhältnissen bezogen, bei Steuerklasse V aus dem Dienstverhältnis des Arbeitnehmers und dem des Ehegatten/Lebenspartners mit der Steuerklasse III und bei Steuerklasse VI aus einem gleichzeitigen weiteren Dienstverhältnis des Arbeitnehmers. Bei Ehegatten/Lebenspartnern kann erfahrungsgemäß davon ausgegangen werden, dass sich ein Arbeitnehmer für die Steuerklasse V als Lohnsteuerabzugsmerkmal entscheidet, wenn er weniger als sein Ehegatte/Lebenspartner verdient. Ebenso kann davon ausgegangen werden, dass ein Arbeitnehmer in einem gleichzeitig bestehenden weiteren Dienstverhältnis weniger als im ersten Dienstverhältnis ver-

3 Stufenloser Formeltarif und Lohnsteuertabellen

dient. Der Gesetzgeber schätzt, dass die Arbeitslöhne aus beiden Dienstverhältnissen im Verhältnis 3 : 2 stehen oder dass, was zum selben Ergebnis führt, der geringere Lohnanteil 40 % des Gesamtarbeitslohns beträgt. Um zu einer zutreffenden Besteuerung zu gelangen, hat er den sog. „Aufholtarif" eingeführt. Danach sind die Jahreslohnsteuerbeträge für die Steuerklassen V und VI gem. § 39b Abs. 2 Satz 7 EStG zu berechnen und gem. § 39b Abs. 2 Satz 9 EStG auf die unterjährigen Lohnzahlungszeiträume zu verteilen.

Nach § 39 Abs. 2 Satz 7 EStG ergibt sich folgende Berechnungsart. Auszugehen ist vom zu versteuernden Jahresbetrag der Steuerklasse V oder VI. Es ist jedoch die Einkommensteuerdifferenz zwischen dem Eineinviertelfachen und dem Dreiviertelfachen des zu versteuernden Jahresbetrags nach der Grundtabelle zu ermitteln und sodann mit dem Zweifachen der Steuerdifferenz anzusetzen. Es ist der Mindeststeuersatz mit 14 % zu berücksichtigen; ab 27.029 Euro abgerundetem zu versteuerndem Jahresbetrag ist der Steuersatz 42 % und ab 205.043 Euro der Höchststeuersatz 45 % anzuwenden.

Beispiel:
Zu versteuernder Jahresbetrag aus dem Dienstverhältnis mit Steuerklasse V 10.100 €.
Das Eineinviertelfache beträgt 12.625 €.
Die Einkommensteuer nach Grundtarif beträgt 678 €
Das Dreiviertelfache beträgt 7.575 €.
Die Einkommensteuer nach Grundtarif beträgt 0 €
Einkommensteuerdifferenz 678 €
Ansatz § 39b Abs. 2 Satz 7 Halbsatz 1 EStG (2 × 678 €) 1.356 €
Die Mindeststeuer von (14 % von 10.100 € =) 1.414 € ist höher als die nach der Differenzberechnung ermittelte Jahreslohnsteuer und somit ist die Mindeststeuer i. H. von 1.414 € nach § 39b Abs. 2 Satz 7 EStG der maßgebliche Jahreslohnsteuerbetrag.

Für den Zwischenbereich 10.240 Euro bis 27.029 Euro zu versteuernder Jahresbetrag besteht eine Milderungsregelung, weil die sich in diesem Bereich aufgrund der besonderen Berechnungsweise ergebenden Grenzsteuersätze zum Teil erheblich über dem Höchststeuersatz liegen können. Die Milderungsregelung bewirkt eine Deckelung auf den Steuersatz 42 %.

Bei **Steuerklasse VI** ist für die Berechnung der Einkommensteuer und auch der Lohnsteuer dasselbe Verfahren anzuwenden wie bei der Steuerklasse V. Das müsste dazu führen, dass bei gleichem zu versteuerndem Einkommen für beide Steuerklassen auch gleiche Steuerbeträge zu entrichten sind. Die Lohnsteuer für Arbeitslöhne nach Steuerklasse VI ist aber höher als nach Steuerklasse V. Die unterschiedliche steuerliche Belastung ist darauf zurückzuführen, dass bei der Berechnung des dem Lohnsteuerabzug zugrunde liegenden zu versteuernden Jahresbetrags bei der Steuerklasse V der Arbeitnehmer-Pauschbetrag und der Sonderausgaben-Pauschbetrag nach § 10c EStG abgezogen werden dürfen, bei der Steuerklasse VI jedoch nicht gem. § 39b Abs. 2 Satz 5 Nr. 1 und 2 EStG.

Der Arbeitnehmer mit der Steuerklasse VI muss in einem zweiten oder weiteren Dienstverhältnis relativ hohe Steuern entrichten. Der Gesamtlohn aus allen Dienstverhältnissen zusammengenommen wird jedoch regelmäßig zutreffend besteuert. Das trifft insbesondere dann zu, wenn für das erste Dienstverhältnis dieses Arbeitnehmers die Steuerklasse III oder Steuerklasse IV mit Faktor Anwendung findet.

3.2.2.5 Tabellenfreibeträge

Neben dem ggf. nach § 39b Abs. 2 Satz 3 EStG abziehbaren Versorgungsfreibetrag und dem Altersentlastungsbetrag sind gem. § 39b Abs. 2 Satz 5 EStG bei der Berechnung des Lohnsteuerabzugs weitere Abzugsbeträge zu berücksichtigen, die auch in den Lohnsteuertabellen für die manuelle Lohnsteuerberechnung verarbeitet sind (**feste Tabellenfreibeträge**). Für entsprechende Aufwendungen der Arbeitnehmer sind im Gesetz Pauschbeträge und Pauschalen festgelegt worden, die bei den davon betroffenen Arbeitnehmern auf jeden Fall abgezogen werden und so der Vereinfachung dienen. Ihre Berücksichtigung im Lohnsteuer-Abzugsverfahren ist allerdings abhängig von der einschlägigen Steuerklasse. Als feste Tabellenfreibeträge kann man bezeichnen:

- den Arbeitnehmer-Pauschbetrag nach § 9a Satz 1 Nr. 1 Buchst. a EStG
- den Pauschbetrag nach § 9a Satz 1 Nr. 1 Buchst. b EStG und den Zuschlag zum Versorgungsfreibetrag nach § 19 Abs. 2 EStG bei Versorgungsbezügen
- den Sonderausgaben-Pauschbetrag nach § 10c EStG
- die Vorsorgepauschale nach § 39b Abs. 2 Satz 5 Nr. 3 EStG
- den Entlastungsbetrag für Alleinerziehende nach § 24b EStG

Der dem Arbeitnehmer möglicherweise wegen seines Arbeitslohns ebenfalls zustehende Versorgungsfreibetrag nach § 19 Abs. 2 EStG wird jedoch ebenso wenig in die Lohnsteuertabellen eingearbeitet wie der Altersentlastungsbetrag nach § 24a EStG. Vom Arbeitgeber wird erwartet, dass er diese Freibeträge kennt und dass er weiß, dass er sie vor Anwendung der Lohnsteuertabelle vom Arbeitslohn abziehen muss (§ 39b Abs. 2 Satz 3 EStG). Zur Berechnung siehe Tz. 5.1.6.1, 10.3.4 und 10.3.5.

Der **Arbeitnehmer-Pauschbetrag** von 1.000 Euro im Kalenderjahr ist ein geschätzter und in § 9a Satz 1 Nr. 1 Buchst. a EStG festgesetzter Betrag. Aufwendungen zur Erwerbung, Sicherung und Erhaltung des Arbeitslohns (Werbungskosten) entstehen nach Auffassung des Gesetzgebers jedem Arbeitnehmer, der Arbeitslohn bezieht, regelmäßig mindestens in dieser Höhe. Es liegt allerdings im Wesen einer jeden Schätzung, dass sie in manchen Fällen zu hoch, in anderen jedoch zu niedrig bemessen sein kann. Der Pauschbetrag ist aber auch dann anzusetzen, wenn dem Arbeitnehmer Werbungskosten nicht oder nicht mindestens in Höhe des Pauschbetrags entstehen. Haben Arbeitnehmer höhere Werbungskosten, so kann der den Arbeitnehmer-Pauschbetrag übersteigende Betrag unter bestimmten Voraussetzungen nach

§ 39a Abs. 1 Nr. 1 und Abs. 2 Satz 4 EStG als Freibetrag bereits im Lohnsteuer-Abzugsverfahren berücksichtigt bzw. als Lohnsteuerabzugsmerkmal ermittelt werden.

Der Arbeitnehmer-Pauschbetrag wird jedem Arbeitnehmer, der Arbeitslohn bezieht, gewährt. Er steht auch jedem Ehegatten/Lebenspartner, der Arbeitslohn erhält, zu. Der Pauschbetrag ist somit in den Steuerklassen I bis V zu berücksichtigen. In Steuerklasse VI kommt er nicht in Betracht, weil er bereits beim ersten Dienstverhältnis berücksichtigt wird.

Der Arbeitnehmer-Pauschbetrag darf nicht zu einem **Verlust** aus der Einkunftsart nichtselbständige Arbeit führen. § 9a Satz 2 EStG schreibt deshalb vor, dass der Arbeitnehmer-Pauschbetrag nur bis zur Höhe des um den Versorgungsfreibetrag gekürzten Arbeitslohns abgezogen werden darf. Die Kürzung um den Versorgungsfreibetrag kommt nur in Betracht, wenn der Arbeitnehmer Versorgungsbezüge (Pension) erhalten hat.

Für Versorgungsbezüge wird nach § 9a Satz 1 Nr. 1 Buchst. b EStG ein besonderer Werbungskosten-Pauschbetrag von 102 Euro abgezogen. In der Übergangszeit bis zur nachgelagerten Besteuerung der Alterseinkünfte in voller Höhe im Jahr 2040 wird als Ausgleich ein über die Jahre abschmelzender Zuschlag zum Versorgungsfreibetrag, gestaffelt nach dem Jahr des Versorgungsbeginns, gewährt (§ 19 Abs. 2 Satz 3 EStG). Dementsprechend darf der besondere Werbungskosten-Pauschbetrag nur bis zur Höhe der um den Versorgungsfreibetrag einschließlich des Zuschlags zum Versorgungsfreibetrag geminderten Einnahmen abgezogen werden.

Beispiel:
M erhält erstmals ab Januar 2005 aus früherer Tätigkeit eine kleine Pension von 1.600 € im Kj.

Von dem Betrag von	1.600 €
sind der Versorgungsfreibetrag (40 %)	640 €
und der Zuschlag zum Versorgungsfreibetrag	900 €
und der Werbungskosten-Pauschbetrag i. H. von	60 €
	0 €

abzuziehen. Die restlichen 42 € des Werbungskosten-Pauschbetrags von 102 € können nicht berücksichtigt werden.

Sonderausgaben-Pauschbetrag und **Vorsorgepauschale** gelten Aufwendungen für Sonderausgaben pauschal ab.

Der **Sonderausgaben-Pauschbetrag** ist zur Abgeltung von Aufwendungen für Sonderausgaben i. S. des § 10 Abs. 1 Nr. 4, 5, 7 und 9 sowie Abs. 1a und des § 10b EStG vorgesehen. Das sind z. B. Kinderbetreuungskosten, Unterhaltsleistungen des Steuerpflichtigen an seinen geschiedenen oder dauernd getrennt lebenden Ehegatten/Lebenspartner, auf besonderen Verpflichtungsgründen beruhende Renten, gezahlte Kirchensteuern, Aufwendungen für die eigene Berufsausbildung oder für die Privatschulausbildung der eigenen Kinder oder Ausgaben zur Förderung mildtätiger, kirchlicher, religiöser, wissenschaftlicher oder staatspolitischer Zwecke oder Beiträge und Spenden an politische Parteien, soweit die Zuwendungen die nach § 34g EStG berücksichtigungsfähigen Aufwendungen übersteigen.

Der Sonderausgaben-Pauschbetrag i. H. von 36 Euro für die Steuerklassen I bis V wird auch in die Jahreslohnsteuertabelle eingearbeitet. Für die Steuerklasse VI kommt er nicht in Betracht, weil er für Arbeitnehmer dieser Steuerklassen bereits im ersten Dienstverhältnis berücksichtigt worden ist.

Unter den Voraussetzungen des § 39a Abs. 2 Satz 4 EStG (mehr als 600 Euro) kann der den Sonderausgaben-Pauschbetrag übersteigende Betrag der begünstigten Aufwendungen nach Maßgabe des § 39a Abs. 3 EStG auch bereits als Freibetrag (= Lohnsteuerabzugsmerkmal) ermittelt werden. Bei der Erstellung der Lohnsteuertabelle bleibt ein über den Pauschbetrag hinausgehender höherer Freibetrag jedoch unberücksichtigt. Der Arbeitgeber hat den als Lohnsteuerabzugsmerkmal ermittelten Freibetrag vielmehr außerhalb der Lohnsteuertabelle bei der Berechnung des maßgebenden Arbeitslohns zu berücksichtigen.

Die **Vorsorgepauschale** nach § 39b Abs. 2 Satz 5 Nr. 3 EStG dient der pauschalen Berücksichtigung von Sonderausgaben, die als Vorsorgeaufwendungen i. S. von § 10 Abs. 2 Satz 1 EStG bezeichnet werden und die regelmäßig recht beträchtlich sind. Über die Vorsorgepauschale hinaus werden im Lohnsteuerabzugsverfahren keine weiteren Vorsorgeaufwendungen berücksichtigt.

Als Folge des Beschlusses des BVerfG vom 13.02.2008 (2 BvL 1/06, DStR 2008 S. 604) wurde die Berücksichtigung der Vorsorgeaufwendungen ab dem Jahr 2010 neu geregelt. Gemäß § 10 Abs. 1 Nr. 3 EStG sollen alle existenzsichernden Vorsorgeaufwendungen für eine Kranken- und Pflegeversicherung auf sozialhilferechtlich gewährleistetem Leistungsniveau berücksichtigt werden (Basisversorgung). Dieses Leistungsniveau entspricht nach Art und Umfang im Wesentlichen dem Leistungsniveau der gesetzlichen Kranken- und der sozialen Pflegeversicherung. Gesetzlich wie privat Krankenversicherte und gesetzlich Pflegeversicherte (soziale Pflegeversicherung und private Pflege-Pflichtversicherung) sollen damit nach gleichem Grundsatz steuerlich entlastet werden. Darüber hinaus sollen privat Krankenversicherte erstmals die Beiträge für ihre mitversicherten Kinder in diesem Umfang steuerlich vollständig absetzen können (bei gesetzlicher Krankenversicherung Versicherung der Angehörigen im Leistungsumfang enthalten). Es erfolgt damit ein Sonderausgabenabzug für Krankenversicherungsbeiträge, soweit sie den Pflichtbeiträgen zur gesetzlichen Krankenversicherung entsprechen und von Beiträgen für eine gesetzliche Pflegeversicherung (soziale Pflegeversicherung und private Pflege-Pflichtversicherung). Entsprechende Vorsorgeaufwendungen werden bereits bei der Berechnung der Lohnsteuer im Lohnsteuerabzugsverfahren durch eine Vorsorgepauschale nach § 39b Abs. 2 Satz 5 Nr. 3 EStG berücksichtigt. Die gesetzlichen Regelungen zur Vorsorgepauschale gelten nur noch im Lohnsteuerabzugsverfahren, während bei der Veranlagung ein diesbezüglicher Sonderausgabenabzug nur in Höhe der tatsächlich geleisteten Vorsorgeaufwendungen erfolgt und nicht mehr in pauschalierter Form. Die im Veranlagungsverfahren nach § 10 Abs. 4a EStG weiterhin vorzunehmende Günstigerprüfung (Vergleich mit Abzugsvolumen Stand Kalenderjahr 2004) ist im Lohnsteuer-Abzugsverfahren seit dem Jahr 2010 nicht mehr vorzunehmen.

Die Vorsorgepauschale beim Lohnsteuerabzug setzt sich gem. § 39b Abs. 2 Satz 5 Nr. 3 Buchst. a bis d EStG aus drei Teilbeträgen zusammen:

- Einem Teilbetrag für die Rentenversicherung
- Einem Teilbetrag für die Krankenversicherung
- Einem Teilbetrag für die Pflegeversicherung

Die Teilbeträge sind jeweils gesondert zu prüfen und getrennt zu berechnen; hierfür ist immer der Versicherungsstatus am Ende des jeweiligen Lohnzahlungszeitraums maßgebend. Die auf volle Euro aufgerundete Summe aller Teilbeträge ergibt die anzusetzende Vorsorgepauschale. Während bei gesetzlich versicherten Arbeitnehmern die Berechnung in pauschalierter Form auf der Basis des Arbeitslohns erfolgt, werden bei nicht gesetzlich versicherten Arbeitnehmern grundsätzlich die vom jeweiligen Versicherungsunternehmen mitgeteilten tatsächlichen Beiträge zugrunde gelegt. Diese werden hinsichtlich der Beiträge zur Krankenversicherung aber nur in Höhe der Beitragsanteile angesetzt, die auf Vertragsleistungen entfallen, die in Art, Umfang und Höhe den Pflichtleistungen der gesetzlichen Krankenversicherung entsprechen. Der Teilbetrag für die Rentenversicherung scheidet bei diesem Personenkreis mangels Versicherungspflicht in der gesetzlichen Rentenversicherung von vornherein aus.

Teilbetrag für die Rentenversicherung nach § 39b Abs. 2 Satz 5 Nr. 3 Buchst. a EStG:

Dieser Teilbetrag wird nur bei **Arbeitnehmern** angesetzt, die in der **gesetzlichen Rentenversicherung** pflichtversichert sind oder die wegen der Versicherung in einer berufsständischen Versorgungseinrichtung von der gesetzlichen Rentenversicherung nach § 6 Abs. 1 Nr. 1 SGB VI befreit sind. Angesetzt wird ein Betrag, der dem **Arbeitnehmeranteil** zur gesetzlichen Rentenversicherung entspricht. Die jeweilige sozialversicherungsrechtliche Beitragsbemessungsgrenze ist zu beachten. Da sich dieser Betrag wegen des Abstellens auf den steuerlichen Arbeitslohn unabhängig von der Berechnung der tatsächlich abzuführenden Rentenversicherungsbeiträge ergibt (**typisierende Berechnung**), kann insoweit auch von einem fiktiven Arbeitnehmeranteil gesprochen werden. Es ist jedoch die Begrenzung nach § 39b Abs. 4 EStG zu beachten. Danach ist der ermittelte Betrag im Jahr 2010 auf 40 % zu begrenzen. Dieser Prozentsatz steigt in jedem folgenden Kalenderjahr um je 4 Prozentpunkte.

Bei allen übrigen nicht pflichtversicherten Arbeitnehmern (z. B. Beamte, Gesellschafter-Geschäftsführer, weiterbeschäftigte Rentner, geringfügig beschäftigte

Arbeitnehmer, für die nur der pauschale Arbeitgeberbeitrag zur Rentenversicherung entrichtet wird und deren Lohnsteuerabzug nach den abgerufenen Lohnsteuerabzugsmerkmalen erfolgt) entfällt der Ansatz dieses Teilbetrags.

Zum als Bemessungsgrundlage dienenden Arbeitslohn gehören keine Entschädigungen i. S. von § 24 Nr. 1 EStG. Aus Vereinfachungsgründen ist es aber nicht zu beanstanden, wenn regulär zu besteuernde Entschädigungen bei der Bemessungsgrundlage für die Berechnung der Vorsorgepauschale berücksichtigt werden.[1] Steuerfreier Arbeitslohn gehört ebenfalls nicht zur Bemessungsgrundlage.

Die Bemessungsgrundlage für die Ermittlung der Vorsorgepauschale (steuerpflichtiger Arbeitslohn) und für die Berechnung der Sozialabgaben (sozialversicherungspflichtiges Arbeitsentgelt) kann unterschiedlich sein. Für die Berechnung der Vorsorgepauschale ist das sozialversicherungspflichtige Arbeitsentgelt nicht maßgeblich.

> **Beispiel:**
> Ein Arbeitnehmer mit einem Jahresarbeitslohn von 60.000 € wandelt im Jahr 2017 einen Betrag von 4.000 € zugunsten einer betrieblichen Altersversorgung im Durchführungsweg Direktzusage um.
> Bemessungsgrundlage für die Berechnung des Teilbetrags der Vorsorgepauschale für die Rentenversicherung ist der steuerpflichtige Arbeitslohn 56.000 €. Bei Aufwendungen für die betriebliche Altersversorgung im Durchführungsweg Direktzusage ergibt sich Arbeitslohn nach dem BMF-Schreiben vom 24.07.2013[2] erst im Zeitpunkt der Zahlung der Versorgungsleistungen an den Arbeitnehmer. Das sozialversicherungspflichtige Arbeitsentgelt beträgt hingegen 56.952 €, weil 4 % der Beitragsbemessungsgrenze (76.200 € × 4 % = 3.048 €) nach § 14 Abs. 1 SGB IV nicht als Arbeitsentgelt im Sinne der Sozialversicherung gelten.

Teilbetrag für die Krankenversicherung nach § 39b Abs. 2 Satz 5 Nr. 3 Buchst. b EStG:

Dieser Teilbetrag wird nur bei **Arbeitnehmern** angesetzt, die in der **gesetzlichen Krankenversicherung** (pflicht- oder freiwillig) versichert sind. Freiwillig versichert sein können z. B. höher verdienende Arbeitnehmer, aber auch freiwillig in der gesetzlichen Krankenversicherung versicherte Beamte.

> **Beispiel:**
> Der Beamte B ist freiwillig gesetzlich krankenversichert. Dies ist zwar der Beihilfestelle, nicht aber der Besoldungsstelle bekannt.
> Da die Besoldungsstelle keine Kenntnis von der gesetzlichen Krankenversicherung des B hatte und damit keinen Teilbetrag nach § 39b Abs. 2 Satz 5 Nr. 3 Buchst. b EStG ansetzen konnte, durfte sie beim Lohnsteuerabzug nur die Mindestvorsorgepauschale nach § 39b Abs. 2 Satz 5 Nr. 3 dritter Teilsatz EStG berücksichtigen.

Angesetzt wird der Arbeitnehmeranteil zur gesetzlichen Krankenversicherung, allerdings auf der Basis des ermäßigten Beitragssatzes nach § 243 SGB V. Das Abstellen

---
1 BMF vom 26.11.2013 (BStBl 2013 I S. 1532), Tz. 2.
2 BMF vom 24.07.2013 (BStBl 2013 I S. 1022), Rz. 291.

auf den ermäßigten Beitragssatz beruht darauf, dass Beitragsteile, die auf das Krankengeld entfallen, gem. § 10 Abs. 1 Nr. 3 Buchst. a Satz 4 EStG nicht als Sonderausgaben abziehbar sind. Auch hier erfolgt insoweit eine **typisierende Berechnung** auf Basis des steuerlichen Arbeitslohns (fiktiver Arbeitnehmeranteil).

Der entsprechende Teilbetrag ist jedoch nur zu berücksichtigen, wenn der Arbeitnehmer Beiträge zur inländischen gesetzlichen Krankenversicherung leistet; andernfalls ist für Kranken- und Pflegeversicherungsbeiträge immer die Mindestvorsorgepauschale anzusetzen. Besteht Sozialversicherungspflicht im Inland und parallel im Ausland, bleiben im Lohnsteuerabzugsverfahren die Beiträge an den ausländischen Sozialversicherungsträger unberücksichtigt.

Teilbetrag für die soziale Pflegeversicherung nach § 39b Abs. 2 Satz 5 Nr. 3 Buchst. c EStG:

Diese Vorschrift gilt für Arbeitnehmer, die in der inländischen sozialen Pflegeversicherung versichert sind. Für diesen Teilbetrag wird wiederum der Arbeitnehmeranteil eines pflichtversicherten Arbeitnehmers angesetzt (fiktiver Arbeitnehmeranteil). Zu beachten ist allerdings, dass bei kinderlosen Versicherten in der sozialen Pflegeversicherung ein Beitragszuschlag erhoben wird gem. § 55 Abs. 3 SGB XI. Der Teilbetrag erhöht sich dann um den Zuschlag. Der Teilbetrag ist unter Berücksichtigung des Grundsatzes „Pflegeversicherung folgt Krankenversicherung" auch dann anzusetzen, wenn der Arbeitnehmer gesetzlich krankenversichert, jedoch privat pflegeversichert ist. Besteht Sozialversicherungspflicht im Inland und parallel im Ausland, bleiben im Lohnsteuerabzugsverfahren die Beiträge an den ausländischen Sozialversicherungsträger unberücksichtigt.

Teilbetrag für die private Kranken- und Pflegeversicherung nach § 39b Abs. 2 Satz 5 Nr. 3 Buchst. d EStG:

Diese Vorschrift gilt für Arbeitnehmer, die nicht in der gesetzlichen Krankenversicherung und sozialen Pflegeversicherung, sondern die in einer privaten Krankenversicherung und privaten Pflegeversicherung versichert sind. Bei diesen ist ein pauschalierter Ansatz auf Basis des Arbeitslohns nicht möglich, da dieser Personenkreis Kranken- und Pflegeversicherungsbeiträge zahlt, die nicht von der Höhe des Arbeitslohns abhängen. Hierunter fallen zum Beispiel privat versicherte Beamte, beherrschende Gesellschafter-Geschäftsführer und über die Versicherungspflichtgrenzen hinaus verdienende Arbeitnehmer. Bei dieser Personengruppe erfolgt grundsätzlich keine pauschale Berechnung der beiden Teilbeträge auf der Basis ihres Arbeitslohns, sondern sie haben ihrem Arbeitgeber die Höhe ihrer tatsächlichen Beiträge zur Kranken- und Pflegeversicherung **mitzuteilen,** damit dieser die Beträge beim Lohnsteuerabzug berücksichtigen kann. Beitragsbescheinigungen ausländischer Versicherungsunternehmen darf der Arbeitgeber jedoch nicht berücksichtigen. Über den Verweis auf Beiträge i. S. des § 10 Abs. 1 Nr. 3 EStG werden auch die entsprechenden **Beiträge für** die beim Arbeitnehmer **mitversicherten,** nach § 32 Abs. 6 EStG **zu berücksichtigenden Kinder und** den (nicht erwerbstätigen

3.2 Die Lohnsteuertabellen

und damit keine eigenen Beiträge leistenden) nicht dauernd getrennt lebenden unbeschränkt einkommensteuerpflichtigen **Ehegatten** oder **Lebenspartner** im Sinne des Lebenspartnerschaftsgesetzes erfasst. Das BMF-Schreiben vom 26.11.2013[1] lässt zudem auch die Berücksichtigung privater Versicherungsbeiträge eines **selbst versicherten,** nicht dauernd getrennt lebenden, unbeschränkt einkommensteuerpflichtigen und keine Einkünfte i. S. des § 2 Abs. 1 Nr. 1 bis 4 EStG erzielenden Ehegatten/Lebenspartner des Arbeitnehmers zu. Andererseits sollen Versicherungsbeiträge selbst versicherter zu berücksichtigender Kinder nicht einbezogen werden, obwohl die Aufwendungen nach § 10 Abs. 1 Nr. 3 EStG dann als eigene Beiträge des Steuerpflichtigen gelten, wenn dieser sie im Rahmen seiner Unterhaltsverpflichtung trägt.

Der Arbeitgeber hat folgende Beitragsbescheinigungen des Versicherungsunternehmens im Rahmen des Lohnsteuerabzugs zu berücksichtigen:

- eine bis zum 31. März des Kalenderjahres vorgelegte Beitragsbescheinigung über die voraussichtlichen privaten Basiskranken- und Pflege-Pflichtversicherungsbeiträge des Vorjahres,
- eine Beitragsbescheinigung über die voraussichtlichen privaten Basiskranken- und Pflege-Pflichtversicherungsbeiträge des laufenden Kalenderjahres oder
- eine Beitragsbescheinigung über die nach § 10 Abs. 2a Satz 4 Nr. 2 EStG übermittelten Daten für das Vorjahr.

Eine dem Arbeitgeber vorliegende Beitragsbescheinigung ist auch im Rahmen des Lohnsteuerabzugs der Folgejahre (weiter) zu berücksichtigen, wenn keine neue Beitragsbescheinigung vorgelegt wird.

Berücksichtigung finden aber nur private Kranken- und Pflegeversicherungsbeiträge für eine **Basisabsicherung.** Damit werden Beiträge oder Beitragsanteile, die zur Finanzierung von Krankengeld dienen oder auf Vertragsleistungen entfallen, die in Art, Umfang und Höhe der Leistungen über die Pflichtleistungen der gesetzlichen Krankenversicherung hinausgehen, nicht berücksichtigt. Die berücksichtigungsfähigen Beiträge bzw. Beitragsanteile werden vom Versicherungsunternehmen gem. § 10 Abs. 5 EStG nach den Vorschriften der Krankenversicherungsbeitragsanteil-Ermittlungsverordnung (BGBl 2009 I S. 2730) ermittelt und den Arbeitnehmern durch eine **Beitragsbescheinigung** mitgeteilt. In Fällen, in denen der Arbeitgeber gesetzlich verpflichtet ist (nach § 3 Nr. 62 EStG steuerfreie) Zuschüsse zu einer privaten Kranken- und Pflegeversicherung zu leisten, können nur die um die steuerfreien Zuschussleistungen verminderten Beitragsleistungen berücksichtigt werden (§ 10 Abs. 2 Satz 1 Nr. 1 Teilsatz 2 EStG). Die Kürzung wird beim Lohnsteuerabzug aus Vereinfachungsgründen aber mit einem – vom tatsächlich gezahlten Zuschussbetrag unabhängigen – fiktiven Wert angesetzt, der dem Arbeitgeberanteil bei einem

---
[1] BMF vom 26.11.2013 (BStBl 2013 I S. 1532), Tz. 6.1.

pflichtversicherten Arbeitnehmer entspricht (typisierend berechneter Arbeitgeberzuschuss).

Beispiel:
Arbeitnehmer C mit Steuerklasse III bezieht 2017 einen Bruttojahresarbeitslohn von 50.000 €. Er ist in der gesetzlichen Rentenversicherung pflichtversichert (Beitragsbemessungsgrenze West 76.200 €) und privat kranken- und pflegeversichert (Versicherungspflichtgrenze Krankenversicherung 52.200 €). Seine nachgewiesenen Basiskranken- und Pflegepflichtversicherungsbeiträge haben 9.600 € im Jahr betragen. Dazu erhält er einen Zuschuss von seinem Arbeitgeber (typisierter Arbeitgeberzuschuss 4.137 €).

C kann folgende Teilbeträge der Vorsorgepauschale abziehen:

Für Rentenversicherung:	4.675 € × 68 % (50.000 € × 0,5 × 18,7 %) × (40 % + 7 × 4 %)	= 3.179 €
Für Kranken- und Pflegeversicherung:	9.600 € ./. 4.137 €	= 5.463 €

Damit beträgt die beim Lohnsteuerabzug zu berücksichtigende Vorsorgepauschale 8.642 €.

Die Versicherungsunternehmen sind gem. § 10 Abs. 2a Satz 4 EStG verpflichtet, bei Einwilligung durch den Steuerpflichtigen jährlich der Finanzverwaltung die Höhe der steuerlich berücksichtigungsfähigen Anteile der gezahlten Beiträge mitzuteilen. Diese Daten können dann **auf Antrag des privat versicherten Steuerpflichtigen** nach § 39 Abs. 4 Nr. 4 EStG vom BZSt als Lohnsteuerabzugsmerkmal für den Arbeitgeber gespeichert werden. Der Arbeitgeber kann dann zwecks Ermittlung dieser Beiträge für den Lohnsteuerabzug auf die ELStAM-Datenbank zugreifen. Die Speicherung der Arbeitnehmerbeiträge ersetzt dann den Nachweis der betreffenden Aufwendungen gegenüber dem Arbeitgeber zur Berücksichtigung beim Lohnsteuerabzug.

Legt der privat versicherte Arbeitnehmer die Bescheinigung über die berücksichtigungsfähigen Beiträge dem Arbeitgeber nicht vor bzw. beantragt er nicht die Speicherung als Lohnsteuerabzugsmerkmal oder sind keine Beiträge gespeichert, muss der Arbeitgeber für den Teilbetrag nach § 39b Abs. 2 Satz 5 Nr. 3 Buchst. d EStG den Mindestbetrag nach § 39b Abs. 2 Satz 5 Nr. 3 Teilsatz 3 EStG für den Lohnsteuerabzug berücksichtigen. Ebenso wird der Mindestbetrag angesetzt, wenn die Summe der mitgeteilten bzw. elektronisch abrufbaren berücksichtigungsfähigen Beiträge zur Kranken- und Pflegeversicherung unter diesem Mindestbetrag liegen.

Während die in pauschalierter Form berechneten Vorsorgeaufwendungen (Fälle des § 39b Abs. 2 Satz 5 Nr. 3 Buchst. a bis c EStG) grundsätzlich in allen Steuerklassen, einschließlich Steuerklasse VI, beim Lohnsteuerabzug berücksichtigt werden, wird die Berücksichtigung der **tatsächlichen Beiträge** bei privat versicherten Arbeitnehmern (Fälle des § 39b Abs. 2 Satz 5 Nr. 3 Buchst. d EStG) auf die Steuerklassen I bis V beschränkt. Dies deshalb, weil in letzterem Fall eine Mehrfachbeschäftigung nicht zu einer höheren oder zusätzlich Beitragsleistung führt. Eine Berücksichtigung auch in Steuerklasse VI würde daher zu einer ungerechtfertigten Begünstigung führen (vgl. auch Begründung zum Gesetzesentwurf der Bundesregierung vom 20.02.2009 zu § 39b Abs. 2 Satz 5 Nr. 3 EStG), sodass es nur bei der einmaligen Berücksichtigung im ersten Arbeitsverhältnis bleibt.

Mindestbetrag für die Kranken- und Pflegeversicherung nach § 39b Abs. 2 Satz 5 Nr. 3 Teilsatz 3 EStG:

Gemäß § 39b Abs. 2 Satz 5 Nr. 3 Teilsatz 3 EStG wird beim Lohnsteuerabzug ein Mindestbetrag für

- die gesetzliche Krankenversicherung und die soziale Pflegeversicherung (Fälle des § 39b Abs. 2 Satz 5 Nr. 3 Buchst. b bzw. c EStG) oder
- eine private Krankenversicherung und eine private Pflegeversicherung (Fälle des § 39b Abs. 2 Satz 5 Nr. 3 Buchst. d EStG)

berücksichtigt.

Der Mindestbetrag ersetzt bei gesetzlich versicherten Arbeitnehmern die Summe der Teilbeträge nach § 39b Abs. 2 Satz 5 Nr. 3 Buchst. b und c EStG und bei privat versicherten Arbeitnehmern den Teilbetrag nach § 39b Abs. 2 Satz 5 Nr. 3 Buchst. d EStG. Die Mindestvorsorgepauschale ist **in allen Steuerklassen** zu berücksichtigen, nach dem Gesetzeswortlaut damit uneingeschränkt auch in der Steuerklasse VI, also auch bei privat kranken- und pflegeversicherten Arbeitnehmern. Letzteres steht damit in einem gewissen Widerspruch zu § 39b Abs. 2 Satz 5 Nr. 3 Buchst. d EStG. Die Mindestvorsorgepauschale ist demnach anzusetzen, wenn sie höher ist als die Summe der Teilbeträge für die gesetzliche Krankenversicherung und die soziale Pflegeversicherung oder die private Basiskranken- und Pflege-Pflichtversicherung. Die Mindestvorsorgepauschale ist auch dann anzusetzen, wenn für den entsprechenden Arbeitslohn kein Arbeitnehmeranteil zur **inländischen** gesetzlichen Kranken- und sozialen Pflegeversicherung zu entrichten ist (z. B. bei geringfügig beschäftigten Arbeitnehmern, deren Arbeitslohn nicht nach § 40a EStG pauschaliert wird, und bei Arbeitnehmern, die Beiträge zu einer ausländischen Kranken- und Pflegeversicherung leisten).

Dieser Mindestbetrag beträgt 12 % des Arbeitslohns, **höchstens** 1.900 Euro in den Steuerklassen I, II, IV, V und VI bzw. höchstens 3.000 Euro in der Steuerklasse III.

Zu beachten ist, dass **zusätzlich zum Mindestbetrag** der Teilbetrag für die Rentenversicherung nach § 39b Abs. 2 Satz 5 Nr. 3 Buchst. a EStG bei der Vorsorgepauschale berücksichtigt wird, wenn eine Pflichtversicherung in der gesetzlichen Rentenversicherung bzw. eine Befreiung von dieser Pflicht nach § 6 Abs. 1 Nr. 1 SGB VI vorliegt.

3 Stufenloser Formeltarif und Lohnsteuertabellen

Beispiel 1:

Bei einem monatlichen Arbeitslohn von brutto 3.000 € ist die Vorsorgepauschale 2017 für einen in der gesetzlichen Sozialversicherung versicherten Arbeitnehmer mit der Lohnsteuerklasse I wie folgt zu berechnen:

Vorgaben: Beitragssatz in der Rentenversicherung 18,7 %
Beitragssatz in der Pflegeversicherung 2,55 %
Arbeitnehmeranteil in der gesetzlichen Krankenversicherung auf der Basis des ermäßigten Beitragssatzes nach § 243 SGB V 7 %
Jahresarbeitslohn 36.000 €

Teilbetrag nach § 39b Abs. 2 Satz 5 Nr. 3 Buchst. a und Abs. 4 EStG:
3.366 € × 68 % = 2.288,88 €
(36.000 € × 0,5 × 18,7 %) × (40 % + 7 × 4 %)

Teilbetrag nach § 39b Abs. 2 Satz 5 Nr. 3 Buchst. b EStG:
36.000 € × 7 % = 2.520,00 €

Teilbetrag nach § 39b Abs. 2 Satz 5 Nr. 3 Buchst. c EStG:
36.000 € × 2,55 % : 2 = 459,00 €

Summe 5.267,88 €

Mindestbetragsberechnung:

Summe Teilbeträge § 39b Abs. 2 Satz 5 Nr. 3 Buchst. b und c EStG: 2.988 €
Mindestbetrag: 36.000 € × 12 % = 4.320 €, maximal 1.900 €

Damit ist nicht der Mindestbetrag, sondern die tatsächliche Summe der Teilbeträge 2.979 € anzusetzen. Die Vorsorgepauschale beträgt 5.267,88 €

Beispiel 2:

Der gesetzlich sozialversicherte (gleiche Beitragssätze wie in Beispiel 1) D bezieht 2017 hochgerechnet einen Jahresarbeitslohn von 15.000 €. Bei Anwendung der Steuerklasse I ist die Vorsorgepauschale wie folgt zu berechnen:

Teilbetrag nach § 39b Abs. 2 Satz 5 Nr. 3 Buchst. a und Abs. 4 EStG:
1.402,50 € × 68 % = 953,70 €

Teilbetrag nach § 39b Abs. 2 Satz 5 Nr. 3 Buchst. b EStG:
15.000 € × 7 % = 1.050,00 €

Teilbetrag nach § 39b Abs. 2 Satz 5 Nr. 3 Buchst. c EStG:
15.000 € × 2,55 % : 2 = 191,25 €

Summe 2.194,95 €

Mindestbetragsberechnung:

Summe Teilbeträge § 39b Abs. 2 Satz 5 Nr. 3 Buchst. b und c EStG: 1.241,25 €
Mindestbetrag: 15.000 € × 12 % = 1.800 €, maximal 1.900,00 €

Damit ist für die Summe der Teilbeträge nach § 39b Abs. 2 Satz 5 Nr. 3 Buchst. b und c EStG der Mindestbetrag 1.800 € anzusetzen, sodass die Vorsorgepauschale 2.753,70 € beträgt.

3.2 Die Lohnsteuertabellen

In Fällen, in denen die Summe der beim Steuerabzug vom Arbeitslohn berücksichtigten Teilbeträge der Vorsorgepauschale für die Krankenversicherung und die soziale Pflegeversicherung größer ist als die abziehbaren Vorsorgeaufwendungen nach § 10 Abs. 1 Nr. 3 EStG (z. B. wegen der Berücksichtigung des Mindestbetrags i. H. von 1.900 Euro bzw. 3.000 Euro oder Beitragsrückerstattungen), ist eine Einkommensteuerveranlagung nach § 46 Abs. 2 Nr. 3 EStG durchzuführen.

Besonderheiten bei der Steuerermittlung nach Lohnsteuertabellen:

Die gesetzlichen Vorschriften gehen vorrangig von einer maschinellen Lohnsteuerberechnung aus. Dennoch wird für Arbeitgeber, die eine solche Möglichkeit nicht haben, die Steuerermittlung weiterhin anhand von Lohnsteuertabellen angeboten, die nach dem vom BMF bekannt gegebenen Programmablaufplan erstellt werden. Dabei ist zu beachten, dass der Zuschlag für Kinderlose bei der gesetzlichen Pflegeversicherung aus Vereinfachungsgründen nicht berücksichtigt ist. Zudem ergibt sich eine Besonderheit daraus, dass bei privat versicherten Arbeitnehmern im Programmablaufplan der Tabelle für die Aufwendungen zur privaten Kranken- und Pflegeversicherung lediglich der Abzug der an der Höhe des Arbeitslohns ausgerichteten Mindestvorsorgepauschale verarbeitet ist. Falls also der privat Versicherte nachweisbar höhere tatsächliche Beiträge berücksichtigt haben möchte, hat die Ermittlung der Lohnsteuer in einer Nebenrechnung zu erfolgen, in deren Rahmen der eventuelle Mehrbetrag einer privaten Kranken- und Pflegeversicherung als Freibetrag vor Anwendung der Tabelle abzuziehen ist. Dies kann dann allerdings zu einem gegenüber der maschinellen Lohnsteuerberechnung geringfügig abweichendem Lohnsteuerabzug führen.

Bei der Nebenrechnung[1] werden die nachgewiesenen Beiträge des Arbeitnehmers um die nach den Lohnsteuertabellen für den tatsächlichen Jahresarbeitslohn berücksichtigte Mindestvorsorgepauschale gemindert. Von dem verbleibenden Betrag ist in den Fällen, in denen der Arbeitgeber verpflichtet ist, einen Zuschuss zur Kranken- und Pflegeversicherung zu zahlen, der typisierte Arbeitgeberzuschuss zur Kranken- und Pflegeversicherung abzuziehen. Der so ermittelte Wert ist von dem maßgeblichen Arbeitslohn abzuziehen. Die Lohnsteuer ist dann für den geminderten Arbeitslohn in der Tabelle abzulesen. Für diese Nebenrechnung weisen die Tabellen für privat versicherte Arbeitnehmer den typisierten Arbeitgeberzuschuss und die Mindestvorsorgepauschale für die Basiskranken- und Pflegeversicherungsbeiträge aus.

Beispiel:

Arbeitnehmer C mit Steuerklasse III bezieht 2017 einen Bruttojahresarbeitslohn von 50.000 €. Er ist in der gesetzlichen Rentenversicherung pflichtversichert (Beitragsbemessungsgrenze West 76.200 €) und privat kranken- und pflegeversichert (Beitragsbemessungs- und Versicherungspflichtgrenze Krankenversicherung 52.200 €). Seine nachgewiesenen Basiskranken- und Pflegepflichtversicherungsbeiträge haben 9.600 €

---

[1] Siehe auch Anlage zum BMF-Schreiben vom 11.11.2016 (BStBl 2016 I S. 1253).

3 Stufenloser Formeltarif und Lohnsteuertabellen

im Jahr betragen. Dazu erhält er einen Zuschuss von seinem Arbeitgeber (typisiert berechneter Arbeitgeberzuschuss 4.137 €).

Bei einem Jahresarbeitslohn von 50.000 € wird in der allgemeinen Lohnsteuertabelle ein Teilbetrag von 4.687 € für eine Basiskranken- und Pflegeversicherung berücksichtigt und der Arbeitgeberzuschuss mit 4.137 € ausgewiesen. Um die nachgewiesenen Basiskranken- und Pflegeversicherungsbeiträge von 9.600 € zu berücksichtigen, sind in einer Nebenrechnung diese Beiträge um die berücksichtigten Teilbeträge und den typisierten Arbeitgeberzuschuss zu mindern. Danach verbleiben (9.600 € ./. 4.687 € ./. 4.137 € =) 776 €. Dieser Betrag ist vom Bruttoarbeitslohn 50.000 € abzuziehen, sodass ein Betrag von 49.224 € verbleibt. Die für diesen Betrag in der allgemeinen Lohnsteuertabelle abzulesende Lohnsteuer in Steuerklasse III beträgt 5.162 €.

Bei maschineller Lohnsteuerberechnung würde sich bei einem Jahresarbeitslohn 50.000 € und den nachgewiesenen Beiträgen zur privaten Kranken- und Pflegeversicherung eine Lohnsteuer von 5.126 € ergeben. Die Differenz ergibt sich zum einen aus dem bei der Tabellenablesung bei 49.224 € niedrigeren Rentenversicherungsteilbetrag und zum anderen aus der Lohnsteuerberechnung aus der Obergrenze der Tabellenstufe.

Beispiel:

Beamter B mit Steuerklasse I erhält einen Jahresarbeitslohn von 15.000 € im Jahr 2017. Seine nachgewiesenen Basiskranken- und Pflegeversicherungsbeiträge betragen 2.400 € im Jahr. Er erhält hierzu keinen Zuschuss von seinem Arbeitgeber.

Hier ist die besondere Lohnsteuertabelle einschlägig. In dieser wird jeweils die Mindestvorsorgepauschale für die privaten Kranken- und Pflegeversicherungsbeiträge berücksichtigt. Bei einem Arbeitslohn von 15.000 € sind dies 1.801 € (bei Berechnung aus der Tabellenobergrenze 15.011,99 €). Um die nachgewiesenen Basiskranken- und Pflegeversicherungsbeiträge zu berücksichtigen, sind in einer Nebenrechnung diese um die nach der besonderen Lohnsteuertabelle berücksichtigte Mindestvorsorgepauschale zu mindern. Es verbleiben danach (2.400 € ./. 1.801 € =) 599 €. Dieser Betrag ist nun vom Jahresarbeitslohn vorweg abzuziehen und die Lohnsteuer bei einem Jahresarbeitslohn von 14.401 € abzulesen. Die Lohnsteuer in Steuerklasse I beträgt danach 480 €.

Bei maschineller Berechnung ergäbe sich eine Lohnsteuer von 580 €. Dies hängt neben der Tabellenstufenbesonderheit damit zusammen, dass bei dem Ablesebetrag 14.401 € in der Tabelle nur eine Mindestpauschale auf der Basis von 14.401 € berechnet wird, sodass zusammen mit dem vorweg abgezogenen Betrag von 599 € eine berücksichtigte Vorsorgepauschale von weniger als 2.400 € verbleibt.

Es ist zu beachten, dass die besondere Lohnsteuertabelle auch bei geringfügig beschäftigten Arbeitnehmern Anwendung findet, bei denen die Lohnsteuer individuell nach den Lohnsteuerabzugsmerkmalen erhoben wird und der Arbeitnehmer keinen eigenen Beitrag zur Rentenversicherung und Kranken- und Pflegeversicherung zahlt, sondern lediglich pauschale Beiträge durch den Arbeitgeber abgeführt werden.[1]

Als Freibetrag wird bei Steuerklasse II noch der Entlastungsbetrag für Alleinerziehende nach § 24b EStG berücksichtigt (siehe auch Tz. 2.5.2.3).

---

1 BMF vom 26.11.2013 (BStBl 2013 I S. 1532), Tz. 10.

3.2.3 Maschinelle Lohnsteuerermittlung anhand der Tarifformel

Nach dem Wegfall der gesetzlichen Lohnsteuertabellen ist die maschinelle Lohnsteuerberechnung als Regelfall vorgesehen. § 39b EStG enthält die Anweisung zur Vorgehensweise bei der Berechnung des Lohnsteuerabzugs. Das BMF ist dazu in § 39b Abs. 6 EStG verpflichtet worden, zur Steuerberechnung jeweils einen amtlichen Programmablaufplan für die maschinelle Lohnsteuerermittlung aufzustellen und zu veröffentlichen. Die Veröffentlichung erfolgt regelmäßig im Bundessteuerblatt Teil I.

Zur Ermittlung der Bemessungsgrundlage hat der Arbeitgeber den Lohn des Lohnzahlungszeitraums um die individuellen Freibeträge wie Versorgungsfreibetrag, Altersentlastungsbetrag und den nach § 39a Abs. 1 EStG ermittelten Freibetrag und um einen eventuellen Hinzurechnungsbetrag nach § 39a Abs. 1 Nr. 7 EStG zu korrigieren. Dabei ist der auf den Lohnzahlungszeitraum entfallende Teil des jährlichen Freibetrags anzusetzen. Der so ermittelte steuerpflichtige Lohn des Lohnzahlungszeitraums ist auf einen Jahresbetrag hochzurechnen und anschließend durch Minderung um die nominell feststehenden Freibeträge des § 39b Abs. 2 Satz 5 EStG, die auch bei der Aufstellung der Lohnsteuertabellen berücksichtigt werden (hierzu im Einzelnen Tz. 3.2.2.5), in einen zu versteuernden Jahresbetrag umzurechnen. Die Jahreslohnsteuer ist dann unmittelbar unter Anwendung der Formel des einschlägigen Einkommensteuertarifs zu berechnen. Bei den Steuerklassen V und VI ist dabei der Aufholtarif des § 39b Abs. 2 Satz 7 EStG zu berücksichtigen. Die Jahreslohnsteuer ist dann entsprechend durch den als Ausgangspunkt zugrunde liegenden Lohnzahlungszeitraum zu dividieren. Die monatliche Lohnsteuer beträgt gem. § 39b Abs. 2 Satz 9 EStG 1/12, die wöchentliche Lohnsteuer 7/360 und die tägliche Lohnsteuer 1/360 der Jahreslohnsteuer. Bruchteile eines Cents, die sich bei der Berechnung des hochgerechneten Jahresarbeitslohns und der Division nach § 39b Abs. 2 Satz 9 EStG ergeben, bleiben jeweils außer Ansatz.

Für Lohnzahlungszeiträume, die keine monatlichen, wöchentlichen oder täglichen Lohnzahlungszeiträume sind, beispielsweise ein Lohnzahlungszeitraum von sechs Wochen, ist die Lohnsteuer aus der entsprechenden Anwendung der Berechnung für wöchentliche oder tägliche Lohnzahlungszeiträume abzuleiten. Der Arbeitslohn ist durch die Zahl der Arbeitswochen des Lohnzahlungszeitraums bzw. durch die Zahl der Kalendertage zu teilen. Für den so ermittelten fingierten Wochen- bzw. Tageslohn ist die Lohnsteuer nach § 39b Abs. 2 EStG zu berechnen. Die auf den Wochenanteil bzw. Tagesanteil des Arbeitslohns nach dieser Berechnung entfallende Lohnsteuer ist mit der Zahl der Wochen bzw. der Kalendertage des Lohnzahlungszeitraums zu vervielfältigen. Das jeweilige Produkt ist die einzubehaltende Lohnsteuer.

Es ist die Lohnsteuerberechnung für laufenden Arbeitslohn einerseits und für sonstige Bezüge andererseits zu unterscheiden. Die Berechnung der auf den sonstigen Bezug entfallenden Lohnsteuer erfolgt nach § 39b Abs. 3 EStG.

3 Stufenloser Formeltarif und Lohnsteuertabellen

Die maschinelle Berechnung der Lohnsteuer bei unmittelbarer Anwendung der Tarifformel erfolgt stufenlos im Gegensatz zur Strukturierung der Lohnsteuertabellen in Lohnstufen (Tabellenstufen). Der sich dadurch gegenüber der Lohnsteuerberechnung nach Lohnsteuertabellen ergebende betragsmäßig geringfügige Vorteil, der daraus entsteht, dass im Lohnsteuertabellenverfahren die Berechnung der Lohnsteuer nach der Obergrenze der jeweiligen Arbeitslohnstufe erfolgt, verringert sich bereits beim betrieblichen Lohnsteuer-Jahresausgleich und wird spätestens im Rahmen der Einkommensteuerveranlagung in vollem Umfang ausgeglichen. Die betragsmäßigen Auswirkungen das Jahr über sind bei einem durch § 51 Abs. 4 Nr. 1a Satz 1 EStG vorgegebenen Lohnstufenabstand von 36 bei den Jahrestabellen relativ gering.

3.2.4 Lohnzahlungszeitraum

Laufender Arbeitslohn wird regelmäßig nicht Zug um Zug für geleistete Arbeit, sondern in Zeitabschnitten gezahlt. Die Zeitabschnitte sind Lohnzahlungszeiträume. Im Wirtschaftsleben ist es üblich, Gehälter monatlich und Löhne wöchentlich oder auch täglich zu zahlen und abzurechnen. Es können für Lohnzahlungszeiträume aber auch nur Abschlagszahlungen geleistet werden, die dann für einen längeren Zeitraum abgerechnet werden. Der Praxis angepasst sind bereits die Lohnsteuertabellen, die auf monatliche, wöchentliche und tägliche Lohnzahlungen zugeschnitten sind.

Ebenso ist die Ermittlung von Freibeträgen für Monats-, Wochen- und Tagesbeträge vorgesehen.

Auch ein Arbeitgeber, der keine maschinelle Lohnsteuerberechnung durchführt und der den Arbeitslohn für übliche Lohnzahlungszeiträume zahlt, kann einen für einen Monat, eine Woche oder einen Tag ermittelten Freibetrag ohne weiteres bei der Lohnsteuerermittlung für den entsprechenden Lohnzahlungszeitraum übernehmen und den Lohnsteuerbetrag aus der in Betracht kommenden Monats-, Wochen- oder Tageslohnsteuertabelle ablesen. Diese Lohnzahlungszeiträume brauchen nicht Kalendermonate oder Kalenderwochen zu sein, sondern können mit jedem beliebigen Tag im Monat oder in der Woche beginnen, wenn sie dann mit Ablauf des Tages enden, der mit dem gleichen Monatstag des folgenden Monats oder dem gleichen Wochentag der folgenden Woche vorangeht. Lohnzahlungszeiträume brauchen jedoch nicht einen vollen Monats- oder Wochenzeitraum zu umfassen, sie können aus kürzeren oder längeren Zeitabschnitten bestehen. Sie müssen nicht immer gleichbleibend sein. Es ist zulässig, dass der Arbeitslohn einmal nach Tagen, ein anderes Mal nach Wochen oder Monaten gezahlt wird. Unregelmäßige Lohnzahlungszeiträume kommen häufig bei Beginn oder Beendigung eines Dienstverhältnisses vor. Der Lohnzahlungszeitraum kann arbeits- oder tarifvertraglich vereinbart werden.

3.2 Die Lohnsteuertabellen

Bei von einem vollen Monat oder einer vollen Woche abweichenden Lohnzahlungszeiträumen muss der Arbeitgeber die Lohnsteuer und den zu berücksichtigenden Anteil vom Finanzamt ermittelten Freibetrags selbst berechnen. Er hat nach R 39b.5 Abs. 3 Satz 2 LStR dabei von dem für den monatlichen Lohnzahlungszeitraum geltenden steuerfreien Betrag auszugehen. Besteht der Lohnzahlungszeitraum aus **mehreren Wochen,** so muss der Arbeitgeber den maßgebenden Arbeitslohn durch die Zahl der Wochen teilen, für den auf eine Woche entfallenden Anteil die Lohnsteuer maschinell oder aus der Wochentabelle ermitteln und den festgestellten Lohnsteuerbetrag mit der Zahl der Wochen multiplizieren. Vom Arbeitslohn war zuvor der mit der Wochenzahl vervielfältigte ermittelte Wochenfreibetrag abzuziehen. Entsprechendes gilt, wenn der Lohnzahlungszeitraum aus mehreren Kalendertagen besteht.

Bei einem fortbestehenden Dienstverhältnis kommt es nicht darauf an, dass an jedem Tag eines Lohnzahlungszeitraums auch tatsächlich gearbeitet worden ist. Es ist z. B. bei wöchentlicher Lohnzahlung die Wochenlohnsteuertabelle auch anzuwenden, wenn regelmäßig nur an fünf Tagen in der Woche gearbeitet wird oder wenn auf einen Arbeitstag ein unbezahlter Feiertag fällt oder wenn der Arbeitnehmer einen unbezahlten Urlaubstag nimmt (R 39b.5 Abs. 2 LStR).

> **Beispiel:**
> Ein Arbeitnehmer, der wöchentlich entlohnt wird, hat in der achten Woche eines Kj. an vier Tagen Schlechtwettergeld bezogen und nur einen Tag gearbeitet.
> Der Lohnzahlungszeitraum ist die Woche, auf den Lohn für einen Tag ist die Wochenlohnsteuertabelle anzuwenden.

Besteht ein Arbeitsverhältnis für einzelne Tage und wird der Arbeitslohn täglich gezahlt, so ist die Tageslohnsteuertabelle anzuwenden. Wenn ein Arbeitnehmer nur für einen halben Tag oder stundenweise beschäftigt wird und seinen Arbeitslohn gleich ausgezahlt erhält, ist ebenfalls die Tageslohnsteuertabelle anzuwenden. Der für den halben Tag oder die einzelnen Stunden zu zahlende Arbeitslohn gilt als ein für einen vollen Arbeitstag gezahlter Arbeitslohn.

Kommt es bei einem Lohnzahlungszeitraum auf einen **Stichtag** an, so ist das **Ende des Lohnzahlungszeitraums** maßgebend. Das gilt sowohl für die Zurechnung eines Lohnzahlungszeitraums zu einem Kalenderjahr als auch für die Lohnsteuerabzugsmerkmale. Danach gilt laufender Arbeitslohn in dem Kalenderjahr als bezogen, in dem der Lohnzahlungszeitraum endet (§ 38a Abs. 1 Satz 2 EStG), und sind bei der Lohnsteuerermittlung jeweils die Lohnsteuerabzugsmerkmale zugrunde zu legen, die für den Tag gelten, an dem der Lohnzahlungszeitraum endet (R 39b.5 Abs. 1 LStR).

Abweichend von dem Grundsatz, dass der Arbeitgeber die Lohnsteuer bei jeder Lohnzahlung vom Arbeitslohn einzubehalten hat (§ 38 Abs. 3 EStG), lässt § 39b Abs. 5 EStG zu, dass der Arbeitgeber auf den Arbeitslohn Abschlagszahlungen leistet, den Arbeitslohn dann für einen längeren Zeitraum abrechnet und erst bei der

Abrechnung die Lohnsteuer für den **Lohnabrechnungszeitraum** ermittelt und einbehält. Damit wird der Lohnabrechnungszeitraum als Lohnzahlungszeitraum behandelt. Dem Arbeitgeber sind für die Anwendung eines Lohnabrechnungszeitraums jedoch gewisse Beschränkungen auferlegt. Der Lohnabrechnungszeitraum darf **fünf Wochen** nicht überschreiten, und die Lohnabrechnung muss **innerhalb von drei Wochen** nach Ablauf des Lohnabrechnungszeitraums durchgeführt werden.

Beispiel:

Ein Arbeitnehmer mit **monatlichem Abrechnungszeitraum** erhält jeweils am 25. eine Abschlagszahlung in ungefährer Höhe des Monatslohns und am 10. des folgenden Monats mit der Lohnabrechnung den Rest.

Der Arbeitgeber kann die Lohnsteuer erst bei Abrechnung einbehalten. Der Lohnabrechnungszeitraum hat fünf Wochen nicht überschritten, da ein monatlicher Abrechnungszeitraum vorliegt und die tatsächliche Lohnabrechnung innerhalb von drei Wochen nach Ablauf des monatlichen Abrechnungszeitraums erfolgte.

Abwandlung: Die Lohnabrechnung erfolgt erst am 28. des folgenden Monats.

Der Arbeitgeber muss die Lohnsteuer von der Abschlagszahlung einbehalten, weil die Abrechnung nicht innerhalb der Dreiwochenfrist nach Ablauf des Lohnsteuerabrechnungszeitraums erfolgte.

In den Fällen, in denen die Erhebung der Lohnsteuer bei Zugrundelegung eines Abrechnungszeitraums gefährdet erscheint, kann das Betriebsstättenfinanzamt anordnen, dass die Lohnsteuer von den Abschlagszahlungen einbehalten wird (§ 39b Abs. 5 Satz 3 EStG). Die Gleichstellung des Lohnsteuerabrechnungszeitraums mit dem Lohnzahlungszeitraum entspricht einem Bedürfnis der Praxis, insbesondere in den Fällen, in denen die Arbeitslöhne und Steuerabzugsbeträge im maschinellen Verfahren errechnet werden.

Wenn sich wegen einer **besonderen Entlohnungsart** weder ein Lohnzahlungszeitraum noch ein Lohnabrechnungszeitraum feststellen lässt, gilt nach § 39b Abs. 5 Satz 4 EStG als Lohnzahlungszeitraum die Summe der tatsächlichen Arbeitstage oder Wochen. Besondere Entlohnungsarten bestehen z. B. bei Heimarbeitern oder Schauspielern. Der Arbeitslohn wird bei Heimarbeitern vielfach nach dem abgelieferten Stück, also als **Stücklohn,** gezahlt. Bei Schauspielern, die nur gelegentlich als Arbeitnehmer an einer Bühne beschäftigt werden, wird der Arbeitslohn häufig für die Auftritte gezahlt. Mit dem Arbeitslohn werden aber auch die Proben und das Rollenstudium, soweit es für den Auftritt auf der Bühne noch erforderlich ist, abgegolten.

4 Pflichten und Rechte der Arbeitnehmer

4.1 Pflichten der Arbeitnehmer

Zur Erreichung des Anwendungszwecks der elektronischen Lohnsteuerabzugsmerkmale werden den Arbeitnehmern verschiedene Pflichten auferlegt. Die Arbeitnehmer werden trotz des Amtsverfahrens bei der Ermittlung der elektronischen Lohnsteuerabzugsmerkmale teilweise selbst dafür verantwortlich gemacht, dass für sie die zutreffenden Lohnsteuerabzugsmerkmale gebildet werden. Ferner müssen sie dem Arbeitgeber bei Eintritt in das Dienstverhältnis verschiedene persönliche Daten mitteilen.

4.1.1 Gegenüber dem Arbeitgeber

Zum Zweck des Abrufs der elektronischen Lohnsteuerabzugsmerkmale (ELStAM) hat der Arbeitnehmer jedem Arbeitgeber bei Eintritt in das Dienstverhältnis Folgendes mitzuteilen (§ 39e Abs. 4 Satz 1 EStG):

- die Identifikationsnummer sowie den Tag der Geburt,
- ob es sich um das erste oder ein weiteres Dienstverhältnis handelt,
- ggf. ob und in welcher Höhe ein nach § 39a Abs. 1 Satz 1 Nr. 7 EStG festgestellter Freibetrag abgerufen werden soll.

Soll in einem zweiten oder weiteren Dienstverhältnis jedoch ein Freibetrag nach § 39a Abs. 1 Satz 1 Nr. 1 bis 6 EStG abgerufen werden, ist ein Antrag beim Finanzamt erforderlich. Das Finanzamt ordnet dann die Freibeträge den einzelnen Dienstverhältnissen für den Abruf als elektronisches Lohnsteuerabzugsmerkmal zu. Der Arbeitnehmer hat in diesem Fall dem Arbeitgeber weder Angaben zur Anwendung des Freibetrags noch zu dessen Höhe mitzuteilen.

In den Fällen eines nach § 39a Abs. 1 Satz 1 Nr. 7 EStG festgestellten Freibetrags und der Verteilung auf die einzelnen Dienstverhältnisse ist hingegen ein Antrag beim Finanzamt nicht erforderlich. Es ist ausreichend, wenn dem Arbeitgeber mitgeteilt wird, ob und in welcher Höhe ein nach § 39a Abs. 1 Satz 1 Nr. 7 EStG festgestellter Freibetrag abgerufen werden soll. Diese Wahlmöglichkeit ist für zweite und weitere Dienstverhältnisse insbesondere für die Fälle eines Arbeitgeberwechsels, nach der Beendigung eines Dienstverhältnisses sowie bei in größeren Zeiträumen schwankenden Arbeitslöhnen gedacht.

4.1.2 Gegenüber der Finanzverwaltung

Die Steuerklasse und die Zahl der Kinderfreibeträge für minderjährige Kinder werden i. d. R. automatisch geändert bzw. erstmalig gebildet. Auslöser hierfür sind Mitteilungen der Meldebehörden über den geänderten Familienstand bzw. die Geburt oder den Tod eines Kindes. In diesen Fällen ist der Arbeitnehmer nicht zu einer Mitteilung an das Finanzamt verpflichtet (§ 39 Abs. 5 Satz 3 EStG i. V. m. § 39e Abs. 2 Satz 2 EStG).

Ändern sich die persönlichen Verhältnisse des Arbeitnehmers und treten die Voraussetzungen zur Einreihung in eine für ihn ungünstigere Steuerklasse oder für eine geringere Zahl der Kinderfreibeträge ein, ist er in den Fällen, in denen die Änderungen nicht durch geänderte Meldedaten automatisch angestoßen werden, verpflichtet, dies dem Finanzamt mitzuteilen und die Steuerklasse sowie die Zahl der Kinderfreibeträge umgehend ändern zu lassen (§ 39 Abs. 5 Satz 1 EStG). Dies gilt insbesondere bei dauernder Trennung der Ehegatten bzw. Lebenspartner oder wenn die Voraussetzungen für die Berücksichtigung des Entlastungsbetrags für Alleinerziehende und somit für die Anwendung der Steuerklasse II entfallen.

Ferner besteht eine Mitteilungspflicht des Arbeitnehmers gegenüber dem Finanzamt, wenn ihm bekannt wird, dass die elektronischen Lohnsteuerabzugsmerkmale zu seinen Gunsten von den nach § 39 EStG zu bildenden Lohnsteuerabzugsmerkmalen abweichen (§ 39e Abs. 6 Satz 5 EStG), z. B. wenn der Arbeitgeber abgerufene elektronische Lohnsteuerabzugsmerkmale irrtümlich nicht dem zutreffenden Arbeitnehmer zugeordnet hat.

Wird ein unbeschränkt einkommensteuerpflichtiger Arbeitnehmer beschränkt einkommensteuerpflichtig, z. B. weil er ins grenznahe Ausland verzieht und seinen Arbeitsplatz im Inland beibehält, hat er dies seinem Wohnsitzfinanzamt ebenfalls unverzüglich mitzuteilen (§ 39 Abs. 7 Satz 1 EStG). Als Folge hat das Finanzamt die Lohnsteuerabzugsmerkmale vom Zeitpunkt des Eintritts der beschränkten Einkommensteuerpflicht an zu ändern (Sperrung des Abrufs der elektronischen Lohnsteuerabzugsmerkmale). Auf Antrag wird das Betriebsstättenfinanzamt des Arbeitgebers für den Arbeitnehmer eine Bescheinigung für den Lohnsteuerabzug ausstellen und ihn ggf. in die Steuerklasse I einreihen. Beachtet der Arbeitnehmer diese Pflicht nicht, so sieht das Einkommensteuergesetz wegen der Unterlassung nur **steuerrechtliche Folgen** vor. Unterbleibt die Mitteilung, so hat das Finanzamt zu wenig erhobene Lohnsteuer gem. § 39 Abs. 7 Satz 4 EStG vom Arbeitnehmer nachzufordern, wenn die Kleinbetragsgrenze von 10 Euro überschritten ist. Unberührt bleiben hiervon die **strafrechtlichen** Vorschriften.

> **Beispiele:**
> **1.** Die beiden Arbeitgeber der unbeschränkt steuerpflichtigen, nicht dauernd getrennt lebenden Ehegatten M und F, haben jeweils versehentlich bei der Ermittlung des Lohnsteuerabzug die Steuerklasse III anstatt der Steuerklasse IV für den jeweiligen

Ehegatten angewandt, obwohl M und F keinen Antrag nach § 38b Abs. 1 Satz 2 Nr. 3 Buchst. a Doppelbuchst. bb EStG gestellt haben.

Beide Ehegatten sind zur Anzeige gegenüber der Finanzverwaltung zwecks Berichtigung verpflichtet (§ 39e Abs. 6 Satz 5 EStG).

2. Lebensgefährtin L zieht Anfang August 02 zu ihrem alleinerziehenden Freund F, der bisher allein mit seinem 12-jährigen Sohn in Stuttgart wohnte. F ist bisher in Steuerklasse II eingereiht.

Durch den Zusammenzug mit L steht F ab August 02 kein Entlastungsbetrag für Alleinerziehende (§ 24b EStG) mehr zu. Folglich sind die Voraussetzungen für die Anwendung der Steuerklasse II entfallen. F ist verpflichtet, beim Finanzamt die Steuerklasse umgehend ändern zu lassen (§ 39 Abs. 5 Satz 1 EStG), da diese Änderung nicht durch geänderte Meldedaten automatisch angestoßen wird.

Keine Anzeigepflicht besteht für Arbeitnehmer, wenn sich die Aufwendungen gegenüber der Ermittlung des Freibetrags **nachträglich** verringert haben. Die umfassende Anzeigepflicht des § 153 Abs. 2 AO gilt bei nachträglicher Änderung der Verhältnisse (z. B. Beendigung der doppelten Haushaltsführung im Kalenderjahr) nicht.

Die Anzeigepflicht nach § 153 Abs. 1 AO ist jedoch zu beachten, wenn sich herausstellt, dass die Verhältnisse bereits zu Beginn des Kalenderjahres die Ermittlung des Freibetrags nicht gerechtfertigt haben und dem Arbeitnehmer dies bei Beantragung des Freibetrags bewusst war.

Nach § 39a Abs. 5 EStG hat das Finanzamt jedoch die Lohnsteuer nachzufordern, wenn der Fehlbetrag die Kleinbetragsgrenze von 10 Euro übersteigt. Aber auch der Arbeitgeber ist nach § 41c Abs. 1 Nr. 1 EStG **berechtigt,** die Lohnsteuer bei der nächsten Lohnzahlung nachzuerheben. Macht er von diesem Recht keinen Gebrauch, so hat er dies dem Betriebsstättenfinanzamt gem. § 41c Abs. 4 EStG unverzüglich anzuzeigen. Durch diese Anzeige erfährt das Betriebsstättenfinanzamt, sofern es nicht auch gleichzeitig Wohnsitzfinanzamt des Arbeitnehmers ist, erstmals von dem Nachforderungsfall.

Beispiel:
Arbeitnehmer A hat sich wegen der auswärtigen Unterbringung seiner 21-jährigen Tochter, die an einer auswärtigen Universität studiert und dort ein möbliertes Zimmer bewohnt, zu Recht einen Jahresfreibetrag von 924 € ermitteln lassen. Die Tochter wechselt am 15. Juni die Universität und wohnt seitdem im Haushalt des A. A steht für die Monate Juli bis Dezember kein Freibetrag mehr zu (§ 33a Abs. 3 EStG). Wegen des zu viel ermittelten Freibetrags in Höhe des Differenzbetrags von 462 € besteht jedoch keine Anzeigepflicht des A. Das Finanzamt kann aber nach § 39a Abs. 5 EStG die Lohnsteuer, da über 10 €, nachfordern bzw. im Veranlagungsverfahren ohne Kleinbetragsgrenze nacherheben. Außerdem ist A nach § 46 Abs. 2 Nr. 4 EStG verpflichtet, nach Ablauf des Jahres eine Einkommensteuererklärung abzugeben (Pflichtveranlagung).

Es ist dem Gesetz nicht zu entnehmen, ob mit dem in § 39a Abs. 5 EStG genannten Finanzamt das Wohnsitzfinanzamt des Arbeitnehmers oder das Betriebsstättenfinanzamt gemeint ist. In R 41c.2 Abs. 3 LStR wird der Grundsatz aufgestellt, dass das Wohnsitzfinanzamt zuständig sein soll, wenn die Lohnsteuer erst nach Ablauf des Kalenderjahres, und das Betriebsstättenfinanzamt zuständig sein soll, wenn die Lohnsteuer noch im laufenden Kalenderjahr nacherhoben wird. Diese Zuständigkeitsregelung ist praktikabel und entspricht den tatsächlichen Gegebenheiten. Denn das Wohnsitzfinanzamt setzt bei der Einkommensteuerveranlagung die Jahressteuer endgültig fest, während das Betriebsstättenfinanzamt die laufende ordnungsgemäße Einbehaltung und Abführung der Lohnsteuer zu überwachen hat. Der Zuständigkeitsregelung ist jedoch keine übermäßige Bedeutung beizumessen, da das Finanzamt, das die Lohnsteuer nachfordert, den nachgeforderten Betrag in die **Lohnsteuerbescheinigung** wie einbehaltene Lohnsteuer einzutragen hat. Das Wohnsitzfinanzamt, das den Freibetrag herabsetzt oder streicht, sollte dem Betriebsstättenfinanzamt hierüber jedoch eine Mitteilung übersenden, wenn ihm das Betriebsstättenfinanzamt bekannt ist.

4.1.3 Auskunftspflichten bei einer Außenprüfung oder Lohnsteuer-Nachschau

Bei Außenprüfungen, die das Finanzamt zur Überwachung der ordnungsmäßigen Einbehaltung und Abführung der Lohnsteuer in den Betriebsstätten der Arbeitgeber durchführt, haben die Arbeitnehmer nach § 42f Abs. 2 Satz 2 EStG den Prüfern jede gewünschte Auskunft über Art und Höhe ihres Arbeitslohns zu geben und auf Verlangen die etwa in ihrem Besitz befindlichen Bescheinigungen für den Lohnsteuerabzug sowie die Belege über bereits entrichtete Lohnsteuer vorzulegen. Der Arbeitnehmer sollte jedoch erst eingeschaltet werden, wenn dies zur weiteren Aufklärung erforderlich ist.

Dies gilt bei der Lohnsteuer-Nachschau entsprechend (§ 42g Abs. 3 Satz 2 EStG).

4.2 Rechte der Arbeitnehmer

4.2.1 Im Rahmen des Abrufs der elektronischen Lohnsteuerabzugsmerkmale

4.2.1.1 Abrufsperren und Abrufberechtigungen

Der Arbeitnehmer kann einen oder mehrere zum Abruf von ELStAM berechtigte(n) Arbeitgeber benennen (Abrufberechtigung, „Positivliste") oder bestimmte Arbeitgeber von der Abrufberechtigung ausschließen (Abrufsperre, „Negativliste"; § 39e Abs. 6 Satz 6 Nr. 1 EStG). Zudem gibt es die Möglichkeit, sämtliche Arbeitgeber vom Abruf auszuschließen („Vollsperrung"; § 39e Abs. 6 Satz 6 Nr. 2 EStG). Eine Abrufberechtigung oder eine Sperrung ist dem Finanzamt mit dem Vordruck „Anträge zu den elektronischen Lohnsteuerabzugsmerkmalen – ELStAM –" mitzuteilen. Eine Verpflichtung zur Erteilung einer Abrufberechtigung der ELStAM oder zu deren Sperrung besteht nicht.

Abrufberechtigungen und Abrufsperren gelten lediglich mit Wirkung für die Zukunft, eine rückwirkende Berücksichtigung ist nicht möglich. Sie gelten, bis der Arbeitnehmer erklärt, die Abrufberechtigung zu erteilen oder die Sperrung aufzuheben.

Die Erteilung einer Abrufberechtigung oder Sperrung eines Arbeitgebers zum Abruf der ELStAM setzt die Angabe der Steuernummer der Betriebsstätte oder des Teilbetriebs des Arbeitgebers, in dem der für die Durchführung des Lohnsteuerabzugs maßgebende Arbeitslohn ermittelt wird, voraus. Für die Verwendung der Steuernummer des Arbeitgebers gelten die Regelungen zu den Schutzvorschriften für die ELStAM entsprechend (§ 39e Abs. 4 Satz 7 i. V. m. § 39 Abs. 8 und 9 EStG).[1]

4.2.1.1.1 Positivliste

Hat der Arbeitnehmer bei seinem Wohnsitzfinanzamt eine Positivliste eingereicht, werden darin nicht genannte Arbeitgeber für den Abruf von ELStAM des Antragstellers gesperrt. Wird im Fall eines Arbeitgeberwechsels der neue Arbeitgeber nicht in eine bereits vorhandene Positivliste aufgenommen, ist ein Abruf der ELStAM durch den neuen Arbeitgeber nicht möglich. Bei fehlender Abrufberechtigung ist der Arbeitgeber zur Anwendung der Steuerklasse VI verpflichtet (§ 39e Abs. 6 Satz 8 EStG). Die Aufnahme von Arbeitgebern in die Positivliste setzt kein bestehendes Arbeitsverhältnis voraus.

4.2.1.1.2 Negativliste

Hat der Arbeitnehmer bei seinem Wohnsitzfinanzamt eine Negativliste eingereicht, können die darin genannten Arbeitgeber die ELStAM des Antragstellers nicht abrufen. Kommt es gleichwohl zu einem Arbeitsverhältnis und einer Lohnzahlung eines dieser Arbeitgeber, hat er aufgrund der fehlenden Abrufberechtigung die Steuerklasse VI anzuwenden (§ 39e Abs. 6 Satz 8 EStG).

4.2.1.1.3 Vollsperrung

Hat der Arbeitnehmer bei seinem Wohnsitzfinanzamt beantragt, die Bildung oder Bereitstellung der ELStAM allgemein sperren zu lassen, ist ein Abruf nicht möglich. Aufgrund der fehlenden Abrufberechtigung hat der Arbeitgeber die Steuerklasse VI anzuwenden (§ 39e Abs. 6 Satz 8 EStG). Die Sperrung bleibt so lange bestehen, bis der Arbeitnehmer die Bildung oder Bereitstellung der ELStAM allgemein freischalten lässt.

---
1 Siehe auch BMF vom 07.08.2013 (BStBl 2013 I S. 951), Rz. 77.

4.2.1.2 Auskunft über die eigenen ELStAM

Der Arbeitnehmer kann beim zuständigen Wohnsitzfinanzamt auf Antrag Auskunft über die für ihn gebildeten ELStAM sowie über die durch den Arbeitgeber in den letzten 24 Monaten erfolgten Abrufe der ELStAM erhalten (§ 39e Abs. 6 Satz 4 EStG; vgl. Vordruck „Anträge zu den elektronischen Lohnsteuerabzugsmerkmalen – ELStAM –").

Dem Arbeitnehmer ist es darüber hinaus möglich, seine ELStAM über das Elster-Online-Portal (www.elsteronline.de/eportal) einzusehen. Dazu ist eine kostenfreie Registrierung unter Verwendung der Identifikationsnummer im ElsterOnline-Portal notwendig.

4.2.2 Änderung/Ermittlung von Lohnsteuerabzugsmerkmalen

Den Arbeitnehmern stehen grundsätzlich die gleichen Rechte zu wie den Steuerpflichtigen, die zur Einkommensteuer veranlagt werden. Durch die Bildung der Lohnsteuerabzugsmerkmale (Steuerklasse, Zahl der Kinderfreibeträge, usw.) und durch die Einarbeitung von Tariffreibeträgen, des Arbeitnehmer-Pauschbetrags und des Pauschbetrags für Versorgungsbezüge, des Zuschlags zum Versorgungsfreibetrag, des Sonderausgaben-Pauschbetrags und der Vorsorgepauschale sowie des Entlastungsbetrags für Alleinerziehende in die Lohnsteuertabellen bzw. durch ihre Berücksichtigung bei der maschinellen Lohnsteuerabrechnung werden ihre Rechte im Allgemeinen bereits in typisierender Weise beim Steuerabzug berücksichtigt. In den Fällen aber, in denen die von Amts wegen gebildeten Lohnsteuerabzugsmerkmale nicht zu einer den tatsächlichen Verhältnissen entsprechenden Besteuerung führen, hat der Arbeitnehmer das Recht nach § 39 Abs. 6 bzw. § 39a EStG Änderungen der Merkmale oder die Ermittlung eines Freibetrags bzw. höheren Freibetrags zu beantragen. Die Vorschriften sollen den Arbeitnehmer davor bewahren, im Wege des Lohnsteuerabzugs der Sache nach überhöhte Vorauszahlungen zu leisten, die er erst bei einer Veranlagung zur Einkommensteuer wieder zurückerhalten würde.

Die Möglichkeit, einen Freibetrag ermitteln zu lassen, ist allerdings durch § 39a Abs. 2 und 3 EStG eingeschränkt. Nach diesen Vorschriften ist die Berücksichtigung von Vorsorgeaufwendungen bei der Ermittlung des Freibetrags gänzlich untersagt. Erhöhte Aufwendungen für Werbungskosten, für andere Sonderausgaben (§ 10 Abs. 1 Nr. 4, 5, 7 und 9 sowie Abs. 1a, § 10b EStG), für den Entlastungsbetrag nach § 24b EStG für solche Alleinerziehende, die nicht in die Steuerklasse II, sondern gem. § 38b Satz 2 Nr. 3 Buchst. b EStG in die Steuerklasse III gehören, und für außergewöhnliche Belastungen i. S. der §§ 33, 33a, 33b Abs. 6 EStG dürfen nur berücksichtigt werden, wenn eine **Antragsgrenze von 600 Euro** überschritten wird.

Diese Einschränkungen wurden aus verwaltungsökonomischen Gründen in das Einkommensteuergesetz eingefügt. Sie sollen die Finanzämter in der Massenarbeit, die das Ermittlungsverfahren nun einmal mit sich bringt, entlasten. Durch diese Einschränkungen können einem Arbeitnehmer vorübergehend steuerliche Nachteile entstehen. Diese Nachteile halten sich jedoch in engen und damit vertretbaren Grenzen. Im Hinblick auf die Maßgeblichkeit des Jahresarbeitslohns und der Jahreslohnsteuer für die Besteuerung (§ 38a Abs. 1 EStG) wird dem Arbeitnehmer etwa überzahlte Lohnsteuer bei der Einkommensteuerveranlagung erstattet.

Die Jahreslohnsteuer lässt sich erst am Ende des Kalenderjahres zutreffend und endgültig ermitteln. Der Änderung/Ermittlung von Lohnsteuerabzugsmerkmalen kommt daher nur eine **vorläufige Regelung** zu. Die Änderung der Lohnsteuerabzugsmerkmale und die Ermittlung sind deshalb die gesonderten Feststellungen von Besteuerungsgrundlagen (§ 179 Abs. 1 AO), die unter dem Vorbehalt der Nachprüfung stehen und jederzeit, auch rückwirkend, geändert werden können (§ 164 Abs. 2 AO).[1] Die abgerufenen Lohnsteuerabzugsmerkmale binden zwar den Arbeitgeber beim Lohnsteuerabzug, nicht hingegen das Finanzamt bei der Durchführung der Einkommensteuerveranlagung. Gegen die Einschränkung der Antragsmöglichkeiten können aus diesen Gründen rechtliche Bedenken nicht bestehen.

Der Gesetzgeber hat die Berücksichtigung von Vorsorgeaufwendungen nicht gänzlich ausgeschlossen. Durch die **Vorsorgepauschale für Arbeitnehmer,** die nach § 39b Abs. 2 Satz 5 Nr. 3 EStG bei der Berechnung des Lohnsteuerabzugs berücksichtigt wird, werden die Beiträge der Arbeitnehmer zu den Sozialversicherungen bzw. zur privaten Kranken- und Pflegeversicherung im Allgemeinen in zulässiger Höhe beim Lohnsteuerabzug berücksichtigt. Die Antragsgrenze von 600 Euro gilt nur für die in § 39a Abs. 2 Satz 4 EStG angeführten Aufwendungen und nicht allgemein.

4.2.2.1 Nachträgliche Änderungen von Lohnsteuerabzugsmerkmalen

Treten bei einem Arbeitnehmer im Laufe eines Kalenderjahres die Voraussetzungen für eine für ihn **günstigere Steuerklasse oder Zahl der Kinderfreibeträge** ein, so kann er die Änderung der elektronischen Lohnsteuerabzugsmerkmale beim Finanzamt jederzeit beantragen (§ 39 Abs. 6 EStG; Vordruck: „Antrag auf Steuerklassenwechsel bei Ehegatten/Lebenspartnern" bzw. „Anträge zu den elektronischen Lohnsteuerabzugsmerkmalen – ELStAM –"). Die Änderung ist mit Wirkung von dem ersten Tag des Monats an vorzunehmen, in dem erstmals die Voraussetzungen für die Änderung vorlagen (§ 39 Abs. 6 Satz 2 EStG). Für eine Berücksichtigung der Änderung im laufenden Kalenderjahr ist jedoch der Antrag spätestens bis zum 30. November zu stellen (§ 39 Abs. 6 Satz 6 EStG).

Unter den genannten elektronischen Lohnsteuerabzugsmerkmalen ist nur die Steuerklasse für die **Lohnsteuer relevant,** die Zahl der Kinderfreibeträge wirkt sich nur bei den **Zuschlagsteuern** (Solidaritätszuschlag, Lohnkirchensteuer) aus.

---
1 BMF vom 07.08.2013 (BStBl 2013 I S. 951), Rz. 109.

4 Pflichten und Rechte der Arbeitnehmer

Ändert sich die Steuerklasse, kann eine Änderung der elektronischen Lohnsteuerabzugsmerkmale erfolgen.

Beispiele:
1. Eine ledige Arbeitnehmerin, die in Steuerklasse I eingereiht ist, heiratet. Sie beantragt gemeinsam mit ihrem Ehemann, ihre Steuerklasse und die Steuerklasse ihres Ehemannes jeweils in Steuerklasse IV zu ändern.
Dabei sind ggf. die Namen zu ändern, soweit dies nach der Heirat notwendig ist. Die Arbeitnehmerin und ihr Ehemann hätten keinen Antrag stellen müssen, da die Gemeinde den Familienstand „verheiratet" dem Finanzamt im Rahmen der Mitteilungen der Meldebehörden übermittelt und die Steuerklasse dann automatisch von der Finanzverwaltung geändert wird. Sie müssten auch keinen Antrag stellen, wenn sie zum Zeitpunkt der Eheschließung in unterschiedlichen Gemeinden wohnen, da eine Verbindung in der ELStAM-Datenbank durch die Identifikationsnummern gewährleistet ist. Es wird für beide Ehegatten automatisch die Steuerklasse IV vergeben, sobald für beide Ehegatten der Familienstand „verheiratet" übermittelt ist.
2. Eine ledige und allein lebende Arbeitnehmerin in Steuerklasse I bekommt ein nichteheliches Kind, das ihr zuzuordnen ist.
Die Steuerklasse I wird auf Antrag in Steuerklasse II geändert. Die Zahl der Kinderfreibeträge von „keine" in den Zähler 0,5 für die Zuschlagsteuern (Solidaritätszuschlag, Lohnkirchensteuer) wird automatisch aufgrund der Mitteilung der Meldebehörde über die Geburt des Kindes geändert.

Änderungen, die nicht automatisch aufgrund der Mitteilungen der Meldebehörden eingepflegt werden, werden nur auf **Antrag** vorgenommen. Es bleibt den Arbeitnehmern überlassen, zu entscheiden, ob sie den Antrag stellen wollen. Sie sind dazu nicht verpflichtet. Im ersten Beispiel ergeben sich durch die Änderung der Steuerklasse I in Steuerklasse IV keinerlei steuerliche Veränderungen. Nach den Steuerklassen I und IV sind gleich hohe Steuerbeträge zu erheben. Die Änderung der Steuerklasse infolge der Heirat würde nur dann steuerlich vorteilhaft sein, wenn zusätzlich ein Faktor nach § 39f EStG berücksichtigt werden würde.

Eine günstigere Steuerklasse kann sich für einen Arbeitnehmer auch ergeben, wenn seine Ehe durch Scheidung oder Aufhebung/seine Lebenspartnerschaft durch Aufhebung aufgelöst wurde, sein früherer Ehegatte/Lebenspartner, der unbeschränkt steuerpflichtig ist, von dem er zu Beginn des Kalenderjahres nicht dauernd getrennt gelebt hatte, im Kalenderjahr der Auflösung jedoch wieder heiratet und von dem neuen Ehegatten/Lebenspartner, der ebenfalls unbeschränkt steuerpflichtig ist, nicht dauernd getrennt lebt. In diesem Fall kann der Arbeitnehmer, wenn er nicht bereits in Steuerklasse III eingereiht ist, die Einstufung in Steuerklasse III beanspruchen. Er kann für das Kalenderjahr, in dem die Ehe/Lebenspartnerschaft aufgelöst worden ist, einen entsprechenden Antrag beim Finanzamt stellen (§ 38b Abs. 1 Satz 2 Nr. 3 Buchst. c, § 39 Abs. 6 EStG). Dieser Arbeitnehmer ist allerdings nach § 46 Abs. 2 Nr. 6 EStG zur Einkommensteuer zu veranlagen.

Abgesehen von diesem besonderen Fall, der eine Ausnahme darstellt, führt die Auflösung einer Ehe/Lebenspartnerschaft regelmäßig zu ungünstigeren Steuerklassen. Das Gleiche trifft zu, wenn sich die Eheleute/Lebenspartner im Laufe des Kalenderjahres trennen und künftig dauernd getrennt leben. In diesen Fällen gilt jedoch für das Kalenderjahr der Auflösung der Ehe/Lebenspartnerschaft oder der Herbeiführung der dauernden Trennung das Stichtagsprinzip, sodass die Steuerklasse **zuungunsten** des Arbeitnehmers grundsätzlich **nicht geändert** werden darf (R 39.2 Abs. 1 Satz 1 LStR). Allerdings kann auf gemeinsamen Antrag ein Steuerklassenwechsel vorgenommen werden, der dann allerdings die Lohnsteuerabzugsmerkmale beider Arbeitnehmer berührt (R 39.2 Abs. 2 LStR). Es ist jedoch zu berücksichtigen, dass Ehegatten/Lebenspartner im Laufe eines Kalenderjahres nur einmalig die Änderung der Steuerklassen beantragen können (§ 39 Abs. 6 Satz 3 EStG). Dies gilt unabhängig von der automatisierten Bildung der Steuerklassen nach § 39e Abs. 3 Satz 3 EStG sowie einer von den Ehegatten/Lebenspartnern gewünschten Änderung dieser automatisierten Bildung. Der Steuerklassenwechsel ist mit Wirkung vom Beginn des Kalendermonats vorzunehmen, der auf die Antragstellung folgt. Somit ist auch für eine Berücksichtigung des Steuerklassenwechsels im laufenden Kalenderjahr der Antrag spätestens bis zum 30. November zu stellen (§ 39 Abs. 6 Satz 6 EStG).

> **Beispiel:**
> Die Ehegatten beantragen im November 01 einen Steuerklassenwechsel mit Wirksamkeit zum 01.12.01. Dieser Wechsel wird durch das Finanzamt durch die Änderung der gebildeten Lohnsteuerabzugsmerkmale beider Ehegatten berücksichtigt.

Eine **günstigere Zahl von Kinderfreibeträgen** kann sich im Laufe des Kalenderjahres dadurch ergeben, dass einem verheirateten Arbeitnehmer ein eheliches Kind oder dass einem Arbeitnehmer ein nichteheliches Kind von einer im Ausland wohnhaften (beschränkt steuerpflichtigen) Frau geboren oder dass ein Pflege- oder Adoptivkindschaftsverhältnis begründet wird. Eine günstigere Zahl von Kinderfreibeträgen kann sich auch für über 18 Jahre alte Kinder ergeben, dann nämlich, wenn im Laufe des Kalenderjahres die Voraussetzungen für eine Berücksichtigung nach § 32 Abs. 4 EStG eintreten. Das kommt z. B. in Betracht, wenn solche Kinder bisher Arbeiten als ungelernte Arbeitskräfte verrichtet haben, dann aber eine Lehrstelle oder einen Studienplatz erhalten und mit ihrer Berufsausbildung beginnen.

Die **günstigere** Zahl der Kinderfreibeträge wirkt sich nur bei den Zuschlagsteuern (Solidaritätszuschlag, Lohnkirchensteuer), jedoch nicht auf die Höhe des Lohnsteuerabzugs aus.

4.2.2.2 Steuerklassenwechsel

Ehegatten/Lebenspartner, die beide in einem Dienstverhältnis stehen (Hinweis: Ab dem 01.01.2018 ist dies keine Voraussetzung mehr, § 39 Abs. 6 Satz 3 EStG n. F.), können nach § 39 Abs. 6 Satz 3 EStG im Laufe des Kalenderjahres die Änderung der Steuerklassen in andere für Eheleute/Lebenspartner in Betracht kommende Steuerklassen beim Finanzamt beantragen (Vordruck: „Antrag auf Steuerklassen-

4 Pflichten und Rechte der Arbeitnehmer

wechsel bei Ehegatten/Lebenspartnern"). Hierbei handelt es sich um den sog. **Steuerklassenwechsel.**

Eheleute/Lebenspartner können selbst bestimmen, welche Steuerklassen als Lohnsteuerabzugsmerkmale berücksichtigt werden sollen, entweder als Lohnsteuerabzugsmerkmal beider Ehegatten/Lebenspartner die Steuerklasse IV oder als Lohnsteuerabzugsmerkmal des einen Ehegatten/Lebenspartners die Steuerklasse III und als Lohnsteuerabzugsmerkmal des anderen Ehegatten/Lebenspartners die Steuerklasse V. Die Entscheidung hierüber kann je nach Interessenlage oder auch ohne besonderen Grund für verschiedene Jahre unterschiedlich ausfallen.

Heiraten Arbeitnehmer im Laufe des Kalenderjahres, bildet die Finanzverwaltung die Steuerklassen für die Eheleute/Lebenspartner automatisch (§ 39e Abs. 3 Satz 3 EStG): Steuerklasse III ist zu bilden, wenn beide Ehegatten/Lebenspartner unbeschränkt einkommensteuerpflichtig und nicht dauernd getrennt lebend sind und ein Ehegatte/Lebenspartner keinen Arbeitslohn bezieht (Hinweis: Ab dem 01.01.2018 wird auch in Fällen, in denen ein Ehegatte/Lebenspartner keinen Arbeitslohn bezieht, automatisch die Steuerklasse IV gebildet, § 39e Abs. 3 Satz 3 EStG n. F.). Hingegen ist Steuerklasse IV für beide Ehegatten/Lebenspartner zu bilden, wenn beide Ehegatten/Lebenspartner unbeschränkt einkommensteuerpflichtig sind, nicht dauernd getrennt lebend sind und beide Arbeitslohn beziehen. Auf gemeinsamen Antrag der Arbeitnehmer kann allerdings ein Steuerklassenwechsel vorgenommen werden, wenn diese andere Steuerklassen als die automatisch gebildeten wünschen (Hinweis: Ab dem 01.01.2018 ist der Wechsel von der Steuerklasse III oder V in die Steuerklasse IV auch auf Antrag nur eines Ehegatten/Lebenspartners mit der Folge möglich, dass beide Ehegatten in die Steuerklasse IV eingereiht werden, § 38b Abs. 3 Satz 2 EStG n. F.).

Es ist jedoch zu berücksichtigen, dass Ehegatten/Lebenspartner im Laufe eines Kalenderjahres nur einmalig die Änderung der Steuerklassen beantragen können (§ 39 Abs. 6 Satz 3 EStG). Dies gilt unabhängig von der automatisierten Bildung der Steuerklassen nach § 39e Abs. 3 Satz 3 EStG sowie einer von den Ehegatten/Lebenspartnern gewünschten Änderung dieser automatisierten Bildung. Auch die Ermittlung eines Faktors bei Steuerklasse IV nach § 39f EStG durch das Finanzamt im laufenden Jahr gilt als Steuerklassenwechsel. Das Finanzamt darf deshalb nach Ermittlung des Faktors keinen weiteren Steuerklassenwechsel nach III/V vornehmen.

Der Steuerklassenwechsel ist mit Wirkung vom Beginn des Kalendermonats vorzunehmen, der auf die Antragstellung folgt. Somit ist für eine Berücksichtigung des Steuerklassenwechsels im Kalendermonat Dezember der Antrag spätestens bis zum 30. November zu stellen (§ 39 Abs. 6 Satz 6 EStG).

Wird die Ehe/Lebenspartnerschaft eines Arbeitnehmers durch Scheidung oder Aufhebung aufgelöst oder haben die Ehegatten/Lebenspartner die dauernde Trennung herbeigeführt, ist für das laufende Kalenderjahr eine Änderung der Steuerklassen nicht zulässig; es kommt nur ein Steuerklassenwechsel nach § 39 Abs. 6 Satz 3 EStG in Betracht. Das gilt nicht, wenn bei einer durch Scheidung oder Aufhebung aufgelösten Ehe/Lebenspartnerschaft der andere Ehegatte/Lebenspartner im selben Kalenderjahr wieder geheiratet hat, von seinem Ehegatten/Lebenspartner nicht dauernd getrennt lebt und er und sein neuer Ehegatte/Lebenspartner unbeschränkt einkommensteuerpflichtig sind; in diesen Fällen ist auf Antrag des nicht wieder verheirateten Ehegatten/Lebenspartner seine Steuerklasse in Steuerklasse III zu ändern, wenn die Voraussetzungen des § 38b Abs. 1 Nr. 3 Buchst. c Doppelbuchst. aa EStG erfüllt sind (R 39.2 Abs. 1 Satz 2 LStR).

Bei der Wahl der Steuerklassenkombination muss bedacht werden, dass Lohnersatzansprüche wie Krankengeld oder Elterngeld von dem zuletzt bezogenen Nettoarbeitslohn abhängen; dies gilt nach § 149 SGB III auch für das Arbeitslosengeld. Für Arbeitnehmer in der Steuerklasse V sind die Lohnersatzansprüche u. U. niedriger als bei gleich hohem Bruttolohn und Einstufung in die Steuerklasse III oder IV.

Die Beschränkung auf nur einen Steuerklassenwechsel im Laufe eines Kalenderjahres liegt im Interesse des Arbeitgebers. Von einem Steuerklassenwechsel werden immer gleich zwei Arbeitgeber, nämlich der des Ehemannes und der der Ehefrau bzw. beider Lebenspartner, betroffen. Bei ihnen wird zusätzliche Arbeit verursacht, die möglichst auf ein Minimum zu beschränken ist. Gleichwohl gibt es Fälle, in denen das Interesse des Arbeitgebers hinter dem der Arbeitnehmer zurückstehen muss. Im Verwaltungsweg ist deshalb zugelassen, dass weitere Anträge auf Steuerklassenwechsel gestellt werden können, wenn einer der Ehegatten/Lebenspartner keinen Arbeitslohn mehr bezieht, z. B., weil er arbeitslos geworden oder weil die Ehe/Lebenspartnerschaft durch Tod aufgelöst worden ist, weil sich die Ehegatten/Lebenspartner auf Dauer getrennt haben oder wenn nach einer Arbeitslosigkeit ein Arbeitsverhältnis wieder aufgenommen wird (R 39.2 Abs. 2 Satz 3 LStR). Die Steuerklassenwahl kann sowohl bei Beginn als auch bei Beendigung der Arbeitslosigkeit gewechselt werden. Welche Steuerklassenkombination die günstigste ist, hängt vom einzelnen Fall ab (siehe auch Tz. 2.5.2.6). Als Faustregel gilt, dass die Steuerklassenwahl III/V günstiger ist, wenn der geringer verdienende Ehegatte/Lebenspartner weniger als 40 % des Gesamtarbeitslohns beider Ehegatten/Lebenspartner erhält. Um die Steuerklassenwahl zu erleichtern, hat die Finanzverwaltung Tabellen ausgearbeitet, aus denen sich die günstigste Kombination ergibt. Durch Wahl der Steuerklasse IV mit Faktor nach § 39f EStG kann erreicht werden, dass für jeden Ehegatten/Lebenspartner die nach Steuerklasse IV berechnete Lohnsteuer entsprechend der Wirkung des Splittingverfahrens nach § 32a Abs. 5 EStG gemindert wird.

Die festgestellten ELStAM gelten fort, bis ein weiterer zulässiger Steuerklassenwechsel beantragt wird oder die tatsächlichen Verhältnisse sich ändern (z. B. Erklärung über das dauernde Getrenntleben wird abgegeben). Lediglich die Wahl der Steuerklasse IV/IV mit Faktor ist auf zwei Kalenderjahre beschränkt. Wird dieser Antrag nicht für das dem 2. Kalenderjahr folgende Jahr neu gestellt, wird ab diesem

Jahr programmgesteuert für beide Ehegatten/Lebenspartner die Steuerklasse IV vergeben.

4.2.2.3 Ermittlung eines Freibetrags

Soweit die Voraussetzungen dafür gegeben sind, können nach § 39a EStG vom Finanzamt in die Freibetragsermittlung die folgenden zwei Gruppen von Beträgen einbezogen werden:

1. die Pauschbeträge für Behinderte und Hinterbliebene (§ 33b EStG); der Erhöhungsbetrag nach § 24b Abs. 2 Satz 2 EStG, die **negative** Summe der Einkünfte aus Einkunftsarten des § 2 Abs. 1 Satz 1 Nr. 1 bis 3, 6 und 7 EStG und der negativen Einkünfte i. S. des § 2 Abs. 1 Satz 1 Nr. 5 EStG, die Beträge, die wie Sonderausgaben nach § 10d Abs. 2, §§ 10e, 10f, 10g, 10h, 10i EStG oder nach § 15b BerlinFG abgezogen werden können, und für jede Steuerermäßigung nach den §§ 34f und 35a EStG ein Betrag in Höhe des Vierfachen der entsprechenden Steuerermäßigung; die Freibeträge für Kinder nach § 32 Abs. 6 EStG für dem Arbeitnehmer zuzurechnende Kinder, für die kein Anspruch auf Kindergeld besteht; der nicht ausgeschöpfte Eingangsfreibetrag eines ersten Dienstverhältnisses

und

2. Werbungskosten, soweit sie den Arbeitnehmer-Pauschbetrag von 1.000 Euro (§ 9a EStG) oder bei Versorgungsbezügen den Pauschbetrag von 102 Euro (§ 9a Satz 1 Nr. 1 Buchst. b EStG) übersteigen, Sonderausgaben i. S. des § 10 Abs. 1 Nr. 4, 5, 7 und 9 sowie Abs. 1a und § 10b EStG, soweit sie den Sonderausgaben-Pauschbetrag von 36 Euro übersteigen, sowie der Betrag, der nach §§ 33, 33a, 33b Abs. 6 EStG wegen außergewöhnlicher Belastungen zu gewähren ist, und der Entlastungsbetrag für Alleinerziehende nach § 24b EStG bei Verwitweten ohne Steuerklasse II.

Die in **Gruppe 1** aufgeführten Beträge sind in der jeweils festgestellten Höhe in den Freibetrag einzubeziehen, und die in **Gruppe 2** aufgeführten Beträge dürfen nur berücksichtigt werden, wenn sie gem. § 39a Abs. 2 Satz 4 EStG insgesamt die **Antragsgrenze von 600 Euro** übersteigen.

Zu Gruppe 1

Pauschbeträge für Behinderte und Hinterbliebene

Wegen der außergewöhnlichen Belastungen, die Behinderten infolge ihrer Behinderung erwachsen, wird ihnen auf Antrag ein Pauschbetrag gewährt, dessen Höhe sich nach dem Grad der dauernden Minderung der Erwerbsfähigkeit richtet. Die Pauschbeträge sind in § 33b Abs. 3 EStG, nach dem Grad der Behinderung gestaffelt, aufgeführt und reichen von 310 Euro bei einem Grad der Behinderung von 25 bis zu 1.420 Euro bei einem Grad der Behinderung von 100. Blinden und Behinderten, die infolge der Behinderung so hilflos sind, dass sie für die gewöhnlichen und regelmäßig wiederkehrenden Verrichtungen im Ablauf des täglichen Lebens dauernd in erheblichem Umfang fremder Hilfe bedürfen, wird ein erhöhter Pauschbetrag von 3.700 Euro gewährt. Hinterbliebene, denen nach Versorgungsgesetzen laufende Hinterbliebenenbezüge zustehen, erhalten auf Antrag einen Pauschbetrag von 370 Euro.

Die Voraussetzungen für die Inanspruchnahme eines Pauschbetrags für Behinderte sind nach § 65 EStDV grundsätzlich durch eine Bescheinigung des **Versorgungsamts** nachzuweisen. An die Feststellungen in einer solchen Bescheinigung sind die Finanzämter gebunden. Der Nachweis der Voraussetzungen für die Gewährung des Pauschbetrags für Hinterbliebene ist durch amtliche Unterlagen zu erbringen.

Der **Antrag für die Berücksichtigung des Pauschbetrags kann nach amtlich vorgeschriebenem Muster (Vordruck: „Antrag auf Lohnsteuerermäßigung")** bis zum **30. November** des Kalenderjahres gestellt werden, für das ein Freibetrag ermittelt werden soll. Er ist an das für den Arbeitnehmer **zuständige Wohnsitzfinanzamt** zu richten und eigenhändig vom Arbeitnehmer zu unterschreiben (§ 39a Abs. 2 Satz 1 EStG). Das Finanzamt ermittelt den in Betracht kommenden Freibetrag, der dann als Lohnsteuerabzugsmerkmal bei der Ermittlung der Höhe des Lohnsteuerabzugs berücksichtigt wird.

Gemäß § 39a Abs. 2 Satz 6 EStG ist der als Jahresfreibetrag ermittelte Freibetrag durch Aufteilung in Monats-, Wochen- und Tagesfreibeträge auf das Kalenderjahr **gleichmäßig zu verteilen.**

Bei Ehegatten/Lebenspartnern, die beide unbeschränkt steuerpflichtig sind und nicht dauernd getrennt leben, ist unerheblich, wer von ihnen die Voraussetzungen für den Pauschbetrag erfüllt. Liegen bei beiden Ehegatten/Lebenspartnern die Voraussetzungen für die Gewährung eines Pauschbetrags für Behinderte vor, so sind für jeden Ehegatten/Lebenspartner die in Betracht kommenden Pauschbeträge zu gewähren. Sie können, wenn beide Arbeitslohn beziehen, bei demjenigen jeweils als Freibetrag gebildet werden, der die Voraussetzungen für die Gewährung eines Pauschbetrags für behinderte Menschen und Hinterbliebene erfüllt. Sie können aber auch nur als Gesamtsumme bei einem Ehegatten/Lebenspartner gebildet werden (R 39a.3 Abs. 5 LStR).

Steht der Pauschbetrag für Behinderte oder der Pauschbetrag für Hinterbliebene einem **Kind des Arbeitnehmers** zu, so wird der Pauschbetrag nach § 33b Abs. 5 EStG auf Antrag auf den Arbeitnehmer übertragen, wenn das Kind den Pauschbetrag nicht in Anspruch nimmt. Das Gesetz schließt die Übertragung des Pauschbetrags für Hinterbliebene nicht aus, auch wenn der Arbeitnehmer selbst einen Anspruch auf einen solchen Pauschbetrag hat. Im Fall der Übertragung ist somit der Pauschbetrag für Hinterbliebene, der dem Kind zusteht, mit dem des Arbeitnehmers zusammenzurechnen.

Die Pauschbeträge für Behinderte und für Hinterbliebene sind **Jahresbeträge**, die nicht gekürzt werden, wenn die Voraussetzungen für die Gewährung nicht während des ganzen Kalenderjahres bestanden haben.

Die Anträge auf Gewährung oder Übertragung von Pauschbeträgen sind auf vorgeschriebenem Vordruck (**Vordruck: „Antrag auf Lohnsteuerermäßigung"**) an das Finanzamt zu richten.

Falls beiden Elternteilen für das behinderte Kind ein Kinderfreibetrag zusteht, ist der zu übertragende Pauschbetrag **grundsätzlich** auf beide Elternteile je zur Hälfte aufzuteilen. Nach § 33b Abs. 5 Satz 3 EStG ist jedoch auf gemeinsamen Antrag der Eltern hin eine andere Aufteilung möglich. Dieser Antrag auf anderweitige Aufteilung des zu übertragenden Pauschbetrags ist auch im Rahmen der Ermittlung eines Freibetrags nach § 39a Abs. 1 Nr. 4 EStG zu berücksichtigen. Aufgrund der Formulierung des § 33b Abs. 5 Satz 3 EStG gilt dies auch bei Eltern, bei denen die Voraussetzungen für eine Ehegattenveranlagung nicht vorliegen.

Für die Ermittlung des Freibetrags nach § 39a EStG (Lohnsteuerermäßigungsverfahren) bei Ehegatten/Lebenspartnern regelt § 39a Abs. 3 Satz 3 EStG die Verteilung der gemeinsam ermittelten Summe der nach § 39a Abs. 1 Nr. 2 bis 4 und 5 EStG berücksichtigungsfähigen Aufwendungen (zu denen auch ein übertragener Pauschbetrag nach § 33b Abs. 5 EStG zählt) auf beide Ehegatten/Lebenspartner je zur Hälfte. Dabei wirkt sich auch der Antrag auf anderweitige Aufteilung des übertragenen Pauschbetrags für Behinderte und Hinterbliebene aus.

Erhöhungsbetrag nach § 24b Abs. 2 Satz 2 EStG

Gehört zum Haushalt eines alleinstehenden Steuerpflichtigen ein Kind, für das ihm ein Freibetrag nach § 32 Abs. 6 EStG oder Kindergeld zusteht, kann der Steuerpflichtige einen Entlastungsbetrag für Alleinerziehende i. H. von 1.908 Euro von seiner Summe der Einkünfte (§ 2 Abs. 3 EStG) abziehen. Dieser Entlastungsbetrag i. H. von 1.908 Euro wird bei der Einreihung in die Steuerklasse II bereits berücksichtigt. Gehören jedoch zum Haushalt des Steuerpflichtigen weitere Kinder, für die dem Steuerpflichtigen Freibeträge nach § 32d Abs. 6 EStG oder Kindergeld zusteht, erhöht sich der Entlastungsbetrag für Alleinerziehende für jedes weitere Kind im vorgenannten Sinne um 240 Euro (§ 24b Abs. 2 Satz 2 EStG). Dieser Erhöhungsbetrag für jedes weitere Kind wird nicht automatisch in einer Steuerklasse berücksichtigt. Deshalb besteht die Möglichkeit, diesen Erhöhungsbetrag bereits beim Lohnsteuerabzug zu berücksichtigen, nur über die Ermittlung eines Freibetrags i. S. des § 39a EStG.

Negative Einkünfte aus anderen Einkunftsarten

Die voraussichtlich negative Summe der Einkünfte aus Land- und Forstwirtschaft, aus Gewerbebetrieb, aus selbständiger Arbeit, aus Vermietung und Verpachtung, aus sonstigen Einkünften des Arbeitnehmers und seines nicht von ihm dauernd getrennt lebenden Ehegatten/Lebenspartners können bei der Ermittlung eines Freibetrags berücksichtigt werden.

Außer Betracht bleiben positive Einkünfte aus nichtselbständiger Arbeit und aus Kapitalvermögen. Ein Verlust aus Vermietung und Verpachtung ist erst im Jahr nach der Anschaffung bzw. der Herstellung des Gebäudes einbezogen werden, da insoweit die Berücksichtigung beim Freibetrag der Behandlung bei den Einkommensteuervorauszahlungen nach § 37 Abs. 3 EStG folgt (§ 39a Abs. 1 Nr. 5 EStG und H 39a.2 „Vermietung und Verpachtung" LStH). Trotz des Wortlauts des § 39a Abs. 1 Nr. 5 Buchst. b EStG ist nach der Systemumstellung bei der Besteuerung der Einkünfte aus Kapitalvermögen auf den Grundsatz der Abgeltungsteuer das Verlustausgleichsverbot des § 20 Abs. 6 Satz 1 EStG zu beachten. Negative Einkünfte aus Kapitalvermögen, die unter dieses Verlustausgleichsverbot fallen, können daher nicht bei der Ermittlung des Freibetrags berücksichtigt werden (R 39a.2 LStR).

Die Berücksichtigung der Verluste beim Steuerabzug vom Arbeitslohn ist eine Zweckmäßigkeitsmaßnahme. In Anbetracht der Verluste soll der Arbeitnehmer beim Steuerabzug nicht einen zu hohen Steuerbetrag entrichten müssen, der ihm später im Einkommensteuerveranlagungsverfahren aufgrund der Berücksichtigung der Verluste zurückerstattet werden müsste. Gleichwohl ist die Feststellung der Verluste **keine lohnsteuerrechtliche Frage.** Der Verlust ist von der Einkommensteuerstelle des Finanzamts zu ermitteln und bei der Ermittlung des Freibetrags zu berücksichtigen. Die Berücksichtigung des Verlustes bei der Ermittlung des Freibetrags ist nur **vorläufig.** In allen Fällen, in denen ein Verlust bei der Ermittlung des Freibetrags berücksichtigt wurde, muss nach § 46 Abs. 2 Nr. 4 EStG eine Einkommensteuerveranlagung durchgeführt werden.

Freibeträge wegen der Förderung des Wohneigentums

Nach § 39a Abs. 1 Nr. 5 EStG dürfen auch die wie Sonderausgaben abzugsfähigen Beträge nach §§ 10e, 10f, 10g, 10h, 10i EStG bei der Ermittlung des Freibetrags berücksichtigt werden. Die Steuerermäßigung nach § 34f und § 35a EStG wird pro Ermäßigung in einen Freibetrag von jeweils dem Vierfachen der Ermäßigung umgerechnet und auf Antrag ermittelt.

Infolge des Auslaufens der Vorschriften über die steuerliche Eigenheimförderung (vgl. § 52 Abs. 19 ff. EStG und § 19 Abs. 9 EigZulG) findet die Berücksichtigung von Abzugsbeträgen nach §§ 10e, 10i und 34f EStG im Rahmen der Ermittlung des Freibetrags künftig – wenn überhaupt – dann nur noch selten statt.

Freibetrag und Hinzurechnungsbetrag nach § 39a Abs. 1 Nr. 7 EStG

Durch § 39a Abs. 1 Nr. 7 EStG wird die Möglichkeit eröffnet, sich für ein zweites oder weiteres Dienstverhältnis (Lohnsteuerklasse VI) einen **Freibetrag** ermitteln zu lassen bis zur Höhe des auf volle Euro abgerundeten zu versteuernden Jahresbetrags

i. S. des § 39b Abs. 2 Satz 5 EStG, bis zu dem nach der für das erste Dienstverhältnis anzuwendenden Lohnsteuerklasse Lohnsteuer nicht zu erheben ist. Gleichzeitig wird allerdings dann in Höhe des bescheinigten Freibetrags ein Betrag für das erste Dienstverhältnis ermittelt, der dem Arbeitslohn hinzuzurechnen ist **(Hinzurechnungsbetrag).** Dies verhindert eine doppelte Berücksichtigung des steuerfreien Eingangsbetrags beim Lohnsteuerabzug. Voraussetzung für die Ermittlung des neuen Freibetrags für das Dienstverhältnis mit der Steuerklasse VI ist somit, dass

- der Jahresarbeitslohn aus dem ersten Dienstverhältnis den nach der jeweiligen Steuerklasse maßgebenden Eingangsbetrag (zu versteuernder Jahresbetrag nach § 39b Abs. 2 Satz 5 EStG), bis zu dem keine Lohnsteuer zu erheben ist, unterschreitet und
- gleichzeitig für das erste Dienstverhältnis in Höhe des bescheinigten Freibetrags ein Hinzurechnungsbetrag ermittelt wird.

Obwohl Sinn der Regelung ist, dass ein nicht ausgeschöpfter Eingangsfreibetrag aus dem ersten Dienstverhältnis auf ein zweites oder weiteres Dienstverhältnis übertragen werden kann, wurde aus Vereinfachungsgründen darauf verzichtet, die Übertragung auf den im ersten Dienstverhältnis nach Anrechnung des dort anfallenden Arbeitslohns verbleibenden Teil des Eingangsfreibetrags zu beschränken. Der Arbeitnehmer kann also den zu übertragenden Betrag selbst bestimmen, begrenzt auf den maßgebenden zu versteuernden Jahresbetrag (bzw. den maßgebenden Eingangsbetrag der Lohnsteuertabelle), bis zu dem nach der für das erste Dienstverhältnis anzuwendenden Lohnsteuerklasse Lohnsteuer nicht zu erheben ist. Eine Verteilung auf mehrere weitere Dienstverhältnisse des Arbeitnehmers ist zulässig – vgl. R 39a.1 Abs. 6 Satz 2 und 3 LStR.

Die korrespondierende Wirkung von Freibetrag und Hinzurechnungsbetrag bewirkt den Lohnsteuerabzug beim ersten Dienstverhältnis immer dann, wenn der Arbeitnehmer aufgrund der zulässigen Maximalbeträge die Übertragung eines Freibetrags in Anspruch nimmt, der über den nicht ausgeschöpften steuerfreien Eingangsfreibetrag für das erste Dienstverhältnis hinausgeht. Will der Arbeitnehmer vermeiden, dass durch den korrespondierenden Hinzurechnungsbetrag vom Arbeitslohn aus dem ersten Dienstverhältnis Lohnsteuer zu erheben ist, sollte er den Freibetrag begrenzen, und zwar auf die Differenz zwischen dem zu versteuernden Jahresbetrag aus dem ersten Dienstverhältnis und dem Betrag, bei dem unter Berücksichtigung der maßgebenden Steuerklasse für dieses Dienstverhältnis erstmals Lohnsteuer anfallen würde (Eingangsfreibetrag).

Beispiel:
Die ledige, kinderlose Studentin S bezieht als wissenschaftliche Hilfskraft einen monatlichen Arbeitslohn von 600 € (Steuerklasse I/0). Ab dem 01.01.2017 übt sie zusätzlich eine weitere Tätigkeit als Kellnerin in einer Studentenkneipe für monatlich 370 € aus, für die die abzuführende Lohnsteuer nach Steuerklasse VI ermittelt wird.

4.2 Rechte der Arbeitnehmer

Der hochgerechnete Jahresarbeitslohn aus dem ersten Dienstverhältnis beträgt 7.200 €. Der daraus entwickelte zu versteuernde Jahresbetrag beträgt 4.765 €. Dieser liegt unterhalb des zu versteuernden Jahresbetrags von 8.820 €, bis zu dem nach der Steuerklasse I/0 keine Lohnsteuer zu erheben ist. S könnte sich daher diesen steuerfreien Jahresbetrag als Freibetrag für ihr zweites Dienstverhältnis auf der mit der Steuerklasse VI ermitteln lassen. Sinnvollerweise beschränkt S den **Freibetrag** allerdings auf 4.440 € (monatlich 370 €), was ausreichend ist, um den bei Lohnsteuerklasse VI relativ hohen Lohnsteuerabzug aus der Tätigkeit als Kellnerin zu vermeiden. Für das erste Dienstverhältnis ist dann ein **Hinzurechnungsbetrag** von 4.440 € zu ermitteln. Dies führt beim ersten Dienstverhältnis zwar zu einem hochgerechneten Jahresarbeitslohn von 11.640 €, aber zu keinem Lohnsteuerabzug. Dieser liegt aber immer noch erheblich unter der nach § 39b Abs. 2 Satz 7 EStG zu berechnenden Mindestlohnsteuer i. H. von 14 % in der Steuerklasse VI aus dem zweiten Dienstverhältnis, die vorliegend bei einem Bruttolohn von jährlich 4.440 € immerhin 507 € betragen würde.

Da der Hinzurechnungsbetrag Bestandteil des Lohnsteuerermäßigungsverfahrens ist, kann es beim ersten Dienstverhältnis zu einem Zusammentreffen von Hinzurechnungsbetrag und einem nach § 39a Abs. 1 Nr. 1 bis 6 und 8 EStG ermittelten Freibetrag kommen. Für diesen Fall sieht § 39a Abs. 1 Nr. 7 Satz 3 und 4 EStG eine Saldierung vor, die bewirkt, dass beim ersten Dienstverhältnis im Ergebnis stets nur ein verminderter Hinzurechnungsbetrag oder ein verminderter Freibetrag vom Arbeitgeber zu berücksichtigen ist. Dabei ist vorgesehen, dass der Freibetrag zunächst den Hinzurechnungsbetrag kürzt, sodass lediglich und allein der so gekürzte Hinzurechnungsbetrag zu berücksichtigen ist. Ist der Freibetrag jedoch höher als der Hinzurechnungsbetrag, so wird nur der Freibetrag berücksichtigt, allerdings nur in der Höhe, in der er den Hinzurechnungsbetrag übersteigt. Bei Anträgen auf Übertragung des Grundfreibetrags im Laufe des Jahres ist zu beachten, dass der ermittelte saldierte Jahresbetrag und die für die Folgezeit geltenden monatlichen Hinzurechnungsbeträge gesondert zu berechnen sind (R 39a.1 Abs. 8 Satz 3 LStR).

Beispiel:

Wie voriges Beispiel, nur dass für das erste Dienstverhältnis mit der Steuerklasse I infolge einer Behinderung von S bereits ein Pauschbetrag für Behinderte i. H. von 430 € als Freibetrag berücksichtigt wurde. Der Antrag auf Übertragung des Freibetrags i. H. von 4.440 € geht dem Finanzamt im Februar 2017 zu.

Der korrespondierende Hinzurechnungsbetrag von 4.440 € ist mit dem bereits i. H. von 430 € berücksichtigten Pauschbetrag für Behinderte zu saldieren. Zu berücksichtigen ist daher ab dem 01.03.2017 als Jahresbetrag nur der verminderte Hinzurechnungsbetrag von 4.010 €. Für die Berechnung des monatlichen Hinzurechnungsbetrags ist zu beachten, dass vom Behinderten-Pauschbetrag bereits für Januar und Februar 2017 zwei Monatsfreibeträge von jeweils 36 € berücksichtigt wurden. Somit ist der saldierte Hinzurechnungsbetrag um diese bereits berücksichtigten Freibetragsanteile auf 4.082 € zu erhöhen, sodass sich der künftige monatliche Hinzurechnungsbetrag auf (4.082 € : 10 Monate =) gerundet 408 € beläuft.

Der Jahreshinzurechnungsbetrag ist im Lohnkonto gem. § 4 Abs. 1 Nr. 2 LStDV aufzuzeichnen. Zudem bewirkt die Ermittlung eines Hinzurechnungsbetrags, dass nach § 42b Abs. 1 Satz 3 Nr. 3a EStG der Arbeitgeber den **Lohnsteuer-Jahresausgleich** nicht durchführen darf.

4 Pflichten und Rechte der Arbeitnehmer

Zu Gruppe 2

Antragsgrenze

Der Antrag auf Ermittlung eines Freibetrags durch das Finanzamt wegen der in Gruppe 2 aufgeführten Werbungskosten, Sonderausgaben und außergewöhnlichen Belastungen ist nur zulässig, wenn die Antragsgrenze von 600 Euro überschritten wird. Die Berechnung, ob die Aufwendungen die Antragsgrenze von 600 Euro überschreiten, ist zu unterscheiden von der Berechnung des anschließend als Freibetrag zu berücksichtigenden Betrags. Für die Prüfung, ob die Antragsgrenze überschritten wird, können Aufwendungen mit einem anderen Betrag als dem angesetzt werden, mit dem sie später in die Freibetragsberechnung einfließen. So dürfen einzelne Aufwendungsarten bei der Prüfung der Antragsgrenze in unbeschränkter Höhe angesetzt werden, während sie in die Berechnung des Freibetrags entsprechend der materiellen Rechtslage nur in eingeschränkter Höhe einfließen dürfen. Zudem sind die tatsächlichen Aufwendungen für Werbungskosten und Sonderausgaben auch dann, wenn sie geringer als die hierfür vorgesehenen Pauschbeträge sind, im Einzelnen nachzuweisen bzw. glaubhaft zu machen.

Die Prüfung, ob die Antragsgrenze überschritten wird und in welcher Höhe die Aufwendungen sich bei der Freibetragsberechnung auswirken dürfen, ist in R 39a.1 Abs. 2 bis 5 LStR geregelt.

Prüfung der Antragsgrenze 600 Euro

Werbungskosten des Arbeitnehmers dürfen nach § 39a Abs. 2 Satz 4 EStG bei Prüfung der Antragsgrenze nur in der Höhe berücksichtigt werden, in der sie den Arbeitnehmer-Pauschbetrag von 1.000 Euro übersteigen. Soweit für Werbungskosten nach der materiellen Rechtslage bestimmte Beträge gelten, wie beispielsweise die Entfernungspauschale für Fahrten zwischen Wohnung und erster Tätigkeitsstätte oder die Pauschalen für Verpflegungsmehraufwendungen im Rahmen von Dienstreisen, sind diese Beträge maßgebend.

Sonderausgaben i. S. von § 10 Abs. 1 Nr. 4 und Abs. 1a Nr. 2 bis 4 EStG sind auch dann mit den tatsächlichen Aufwendungen anzusetzen, wenn sie geringer sind als der Sonderausgaben-Pauschbetrag, obwohl sie nach § 39a Abs. 1 Nr. 2 EStG nur insoweit zu einer Freibetragsgewährung führen, als sie den Sonderausgaben-Pauschbetrag übersteigen. Hingegen sind Sonderausgaben i. S. von § 10 Abs. 1 Nr. 5, 7 und 9 und Abs. 1a Nr. 1 EStG höchstens mit dem nach diesen Vorschriften berücksichtigungsfähigen Betrag anzusetzen (R 39a.1 Abs. 2 Nr. 2 LStR).

Zuwendungen an politische Parteien sind als Sonderausgaben auch zu berücksichtigen, soweit für sie eine Steuerermäßigung nach § 34g Abs. 1 Nr. 1 EStG in Betracht kommt (R 39a.1 Abs. 2 Nr. 3 LStR). Die ebenfalls zu einer Steuerermäßigung nach § 34g Satz 1 Nr. 2 EStG führenden Zuwendungen an die dort aufgeführten Vereine können hingegen nicht berücksichtigt werden (R 39a.1 Abs. 2 Nr. 3 LStR). Im Übri-

4.2 Rechte der Arbeitnehmer

gen dürfen die Zuwendungen nur in der Höhe berücksichtigt werden, in der sie als Sonderausgaben abzugsfähig sind (Höchstbeträge).

Aufwendungen für außergewöhnliche Belastungen allgemeiner Art nach § 33 EStG sind ohne Kürzung um die zumutbare Belastung anzusetzen. Bei außergewöhnlichen Belastungen nach § 33a EStG und bei Gewährung eines Pflege-Pauschbetrags nach § 33b Abs. 6 EStG sind dagegen nicht die tatsächlichen Aufwendungen, sondern die wegen dieser Aufwendungen abziehbaren Beträge maßgebend.

Bei Anträgen von Ehegatten/Lebenspartnern, die beide unbeschränkt einkommensteuerpflichtig sind und nicht dauernd getrennt leben, ist für die Prüfung der Zulässigkeit des Antrags die Summe der für beide Ehegatten/Lebenspartner in Betracht kommenden Aufwendungen und abziehbaren Beträge zugrunde zu legen. Dennoch ist die 600 Euro-Grenze bei Ehegatten/Lebenspartner nicht zu verdoppeln (R 39a.1 Abs. 2 Nr. 6 Satz 2 LStR).

Ist für die beschränkt antragsfähigen Aufwendungen der Gruppe 2 bereits ein Freibetrag ermittelt worden, ist bei einer Änderung dieses Freibetrags die 600 Euro-Grenze nicht erneut zu prüfen (R 39a.1 Abs. 2 Nr. 7 LStR).

Freibetragsberechnung

Wird die Antragsgrenze überschritten, so sind bei der Berechnung des Freibetrags Werbungskosten nur zu berücksichtigen, soweit sie den Arbeitnehmer-Pauschbetrag, Sonderausgaben nur, soweit sie den Sonderausgaben-Pauschbetrag, und außergewöhnliche Belastungen allgemeiner Art nur, soweit sie die zumutbare Belastung übersteigen. Bei den außergewöhnlichen Belastungen in besonderen Fällen sind die abziehbaren Beträge anzusetzen.

Werbungskosten

Der Arbeitnehmer-Pauschbetrag ist bei den Steuerklassen, bei denen er zu berücksichtigen ist, in die maschinelle Lohnsteuerabrechnung bzw. in die Lohnsteuertabellen eingearbeitet. Entstehen dem Arbeitnehmer **höhere Werbungskosten** als 1.000 Euro, so hat er die gesamten Werbungskosten nachzuweisen. Bei der Ermittlung der Höhe des Freibetrags kann aber nur der Betrag berücksichtigt werden, der den Pauschbetrag übersteigt. Für den für Versorgungsbezüge nach § 19 Abs. 2 EStG geltenden Pauschbetrag nach § 9a Satz 1 Nr. 1 Buchst. b EStG gilt Entsprechendes.

Bei **Ehegatten/Lebenspartnern,** die beide Arbeitslohn beziehen, steht der Arbeitnehmer-Pauschbetrag jedem Ehegatten/Lebenspartner zu. Es ist gleichgültig, ob beide Eheleute/Lebenspartner unbeschränkt steuerpflichtig sind und ob sie nicht dauernd getrennt leben. Selbst wenn die Voraussetzungen für eine Zusammenveranlagung vorliegen (§ 26b EStG), sind die Einkünfte der Ehegatten/Lebenspartner getrennt zu ermitteln und erst dann zusammenzurechnen. Erhöhte Werbungskosten von Ehegatten/Lebenspartnern dürfen nur als Freibetrag bei dem Ehegatten/Lebenspartner berücksichtigt werden, dem sie entstanden sind. Eine gemeinsame Summenbildung mit anschließender Aufteilung des Freibetrags auf die Ehegatten/Lebenspartner ist nicht möglich (R 39a.3 Abs. 5 Satz 2 LStR).

Sonderausgaben

Nach § 10c Abs. 1 EStG wird für Sonderausgaben nach den § 10 Abs. 1 Nr. 4, 5, 7 und 9 sowie Abs. 1a und nach § 10b EStG ein Sonderausgaben-Pauschbetrag von 36 Euro im Kalenderjahr vom Arbeitslohn abgezogen. Der Pauschbetrag ist in der für die einzelnen Steuerklassen in Betracht kommenden Höhe bei der maschinellen Lohnsteuerabrechnung nach § 39b Abs. 2 Satz 5 Nr. 2 EStG zu berücksichtigen bzw. in die Lohnsteuertabellen eingearbeitet. Die Pauschbeträge werden somit auch dann berücksichtigt, wenn die Arbeitnehmer nur geringere oder keine Aufwendungen für Sonderausgaben in diesem Sinne haben. Für eine Berücksichtigung als Freibetrag kommen sie demnach nur in Betracht, soweit sie den Sonderausgaben-Pauschbetrag von 36 Euro bzw. 72 Euro (§ 39a Abs. 3 Satz 1 EStG) übersteigen, auch wenn sie bei der Überprüfung der Antragsgrenze nach § 39a Abs. 2 Satz 4 EStG mit anderen Beträgen berücksichtigt worden sind (vgl. R 39a.1 Abs. 2 Nr. 2 LStR).

Aufwendungen für Sonderausgaben dieser Art, die die Pauschbeträge übersteigen, sind im Einzelnen nachzuweisen oder, soweit sich ein Nachweis nicht führen lässt, glaubhaft zu machen. Werden Unterhaltszahlungen an den geschiedenen oder dauernd getrennt lebenden unbeschränkt steuerpflichtigen Ehegatten/Lebenspartner mit dessen Zustimmung bei der Freibetragsermittlung berücksichtigt, so ist eine Rücknahme der Zustimmung nicht zulässig. Die Zustimmung wirkt bis zu ihrem Widerruf. Der Widerruf ist vor Beginn des Kalenderjahres, für das die Zustimmung erstmals nicht mehr gelten soll, zu erklären (§ 10 Abs. 1a Nr. 1 Satz 5 EStG).

Bei im Gebiet der Europäischen Union bzw. im europäischen Wirtschaftsraum lebenden geschiedenen oder getrennt lebenden Ehegatten/Lebenspartnern kommt bei Nachweis der Besteuerung im Ausland eine Berücksichtigung der Unterhaltszahlungen als Freibetrag des Unterhaltsleistenden in Betracht (§ 39a Abs. 1 Nr. 2, § 10 Abs. 1a Nr. 1 und § 1a Abs. 1 Nr. 1 EStG).

Bei unbeschränkt steuerpflichtigen und nicht dauernd getrennt lebenden Eheleuten/Lebenspartnern sind die Aufwendungen beider **Ehegatten/Lebenspartner zusammenzurechnen.** Sonderausgaben nach § 10 Abs. 1a Nr. 3 und 4 EStG erhöhen das Volumen dieser Freibetragsgruppe. Für den Freibetrag kann nur der den in Betracht kommenden Pauschbetrag übersteigende Betrag berücksichtigt werden. Bei den Ehegatten/Lebenspartnern wird der ermittelte Freibetrag gem. § 39a Abs. 3 Satz 3 EStG je zur Hälfte als Freibetrag berücksichtigt, wenn beide Arbeitslohn beziehen und keine andere Aufteilung beantragen. Vorsorgeaufwendungen i. S. von § 10 Abs. 2 Satz 1 EStG sind nicht als Freibetrag berücksichtigungsfähig, sondern nur im Rahmen der Vorsorgepauschale nach § 39b Abs. 2 Satz 5 Nr. 3 EStG beim Lohnsteuerabzug zu berücksichtigen.

4.2 Rechte der Arbeitnehmer

Entlastungsbetrag nach § 24b EStG für Verwitwete

Verwitwete, denen ein Entlastungsbetrag für Alleinerziehende nach § 24b EStG zusteht und die nicht in Steuerklasse II gehören, können sich den Entlastungsbetrag als Freibetrag berücksichtigen lassen. Hierbei handelt es sich insbesondere um Verwitwete, die in Steuerklasse III nach § 38b Abs. 1 Satz 2 Nr. 3 Buchst. b EStG eingereiht werden.

Außergewöhnliche Belastungen allgemeiner Art

Aufwendungen des Arbeitnehmers für die Folgen von Ereignissen, die dem Grunde und der Höhe nach als außergewöhnliche Belastungen allgemeiner Art anzuerkennen sind, wie z. B. Krankheitskosten, die der Arbeitnehmer selbst zu tragen hat, können nur insoweit in die Freibetragsberechnung einbezogen werden, als sie die **dem Arbeitnehmer zumutbare Belastung** nach § 33 Abs. 3 EStG übersteigen.

Bei Arbeitnehmern wird die zumutbare Belastung aus dem voraussichtlichen Jahresarbeitslohn des Arbeitnehmers und bei verheirateten/verpartnerten Arbeitnehmern, die beide unbeschränkt steuerpflichtig sind und nicht dauernd getrennt leben, auch aus dem des Ehegatten/Lebenspartners berechnet. **Steuerfreie Einnahmen** sowie alle **Bezüge,** für die die Lohnsteuer mit einem Pauschsteuersatz nach den **§§ 37a, 37b, 40 bis 40b EStG** erhoben wird, und etwaige **Einkünfte aus anderen Einkunftsarten** bleiben außer Ansatz. Vom voraussichtlichen Jahresarbeitslohn, bei den verheirateten/verpartnerten Arbeitnehmern auch von dem voraussichtlichen Jahresarbeitslohn des Ehegatten/Lebenspartners, sind der Altersentlastungsbetrag (§ 24a EStG) und der Versorgungsfreibetrag (§ 19 Abs. 2 EStG), wenn die Voraussetzungen dafür vorliegen, sowie die Werbungskosten, mindestens der Arbeitnehmer-Pauschbetrag, abzuziehen (R 39a.1 Abs. 5 LStR).

Auf den so gekürzten Arbeitslohn ist der sich aus der Staffel des § 33 Abs. 3 EStG ergebende Prozentsatz anzuwenden. Bei der Anwendung der Tabelle zu § 33 Abs. 3 EStG zählen als Kinder des Steuerpflichtigen diejenigen Kinder, für die er einen Anspruch auf einen Freibetrag (auch auf einen ermäßigten Freibetrag) nach § 32 Abs. 6 EStG hat oder Kindergeld erhält (R 39a.1 Abs. 5 LStR). Der Betrag, der dem Prozentsatz entspricht, ist die zumutbare Belastung, um die die Aufwendungen für die außergewöhnliche Belastung zu kürzen sind.

Außergewöhnliche Belastungen in besonderen Fällen

Die in § 33a EStG behandelten besonderen Fälle von außergewöhnlichen Belastungen betreffen Aufwendungen des Arbeitnehmers für den Unterhalt und eine etwaige Berufsausbildung von Angehörigen sowie für die auswärtige Unterbringung von in der Berufsausbildung befindlichen Kindern. Diese Aufwendungen sind nicht um eine dem Arbeitnehmer zumutbare Belastung zu kürzen.

Entsprechend der bei zugeordneten Kindern für die Aufteilung des dem Kind zustehenden Pauschbetrags für Behinderte und Hinterbliebene getroffenen Regelung ist hier für Eltern eine Aufteilungsregelung hinsichtlich des für das Kind in Betracht kommenden Ausbildungsfreibetrags getroffen worden. Nach § 33a Abs. 2 Satz 4 EStG steht jedem Elternteil grundsätzlich die Hälfte des Abzugsbetrags zu. Denn insgesamt wird der Ausbildungsfreibetrag nur einmal gewährt und zwischen den Personen, die den Kinderfreibetrag erhalten, aufgeteilt. Gemäß § 33a Abs. 2 Satz 5 EStG ist jedoch auf gemeinsamen Antrag der Eltern eine andere Aufteilung möglich. Dieser Antrag auf anderweitige Aufteilung kann dann auch bei der Ermittlung des Freibetrags gem. § 39a Abs. 1 Nr. 3 EStG bzw. bei nicht dauernd getrennt lebenden Ehegatten/Lebenspartnern nach § 39a Abs. 3 Satz 3 EStG berücksichtigt werden.

Pflegepauschbetrag nach § 33b Abs. 6 EStG

Bei der Pflegeperson eines pflegebedürftigen Hilflosen kann der nach § 33b Abs. 6 EStG zu gewährende Pflege-Pauschbetrag i. H. von bis zu 924 Euro als Freibetrag berücksichtigt werden, wenn die Pflege in seiner oder in der Wohnung des Pflegebedürftigen erfolgt.

Voraussetzung ist, dass die Pflegeperson für die Pflege keine Einnahmen erhält. Zu diesen Einnahmen gehört grundsätzlich auch ein weitergeleitetes, nicht nur treuhänderisch verwaltetes weitergeleitetes Pflegegeld. Zu diesen Einnahmen zählt aber unabhängig von der Verwendung nicht das von den Eltern eines behinderten Kindes für dieses Kind empfangene Pflegegeld (§ 33b Abs. 6 Satz 2 EStG).

Aufteilung bei Arbeitnehmerehepaar/-lebenspartnerschaft

Bei unbeschränkt einkommensteuerpflichtigen und nicht dauernd getrennt lebenden Ehegatten/Lebenspartnern ist für die Freibeträge nach § 39a Abs. 1 Nr. 2 bis 4 und 5 EStG eine gemeinsame Summe zu bilden (§ 39a Abs. 3 Satz 1 EStG). Dies führt bei der Geltendmachung negativer Einkünfte dazu, dass diese zunächst mit positiven Einkünften des anderen Ehegatten/Lebenspartners, ausgenommen Einkünfte nach §§ 19 und 20 EStG, verrechnet werden (R 39a.2 Satz 2 LStR). Auch ist es dann bei der Geltendmachung eines Behinderten-Pauschbetrags nach § 33b EStG unerheblich, welcher der Ehegatten/Lebenspartner die Voraussetzungen für den Pauschbetrag erfüllt (R 39a.3 Abs. 4 LStR). Die gemeinsam ermittelte Summe ist dann grundsätzlich je zur Hälfte auf die Ehegatten/Lebenspartner aufzuteilen. Die Ehegatten/Lebenspartner können allerdings eine andere Aufteilung wählen (§ 39a Abs. 3 Satz 3 EStG). Der Freibetrag wegen erhöhter Werbungskosten bei Einkünften aus nichtselbständiger Arbeit nach § 39a Abs. 1 Satz 1 Nr. 1 EStG nimmt an der Aufteilung nicht teil, sondern dieser darf nur bei dem Ehegatten/Lebenspartner berücksichtigt werden, dem die Werbungskosten entstanden sind. Auch die Pauschbeträge für behinderte Menschen und Hinterbliebene brauchen nicht in die Aufteilung einbezogen zu werden, sondern sie dürfen ohne Aufteilung als Freibetrag bei dem Ehegatten/Lebenspartner berücksichtigt werden, der die Voraussetzungen für den Pauschbetrag erfüllt (R 39a.3 Abs. 5 Satz 3 LStR).

4.2 Rechte der Arbeitnehmer

Falls die Berücksichtigung eines Freibetrags mit der eines Hinzurechnungsbetrags nach § 39a Abs. 1 Nr. 7 Satz 3 EStG zusammentrifft, ist bei Ehegatten/Lebenspartnern die Aufteilung des Freibetrags vor Berücksichtigung des Hinzurechnungsbetrags vorzunehmen. Der Hinzurechnungsbetrag selbst wird nicht aufgeteilt, sondern nur bei dem Ehegatten/Lebenspartner berücksichtigt, der von ihm betroffen ist, da auch der Freibetrag nach § 39a Abs. 1 Satz 1 Nr. 7 Satz 1 EStG nicht aufgeteilt wird. Auch der Freibetrag nach § 39a Abs. 1 Satz 1 Nr. 6 EStG (Freibeträge für Kinder ohne Kindergeldanspruch) ist in die Aufteilung nach § 39a Abs. 3 Satz 1 und 3 EStG nicht mit einzubeziehen.

Verwaltungsvereinfachung

Beantragt ein Arbeitnehmer höchstens einen Freibetrag, der für das vorangegangene Kalenderjahr ermittelt wurde, so kann das Finanzamt auf Einzelangaben verzichten, wenn der Arbeitnehmer versichert, dass sich die maßgebenden Verhältnisse inzwischen nicht wesentlich geändert haben (§ 39a Abs. 2 Satz 5 EStG; Vordruck: „Vereinfachter Antrag auf Lohnsteuerermäßigung").

Diese Regelung dient der Verwaltungsvereinfachung. Sie ist auch zweckmäßig, weil in diesem Fall nach § 46 Abs. 2 Nr. 4 EStG ggf. eine Einkommensteuerveranlagung durchzuführen ist.

4.2.2.4 Verfahren bei der Ermittlung von Freibeträgen

Es ist immer nur ein Freibetrag für einen Arbeitnehmer zu ermitteln. Dieser Freibetrag ist ein **Jahresfreibetrag.** Sind mehrere steuerfrei zu lassende Beträge festgestellt, so ist die Summe dieser Freibeträge als Freibetrag zu berücksichtigen. Die Gründe, aus denen ein Freibetrag zu berücksichtigen ist, werden bei den Lohnsteuerabzugsmerkmalen nicht angegeben.

Das Finanzamt hat den Jahresfreibetrag durch Aufteilung in **Monatsfreibeträge,** erforderlichenfalls **Wochen- und Tagesfreibeträge,** jeweils auf den Zeitraum **vom Beginn des auf die Antragstellung folgenden Kalendermonats bis zum Schluss des Kalenderjahres** nach § 39a Abs. 2 Satz 6 EStG gleichmäßig zu verteilen. Wird der Antrag auf Ermittlung eines Freibetrags im **Januar** gestellt, so ist der Freibetrag mit Wirkung vom 1. Januar an als elektronisches Lohnsteuerabzugsmerkmal zu berücksichtigen. Für die Umrechnung des Jahresfreibetrags in einen Monatsfreibetrag ist der Jahresfreibetrag durch die Zahl der in Betracht kommenden Kalendermonate zu teilen. Der Wochenfreibetrag ist mit 7/30 und der Tagesfreibetrag mit 1/30 des Monatsbetrags anzusetzen. Der Monatsbetrag ist auf den nächsten vollen Euro-Betrag, der Wochenbetrag auf den nächsten durch 10 teilbaren Centbetrag und der Tagesbetrag auf den nächsten durch 5 teilbaren Centbetrag aufzurunden. Entsprechendes gilt für die Umrechnung des Jahreshinzurechnungsbetrags (R 39a.1 Abs. 7 LStR).

4 Pflichten und Rechte der Arbeitnehmer

Ist bereits ein Freibetrag ermittelt worden und beantragt der Arbeitnehmer die Berücksichtigung weiterer steuerfrei zu lassender Beträge, so wird der Freibetrag unter Berücksichtigung der gesamten Aufwendungen und abziehbaren Beträge des Kalenderjahres neu festgestellt. Für die Berechnung des Monatsfreibetrags ist der Jahresfreibetrag um die bereits berücksichtigten Freibeträge zu kürzen. Der verbleibende Betrag ist auf die Zeit vom Beginn des auf die Antragstellung folgenden Kalendermonats bis zum Schluss des Kalenderjahres gleichmäßig zu verteilen (R 39a.1 Abs. 8 LStR).

Beispiel:
Für einen Angestellten mit der Steuerklasse II wurde bereits ein Pauschbetrag für Behinderte i. H. von 430 € als Jahresfreibetrag ermittelt und ab Januar 01 berücksichtigt. Der Angestellte beantragt am 20.02.01 beim Finanzamt, zusätzlich Spenden i. H. von 900 € (§ 10b EStG) und Kirchensteuer i. H. von 150 € (§ 10 Abs. 1 Nr. 4 EStG), zusammen 1.050 €, abzgl. des Sonderausgaben-Pauschbetrags von 36 € (§ 10c EStG) als Freibetrag zu berücksichtigen.

Der Gesamtfreibetrag beläuft sich also auf (430 € + 1.014 € =) 1.444 €. Für die Monate Januar und Februar wurden von dem Pauschbetrag für Behinderte i. H. von 430 € bereits zwei Monatsfreibeträge von je 36 € = 72 € beim Steuerabzug berücksichtigt. Der neue Jahresfreibetrag beträgt mit Wirkung vom 01.03.01 (1.444 € ./. 72 € =) 1.372 €. Dieser ist auf 10 Monate zu verteilen. Das ergibt einen Monatsfreibetrag von 138 €, 7/30 davon ergeben einen Wochenfreibetrag von 32,20 € und 1/30 davon ergibt einen Tagesfreibetrag von 4,60 €.

Das Finanzamt wird den neuen Freibetrag ab dem 01.03.01 anstatt des ursprünglichen Freibetrags als Lohnsteuerabzugsmerkmal berücksichtigen.

Der insgesamt abzuziehende Freibetrag und der Hinzurechnungsbetrag gelten mit Ausnahme der Pauschbeträge für behinderte Menschen und Hinterbliebene grundsätzlich für die gesamte Dauer eines Kalenderjahres. Allerdings kann die Summe der nach § 39a Abs. 1 Satz 1 Nr. 1 bis 3 sowie 4a bis 8 EStG ermittelten Beträge längstens für einen Zeitraum von zwei Kalenderjahren ab Beginn des Kalenderjahres, für das der Freibetrag erstmals gilt oder geändert wird, berücksichtigt werden. Innerhalb dieses Zeitraums kann der Arbeitnehmer eine Änderung des Freibetrags beantragen, wenn sich die Verhältnisse zu seinen Gunsten ändern. Ändern sich die Verhältnisse zu seinen Ungunsten, ist er verpflichtet, dies dem Finanzamt umgehend anzuzeigen (§ 39a Abs. 1 Satz 2 bis 5 EStG).

4.2.2.5 Antrag auf ungünstigere Lohnsteuerabzugsmerkmale

Nach § 38b Abs. 3 Satz 1 EStG haben unbeschränkt einkommensteuerpflichtige Arbeitnehmer die Möglichkeit, beim Wohnsitzfinanzamt die Berücksichtigung ungünstigerer Lohnsteuerabzugsmerkmale zu beantragen (eine ungünstigere Steuerklasse, eine geringere Anzahl von Kindern); siehe Vordruck „Anträge zu den elektronischen Lohnsteuerabzugsmerkmalen – ELStAM –". Von ungünstigeren Besteuerungsmerkmalen ist stets auszugehen, wenn die vom Arbeitnehmer gewählten Lohnsteuerabzugsmerkmale zu einem höheren Lohnsteuerabzug (inkl. Solidaritätszuschlag und ggf. Kirchensteuer) führen oder wenn statt der Steuerklasse IV die Steuerklasse I gewählt wird.

Ein solcher Antrag ist z. b. bei Arbeitnehmern denkbar, die dem Arbeitgeber ihren aktuellen Familienstand nicht mitteilen möchten. Um zu vermeiden, dass dem Arbeitgeber z. B. nach einer Eheschließung bzw. Begründung einer Lebenspartnerschaft die nunmehr für verheiratete bzw. verpartnerte Arbeitnehmer in Betracht kommende Steuerklasse III, IV oder V mitgeteilt wird, kann der Arbeitnehmer beantragen, stattdessen die Steuerklasse I beizubehalten.

Um das Ziel der Nichtoffenbarung von geänderten Besteuerungsmerkmalen zu erreichen, kann ein solcher Antrag bereits vor dem maßgebenden Ereignis beim Wohnsitzfinanzamt gestellt werden.[1]

4.2.2.6 Bescheiderteilung

Sowohl die erstmalige Bildung der elektronischen Lohnsteuerabzugsmerkmale als auch deren spätere Änderungen sind eine gesonderte Feststellung von Besteuerungsgrundlagen i. S. von § 179 Abs. 1 AO, die unter dem Vorbehalt der Nachprüfung steht (§ 39 Abs. 1 Satz 4 EStG). Eine solche Feststellung ist ein anfechtbarer Verwaltungsakt, dessen Vollziehung gem. § 361 AO ausgesetzt werden kann. Da die Bildung der elektronischen Lohnsteuerabzugsmerkmale unter dem Vorbehalt der Nachprüfung steht, hat der Arbeitnehmer daneben auch die Möglichkeit, eine Änderung nach § 164 Abs. 2 Satz 2 AO zu beantragen, indem er z. B. einen Antrag auf die Ermittlung eines Freibetrags stellt.

Um als Verwaltungsakt erkennbar und anfechtbar zu sein, wenn z. B. der Antrag auf die Ermittlung eines Freibetrags abgelehnt wurde, müssen die Bildung der elektronischen Lohnsteuerabzugsmerkmale und deren Änderungen dem Arbeitnehmer bekannt gegeben werden (§ 39 Abs. 1 Satz 5 EStG). Gemäß § 119 Abs. 2 AO kann dies schriftlich, elektronisch, mündlich oder in anderer Weise erfolgen. Üblicherweise hat der Arbeitgeber die elektronischen Lohnsteuerabzugsmerkmale als Grundlage für die Lohnsteuerermittlung in der Lohn- und Gehaltsabrechnung auszuweisen (§ 39e Abs. 5 Satz 2 und Abs. 6 EStG). In diesen Fällen werden sie mit Aushändigung der Lohnabrechnung an den Arbeitnehmer bekannt gegeben (§ 39e Abs. 6 Satz 3 EStG). Wird die Lohnabrechnung elektronisch bereitgestellt, ist das Bereitstellungsdatum maßgebend (§ 39e Abs. 6 Satz 3 EStG).

Diesen Formen der Bekanntgabe ist keine Rechtsbehelfsbelehrung beizufügen (§ 39e Abs. 6 Satz 2 EStG). Dies führt dazu, dass ein Einspruch gegen die gebildeten/geänderten elektronischen Lohnsteuerabzugsmerkmale innerhalb eines Jahres ab Bekanntgabe des Verwaltungsaktes eingelegt werden kann (§ 356 Abs. 2 AO).

Erteilt das Finanzamt auf Antrag des Arbeitnehmers einen Bescheid über die Berücksichtigung von Lohnsteuerabzugsmerkmalen (§ 39 Abs. 1 Satz 8 EStG), ist

---
[1] BMF vom 07.08.2013 (BStBl 2013 I S. 951), Rz. 85.

diesem eine Rechtsbehelfsbelehrung beizufügen. Das Finanzamt ist zudem zur schriftlichen Erteilung eines Bescheids mit einer Belehrung über den zulässigen Rechtsbehelf verpflichtet, wenn dem Antrag des Arbeitnehmers auf Bildung oder Änderung der Lohnsteuerabzugsmerkmale (regelmäßig im Rahmen eines Antrags auf Lohnsteuer-Ermäßigung) nicht oder nicht in vollem Umfang entsprochen wird (§ 39 Abs. 1 Satz 8 EStG).

4.2.3 Anrufungsauskunft

4.2.3.1 Anfrage

Dem Arbeitnehmer steht das Recht zu, an das **Finanzamt der Betriebsstätte** eine gebührenfreie Anfrage zu richten und eine Auskunft darüber einzuholen, ob und inwieweit bei einem bestimmten Sachverhalt die Vorschriften über die Lohnsteuer anzuwenden sind. Das gleiche Recht steht auch dem Arbeitgeber zu (§ 42e EStG). Die auf eine solche Anfrage beim Finanzamt zu erteilende Auskunft wird als **Anrufungsauskunft** bezeichnet. Das Finanzamt wird zwar auch in anderen Fällen Auskunft geben, und auch das Wohnsitzfinanzamt wird die Anfrage eines Arbeitnehmers beantworten, aber solche Auskünfte sind keine Anrufungsauskünfte.

Die Erteilung und die Aufhebung (Rücknahme, Widerruf) einer Anrufungsauskunft sind Verwaltungsakte i. S. des § 118 Satz 1 AO.[1] Das Finanzamt soll die Auskunft unter ausdrücklichem Hinweis auf § 42e EStG schriftlich erteilen und kann sie befristen; das gilt auch, wenn der Arbeitnehmer die Auskunft nur formlos erbeten hat (R 42e Abs. 1 LStR). Bei Anfragen von einem Arbeitnehmer soll das Betriebsstättenfinanzamt seine Auskunft zudem mit dem Wohnsitzfinanzamt des Arbeitnehmers abstimmen. Erteilt das Betriebsstättenfinanzamt eine Anrufungsauskunft, sind die Finanzbehörden im Rahmen des Lohnsteuerabzugsverfahrens an diese gegenüber allen Beteiligten gebunden (H 42e „Bindungswirkung im Lohnsteuerabzugsverfahren" LStH). Hingegen erstreckt sich die Bindungswirkung der Anrufungsauskunft – unabhängig davon, ob sie dem Arbeitgeber oder dem Arbeitnehmer erteilt wurde – nicht auf das Veranlagungsverfahren. Das Wohnsitzfinanzamt kann daher bei der Einkommensteuerveranlagung einen für den Arbeitnehmer ungünstigeren Rechtsstandpunkt als das Betriebsstättenfinanzamt einnehmen (H 42e „Keine Bindungswirkung bei der Einkommensteuerveranlagung" LStH). Auf die Anrufungsauskunft sind die Regelungen über das außergerichtliche Rechtsbehelfsverfahren (§§ 374 ff. AO) anzuwenden. Im Fall einer Ablehnung einer Anrufungsauskunft kommt eine Aussetzung der Vollziehung allerdings nicht in Betracht, da es sich nicht um einen vollziehbaren Verwaltungsakt handelt. Das Gleiche gilt bei einer Aufhebung oder Änderung einer Anrufungsauskunft.

Da die Anrufungsauskunft eine Regelung dahingehend trifft, wie die Finanzbehörde den vom Antragsteller dargestellten Sachverhalt gegenwärtig beurteilt, wird das

---
1 BMF vom 18.02.2011 (BStBl 2011 I S. 213).

Finanzgericht im Fall einer Überprüfung die Auskunft nur sachlich daraufhin kontrollieren, ob der Sachverhalt zutreffend erfasst und die rechtliche Beurteilung nicht evident fehlerhaft ist (H 42e „Überprüfung durch das Finanzgericht" LStH).

4.2.3.2 Betriebsstätte

Im Bereich der Lohnsteuer kommt es häufig auf die Betriebsstätte an. Deshalb ist ein eigener lohnsteuerrechtlicher Betriebsstättenbegriff geprägt worden. Nach § 41 Abs. 2 EStG ist Betriebsstätte der Betrieb oder ein Teil des Betriebs des Arbeitgebers, in dem der für die Durchführung des Lohnsteuerabzugs **maßgebende Arbeitslohn** ermittelt wird. § 41 Abs. 2 EStG ist Spezialvorschrift gegenüber § 12 AO. Diese allgemeine Vorschrift kann somit höchstens subsidiär zur Anwendung kommen. Beide Vorschriften stimmen im Grundsatz aber darin überein, dass die Betriebsstätte eine feste örtliche Anlage oder Einrichtung sein muss. Während § 12 Abs. 1 AO nur für gewerbliche Unternehmen gilt, ist der lohnsteuerrechtliche Betriebsstättenbegriff weiter gefasst. Er ist auf den Arbeitgeber abgestellt. Die feste örtliche Anlage oder Einrichtung muss sich in der Verfügungs- oder zumindest in der Einflusssphäre des Arbeitgebers befinden und kann nicht die eines fremden Unternehmens, etwa die eines Datenverarbeiters, sein. Sind solche festen Anlagen oder Einrichtungen des Arbeitgebers an mehreren Orten vorhanden, so kann der Arbeitgeber wählen, welcher Betrieb oder welcher Teil des Betriebs die Betriebsstätte sein soll.

Er kann aber auch jeden Betrieb oder jeden Teil des Betriebs als selbständige Betriebsstätte ausgestalten.

In dem vom Arbeitgeber bestimmten Betrieb oder Teil des Betriebs muss der für die Durchführung des Lohnsteuerabzugs maßgebende Arbeitslohn ermittelt werden. Für die Ermittlung des maßgebenden Arbeitslohns sind Feststellungen tatsächlicher Art erforderlich. Die Unterlagen über abgeleistete Arbeitszeiten, Überstunden, Zulagen oder Arbeitsausfallzeiten usw. müssen in der Betriebsstätte zusammenlaufen. Besteuerungsmerkmale sind aus den in der Betriebsstätte zu führenden Lohnkonten zu entnehmen. Der maßgebende Arbeitslohn muss „computerreif" festgestellt werden. An welchem Ort sodann die Berechnung des Arbeitslohns und der Steuerabzugsbeträge vorgenommen wird, ist für die Bestimmung der Betriebsstätte unerheblich. Sämtliche Unterlagen müssen aber bei einer Lohnsteuer-Außenprüfung in der Betriebsstätte bereitgestellt werden.

Die Arbeitnehmer des Betriebs oder eines Teils des Betriebs brauchen nicht alle derselben Betriebsstätte anzugehören.

Beispiel:
Der für die Durchführung des Steuerabzugs maßgebende Arbeitslohn der leitenden Angestellten von Zweigniederlassungen wird in der Zentrale des Unternehmens ermittelt. Die Zentrale ist Betriebsstätte für die leitenden Angestellten. Der maßgebende

Arbeitslohn der übrigen Arbeitnehmer wird in den Zweigniederlassungen ermittelt. Für sie sind die Zweigniederlassungen Betriebsstätte.

Unter bestimmten Voraussetzungen können auch mehrere Betriebsstätten für dieselben Arbeitnehmer in Betracht kommen.

Beispiel:
Eine Obergesellschaft zahlt an die Arbeitnehmer eines mit ihr organschaftlich verbundenen Unternehmens Arbeitslohn aus eigenen Mitteln. Der Betrieb der Obergesellschaft ist insoweit lohnsteuerliche Betriebsstätte,[1] während im Übrigen gleichzeitig das organschaftlich verbundene Unternehmen Betriebsstätte für den aus dem Dienstverhältnis zu zahlenden Arbeitslohn bleibt.

Wird der maßgebende Arbeitslohn nicht in dem Betrieb oder in einem Teil des Betriebs des Arbeitgebers oder nicht im Inland ermittelt, so gilt als Betriebsstätte der **Mittelpunkt der geschäftlichen Leitung** des Arbeitgebers im Inland. Als Betriebsstätte gilt auch der **inländische Heimathafen** deutscher Handelsschiffe, wenn die Reederei im Inland keine Niederlassung hat. In diesen Fällen, in denen der Arbeitgeber nicht für eine Betriebsstätte sorgt, wird durch Fiktion eine Betriebsstätte im Inland bestimmt. Durch die Bestimmung einer fiktiven inländischen Betriebsstätte werden bei im Ausland ansässigen Arbeitgebern die Arbeitgeberpflichten nach § 38 Abs. 1 EStG erst begründet, für deren Verletzung der Arbeitgeber aber gleichwohl einzustehen hat. Nach der fiktiven Betriebsstätte richtet sich die Zuständigkeit des Betriebsstättenfinanzamts, und aufgrund der fiktiven Betriebsstätte kann sich das Finanzamt wegen etwaiger Nichterfüllung von Arbeitgeberpflichten an den Arbeitgeber halten.

---

1 BFH vom 06.12.1968 VI R 220/67 (BStBl 1969 II S. 207).

5 Pflichten und Rechte des Arbeitgebers

5.1 Pflichten des Arbeitgebers

5.1.1 Elektronische/s Verfahren, Lohnsteuerabzugsmerkmale und Lohnsteuerbescheinigung

5.1.1.1 Anmeldung durch den Arbeitgeber bzw. einen Dritten

Damit der Arbeitgeber überhaupt z. B. seine Arbeitnehmer anmelden und die von der Finanzverwaltung zum elektronischen Abruf unentgeltlich bereitgestellten elektronischen Lohnsteuerabzugsmerkmale verwenden und nutzen kann, hat sich der Arbeitgeber bei der Finanzverwaltung über das ElsterOnline-Portal zu registrieren und seine Wirtschafts-Identifikationsnummer (§ 39e Abs. 4 Satz 3 EStG) bzw. seine Steuernummer der lohnsteuerlichen Betriebsstätte oder des Teilbetriebs, in dem der für die Durchführung des Lohnsteuerabzugs maßgebende Arbeitslohn des Arbeitnehmers ermittelt wird (§ 39e Abs. 9 EStG), anzugeben.

Beauftragt der Arbeitgeber einen Dritten mit der Durchführung des Lohnsteuerabzugs, hat sich der Dritte für den Datenabruf zu registrieren und zusätzlich seine Wirtschafts-Identifikationsnummer mitzuteilen (§ 39e Abs. 4 Satz 6 EStG). In diesem Fall ist der Arbeitgeber nicht zur Registrierung im ElsterOnline-Portal verpflichtet.

Der Arbeitgeber bzw. ein in seinem Auftrag tätiger Dritter hat das für die Authentifizierung erforderliche elektronische Zertifikat einmalig im ElsterOnline-Portal (www.elsteronline.de) zu beantragen. Ohne Authentifizierung sind eine Anmeldung der Arbeitnehmer und ein Abruf der elektronischen Lohnsteuerabzugsmerkmale nicht möglich. Einzelheiten zur Authentifizierung, zur Anmeldung und Abmeldung des Arbeitnehmers sowie für den Abruf der elektronischen Lohnsteuerabzugsmerkmale sind im Internet unter https://www.elster.de/arbeitg_home.php einseh- und abrufbar. Es wird die Verwendung der Zertifikatsart „Nicht-persönliches Zertifikat (Organisationszertifikat)" empfohlen. Diese wird unternehmensbezogen ausgestellt und bietet die Möglichkeit, mehrere Zertifikate zu beantragen. Verfügt der Arbeitgeber bzw. der in seinem Auftrag tätige Dritte bereits über ein entsprechendes Zertifikat (z. B. zur Übermittlung der Umsatzsteuer-Voranmeldungen), ist ein erneuter Antrag zum Erwerb eines elektronischen Zertifikats grundsätzlich nicht erforderlich. Abrufberechtigt sind zudem nur die Personen bzw. Unternehmen, denen der Arbeitnehmer die Berechtigung erteilt hat (Arbeitgeber oder beauftragte Dritte), elektronische Lohnsteuerabzugsmerkmale abzurufen und zu verwenden (§ 39e Abs. 4 Satz 2 und 6 EStG). Die elektronischen Lohnsteuerabzugsmerkmale sind zudem nur für den Lohnsteuerabzug bestimmt (§ 39e Abs. 4 Satz 7 und Abs. 5 Satz 1 EStG).

5 Pflichten und Rechte des Arbeitgebers

Folglich dürfen grundsätzlich weder der Arbeitgeber, noch der mit der Durchführung des Lohnsteuerabzugs beauftragte Dritte abgerufene elektronische Lohnsteuerabzugsmerkmale offenbaren. Dies gilt nicht, soweit eine Weitergabe von (elektronischen) Lohnsteuerabzugsmerkmalen gesetzlich zugelassen ist oder der Arbeitnehmer einer anderen Verwendung zustimmt (§ 39 Abs. 8 Satz 2 EStG). Vorsätzliche oder leichtfertige Zuwiderhandlungen stellen eine Ordnungswidrigkeit dar und können mit einer Geldbuße bis zu 10.000 Euro geahndet werden (§ 39 Abs. 9 i. V. m. § 39e Abs. 4 Satz 7 EStG). Diese Geheimhaltungsvorschrift ist eine Spezialvorschrift über die Wahrung des Steuergeheimnisses durch den Arbeitgeber. Besondere gesetzliche Vorschriften, nach denen der Arbeitgeber die Merkmale offenbaren muss, sind z. B. die Vorschriften über die Lohnsteuer-Außenprüfung (§ 42f EStG i. V. m. §§ 200, 211 AO).

Hinweis: Ist ein Dritter mit der Datenübermittlung beauftragt, ist eine zusammengefasste Übermittlung von Daten zur Anmeldung und Abmeldung sowie für den Abruf der elektronischen Lohnsteuerabzugsmerkmale von Arbeitnehmern mehrerer Arbeitgeber zulässig.

5.1.1.2 Mitteilung der Steuernummer an den Arbeitnehmer

Möchte ein Arbeitnehmer des Arbeitgebers eine Negativ- oder Positivliste (siehe Tz. 4.2.1.1) beim Finanzamt einrichten, hat der Arbeitgeber dem Arbeitnehmer seine Wirtschafts-Identifikationsnummer bzw. die Steuernummer der Betriebsstätte oder des Teilbetriebs, in dem der für die Durchführung des Lohnsteuerabzugs maßgebende Arbeitslohn ermittelt wird, mitzuteilen (§ 39e Abs. 6 Satz 6 Nr. 1 Satz 2 und Abs. 9 EStG). Der Arbeitnehmer hat für die Verwendung dieser Steuernummer die Schutzvorschriften für die elektronischen Lohnsteuerabzugsmerkmale entsprechend zu beachten (§ 39e Abs. 6 Satz 6 Nr. 1 Satz 3 EStG, siehe auch Tz. 5.1.1.1).

5.1.1.3 Abruf der elektronischen Lohnsteuerabzugsmerkmale

Die Teilnahme am elektronischen Verfahren setzt voraus, dass der Arbeitgeber den Arbeitnehmer bei der Finanzverwaltung per Datenfernübertragung einmalig anmeldet und dadurch dessen elektronische Lohnsteuerabzugsmerkmale anfordert. Mit der Anmeldebestätigung werden dem Arbeitgeber die elektronischen Lohnsteuerabzugsmerkmale des Arbeitnehmers zur Verfügung gestellt. Die erstmals gebildeten elektronischen Lohnsteuerabzugsmerkmale sind in das Lohnkonto zu übernehmen und gemäß der zeitlichen Gültigkeitsangabe anzuwenden (§ 39e Abs. 4 Satz 2 EStG).

Für die Anforderung der elektronischen Lohnsteuerabzugsmerkmale hat der Arbeitgeber folgende Daten des Arbeitnehmers mitzuteilen (§ 39e Abs. 4 Satz 3 EStG):

– Identifikationsnummer,
– Tag der Geburt,

5.1 Pflichten des Arbeitgebers

- Tag des Beginns des Dienstverhältnisses,
- ob es sich um ein erstes oder weiteres Dienstverhältnis handelt,
- ggf. ob und in welcher Höhe ein nach § 39a Abs. 1 Satz 1 Nr. 7 EStG festgestellter Freibetrag abgerufen werden soll.

Macht der Arbeitgeber keine Angaben, ob es sich um ein erstes oder weiteres Dienstverhältnis handelt, wird programmgesteuert ein weiteres Beschäftigungsverhältnis unterstellt (Steuerklasse VI).

In der Anmeldung des Arbeitnehmers hat der Arbeitgeber zudem den Zeitpunkt anzugeben, ab dem er die für den Lohnsteuerabzug erforderlichen elektronischen Lohnsteuerabzugsmerkmale anzuwenden hat („Referenzdatum Arbeitgeber"; sog. refDatumAG). Dies wird regelmäßig der Beginn des Dienstverhältnisses sein. Für einen davor liegenden Zeitraum ist die Anforderung von elektronischen Lohnsteuerabzugsmerkmalen nicht zulässig. Folglich legt dieses Datum den Zeitpunkt fest, ab dem die elektronischen Lohnsteuerabzugsmerkmale gebildet (und im Anschluss daran zum Abruf bereitgestellt) werden sollen. Nach der erfolgreichen Anmeldung des Arbeitnehmers werden die elektronischen Lohnsteuerabzugsmerkmale für einen vor dem in der Anmeldung genannten Referenzdatum liegenden Zeitraum dem Arbeitgeber nicht übermittelt.

Das Referenzdatum Arbeitgeber darf nicht liegen:
- vor dem Start des ELStAM-Verfahrens (01.01.2013),
- vor dem Beginn des Dienstverhältnisses,
- nach dem Tag der elektronischen Anmeldung des Arbeitnehmers,
- vor dem 1. Januar des laufenden Jahres, wenn der Arbeitnehmer nach Ablauf des Monats Februar des laufenden Jahres elektronisch angemeldet wird,
- vor dem Vorjahresbeginn, wenn der Arbeitnehmer vor dem 1. März des laufenden Jahres elektronisch angemeldet wird.

5.1.1.4 Laufendes Abrufverfahren

Der Arbeitgeber ist verpflichtet, die elektronischen Lohnsteuerabzugsmerkmale und die vom BZSt bereitgestellten Mitteilungen monatlich abzufragen und abzurufen (§ 39e Abs. 5 Satz 3 EStG). Kommt der Arbeitgeber dieser Verpflichtung nicht nach, ist das Betriebsstättenfinanzamt für die Aufforderung zum Abruf der Lohnsteuerabzugsmerkmale und für die Androhung und Festsetzung von Zwangsmitteln zuständig (§ 39e Abs. 5 Satz 4 EStG). Da sich die Lohnsteuerabzugsmerkmale der Arbeitnehmer in einer Vielzahl von Fällen nicht in jedem Monat ändern, hat die Finanzverwaltung einen Mitteilungsservice eingerichtet. Zur Nutzung dieses Mitteilungsverfahrens kann der Arbeitgeber im ElsterOnline-Portal beantragen, per E-Mail Informationen über die Bereitstellung von Änderungen zu erhalten. Erfährt der Arbeitgeber durch diesen E-Mail-Mitteilungsservice, dass sich für einen Lohnzahlungszeitraum keine Änderungen bei den elektronischen Lohnsteuerabzugsmerkmalen seiner Arbeitnehmer ergeben haben, ist er für diesen Zeitraum von der Verpflichtung zum Abruf befreit. Wird ihm dagegen mitgeteilt, dass neue bzw. geänderte elektronische Lohnsteuerabzugsmerkmale zum Abruf bereitstehen, bleibt er zum Abruf verpflichtet.

In den Fällen, in denen der Arbeitnehmer eine Bescheinigung des Finanzamts zur Korrektur des Lohnsteuerabzugs zurückliegender Lohnzahlungszeiträume vorlegt (weil z. B. dem Arbeitgeber unzutreffende elektronische Abzugsmerkmale für die zurückliegenden Lohnzahlungszeiträume bereitgestellt wurden), ist eine Änderung des Lohnsteuerabzugs nach Maßgabe des § 41c Abs. 1 Satz 1 Nr. 1 EStG möglich.

5.1.1.5 Gültigkeit der elektronischen Lohnsteuerabzugsmerkmale, Beendigung des Dienstverhältnisses

Nach § 39e Abs. 5 Satz 1 EStG sind die abgerufenen elektronischen Lohnsteuerabzugsmerkmale gemäß der zeitlichen Gültigkeitsangabe vom Arbeitgeber für die Durchführung des Lohnsteuerabzugs des Arbeitnehmers anzuwenden, bis

– ihm die Finanzverwaltung geänderte elektronische Lohnsteuerabzugsmerkmale zum Abruf bereitstellt oder

– der Arbeitgeber der Finanzverwaltung die Beendigung des Dienstverhältnisses mitteilt.

Der Arbeitgeber hat der Finanzverwaltung die Beendigung des Dienstverhältnisses unverzüglich mitzuteilen (§ 39e Abs. 4 Satz 5 EStG). Hierzu übermittelt der Arbeitgeber oder der von ihm beauftragte Dritte die Daten des abzumeldenden Arbeitnehmers (Identifikationsnummer, Geburtsdatum, Datum der Beendigung des Dienstverhältnisses und refDatumAG) auf elektronischem Weg nach amtlich vorgeschriebenem Datensatz.

Bei der Abmeldung ist zu berücksichtigen, dass die aktuellen elektronischen Lohnsteuerabzugsmerkmale des Arbeitnehmers dem Arbeitgeber ab dem ersten bis zum fünften Werktag des Folgemonats zum Abruf bereitgestellt werden. Erfolgt die Abmeldung des Arbeitnehmers vor dem fünften Werktag des Folgemonats, kann der Arbeitgeber die aktuellen elektronischen Lohnsteuerabzugsmerkmale des Arbeitnehmers für den Monat der Beendigung des Dienstverhältnisses ggf. nicht abrufen.

Kommt der Arbeitgeber den vorgenannten Verpflichtungen nicht nach, ist das Betriebsstättenfinanzamt für die Aufforderung zur Anwendung der Lohnsteuerabzugsmerkmale sowie zur Mitteilung der Beendigung des Dienstverhältnisses und für die Androhung und Festsetzung von Zwangsmitteln zuständig (§ 39e Abs. 5 Satz 4 EStG).

Nach dem Tod eines Arbeitnehmers wird ein Abruf der elektronischen Lohnsteuerabzugsmerkmale automatisch allgemein gesperrt (aufgrund der Mitteilungspflicht der Meldebehörden – hier Gemeinde – erfährt das BZSt vom Tod des Arbeitnehmers). Versucht der Arbeitgeber, die elektronischen Lohnsteuerabzugsmerkmale abzurufen, erhält er lediglich die Rückmeldung, dass ein Abruf nicht möglich ist; ein Rückschluss auf den Grund (Tod des Arbeitnehmers) ist nicht möglich.

Bei Lohnzahlungen an Erben oder Hinterbliebene des verstorbenen Arbeitnehmers sind diese durch den Arbeitgeber als Arbeitnehmer anzumelden, damit die Finanzverwaltung die elektronischen Lohnsteuerabzugsmerkmale bilden und zum Abruf bereitstellen kann.

5.1.1.6 Lohnsteuereinbehalt bei Bezahlung von verschiedenartigen Bezügen

Zahlt der Arbeitgeber, ein von diesem beauftragter Dritter in dessen Namen oder ein Dritter i. S. des § 38 Abs. 3a EStG verschiedenartige Bezüge als Arbeitslohn, kann der Arbeitgeber oder der Dritte die Lohnsteuer für den zweiten und jeden weiteren Bezug abweichend von § 39e Abs. 5 EStG ohne Abruf weiterer elektronischer Lohnsteuerabzugsmerkmale nach der Steuerklasse VI einbehalten (§ 39e Abs. 5a Satz 1 EStG). Folglich lässt § 39e Abs. 5a EStG eine getrennte Abrechnung verschiedenartiger Bezüge während des Kalenderjahres in bestimmten Fallvarianten zu. Neben den abgerufenen elektronischen Lohnsteuerabzugsmerkmalen darf der Arbeitgeber für bestimmte andere verschiedenartige Bezüge die Steuerklasse VI ohne erneuten Abruf anwenden, wenn der Arbeitnehmer nicht widerspricht (BT-Drucksache 18/7457 S. 100). Um der betrieblichen Praxis Rechnung zu tragen, werden vom Arbeitgeber mit der Abrechnung verschiedenartiger Bezüge beauftragte Dritte sowie Dritte i. S. des § 38 Abs. 3a EStG (siehe Tz. 5.1.2.2) in die Vorschrift des § 39e Abs. 5a EStG einbezogen (BT-Drucksache 18/7457 S. 101).

Verschiedenartige Bezüge liegen vor, wenn der Arbeitnehmer vom Arbeitgeber folgenden Arbeitslohn bezieht:

- neben dem Arbeitslohn für ein aktives Dienstverhältnis auch Versorgungsbezüge,
- neben Versorgungsbezügen, Bezügen und Vorteilen aus seinem früheren Dienstverhältnis auch andere Versorgungsbezüge oder
- neben Bezügen und Vorteilen während der Elternzeit oder vergleichbaren Unterbrechungszeiten des aktiven Dienstverhältnisses auch Arbeitslohn für ein weiteres befristetes aktives Dienstverhältnis.

§ 39e Abs. 5a Satz 3 EStG bestimmt, dass § 46 Abs. 2 Nr. 2 EStG entsprechend anzuwenden ist. Da der Arbeitgeber nicht verpflichtet ist, bei Beendigung des Dienstverhältnisses oder am Ende des Kalenderjahres die verschiedenartigen Bezüge zusammenzufassen und die Jahreslohnsteuer nach den für den ersten Bezug im Kalenderjahr zuletzt abgerufenen Lohnsteuerabzugsmerkmalen (regelmäßig die erste Steuerklasse) zu erheben, ist der Arbeitnehmer verpflichtet, eine Einkommensteuererklärung nach § 46 Abs. 2 Nr. 2 EStG abzugeben (BT-Drucksache 18/8434 S. 116).

5 Pflichten und Rechte des Arbeitgebers

5.1.1.7 Lohnzahlungen nach Beendigung des Dienstverhältnisses

Zahlt der Arbeitgeber nach Beendigung des Dienstverhältnisses laufenden Arbeitslohn (R 39b.2 Abs. 1 LStR), sind der Besteuerung die elektronischen Lohnsteuerabzugsmerkmale zum Ende des Lohnzahlungszeitraums zugrunde zu legen, für den die Nachzahlung erfolgt. Eine erneute Anmeldung des Arbeitnehmers bei der Finanzverwaltung ist insoweit nicht erforderlich.

Handelt es sich dagegen um sonstige Bezüge (R 39b.2 Abs. 2 LStR), sind für die Besteuerung die elektronischen Lohnsteuerabzugsmerkmale zum Ende des Lohnzahlungszeitraums des Zuflusses des sonstigen Bezugs maßgebend. Der Arbeitgeber muss daher den Arbeitnehmer erneut bei der Finanzverwaltung anmelden. Unterlässt der Arbeitgeber in diesem Fall die Anmeldung, obwohl ihm die hierzu erforderlichen Angaben des Arbeitnehmers vorliegen und der Anmeldung keine technischen Hinderungsgründe gem. § 39c Abs. 1 Satz 2 EStG entgegenstehen, ist der Steuerabzug nach der Steuerklasse VI vorzunehmen.

5.1.1.8 Elektronische Lohnsteuerbescheinigung

Die Arbeitgeber sind grundsätzlich verpflichtet, nach Abschluss des Lohnkontos für jeden Arbeitnehmer der für dessen Besteuerung nach dem Einkommen zuständigen Finanzbehörde nach Maßgabe des § 93c AO der Finanzverwaltung bis zum 28. Februar des Folgejahres eine elektronische Lohnsteuerbescheinigung zu übermitteln (§ 41b Abs. 1 Satz 2 EStG). Die elektronische Lohnsteuerbescheinigung ist bei Beendigung eines Dienstverhältnisses oder nach Abschluss des Lohnkontos des Arbeitnehmers am Ende des Kalenderjahres zu erteilen.

Ausgenommen vom elektronischen Lohnsteuerbescheinigungsverfahren ist nach § 41b Abs. 6 EStG pauschal besteuerter Arbeitslohn. Die Pflicht zur Teilnahme am elektronischen Lohnsteuerbescheinigungsverfahren entfällt nach § 41b Abs. 3 EStG ansonsten nur noch für einen Arbeitgeber ohne maschinelle Lohnabrechnung, der ausschließlich Arbeitnehmer im Rahmen einer geringfügigen Beschäftigung in seinem Privathaushalt nach § 8a SGB IV beschäftigt und auch tatsächlich keine elektronische Lohnsteuerbescheinigung erteilt.

Für die in den Ausnahmefällen des § 41b Abs. 3 EStG zu erstellenden manuellen Lohnsteuerbescheinigungen sind amtliche Vordruckmuster zu verwenden (sog. Besondere Lohnsteuerbescheinigung). Der Vordruck wird dem Arbeitgeber auf Anforderung kostenlos vom Finanzamt zur Verfügung gestellt.[1] Der Umfang der in der Besonderen Lohnsteuerbescheinigung mitzuteilenden Daten ist in § 41b Abs. 1 Satz 2 EStG festgelegt.

Nach § 41b Abs. 2 EStG hat der Arbeitgeber für die Datenübermittlung die Identifikationsnummer des Arbeitnehmers (§ 139b AO) zu verwenden. Sofern für den Arbeitnehmer keine IdNr. vergeben wurde oder der Arbeitnehmer diese dem Arbeit-

---
1 BMF vom 30.07.2015 (BStBl 2015 I S. 614).

geber nicht mitgeteilt hat, ist weiter die elektronische Übermittlung der Lohnsteuerbescheinigung mit der eTIN (= elektronische Transfer-Identifikations-Nummer) zulässig. Sowohl die Identifikationsnummer als auch die eTIN des Arbeitnehmers stellen ein lohnsteuerliches Ordnungsmerkmal dar. Der Arbeitgeber darf lohnsteuerliche Ordnungsmerkmale nur für die Zuordnung der elektronischen Lohnsteuerbescheinigung oder sonstiger für das Besteuerungsverfahren erforderlicher Daten zu einem bestimmten Steuerpflichtigen und für Zwecke des Besteuerungsverfahrens erheben, bilden, verarbeiten und verwenden. Verwendet er die lohnsteuerlichen Ordnungsmerkmale vorsätzlich oder leichtfertig für andere Zwecke, handelt er ordnungswidrig. Diese Ordnungswidrigkeit kann mit einer Geldbuße bis zu 10.000 Euro geahndet werden (§ 41b Abs. 2a EStG).

Der Umfang der in der elektronischen Lohnsteuerbescheinigung zu übermittelnden Daten ist in § 41b Abs. 1 Satz 2 EStG festgelegt.

Dieses Verfahren ermöglicht es der Finanzverwaltung, die übermittelten Lohndaten der Arbeitnehmer automatisch für die Durchführung der Einkommensteuerveranlagungen beizusteuern und zudem die übermittelten Daten einer Plausibilitätsprüfung zu unterziehen. Außerdem wird sie in die Lage versetzt, Fälle unzutreffenden Lohnsteuerabzugs auch in den Fällen solcher Arbeitnehmer zu erkennen und zu korrigieren, die nicht zur Einkommensteuer veranlagt werden.

Zusätzlich hat der Arbeitgeber dem Arbeitnehmer die elektronische Lohnsteuerbescheinigung nach amtlich vorgeschriebenem Muster binnen angemessener Frist als Ausdruck auszuhändigen oder elektronisch bereitzustellen (§ 41b Abs. 1 Satz 3 EStG). Die in den Ausdruck aufzunehmenden erforderlichen Angaben sind im BMF-Schreiben vom 30.07.2015 (BStBl 2015 I S. 614) konkretisiert. Das Muster des Ausdrucks der elektronischen Lohnsteuerbescheinigung wird jährlich im Bundessteuerblatt Teil I[1] gesondert bekannt gemacht.

Dieser Ausdruck braucht einem nachfolgenden Arbeitgeber nicht vorgelegt zu werden. Dadurch wird auch dem Datenschutz in der Hinsicht Rechnung getragen, dass dem neuen Arbeitgeber der bisherige Arbeitslohn nicht bekannt werden soll. Der Umstand, dass bei einem Wechsel des Arbeitgebers während eines Kalenderjahres dem neuen Arbeitgeber ein Ausdruck der elektronischen Lohnsteuerbescheinigung des alten Arbeitgebers nicht vorgelegt werden muss und er daher keine Kenntnis über die Höhe des Arbeitslohns im bisher abgelaufenen Kalenderjahrzeitraum erhält, kann im Fall eines vom neuen Arbeitgeber gezahlten sonstigen Bezugs zu einer unrichtigen Besteuerung des sonstigen Bezugs führen. In solchen Fällen, in denen der Arbeitnehmer Lohnsteuerbescheinigungen aus früheren Dienstverhältnissen des Kalenderjahres nicht vorlegt, hat der neue Arbeitgeber bei der Ermittlung des voraussichtlichen Jahresarbeitslohns gem. § 39b Abs. 3 Satz 2 EStG seinen im Monat der Zahlung des sonstigen Bezugs gezahlten laufenden Arbeitslohn entsprechend der Beschäftigungszeit beim früheren Arbeitgeber hochzurechnen und diesen

---
1 Zuletzt: BMF vom 31.08.2016 (BStBl 2016 I S. 1004).

Betrag als Arbeitslohn für Beschäftigungszeiten bei früheren Arbeitgebern anzusetzen. Wird so vorgegangen, hat der Arbeitgeber nach § 41 Abs. 1 Satz 6 EStG im Lohnkonto des Arbeitnehmers den Großbuchstaben S einzutragen und diesen Vermerk des Großbuchstabens S in die elektronische Lohnsteuerbescheinigung aufzunehmen (§ 41b Abs. 1 Satz 2 Nr. 3 EStG). Korrespondierend hierzu ist für den Arbeitnehmer gem. § 46 Abs. 2 Nr. 5a EStG eine Einkommensteuerveranlagung durchzuführen, was die Finanzverwaltung durch Übermittlung des Großbuchstabens S erkennen kann. Außerdem darf der neue Arbeitgeber gem. § 42b Abs. 1 Satz 1 EStG für den Arbeitnehmer keinen betrieblichen Lohnsteuer-Jahresausgleich durchführen, wenn er keine Kenntnis vom Arbeitslohn des vorherigen Arbeitgebers, ggf. mehrerer vorheriger Arbeitgeber, hat.

5.1.1.9 Ausnahme vom Abrufverfahren

5.1.1.9.1 Allgemeines

Sind Arbeitgeber nicht in der Lage und ist es ihnen nicht zumutbar, die elektronischen Lohnsteuerabzugsmerkmale der Arbeitnehmer elektronisch abzurufen, wird ein Ersatzverfahren angeboten (§ 39e Abs. 7 EStG). Auf Antrag des Arbeitgebers kann das Betriebsstättenfinanzamt zur Vermeidung unbilliger Härten die Nichtteilnahme am neuen Abrufverfahren (ELStAM-Verfahren) zulassen (§ 39e Abs. 7 Satz 1 EStG). Die Teilnahme am Härtefallverfahren ist kalenderjährlich unter Darlegung der Gründe neu zu beantragen (§ 39e Abs. 7 Satz 4 EStG), ggf. rückwirkend bis zum Beginn des Kalenderjahres der Antragstellung.

Eine unbillige Härte liegt insbesondere bei einem Arbeitgeber vor, für den die technischen Möglichkeiten der Kommunikation über das Internet wirtschaftlich oder persönlich unzumutbar ist (§ 150 Abs. 8 AO ist entsprechend anzuwenden).

Dem Antrag ist stets stattzugeben, wenn der Arbeitgeber ohne maschinelle Lohnabrechnung ausschließlich Arbeitnehmer im Rahmen einer geringfügigen Beschäftigung in seinem Privathaushalt i. S. des § 8a SGB IV bzw. § 276a SGB VI beschäftigt und wenn er die Lohnsteuer vom Arbeitslohn/-entgelt nicht pauschal erhebt (§ 39e Abs. 7 Satz 2 EStG).

Auch nach einer Genehmigung zur Nichtteilnahme an diesem Verfahren kann der Arbeitgeber jederzeit ohne gesonderte Mitteilung zum elektronischen Abrufverfahren wechseln.

5.1.1.9.2 Antragstellung

Der Antrag ist nach amtlich vorgeschriebenem Vordruck zu stellen (Vordruck „Antrag des Arbeitgebers auf Nichtteilnahme am Abrufverfahren der elektronischen Lohnsteuerabzugsmerkmale (ELStAM) für 201…") und muss folgende Angaben beinhalten:

– Steuernummer der lohnsteuerlichen Betriebsstätte,

- Verzeichnis der beschäftigten Arbeitnehmer,
- Identifikationsnummer und Geburtsdatum der einzelnen Beschäftigten,
- Angaben darüber, ob es sich um sein erstes (Hauptarbeitgeber) oder ein weiteres Dienstverhältnis (Steuerklasse VI) handelt, und
- bei einem weiteren Dienstverhältnis ggf. den nach § 39a Abs. 1 Satz 1 Nr. 7 EStG zu berücksichtigenden Betrag.

5.1.1.9.3 Verfahren/Bescheinigung der Lohnsteuerabzugsmerkmale

Gibt das Betriebsstättenfinanzamt dem Antrag statt, wird dem Arbeitgeber eine arbeitgeberbezogene Bescheinigung zur Durchführung des Lohnsteuerabzugs erteilt, welche die für das jeweilige Kalenderjahr gültigen Lohnsteuerabzugsmerkmale der einzelnen Arbeitnehmer enthält. Im Fall der Änderung von Lohnsteuerabzugsmerkmalen wird dem Arbeitgeber automatisch eine geänderte Bescheinigung für den Lohnsteuerabzug übersandt. Diese Bescheinigungen sind nur für den beantragenden Arbeitgeber bestimmt und dürfen von einem weiteren Arbeitgeber nicht als Grundlage für den Lohnsteuerabzug herangezogen werden.

5.1.1.9.4 Pflichten des Arbeitgebers

Für die Lohnsteuererhebung gelten in diesen Fällen die Regelungen des Abrufverfahrens für die elektronischen Lohnsteuerabzugsmerkmale entsprechend. Insbesondere haben auch die wegen der Inanspruchnahme der Härtefallregelung nicht am elektronischen Verfahren teilnehmenden Arbeitgeber die Lohnsteuerabzugsmerkmale der Arbeitnehmer in deren Lohnabrechnung auszuweisen. Auch hier gelten die Lohnsteuerabzugsmerkmale gegenüber dem Arbeitnehmer als bekannt gegeben, sobald der Arbeitgeber dem Arbeitnehmer die Lohnabrechnung mit den ausgewiesenen Lohnsteuerabzugsmerkmalen aushändigt. Im Übrigen sind für die in der Bescheinigung ausgewiesenen Lohnsteuerabzugsmerkmale die Schutzvorschriften für die elektronischen Lohnsteuerabzugsmerkmale entsprechend zu beachten (vgl. Tz. 5.1.1.1 und 5.1.1.8).

Der Arbeitgeber hat die Bescheinigung für den Lohnsteuerabzug sowie evtl. Änderungsmitteilungen als Beleg zum Lohnkonto zu nehmen und sie während der Beschäftigung, längstens bis zum Ablauf des maßgebenden Kalenderjahres, aufzubewahren. Zur Erteilung der Lohnsteuerbescheinigung (§ 41b EStG) hat der Arbeitgeber die Besondere Lohnsteuerbescheinigung zu verwenden.

Beginnt ein Arbeitnehmer im laufenden Kalenderjahr ein Dienstverhältnis, ist der Arbeitgeber zur Mitteilung an das Betriebsstättenfinanzamt verpflichtet.

Bei Ausscheiden eines Arbeitnehmers aus dem Dienstverhältnis ist dem Betriebsstättenfinanzamt unverzüglich das Datum der Beendigung schriftlich anzuzeigen (§ 39e Abs. 7 Satz 8 EStG).

5 Pflichten und Rechte des Arbeitgebers

5.1.2 Lohnsteuerabzugspflichtige Personen

5.1.2.1 Arbeitgeber

Inländischer Arbeitgeber

Gemäß § 38 Abs. 1 Satz 1 Nr. 1 EStG ist grundsätzlich der inländische Arbeitgeber zum Lohnsteuerabzug verpflichtet (R 38.3 Abs. 1 Satz 1 LStR). Hierzu genügt es, dass der Arbeitgeber, auch wenn er im Ausland ansässig ist, im Inland eine Betriebsstätte betreibt oder einen ständigen Vertreter hat.

Ausländischer Verleiher bei gewerblicher Arbeitnehmerüberlassung

Gemäß § 38 Abs. 1 Satz 1 Nr. 2 EStG sind aber auch ausländische Verleiher im Fall einer gewerbsmäßigen Arbeitnehmerüberlassung ins Inland zum Lohnsteuerabzug verpflichtet (R 38.3 Abs. 1 Satz 2 LStR). Der ausländische Arbeitgeber (Verleiher) ist dabei grundsätzlich steuerlich als Arbeitgeber anzusehen (R 42d.2 Abs. 1 Satz 1 und 2 LStR). Nur ausnahmsweise kann auch der inländische Entleiher als Arbeitgeber des Leiharbeitnehmers eingestuft werden, wenn das Gesamtbild der tatsächlichen Gestaltung der Beziehungen zum Leiharbeitnehmer ergibt, dass er wirtschaftlich als Arbeitgeber angesehen werden kann (H 42d.2 „Steuerrechtlicher Arbeitgeber" LStH). Dies insbesondere dann, wenn bei einer unerlaubten Arbeitnehmerüberlassung der Entleiher anstelle des Verleihers den Arbeitslohn an den Leiharbeitnehmer zahlt (R 19.1 Satz 6 LStR).

Inländisches aufnehmendes Unternehmen bei grenzüberschreitender Arbeitnehmerentsendung

Nach § 38 Abs. 1 Satz 2 EStG ist inländischer Arbeitgeber in Fällen der internationalen Arbeitnehmerentsendung auch **das in Deutschland ansässige aufnehmende Unternehmen,** das den Arbeitslohn für die ihm geleistete Arbeit **wirtschaftlich trägt,** wofür nicht verlangt wird, dass das aufnehmende Unternehmen dem Arbeitnehmer den Arbeitslohn im eigenen Namen und für eigene Rechnung auszahlt. Wirtschaftlich trägt das aufnehmende Unternehmen (Entleiher) den Arbeitslohn auch dann, wenn die von dem ausländischen entsendenden Unternehmen (Verleiher) gezahlte Arbeitsvergütung dem in Deutschland ansässigen aufnehmenden Unternehmen weiterbelastet wird. Dabei entsteht die Lohnsteuerabzugspflicht bereits im Zeitpunkt der Auszahlung des Arbeitslohns an den Arbeitnehmer, wenn das inländische Unternehmen aufgrund der Vereinbarung mit dem ausländischen Unternehmen mit einer Weiterleitung rechnen kann. In diesem Zeitpunkt ist die Lohnsteuer vom inländischen Unternehmen zu erheben. Dem Lohnsteuerabzug unterliegt in diesem Fall grundsätzlich dann auch der insoweit tatsächlich vom ausländischen Verleiher gezahlte Arbeitslohn (R 38.1 Satz 1 und R 38.3 Abs. 5 LStR).[1] Diese Regelung ist insbesondere für einen grenzüberschreitenden Mitarbeitereinsatz ins Inland zwi-

---
1 Zum Begriff der Entsendung siehe auch BMF vom 09.11.2001 (BStBl 2001 I S. 796).

5.1 Pflichten des Arbeitgebers

schen verbundenen Unternehmen von Bedeutung und führt bei diesen zu einer Ausweitung der lohnsteuerlichen Arbeitgeberpflichten des aufnehmenden Unternehmens in Deutschland. Sie bewirkt die Sicherstellung der Lohnbesteuerung in dem Land, in dem der Unternehmer ansässig ist, der das Gehalt wirtschaftlich trägt und demzufolge auch steuermindernd als Betriebsausgabe bucht.

Beispiel:
In Deutschland (A) und in Italien (B) sind zwei Schwestergesellschaften tätig. Die inländische Firma A erhält einen Auftrag, den sie mit ihrer Belegschaft allein nicht erfüllen kann. A schließt mit der ausländischen Schwesterfirma B einen Vertrag, auf dessen Grundlage Fachkräfte der B bei A in Deutschland tätig werden. Die Arbeitnehmer der B erhalten ihr Gehalt von der italienischen Firma B im Dezember 2016. Firma B belastet das Gehalt auf der Grundlage der mit der Firma A getroffenen Vereinbarung an die Firma A im Januar 2017 weiter.

Nach den Doppelbesteuerungsabkommen steht das Besteuerungsrecht für die in diesen Fällen gezahlten Arbeitslöhne grundsätzlich Deutschland zu, wenn die Vergütungen wirtschaftlich von einem Arbeitgeber getragen werden, der in Deutschland als Tätigkeitsstaat ansässig ist. Die im Tätigkeitsstaat Deutschland ansässige Firma A ist abkommensrechtlich als wirtschaftlicher Arbeitgeber anzusehen, sodass Deutschland das Besteuerungsrecht hat. § 38 Abs. 1 Satz 2 EStG ermöglicht nun, dass auch lohnsteuerrechtlich die Firma A als Arbeitgeber angesehen wird. Sie hat daher die lohnsteuerlichen Arbeitgeberpflichten zu erfüllen, da sie den Arbeitslohn wirtschaftlich trägt. Die Firma A hat die Lohnsteuer bereits im Zeitpunkt der Arbeitslohnzahlung durch die Firma B im Dezember 2016 zu erheben, da sie aufgrund des Vertrags mit einer Weiterbelastung des Lohnaufwands rechnen kann. Der Lohnsteuerabzug für die beschränkt einkommensteuerpflichtigen italienischen Arbeitnehmer ist nach § 39b EStG vorzunehmen. Falls die beschränkt einkommensteuerpflichtigen italienischen Arbeitnehmer keine aktuelle steuerliche Identifikationsnummer der Firma A mitteilen und auch keine Bescheinigung für den Lohnsteuerabzug (§ 39 Abs. 3 EStG) vorlegen können, ist die Lohnsteuer nach der Steuerklasse VI zu ermitteln (§ 39c Abs. 1 Satz 1 und Abs. 2 EStG).

Bei einer teilweisen Weiterbelastung des Arbeitslohns durch das ausländische Unternehmen führt dies nur zu einer Lohnsteuerabzugspflicht des aufnehmenden Unternehmens für den weiterbelasteten Teil.

5.1.2.2 Lohnsteuerabzugspflicht eines Dritten

Nach § 38 Abs. 3a EStG wird auch vom Arbeitgeber zu unterscheidenden dritten Personen die **Pflicht zum Lohnsteuerabzug auferlegt.** Die Regelung, dass nur der Arbeitgeber der Lohnsteuerabzugspflicht unterliegt, sorgte in gewissen Fallgestaltungen in der Praxis für Probleme, was in der Vergangenheit dazu geführt hatte, dass es toleriert wurde, wenn der Dritte wie ein Arbeitgeber gehandelt hat. So wurde nicht beanstandet, dass bei Arbeitnehmern mit mehreren aufeinander folgenden kurzfristigen Dienstverhältnissen zu unterschiedlichen Arbeitgebern ein Dritter die Löhne zur Berechnung der Lohnsteuer zusammenfasste und anschließend für eine Vielzahl von Arbeitnehmern die Lohnsteuer unter eigenem Namen bei seinem Betriebsstättenfinanzamt anmeldete und sie dorthin abführte (z. B. **studentische**

Arbeitsvermittlung). Oder bei mehreren gleichzeitig nebeneinander bestehenden Dienstverhältnissen **übernimmt einer der Arbeitgeber** die lohnsteuerlichen Arbeitgeberpflichten und zahlt dann **als Stammarbeitgeber und Abrechnungsstelle** auch den Arbeitslohn aus den anderen Dienstverhältnissen aus, wobei die Löhne aus sämtlichen Dienstverhältnissen für Zwecke der Lohnsteuerberechnung zusammengerechnet werden. Oder für Arbeitnehmer mit nur einem Dienstverhältnis **übernimmt ein Dritter die Arbeitgeberpflichten** einschließlich der Lohnzahlung, wie z. B. die zentralen Abrechnungsstellen für Arbeitnehmer bei den Kirchen und den Einrichtungen der Wohlfahrtspflege. Auch Zahlungen an leitende Konzernmitarbeiter oder die Auszahlung von Betriebsrenten sind davon betroffen. Derartige Fallgestaltungen werden durch § 38 Abs. 3a EStG auf eine gesetzliche Grundlage gestellt. Zu beachten ist jedoch, dass der Dritte allein durch diese Regelung nicht zum Arbeitgeber der Arbeitnehmer wird, deren Lohnsteuer er einbehält, anmeldet und abführt.

Eine weitere Ausnahme regelt § 38 Abs. 3 Satz 2 EStG für öffentliche Kassen, die bei juristischen Personen des öffentlichen Rechts den Arbeitslohn auszahlen und deshalb insoweit die Pflichten des öffentlich-rechtlichen Arbeitgebers haben.

Bei Zahlung des Arbeitslohns unmittelbar durch den Dritten

Nach § 38 Abs. 3a **Satz 1** EStG ist ein Dritter, der Arbeitnehmern eines anderen Arbeitgebers Arbeitslohn zahlt, hierfür zum Lohnsteuerabzug verpflichtet, soweit der Dritte dadurch **tarifvertragliche Geldansprüche** der Arbeitnehmer erfüllt, die sich aus einem Dienstverhältnis oder früheren Dienstverhältnis ergeben und die sich **unmittelbar gegen ihn selbst richten.** Der Dritte muss zudem einen Wohnsitz, die Geschäftsleitung oder seinen Sitz im Inland haben. Dies betrifft beispielsweise Zahlungen der Sozialkassen im Baugewerbe. Der Dritte muss dabei sich gegen ihn richtende tarifvertragliche Geldansprüche der Arbeitnehmer erfüllen.

Falls die Zahlung durch den Dritten als sonstiger Bezug einzuordnen ist, kann der Dritte, unabhängig von den Lohnsteuerabzugsmerkmalen des jeweiligen Arbeitnehmers, die Lohnsteuer für den sonstigen Bezug nach § 39c Abs. 5 EStG pauschal mit 20 % ermitteln, wenn der vom Dritten gezahlte Jahresarbeitslohn einschließlich des sonstigen Bezugs 10.000 Euro nicht übersteigt. Schuldner der so erhobenen Lohnsteuer bleibt im Gegensatz zur Lohnsteuerpauschalierung nach §§ 40 ff. EStG der Arbeitnehmer. Der pauschal versteuerte Arbeitslohn ist deshalb bei der Einkommensteuererklärung zu erfassen und die ermittelte Lohnsteuer, bei der es sich nicht um eine pauschale Lohnsteuer i. S. der §§ 40 ff. EStG handelt (R 39c Satz 2 LStR), ist auf die Einkommensteuerschuld anzurechnen. Da nach § 38 Abs. 3a Satz 6 EStG die das Lohnsteuerverfahren betreffenden Vorschriften auf den an die Stelle des Arbeitgebers tretenden Dritten anzuwenden sind, hat der Dritte dem Arbeitnehmer nach § 41b Abs. 1 Satz 4 EStG eine besondere Lohnsteuerbescheinigung auszustellen und dort den Arbeitslohn und die einbehaltene Lohnsteuer zzgl. Solidaritätszuschlag und einbehaltener Kirchensteuer anzugeben.

Der Arbeitnehmer ist bei Vornahme der pauschalen Lohnsteuerberechnung nach § 46 Abs. 2 Nr. 5 EStG zur Abgabe einer Einkommensteuererklärung verpflichtet.

Bei Übernahme der Pflichten des Arbeitgebers durch den Dritten

Nach § 38 Abs. 3a **Satz 2** EStG kann ein Dritter den Lohnsteuerabzug vornehmen, wenn

- er sich gegenüber einem Arbeitgeber dazu verpflichtet hat,
- er den Lohn auszahlt oder nur Arbeitgeberpflichten für von ihm vermittelte Arbeitnehmer übernimmt,
- die Steuererhebung dadurch nicht beeinträchtigt wird und
- das Betriebsstättenfinanzamt des Dritten auf dessen Antrag im Einvernehmen mit dem Betriebsstättenfinanzamt des Arbeitgebers zustimmt.

Dadurch wird die Übertragung lohnsteuerlicher Pflichten, insbesondere der Lohnsteuerabzugsverpflichtung vom Arbeitgeber auf einen zuverlässigen Dritten ermöglicht. Der Arbeitgeber ist von seinen Pflichten befreit, soweit der Dritte diese Pflichten erfüllt hat. Der Dritte wird dadurch allerdings nicht zum Arbeitgeber der Arbeitnehmer, deren Lohnsteuer er einbehält, anmeldet und abführt. Der Antrag auf Übertragung der lohnsteuerlichen Arbeitgeberpflichten hat schriftlich zu erfolgen (R 38.5 LStR).

Die Zustimmung des Betriebsstättenfinanzamts kann zur Sicherstellung einer ordnungsgemäßen Steuererhebung und zur Erleichterung der Überprüfung des Lohnsteuerabzugs durch eine Lohnsteuer-Außenprüfung nach § 42f EStG mit Nebenbestimmungen versehen werden (§ 120 AO) und sie kann mit Wirkung für die Zukunft widerrufen werden. Beispielsweise kann der Arbeitgeber zur Vorlage seiner Sachkonten verpflichtet werden, wenn beim Dritten der Lohnsteuerabzug überprüft wird. Die Lohnsteuer-Außenprüfung, deren grundsätzliche Zuständigkeit nach § 42f Abs. 3 Satz 1 EStG auf das Betriebsstättenfinanzamt des Dritten übertragen wird, ist nach § 42f Abs. 3 Satz 2 EStG auch beim Arbeitgeber weiterhin zulässig, da seine Mitwirkungspflichten neben den Pflichten des Dritten bestehen bleiben. Mit der Außenprüfung beim eigentlichen Arbeitgeber kann beispielsweise überprüft werden, ob ggf. unmittelbar vom Arbeitgeber gezahlte Lohnteile ordnungsgemäß versteuert worden sind. Die Zustimmung kann insbesondere dann widerrufen werden, wenn das Betriebsstättenfinanzamt des Dritten feststellt, dass der Dritte seinen übernommenen Pflichten nicht ordnungsgemäß nachkommt.

Durch die gesetzliche Reglementierung in § 38 Abs. 3a EStG besteht also generell die Möglichkeit, dass ein zuverlässiger Dritter den Lohnsteuerabzug für den Arbeitgeber unter den genannten Voraussetzungen übernehmen kann.

Gerade für den Fall, dass der Dritte die Pflichten für Arbeitnehmer wahrzunehmen hat, die zu mehreren Arbeitgebern oder zu ihm und einem anderen Arbeitgeber in einem Dienstverhältnis stehen, darf der Dritte nach § 38 Abs. 3a Satz 7 EStG die

Arbeitslöhne, die denselben Lohnzahlungszeitraum bzw. Lohnabrechnungszeitraum betreffen, zusammenrechnen, die Lohnsteuer nach der **Summe** berechnen und in einer Summe bescheinigen. Für die Arbeitnehmer entfällt durch die Zusammenrechnung von Löhnen aus mehreren Dienstverhältnissen die Berechnung der einzubehaltenden Lohnsteuer mit der Steuerklasse VI für jedes weitere Dienstverhältnis und der Lohnsteuerabzug wird im Hinblick auf das Jahresergebnis genauer. Infolgedessen ist nach § 46 Abs. 2 Nr. 2 Halbsatz 2 EStG der Arbeitnehmer ausnahmsweise nicht zur Abgabe einer Einkommensteuererklärung verpflichtet, wenn der Arbeitslohn von mehreren Arbeitgebern von dem Dritten für den Lohnsteuerabzug zusammengerechnet worden ist.

5.1.2.3 Lohnsteuerabzugspflicht des Arbeitgebers für Arbeitslohnzahlung durch Dritte

Dem Lohnsteuerabzug durch den Arbeitgeber unterliegen nach § 38 Abs. 1 Satz 3 EStG auch alle im Rahmen des Dienstverhältnisses von einem Dritten in Form von Geld oder Sachbezügen zugewendeten Arbeitslöhne, wenn der Arbeitgeber weiß oder erkennen kann, dass derartige Vergütungen erbracht werden. Dies ist insbesondere dann anzunehmen, wenn Arbeitgeber und Dritter verbundene Unternehmen i. S. von § 15 des Aktiengesetzes sind.

Beispiel:
Die K-GmbH ist eine hundertprozentige Tochtergesellschaft der Konzernmuttergesellschaft M-AG. Auf dem Firmengelände der K-GmbH errichtete die V-GmbH, eine andere hundertprozentige Tochtergesellschaft der M-AG, einen Belegschafts-Verkaufsladen. Zum verbilligten Einkauf sind auch die Mitarbeiter der K-GmbH unter Vorlage des Mitarbeiterausweises berechtigt.
Die beim Einkauf gewährten Preisvorteile sind steuerpflichtiger Arbeitslohn der Arbeitnehmer der K-GmbH, da sie durch das Dienstverhältnis veranlasst sind, auch wenn sie von einem Dritten, der Schwesterngesellschaft V-GmbH, gewährt werden. Die Vorteile stellen sich als Frucht ihrer Arbeit für die K-GmbH dar und stehen im Zusammenhang mit dem Dienstverhältnis. Gemäß § 38 Abs. 1 Satz 3 EStG unterliegen die Vorteile dem durch die K-GmbH vorzunehmenden Lohnsteuerabzug, da die K-GmbH weiß oder erkennen konnte, dass ihre Arbeitnehmer beim Einkauf in dem Verkaufsladen derartige Vorteile erzielen. Dies ist schon deshalb anzunehmen, weil die K-GmbH als Arbeitgeber und die V-GmbH als die Vorteile gewährender Dritter i. S. des § 15 AktG verbundene Unternehmen sind. Die betroffenen Arbeitnehmer haben der K-GmbH nach § 38 Abs. 4 Satz 3 EStG die beim Einkauf gewährten Vorteile anzugeben, was nach R 38.4 Abs. 2 Satz 3 LStR erfordert, dass die K-GmbH ihre Arbeitnehmer auf deren gesetzliche Anzeigepflicht hinweist.

Dieser Regelung liegt der Gedanke zugrunde, dass der Vollzug der Besteuerung nicht davon abhängig sein soll, wie die Lohnzahlung gestaltet und vom Arbeitgeber organisiert wird. Insbesondere kann nicht akzeptiert werden, dass der Arbeitgeber seinen Arbeitnehmern Lohnansprüche verschafft, den Steuerabzug aber unterlässt, weil er nicht unmittelbar in den Zuwendungsvorgang eingeschaltet ist. Das Wissen oder Erkennenkönnen, dass derartige durch das Dienstverhältnis veranlasste Zuwen-

5.1 Pflichten des Arbeitgebers

dungen von Dritten erbracht werden, liegt daher insbesondere dann vor, wenn der Arbeitgeber bei der Möglichkeit der Vergütung mitgewirkt hat. So wird zumindest die Kenntnismöglichkeit typischerweise bei konzernverbundenen Unternehmen bejaht werden können. Gerade bei derartigen Strukturen der Unternehmensverbindung kommt es häufig vor, dass Arbeitnehmern eines inländischen Tochterunternehmens durch die ausländische Muttergesellschaft Aktienoptionsrechte eingeräumt werden oder dass über die Konzernleitung Rabatte von dritter Seite an Arbeitnehmer konzernzugehöriger Gesellschaften ausgehandelt werden. Erfasst von der bewusst weit gefassten Regelung ist aber auch der Fall, dass ein Arbeitgeber mit einem Dritten ein Rahmenabkommen abgeschlossen hat über die Gewährung von Rabatten zugunsten seiner Arbeitnehmer.

Damit der Arbeitgeber seinen Gesetzesauftrag des Lohnsteuerabzugs auch erfüllen kann, besteht flankierend nach § 38 Abs. 4 Satz 3 EStG die Pflicht des Arbeitnehmers, in diesen Fällen dem Arbeitgeber die ihm von einem Dritten gewährten Bezüge am Ende des jeweiligen Lohnzahlungszeitraums anzugeben. Macht der Arbeitnehmer keine oder eine erkennbar unrichtige Angabe, so hat der Arbeitgeber dies dem Betriebsstättenfinanzamt mitzuteilen. Die Anzeige hat unverzüglich zu erfolgen. Infolge des Verweises auf die Fälle der Arbeitslohnzahlung nach § 38 Abs. 1 Satz 3 EStG wird dem Arbeitgeber die Anzeigepflicht folglich dann auferlegt, wenn er weiß oder bei der gebotenen Sorgfalt, insbesondere aus seiner Mitwirkung an der Lohnzahlung des Dritten oder aus der Unternehmensverbundenheit mit dem Dritten (vgl. auch R 38.4 Abs. 2 Satz 4 LStR), erkennen kann, dass der Arbeitnehmer im Rahmen des Dienstverhältnisses steuerpflichtigen Arbeitslohn von dritter Seite erhält und der Arbeitnehmer hierzu keine oder erkennbar unrichtige Angaben macht. Dem Arbeitgeber ist zu empfehlen, dass er seine Belegschaft sowohl auf deren Angabepflicht als auch auf seine Anzeigepflicht nach § 38 Abs. 4 Satz 3 EStG hinweist.

Beispiel:
In der Verlagsbranche ist es üblich, dass Mitarbeiter Bücher auch von anderen Verlagen mit einem Preisnachlass erwerben können.
a) Der Arbeitgeber ist in die Vorteilsgewährung nicht eingeschaltet.
b) Der Arbeitgeber ist insoweit in die Vorteilsgewährung eingeschaltet, dass er seinen Arbeitnehmern eine Betriebszugehörigkeitsbescheinigung ausstellt.

Preisvorteile, die im Rahmen sog. Wechselseitigkeit in bestimmten Branchen eingeräumt werden, sind Arbeitslohn. Der Arbeitgeber ist bei solchen Rabatten von dritter Seite gesetzlich zum Lohnsteuerabzug verpflichtet. Im Fall a) kann er seiner Verpflichtung nur dann nachkommen, wenn der Arbeitnehmer ihn über die Höhe des geldwerten Vorteils in Kenntnis setzt. Eine Anzeigepflicht besteht nur, wenn er erkennen konnte, dass der Arbeitnehmer überhaupt Vorteile gewährt bekommen hat. Hier hatte der Arbeitgeber keine konkrete Kenntnis davon, dass der Mitarbeiter überhaupt Bücher von anderen Verlagen erworben hat. Eine Anzeigepflicht scheidet daher aus. Im Fall b) weiß der Arbeitgeber vom verbilligten Bücherkauf, zumindest konnte er dies infolge der auszustellenden Bescheinigung über die Betriebszugehörigkeit erkennen. Er musste deshalb den Arbeitnehmer auffordern, für Zwecke des Lohnsteuerabzugs die Höhe des geldwerten Vorteils mitzuteilen. Macht der Arbeitnehmer keine Angaben oder gibt er erkennbar offensichtlich falsche Beträge an, hat der Arbeitgeber dies unverzüglich dem Betriebsstättenfinanzamt anzuzeigen.

5.1.3 Durchführung des Lohnsteuerabzugs ohne ELStAM

5.1.3.1 Fehlende Lohnsteuerabzugsmerkmale

Bei fehlenden Lohnsteuerabzugsmerkmalen hat der Arbeitgeber die Lohnsteuererhebung nach der Steuerklasse VI durchzuführen. Dies kommt insbesondere dann in Betracht, wenn der Arbeitnehmer

- bei Beginn des Dienstverhältnisses seinem Arbeitgeber die zum Abruf der elektronischen Lohnsteuerabzugsmerkmale erforderliche steuerliche Identifikationsnummer und das Geburtsdatum schuldhaft nicht mitteilt (§ 39e Abs. 4 Satz 1 EStG),
- eine Übermittlung der elektronischen Lohnsteuerabzugsmerkmale an den Arbeitgeber gesperrt hat (§ 39e Abs. 6 Satz 6 Nr. 1 EStG) oder
- beim Wohnsitzfinanzamt die Bildung oder Bereitstellung der elektronischen Lohnsteuerabzugsmerkmale allgemein sperren lassen hat (§ 39e Abs. 6 Satz 6 Nr. 2 EStG).

Unterlässt der Arbeitnehmer die Mitteilung seiner steuerlichen Identifikationsnummer und seines Geburtsdatums an den Arbeitgeber, so werden dadurch die **arbeitsrechtlichen Beziehungen** zwischen Arbeitgeber und Arbeitnehmer nicht berührt. Es ist also nicht so, dass der Arbeitgeber einen Arbeitnehmer, der seine steuerliche Identifikationsnummer nicht mitteilt, nicht beschäftigen darf. Die Mitteilung oder Nichtmitteilung einer steuerlichen Identifikationsnummer hat lediglich **Auswirkungen auf steuerlichem Gebiet.** Die steuerlichen Folgen, die sich aus der Nichtmitteilung einer steuerlichen Identifikationsnummer ergeben, sind in § 39c EStG geregelt. Nach dieser Vorschrift ist zu unterscheiden, ob die Unterlassung des Arbeitnehmers auf schuldhaftes Verhalten des Arbeitnehmers zurückzuführen ist oder ob der Arbeitnehmer die Unterlassung nicht zu vertreten hat. Trifft den Arbeitnehmer ein **Verschulden,** so hat der Arbeitgeber die Lohnsteuer nach **Steuerklasse VI** einzubehalten. Weist der Arbeitnehmer jedoch nach, dass er die Nichtmitteilung der steuerlichen Identifikationsnummer **nicht zu vertreten hat,** so ist der Arbeitgeber **verpflichtet,** der Lohnsteuerermittlung die ihm **bekannten Familienverhältnisse** des Arbeitnehmers längstens für die Dauer von 3 Kalendermonaten zugrunde zu legen. Die Schuldfrage lässt sich ohne eingehende Ermittlungen nicht immer leicht entscheiden. Ebenso ist es für den Arbeitnehmer nicht immer einfach, den Nachweis dafür zu erbringen, dass er die Nichtmitteilung der steuerlichen Identifikationsnummer nicht zu vertreten hat.

Des Weiteren hat der Arbeitgeber im folgenden Fall für die Lohnsteuerberechnung – längstens für die Dauer von 3 Kalendermonaten – die voraussichtlichen Lohnsteuerabzugsmerkmale i. S. des § 38b EStG ebenfalls zu Grunde zu legen (§ 39c Abs. 1 Satz 2 EStG). Und zwar wenn ein Abruf der elektronischen Lohnsteuerabzugsmerkmale wegen technischer Störungen nicht möglich ist.

Als Störungen in diesem Sinne kommen technische Schwierigkeiten bei Anforderung und Abruf, Bereitstellung oder Übermittlung der elektronischen Lohnsteuerabzugsmerkmale in Betracht oder eine verzögerte Ausstellung der Bescheinigung für den Lohnsteuerabzug durch das Finanzamt.

Aufgrund dieser Ausnahmeregelungen kann der Arbeitgeber den Lohnsteuerabzug für die Dauer von längstens 3 Monaten nach den ihm bekannten persönlichen Besteuerungsmerkmalen des Arbeitnehmers durchführen (Steuerklasse, Kinderzähler und Religionszugehörigkeit). Erhält der Arbeitgeber die (elektronischen) Lohnsteuerabzugsmerkmale vor Ablauf der 3 Monate, hat er in den Fällen des § 39c Abs. 1 Satz 2 EStG die Lohnsteuerermittlungen für die vorangegangenen Kalendermonate zu überprüfen und erforderlichenfalls zu ändern (§ 39c Abs. 1 Satz 4 EStG).

Hat der Arbeitnehmer nach Ablauf der 3 Monate die Identifikationsnummer sowie den Tag seiner Geburt nicht mitgeteilt und ersatzweise die Bescheinigung für den Lohnsteuerabzug nicht vorgelegt, so ist rückwirkend die Besteuerung nach der Steuerklasse VI durchzuführen und die Lohnsteuerermittlungen für die ersten 3 Monate zu korrigieren. Erhält der Arbeitgeber in diesen Fällen die elektronischen Lohnsteuerabzugsmerkmale oder ersatzweise die Bescheinigung für den Lohnsteuerabzug nach Ablauf der 3-Monats-Frist, ist eine Änderung des Lohnsteuerabzugs nur nach Maßgabe des § 41c Abs. 1 Satz 1 Nr. 1 EStG möglich. Der Arbeitgeber braucht jedoch keine Änderung nach § 41c Abs. 1 EStG durchzuführen. Er kann den Ausgleich dem Betriebsstättenfinanzamt überlassen. Zu diesem Zweck hat er dem Betriebsstättenfinanzamt unverzüglich die Fälle der Nacherhebung mitzuteilen (§ 41c Abs. 4 EStG).

5.1.3.2 Unbeschränkt einkommensteuerpflichtige Arbeitnehmer ohne steuerliche Identifikationsnummer

Ist einem nach § 1 Abs. 1 EStG unbeschränkt einkommensteuerpflichtigen Arbeitnehmer (noch) keine Identifikationsnummer (§§ 139a, 139b AO) zugeteilt worden, können elektronische Lohnsteuerabzugsmerkmale weder automatisiert gebildet noch vom Arbeitgeber abgerufen werden. In diesen Fällen ersetzt eine dem Arbeitgeber vorzulegende Bescheinigung für den Lohnsteuerabzug mit den anzuwendenden Lohnsteuerabzugsmerkmalen die elektronischen Lohnsteuerabzugsmerkmale. Der Arbeitnehmer hat eine solche Bescheinigung für den Lohnsteuerabzug beim Wohnsitzfinanzamt formlos oder mit dem „Antrag auf Ausstellung einer Bescheinigung für den Lohnsteuerabzug" zu beantragen und dem Arbeitgeber vorzulegen (§ 39e Abs. 8 Satz 1 und 4 EStG).

Das Wohnsitzfinanzamt hat diese Bescheinigung für die Dauer eines Kalenderjahres auszustellen. Legt der Arbeitnehmer eine entsprechende Bescheinigung für den

Lohnsteuerabzug vor, entfällt die Verpflichtung und Berechtigung des Arbeitgebers zum Abruf der elektronischen Lohnsteuerabzugsmerkmale (§ 39e Abs. 8 Satz 2 EStG).

Der Arbeitgeber hat diese jahresbezogene Bescheinigung für den Lohnsteuerabzug als Beleg zum Lohnkonto zu nehmen und während des Dienstverhältnisses, längstens bis zum Ablauf des jeweiligen Kalenderjahres, aufzubewahren. Bei Beendigung des Arbeitsverhältnisses vor Ablauf des Kalenderjahres hat er dem Arbeitnehmer diese Bescheinigung auszuhändigen.

In den Lohnsteuerbescheinigungen dieser Arbeitnehmer ist anstelle der Identifikationsnummer das lohnsteuerliche Ordnungsmerkmal (§ 41b Abs. 2 Satz 1 und 2 EStG, sog. eTIN) auszuweisen.

Hat der Arbeitnehmer die Ausstellung einer solchen Bescheinigung für den Lohnsteuerabzug nicht beantragt oder legt er sie nicht innerhalb von 6 Wochen nach Beginn des Dienstverhältnisses vor, hat der Arbeitgeber die Lohnsteuer nach der Steuerklasse VI zu ermitteln (§ 39c Abs. 2 EStG).

Erhält der Arbeitnehmer seine Identifikationsnummer zugeteilt, hat er sie dem Arbeitgeber mitzuteilen (§ 39e Abs. 4 Satz 1 EStG). Mit dieser Angabe und dem (bereits vorliegenden) Geburtsdatum ist der Arbeitgeber berechtigt, die elektronischen Lohnsteuerabzugsmerkmale des Arbeitnehmers abzurufen. Die vorliegende Bescheinigung für den Lohnsteuerabzug hindert den Arbeitgeber nicht, im laufenden Kalenderjahr zum elektronischen Verfahren zu wechseln, um so die elektronischen Lohnsteuerabzugsmerkmale des Arbeitnehmers abrufen zu können. Die Bescheinigung für den Lohnsteuerabzug ist weder an das ausstellende Finanzamt noch an den Arbeitnehmer herauszugeben.

Die Schutzvorschriften in Bezug auf die Offenbarung von Lohnsteuerabzugsmerkmalen und lohnsteuerlichen Ordnungsmerkmalen (Tz. 5.1.1.1 und 5.1.1.8) gelten bei der der Abführung der Lohnsteuer mit Hilfe einer Bescheinigung für den Lohnsteuerabzug entsprechend.

5.1.3.3 Im Inland nicht meldepflichtige Arbeitnehmer

Für im Inland nicht meldepflichtige Personen (nach § 1 Abs. 2 EStG erweitert unbeschränkt einkommensteuerpflichtige Arbeitnehmer, nach § 1 Abs. 3 EStG auf Antrag wie unbeschränkt einkommensteuerpflichtig zu behandelnde Arbeitnehmer, nach § 1 Abs. 4 EStG beschränkt einkommensteuerpflichtige Arbeitnehmer) wird die steuerliche Identifikationsnummer nicht aufgrund von Mitteilungen der Meldebehörden zugeteilt. Die Teilnahme dieser Arbeitnehmer am neuen Verfahren ist in einer späteren programmtechnischen Ausbaustufe vorgesehen. Dies gilt auch dann, wenn für diesen Arbeitnehmerkreis auf Anforderung des Finanzamts oder aus anderen Gründen (z. B. früherer Wohnsitz im Inland) steuerliche Identifikationsnummern vorliegen.

In diesen Fällen hat das Betriebsstättenfinanzamt des Arbeitgebers derzeit noch auf Antrag Papierbescheinigungen für den Lohnsteuerabzug auszustellen (Vordrucke „Antrag auf Erteilung einer Bescheinigung für den Lohnsteuerabzug für das Kalenderjahr 201... bei erweiterter unbeschränkter Einkommensteuerpflicht und für übrige Bezieher von Arbeitslohn aus inländischen öffentlichen Kassen", „Antrag auf Erteilung einer Bescheinigung für den Lohnsteuerabzug für das Kalenderjahr 201... für beschränkt einkommensteuerpflichtige Arbeitnehmer"). Legt ein Arbeitnehmer eine dieser Bescheinigungen für den Lohnsteuerabzug vor, entfällt die Verpflichtung und Berechtigung des Arbeitgebers zum Abruf der ELStAM nach § 39e Abs. 4 Satz 2 und Abs. 5 Satz 3 EStG.

Der Antrag nach § 39 Abs. 3 Satz 1 EStG ist grundsätzlich vom Arbeitnehmer zu stellen. Die Bescheinigung der Steuerklasse I kann auch der Arbeitgeber beantragen (§ 39 Abs. 3 Satz 3 EStG), wenn er den Antrag im Namen des Arbeitnehmers stellt. Weitere Lohnsteuerabzugsmerkmale, etwa die Zahl der Kinderfreibeträge oder ein Freibetrag nach § 39a EStG, können nur auf Antrag des Arbeitnehmers gebildet werden (§ 39 Abs. 3 Satz 1 EStG).

Der Arbeitgeber hat die in der jahresbezogenen Bescheinigung für den Lohnsteuerabzug ausgewiesenen Lohnsteuerabzugsmerkmale in das Lohnkonto des Arbeitnehmers zu übernehmen, diese Bescheinigung als Beleg zum Lohnkonto zu nehmen und während des Dienstverhältnisses, längstens bis zum Ablauf des jeweiligen Kalenderjahres, aufzubewahren (§ 39 Abs. 3 Satz 4 EStG). Bei Beendigung des Arbeitsverhältnisses vor Ablauf des Kalenderjahres hat er dem Arbeitnehmer diese Bescheinigung für den Lohnsteuerabzug auszuhändigen.

Ist die Ausstellung einer solchen Bescheinigung nicht beantragt oder legt der Arbeitnehmer sie nicht innerhalb von 6 Wochen nach Beginn des Dienstverhältnisses vor, hat der Arbeitgeber die Lohnsteuer nach der Steuerklasse VI zu ermitteln (§ 39c Abs. 2 Satz 2 EStG).

In den Lohnsteuerbescheinigungen dieser Arbeitnehmer ist anstelle der Identifikationsnummer das lohnsteuerliche Ordnungsmerkmal (§ 41b Abs. 2 Satz 1 und 2 EStG, sog. eTIN) auszuweisen.

Die Schutzvorschriften in Bezug auf die Offenbarung von Lohnsteuerabzugsmerkmalen und lohnsteuerlichen Ordnungsmerkmalen (Tz. 5.1.1.1 und 5.1.1.8) gelten bei der Abführung der Lohnsteuer mit Hilfe einer Bescheinigung für den Lohnsteuerabzug entsprechend.

5.1.3.3.1 Beschränkt steuerpflichtige Arbeitnehmer

Beschränkt steuerpflichtig sind Arbeitnehmer, die im Inland weder einen Wohnsitz noch ihren gewöhnlichen Aufenthalt haben, soweit sie nicht zu den nach § 1 Abs. 2 oder 3 EStG unbeschränkt einkommensteuerpflichtigen Arbeitnehmern gehören. Weitere Voraussetzung ist gem. § 49 Abs. 1 Nr. 4 EStG beispielsweise, dass die nichtselbständige Arbeit im Inland ausgeübt oder verwertet wird oder worden ist oder dass der Arbeitslohn aus inländischen öffentlichen Kassen mit Rücksicht auf ein gegenwärtiges oder früheres Dienstverhältnis gewährt wird. Weitere Fälle sind in § 49 Abs. 1 Nr. 4 Buchst. c bis e EStG aufgeführt.

Besonderheiten gelten für beschränkt steuerpflichtige Personen, die im Inland als Berufssportler, darbietende Künstler, Artisten und unterhaltend oder ähnlich Darbietende tätig sind, falls deren Einkünfte daraus zwar als solche aus nichtselbständiger Arbeit eingeordnet werden, die Einnahmen aber **nicht von einem inländischen Arbeitgeber** i. S. von § 38 Abs. 1 Satz 1 Nr. 1 EStG gezahlt werden. In diesen Fällen erfolgt dann **ausnahmsweise** kein Lohnsteuerabzug, sondern ein **Steuerabzug nach § 50a Abs. 1 und 5, § 50d EStG**. Die Vorschrift des § 50a Abs. 1 Satz 1 Nr. 1 EStG wird somit bei den aufgeführten Personengruppen nicht angewendet, wenn ein Lohnsteuerabzug nach § 38 Abs. 1 Satz 1 Nr. 1 EStG vorzunehmen ist.

Für beschränkt steuerpflichtige Arbeitnehmer kommen nach § 39d Abs. 1 Satz 1 und 2 EStG nur die **Steuerklassen I oder VI** in Betracht.

Für einen beschränkt einkommensteuerpflichtigen Arbeitnehmer, für den § 50 Abs. 1 Satz 4 EStG anzuwenden ist, ermittelt das Finanzamt auf Antrag einen Freibetrag, der vom Arbeitslohn insgesamt abzuziehen ist, aus der Summe der folgenden Beträge:

- Werbungskosten, die bei den Einkünften aus nichtselbständiger Arbeit anfallen, soweit sie den Arbeitnehmer-Pauschbetrag (§ 9a Satz 1 Nr. 1 Buchst. a EStG) oder bei Versorgungsbezügen den Pauschbetrag (§ 9a Satz 1 Nr. 1 Buchst. b EStG) übersteigen,

- Sonderausgaben i. S. des § 10b EStG, soweit sie den Sonderausgaben-Pauschbetrag (§ 10c EStG) übersteigen, und die wie Sonderausgaben abziehbaren Beträge nach § 10e EStG oder § 10i EStG, jedoch erst nach Fertigstellung oder Anschaffung des begünstigten Objekts oder nach Fertigstellung der begünstigten Maßnahme,

- den Freibetrag oder den Hinzurechnungsbetrag nach § 39a Abs. 1 Satz 1 Nr. 7 EStG.

Die Summe der zu berücksichtigenden Beträge ist auch dann als Freibetrag in die Bescheinigung einzutragen, wenn sie den Jahresbetrag von 600 Euro nicht übersteigt.

Der Antrag kann nur nach amtlich vorgeschriebenem Vordruck bis zum Ende des Kalenderjahres gestellt werden, für das die Lohnsteuerabzugsmerkmale gelten (§ 39a Abs. 4 Satz 2 EStG). Der Arbeitnehmer kann auch eine Änderung der Bescheinigung bis zum Ende des Kalenderjahres beantragen, für das sie gilt. Bei Versäumung dieser Frist geht der Anspruch jedoch nicht unter. Der Arbeitnehmer muss dann vielmehr einen Antrag auf Erstattung nach § 37 Abs. 2 AO an das Finanzamt richten (R 41c.1 Abs. 8 LStR).

5.1 Pflichten des Arbeitgebers

Nach § 39a Abs. 2 Satz 8 EStG hat das Finanzamt den ermittelten Freibetrag durch Aufteilung in Monatsbeträge, erforderlichenfalls in Wochen- und Tagesbeträge jeweils gleichmäßig auf die voraussichtliche Dauer des Dienstverhältnisses im Kalenderjahr zu verteilen.

Bei der Bestimmung des für die Lohnsteuerberechnung maßgebenden Arbeitslohns hat der Arbeitgeber den auf den Lohnzahlungszeitraum entfallenden Anteil des Versorgungsfreibetrags (§ 19 Abs. 2 EStG) und des Zuschlags zum Versorgungsfreibetrag sowie des Altersentlastungsbetrags (§ 24a EStG) abzuziehen, wenn die Voraussetzungen für den Abzug dieser Beträge jeweils erfüllt sind (§ 39b Abs. 2 EStG).

Zur Möglichkeit der pauschalen Erhebung der Lohnsteuer bei nur kurzfristig im Inland beschäftigten beschränkt steuerpflichtigen Künstlern mit Arbeitnehmerstatus siehe auch das BMF-Schreiben vom 31.07.2002 (BStBl 2002 I S. 707, Tz. 4, geändert durch BMF-Schreiben vom 28.03.2013, BStBl 2013 I S. 443).

Bei beschränkt steuerpflichtigen Arbeitnehmern gilt die Einkommensteuer durch den nach §§ 38 ff. EStG erfolgten Lohnsteuerabzug als abgegolten (§ 50 Abs. 2 Satz 1 EStG), es sei denn, es wurde als Lohnsteuerabzugsmerkmal ein Freibetrag nach § 39a Abs. 4 EStG gebildet oder der Arbeitnehmer beantragt eine Veranlagung zur Einkommensteuer nach § 46 Abs. 2 Nr. 8 EStG. In beiden Fällen erfolgt eine Veranlagung durch das nach § 50 Abs. 2 Satz 3 bis 6 EStG zu bestimmende Betriebsstättenfinanzamt. Der Antrag auf Veranlagung zur Einkommensteuer nach § 46 Abs. 2 Nr. 8 EStG ist gem. § 50 Abs. 2 Satz 7 EStG nur möglich, falls der beschränkt steuerpflichtige Arbeitnehmer Staatsangehöriger eines Staates der Europäischen Union oder des Europäischen Wirtschaftsraums ist (EU/EWR-Staat) und im Hoheitsgebiet eines dieser Staaten seinen Wohnsitz oder gewöhnlichen Aufenthalt hat. In diesem Fall hat der Arbeitgeber dem Arbeitnehmer eine elektronische Lohnsteuerbescheinigung entsprechend § 41b Abs. 1 Satz 2 EStG auszuhändigen oder bereitzustellen.

Auch bei den beschränkt steuerpflichtigen Arbeitnehmern, bei denen ausnahmsweise ein Steuerabzug nach § 50a Abs. 1 Nr. 1 EStG vorgenommen worden ist, hat dieser Steuerabzug gem. § 50 Abs. 2 Satz 1 EStG abgeltende Wirkung. Bei diesem Personenkreis ist im Übrigen zu beachten, dass hier ebenfalls Werbungskosten nach den Vorgaben des § 50a Abs. 3 EStG die Einnahmen als Bemessungsgrundlage für den pauschalen Steuerabzug mindern dürfen, was allerdings den Prozentsatz des Steuerabzugs gem. § 50a Abs. 3 Satz 4 EStG erhöht. Auch diese Arbeitnehmer können im Übrigen entsprechend den dem Lohnsteuerabzug unterworfenen Arbeitnehmern eine Veranlagung zur Einkommensteuer gem. § 50 Abs. 2 Satz 2 Nr. 5 EStG beantragen. Auch bei ihnen ist allerdings der Antrag nur möglich, wenn es sich um Staatsangehörige aus EU- oder EWR-Staaten handelt mit dortigem Wohnsitz oder gewöhnlichem Aufenthalt.

Sowohl in den Fällen des Lohnsteuerabzugs durch einen inländischen Arbeitgeber als auch in den Fällen des Steuerabzugs nach § 50a Abs. 1 Nr. 1 EStG ist die Abgeltungswirkung des jeweiligen Steuerabzugs gem. § 50 Abs. 2 Satz 2 Nr. 3 EStG ausgeschlossen, wenn nach § 2 Abs. 7 Satz 3 EStG die während der beschränkten Steuerpflicht erzielten Einkünfte in eine Veranlagung zur unbeschränkten Einkommensteuerpflicht einzubeziehen sind, weil im Kalenderjahr sowohl unbeschränkte als auch beschränkte Steuerpflicht bestanden hat.

Ist der von einem inländischen Arbeitgeber gezahlte Arbeitslohn nach einem Abkommen zur Vermeidung der Doppelbesteuerung von der Lohnsteuer freizustellen, was bei beschränkt steuerpflichtigen Arbeitnehmern schon häufiger der Fall ist, so erteilt das Betriebsstättenfinanzamt auf Antrag des Arbeitnehmers oder des Arbeitgebers eine entsprechende **Freistellungsbescheinigung,** die der Arbeitgeber als Beleg zum Lohnkonto aufzubewahren hat (§ 39b Abs. 6 EStG, R 39b.10 LStR).

5.1.3.3.2 Erweiterte unbeschränkte Lohnsteuerpflicht (§ 1 Abs. 2 EStG)

Es handelt sich um Arbeitnehmer, die die deutsche Staatsangehörigkeit besitzen, keinen Wohnsitz oder gewöhnlichen Aufenthalt in der Bundesrepublik Deutschland haben, aber bei einer inländischen juristischen Person des öffentlichen Rechts beschäftigt sind und Arbeitslohn aus einer inländischen Kasse beziehen. Zudem dürfen diese Personen in dem Staat, in dem sie ihren Wohnsitz oder gewöhnlichen Aufenthalt haben, lediglich in einem der beschränkten Einkommensteuerpflicht ähnlichen Umfang zu einer Steuer vom Einkommen herangezogen werden. Hierzu gehören insbesondere Beamte und Angestellte der Auslandsvertretungen der Bundesrepublik Deutschland.

Bei entsprechenden Eintragungen auf der **Bescheinigung** ist der Arbeitnehmer nach Ablauf des Kalenderjahres nach § 46 Abs. 2 Nr. 4 EStG zur Einkommensteuer zu veranlagen.

5.1.3.3.3 Unbeschränkte Lohnsteuerpflicht auf Antrag (§ 1 Abs. 3 EStG)

Für Staatsangehörige der **Europäischen Union** bzw. des **Europäischen Wirtschaftsraums,** die auf Antrag nach § 1 Abs. 3 EStG als unbeschränkt steuerpflichtig zu behandeln sind und die somit die Voraussetzungen des § 1a EStG erfüllen, erhalten – wenn die anderen Voraussetzungen für die Ehegattenbesteuerung erfüllt sind – auf Antrag die Steuerklasse III auf der **Bescheinigung** vermerkt, wenn der nicht dauernd getrennt lebende Ehegatte seinen Wohnsitz oder gewöhnlichen Aufenthalt in einem EU- bzw. EWR-Staat hat (§ 1a Abs. 1 Nr. 2 EStG) und hinsichtlich der Einkünfteverhältnisse § 1a Abs. 1 Nr. 2 Satz 3 EStG erfüllt ist.

Entsprechendes gilt über § 2 Abs. 8 EStG auch für Lebenspartnerschaften und für EU- bzw. EWR-Arbeitnehmer nach § 1 Abs. 3 EStG, die unbeschränkt einkommensteuerpflichtig sind, wenn der nicht dauernd getrennt lebende Ehegatte/Lebenspartner seinen Wohnsitz oder gewöhnlichen Aufenthalt in einem EU- bzw. EWR-Staat hat.

Wird dem Arbeitnehmer i. S. des § 1 Abs. 3 EStG eine Bescheinigung nach § 39 Abs. 3 EStG vom Betriebsstättenfinanzamt des Arbeitgebers erteilt, so erfolgt eine **Einkommensteuerveranlagung** nach § 46 Abs. 2 Nr. 7 Buchst. b EStG. Für die Einkommensteuerveranlagung ist das Betriebsstättenfinanzamt, das die Bescheinigung ausgestellt hat, zuständig. Zu diesem Zweck hat der Arbeitgeber einen Ausdruck der elektronischen Lohnsteuerbescheinigung nach § 41b Abs. 1 Satz 3 EStG auszuhändigen oder elektronisch bereitzustellen.

Bei Arbeitnehmern, die zwar die Voraussetzungen des § 1 Abs. 3 EStG erfüllen, die aber nicht Staatsangehörige eines EU- oder EWR-Staates sind, ist die Bescheinigung der Steuerklasse III nicht möglich.

5.1.4 Lohnkonto

Der Arbeitgeber hat die abgerufenen elektronischen Lohnsteuerabzugsmerkmale sowie die für den Lohnsteuerabzug erforderlichen Merkmale aus der vom Finanzamt ausgestellten Bescheinigung für den Lohnsteuerabzug zu Grunde zu legen. Deshalb ist er nach § 41 Abs. 1 EStG verpflichtet, für jeden Arbeitnehmer und jedes Kalenderjahr am Ort der Betriebsstätte ein Lohnkonto zu führen. Eine bestimmte Form ist dafür nicht vorgeschrieben. In dem Lohnkonto sind aber die in § 4 LStDV näher bestimmten Angaben aufzuzeichnen, die aus den abgerufenen elektronischen Lohnsteuerabzugsmerkmalen oder den Bescheinigungen zu entnehmen sind und die sich aus den Lohnzahlungen ergeben.

Dies sind die Angaben zur Person des Arbeitnehmers, die Steuerklasse, die Zahl der Kinderfreibeträge, das Religionsbekenntnis, der steuerfreie Jahres-, Monats-, Wochen- und Tagesbetrag und der Zeitraum, für den die Eintragungen gelten, in das Lohnkonto zu übertragen. Werden im Laufe des Kalenderjahres die Steuerklasse, die Zahl der Kinderfreibeträge oder der Freibetrag geändert, so ist im Lohnkonto auch der Zeitpunkt zu vermerken, von dem an die Änderung gilt. Legt ein Arbeitnehmer dem Arbeitgeber eine vom Betriebsstättenfinanzamt aufgrund eines Doppelbesteuerungsabkommens erteilte Freistellungsbescheinigung vor (§ 39b Abs. 6 EStG), so ist in das Lohnkonto der Zeitraum, für den die Lohnsteuerbefreiung gilt, das Finanzamt, das die Bescheinigung erteilt hat, der Tag der Ausstellung und, wie in allen Fällen, in denen Belege zum Lohnkonto genommen werden, ein Hinweis einzutragen, dass die Bescheinigung vorliegt.

Der Arbeitgeber hat bei jeder Lohnabrechnung den Tag der Lohnzahlung und bei laufendem Arbeitslohn auch den Lohnzahlungszeitraum, den Arbeitslohn ohne jeden Abzug und ohne Kürzung um den Altersentlastungsbetrag und den Versorgungsfreibetrag, getrennt nach Barlohn und Sachbezügen, und die davon einbehaltene Lohnsteuer und ggf. Kirchensteuer in das Lohnkonto einzutragen. Sachbezüge sind hierbei einzeln zu bezeichnen (z. B. Personalrabatte nach § 8 Abs. 3 EStG). Einzutragen ist der für steuerliche Zwecke maßgebende Wert. Versorgungsbezüge sind als solche kenntlich zu machen. Bei Nettolohnzahlungen ist in jedem Fall der Bruttoarbeitslohn einzutragen. Auch steuerfreie Bezüge, z. B. Reise- und Umzugskosten (§ 3 Nr. 13 und Nr. 16 EStG), sind in das Lohnkonto gesondert einzutragen mit Ausnahme der steuerfreien Vorteile des Arbeitnehmers aus der privaten Nutzung von betrieblichen Personalcomputern und Telekommunikationsgeräten (§ 3 Nr. 45 EStG) und der nach § 3 Nr. 51 EStG steuerfreien Trinkgelder. Im Übrigen kann das Betriebsstättenfinanzamt Ausnahmen von der Eintragungspflicht zulassen, wenn es sich um Fälle von geringerer Bedeutung handelt oder wenn die Möglichkeit zur Nachprüfung in anderer Weise sichergestellt ist.

Weitere wegen Steuerfreiheit oder sonstiger Tarifbegünstigung ins Lohnkonto aufzunehmende Lohnbestandteile sind aus § 41 Abs. 1 EStG und § 4 LStDV ersichtlich. Bei Arbeitslohn im Rahmen der betrieblichen Altersversorgung stellt § 5 LStDV weitere ergänzende Aufzeichnungspflichten auf.

Bei jeder Unterbrechung des Anspruchs auf Arbeitslohn an mindestens **fünf** aufeinander folgenden Arbeitstagen ist im Lohnkonto der Großbuchstabe „U" einzutragen. Die Eintragung entfällt bei Zahlung von steuerfreiem Arbeitslohn (z. B. Kurzarbeiter- oder Schlechtwettergeld) für diese Zeit.

In das Lohnkonto eines Arbeitnehmers sind nach § 4 Abs. 2 Nr. 8 LStDV grundsätzlich auch dessen Bezüge und die darauf entfallenden Steuerabzugsbeträge in den Fällen der **Pauschalierung** nach §§ 40 bis 40b EStG einzutragen, obgleich der Arbeitgeber die Lohnsteuer übernehmen muss und der pauschal besteuerte Arbeitslohn sowie die pauschale Lohnsteuer beim Arbeitnehmer außer Ansatz bleiben. Gesondert aufzuzeichnen sind auch pauschal besteuerte Zuschüsse für Fahrten zwischen Wohnung und erster Tätigkeitsstätte mit eigenem Kraftfahrzeug. Die pauschal besteuerten Arbeitgeberleistungen für Fahrten zwischen Wohnung und erster Tätigkeitsstätte sind außerdem in der Lohnsteuerbescheinigung anzugeben. Ein fehlender Kirchensteuerabzug ist aufzuzeichnen und es ist zu belegen, dass der Arbeitnehmer keiner kirchensteuerpflichtigen Religionsgemeinschaft angehört. In den Fällen des § 40 Abs. 1 Nr. 1 EStG ist die Aufzeichnung im Lohnkonto des einzelnen begünstigten Arbeitnehmers unumgänglich, weil ein Jahreshöchstbetrag von 1.000 Euro für den pauschal besteuerten sonstigen Bezug für den einzelnen Arbeitnehmer besteht und nur anhand seines Lohnkontos überwacht werden kann, dass dieser Betrag nicht überschritten wird. Das Gleiche gilt für die nach § 40b EStG pauschal besteuerten Zukunftssicherungsleistungen, bei denen Jahreshöchstbeträge ebenfalls nicht überschritten werden dürfen. Soweit die Lohnsteuerpauschalierung nach § 40b Abs. 2 Satz 2 EStG auf der Grundlage des Durchschnittsbetrags durchgeführt wird, ist der Durchschnittsbetrag aufzuzeichnen (R 40b.1 Abs. 9 LStR). Die Einzelberechnungen sind in diesen Fällen jedoch regelmäßig so umfangreich, dass sie nicht in das Lohnkonto übernommen werden können. Die Einzelberechnungen sind als Belege zum Lohnkonto zu nehmen und im Lohnkonto ist darauf hinzuweisen. Las-

5.1 Pflichten des Arbeitgebers

sen sich in den übrigen Fällen der Pauschalbesteuerung die auf den einzelnen Arbeitnehmer entfallenden Beträge nicht ohne weiteres ermitteln, so sind diese in einem Sammelkonto anzuschreiben.

Die vom Arbeitgeber im **Lohnsteuer-Jahresausgleich** erstatteten Lohn- und Kirchensteuerbeträge sind gesondert auszuweisen (§ 42b Abs. 4 EStG). Da bei einem Wechsel des Arbeitgebers im Laufe des Kalenderjahres dem neuen Arbeitgeber der vom ehemaligen Arbeitgeber erteilte Ausdruck der elektronischen Lohnsteuerbescheinigung nicht mehr vorgelegt werden muss und der neue Arbeitgeber daher in solchen Fällen der Nichtvorlage einer Lohnsteuerbescheinigung seines Vorgängers bei der Gewährung eines sonstigen Bezugs die Besteuerung nach § 39b Abs. 3 Satz 2 EStG so durchzuführen hat, dass bei der Berechnung des voraussichtlichen Jahresarbeitslohns auch für die Zeiten des ehemaligen Dienstverhältnisses der von ihm bezahlte laufende Arbeitslohn anzusetzen ist, wird er nach § 41 Abs. 1 Satz 6 EStG dazu verpflichtet, dies durch Eintragung des Großbuchstabens S ins Lohnkonto zu vermerken, damit er diesen Sachverhalt später in der Lohnsteuerbescheinigung angeben kann. Die dann dort nach § 41b Abs. 1 Satz 2 Nr. 3 EStG vorgesehene Kennzeichnung mit dem Großbuchstaben S ermöglicht es der Finanzverwaltung, den Anlass für eine Pflichtveranlagung nach § 46 Abs. 2 Nr. 5a EStG zu erkennen.

In den Fällen des § 38 Abs. 3a EStG, in denen ein Dritter die Arbeitgeberpflichten trägt, ist insoweit nach § 4 Abs. 4 LStDV auch von diesem Dritten ein Lohnkonto zu führen. Hat sich der Dritte gegenüber dem Arbeitgeber zur Übernahme der Pflichten verpflichtet (§ 38 Abs. 3a Satz 2 und 3 EStG), dann hat der Dritte im Lohnkonto den Arbeitgeber anzugeben sowie den Lohn aufzuzeichnen, den der Arbeitnehmer unmittelbar vom Arbeitgeber erhält. Fasst der Dritte den Arbeitslohn, den ein Arbeitnehmer aus mehreren Dienstverhältnissen nebeneinander erhält, für die Lohnsteuererhebung zusammen (§ 38 Abs. 3a Satz 7 EStG), soll aus den Eintragungen ersichtlich sein, welchem Dienstverhältnis die Arbeitslöhne zuzurechnen sind. Dies ist erforderlich, um beurteilen zu können, ob auf das Dienstverhältnis bezogene Freibeträge oder Freigrenzen überschritten werden (z. B. die Freibeträge nach § 3 Nr. 9 EStG, der Rabattfreibetrag nach § 8 Abs. 3 EStG oder die Freigrenze nach § 8 Abs. 2 Satz 11 EStG). Demgemäß sieht § 4 Abs. 4 Satz 3 LStDV vor, dass in diesen Fällen der Arbeitslohn für jedes Dienstverhältnis gesondert im Lohnkonto aufzuzeichnen ist.

Die Lohnkonten sind immer nur für ein Kalenderjahr zu führen. Sie sind deshalb nach § 41b Abs. 1 Satz 1 EStG am Ende des Kalenderjahres abzuschließen. Endet ein Dienstverhältnis im Laufe des Kalenderjahres, so ist das Lohnkonto bereits beim Ausscheiden des Arbeitnehmers abzuschließen. Der Arbeitgeber hat für die ordnungsmäßige Führung der Lohnkonten einzustehen; für Steuerverkürzungen, die aufgrund fehlerhafter Angaben im Lohnkonto entstehen, haftet er (§ 42d Abs. 1 Nr. 3 EStG). Die Lohnkonten sind bis zum **Ablauf des 6. Kalenderjahres,** das auf die zuletzt eingetragene Lohnzahlung folgt, aufzubewahren (§ 41 Abs. 1 Satz 9

EStG). Diese Aufbewahrungsfrist gilt abweichend von § 93c Abs. 1 Nr. 4 AO auch für die dort genannten Aufzeichnungen und Unterlagen (§ 41 Abs. 1 Satz 10 EStG).

5.1.5 Sammellohnkonto

Es handelt sich um ein für mehrere Arbeitnehmer gemeinsam geführtes Lohnkonto. Für Fälle, in denen die pauschal besteuerten Bezüge und die pauschale Lohnsteuer sowie ggf. die (pauschale) Kirchensteuer nicht aus zwingenden Gründen im Lohnkonto des einzelnen Arbeitnehmers ausgewiesen werden müssen, lässt § 41 Abs. 1 Satz 8 EStG **Aufzeichnungserleichterungen** zu. Auch für Arbeitnehmer mit geringem Arbeitslohn besteht die Möglichkeit der Aufzeichnungserleichterungen. Sie bestehen darin, dass die Eintragungen in einem Sammelkonto vorgenommen werden können. Das Sammelkonto muss z. B. in den Fällen der Lohnsteuerpauschalierung nach § 4 Abs. 2 Nr. 8 LStDV Angaben über den Tag der Zahlung, die Zahl der betroffenen Arbeitnehmer, die Summe der **insgesamt gezahlten Bezüge,** die Höhe der Lohn- und Kirchensteuer sowie Hinweise auf die als Belege zum Sammelkonto aufzubewahrenden Unterlagen enthalten. Solche Unterlagen sind z. B. die Zahlungsnachweise, die Bestätigung des Betriebsstättenfinanzamts über die Zulassung der Lohnsteuerpauschalierung oder Listen mit den Namen von Erholungsbeihilfeempfängern, anhand deren die Jahreshöchstbeträge (156 Euro, 104 Euro, 52 Euro) überwacht und überprüft werden können.

In Fällen der Teilzeitbeschäftigung (§ 40a EStG) genügt es, dass der Arbeitgeber Aufzeichnungen führt, aus denen sich für den **einzelnen Arbeitnehmer** Name und Anschrift, Dauer der Beschäftigung, Tag der Zahlung des Arbeitslohns und bei den Aushilfskräften in der Landwirtschaft und bei kurzfristiger Beschäftigung zusätzlich die Art der Beschäftigung ergeben.

Bei der Sozialversicherung hingegen erfolgt keine Aufzeichnung im Sammelkonto wegen der Meldung jedes einzelnen geringfügig Beschäftigten bei der zuständigen Krankenkasse.

5.1.6 Ermittlung der Lohnsteuer

Der Arbeitgeber ist nach § 38 Abs. 3 EStG verpflichtet, die Lohnsteuer für die Steuergläubiger zu erheben und bei jeder Lohnzahlung die Lohnsteuer einzubehalten. Die Lohnsteuer ist grundsätzlich maschinell nach Vorgabe des § 39b Abs. 2 und 3 EStG unter unmittelbarer Anwendung der Tarifformel zu ermitteln. Es ist jedoch zulässig, die mittlerweile nur noch von Privatverlagen zur Verfügung gestellten und nach dem amtlichen Programmablaufplan erstellten Lohnsteuertabellen weiterhin als Hilfsmittel für die Lohnsteuerabrechnung zu verwenden (§ 51 Abs. 4 Nr. 1a EStG). Außerdem können sich, je nach Art der Lohnzahlung, **Besonderheiten** für die Ermittlung der Lohnsteuer ergeben. Dabei ist von Bedeutung, ob der Arbeitslohn als laufender Arbeitslohn gezahlt wird, ob Nettolohnzahlung zwischen Arbeitgeber

5.1 Pflichten des Arbeitgebers

und Arbeitnehmer vereinbart worden ist oder ob der Arbeitslohn als sonstiger Bezug, wiederum brutto oder netto, gezahlt wird oder ob der Arbeitgeber gesetzlich (§ 40 Abs. 3 EStG) zur Übernahme der Lohnsteuer verpflichtet ist.

§ 39b EStG enthält die grundsätzlichen Anweisungen zur Vorgehensweise bei der Berechnung des Lohnsteuerabzugs auf der Grundlage einer Anwendung der Tarifformel. Es wird im Einzelnen vorgeschrieben, wie ausgehend vom Arbeitslohn die Bemessungsgrundlage für die Anwendung der Tarifformel zu ermitteln ist. Es ist zu unterscheiden zwischen dem Lohnsteuerabzug bei laufendem Arbeitslohn (§ 39b Abs. 2 EStG) und bei sonstigen Bezügen (§ 39b Abs. 3 EStG). In der Lohnsteuerberechnung nimmt dabei der **zu versteuernde Jahresbetrag** die Stelle des zu versteuernden Einkommens der Tarifformel ein. Bei der Berechnung der Lohnsteuer auf den laufenden Arbeitslohn gem. § 39b Abs. 2 EStG ist nach Berechnung des zu versteuernden Jahresbetrags die an der Steuerklasse ausgerichtete Tarifberechnung vorzunehmen zwecks Ermittlung der **Jahreslohnsteuer.** In den Steuerklassen V und VI ist dabei die besondere Berechnung nach § 39b Abs. 2 Satz 7 EStG zu beachten (**Aufholtarif,** siehe Tz. 3.2.2.2.4). Anschließend erfolgt die Berechnung der Lohnsteuer des Lohnzahlungszeitraums als Bruchteil der Jahreslohnsteuer gem. § 39b Abs. 2 Satz 9 bis 11 EStG. Bei der Lohnsteuerberechnung für einen sonstigen Bezug nach § 39b Abs. 3 EStG wird eine Differenzberechnung vorgenommen zwischen Jahreslohnsteuern mit und ohne Einbeziehung des sonstigen Bezugs. Die Differenz ist dann die auf den sonstigen Bezug entfallende Lohnsteuer gem. § 39b Abs. 3 Satz 8 EStG. Stellt sich der sonstige Bezug als außerordentliche Einkünfte nach § 34 Abs. 1 und 2 Nr. 2 und 4 EStG dar, erfolgt eine besondere, den Arbeitnehmer begünstigende Berechnung nach § 39b Abs. 3 Satz 9 und 10 EStG.

Gemäß § 51a Abs. 2a EStG ist der zu versteuernde Jahresbetrag i. S. von § 39b Abs. 2 Satz 5 EStG auch Ausgangsbetrag bei der Ermittlung der Bemessungsgrundlage für die Zuschlagsteuern im Rahmen des Lohnsteuerabzugsverfahrens. Je nach Zahl der als Lohnsteuerabzugsmerkmal zu berücksichtigenden Kinderfreibeträge ist er jedoch noch um die Freibeträge nach § 32 Abs. 6 EStG für solche Kinder zu kürzen, für die eine Kürzung der Freibeträge nach § 32 Abs. 6 Satz 4 EStG nicht in Betracht kommt.

5.1.6.1 Bei laufendem Arbeitslohn (R 39b.5 LStR)

Für die Ermittlung der Lohnsteuer bei laufendem Arbeitslohn hat der Arbeitgeber nach § 39b Abs. 2 EStG die Höhe des laufenden Arbeitslohns und den Lohnzahlungszeitraum festzustellen. Auch steuerpflichtige Vorruhestandsgelder und Leistungen nach dem Altersteilzeitgesetz gehören zum laufenden Arbeitslohn. Es erfolgt dann eine **Hochrechnung des laufenden Arbeitslohns** des Lohnzahlungszeitraums. Dabei ist der Arbeitslohn eines monatlichen Lohnzahlungszeitraums mit 12, der Arbeitslohn eines wöchentlichen Lohnzahlungszeitraums mit 360/7 und der Arbeitslohn eines täglichen Lohnzahlungszeitraums mit 360 zu vervielfältigen. Wird der

5 Pflichten und Rechte des Arbeitgebers

Arbeitslohn für andere als monatliche, wöchentliche oder tägliche Lohnzahlungszeiträume oder Abrechnungszeiträume gezahlt, so ist der für den Lohnzahlungs- bzw. Lohnabrechnungszeitraum zu zahlende Arbeitslohn durch die Zahl der Kalendertage oder, wenn der Zeitraum aus mehreren vollen Wochen besteht, durch die Zahl der Wochen zu teilen. Dann ist, je nachdem ob auf einen Wochen- oder Tagesteiler heruntergerechnet wurde, wiederum entsprechend auf einen Jahresarbeitslohn hochzurechnen.

Von dem so ermittelten Jahresarbeitslohn sind ein etwaiger **Versorgungsfreibetrag** nach § 19 Abs. 2 EStG und **Altersentlastungsbetrag** nach § 24a EStG abzuziehen. Die Berücksichtigung des Zuschlags zum Versorgungsfreibetrag gem. § 19 Abs. 2 EStG erfolgt erst auf einer späteren Berechnungsstufe.

Ein **Versorgungsfreibetrag** kann bei allen Arbeitnehmern aller Jahrgänge und Steuerklassen bei Erfüllung der Voraussetzungen des § 19 Abs. 2 EStG in Betracht kommen. Er ist jedoch nur von solchen Arbeitgebern beim Lohnsteuerabzug zu berücksichtigen, die selbst die Versorgungsbezüge zahlen. Der Arbeitgeber hat nicht zu prüfen, ob der Arbeitnehmer Versorgungsbezüge noch aus anderen Dienstverhältnissen bezieht. Er hat den Versorgungsfreibetrag somit auch dann abzusetzen, wenn er die Lohnsteuerklasse VI beim betreffenden Arbeitnehmer zu berücksichtigen hat. Der Versorgungsfreibetrag ist allerdings nur insoweit bei dem als laufenden Bezug gewährten Versorgungsbezug abzuziehen, als er sich noch nicht bei einem vorher vom Arbeitgeber als sonstigen Bezug gewährten Versorgungsbezug ausgewirkt hat (R 39b.3 Abs. 1 Satz 3 LStR). Es ist dabei zu beachten, dass der Versorgungsfreibetrag für jeden neu hinzugekommen Jahrgang gem. § 19 Abs. 2 Satz 3 EStG bis zum Jahr 2040 abgeschmolzen wird und für den einzelnen Bezieher von Versorgungsbezügen nach § 19 Abs. 2 Satz 8 EStG der bei Versorgungsbeginn geltende Versorgungsfreibetrag **für die gesamte Dauer des Versorgungsbezugs gleich hoch** bleibt. Daher gibt es keinen einheitlichen Höchstbetrag mehr für Versorgungsbezüge.

Ein Altersentlastungsbetrag nach § 24a EStG kommt nur für den Arbeitnehmer in Betracht, der vor dem Beginn des Kalenderjahres, in dem er den Arbeitslohn bezieht, das 64. Lebensjahr vollendet hatte. Der Arbeitnehmer muss damit spätestens am 1. Januar des Jahres, in dem er den betroffenen Arbeitslohn bezieht, seinen 64. Geburtstag gehabt haben, folglich also mit Ablauf des 31.12. des vorangegangenen Kalenderjahres sein 64. Lebensjahr vollendet haben. Der Altersentlastungsbetrag ist vom Arbeitslohn abzuziehen, der nicht aus Versorgungsbezügen besteht. Er kann nur noch insoweit abgesetzt werden, als er nicht bereits bei der Zahlung von sonstigen Bezügen durch den Arbeitgeber abgezogen worden ist (R 39b.4 Abs. 2 Satz 3 LStR). Der Arbeitgeber hat nicht zu prüfen, ob der Arbeitslohn von ihm in einem ersten oder weiteren Dienstverhältnis gezahlt wird oder ob der Arbeitnehmer auch noch Einkünfte aus anderen Einkunftsarten erzielt hat. Eine etwaige Überschreitung des Jahreshöchstbetrags infolge der Berücksichtigung bei Lohnzahlungen durch mehrere Arbeitgeber hat das Finanzamt im Wege der Einkommensteu-

5.1 Pflichten des Arbeitgebers

erveranlagung nach § 46 Abs. 2 Nr. 2 EStG zu korrigieren. Ähnlich wie der Versorgungsfreibetrag wird auch der Altersentlastungsbetrag bis zum Jahr 2040 abgeschmolzen. Sowohl der Prozentsatz für die Berechnung des Altersentlastungsbetrags als auch der dabei zu berücksichtigende Höchstbetrag hängen dabei von dem Jahr ab, das auf das Jahr der Vollendung des 64. Lebensjahres des Arbeitnehmers folgt.

Außerdem ist der hochgerechnete Jahresarbeitslohn um einen etwaigen für den Arbeitnehmer für den Lohnzahlungszeitraum ermittelten **Freibetrag nach § 39a Abs. 1 EStG oder Hinzurechnungsbetrag nach § 39a Abs. 1 Nr. 7 EStG,** vervielfältigt unter sinngemäßer Anwendung von § 39b Abs. 2 Satz 2 EStG, zu vermindern oder zu erhöhen. Freibeträge und Hinzurechnungsbeträge nach § 39a Abs. 1 EStG, die als Lohnsteuerabzugsmerkmal für den Lohnzahlungszeitraum i. d. R. mit einem Teilbetrag des Jahresbetrags ermittelt wurden, werden damit jeweils auf den Jahresbetrag hochgerechnet und vom Jahresarbeitslohn abgezogen bzw. ihm hinzugerechnet.

Der so verminderte oder erhöhte hochgerechnete Jahresarbeitslohn wird nach Maßgabe der als Lohnsteuerabzugsmerkmal zu berücksichtigenden Steuerklasse vermindert um

- den Arbeitnehmer-Pauschbetrag bzw. bei Versorgungsbezügen den Pauschbetrag für Versorgungsbezüge (§ 9a Satz 1 Nr. 1 EStG) und den Zuschlag zum Versorgungsfreibetrag (§ 19 Abs. 2 EStG) in den Steuerklassen I bis V,
- den Sonderausgaben-Pauschbetrag (§ 10c Satz 1 EStG) in den Steuerklassen I bis V,
- die Vorsorgepauschale gem. § 39b Abs. 2 Satz 5 Nr. 3 EStG,
- den Entlastungsbetrag für Alleinerziehende (§ 24b EStG) in der Steuerklasse II.

Das so ermittelte Ergebnis ist der zu versteuernde Jahresbetrag. Für diesen zu versteuernden Jahresbetrag ergibt sich bei unmittelbarer Anwendung der Tarifformel – bei Steuerklasse I, II und IV Anwendung des Grundtarifs nach § 32a Abs. 1 EStG sowie in der Steuerklasse III Anwendung des Splittingtarifs nach § 32a Abs. 5 EStG – die Jahreslohnsteuer. Für die Steuerklassen V und VI erfolgt die Berechnung der Jahreslohnsteuer nach dem sog. Aufholtarif gem. § 39b Abs. 2 Satz 7 EStG. Die Jahreslohnsteuer ist anschließend auf die Lohnsteuer des entsprechenden Lohnzahlungszeitraums zurückzurechnen. Die monatliche Lohnsteuer ist 1/12, die wöchentliche Lohnsteuer sind 7/360 und die tägliche Lohnsteuer ist 1/360 der Jahreslohnsteuer. Bruchteile eines Cents, die sich bei den geschilderten Berechnungen ergeben, bleiben jeweils außer Ansatz. Bei Lohnzahlungs- bzw. Lohnabrechnungszeiträumen, die keine monatlichen, wöchentlichen oder täglichen sind, ist die ermittelte Jahreslohnsteuer auf den Zeitraum zurückzurechnen, der bei der Hochrechnung auf den Jahresarbeitslohn zugrunde gelegt wurde. Anschließend ist die so für diesen Teil festgestellte Lohnsteuer mit der Zahl der Kalendertage bzw. Wochen, die zum Lohnzahlungszeitraum gehören, zu vervielfältigen.

Stellen **Nachzahlungen** oder **Vorauszahlungen** von Arbeitslohn laufenden Arbeitslohn dar, weil sich der Gesamtbetrag einer Nachzahlung oder Vorauszahlung auf Lohnzahlungszeiträume bezieht, die im Kalenderjahr der Zahlung enden, so ist die Nachzahlung oder Vorauszahlung für die Ermittlung der Lohnsteuer dem Lohnzahlungszeitraum zuzurechnen, für den sie geleistet wird. Es bestehen jedoch keine Bedenken, auch diese Nachzahlungen oder Vorauszahlungen als **sonstigen Bezug** zu behandeln (R 39b.5 Abs. 4 LStR), wenn nicht der Arbeitnehmer die Besteuerung als laufenden Arbeitslohn verlangt; die Pauschalierung der Lohnsteuer nach § 40 Abs. 1 Satz 1 Nr. 1 EStG ist nicht zulässig.

Leistet der Arbeitgeber im Lohnzahlungszeitraum lediglich Abschlagszahlungen auf den Arbeitslohn und nimmt er eine genaue Lohnabrechnung erst für den **Lohnabrechnungszeitraum** vor, so braucht er die Lohnsteuer auch erst für den Lohnabrechnungszeitraum zu ermitteln (§ 39b Abs. 5 EStG).

5.1.6.2 Bei laufenden Nettolöhnen (R 39b.9 LStR)

Umständlicher ist die Ermittlung der Lohnsteuer, wenn sich der Arbeitgeber dem Arbeitnehmer gegenüber verpflichtet hat, **Nettolohn** oder **Teilnettolohn** zu zahlen, worunter zu verstehen ist, dass der Arbeitgeber die auf den Arbeitslohn entfallende Lohnsteuer selbst tragen soll. Die Lohnsteuer ist aus dem Bruttoarbeitslohn zu berechnen, der nach Abzug der Lohnsteuer den ausgezahlten Nettobetrag ergibt. Die vom Arbeitgeber übernommenen Abzugsbeträge sind Teile des Arbeitslohns, die dem Nettolohn für die Steuerermittlung hinzugerechnet werden müssen. Welche Beträge das sind, ergibt sich aus den getroffenen Vereinbarungen. Will der Arbeitgeber nur die Lohnsteuer übernehmen, so ist nur diese dem Nettolohn hinzuzurechnen, übernimmt er auch die Kirchensteuer, den Solidaritätszuschlag und die Arbeitnehmeranteile an den Sozialversicherungsbeiträgen, so sind auch diese als Teile des Arbeitslohns dem Nettolohn zwecks Ermittlung des maßgebenden Bruttoarbeitslohns hinzuzufügen. Die Höhe der Lohnsteuer, die dem Nettolohn hinzugerechnet werden muss, um den Arbeitslohn, bei dem es sich begrifflich immer um Bruttolohn handelt, festzustellen, und die dann auch wieder von dem festgestellten Arbeitslohn einzubehalten ist, muss durch Rückrechnung vom Nettolohn her ermittelt werden. Das Gleiche gilt für vom Arbeitgeber übernommene Kirchensteuer, für übernommenen Solidaritätszuschlag und für übernommene Arbeitnehmeranteile an Sozialversicherungsbeiträgen.

Bei der laufenden Zahlung von Nettolöhnen ist die Lohnsteuer im Prinzip nach dem gleichen Verfahren zu ermitteln, wie es auch sonst bei der Steuerermittlung vom laufenden Arbeitslohn angewandt wird. Es sind deshalb auch der Lohnzahlungszeitraum bzw. der Lohnabrechnungszeitraum festzustellen und anschließend der dafür gezahlte Arbeitslohn einschließlich der vom Arbeitnehmer übernommenen Lohnsteuer auf einen Jahresarbeitslohn hochzurechnen, sodass die Lohnsteuer gem. § 39b Abs. 2 EStG dann aus dem Bruttoarbeitslohn berechnet wird, der nach Abzug der Lohnsteuer den ausgezahlten Nettobetrag ergibt. Zur Ermittlung des zutreffenden Abzugsbetrags muss der Nettolohn somit auf einen Bruttolohn hochgerechnet werden. Erst dieser Bruttolohn ist der Arbeitslohn im Sinne des Lohnsteuerrechts und das maßgebende Arbeitsentgelt für die Sozialversicherungen. Werden vom Arbeitgeber weitere Beträge übernommen, wie Solidaritätszuschlag, Kirchensteuer und Arbeitnehmeranteil am Gesamtsozialversicherungsbeitrag, so sind auch diese weiteren Abzugsbeträge in die Berechnung miteinzubeziehen. Gemäß R 39b.9 Abs. 1 Satz 7 LStR können bereits vor der Steuerberechnung vom hochgerechneten Nettojahresarbeitslohn die Freibeträge für Versorgungsbezüge und der Altersentlastungsbetrag abgezogen werden, sofern die Voraussetzungen für den Abzug dieser Beträge jeweils erfüllt sind. Bei der Einbeziehung der vom Arbeitgeber ggf. übernommenen Arbeitnehmeranteile zur Sozialversicherung sind die dort bestimmten Jahresbeitragsbemessungsgrenzen zu beachten, ab denen eine Erhöhung der in die Hochrechnung einzubeziehenden übernommenen Arbeitnehmeranteile nicht mehr stattfindet. Es würde allerdings zu kurz greifen, wenn die Lohnsteuer lediglich aus dem vereinbarten Nettolohn berechnet werden und anschließend auf den Nettolohn aufgeschlagen würde. Dabei würde nicht berücksichtigt werden, dass die übernommene Lohnsteuer ihre eigene Bemessungsgrundlage erhöhend beeinflusst.

Beispiel:
Der rentenversicherungspflichtige und nicht kirchensteuerpflichtige Arbeitnehmer A, Steuerklasse I, vereinbart mit seinem Arbeitgeber im Jahr 2017 einen Nettolohn von monatlich 1.250 € nach Abzug der vom Arbeitnehmer geschuldeten und getragenen Sozialversicherungsbeiträge. Der Arbeitgeber übernimmt die Lohnsteuer und den Solidaritätszuschlag. Die Lohnsteuer aus 1.250 € würde ohne Übernahme durch den Arbeitgeber 32,66 € betragen, Solidaritätszuschlag 0 €. Bei einem Bruttoarbeitslohn von 1.763 € beträgt die Lohnsteuer 139,16 € und der Solidaritätszuschlag 7,58 €. Nach Abzug der Lohnsteuer und der vom Arbeitnehmer selbst getragenen Arbeitnehmer-Sozialversicherungsbeiträge verbleibt der gewünschte Nettolohn (nach Abzug der Sozialversicherungsbeiträge) von 1.250 €.

Der genaue Betrag bei einer Nettolohnvereinbarung ist entweder mit einem Lohnberechnungsprogramm oder im Wege des Abtastens anhand einer Lohnsteuertabelle zu ermitteln. Falls der Arbeitgeber neben der Lohnsteuer weitere Abzugsbeträge übernimmt, insbesondere bei Übernahme auch des Arbeitnehmeranteils am Gesamtsozialversicherungsbeitrag, empfiehlt sich allerdings der Einsatz eines Lohnberechnungsprogramms.

5.1.6.3 Bei sonstigen Bezügen

Ein sonstiger Bezug (z. B. Urlaubs- und Weihnachtsgeld, nicht fortlaufend gezahlte Umsatzprovisionen) ist nach § 38a Abs. 1 Satz 3 EStG Arbeitslohn, der nicht laufend für einen bestimmten Lohnzahlungszeitraum gezahlt wird. Für seine Zurechnung zu einem Kalenderjahr sowie auch für die Ermittlung der Lohnsteuer kommt es auf den **Zeitpunkt des Zuflusses** an. Von sonstigen Bezügen wird nach § 38a Abs. 3 Satz 2 EStG die Lohnsteuer mit dem Betrag erhoben, der zusammen mit der

Lohnsteuer für den laufenden Arbeitslohn des Kalenderjahres und für etwa im Kalenderjahr bereits gezahlte sonstige Bezüge die voraussichtliche Jahreslohnsteuer ergibt.

Wie dabei für die Ermittlung der voraussichtlichen Jahreslohnsteuer zu verfahren ist, wird in § 39b Abs. 3 EStG dargelegt. Danach hat der Arbeitgeber für die Ermittlung der Lohnsteuer von einem sonstigen Bezug den voraussichtlichen Jahresarbeitslohn **zunächst ohne den sonstigen Bezug** festzustellen. Das geschieht in der Weise, dass der bisher gezahlte laufende Arbeitslohn mit dem laufenden Arbeitslohn, der sich voraussichtlich für die Restzeit des Kalenderjahres ergibt, zusammengerechnet wird. Hat der Arbeitnehmer Lohnsteuerbescheinigungen aus früheren Dienstverhältnissen des Kalenderjahre nicht vorgelegt, so ist bei der Ermittlung des voraussichtlichen Jahresarbeitslohns der Arbeitslohn für Beschäftigungszeiten bei früheren Arbeitgebern mit dem Betrag anzusetzen, der sich ergibt, wenn der laufende Arbeitslohn im Monat der Zahlung des sonstigen Bezugs entsprechend der Beschäftigungsdauer bei früheren Arbeitgebern hochgerechnet wird, § 39b Abs. 3 Satz 2 EStG. Wendet der Arbeitgeber bei der Besteuerung des sonstigen Bezugs diese Regelung an, ist dies gem. § 41 Abs. 1 Satz 6 EStG im Lohnkonto mit dem Buchstaben S zu vermerken. Der Arbeitnehmer ist in diesem Fall nach § 46 Abs. 2 Nr. 5a EStG zur Abgabe einer Einkommensteuererklärung verpflichtet.

Des Weiteren kann nach R 39b.6 Abs. 2 Satz 3 LStR der voraussichtlich für die Restzeit des Kalenderjahres zu zahlende laufende Arbeitslohn durch Umrechnung des bisher zugeflossenen laufenden Arbeitslohns ermittelt werden. Zu dem so hochgerechneten Jahresarbeitslohn werden die im Kalenderjahr schon früher gezahlten sonstigen Bezüge hinzugezählt. Noch zu erwartende weitere sonstige Bezüge bleiben außer Betracht, auch wenn ein Rechtsanspruch darauf besteht. Der auf diese Weise festgestellte voraussichtliche Jahresarbeitslohn ist in den **„maßgebenden Jahresarbeitslohn"** umzurechnen. Maßgebender Jahresarbeitslohn ist der Jahresarbeitslohn, der um die im Gesetz vorgesehenen Freibeträge und um den als Lohnsteuerabzugsmerkmal ermittelten Jahresfreibetrag gekürzt ist, erhöht um einen etwaigen Jahreshinzurechnungsbetrag. Freibeträge, die nicht als Lohnsteuerabzugsmerkmal gebildet werden, sind der Versorgungsfreibetrag und der Altersentlastungsbetrag. Der als Lohnsteuerabzugsmerkmal gebildete Jahresfreibetrag ist in jedem Fall von einem Jahresarbeitslohn abzuziehen, die beiden anderen Freibeträge sind jedoch nur abzuziehen, wenn die besonderen Voraussetzungen dafür erfüllt sind. Sodann ist für den so ermittelten maßgebenden Jahresarbeitslohn die Lohnsteuer nach dem üblichen Schema des § 39b Abs. 2 Satz 5 bis 7 EStG zu ermitteln. Für den maßgebenden Jahresarbeitslohn ist die Lohnsteuer unter Zugrundelegung der im Zeitpunkt des Zufließens des sonstigen Bezugs als Lohnsteuerabzugsmerkmal abgerufenen **Steuerklasse** zu ermitteln. Für die Berechnung der Zuschlagsteuern ist eine Ermittlung unter Berücksichtigung der Zahl der Kinderfreibeträge durchzuführen. In einem zweiten Schritt ist nach § 39b Abs. 3 Satz 5 EStG der maßgebende Jahresarbeitslohn unter **Einbeziehung des sonstigen Bezugs** in der gleichen Weise

5.1 Pflichten des Arbeitgebers

festzustellen. Dabei ist der sonstige Bezug ebenfalls um den Versorgungsfreibetrag und den Altersentlastungsbetrag zu kürzen, wenn die Voraussetzungen für den Abzug dieser Beträge jeweils erfüllt sind und soweit sie nicht bei der Steuerberechnung für den maßgebenden Jahresarbeitslohn berücksichtigt worden sind, d. h., soweit sie noch nicht bereits dort verbraucht worden sind. Auch für diesen unter Einrechnung des sonstigen Bezugs maßgebenden Jahresarbeitslohn ist die Jahreslohnsteuer wiederum unter Zugrundelegung derselben Steuerklasse und Zahl der Kinderfreibeträge (nur für die Zuschlagsteuern) zu ermitteln. Der **Unterschiedsbetrag** zwischen den ermittelten Jahreslohnsteuerbeträgen **ist die Lohnsteuer, die auf den sonstigen Bezug entfällt** (§ 39b Abs. 3 Satz 8 EStG).

Beispiel 1:

Ein rentenversicherungspflichtiger Arbeitnehmer der Steuerklasse I, für den kein Freibetrag ermittelt wurde, bezieht 2017 ein Monatsgehalt von 3.000 €. Am 1. Juli erhält der Arbeitnehmer ein 13. Monatsgehalt. Die Lohnsteuer ist vom Urlaubsgeld als sonstigem Bezug (R 39b.2 Abs. 2 Satz 2 Nr. 1 LStR) folgendermaßen zu ermitteln:

Voraussichtlicher Jahresarbeitslohn (3.000 € × 12 =)	36.000 €
Maßgebender Jahresarbeitslohn	36.000 €
Lohnsteuer nach Steuerklasse I	5.324 €
Jahresarbeitslohn einschl. sonstigen Bezugs	39.000 €
Maßgebender Jahresarbeitslohn	39.000 €
Lohnsteuer nach Steuerklasse I	6.135 €
Der Unterschiedsbetrag von	811 €

ist die auf den sonstigen Bezug von 3.000 € entfallende Lohnsteuer. Der Solidaritätszuschlag beträgt 5,5 % der Lohnsteuer für den sonstigen Bezug, also 44,61 €.

Beispiel 2:

Ein alleinstehender 66-jähriger (geboren Januar 1951) Angestellter mit der Steuerklasse I erhält 2017, neben seiner Altersrente aus der gesetzlichen Rentenversicherung, von seinem Arbeitgeber eine Werkspension (Versorgungsbeginn im Januar 2016) von monatlich gleichbleibend 500 € und für seine Weiterbeschäftigung ein Monatsgehalt von 2.000 €. Für ihn wurde ein Freibetrag nach § 39a Abs. 1 EStG von 720 € als Lohnsteuerabzugsmerkmal gebildet. Am 15. März erhält er einen einmaligen Betrag von 1.200 € zu seiner Werkspension als Urlaubsgeld. Für diesen Einmalbetrag von 1.200 € ist die Lohnsteuer folgendermaßen zu ermitteln:

Voraussichtlicher Jahresarbeitslohn (für 2 Monate 2.500 € × 2 = 5.000 €)
5.000 € × 6 = 30.000 €. Darin sind enthalten

Gehalt	24.000 €
Werkspension	6.000 €
	30.000 €
abzüglich Altersentlastungsbetrag 22,4 % von 24.000 €, höchstens	1.064 €

5 Pflichten und Rechte des Arbeitgebers

abzüglich Versorgungsfreibetrag 22,4 % von 6.000 € (höchstens 1.680 €)	1.344 €
ermittelter Freibetrag	720 €
maßgebender Jahresarbeitslohn	26.872 €
Lohnsteuer nach Steuerklasse I der besonderen Lohnsteuertabelle	3.607 €

Der einmalige Betrag zur Werkspension ist ein sonstiger Bezug, von dem grundsätzlich 22,4 % steuerfrei sind bis zu einem Jahreshöchstbetrag von 1.680 €. Gemäß § 39b Abs. 3 Satz 6 EStG kann allerdings vom Versorgungsfreibetrag für den sonstigen Bezug nur noch der Teil verwendet werden, der noch nicht bei der Steuerberechnung für den maßgebenden Jahresarbeitslohn verbraucht worden ist (R 39b.3 Abs. 1 Satz 2 LStR). Dabei ist zu berücksichtigen, dass es sich bei dem Versorgungsfreibetrag gem. § 19 Abs. 2 Satz 8 EStG um einen Betrag handelt, der bei Beginn des Versorgungsbezugs für die gesamte weitere Bezugsdauer festgelegt wird. Ein Sonderfall des § 19 Abs. 2 Satz 10 EStG liegt nicht vor. Der Versorgungsfreibetrag beläuft sich daher bei A auf (500 € × 12 × 22,4 % =) 1.344 €. Dieser Betrag wurde jedoch in voller Höhe bereits bei der Steuerberechnung für den maßgebenden Jahresarbeitslohn berücksichtigt. Dass dadurch der Jahreshöchstbetrag 1.680 € nicht ausgeschöpft wurde, ändert daran nichts. Somit wird der sonstige Bezug vollständig als steuerpflichtig in die Ermittlung des maßgebenden Jahresarbeitslohns nach § 39b Abs. 3 Satz 5 EStG einbezogen. Der maßgebende Jahresarbeitslohn einschl. des sonstigen Bezugs beträgt damit 28.072 € und die ermittelte Jahreslohnsteuer 3.953 € für nicht rentenversicherungspflichtige Arbeitnehmer (Anwendung der besonderen Lohnsteuertabelle), zu denen A als regulärer weiterbeschäftigter Altersrentner und Werkspensionär gehört. Der Differenzbetrag (3.953 € ./. 3.607 € =) 346 € ist die auf den sonstigen Bezug entfallende Lohnsteuer.

Werden sonstige Bezüge gezahlt, nachdem der Arbeitnehmer aus dem Dienstverhältnis ausgeschieden ist, so sind der Lohnsteuerermittlung die Lohnsteuerabzugsmerkmale zugrunde zu legen, die zum Ende des Kalendermonats des Zuflusses gelten. Der voraussichtliche Jahresarbeitslohn ist auf der Grundlage der Angaben des Arbeitnehmers zu ermitteln. Macht der Arbeitnehmer keine Angaben, ist der beim bisherigen Arbeitgeber zugeflossene Arbeitslohn auf einen Jahresbetrag hochzurechnen. Eine Hochrechnung ist nicht erforderlich, wenn mit dem Zufließen von weiterem Arbeitslohn im Laufe des Kalenderjahres, z. B. wegen Alters oder Erwerbsunfähigkeit, nicht zu rechnen ist (R 39b.6 Abs. 3 LStR).

Beispiel:

Der ledige Arbeitnehmer A ist bei Unternehmer U seit dem 01.07.2017 beschäftigt. Für die Monate Juli und August 2017 hat A ein Monatsgehalt von jeweils 2.400 € bezogen. Zudem hat er im August 2017 von U einen sonstigen Bezug von 500 € erhalten. Ab September 2017 beträgt das Monatsgehalt 2.800 €. Vor der Anstellung bei U war A als Arbeitnehmer vom 01.01.2017 bis zum 31.03.2017 bei Y und vom 01.05.2017 bis zum 30.06.2017 bei Z beschäftigt. Im April 2017 war A nachweislich arbeitslos. Im September 2017 zahlt U an A einen weiteren sonstigen Bezug von 1.000 € und stellt die Zahlung eines weiteren sonstigen Bezugs in Höhe eines halben Monatsgehalts im Dezember 2017 in Aussicht. A legt dem U die Ausdrucke der elektronischen Lohnsteuerbescheinigungen der Arbeitgeber Y und Z nicht vor.

5.1 Pflichten des Arbeitgebers

Für die Besteuerung des im September 2017 gezahlten sonstigen Bezugs von 1.000 € ist der voraussichtliche Jahresarbeitslohn unter Anwendung des § 39b Abs. 3 Satz 2 EStG zu berechnen. Danach ist der Arbeitslohn für die Beschäftigungszeiten bei Y und Z mangels Vorlage der Lohnsteuerbescheinigungen mit dem entsprechend der Beschäftigungszeit bei Y und Z hochgerechneten Monatslohn des Monats September 2017 als dem Monat der Zahlung des zu besteuernden sonstigen Bezugs anzusetzen. Somit ist für die Monate Januar bis März und Mai bis Juni 2017 ein Betrag von (5 × 2.800 € =) 14.000 € anzusetzen. Für den Monat April 2017 braucht infolge der nachgewiesenen Arbeitslosigkeit kein Betrag angesetzt zu werden. Für die Zeit der Beschäftigung bei U sind für die Monate Juli und August 2017 einschl. des im August erhaltenen sonstigen Bezugs (2 × 2.400 € + 500 € =) 5.300 € anzusetzen. Für die Monate September bis Dezember 2017 sind (4 × 2.800 € =) 11.200 € anzusetzen. Der für Dezember 2017 in Aussicht gestellte sonstige Bezug ist als künftiger sonstiger Bezug nicht zu berücksichtigen (R 39b.6 Abs. 2 Satz 4 LStR). Damit beträgt der voraussichtliche Jahresarbeitslohn ohne sonstigen Bezug des Monats September 30.500 €. Die darauf entfallende Lohnsteuer beträgt 3.816 €. Der maßgebende Jahresarbeitslohn unter Einbeziehung des sonstigen Bezugs des Monats September beträgt 31.500 € und die darauf entfallende Lohnsteuer 4.061 €. Damit beträgt die Lohnsteuer für den im September 2017 gezahlten sonstigen Bezug 245 €. U hat diese Art der Lohnsteuerermittlung gem. § 41 Abs. 1 Satz 6 EStG durch Eintragung des Großbuchstabens S im Lohnkonto des A zu vermerken und dies auch in die elektronische Lohnsteuerbescheinigung nach § 41b Abs. 1 Satz 2 Nr. 3 EStG aufzunehmen. Zudem löst dieser Vorgang eine Pflichtveranlagung des A nach § 46 Abs. 2 Nr. 5a EStG aus.

5.1.6.4 Bei sonstigen Bezügen für mehrere Jahre

Einkünfte, die eine Entlohnung für eine Tätigkeit darstellen, die sich **über mehrere Jahre erstreckt** und die damit außerordentliche Einkünfte gem. § 34 Abs. 2 Nr. 4 EStG darstellen, sind sonstige Bezüge. § 39b Abs. 3 Satz 9 EStG trifft hierfür eine Sonderregelung. Danach ist der sonstige Bezug i. S. des § 34 Abs. 2 Nr. 4 EStG bei der Berechnung der Jahreslohnsteuer nach § 39b Abs. 3 Satz 5 EStG mit einem Fünftel anzusetzen und der Unterschiedsbetrag i. S. des § 39b Abs. 3 Satz 8 EStG ist zu verfünffachen. Das Ergebnis dieser Verfünffachung ist die Lohnsteuer, die auf diesen sonstigen Bezug entfällt. Für außerordentliche Einkünfte sieht § 34 Abs. 1 Satz 3 EStG eine modifizierte Anwendung der Fünftelungsregelung für den Fall vor, dass das zu versteuernde Einkommen negativ ist und erst durch Hinzurechnung der außerordentlichen Einkünfte positiv wird. § 39b Abs. 3 Satz 9 letzter Halbsatz EStG stellt nun sicher, dass § 34 Abs. 1 Satz 3 EStG auch bei der Lohnsteuerberechnung sinngemäß angewendet wird. Dabei soll einem maßgebenden negativen Jahresarbeitslohn der volle sonstige Bezug hinzugerechnet werden. Der so erhöhte und deshalb positive Arbeitslohn wird durch fünf geteilt, die Lohnsteuer hierfür berechnet und mit fünf vervielfacht. Dies ergibt dann die Lohnsteuer für den sonstigen Bezug. Die Anpassung der Lohnsteuerberechnung an die Einkommensteuerberechnung vermeidet Nachzahlungen, die in diesen Sonderfällen bei der Einkommensteuerveranlagung (§ 46 Abs. 2 Nr. 5 EStG) auftreten können.

5.1.6.5 Entschädigungen i. S. von § 34 Abs. 1 und 2 Nr. 2 EStG als sonstige Bezüge

Sonstige Bezüge, die als Entschädigung i. S. von § 24 Nr. 1 EStG zusammengeballt in einem Jahr anfallen (z. B. steuerpflichtige Abfindungen wegen Auflösung des Dienstverhältnisses), sind nach § 34 Abs. 1 und 2 Nr. 2 EStG ebenfalls außerordentliche Einkünfte. Für sie findet die gleiche Berechnungsweise der auf sie entfallenden Lohnsteuer statt wie bei den sonstigen Bezügen, die eine Entlohnung für eine mehrjährige Tätigkeit darstellen (siehe auch Tz. 5.1.6.4). Auch diese Entschädigungen i. S. von § 24 Nr. 1 EStG werden von § 39b Abs. 3 Satz 9 EStG erfasst. Auch für diese sonstigen Bezüge findet § 34 Abs. 1 Satz 3 EStG sinngemäß Anwendung. Liegen bei einer Entschädigung i. S. des § 24 Nr. 1 EStG die Voraussetzungen für die Steuerermäßigung nach § 34 EStG nicht vor, ist die Entschädigung als regulär zu besteuernder sonstiger Bezug zu behandeln. Es ist aus Vereinfachungsgründen nicht zu beanstanden, wenn dieser sonstige Bezug bei Anwendung des § 39b Abs. 2 Satz 5 Nr. 3 Buchst. a bis c EStG berücksichtigt wird (R 39b.6 Abs. 5 LStR).

5.1.6.6 Bei sonstigen Nettobezügen

Auch nach § 39b Abs. 3 EStG zu besteuernde sonstige Bezüge können als Nettobezug gezahlt werden. Will der Arbeitgeber die auf den sonstigen Bezug entfallende Lohnsteuer selbst tragen, zählt die zu übernehmende Lohnsteuer zum Arbeitslohn und die Lohnsteuer ist aus dem Bruttobetrag zu berechnen, der nach Abzug der Lohnsteuer den auszuzahlenden **Nettobetrag** ergibt. Übernimmt der Arbeitgeber auch den auf den sonstigen Bezug entfallenden Solidaritätszuschlag, die Kirchensteuer und ggf. den Arbeitnehmeranteil am Sozialversicherungsbeitrag, so sind bei der Ermittlung des Bruttobetrags des sonstigen Bezugs außer der Lohnsteuer auch diese weiteren Lohnabzugsbeträge zu berücksichtigen. Entsprechend der Berechnung der Lohnsteuer für sonstige Bezüge ist auch bei der Nettolohnberechnung bei sonstigen Bezügen vorzugehen. Insbesondere für den Fall, dass der Arbeitgeber nicht nur die steuerlichen Abzugsbeträge, sondern auch die Anteile des Arbeitnehmers an den Sozialversicherungsbeiträgen übernimmt, sind jedoch die dort geltenden Jahresbeitragsbemessungsgrenzen zu beachten. Eine einmalige Zuwendung ist dann ggf. nur noch in Höhe des noch nicht mit Beiträgen belegten Anteils beitragspflichtig, was dann Auswirkung auf den in die Bruttolohnberechnung einzubeziehenden Teil hat. Die Lohnsteuer für den sonstigen Bezug ist entweder mit einem Lohnberechnungsprogramm oder im Wege des Abtastens anhand einer Jahreslohnsteuertabelle zu ermitteln.

Beispiel:

Ein rentenversicherungspflichtiger Arbeitnehmer der Steuerklasse I, für den als Lohnsteuerabzugsmerkmal ein Jahresfreibetrag von 600 € ermittelt wurde, bezieht ein Monatsgehalt von 1.800 €. Der Arbeitgeber gewährt ihm im Juli eine Gratifikation von 2.000 € und übernimmt die darauf entfallende Lohn- und Kirchensteuer und den Solidaritätszuschlag.

5.1 Pflichten des Arbeitgebers

Die Berechnung der Lohnsteuer wird im Beispiel durch Abtasten der Jahreslohnsteuertabelle ermittelt.

Ermittlung der Lohnsteuer

maßgebender Jahresarbeitslohn 2017 ohne sonstigen Bezug	21.000 €
darauf entfallende Lohnsteuer	1.656,00 €
maßgebender Jahresarbeitslohn einschl. des sonstigen Bezugs (netto)	23.000 €
darauf entfallende Lohnsteuer	2.083,00 €
Lohnsteuer, die sich vor dem Abtasten der Jahreslohnsteuertabelle ergibt	427,00 €
andere Lohnabzugsbeträge, die sich vor dem Abtasten der Jahreslohnsteuertabelle ergeben	
– Solidaritätszuschlag (5,5 % von 427 €)	23,49 €
– Kirchensteuer (8 % von 427 €)	34,16 €
Lohnabzugsbeträge vor dem Abtasten	484,65 €

Von diesen Beträgen ausgehend sind die Lohnsteuer, der Solidaritätszuschlag und die Kirchensteuer, die auf den sonstigen Bezug entfallen, nach folgendem Verfahren zu ermitteln:

	1. Berechnung €	2. Berechnung €	3. Berechnung €	4. Berechnung €
maßgebender Jahresarbeitslohn zzgl. des sonstigen Bezugs	23.000,00	23.000,00	23.000,00	23.000,00
+ Lohnabzugsbeträge für den sonstigen Bezug	484,65	610,63	637,87	646,95
	23.484,65	23.610,63	23.636,87	23.646,95
Jahreslohnsteuer hierfür	2.194,00	2.218,00	2.226,00	2.226,00
Jahreslohnsteuer für den maßgebenden Jahresarbeitslohn	1.656,00	1.656,00	1.656,00	1.656,00
Lohnsteuer für den sonstigen Bezug	538,00	562,00	570,00	570,00
Solidaritätszuschlag	29,59	30,91	31,35	31,35
Kirchensteuer	43,04	44,96	45,60	45,60
Lohnabzugsbeträge für den sonstigen Bezug	610,63	637,87	646,95	646,95

Durch weitere Berechnungen würde sich eine höhere Lohnsteuer nicht mehr ergeben. Die letzte Berechnung wiederholt sich immer. Die auf den sonstigen Bezug von 2.000 € entfallende Lohnsteuer beträgt somit 570 €, der Solidaritätszuschlag 31,35 € und die Kirchensteuer 45,60 €. Der Bruttobetrag des sonstigen Bezugs beläuft sich auf 2.000 € + 570 € + 31,35 € + 45,60 € = 2.646,95 €. Der Bruttobetrag des sonstigen Bezugs und die ermittelten Lohnabzugsbeträge sind im Lohnkonto einzutragen.

5.1.6.7 Bei Pauschalierung der Lohnsteuer – Überblick

Die Lohnsteuer wird grundsätzlich im **Lohnsteuerabzugsverfahren** nach §§ 38a ff. EStG auf Grundlage der persönlichen Merkmale des Arbeitnehmers erhoben, die als Lohnsteuerabzugsmerkmale dem Arbeitgeber bei Abruf bereitgestellt werden. Dabei wird auch die Ermittlung von Freibeträgen und Hinzurechnungsbeträgen nach § 39a EStG berücksichtigt. Die einzubehaltende Lohnsteuer wird dabei nach § 39b Abs. 2 Satz 6 EStG unter **Anwendung der entsprechenden Tarifformel** ermittelt. Damit ergibt sich für jeden Arbeitnehmer ein **individueller Lohnsteuersatz**.

Für bestimmte, grundsätzlich in den §§ 37b, 40, 40a und 40b EStG gesetzlich geregelte Fälle kann auf bestimmte Arten von Arbeitslohn die abzuführende **Lohnsteuer pauschaliert** berechnet werden. Dabei wird die Lohnsteuer **nicht** nach den Lohnsteuerabzugsmerkmalen unter **Anwendung der Tarifformel** ermittelt, sondern unter Anwendung von Pauschsteuersätzen, deren Höhe sich nach der einschlägigen Pauschalierungsvorschrift richtet.

Grundsätzlich hat auch in den Fällen der Lohnsteuerpauschalierung der Arbeitgeber die pauschale Lohnsteuer zu berechnen, anzumelden und ans Finanzamt abzuführen. Einen Ausnahmefall regelt § 37a EStG, der sowohl einen zusätzlichen Pauschalierungstatbestand enthält als auch die Pflicht zur Lohnsteuerpauschalierung auf eine vom Arbeitgeber abweichende Person verlagert (z. B. Freiflüge aus Kundenbindungsprogrammen der Fluggesellschaften, deren Wert den steuerfreien Freibetrag von 1.080 Euro nach § 3 Nr. 38 EStG übersteigt).

Schuldner der pauschalen Lohnsteuer ist nach § 40 Abs. 3 EStG der **Arbeitgeber** (im Gegensatz zur Schuldnerschaft des Arbeitnehmers nach § 38 Abs. 2 Satz 1 EStG für die nicht pauschalierte Lohnsteuer). Allerdings kann die pauschale Lohnsteuer arbeitsvertraglich im Innenverhältnis auf den Arbeitnehmer abgewälzt werden, sodass dieser wirtschaftlich belastet ist. Dieses Abwälzen der pauschalen Lohnsteuer auf den Arbeitnehmer hat allerdings keinen Einfluss auf die Höhe der pauschalen Lohnsteuer bzw. deren Bemessungsgrundlage, insbesondere führt das Abwälzen weder zu negativem Arbeitslohn noch zu Werbungskosten des Arbeitnehmers (§ 40 Abs. 3 Satz 2 und § 11 Abs. 1 Satz 4 EStG).

> **Beispiel:**
> F ist im Nebenjob als geringfügig entlohnte Aushilfsverkäuferin für 300 € im Monat tätig. Hierfür berechnet ihr Arbeitgeber zulässigerweise nach § 40a Abs. 2a EStG pauschale Lohnsteuer i. H. von 60 €. Nach der gesetzlichen Konstruktion würde F 300 € Arbeitslohn ausgezahlt bekommen und der Arbeitgeber mit 60 € Lohnsteuerabzug belastet werden. Falls F mit ihrem Arbeitgeber vereinbart, im Innenverhältnis die pauschale Lohnsteuer zu übernehmen, bekommt sie nur 240 € ausbezahlt und die verbleibenden 60 € führt der Arbeitgeber als eigene Lohnsteuerschuld ans Finanzamt ab.

5.1 Pflichten des Arbeitgebers

Gemäß § 40 Abs. 3 Satz 2 EStG gelten auch die 60 € als der F zugeflossen, sodass Bemessungsgrundlage für die pauschale Lohnsteuer weiterhin 300 € bleiben und nicht etwa 300 € abzgl. der abgewälzten pauschalen Lohnsteuer.

Die pauschale Lohnsteuer ist als **Abgeltungsteuer** ausgestaltet. Dies bedeutet, dass der pauschal besteuerte Arbeitslohn nicht bei der Einkommensteuerveranlagung als Einkünfte angesetzt wird und dass die pauschale Lohnsteuer nicht auf die jährliche Einkommensteuerschuld angerechnet wird (§ 40 Abs. 3 Satz 3 und 4 EStG). Allerdings kann der Arbeitnehmer dann auch keine Werbungskosten für diesen Arbeitslohn geltend machen.

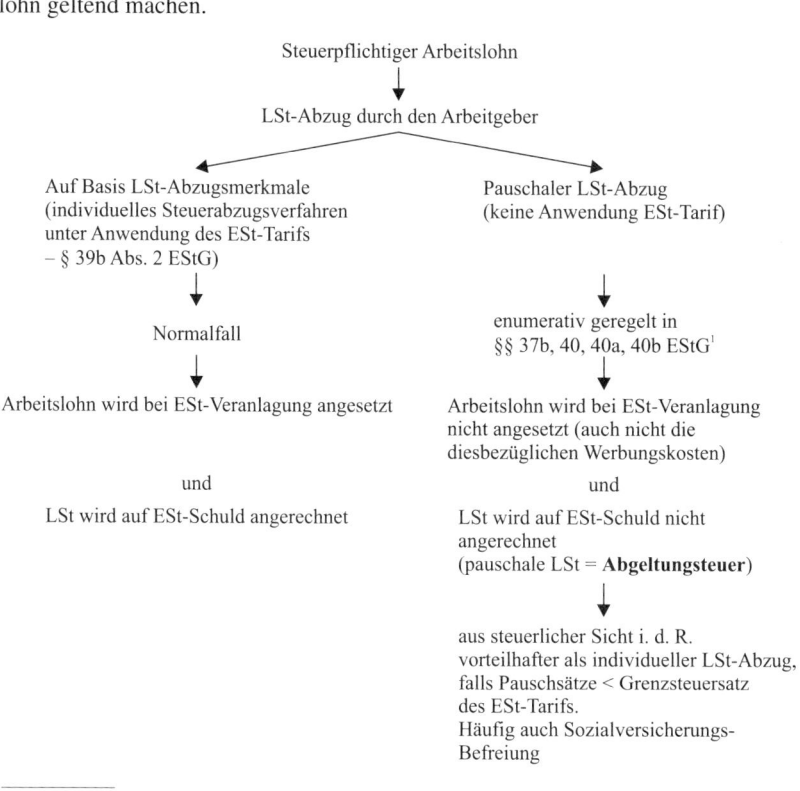

Steuerpflichtiger Arbeitslohn
↓
LSt-Abzug durch den Arbeitgeber
↙ ↘

Auf Basis LSt-Abzugsmerkmale (individuelles Steuerabzugsverfahren unter Anwendung des ESt-Tarifs – § 39b Abs. 2 EStG)	Pauschaler LSt-Abzug (keine Anwendung ESt-Tarif)
↓	↓
Normalfall	enumerativ geregelt in §§ 37b, 40, 40a, 40b EStG[1]
↓	↓
Arbeitslohn wird bei ESt-Veranlagung angesetzt	Arbeitslohn wird bei ESt-Veranlagung nicht angesetzt (auch nicht die diesbezüglichen Werbungskosten)
und	und
LSt wird auf ESt-Schuld angerechnet	LSt wird auf ESt-Schuld nicht angerechnet (pauschale LSt = **Abgeltungsteuer**)
	↓
	aus steuerlicher Sicht i. d. R. vorteilhafter als individueller LSt-Abzug, falls Pauschsätze < Grenzsteuersatz des ESt-Tarifs. Häufig auch Sozialversicherungs-Befreiung

---

[1] Sonderfall § 37a EStG für Pauschalierung durch Dritte.

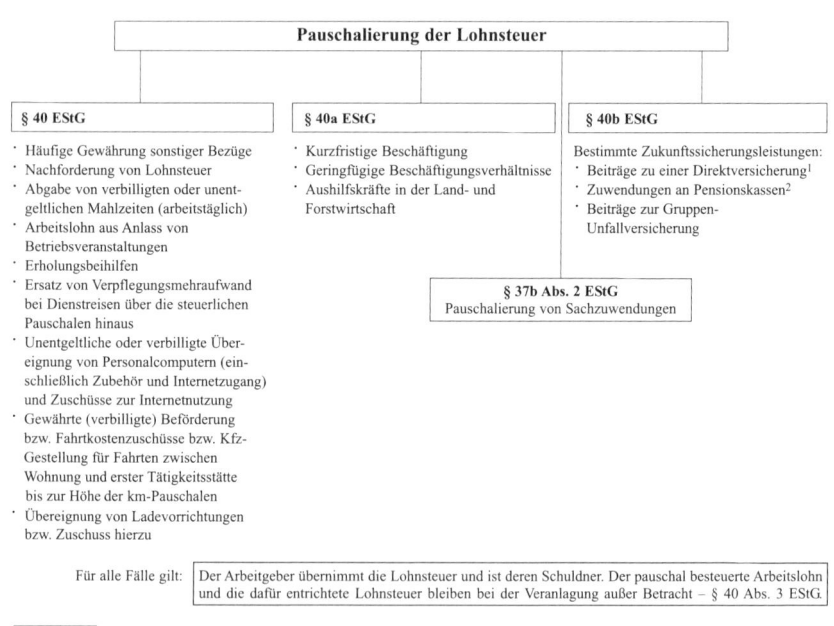

5 Pflichten und Rechte des Arbeitgebers

Pauschalierung der Lohnsteuer

§ 40 EStG	§ 40a EStG	§ 40b EStG
· Häufige Gewährung sonstiger Bezüge · Nachforderung von Lohnsteuer · Abgabe von verbilligten oder unentgeltlichen Mahlzeiten (arbeitstäglich) · Arbeitslohn aus Anlass von Betriebsveranstaltungen · Erholungsbeihilfen · Ersatz von Verpflegungsmehraufwand bei Dienstreisen über die steuerlichen Pauschalen hinaus · Unentgeltliche oder verbilligte Übereignung von Personalcomputern (einschließlich Zubehör und Internetnutzung) und Zuschüsse zur Internetnutzung · Gewährte (verbilligte) Beförderung bzw. Fahrtkostenzuschüsse bzw. Kfz-Gestellung für Fahrten zwischen Wohnung und erster Tätigkeitsstätte bis zur Höhe der km-Pauschalen · Übereignung von Ladevorrichtungen bzw. Zuschuss hierzu	· Kurzfristige Beschäftigung · Geringfügige Beschäftigungsverhältnisse · Aushilfskräfte in der Land- und Forstwirtschaft	Bestimmte Zukunftssicherungsleistungen: · Beiträge zu einer Direktversicherung[1] · Zuwendungen an Pensionskassen[2] · Beiträge zur Gruppen-Unfallversicherung

§ 37b Abs. 2 EStG
Pauschalierung von Sachzuwendungen

Für alle Fälle gilt: Der Arbeitgeber übernimmt die Lohnsteuer und ist deren Schuldner. Der pauschal besteuerte Arbeitslohn und die dafür entrichtete Lohnsteuer bleiben bei der Veranlagung außer Betracht – § 40 Abs. 3 EStG.

---
[1] Ab 2005 nur noch für vor 2005 zugesagte Altverträge.
[2] Für ab 2005 abgeschlossene Verträge nur noch bei Umlagefinanzierung.

5.1.6.8 Bei sonstigen Bezügen nach besonders zu ermittelnden Pauschsteuersätzen

Das Betriebsstättenfinanzamt kann nach § 40 Abs. 1 EStG in zwei Fallgruppen auf Antrag des Arbeitgebers zulassen, dass die Lohnsteuer mit einem besonders zu ermittelnden Pauschsteuersatz erhoben wird, nämlich:

1. soweit von dem Arbeitgeber sonstige Bezüge in einer größeren Zahl von Fällen gewährt werden oder

2. soweit in einer größeren Zahl von Fällen Lohnsteuer nachzuerheben ist, weil der Arbeitgeber die Lohnsteuer nicht vorschriftsmäßig einbehalten hat.

Bei diesen Fallgruppen kommt es dem Gesetzgeber darauf an, der Praxis ein Pauschalierungsverfahren an die Hand zu geben, nach dem die Lohnsteuer in einem vereinfachten Verfahren erhoben bzw. nacherhoben werden kann, ohne dass für jeden betroffenen Arbeitnehmer die Lohnsteuer individuell ermittelt zu werden braucht. Das Pauschalierungsverfahren soll weder den Arbeitgeber noch die Arbeitnehmer begünstigen, vielmehr soll **objektiv insgesamt nicht zu wenig Lohnsteuer** erhoben werden. Zu diesem Zweck muss ein besonderer Pauschsteuersatz ermittelt werden, der von der Höhe des Arbeitslohns und dem Familienstand der betroffenen Arbeitnehmer beeinflusst wird.

5.1 Pflichten des Arbeitgebers

Durch die Pauschalierung soll die Entrichtung bzw. die Nachentrichtung der Lohnsteuer aber auch abgeschlossen sein (§ 40 Abs. 3 EStG). Wird ein Lohnsteuer-Pauschalierungsbescheid aufgehoben, kann danach der bisher pauschal versteuerte Arbeitslohn bei der Einkommensteuerveranlagung des Arbeitnehmers berücksichtigt werden (H 40.1 „Bindung des Finanzamts an den Pauschalierungsbescheid" LStH).

Damit die Pauschalierungsmöglichkeit nicht missbräuchlich angewandt wird, ist für die sonstigen Bezüge der **Fallgruppe 1** in § 40 Abs. 1 Satz 3 EStG ein **Jahreshöchstbetrag von 1.000 Euro** bestimmt worden. Die Pauschalierung der Lohnsteuer für sonstige Bezüge mit einem besonderen Steuersatz ist somit nur zulässig, soweit die Summe aus den im laufenden Kalenderjahr bereits gezahlten sonstigen Bezügen, für die die Lohnsteuer mit einem besonderen Lohnsteuersatz erhoben worden ist, und aus dem sonstigen Bezug, der nunmehr an den einzelnen Arbeitnehmer gezahlt werden soll, den Jahresbetrag von 1.000 Euro nicht übersteigt. Durch die Pauschalbesteuerung könnten sonst gerade die Spitzenbeträge des laufenden Arbeitslohns aus der Progressions- oder den oberen Proportionalzonen der Steuertabelle herausgenommen und mit einem sich in solchen Fällen günstiger auswirkenden durchschnittlichen Pauschsteuersatz versteuert werden. Wird der Jahresbetrag durch den noch zu gewährenden sonstigen Bezug überschritten, so ist nur der Teil des sonstigen Bezugs, der die 1.000 Euro-Grenze überschreitet, aus dieser Pauschalbesteuerung herauszunehmen und als individueller sonstiger Bezug nach den allgemeinen Vorschriften (§ 39b Abs. 3 EStG), ggf. auch als Nettobezug, zu besteuern.

Nach § 40 Abs. 2 EStG pauschal besteuerte sonstige Bezüge werden nicht auf die 1.000 Euro-Grenze angerechnet (R 40.2 Abs. 2 LStR).

Die 1.000 Euro-Grenze gilt nicht für die Fälle der **Fallgruppe 2.** Die Nacherhebung von Lohnsteuer in einer größeren Zahl von Fällen kommt vor allem nach Lohnsteuer-Außenprüfungen in Betracht. Dabei scheidet das Motiv der Umgehung von Spitzensteuersätzen aus. Die Pauschalbesteuerung der nachzuerhebenden Beträge durch den Arbeitgeber dient in diesen Fällen ausschließlich der Verfahrensvereinfachung und -beschleunigung.

Das Pauschalierungsverfahren nach § 40 Abs. 1 EStG ist nur bei einer **größeren Zahl von Fällen** anzuwenden. Eine größere Zahl von Fällen ist anzunehmen, wenn gleichzeitig **mindestens 20 Arbeitnehmer** in die Pauschalbesteuerung einbezogen werden. Diese Zahl ist als absolute Zahl und unabhängig von der Größe des Betriebs zu sehen. Wird ein Antrag auf Pauschalierung für weniger als 20 Arbeitnehmer gestellt, so kann unter Berücksichtigung der besonderen Verhältnisse des Arbeitgebers und der mit der Pauschalbesteuerung angestrebten Vereinfachung eine größere Zahl von Fällen auch bei weniger als 20 Arbeitnehmern angenommen werden (R 40.1 Abs. 1 LStR).

Die Anwendung des Pauschalierungsverfahrens bedarf der Zustimmung des Betriebsstättenfinanzamts. Es ergeht ein Pauschalierungsbescheid, der im Ermessen des Finanzamts steht. Die Zustimmung setzt einen **Antrag des Arbeitgebers** voraus. Nach Bestandskraft des Pauschalierungsbescheids ist der Arbeitgeber an den Antrag gebunden.

Vor einer Antragstellung hat der Arbeitgeber jedoch anhand der Eintragungen im Lohnkonto zu prüfen, inwieweit der Jahreshöchstbetrag von 1.000 Euro im laufenden Kalenderjahr bei jedem in das Pauschalierungsverfahren einzubeziehenden Arbeitnehmer bereits in Anspruch genommen worden ist. Wird der Jahresbetrag durch den aktuellen sonstigen Bezug überschritten, ist die Besteuerung dieses sonstigen Bezugs für den betreffenden Arbeitnehmer insoweit nach § 39b Abs. 3 EStG vorzunehmen, als der Betrag von 1.000 Euro überschritten wird (R 40.1 Abs. 2 LStR).

Dem Antrag selbst hat der Arbeitgeber eine **Berechnung beizufügen,** aus der sich der durchschnittliche Steuersatz unter Zugrundelegung der durchschnittlichen Jahresarbeitslöhne und der durchschnittlichen Jahreslohnsteuer in jeder Steuerklasse für diejenigen Arbeitnehmer ergibt, denen die Bezüge gewährt werden sollen oder gewährt worden sind.

Diese gesetzliche Verpflichtung kann der Arbeitgeber gem. R 40.1 Abs. 3 LStR dadurch erfüllen, dass er

1. den Durchschnittsbetrag der pauschal zu versteuernden Bezüge,
2. die Zahl der betroffenen Arbeitnehmer nach Steuerklassen getrennt in etwa drei Gruppen:

    Arbeitnehmer der Steuerklassen I, II und IV,

    Arbeitnehmer der Steuerklasse III und

    Arbeitnehmer der Steuerklassen V und VI sowie

3. die Summe der Jahresarbeitslöhne und den durchschnittlichen Jahresarbeitslohn der betroffenen Arbeitnehmer, gemindert um die nach § 39b Abs. 3 Satz 3 EStG abziehbaren Freibeträge und den Entlastungsbetrag für Alleinerziehende bei der Steuerklasse II, erhöht um den Hinzurechnungsbetrag,

ermittelt.

Erhalten die sonstigen Bezüge sowohl Arbeitnehmer, die in allen Sozialversicherungszweigen versichert sind (§ 39b Abs. 2 Satz 5 Nr. 3 Buchst. a bis c EStG), als auch Arbeitnehmer, die nicht in allen Sozialversicherungszweigen versichert sind, kann nach R 40.1 Abs. 3 Satz 2 LStR aus Vereinfachungsgründen davon ausgegangen werden, dass die betroffenen Arbeitnehmer in allen Zweigen der Sozialversicherung versichert sind und keinen Beitragszuschuss für Kinderlose leisten. Individuelle Verhältnisse aufgrund des Faktorverfahrens nach § 39f EStG bleiben unberücksichtigt. Außerdem kann für die Ermittlungen nach R 40.1 Abs. 3 Satz 1 Nr. 2 und 3 LStR eine repräsentative Auswahl der betroffenen Arbeitnehmer zugrunde gelegt werden.

5.1 Pflichten des Arbeitgebers

Der Durchschnittsbetrag der pauschal zu versteuernden Bezüge ist nach R 40.1 Abs. 3 Satz 7 LStR **auf den nächsten durch 216 ohne Rest teilbaren Euro-Betrag aufzurunden.**

Die Summe der Jahresarbeitslöhne ist um den Versorgungsfreibetrag und den Altersentlastungsbetrag zu kürzen, wenn die Voraussetzungen für den Abzug dieser Beträge jeweils erfüllt sind, und um einen etwaigen Jahresfreibetrag, der als Lohnsteuerabzugsmerkmal ermittelt wurde (maßgebender Jahresarbeitslohn). Der Entlastungsbetrag für Alleinerziehende ist bei der Steuerklasse II ebenfalls abzuziehen. Andererseits ist ein Hinzurechnungsbetrag nach § 39a Abs. 1 Nr. 7 EStG hinzuzurechnen. Handelt es sich bei den zu berücksichtigenden Arbeitnehmern um eine recht große Zahl, so kann aus Vereinfachungsgründen der Ermittlung der Zahl der betroffenen Arbeitnehmer und der Summe der Jahresarbeitslöhne eine **repräsentative Auswahl** der betroffenen Arbeitnehmer zugrunde gelegt werden (R 40.1 Abs. 3 Satz 3 LStR). Anstelle der voraussichtlichen Jahresarbeitslöhne kann auch von den **Arbeitsverhältnissen des Vorjahres** ausgegangen werden. Aus der Summe der maßgebenden Jahresarbeitslöhne hat der Arbeitgeber den **durchschnittlichen Jahresarbeitslohn** der erfassten Arbeitnehmer festzustellen.

Der Arbeitgeber hat sodann für jede der in Nr. 2 aufgeführten drei Gruppen den Steuerbetrag zu ermitteln, dem der Durchschnittsbetrag der pauschal zu versteuernden Bezüge unterliegt, wenn er dem durchschnittlichen Jahresarbeitslohn hinzugerechnet wird. Dabei sind für die Gruppe mit den Steuerklassen I, II und IV die **Steuerklasse I,** für die Gruppe mit der Steuerklasse III die **Steuerklasse III** und für die Gruppe mit den Steuerklassen V und VI die **Steuerklasse V** maßgebend.

Durch Multiplikation der Steuerbeträge mit der Zahl der in der entsprechenden Gruppe erfassten Arbeitnehmer und Division der sich hiernach ergebenden Summe der Steuerbeträge durch das Produkt aus der Gesamtzahl der betroffenen Arbeitnehmer und aus dem aufgerundeten Durchschnittsbetrag der pauschal zu versteuernden Bezüge ist hiernach der durchschnittliche Steuersatz zu berechnen, dem die pauschal zu versteuernden Bezüge unterliegen. Die Prozentsätze des durchschnittlichen Steuersatzes und des Pauschsteuersatzes sind mit einer Dezimalstelle anzusetzen, die nachfolgenden Dezimalstellen sind fortzulassen.

> **Beispiel:**
> **1.** Der Arbeitgeber ermittelt im Jahr 2017 den durchschnittlichen Betrag der pauschal zu versteuernden Bezüge mit 400 € (der Betrag von 400 € ist auf den nächsten durch 216 ohne Rest teilbaren Euro-Betrag = 432 € aufzurunden),
> die Zahl der betroffenen Arbeitnehmer in
> den Steuerklassen I, II und IV mit 20,
> der Steuerklasse III mit 12 und
> den Steuerklassen V und VI mit 3,
> die Summe der Jahresarbeitslöhne der betroffenen Arbeitnehmer nach Abzug aller Freibeträge mit 840.000 € und den durchschnittlichen Arbeitslohn mit (840.000 € : 35 =) 24.000 €.

5 Pflichten und Rechte des Arbeitgebers

2. Der Arbeitgeber stellt die auf den aufgerundeten durchschnittlichen Betrag der pauschal zu versteuernden Bezüge von 432 € entfallenden Steuerbeträge in der Weise fest, dass er die Steuerbeträge in den in Betracht kommenden Steuerklassen I, III und V für den durchschnittlichen Jahresarbeitslohn von 24.000 € und sodann für dieselben Steuerklassen vom durchschnittlichen Jahresarbeitslohn zuzüglich des aufgerundeten durchschnittlichen Betrags (24.000 € + 432 € =) 24.432 € ermittelt. Die Unterschiedsbeträge sind die Steuerbeträge, die auf den aufgerundeten durchschnittlichen Betrag der pauschal zu versteuernden Bezüge von 432 € in den bezeichneten Steuerklassen entfallen. Es ergeben sich folgende Beträge:

Arbeitslöhne €	Steuerklasse I €	Steuerklasse III €	Steuerklasse V €
24.000	2.305	132	5.064
24.432	2.400	184	5.194
432	95	52	130

3. Der durchschnittliche Steuersatz der aufgerundeten pauschal zu versteuernden Bezüge ist hiernach wie folgt zu berechnen:

$$\frac{20 \times 95€ + 12 \times 52€ + 3 \times 130€}{35 \times 432€} =$$

$$\frac{1.900€ + 624€ + 390€}{15.120€} =$$

$$\frac{2.914€}{15.120€} = 19{,}2\ \% \text{ Bruttosteuersatz (abgerundet zugunsten auf eine Dezimalstelle)}.$$

Der Pauschsteuersatz beträgt unter Berücksichtigung der Übernahme der pauschalen Lohnsteuer durch den Arbeitgeber (§ 40 Abs. 1 Satz 2 EStG):

$$\frac{100 \times 19{,}2}{100 - 19{,}2}\ \% = 23{,}7\ \% \text{ Nettosteuersatz}$$

4. Der vom Arbeitgeber zu tragende Pauschsteuersatz beträgt somit 23,7 %.
Die pauschal nach § 40 Abs. 1 Nr. 1 EStG vom Arbeitgeber zu übernehmende Lohnsteuer beträgt 3.318 €. Die sonstigen Bezüge betragen insgesamt 14.000 € (35 × 400 €), darauf ist der Nettosteuersatz von durchschnittlich 23,7 % anzuwenden.
Der Solidaritätszuschlag beträgt 5,5 % von 3.318 € 182,49 €
Die pauschalierte Kirchensteuer beträgt (z. B. in Baden-Württemberg) 8 % 265,44 €
Die Übernahme des Solidaritätszuschlags und der Kirchensteuer durch den Arbeitgeber ist gem. R 40.1 Abs. 3 Satz 9 LStR aus Vereinfachungsgründen bei der Pauschsteuersatzberechnung nicht als geldwerter Vorteil zu berücksichtigen.

In den Fällen des § 40 Abs. 1 Nr. 2 EStG (Nacherhebung von Lohnsteuer anlässlich der Lohnsteuer-Außenprüfung) ist auch der für die pauschalierten Löhne im jeweiligen Zuflussjahr errechnete Bruttosteuersatz jeweils auf den Nettosteuersatz der Jahre hochgerechnet worden, in denen die pauschalierten Löhne zugeflossen sind und in denen die pauschale Lohnsteuer entsteht (H 40.1 „Entstehung der pauschalen Lohnsteuer" LStH). Die pauschale Lohnsteuer, der Solidaritätszuschlag und die (pauschale) Kirchensteuer unterliegen **nicht** der Beitragspflicht in der Sozialversicherung.

5.1 Pflichten des Arbeitgebers

5.1.6.9 Bei sonstigen Bezügen nach festen Pauschsteuersätzen

Pauschbesteuerung mit festen Pauschsteuersätzen

Der Arbeitgeber kann nach § 40 Abs. 2 EStG in bestimmten Fällen die Lohnsteuer mit Pauschsteuersätzen von 25 % bzw. 15 % erheben. Die pauschale Lohnsteuer ist nach § 40 Abs. 3 EStG vom Arbeitgeber zu übernehmen. Wird die pauschale Lohnsteuer, arbeitsrechtlich zulässig, im Innenverhältnis zum Arbeitgeber vom Arbeitnehmer getragen und kürzt deshalb der Arbeitgeber den übrigen Arbeitslohn um die Pauschsteuer, so gilt die auf den Arbeitnehmer abgewälzte pauschale Lohnsteuer gem. § 40 Abs. 3 Satz 2 EStG dennoch als zugeflossener Arbeitslohn und mindert nicht die Bemessungsgrundlage. Durch die Pauschbesteuerung mit festen Pauschsteuersätzen nach § 40 Abs. 2 EStG wird gem. § 1 Abs. 1 Nr. 3 SvEV Beitragsfreiheit bei der Sozialversicherung erreicht.

Pauschbesteuerung bei Zuwendungen anlässlich von Betriebsveranstaltungen

Zuwendungen des Arbeitgebers an seinen Arbeitnehmer und dessen Begleitpersonen anlässlich von Veranstaltungen auf betrieblicher Ebene mit gesellschaftlichem Charakter (Betriebsveranstaltungen) gehören nicht zum Arbeitslohn **soweit** sie den Betrag von **110 €** je Betriebsveranstaltung und teilnehmenden Arbeitnehmer nicht übersteigen und die Teilnahme an der Betriebsveranstaltung allen Angehörigen des Betriebs oder eines Betriebsteils offensteht. Dies gilt für bis zu zwei Betriebsveranstaltungen jährlich (§ 19 Abs. 1 Satz 1 Nr. 1a EStG). Soweit die Zuwendungen aus Anlass einer Betriebsveranstaltung zum steuerpflichtigen Arbeitslohn gehören (z. B. bei mehr als zwei Betriebsveranstaltungen im Jahr oder Überschreiten des Freibetrags i. H. von 110 Euro), kann der Arbeitgeber die Lohnsteuer nach § 40 Abs. 2 Satz 1 Nr. 2 EStG mit einem Pauschsteuersatz von 25 % erheben. Geldgeschenke, die während einer Betriebsveranstaltung überreicht werden und für die keine zweckentsprechende Verwendung sichergestellt ist, gehören nach R 19.5 Abs. 5 Nr. 2 LStR zum Arbeitslohn, der zudem nach H 40.2 „Betriebsveranstaltung" LStH nicht nach § 40 Abs. 2 EStG pauschal besteuert werden kann.

Die Pauschalierung ist auch anwendbar, wenn nur wenige Arbeitnehmer betroffen sind, und kann im Innenverhältnis auf den Arbeitnehmer abgewälzt werden. Ein Antrag für die Pauschalierung beim Finanzamt ist nicht erforderlich. Es fällt zusätzlich zur pauschalen Lohnsteuer ein Solidaritätszuschlag von 5,5 % an, bei kirchensteuerpflichtigen Arbeitnehmern noch pauschale Kirchensteuer.

Pauschbesteuerung bei Erholungsbeihilfen

Erholungsbeihilfen, die als Beihilfen und Unterstützungen in Krankheits- oder Unglücksfällen oder anderen Notfällen gezahlt werden, sind unter den Voraussetzungen des R 3.11 Abs. 2 LStR steuerfrei. Werden die Erholungsbeihilfen jedoch aus anderem Anlass als dem der Unterstützung gewährt, so gehören sie zum steuerpflichtigen Arbeitslohn. Der Arbeitgeber kann die Lohnsteuer mit dem Pauschsteuersatz zzgl. Solidaritätszuschlag übernehmen, wenn die Erholungsbeihilfen zusammen mit Erholungsbeihilfen, die im selben Kalenderjahr früher gewährt worden sind, **156 Euro für den Arbeitnehmer, 104 Euro für dessen Ehegatten/Lebenspartner** und **52 Euro für jedes Kind** nicht übersteigen. Die Höchstbeträge für den Arbeitnehmer, seinen Ehegatten/Lebenspartner und seine Kinder sind jeweils gesondert zu betrachten. Die Erholungsbeihilfen müssen für die Erholung bestimmt sein und verwendet werden. Davon kann i. d. R. ausgegangen werden, wenn die Erholungsbeihilfe im zeitlichen Zusammenhang mit einem Urlaub des Arbeitnehmers gewährt wird (R 40.2 Abs. 3 Satz 4 LStR).

Übersteigen die Erholungsbeihilfen den maßgeblichen Höchstbetrag, so sind sie insgesamt nach den allgemeinen Vorschriften des § 39b Abs. 3 EStG als sonstige Bezüge oder nach § 40 Abs. 1 EStG pauschal zu versteuern und unterliegen der Beitragspflicht zur Sozialversicherung.

Pauschalierung von Mahlzeiten und Essenmarken

Der Arbeitgeber kann dem Arbeitnehmer gewährte geldwerte Vorteile durch unentgeltliche oder verbilligte Mahlzeiten mit dem Pauschsteuersatz von 25 % versteuern (§ 40 Abs. 2 Satz 1 Nr. 1 EStG).

Voraussetzung ist, dass es sich nicht um einen vereinbarten Lohnbestandteil handelt oder dass der Barlohn nicht um den Wert der Mahlzeit gekürzt wird. Die Pauschalbesteuerung erfolgt vom amtlichen Sachbezugswert, gemindert um den vom Arbeitnehmer gezahlten Essenpreis. Dies gilt auch bei Ausgabe von Essenmarken oder Essenschecks für den Bezug von Mahlzeiten; es sei denn, die vertragliche Leistung des Arbeitgebers besteht ausschließlich in der Hingabe der Essenmarke. In diesem Fall ist der Wert der Essenmarke für die Pauschalierung maßgeblich, höchstens jedoch der amtliche Sachbezugswert (R 8.1 Abs. 7 Nr. 4 Buchst. b LStR).

> **Beispiel:**
> Arbeitnehmer A nimmt in einer Gaststätte zum Preis von 4 € ein Mittagessen ein. Er gibt die Essenmarke im Wert von 4 € in Zahlung.
> Der Arbeitgeber von A kann die Pauschalierung der Lohnsteuer vornehmen. Bemessungsgrundlage für die pauschale Lohnsteuer ist höchstens der amtliche Sachbezugswert, im Jahr 2017 somit 3,17 €.
> **Abwandlung:** A gibt eine Essenmarke im Wert von 2,50 € in Zahlung; den Rest von 1,50 € zahlt A selbst.
> Es ist auch hier zunächst von 3,17 € als dem amtlichen Sachbezugswert auszugehen. Dieser ist um die Zahlung (1,50 €) des Arbeitnehmers zu kürzen, sodass 1,67 € als geldwerter Vorteil verbleiben. Dieser Betrag ist bei der Pauschalierung anzusetzen. Der Wert der Essensmarke (2,50 €) wird nicht angesetzt, da er über dem Betrag des geldwerten Vorteils liegt (R 8.1 Abs. 7 Nr. 4 Buchst. b LStR).

Der Arbeitgeber kann nach R 8.1 Abs. 7 Nr. 5 LStR den geldwerten Vorteil auch mit einem Durchschnittswert pauschal versteuern. Hierbei wird das Gesamtentgelt der Arbeitnehmer für die Mahlzeiten (z. B. nach dem Umsatz einer Kasse) auf die

5.1 Pflichten des Arbeitgebers

Anzahl der Mahlzeiten gleichmäßig verteilt und mit dem Durchschnittswert vom amtlichen Sachbezugswert abgezogen. Von der verbleibenden Differenz kann der Arbeitgeber die Lohnsteuer pauschal mit 25 % erheben. Die Ermittlung hat bei mehreren Kantinen getrennt pro Kantine zu erfolgen. Bei sehr großen Kantinen lässt R 8.1 Abs. 7 Nr. 5 Satz 5 LStR zur Vereinfachung einen repräsentativen Zeitraum bzw. bei mehreren Kantinen eine Auswahl von repräsentativen Kantinen zu; dieses Verfahren ist jedoch mit dem Finanzamt abzustimmen.

Beispiel:
Der Arbeitgeber bietet in seiner Kantine unterschiedliche Menüs zu Festpreisen an. Nach Ablauf des Monats März 2017 stellt er folgende Essensausgaben fest:

Menü A zu 2,00 € × 3.000 =	6.000 €
Menü B zu 2,50 € × 2.000 =	5.000 €
Dessert 1,00 € × 1.000 =	1.000 €
Zahl der Essen 6.000	
Gezahlter Essenspreis aller Arbeitnehmer	12.000 €
Durchschnittswert: 12.000 € : 6.000 = 2,00 €	
Zuzahlung unter Sachbezugswert	3,17 €
Steuerpflichtig je Essen	1,17 €
Zu versteuern sind insgesamt für 6.000 Essen je 1,17 € =	7.020 €
Lohnsteuer hierauf nur Pauschsteuersatz von 25 % =	1.755 €
Solidaritätszuschlag (5,5 % von 1.755 €)	96,52 €
Kirchensteuer (z. B. 7 % von 1.755 €)	122,85 €
Pauschalsteuer insgesamt:	1.974,37 €

Der Rabattfreibetrag gem. § 8 Abs. 3 EStG von 1.080 Euro ist **nicht** anwendbar; ausnahmsweise ist die Anwendung jedoch bei Abgabe von Mahlzeiten im Hotel- und Gaststättengewerbe zulässig.

Des Weiteren kann der Arbeitgeber die Lohnsteuer mit einem Pauschsteuersatz von 25 % pauschal erheben soweit auf seine Veranlassung ein Dritter den Arbeitnehmern anlässlich einer beruflichen Tätigkeit außerhalb seiner Wohnung und ersten Tätigkeitsstätte Mahlzeiten zur Verfügung stellt, die nach § 8 Abs. 2 Satz 8 und 9 EStG mit den Sachbezugswerten anzusetzen sind.

Beispiel:
Der Arbeitnehmer A wird für 6 Monate von seinem Arbeitgeber an einen Tochterbetrieb im Inland entsandt. Für die Zeit der Entsendung übernachtet der Arbeitnehmer während der Woche in einem Hotel in der Nähe des Tochterbetriebs. Das Hotel stellt dem Arbeitgeber pro Übernachtung 70 Euro zuzüglich 10 Euro für ein Frühstück in Rechnung, das der Arbeitnehmer zunächst verauslagt und dann im Rahmen der Reisekostenabrechnung von seinem Arbeitgeber erstattet erhält.

Es liegt eine beruflich veranlasste Auswärtstätigkeit vor. Der Arbeitnehmer erhält das Frühstück jeweils auf Veranlassung seines Arbeitgebers. Für die ersten 3 Monate der Auswärtstätigkeit stehen dem Arbeitnehmer arbeitstäglich Verpflegungspauschalen zu. Da es sich bei den zur Verfügung gestellten Mahlzeiten um übliche Mahlzeiten handelt, sind diese nicht als Arbeitslohn zu erfassen und beim Werbungskostenabzug des Arbeitnehmers die Verpflegungspauschalen entsprechend zu kürzen.

5 Pflichten und Rechte des Arbeitgebers

Ab dem 4. Monat der Auswärtstätigkeit stehen dem Arbeitnehmer keine Verpflegungspauschalen mehr zu. Das Frühstück ist jeweils mit dem amtlichen Sachbezugswert (für 2017: 1,70 Euro) als Arbeitslohn zu erfassen, der nach § 40 Abs. 2 Satz 1 Nr. 1a EStG pauschal besteuert werden kann.

Pauschbesteuerung bei Vergütungen des Arbeitgebers für Verpflegungsmehraufwand anlässlich einer Auswärtstätigkeit

Mehraufwendungen für Verpflegung aus Anlass einer Auswärtstätigkeit können nur in Höhe der Pauschbeträge nach § 9 Abs. 4a Satz 3, 5 und 6 EStG als Werbungskosten geltend gemacht werden. Der Arbeitgeber kann hierfür nach § 3 Nr. 13 und Nr. 16 EStG den Arbeitnehmern **steuerfreie Vergütungen** bis zur Höhe der als Werbungskosten zulässigen Pauschbeträge leisten. Zahlt der Arbeitgeber **über die zulässigen Pauschbeträge hinausgehende** Vergütungen für Verpflegungsmehraufwendungen, so kann er diese **übersteigenden Beträge,** die als Werbungskostenersatz grundsätzlich steuerbaren Arbeitslohn darstellen, nach **§ 40 Abs. 2 Satz 1 Nr. 4 EStG der Pauschalbesteuerung mit 25 %** unterwerfen.

Diese **Pauschalbesteuerung** ist allerdings nur insoweit möglich, als die Vergütungen die zulässigen Werbungskostenpauschbeträge **nach § 9 Abs. 4a Satz 3, 5 und 6 EStG** um nicht mehr als 100 % übersteigen. Entsprechend der Regelung in R 3.16 Satz 1 LStR, wonach zwecks Ermittlung des steuerfreien Vergütungsbetrags die einzelnen verschiedenen Arten der Reisekostenaufwendungen (z. B. Verpflegungsmehraufwand und Fahrtkosten) zusammengefasst werden dürfen, lässt R 40.2 Abs. 4 Satz 4 LStR aus Vereinfachungsgründen zu, im Bereich der Pauschalbesteuerung den Betrag, der den steuerfreien Vergütungsbetrag übersteigt, einheitlich als Vergütungsleistung für Verpflegungsmehraufwand zu behandeln, die in den Grenzen des § 40 Abs. 2 Satz 1 Nr. 4 EStG dann mit 25 % pauschal versteuert werden kann. Nach R 3.16 Satz 2 LStR können zwecks Ermittlung des steuerfreien Vergütungsbetrags sogar mehrere Reisen zusammengefasst werden.

Beispiel:

Ein Arbeitnehmer erhält wegen einer Dienstreise mit einer Abwesenheitsdauer von 18 Stunden lediglich einen pauschalen Fahrtkostenersatz von 120 € (300 km × 0,40 €/km).

Gemäß § 9 Abs. 4a Satz 3 Nr. 3 EStG steht dem Arbeitnehmer ein Werbungskostenpauschbetrag für Verpflegungsmehraufwand i. H. von 12 € zu. Für Fahrtkosten kann er gem. § 9 Abs. 1 Satz 3 Nr. 4a Satz 2 EStG i. V. m. § 5 Abs. 2 Satz 1 BRKG 90 € (300 km × 0,30 €) als Werbungskosten geltend machen.

Nach R 3.16 Satz 1 LStR ist die Erstattung i. H. von 102 € (90 € + 12 €) steuerfrei. Die übersteigende Vergütungsleistung von 18 € kann nach R 40.2 Abs. 4 Satz 4 LStR als Vergütung für Verpflegungsmehraufwand behandelt werden. Von diesem Mehrbetrag können 12 € pauschal mit 25 % versteuert werden. Für den darüber hinausgehenden restlichen Vergütungsbetrag von 8 € kann eine Pauschalversteuerung nach § 40 Abs. 1 Satz 1 Nr. 1 EStG in Betracht kommen, ansonsten ist dieser Restbetrag individuell zu besteuern.

5.1 Pflichten des Arbeitgebers

Pauschbesteuerung bei Überlassung von Datenverarbeitungsgeräten und Internetzuschüssen

Nach § 40 Abs. 2 Satz 1 Nr. 5 EStG besteht für den Arbeitgeber die Möglichkeit, die unentgeltliche oder verbilligte **Übereignung** von Datenverarbeitungsgeräten an den Arbeitnehmer als Sachbezug pauschal mit 25 % zu besteuern, falls die Übereignung zusätzlich zum ohnehin geschuldeten Arbeitslohn erfolgt. Das Gleiche gilt auch für Zubehör und Internetzugang und für Zuschüsse des Arbeitgebers, die zusätzlich zum ohnehin geschuldeten Arbeitslohn zu den Aufwendungen des Arbeitnehmers für die Internetnutzung gezahlt werden. Dies ist zu unterscheiden von den Vorteilen, die dem Arbeitnehmer aus der privaten Nutzung von **betrieblichen** Datenverarbeitungsgeräten und Telekommunikationsgeräten sowie von deren Zubehör entstehen, also von Geräten, die im Eigentum des Arbeitgebers verbleiben, auch wenn sie sich im Besitz des Arbeitnehmers befinden. Letztere Vorteile sind steuerfrei nach § 3 Nr. 45 EStG.

Es muss eine Übereignung zumindest des wirtschaftlichen Eigentums am Datenverarbeitungsgerät an den Arbeitnehmer erfolgen. Die unentgeltliche oder verbilligte Übereignung muss zusätzlich zum ohnehin geschuldeten Arbeitslohn erfolgen. Eine verbilligte Übereignung im Wege der Barlohnumwandlung ist nicht möglich.

Ausgeschlossen von der Pauschalierung sind Telekommunikationsgeräte, die nicht Zubehör eines Datenverarbeitungsgeräts sind oder nicht für die Internetnutzung verwendet werden können (R 40.2 Abs. 5 Satz 4 LStR).

> **Beispiel:**
> Der Arbeitgeber schenkt einem verdienten Arbeitnehmer einen DVD-Brenner im Wert von 200 € sowie ein Faxgerät im Wert von 100 €.
> Während der geldwerte Vorteil aus der unentgeltlichen Übereignung des DVD-Brenners von gem. § 8 Abs. 2 Satz 1 EStG i. V. m. R 8.1 Abs. 2 Satz 3 LStR (200 € × 96 % =) 192 € mit 25 % pauschal besteuert werden kann (48 € Lohnsteuer und 2,64 € Solidaritätszuschlag), ist der geldwerte Vorteil aus der unentgeltlichen Übereignung des Faxgeräts von (100 € × 96 % =) 96 € individuell nach den elektronischen Lohnsteuerabzugsmerkmalen zu besteuern.

Bei Zuschüssen zur laufenden Internetnutzung müssen die Aufwendungen grundsätzlich durch Aufzeichnungen über einen repräsentativen Zeitraum von drei Monaten nachgewiesen werden (R 40.2 Abs. 5 Satz 9 und R 3.50 Abs. 2 LStR). Aus Vereinfachungsgründen können jedoch die vom Arbeitnehmer erklärten Beträge angesetzt werden, soweit diese 50 Euro im Monat nicht übersteigen (R 40.2 Abs. 5 Satz 7 LStR). Soweit die pauschal besteuerten Bezüge auf Werbungskosten entfallen, ist nach § 40 Abs. 2 Satz 3 EStG und R 40.2 Abs. 5 Satz 10 LStR der Werbungskostenabzug grundsätzlich ausgeschlossen. Zugleich werden jedoch in R 40.2 Abs. 5 Satz 11 und 12 LStR zwei Vereinfachungen geregelt. Zum einen unterbleibt zugunsten des Arbeitnehmers überhaupt eine Anrechnung auf seine Werbungskosten bei Zuschüssen bis zu 50 Euro im Monat und zum anderen werden anzurechnende pauschal besteuerte Zuschüsse zunächst auf den privat veranlassten Teil der

Aufwendungen für die Datenverarbeitungsgeräte- bzw. die Internetnutzung angerechnet.

Pauschbesteuerung bei Übereignung von Ladevorrichtungen oder Zuschüssen hierfür

Übereignet ein Arbeitnehmer seinem Arbeitnehmer zusätzlich zum ohnehin geschuldeten Arbeitslohn unentgeltlich oder verbilligt die Ladevorrichtung für ein Elektrofahrzeug oder ein Hybridelektrofahrzeug i. S. des § 6 Abs. 1 Nr. 4 Satz 2 Halbsatz 2 EStG, kann er die Lohnsteuer mit einem Pauschsteuersatz von 25 % erheben (§ 40 Abs. 2 Satz 1 Nr. 6 EStG). Das Gleiche gilt für Zuschüsse des Arbeitgebers, die zusätzlich zum ohnehin geschuldeten Arbeitslohn zu den Aufwendungen seines Arbeitnehmers für den Erwerb und die Nutzung dieser Ladevorrichtung gezahlt werden. Hierbei ist zu beachten, dass diese Pauschbesteuerung nur im Zeitraum 1.1.2017 bis 31.12.2020 anzuwenden ist (§ 52 Abs. 37c EStG).

> **Beispiel:**
> Arbeitgeber X übereignet seinem Arbeitnehmer Z im Jahr 2017 eine Ladestation für sein Elektrofahrzeug im Wert von 15.000 €.
> Arbeitgeber X kann nach § 40 Abs. 2 Satz 1 Nr. 6 Satz 1 EStG die Lohnsteuer für die Ladestation pauschal erheben. X hat dann 3.750 € (1.5000 € × 25 %). Lohnsteuer zzgl. SolZ und KiSt abzuführen.

Pauschbesteuerung von Arbeitgeberleistungen für Fahrten zwischen Wohnung und erster Tätigkeitsstätte

Zuschüsse des Arbeitgebers zu den Aufwendungen des Arbeitnehmers für Fahrten zwischen Wohnung und erster Tätigkeitsstätte sowie für Fahrten nach § 9 Abs. 1 Satz 3 Nr. 4a Satz 3 EStG zu einem dienst- oder arbeitsrechtlich festgelegten dauerhaft aufzusuchenden Ort bzw. zum nächstgelegenen Zugang zum weiträumigen Tätigkeitsgebiet (Fahrtkostenzuschüsse) gehören ebenso wie die als Sachbezug anzusehende unentgeltliche oder verbilligte Beförderung des Arbeitnehmers zwischen Wohnung und erster Tätigkeitsstätte sowie Fahrten nach § 9 Abs. 1 Satz 3 Nr. 4a Satz 3 EStG zu einem dienst- oder arbeitsrechtlich festgelegten dauerhaft aufzusuchenden Ort bzw. zum nächstgelegenen Zugang zum weiträumigen Tätigkeitsgebiet zum steuerpflichtigen Arbeitslohn. Nach § 40 Abs. 2 Satz 2 EStG kann der Arbeitgeber die auf diese Leistungen des Arbeitgebers entfallende Lohnsteuer mit einem Pauschsteuersatz von 15 % erheben. Die Fahrtkostenzuschüsse müssen dabei zusätzlich zum ohnehin geschuldeten Arbeitslohn geleistet werden.

Bei ausschließlicher Benutzung eines eigenen oder zur Nutzung überlassenen Kraftwagens ist die Höhe der pauschalierungsfähigen Sachbezüge und Zuschüsse des Arbeitgebers auf die Höhe der nach § 9 Abs. 1 Satz 3 Nr. 4 EStG als Werbungskosten abziehbaren Entfernungspauschale beschränkt, ohne Begrenzung auf den Höchstbetrag von 4.500 Euro. Aus Vereinfachungsgründen kann davon ausgegangen werden, dass monatlich an 15 Arbeitstagen Fahrten zwischen Wohnung und erster Tätigkeitsstätte oder Fahrten nach § 9 Abs. 1 Satz 3 Nr. 4a Satz 3 EStG erfolgen.[1]

Bei ausschließlicher Benutzung eines Motorrads, Motorrollers, Mopeds oder Mofas sind die pauschalierbaren Sachbezüge und Zuschüsse des Arbeitgebers auf die Höhe der nach § 9 Abs. 1 Satz 3 Nr. 4 EStG als Werbungskosten abziehbaren Entfernungspauschale, begrenzt auf den Höchstbetrag von 4.500 Euro, beschränkt. Aus Vereinfachungsgründen kann hier ebenfalls davon ausgegangen werden, dass monatlich an 15 Arbeitstagen Fahrten zwischen Wohnung und erster Tätigkeitsstätte oder Fahrten nach § 9 Abs. 1 Satz 3 Nr. 4a Satz 3 EStG erfolgen.

Bei ausschließlicher Benutzung öffentlicher Verkehrsmittel, bei entgeltlicher Sammelbeförderung, für Flugstrecken sowie bei behinderten Menschen ist eine Pauschalierung der Sachbezüge und Zuschüsse in Höhe der tatsächlichen Aufwendungen des Arbeitnehmers (§ 9 Abs. 1 Satz 3 Nr. 4 und Abs. 2 EStG) für die Fahrten zwischen Wohnung und erster Tätigkeitsstätte oder Fahrten nach § 9 Abs. 1 Satz 3 Nr. 4a Satz 3 EStG zulässig.

Bei der Benutzung verschiedener Verkehrsmittel (insbesondere sog. Park & Ride-Fälle) ist die Höhe der pauschalierbaren Sachbezüge und Zuschüsse des Arbeitgebers auf die Höhe der nach § 9 Abs. 1 Satz 3 Nr. 4 und Abs. 2 EStG als Werbungskosten abziehbaren Entfernungspauschale beschränkt. Eine Pauschalierung in Höhe der tatsächlichen Aufwendungen des Arbeitnehmers für die Nutzung öffentlicher Verkehrsmittel kommt erst dann in Betracht, wenn diese die insgesamt im Kalenderjahr anzusetzende Entfernungspauschale, ggf. begrenzt auf den Höchstbetrag von 4.500 Euro, übersteigen. Aus Vereinfachungsgründen kann auch in diesen Fällen davon ausgegangen werden, dass monatlich an 15 Arbeitstagen Fahrten zwischen Wohnung und erster Tätigkeitsstätte oder Fahrten nach § 9 Abs. 1 Satz 3 Nr. 4a Satz 3 EStG erfolgen.

Der Arbeitnehmer hat weiterhin die Möglichkeit, Werbungskosten für die Fahrten zwischen Wohnung und erster Tätigkeitsstätte bzw. für Fahrten nach § 9 Abs. 1 Satz 3 Nr. 4a Satz 3 EStG zu einem dienst- oder arbeitsrechtlich festgelegten dauerhaft aufzusuchenden Ort bzw. zum nächstgelegenen Zugang zum weiträumigen Tätigkeitsgebiet geltend zu machen. Allerdings mindern nach § 40 Abs. 2 Satz 3 EStG die pauschal besteuerten Bezüge die abziehbaren Werbungskosten.

Auch in diesen Fällen mindert eine möglicherweise auf den Arbeitnehmer abgewälzte pauschale Lohnsteuer die Bemessungsgrundlage gem. § 40 Abs. 3 Satz 1 EStG nicht.

Beispiel:
Der nicht behinderte Arbeitnehmer A nutzt einen vom Arbeitgeber zur Verfügung gestellten PKW auch für Fahrten zur ersten Tätigkeitsstätte, deren einfache Entfernung von der Wohnung 12 km beträgt. A nutzt den PKW im Jahr in jedem Monat für Fahr-

---
[1] BMF vom 31.10.2013 (BStBl 2013 I S. 1376), Tz. 5.

5 Pflichten und Rechte des Arbeitgebers

ten zu seiner ersten Tätigkeitsstätte. Der maßgebende Listenpreis des Kfz beträgt 20.000 €. Der Arbeitgeber möchte den geldwerten Vorteil für die Fahrten zwischen Wohnung und erster Tätigkeitsstätte gem. § 8 Abs. 2 Satz 2 und 3 EStG ermitteln und diesen pauschal nach § 40 Abs. 2 Satz 2 EStG besteuern. Da er nicht weiß, wie oft der A Fahrten zur Arbeitsstätte durchgeführt hat, legt er aus Vereinfachungsgründen der Pauschalversteuerung 15 Tage monatlich zugrunde.

Der Arbeitslohn aus der Gestellung des Dienstfahrzeugs für die Fahrten zwischen Wohnung und erster Tätigkeitsstätte beträgt nach § 8 Abs. 2 Satz 3 EStG (0,03 % × 20.000 € × 12 km × 12 Monate =) 864 €. Davon können nach § 40 Abs. 2 Satz 2 EStG unter Anwendung der 15 Tage-Regelung (180 Tage × 12 km × 0,30 €/km =) 648 € pauschal besteuert werden. Dieser Betrag mindert die A grundsätzlich weiterhin möglichen Werbungskosten für Fahrten zwischen Wohnung und erster Tätigkeitsstätte. Die pauschale Lohnsteuer beträgt (648 € × 15 % =) 97,20 €, der darauf entfallende Solidaritätszuschlag beträgt 5,34 € und eine eventuell anfallende pauschale Kirchenlohnsteuer (7 % angenommen) 6,80 €. Der insoweit verbleibende Arbeitslohn i. H. von (864 € ./. 648 € =) 216 € unterliegt grundsätzlich der individuellen Lohnsteuerbesteuerung nach den elektronischen Lohnsteuerabzugsmerkmalen.

Die pauschal besteuerten Sachbezüge bzw. Fahrtkostenzuschüsse bleiben nach § 40 Abs. 2 Satz 3 EStG bei der Prüfung der Arbeitslohngrenzen des § 40a EStG außer Ansatz.

5.1.6.10 Pauschalierung der Lohnsteuer für Teilzeitbeschäftigte und geringfügig Beschäftigte

Bei der Entlohnung von Teilzeitbeschäftigten und geringfügig Beschäftigten handelt es sich nicht um die Gewährung von sonstigen Bezügen, sondern um die **Zahlung von laufendem Arbeitslohn**. Demgemäß brauchen auch die Voraussetzungen für die Pauschalbesteuerung von sonstigen Bezügen nach § 40 EStG nicht vorzuliegen. § 40a EStG lässt jedoch bei diesen Personengruppen die Pauschbesteuerung des laufenden Arbeitslohns unter besonderen Voraussetzungen zu. Eine Pauschalierung ist auch ohne laufende Beschäftigung möglich.

Als Teilzeitbeschäftigte bzw. kurzfristig Beschäftigte werden Arbeitnehmer angesehen, die nur kurzfristig und gegen geringen Arbeitslohn beschäftigt werden. Nach § 40a Abs. 1 EStG kann der Arbeitgeber unter Verzicht auf den Abruf von elektronischen Lohnsteuerabzugsmerkmalen (§ 39e Abs. 4 Satz 2 EStG) oder die Vorlage einer Bescheinigung für den Lohnsteuerabzug (§ 39 Abs. 3 oder § 39e Abs. 7 oder Abs. 8 EStG) bei diesen Arbeitnehmern die Lohnsteuer mit einem **Pauschsteuersatz von 25 % des Arbeitslohns** erheben (Wahlrecht).

Bei geringfügig Beschäftigten handelt es sich um Personen, die in einem aus sozialversicherungsrechtlicher Sicht (SGB IV) geringfügig entlohnten Beschäftigungsverhältnis tätig sind. Falls der Arbeitgeber für diesen Arbeitnehmer einen pauschalen Beitrag zur Rentenversicherung zu leisten hat, besteht für ihn nach § 40a Abs. 2 EStG das Wahlrecht, die Lohnsteuer einschließlich Solidaritätszuschlag und Kirchensteuern mit einem **einheitlichen Pauschsteuersatz** von insgesamt 2 % zu erheben. Falls er für diesen Arbeitnehmer keinen pauschalen Beitrag zur Rentenver-

5.1 Pflichten des Arbeitgebers

sicherung zu leisten hat, besteht für ihn nach § 40a Abs. 2a EStG das Wahlrecht, die Lohnsteuer mit einem Pauschsteuersatz von 20 % zu erheben, in diesem Fall jedoch **zzgl.** Solidaritätszuschlag und evtl. zu erhebender pauschaler Kirchenlohnsteuer. In beiden Fällen kann der Arbeitgeber aber auch auf die Pauschalierungsmöglichkeit verzichten und den Lohnsteuerabzug trotz eines geringfügigen Beschäftigungsverhältnisses nach den elektronischen Lohnsteuerabzugsmerkmalen des Arbeitnehmers vornehmen (Wahlrecht).

Bei Aushilfskräften in der Land- und Forstwirtschaft besteht eine Lohnsteuerpauschalierungsmöglichkeit (Wahlrecht) nach § 40a Abs. 3 EStG mit einem Pauschsteuersatz für die Lohnsteuer von 5 %.

Pauschalierung der Lohnsteuer nach § 40a EStG[1]			
§ 40a Abs. 1 EStG	§ 40a Abs. 2 EStG	§ 40a Abs. 2a EStG	§ 40a Abs. 3 EStG
Teilzeitbeschäftigte	geringfügig entlohnte Beschäftigung	geringfügig entlohnte Beschäftigung	Aushilfskraft in der Land- und Forstwirtschaft
25 %	2 %	20 %	5 %
keine Anknüpfung an Sozialversicherungsrecht	Anknüpfung an Sozialversicherungsrecht: falls vom Arbeitgeber pauschaler Beitrag zur gesetzlichen Rentenversicherung zu entrichten	Anknüpfung an Sozialversicherungsrecht: falls vom Arbeitgeber **kein** pauschaler Beitrag zur gesetzlichen Rentenversicherung zu entrichten	keine Anknüpfung an Sozialversicherungsrecht
Arbeitslohn max. 68 € / Arbeitstag oder unvorhergesehene Beschäftigung	Arbeitslohn max. 450 € / Monat	Arbeitslohn max. 450 € / Monat	
Dauer der Beschäftigung max. 18 Tage			
Stundenlohn max. 12 €	keine Stundenlohngrenze	keine Stundenlohngrenze	Stundenlohn max. 12 €

1 Bei § 40a Abs. 1, 2a und 3 EStG jeweils zzgl. 5,5 % Solidaritätszuschlag und ggf. pauschaler Kirchenlohnsteuer.

Die Pauschalierung setzt keine laufende Beschäftigung voraus. Deshalb kann auch ein kurzzeitiges Beschäftigungsverhältnis bei Vorliegen der entsprechenden Voraussetzungen dem pauschalen Lohnsteuerabzug unterworfen werden.[1]

5.1.6.10.1 Geringfügig entlohnte Beschäftigung und pauschaler Beitrag des Arbeitgebers zur Rentenversicherung (§ 40a Abs. 2 EStG)

Das Pauschalierungswahlrecht des Arbeitgebers setzt voraus:

- eine **geringfügige Beschäftigung** i. S. des § 8 Abs. 1 Nr. 1 (sonstige geringfügige Beschäftigung) oder des § 8a des SGB IV (geringfügige Beschäftigung in Privathaushalten) und

- die Pflicht des Arbeitgebers, für den dafür gezahlten Arbeitslohn nach sozialversicherungsrechtlichen Vorschriften (§ 168 Abs. 1 Nr. 1b oder 1c SGB IV (geringfügig versicherungspflichtig Beschäftigte) oder § 172 Abs. 3 oder 3a (versicherungsfrei oder von der Versicherungspflicht befreite geringfügig Beschäftigte) oder § 276a Abs. 1 (versicherungsfrei geringfügig Beschäftigte) SGB VI) **pauschale Beiträge zur Rentenversicherung** zu entrichten.

Es werden keine weiteren eigenständigen steuerlichen Arbeitslohngrenzen und keine Grenzen im zeitlichen Umfang der geringfügigen Beschäftigung aufgestellt. § 40a Abs. 4 EStG gilt für diese geringfügige Beschäftigung nicht.

Geringfügig entlohntes Beschäftigungsverhältnis im Sinne des Sozialversicherungsrechts

Erste Voraussetzung ist die Tätigkeit im Rahmen eines geringfügig entlohnten Beschäftigungsverhältnisses (Minijob). Die steuerrechtliche Pauschalierungsmöglichkeit knüpft unmittelbar an die sozialversicherungsrechtliche Beurteilung des Beschäftigungsverhältnisses an. Zwar ist auch ein kurzfristiges Beschäftigungsverhältnis i. S. von § 8 Abs. 1 Nr. 2 SGB IV eine geringfügige Beschäftigung im sozialversicherungsrechtlichen Sinne. Diese Beschäftigungen sind aber insgesamt sozialversicherungsfrei und lösen damit insbesondere auch keine pauschale Beitragspflicht des Arbeitgebers aus. Somit ist auf solche Beschäftigungen auch § 40a Abs. 2 EStG nicht anwendbar. Damit werden durch § 40a Abs. 2 EStG nur die sog. **geringfügig entlohnten Beschäftigungsverhältnisse** erfasst, da nur diese die Pflicht des Arbeitgebers zu pauschalen Beiträgen an die Rentenversicherung auslösen.

Aus sozialversicherungsrechtlicher Sicht handelt es sich um ein **geringfügig entlohntes Beschäftigungsverhältnis,** wenn das Arbeitsentgelt aus dieser Beschäftigung **regelmäßig im Monat 450 Euro nicht übersteigt.** Auf den zeitlichen Umfang der Tätigkeit kommt es nicht an.

Eine solche Tätigkeit ist für den Arbeitnehmer nach § 5 Abs. 2 Satz 1 Nr. 1 SGB VI grundsätzlich sozialversicherungsfrei, löst für den Arbeitgeber aber die Pflicht aus,

---
1 Vgl. auch BFH vom 24.08.1990 VI R 70/85 (BStBl 1991 II S. 318).

5.1 Pflichten des Arbeitgebers

hierfür pauschale Beiträge zur Rentenversicherung abzuführen. Diese betragen für eine **geringfügige Beschäftigung in Privathaushalten** 5 % und für eine **sonstige (gewerbliche) geringfügige Beschäftigung** 15 % des Arbeitsentgelts (§ 172 Abs. 3a bzw. Abs. 3 SGB VI). Die Unterscheidung in geringfügige Beschäftigung in Privathaushalten oder sonstige (gewerbliche) geringfügige Beschäftigungen spielt im Übrigen für die steuerliche Pauschalierungsmöglichkeit keine Rolle. Der Arbeitgeber hat also nicht die Pflicht, allgemeine Beiträge zur Rentenversicherung zu entrichten.

Nach § 230 Abs. 8 SGB VI bleiben Personen, die am 31.12.2012 als Beschäftigte nach § 5 Abs. 2 Satz 1 Nr. 1 SGB VI in der bis zum 31.12.2012 geltenden Fassung versicherungsfrei waren, in dieser Beschäftigung versicherungsfrei, solange die Voraussetzungen einer geringfügigen Beschäftigung nach § 8 Abs. 1 Nr. 1 oder § 8a i. V. m. § 8 Abs. 1 Nr. 1 SGB VI in der bis zum 31.12.2012 geltenden Fassung vorliegen. Des Weiteren haben diese Personen die Möglichkeit, durch schriftliche Erklärung gegenüber dem Arbeitgeber auf die Versicherungsfreiheit zu verzichten. Der Verzicht kann nur mit Wirkung für die Zukunft und bei mehreren Beschäftigungen nur einheitlich erklärt werden und ist für die Dauer der Beschäftigungen bindend. Durch diesen Verzicht hat der Arbeitnehmer die Möglichkeit, die vollen Leistungen aus der Rentenversicherung zu erwerben. Aber auch in diesem Fall hat der Arbeitgeber nach § 168 Abs. 1 Nr. 1b oder 1c SGB VI a. F. (geringfügig versicherungspflichtig Beschäftigte/Optionsfall) nur einen (pauschalen) Anteil von 15 bzw. 5 % des Arbeitsentgelts zu tragen und der Arbeitnehmer den Differenzbetrag bis zur allgemeinen Beitragshöhe (18,7 % im Jahr 2017) zu leisten. Deshalb bleibt auch in diesen Optionsfällen die Möglichkeit der Pauschalierung der Lohnsteuer nach § 40a Abs. 2 EStG bestehen.

Dass bei geringfügigen Beschäftigungsverhältnissen grundsätzlich auch pauschale Beiträge des Arbeitgebers zur Krankenversicherung ausgelöst werden, ist für die steuerliche Behandlung unbeachtlich.

Es ist für eine sozialversicherungsrechtlich geringfügig entlohnte Beschäftigung also lediglich Voraussetzung, dass das Arbeitsentgelt aus dieser Beschäftigung regelmäßig im Monat 450 Euro nicht übersteigt. Bei der Prüfung, ob diese Grenze überschritten wird, ist vom regelmäßigen monatlichen Bruttoverdienst auszugehen. Bei schwankender Höhe des Arbeitsentgelts ist eine Durchschnittsberechnung durchzuführen. Diese Durchschnittsberechnung des regelmäßigen Arbeitsentgelts schlägt damit auch auf die steuerliche Behandlung durch, sodass die steuerliche Pauschalierungsmöglichkeit auch dann gegeben ist, wenn der Arbeitslohn gelegentlich im Monat 450 Euro überschreitet. Dem regelmäßigen monatlichen Arbeitslohn sind auch anteilig einmalige Einnahmen hinzuzurechnen, die mit hinreichender Sicherheit mindestens einmal jährlich zu erwarten sind, wie beispielsweise das Weihnachtsgeld oder das Urlaubsgeld, nicht aber Jubiläumszuwendungen, da diese nicht jährlich wiederkehren. Wird die Entgeltsgrenze von 450 Euro im Monat nur gelegentlich und nicht vorhersehbar überschritten, so führt dies nicht zur allgemeinen Versicherungspflicht.

Beispiel:
Ein Arbeitnehmer eines privaten Paketzustelldienstes arbeitet seit dem 01.07.2017 für einen monatlichen Arbeitslohn von 410 €. Außerdem wird er im Dezember 2017 ein vertraglich vereinbartes Weihnachtsgeld i. H. von 180 € erhalten. Im Monat September 2017 musste er wegen einer plötzlichen Krankheit eines Kollegen Überstunden leisten, die er mit 100 € vergütet bekam.

Das für die versicherungsrechtliche Beurteilung maßgebende Arbeitsentgelt ist unter Einbeziehung des vorhersehbaren Weihnachtsgeldes zu ermitteln. Der Lohn für die im September 2017 geleisteten Überstunden braucht nicht miteinbezogen zu werden, da dies nicht vorhersehbar war. Somit ergibt sich für die Durchschnittsberechnung des regelmäßigen Bruttoverdienstes ein Ausgangsbetrag von (410 € × 6 + 180 € =) 2.640 €. Das maßgebliche monatliche Arbeitsentgelt beträgt (2.640 € : 6 =) 440 € und übersteigt somit die Arbeitslohngrenze 450 € nicht. Es handelt sich daher um eine geringfügig entlohnte Beschäftigung, die für den Arbeitnehmer sozialversicherungsfrei ist und den Arbeitgeber zur Abführung eines pauschalen Beitrags zur Rentenversicherung von 15 % verpflichtet.

Da hinsichtlich des zeitlichen Umfangs keine wöchentlichen oder monatlichen Stundengrenzen bestehen, besteht die Möglichkeit, insbesondere auch für Aushilfskräfte Arbeitszeitkonten zu bilden, sodass der Arbeitgeber Arbeitsspitzen zeitversetzt entlohnen kann, ohne dadurch die Geringfügigkeit zu gefährden. Beginnt oder endet die Beschäftigung im Laufe eines Kalendermonats, ist von einem anteiligen Monatswert auszugehen, der wie folgt zu ermitteln ist: 450 Euro × Kalendertage : 30 = anteiliger Monatswert.

Die Geringfügigkeit des Beschäftigungsverhältnisses mit der Folge der pauschalen Beitragspflicht zur Rentenversicherung kann allerdings durch die **Zusammenrechnung** mit anderen Beschäftigungen gem. § 8 Abs. 2 SGB IV entfallen. Wird infolge der Zusammenrechnung der Arbeitslöhne aus den verschiedenen Beschäftigungsverhältnissen die 450 Euro-Verdienstgrenze überschritten, besteht für alle an der Zusammenrechnung beteiligten Beschäftigungsverhältnisse für den Arbeitgeber die volle allgemeine Beitragspflicht. Es werden mehrere geringfügig entlohnte Beschäftigungsverhältnisse zusammengerechnet, aber auch geringfügig entlohnte Beschäftigungsverhältnisse mit nicht geringfügigen sozialversicherungspflichtigen Beschäftigungen. Im letzteren Fall gilt jedoch eine Vergünstigung für ein **erstes** bzw. einziges geringfügiges Beschäftigungsverhältnis, das neben einer nicht geringfügigen sozialversicherungspflichtigen (Haupt-)Beschäftigung ausgeübt wird. Nach § 8 Abs. 2 Satz 1 SGB IV ist dieses erste geringfügige Beschäftigungsverhältnis nicht in die Zusammenrechnung miteinzubeziehen, sodass insoweit die pauschale Beitragspflicht des Arbeitgebers bestehen bleibt. **Ein** Minijob neben einer nicht geringfügigen Hauptbeschäftigung bleibt also von der Zusammenrechnung verschont und damit sozialversicherungsrechtlich begünstigt, was dann auch die besonders günstige Pauschalierung nach § 40a Abs. 2 EStG für diesen Minijob ermöglicht. Bei mehreren geringfügig entlohnten Beschäftigungen neben einer allgemein versiche-

5.1 Pflichten des Arbeitgebers

rungspflichtigen Hauptbeschäftigung wird dabei diejenige geringfügig entlohnte Beschäftigung von der Zusammenrechnung ausgenommen, die **zeitlich zuerst aufgenommen** worden ist.

Eine Zusammenrechnung von geringfügig entlohnten Beschäftigungen mit kurzfristigen Beschäftigungen findet nicht statt.

Im Übrigen ist bereits der Sache nach sozialversicherungsfreier Arbeitslohn nicht mit in die Zusammenrechnung einzubeziehen.

Beispiele:

1. P ist in drei Betrieben als Reinigungskraft tätig. Eine andere Beschäftigung übt sie nicht aus. Jede der drei Beschäftigungen ist vom Arbeitslohn aus betrachtet als sog. Minijob ausgestaltet. Im Minijob 1 erhält sie einen monatlichen Arbeitslohn von 200 €, im Minijob 2 einen monatlichen Arbeitslohn von 350 € und im Minijob 3 einen monatlichen Arbeitslohn von 250 €.

Mehrere geringfügig entlohnte Beschäftigungen sind zusammenzurechnen. Da dadurch die Arbeitslohngrenze von monatlich 450 € überschritten wird, besteht für die Arbeitgeber die allgemeine Sozialversicherungspflicht. Aus Sicht der P befindet sie sich zwar im sog. sozialversicherungsrechtlichen Niedriglohnsektor, der von 450,01 € bis zu 850 € reicht. Dies ändert aber an der grundsätzlichen allgemeinen Sozialversicherungspflicht der Arbeitsentgelte nichts, sondern bewirkt nur einen niedrigeren, bis zum vollen Arbeitnehmerbeitrag ansteigenden Arbeitnehmerbeitrag. Der Arbeitgeberbeitrag entspricht dem vollen Beitrag. Insoweit besteht kein Gleitzonenprivileg. Eine pauschale Lohnsteuerberechnung nach § 40a Abs. 2 EStG scheidet damit aus. Allerdings wird die Anwendung einer Pauschalierung nach § 40a Abs. 2a EStG zu prüfen sein.

2. O ist im Hauptberuf sozialversicherungspflichtig als Angestellter in einem Autohaus beschäftigt. Von Juni bis Oktober 2017 hilft er in einem Ausflugslokal als Kellner aus. Sein monatlicher Verdienst beträgt jeweils 430 €. Das ihm zusätzlich verbleibende Trinkgeld beträgt im Schnitt 80 €.

Die Tätigkeit als Kellner ist eine geringfügig entlohnte Beschäftigung. Der maßgebende regelmäßige Bruttoverdienst beträgt 430 €, das Trinkgeld von monatlich 80 € ist steuer- und sozialversicherungsfrei (§ 3 Nr. 51 EStG und § 1 Abs. 1 Nr. 1 SvEV) und führt daher nicht zu einem Überschreiten der Geringfügigkeitsgrenze. Eine Zusammenrechnung mit seiner Haupttätigkeit für das Autohaus findet nicht statt, da er nur eine geringfügig entlohnte Beschäftigung ausübt. Somit hat das Ausflugslokal für die Tätigkeit des O pauschale Beiträge zur Sozialversicherung nach § 172 Abs. 3 SGB VI abzuführen.

3. Eine Arbeitnehmerin übt neben einer sozialversicherungspflichtigen Hauptbeschäftigung mit monatlichem Arbeitslohn von 2.500 € zwei Minijobs aus: den Minijob 1 mit einem Monatslohn von 200 € seit März 2017 und den Minijob 2 mit einem Monatslohn von 350 € seit Juni 2017.

Die Hauptbeschäftigung unterliegt der allgemeinen Versicherungspflicht. Bei den beiden Minijobs handelt es sich jeweils grundsätzlich um geringfügig entlohnte Beschäftigungen. Es werden jedoch die Hauptbeschäftigung und der Minijob 2 zusammengerechnet, wodurch der monatliche Arbeitslohn 2.850 € beträgt und damit auch der in die Zusammenrechnung miteinbezogene Minijob 2 sozialversicherungsrechtlich seine Eigenschaft als geringfügig entlohnte Beschäftigung verliert (§ 8 Abs. 2 Satz 1 und 2 SGB IV). Der Arbeitgeber des Minijobs 2 hat somit den vollen Arbeitgeberanteil des Sozialversicherungsbeitrags zu entrichten. Die zeitlich zuerst aufgenommene geringfügig entlohnte Beschäftigung Minijob 1 wird mit der versicherungspflichtigen Hauptbeschäftigung nicht zusammengerechnet und bleibt damit für die Arbeitnehmerin versicherungsfrei. Der Arbeitgeber ist hierfür zur Abführung eines pauschalen Beitrags an die Rentenversicherung von 15 % verpflichtet. Der Minijob 1 bleibt auch von einer Zusammenrechnung mit dem Minijob 2 freigestellt, da es zu einer Zusammenrechnung mit einer Haupttätigkeit kommt und in diesem Fall nach der Ausnahmeregelung des § 8 Abs. 2 Satz 1 Halbsatz 2 SGB IV eine geringfügige Beschäftigung begünstigt bleiben soll. Für den Minijob 2 kommt dennoch die Lohnsteuerpauschalierung nach § 40a Abs. 2a EStG in Betracht, während die Lohnsteuerpauschalierung für den Minijob 1 nach der günstigeren Regelung des § 40a Abs. 2 EStG erfolgen kann.

4. Ein Beamter übt neben seinem Beruf noch zwei Minijobs mit einem monatlichen Arbeitslohn von jeweils 200 € aus.

Es ist lediglich eine Zusammenrechnung der zwei Minijobs vorzunehmen. Eine Zusammenrechnung mit der Haupttätigkeit als Beamter erfolgt nicht, da es sich hierbei von vornherein um eine sozialversicherungsfreie Tätigkeit handelt. Da die Summe der Arbeitsentgelte für die Minijobs im Monatsbetrag 450 € nicht übersteigt, handelt es sich beide Male auch nach der Zusammenrechnung um geringfügige Beschäftigungen, für die von den jeweiligen Arbeitgebern pauschale Beiträge zur Rentenversicherung zu entrichten sind mit der Folge einer pauschalen Lohnsteuerberechnungsmöglichkeit nach § 40a Abs. 2 EStG.

Wird bei der Zusammenrechnung von geringfügig entlohnten Beschäftigungen festgestellt, dass die Geringfügigkeitsgrenze überschritten ist, tritt die Sozialversicherungspflicht gem. § 8 Abs. 2 Satz 3 SGB IV erst mit dem Tag der Bekanntgabe der Feststellung durch die Einzugsstelle oder einen Träger der Rentenversicherung ein. Diese Regelung hat zum Ziel, Arbeitgeber, die von einer weiteren geringfügig entlohnten Beschäftigung ihres Arbeitnehmers keine Kenntnis haben, nicht rückwirkend mit Sozialversicherungsbeiträgen zu belasten. Es bleibt für die Vergangenheit bei den pauschalen Sozialabgaben und damit auch bei der Pauschalierungsmöglichkeit nach § 40a Abs. 2 EStG.

Pauschale Beiträge zur Rentenversicherung

Die Pauschalierung nach § 40a Abs. 2 EStG setzt neben dem Vorliegen einer geringfügig entlohnten Beschäftigung voraus, dass der Arbeitgeber für das dafür gezahlte Arbeitsentgelt pauschale Beiträge zur Rentenversicherung zu entrichten hat und nicht die sonst gültigen allgemeinen Arbeitgeberbeiträge zur Rentenversicherung. Die Pflicht zur Entrichtung pauschaler Rentenversicherungsbeiträge kann sich ergeben aus:

- § 172 Abs. 3 SGB VI für eine sonstige (gewerbliche) geringfügig entlohnte Beschäftigung i. S. von § 8 Abs. 1 Nr. 1 SGB IV. Der Beitragssatz beträgt 15 % des Arbeitsentgelts. In diesen Fällen besteht für den Arbeitnehmer keine Beitragspflicht zur Sozialversicherung.

- § 172 Abs. 3a SGB VI für eine geringfügig entlohnte Beschäftigung in Privathaushalten i. S. von § 8a SGB IV. Der Beitragssatz beträgt 5 % des Arbeitsentgelts. In diesen Fällen besteht für den Arbeitnehmer ebenfalls keine Beitragspflicht zur Sozialversicherung.

5.1 Pflichten des Arbeitgebers

- § 168 Abs. 1 Nr. 1b SGB VI für eine sonstige geringfügig entlohnte Beschäftigung, wenn der Arbeitnehmer auf die Versicherungsfreiheit verzichtet hat (Optionsfall) und daher der volle Beitrag zur Rentenversicherung entrichtet werden muss. Dabei entfällt auch hier auf den Arbeitgeber ein Betrag von pauschal 15 % des Arbeitsentgelts. Der Arbeitnehmer stockt den Differenzbetrag zum Vollbeitrag als Eigenbeitrag auf (3,7 % im Jahr 2017).
- § 168 Abs. 1 Nr. 1c SGB VI für eine geringfügige Beschäftigung in Privathaushalten, für die der Arbeitnehmer zur Sozialversicherungspflicht optiert. Der Arbeitgeberbeitrag beträgt auch dann pauschal 5 % des Arbeitsentgelts. Die Differenz zum vollen Rentenversicherungsbeitrag muss der Arbeitnehmer als Eigenbeitrag abführen (13,7 % im Jahr 2017).
- § 276a Abs. 1 SGB VI für geringfügig Beschäftigte nach § 8 Abs. 1 Nr. 1 SGB IV, die in dieser Beschäftigung nach § 230 Abs. 8 SGB VI versicherungsfrei sind, tragen die Arbeitgeber einen Beitragsanteil i. H. von 15 % des Arbeitsentgelts, das beitragspflichtig wäre, wenn die Beschäftigten versicherungspflichtig wären. Für geringfügig Beschäftigte in Privathaushalten nach § 8a Satz 1 SGB IV, die in dieser Beschäftigung nach § 230 Abs. 8 versicherungsfrei sind, tragen die Arbeitgeber einen Beitragsanteil i. H. von 5 % des Arbeitsentgelts, das beitragspflichtig wäre, wenn die Beschäftigten versicherungspflichtig wären.

Pauschale Beiträge zur Rentenversicherung im Unterschied zum allgemeinen Arbeitgeberbeitrag muss der Arbeitgeber bei geringfügig entlohnten Beschäftigungen somit sowohl für versicherungsfrei geringfügig beschäftigte Arbeitnehmer als auch für versicherungspflichtig geringfügig beschäftige Arbeitnehmer entrichten. Durch letzteren Fall sind diejenigen geringfügig beschäftigten Arbeitnehmer erfasst, die auf die Versicherungsfreiheit ihres geringfügigen Beschäftigungsverhältnisses verzichten, um durch ergänzende Beitragszahlungen umfangreichere Leistungsansprüche in der Rentenversicherung zu erwerben. Dieses sinnvolle Vorhaben soll nicht durch den Ausschluss der ansonsten gegebenen steuerlichen Pauschalierungsmöglichkeit behindert werden. Deshalb erfasst § 40a Abs. 2 EStG auch diesen Fall.

Hinweis: Seit dem 01.01.2013 unterliegen geringfügig entlohnte Beschäftigungsverhältnisse grundsätzlich der Versicherungs- und vollen Beitragspflicht in der gesetzlichen Rentenversicherung, d. h. der Arbeitnehmer ist verpflichtet seinen Beitragsanteil zur gesetzlichen Rentenversicherung (2017: 3,7 % bzw. 13,7 % bei geringfügig entlohnten Beschäftigungen in Privathaushalten) zu entrichten; er kann sich jedoch von dieser Pflicht befreien lassen.

Einheitlicher Pauschsteuersatz von 2 %

Liegen die Voraussetzungen vor – geringfügig entlohnte Beschäftigung und pauschaler Beitrag des Arbeitgebers zur Rentenversicherung –, dann hat der Arbeitgeber ein **Wahlrecht,** den Arbeitslohn nach § 40a Abs. 2 EStG pauschal mit 2 %

des Arbeitslohns zu besteuern. Hierbei handelt es sich um einen einheitlichen Pauschsteuersatz, der die pauschale Lohnsteuer einschließlich Solidaritätszuschlag und Kirchensteuer umfasst. Dieser einheitliche Pauschsteuersatz gilt auch dann, wenn der Arbeitnehmer keiner erhebungsberechtigten Religionsgemeinschaft angehört. Eine geringfügig entlohnte Beschäftigung im gewerblichen Bereich ist daher regelmäßig mit Abgaben i. H. von 30 % des Arbeitslohns (15 % Rentenversicherung, 13 % Krankenversicherung und 2 % Pauschsteuer) belastet. Für eine geringfügig entlohnte Beschäftigung in Privathaushalten werden regelmäßig Abgaben i. H. von 12 % des Arbeitslohns fällig (5 % Rentenversicherung, 5 % Krankenversicherung und 2 % Pauschsteuer).

Auch in diesen Fällen kann im Innenverhältnis die Pauschsteuer vom Arbeitgeber als Steuerschuldner auf den Arbeitnehmer abgewälzt werden. Jedoch wird dadurch die Bemessungsgrundlage nach § 40a Abs. 5 und § 40 Abs. 3 Satz 1 EStG nicht gemindert. Die Bemessungsgrundlage für die Pauschalbesteuerung umfasst das sozialversicherungsrechtliche Arbeitsentgelt (R 40a.2 Satz 3 LStR). Somit richtet sich die Bemessungsgrundlage für die einheitliche Pauschsteuer nach § 40a Abs. 2 EStG (wie übrigens auch bei Anwendung des Pauschsteuersatzes nach § 40a Abs. 2a EStG) nach dem sozialversicherungspflichtigen Arbeitsentgelt, und zwar grundsätzlich unabhängig davon, ob es steuerpflichtiger oder steuerfreier Arbeitslohn ist. Lohnbestandteile, die nicht zum sozialversicherungsrechtlichen Arbeitsentgelt gehören, bleiben im Fall der Lohnsteuerpauschalierung für geringfügig entlohnte Beschäftigte außer Ansatz. Hierzu gehören z. B. nach § 3 Nr. 16 EStG steuerfrei erstattete Reisekosten, steuerfreie Kindergartenzuschüsse des Arbeitgebers nach § 3 Nr. 33 EStG, die vom Arbeitgeber gestattete private Nutzung betrieblicher Telekommunikationsgeräte nach § 3 Nr. 45 EStG, von Kunden freiwillig gezahlte Trinkgelder nach § 3 Nr. 51 EStG, die nach § 3 Nr. 63 EStG steuerfrei bleibenden Zukunftssicherungsleistungen und die nach § 3b EStG steuerfreien Zuschläge für Sonntags-, Feiertags- und Nachtarbeit (bei letzteren ist allerdings die Einschränkung des § 1 Abs. 1 Nr. 1 SvEV zu beachten). Arbeitslohn, der im Rahmen des Übungsleiterfreibetrags nach § 3 Nr. 26 EStG steuerfrei bleibt, stellt kein sozialversicherungspflichtiges Arbeitsentgelt dar. Auch bestimmte pauschal besteuerte Bezüge unterliegen nicht der Beitragspflicht in der Sozialversicherung, wie zum Beispiel nach § 40 Abs. 2 EStG pauschal zu besteuernder Arbeitslohn (§ 1 Abs. 1 Nr. 3 SvEV), sodass die Pauschalbesteuerung nach den dortigen Vorschriften erfolgt.

Für alle geringfügig entlohnten Beschäftigungsverhältnisse gilt, dass die Pauschalbesteuerung nicht in Anspruch genommen werden muss. Der Arbeitgeber kann die Lohnsteuer auch nach dem Lohnsteuerabzugsverfahren unter Berücksichtigung der elektronischen Lohnsteuerabzugsmerkmale erheben. Dies kann im Einzelfall bei Arbeitnehmern günstiger sein, wenn in der entsprechenden Steuerklasse bzw. aufgrund der Höhe der Einkünfte ohnehin keine Lohnsteuer anfällt wie beispielsweise bei einem Schüler, Studierenden oder Rentner.

5.1 Pflichten des Arbeitgebers

Beispiele:

1. Arbeitnehmerin B arbeitet 2017 einige Stunden in der Woche im Büro der Großbäckerei G und erhält dafür monatlich 380 €. Eine weitere Berufstätigkeit übt sie nicht aus. B ist über ihren Ehemann beihilfeberechtigt und daher bei einer privaten und nicht in einer gesetzlichen Krankenkasse versichert.

B ist bei G geringfügig entlohnt beschäftigt, da ihr Monatslohn 450 € nicht übersteigt. Arbeitgeber G hat für B pauschal 15 % Arbeitgeberbeitrag zur Rentenversicherung zu leisten, allerdings keinen Arbeitgeberbeitrag zur gesetzlichen Krankenversicherung, da B insoweit privat versichert ist. Dies ist jedoch für die steuerliche Pauschalierung unerheblich, sodass G die Lohnsteuer einschl. Solidaritätszuschlag und Kirchensteuer nach § 40a Abs. 2 EStG pauschal mit 2 % des Arbeitslohns erheben kann. Insgesamt hat G daher für B monatlich Pauschalabgaben von 17 % des Arbeitsentgelts, also 64,60 €, an die Deutsche Rentenversicherung Knappschaft-Bahn-See (§ 40a Abs. 6 EStG) abzuführen.

2. F reinigt als Arbeitnehmerin an zwei Vormittagen die Woche die Wohnung des Zahnarztes Z und erhält dafür monatlich 300 €. Auf den Abruf der elektronischen Lohnsteuerabzugsmerkmale wurde verzichtet.

F ist geringfügig in einem Privathaushalt beschäftigt, da der monatliche Arbeitslohn 450 € nicht überschreitet. Z hat für F Sozialversicherungsbeiträge von pauschal 10 % des Arbeitslohns abzuführen (5 % Rentenversicherung und 5 % Krankenversicherung). Zudem kann er die Lohnsteuer einschl. Solidaritätszuschlag und Kirchensteuer nach § 40a Abs. 2 EStG mit 2 %, also mit 6 €, monatlich berechnen.

3. F reinigt als Arbeitnehmerin an drei Abenden die Woche die Praxisräume des Zahnarztes Z und erhält dafür monatlich 450 €. Auf den Abruf der elektronischen Lohnsteuerabzugsmerkmale wurde verzichtet.

F ist geringfügig beschäftigt, da der monatliche Arbeitslohn 450 € nicht überschreitet. Z hat für die Tätigkeit der F Sozialversicherungsbeiträge von pauschal 28 % des Arbeitslohns abzuführen (15 % Rentenversicherung und 13 % Krankenversicherung). Zudem kann er die Lohnsteuer einschl. Solidaritätszuschlag und Kirchensteuer nach § 40a Abs. 2 EStG mit 2 %, also mit 9 €, monatlich berechnen.

4. F reinigt als Arbeitnehmerin an zwei Vormittagen die Woche die Wohnung des Rentners R und erhält dafür monatlich 150 €. Auf den Abruf der elektronischen Lohnsteuerabzugsmerkmale hat R verzichtet. F übt daneben noch eine Hauptbeschäftigung als Verkäuferin im Schuhgeschäft S aus und bezieht hieraus einen monatlichen Bruttoarbeitslohn von 1.500 €.

Der Arbeitslohn aus der Hauptbeschäftigung bei S ist individuell unter Berücksichtigung der elektronischen Lohnsteuerabzugsmerkmale zu versteuern. Die Tätigkeit für R ist eine geringfügig entlohnte Beschäftigung in einem Privathaushalt, da der hierfür gezahlte Arbeitslohn 400 € im Monat nicht übersteigt. Es erfolgt keine Zusammenrechnung dieser Tätigkeit mit der Hauptbeschäftigung, da **eine** geringfügig entlohnte Beschäftigung neben einer sozialversicherungspflichtigen Hauptbeschäftigung stets sozialversicherungsfrei bleibt. R hat für die Tätigkeit der F Sozialversicherungsbeiträge von pauschal 10 % des Arbeitslohns abzuführen (5 % Rentenversicherung und 5 % Krankenversicherung). Zudem kann er die Lohnsteuer einschl. Solidaritätszuschlag und Kirchensteuer nach § 40a Abs. 2 EStG mit 2 %, also mit 3 €, monatlich berechnen.

5. R ist beamtete Grundschullehrerin mit gemindertem Lehrauftrag und erhält hierfür ein monatliches Gehalt von 1.500 €; sie ist privat krankenversichert. Daneben ist sie beamtenrechtlich zulässigerweise noch für zwei Reinigungsunternehmen als Raum-

pflegerin in Minijob-Verhältnissen tätig. Für den Minijob 1 erhält sie monatlich 150 € und für den Minijob 2 erhält sie monatlich 200 €.
Bei den zwei Tätigkeiten als Raumpflegerin wird R jeweils als geringfügig Beschäftigte tätig. Nach § 8 Abs. 2 SGB IV sind die beiden Minijobs für die Frage der Versicherungsfreiheit der R zusammenzurechnen. Eine Zusammenrechnung mit der Tätigkeit als Grundschullehrerin ist nicht vorzunehmen, da es sich hierbei um eine Beamtentätigkeit handelt, die von vornherein nicht der Sozialversicherungspflicht unterliegt. Da auch nach Zusammenrechnung der beiden Minijobs sich ein monatliches Arbeitsentgelt ergibt, das 450 € nicht überschreitet, handelt es sich auch nach der Zusammenrechnung um jeweils geringfügig entlohnte Beschäftigungen, für die keine Sozialversicherungspflicht für die R entsteht. Die Arbeitgeber der beiden Minijobs haben daher jeweils pauschale Beiträge zur Rentenversicherung i. H. von 15 % des jeweiligen Arbeitsentgelts zu entrichten (keinen Beitrag zur gesetzlichen Krankenversicherung, da R privat versichert ist) und können jeweils die Lohnsteuer einschl. Solidaritätszuschlag und Kirchensteuer pauschal mit 2 % des jeweiligen Arbeitsentgelts berechnen.

6. M ist alleinerziehende Mutter, die mit ihrer sechs Jahre alten Tochter zusammenlebt. M arbeitet an zwei Vormittagen in der Woche als Kassiererin in einem Lebensmittelmarkt und erhält dafür 350 € im Monat. Ihr Arbeitgeber hat einen Abruf der elektronischen Lohnsteuerabzugsmerkmale vorgenommen: S ist in Steuerklasse II eingereiht.
M ist als geringfügig entlohnte Beschäftigte im Lebensmittelmarkt tätig. Der Arbeitgeber hat als Arbeitgeberbeitrag pauschale Sozialversicherungsbeiträge von insgesamt 28 % des Arbeitsentgelts an die Bundesknappschaft abzuführen (15 % Rentenversicherung und 13 % Krankenversicherung). Die Lohnsteuer wird nach den mitgeteilten Lohnsteuerabzugsmerkmalen erhoben. Bei einem monatlichen Arbeitslohn von 350 € fällt dabei in der Lohnsteuerklasse II keine Lohnsteuer an.

7. Durch einen Brand wurden die Verkaufsräume eines Fliesengeschäfts erheblich beschädigt. Um die Räume schnell wieder herrichten zu können, beschäftigt der Inhaber den Studenten S für eine Woche zu Aufräumarbeiten und bezahlt ihm dafür 10 € die Stunde als Arbeitslohn.
Bei der Tätigkeit des S handelt es sich sozialversicherungsrechtlich um eine kurzfristige Beschäftigung i. S. von § 8 Abs. 1 Nr. 2 SGB IV. Dafür müssen keine Sozialversicherungsbeiträge abgeführt werden, also auch kein pauschaler Arbeitgeberbeitrag. Somit scheidet eine steuerliche Pauschalierung des Lohnsteuerabzugs nach § 40a Abs. 2 und § 40a Abs. 2a EStG aus. Ob eine Lohnsteuerpauschalierung nach § 40a Abs. 1 EStG möglich ist, entscheidet sich allein nach dieser Vorschrift.

8. Ein Arbeitnehmer übt neben einer sozialversicherungspflichtigen Hauptbeschäftigung als Kfz-Elektroniker mit einem Arbeitslohn von monatlich 2.000 € zwei Minijobs aus: Minijob 1 seit dem 01.02.2017 und Minijob 2 seit dem 01.07.2017. Der Arbeitslohn aus dem Minijob 1 beträgt monatlich 250 €, der Arbeitslohn aus dem Minijob 2 beträgt monatlich 350 €.
Es erfolgt eine Zusammenrechnung des Minijobs 2 mit der sozialversicherungsrechtlichen Hauptbeschäftigung. Damit entsteht auch für den Minijob 2 die volle allgemeine Sozialversicherungspflicht. Der früher aufgenommene Minijob 1 wird nach § 8 Abs. 2 Satz 1 SGB IV nicht in die Zusammenrechnung miteinbezogen, sodass der Arbeitgeber hierfür einen pauschalen Beitrag zur Rentenversicherung zu entrichten hat. Dementsprechend kann der Arbeitgeber für den Minijob 1 die Lohnsteuer einschl. Solidaritätszuschlag und Kirchensteuer pauschal nach § 40a Abs. 2 EStG pauschal mit 2 % aus 250 € berechnen. Der Arbeitgeber des Minijobs 2 kann den Lohnsteuerabzug entweder nach den mitgeteilten elektronischen Lohnsteuerabzugsmerkmalen ermitteln oder, da dem Grunde nach auch insoweit eine geringfügig entlohnte Beschäftigung mit

5.1 Pflichten des Arbeitgebers

einem monatlichen Arbeitslohn nicht über 450 € vorliegt, eine Lohnsteuerpauschalierung nach § 40a Abs. 2a EStG vornehmen. Die Lohnsteuer aus der Hauptbeschäftigung wird weiterhin nach den für dieses Beschäftigungsverhältnis mitgeteilten elektronischen Lohnsteuerabzugsmerkmalen ermittelt.

9. Arbeitnehmer U ist als Kellner in einer Gaststätte beschäftigt und erhält dafür ein monatliches Arbeitsentgelt von 750 €. Eine weitere Berufstätigkeit übt U nicht aus.

U erhält Arbeitslohn, der im Bereich des Niedriglohnsektors zwischen 450,01 € und 850 € liegt. Für den Arbeitnehmeranteil zur Sozialversicherung entsteht damit das Gleitzonenprivileg. Der Arbeitgeber muss in der Gleitzone jedoch den vollen Arbeitgeberanteil zur Sozialversicherung entrichten. Damit ist eine Pauschalierung der Lohnsteuer nach § 40a Abs. 2 EStG nicht möglich und auch nicht nach § 40a Abs. 2a EStG, da wegen Überschreitens der Arbeitslohngrenze von monatlich 450 € keine begünstigte geringfügig entlohnte Beschäftigung vorliegt. Steuerlich gibt es keine Gleitzone. Der Arbeitslohn ist daher nach den mitgeteilten elektronischen Lohnsteuerabzugsmerkmalen dem Steuerabzug zu unterwerfen.

10. F übt 2017 in einem privaten Haushalt einen Minijob mit monatlichem Arbeitslohn von 400 € aus. Diesen Job hat F bereits seit 2011 inne. F verzichtet aber nach § 5 Abs. 2 Satz 2 SGB VI auf seine Rentenversicherungsfreiheit, um dadurch die vollen Leistungen aus der Rentenversicherung zu erwerben.

Es liegt eine geringfügig entlohnte Beschäftigung nach § 8a SGB IV vor, für die der Arbeitnehmer aber auf die Versicherungsfreiheit verzichtet hat (Optionsfall). Die Versicherungsfreiheit in der Rentenversicherung ist auch ab 01.01.2013 für geringfügig entlohnte Beschäftigungsverhältnisse möglich, die vor dem 01.01.2013 aufgenommen wurden und deren Arbeitsentgelt weiterhin maximal 400 Euro beträgt (§ 230 Abs. 8 SGB VI). Da der Arbeitgeber dennoch nach § 168 Abs. 1 Nr. 1c SGB VI nur pauschal 5 % des Arbeitslohns als Beitrag an die Rentenversicherung zu tragen hat, kann die Lohnsteuer einschl. Solidaritätszuschlag und Kirchensteuer nach § 40a Abs. 2 EStG mit 2 % des Arbeitslohns berechnet werden. F hat allerdings zusätzlich 13,7 % des Arbeitslohns als Beitrag an die Rentenversicherung zu entrichten, da infolge seines Verzichts auf die Rentenversicherungsfreiheit der volle Beitrag i. H. von 18,7 % des Arbeitsentgelts zu entrichten ist. Die Möglichkeit der steuerlichen Pauschalierung nach § 40a Abs. 2 EStG bleibt davon aber unberührt.

Anmeldung und Abführung der Lohnsteuer einschließlich Zuschlagsteuern

Der Arbeitgeber hat sowohl die Pauschalbeiträge zur Sozialversicherung als auch die einheitliche Pauschsteuer zentral an die Deutsche Rentenversicherung Knappschaft-Bahn-See als gemeinsame Einzugsstelle der Sozialversicherung und der Finanzbehörden abzuführen (§ 40a Abs. 6 EStG). Dort werden die Beträge entsprechend verteilt. Die einheitliche Pauschsteuer von 2 % entfällt dabei nach § 40a Abs. 6 Satz 4 EStG zu 90 % auf die Lohnsteuer, zu 5 % auf den Solidaritätszuschlag und zu 5 % auf die Kirchensteuer. Die erhebungsberechtigten Kirchen haben sich über die Aufteilung des Kirchensteueranteils zu verständigen und diesen der Deutschen Rentenversicherung Knappschaft-Bahn-See mitzuteilen.

Eine Besonderheit gilt für die geringfügig entlohnte Beschäftigung in Privathaushalten (haushaltsnahe Minijobs). Einzugsstelle ist hierfür zwar auch die Deutsche Rentenversicherung Knappschaft-Bahn-See. Der Beitragseinzug erfolgt in diesen Fällen aber ausschließlich nach dem **Haushaltsscheckverfahren.** Hierzu füllt der

Arbeitgeber den sog. Haushaltsscheck aus und erteilt der Einzugsstelle eine Einzugsermächtigung. Auf dem Haushaltsscheck teilt der Arbeitgeber das Arbeitsentgelt mit und ob die Lohnsteuer mit der einheitlichen Pauschsteuer erhoben werden soll. Die Einzugsstelle berechnet die einheitliche Pauschsteuer und zieht sie zusammen mit den pauschalen Beiträgen zur gesetzlichen Sozialversicherung jeweils zum 31. Januar für die Monate Juli bis Dezember des Vorjahres und zum 31. Juli für die Monate Januar bis Juni des jeweiligen Jahres vom Arbeitgeber ein. Anders als im Normalverfahren muss der Arbeitgeber nicht selbst die Pauschalbeträge berechnen, sondern diese werden von der Einzugsstelle berechnet. Als Arbeitgeber im Haushaltsscheckverfahren kommen nur natürliche Personen in Betracht. Beschäftigungen in privaten Haushalten, die durch Dienstleistungsagenturen oder andere Unternehmen begründet sind, fallen nicht unter diese Regelung. Ergibt sich jedoch aufgrund der Zusammenrechnung der haushaltsnahen Beschäftigung mit einer weiteren Beschäftigung die allgemeine Versicherungspflicht, findet das Haushaltsscheckverfahren keine Anwendung mehr und der Arbeitgeber hat das allgemeine Beitrags- und Meldeverfahren durchzuführen.

Die Arbeitgeber der sonstigen (gewerblichen) geringfügig entlohnten Beschäftigungen berechnen die einheitliche Pauschsteuer weiterhin selbst und teilen der Einzugsstelle den Betrag im normalen Meldeverfahren mit, also mit dem Beitragsnachweis über die abzuführenden Sozialversicherungsbeiträge.

5.1.6.10.2 Geringfügig entlohnte Beschäftigung ohne pauschalen Beitrag des Arbeitgebers zur Rentenversicherung (§ 40a Abs. 2a EStG)

Das Pauschalierungswahlrecht des Arbeitgebers setzt voraus, dass

- eine geringfügige Beschäftigung i. S. des § 8 Abs. 1 Nr. 1 (sonstige geringfügige Beschäftigung) oder des § 8a des SGB IV (geringfügige Beschäftigung in Privathaushalten) vorliegt und

- der Arbeitgeber für den dafür gezahlten Arbeitslohn **keine pauschalen Beiträge zur Rentenversicherung** nach sozialversicherungsrechtlichen Vorschriften (§ 168 Abs. 1 Nr. 1b oder 1c oder § 172 Abs. 3 oder 3a oder § 276a Abs. 1 SGB VI) zu entrichten hat.

Es muss somit wiederum eine geringfügig entlohnte Beschäftigung – sonstige (gewerbliche) geringfügige Beschäftigung oder geringfügige Beschäftigung in Privathaushalten – i. S. des § 8 Abs. 1 Nr. 1 oder des § 8a des SGB IV vorliegen. Diese liegt vor, wenn das **Arbeitsentgelt** aus **dieser** Beschäftigung **regelmäßig im Monat 450 Euro nicht übersteigt.**

Es werden keine weiteren eigenständigen steuerlichen Arbeitslohngrenzen, insbesondere keine Höchstgrenzen für den Stundenlohn und keine Grenzen im zeitlichen Umfang der geringfügigen Beschäftigung, aufgestellt. § 40a Abs. 4 EStG gilt für diesen Pauschalierungstatbestand nicht.

5.1 Pflichten des Arbeitgebers

Zudem darf für den Arbeitgeber keine Pflicht entstanden sein, für dieses Beschäftigungsverhältnis bzw. für den dafür gezahlten Arbeitslohn einen pauschalen Beitrag zur Rentenversicherung zu entrichten. Dies liegt dann vor, wenn aufgrund einer Zusammenrechnung nach § 8 Abs. 2 SGB IV für die geringfügig entlohnte Beschäftigung die Pflicht des Arbeitgebers zur Entrichtung eines pauschalen Beitrags zur Rentenversicherung entfällt, sei es bei der Zusammenrechnung mehrerer geringfügig entlohnter Beschäftigungen oder auch infolge der Zusammenrechnung mit einer sozialversicherungspflichtigen Hauptbeschäftigung.

Die negative Auswirkung auf die geringfügige Beschäftigung, die aus sozialversicherungsrechtlicher Sicht eine Zusammenrechnung nach § 8 Abs. 2 SGB IV haben kann, wirkt sich demnach nicht negativ auf die Pauschalierungsmöglichkeit nach § 40a Abs. 2a EStG aus. Insoweit genügt es, dass unter Außerachtlassung einer Zusammenrechnung die in Frage stehende Tätigkeit als geringfügig entlohnte Beschäftigung i. S. des § 8 Abs. 1 Nr. 1 oder des § 8a SGB IV angesehen werden kann, wofür wiederum genügt, dass das monatliche Arbeitsentgelt für die Beschäftigung regelmäßig 450 Euro nicht übersteigt. Auf § 8 Abs. 2 SGB IV wird nicht Bezug genommen.

Nach § 40a Abs. 2a EStG kann die Lohnsteuer mit einem Pauschsteuersatz von 20 % erhoben werden. Dabei handelt es sich im Gegensatz zur Pauschalierung nach § 40a Abs. 2 EStG nicht um eine einheitliche Pauschsteuer. Demgemäß fällt neben dieser Pauschalierung der Lohnsteuer weiterhin zusätzlich Solidaritätszuschlag und evtl. auch pauschale Kirchenlohnsteuer an. Auch für den Pauschsteuersatz nach § 40a Abs. 2a EStG ist Bemessungsgrundlage das sozialversicherungsrechtliche Arbeitsentgelt (R 40a.2 Satz 3 LStR).

Die pauschale Lohnsteuer nach § 40a Abs. 2a EStG ist im normalen Anmeldungsverfahren an das Betriebsstättenfinanzamt abzuführen. Als Betriebsstättenfinanzamt ist in den Fällen der geringfügig entlohnten Beschäftigung in Privathaushalten (haushaltsnahe Minijobs) regelmäßig das für die Einkommensteuerveranlagung des Arbeitgebers zuständige Wohnsitzfinanzamt anzusehen, für andere Arbeitgeber das Finanzamt, in dessen Bezirk sich der Betrieb befindet (Betriebsstättenfinanzamt).

Der Arbeitgeber kann anstelle einer Pauschalierung der Lohnsteuer diese auch individuell nach den mitgeteilten elektronischen Lohnsteuerabzugsmerkmalen erheben (Wahlrecht).

Beispiele:

1. T übt gleichzeitig zwei Minijobs aus. Für den Minijob 1 erhält er monatlich 250 € Arbeitsentgelt und für den Minijob 2 monatlich 300 €. Dies ist beiden Arbeitgebern aufgrund einer Feststellung des Trägers der Rentenversicherung bereits seit Längerem bekannt. T ist kirchensteuerpflichtig.

Mehrere geringfügig entlohnte Beschäftigungen sind für die Frage der Sozialversicherungspflicht zusammenzurechnen. Dadurch ergibt sich für T ein monatliches Arbeitsentgelt von 550 €. Damit wird der volle allgemeine Arbeitgeberanteil zur Sozialversicherung fällig. Da somit die Arbeitgeber nicht nur die pauschalen Beiträge zur

Rentenversicherung für geringfügig Beschäftigte zu entrichten haben, scheidet eine Pauschalierung der Lohnsteuer nach § 40a Abs. 2 EStG aus. Daran ändert sich auch nichts wegen des Umstands, dass sich die zusammengerechneten Arbeitsentgelte im Bereich des Niedriglohnsektors zwischen 450,01 € und 850 € befinden. Dies hat lediglich Auswirkung auf den Arbeitnehmeranteil an der Sozialversicherung, der insoweit nicht sofort in voller Höhe entsteht, sondern im Rahmen der Gleitzone ansteigt. Für den Arbeitgeberanteil besteht kein Gleitzonenprivileg. Steuerlich haben die Arbeitgeber damit die Lohnsteuer grundsätzlich nach den abgerufenen elektronischen Lohnsteuerabzugsmerkmalen oder ggf. nach einer vorgelegten Bescheinigung für den Lohnsteuerabzug nach § 39 Abs. 3 oder § 39e Abs. 7 oder Abs. 8 EStG zu ermitteln. Allerdings besteht auch die Möglichkeit der Lohnsteuerpauschalierung nach § 40a Abs. 2a EStG mit einem Pauschsteuersatz von 20 %. § 40a Abs. 2a EStG ermöglicht die Lohnsteuerpauschalierung bereits dann, wenn eine geringfügig entlohnte Beschäftigung i. S. des § 8 Abs. 1 Nr. 1 oder des § 8a SGB IV vorliegt und keine pauschalen Arbeitgeberanteile zur Rentenversicherung entrichtet werden müssen. Auf die sozialversicherungsrechtlich vorzunehmende Zusammenrechnung nach § 8 Abs. 2 SGB IV wird für die Frage der steuerlichen Pauschalierung nach § 40a Abs. 2a EStG nicht Bezug genommen. Hierfür genügt die Eigenschaft als Minijob i. S. des § 8 Abs. 1 Nr. 1 oder des § 8a SGB IV und somit die Beschäftigung für ein monatliches Arbeitsentgelt, das 450 € nicht übersteigt. Da beide Minijobs diese Grenze nicht übersteigen, können die jeweiligen Arbeitgeber die Lohnsteuer pauschal mit 20 % erheben. Für den Minijob 1 entstehen damit monatlich eine pauschale Lohnsteuer von 50 € und zusätzlich 2,75 € Solidaritätszuschlag sowie 3,50 € Kirchensteuer (pauschaler Kirchensteuersatz von 7 % unterstellt). Für den Minijob 2 entstehen monatlich eine pauschale Lohnsteuer von 60 € und zusätzlich 3,30 € Solidaritätszuschlag sowie 4,20 € Kirchensteuer (pauschaler Kirchensteuersatz von 7 % unterstellt).

2. P arbeitet im Sommer 2017 für 10 Tage als Aushilfe auf einem Jahrmarkt und erhält hierfür 200 €.

Es handelt sich hierbei um eine sozialversicherungsfreie kurzfristige Beschäftigung i. S. von § 8 Abs. 1 Nr. 2 SGB IV. Damit kann die Lohnsteuer weder nach § 40a Abs. 2 noch nach § 40a Abs. 2a EStG pauschaliert werden. Es ist daher zu prüfen, ob eine steuerlich eigenständig zu prüfende kurzfristige Tätigkeit nach § 40a Abs. 1 EStG vorliegt mit der Möglichkeit der Pauschalierung mit einem Pauschsteuersatz von 25 %.

3. Eine Arbeitnehmerin übt neben einer sozialversicherungspflichtigen Hauptbeschäftigung mit monatlichem Arbeitslohn von 2.500 € zwei Minijobs aus: den Minijob 1 mit einem Monatslohn von 200 € seit März 2017 und den Minijob 2 mit einem Monatslohn von 300 € seit Juni 2017.

Die Hauptbeschäftigung unterliegt der allgemeinen Versicherungspflicht. Bei den beiden Minijobs handelt es sich jeweils grundsätzlich um geringfügig entlohnte Beschäftigungen. Es werden jedoch die Hauptbeschäftigung und der Minijob 2 zusammengerechnet, wodurch der monatliche Arbeitslohn 2.800 € beträgt und damit auch der in die Zusammenrechnung miteinbezogene Minijob 2 sozialversicherungsrechtlich seine Eigenschaft als geringfügig entlohnte Beschäftigung verliert (§ 8 Abs. 2 Satz 1 und SGB IV). Der Arbeitgeber des Minijobs 2 hat somit den vollen Arbeitgeberanteil des Sozialversicherungsbeitrags zu entrichten. Die zeitlich zuerst aufgenommene geringfügig entlohnte Beschäftigung Minijob 1 wird mit der versicherungspflichtigen Hauptbeschäftigung nicht zusammengerechnet und bleibt damit für die Arbeitnehmerin versicherungsfrei. Der Arbeitgeber ist hierfür zur Abführung eines pauschalen Beitrags an die Rentenversicherung von 15 % verpflichtet. Der Minijob 1 bleibt auch von einer Zusammenrechnung mit dem Minijob 2 freigestellt, da es zu einer Zusammenrechnung mit einer Haupttätigkeit kommt und in diesem Fall nach der Ausnahmeregelung

5.1 Pflichten des Arbeitgebers

des § 8 Abs. 2 Satz 1 Halbsatz 2 SGB IV **eine** geringfügige Beschäftigung begünstigt bleiben soll.

Für den Minijob 1 kann damit die Lohnsteuer nach § 40a Abs. 2 EStG mit einem einheitlichen Pauschsteuersatz von 2 % des Arbeitslohns erhoben werden. Die Lohnsteuer der Hauptbeschäftigung ist individuell nach den im Abrufverfahren mitgeteilten elektronischen Lohnsteuerabzugsmerkmalen zu erheben. Für den Minijob 2, dessen monatlicher Arbeitslohn ebenfalls 450 € nicht übersteigt, hat der Arbeitgeber keine pauschalen Beiträge zur Rentenversicherung zu entrichten. Somit kann der Arbeitgeber die Lohnsteuer nach § 40a Abs. 2a EStG mit einem Pauschsteuersatz von 20 % ermitteln, zuzüglich Solidaritätszuschlag und eventuell Kirchensteuer.

4. A arbeitet stundenweise als Kellner für einen Monatslohn von 600 €.

Es liegt zwar eine Tätigkeit im so genannten Niedriglohnsektor vor, jedoch keine geringfügig entlohnte Beschäftigung, da der regelmäßige monatliche Arbeitslohn 450 € übersteigt. Damit hat die Lohnsteuerberechnung individuell nach den im Abrufverfahren mitgeteilten elektronischen Lohnsteuerabzugsmerkmalen zu erfolgen. Eine Lohnsteuerpauschalierung nach § 40a EStG scheidet aus.

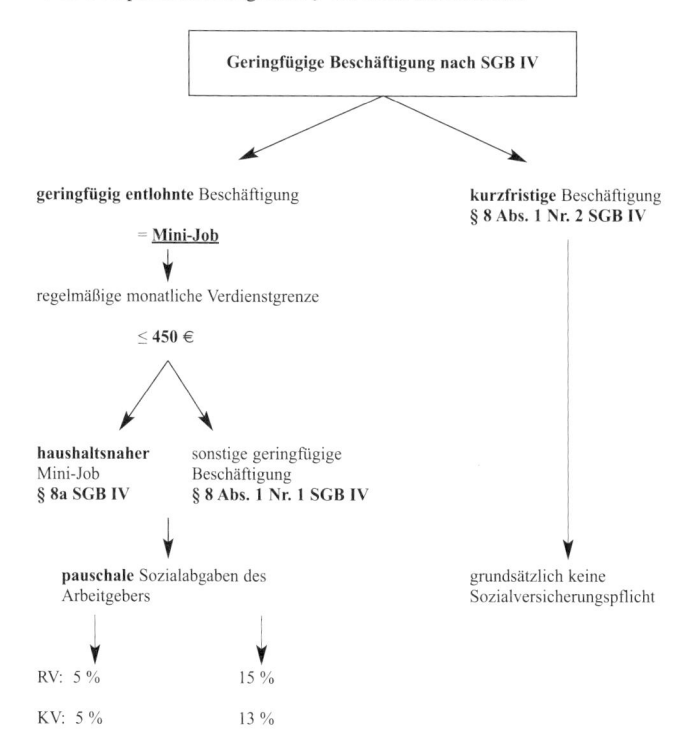

```
                    Geringfügige Beschäftigung nach SGB IV
                            ↙              ↘
geringfügig entlohnte Beschäftigung      kurzfristige Beschäftigung
                                         § 8 Abs. 1 Nr. 2 SGB IV
         = Mini-Job
              ↓
regelmäßige monatliche Verdienstgrenze
              ≤ 450 €
          ↙        ↘
haushaltsnaher    sonstige geringfügige
Mini-Job          Beschäftigung
§ 8a SGB IV       § 8 Abs. 1 Nr. 1 SGB IV
    ↓                   ↓
         pauschale Sozialabgaben des
         Arbeitgebers                     grundsätzlich keine
    ↓                   ↓                 Sozialversicherungspflicht
RV:  5 %              15 %
KV:  5 %              13 %
```

5 Pflichten und Rechte des Arbeitgebers

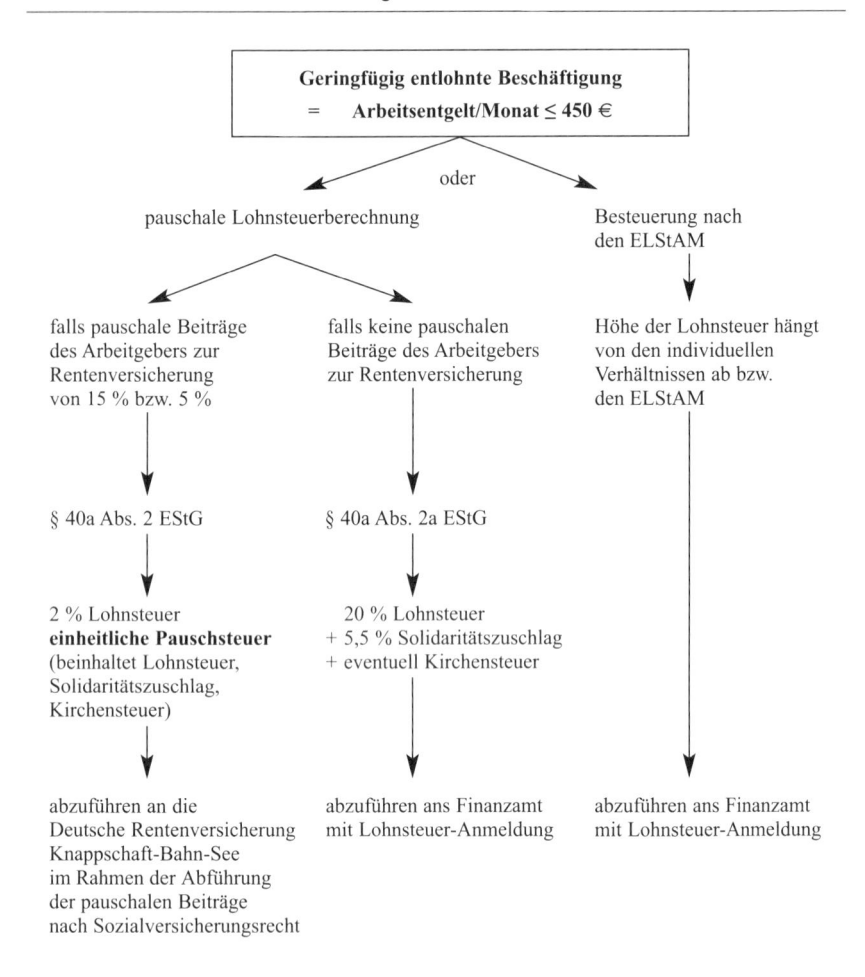

```
                    ┌─────────────────────────────────────┐
                    │  Geringfügig entlohnte Beschäftigung │
                    │  = Arbeitsentgelt/Monat ≤ 450 €      │
                    └─────────────────────────────────────┘
                           ↙       oder       ↘
            pauschale Lohnsteuerberechnung         Besteuerung nach
                                                   den ELStAM
                    ↙              ↘                    ↓
   falls pauschale Beiträge   falls keine pauschalen    Höhe der Lohnsteuer hängt
   des Arbeitgebers zur       Beiträge des Arbeitgebers von den individuellen
   Rentenversicherung         zur Rentenversicherung    Verhältnissen ab bzw.
   von 15 % bzw. 5 %                                    den ELStAM
            ↓                        ↓                        ↓
   § 40a Abs. 2 EStG          § 40a Abs. 2a EStG
            ↓                        ↓
   2 % Lohnsteuer             20 % Lohnsteuer
   einheitliche Pauschsteuer  + 5,5 % Solidaritätszuschlag
   (beinhaltet Lohnsteuer,    + eventuell Kirchensteuer
   Solidaritätszuschlag,
   Kirchensteuer)
            ↓                        ↓                        ↓
   abzuführen an die          abzuführen ans Finanzamt  abzuführen ans Finanzamt
   Deutsche Rentenversicherung mit Lohnsteuer-Anmeldung mit Lohnsteuer-Anmeldung
   Knappschaft-Bahn-See
   im Rahmen der Abführung
   der pauschalen Beiträge
   nach Sozialversicherungsrecht
```

5.1.6.10.3 Kurzfristige Beschäftigung (§ 40a Abs. 1 EStG)

Der Pauschsteuersatz beträgt bei kurzfristig beschäftigten Aushilfskräften 25 % Eine **kurzfristige Beschäftigung** liegt vor, wenn der Arbeitnehmer bei dem Arbeitgeber gelegentlich, nicht regelmäßig wiederkehrend, beschäftigt wird und die Dauer des Beschäftigungsverhältnisses **18 zusammenhängende Arbeitstage** nicht übersteigt. Gelegentliche Beschäftigung bedeutet eine Tätigkeit ohne feste Wiederholungsabsicht. Dies kann dann durchaus zu einer Wiederholung der Tätigkeit führen, solange die erneute Tätigkeit nicht von vornherein vereinbart worden ist (R 40a.1 Abs. 2 LStR).

Beispiel:
X ist vier Wochen in einem Betrieb von dienstags bis freitags beschäftigt. Üblicherweise arbeitet der Betrieb von montags bis freitags. X war in der dritten Woche krank, für die er jedoch eine Arbeitslohnfortzahlung erhielt.
X ist an mehr als 18 zusammenhängenden Tagen beschäftigt. Die tatsächliche Beschäftigung nur von dienstags bis freitags ist unbeachtlich. Die Krankheitstage mit Lohnfortzahlung werden mitgerechnet (R 40a.1 Abs. 5 Satz 3 LStR). Arbeitsfreie Sonnabende und Sonntage werden nicht gerechnet. Von Beginn der Tätigkeit am Dienstag bis einschl. der vierten Woche liegen hiernach 19 zusammenhängende Arbeitstage vor, sodass eine Pauschalierung entfällt.

Der Lohn darf für die Pauschalierung während der Beschäftigungsdauer durchschnittlich je Arbeitstag 72 Euro[1] nicht übersteigen, es sei denn, der Einsatz der Aushilfskräfte ist zu einem unvorhersehbaren Zeitpunkt sofort erforderlich. Der Stundenlohn darf durchschnittlich gem. § 40a Abs. 4 Nr. 1 EStG 12 Euro nicht übersteigen.

Beispiel:
X ist im Juni 2017 an 15 zusammenhängenden Arbeitstagen insgesamt 60 Arbeitsstunden beschäftigt. Er erhält einen Stundenlohn von 10 € und für 15 Stunden aufgrund von Zulagen 12 €, insgesamt also 630 € (15 × 12 € + 45 × 10 €).
Der durchschnittliche Stundenlohn beträgt weniger als 12 € (hier: 10,50 €) und der durchschnittliche Lohn pro Arbeitstag übersteigt 72 € nicht, sodass eine Pauschalierung zulässig ist.

Ein sofortiger Einsatz zu einem unvorhersehbaren Zeitpunkt ist in Katastrophenfällen und bei Schneeräumungsarbeiten in Großstädten oder in Verkehrsbetrieben und dergleichen erforderlich. Er kann aber auch angenommen werden, wenn der Arbeitnehmer als Ersatz für eine ausgefallene Arbeitskraft oder zusätzlich bei einem unerwartet hohen Arbeitsanfall beschäftigt wird (R 40a.1 Abs. 3 LStR).

Ob sozialversicherungsrechtlich eine kurzfristige Beschäftigung vorliegt oder nicht, ist für die Pauschalierung nach § 40a Abs. 1 EStG ohne Bedeutung.

5.1.6.10.4 Aushilfskräfte in der Land- und Forstwirtschaft (§ 40a Abs. 3 EStG)

Eine weitere günstige Pauschalbesteuerung ist in § 40a Abs. 3 EStG für **Aushilfskräfte in der Land- und Forstwirtschaft** vorgesehen. Auch bei diesen Aushilfskräften kann der Arbeitgeber auf den Abruf der elektronischen Lohnsteuerabzugsmerkmale bzw. die Vorlage einer Lohnsteuerbescheinigung verzichten. Er hat die Lohnsteuer jedoch mit einem **Pauschsteuersatz von nur 5 %** des Arbeitslohns zu ermitteln. Voraussetzung ist, dass es sich um Aushilfskräfte handelt, die nicht zu

---

[1] Arbeitslohngrenze von 68 Euro auf 72 Euro angehoben durch Art. 4 des 2. Bürokratieentlastungsgesetzes; in Kraft seit 01.01.2017.

den land- und forstwirtschaftlichen Fachkräften gehören und nur **mit typisch land- und forstwirtschaftlichen Arbeiten** beschäftigt werden. Aushilfskräfte sind nach § 40a Abs. 3 Satz 2 EStG nur Personen, die für die Ausführung und für die Dauer von Arbeiten beschäftigt werden, die **nicht ganzjährig anfallen.** Allerdings ist es unschädlich, wenn sie auch mit anderen land- und forstwirtschaftlichen Arbeiten betraut werden, wenn deren Dauer 25 % der Gesamtbeschäftigungsdauer nicht überschreitet. Allerdings geht der Status einer Aushilfskraft verloren, wenn sie mehr als 180 Tage im Kalenderjahr beschäftigt wird. In diesem Fall kann dann die Pauschalbesteuerung mit 5 % des Arbeitslohns nicht angewandt werden. Möglicherweise liegt aber eine geringfügig entlohnte Beschäftigung vor, sodass dann eine Besteuerung mit einem Pauschsteuersatz von 20 % nach § 40a Abs. 2a EStG in Betracht kommen kann. Im Übrigen ist bei einer geringfügig entlohnten Beschäftigung bei Vorliegen der Voraussetzungen grundsätzlich auch eine Pauschbesteuerung nach § 40a Abs. 2 EStG möglich.

Soll eine Pauschalierung der Lohnsteuer nach § 40a Abs. 2a EStG anstelle der irrigerweise bisher vorgenommenen Pauschalierung nach § 40a Abs. 3 EStG vorgenommen werden, so ist hierfür eine eindeutige Zustimmung des Arbeitgebers erforderlich. Die Zustimmung kann nicht aus der Pauschalierung nach § 40a Abs. 2 EStG abgeleitet werden,[1] sondern der Arbeitgeber muss sich eindeutig erklären, ob in der von ihm vorgenommenen Pauschalierung nach § 40a Abs. 3 EStG zugleich auch die Bereitschaft liegt, Schuldner einer pauschalen Lohnsteuer nach § 40a Abs. 2a EStG zu sein, falls die Voraussetzungen des § 40a Abs. 3 EStG nicht erfüllt sind. Allein schon der höhere Steuersatz nach § 40a Abs. 2a EStG verbietet es, aus der Entscheidung des Arbeitgebers für eine bestimmte Pauschalierungsvorschrift zugleich eine Bindung für das Pauschalierungsverfahren allgemein zu folgern.

Die Beschäftigung der Aushilfskräfte mit typisch land- und forstwirtschaftlichen Arbeiten allein genügt nicht. Die Aushilfskräfte müssen auch **in Betrieben der Land- und Forstwirtschaft** i. S. des § 13 Abs. 1 Nr. 1 bis 4 EStG oder in derartigen Betrieben, die nur kraft Rechtsform Gewerbebetrieb sind, beschäftigt werden. Fallen land- und forstwirtschaftliche Arbeiten in Gewerbebetrieben oder land- und forstwirtschaftlichen Nebenbetrieben an oder werden die Aushilfskräfte zwar in land- und forstwirtschaftlichen Betrieben, aber mit anderen als typisch land- und forstwirtschaftlichen Arbeiten betraut, so kommt eine Lohnsteuerpauschalierung mit 5 % des Arbeitslohns nicht in Betracht (R 40a.1 Abs. 6 LStR).

5.1.6.10.5 Zusatzvoraussetzungen nach § 40a Abs. 4 EStG

Um einer missbräuchlichen Anwendung der dargelegten Pauschalierungsmöglichkeiten bei Teilzeitbeschäftigten entgegenzuwirken, ist in § 40a Abs. 4 Nr. 1 EStG vorgeschrieben, dass der Arbeitslohn während der Beschäftigungsdauer durchschnittlich 12 Euro je Arbeitsstunde nicht übersteigt.

---
[1] BFH vom 25.05.1984 VI R 223/80 (BStBl 1984 II S. 569).

5.1 Pflichten des Arbeitgebers

Als Beschäftigungsdauer ist auf den Lohnzahlungs- oder Lohnabrechnungszeitraum abzustellen und nicht auf längere Zeiträume.

Pauschal besteuerte Bezüge mit Ausnahme solcher nach § 40 Abs. 2 Satz 2 EStG sind bei der Prüfung der Pauschalierungsgrenzen zu berücksichtigen, können also den Stundenlohnsatz beeinflussen. Zur Beschäftigungsdauer gehören auch solche Zeiträume, in denen der Arbeitslohn wegen Urlaubs, Krankheit oder gesetzlicher Feiertage fortgezahlt wird (R 40a.1 Abs. 5 LStR).

Mehrere Teilzeitbeschäftigungen können nebeneinander pauschal besteuert werden. Für die Lohnsteuerpauschalierung ist das beim einzelnen Arbeitgeber eingegangene Arbeitsverhältnis maßgebend. Wenn ein Teilzeitbeschäftigter somit gleichzeitig noch Arbeitslohn aus einem weiteren Arbeitsverhältnis bei einem **anderen Arbeitgeber** oder aus mehreren weiteren Arbeitsverhältnissen bei anderen Arbeitgebern bezieht, wie das z. B. bei Haushaltshilfen vielfach der Fall ist, bleiben die Einnahmen **aus diesen weiteren** Arbeitsverhältnissen für die Frage der Pauschalierung des konkreten Arbeitsverhältnisses nach § 40a EStG grundsätzlich unberücksichtigt. Zur Ausnahme einer Auswirkung der Zusammenrechnung mehrerer geringfügig entlohnter Beschäftigungsverhältnisse auf die Pauschalierung nach § 40a Abs. 2 oder 2a EStG siehe Tz. 5.1.6.10.2.

Nach § 40a Abs. 4 Nr. 2 EStG ist die Pauschalbesteuerung nicht zulässig, wenn der Arbeitnehmer für **denselben** Arbeitgeber in einem weiteren Arbeitsverhältnis tätig ist, bei dem der Arbeitslohn dem Lohnsteuerabzug nach § 39b oder § 39c EStG unterworfen wird. Die Pauschalierung für eine kurzfristige Beschäftigung ist jedoch möglich, wenn der Teilzeitbeschäftigte von demselben Arbeitgeber ein betriebliches Ruhegeld bezieht, das dem normalen Lohnsteuerabzug unterliegt (H 40a.1 „Ruhegehalt neben kurzfristiger Beschäftigung" LStH).

In der Sozialversicherung werden die Arbeitslöhne aus verschiedenen Beschäftigungsverhältnissen grundsätzlich zusammengerechnet, sodass hierdurch eine Sozialversicherungspflicht entstehen kann.

Es ist in das **Ermessen des Arbeitgebers** gestellt, ob er auf den Abruf der elektronischen Lohnsteuerabzugsmerkmale bzw. die Vorlage einer Bescheinigung für den Lohnsteuerabzug (§ 39 Abs. 3 oder § 39e Abs. 7 oder Abs. 8 EStG) verzichtet und die Lohnsteuer pauschalieren will. Es steht ihm deshalb auch frei, bei mehreren in Teilzeit beschäftigten Arbeitnehmern für einzelne Arbeitnehmer die elektronischen Lohnsteuerabzugsmerkmale abzurufen und die Lohnsteuer vom laufenden Arbeitslohn nach den allgemeinen Vorschriften zu ermitteln und bei anderen die Lohnsteuer zu pauschalieren. Zwischen Arbeitgeber und Arbeitnehmer kann also vereinbart werden, welches Verfahren angewendet werden soll. Jeder Arbeitnehmer kann sich, wenn der Arbeitgeber damit einverstanden ist, das für ihn günstigste Verfahren auswählen. Will der Arbeitgeber bei einer größeren Zahl von Fällen nur einheitlich das Pauschalierungsverfahren anwenden, so ist es eine arbeitsrechtliche Frage, ob der

Arbeitnehmer das Vertragsangebot des Arbeitgebers unter diesen Bedingungen annimmt. Bei Ablehnung kommt dann ein Arbeitsvertrag nicht zustande.

Pauschaliert der Arbeitgeber die Lohnsteuer im ausdrücklichen oder stillschweigenden Einvernehmen mit den Arbeitnehmern, so ergeben sich daraus die in § 40a Abs. 5 i. V. m. § 40 Abs. 3 EStG **gesetzlich festgelegten Folgen.** Der Arbeitgeber hat die Lohnsteuer zu übernehmen. Er wird Schuldner der pauschalen Lohnsteuer. Die Arbeitnehmer dürfen den pauschal besteuerten Arbeitslohn in ihrer Einkommensteuererklärung nicht mit aufführen. Die pauschale Lohnsteuer darf weder auf die Einkommensteuer noch auf die Jahreslohnsteuer angerechnet werden. Die Arbeitnehmer haben den vereinbarten Arbeitslohn ja auch in voller Höhe ausgezahlt erhalten und sind mit einer Lohnsteuer nicht belastet worden. Selbst wenn sich später herausstellt, dass die Versteuerung des Arbeitslohns nach den allgemeinen Vorschriften günstiger gewesen wäre, so lassen sich der pauschal besteuerte Arbeitslohn nicht bei einer Veranlagung oder beim Lohnsteuer-Jahresausgleich berücksichtigen und die wirtschaftlich vom Arbeitnehmer getragene Pauschsteuer nicht auf die Jahressteuerschuld anrechnen. Andererseits darf der Arbeitgeber die Pauschalbesteuerung nach § 40a Abs. 1 und 3 EStG nachholen, solange keine Lohnsteuerbescheinigung ausgeschrieben ist, eine Lohnsteuer-Anmeldung noch berichtigt werden kann und noch keine Festsetzungsverjährung eingetreten ist (R 40a.1 Abs. 1 Satz 4 LStR). Auch kann der Arbeitgeber, solange der Vorbehalt der Nachprüfung wirksam ist (§ 168 AO), noch nach Ablauf des Kalenderjahres die Pauschalversteuerung des Arbeitslohns rückgängig machen und zur Lohn-Regelbesteuerung übergehen, sofern kein Gestaltungsmissbrauch vorliegt und die Festsetzungsfrist nicht abgelaufen ist (H 40a.2 „Wechsel zwischen Pauschalversteuerung und Regelversteuerung" LStH).

Bemessungsgrundlage für die Pauschalbesteuerung ist **der Arbeitslohn.** Zum Arbeitslohn gehören alle Einnahmen, die dem Arbeitnehmer aus der Teilzeitbeschäftigung zufließen. Sind in den Einnahmen aus der Teilzeitbeschäftigung auch **steuerfreie Einnahmen,** wie beispielsweise Auslagenersatz (§ 3 Nr. 50 EStG), enthalten, so bleiben diese sowohl für die Feststellung, ob die in § 40a EStG bezeichneten Grenzen eingehalten sind, als auch für die Lohnsteuererhebung außer Betracht (R 40a.1 Abs. 4 LStR).

Der Arbeitslohn darf aber **nicht um den Altersentlastungsbetrag** (§ 24a EStG) gekürzt werden. Der Versorgungsfreibetrag scheidet hier bereits aus dem Grunde aus, dass Versorgungsbezüge nicht über eine Teilzeitbeschäftigung gewährt werden können.

Der Arbeitslohn darf auch nicht um solche Freibeträge gekürzt werden, die üblicherweise vom Finanzamt ermittelt und als elektronisches Lohnsteuerabzugsmerkmal mitgeteilt werden. Somit können **Werbungskosten,** die aus einer Teilzeitbeschäftigung entstehen, weder bei der Besteuerung des Arbeitslohns aus der Teilzeitbeschäftigung noch bei der Besteuerung von Arbeitslohn aus anderen Dienstverhältnissen berücksichtigt werden (R 40a.1 Abs. 1 Satz 5 LStR). Diese sich aus der

5.1 Pflichten des Arbeitgebers

Pauschalbesteuerung ergebende Folgerung ist nicht unbillig. Die Berücksichtigung von Werbungskosten bezweckt eine Steuerermäßigung. Da der Arbeitgeber die Steuer trägt und dem Arbeitnehmer der Arbeitslohn ungekürzt in der vereinbarten Höhe ausgezahlt wird, ist der Arbeitnehmer nicht mit einer Steuer belastet, die ermäßigt werden könnte.

5.1.6.10.6 Pauschalierung der Kirchensteuer

Die Übernahme der Steuerschuld durch den Arbeitgeber umfasst neben der Lohnsteuer auch die Lohnkirchensteuer. Die pauschale Lohnsteuer ist nur erhebungs- und verfahrenstechnisch eine Unternehmenssteuer, die Erhebung der Kirchensteuer auf pauschale Lohnsteuer ist nach dem Grundsatzurteil des BFH vom 30.11.1989 I R 14/87 (BStBl 1990 II S. 993) zulässig. Gemäß dem gleichlautenden Ländererlass vom 08.08.2016 (BStBl 2016 I S. 773) wird dem Arbeitgeber erlaubt, in den Fällen der Pauschalierung der Lohnsteuer gem. §§ 40, 40a Abs. 1, 2a und 3 und § 40b EStG bei der Erhebung der Kirchensteuer zwischen einem vereinfachten Verfahren (**Vereinfachungsregelung**) und einem **Nachweisverfahren zu wählen**. Dabei kann der Arbeitgeber sein Wahlrecht sowohl für jeden Lohnsteuer-Anmeldungszeitraum als auch für die jeweils angewandte Pauschalierungsvorschrift und darüber hinaus für die in den einzelnen Rechtsvorschriften aufgeführten Pauschalierungstatbestände unterschiedlich ausüben. Beispielsweise kann er im selben Lohnsteuer-Anmeldungszeitraum für Arbeitnehmer, bei denen er eine Pauschalbesteuerung von Direktversicherungsbeiträgen nach § 40b Abs. 1 EStG vornimmt, die Nachweismethode wählen, während er für andere, nur geringfügig beschäftigte Arbeitnehmer, deren Lohn er nach § 40a Abs. 2a EStG pauschal besteuert, die pauschale Kirchenlohnsteuer nach der Vereinfachungsregelung berechnet.

Falls das **vereinfachte Verfahren** angewendet wird, hat der Arbeitgeber für sämtliche durch denselben Pauschalierungstatbestand betroffene Arbeitnehmer Kirchenlohnsteuer zu entrichten, unabhängig davon, ob evtl. einzelne Arbeitnehmer keiner steuererhebenden Religionsgemeinschaft angehören. Dem Umstand, dass evtl. nicht alle Arbeitnehmer Angehörige einer steuererhebenden Religionsgemeinschaft sind, wird durch die Anwendung eines ermäßigten Kirchenlohnsteuersatzes Rechnung getragen. So beträgt beispielsweise für das Kalenderjahr 2017 der ermäßigte Kirchensteuersatz in Nordrhein-Westfalen 7 %, in Niedersachsen 6 %, im Freistaat Thüringen 5 % und in Baden-Württemberg 6 % der pauschalen Lohnsteuer. Die Aufteilung der pauschalen Kirchenlohnsteuer auf die steuererhebenden Religionsgemeinschaften wird wie von diesen vereinbart von der Finanzverwaltung übernommen.

Beim **Nachweisverfahren** braucht der Arbeitgeber Kirchenlohnsteuer nur für die Arbeitnehmer abzuführen, die einer steuererhebenden Religionsgemeinschaft angehören. Allerdings hat er dabei den allgemeinen Kirchensteuersatz anzuwenden. Die Nichtzugehörigkeit der einzelnen Arbeitnehmer zu einer steuererhebenden Religionsgemeinschaft ist dem Arbeitgeber vom Arbeitnehmer nachzuweisen. Dies hat grundsätzlich durch die beim Bundeszentralamt für Steuern abgerufenen elektronischen Lohnsteuerabzugsmerkmale für den jeweiligen Arbeitnehmer zu geschehen oder in den Fällen des § 40a EStG durch eine schriftliche Erklärung des jeweiligen Arbeitnehmers nach amtlichem Muster. Der Nachweis muss vom Arbeitgeber als Beleg zum Lohnkonto aufbewahrt werden. Falls beim Nachweisverfahren der Arbeitgeber die auf den einzelnen kirchensteuerpflichtigen Arbeitnehmer entfallende pauschale Lohnsteuer nicht ermitteln kann, sieht der gleichlautende Ländererlass vom 08.08.2016 (a. a. O.) aus Vereinfachungsgründen die Möglichkeit vor, die gesamte einschlägige pauschale Lohnsteuer im Verhältnis der kirchensteuerpflichtigen zu den nicht kirchensteuerpflichtigen Arbeitnehmern aufzuteilen. Der auf die kirchensteuerpflichtigen Arbeitnehmer entfallende Anteil ist dann die Bemessungsgrundlage für die Anwendung des allgemeinen Kirchensteuersatzes. Die so ermittelte Kirchensteuer ist im Verhältnis der Konfessions- bzw. Religionszugehörigkeit der kirchensteuerpflichtigen Arbeitnehmer aufzuteilen.

Die Höhe der Kirchensteuersätze ergibt sich bei beiden zur Wahl stehenden Methoden aus den Kirchensteuerbeschlüssen der steuererhebenden Religionsgemeinschaften.

5.1.6.11 Pauschalierung für bestimmte Zukunftssicherungsleistungen

Leistungen des Arbeitgebers für die betriebliche Altersvorsorge seiner Arbeitnehmer über die sog. Durchführungswege Direktversicherung, Pensionskasse oder Pensionsfond (externe Versorgungswege), bei denen der Zufluss von Arbeitslohn i. d. R. bereits im Zeitpunkt der Zahlung der Beiträge durch den Arbeitgeber an die entsprechende Versorgungseinrichtung vorliegt (§ 19 Abs. 1 Satz 1 Nr. 3 EStG), sind grundsätzlich unter den Voraussetzungen von § 3 Nr. 56 bzw. 63 EStG steuerfrei. Als Folge sind dann allerdings die in der Auszahlungsphase erfolgenden Leistungen steuerpflichtig nach § 22 Nr. 5 Satz 1 EStG, soweit sie auf geförderten Beiträgen beruhen (**nachgelagerte Besteuerung**). Soweit die erwähnte Steuerfreiheit nicht gegeben ist, werden die als Arbeitslohn anzusehenden Beitragsleistungen des Arbeitgebers grundsätzlich individuell besteuert. Bestimmte Zukunftssicherungsleistungen kann der Arbeitgeber jedoch nach § 40b Abs. 1 und 2 EStG zum Pauschsteuersatz von 20 % pauschal besteuern.

Zuwendungen an umlagefinanzierte Pensionskassen

Diese Möglichkeit der Pauschalierung besteht grundsätzlich nur noch für Zuwendungen an eine Pensionskasse zum Aufbau einer nicht kapitalgedeckten betrieblichen Altersversorgung, also für Zuwendungen an eine **umlagefinanzierte Pensionskasse**. Die Möglichkeit der Pauschalbesteuerung nach § 40b EStG besteht dabei neben der Steuerfreiheit der Zuwendungen nach § 3 Nr. 56 EStG, sodass eine Pauschalbesteuerung nur für die Zuwendungen in Betracht kommt, die den steuerfreien Höchstbetrag nach § 3 Nr. 56 EStG übersteigen. Dieser richtet sich an der Beitragsbemessungsgrenze in der allgemeinen Rentenversicherung (dies ist die Beitragsbemessungsgrenze West) aus und beträgt für das Jahr 2017 daher 2 % von 76.200 Euro, also 1.524 Euro jährlich. Ab dem Jahr 2020 steigt der Höchstbetrag gem. § 3 Nr. 56 Satz 2 EStG auf 3 % an. Dabei ist allerdings zu beachten, dass gem. § 3 Nr. 63 EStG vom Arbeitgeber steuerfrei zum Aufbau einer kapitalgedeckten Altersversorgung geleistete Beträge auf den Höchstbetrag nach § 3 Nr. 56 EStG anzurechnen sind. Im Übrigen ist bei der Höchstbetragsberechnung des § 3 Nr. 56 EStG zu beachten, dass – anders als bei § 3 Nr. 63 Satz 3 EStG – ein zusätzlicher Höchstbetrag von 1.800 Euro nicht gewährt wird (Hinweis: Ab 01.01.2018 entfällt der zusätzliche Höchstbetrag von 1.800 Euro), gerade weil für mögliche, den Höchstbetrag übersteigende Zuwendungen die Pauschalierungsmöglichkeit nach § 40b Abs. 1 und 2 EStG in Anspruch genommen werden kann. Sowohl die Steuerbefreiung nach § 3 Nr. 56 EStG als auch die Pauschalierungsmöglichkeit setzen voraus, dass die Zuwendungen aus einem ersten Dienstverhältnis bezogen werden.

Die Anwendung des § 40b EStG für Zuwendungen an **umlagefinanzierte Pensionskassen** ist unabhängig davon, ob die umlagefinanzierten Zuwendungen aufgrund einer **Alt- oder Neuzusage** geleistet werden. Eine Altzusage liegt dann vor, wenn die Versorgungszusage vor dem 01.01.2005 erteilt wurde. Eine Neuzusage liegt vor, wenn die Versorgungszusage nach dem 31.12.2004 erteilt wurde.[1] Lediglich für den Bereich der kapitalgedeckten betrieblichen Altersvorsoge wurde die Möglichkeit der Pauschalbesteuerung grundsätzlich zum 01.01.2005 aufgehoben.

Als Besonderheit ist zu beachten, dass nach Auffassung der Finanzverwaltung für den Fall, dass von einer Versorgungseinrichtung sowohl Umlagen als auch Beiträge im Kapitaldeckungsverfahren erhoben werden, eine nach Anwendung des § 3 Nr. 56 EStG verbleibende Pauschalierung nach § 40b EStG auch auf die im Kapitaldeckungsverfahren erhobenen Beiträge anwendbar ist, wenn eine getrennte Verwaltung und Abrechnung beider Vermögensmassen nicht erfolgt[2] und aus diesem Grund die im Kapitaldeckungsverfahren erhobenen Beiträge nicht nach § 3 Nr. 63 EStG begünstigt sind, sondern nur im Rahmen des § 3 Nr. 56 EStG.[3]

Für die Lohnsteuerpauschalierung nach § 40b EStG kommt es nicht darauf an, ob die Zukunftssicherungsleistungen zusätzlich oder an Stelle von geschuldetem Barlohn gezahlt werden. Auch eine Barlohnkürzung um die pauschale Lohnsteuer ist unschädlich. Im letzteren Fall mindert die auf den Arbeitnehmer abgewälzte pauschale Lohnsteuer nach § 40 Abs. 3 Satz 2 EStG weder den verbleibenden individuell zu besteuernden Barlohn noch die Bemessungsgrundlage der pauschal zu besteuernden Zukunftssicherungsleistung (§ 40b Abs. 5 Satz 1 EStG). Die Pauschalierung setzt allgemein jedoch voraus, dass die Zukunftssicherungsleistung aus einem **ersten Dienstverhältnis** bezogen wird. Bei Mitteilung der Steuerklasse VI als elektro-

---
1 BMF vom 24.07.2013 (BStBl 2013 I S. 270), Rz. 349 ff.
2 BMF vom 24.07.2013 (BStBl 2013 I S. 270), Rz. 342.
3 BMF vom 24.07.2013 (BStBl 2013 I S. 270), Rz. 303, 338.

nisches Lohnsteuerabzugsmerkmal ist sie damit nicht möglich. Die Pauschalierung nach § 40b EStG ist auch im Rahmen eines Teilzeitarbeitsverhältnisses i. S. des § 40a EStG zulässig, wenn dieses das erste Arbeitsverhältnis des Arbeitnehmers ist.

Der Höchstbetrag der pauschal besteuerbaren Zuwendungen an die umlagefinanzierte Pensionskasse beträgt nach § 40b Abs. 2 Satz 1 EStG pro Arbeitnehmer und **je Kalenderjahr** grundsätzlich 1.752 Euro. Soweit die verbleibenden **steuerpflichtigen** Zuwendungen die Grenze übersteigen, sind die Zuwendungen dem individuellen Lohnsteuerabzug zu unterwerfen.

Die pauschale Lohnsteuer bemisst sich grundsätzlich nach den tatsächlichen Leistungen, die der Arbeitgeber für den einzelnen Arbeitnehmer erbringt. Sind mehrere Arbeitnehmer **gemeinsam** in einer Pensionskasse versichert, ist dabei § 40b Abs. 2 Satz 2 EStG zu beachten, der zwecks Ermittlung des auf den einzelnen Arbeitnehmer entfallenden Zuwendungsbetrags eine **Durchschnittsberechnung** vorsieht. Falls danach der ermittelte Durchschnittsbetrag 1.752 Euro nicht übersteigt, kann dieser Durchschnittsbetrag der Lohnsteuerpauschalierung des einzelnen Arbeitnehmers zugrunde gelegt werden. Liegt der Durchschnittsbetrag höher, kann er nicht die Bemessungsgrundlage der Lohnsteuerpauschalierung sein, sondern dann sind der Pauschalbesteuerung die anteiligen tatsächlichen Zuwendungen zugrunde zu legen, soweit sie für den einzelnen Arbeitnehmer 1.752 Euro nicht übersteigen. Somit entfällt in diesem Fall die Durchschnittsberechnung. Den Grenzbetrag 1.752 Euro übersteigende Zuwendungen sind dem normalen individuellen Lohnsteuerabzug zu unterwerfen. Im Ergebnis erlaubt die Durchschnittsberechnung damit, höhere Zuwendungen an einzelne Arbeitnehmer mit geringeren – den Grenzbetrag des § 40b Abs. 2 Satz 1 EStG unterschreitenden – zu kompensieren.

Nach § 40b Abs. 2 Satz 2 Halbsatz 2 EStG sind bei der vorzunehmenden Durchschnittsberechnung zur Feststellung der Einhaltung der Pauschalierungsgrenze jedoch diejenigen Arbeitnehmer vorweg auszuscheiden, für die jährliche Zuwendungen von mehr als 2.148 Euro geleistet wurden. Die Durchschnittsberechnung mit den beschriebenen Folgen ist dann nur noch für die übrigen Arbeitnehmer durchzuführen. Der Pauschalbesteuerung der vorweg ausgeschiedenen Arbeitnehmer sind die für diese tatsächlich geleisteten Zuwendungen i. H. des Grenzbetrags 1.752 Euro zugrunde zu legen. Diesen Betrag übersteigende Zuwendungen sind dem normalen individuellen Lohnsteuerabzug zu unterwerfen.

Beispiel:
Es werden ganzjährig laufend monatliche Zuwendungen an eine umlagefinanzierte Pensionskasse wie folgt geleistet:
a) für die 2 Arbeitnehmerinnen A1 und A2 jeweils monatlich 250 €
b) für die 20 Arbeitnehmer A3 bis A22 jeweils monatlich 175 €
c) für die 20 Arbeitnehmer A23 bis A42 jeweils monatlich 125 €
Sämtliche Arbeitnehmer und Arbeitnehmerinnen sind gemeinsam in der Pensionskasse versichert.

In die Durchschnittsberechnung nach § 40b Abs. 2 Satz 2 EStG sind die zwei Arbeitnehmerinnen A1 und A2 nicht miteinzubeziehen, da die für sie geleisteten Zuwendungen im Kj. jeweils mehr als 2.148 € betragen.

Die Leistungen für die Arbeitnehmer A3 bis A42 betragen im Kj. jeweils nicht mehr als 2.148 €. Für diese Gruppe Arbeitnehmer ist daher die Durchschnittsberechnung nach § 40b Abs. 2 Satz 2 EStG durchzuführen und zunächst der Durchschnittsbetrag festzustellen. Der Durchschnittsbetrag von 1.800 € übersteigt den jährlichen Grenzbetrag von 1.752 €. Der Durchschnittsbetrag kann damit nicht als Bemessungsgrundlage für die Pauschalbesteuerung der einzelnen Arbeitnehmer A3 bis A42 angesetzt werden. Der Pauschalbesteuerung sind also in allen Fällen, d. h. sowohl bei den beiden Arbeitnehmerinnen A1 und A2 als auch bei den Arbeitnehmern A3 bis A42, die tatsächlichen Leistungen zugrunde zu legen.

Bei A1 und A2 werden damit jeweils im Jahresbetrag 1.752 € pauschal besteuert und die übersteigenden 1.248 € individuell. Der Arbeitgeber kann dabei wählen, ob er im 1. bis 7. Monat je 250 € und im 8. Monat noch 2 € oder ob er monatlich gleichmäßig jeweils 146 € pauschal versteuern möchte.

Bei A3 bis A22 werden ebenfalls im Jahresbetrag 1.752 € pauschal besteuert und die übersteigenden 348 € individuell. Der Arbeitgeber kann dabei wählen, ob er im 1. bis 10. Monat je 175 € und im 11. Monat noch 2 € oder ob er monatlich gleichmäßig jeweils 146 € pauschal versteuern möchte.

Bei A23 bis A42 werden im Jahresbetrag 1.500 € pauschal besteuert und damit monatlich gleichmäßig jeweils 125 €.

Für Zuwendungen, die der Arbeitgeber für den Arbeitnehmer aus Anlass der **Beendigung des Dienstverhältnisses** erbringt, vervielfältigt sich gem. § 40b Abs. 2 Satz 3 und 4 EStG der Betrag von 1.752 Euro je nach den Umständen des Einzelfalls mit der Anzahl der Kalenderjahre, in denen das Dienstverhältnis des Arbeitnehmers zum Arbeitgeber bestanden hat. Der vervielfältigte Betrag vermindert sich jedoch um für den einzelnen Arbeitnehmer tatsächlich entrichtete und nach § 40b Abs. 1 EStG pauschal besteuerte Zuwendungen im Jahr der Beendigung des Dienstverhältnisses und den vorangegangenen 6 Jahren. Dazu gehören auch die 1.752 Euro übersteigenden personenbezogenen Zuwendungen, wenn sie nach § 40b Abs. 2 Satz 2 EStG in die Bemessungsgrundlage für die Pauschsteuer einbezogen worden sind (R 40b.1 Abs. 11 LStR).

Nach § 40b Abs. 5 i. V. m. § 40 Abs. 3 EStG hat der Arbeitgeber die pauschale Lohnsteuer **selbstschuldnerisch** zu übernehmen. Dabei hat er zusätzlich zur pauschalen Lohnsteuer den Solidaritätszuschlag von 5,5 % der pauschalen Lohnsteuer und ggf. Lohnkirchensteuer an das Finanzamt abzuführen. Die pauschal besteuerten Zuwendungen und die pauschale Lohnsteuer bleiben bei einer Veranlagung des Arbeitnehmers zur Einkommensteuer und beim Lohnsteuerjahresausgleich durch den Arbeitgeber außer Ansatz. Die pauschale Lohnsteuer ist weder auf die Einkommensteuer noch auf die Jahreslohnsteuer anzurechnen. Auch der Solidaritätszuschlag und die Kirchensteuer auf die pauschale Lohnsteuer sind nicht anzurechnen.

5 Pflichten und Rechte des Arbeitgebers

Anwendung von § 40b EStG in der am 31.12.2004 geltenden Fassung für sog. Altzusagen/Altverträge:

Die durch das Alterseinkünftegesetz vom 05.07.2004 vollzogene Systemumstellung auf die steuerliche Freistellung von Aufwendungen der Arbeitnehmer zur Altersvorsorge in der Erwerbsphase und die nachgelagerte Besteuerung der daraus fließenden Altersbezüge in vollem Umfang in der Auszahlungsphase führte ab 2005 auch zu einer Änderung der Pauschalierungsmöglichkeiten nach § 40b EStG. Nach § 40b Abs. 1 und 2 EStG in der am 31.12.2004 geltenden Fassung (§ 40b Abs. 1 und 2 EStG a. F.) konnte der Arbeitgeber die Lohnsteuer von den Beiträgen für eine Direktversicherung des Arbeitnehmers und von den Zuwendungen an eine (umlagefinanzierte oder kapitalgedeckte) Pensionskasse mit einem Pauschsteuersatz von 20 % erheben. Seit Geltung des Alterseinkünftegesetzes gilt für Beiträge und Zuwendungen zum Aufbau einer kapitalgedeckten betrieblichen Altersversorgung der Grundsatz der Steuerfreiheit dieser Beiträge und Zuwendungen (§ 3 Nr. 63 EStG). Daher sind ab dem Jahr 2005 Beiträge des Arbeitgebers für eine **Direktversicherung** oder eine **Pensionskasse** (oder einen Pensionsfonds) zum Aufbau einer **kapitalgedeckten** betrieblichen Altersversorgung unter den dort genannten Voraussetzungen von der dort geregelten Steuerbefreiung erfasst. Im Gegenzug entfiel jedoch für diese Durchführungswege der betrieblichen Altersversorgung die Möglichkeit der Pauschalbesteuerung nach § 40b Abs. 1 und 2 EStG, und zwar auch für Beiträge, die den Höchstbetrag im Rahmen des § 3 Nr. 63 EStG übersteigen.

Zwar wurde für nach dem 31.12.2007 geleistete Zuwendungen an eine **umlagefinanzierte** Pensionskasse ebenfalls eine Steuerfreiheit nach § 3 Nr. 56 EStG eingeführt. Die den Rahmen des § 3 Nr. 56 EStG übersteigenden Zuwendungen können dann aber noch nach § 40b Abs. 1 und 2 EStG weiterhin pauschal besteuert werden. Dafür ist allerdings die Höchstbetragsregelung für die Steuerfreiheit enger als die des § 3 Nr. 63 EStG.

Da der Wegfall der Pauschalbesteuerungsmöglichkeit für den Bereich der **kapitalgedeckten** betrieblichen Altersversorgung und deren Substituierung durch die Steuerfreiheit nach § 3 Nr. 63 EStG jedoch die Folge der vollen Besteuerung der späteren, auf den steuerbefreiten Beiträgen beruhenden Versorgungsleistungen nach § 22 Nr. 5 EStG (nachgelagerte Besteuerung) nach sich zieht, bleibt aus Gründen des Vertrauensschutzes nach § 52 Abs. 40 EStG die Möglichkeit der Pauschalbesteuerung nach § 40b Abs. 1 und 2 EStG in der am 31.12.2004 geltenden Fassung für diejenigen Zuwendungen bzw. Beiträge an kapitalgedeckte Pensionskassen und Direktversicherungen bestehen, die aufgrund einer Versorgungszusage geleistet werden, die vor dem 01.01.2005 erteilt wurde (**Altverträge bzw. Altzusage**). (Hinweis: Ab dem 01.01.2018 hat der Arbeitgeber die Tatsache im Lohnsteuerkonto aufzuzeichnen, dass vor dem 01.01.2018 mindestens ein Beitrag nach § 40b Abs. 1 und 2 EStG in der am 31.12.2005 geltenden Fassung pauschal besteuert wurde.) Für Beiträge für eine **Direktversicherung aus Altverträgen,** die die Voraussetzungen des § 3 Nr. 63 EStG erfüllen, gilt dies jedoch nur, wenn der Arbeitnehmer nach § 52 Abs. 4

5.1 Pflichten des Arbeitgebers

EStG für diese Beiträge gegenüber dem Arbeitgeber auf die Anwendung der Steuerfreiheit nach § 3 Nr. 63 EStG verzichtet hat. (Hinweis: Ab dem 01.01.2018 hat der Arbeitgeber die Verzichtserklärung des Arbeitnehmers zum Lohnkonto zu nehmen, § 5 Abs. 1 Nr. 1 LStDV n. F.)

Die Notwendigkeit der Verzichtserklärung gilt auch dann, wenn der Höchstbetrag nach § 3 Nr. 63 Satz 1 EStG bereits durch anderweitige Beitragsleistungen, wie z. B. an einen Pensionsfonds, vollständig ausgeschöpft ist. Der Verzicht war grundsätzlich bis zum 30.06.2005 zu erklären. Handelte es sich um rein arbeitgeberfinanzierte Beiträge und wurde die Pauschalsteuer nicht auf den Arbeitnehmer abgewälzt, konnte von einer solchen Verzichtserklärung bereits dann ausgegangen werden, wenn der Arbeitnehmer der Weiteranwendung des § 40b EStG a. F. bis zum Zeitpunkt der ersten Beitragsleistung in 2005 nicht ausdrücklich widersprochen hatte. Der Verzicht gilt dann für die Dauer des Dienstverhältnisses. Bei einem Arbeitgeberwechsel besteht erneut ein Wahlrecht des Arbeitnehmers zwischen Steuerfreiheit und weitergeführter Pauschalbesteuerung, das Wahlrecht zwischen Steuerfreiheit und Pauschalversteuerung lebt also wieder auf. In diesem Fall ist die Weiteranwendung des § 40b EStG a. F. möglich, wenn der neue Arbeitgeber die bisherige Zusage übernimmt und der Arbeitnehmer dem Angebot des neuen Arbeitgebers, die Beiträge weiterhin nach § 40b EStG a. F. pauschal zu versteuern, spätestens bis zur ersten Beitragszahlung zustimmt.[1] Direktversicherungen, die nach einem Wechsel des Arbeitgebers beim neuen Arbeitgeber als Einzelversicherung fortgeführt werden, können dann aber in eine Durchschnittsberechnung nach § 40b Abs. 2 Satz 2 EStG **nicht** miteinbezogen werden (H 40b.1 „Durchschnittsberechnung nach § 40b Abs. 2 Satz 2 EStG" 2. Spiegelstrich LStH), da in eine solche Durchschnittsberechnung nur solche Arbeitnehmer einbezogen werden, die zusammen mit anderen Arbeitnehmern in einem gemeinsamen Direktversicherungsvertrag versichert sind.

Beiträge für eine **Direktversicherung (Altverträge),** die die Voraussetzungen des § 3 Nr. 63 EStG nicht erfüllen, können weiterhin vom Arbeitgeber nach § 40b EStG a. F. pauschal besteuert werden, ohne dass es hierfür einer Verzichtserklärung des Arbeitnehmers bedarf (§ 52 Abs. 40 Satz 1 EStG).

Bei auf einer **Altzusage** beruhenden Zuwendungen an eine **kapitalgedeckte Pensionskasse** ist eine Pauschalbesteuerung nach § 40b EStG a. F. für die Zuwendungen möglich, die den Höchstbetrag des § 3 Nr. 63 Satz 1 EStG überschreiten. Die Steuerfreiheit der Zuwendungen ist daher vorrangig auszuschöpfen. Dabei ist zu beachten, dass der zusätzliche Höchstbetrag von 1.800 Euro (Hinweis: Ab 01.01.2018 entfällt der zusätzliche Höchstbetrag von 1.800 Euro) nach § 3 Nr. 63 Satz 3 EStG nicht zur Anwendung kommt, da dieser für Altzusagen nicht gilt. Die danach steuerpflichtigen Zuwendungen können nach § 40b EStG a. F. dann bis zur (noch nicht anderweitig ausgeschöpften) Höhe von 1.752 Euro pauschal versteuert werden.

---
[1] BMF vom 24.07.2013 (BStBl 2013 I S. 270), Rz. 361.

Wurde im Fall der Altzusage bisher lediglich § 3 Nr. 63 EStG angewendet, weil bisher der Höchstbetrag von 4 % (Hinweis: ab 01.01.2018 8 %) der Beitragsbemessungsgrenze in der allgemeinen Rentenversicherung nicht überschritten wurde, und wird der steuerfreie Höchstbetrag erstmals nach dem 31.12.2004 aufgrund einer Beitragserhöhung überschritten, ist eine Pauschalbesteuerung nach § 40b EStG a. F. für die übersteigenden Zuwendungen bzw. Beiträge möglich. Es ist unerheblich, dass vor 2005 wegen der Höhe des Beitrags keine Pauschalbesteuerung erfolgte. Es bleibt weiterhin der Fall einer Altzusage. Für Beiträge, die aus Anlass der Beendigung des Dienstverhältnisses geleistet werden, ist zu beachten, dass die grundsätzlich auch auf Altverträge anwendbare Vervielfältigungsregelung nach § 3 Nr. 63 Satz 4 EStG dann nicht angewendet werden kann, wenn gleichzeitig die Pauschalierung nach § 40b Abs. 2 Satz 3 und 4 EStG a. F. auf die Beiträge angewendet wird (§ 52 Abs. 4 Satz 12 EStG).[1]

Kommt es zum Fall einer Durchschnittsberechnung nach § 40b Abs. 2 Satz 2 EStG, bleiben bei Berechnung des Durchschnittsbetrags jene Beiträge des Arbeitgebers unberücksichtigt, die nach § 3 Nr. 63 EStG steuerfrei sind (Beiträge an kapitalgedeckte Pensionskassen) oder wegen Ausübung des Wahlrechts nach § 3 Nr. 63 Satz 2 EStG individuell besteuert werden (R 40b.1 Abs. 9 Satz 4 LStR).

Nach § 40b EStG a. F. kann der Arbeitgeber die Lohnsteuer von den Beiträgen für eine Direktversicherung eines Arbeitnehmers und von den Zuwendungen an eine Pensionskasse mit dem Pauschsteuersatz von 20 % der Beiträge und Zuwendungen erheben, soweit diese nicht steuerfrei sind. Die pauschale Besteuerung von Beiträgen für eine Direktversicherung ist nur zulässig, wenn die Versicherung nicht auf den Erlebensfall eines früheren als des 60. Lebensjahres abgeschlossen und eine vorzeitige Kündigung des Versicherungsvertrags durch den Arbeitnehmer ausgeschlossen worden ist. Bei unwiderruflichem Bezugsrecht des Arbeitnehmers muss die Abtretung oder Beleihung dieses Bezugsrechts ausgeschlossen sein (R 40b.1 Abs. 6 LStR).

Kompensierungen des Wegfalls der Pauschalbesteuerung bei Neuzusagen

Bei nach dem 31.12.2004 erteilten **Neuzusagen**[2] bleibt es beim Grundsatz der Steuerbefreiung und des Wegfalls der Pauschalbesteuerung für Beiträge bzw. Zuwendungen, die im Kapitaldeckungsverfahren erhoben werden. § 40b EStG a. F. kann dann auf diese Beiträge/Zuwendungen für Direktversicherungen (Neuzusagen) oder an kapitalgedeckte Pensionskassen (Neuzusagen) nicht mehr angewendet werden.

Als Ersatz für den Wegfall der Pauschalbesteuerung wird bei Neuzusagen der steuerfreie Höchstbetrag (4 % der Beitragsbemessungsgrenze in der Rentenversicherung der Arbeitnehmer und Angestellten; Hinweis: ab 01.01.2018 8 %) nach § 3 Nr. 63 Satz 3 EStG um einen festen Betrag von 1.800 Euro im Kalenderjahr erhöht (Hin-

---

1 BMF vom 24.07.2013 (BStBl 2013 I S. 270), Rz. 320, 365.
2 Vgl. zur Abgrenzung BMF vom 24.07.2013 (BStBl 2013 I S. 270), Rz. 349 ff.

5.1 Pflichten des Arbeitgebers

weis: Ab 01.01.2018 entfällt der Erhöhungsbetrag von 1.800 Euro). Diese Erhöhung kommt zudem auch Beiträgen an Pensionsfonds zugute, bei denen bereits nach § 40b EStG a. F. eine Lohnsteuerpauschalierung nach § 40b EStG nicht möglich gewesen ist.

Ebenfalls zur Vermeidung von Verschlechterungen infolge des Wegfalls der Pauschalierung nach § 40b EStG für Neuzusagen sieht § 3 Nr. 63 Satz 4 EStG eine Vervielfältigung des Erhöhungsbetrags von 1.800 Euro (Hinweis: ab 01.01.2018 Vervielfältigung des Höchstbetrags von 8 % der Beitragsbemessungsgrenze in der allgemeinen Rentenversicherung) für die Fälle vor, in denen der Arbeitgeber aus Anlass der Beendigung des Dienstverhältnisses Beiträge an einen Pensionsfonds, eine Pensionskasse oder eine Direktversicherung i. S. des § 3 Nr. 63 Satz 1 EStG leistet.

Zur komplexen Problematik der Übergangsregelungen, der Weitergeltung des § 40b Abs. 1 und 2 EStG in der am 31.12.2004 geltenden Fassung für Altverträge und seines Verhältnisses zu den Bestimmungen über die Steuerbefreiung hat die Verwaltung ausführliche Regelungen aufgestellt.[1]

Steuerpflichtige Beiträge an Direktversicherungen oder Pensionskassen

Individuelle Besteuerung nach den elektronischen Lohnsteuerabzugsmerkmalen

Pauschalierung mit Pauschsteuersatz 20 % auf Beiträge für

- bis zum 31.12.2004 zugesagte Direktversicherungen (Altverträge), falls auf Steuerfreiheit nach § 3 Nr. 63 EStG verzichtet wurde oder Voraussetzungen der Steuerfreiheit nicht gegeben sind

- kapitalgedeckte Pensionskassen, wenn die Versorgungszusage bis zum 31.12.2004 erteilt wurde (Altzusage), soweit über steuerfreiem Höchstbetrag nach § 3 Nr. 63 EStG

- umlagefinanzierte Pensionskassen, soweit nicht steuerfrei nach § 3 Nr. 56 EStG

Wegen der komplexen Möglichkeiten der Besteuerung im Bereich der betrieblichen Altersversorgung hat der Arbeitgeber die den § 4 LStDV ergänzenden besonderen Aufzeichnungs- und Mitteilungspflichten nach § 5 LStDV und die gegenüber § 41

---
1 Vgl. zur Abgrenzung BMF vom 24.07.2013 (BStBl 2013 I S. 270), Rz. 284 ff.

Abs. 1 Satz 7 EStG zur Sicherung der Besteuerung unter Umständen erweiterten Aufbewahrungsfristen nach § 19 Abs. 3 AltvDV i. V. m. § 147 Abs. 3 AO zu beachten.

Pauschalierung bei Sonderzahlungen in umlagefinanzierte Versorgungssysteme

Nach § 40b Abs. 4 EStG hat der Arbeitgeber in den Fällen von **Sonderzahlungen i. S. von § 19 Abs. 1 Satz 1 Nr. 3 Satz 2 EStG** die Lohnsteuer pauschal mit **15 %** dieser Sonderzahlungen zu berechnen. Bei diesen Sonderzahlungen handelt es sich i. d. R. um Zahlungen des Arbeitgebers, die an die Stelle der bei regulärem Verlauf zu entrichtenden laufenden Zuwendungen treten oder neben laufenden Beiträgen oder Zuwendungen entrichtet werden und zur Finanzierung des **nicht kapitalgedeckten** Versorgungssystems dienen. Hierzu gehören insbesondere Zahlungen, die der Arbeitgeber anlässlich seines Ausscheidens aus einem **umlagefinanzierten** Versorgungssystem, des Wechsels von einem umlagefinanzierten zu einem anderen umlagefinanzierten Versorgungssystem oder der Zusammenlegung zweier nicht kapitalgedeckter Versorgungssysteme zu leisten hat.[1] Die ausdrückliche Aufnahme solcher Sonderzahlungen in den Arbeitslohnbegriff des § 19 Abs. 1 EStG ist die Reaktion des Gesetzgebers auf eine gefestigte Rechtsprechung des BFH, nach der Sonderzahlungen des Arbeitgebers zur Schließung von Versorgungslücken bzw. Finanzierungslücken in umlagefinanzierten Versorgungssystemen anlässlich der Umstellung auf Kapitaldeckung oder des Wechsels der umlagefinanzierten Versorgungseinrichtung keinen Arbeitslohn darstellen sollten[2], weil die Sonderzahlungen ausschließlich dem eigenbetrieblichen Interesse des Arbeitgebers an der Sicherstellung seiner Versorgungszusage dienten. § 19 Abs. 1 Satz 1 Nr. 3 Satz 2 EStG verneint daher auch für bestimmte Sonderzahlungen ausnahmsweise den Arbeitslohncharakter.

Die durch § 19 Abs. 1 Satz 1 Nr. 3 Satz 2 EStG erfolgte Erweiterung des Arbeitslohnbegriffs wird verbunden mit einer **Pauschalierungspflicht** gem. § 40b Abs. 4 EStG mit einem Steuersatz von 15 %. Diese Regelung ermöglicht die Pauschalierung der Lohnsteuer ohne betragsmäßige Begrenzung für derartige Sonderzahlungen.

Pauschalierung von Arbeitgeberleistungen zu Gruppenunfallversicherungen

Nach § 40b Abs. 3 EStG besteht für gemeinsam in einem Unfallversicherungsvertrag versicherte Arbeitnehmer die Möglichkeit einer Pauschalierung mit einem Pauschsteuersatz von **20 %**. Die Pauschalierung ist auf gemeinsame Unfallversicherungen (z. B. Gruppenunfallversicherung) für Arbeitnehmer beschränkt, wenn der Arbeitgeber pro begünstigten Arbeitnehmer im Jahr einen Durchschnittsbeitrag von

---
[1] Vgl. zur Abgrenzung BMF vom 24.07.2013 (BStBl 2013 I S. 270), Rz. 297.
[2] BFH vom 14.09.2005 VI R 148/98 (BStBl 2006 II S. 532) und vom 15.02.2006 VI R 92/04 (BStBl 2006 II S. 528).

5.1 Pflichten des Arbeitgebers

bis zu 62 Euro leistet. Es handelt sich hier, im Gegensatz zu den Direktversicherungen, um eine **Freigrenze**. Bei einem Rahmenvertrag mit Versicherern ist Voraussetzung eine genaue Bezeichnung der versicherten Person und des versicherten Wagnisses und dass Einzelheiten in Zusatzvereinbarungen geregelt sind; Regelungen nur des Beitragseinzugs und der Beitragsabrechnung reichen hingegen nicht aus.

Für die durch § 40b EStG erfassten Zukunftssicherungsleistungen ist gem. § 40b Abs. 5 EStG eine Pauschalierung nach § 40 Abs. 1 Satz 1 Nr. 1 EStG ausgeschlossen.

Pauschalierte Gruppenunfallversicherungsbeiträge sind auch beitragsfrei bei der Sozialversicherung. Die Lohnsteuerpauschalierung nach § 40b EStG kann nur der Arbeitgeber, nicht der Arbeitnehmer bei seiner Einkommensteuerveranlagung beantragen.[1]

> **Beispiel:**
>
> Eine KG hat für ihre 20 Arbeitnehmer eine Gruppenunfallversicherung abgeschlossen, in der die Arbeitnehmer gemeinsam versichert sind. Von der KG ist ein jährlicher Beitrag wie folgt zu entrichten
>
> | | |
> |---|---|
> | Versicherungsbeitrag | 1.206,00 € |
> | + 19 % Versicherungsteuer | 229,14 € |
> | zusammen | 1.435,14 € |
>
> Die KG kann die Lohnsteuer nach § 40b Abs. 3 EStG pauschalieren. Die Voraussetzung, dass in einem Unfallversicherungsvertrag mehrere Arbeitnehmer gemeinsam versichert sind, ist erfüllt. Bei einer Aufteilung der gesamten Beiträge nach Abzug der Versicherungsteuer (R 40b.2 Satz 1 LStR) auf die begünstigten Arbeitnehmer entfällt auf einen Arbeitnehmer jeweils ein Jahresbetrag von 60,30 €, somit unter 62 €.
>
> Dieser Grenzbetrag von 62 € je Arbeitnehmer ist jedoch nur von Bedeutung für die Frage, ob die Lohnsteuer vom Arbeitgeber pauschaliert werden kann. Steuerpflichtiger und damit pauschalierungsfähiger Arbeitslohn sind die um die Versicherungsteuer erhöhten Versicherungsbeiträge, somit insgesamt 1.435,14 €. Die pauschale Lohnsteuer i. H. von 20 % beträgt 287,02 €. Hinzu kommen noch Solidaritätszuschlag und pauschale Kirchenlohnsteuer.

---

[1] BFH vom 15.12.1989 VI B 78/88 (BStBl 1990 II S. 344).

5 Pflichten und Rechte des Arbeitgebers

Pauschalierung der Lohnsteuer nach § 40b EStG

- umlagefinanzierte Pensionskasse[1]
  - Abfindungsfall
    § 40b Abs. 2 Satz 3 und 4 EStG
  - Jahrespauschalierung
    § 40b Abs. 2 Satz 1 und Satz 2 EStG
    - Einzelpauschalierung
      Grenze: 1.752 €/Jahr
      darüber Besteuerung nach den ELStAM

  Grenze:
  Arbeitsjahre × 1.752 €
  minus Zuwendungen der letzten 7 Kalenderjahre

- Sonderzahlungen
  § 19 Abs. 1 Satz 1 Nr. 3 Satz 2 EStG
  - mehrere Arbeitnehmer
    - Durchschnitt aller Arbeitnehmer, für die Zuwendungen bis 2.148 € jährlich geleistet wurden
      - Durchschnitt nicht höher als 1.752 €
        → Durchschnitt ansetzen
      - Durchschnitt höher als 1.752 €
        → Einzelpauschalierung

- Gruppenunfallversicherung
  Grenze:
  durchschnittlicher Beitrag je begünstigtem Arbeitnehmer (abzüglich Versicherungsteuer) nicht über 62 €/Jahr

---

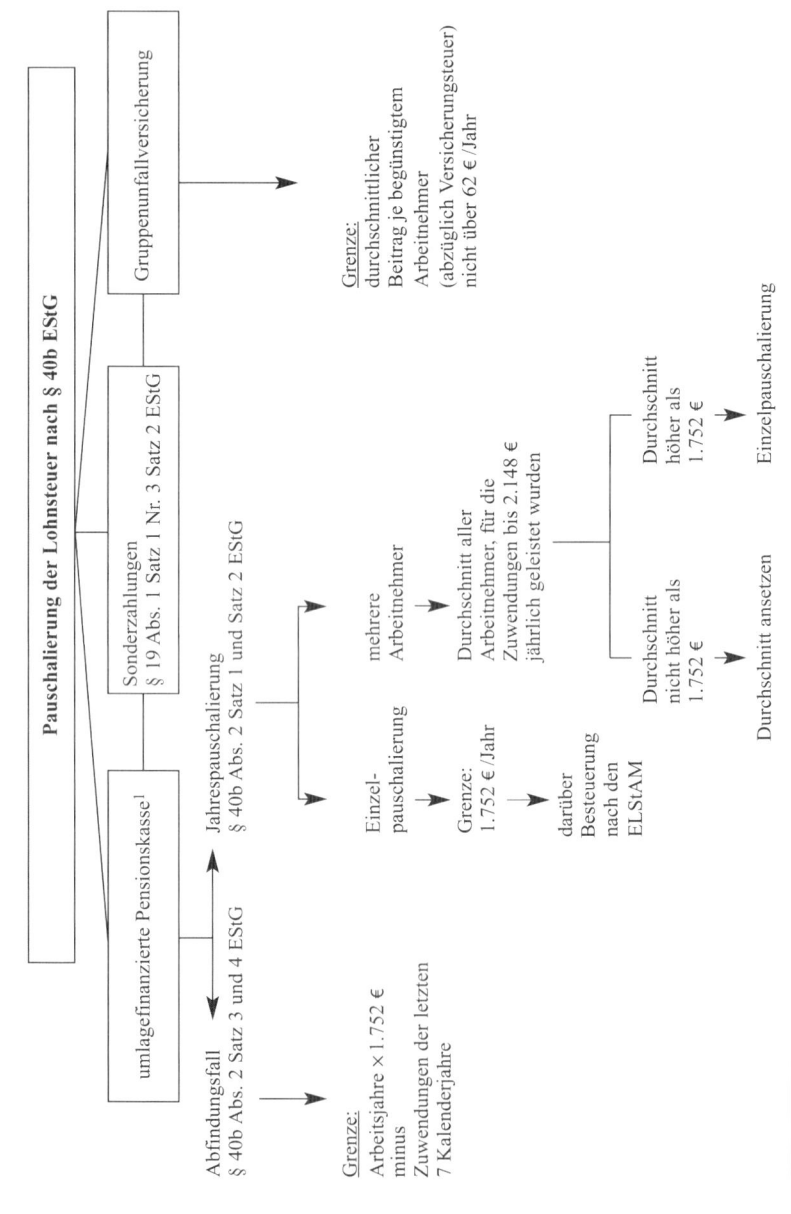

1 Ggf. Direktversicherung (Altvertrag) bei Verzicht auf Steuerbefreiung und kapitalgedeckte Pensionskasse (Altvertrag), insoweit unter Anwendung von § 40b Abs. 1 und 2 EStG a. F.

5.1.6.12 Pauschalbesteuerung von Sachzuwendungen nach § 37b EStG

§ 37b EStG regelt die Möglichkeit der pauschalen Besteuerung von Sachzuwendungen bzw. Sachgeschenken. Durch § 37b Abs. 1 EStG werden dabei Sachzuwendungen an Personen erfasst, die nicht zu den Arbeitnehmern des Steuerpflichtigen gehören. Sachzuwendungen an **Arbeitnehmer** des Steuerpflichtigen werden durch **§ 37b Abs. 2 EStG** erfasst. Zur Anwendung des § 37b EStG hat sich das BMF mit Schreiben vom 19.05.2015 (BStBl 2015 I S. 468) geäußert.

Sachzuwendungen führen beim Empfänger der Zuwendung grundsätzlich zu steuerpflichtigen Einnahmen, bei Arbeitnehmern damit zu Arbeitslohn. Durch die Pauschalbesteuerung der Zuwendung nach § 37b EStG übernimmt der Zuwendende die Versteuerung, wodurch die Besteuerung beim Empfänger abgegolten wird, sodass sie der Empfänger nicht noch einmal versteuern muss. Daher hat der Zuwendende dem Empfänger die vorgenommene Pauschalierung mitzuteilen (§ 37b Abs. 3 EStG).

Nach § 37b Abs. 4 EStG gilt die Pauschalsteuer in beiden Fällen, also auch bei Zuwendungen an Nichtarbeitnehmer des Steuerpflichtigen, als Lohnsteuer und ist somit in die Lohnsteueranmeldung mit aufzunehmen. Die Pauschalierungsmöglichkeit nach § 37b EStG besteht nur für Sachzuwendungen, **nicht** für **Geldzuwendungen**.

Sachzuwendungen an eigene Arbeitnehmer

Die Sachzuwendung muss zusätzlich zum ohnehin geschuldeten Arbeitslohn erbracht werden, somit scheidet die Pauschalierung in Fällen der Gehaltsumwandlung aus.

Es werden nur solche Sachzuwendungen erfasst, die beim Arbeitnehmer zu steuerpflichtigem Arbeitslohn führen würden. Somit erfolgt beispielsweise bei Sachzuwendungen, die im ganz überwiegenden betrieblichen Interesse erfolgen und damit keinen Arbeitslohn darstellen (vgl. H 19.3 LStH), oder auch bei sog. Aufmerksamkeiten (vgl. R 19.6 LStR) **keine** Pauschalbesteuerung. Daher bleiben auch die Vereinfachungsregelungen zu Bewirtungsaufwendungen nach R 8.1 Abs. 8 Nr. 1 LStR von § 37b EStG unberührt.

Bei folgenden Sachzuwendungen, für die bereits besondere gesetzliche Bewertungsregeln bestehen, ist die Möglichkeit der Pauschalbesteuerung nach § 37b Abs. 2 EStG **von vornherein** ausgeschlossen:

- Sachzuwendungen, die unter § 8 Abs. 2 Satz 2 bis 10 EStG fallen (Dienstwagenbesteuerung, Gewährung von Mahlzeiten und Unterkunft, Vorteile mit amtlichem Durchschnittswert aufgrund von Ländererlassen)
- Fälle des Mitarbeiterrabatts nach § 8 Abs. 3 EStG
- Überlassung von Vermögensbeteiligungen nach § 19a EStG
- Fälle der Pauschalbesteuerung nach § 40 Abs. 2 EStG

Bei Bezügen, bei denen eine Pauschalierung mit einem betriebsindividuellen Pauschalsteuersatz nach § 40 Abs. 1 EStG möglich ist, kann § 37b Abs. 2 EStG **subsidiär** angewandt werden, d. h., dass bei diesen Zuwendungen nur insoweit eine Pauschalierung nach § 37b EStG ausgeschlossen ist, als sie bereits pauschal nach § 40 Abs. 1 EStG besteuert worden sind.

Bei Sachzuwendungen, für die danach § 37b EStG zur Anwendung kommen kann, ist das Pauschalierungswahlrecht für alle Sachzuwendungen eines Wirtschaftsjahres nach § 37b Abs. 1 Satz 1 EStG einheitlich auszuüben. Eine einzelfallbezogene Anwendung (Pauschalierung von Fall zu Fall) scheidet aus. Allerdings ist es nach BMF vom 19.05.2015[1] zulässig, für Zuwendungen an Dritte und an eigene Arbeitnehmer § 37b EStG jeweils gesondert anzuwenden. Der Steuerpflichtige kann somit das Wahlrecht für beide Personenkreise unterschiedlich ausüben und muss somit nur innerhalb der zwei Pauschalierungsgruppen das Wahlrecht einheitlich ausüben. Für die eigenen Arbeitnehmer ist die Entscheidung zur Pauschalierung spätestens bis zu dem für die Übermittlung der elektronischen Lohnsteuerbescheinigung geltenden Termin, also gem. § 41b Abs. 1 Satz 2 EStG bis zum 28.02. des Folgejahres, zu treffen. Eine erstmalige Wahlrechtsausübung ist auch im Rahmen einer späteren Lohnsteueraußenprüfung noch möglich, wenn Sachzuwendungen an eigene Arbeitnehmer bisher nicht versteuert wurden. Hat der Arbeitgeber allerdings Sachzuwendungen bereits nach § 37b Abs. 2 EStG pauschal besteuert, ist er bei im Rahmen der Lohnsteuer-Außenprüfung festgestellten und nicht versteuerten Sachzuwendungen grundsätzlich an diese Wahl gebunden. Hat der Arbeitgeber für Sachzuwendungen bisher die individuelle Besteuerung bei seinen Arbeitnehmern gewählt und werden auch hier Sachverhalte neu aufgedeckt, müssen diese auch individuell besteuert werden, weil der Arbeitgeber zum maßgeblichen Wahlrechtszeitpunkt die Pauschalierung nach § 37b Abs. 2 EStG nicht gewählt hatte.

Von Bedeutung wird in diesem Zusammenhang auch, dass die Nichtaufgriffsgrenze des § 8 Abs. 2 Satz 11 EStG (44 Euro) weiterhin anwendbar bleibt. Wird diese beispielsweise für die kostenlose Job-Ticket-Gewährung genutzt, muss keine Nachversteuerung nach § 37b Abs. 2 EStG vorgenommen werden, weil eine andere Sachzuwendung nach dieser Vorschrift pauschaliert besteuert wurde.

Die Pauschalierungsmöglichkeit ist nach § 37b Abs. 1 Satz 3 Nr. 1 EStG ausgeschlossen, soweit der (aufaddierte) Wert der Zuwendungen je Empfänger und Wirtschaftsjahr den Betrag von 10.000 Euro übersteigt. Bis zum Erreichen dieses Höchstbetrags ist die Pauschalierung aber zulässig.

Beispiel:
Arbeitgeber A tätigt drei Zuwendungen an einen Arbeitnehmer im Jahr 2017 im Wert von jeweils 4.000 €.
§ 37b EStG ist nicht nur für die ersten beiden Zuwendungen anwendbar, sondern auch die Hälfte der Aufwendungen für die dritte Zuwendung muss in die Pauschalbesteue-

---
[1] BMF vom 19.05.2015 (BStBl 2015 I S. 468), Rz. 4.

rung miteinbezogen werden, falls sich Arbeitgeber A für die Anwendung des § 37b Abs. 2 EStG entscheidet.

Außerdem ist nach §37b Abs. 1 Satz 3 Nr. 2 EStG bei Einzelzuwendungen im Wert von mehr als 10.000 Euro die Pauschalierung **von vornherein** ausgeschlossen. Dies gilt auch dann, wenn der durch die Zuwendung veranlasste Aufwand über mehrere Jahre verteilt anfällt. Zuwendungen an Familienangehörige werden dem Arbeitnehmer selbst zugerechnet.

> **Beispiel:**
> Der leitende Angestellte A erhält von seinem Arbeitgeber als Ausdruck der Wertschätzung für sein ertragreiches Tätigsein im Dienste der Firma zusätzlich zu seinem üblichen Arbeitslohn eine Sachzuwendung im eigenen Aufwendungswert von brutto 13.000 € sowie drei weitere Sachzuwendungen im Wert von jeweils brutto 3.000 €.
> Eine Pauschalierung der Einzelzuwendung im Wert von 13.000 € scheidet von vornherein aus. Die drei weiteren Zuwendungen im Wert von jeweils 3.000 € können nach § 37b Abs. 2 EStG pauschaliert werden.

> **Beispiel:**
> Der Arbeitgeber (IT-Unternehmen) wendet seiner Arbeitnehmerin C eine Reise für zwei Personen im Wert von brutto 18.000 € zu. C führt die Reise gemeinsam mit ihrem Ehemann durch.
> Es liegt **eine** Sachzuwendung in Form einer Reise für zwei Personen vor. Der Wert der Reise ist steuerlich insgesamt der Arbeitnehmerin C zuzurechnen. Daher scheidet eine Pauschalierung nach § 37b EStG aus, weil der Wert der Zuwendung die absolute Pauschalierungsgrenze für Einzelzuwendungen von 10.000 € übersteigt.
> Leistet C an ihren Arbeitgeber für die Sachzuwendung im Wert von brutto 18.000 € eine Zuzahlung i. H. von 8.000 €, mindert diese den Wert der Zuwendung, auf den die Höchstgrenze anzuwenden ist.[1] Folglich könnte dann ihr Arbeitgeber für die verbleibende Sachzuwendung i. H. von 10.000 € von § 37b EStG Gebrauch machen.

Die **Bemessungsgrundlage** für die pauschale Lohnsteuer richtet sich nach § 37b Abs. 1 Satz 2 EStG und beträgt die tatsächlichen Kosten des Zuwendenden für die Sachzuwendung einschließlich Umsatzsteuer. Der **Steuersatz** der pauschalen Lohnsteuer beträgt **30 %**.

Die pauschale Einkommensteuer **gilt** gem. § 37b Abs. 4 EStG **als Lohnsteuer.** Somit erhöht neben dem obligatorischen Solidaritätszuschlag grundsätzlich auch die Kirchenlohnsteuer den anzumeldenden Betrag. Auch hier kann der Arbeitgeber bei der Berechnung der Kirchenlohnsteuer zwischen einem vereinfachten Verfahren und dem Nachweisverfahren wählen (siehe Tz. 5.1.6.10.6).

Fremde Arbeitnehmer im Konzernverbund

Die Pauschalierungsmöglichkeit nach § 37b Abs. 1 EStG erfasst auch Zuwendungen, die an Arbeitnehmer von Unternehmen im Konzernverbund, insbesondere bei Tochterunternehmen gewährt werden. Falls das zuwendende Unternehmen dabei die

---

[1] BMF vom 19.05.2015 (BStBl 2015 I S. 468), Rz. 21.

Pauschalierung nach § 37b Abs. 1 EStG vornimmt, wird die ansonsten beim Arbeitgeber liegende Lohnsteuerpflicht nach § 38 Abs. 1 Satz 3 EStG verdrängt. In diesen Fällen ist bei der Bemessung der pauschalen Lohnsteuer allerdings § 37b Abs. 1 Satz 2 Halbsatz 2 EStG zu beachten.

> **Beispiel:**
> Anlässlich eines Firmenjubiläums verschenkt die X-Verlags-AG eine wertvolle Sonderauflage eines von ihr verlegten Buches an eigene Arbeitnehmer, aber auch an die Mitarbeiter der Y-AG, eine Tochtergesellschaft, in welche die X-Verlags-AG ihre Werbeabteilung ausgegliedert hat.
> Bei den eigenen Arbeitnehmern scheidet eine Pauschalbesteuerung nach § 37b Abs. 2 EStG aus und die Besteuerung hat mit dem Wert nach § 8 Abs. 3 EStG zu erfolgen.
> Bei den Zuwendungen an die Mitarbeiter der verbundenen Y-AG kann die X-Verlags-AG eine Pauschalbesteuerung nach § 37b Abs. 1 EStG vornehmen, wobei dann als Bemessungsgrundlage der pauschalen Lohnsteuer (30 %) grundsätzlich die eigenen Kosten, mindestens jedoch entsprechend der Regelung des § 8 Abs. 3 EStG 96 % des um den Rabattfreibetrag (1.080 €) geminderten üblichen Bruttoverkaufspreises, anzusetzen sind.[1]

Zu beachten ist zudem, dass § 37b Abs. 2 EStG nur Sachzuwendungen des Arbeitgebers an seine eigenen Arbeitnehmer erfasst. Nicht erfasst werden demnach Sachzuwendungen Dritter an die eigenen Arbeitnehmer, selbst wenn insoweit lohnsteuerpflichtiger Arbeitslohn von dritter Seite nach § 38 Abs. 1 Satz 3 EStG vorliegt. Insofern könnte lediglich der Dritte ggf. die Pauschalbesteuerung nach § 37b Abs. 1 EStG durchführen. Bei Sachzuwendungen von dritter Seite an Arbeitnehmer im Rahmen ihres Dienstverhältnisses, liegt stets Arbeitslohn von Dritter Seiter vor, unabhängig davon, ob der Arbeitgeber der Arbeitnehmer Kenntnis von der Sachzuwendung hat oder nicht. Sofern der Dritte daher § 37b Abs. 1 EStG anwendet, hat er grundsätzlich alle Sachzuwendungen an Arbeitnehmer von Geschäftspartnern einzubeziehen.

> **Beispiel:**
> Die Konzernmutter A erbringt Sachzuwendungen an sämtliche konzernzugehörigen Arbeitnehmer. A entscheidet sich gegen die Pauschalierung nach § 37b Abs. 1 EStG.
> Die Konzerntöchter haben die den eigenen Arbeitnehmern von der Muttergesellschaft A gewährten Sachzuwendungen als Arbeitslohn von dritter Seite nach § 38 Abs. 1 Satz 3 EStG zu versteuern. Eine Pauschalierung dieser Sachzuwendungen nach § 37b Abs. 2 EStG durch die Konzerntöchter ist nicht möglich.

5.1.7 Einbehaltung der Lohnsteuer

Der Arbeitgeber hat nach § 38 Abs. 3 EStG, ein Dritter nach § 38 Abs. 3a EStG, vom Arbeitslohn die ermittelte Lohnsteuer **für Rechnung des Arbeitnehmers** einzubehalten. Der Arbeitgeber hat dabei nicht zu prüfen, ob voraussichtlich auch eine nach dem Jahresarbeitslohn bemessene Jahreslohnsteuer anfallen wird. Er muss

---
[1] BMF vom 19.05.2015 (BStBl 2015 I S. 468), Rz. 5.

5.1 Pflichten des Arbeitgebers

Lohnsteuer auch dann einbehalten, wenn ihm bekannt ist, dass der Arbeitnehmer zur Einkommensteuer veranlagt wird. Reichen die dem Arbeitgeber zur Verfügung stehenden Mittel nicht aus, den Arbeitslohn in der vereinbarten Höhe auszuzahlen und daneben die Steuerabzugsbeträge an den Fälligkeitstagen an die Finanzkasse abzuführen, so hat der Arbeitgeber die Lohnsteuer von dem ihm zur Verfügung stehenden niedrigeren Betrag zu berechnen und einzubehalten. Er muss dem Arbeitnehmer dann eben nur eine Abschlagszahlung leisten (R 39b.5 Abs. 1 LStR).

Besteht der Arbeitslohn im Wesentlichen **aus Sachbezügen** und reicht der Barlohn zur Deckung der Steuerabzugsbeträge nicht aus, so hat der Arbeitnehmer dem Arbeitgeber den zur Deckung der Steuerabzugsbeträge fehlenden Betrag zur Verfügung zu stellen. Kommt der Arbeitnehmer dieser Verpflichtung nicht nach, so hat der Arbeitgeber einen dem Steuerbetrag entsprechenden Wert von den Sachbezügen zurückzubehalten und daraus die Steuerabzugsbeträge für Rechnung des Arbeitnehmers zu decken. Wenn sich auch das nicht durchführen lässt, muss der Arbeitgeber dem Betriebsstättenfinanzamt den Sachverhalt mitteilen. Es ist dann **Sache des Finanzamts,** die zu wenig einbehaltene Lohnsteuer vom Arbeitnehmer nachzufordern (§ 38 Abs. 4 EStG).

5.1.8 Anmeldung und Abführung der Lohnsteuer und Lohnsteuer-Anmeldungszeitraum

Die im Zeitpunkt des Zuflusses des Arbeitslohns an den Arbeitnehmer **entstehende** Lohnsteuer (§ 38 Abs. 2 EStG) wird nach § 41a EStG am 10. Tag nach Ablauf eines jeden **Lohnsteuer-Anmeldungszeitraums fällig.** Zum Fälligkeitstag sind die im Anmeldungszeitraum insgesamt einbehaltene und die vom Arbeitgeber übernommene Lohnsteuer und Kirchensteuer sowie der Solidaritätszuschlag, nach Verrechnung mit Erstattungsbeträgen, an die **Finanzkasse des Betriebsstättenfinanzamts** abzuführen. Die oberste Finanzbehörde eines Bundeslandes kann jedoch anordnen, dass die Lohnsteuer nicht an die Finanzkasse des Betriebsstättenfinanzamts, sondern an eine andere öffentliche Kasse abzuführen ist, die dadurch dann insoweit die Stellung einer Landesfinanzbehörde erlangt. Für den Einzelfall können diese Kassen einen abweichenden Fälligkeitszeitpunkt bestimmen, wenn die Abführung der Lohnsteuer sonst nicht gesichert erscheint. Der Arbeitgeber muss mit der **Zahlung** die Steuernummer, die Bezeichnung der Steuer und den Lohnsteuer-Anmeldungszeitraum angeben (R 41a.2 LStR).

Der Arbeitgeber hat nach Maßgabe des **§ 41a EStG** periodische **Lohnsteuer-Anmeldungen** beim Betriebsstättenfinanzamt einzureichen. Als Tag der Abgabe gilt der Tag, an dem die für den Empfang bestimmte Einrichtung die Daten in bearbeitbarer Weise aufgezeichnet hat (§ 87a Abs. 1 Satz 2 AO). Die Lohnsteuer-Anmeldung hat spätestens am 10. Tag nach Ablauf des Lohnsteuer-Anmeldungszeitraums zu erfolgen, und auch spätestens an diesem Tag ist die angemeldete Lohnsteuer abzuführen. In der Lohnsteuer-Anmeldung sind die im Lohnsteuer-Anmeldungszeitraum einbehaltene und die vom Arbeitgeber übernommene Lohnsteuer und Kirchensteuer und der Solidaritätszuschlag einschließlich der aufgrund von Pauschalierung übernommenen Lohnsteuer je getrennt in Summen nach Abzug der im Lohnsteuer-Jahresausgleich erstatteten Beträge anzugeben. Falls es aufgrund von Erstattungen zu negativen Beträgen kommt, sind diese mit einem Minuszeichen einzutragen. Die an die Deutsche Rentenversicherung Knappschaft-Bahn-See abzuführende Pauschalsteuer nach § 40a Abs. 2 EStG ist jedoch nicht miteinzubeziehen. Diese Pauschalsteuer hat der Arbeitgeber zusammen mit den Pauschalbeiträgen zur Sozialversicherung zentral an diese Stelle anzumelden und abzuführen. Die Verpflichtung zur Abgabe von Lohnsteuer-Anmeldungen entfällt gem. § 41a Abs. 1 Satz 4 EStG, wenn der Arbeitgeber dem Betriebsstättenfinanzamt mitteilt, dass er im Lohnsteuer-Anmeldungszeitraum keine Arbeitnehmer mehr beschäftigt, für die er Lohnsteuer einzubehalten oder zu übernehmen hat, weil also der Arbeitslohn nicht steuerbelastet ist. Ob ein **Lohnsteuer-Anmeldungszeitraum** einen Monat umfasst (= Grundsatz) oder das Kalendervierteljahr oder auch nur das Kalenderjahr, richtet sich nach § 41a Abs. 2 EStG. Lohnsteuer-Anmeldungszeitraum ist das Kalendervierteljahr, wenn die abzuführende Lohnsteuer **für das vorangegangene Kalenderjahr** mehr als 1.080 Euro, aber nicht mehr als 5.000 Euro[1] betragen hat; Lohnsteuer-Anmeldungszeitraum ist das Kalenderjahr, wenn die abzuführende Lohnsteuer **für das vorangegangene Kalenderjahr** nicht mehr als 1.080 Euro betragen hat. Hat die Betriebsstätte nicht während des ganzen vorangegangenen Kalenderjahres bestanden, so ist die für das vorangegangene Kalenderjahr abzuführende Lohnsteuer für die Feststellung des Lohnsteuer-Anmeldungszeitraums auf einen Jahresbetrag umzurechnen. Wenn die Betriebsstätte im vorangegangenen Kalenderjahr noch nicht bestanden hat, ist die auf einen Jahresbetrag umgerechnete für den ersten vollen Kalendermonat nach der Eröffnung der Betriebsstätte abzuführende Lohnsteuer maßgebend.

Für jede Betriebsstätte (§ 41 Abs. 2 EStG) hat der Arbeitgeber nur eine Lohnsteuer-Anmeldung (**einheitliche** Lohnsteuer-Anmeldung) abzugeben, in der die abzuführende Lohnsteuer für alle zur Betriebsstätte gehörenden Arbeitnehmer erfasst sind. Die Abgabe mehrerer Lohnsteuer-Anmeldungen für dieselbe Betriebsstätte und denselben Lohnsteuer-Anmeldungszeitraum, etwa getrennt nach Arbeitern und Angestellten, ist nicht zulässig (R 41a.1 Abs. 2 LStR).

Auf Antrag kann das Betriebsstättenfinanzamt nach § 41a Abs. 1 Satz 3 EStG zur Vermeidung von Härten zulassen, die Lohnsteuer-Anmeldung nicht auf elektronischem Weg, sondern in Papierform einzureichen. Ein Härtefall kann insbesondere dann vorliegen, wenn der Arbeitgeber nicht über die technischen Voraussetzungen verfügt, die für die Übermittlung der Daten eingehalten werden müssen, und es ihm nicht zumutbar ist, die technischen Voraussetzungen für die elektronische Übermitt-

---

1 Betrag von 4.000 Euro auf 5.000 Euro angehoben durch Art. 4 des 2. Bürokratieentlastungsgesetzes; in Kraft seit 01.01.2017.

5.1 Pflichten des Arbeitgebers

lung einzurichten. Dies wird, auch unter Berücksichtigung der in anderen Bereichen, insbesondere der Sozialversicherung, erfolgenden Umstellung auf Datenübermittlung im elektronischen Weg, allerdings nur noch selten der Fall sein. Im Übrigen gilt § 150 Abs. 8 AO, wonach eine derartige Unzumutbarkeit insbesondere dann der Fall ist, wenn die Schaffung der technischen Möglichkeiten für eine Datenfernübertragung des amtlich vorgeschriebenen Datensatzes nur mit einem nicht unerheblichen finanziellen Aufwand möglich wäre oder wenn der Steuerpflichtige nach seinen individuellen Kenntnissen und Fähigkeiten nicht oder nur eingeschränkt in der Lage ist, die Möglichkeiten der Datenfernübertragung zu nutzen. Die Ausführungen betreffen auch Steueranmeldungen. Gibt der Arbeitgeber eine Lohnsteuer-Anmeldung in Papier ab, dann ist dies als Härtefallantrag zu sehen.[1] Eine Aufforderung zur elektronischen Übermittlung der Daten ist in diesen Fällen grundsätzlich nicht vorzunehmen.

Für Reeder, die eigene oder gecharterte Handelsschiffe betreiben, ist die Möglichkeit des Steuereinbehalts nach § 41a Abs. 4 EStG und R 41a.1 Abs. 5 LStR zu beachten.

Die Lohnsteuer-Anmeldung ist eine **Steuererklärung** i. S. des § 150 AO, die nach bestem Wissen und Gewissen abzugeben ist. Das Betriebsstättenfinanzamt kann bei nicht rechtzeitigem Eingang der Lohnsteuer-Anmeldung einen Verspätungszuschlag nach § 152 AO festsetzen. Für die Abgabe der Lohnsteuer-Anmeldung kann vom Betriebsstättenfinanzamt grundsätzlich keine Fristverlängerung eingeräumt werden. Insbesondere ist die bei Umsatzsteuer-Voranmeldungen eröffnete Dauerfristverlängerung hier nicht möglich. Kommt der Arbeitgeber seiner Pflicht zur Abgabe der Lohnsteuer-Anmeldung nicht nach, so kann das Finanzamt die Abgabe mit Zwangsgeldern nach §§ 328 bis 335 AO durchzusetzen versuchen oder die geschuldete Lohn- und Kirchenlohnsteuer nach § 162 AO schätzen. Im letzteren Fall wird die geschätzte Zahlschuld mit Steuerbescheid vom Arbeitgeber angefordert. Die wiederholte verspätete Abgabe oder Nichtabgabe der Lohnsteueranmeldung oder auch die wiederholte verspätete Abführung der Steuerabzugsbeträge kann sich zudem als Steuervergehen darstellen.

Die Lohnsteuer-Anmeldung steht kraft gesetzlicher Fiktion nach § 168 AO einer Steuerfestsetzung unter dem Vorbehalt der Nachprüfung gleich. Sie kann deshalb, solange der Vorbehalt wirkt, ohne weiteres aufgehoben oder geändert werden. Dies ermöglicht es auch dem Arbeitgeber, eventuelle Fehler bei der ursprünglich vorgenommenen Berechnung der angemeldeten und abzuführenden Beträge rückwirkend zu korrigieren. Dies betrifft sowohl Fehler bei der Berechnung der pauschalen Lohnsteuer, bei der der Arbeitgeber der Schuldner ist, als auch Fehler bei der Berechnung der Lohnsteuer des Arbeitnehmers, die vom Arbeitslohn einbehalten wird. Ist allerdings die vom Arbeitslohn einzubehaltende Lohnsteuer durch die Korrektur betroffen, so ist § 41c EStG zu beachten. Dies bedeutet in zeitlicher Hinsicht,

---
1 LfSt Bayern vom 30.07.2014 – S 0321.1.1-3/5 St42.

dass eine den Lohnsteuer**abzug** ändernde Korrektur nach § 41c Abs. 3 Satz 1 EStG nur möglich ist, wenn der Arbeitgeber die Lohnsteuerbescheinigung noch nicht übermittelt oder ausgestellt hat. Die bloße Korrektur eines zunächst unrichtig übermittelten Datensatzes ist allerdings gem. R 41c.1 Abs. 7 LStR zulässig.

Besteuert der Arbeitgeber rückwirkend Arbeitslohn pauschal, den er zunächst individuell nach den abgerufenen elektronischen Lohnsteuerabzugsmerkmalen besteuert hat, was beispielsweise im Fall einer rückwirkenden, die Pauschalierung eröffnenden Gesetzesänderung möglich ist, dann darf er eine bereits übermittelte oder erteilte Lohnsteuerbescheinigung nicht mehr ändern. Eine Änderung des individuellen Lohnsteuerabzugs ist damit nach § 41c Abs. 3 Satz 1 EStG nicht mehr möglich. Der Arbeitgeber hat dem betroffenen Arbeitnehmer dann aber eine Bescheinigung zu erteilen, in welcher der bislang individuell und nunmehr pauschal besteuerte Arbeitslohn aufgeführt ist. Mit dieser Bescheinigung kann der Arbeitnehmer beim Finanzamt eine entsprechende Korrektur des Arbeitslohns nach § 40 Abs. 3 Satz 3 EStG im Einkommensteuer-Veranlagungsverfahren geltend machen. Als Beispiel dient hierfür die mit BVerfG-Urteil vom 09.12.2008 festgestellte partielle Verfassungswidrigkeit der für die Jahre ab 2007 zunächst geltenden Regelungen zur Entfernungspauschale nach § 9 Abs. 2 EStG a. F., die auch die Pauschalierungsmöglichkeit nach § 40 Abs. 2 Satz 2 EStG beeinflussten. Mit BMF-Schreiben vom 30.12.2008 (BStBl 2009 I S. 28) wurde einer für die Kalenderjahre 2007 und 2008 rückwirkenden **Pauschalbesteuerung** zugestimmt. Die Berichtigung der entsprechenden Lohnsteuer-Anmeldungen war dabei **insoweit** ohne die Einschränkungen des § 41c Abs. 3 EStG möglich, da es sich um **pauschale Lohnsteuer des Arbeitgebers** handelt. Bei der im Lohnsteuer-Anmeldungsverfahren erfolgenden Festsetzung der durch Abzug vom Arbeitslohn erhobenen individuellen Lohnsteuer nach §§ 38 ff. EStG und der Festsetzung der pauschalen Lohnsteuer nach §§ 40 ff. EStG handelt es sich verfahrensmäßig um zwei selbständige Festsetzungen, sodass eine (rückwirkende) Änderung der Pauschalbesteuerung im Rahmen der Änderungsvorschriften der AO möglich ist, auch wenn eine Änderung des individuellen Lohnsteuerabzugs nach Übermittlung oder Erteilung der Lohnsteuerbescheinigung nicht mehr zulässig ist. § 41c Abs. 3 Satz 1 EStG hindert die (rückwirkende) Pauschalierung nicht, da durch die Entscheidung des BVerfG die Pauschalierungsmöglichkeit erstmals eröffnet wurde. Hinsichtlich der ursprünglich **vom Arbeitslohn einbehaltenen Lohnsteuer** war jedoch eine Änderung des Lohnsteuerabzugs wegen § 41c Abs. 3 EStG nicht mehr möglich. Da zu diesem Zeitpunkt die Lohnsteuerbescheinigungen für das Jahr 2007 nach § 41b Abs. 1 Satz 2 EStG in aller Regel bereits übermittelt gewesen waren, war eine Berücksichtigung dieses Vorgangs beim Arbeitslohn der Arbeitnehmer nur noch mittels der erwähnten Bescheinigung im Rahmen der Einkommensteuerveranlagung der Arbeitnehmer möglich, da pauschal besteuerter Arbeitslohn nach § 40 Abs. 3 Satz 3 EStG bei der Veranlagung zur Einkommensteuer außer Ansatz bleibt.[1] Für das Jahr 2008 waren Änderungen des Lohnsteuerabzugs (vom Arbeitslohn einbehaltene Lohnsteuer) nach Maßgabe des § 41c EStG meist möglich, da zum Zeitpunkt des BMF-Schreibens vom 30.12.2008[2] die Lohnsteuerbescheinigungen für das Jahr 2008 i. d. R. noch nicht übermittelt gewesen waren.

5.1.9 Erlass, Stundung und Aussetzung von Lohnsteuer

Aus der treuhänderischen Stellung des **Arbeitgebers** ergibt sich, dass ihm Lohnsteuer grundsätzlich nicht gestundet, die Vollziehung eines Lohnsteuerbescheids nicht ausgesetzt und die Lohnsteuer auch nicht erlassen werden darf. Ausnahmen von diesem Grundsatz können bei Vorliegen besonderer Umstände in Betracht kommen oder aus Zweckmäßigkeitsgründen sogar geboten sein.

Einem **Arbeitnehmer** kann Lohnsteuer nach § 222 AO nur gestundet werden, wenn ein Bescheid vorliegt, z. B. ein Nachforderungsbescheid. Legt der Arbeitnehmer gegen den Nachforderungsbescheid Einspruch ein, kann er zugleich Aussetzung der Vollziehung nach § 361 AO beantragen. Auch kann ein Arbeitnehmer die Lohnsteuer-Anmeldung des Arbeitgebers aus eigenem Recht anfechten, soweit sie ihn betrifft.[3]

5.1.10 Lohnsteuerbescheinigung

Der Arbeitgeber ist nach § 41b EStG verpflichtet, der Finanzverwaltung für jeden Arbeitnehmer eine elektronische Lohnsteuerbescheinigung zu übermitteln und den Arbeitnehmern die elektronische Lohnsteuerbescheinigung nach amtlich vorgeschriebenem Muster binnen angemessener Frist als Ausdruck auszuhändigen oder elektronisch bereitzustellen. Von diesem Grundsatz der elektronischen Lohnsteuerbescheinigung ist lediglich solchen Arbeitgebern gem. § 41b Abs. 3 EStG eine Ausnahme gestattet, die ausschließlich Arbeitnehmer im Rahmen einer geringfügigen Beschäftigung in ihrem Privathaushalt i. S. des § 8a SGB IV beschäftigen und eine individuelle Lohnbesteuerung mit Hilfe des Abrufs der elektronischen Lohnsteuerabzugsmerkmale vornehmen. In diesen Fällen hat der Arbeitgeber eine entsprechende Lohnsteuerbescheinigung nach amtlich vorgeschriebenem Muster auszustellen und diese dem Arbeitnehmer auszuhändigen.

Die Verwendung der im Rahmen der Lohnsteuerbescheinigung übermittelten Daten regelt § 41b Abs. 5 EStG

Nach den §§ 40 bis 40b EStG pauschal besteuerter Arbeitslohn ist jedoch nach § 41b Abs. 6 EStG vom Lohnsteuerbescheinigungsverfahren ausgenommen. Dies-

---

[1] Siehe auch BMF vom 31.08.2009 (BStBl 2009 I S. 891), Nr. 5.2.
[2] Siehe auch BMF vom 30.12.2008 (BStBl 2009 I S. 28).
[3] BFH vom 20.07.2005 VI R 165/01 (BStBl 2005 II S. 890).

bezüglich ist allerdings zu beachten, dass nach § 41b Abs. 1 Satz 2 Nr. 7 EStG die pauschal besteuerten Arbeitgeberleistungen für Fahrten zwischen Wohnung und Arbeitsstätte in die Lohnsteuerbescheinigung aufzunehmen sind, da bei ihnen ein unmittelbarer Bezug zu den vom Arbeitnehmer geltend zu machenden Werbungskosten besteht, die nach § 40 Abs. 2 Satz 3 EStG um diese pauschal besteuerten Arbeitgeberleistungen zu kürzen sind.

Welche Angaben in die elektronische Lohnsteuerbescheinigung aufzunehmen sind, bestimmt § 41b Abs. 1 Satz 2 EStG. Die dort angeführte Aufzählung ist jedoch nicht abschließend, was durch das Wort „insbesondere" in Satz 2 zum Ausdruck kommt, sodass auch noch weitere Angaben in die Lohnsteuerbescheinigung aufgenommen werden können, die für steuerliche Zwecke erforderlich sind, wie beispielsweise das von öffentlichen Arbeitgebern zusammen mit den Bezügen oder dem Arbeitsentgelt ausgezahlte Kindergeld. Zur Erläuterung der in die Lohnsteuerbescheinigung aufzunehmenden Angaben bzw. zur Vorgehensweise bei der Fertigung der Lohnsteuerbescheinigungen sind daher die Vorschrift des § 41b EStG sowie die Anordnungen in R 41b LStR und die diesbezüglichen Erlasse zu beachten.[1] Der Informationsgehalt für beide Arten der Lohnsteuerbescheinigung, sowohl für die elektronische als auch für die manuelle Lohnsteuerbescheinigung nach amtlich vorgeschriebenem Muster zu erteilende, muss im Übrigen gleich sein (§ 41b Abs. 3 Satz 1 EStG). In die Lohnsteuerbescheinigungen sind vom Arbeitgeber nur Daten und Beträge einzutragen, die sich auf die Zeit der Beschäftigung des Arbeitnehmers in seinem Betrieb beziehen. Bei Arbeitnehmern, die während des ganzen Kalenderjahres nur bei einem Arbeitgeber beschäftigt waren, sind Angaben nur über dieses Kalenderjahr zu machen. Die Daten und Beträge sind regelmäßig aus den aufgerechneten Lohnkonten in die Lohnsteuerbescheinigung zu übertragen.

Bei der Angabe des **steuerpflichtigen** Bruttoarbeitslohns ist zu beachten, dass dieser den Wert ggf. zugewendeter Sachbezüge enthalten muss. Bruttoarbeitslohn ist die Summe aus dem laufenden Arbeitslohn, der für Lohnzahlungszeiträume gezahlt worden ist, die im Kalenderjahr geendet haben, und den sonstigen Bezügen, die dem Arbeitnehmer im Kalenderjahr zugeflossen sind (§ 38a Abs. 1 EStG). Wenn die Lohnsteuer von einem sonstigen Bezug im ersten Dienstverhältnis berechnet wurde und dabei gem. § 39b Abs. 3 Satz 2 EStG der Arbeitslohn aus einem früheren Dienstverhältnis des Kalenderjahres außer Betracht geblieben ist, muss der **Großbuchstabe S** eingetragen werden. **Netto gezahlter Arbeitslohn** ist mit dem hochgerechneten Bruttobetrag anzusetzen. Steuerfreier Arbeitslohn ist nur in den in § 41b Abs. 1 EStG angeführten Fällen aufzunehmen. Hat der Arbeitgeber steuerpflichtigen **Arbeitslohn zurückgefordert,** ist bei fortbestehendem Dienstverhältnis nur der gekürzte steuerpflichtige Bruttoarbeitslohn zu bescheinigen. Der Bruttoarbeitslohn darf nicht um die Freibeträge für Versorgungsbezüge (§ 19 Abs. 2 EStG) und den Altersentlastungsbetrag (§ 24a EStG) gekürzt werden. Als elektronisches

---
1 Beispielsweise für das Jahr 2017 BMF vom 30.07.2015 (BStBl 2015 I S. 614).

Lohnsteuerabzugsmerkmal ermittelte Freibeträge sind gleichfalls nicht abzuziehen und Hinzurechnungsbeträge nicht hinzuzurechnen. Arbeitslöhne i. S. des § 8 Abs. 3 EStG sind um den Rabatt-Freibetrag nach § 8 Abs. 3 Satz 2 EStG zu kürzen. Zum steuerpflichtigen Bruttoarbeitslohn gehören auch **keine Bezüge,** für die die Lohnsteuer **nach §§ 37a, 37b, 40 bis 40b EStG pauschal** erhoben wurde. Wegen der Besonderheiten bei Berechnung der Vorsorgepauschale sind auch die vom Arbeitnehmer nachgewiesenen Beiträge zur privaten Krankenversicherung und privaten Pflegeversicherung zu bescheinigen. Begünstigt sind nur die vom Versicherungsunternehmen bescheinigten Beiträge über die Basisabsicherung.

In die Lohnsteuerbescheinigung sind neben dem Bruttoarbeitslohn der davon einbehaltene **Lohnsteuerbetrag,** der **Kirchensteuerbetrag** und der **Solidaritätszuschlag** einzutragen. Neben den **gesondert ausgewiesenen** Arbeitslöhnen sind die von diesen einbehaltenen Lohnsteuer-, Kirchensteuerbeträge und der Solidaritätszuschlag einzutragen. Die einbehaltenen Steuerabzugsbeträge sind um etwaige **Steuererstattungen** im Laufe des Kalenderjahres zu kürzen. Der Arbeitgeber zieht auch die in dem von ihm durchgeführten Lohnsteuer-Jahresausgleich erstatteten Beträge von den einbehaltenen Steuerabzugsbeträgen vor der Eintragung in die Lohnsteuerbescheinigung ab.

Dem Arbeitnehmer ist nach § 41b Abs. 1 Satz 3 EStG ein nach amtlich vorgeschriebenem Muster erstellter Ausdruck der elektronischen Lohnsteuerbescheinigung auszuhändigen oder elektronisch bereitzustellen. Dieser Ausdruck der elektronischen Lohnsteuerbescheinigung braucht dem nachfolgenden Arbeitgeber nicht vorgelegt zu werden.

Für **Arbeitnehmer,** deren Arbeitslohn unter Verzicht auf den Abruf der elektronischen Lohnsteuerabzugsmerkmale bzw. die Vorlage einer Lohnsteuerbescheinigung nach § 40a EStG pauschal besteuert worden ist und für die der Arbeitgeber die Lohnsteuer selbstschuldnerisch übernommen hat, sind grundsätzlich keine Lohnsteuerbescheinigungen auszustellen. Das Gleiche gilt für Arbeitnehmer, die nur Zukunftssicherungsleistungen nach § 40b EStG erhalten haben. Auch über nach § 40 EStG pauschal besteuerten Arbeitslohn ist keine Lohnsteuerbescheinigung auszustellen (§ 41b Abs. 6 EStG).

Soweit der Arbeitgeber nicht zur elektronischen Übermittlung verpflichtet ist, hat er eine Lohnsteuerbescheinigung nach amtlich vorgeschriebenem Muster zu erteilen (§ 41b Abs. 1 Satz 4 EStG). Diese Lohnsteuerbescheinigungen sind den Arbeitnehmern auszuhändigen.

5.1.11 Nachforderung und Haftung

Haftung für Lohnsteuer bedeutet das Einstehenmüssen mit eigenem Vermögen für eine fremde Steuerschuld. Werden der Arbeitgeber, der nicht Schuldner der Lohnsteuer ist, und auch Dritte für die Berichtigung der Lohnsteuerschuld des Arbeitnehmers in Anspruch genommen, so haften sie. Die Haftung, die keinen strafrechtlichen Charakter hat, ist gleichwohl ein empfindliches Übel und damit ein wirksames Mittel, den Arbeitgeber und Dritte zur Erfüllung der ihnen im Steuerabzugsverfahren auferlegten Pflichten anzuhalten.

Der **Steuerschuldner** selbst haftet nicht, er **schuldet** vielmehr. Der Steuerschuldner und die Personen, die für die geschuldete Steuer haften, sind nach § 44 AO **Gesamtschuldner**. Jeder Gesamtschuldner schuldet die ganze Leistung. Die Zahlung eines Gesamtschuldners kommt den anderen Gesamtschuldnern jedoch insoweit zugute, als sich die Gesamtschuld um diese Zahlung verringert. Die Frage des internen Ausgleichs unter den Gesamtschuldnern wird dadurch aber nicht berührt.

Wird vom Arbeitgeber pauschale Lohnsteuer nacherhoben, die der Arbeitgeber gem. § 40 Abs. 3 EStG zu übernehmen hat, erfolgt dies durch Festsetzung in einem Nachforderungsbescheid (Steuerbescheid). Wird vom Arbeitgeber Lohnsteuer nacherhoben, bei welcher der Arbeitnehmer als Steuerschuldner anzusehen ist und für die der Arbeitgeber daher nur im Wege der Haftung in Anspruch genommen werden kann, erfolgt dies durch Haftungsbescheid. Wird vom Arbeitgeber pauschale Lohnsteuer nacherhoben und wird er zugleich als Haftungsschuldner in Anspruch genommen, so ist die Steuerschuld von der Haftungsschuld zu trennen. Steuerschuld und Haftungsschuld werden dabei nur äußerlich in einer Verfügung verbunden (Sammelverwaltungsakt). Die Trennung kann dabei im Entscheidungssatz der Verfügung erfolgen oder in der Begründung dieses Bescheids oder sogar in einem dem Arbeitgeber bereits bekannten oder beigefügten Bericht einer Lohnsteuer-Außenprüfung, auf den zur Begründung Bezug genommen ist.

Der Arbeitgeber haftet nach § 42d Abs. 1 EStG für die Lohnsteuer, die er einzubehalten und abzuführen hat. Ferner haftet er für die Lohnsteuer, die er beim Lohnsteuer-Jahresausgleich zu Unrecht erstattet hat, und für die Lohnsteuer, die aufgrund fehlerhafter Angaben im Lohnkonto oder in der Lohnsteuerbescheinigung verkürzt wird. Diese Fälle werden als Unterfälle der nicht ordnungsmäßigen Einbehaltung von Lohnsteuer durch den Arbeitgeber angesehen. Hat der Arbeitgeber aufgrund unrichtiger Angaben in den Lohnkonten oder den Lohnsteuerbescheinigungen vorsätzlich Lohnsteuer verkürzt, ist ihm als Steuerstraftäter der Einwand verwehrt, das Finanzamt hätte statt seiner die Arbeitnehmer in Anspruch nehmen müssen (H 42d.1 „Allgemeines zur Arbeitgeberhaftung" LStH).

Ein Haftungstatbestand ist gegeben, wenn die Lohnsteuer aus irgendeinem Grund nicht ordnungsmäßig in dem hier in Betracht kommenden weiteren Sinne einbehalten oder an die Finanzkasse abgeführt worden ist. Auf ein schuldhaftes Verhalten des Arbeitgebers kommt es dabei nicht an (R 42d.1 Abs. 4 Satz 1 LStR). Das Verschulden kann aber von Bedeutung sein für die Entscheidung des Finanzamts, ob es den Arbeitgeber im konkreten Fall überhaupt durch Haftungsbescheid in Anspruch nehmen oder sich an den Arbeitnehmer halten soll (Auswahlermessen). Ferner kann das Verschulden bei Schadensersatzansprüchen des Arbeitnehmers eine Rolle spie-

5.1 Pflichten des Arbeitgebers

len für den Fall, dass der Arbeitgeber die gezahlte Lohnsteuer von seinem Arbeitnehmer zurückverlangt.

5.1.11.1 Nachforderung von Lohnsteuer

Schuldner der Lohnsteuer ist der **Arbeitnehmer** (§ 38 Abs. 2 EStG) und von **pauschaler Lohnsteuer** der **Arbeitgeber** (§ 40 Abs. 3 EStG). In Fällen der Pauschalierung von Lohnsteuer (§§ 37b, 40 bis 40b EStG) ist der Arbeitgeber dem Finanzamt gegenüber verpflichtet, die Lohnsteuer zu übernehmen. Er wird dadurch selbst Schuldner der pauschalen Lohnsteuer. In Fällen von Nettolohnzahlungen, in denen sich der Arbeitgeber dem Arbeitnehmer gegenüber zur Übernahme der Lohnsteuer verpflichtet, bleibt aber der Arbeitnehmer Schuldner der Lohnsteuer.

Abgesehen von den Fällen der Lohnsteuerpauschalierung hat der Arbeitgeber die **Lohnsteuer für Rechnung des Arbeitnehmers** bei jeder Lohnzahlung vom Arbeitslohn einzubehalten (§ 38 Abs. 3 EStG). Dem **Arbeitnehmer** obliegen jedoch **Mitwirkungspflichten** bei der ordnungsmäßigen Einbehaltung der Lohnsteuer durch den Arbeitgeber, die zumindest darin bestehen, dass er dem Arbeitgeber bei Eintritt in das Dienstverhältnis Folgendes mitteilt: die Identifikationsnummer sowie den Tag der Geburt, ob es sich um das erste oder ein weiteres Dienstverhältnis handelt und ggf. ob und in welcher Höhe ein nach § 39a Abs. 1 Satz 1 Nr. 2 EStG festgestellter Freibetrag abgerufen werden soll (§ 39e Abs. 4 Satz 1 EStG). Verletzt der Arbeitnehmer seine Mitwirkungspflicht oder bestehen in den persönlichen Verhältnissen des Arbeitnehmers besondere Umstände, die es dem Arbeitgeber unmöglich machen, die Lohnsteuer in der effektiv geschuldeten Höhe einzubehalten, so haftet der Arbeitgeber nicht dafür. In solchen Fällen kann zu wenig einbehaltene Lohnsteuer nur vom Arbeitnehmer nachgefordert werden. Hierbei handelt es sich um folgende Fälle:

1. Ein Arbeitgeber gewährt seinem Arbeitnehmer neben Barlohn überwiegend Sachbezüge. Reichen die Barbezüge zur Abgeltung der entstandenen Lohnsteuer nicht aus und kann der Arbeitgeber von den Sachbezügen auch nicht einen entsprechenden Anteil zurückbehalten, so ist der **Arbeitnehmer verpflichtet,** dem Arbeitgeber **den Fehlbetrag zur Verfügung zu stellen.** Soweit der Arbeitnehmer seiner Verpflichtung nicht nachkommt, hat der Arbeitgeber dies dem Betriebsstättenfinanzamt anzuzeigen. Die Anzeige des Arbeitgebers nach § 38 Abs. 4 Satz 2 EStG ersetzt die Erfüllung der Einbehaltungspflichten. Nur bei unterlassener Anzeige hat der Arbeitgeber die Lohnsteuer mit den Haftungsfolgen nicht ordnungsgemäß einbehalten.[1] Das Finanzamt hat die zu wenig erhobene Lohnsteuer **vom Arbeitnehmer nachzufordern** (§ 38 Abs. 4 EStG). Solche Fälle kommen in der Praxis kaum noch vor.

---
[1] Siehe auch BFH vom 09.10.2002 VI R 112/99 (BStBl 2002 II S. 884).

2. Von größerer praktischer Bedeutung sind hingegen die Fälle, in denen der **Arbeitnehmer es unterlässt,** seine elektronischen Lohnsteuerabzugsmerkmale ändern zu lassen, wenn sie von den Verhältnissen zu Beginn des Kalenderjahres zu seinen Ungunsten abweichen (§ 39 Abs. 5 EStG) oder

3. ein fehlerhafter Freibetrag nach § 39a EStG für ihn als elektronisches Lohnsteuerabzugsmerkmal ermittelt wurde. **In diesen Fällen haftet der Arbeitgeber ebenfalls nicht** (§ 42d Abs. 2 EStG). Das Finanzamt hat den Fehlbetrag **vom Arbeitnehmer nachzufordern,** wenn er die Kleinbetragsgrenze von 10 Euro übersteigt.

4. Der Arbeitgeber zeigt dem Finanzamt an, dass er von seiner Berechtigung, Lohnsteuer nachträglich einzubehalten, keinen Gebrauch macht oder machen kann (§ 41c EStG). **In diesen Fällen haftet der Arbeitgeber nicht.**

5.1.11.2 Nachforderung der Lohnsteuer vom Arbeitgeber nach Pauschsteuersätzen (§ 40 Abs. 1 Nr. 2 EStG)

Dieses Pauschalierungsverfahren wird insbesondere nach Lohnsteuer-Außenprüfungen durchgeführt, kann aber gegen den Willen des Arbeitgebers nicht durchgeführt werden, weil ein Regress gegen die Arbeitnehmer ausscheidet. Die Antragstellung des Arbeitgebers ist aktenkundig zu machen. Die Lohnsteuer wird in diesen Fällen nach einem über die Lohnbesteuerung zu ermittelnden Pauschalsteuersatz erhoben, wenn in einer größeren Zahl von Fällen der Arbeitgeber die Lohnsteuer nicht vorschriftsmäßig einbehalten hat. Die Berechnung des Pauschsteuersatzes ist in R 40.1 Abs. 3 LStR und H 40.1 LStH ausführlich dargestellt (siehe auch Tz. 5.1.6.8).

Die Anwendung des Pauschsteuersatzes nach § 40 Abs. 1 Nr. 2 EStG soll der Arbeits- und Verwaltungsvereinfachung dienen. Voraussetzung ist deshalb, dass die Ermittlung der Lohnsteuer nach einer Einzelberechnung schwierig wäre oder einen unverhältnismäßigen Arbeitsaufwand erfordern würde.

Der festgestellte Bruttosteuersatz ist in einen Nettosteuersatz umzurechnen (§ 40 Abs. 1 Satz 2 EStG und R 40.1 Abs. 3 Satz 9 LStR). Die Nachforderung wird durch Pauschalierungsbescheid (Steuerbescheid) gegen den Arbeitgeber geltend gemacht, da der Arbeitgeber durch seinen Antrag auf Pauschalbesteuerung nach § 40 Abs. 3 Satz 1 EStG zum Steuerschuldner der nachgeforderten Lohnsteuer wird.

5.1.11.3 Nachforderung der Lohnsteuer vom Arbeitgeber, ohne dass dieser eine Pauschalierung beantragt

Der Arbeitgeber ist in diesen Fällen nicht Steuerschuldner der nachzufordernden Lohnsteuer. Der nachzuerhebende Betrag ist durch Haftungsbescheid vom Arbeitgeber nachzufordern.

5.1 Pflichten des Arbeitgebers

a) Die nachzuversteuernden Beträge sind der Höhe nach für jeden Arbeitnehmer eindeutig feststellbar (z. B. Überlassung von Werkswohnungen)

Hier ist die Lohnsteuer für jeden einzelnen Arbeitnehmer durch Brutto-Einzelberechnung zu ermitteln. Eine Anlehnung an die für die Pauschalierung geltenden Grundsätze hat der BFH[1] ausgeschlossen.

Beispiel anhand eines bislang nicht besteuerten sonstigen Bezuges (Vorteil) im Jahr 2017:

		LSt	KiLSt (8 %)	SolZ
Arbeitslohn von X im Jahr StKl I	32.000 €	4.161 €	332,82 €	228,85 €
+ Vorteil für X	1.800 €			
	33.800 €	4.610 €	368,80 €	253,55 €
Nachforderung		449 €	35,98 €	24,70 €

Bei **erklärter** Übernahme der auf den Vorteil entfallenden Steuerabzugsbeträge von insgesamt 509,68 € durch den Arbeitgeber ist die Entrichtung der Nachforderung von 509,68 € als weiterer Lohnzufluss beim Arbeitnehmer anzusetzen.

Es liegt dann beim Arbeitnehmer eine Nettozuwendung vor, sodass die Steuerabzugsbeträge, soweit sie der Arbeitgeber übernimmt, durch „Abtasten" der Jahreslohnsteuertabelle[2] oder mit Hilfe eines Lohnsteuer-Berechnungsprogramms zu ermitteln sind.

Gemäß R 39b.9 Abs. 1 LStR sind übernommene Kirchensteuer, Solidaritätszuschlag und Sozialversicherungsbeiträge bei der Ermittlung des Bruttobetrags des sonstigen Bezuges bzw. beim „Abtasten" mitzuberücksichtigen (siehe auch Tz. 5.1.6.6).

b) Die Höhe des nachzuversteuernden Betrags für den einzelnen Arbeitnehmer ist nicht genau feststellbar

Ist der Betrag für den einzelnen Arbeitnehmer objektiv nicht feststellbar oder ist die Ermittlung unzumutbar und kann der Arbeitgeber die nachzuerhebenden Steuerabzugsbeträge nicht zurückverlangen, so ist gleichwohl die nachzuerhebende Lohnsteuer mit dem niedrigeren Bruttosteuersatz zu berechnen.[2] Nur bei Nettolohnvereinbarungen ist der Nettosteuersatz maßgebend. Die tatsächliche Übernahme der Bruttosteuer durch den Arbeitgeber stellt eine Nettozuwendung dar, die mit dem Nettosteuersatz zu versteuern ist, der in einem weiteren Haftungsbescheid festgesetzt wird.

Dies gilt auch, wenn der Arbeitgeber die nachzuerhebenden Steuerabzugsbeträge **nicht** vom Arbeitnehmer zurückverlangt.

---
1 BFH vom 17.03.1994 VI R 120/92 (BStBl 1994 II S. 536).
2 BFH vom 29.10.1993 VI R 26/92 (BStBl 1994 II S. 197).

5 Pflichten und Rechte des Arbeitgebers

5.1.11.4 Einschränkung der Haftung

Zur **Minderung des Haftungsrisikos** wird dem Arbeitgeber nach § 41c EStG ein **Wahlrecht** eingeräumt, nach dem er bei zu wenig einbehaltener Lohnsteuer die Steuer entweder nacherheben oder die Nacherhebung ablehnen kann. Ist der Arbeitgeber bereit, die Lohnsteuer nachzuerheben, so muss er sie bei der jeweils nächstfolgenden Lohnzahlung nachträglich einbehalten. **Bei Ablehnung** ist er nach § 41c Abs. 4 EStG verpflichtet, die von ihm abgelehnten Fälle dem Betriebsstättenfinanzamt unverzüglich anzuzeigen. Kommt er dieser Verpflichtung nach, so **haftet er ebenfalls nicht** (Haftungsausschluss nach § 42d Abs. 2 EStG). Das Finanzamt hat die **zu wenig erhobene Lohnsteuer in diesem Fall vom Arbeitnehmer nachzufordern,** wenn der nachzufordernde Betrag die Kleinbetragsgrenze von 10 Euro übersteigt.

Gründe für die zu geringe Lohnsteuererhebung können sich z. B. aus den zum Abruf zur Verfügung gestellten elektronischen Lohnsteuerabzugsmerkmalen ergeben, die auf einen Zeitpunkt vor Abruf der Lohnsteuerabzugsmerkmale zurückwirken, oder einfach aus der Erkenntnis des Arbeitgebers, dass er die Lohnsteuer **bisher nicht vorschriftsmäßig** einbehalten hat. Der Abruf von elektronischen Lohnsteuerabzugsmerkmalen wirkt sich beispielsweise dann auf frühere Lohnzahlungszeiträume aus, wenn ein Arbeitnehmer seine zugeteilte Identifikationsnummer sowie den Tag der Geburt zunächst dem Arbeitgeber nicht mitgeteilt hat (§ 39c Abs. 1 EStG). Auf die Höhe der nachzuerhebenden Lohnsteuer kommt es in all diesen Fällen nicht an.

Nicht nur bei Ablehnung, sondern auch in Fällen, in denen der Arbeitgeber bereit ist, von seinem Recht, noch nicht erhobene Lohnsteuer nachträglich einzubehalten, Gebrauch zu machen, kann sich eine Anzeigepflicht ergeben, dann nämlich, **wenn Lohnsteuer nicht nachträglich einbehalten werden kann.** Das ist der Fall, wenn im Rahmen des Abrufs mitgeteilte elektronische Lohnsteuerabzugsmerkmale auf einen Zeitpunkt zurückwirken, zu dem der Arbeitnehmer noch nicht bei dem Arbeitgeber **beschäftigt war,** wenn er also den Arbeitgeber im Laufe des Kalenderjahres gewechselt hat. Aus der Lohnsteuerbescheinigung des früheren Arbeitgebers ergeben sich nur Gesamtbeträge des während der Beschäftigungszeit bezogenen Arbeitslohns und der einbehaltenen Lohnsteuer; in einzelnen Lohnzahlungszeiträumen gezahlte Arbeitslöhne und davon einbehaltene Lohnsteuer lassen sich daraus jedoch nicht entnehmen. Darüber hinaus ist der Arbeitnehmer nicht verpflichtet, dem Arbeitgeber bei einem unterjährigen Arbeitgeberwechsel die Lohnsteuerbescheinigung des ehemaligen Arbeitgebers vorzulegen. Eine Neuberechnung der Lohnsteuer für einzelne Lohnzahlungszeiträume ist deshalb nicht möglich. Lohnsteuer kann auch dann nicht nachträglich einbehalten werden, wenn der **Arbeitnehmer vom Arbeitgeber Arbeitslohn nicht mehr bezieht** oder wenn der Arbeitgeber nach Ablauf des Kalenderjahres **bereits die Lohnsteuerbescheinigung übermittelt oder ausgeschrieben** hat. Letzteres ist aber zu unterscheiden vom Fall der zulässigen blo-

5.1 Pflichten des Arbeitgebers

ßen Korrektur eines zunächst unrichtig übermittelten Datensatzes (R 41c.1 Abs. 7 LStR). Ein Sonderfall, in dem der Arbeitgeber die Lohnsteuer nicht bei der nächsten Lohnzahlung nachträglich einbehalten kann, liegt vor, wenn die nachträglich einzubehaltende Lohnsteuer den an den Arbeitnehmer auszuzahlenden Barlohn übersteigt (R 41c.1 Abs. 4 Satz 3 LStR); es sei denn, der Arbeitnehmer zahlt den Fehlbetrag an den Arbeitgeber oder der Arbeitgeber gewährt dem Arbeitnehmer ein Darlehen in dieser Höhe.

Der Arbeitgeber hat die Anzeigepflicht nach § 41c Abs. 4 EStG **unverzüglich,** d. h. ohne schuldhaftes Zögern, zu erfüllen. Sobald er erkennt, dass zu wenig Lohnsteuer einbehalten wurde, hat er dies dem Betriebsstättenfinanzamt anzuzeigen. In den Fällen, in denen ihm im Rahmen des Abrufsverfahrens elektronische Lohnsteuerabzugsmerkmale, die rückwirkend berücksichtigt werden sollen, mitgeteilt werden, erkennt er im Zeitpunkt des Abrufs, dass Lohnsteuer nachzuerheben ist. Er muss sich in diesem Zeitpunkt auch entscheiden, ob er die Lohnsteuer selbst nacherheben oder ob er die Nacherhebung ablehnen will. Entschließt er sich, die Lohnsteuer selbst nachträglich einzubehalten, so muss er sie bei der nächstfolgenden Lohnzahlung einbehalten. Man wird annehmen können, dass er bei Ablehnung die Anzeige auch bis spätestens zu diesem Zeitpunkt an das Finanzamt zu richten hat. Das Gleiche gilt für den Fall, dass der Arbeitgeber erkennt, dass er die Lohnsteuer bisher nicht vorschriftsmäßig einbehalten hat. Nur kann der **Zeitpunkt des Erkennens** häufig viel später, oft Jahre später, liegen als die Zeitpunkte, in denen die Lohnsteuer nicht vorschriftsmäßig einbehalten wurde. Daher ist der **unbefristete Erkennenstatbestand** doch so weit gefasst, dass durch ihn die Haftungsvorschriften für den Arbeitgeber möglicherweise gänzlich umgangen werden können. Um Missbräuchen entgegenzuwirken, setzt H 42d.1 „Haftungsbefreiende Anzeige" LStH für die haftungsbefreiende Wirkung der Anzeige voraus, dass die nicht vorschriftsmäßige Einbehaltung der Lohnsteuer vom Arbeitgeber **selbst erkannt** sein muss. Deshalb bleibt die Haftung unberührt, wenn der Arbeitgeber erst aufgrund von Hinweisen oder Feststellungen im Rahmen einer Lohnsteuer-Außenprüfung die fehlerhafte Behandlung anzeigt (R 42d.1 Abs. 5 LStR). Der Arbeitgeber hat die Anzeige über die zu geringe Einbehaltung der Lohnsteuer ohne Rücksicht auf die Festsetzungsverjährung des Steueranspruchs ggf. auch für die zurückliegenden vier Kalenderjahre zu erstatten. Die Anzeige ist ohne Rücksicht auf die Kleinbetragsgrenze von 10 Euro zu erstatten. Die **Kleinbetragsgrenze ist nur vom Finanzamt zu beachten.** Sie gilt nicht für den Arbeitgeber.

Die Anzeige ist **schriftlich** zu erstatten. In ihr sind der Name und die Anschrift des Arbeitnehmers sowie seine elektronischen Lohnsteuerabzugsmerkmale z. B. ein ermittelter steuerfreier Betrag und der Anzeigegrund anzugeben. Die für die Berechnung einer Lohnsteuernachforderung erforderlichen Angaben über Höhe und Art des Arbeitslohns müssen ebenfalls in der Anzeige aufgeführt sein; sie können der Anzeige aber auch in Form eines Auszugs aus dem Lohnkonto als Anlage beigefügt werden (R 41c.2 Abs. 2 LStR). Etwaige steuerstrafrechtliche Folgen werden durch den Haftungsausschluss nicht berührt. Verletzt der Arbeitgeber hingegen seine Anzeigepflicht, so haftet er nach den für ihn geltenden Haftungsvorschriften.

Über die aufgeführten Fälle hinaus kann gem. § 42d Abs. 3 Satz 4 Nr. 1 EStG vom Arbeitnehmer als Steuerschuldner in allen Fällen Lohnsteuer nachgefordert werden, in denen der **Arbeitgeber die Lohnsteuer nicht vorschriftsmäßig einbehalten** hat. Dazu gehören auch die Fälle, in denen der Arbeitgeber dem Arbeitnehmer zu Unrecht Lohnsteuer erstattet hat oder dem Arbeitnehmer aufgrund fehlerhafter Angaben in der Lohnsteuerbescheinigung vom Finanzamt zu Unrecht Lohnsteuer erstattet wurde. Die im Arbeitgeberbereich vorgenommenen nicht vorschriftsmäßigen Eintragungen in der Lohnsteuerbescheinigung oder die vom Arbeitgeber in dem von ihm durchgeführten Lohnsteuer-Jahresausgleich nicht vorschriftsmäßig vorgenommene Erstattung führen dazu, dass eine ursprünglich ordnungsmäßige Einbehaltung der Lohnsteuer nachträglich rückgängig gemacht wird. Solche Vorgänge sind einer nicht vorschriftsmäßigen Kürzung des Arbeitslohns gleichzustellen.[1] Kann der Arbeitnehmer auch regelmäßig selbst feststellen, dass die Lohnsteuer nicht vorschriftsmäßig einbehalten wurde, so ist für seine Inanspruchnahme jedoch nicht Voraussetzung, dass ihm die nicht vorschriftsmäßige Kürzung des Arbeitslohns bekannt war.

Für **einbehaltene** Lohnsteuer, die der Arbeitgeber nur **nicht vorschriftsmäßig angemeldet** hat (§ 41a Abs. 1 EStG), kann der Arbeitnehmer im Rahmen der Gesamtschuldnerschaft jedoch nur in Anspruch genommen werden, wenn ihm bekannt ist, dass der Arbeitgeber die Lohnsteuer nicht angemeldet hat. Weiß er davon, so kann er sich vor einer Inanspruchnahme dadurch schützen, dass er den Sachverhalt dem Finanzamt unverzüglich mitteilt (§ 42d Abs. 3 Satz 4 Nr. 2 EStG). Ist die einbehaltene Lohnsteuer vom Arbeitgeber zwar **angemeldet, aber nicht** an die Finanzkasse **abgeführt** worden, so kann ein Arbeitnehmer deswegen nicht in Anspruch genommen werden, selbst wenn ihm die Nichtabführung bekannt ist. Es ist Sache des Finanzamts, den Eingang der angemeldeten Lohnsteuer zu überwachen und sie notfalls beizutreiben.

Der Arbeitnehmer kann nicht für **pauschale Lohnsteuer** in Anspruch genommen werden, die der Arbeitgeber dem Finanzamt gegenüber selbstschuldnerisch übernommen hat (§ 40 Abs. 3 EStG). Kraft Gesetzes ist der Arbeitgeber Steuerschuldner der pauschalen Lohnsteuer, für die der Arbeitnehmer, der an dem Verfahren nicht zu beteiligen ist, auch nicht haftet. Es handelt sich hier um ein **Besteuerungsverfahren eigener Art,** bei dem der pauschal besteuerte Arbeitslohn und die pauschale Lohnsteuer bei einer Einkommensteuerveranlagung des Arbeitnehmers und beim Lohnsteuer-Jahresausgleich außer Ansatz bleiben. Der Arbeitgeber kann diese Lohnsteuer nicht auf seine eigene Einkommensteuer anrechnen. Sie ist für ihn vielmehr eine Betriebsausgabe.

---
[1] BFH vom 24.01.1975 VI R 131/72 (BStBl 1975 II S. 420).

5.1.11.5 Haftung anderer Personen (R 42d.1 Abs. 2 LStR)

Die gesetzlichen Vertreter natürlicher und juristischer Personen, die Geschäftsführer von nichtrechtsfähigen Personenvereinigungen und Vermögensmassen, Mitglieder oder Gesellschafter von nichtrechtsfähigen Personenvereinigungen, Vermögensverwalter und Verfügungsberechtigte haben die steuerlichen Pflichten der von ihnen Vertretenen zu erfüllen und insbesondere dafür zu sorgen, dass die Steuern aus den Mitteln entrichtet werden, die sie verwalten (§§ 34, 35 AO). Soweit Ansprüche aus dem Steuerschuldverhältnis (§ 37 AO) infolge Verletzung der den bezeichneten Personen auferlegten Pflichten nicht oder nicht rechtzeitig festgesetzt oder erfüllt werden, haften diese Personen.[1] Sie haften allerdings nur bei **vorsätzlicher oder grob fahrlässiger** Nichterfüllung ihrer Pflichten (§ 69 AO). Im Übrigen kann sich die Haftung z. B. aus §§ 69 bis 77 AO ergeben.

Als Haftender kommt nach § 75 AO auch der **Erwerber** eines Unternehmens oder eines in der Gliederung eines Unternehmens gesondert geführten Betriebs bei Übereignung **im Ganzen** in Betracht. Der Erwerber haftet für Steuerabzugsbeträge, die seit dem Beginn des letzten vor der Übereignung liegenden Kalenderjahres **entstanden** sind und bis zum Ablauf von einem Jahr nach Anmeldung des Betriebs durch den Erwerber festgesetzt oder angemeldet werden. Der Erwerber haftet nur bis zur Höhe des übernommenen Vermögens. Auf ein **Verschulden** des Erwerbers oder des Veräußerers kommt es dabei nicht an.

Eine Haftung tritt jedoch nicht ein bei Erwerben aus einer Insolvenzmasse, aus dem Vermögen eines Vergleichsschuldners und aus Erwerben im Vollstreckungsverfahren.

5.1.11.6 Haftung, falls ein Dritter die Pflichten des Arbeitgebers trägt (§ 38 Abs. 3a EStG)

In den Fällen, in denen ein Dritter nach § 38 Abs. 3a EStG die Pflichten des Arbeitgebers trägt, insbesondere also den richtigen Lohnsteuerabzug vorzunehmen hat, ergeben sich weitere Haftungstatbestände.

Haftung des Arbeitgebers für übernommene Pauschalsteuern

Hat ein Dritter gem. § 38 Abs. 3a EStG die Pflichten bezüglich des Lohnsteuerabzugs zu erfüllen, so gelten für den Dritten auch die §§ 40 ff. EStG, nach denen der Dritte in bestimmten Pauschalierungsfällen die Lohnsteuer zu übernehmen hat (§ 40 Abs. 3 EStG). § 42d Abs. 1 Nr. 4 EStG erstreckt die **Haftung des Arbeitgebers** auf die pauschale Lohnsteuer, die der nach § 38 Abs. 3a EStG verpflichtete Dritte in diesen Fällen als Schuldner übernimmt.

---
1 BFH vom 26.07.1988 VII R 83/87 (BStBl 1988 II S. 859).

5 Pflichten und Rechte des Arbeitgebers

Haftung des Arbeitgebers auch bei Übernahme seiner Pflichten durch Dritte

§ 42d Abs. 9 Satz 1 EStG stellt klar, dass der Arbeitgeber auch dann haftet, wenn ein Dritter nach § 38 Abs. 3a EStG seine Pflichten trägt und durch dessen Handlungen die Haftungstatbestände einer Arbeitgeberhaftung erfüllt werden. Der Arbeitgeber kann nicht aus der Haftung entlassen werden, weil Fehlbeträge beim Lohnsteuerabzug auch auf falschen Angaben gegenüber dem Dritten beruhen können. Soweit in diesen Fällen auch der Dritte selbst haftet, sind der Arbeitgeber, der Dritte und der Arbeitnehmer gem. § 42d Abs. 9 Satz 3 EStG Gesamtschuldner. Wen das Finanzamt von ihnen in Anspruch nimmt, muss wiederum durch eine fehlerfreie Ermessensentscheidung nach § 42d Abs. 3 Satz 2 bis 4 EStG entschieden werden. Falls mehrere Arbeitgeber durch die Haftungsschuld betroffen werden, beispielsweise wenn der Dritte Arbeitslohn aus mehreren Dienstverhältnissen für Zwecke der Lohnsteuerberechnung zusammengefasst hat, ist die Haftungsschuld nach Maßgabe des § 42d Abs. 9 Satz 7 EStG auf die mehreren Arbeitgeber aufzuteilen.

Haftung des Dritten bei Übernahme von Pflichten des Arbeitgebers

Falls ein Dritter Pflichten des Arbeitgebers nach § 38 Abs. 3a EStG hinsichtlich des Lohnsteuerabzugs übernommen hat, trifft ihn ebenso wie den Arbeitgeber die Arbeitgeberhaftung. Nach § 42d Abs. 9 Satz 2 EStG haftet der Dritte neben dem Arbeitgeber. Soweit die Haftung des Dritten reicht, sind der Arbeitgeber, der Dritte und der Arbeitnehmer Gesamtschuldner. Die Einbeziehung des Dritten in die Haftung bzw. Gesamtschuldnerschaft ist erforderlich, weil sich Lohnsteuerfehlbeträge aus dessen Handeln ergeben können.

§ 42d Abs. 9 Satz 5 EStG beschränkt die Haftung des Dritten in den Fällen der Pflichtenübernahme nach § 38 Abs. 3a Satz 2 EStG auf die Lohnsteuer, die für die Zeit zu erheben ist, für die er sich gegenüber dem Arbeitgeber zur Vornahme des Lohnsteuerabzugs verpflichtet hat. Allerdings endet dieser Zeitraum nicht, bevor der Dritte seinem Betriebsstättenfinanzamt die Beendigung seiner Verpflichtung gegenüber dem Arbeitgeber angezeigt hat.

Wen das Finanzamt von den Gesamtschuldnern in Anspruch nimmt, ist durch eine fehlerfreie Ermessensentscheidung nach § 42d Abs. 3 Satz 2 bis 4 EStG zu entscheiden. Bei dieser Ermessensentscheidung wird zu berücksichtigen sein, wer den Fehlbetrag zu vertreten hat.

5.1.11.7 Gesamtschuldnerschaft

Der Arbeitnehmer als Steuerschuldner einerseits und der Arbeitgeber, der Arbeitgeberpflichten übernehmende Dritte sowie dritte Personen, unter ihnen der Erwerber eines Betriebs im Ganzen, als Haftende andererseits sind nach § 44 AO Gesamtschuldner. Die Gesamtschuldnerschaft von **Arbeitnehmer und Arbeitgeber** ist jedoch in § 42d Abs. 3 EStG besonders geregelt. Tritt noch ein die Arbeitgeberpflichten übernehmender Dritter hinzu, wird die Gesamtschuldnerschaft gem. § 42d

Abs. 9 Satz 3 EStG um diesen erweitert. Das Betriebsstättenfinanzamt kann die Steuerschuld oder Haftungsschuld **nach pflichtgemäßem Ermessen** gegenüber jedem Gesamtschuldner geltend machen. Der Arbeitgeber kann auch dann in Anspruch genommen werden, wenn der Arbeitnehmer zur Einkommensteuer veranlagt wird. Die Tatsache allein, dass der Arbeitnehmer veranlagt wird, reicht demnach nicht aus, um nur den Arbeitnehmer als Steuerschuldner heranzuziehen. Es kann zumindest prozessökonomisch in Fällen, in denen nur wenige Arbeitnehmer betroffen sind, oder in Bagatellfällen sinnvoll sein, den Arbeitgeber als Haftenden in Anspruch zu nehmen, zumal betroffene Arbeitnehmer zu dem Haftungsverfahren gegen den Arbeitgeber hinzugezogen werden können (§ 360 Abs. 1 AO) und ihre Rechte in diesem Verfahren geltend machen können.[1]

Ermessen ist nach § 5 AO eine Ermächtigung, aufgrund derer die Finanzbehörde eine Entscheidung innerhalb des ihr vom Gesetz gezogenen Rahmens und entsprechend dem Zweck der Ermächtigung zu treffen hat. Dabei sind auch die Grundsätze von Recht und Billigkeit zu beachten, die als unbestimmte Rechtsbegriffe gerichtlich nachprüfbar sind. Beispiele hierzu sind in H 42d.1 „Ermessensausübung" LStH zu finden. Die Frage, ob der Arbeitgeber vor dem Arbeitnehmer in Anspruch genommen werden darf, hängt wesentlich von den Gesamtumständen des Einzelfalls ab, wobei von dem gesetzgeberischen Zweck des Lohnsteuerverfahrens, durch den Abzug an der Quelle den schnellen Eingang der Lohnsteuer in einem vereinfachten Verfahren sicherzustellen, auszugehen ist (R 42d.1 Abs. 4 Satz 3 LStR).

In **§ 219 AO** wird zwar der **Grundsatz** aufgestellt, dass ein Haftender auf Zahlung nur insoweit in Anspruch genommen werden kann, als die Vollstreckung in das bewegliche Vermögen des Steuerschuldners ohne Erfolg geblieben ist oder als anzunehmen ist, dass die Vollstreckung aussichtslos sein wird. Dieser Grundsatz ist jedoch u. a. nicht anzuwenden, wenn die Haftung darauf beruht, dass der Haftende gesetzlich verpflichtet war, Steuern einzubehalten und abzuführen. Die Grundsätze von Recht und Billigkeit verlangen keine vorrangige Inanspruchnahme des Arbeitnehmers als Steuerschuldner.

Die **Verschärfung** für Haftende, die gesetzlich verpflichtet waren, Steuern einzubehalten und abzuführen, ist offenbar auf Zweckmäßigkeitserwägungen zurückzuführen. Denn bei Lohnsteuer-Außenprüfungen kann es Fälle geben, in denen festgestellt wird, dass von einer **Vielzahl von Arbeitnehmern** zu wenig Lohnsteuer einbehalten worden ist. Die Pflicht, in einem solchen Fall bei jedem einzelnen Arbeitnehmer eine Vollstreckung in das bewegliche Vermögen durchzuführen, würde einen unverhältnismäßigen Verwaltungsaufwand verursachen. In anders gelagerten Fällen lässt sich der Grundsatz, dass vor dem Haftenden zunächst der Steuerschuldner in Anspruch zu nehmen ist, jedoch durchaus verwirklichen.

Soll als Ergebnis des Auswahlermessens der **Arbeitgeber als Haftender in Anspruch genommen werden,** so muss dabei geprüft werden, ob die Lohnsteuer

---
[1] BFH vom 29.06.1973 VI R 311/69 (BStBl 1973 II S. 780).

nicht vom Arbeitnehmer angefordert werden kann. Unterbleibt diese Prüfung, so wird der Arbeitgeber durch diese Unterlassung in seinen Rechten verletzt. Die Inanspruchnahme des Arbeitgebers ist in aller Regel ermessensfehlerfrei, wenn die individuelle Ermittlung der Lohnsteuer schwierig ist und der Arbeitgeber bereit ist, die Lohnsteuerschulden seiner Arbeitnehmer endgültig zu tragen und **keinen Antrag auf Pauschalierung** der Lohnsteuer stellt. In diesen Fällen kann die nachzufordernde Lohnsteuer unter Anwendung eines durchschnittlichen Bruttosteuersatzes, ggf. im Schätzungswege, ermittelt werden. Trotz Anwendung eines durchschnittlichen Steuersatzes handelt es sich nicht um einen Fall der Lohnsteuerpauschalierung nach § 40 Abs. 1 und 3 EStG, sodass der Arbeitgeber insoweit als Haftungsschuldner durch Haftungsbescheid in Anspruch genommen werden muss. Die Prüfung einer Anforderung der Lohnsteuer beim Arbeitnehmer kann nur dann unterbleiben, wenn das Finanzamt die Pauschalbesteuerung nach § 40 Abs. 1 EStG auf Antrag des Arbeitgebers zugelassen und der Arbeitgeber die nachzuzahlende Lohnsteuer übernommen hat.[1] Der Arbeitgeber ist allerdings insoweit auch selbst der Steuerschuldner. Es bedarf deshalb für die Inanspruchnahme des Arbeitgebers keines besonderen Haftungsbescheids.

Die rückständige Lohnsteuer ist regelmäßig vom Arbeitnehmer nachzufordern, wenn es sich **nur um einen oder um nur wenige Arbeitnehmer handelt,** von denen die Steuer ebenso schnell und sicher wie vom Arbeitgeber hereinzuholen ist, weil z. B. der Arbeitnehmer ohnehin zu veranlagen ist, oder wenn es sich um Arbeitnehmer handelt, die inzwischen aus den Diensten beim Arbeitgeber ausgeschieden sind, und der Arbeitgeber gezwungen wäre, die verauslagte Lohnsteuer notfalls erst in einem Arbeitsgerichtsprozess von dem früheren Arbeitnehmer zurückzufordern.[2] Eine Inanspruchnahme des Arbeitgebers ist unzulässig, wenn die Einkommensteuerveranlagung des Arbeitnehmers rechtskräftig ist und nicht mehr berichtigt werden kann.[3]

Hat der Arbeitgeber grob leichtfertig, also schuldhaft, gehandelt oder sind die Namen und Anschriften der Arbeitnehmer nicht bekannt oder handelt es sich um eine größere Zahl von Arbeitnehmern, so kann in einem solchen Fall der Arbeitgeber als Haftender herangezogen werden. Der Arbeitgeber kann immer dann als Haftender in Anspruch genommen werden, wenn sich bei der Prüfung der Ermessensfrage herausstellt, dass **besondere Umstände** vorliegen, **die die Heranziehung des Arbeitgebers nicht als unbillig erscheinen lassen.** Das ist z. B. der Fall, wenn eindeutig steuerpflichtiger Arbeitslohn gezahlt wurde und feststeht, dass sich der Arbeitgeber bewusst über seine Einbehaltungspflicht hinweggesetzt hat, oder wenn der Arbeitgeber es leichtsinnig versäumt hat, sich beim Finanzamt durch eine Anrufungsauskunft (§ 42e EStG) zu erkundigen.[2] Die Inanspruchnahme des Arbeitgebers

---
1 BFH vom 05.04.1974 VI R 110/71 (BStBl 1974 II S. 664).
2 BFH vom 14.04.1967 VI R 23/66 (BStBl 1967 III S. 469).
3 BFH vom 09.10.1992 VI R 47/91 (BStBl 1993 II S. 169).

5.1 Pflichten des Arbeitgebers

durch Haftungsbescheid ist regelmäßig auch dann nicht ermessensfehlerhaft, wenn nach einer **Lohnsteuer-Außenprüfung** viele, meist kleine Lohnsteuerbeträge aufgrund im Wesentlichen gleich gelagerter Tatbestände nachzuzahlen sind und die Inanspruchnahme des Arbeitgebers der Verfahrensvereinfachung dient.[1]

Hält sich das Finanzamt ermessensmissbräuchlich unmittelbar an den Arbeitgeber und hebt das Finanzgericht den Haftungsbescheid aus diesem Grunde auf, so kann gleichwohl zu einem späteren Zeitpunkt erneut ein Haftungsbescheid gegen den Arbeitgeber erlassen werden, wenn sich herausstellt, dass der Arbeitnehmer zahlungsunfähig ist.[2]

Was die Verjährung des Nachforderungsanspruchs anbetrifft, so verjährt der Anspruch in 5 Jahren. Die Verjährung beginnt mit Ablauf des Kalenderjahres, in dem der Anspruch erstmals fällig geworden ist, jedoch nicht vor Ablauf des Kalenderjahres, in dem die Festsetzung des Anspruchs wirksam geworden ist (§§ 228 f. AO). Sie wird demjenigen gegenüber, für den sie bestimmt ist, im Zeitpunkt der Bekanntgabe wirksam (§ 124 AO). Durch schriftliche Geltendmachung des Anspruchs im Haftungsbescheid wird die Verjährung unterbrochen (§ 231 AO). Weder das Wirksamwerden des Anspruchs durch Bekanntgabe des Haftungsbescheids an den Haftenden noch die Verjährungsunterbrechung haben Drittwirkung. Sie wirken also nicht gegen den Arbeitnehmer.[3] Gegen den Arbeitnehmer müssen gesondert Verjährungsunterbrechungen vorgenommen werden.

5.1.11.8 Gesamtschuldnerschaft von Arbeitnehmern und Dritten

5.1.11.8.1 Allgemeines

In den Fällen der Haftung von gesetzlichen Vertretern, Geschäftsführern, Vermögensverwaltern und Verfügungsberechtigten (§§ 34, 35 AO) hat das Betriebsstättenfinanzamt ebenfalls nach pflichtgemäßem Ermessen unter Beachtung der nach Recht und Billigkeit gezogenen Grenzen zu prüfen, ob es diese Personen als Haftende heranziehen will. Deren Haftung ist jedoch grundsätzlich verschuldensabhängig. Als Schuldformen kommen Vorsatz und grobe Fahrlässigkeit in Betracht. Kann ihnen nur leicht fahrlässiges Verhalten zum Vorwurf gemacht und nachgewiesen werden, so haften sie überhaupt nicht (§ 69 AO).

Der Erwerber eines Betriebs im Ganzen haftet auch ohne Verschulden. Ein Verschulden wird bei ihm auch regelmäßig nicht vorliegen. Er ist Rechtsnachfolger des Arbeitgebers, der den Betrieb veräußert hat, und haftet für Steuerabzugsbeträge, die seit dem Beginn des letzten vor der Übereignung liegenden Kalenderjahres entstanden sind (§ 75 AO). Die Frage nach dem pflichtgemäßen Ermessen stellt sich bei ihm deshalb genauso wie bei der Inanspruchnahme eines Arbeitgebers als Haften-

---
1 BFH vom 05.11.1971 VI R 207/68 (BStBl 1972 II S. 137).
2 BFH vom 10.01.1964 VI 262/62 U (BStBl 1964 III S. 213).
3 BFH vom 22.05.1974 I R 259/73 (BStBl 1974 II S. 722).

den. Nach pflichtgemäßem Ermessen ist vor dem Haftenden zunächst der Arbeitnehmer als Steuerschuldner für zu wenig einbehaltene Lohnsteuer heranzuziehen. Kann der Arbeitnehmer aus Rechtsgründen oder wegen Vermögenslosigkeit oder aus anderen Gründen nicht in Anspruch genommen werden, so ist zu prüfen, ob der Veräußerer als ursprünglicher Arbeitgeber oder der Erwerber des Betriebs haften soll. Je nach Lage des Einzelfalls kann sich das Betriebsstättenfinanzamt für den Veräußerer oder den Erwerber im Rahmen des Ermessens entscheiden. Sprechen jedoch keine besonderen Umstände für die Inanspruchnahme gerade des Veräußerers oder des Erwerbers, so sind beide Entscheidungen, entweder den Veräußerer oder den Erwerber als Haftenden heranzuziehen, im Rahmen des pflichtgemäßen Ermessens vertretbar. Der interne Ausgleich unter den Parteien ist eine bürgerlich-rechtliche bzw. arbeitsrechtliche Frage, deren Klärung ihnen überlassen bleiben muss.

Das Finanzamt hat nach § 42d Abs. 5 EStG von der Geltendmachung der Steuernachforderung oder der Haftungsforderung abzusehen, wenn diese **insgesamt 10 Euro** nicht übersteigt. Beträgt die Steuernachforderung gegen einen einzelnen Arbeitnehmer nicht mehr als 10 Euro, wird der Haftende aber für mehrere Arbeitnehmer herangezogen, so kann die Haftungsforderung insgesamt die Kleinbetragsgrenze übersteigen. Das Finanzamt könnte in diesem Fall die einzelnen Arbeitnehmer nicht in Anspruch nehmen, wohl aber die Haftenden, soweit deren Heranziehung nicht ermessensmissbräuchlich ist.

5.1.11.8.2 Haftung bei Arbeitnehmerüberlassung

Grundsätzlich ist bei Arbeitnehmerüberlassung steuerrechtlich der **Verleiher** Arbeitgeber, dies gilt nach § 41 Abs. 1 AO und H 42d.2 „Steuerrechtlicher Arbeitgeber" LStH auch bei **unerlaubter** Arbeitnehmerüberlassung, was bedeutet, dass nur er zur Einbehaltung und Abführung der Lohnsteuern verpflichtet ist. Der **Entleiher** der Arbeitnehmer kann aber ausnahmsweise nach dem Gesamtbild der Verhältnisse, insbesondere bei unmittelbarer Entlohnung der Leiharbeitnehmer, selbst Arbeitgeber sein (R 19.1 Satz 5 und 6 LStR und H 42d.2 „Steuerrechtlicher Arbeitgeber" LStH). Falls der Entleiher nicht zugleich der Arbeitgeber ist, haftet er nach § 42d Abs. 6 EStG unter Beachtung der dort geregelten Beschränkungen neben dem Verleiher als Dritter. Er haftet wie der Verleiher für die Lohnsteuer, die auf die Zeit der Arbeitnehmerüberlassung entfällt. Eine Haftung scheidet für Fälle aus, in denen der Verleiher als Arbeitgeber nicht haftet. Voraussetzung für diese Haftung ist, dass eine gewerbsmäßige Arbeitnehmerüberlassung nach dem Arbeitnehmer-Überlassungs-Gesetz (AÜG) vorliegt. Wegen der schwierigen Abgrenzung zur Arbeitnehmerüberlassung im Rahmen von Werkverträgen ist die Auffassung der **Bundesanstalt für Arbeit** zu berücksichtigen (R 42d.2 Abs. 3 Satz 4 LStR).

Eine Haftung des Entleihers neben dem Verleiher als Arbeitgeber ist bei **erlaubtem** Verleih durch einen **inländischen** Verleiher nach § 42d Abs. 6 Satz 2 EStG ausgeschlossen, wenn die Arbeitnehmerüberlassung der zuständigen Krankenkasse

5.1 Pflichten des Arbeitgebers

nach §§ 28a bis 28c SGB IV, § 10 AFG gemeldet wurde. Voraussetzung ist, dass der Verleiher eine gültige Erlaubnis nach § 1 AÜG besitzt. Dies muss der Verleiher in dem schriftlichen Überlassungsvertrag zwar nach § 12 Abs. 1 AÜG erklären. Durch Anfrage beim Landesarbeitsamt sollte sich der Entleiher vergewissern, weil er sich später nicht auf die Erklärung des Verleihers berufen kann. Der Entleiher haftet nach § 42d Abs. 6 Satz 3 EStG ferner nicht, wenn er über das Vorliegen einer Arbeitnehmerüberlassung ohne Verschulden irrte. Die Überlassung von Arbeitern im Baugewerbe ist grundsätzlich eine unerlaubte Arbeitnehmerüberlassung (R 42d.2 Abs. 4 LStR). Dennoch ist auch dort die Haftung des Entleihers nach § 42d Abs. 6 EStG ausgeschlossen, soweit der zum Steuerabzug nach § 48 Abs. 1 EStG verpflichtete Leistungsempfänger (Steuerabzug bei Bauleistungen) den Abzugsbetrag einbehalten und abgeführt hat bzw. dem Leistungsempfänger im Zeitpunkt der Abzugsverpflichtung eine Freistellungsbescheinigung des Leistenden vorliegt, auf deren Rechtmäßigkeit er vertrauen durfte (H 42d.2 „Arbeitnehmerüberlassung im Baugewerbe" LStH).

Die Haftung ist auf die **Höhe** der vom **Verleiher** für die **Zeit** der Überlassung **einzubehaltenden Lohnsteuer** beschränkt. Bei **schwer ermittelbarer** Lohnsteuer im Einzelfall kann die **Haftungsschuld** mit **15 % vom Entgelt** an den Verleiher ohne Umsatzsteuer berechnet werden (§ 42d Abs. 6 Satz 7 EStG). Der Entleiher kann auf Zahlung erst **nach fehlgeschlagenem Vollstreckungsversuch** in das inländische bewegliche Vermögen des **Verleihers** in Anspruch genommen werden (R 42d.2 Abs. 6 LStR). Das Finanzamt kann jedoch nach § 42d Abs. 8 EStG vom Entleiher zur **Sicherung** verlangen, dass dieser einen Teil des Überlassungsentgelts einbehält und abführt, wenn dies zur Sicherung der Lohnsteuer **notwendig** ist.

Nach § 42d Abs. 7 EStG kommt auch eine **Haftung** des **Verleihers** als **Dritter** in Betracht, wenn ausnahmsweise der Entleiher Arbeitgeber ist. Zudem ist zu beachten, dass nach § 38 Abs. 1 Satz 2 EStG in den Fällen der grenzüberschreitenden Arbeitnehmerentsendung das in Deutschland ansässige entleihende Unternehmen selbst Arbeitgeber ist, falls es den Arbeitslohn für die ihm geleistete Arbeit wirtschaftlich trägt. In diesen Fällen haftet dann nach § 42d Abs. 7 EStG das entsendende ausländische Unternehmen.

Es sind jeweils Haftungsbescheide zu erlassen, und zwar vom **Betriebsstättenfinanzamt** des **Verleihers,** jedoch bei **ausländischen Verleihern** ist das **Betriebsstättenfinanzamt** des Entleihers unter Umständen zuständig (R 42d.2 Abs. 10 LStR).

5.1.11.9 Nachforderungs- und Haftungsbescheid

Will das Finanzamt den Arbeitnehmer, den eigentlichen Steuerschuldner, oder den Arbeitgeber, soweit er sich verpflichtet hat, pauschale Lohnsteuer zu übernehmen, und insoweit Steuerschuldner ist (§ 40 Abs. 3 EStG), für zu wenig erhobene Lohnsteuer in Anspruch nehmen, so erlässt es gegen den Arbeitnehmer bzw. den Arbeit-

5 Pflichten und Rechte des Arbeitgebers

geber einen Nachforderungsbescheid. Der Nachforderungsbescheid ist ein Steuerbescheid, der nach § 157 Abs. 1 AO schriftlich zu erteilen ist. In dem Bescheid muss die nachgeforderte Lohnsteuer als solche bezeichnet sowie die Höhe des nachgeforderten Betrags angegeben und der Arbeitnehmer bzw. Arbeitgeber als Schuldner benannt werden. Darin ist auch ein Fälligkeitstermin anzugeben. Der Nachforderungsbescheid muss außerdem eine Belehrung darüber enthalten, welcher Rechtsbehelf zulässig ist und innerhalb welcher Frist und bei welcher Behörde er einzulegen ist. Wird nach einer ergebnislosen Außenprüfung der Vorbehalt der Nachprüfung aufgehoben, steht einer Änderung der betreffenden Lohnsteuer-Anmeldungen durch Erlass eines Haftungs- oder Nachforderungsbescheids gegen den Arbeitgeber die Änderungssperre nach § 173 Abs. 2 AO entgegen. Eine Änderung kommt nur bei Steuerhinterziehung bzw. leichtfertiger Steuerverkürzung in Betracht (H 42d.1 „Haftungsverfahren" 1. Spiegelstrich LStH). Die Änderungssperre greift nicht, wenn die Finanzverwaltung den Vorbehalt der Nachprüfung nicht aufhebt oder nur unter einschränkenden Bedingungen aufrechterhält, sodass weiterhin Änderungen nach § 164 Abs. 2 AO möglich sind. Die Änderungssperre bezieht sich nur auf durch Außenprüfung erfasste Zeiträume.

Soll die Lohnsteuer im Laufe des Kalenderjahres nachgefordert werden, wie z. B. in den Fällen des § 38 Abs. 4 EStG, in denen der Barlohn des Arbeitnehmers zur Deckung der Lohnsteuer nicht ausreicht, so erlässt das Finanzamt der Betriebsstätte den Nachforderungsbescheid.

Im Allgemeinen ist die zu wenig einbehaltene Lohnsteuer von dem für die Einkommensbesteuerung zuständigen Wohnsitzfinanzamt des Arbeitnehmers bzw. des Arbeitgebers durchzuführen. Das Wohnsitzfinanzamt fordert zu wenig einbehaltene Lohnsteuer regelmäßig erst nach Ablauf des Kalenderjahres nach, ggf. auch durch erstmalige oder geänderte Veranlagung zur Einkommensteuer (R 41c.3 Abs. 3 LStR).

Will das Finanzamt den Arbeitgeber, soweit er nicht selbst Schuldner der Lohnsteuer ist, oder einen Dritten **als Haftenden** in Anspruch nehmen, so erlässt es gegen den Inanspruchgenommenen einen **Haftungsbescheid**. Der Haftungsbescheid ist nach § 191 Abs. 1 AO schriftlich zu erteilen. In dem Haftungsbescheid müssen auch die für die Ermessensentscheidung maßgebenden Gründe angegeben werden (H 42d.1 „Ermessensbegründung" LStH), die mit dem Rechtsbehelf selbständig angefochten werden können.[1]

Bei Inanspruchnahme von gesetzlichen Vertretern, Geschäftsführern, Vermögensverwaltern, Verfügungsberechtigten und Bevollmächtigten als Haftende ist Voraussetzung, dass die Steuerabzugsbeträge infolge vorsätzlicher oder grob fahrlässiger Pflichtverletzung in zu geringer Höhe einbehalten und abgeführt wurden. Bevor jedoch gegen einen Rechtsanwalt, Patentanwalt, Notar, Steuerberater, Steuerbevollmächtigten, Wirtschaftsprüfer oder vereidigten Buchprüfer wegen einer schuldhaf-

---
1 BFH vom 29.06.1973 VI R 311/69 (BStBl 1973 II S. 780).

5.1 Pflichten des Arbeitgebers

ten Lohnsteuerverkürzung, die er in Ausübung seines Berufs begangen hat, ein Haftungsbescheid erlassen wird, hat das Finanzamt der zuständigen Berufskammer Gelegenheit zu geben, die Gesichtspunkte vorzubringen, die von ihrem Standpunkt aus für die Entscheidung von Bedeutung sind (§ 191 Abs. 2 AO).

Für Arbeitgeber – sie werden weitaus am häufigsten als Haftende in Anspruch genommen –, bei denen ein Verschulden nicht zum Haftungstatbestand gehört, gelten einige Sondervorschriften. Nach § 42d Abs. 4 EStG ist für die Inanspruchnahme des Arbeitgebers ein Haftungsbescheid nicht zu erlassen, soweit der Arbeitgeber die einzubehaltende Lohnsteuer angemeldet hat. Seine Zahlungspflicht ergibt sich dann bereits aus der Lohnsteuer-Anmeldung, die nach § 168 AO einer Steuerfestsetzung unter Vorbehalt der Nachprüfung gleichsteht. Deshalb hindert auch die Möglichkeit, gegen den Arbeitgeber einen Haftungsbescheid nach § 42d Abs. 1 Nr. 1 EStG für den Fall zu erlassen, dass der Arbeitgeber eine **Lohnsteueranmeldung nicht abgegeben hat,** nicht den Erlass eines Steuerbescheids (Schätzungsbescheid) gegen den Arbeitgeber nach § 167 Abs. 1 Satz 1 AO zur Nachforderung der abzuführenden Lohnsteuer (H 42d.1 „Haftungsverfahren" letzter Spiegelstrich LStH). Eine dem Anmeldungsverfahren unterliegende Steuer kann nicht nur gegenüber dem Steuerschuldner, sondern auch gegenüber demjenigen, der die Steuern anzumelden und abzuführen hat, durch Steuerbescheid festgesetzt werden. Dies ergibt sich aus dem Wortlaut und dem Regelungszusammenhang des § 167 Abs. 1 Satz 1 AO. Im Lohnsteuer-Anmeldungsverfahren kann die Finanzbehörde daher einen Steuerbescheid gegen den Arbeitgeber erlassen, wenn der Arbeitgeber die nur ihn treffende Pflicht zur Steueranmeldung verletzt und keine Lohnsteuer-Anmeldung abgibt. Die lohnsteuerrechtlichen Regelungen über die Lohnsteuer-Schuldnerschaft des Arbeitnehmers (§ 38 Abs. 2 Satz 1 EStG) und über die Haftung des Arbeitgebers (§ 42d Abs. 1 Nr. 1 EStG) stehen einer solchen Steuerfestsetzung nicht entgegen (H 41a.1 „Schätzungsbescheid" LStH). Daher ist der Erlass eines Steuerbescheids gegen den Arbeitgeber nicht deshalb ausgeschlossen, weil gleichzeitig die Voraussetzungen für den Erlass eines Haftungsbescheids erfüllt sein können, wenn der Arbeitgeber eine Lohnsteuer-Anmeldung nicht einreicht. Die schriftliche Anerkenntnis einer Zahlungsverpflichtung des Arbeitgebers nach Abschluss der Lohnsteuer-Außenprüfung i. S. von § 42d Abs. 4 Nr. 2 EStG reicht zum Verzicht auf den Erlass eines Haftungsbescheids aus. Die Anerkenntniserklärung steht einer Anmeldung nach § 167 Abs. 1 Satz 3 AO gleich.

Haftungsbescheide sind vom Finanzamt der Betriebsstätte des Arbeitgebers zu erlassen.

Der **Nachforderungsbescheid** der geschuldeten pauschalen Lohnsteuer bezieht sich auf eine Unternehmenssteuer besonderer Art und muss gegenüber dem Arbeitgeber durch einen **Steuerbescheid** festgesetzt werden (R 42d.1 Abs. 6 LStR). Durch einen Haftungsbescheid kann eine pauschalierte Lohnsteuer nicht festgesetzt werden, weil ein solcher Bescheid seinem Wesen nach nur auf die Inanspruchnahme eines Dritten für die gegenüber einem anderen entstandene Steuer gerichtet ist. Die Nachforderung pauschaler Lohnsteuer beim Arbeitgeber setzt voraus, dass der Arbeitgeber der Pauschalierung zustimmt. Eine Aufteilung eines Gesamtbescheids in einen Haftungs- und in einen Steuerbescheid ist nicht möglich.[1]

Die Steuerschuld und die Haftungsschuld können jedoch äußerlich in einer Verfügung im Sinne eines Sammelverwaltungsakts verbunden werden (H 42d.1 „Zusammengefasster Steuer- und Haftungsbescheid" LStH). Bei Nachforderung der Lohnsteuer für mehrere Kalenderjahre muss lediglich eine Aufgliederung der Steuerschuld bzw. der Haftungsschuld nach Kalenderjahren erfolgen.[2] Grundsätzlich erfolgt eine Aufschlüsselung des Haftungsbetrags auf die einzelnen Arbeitnehmer.

Für die durch Nachforderungs- oder Haftungsbescheid angeforderten Steuerbeträge ist eine **Zahlungsfrist von einem Monat** anzusetzen (R 42d.1 Abs. 7 LStR).

Nachforderungs- und Haftungsbescheide sind nach § 42d Abs. 5 EStG nicht zu erlassen, wenn die nachzuerhebende Lohnsteuer die **Kleinbetragsgrenze von 10 Euro** nicht übersteigt. Bezieht sich die Nacherhebung auf mehrere Jahre, so ist für jedes Kalenderjahr gesondert festzustellen, ob die Kleinbetragsgrenze überschritten wird. Treffen hingegen **in einem Kalenderjahr** mehrere Nacherhebungsgründe zusammen, so gilt die Kleinbetragsgrenze für die **insgesamt** nachzuerhebende Lohnsteuer (R 41c.3 Abs. 4 LStR).

Die Vorschriften über die Festsetzungsfrist sind nach § 191 Abs. 3 AO auf den Erlass von Haftungsbescheiden entsprechend anzuwenden. Die Festsetzungsfrist beträgt demnach sowohl für die Nachforderungsbescheide als auch für die Haftungsbescheide 4 Jahre, soweit nicht deliktische Steuerverkürzungen vorliegen. Die Festsetzungsfrist beginnt mit Ablauf des Kalenderjahres, in dem die Steuer entstanden bzw. der Tatbestand verwirklicht worden ist, an den das Gesetz die Haftungsfolge knüpft (§ 170 AO). Vor Erlass eines Nachforderungs- oder Haftungsbescheids hat das Finanzamt diese Voraussetzungen zu prüfen.

Als Rechtsbehelf ist für beide Arten von Bescheiden der Einspruch gegeben (§ 347 Abs. 1 AO).

5.1.11.10 Einwendungen gegen die Inanspruchnahme

Arbeitnehmer, Arbeitgeber und Dritte können sich zunächst einmal aus allgemeinen, im Gesetz vorgesehenen Gründen, die ihre Heranziehung verbieten, dagegen wenden, dass gerade sie in Anspruch genommen werden. Die Möglichkeiten aber, sachliche Einwendungen gegen Grund und Höhe der Nachforderung zu erheben, sind für die einzelnen Betroffenen recht unterschiedlich.

Der **Arbeitnehmer** kann unter Geltendmachung bisher noch nicht berücksichtigter Ermäßigungsgründe einwenden, dass er die nachgeforderte Lohnsteuer ganz oder teilweise nicht schulde. Er kann vorbringen, dass ihm, sofern die Frist für die

---
[1] BFH vom 28.01.1983 VI R 35/78 (BStBl 1983 II S. 472).
[2] BFH vom 18.07.1985 VI R 208/82 (BStBl 1986 II S. 152).

5.1 Pflichten des Arbeitgebers

Antragsveranlagung zur Einkommensteuer noch nicht abgelaufen ist, auch bei Einbeziehung der nachgeforderten Lohnsteuer ein Erstattungsbetrag zustehe. Sind die Fristen für den Antrag auf Durchführung der Einkommensteuerveranlagung für die in Betracht kommenden Nachforderungszeiträume bereits abgelaufen, so kann er gleichwohl neue Ermäßigungsgründe vorbringen und beantragen, sie noch insoweit zu berücksichtigen, bis der Nachforderungsanspruch dadurch ausgeglichen wird. Eine Erstattung der bereits bestandskräftig erhobenen Lohnsteuer kann er allerdings nicht mehr erreichen.

In Fällen, in denen Arbeitnehmer ihren Arbeitgebern ihre Identifikationsnummer sowie den Tag ihrer Geburt, die für den Abruf der elektronischen Lohnsteuerabzugsmerkmale notwendig sind, nicht mitgeteilt haben, können sie einwenden und nachweisen, dass ihr Arbeitslohn unter der steuerpflichtigen Grenze gelegen habe.[1]

Dem Nachforderungsanspruch des Finanzamts, wie allerdings auch dem des Arbeitgebers, kann der Arbeitnehmer jedoch nicht die **Entreicherungseinrede** entgegenhalten, da die §§ 812 ff. BGB im Steuerrecht nicht anwendbar sind.[2]

Ist der Arbeitnehmer als Steuerschuldner nicht durch einen Nachforderungsbescheid persönlich in Anspruch genommen worden, so steht ihm auch ein **selbständiges Anfechtungsrecht** gegen einen an seinen Arbeitgeber gerichteten **Haftungsbescheid** zu, weil er durch den Haftungsbescheid in seiner Rechtssphäre beeinträchtigt wird (H 42d.1 „Rechtsbehelf gegen den Haftungsbescheid" LStH). In einem solchen Fall soll der Arbeitnehmer in die Lage versetzt werden, seine Einwendungen gegen Grund und Höhe der Steuerforderung auch im Haftungsverfahren gegen den Arbeitgeber geltend zu machen. Er kann somit die gleichen Einwendungen erheben wie gegen einen an ihn persönlich gerichteten Nachforderungsbescheid. Hat nur der Arbeitnehmer den Haftungsbescheid angefochten, so ist der Arbeitgeber zum Verfahren notwendig beizuladen (§ 360 AO; § 60 Abs. 2 FGO; § 60 Abs. 3 FGO). Die notwendige Beiladung ist ohne Rüge und Antrag von Amts wegen zu prüfen.[3] In diesem Verfahren kann der Arbeitgeber auch eigene Einwendungen erheben.

Der Arbeitgeber kann sich bei seiner Heranziehung auf Verletzung von Treu und Glauben berufen, wenn er sich an eine vom Finanzamt eingeholte Anrufungsauskunft (§ 42e EStG) gehalten hat, das Finanzamt hingegen seine Auffassung geändert hat, oder wenn er eine bestimmte Methode der Steuerberechnung angewendet, das Finanzamt hiervon Kenntnis erlangt, sie aber nicht beanstandet hat,[4] oder wenn er auf die Steuerfreiheit in einem Manteltarif vertraut hat.[5] Der Arbeitgeber kann einwenden, dass er einem Rechtsirrtum unterlegen sei, der ihm aber nicht zugerechnet

---
1 BFH vom 15.11.1974 VI R 167/73 (BStBl 1975 II S. 297).
2 BFH vom 01.03.1974 VI R 253/70 (BStBl 1974 II S. 369).
3 BFH vom 29.06.1973 VI R 311/69 (BStBl 1973 II S. 780).
4 BFH vom 20.07.1962 VI 167/61 U (BStBl 1963 III S. 23).
5 BFH vom 18.09.1981 VI R 44/77 (BStBl 1981 II S. 801).

werden könne, weil das Finanzamt eine unklare oder falsche Auskunft gegeben habe,[1] oder dass er sich über die Steuerpflicht bestimmter Bezüge geirrt habe, der Irrtum aber nicht auf einer groben Verletzung seiner steuerlichen Pflichten beruhe.[2]

Wird der Arbeitgeber nach dem Entscheidungssatz des Bescheids als Haftender in Anspruch genommen, so ist der Bescheid wegen Widersprüchlichkeit unwirksam, wenn nach seiner Begründung pauschale Lohnsteuer nachgefordert wird.

Gesetzliche Vertreter, Geschäftsführer, Vermögensverwalter, Verfügungsberechtigte, die als Haftende in Anspruch genommen werden, können einwenden, dass sie sich nicht vorsätzlich oder grob fahrlässig verhalten hätten, sofern sie nicht einen gegen die von ihnen vertretenen Personen ergangenen bestandskräftigen Bescheid nach § 166 AO gegen sich gelten lassen müssen.

Der Erwerber eines Betriebs im Ganzen kann einwenden, dass er den Betrieb aus einer Insolvenzmasse oder aus dem Vermögen eines Vergleichsschuldners oder im Vollstreckungsverfahren erworben habe oder dass die Lohnsteuer bereits zu einem früheren Zeitpunkt als dem Beginn des letzten vor der Übereignung liegenden Kalenderjahres entstanden sei oder dass die Lohnsteuer nicht innerhalb eines Jahres nach Anmeldung des Betriebs festgesetzt worden sei.

5.1.12 Der Rückgriff

Das Einkommensteuergesetz enthält keine Vorschriften darüber, ob und ggf. auf welche Weise der als Haftender Inanspruchgenommene, insbesondere der Arbeitgeber, Ersatz für die verauslagten Steuerabzugsbeträge erhalten kann. Das Rückgriffsrecht ist außerhalb des Besteuerungsverfahrens geregelt. Ersatzansprüche stehen dem Arbeitgeber nicht zu, wenn er den Arbeitslohn um Lohn- und Kirchensteuer gekürzt, die Steuerabzugsbeträge jedoch erst im Haftungsverfahren an die Finanzkasse abgeführt hat. Soweit der Arbeitgeber oder auch Dritte eine echte Schuld des Arbeitnehmers beglichen haben, ist es eine arbeitsrechtliche Frage, ob der Arbeitgeber oder der Dritte ihren Rückgriffsanspruch mit Erfolg gegen den Arbeitnehmer geltend machen können. Nach ständiger Rechtsprechung des Bundesarbeitsgerichts kann der Arbeitgeber aufgrund des § 670 BGB grundsätzlich vollen Ersatz für die nacherhobenen Steuerbeträge verlangen.[3] Anders kann es jedoch sein, wenn der Arbeitgeber seine Fürsorgepflicht verletzt und nicht alles getan hat, um vorher eine Klärung zweifelhafter Steuerfragen durch das Finanzamt herbeizuführen.[4]

---

1 BFH vom 24.11.1961 VI 183/59 S (BStBl 1962 III S. 37).
2 BFH vom 20.12.1957 VI 105/55 U (BStBl 1958 III S. 84) und vom 05.11.1971 VI R 207/68 (BStBl 1972 II S. 137).
3 BAG vom 24.10.1958 (DB 1959 S. 322).
4 LAG Düsseldorf vom 10.05.1972 (DB 1972 S. 1782).

5.1 Pflichten des Arbeitgebers

Verzichtet der Arbeitgeber darauf, seinen Anspruch auf Rückerstattung der verauslagten Steuerabzugsbeträge dem Arbeitnehmer gegenüber geltend zu machen, so liegt darin regelmäßig nicht eine Nettolohnvereinbarung mit dem Arbeitnehmer. Der Verzicht kommt vielmehr der Zuwendung eines sonstigen Bezugs gleich. Dabei handelt es sich um Arbeitslohn des Kalenderjahres, in dem der Verzicht des Arbeitgebers auf den Ausgleichsanspruch gegen den Arbeitnehmer erkennbar wird.[1] Entsprechendes gilt für nachgeforderte Kirchensteuer und Arbeitnehmeranteile an den Sozialversicherungsbeiträgen.

5.1.13 Erstattung von Lohnsteuer

Dem Arbeitgeber steht nach § 41c EStG auch ein **Wahlrecht** darüber zu, bisher einbehaltene Lohnsteuer seinem Arbeitnehmer zu erstatten oder die Erstattung abzulehnen. Er ist zur Erstattung nur insoweit berechtigt, als Lohnsteuer von ihm und nicht von einem etwaigen früheren Arbeitgeber des Arbeitnehmers einbehalten worden ist. Bei Nettolöhnen gilt das für die von ihm zu übernehmende Lohnsteuer. Nach § 41c Abs. 1 EStG kommt eine Erstattung in Betracht, wenn dem Arbeitgeber elektronische Lohnsteuerabzugsmerkmale zum Abruf zur Verfügung gestellt werden oder ihm der Arbeitnehmer eine Bescheinigung für den Lohnsteuerabzug mit Eintragungen vorlegt, die auf einen Zeitpunkt vor Abruf der Lohnsteuerabzugsmerkmale oder vor Vorlage der Bescheinigung zurückwirken, oder wenn der Arbeitgeber erkennt, dass er bisher zu viel Lohnsteuer einbehalten hat. Darüber hinaus ist eine Lohnsteuererstattung durch den Arbeitgeber auch zulässig, wenn er wegen Nichtmitteilung der Identifikationsnummer und des Geburtsdatums des Arbeitnehmers nach § 39c Abs. 1 EStG den Lohnsteuerabzug nach Steuerklasse VI ermittelt hat und der Arbeitnehmer später die benötigten Daten für den Abruf der elektronischen Lohnsteuerabzugsmerkmale mitteilt und folglich eine günstigere Steuerklasse anzuwenden ist oder wenn bei Vorauszahlung des Arbeitslohns der Geltungsbeginn der elektronischen Lohnsteuerabzugsmerkmale in einen bereits abgerechneten Lohnzahlungszeitraum fällt (R 41c.1 Abs. 3 LStR).

Der Arbeitgeber ist auch berechtigt, Lohnsteuer zu erstatten, wenn der Arbeitnehmer eine Freistellungsbescheinigung des für den Arbeitgeber zuständigen Betriebsstättenfinanzamts vorlegt, aus der sich ergibt, dass der Arbeitslohn aufgrund eines **Doppelbesteuerungsabkommens** von der Lohnsteuer freizustellen ist, der Arbeitgeber bisher jedoch Lohnsteuer einbehalten hat.

Der Arbeitgeber ist auch zur Lohnsteuererstattung berechtigt, wenn ein **ins Ausland** entsandter, unbeschränkt steuerpflichtiger deutscher Staatsangehöriger, der im Inland keinen Wohnsitz und auch nicht seinen gewöhnlichen Aufenthalt hat, der jedoch zu einer juristischen Person des öffentlichen Rechts in einem Dienstverhält-

---
[1] BFH vom 10.02.1961 VI 89/60 U (BStBl 1961 III S. 139) und vom 24.04.1961 VI 219/60 U (BStBl 1961 III S. 285).

nis steht und dafür Arbeitslohn aus einer inländischen öffentlichen Kasse bezieht (§ 1 Abs. 2 EStG), eine Bescheinigung des Betriebsstättenfinanzamts vorlegt, in der rückwirkend auf einen früheren Zeitpunkt eine günstigere Steuerklasse oder eine höhere Zahl von Kinderfreibeträgen oder ein Freibetrag eingetragen ist. Auf eine solche Bescheinigung sind die Vorschriften über die elektronischen Lohnsteuerabzugsmerkmale sinngemäß anzuwenden (§ 39c Abs. 2 EStG). Entsprechendes gilt für einen Arbeitnehmer ohne Wohnsitz oder gewöhnlichen Aufenthalt im Inland, der einen Antrag auf unbeschränkte Steuerpflicht nach § 1 Abs. 3 EStG gestellt hat.

Ähnlich verhält es sich bei **beschränkt steuerpflichtigen Arbeitnehmern,** für die ebenfalls keine elektronischen Lohnsteuerabzugsmerkmale zur Verfügung gestellt werden, die sich aber auch vom Betriebsstättenfinanzamt des Arbeitgebers eine Bescheinigung über die anzuwendende Steuerklasse und einen Freibetrag ausstellen lassen können. Legt der beschränkt steuerpflichtige Arbeitnehmer seinem Arbeitgeber eine solche Bescheinigung mit für den Arbeitnehmer günstigeren Eintragungen vor, die auf einen früheren Zeitpunkt zurückwirken, so kann der Arbeitgeber den bisher zu viel entrichteten Steuerbetrag ebenfalls erstatten.

Macht der Arbeitgeber von seinem Recht Gebrauch, zu Unrecht einbehaltene Lohnsteuer seinem Arbeitnehmer zu **erstatten,** so muss er die zu viel erhobene Lohnsteuer bei der jeweils nächstfolgenden Lohnzahlung erstatten. Die zu erstattende Lohnsteuer ist dem Betrag zu entnehmen, den der Arbeitgeber für seine Arbeitnehmer insgesamt einbehalten oder, soweit es sich um Pauschsteuer oder Nettolohnvereinbarung handelt, übernommen hat. Reicht dieser Betrag nicht aus, erstattet ihm das Betriebsstättenfinanzamt den Fehlbetrag auf Antrag. Als Antrag reicht es aus, wenn in der Lohnsteueranmeldung der Erstattungsbetrag kenntlich gemacht wird (R 41c.1 Abs. 5 LStR). Macht der Arbeitgeber von seiner Berechtigung zur Lohnsteuererstattung nach § 41c Abs. 1 und 2 EStG **keinen Gebrauch,** kann der Arbeitnehmer die Erstattung nach § 37 Abs. 2 AO vom Finanzamt beantragen. Nach Beendigung eines Dienstverhältnisses oder nach Ablauf des Kalenderjahres ist die Erstattung nur bis zur Übermittlung oder Ausschreibung der Lohnsteuerbescheinigung zulässig (R 41c.1 Abs. 7 LStR). Nach Ablauf des Kalenderjahres darf der Arbeitgeber Lohnsteuer nur im Wege des von ihm durchzuführenden Lohnsteuer-Jahresausgleichs erstatten (§ 42b EStG). Wenn der Arbeitgeber den Lohnsteuer-Jahresausgleich aus Rechtsgründen nicht durchführen darf, ist auch eine Erstattung durch ihn nicht möglich. Der Arbeitnehmer kann in diesen Fällen die Erstattung im Rahmen einer Veranlagung zur Einkommensteuer erreichen.

Lehnt der Arbeitgeber die Erstattung der zu viel einbehaltenen Lohnsteuer ab oder ist er nicht in der Lage, sie zu erstatten, weil z. B. die begünstigenden elektronischen Lohnsteuerabzugsmerkmale auf Lohnzahlungszeiträume zurückwirken, in denen der Arbeitnehmer bei einem anderen Arbeitgeber beschäftigt war, so hat es damit für den Arbeitgeber sein Bewenden. Der Arbeitgeber ist nicht etwa verpflichtet wie bei der Ablehnung einer Lohnsteuernachforderung (§ 41c Abs. 4 EStG), sein

Betriebsstättenfinanzamt davon zu unterrichten. Es bleibt nun dem Arbeitnehmer selbst überlassen, Mittel und Wege zu finden, um zu seinem Geld zu kommen. Dafür bestehen verschiedene Möglichkeiten. Wird der Arbeitnehmer zur Einkommensteuer veranlagt, so ist die entrichtete Lohnsteuer auf die festgesetzte Einkommensteuer anzurechnen. Ein sich ergebender Überschuss wird dem Arbeitnehmer erstattet (§ 36 Abs. 2 und 4 EStG). Sind die Voraussetzungen für eine Veranlagung hingegen nicht gegeben, so kann der unbeschränkt steuerpflichtige Arbeitnehmer eine Einkommensteuerveranlagung beim Finanzamt beantragen (§ 46 Abs. 2 Nr. 8 EStG). Zu viel erhobene Lohnsteuer wird durch das Finanzamt ebenfalls erstattet. Das Verfahren wird erst **nach Ablauf des Kalenderjahres** durchgeführt. Der Arbeitnehmer ist jedoch nicht verpflichtet, auf die Erstattung von zu Unrecht erhobener Lohnsteuer so lange zu warten. Er wie auch der beschränkt steuerpflichtige Arbeitnehmer, für den eine Antragsveranlagung nicht durchgeführt werden darf, von dessen Arbeitslohn aber zu Unrecht zu viel Lohnsteuer einbehalten worden ist, können **vor Ablauf des Kalenderjahres** einen Lohnsteuererstattungsantrag beim Finanzamt stellen (R 41c.1 Abs. 5 LStR). Behält der Arbeitgeber wiederholt Lohnsteuer zu Unrecht ein, dann handelt es sich jedes Mal um einen besonderen Erstattungsfall, für den auch jedes Mal ein Erstattungsantrag gestellt werden kann.

5.1.14 Gesetzeskonkurrenz zwischen § 46 Abs. 2 Nr. 8 EStG und § 37 Abs. 2 AO

Beantragt ein unbeschränkt steuerpflichtiger Arbeitnehmer die Erstattung von ohne rechtlichen Grund einbehaltener und abgeführter Lohnsteuer auf der Grundlage des § 37 Abs. 2 AO, so stellt sich die Frage, ob das Finanzamt dem Antrag entsprechen kann oder ob der Arbeitnehmer auf die Möglichkeit der Antragsveranlagung nach § 46 Abs. 2 Nr. 8 EStG zu verweisen ist.

Die Antragsveranlagung zur Einkommensteuer ist ein in einem Einzelsteuergesetz geregeltes Erstattungsverfahren i. S. des § 37 Abs. 1 AO. Die Vorschrift geht als lex specialis dem allgemeinen, nicht auf bestimmte Steuerarten beschränkten Steuererstattungsanspruch i. S. von § 37 Abs. 2 AO vor. Durch die Antragsveranlagung soll die Steuererstattung für das Jahr abgeschlossen werden.[1]

Aus der nur subsidiären Anwendbarkeit des § 37 Abs. 2 AO ergibt sich, dass, soweit im Übrigen die Voraussetzungen erfüllt sind, diese Vorschrift nur in Fällen anwendbar ist, in denen eine Antragsveranlagung bzw. eine Veranlagung nicht oder noch nicht durchgeführt werden kann. Für diese Fälle ist die Vorschrift des § 37 Abs. 2 AO notwendig und auch unentbehrlich. Solche Fälle können ggf. Erstattungsansprüche beschränkt steuerpflichtiger Arbeitnehmer sein. Für beschränkt steuerpflichtige Arbeitnehmer darf wegen der grundsätzlichen Abgeltungswirkung des Lohnsteuerabzugs nach § 50 Abs. 2 Satz 1 EStG eine Antragsveranlagung nicht durchgeführt

---
[1] BFH vom 20.05.1983 VI R 111/81 (BStBl 1983 II S. 584).

werden, es sei denn, der Arbeitnehmer ist Staatsangehöriger eines Staates der Europäischen Union bzw. des Europäischen Wirtschaftsraums und beantragt eine Einkommensteuerveranlagung (§ 50 Abs. 2 Satz 2 Nr. 4 Buchst. b und Satz 7 EStG). Es können aber auch Erstattungsansprüche unbeschränkt steuerpflichtiger Arbeitnehmer in Betracht kommen, bei denen der Arbeitgeber nach § 41c Abs. 1 EStG zwar berechtigt, aber nicht verpflichtet ist, die Lohnsteuererstattung durchzuführen. **Lehnt er die Erstattung ab,** so braucht der Arbeitnehmer nicht auf die Erstattungsmöglichkeit im Einkommensteuerveranlagungsverfahren verwiesen zu werden, das möglicherweise erst nach einem Jahr durchgeführt werden wird. Der Erstattungsanspruch ist bereits im Laufe des Kalenderjahres entstanden und kann deshalb vom Finanzamt über die Vorschrift des § 37 Abs. 2 AO auch bereits **im Laufe des Kalenderjahres** erfüllt werden. Stellt der Arbeitnehmer den **Erstattungsantrag** allerdings erst **nach Ablauf des Kalenderjahres,** so kann auch das Finanzamt die überzahlte Lohnsteuer nur im Einkommensteuerveranlagungsverfahren erstatten, da darüber hinaus ein Erstattungsantrag gem. § 37 AO nach Ablauf des Kalenderjahres nicht zulässig ist (H 41c.1 „Erstattungsantrag" LStH). Entsprechendes gilt für beschränkt steuerpflichtige Arbeitnehmer, die unter die Vorschrift des § 50 Abs. 2 Satz 2 Nr. 3 und 4 Buchst. a EStG fallen und bei denen aus diesen Gründen ggf. eine Veranlagung zur Einkommensteuer in Betracht kommt.

5.2 Rechte des Arbeitgebers

Dem Arbeitgeber stehen im Lohnsteuerabzugsverfahren kaum Rechte zu. Die ihm im Besteuerungsverfahren obliegenden Pflichten sind grundsätzlich nicht abdingbar.

5.2.1 Zu viel bzw. zu wenig einbehaltene Lohnsteuer

Nur die Vorschriften des § 41c Abs. 1 und des § 42b Abs. 1 EStG sagen eindeutig, dass der Arbeitgeber zu etwas berechtigt ist. Nach § 41c Abs. 1 EStG ist der Arbeitgeber berechtigt, zu viel erhobene Lohnsteuer zu erstatten oder noch nicht erhobene Lohnsteuer nachträglich einzubehalten. Da § 41c Abs. 1 EStG lediglich von einer Berechtigung zur Änderung des Lohnsteuerabzugs spricht, ist der Arbeitgeber grundsätzlich nicht verpflichtet, den Lohnsteuerabzug zu ändern, auch wenn sich herausstellt, dass der bisherige Lohnsteuerabzug, zumindest aus jetziger Sicht, unrichtig ist. Allerdings ist bei bislang zu niedrigem Lohnsteuerabzug § 41c Abs. 4 EStG zu beachten. Falls danach der Arbeitgeber in den Fällen bislang zu wenig einbehaltener Lohnsteuer von seiner Berechtigung zum nachträglichen Einbehalten der Lohnsteuer keinen Gebrauch macht oder wenn die Lohnsteuer nicht nachträglich einbehalten werden kann, beispielsweise für den Fall, dass bereits eine Lohnsteuerbescheinigung übermittelt oder ausgeschrieben wurde oder der vom Lohnsteuerabzug betroffene Arbeitnehmer nicht mehr beim Arbeitgeber beschäftigt ist, dann hat er dies seinem Betriebsstättenfinanzamt nach § 41c Abs. 4 EStG unverzüglich anzuzeigen. Mit dieser Anzeige verhindert er dann nach § 42d Abs. 2 EStG seine Arbeitgeberhaftung für die durch das Finanzamt beim Arbeitnehmer nachzufordernde Lohnsteuer.

Macht der Arbeitgeber bei bislang zu hohem Lohnsteuerabzug von seiner Berechtigung zur Lohnsteuererstattung keinen Gebrauch, so kann der Arbeitnehmer die Erstattung nach § 37 Abs. 2 AO beim Finanzamt beantragen oder nach Ablauf des Kalenderjahres die Erstattung bzw. die Anrechnung der zu viel einbehaltenen Lohnsteuer im Rahmen der Veranlagung zur Einkommensteuer geltend machen. Für den Fall, dass der Arbeitgeber einen zu hohen Arbeitslohn besteuert hat, hat der Arbeitgeber dem Arbeitnehmer eine Bescheinigung über den zu Unrecht besteuerten Arbeitslohn auszustellen. Mit dieser Bescheinigung kann der Arbeitnehmer beim Finanzamt eine entsprechende Korrektur des Arbeitslohns im Veranlagungsverfahren bzw. im „Erstattungsverfahren" nach § 37 Abs. 2 AO geltend machen.

Führt damit die mögliche Änderung des Lohnsteuerabzugs zu einer Nachforderung von Lohnsteuer, so kann der Arbeitgeber entweder den Lohnsteuerabzug nach § 41c Abs. 1 EStG ändern oder dem Betriebsstättenfinanzamt Anzeige erstatten, ansonsten haftet er für die zu wenig einbehaltene Lohnsteuer. Führt die mögliche Änderung des Lohnsteuerabzugs hingegen zu einer Erstattung von Lohnsteuer, so ist der Arbeitgeber zwar berechtigt, aber nicht verpflichtet, den Lohnsteuerabzug zu ändern. Bei Unterlassen einer möglichen Änderung löst dies keine Anzeigepflicht nach § 41c Abs. 4 EStG aus. Immerhin kann jeder Arbeitgeber von dieser Berechtigung Gebrauch machen. § 42b Abs. 1 EStG hingegen räumt nur solchen Arbeitgebern ein Recht auf Durchführung des Lohnsteuer-Jahresausgleichs ein, die am Ende des Ausgleichsjahres weniger als 10 Arbeitnehmer beschäftigen. Sie brauchen ihn dann aber nicht durchzuführen. Werden am 31.12. des Ausgleichsjahres allerdings mindestens 10 Arbeitnehmer beschäftigt, ist der Arbeitgeber hingegen **verpflichtet,** den Lohnsteuer-Jahresausgleich durchzuführen.

5.2.2 Pauschalierung der Lohnsteuer

Die §§ 37b und 40 bis 40b EStG enthalten Kann-Vorschriften, die eine Berechtigung einschließen. Nach diesen Kann-Vorschriften ist der Arbeitgeber berechtigt, einen Antrag auf Pauschalierung der Lohnsteuer zu stellen oder auch ohne besonderen Antrag die Lohnsteuer zu pauschalieren. Dahinter steht dann aber auch gleich wieder die Pflicht, die pauschale Lohnsteuer selbstschuldnerisch zu übernehmen.

5.2.3 Anrufungsauskunft

Das Betriebsstättenfinanzamt hat nach § 42e EStG auf Anfrage eine Anrufungsauskunft zu erteilen. Der Arbeitgeber ist demnach berechtigt, eine entsprechende Anfrage an das Finanzamt zu richten. Macht er allerdings von dem Recht auf Einholung einer Anrufungsauskunft keinen Gebrauch, so wird ihm die Unterlassung möglicherweise einmal zum Vorwurf gemacht, wenn es darum geht, für nicht einbehaltene Lohnsteuer zu haften.

5.2.4 Übertragung der Arbeitgeberpflichten auf einen Dritten

Nach § 38 Abs. 3a Satz 2 EStG ist der Arbeitgeber berechtigt, seine Pflichten im Lohnsteuerabzugsverfahren auf einen Dritten zu übertragen. Dadurch kann sich der Arbeitgeber aber seiner Pflichten nicht vollständig entledigen, was sich auch darin zeigt, dass er nach § 42d Abs. 9 EStG weiterhin als Gesamtschuldner für den richtigen, vom Dritten vorzunehmenden Lohnsteuerabzug haftet. Der Arbeitgeber ist im Übrigen nach § 38 Abs. 3a Satz 6 EStG von seinen Pflichten nur befreit, soweit der Dritte diese übertragenen Pflichten erfüllt hat. Ebenso bleiben die Mitwirkungspflichten des Arbeitgebers neben den Pflichten des Dritten auch im Rahmen einer Lohnsteuer-Außenprüfung und einer Lohnsteuer-Nachschau bestehen (§ 42f Abs. 3 EStG, § 42g Abs. 3 Satz 2 EStG).

6 Möglichkeiten des Finanzamts zur Überprüfung der einbehaltenen Lohnsteuer durch den Außendienst

Möchte die Finanzverwaltung nur die für den Lohnsteuerabzug erheblichen Sachverhalte durch ihren Außendienst überprüfen lassen, besteht sowohl die Möglichkeit der Durchführung einer Lohnsteuer-Außenprüfung als auch einer Lohnsteuer-Nachschau. Hierbei ist zu beachten, dass die Lohnsteuer-Nachschau keine Außenprüfung i. S. der §§ 193 ff. AO ist.

6.1 Die Lohnsteuer-Außenprüfung

Die ordnungsmäßige Einbehaltung und Abführung der Lohnsteuer ist nach § 42f EStG durch Lohnsteuer-Außenprüfungen zu überwachen. Die Lohnsteuer-Außenprüfung ist eine Außenprüfung im Sinne der Abgabenordnung, auf die die Vorschriften der §§ 193 ff. AO anzuwenden sind.

Die Allgemeine Verwaltungsvorschrift für die Betriebsprüfung, die **Betriebsprüfungsordnung – BpO –**, ist nach § 1 Abs. 2 BpO nicht auf besondere Außenprüfungen, zu denen die Lohnsteuer-Außenprüfungen gehören, anzuwenden. Soweit in dieser Verwaltungsvorschrift allgemein gültige Grundsätze (§§ 5 bis 12 BpO) aufgestellt sind, bestehen keine Bedenken, sie sinngemäß auch bei Lohnsteuer-Außenprüfungen anzuwenden (R 42f Abs. 1 LStR).

Die Lohnsteuer-Außenprüfer werden vom Finanzamt entsandt und sind nach § 200 Abs. 3 AO befugt, die Geschäftsräume der Arbeitgeber **während der üblichen Geschäftszeiten** zu betreten und die Prüfung vorzunehmen. Sie haben die tatsächlichen und rechtlichen Verhältnisse (Besteuerungsgrundlagen) **zugunsten wie zuungunsten** des Steuerpflichtigen zu prüfen (§ 199 Abs. 1 AO).

Für die Prüfung der Einbehaltung oder Übernahme und Abführung der Lohnsteuer ist das Betriebsstättenfinanzamt zuständig, in dessen Bezirk sich die Betriebsstätte befindet. In den Fällen des § 38 Abs. 3a EStG ist für die Außenprüfung das Betriebsstättenfinanzamt des Dritten zuständig. Dabei ist die Außenprüfung auch beim Arbeitgeber zulässig, um feststellen zu können, ob unmittelbar vom Arbeitgeber gezahlte Lohnteile versteuert worden sind. Dazu kann das eigentlich zuständige Finanzamt nach § 195 Satz 2 AO ein anderes Finanzamt mit der Prüfung beauftragen, z. B. weil der zu prüfende Arbeitgeber außerhalb des Bezirks des zuständigen Finanzamts ansässig ist. Der Außenprüfung unterliegen sowohl die privaten Arbeitgeber als auch die öffentlich-rechtlichen Arbeitgeber. Die Prüfung eines öffentlich-rechtlichen Arbeitgebers durch die zuständige Aufsichts- und Rechnungsprüfungsbehörde steht der Lohnsteuer-Außenprüfung nicht entgegen. Die Außenprüfung hat sich hauptsächlich darauf zu erstrecken, ob sämtliche Arbeitnehmer vom Arbeitgeber steuerlich erfasst worden sind. Das trifft insbesondere auch für nicht ständig beschäftigte Arbeitnehmer zu. Sodann kommt es darauf an, festzustellen, ob alle zum Arbeitslohn der Arbeitnehmer gehörenden Einnahmen, gleichgültig in welcher Form sie gewährt wurden, ob als Bar- oder Sachbezüge, als laufende oder einmalige Bezüge, dem Steuerabzug unterworfen worden sind und ob bei der Berechnung der Lohnsteuer von der richtigen Lohnhöhe ausgegangen worden ist. Des Weiteren ist festzustellen, ob die einbehaltenen Steuerbeträge dem Finanzamt gemeldet und vor allem auch an die Finanzkasse abgeführt worden sind.

Der **Arbeitgeber** ist nach § 200 Abs. 2 AO verpflichtet, den Außenprüfern einen geeigneten Raum oder Arbeitsplatz sowie die erforderlichen Hilfsmittel zur Verfügung zu stellen. Soweit ein zur Durchführung der Lohnsteuer-Außenprüfung geeigneter Geschäftsraum nicht vorhanden ist, hat er die Prüfungsunterlagen in seinen Wohnräumen oder an Amtsstelle zur Einsichtnahme vorzulegen. In der Praxis werden die Außenprüfer in solchen Fällen die Prüfung an Amtsstelle oder ggf. im Büro des Steuerberaters des Arbeitgebers der Prüfung in den Wohnräumen vorziehen. Er und seine Angestellten haben die nötigen Hilfsdienste zu leisten. Sie haben den Außenprüfern z. B. Einblick in Bescheinigungen für den Lohnsteuerabzug die Lohnkonten, Lohnbücher, sonstigen Geschäftsbücher und in die Belege zu gewähren. Darüber hinaus haben sie auch Auskünfte zu erteilen und auf Verlangen des Prüfers die Buchungen zu erläutern. Sie haben auch Auskunft über Personen zu geben, die für den Betrieb tätig sind, bei denen es aber zweifelhaft sein kann, ob sie Arbeitnehmer des Arbeitgebers sind oder waren. Diese Personen selbst sind aber auch verpflichtet, Auskunft über ihre steuerlich bedeutsamen Verhältnisse zu erteilen. Auch die Arbeitnehmer sind nach § 42f Abs. 2 EStG verpflichtet, dem mit der Außenprüfung Beauftragten jede gewünschte Auskunft über Art und Höhe ihrer Einnahmen zu geben und auf Verlangen die etwa in ihrem Besitz befindlichen Bescheinigungen für den Lohnsteuerabzug vorzulegen.

Über die Feststellungen bei einer Lohnsteuer-Außenprüfung fertigt der Prüfer regelmäßig einen Bericht an. Im **Prüfungsbericht** sind die für die Besteuerung erheblichen Prüfungsfeststellungen in tatsächlicher und rechtlicher Hinsicht darzustellen. Führt die Außenprüfung zu keiner Änderung der Besteuerungsgrundlagen, so genügt es, wenn das dem Steuerpflichtigen schriftlich mitgeteilt wird. Das Finanzamt hat dem Steuerpflichtigen auf Antrag den Prüfungsbericht vor der Auswertung zu übersenden und ihm Gelegenheit zu geben, in angemessener Zeit dazu Stellung zu nehmen (§ 202 AO). Die Feststellungen werden meistens mit dem Arbeitgeber in einer Schlussbesprechung erörtert. Ist Lohnsteuer nachzuerheben und erkennt der Arbeitgeber das Mehrergebnis an, so kann er seine Zahlungsverpflichtung in dem Bericht, der einen vorgedruckten Passus dafür enthält, schriftlich anerkennen. Er kann das Ergebnis aber auch in einem gesonderten Schreiben anerkennen oder aber das Ergebnis in einer Lohnsteuernachmeldung der Finanzkasse mitteilen. Bei schriftlichem Anerkenntnis in einer dieser Formen durch den Arbeitgeber bedarf es für die Inanspruchnahme des Arbeitgebers eines Haftungsbescheids nicht mehr (§ 42d Abs. 4 Nr. 2 EStG).

Der Arbeitgeber ist nicht verpflichtet, die Feststellungen und die steuerlichen Auswirkungen anzuerkennen. Das Finanzamt muss dann entscheiden, ob es den Arbeitgeber oder den Arbeitnehmer in Anspruch nehmen kann.

Gemäß § 42f Abs. 4 EStG können auf Verlangen des Arbeitgebers die steuerliche Außenprüfung und die Prüfungen durch die Träger der Rentenversicherung (§ 28p SGB IV) zur gleichen Zeit durchgeführt werden.

6.2 Die Lohnsteuer-Nachschau

Mit § 42g EStG ist durch das Amtshilferichtlinie-Umsetzungsgesetz vom 26.06.2013 (BGBl 2013 I S. 1809) eine Regelung zur Lohnsteuer-Nachschau neu in das EStG eingefügt worden. Die Vorschrift ist zum 30.06.2013 in Kraft getreten. Die Finanzverwaltung hat zur Lohnsteuer-Nachschau in ihrem BMF-Schreiben vom 16.10.2014 (BStBl 2014 I S. 1408) ausführlich Stellung genommen.

6.2.1 Allgemeines

Die Lohnsteuer-Nachschau ist ein besonderes Verfahren zur zeitnahen Aufklärung möglicher steuererheblicher Sachverhalte. Steuererheblich sind Sachverhalte, die eine Lohnsteuerpflicht begründen oder zu einer Änderung der Höhe der Lohnsteuer oder der Zuschlagsteuern führen können. Das für die Lohnsteuer-Nachschau zuständige Finanzamt kann das Finanzamt, in dessen Bezirk der steuererhebliche Sachverhalt verwirklicht wird, mit der Nachschau beauftragen. Die Lohnsteuer-Nachschau ist **keine Außenprüfung i. S. der §§ 193 ff. AO**. Die Vorschriften für eine Außenprüfung sind nicht anwendbar, insbesondere gelten § 146 Abs. 2b, § 147 Abs. 6, §§ 201, 202 AO und § 42d Abs. 4 Satz 1 Nr. 2 EStG nicht. Es bedarf weder einer Prüfungsanordnung i. S. des § 196 AO noch einer Schlussbesprechung oder eines Prüfungsberichts. Im Anschluss an eine Lohnsteuer-Nachschau ist ein Antrag auf verbindliche Zusage (§ 204 AO) nicht zulässig.

6.2.2 Zweck der Lohnsteuer-Nachschau

Die Lohnsteuer-Nachschau dient der Sicherstellung einer ordnungsgemäßen Einbehaltung und Abführung der Lohnsteuer, des Solidaritätszuschlags, der Kirchenlohnsteuer oder von Pflichtbeiträgen zu einer Arbeits- oder Arbeitnehmerkammer. Ziel der Lohnsteuer-Nachschau ist es, einen Eindruck von den räumlichen Verhältnissen, dem tatsächlich eingesetzten Personal und dem üblichen Geschäftsbetrieb zu gewinnen.

Eine Lohnsteuer-Nachschau kommt insbesondere in Betracht:
- bei Beteiligung an Einsätzen der Finanzkontrolle Schwarzarbeit,
- zur Feststellung der Arbeitgeber- oder Arbeitnehmereigenschaft,

- zur Feststellung der Anzahl der insgesamt beschäftigten Arbeitnehmer,
- bei Aufnahme eines neuen Betriebs,
- zur Feststellung, ob der Arbeitgeber eine lohnsteuerliche Betriebsstätte unterhält,
- zur Feststellung, ob eine Person selbständig oder als Arbeitnehmer tätig ist,
- zur Prüfung der steuerlichen Behandlung von sog. Minijobs (vgl. § 8 Abs. 1 und 2 SGB IV), ausgenommen Beschäftigungen in Privathaushalten,
- zur Prüfung des Abrufs und der Anwendung der elektronischen Lohnsteuerabzugsmerkmale (ELStAM) und
- zur Prüfung der Anwendung von Pauschalierungsvorschriften, z. B. § 37b Abs. 2 EStG.

Nicht Gegenstand der Lohnsteuer-Nachschau sind:

- Ermittlungen der individuellen steuerlichen Verhältnisse der Arbeitnehmer, soweit sie für den Lohnsteuerabzug nicht von Bedeutung sind,
- die Erfüllung der Pflichten des Arbeitgebers nach dem Fünften Vermögensbildungsgesetz und
- Beschäftigungen in Privathaushalten.

6.2.3 Durchführung der Lohnsteuer-Nachschau

Die Lohnsteuer-Nachschau muss nicht angekündigt werden (§ 42g Abs. 2 Satz 2 EStG). Die Anordnung der Nachschau erfolgt i. d. R. mündlich und zu Beginn der Lohnsteuer-Nachschau. Dem Arbeitgeber soll zu Beginn der Lohnsteuer-Nachschau der Vordruck „Durchführung einer Lohnsteuer-Nachschau" übergeben werden. Der mit der Lohnsteuer-Nachschau beauftragte Amtsträger hat sich auszuweisen. Tut er dies nicht, greift der Sperrgrund des § 371 Abs. 2 Satz 1 Nr. 1 Buchst. e AO nicht ein und die Möglichkeit einer Selbstanzeige besteht auch noch nach Erscheinen des Amtsträgers.

Zum Zweck der Lohnsteuer-Nachschau können die mit der Lohnsteuer-Nachschau beauftragten Amtsträger Grundstücke und Räume von Personen, die eine gewerbliche oder berufliche Tätigkeit ausüben, betreten (§ 42g Abs. 2 Satz 2 EStG). Die Grundstücke und Räume müssen nicht im Eigentum der gewerblich oder beruflich tätigen Person stehen. Die Lohnsteuer-Nachschau kann sich auch auf gemietete oder gepachtete Grundstücke und Räume sowie auf andere Orte, an denen steuererhebliche Sachverhalte verwirklicht werden (z. B. Baustellen), erstrecken.

Wohnräume dürfen gegen den Willen des Inhabers nur zur Verhütung dringender Gefahren für die öffentliche Sicherheit und Ordnung betreten werden (§ 42g Abs. 2 Satz 3 EStG).

Häusliche Arbeitszimmer oder Büros, die innerhalb einer ansonsten privat genutzten Wohnung belegen sind, dürfen auch dann betreten bzw. besichtigt werden, wenn sie nur durch die ausschließlich privat genutzten Wohnräume erreichbar sind.

Ein Betreten der Grundstücke und Räume ist während der üblichen Geschäfts- und Arbeitszeiten zulässig. Die Nachschau kann auch außerhalb der Geschäftszeiten vorgenommen werden, wenn dort Arbeitnehmer anzutreffen sind.

Das Betreten muss dazu dienen, Sachverhalte festzustellen oder zu überprüfen, die für den Steuerabzug vom Arbeitslohn erheblich sein können. Ein Durchsuchungsrecht gewährt die Lohnsteuer-Nachschau nicht. Das bloße Betreten oder Besichtigen von Geschäftsräumen, Betriebsräumen oder Grundstücken ist noch kein Durchsuchen.

6.2.4 Mitwirkungspflicht

Der Arbeitgeber hat dem mit der Lohnsteuer-Nachschau beauftragten Amtsträger auf Verlangen Lohn- und Gehaltsunterlagen, Aufzeichnungen, Bücher, Geschäftspapiere und andere Urkunden vorzulegen und Auskünfte zu erteilen, soweit dies zur Feststellung steuerlich erheblicher Sachverhalte zweckdienlich ist (§ 42g Abs. 3 Satz 1 EStG).

Darüber hinaus haben die Arbeitnehmer dem mit der Lohnsteuer-Nachschau beauftragten Amtsträger jede gewünschte Auskunft über Art und Höhe ihrer Einnahmen zu geben und auf Verlangen in ihrem Besitz befindliche Bescheinigungen über den Lohnsteuerabzug sowie Belege über bereits entrichtete Lohnsteuer vorzulegen (§ 42g Abs. 3 Satz 2 i. V. m. § 42f Abs. 2 Satz 2 EStG). Diese Pflichten gelten auch für Personen, bei denen es strittig ist, ob sie Arbeitnehmer sind oder waren. Die Auskunftspflicht erstreckt sich auf alle Fragen, die für die Beurteilung von Bedeutung sind, ob und in welcher Höhe eine Pflicht zum Abzug von Lohnsteuer und Zuschlagsteuern besteht.

6.2.5 Recht auf Datenzugriff

Der mit der Lohnsteuer-Nachschau beauftragte Amtsträger darf nur dann auf elektronische Daten des Arbeitgebers zugreifen, wenn der Arbeitgeber zustimmt. Stimmt der Arbeitgeber dem Datenzugriff nicht zu, kann der mit der Lohnsteuer-Nachschau beauftragte Amtsträger verlangen, dass ihm die erforderlichen Unterlagen in Papierform vorgelegt werden. Sollten diese nur in elektronischer Form existieren, kann er verlangen, dass diese unverzüglich ausgedruckt werden (vgl. § 147 Abs. 5 zweiter Halbsatz AO).

6.2.6 Übergang zu einer Lohnsteuer-Außenprüfung

Geben die bei der Lohnsteuer-Nachschau getroffenen Feststellungen hierzu Anlass, kann ohne vorherige Prüfungsanordnung (§ 196 AO) zu einer Lohnsteuer-Außenprüfung nach § 42f EStG übergegangen werden (§ 42g Abs. 4 Satz 1 EStG). Auf den Übergang zur Außenprüfung ist schriftlich hinzuweisen (§ 42g Abs. 4 Satz 2 EStG). Die allgemeinen Grundsätze über den notwendigen Inhalt von Prüfungsanordnungen gelten entsprechend. Insbesondere sind der Prüfungszeitraum und der Prüfungsumfang festzulegen. Der Beginn einer Lohnsteuer-Außenprüfung nach erfolgter Lohnsteuer-Nachschau ist unter Angabe von Datum und Uhrzeit aktenkundig zu machen. Für die Durchführung der nachfolgenden Lohnsteuer-Außenprüfung gelten die §§ 199 ff. AO. Die Entscheidung zum Übergang zu einer Lohnsteuer-Außenprüfung ist eine Ermessensentscheidung der Finanzbehörde (§ 5 AO).

Der Übergang zu einer Lohnsteuer-Außenprüfung nach § 42f EStG kann insbesondere angezeigt sein:

- wenn bei der Lohnsteuer-Nachschau erhebliche Fehler beim Steuerabzug vom Arbeitslohn festgestellt wurden,
- wenn der für die Besteuerung maßgebliche Sachverhalt im Rahmen der Lohnsteuer-Nachschau nicht abschließend geprüft werden kann und weitere Ermittlungen erforderlich sind,
- wenn der Arbeitgeber seinen Mitwirkungspflichten im Rahmen der Lohnsteuer-Nachschau nicht nachkommt oder
- wenn die Ermittlung von Sachverhalten aufgrund des fehlenden Datenzugriffs nicht oder nur erschwert möglich ist.

6.2.7 Auswertungsmöglichkeiten

Der Arbeitgeber kann aufgrund der im Rahmen der Lohnsteuer-Nachschau gewonnenen Erkenntnisse durch Lohnsteuer-Nachforderungsbescheid oder Lohnsteuer-Haftungsbescheid in Anspruch genommen werden. Die Lohnsteuer-Nachschau kann auch zu einer nachträglichen oder geänderten Lohnsteuer-Anmeldung führen. Soll aufgrund der Lohnsteuer-Nachschau der Arbeitgeber in Haftung genommen oder bei ihm Lohnsteuer nachgefordert werden, ist ihm rechtliches Gehör zu gewähren (§ 91 AO).

Ebenso kann der jeweilige Arbeitnehmer im Rahmen der allgemeinen gesetzlichen Regelungen in Anspruch genommen werden (§ 42d Abs. 3 EStG). Erkenntnisse der Lohnsteuer-Nachschau können auch im Veranlagungsverfahren des Arbeitnehmers berücksichtigt werden.

Feststellungen, die während einer Lohnsteuer-Nachschau getroffen werden und die für die Festsetzung und Erhebung anderer Steuern des Betroffenen oder anderer Personen erheblich sein können, können ausgewertet werden (§ 42g Abs. 5 EStG). Zu diesem Zweck können Kontrollmitteilungen erstellt werden.

6.2.8 Rechtsfolgen

Der Beginn der Lohnsteuer-Nachschau hemmt nicht den Ablauf der Festsetzungsfrist nach § 171 Abs. 4 AO. Die Änderungssperre des § 173 Abs. 2 AO findet keine Anwendung. Soweit eine Steuer gem. § 164 AO unter dem Vorbehalt der Nachprüfung festgesetzt worden ist, muss dieser nach Durchführung der Lohnsteuer-Nachschau nicht aufgehoben werden.

6.2.9 Zwangsmittel

Im Rahmen einer Lohnsteuer-Nachschau erlassene Verwaltungsakte sind grundsätzlich mit Zwangsmitteln (§§ 328 ff. AO) durchsetzbar. Ein Verwaltungsakt liegt dann vor, wenn der mit der Lohnsteuer-Nachschau beauftragte Amtsträger Maßnahmen ergreift, die den Steuerpflichtigen zu einem bestimmten Tun, Dulden oder Unterlassen verpflichten sollen. Ein Verwaltungsakt liegt insbesondere vor, wenn der Amtsträger den Steuerpflichtigen auffordert,

- das Betreten der nicht öffentlich zugänglichen Geschäftsräume zu dulden,
- Aufzeichnungen, Bücher, Geschäftspapiere und andere lohnsteuerlich relevante Urkunden vorzulegen oder
- Auskunft zu erteilen.

6.2.10 Rechtsbehelf

Gegen schlichtes Verwaltungshandeln (z. B. Betreten von Grundstücken und Räumen zur Durchführung einer Lohnsteuer-Nachschau) ist kein Einspruch gegeben. Im Rahmen der Lohnsteuer-Nachschau ergangene Verwaltungsakte können gem. § 347 AO mit Einspruch angefochten werden. Der Amtsträger ist berechtigt und verpflichtet, den Einspruch entgegenzunehmen. Der Einspruch hat keine aufschiebende Wirkung und hindert daher nicht die Durchführung der Lohnsteuer-Nachschau, es sei denn, die Vollziehung des angefochtenen Verwaltungsakts wurde ausgesetzt (§ 361 AO, § 69 FGO). Mit Beendigung der Lohnsteuer-Nachschau sind oder werden Einspruch und Anfechtungsklage gegen die Anordnung der Lohnsteuer-Nachschau unzulässig; insoweit kommt lediglich eine Fortsetzungs-Feststellungsklage (§ 100 Abs. 1 Satz 4 FGO) in Betracht. Wurden die Ergebnisse der Lohnsteuer-Nachschau in einem Steuer- oder Haftungsbescheid berücksichtigt, muss auch dieser Bescheid angefochten werden, um ein steuerliches Verwertungsverbot zu erlangen.

6 Überprüfung des Lohnsteuerabzugs durch die Finanzverwaltung

Für die Anfechtung der Mitteilung des Übergangs zur Außenprüfung (§ 42g Abs. 4 EStG) gelten die Grundsätze für die Anfechtung einer Prüfungsanordnung entsprechend (vgl. AEAO zu § 196).

7 Der Lohnsteuer-Jahresausgleich durch den Arbeitgeber

7.1 Allgemeines

Der Lohnsteuer-Jahresausgleich ermöglicht die Erstattung von für das Ausgleichsjahr einbehaltener Lohnsteuer insoweit, als sie die auf den Jahresarbeitslohn entfallende Jahreslohnsteuer übersteigt. Der Lohnsteuer-Jahresausgleich ist dabei durch den Arbeitgeber durchzuführen (§ 42b EStG). Der Arbeitnehmer kann hingegen nach § 46 Abs. 2 Nr. 8 EStG einen Antrag auf Einkommensteuerveranlagung stellen, um etwa zu viel einbehaltene Lohnsteuer erstattet zu bekommen. Eine Einkommensteuerveranlagung von Amts wegen ist in den Fällen des § 46 Abs. 2 Nr. 1 bis 7 EStG durchzuführen. Hierbei kann auch zu wenig einbehaltene Lohnsteuer vom Arbeitnehmer als Einkommensteuernachzahlung angefordert werden. Kommt nach § 46 Abs. 2 EStG weder eine Pflichtveranlagung noch eine Antragsveranlagung in Betracht, so gilt die Einkommensteuer, die auf den Arbeitslohn entfällt, gem. § 46 Abs. 4 Satz 1 EStG für den Arbeitnehmer durch den Lohnsteuerabzug als abgegolten, soweit er nicht für zu wenig einbehaltene Lohnsteuer in Anspruch genommen werden kann.

Die Bildung der Lohnsteuerabzugsmerkmale (Steuerklasse, Zahl der Kinderfreibeträge, Freibetrag usw.) ist eine **gesonderte Feststellung von Besteuerungsgrundlagen,** die unter dem Vorbehalt der Nachprüfung steht und die damit jederzeit, auch rückwirkend, geändert werden kann (§ 39 Abs. 1 Satz 4). Die gesonderte Feststellung ist im Verhältnis zur Einkommensteuerveranlagung nur vorläufig.

Die Ermittlung eines Freibetrags nach § 39a Abs. 1 Nr. 1 bis 3, 5 oder 6 EStG führt nach § 46 Abs. 2 Nr. 4 EStG zu einer Einkommensteuerveranlagung von Amts wegen. Andererseits ist der Lohnsteuer-Jahresausgleich durch den Arbeitgeber ausgeschlossen, falls bei der Lohnsteuerberechnung ein Freibetrag zu berücksichtigen war (§ 42b Abs. 1 Satz 3 Nr. 3a EStG).

In der vom Finanzamt durchzuführenden Einkommensteuerveranlagung wird das zu versteuernde Einkommen unabhängig von den Lohnsteuerabzugsmerkmalen ermittelt.

Der **Lohnsteuer-Jahresausgleich durch den Arbeitgeber und die Einkommensteuerveranlagung** sind unabhängig voneinander. Eine Konkurrenz der Verfahren besteht nicht (§ 46 Abs. 4 Satz 2 EStG).

7.2 Materielles Recht

Nach § 42b Abs. 1 EStG ist der Arbeitgeber berechtigt, in bestimmten Fällen für das Ausgleichsjahr einbehaltene Lohnsteuer insoweit zu erstatten, als sie die auf den

Jahresarbeitslohn entfallende Jahreslohnsteuer übersteigt (Lohnsteuer-Jahresausgleich). Grundlage für den Arbeitgeber sind hierbei der Jahresarbeitslohn des Arbeitnehmers und die elektronischen Lohnsteuerabzugsmerkmale.

Im Rahmen einer Einkommensteuer-Veranlagung ist unbeschränkt einkommensteuerpflichtigen Arbeitnehmern die für das abgelaufene Kalenderjahr einbehaltene Lohnsteuer, unter Berücksichtigung eines evtl. durch den Arbeitgeber durchgeführten Lohnsteuer-Jahresausgleichs, auf die Einkommensteuer anzurechnen (§ 36 Abs. 2 Nr. 2 EStG) und insoweit zu erstatten (§ 36 Abs. 4 Satz 2 EStG), als die einbehaltene Lohnsteuer die festzusetzende Einkommensteuer übersteigt.

Während eines Kalenderjahres wird Lohnsteuer nur unter der Voraussetzung **in zutreffender Höhe** einbehalten, dass in allen Lohnzahlungszeiträumen gleich hohe Arbeitslöhne gezahlt werden, auf die derselbe Steuersatz in der Progressionszone anzuwenden ist, und unter den weiteren Voraussetzungen, dass unterjährig kein Freibetrag für den Arbeitnehmer ermittelt worden ist, sich die Steuerklasse nicht ändert und der Arbeitnehmer auch nach Ablauf des Ausgleichsjahres keine Aufwendungen geltend machen wird, die zu einer Steuerermäßigung führen. Alle diese Voraussetzungen werden nur in den wenigsten Fällen gleichzeitig erfüllt sein.

Bei **schwankendem Arbeitslohn** oder bei Lohn- und Gehaltserhöhungen durch Höherstufung des Arbeitnehmers oder aufgrund von tarifvertraglichen oder arbeitsvertraglichen Vereinbarungen oder bei Lohnausfällen infolge Krankheit oder Arbeitslosigkeit wird im Laufe des Kalenderjahres regelmäßig zu viel Lohnsteuer einbehalten. Das ist darauf zurückzuführen, dass auch die in den einzelnen Lohnzahlungszeiträumen einzubehaltende Lohnsteuer nach der Jahreslohnsteuer berechnet wird (§ 38a Abs. 3 EStG), für die wiederum der Jahresarbeitslohn Bemessungsgrundlage ist. Der in dem einzelnen Lohnzahlungszeitraum bezogene Arbeitslohn wird auf einen Jahresarbeitslohn hochgerechnet und die darauf zu entrichtende Jahreslohnsteuer mit dem Teil erhoben, dem der Lohnzahlungszeitraum zeitanteilig zum Kalenderjahr entspricht. Daraus ergibt sich, dass der Lohnsteuererhebung im Laufe des Ausgleichsjahres eine ganze **Reihe verschiedener Jahresarbeitslöhne** und **Jahreslohnsteuerbeträge** zugrunde gelegt werden können. Die Höhe des tatsächlich im Kalenderjahr bezogenen Jahresarbeitslohns steht aber erst nach Ablauf des Kalenderjahres fest. Deshalb kann auch erst nach Ablauf des Kalenderjahres die zutreffende Jahreslohnsteuer festgestellt werden. Daraus folgt, dass einer großen Zahl von Arbeitnehmern ein Anspruch auf Steuererstattung zusteht, der in Form eines Antrags auf Einkommensteuerveranlagung verfolgt werden kann bzw. in Form des (antragsunabhängigen) Lohnsteuer-Jahresausgleichs durch den Arbeitgeber.

Bei Arbeitnehmern, die nur während eines Teils des Kalenderjahres unbeschränkt einkommensteuerpflichtig waren, während des verbliebenen Teils des Kalenderjahres aber nicht, und die insoweit auch nicht nach § 1 Abs. 3 EStG als unbeschränkt einkommensteuerpflichtig behandelt werden, wird im Rahmen der Einkommensteuerveranlagung grundsätzlich der während des Zeitraums der Steuerpflicht bezogene

Arbeitslohn als Jahresarbeitslohn zugrunde gelegt. Ein Lohnsteuer-Jahresausgleich durch den Arbeitgeber ist hingegen überhaupt nicht möglich (R 42b Abs. 1 Satz 2 LStR). Dies gilt auch für den Fall, dass bei einer Einkommensteuer-Veranlagung § 2 Abs. 7 Satz 3 EStG gelten würde.

Für Arbeitnehmer, die im Kalenderjahr **nur beschränkt einkommensteuerpflichtig** waren, kann ein Lohnsteuer-Jahresausgleich durch den Arbeitgeber nicht durchgeführt werden. Auch bei unbeschränkt einkommensteuerpflichtigen Arbeitnehmern darf ein Lohnsteuer-Jahresausgleich nicht durchgeführt werden, wenn ein Verbotsgrund nach § 42b Abs. 1 Satz 3 EStG vorliegt.

7.3 Das Verfahren des Lohnsteuer-Jahresausgleichs durch den Arbeitgeber

7.3.1 Maßgebender Steuertarif

Es steht die Anwendung des Grundtarifs nach § 32a Abs. 1 EStG, des Splittingtarifs nach § 32a Abs. 5 EStG oder des sog. Aufholtarifs nach § 39b Abs. 2 Satz 7 EStG zur Verfügung.

Für den **durch den Arbeitgeber durchzuführenden Lohnsteuer-Jahresausgleich** ist nach § 42b Abs. 2 Satz 4 EStG die nach § 39b Abs. 2 Satz 6 und 7 EStG berechnete Jahreslohnsteuer maßgebend, sodass jeweils entsprechend der für den Arbeitnehmer geltenden Lohnsteuerklasse der Grundtarif (Steuerklasse I, II und IV) bzw. der Splittingtarif (Steuerklasse III) und bei den Steuerklassen V und VI der Aufholtarif Anwendung findet.

7.3.2 Ausgleichsberechtigte

Der Lohnsteuer-Jahresausgleich durch den Arbeitgeber ist nur für Arbeitnehmer zulässig, die das ganze Jahr über unbeschränkt einkommensteuerpflichtig waren (R 42b Abs. 1 Satz 1 LStR). Zudem müssen diese nach § 42b Abs. 1 Satz 1 EStG während des Ausgleichsjahres **ständig** in einem Dienstverhältnis zu ihm gestanden haben.

7.3.3 Ausgleichsverpflichtete

Zuständig für die Durchführung des Lohnsteuer-Jahresausgleichs nach § 42b EStG ist der Arbeitgeber. Die gesetzliche Zuständigkeit des **Arbeitgebers** ergibt sich aus § 42b EStG. Dies ist eine aus seinem eigenen Pflichtenkreis hergeleitete Zweckmäßigkeitsregelung. Gleichwohl erfüllt der Arbeitgeber bei der Durchführung des Lohnsteuer-Jahresausgleichs dem Arbeitnehmer gegenüber keine eigene Verbindlichkeit. Er wird vielmehr ebenso wie bei der Einbehaltung der Lohnsteuer in einer **Art treuhänderischer Stellung** für den Steuerfiskus tätig. Deshalb kann der Arbeitgeber mit einer eigenen Forderung an den Arbeitnehmer gegen den Anspruch des Arbeitnehmers aus dem Lohnsteuer-Jahresausgleich nicht aufrechnen.[1] Grundsätzlich ist der Arbeitgeber zur Durchführung des Lohnsteuer-Jahresausgleichs lediglich berechtigt. Hat er zum 31.12. des Ausgleichsjahres jedoch **mindestens 10 Arbeitnehmer** beschäftigt, ist er nach § 42b Abs. 1 Satz 2 EStG zur Durchführung verpflichtet.

7.3.4 Konkurrenzverhältnis

Die Durchführung des Lohnsteuer-Jahresausgleichs durch den Arbeitgeber schließt nicht aus, dass auch das Finanzamt in derselben Sache eine Antragsveranlagung zur Einkommensteuer durchführen muss (§ 46 Abs. 2 Nr. 8 EStG).

Der Lohnsteuer-Jahresausgleich kann auch durchgeführt werden, wenn für den Arbeitnehmer nach § 46 Abs. 2 EStG eine Pflichtveranlagung in Betracht kommt.

7.3.5 Antragsverfahren

Der Arbeitgeber kann den Lohnsteuer-Jahresausgleich ohne Antrag der ausgleichsberechtigten Arbeitnehmer durchführen. Die Arbeitnehmer können jedoch beantragen, dass der Arbeitgeber den Lohnsteuer-Jahresausgleich **nicht** durchführt (§ 42b Abs. 1 Satz 3 Nr. 1 EStG).

7.3.6 Fristen

Der **Arbeitgeber** darf den Lohnsteuer-Jahresausgleich nach § 42b Abs. 3 EStG frühestens bei der Lohnabrechnung für den letzten im Ausgleichsjahr endenden Lohnzahlungszeitraum, spätestens bei der Lohnabrechnung für den letzten Lohnzahlungszeitraum, der **im Februar** des dem Ausgleichsjahr folgenden Kalenderjahres endet, durchführen.

7.3.7 Berechtigung des Arbeitgebers

Der Arbeitgeber ist nach § 42b Abs. 1 EStG **berechtigt**, für unbeschränkt steuerpflichtige Arbeitnehmer, die während des Ausgleichsjahres ständig in einem Dienstverhältnis zu ihm gestanden haben, einen Lohnsteuer-Jahresausgleich durchzuführen. Er ist dazu **verpflichtet,** wenn er am **31.12.** des Ausgleichsjahres **mindestens 10 Arbeitnehmer** beschäftigt. Ein Lohnsteuer-Jahresausgleich durch den Arbeitgeber darf selbst dann nicht durchgeführt werden, wenn der Arbeitnehmer die Zeiten der Nichtbeschäftigung durch amtliche Unterlagen nachweist. Das Dienstverhältnis besteht aber z. B. weiter, wenn ein Arbeitnehmer oder eine Arbeitnehmerin nach der Geburt eines Kindes Elternzeit in Anspruch nimmt.

---
[1] BFH vom 28.04.1961 VI 301/60 U (BStBl 1961 III S. 372).

7.3 Das Verfahren des Lohnsteuer-Jahresausgleichs durch den Arbeitgeber

Gemäß § 42b Abs. 1 Satz 3 EStG darf der Arbeitgeber den Lohnsteuer-Jahresausgleich nicht durchführen, wenn

1. der Arbeitnehmer es beantragt oder
2. der Arbeitnehmer für das **ganze** Ausgleichsjahr **oder** für einen **Teil** des Ausgleichsjahres nach den Steuerklassen V oder VI zu besteuern war oder
3. der Arbeitnehmer für einen **Teil** des Ausgleichsjahres nach den Steuerklassen II, III oder IV zu besteuern war oder
3a. bei der Lohnsteuerberechnung ein Freibetrag oder ein Hinzurechnungsbetrag zu berücksichtigen war oder
3b. das Faktorverfahren angewandt wurde oder
4. der Arbeitnehmer im Ausgleichsjahr Kurzarbeiter- oder Schlechtwettergeld, Winterausfallgeld, Zuschuss zum Mutterschaftsgeld nach dem Mutterschutzgesetz bzw. Zuschuss bei Beschäftigungsverboten in Geburtsfällen während einer Elternzeit nach beamtenrechtlichen Vorschriften, Entschädigung für Verdienstausfall nach dem Infektionsschutzgesetz, nach § 3 Nr. 28 EStG steuerfreie Aufstockungsbeträge oder Zuschläge bezogen hat oder
4a. die Anzahl der im Lohnkonto eingetragenen oder in der Lohnsteuerbescheinigung eingetragenen Großbuchstaben U mindestens eins beträgt oder
5. für den Arbeitnehmer im Ausgleichsjahr im Rahmen der Vorsorgepauschale jeweils nur zeitweise Beiträge nach § 39b Abs. 2 Satz 5 Nr. 3 Buchst. a bis d EStG oder der Beitragszuschuss nach § 39b Abs. 2 Nr. 3 Buchst. c EStG berücksichtigt wurden oder sich im Ausgleichsjahr der Zusatzbeitragssatz (§ 39 Abs. 2 Satz 5 Nr. 3 Buchst. b EStG) geändert hat oder
6. der Arbeitnehmer im Ausgleichsjahr ausländische Einkünfte aus nichtselbständiger Arbeit bezogen hat, die nach einem DBA oder unter Progressionsvorbehalt nach § 34c Abs. 5 EStG von der Lohnsteuer freigestellt sind.

Der Arbeitnehmer wird möglicherweise bei seinem Arbeitgeber beantragen, den Lohnsteuer-Jahresausgleich nicht durchzuführen, wenn er zur Einkommensteuer veranlagt wird oder wenn er beim Finanzamt die Berücksichtigung einer günstigeren Steuerklasse oder Kinderfreibeträge oder Aufwendungen geltend machen will, die sich für das Kalenderjahr steuermindernd auswirken. Er kann aber auch den Lohnsteuer-Jahresausgleich durch den Arbeitgeber abwarten und dann seine Einkommensteuererklärung abgeben oder einen Antrag auf Durchführung der Einkommensteuerveranlagung beim Finanzamt stellen.

War ein verheirateter Arbeitnehmer/Lebenspartner während des **ganzen** Ausgleichsjahres nach **Steuerklasse IV** zu besteuern, so ist es unbedenklich, wenn der Arbeitgeber den Lohnsteuer-Jahresausgleich für diesen Arbeitnehmer durchführt. Es gibt zwar keinen einzelnen Lohnsteuer-Jahresausgleich für Ehegatten/Lebenspartner, sondern nur eine Einzel-Einkommensteuerveranlagung, durch den Ausgleich wird aber in etwa das Ergebnis einer Einzelveranlagung nach § 26a EStG erreicht. Bei einem solchen Ausgleich wird nicht zu viel Lohnsteuer erstattet, die möglicherweise in einem besonderen Verfahren durch das Finanzamt zurückzufordern wäre.

War der verheiratete Arbeitnehmer hingegen für nur einen Teil des Ausgleichsjahres nach **Steuerklasse IV** oder **Steuerklasse III** zu besteuern, so lässt sich ein Lohnsteuer-Jahresausgleich durch den Arbeitgeber nicht durchführen. Der Arbeitgeber müsste in einem solchen Fall für das ganze Ausgleichsjahr entweder die günstigere oder die ungünstigere Steuerklasse zugrunde legen. Bei Zugrundelegung der ungünstigeren Steuerklasse würde sich ein Erstattungsbetrag nicht ergeben. Bei Zugrundelegung der günstigeren Steuerklasse würde in jedem Fall zu viel Lohnsteuer erstattet, die das Finanzamt zurückfordern müsste. Es ist deshalb zweckmäßig, dass solche Fälle der Ausgleichskompetenz des Arbeitgebers entzogen sind.

Bezieht der Arbeitnehmer im Ausgleichsjahr steuerfreien Arbeitslohn, bei dem der Progressionsvorbehalt (§ 32b Abs. 1 Nr. 1 und 2 EStG) zu beachten ist, ist ein Lohnsteuer-Jahresausgleich nach § 42b Abs. 1 Satz 3 Nr. 6 EStG durch den Arbeitgeber ausgeschlossen. Der Progressionsvorbehalt wird ausschließlich durch das Finanzamt berücksichtigt.

7.3.8 Ermittlung der Jahreslohnsteuer

Der **Arbeitgeber** ist bei der Ermittlung der Jahreslohnsteuer auf die Eintragungen auf den von ihm geführten Lohnkonten und den Lohnsteuerabzugsmerkmalen der Arbeitnehmer angewiesen. Zunächst muss der Arbeitgeber den Jahresarbeitslohn aus dem zu ihm bestehenden Dienstverhältnis feststellen. Zum Jahresarbeitslohn gehören die Bar- und Sachbezüge, die dem Arbeitnehmer für die Lohnzahlungszeiträume des Ausgleichsjahres zugeflossen sind. Dabei sind alle Lohnzahlungszeiträume zu berücksichtigen, die im Ausgleichsjahr geendet haben, unabhängig davon, ob der Arbeitslohn nachträglich oder im Voraus gezahlt worden ist. Sonstige Bezüge gehören zum Arbeitslohn des Ausgleichsjahres, soweit sie dem Arbeitnehmer im Ausgleichsjahr zugeflossen sind (§ 38a Abs. 1 Satz 3 EStG).

Arbeitslohn in diesem Sinne ist **nur steuerpflichtiger Arbeitslohn.** Bei steuerpflichtigen Einnahmen können keine Einnahmen angesetzt werden, die entweder unter keine der sieben Einkunftsarten des § 2 Abs. 1 EStG zu subsumieren sind oder die aufgrund besonderer gesetzlicher Vorschriften als steuerfrei behandelt werden.[1]

Zum Arbeitslohn gehören auch, ohne Rücksicht auf die Behandlung beim Steuerabzug im Laufe des Ausgleichsjahres, die gesetzlichen, tarifvertraglich vereinbarten oder in anderen Fällen gezahlten **Zuschläge für Sonntags-, Feiertags- und Nachtarbeit,** wenn die Voraussetzungen des § 3b EStG nicht vorgelegen haben. Ferner gehören gezahlte **Nettolöhne** dazu, bei denen die Arbeitgeber vereinbarungsgemäß

---

[1] BFH vom 09.06.1971 I R 51/69 (BStBl 1971 II S. 734) und vom 14.01.1972 VI R 30/69 (BStBl 1972 II S. 341).

die Steuerabzugsbeträge und ggf. auch die Sozialversicherungsbeiträge übernommen haben. Die **auf den Bruttoarbeitslohn umgerechneten Beträge** sind anzusetzen.

Dagegen sind die in den Fällen der §§ 37a, 37b, 40, 40a und 40b EStG **pauschal besteuerten Arbeitslöhne** nicht dem Arbeitslohn hinzuzurechnen. In diesen Fällen hat der Arbeitgeber die pauschale Lohnsteuer unter der gesetzlich bestimmten Auflage übernommen, dass der pauschal besteuerte Arbeitslohn und die pauschale Lohnsteuer bei einer Veranlagung des Arbeitnehmers zur Einkommensteuer nicht angesetzt werden. Die pauschale Lohnsteuer darf weder auf die Einkommensteuer noch auf die Jahreslohnsteuer angerechnet werden (§ 40 Abs. 3 EStG).

Ferner gehören zum Arbeitslohn Entschädigungen i. S. von § 34 Abs. 1 und Abs. 2 Nr. 2 EStG und Vergütungen, die eine Entlohnung für eine mehrjährige Tätigkeit darstellen (§ 34 Abs. 2 Nr. 4 EStG). Für den Lohnsteuer-Jahresausgleich schreibt das Gesetz in § 42b Abs. 2 EStG vor, dass diese Bezüge grundsätzlich außer Ansatz zu lassen sind. Die Außerachtlassung dieser Vergütungen soll der Vereinfachung des Verfahrens dienen. Diese Bezüge sowie die davon einbehaltenen Steuerabzugsbeträge sind in den Lohnsteuerbescheinigungen gesondert ausgewiesen und lassen sich deshalb ohne Schwierigkeit aussondern. Ausnahmsweise sind diese Bezüge mit anzusetzen, wenn der Arbeitnehmer jeweils die Einbeziehung in den Lohnsteuer-Jahresausgleich beantragt (§ 42b Abs. 2 Satz 2 EStG).

Der Arbeitgeber hat den **Jahresarbeitslohn** aus dem zu ihm bestehenden Dienstverhältnis festzustellen.

Der Arbeitgeber hat vom Jahresarbeitslohn die etwa in Betracht kommenden **Versorgungsfreibeträge** (Freibetrag und Zuschlag) und den etwa in Betracht kommenden **Altersentlastungsbetrag** abzuziehen. Das Vorliegen von außer Ansatz bleibenden sonstigen Bezügen i. S. von § 34 Abs. 1 und 2 Nr. 2 und 4 EStG hat keine Auswirkungen auf die abziehbaren Höchstbeträge dieser Freibeträge, da aufgrund des § 39b Abs. 3 Satz 9 EStG bei diesen sonstigen Bezügen ein Abzug dieser Freibeträge gem. § 39b Abs. 3 Satz 6 EStG auch im Rahmen des Lohnsteuerabzugs nicht mehr zulässig ist.

Für den so geminderten Jahresarbeitslohn hat der Arbeitgeber die Jahreslohnsteuer nach § 39b Abs. 2 Satz 6 und 7 EStG zu ermitteln. Die Lohnsteuerabzugsmerkmale sind hierbei zugrunde zu legen. Sind die Lohnsteuerabzugsmerkmale im Laufe des Ausgleichsjahres geändert worden, so sind die für den letzten Lohnsteuerzahlungszeitraum des Ausgleichsjahres abgerufenen maßgebend.

Ausländische Einkünfte

Ausländische Einkünfte aus nichtselbständiger Arbeit sind steuerfrei, soweit dem Arbeitnehmer ein Anspruch auf Befreiung nach einem DBA zusteht. Der Lohnsteuerabzug durch den Arbeitgeber aufgrund des DBA darf allerdings nur unterbleiben, wenn eine Bescheinigung nach § 39b Abs. 6 EStG des Betriebsstättenfinanzamts über die Freistellung vorliegt. Der Zeitraum der Bescheinigung darf 3 Jahre nicht überschreiten (R 39b.10 Satz 3 LStR). Eine besondere Stellung nimmt Arbeitslohn ein, dessen Zahlung unter den Anwendungsbereich des Auslandstätigkeitserlasses (ATE)[1] fällt. Der ATE gilt nur, soweit mit dem ausländischen Staat, in dem der Arbeitnehmer tätig wird, kein DBA für die Einkünfte aus nichtselbständiger Arbeit besteht. Dieser Erlass beruht auf der Ermächtigung gem. § 34c Abs. 5 und § 50 Abs. 4 EStG, wonach die auf den ausländischen Arbeitslohn entfallende Steuer ganz oder teilweise erlassen werden kann. Dies bewirkt, dass von der Besteuerung des Arbeitslohns abgesehen werden kann, falls der Arbeitgeber den Verzicht auf die Besteuerung im Steuerabzugsverfahren beim Betriebsstättenfinanzamt beantragt und dafür eine Freistellungsbescheinigung erteilt bekommt. Den Antrag kann auch der Arbeitnehmer stellen.[2] Der Verzicht auf die Besteuerung im Lohnsteuerabzugsverfahren bewirkt allerdings, dass für Arbeitnehmer, die während des Kalenderjahres begünstigten Arbeitslohn bezogen haben, der Arbeitgeber einen **Lohnsteuer-Jahresausgleich nicht durchführen darf**.[3] Die begünstigten Tätigkeiten, deren Dauer und der begünstigte Arbeitslohn hieraus sind im ATE beschrieben.[4] Hat der Arbeitgeber keinen Lohnsteuerabzug vorgenommen, obwohl die Voraussetzungen nicht erfüllt sind, und erkennt er dies, dann ist er bis zur Ausschreibung der Lohnsteuerbescheinigung sowie des Lohnzettels berechtigt, die bisher noch nicht erhobene Lohnsteuer nachträglich einzubehalten. Verzichtet der Arbeitgeber darauf oder kann die Lohnsteuer nicht mehr nachträglich einbehalten werden, so ist er zur unverzüglichen Anzeige an das Betriebsstättenfinanzamt verpflichtet.

7.3.9 Durchführung des Lohnsteuer-Jahresausgleichs

Für den Lohnsteuer-Jahresausgleich ist die bisher vom Arbeitslohn **einbehaltene Lohnsteuer** festzustellen. Der Arbeitgeber hat deshalb die bei den einzelnen Lohnzahlungen im Ausgleichsjahr einbehaltenen Lohnsteuerbeträge zusammenzurechnen. Aus der insgesamt erhobenen Lohnsteuer ist die **pauschal erhobene Lohnsteuer,** die der Arbeitgeber übernommen hat und die er selbst schuldet (§ 40 Abs. 3 EStG), auszuscheiden. Außerdem ist die Lohnsteuer auszuscheiden, die von Bezügen i. S. des § 34 Abs. 1 und 2 Nr. 2 und 4 EStG einbehalten worden ist, sofern der Arbeitnehmer nicht die Einbeziehung dieser Einnahmen und Vergütungen in den Lohnsteuer-Jahresausgleich beantragt hat (§ 42b Abs. 2 Satz 2 und 6 EStG). Von der Summe der einbehaltenen Lohnsteuerbeträge hat der Arbeitgeber die durch ihn oder durch das Finanzamt im Ausgleichsjahr etwa erstatteten Beträge abzusetzen. Der sich hiernach ergebende Betrag ist auf volle Euro aufzurunden. Von der aufgerunde-

---

[1] ATE = BMF vom 31.10.1983 (BStBl 1983 I S. 470).
[2] ATE vom 31.10.1983 (BStBl 1983 I S. 470), VI. 1.
[3] ATE vom 31.10.1983 (BStBl 1983 I S. 470), VI. 1. Satz 4: c).
[4] Vgl. ATE vom 31.10.1983 (BStBl 1983 I S. 470), I. bis III.

7.3 Das Verfahren des Lohnsteuer-Jahresausgleichs durch den Arbeitgeber

ten Lohnsteuersumme ist die für den maßgebenden Jahresarbeitslohn ermittelte Jahreslohnsteuer abzuziehen.

Der Differenzbetrag ist die vom Arbeitnehmer im Ausgleichsjahr zu viel entrichtete Lohnsteuer. **Den Differenzbetrag hat der Arbeitgeber dem Arbeitnehmer zu erstatten.**

Den zu erstattenden Betrag kann der Arbeitgeber mit dem im Lohnzahlungszeitraum der Erstattung vom Arbeitnehmer einzubehaltenden Lohnsteuerbetrag **verrechnen.** Soweit der einzubehaltende Lohnsteuerbetrag zum Ausgleich nicht ausreicht, kann der Arbeitgeber den fehlenden Betrag aus der insgesamt in diesem Lohnzahlungszeitraum **abzuführenden Lohnsteuer entnehmen.** Reicht auch der Gesamtbetrag an Lohnsteuer nicht aus, so wird der für den Ausgleich fehlende Betrag dem Arbeitgeber auf Antrag **vom Betriebsstättenfinanzamt ersetzt** (§ 42b Abs. 3, § 41c Abs. 2 Satz 2 EStG). Als Antrag auf Ersatz des fehlenden Betrags reicht es aus, wenn in der Lohnsteueranmeldung der vom Finanzamt zu ersetzende Betrag kenntlich gemacht wird (R 41c.1 Abs. 5 Satz 2 LStR). Im Übrigen ist die vom Arbeitgeber im Lohnsteuer-Jahresausgleich erstattete Lohnsteuer in einem Betrag in der Lohnsteuer-Anmeldung gesondert auszuweisen.

Die im Lohnsteuer-Jahresausgleich erstattete Lohnsteuer ist im **Lohnkonto** und in der Lohnsteuerbescheinigung für das Ausgleichsjahr einzutragen (§ 42b Abs. 4 EStG). Der Arbeitgeber trägt in der Lohnsteuerbescheinigung gleich den um den Erstattungsbetrag geminderten Jahreslohnsteuerbetrag als erhobene Lohnsteuer ein.

7.3.10 Der permanente Lohnsteuer-Jahresausgleich

Der permanente Lohnsteuer-Jahresausgleich ist kein Jahresausgleich im eigentlichen Sinne, sondern ein **besonderes Verfahren der Lohnsteuer-Berechnung im Rahmen des § 39b Abs. 2 EStG.** Der permanente Lohnsteuer-Jahresausgleich wird vom Arbeitgeber praktiziert, der die Lohnberechnung **maschinell** durchführt. Die Arbeitgeber verwenden vielfach elektronische Datenverarbeitungsanlagen zur Berechnung der Steuerabzugsbeträge ihrer Arbeitnehmer, zur Erstellung der Lohnsteueranmeldungen und auch zur Durchführung des Lohnsteuer-Jahresausgleichs, soweit sie dazu befugt sind. Gemäß § 39b Abs. 2 Satz 12 EStG kann das Betriebsstättenfinanzamt allgemein oder auf Antrag den Lohnsteuerabzug vom laufenden Arbeitslohn auf Grundlage eines permanenten Lohnsteuer-Jahresausgleichs zulassen. Für die Lohnsteuerermittlung bei sonstigen Bezügen ist dies allerdings nicht zugelassen (R 39b.8 Satz 5 LStR). Beim permanenten Lohnsteuer-Jahresausgleich wird sozusagen der Lohnsteuer-Jahresausgleich fortlaufend durchgeführt. Nach R 39b.8 Satz 6 ff. LStR wird hierbei der Arbeitslohn eines Lohnzahlungszeitraums mit dem Arbeitslohn vorangegangener Lohnzahlungszeiträume zusammengefasst und die Summe auf einen Jahresarbeitslohn hochgerechnet. Für den hochgerechneten Jahresarbeitslohn wird dann die Jahreslohnsteuer ermittelt. Anschließend ist der Teilbetrag der Jahreslohnsteuer zu ermitteln, der auf die abgelaufenen Lohnzahlungs- bzw. Lohnabrechnungszeiträume entfällt. Hierzu wird die Jahreslohnsteuer mit dem Bruchteil des Kalenderjahres, für den der Arbeitslohn bisher gezahlt wurde, multipliziert, z. B. für 5 Monate mit 5/12. Von dem so ermittelten Lohnsteuerbetrag wird die für die vorangegangenen Lohnzahlungszeiträume bzw. Lohnabrechnungszeiträume einbehaltene Lohnsteuer abgezogen. Der Differenzbetrag ist die Lohnsteuer, die für den laufenden Lohnzahlungszeitraum einzubehalten und vom Arbeitslohn abzuziehen ist. Der Vorteil besteht darin, dass der Arbeitnehmer immer nur so viel Lohnsteuer zu entrichten hat, wie sie dem Lohnzahlungszeitraum entsprechend anteilig nur von einem voraussichtlichen Jahresarbeitslohn zu erheben ist. Je mehr sich die Lohnzahlungszeiträume dem Ende des Ausgleichsjahres nähern, desto mehr nähert sich auch der hochgerechnete Jahresarbeitslohn dem tatsächlichen Jahresarbeitslohn, der selbstverständlich auch bei dieser Berechnungsmethode erst nach Ablauf des Ausgleichsjahres feststeht und festgestellt werden kann. Das Gleiche gilt für die zu erhebende Jahreslohnsteuer.

In bestimmten Fällen stehen der Durchführung des permanenten Lohnsteuer-Jahresausgleichs jedoch Hindernisse entgegen. Das ist beispielsweise der Fall, wenn der Arbeitgeber keine Lohnsteuerabzugsmerkmale abrufen kann, weil der Arbeitnehmer die ihm zugeteilte Identifikationsnummer dem Arbeitgeber nicht mitteilt. Weitere Schwierigkeiten ergeben sich, wenn sich im Laufe des Kalenderjahres die Steuerklasse des Arbeitnehmers ändert oder ein Freibetrag ermittelt wird. Zusammenfassend ist der permanente Lohnsteuer-Jahresausgleich im Wesentlichen auf die Fälle beschränkt, in denen der Arbeitgeber auch nach Ablauf des Kalenderjahres einen Lohnsteuer-Jahresausgleich durchführen darf, sodass auch für ihn die Voraussetzungen des § 42b Abs. 1 EStG gelten. Ferner muss in Betracht gezogen werden, dass sich die Steuerbeträge von sonstigen Bezügen nicht nach der Methode des permanenten Lohnsteuer-Jahresausgleichs zutreffend berechnen lassen. Sie würden nach dieser Methode, insbesondere zu Anfang des Jahres, viel zu hoch festgesetzt werden. Demgemäß beschränkt sich diese besondere Lohnsteuerermittlung nach dem voraussichtlichen Jahresarbeitslohn auf den laufenden Arbeitslohn (R 39b.8 Satz 5 LStR). Die Lohnsteuerermittlung von sonstigen Bezügen hat stets nach § 39b Abs. 3 EStG zu erfolgen.

Der Arbeitgeber muss gem. § 39b Abs. 2 Satz 12 EStG die Gewähr dafür übernehmen, dass die zutreffende Jahreslohnsteuer nicht unterschritten wird. Zu dem allgemein oder auf Antrag zugelassenen permanenten Lohnsteuer-Jahresausgleich gibt R 39b.8 Satz 6 ff. LStR Anweisungen zur Vorgehensweise.

Ein permanenter Lohnsteuer-Jahresausgleich entfällt gem. R 39b.8 Satz 2 LStR z. B. für Arbeitnehmer,

– die nicht unbeschränkt steuerpflichtig sind,
– die nicht das ganze Ausgleichsjahr in einem durchgängigen Dienstverhältnis zu demselben Arbeitgeber gestanden haben,

7.3 Das Verfahren des Lohnsteuer-Jahresausgleichs durch den Arbeitgeber

- bei deren Lohnsteuerberechnung ein Freibetrag oder Hinzurechnungsbetrag zu berücksichtigen war,
- bei denen das Faktorverfahren angewandt wurde,
- die Kurzarbeiter- oder Schlechtwettergeld bzw. Zuschuss zum Mutterschaftsgeld, Entschädigung für Verdienstausfall nach dem Infektionsschutzgesetz, Aufstockungsbeträge nach dem Altersteilzeitgesetz oder Zuschläge aufgrund § 6 Abs. 2 des Bundesbesoldungsgesetzes bezogen haben,
- die steuerfreien Arbeitslohn nach einem DBA oder dem Auslandstätigkeitserlass bezogen haben,
- für die im Lohnkonto oder in der Lohnsteuerbescheinigung der Großbuchstabe „U" eingetragen ist.

Im Übrigen ist zwingende Voraussetzung, dass die zutreffende Jahreslohnsteuer nicht unterschritten wird.

Hinweis:

Ab 01.01.2018 besteht die Möglichkeit eines permanenten Lohnsteuer-Jahresausgleichs auch dann, wenn seit Beginn des Kalenderjahres kein durchgängiges Dienstverhältnis zu demselben Arbeitgeber besteht (§ 39b Abs. 2 Satz 13 ff. EStG n. F.). Voraussetzung ist, dass der Arbeitnehmer nach § 1 Abs. 1 EStG unbeschränkt einkommensteuerpflichtig ist und für den Lohnsteuerabzug des jeweiligen Arbeitnehmers bezüglich der nebenberuflich ausgeübten Tätigkeit die Steuerklasse VI ohne Freibetrag nach § 39a EStG maßgebend ist. Die Dauer der Beschäftigung darf 24 zusammenhängende Arbeitstage nicht übersteigen.

Um der zutreffenden geschuldeten Steuer möglichst nahe zu kommen, werden vom Arbeitnehmer im laufenden Jahr bereits bezogene Löhne aus Nebenbeschäftigungen bei anderen Arbeitgebern einbezogen, soweit auf diese der permanente Lohnsteuer-Jahresausgleich nach § 39b Abs. 2 Satz 13 EStG n. F. angewendet wurde.

Hierfür hat der Arbeitnehmer dem Arbeitgeber die Zustimmung zum permanenten Lohnsteuer-Jahresausgleich unter Angabe seiner Identifikationsnummer zu erteilen und eine Erklärung der im laufenden Jahr von anderen Arbeitgebern erhaltenen Löhne für Nebenbeschäftigungen i. S. des § 39b Abs. 2 Satz 14 EStG n. F. sowie der dabei abgezogenen Lohnsteuer abzugeben. Auch hat der Arbeitnehmer zu versichern, dass ihm bekannt ist, dass die Anwendung des permanenten Lohnsteuer-Jahresausgleichs dazu führt, dass er eine Einkommensteuererklärung bei seinem Wohnsitzfinanzamt für dieses Jahr abzugeben hat (Pflichtveranlagungstatbestand).

Der Arbeitgeber hat die Erklärungen des Arbeitnehmers zum Lohnkonto zu nehmen sind.

7.3.11 Pauschale Kirchensteuer

Auf die pauschale Lohnsteuer ist auch eine Pauschalierung der Kirchensteuer durchzuführen (siehe auch Tz. 5.1.6.10.6). Für die Pauschalierung gelten niedrigere Prozentsätze als der allgemeine Kirchensteuersatz. Die pauschale Kirchensteuer muss der Arbeitgeber übernehmen. Bei beschränkt steuerpflichtigen Arbeitnehmern wird nach dem geltenden Territorialprinzip Kirchensteuer nicht erhoben.

Eine pauschale Kirchensteuer entfällt, wenn nachweislich der Arbeitnehmer nicht kirchensteuerpflichtig ist. Der Nachweis erfolgt durch das entsprechende Lohnsteuerabzugsmerkmal oder in den Fällen des § 40a EStG durch eine Erklärung nach amtlichem Muster. Für die verbleibenden kirchensteuerpflichtigen Arbeitnehmer ist dann allerdings der allgemeine Kirchensteuersatz anzuwenden. Anstelle dieses **Nachweisverfahrens** kann (Wahlrecht) der Arbeitgeber die pauschale Kirchensteuer auch durch ein **vereinfachtes Verfahren** ermitteln. Dabei hat er für sämtliche durch denselben Pauschalierungstatbestand betroffenen Arbeitnehmer Kirchensteuer zu entrichten, unabhängig davon, ob evtl. einzelne Arbeitnehmer keiner steuererhebenden Religionsgemeinschaft angehören. Dafür darf er dann aber auch den ermäßigten Kirchensteuersatz anwenden. Der Arbeitgeber kann sein Wahlrecht sowohl für jeden Lohnsteuer-Anmeldungszeitraum als auch für die jeweils angewandte Pauschalierungsvorschrift und darüber hinaus für die in den einzelnen Rechtsvorschriften aufgeführten Pauschalierungstatbestände unterschiedlich ausüben (gleichlautender Ländererlass vom 08.08.2016, BStBl 2016 I S. 773).

7.3.12 Besonderheiten der Kirchensteuer bei Ehegatten/Lebenspartnern – Halbteilungsgrundsatz bei Konfessionsverschiedenheit

Eheleute bzw. Lebenspartner gehören in diesen Fällen unterschiedlichen erhebungsberechtigten Religionsgemeinschaften an. Nach dem Halbteilungsgrundsatz wird die nach dem jeweiligen Kirchensteuersatz des Bundeslandes erhobene Kirchensteuer je zur Hälfte auf die beiden Religionsgemeinschaften aufgeteilt.

Eine Aufteilung entfällt in den Bundesländern **Bayern, Bremen** und **Niedersachsen**; hier ist die Religionsgemeinschaft des Arbeitnehmers für den Kirchensteuerabzug maßgebend nach dem jeweiligen Kirchenregelsteuersatz. Maßgebend ist das Kirchensteuerrecht des Landes, in dem die lohnsteuerliche Betriebsstätte liegt.

Glaubensverschiedenheit bei Eheleuten/Lebenspartnern

In diesen Fällen gehört nur einer der Ehegatten/Lebenspartner einer kirchensteuerberechtigten Religionsgemeinschaft an. Ist der Arbeitnehmer selbst nicht kirchensteuerpflichtig, so ist keine Kirchensteuer einzubehalten. Ist der Arbeitnehmer selbst kirchensteuerpflichtig, so wird bei ihm die Kirchensteuer voll nach dem Regelsteuersatz erhoben.

8 Solidaritätszuschlag beim Lohnsteuerabzug

8.1 Allgemeines (siehe auch Tz. 16.3)

Nach dem Solidaritätszuschlaggesetz 1995 (SolZG) wird zur Einkommensteuer und Körperschaftsteuer ein Solidaritätszuschlag erhoben. Es handelt sich um eine dem Bund zustehende Ergänzungsabgabe, die gesondert neben der Einkommensteuer erhoben wird. Abgabepflichtig sind alle natürlichen Personen, die nach § 1 EStG einkommensteuerpflichtig sind, auch beschränkt steuerpflichtige Arbeitnehmer.

8.2 Solidaritätszuschlag im Lohnsteuerabzugsverfahren

Außerhalb der Einkommensteuerveranlagung beträgt der Solidaritätszuschlag 5,5 % der Lohnsteuer, die auf jeden laufenden Arbeitslohn und bei allen sonstigen Bezügen einzubehalten und an das Finanzamt abzuführen ist. Auch auf pauschale Lohnsteuer ist der Solidaritätszuschlag (SolZ) mit 5,5 % der Lohnsteuer zu erheben. Die Bemessungsgrundlage der Lohnsteuer ist beim Steuerabzug vom laufenden Arbeitslohn und beim Lohnsteuer-Jahresausgleich nach § 51a Abs. 2a EStG bzw. nach § 3 Abs. 2a SolZG um die Freibeträge für Kinder für zu berücksichtigende Kinder des Arbeitnehmers zu kürzen; die so berechnete „fiktive" Lohnsteuer ist die Bemessungsgrundlage für den Solidaritätszuschlag.

Zur Vermeidung von Härten enthält § 4 Satz 2 SolZG einen Übergangsbereich, der sich daraus ergibt, dass der Solidaritätszuschlag nicht mehr betragen soll als 20 % des Unterschiedsbetrags zwischen der Bemessungsgrundlage und der nach § 3 Abs. 3 bis 5 SolZG jeweils maßgebenden Freigrenze. Als Freigrenze ist die Bemessungsgrundlage definiert, bis zu der kein Solidaritätszuschlag einzubehalten ist (siehe auch Tz. 16.3).

Die Lohnsteuertabellen sind so gestaltet, dass der Solidaritätszuschlag ohne weiteres auch unter Berücksichtigung der Kinderfreibeträge für den laufenden Arbeitslohn abgelesen werden kann.

Bei sonstigen Bezügen beträgt der Solidaritätszuschlag **ausnahmslos 5,5 %** der Lohnsteuer, die auf den sonstigen Bezug entfällt, da die Freigrenzenregelung nach § 3 Abs. 4 SolZG und die Kürzung um die Freibeträge für Kinder gem. § 3 Abs. 2a SolzG nur für den Abzug vom laufenden Arbeitslohn und beim Lohnsteuer-Jahresausgleich gilt.

Übernimmt der Arbeitgeber bei Nettolohnvereinbarungen den **Solidaritätszuschlag nicht,** so bleibt dieser beim Abtasten der Lohnsteuertabelle außer Ansatz. Der Zuschlag mindert den auszuzahlenden Nettolohn. **Übernimmt** der Arbeitgeber **auch** den Solidaritätszuschlag, so wird die Lohnsteuer aus dem Bruttoarbeitslohn errechnet, der nach Kürzung um die übernommenen Lohnabzüge einschließlich des Solidaritätszuschlags den ausgezahlten Nettolohn ergibt.

Solidaritätszuschlag auf pauschale Lohnsteuer

Bei Aushilfskräften und Teilzeitbeschäftigten nach § 40a EStG hat der Arbeitgeber zusätzlich einen Solidaritätszuschlag von 5,5 % der pauschalen Lohnsteuer zu übernehmen. Dies gilt nicht für die pauschale Lohnsteuer nach § 40a Abs. 2 EStG bei geringfügig entlohnten Beschäftigungen. Der dort anzuwendende Pauschsteuersatz von 2 % ist ein einheitlicher Pauschsteuersatz, der neben der Lohnsteuer auch den Solidaritätszuschlag und die Kirchensteuer beinhaltet. Diese beiden Zuschlagsteuern werden in diesen Fällen nicht mehr zusätzlich erhoben.

Für pauschal versteuerte Arbeitgeberleistungen (z. B. Beiträge für Direktversicherungen, Fahrtkostenzuschüsse, Gewährung von Mahlzeiten, Zuwendungen zu Betriebsveranstaltungen) mit festem Pauschsteuersatz muss der Arbeitgeber zusätzlich 5,5 % Solidaritätszuschlag auf die pauschale Lohnsteuer einbehalten und an das Finanzamt abführen.

Bei pauschal besteuerten sonstigen Bezügen nach § 40 Abs. 1 Nr. 1 EStG sind zusätzlich 5,5 % auf die pauschale Lohnsteuer an das Finanzamt abzuführen.

Berechnet der Arbeitgeber wegen rückwirkender Änderungen der elektronischen Lohnsteuerabzugsmerkmale (z. B. Steuerklassenwechsel, Freibetrag nach § 39a EStG, Zahl der Kinderfreibeträge) die Lohnsteuer neu, so ist auch der Solidaritätszuschlag neu zu berechnen und nachzuerheben oder zu erstatten.

Die Kirchensteuer gehört nicht zur Bemessungsgrundlage für den Solidaritätszuschlag, so wie umgekehrt der Solidaritätszuschlag nicht kirchensteuerpflichtig ist.

8.3 Solidaritätszuschlag beim permanenten Jahresausgleich durch den Arbeitgeber

Die Lohnsteuer wird nach dem voraussichtlichen Jahresarbeitslohn des Arbeitnehmers ermittelt, die so ermittelte Lohnsteuer ist auch die Bemessungsgrundlage für den Solidaritätszuschlag.

8.4 Aufzeichnung, Anmeldung und Bescheinigung des Solidaritätszuschlags durch den Arbeitgeber

Der Solidaritätszuschlag ist im Lohnkonto, in der Lohnsteuer-Anmeldung und in der Lohnsteuerbescheinigung gesondert gekennzeichnet als „SolZ" einzutragen. Die Vorschriften über die Anrufungsauskunft, die Lohnsteuer-Außenprüfung und die Haftung des Arbeitgebers gelten für die Einbehaltung des Solidaritätszuschlags entsprechend.

Zweiter Teil: Ermittlung der Einkünfte aus nichtselbständiger Arbeit

9 Vorbemerkungen, Begriff der nichtselbständigen Arbeit

Nachdem im ersten Teil das formelle Verfahren zur Erhebung der auf die Einkünfte aus nichtselbständiger Arbeit entfallenden ESt dargestellt wurde, soll im Folgenden geklärt werden, ob (materiell-rechtlich) überhaupt Einkünfte i. S. von § 2 Abs. 1 Satz 1 Nr. 4 EStG vorliegen. Dies bestimmt sich nicht nach §§ 38 ff. EStG, sondern nach. § 19 Abs. 1 EStG. Da die Einkünfte aus nichtselbständiger Arbeit zu den sog. **Überschusseinkünften** i. S. von § 2 Abs. 2 Satz 1 Nr. 2 EStG gehören, werden sie aus der Differenz zwischen den Einnahmen (§ 8 EStG) und den Werbungskosten (§§ 9 f. EStG) ermittelt.

Im EStG findet sich keine Legaldefinition des Begriffs der nichtselbständigen Arbeit. Vielmehr enthält § 19 Abs. 1 EStG lediglich eine Aufzählung bestimmter Einnahmen aus nichtselbständiger Arbeit (z. B. Satz 1 Nr. 1: „Gehälter, Löhne, Gratifikationen, Tantiemen"), die aber nicht abschließend ist („und andere Bezüge und Vorteile").[1] Diese Einnahmen werden gem. § 19 Abs. 1 Satz 1 Nr. 1 EStG aufgrund einer Beschäftigung in einem öffentlichen oder privaten **Dienstverhältnis** gewährt.

Eine Konkretisierung erfolgt durch die LStDV, nach der ein Dienstverhältnis voraussetzt, dass der als **„Arbeitnehmer"** Bezeichnete dem anderen Beteiligten – dem **Arbeitgeber** – „seine Arbeitskraft schuldet" (§ 1 Abs. 2 Satz 1 LStDV). Ausgehend von § 1 Abs. 2 Satz 2 LStDV ist dies der Fall, „wenn die tätige Person in der Betätigung ihres geschäftlichen Willens unter der Leitung des Arbeitgebers steht oder im geschäftlichen Organismus des Arbeitgebers dessen Weisungen zu folgen verpflichtet ist". Alle Einnahmen, die dem Arbeitnehmer aus dem gegenwärtigen oder einem früheren Dienstverhältnis zufließen, sind gem. § 2 Abs. 1 Satz 1 i. V. m. Abs. 1 Satz 1 LStDV dessen **„Arbeitslohn".**

Im Folgenden (Tz. 10 bis 13) ist zunächst der Einnahmebegriff der nichtselbständigen Arbeit mit seinen Merkmalen Dienstverhältnis, Arbeitnehmer, Arbeitgeber und

---

[1] Der Wortlaut in § 19 Abs. 1 Satz 1 EStG („Zu den Einkünften aus nichtselbständiger Arbeit gehören …") ist insoweit ungenau. Wegen § 2 Abs. 1 Satz 1 Nr. 2 EStG handelt es sich bei den in der Vorschrift genannten Beispielen nicht um Einkünfte, sondern um Einnahmen.

Arbeitslohn zu bestimmen. Um die Einkünfte ermitteln zu können, bedarf es im Anschluss einer Klärung, welche Aufwendungen der Arbeitnehmer als Werbungskosten geltend machen kann.

10 Dienstverhältnis

10.1 Abgrenzung zur Selbständigkeit

§ 1 Abs. 2 LStDV nennt als Merkmale eines Dienstverhältnisses das **Schulden der Arbeitskraft**, was bei der **Weisungsgebundenheit** des Arbeitnehmers oder dessen **organisatorischer Eingliederung** in den Betrieb des Arbeitgebers der Fall ist. Kennzeichnend für das Verhältnis zwischen Arbeitgeber und Arbeitnehmer ist also ein gewisses Maß an Über- und Unterordnung. Arbeitnehmer ist **nicht**, wer Lieferungen und sonstige Leistungen innerhalb der von ihm **selbständig** ausgeübten gewerblichen oder beruflichen Tätigkeit entgeltlich ausführt (§ 1 Abs. 3 LStDV).

Ein und dieselbe Tätigkeit kann also nur selbständig oder nichtselbständig sein. Folglich schließen sich Einkünfte aus nichtselbständiger Arbeit gem. § 19 EStG und die Gewinneinkunftsarten i. S. von § 2 Abs. 2 Satz 1 Nr. 1 EStG gegenseitig aus, da die Einkünfte aus Land- und Forstwirtschaft (§ 13 EStG), aus Gewerbebetrieb (§ 15 EStG) sowie aus selbständiger Arbeit (§ 18 EStG) übereinstimmend voraussetzen, dass die Tätigkeit selbständig ausgeübt wird (§ 15 Abs. 2 EStG).

Die Abgrenzung zwischen Selbständigkeit und Nicht- oder Unselbständigkeit hat über die einkommensteuerliche Behandlung hinaus Bedeutung, da diese Frage für das Einkommensteuer-, das Umsatzsteuer- und das Gewerbesteuerrecht grundsätzlich einheitlich zu beantworten ist (**einheitlicher Arbeitnehmerbegriff im Steuerrecht**).[1] Folglich können Einnahmen gem. § 19 EStG weder zur Umsatzsteuerpflicht (§ 2 Abs. 1 Satz 1 UStG) noch zur Gewerbesteuerpflicht (§ 2 Abs. 1 Satz 2 GewStG) führen.

Für die Einordnung einer Tätigkeit kommt es auf die **persönliche Selbständigkeit** des Betroffenen an. Eine bloß wirtschaftliche Abhängigkeit ist dagegen nicht maßgeblich.[2]

> **Beispiel:**
>
> B ist selbständiger Bäckermeister mit mehreren Angestellten. Er beliefert täglich die Kantine eines großen Unternehmens mit seinen Backwaren. Da sein Betrieb dadurch ausgelastet ist, hat B den Ladenverkauf eingestellt und beschränkt sich auf diesen einen Kunden.
>
> B ist von seinem einzigen Kunden zwar wirtschaftlich abhängig, doch reicht dies für die Bejahung der Nichtselbständigkeit allein nicht aus. Mangels anderweitiger Anhaltspunkte erzielt B Einkünfte aus Gewerbebetrieb gem. § 15 Abs. 1 Satz 1 Nr. 1 EStG (siehe auch H 15.4 „Kundenkreis" EStH).

---
1 BFH, BStBl 1999 II S. 534.
2 BFH, BStBl 1973 II S. 260.

Die Abgrenzung zur Selbständigkeit hat noch eine weitere Konsequenz für die Definition des Dienstverhältnisses: Da die selbständige Tätigkeit gem. § 15 Abs. 2 EStG voraussetzt, dass sie auf eigene Rechnung (Unternehmerrisiko) und in eigener Verantwortung (Unternehmerinitiative) ausgeübt wird, ist im Umkehrschluss das **fehlende Unternehmer- oder Geschäftsrisiko** ein weiteres Merkmal der Arbeitnehmereigenschaft.

10.2 Eigenständiger steuerlicher Begriff des Dienstverhältnisses

Die Begriffe „Dienstverhältnis", „Arbeitnehmer" usw. werden nicht nur im Steuerrecht, sondern auch in anderen Rechtsgebieten, insbesondere im **Arbeits- und Sozialrecht**, verwendet. Die dortige Behandlung einer Person als Arbeitnehmer stimmt häufig mit der Wertung im Steuerrecht überein, weshalb sie als **Indiz** für die steuerrechtliche Würdigung herangezogen werden kann.[1]

Allerdings ist zu beachten, dass gleichlautende Begriffe **nicht notwendig identisch** sind. Denn anders als im Steuerrecht liegt dem Arbeits- und Sozialrecht der Gedanke der sozialen Schutzbedürftigkeit zugrunde. Im Einzelfall kann daher steuerrechtlich, nicht aber arbeits- oder sozialversicherungsrechtlich ein Dienstverhältnis zu bejahen sein oder umgekehrt (dazu H 19.0 „Allgemeines" LStH). So werden bei einem durch einen Dienstvertrag gem. § 611 BGB begründeten (privatrechtlichen) Dienstverhältnis die Dienste in persönlicher, wirtschaftlicher sowie sozialer Selbständigkeit und Unabhängigkeit geleistet (selbständiger, freier Dienstvertrag), bei einem durch Arbeitsvertrag begründeten Arbeitsverhältnis in entsprechender Unselbständigkeit und Abhängigkeit. Der Arbeitsvertrag ist im Zivilrecht ein spezieller Dienstvertrag (unselbständiger, abhängiger Dienstvertrag). Dagegen differenziert das Steuerrecht nicht zwischen Dienst- und Arbeitsverhältnis, sondern versteht unter den identischen Begriffen[2] nur die nichtselbständige Beschäftigung. Auch mit dem sozialversicherungsrechtlichen Arbeitnehmerbegriff deckt sich der steuerrechtliche nicht immer. Aus diesem Grund ist der Begriff des Dienstverhältnisses im Steuerrecht eigenständig zu bestimmen.

> **Beispiele:**
> **1.** Ein Arzt erzielt Einkünfte aus selbständiger Arbeit gem. § 18 Abs. 1 Satz 1 Nr. 1 EStG, wenn er diesen Katalogberuf selbständig ausübt. Zwischen ihm und den von ihm behandelten Patienten fehlt es wegen der Selbständigkeit des Arztes steuerrechtlich an einem Dienstvertrag i. S. von § 19 EStG. Zivilrechtlich besteht ein Behandlungsvertrag gem. § 630a BGB, der ein besonderer Dienstvertrag i. S. von §§ 611 ff. BGB, nicht aber ein Arbeitsvertrag ist (§ 630b BGB).
> **2.** Beamte, Richter und Soldaten sind arbeitsrechtlich keine Arbeitnehmer, da das Rechtsverhältnis zwischen ihnen und ihrem Dienstherrn zum einen nicht dem Privat-

---
1 BFH, BStBl 1999 II S. 534.
2 BFH, BStBl 1972 II S. 643.

recht angehört, zum anderen durch Verwaltungsakt begründet wird (Berufung in das Beamtenverhältnis). Dagegen erfasst § 19 EStG schon seinem Wortlaut nach **auch** diese **hoheitlichen Dienst- und Treueverhältnisse**.[1]

3. Arbeitnehmerähnliche Selbständige gem. § 2 Satz 1 Nr. 9 SGB VI werden – anders als im Sozialversicherungsrecht – steuerlich i. d. R. nicht als Arbeitnehmer, sondern als Selbständige behandelt (R 15.1 Abs. 3 EStR).

4. Sozialversicherungsrechtliche Arbeitnehmer, die als Mitunternehmer (§ 15 Abs. 1 Satz 1 Nr. 2 EStG) behandelt werden, sind steuerlich ebenfalls keine Arbeitnehmer (R 15.1 Abs. 3 EStR).

Nach § 1 Abs. 1 Satz 1 LStDV ist es ohne Bedeutung, ob das Dienstverhältnis im Zeitpunkt der Zahlung der Vergütung noch besteht oder bereits beendet ist. Auch ist **keine bestimmte Form** vorgeschrieben, so dass ein Dienstverhältnis mündlich oder schriftlich vereinbart werden kann. Wegen der Eigenständigkeit des steuerlichen Begriffs des Dienstverhältnisses spielt es **keine Rolle**, ob der zugrundeliegende Vertrag **zivilrechtlich wirksam** oder unwirksam, nichtig oder anfechtbar ist. Es ist sogar unerheblich, ob überhaupt entsprechende Willenserklärungen abgegeben wurden und damit eine vertragliche Vereinbarung vorliegt. Entscheidend ist vielmehr, ob die zu beurteilende Person ihre Dienste in abhängiger Stellung tatsächlich erbringt und dafür ein entsprechendes Entgelt erhält.

10.3 Typusbegriff

Zu beachten ist, dass das Dienstverhältnis in § 1 Abs. 2 LStDV nur in der Form des Regelfalls beschrieben wird – eine klar umrissene, abschließende Definition aber unterbleibt. Um der Vielfältigkeit des Arbeitslebens mit seinen ständigen Fortentwicklungen gerecht zu werden und auch moderne Formen nichtselbständiger Beschäftigung zu erfassen, erscheint es durchaus sachgerecht, den Begriff des Dienstverhältnisses wie den des Arbeitnehmers leitbildartig als sog. offenen Typusbegriff zu fassen. Für den Rechtsanwender kann dies im Einzelfall aber zu Abgrenzungsschwierigkeiten führen, da das Dienstverhältnis nicht durch einen abschließenden Katalog von Merkmalen näher bestimmt ist, sondern nur durch eine **größere** und **unbestimmte Anzahl von Kriterien** beschrieben werden kann.[2]

Folglich kann allein aus der **Art oder** dem **Inhalt der geleisteten Tätigkeit**, der **Berufsgruppe**, der Art der **Vergütung** usw. nicht darauf geschlossen werden, ob im Einzelfall eine selbständige oder nichtselbständige Tätigkeit vorliegt.

> **Beispiele:**
> **1.** A und C sind Orthopäden. Während A niedergelassener Arzt mit eigener Praxis ist, ist C angestellter Chefarzt im örtlichen Krankenhaus. Auch wenn A und C dem gleichen Beruf nachgehen, übt A diesen Katalogberuf selbständig (§ 18 Abs. 1 Satz 1

---
1 BFH, BStBl 1999 II S. 534.
2 Z. B. BFH, BStBl 2008 II S. 981, 2009 II S. 374.

Nr. 1 Satz 2 EStG) und C nichtselbständig (§ 19 EStG) aus. Wer von den beiden die höheren Einkünfte erzielt, ist für die Frage der Arbeitnehmereigenschaft ohne Bedeutung.

2. Ein Rechtsanwalt kann selbständig oder im Rahmen eines Anstellungsverhältnisses nichtselbständig bei einer Anwaltskanzlei tätig sein. Allein die Berufsbezeichnung „Rechtsanwalt" sagt nichts darüber aus, welche Einkünfte der Betreffende erzielt.

10.4 Einzelmerkmale des Dienstverhältnisses

10.4.1 Schulden der Arbeitskraft

Wesen der nichtselbständigen Arbeit ist gem. § 1 Abs. 2 Satz 1 LStDV das Schulden der Arbeits**kraft**. Das bedeutet, dass der Arbeitnehmer seine Verpflichtung aus dem Dienstverhältnis nur durch persönliches Tätigwerden erfüllen kann. Im Gegensatz dazu schuldet der Selbständige einen **Erfolg**. Anders als ein Arbeitnehmer kann er die übernommene Arbeit i. d. R. durch eine andere Person leisten lassen, indem er sich z. B. eines Subunternehmers bedient.

> **Beispiel:**
> A beauftragt den Malermeister M, seine Wohnung neu zu tapezieren und zu streichen.
> Hier bereitet die Frage, ob M selbständig oder nichtselbständig tätig ist, keine Probleme: M schuldet dem A einen konkreten Erfolg – die vertraglich vereinbarte Renovierung. Ob M dabei den Vorgaben des A hinsichtlich der Farbgestaltung usw. zu folgen hat, ist unerheblich. An der Selbständigkeit des M (§ 15 EStG) würde sich auch nichts ändern, wenn A und M vereinbaren, dass die Arbeiten bis zu einem bestimmten Termin abzuschließen sind. Denn M entscheidet nicht nur selbst, wann er die einzelnen Arbeitsschritte erledigt, sondern auch, ob und in welchem Umfang er diese persönlich vornimmt oder sich eigener Mitarbeiter bedient.
> Beauftragt M nun seinen Gesellen G, die Arbeiten bei A zu erledigen, und gibt ihm entsprechende Anweisungen, wann und wie dies zu geschehen hat, erfolgt dies im Rahmen des Dienstverhältnisses zwischen M und seinem Arbeitnehmer G. Denn G schuldet dem M keinen bestimmten Arbeitserfolg, sondern (lediglich) seine Arbeitskraft – also das persönliche Tätigwerden in dessen Interesse.

Da nur die Arbeitskraft, nicht aber ein Erfolg geschuldet wird, ist es **nicht erforderlich**, dass die **Arbeitskraft tatsächlich eingesetzt** oder dass sie auf einen für den Dienstherrn (Arbeitgeber) nützlichen Zweck gerichtet ist. Ein Dienstverhältnis liegt daher auch dann vor, wenn der vom Arbeitgeber erwartete Erfolg nicht eintritt, der Arbeitgeber gar durch die Tätigkeit objektiv geschädigt wird oder der Arbeitgeber die Tätigkeit überhaupt nicht in Anspruch nimmt. Letzteres ist z. B. gegeben, wenn der Arbeitgeber die Arbeitskräfte, die er im Augenblick noch nicht benötigt, auf Vorrat eingestellt hat, oder wenn er einen Arbeitnehmer – aus welchen Gründen auch immer – unter Weiterzahlung der Bezüge von der Arbeitsleistung entbindet.[1]

---
[1] BFH, BStBl 1972 II S. 251.

10.4 Einzelmerkmale des Dienstverhältnisses

Beispiel:

Zwischen dem Arbeitgeber und seinem Arbeitnehmer bestehen erhebliche Differenzen, die beide veranlasst haben, das Dienstverhältnis zum nächstmöglichen Termin aufzuheben. Bis zu diesem Zeitpunkt verzichtet der Arbeitgeber auf die Dienste des Arbeitnehmers. Der Lohn ist jedoch weiterhin bis zur Beendigung des vertraglichen Verhältnisses zu zahlen.

Steuerlich besteht weiterhin ein Dienstverhältnis, so dass Lohnsteuer einzubehalten und abzuführen ist.

Es ergibt sich aus dem bezeichneten Grundsatz weiter, dass das Entgelt für die Nichtausübung einer Tätigkeit, z. B. das Entgelt für die Auferlegung eines Wettbewerbsverbots, zum steuerpflichtigen Arbeitslohn gehört. Insoweit besteht die Leistung nach dem zugrundeliegenden Dienstverhältnis in einem **Unterlassen.**

Das Schulden der Arbeitskraft kann auch in der Verpflichtung zur eigenen Ausbildung oder Weiterbildung bestehen.

Beispiel:

F ist zwecks Ausbildung zum Beamten des gehobenen Dienstes in der Finanzverwaltung als Finanzanwärter (Beamter auf Widerruf) eingestellt worden. Er erhält als solcher einen monatlichen Anwärterbezug.

Es liegt ein Dienstverhältnis im steuerrechtlichen Sinne vor mit der Folge, dass die Anwärterbezüge Einkünfte aus nichtselbständiger Arbeit sind.[1]

Ein Dienstverhältnis im lohnsteuerrechtlichen Sinn ist auch eine Vereinbarung, auf deren Basis sich der eine Vertragspartner dem anderen gegenüber gegen Entgelt verpflichtet, diesem von einem bestimmten zukünftigen Zeitpunkt an seine Arbeitskraft zur Verfügung zu stellen (**zukünftiges Dienstverhältnis**).

Beispiel:

Ein Student verpflichtet sich gegenüber einem Chemieunternehmen, nach Abschluss seines Studiums als Chemiker in dessen Dienste zu treten. Das Unternehmen zahlt ihm dafür bereits während des Studiums eine monatliche „Studienbeihilfe" von 400 €.

Die „Studienbeihilfe" ist als Gegenleistung für ein zukünftiges Dienstverhältnis steuerpflichtiger Arbeitslohn (vgl. auch § 2 Abs. 2 Nr. 1 EStG).[2]

Die Unterscheidung, ob der Stpfl. lediglich seine Arbeitskraft oder auch einen Erfolg schuldet, führt nicht immer zu eindeutigen Ergebnissen. Denn häufig hat auch ein Selbständiger eine Leistung höchstpersönlich und ohne Möglichkeit der Delegierung zu erbringen, wie z. B. bei einer Auftragsarbeit, die die „Handschrift" des Künstlers trägt. Die Arbeitnehmereigenschaft bedarf daher weiterer Konkretisierung.

---

1 BFH, BStBl 1972 II S. 261.
2 BFH, BStBl 1965 III S. 11.

10.4.2 Weisungsgebundenheit und Eingliederung

Eine solche nähere Bestimmung findet sich in § 1 Abs. 2 Satz 2 LStDV. Danach schuldet ein Arbeitnehmer dem Arbeitgeber seine Arbeitskraft, wenn er entweder „in der Betätigung seines geschäftlichen Willens unter der Leitung des Arbeitgebers steht" – also diesem gegenüber weisungsgebunden ist – **oder** (alternativ) in dessen „geschäftlichen Organismus" eingegliedert ist.

10.4.2.1 Weisungsgebundenheit

Da die nichtselbständige Tätigkeit dem Interesse des Arbeitgebers dient, kann dieser grundsätzlich den **Ort**, die **Zeit**, den **Umfang** sowie die **Art und Weise der** zu erbringenden **Arbeitsleistung** bestimmen (H 19.0 „Weisungsgebundenheit" LStH). Dieses Weisungs- oder Direktionsrecht des Arbeitgebers kann im Einzelfall unterschiedlich stark ausgeprägt sein und sich gerade bei „höheren" oder anspruchsvolleren Diensten auf einen allgemeinen äußeren Rahmen beschränken oder sogar fast vollständig fehlen. Bei im **öffentlichen Dienst** Beschäftigten ergibt sich die Weisungsgebundenheit aus dem öffentlich-rechtlichen Gewaltverhältnis, weshalb auch Richter trotz der richterlichen Unabhängigkeit (Art. 97 GG) Arbeitnehmer sind (H 19.0 „Weisungsgebundenheit" LStH).

Bei **GmbH-Geschäftsführern** und **Vorstandsmitgliedern einer AG** ist nach den allgemeinen Merkmalen festzustellen, ob sie ihre „Geschäftsführungsleistung" selbständig oder nichtselbständig erbringen. Sie sind zwar nicht allein aufgrund ihrer Organstellung Arbeitnehmer (H 19.0 „Gesellschafter-Geschäftsführer" LStH). Dennoch wird ihre Vergütung grundsätzlich den Einkünften aus nichtselbständiger Arbeit zuzurechnen sein. Daran ändert sich auch nichts, wenn der Geschäftsführer oder das Vorstandsmitglied an der Gesellschaft, bei der die Tätigkeit ausgeübt wird, selbst kapitalmäßig beteiligt ist – selbst dann, wenn es sich um eine wesentliche oder um eine alleinige Beteiligung handelt.[1] Auch der einzige Gesellschafter einer GmbH (sog. Einmann-GmbH, § 1 GmbHG), der zugleich deren Geschäftsführer ist, kann deshalb von seiner Gesellschaft Arbeitslohn beziehen. Dabei ist aber zu beachten, dass sich der Gesellschafter-Geschäftsführer nicht eine Gewinnausschüttung in Form von Arbeitslohn zuwendet (dazu Tz. 10.8.1).

Von besonderer Bedeutung ist, ob der Beauftragte seine Tätigkeit zu einer **vom Auftraggeber festgesetzten Zeit** leisten muss. Steht die Einhaltung einer bestimmten Arbeitszeit und nicht der Arbeitserfolg im Vordergrund, spricht dies für die Arbeitnehmereigenschaft des Betroffenen.

Beispiele:
1. Der Austräger einer Bäckerei, der gehalten ist, den Kunden die Brötchen täglich bis um 7 Uhr zuzustellen, ist als Arbeitnehmer anzusehen.[2]

---
1 BFH, BFHE 225, 33.
2 BFH, BStBl 1969 II S. 103.

10.4 Einzelmerkmale des Dienstverhältnisses

2. B ist Austräger einer Inseratenzeitung. Ihm bleibt überlassen, wann er die Zeitungen an die Abonnenten austrägt. Der Auftraggeber hat lediglich zur Auflage gemacht, dass die Zeitungen bis zu einem bestimmten Tag ausgetragen werden müssen. B übt eine selbständige Tätigkeit aus.

Andererseits ist zu bedenken, dass auch Selbständige in ihrer Zeiteinteilung nicht völlig frei sind, sondern sich nach ihrem Vertragspartner richten müssen. Wenn also ein Vortrag an einem bestimmten Tag zu halten ist oder Handwerksarbeiten an einem bestimmten Tag auszuführen sind, kann allein aufgrund der konkret vorgegebenen Leistungszeit nicht auf die Nichtselbständigkeit geschlossen werden.

Beispiel:
Ein Wirtschaftsprüfer wird von einem Unternehmen beauftragt, die Bilanz zu erstellen. Dem Betrieb kommt es ausschließlich auf den Arbeitserfolg an, nämlich auf das Erstellen der Bilanz zu einem bestimmten Zeitpunkt.

Dagegen ist der mit der gleichen Aufgabe betraute Buchhalter des Unternehmens dessen Arbeitnehmer, wenn er diese Arbeit in der festgesetzten Arbeitszeit an einem bestimmten Arbeitsort auszuführen hat und dabei den Weisungen seines Arbeitgebers zu folgen hat (z. B. ob er nicht zuvor eine andere Arbeit erledigen soll).

10.4.2.2 Eingliederung

Für die Frage, ob eine Eingliederung des Stpfl. in den geschäftlichen Organismus der Arbeitgebers vorliegt, ist auf die **Dauer** der Beschäftigung und die **Art der Tätigkeit** abzustellen.[1]

Eine **längerfristige**, nicht nur gelegentliche Tätigkeit spricht regelmäßig für, eine nur kurzfristige, gelegentliche oder vorübergehende Berührung mit dem Betrieb des Auftraggebers eher gegen eine Integration in die Arbeitsabläufe des Vertragspartners. Dagegen ist der Beschäftigungsumfang (Teilzeit, geringfügige Beschäftigung usw.) unerheblich.

Eine **zeitlich nur kurze Berührung** mit dem Betrieb des Auftraggebers schließt die Arbeitnehmereigenschaft nicht aus. Allerdings ist die Eingliederung dann sorgfältig zu prüfen. So kann eine nur vorübergehende (Aushilfs-)Tätigkeit ein Dienstverhältnis begründen, wenn wegen der Art der Arbeit eine Eingliederung in den Betrieb vollzogen werden muss, wie z. B. bei der Erntehilfe oder dem Ferienjob (vgl. auch H 19.0 „Weisungsgebundenheit" LStH). Die Abgrenzung kann im Einzelfall schwierig sein, wie die folgenden Beispiele zeigen.

Beispiele:
1. Ein **Schauspieler,** der bei der Herstellung eines Fernsehfilms oder einer Fernsehproduktion einige Tage mitwirkt, ist für die Dauer der Aufnahmen in den Organismus der Filmproduktion eingegliedert.[2]

---
1 BFH, BStBl 1969 II S. 71.
2 BFH, BStBl 1972 II S. 88 und 214.

2. Diese Eingliederung fehlt bei einem **Synchronsprecher,** der i. d. R. eine selbständige künstlerische Tätigkeit ausübt.[1]

3. **Gelegenheitsarbeiter,** die zu bestimmten, unter Aufsicht durchzuführenden Verlade- und Umladearbeiten herangezogen werden, sind Arbeitnehmer, auch wenn sie die Tätigkeit nur für wenige Stunden ausüben (H 19.2 „Allgemeines" LStH).

4. Als Arbeitnehmer werden auch **ehrenamtliche Helfer von Wohlfahrtsverbänden,** die zur Betreuung von Kindern und Jugendlichen auf Ferienreisen eingesetzt sind, behandelt. Dies gilt auch dann, wenn die Tätigkeit nicht über drei Wochen hinausgeht (H 19.0 „Helfer von Wohlfahrtsverbänden" LStH).

5. Nebenberuflich in einer Gaststätte zur Unterhaltung oder zum Tanz spielende **Musiker** einer Kapelle (Freizeitmusiker) sind nach der allgemeinen Lebenserfahrung Arbeitnehmer des Gastwirts, selbst wenn sie nicht dauernd für ihn tätig sind (H 19.0 „Zuordnung – Musiker" LStH). Ein Arbeitsverhältnis zum Gastwirt ist jedoch i. d. R. zu verneinen, wenn die Kapelle gegenüber Dritten als selbständige Gesellschaft oder der Kapellmeister als Arbeitgeber der Musiker aufgetreten ist (H 19.0 „Zuordnung – Musiker" und H 19.2 „Allgemeines" LStH). Letzteres wird insbesondere dann anzunehmen sein, wenn die Gesellschaft (Kapelle) bei einem Finanzamt zur gesonderten und einheitlichen Gewinnfeststellung erfasst ist oder wenn der Kapellmeister als zur Einbehaltung von Lohnsteuer verpflichteter Arbeitgeber beim Finanzamt geführt wird. Der Nachweis der Selbständigkeit der Kapelle oder des Kapellmeisters als Arbeitgeber kann jedoch auch in der Weise geführt werden, dass die Gesellschaft oder der Kapellmeister nach außen hin, z. B. auf Briefbögen oder im sonstigen Schriftverkehr, als Träger der Kapelle gekennzeichnet werden oder in diesem Sinne nachhaltig gegenüber Dritten, insbesondere Behörden, auftreten.[2] In der Regel ist die Selbständigkeit der Kapelle darüber hinaus anzunehmen, wenn sie nur gelegentlich, etwa nur für einen Abend oder an einem Wochenende, bei einem Gastwirt zum Tanz aufspielt (H 19.2 „Allgemeines" LStH).

Maßgebend für die Einstufung in den obigen Beispielen ist vor allem die Erwägung, dass der Gastwirt, der Hersteller des Films oder der Fernsehaufzeichnung i. d. R. der eigentliche Veranstalter und damit Unternehmer ist und die Musiker, Schauspieler usw. von ihm im Rahmen der jeweiligen Veranstaltung (Tanzvergnügen, Filmproduktion usw.) in gleicher Weise eingesetzt werden wie die übrigen für die Durchführung der Veranstaltung oder des Unternehmens erforderlichen Arbeitnehmer (Bedienungspersonal, Beleuchter, Kameraleute usw.). Unbeachtlich ist hingegen, dass der Leiter einer Kapelle, die nicht als ein weithin bekanntes und selbständiges Ensemble auftritt, dem Gastwirt gegenüber erklärt, die Kapelle sei selbständig und werde ihre steuerlichen Belange selbst erfüllen.[3]

Die Eigenart der Tätigkeit kann also ein Indiz für oder gegen die Arbeitnehmereigenschaft sein. Demnach ist bei **einfachen Arbeiten,** bei denen sich das Weisungsrecht des Auftraggebers stärker auswirkt, eher eine Eingliederung in den Betrieb anzunehmen als bei **gehobenen Arbeiten,** bei denen sich die Weisungsbefugnis des Auftraggebers mehr auf das Organisatorische beschränkt. Für geistig anspruchsvolle Tätigkeiten ist es typisch, dass der Beauftragte in der Gestaltung sei-

---

1 BFH, BStBl 1973 II S. 513, 1979 II S. 131.
2 BFH, BStBl 1974 II S. 720, 1977 II S. 178.
3 BFH, HFR 1974 S. 557.

ner Arbeit weitgehend freie Hand hat, da der Arbeitserfolg wichtiger ist als Dauer, Ort und Umfang der Arbeitsleistung.

Beispiele:
1. **Aushilfskräfte** wie Aushilfskellner[1] oder Reinigungskräfte sind i. d. R. ebenso unselbständig wie landwirtschaftliche Aushilfskräfte[2], auch wenn sie jeweils nur wenige Stunden arbeiten.
2. **Rechtsreferendar** R ist nebenberuflich bei einem Rechtsanwalt für die Bearbeitung von einzelnen Rechtsangelegenheiten „angestellt". In seinem „Arbeitsvertrag" ist geregelt, dass sich sein „Arbeitslohn" nach dem erwirtschafteten Honorar bemisst.

Auch wenn das Vertragsverhältnis als „Arbeitsvertrag" und die Vergütung als „Arbeitslohn" bezeichnet werden und der Rechtsanwalt die von R bearbeiteten Stellungnahmen unter eigener Verantwortung zeichnet, ist R nicht Arbeitnehmer des Rechtsanwalts, sondern insoweit selbständig tätig.[3]

Andererseits ist nicht jede **mechanische Tätigkeit** zugleich nichtselbständig.

Beispiel:
A ist **Zeitungsausträger** für den Verlag einer Tageszeitung. Die Zeitung ist jeweils in der Zeit von 6 bis 12 Uhr am Erscheinungstag auszutragen. A ist zum Einzug der Zeitungsgebühr verpflichtet und trägt dabei das Inkassorisiko, wenn die Gebühr nicht innerhalb der ersten drei Tage des Monats gezahlt wird. Außerdem erhält er für jeden neu geworbenen Abonnenten eine Werbeprämie. Bei Verhinderung kann er einen Vertreter bestellen.
A ist nicht als Arbeitnehmer, sondern selbständig tätig, da er das Risiko seiner Tätigkeit weitgehend selbst trägt und es dem Zeitungsverlag nur auf den Erfolg der Arbeit ankommt.[4]

Muss der Beauftragte die Arbeit **in** der **Betriebsstätte des Auftraggebers** leisten, spricht dies eher für die Eingliederung in den Betrieb, als wenn er die Arbeit außerhalb der Betriebsstätte leisten kann.

Beispiele:
1. L ist Lehrer. Außerdem ist er für eine Buchgemeinschaft Vertrauensmann in seiner Heimatstadt. Die Art der Ausübung dieser weiteren Tätigkeit ist ihm im Wesentlichen selbst überlassen. A übt die Nebentätigkeit als Vertrauensmann selbständig aus.
2. Die Hausfrau H hilft an zwei Tagen in der Woche als Näherin in einer Schneiderei aus. Sie ist Arbeitnehmerin der Schneiderei.

10.4.3 Kein Geschäftsrisiko

Selbständig ist, wer im Wesentlichen in eigener Verantwortung (**Unternehmerinitiative**) und auf eigene Rechnung (**Unternehmerrisiko**) handelt. Der selbständig Tätige muss das wirtschaftliche Risiko – den Erfolg oder Misserfolg seiner Betäti-

---
1 BFH, BStBl 1974 II S. 301.
2 BFH, BStBl 1959 III S. 354.
3 BFH, BStBl 1968 II S. 455.
4 Hessisches FG, EFG 1976 S. 387.

gung – tatsächlich tragen. Für das Vorliegen von Unternehmerinitiative und damit für die Selbständigkeit spricht, wenn der Stpfl. von ihm selbst ausgewähltes Personal beschäftigt und entlohnt, eine eigene Geschäftseinrichtung hat, die Arbeitsweise und -einteilung selbständig bestimmen kann, die Arbeit nicht in eigener Person zu leisten braucht, sondern durch Dritte ausführen lassen kann und nicht ständig der Aufsicht des Geschäftsherrn untersteht (R 15.1 EStR, H 15.1 „Allgemeines" und „Selbständigkeit" EStH).

Eine **Vergütung** nur im Erfolgsfall – also nach dem Ergebnis der Arbeit – (vgl. H 19.0 „Zuordnung – Rundfunkermittler" EStH) spricht für die Selbständigkeit, während eine Vergütung nach der Arbeitszeit, besonders die Zahlung eines gleichbleibenden Entgelts in gleichbleibenden, kurzen Zeitabständen ein Indiz für die Arbeitnehmereigenschaft des Empfängers ist.

Allerdings ist zu bedenken, dass eine Entlohnung nach dem Arbeitserfolg auch bei Nichtselbständigen nicht unüblich ist (z. B. der sog. Stücklohn). Anderseits gibt es „klassische" freiberufliche Tätigkeiten, bei denen eine feste Vergütung der Regelfall ist, wie z. B. bei selbständigen Rechtsanwälten (R 15.1 Abs. 1 Satz 2 EStR). Hinzu kommt, dass ein Rechtsanwalt nicht nur bei einem erfolgreichen Rechtsstreit Anspruch auf sein Honorar hat, sondern auch dann, wenn die von ihm vertretene Partei vor Gericht unterlegen ist.

Wegen der zunehmenden Flexibilisierung der Entlohnung kommt der Art der Bemessung des Entgelts eine immer geringere Bedeutung zu. Entscheidend für die Abgrenzung zwischen Selbständigkeit und Nichtselbständigkeit ist daher bei einer (auch) erfolgsabhängigen Bezahlung, ob der Stpfl. die **Höhe** der Einnahmen wesentlich durch eine Steigerung der Arbeitsleistung oder durch Herbeiführung eines bestimmten Erfolgs **beeinflussen** kann und ob ein nicht unerhebliches **Kostenrisiko** hinzukommt, das er wesentlich beeinflussen kann. Ein Stpfl. übernimmt also nicht schon dadurch, dass er am Gewinn oder Verlust des Arbeitgebers beteiligt ist, ein Unternehmerrisiko.[1]

> **Beispiel:**
> A ist nebenberuflich als Eisverkäufer bei Sportveranstaltungen tätig. Nach der jeweiligen Veranstaltung hat er mit dem Auftraggeber abzurechnen. Er erhält von den Eisverkäufen 15 % des Umsatzes an Provision. Für eventuelle Geld- oder Warenverluste muss A einstehen.
> A ist nicht Arbeitnehmer des Eislieferanten, sondern selbständiger Gewerbetreibender.[2]

Abgrenzungsschwierigkeiten ergeben sich insbesondere bei **leitenden Angestellten**, die neben ihrem festen Gehalt eine gewinnabhängige Vergütung (z. B. in Form einer Tantieme) beziehen. Sie sind ggf. **Mitunternehmer** i. S. des § 15 Abs. 1 Satz 1 Nr. 2 EStG – insbesondere dann, wenn die Gesamtvergütung sehr hoch ist und dem

---
[1] BFH, BStBl 1999 II S. 534, und H 19.0 „Zuordnung – Chefarzt" LStH.
[2] FG Freiburg, EFG 1963 S. 172.

10.4 Einzelmerkmale des Dienstverhältnisses

(eigentlichen) Inhaber des Betriebs nur ein wesentlich geringerer Gewinn verbleibt.[1] Mitunternehmer ist aber nur derjenige, der als zivilrechtlicher Gesellschafter einer Personengesellschaft oder aufgrund eines einem Gesellschaftsverhältnis wirtschaftlich vergleichbaren Gemeinschaftsverhältnisses Unternehmerrisiko trägt und Unternehmerinitiative entfalten kann (H 15.8 Abs. 1 „Allgemeines" EStH). Ein zivilrechtlich wirksames Arbeitsverhältnis wird jedoch nur in seltenen Ausnahmefällen in ein solches Gesellschaftsverhältnis umgedeutet werden können oder sich in ein solches entwickeln.[1]

10.4.4 Entscheidung in Zweifelsfällen nach dem Gesamtbild

Daraus, dass jemand zur Dienstleistung verpflichtet und dabei bestimmten Vorgaben seines Vertragspartners unterworfen ist, lässt sich nicht dessen Arbeitnehmereigenschaft ableiten. Entscheidend ist vielmehr, ob der Betreffende seinem Auftraggeber gegenüber weisungsgebunden oder in dessen Betrieb eingegliedert ist (§ 1 Abs. 2 LStDV). In der Praxis hilft diese Abgrenzung i. d. R. weiter, um eine Tätigkeit als selbständig oder nichtselbständig zu qualifizieren. Wird also eine bestimmte Tätigkeit „typischerweise" aufgrund eines Dienstverhältnisses ausgeübt wird, spricht eine **widerlegbare Vermutung** für die Arbeitnehmereigenschaft. So ist z. B. davon auszugehen, dass ein bei einem Supermarkt beschäftigter Verkäufer, der täglich dort von 8 bis 17 Uhr arbeitet und hierfür monatlich ein Gehalt i. H. von 2.000 Euro erhält, Arbeitnehmer dieses Unternehmens ist.

Schwierig kann die Einordnung in **Zweifelsfällen** sein. So können Taxifahrer ebenso wie Mannequins (Models), Werbedamen (Promoterinnen), nebenberufliche Musiker oder Reisevertreter selbständig oder (fremdbestimmt) nichtselbständig tätig sein.

Beispiel:
Werbedamen, die in einem Kaufhaus oder Supermarkt im Auftrag eines Getränkeunternehmens jeweils für einige Tage Werbeaktionen durchführen, sind selbständig (§ 15 EStG) tätig. Sie tragen ein nicht unerhebliches Unternehmerrisiko, da eine erneute Beauftragung jeweils vom Erfolg des vorherigen Einsatzes abhängig ist.[2]

Hinzu kommt, dass die sich ständig fortentwickelnde Arbeitswelt immer wieder neue Beschäftigungsformen schafft. Weil sich der Gesetzgeber der Rechtsfigur des Typus bedient (dazu Tz. 10.3), ist für die Beantwortung der Frage, in welchem Verhältnis der Beschäftigte zu seinem Vertragspartner steht, eine **einzelfallbezogene Würdigung** nach dem **Gesamtbild der Verhältnisse** vorzunehmen. Insbesondere folgende Merkmale können für ein Dienstverhältnis sprechen (dazu H 19.0 „Allgemeines" LStH):

– persönliche Abhängigkeit,

---
1 BFH, BStBl 1987 II S. 111.
2 BFH, BStBl 1985 II S. 661; vgl. dem gegenüber FG Münster, EFG 1980 S. 311.

- Weisungsgebundenheit hinsichtlich Ort, Zeit und Inhalt der Tätigkeit,
- feste Arbeitszeiten,
- Ausübung der Tätigkeit gleichbleibend an einem bestimmten Ort,
- feste Bezüge,
- Urlaubsanspruch,
- Anspruch auf sonstige Sozialleistungen,
- Fortzahlung der Bezüge im Krankheitsfall,
- Überstundenvergütung,
- zeitlicher Umfang der Dienstleistungen,
- Unselbständigkeit in der Organisation und Durchführung der Tätigkeit,
- kein Unternehmerrisiko,
- keine Unternehmerinitiative,
- kein Kapitaleinsatz,
- keine Pflicht zur Beschaffung von Arbeitsmitteln,
- Notwendigkeit der engen ständigen Zusammenarbeit mit anderen Mitarbeitern,
- Eingliederung in den Betrieb,
- Schulden der Arbeitskraft und nicht eines Arbeitserfolgs,
- Ausführung von einfachen Tätigkeiten, bei denen eine Weisungsabhängigkeit die Regel ist.

Maßgebend für die Abgrenzung zwischen Selbständigkeit und Nichtselbständigkeit ist weder ein bestimmter Gesichtspunkt, noch die Anzahl der Merkmale, die „typischerweise" für ein Dienstverhältnis sprechen, sondern ob die **bestimmte** Tätigkeit in ihrem Gesamtbild dem Typus entspricht. Dies bemisst sich nach der **Verkehrsanschauung.** Für die Bejahung der Arbeitnehmereigenschaft ist daher auch nicht erforderlich, dass im konkreten Einzelfall sämtliche den Typus kennzeichnende Kriterien vorliegen.

Oftmals werden Merkmale, die für oder gegen die Nichtselbständigkeit sprechen, mehr oder weniger deutlich in Erscheinung treten und sich gegenüberstehen. Entscheidend ist dann deren gegenseitige Abwägung, wobei die gewichtigeren Umstände, ihre Häufigkeit und Intensität den Ausschlag geben.

Nicht entscheidend ist, wie die Tätigkeit („Arbeitsvertrag") oder die tätige Person („freier Mitarbeiter") **bezeichnet** werden (H 15.1 „Gesamtbeurteilung" EStH und H 19.0 „Allgemeines" LStH).

Allenfalls als Indiz für oder gegen das Bestehen eines Dienstverhältnisses können der **Wille der Parteien** und der **Inhalt der getroffenen Vereinbarungen,** wie z. B. die Tätigkeitsbeschreibung, herangezogen werden. Entscheidend ist die tatsächliche Handhabung – also die konkrete Durchführung durch die Vertragsparteien. Dabei ist in erster Linie auf das Innenverhältnis, nicht auf das Auftreten nach außen abzustellen (H 19.0 „Weisungsgebundenheit" LStH).

Beispiel:
Rechtsanwalt R gehört einer Rechtsanwaltssozietät (GbR) an. Seine Mandate nimmt er entsprechend der standesrechtlichen Vorschriften als unabhängiges Organ der Rechtspflege wahr. Die Korrespondenz mit Mandanten, Gerichten, Behörden usw. führt er unter dem Briefkopf der Kanzlei.
Die Frage, ob R freiberuflich (als freier Mitarbeiter der Kanzlei gem. § 18 Abs. 1 Satz 1 Nr. 1 EStG oder als Mitunternehmer gem. § 18 Abs. 4 Satz 2, § 15 Abs. 1 Satz 1 Nr. 2 EStG) tätig ist oder Arbeitnehmer der Anwalts-GbR (§ 19 EStG) ist, ist nicht aus der Sicht der Mandanten zu beantworten. Vielmehr ist auf das Innenverhältnis zwischen R und der GbR abzustellen.

Die für die Würdigung des Gesamtbilds erforderliche Gewichtung und Abwägung obliegt in erster Linie dem Finanzgericht als **Tatsacheninstanz.** Revisionsrechtlich ist diese weitgehende tatrichterliche Beurteilung nur eingeschränkt überprüfbar.

Beispiel:
Der BFH hat die finanzgerichtliche Würdigung nicht beanstandet, dass ausländische Fotomodelle, die kurzfristig für die Produktion von Werbefilmen im Inland eingesetzt werden, selbständig tätig sein können.[1] Im Rahmen der Gesamtbeurteilung hat das FG im Wesentlichen auf die äußerst kurzfristige Berührung mit dem Betrieb des Arbeitgebers, auf das bei dem Fotomodell vorhandene Unternehmerrisiko hinsichtlich der Einräumung von Folgeaufträgen sowie auf die besonderen persönlichen Fähigkeiten und Eigenschaften in Abgrenzung zu rein mechanischen Tätigkeiten abgestellt.

10.4.5 Heimarbeiter und Hausgewerbetreibende

Unter „Heimarbeit" versteht man die Ausführung von Arbeiten in der eigenen Wohnung. Diese Tätigkeit kann selbständig oder nichtselbständig ausgeübt werden. Das HAG unterscheidet zwischen Heimarbeitern, Hausgewerbetreibenden und Zwischenmeistern.

Heimarbeiter sind nach § 2 Abs. 1 HAG Personen, die in selbstgewählter Arbeitsstätte (z. B. die eigene Wohnung) allein oder mit ihren Familienangehörigen im Auftrag von Gewerbetreibenden oder Zwischenmeistern erwerbsmäßig arbeiten, jedoch die Verwertung der Arbeitsergebnisse dem unmittelbar oder mittelbar auftraggebenden Gewerbetreibenden überlassen. Beschafft der Heimarbeiter die Roh- und Hilfsstoffe selbst, wird hierdurch seine Eigenschaft als Heimarbeiter nicht beeinträchtigt.

Da sich die Tätigkeit der Heimarbeiter weitgehend auf die Bearbeitung, Verarbeitung oder Veredelung von Rohstoffen, Halbfabrikaten oder Fertigerzeugnissen und ähnliche Arbeitsvorgänge beschränkt und sie kein unternehmerisches Risiko tragen, sind Heimarbeiter, auf die das HAG anwendbar ist, **steuerrechtlich** als unselbstän-

---
[1] BFH, BStBl 2009 II S. 931.

dige **Arbeitnehmer** anzusehen (H 19.0 „Zuordnung – Heimarbeiter" LStH i. V. m. R 15.1 Abs. 2 Satz 1 EStR). Dies gilt auch für Heimarbeiter, auf die das HAG nicht anzuwenden ist, wenn sie die Arbeit persönlich leisten müssen und kein Unternehmerrisiko tragen.[1]

Hausgewerbetreibender ist nach § 2 Abs. 2 HAG, wer in eigener Arbeitsstätte mit nicht mehr als zwei fremden Hilfskräften oder Heimarbeitern im Auftrag von Gewerbetreibenden oder Zwischenmeistern Waren herstellt, bearbeitet oder verpackt, wobei er selbst wesentlich am Stück mitarbeitet, jedoch die Verwertung des Arbeitsergebnisses dem unmittelbar oder mittelbar auftraggebenden Gewerbetreibenden überlässt. Die Beschaffung von Roh- oder Hilfsstoffen durch den Hausgewerbetreibenden oder seine vorübergehende Arbeit unmittelbar für den Absatzmarkt beeinträchtigt die Eigenschaft als Hausgewerbetreibender nicht.

Für den Hausgewerbetreibenden ist wesentlich, dass er auch fremde Hilfskräfte beschäftigen kann und vorübergehend unmittelbar für den Absatzmarkt arbeiten darf. Da er sich insbesondere hinsichtlich der Beschaffung, Entwicklung und Erhaltung der Betriebseinrichtung mit einem unternehmerischen Risiko betätigen kann, ist er im Gegensatz zu Heimarbeitern als **selbständiger Gewerbetreibender** (Unternehmer) zu behandeln (R 15.1 Abs. 2 Satz 1 EStR). Auch eine größere Anzahl von Auftraggebern und ein größeres Betriebsvermögen können die Eigenschaft als Hausgewerbetreibender begründen (R 15.1 Abs. 2 Satz 8 EStR).

Zwischenmeister sind Personen, die die ihnen von Gewerbetreibenden übertragene Arbeit an Heimarbeiter oder Hausgewerbetreibende weitergeben, ohne selbst Arbeitnehmer zu sein (§ 2 Abs. 3 HAG, § 12 Abs. 4 SGB IV). Da der Zwischenmeister zudem dem Auftraggeber für einen bestimmten Arbeitserfolg einstehen muss, also weitgehend das Risiko selbst trägt, ist er steuerlich als **selbständig** zu behandeln (R 15.1 Abs. 2 Satz 4 EStR).

Unselbständigen Heimarbeitern und selbständigen Hausgewerbetreibenden ist also gemeinsam, dass sie in selbstgewählter Arbeitsstätte (Betriebsstätte) arbeiten, in Bezug auf die Einteilung der Arbeitszeit keinen Weisungen unterworfen sind und die Verwertung der Arbeitsergebnisse dem Auftraggeber (einem Gewerbetreibenden oder Zwischenmeister) überlassen. Sie **unterscheiden** sich jedoch hinsichtlich der Art und des Umfangs der Betätigung und des unternehmerischen **Risikos**. Bei dieser Abgrenzung ist vom Gesamtbild des einzelnen Falls auszugehen (R 15.1 Abs. 2 Satz 6 EStR).

Dagegen ist die **Zahlung von Sozialversicherungsbeiträgen** durch den Auftraggeber ohne Bedeutung (R 15.1 Abs. 2 Satz 9 EStR), weil der Auftraggeber Hausgewerbetreibende und Heimarbeiter gleichermaßen zur Sozialversicherung anmelden muss und beide Personengruppen auch jeweils beitragspflichtig sind (vgl. § 2 Abs. 1 Nr. 6 SGB VI und § 12 Abs. 1 bis 3 SGB IV).

---

1 BFH, BStBl 1980 II S. 303.

10.4 Einzelmerkmale des Dienstverhältnisses

Da im Allgemeinen in beiden Fällen nach dem abgelieferten und abgenommenen Stück bezahlt wird, ist auch die Art der **Bezahlung** für die Frage der selbständigen oder unselbständigen Tätigkeit nicht entscheidend. Als Beweiszeichen dafür, ob jemand Heimarbeiter oder Hausgewerbetreibender ist, kann jedoch die Einhaltung der im Dritten Abschnitt des HAG enthaltenen „Allgemeinen Schutzvorschriften" von Bedeutung sein.[1] Diese allgemeinen arbeitsrechtlichen Schutzvorschriften sind von den Hausgewerbetreibenden zu beachten und betreffen insbesondere die Führung von Listen über die beschäftigten Heimarbeiter und die Auslegung von Entgeltverzeichnissen sowie die Pflicht zur Unterrichtung der beschäftigten Personen über die Art und Weise der zu verrichtenden Arbeit und die damit verbundenen Unfall- und Gesundheitsgefahren (§§ 6, 7a und 8 HAG).

10.4.6 Weitere Einzelfälle aus Rechtsprechung und Verwaltungspraxis

Ein **Amateurspieler** eines Sportvereins kann dessen Arbeitnehmer sein, wenn die für den Trainings- und Spieleinsatz gezahlten Vergütungen die mit der Spielertätigkeit zusammenhängenden Aufwendungen wesentlich übersteigen.[2]

Ein selbständiger **Apotheker**, der als Urlaubsvertreter eines anderen selbständigen Apothekers tätig wird, ist insoweit Arbeitnehmer.[3]

Ein **Arztvertreter** ist regelmäßig selbständig tätig, er kann aber auch in dieser Tätigkeit Arbeitnehmer sein.[4]

Die Gutachtertätigkeit eines an einer (Universitäts-)Klinik angestellten **Assistenzarztes** wird grundsätzlich nichtselbständig ausgeübt.[5]

Auszubildende (Beamtenanwärter) sind Arbeitnehmer.[6]

Bardamen und **-keeper** können je nach Einordnung in den Betrieb und der Art der Entlohnung (Umsatzbeteiligung) selbständig tätig[7] oder Arbeitnehmerinnen[8] sein.

Bauhandwerker, die nebenberuflich als „Schwarzarbeiter" tätig werden, können insoweit Arbeitnehmer des Bauherrn sein. Entscheidend sind die Umstände des Einzelfalls.[9]

---
1 BFH, BStBl 1955 III S. 79.
2 BFH, BStBl 1993 II S. 303.
3 BFH, BStBl 1979 II S. 414.
4 BFH, BStBl 1953 III S. 142.
5 BFH, BStBl 1956 III S. 187.
6 BFH, BStBl 1972 II S. 261.
7 FG Rheinland-Pfalz, EFG 1986 S. 299.
8 FG Köln, EFG 1985 S. 524.
9 BFH, BStBl 1975 II S. 513.

10 Dienstverhältnis

Berufsfotomodelle sind keine Arbeitnehmer, wenn sie nur von Fall zu Fall zu Aufnahmen herangezogen werden.[1] Entsprechendes gilt für **Vorführdamen** (Mannequins, Models) bei Modenschauen oder Messen.[2]

Betriebskassierer einer Gewerkschaft stehen i. d. R. nicht in einem Dienstverhältnis zu ihr.[3]

Catcher (Berufsringer, Wrestler) sind bei der Mitwirkung an Catch-Turnieren Arbeitnehmer des Veranstalters, ebenso die Ringrichter und Turnierleiter.[4]

Rundfunkermittler, die im Auftrag einer Rundfunkanstalt Schwarzhörer aufspüren, sind regelmäßig selbständige Gewerbetreibende, wenn sie den Umfang ihrer Tätigkeit im Wesentlichen selbst bestimmen können und das Entgelt vom Erfolg ihrer Ermittlungen abhängt. Dass sie nur für einen Vertragspartner tätig sind, ist unerheblich.[5]

Rundfunkjournalisten sind für eine öffentlich-rechtliche Rundfunkanstalt freiberuflich tätig, wenn sie auf eigene Kosten und eigenes Risiko Beiträge produzieren und Urheberrechte verkaufen.[6]

Rundfunkredakteure sind auch dann Arbeitnehmer, wenn sie auf der Basis von Einzelhonorarverträgen für eine Rundfunkanstalt tätig sind.[7]

Sanitätshelfer des Deutschen Roten Kreuzes sind dann als Arbeitnehmer anzusehen, wenn die ihnen für den Einsatz bei unterschiedlichen Veranstaltungen zum vorbeugenden Schutz der Teilnehmer gezahlten pauschalen Vergütungen die durch den Einsatz entstandenen Aufwendungen nicht nur unwesentlich übersteigen.[8]

Stromableser sind auch dann als Arbeitnehmer zu behandeln, wenn eine „freie Mitarbeit" vereinbart ist und in Ausnahmefällen das Ablesen durch einen zuverlässigen Vertreter erfolgen darf.[9]

Tutoren eines Studentenwohnheims einer Universität sind i. d. R. keine Arbeitnehmer.[10]

Versicherungsvertreter, die Versicherungsverträge selbst vermitteln (sog. Spezialagenten), sind in vollem Umfang als selbständig anzusehen. Das gilt auch dann, wenn sie neben Provisionsbezügen ein mäßiges festes Gehalt bekommen. Versiche-

---

1 BFH, BStBl 1962 III S. 183.
2 BFH, BStBl 1969 II S. 71.
3 BFH, BStBl 1954 III S. 374.
4 BFH, BStBl 1979 II S. 182; die gegen dieses Urteil eingelegte Verfassungsbeschwerde wurde nicht zur Entscheidung angenommen, BVerfG, HFR 1979 S. 291.
5 BFH, BStBl 1999 II S. 534; im Arbeitsrecht und Sozialversicherungsrecht werden Rundfunkermittler dagegen als Arbeitnehmer angesehen.
6 Hessisches FG, EFG 1990 S. 310.
7 FG Rheinland-Pfalz, EFG 1989 S. 22.
8 BFH, BStBl 1994 II S. 944.
9 BFH, BStBl 1993 II S. 155.
10 BFH, BStBl 1972 II S. 738.

rungsvertreter, die mit einem eigenen Büro für einen bestimmten Bezirk sowohl den Bestand zu verwalten als auch neue Geschäfte abzuschließen haben und im Wesentlichen auf Provisionsbasis arbeiten, sind i. d. R. Gewerbetreibende (R 15.1 Abs. 1 EStR).

Ein **Vorstand** einer Familienstiftung ist regelmäßig deren Arbeitnehmer.[1]

Zeitungsausträger können Arbeitnehmer sein (vgl. auch Tz. 10.4.2.1, 10.4.2.2).[2]

Vergleiche im Übrigen H 19.0 „Zuordnung als Arbeitnehmer oder Selbständiger" LStH.

10.5 Mehrfachtätigkeit

Eine einheitliche Tätigkeit ist nicht aufteilbar, sondern wird entweder selbständig oder nichtselbständig ausgeübt (dazu Tz. 10.1). Ungeachtet dessen ist es einem Stpfl. unbenommen, mehrere Tätigkeiten nebeneinander auszuüben.

10.5.1 Grundsatz der getrennten Beurteilung

Geht ein Stpfl. mehreren entgeltlichen Tätigkeiten nach, ist jede einzelne Tätigkeit grundsätzlich für sich und gesondert nach ihren jeweiligen kennzeichnenden Merkmalen – also nach dem Gesamtbild der Verhältnisse in Bezug auf die einzelne Tätigkeit – zu beurteilen (H 19.2 „Allgemeines" LStH). Das bedeutet, dass ein Stpfl. teilweise selbständig und teilweise nichtselbständig sein kann (sog. gemischte Tätigkeit).

Die Tätigkeiten können sich vom Umfang her gleichwertig gegenüberstehen oder nicht. Im zuletzt genannten Fall wird die überwiegende Tätigkeit als **Haupttätigkeit,** die nachrangig ausgeübte Tätigkeit als **Nebentätigkeit** bezeichnet. Die Abgrenzung zwischen der Haupt- und der Nebentätigkeit erfolgt anhand des Gesamtbilds.

> **Beispiele:**
> **1.** Ein Finanzbeamter erteilt an der Volkshochschule Unterricht im Bilanz- und Steuerrecht, ohne dabei fest in den Lehrgangsbetrieb eingegliedert zu sein. Hier wird die Haupttätigkeit unselbständig, die unterrichtende Tätigkeit selbständig (§ 18 EStG) betrieben (vgl. auch R 19.2 LStR).
> **2.** Ein freiberuflicher Architekt arbeitet einen Tag in der Woche als Bauarbeiter für ein Bauunternehmen und erhält dafür feste Bezüge. Der Architekt erzielt mit seiner Haupttätigkeit Einkünfte gem. § 18 EStG und mit seiner Nebentätigkeit Einkünfte gem. § 19 EStG.
> **3.** Ein Berufsmusiker, der vorübergehend im Rundfunk mitwirkt, übt diese Nebentätigkeit regelmäßig selbständig aus.[3]

---
1 BFH, BStBl 1975 II S. 358.
2 BFH, BStBl 1969 II S. 103.
3 BFH, BStBl 1956 III S. 110.

10 Dienstverhältnis

Ohne Bedeutung für die steuerliche Einordnung einer Nebentätigkeit ist, ob die bei der Haupttätigkeit benötigten und gewonnenen **Kenntnisse verwendet** werden.

Beispiele:
1. Realschullehrer R erteilt Schülern seiner Schule außerhalb des Unterrichts Nachhilfeunterricht und wird dafür von deren Eltern stundenweise bezahlt. Die Nachhilfe ist für R eine selbständige Nebentätigkeit.
2. C ist angestellter Chefarzt eines Kreiskrankenhauses. Daneben ist er berechtigt, von Privatpersonen privat zu liquidieren. Für diese „wahlärztlichen" Leistungen hat C ein eigenes Recht zum Abschluss der Verträge mit den Patienten. Er haftet insoweit selbst und ausschließlich, zieht die Honorare selbst ein und trägt das Risiko eines eventuellen Forderungsausfalls.
Nach dem Gesamtbild liegen zwei verschiedene Tätigkeiten vor: Als Chefarzt ist C Arbeitnehmer, als Betreiber der Privatpraxis ist er freiberuflich tätig. Denn er erbringt die „wahlärztlichen" Leistungen nicht im Rahmen seines Dienstverhältnisses mit dem Krankenhaus.[1]

Wird die **Nebentätigkeit selbständig** ausgeübt, unterliegen die Einkünfte hieraus nicht dem Lohnsteuerabzug, sondern sind im Wege der Einkommensteuerveranlagung zu erfassen. Dabei kann, insbesondere bei Stpfl., die im Hauptberuf Arbeitnehmer sind, der Härteausgleich nach § 46 Abs. 3 EStG, § 70 EStDV in Betracht kommen. Wird die **Nebentätigkeit** dagegen in **unselbständiger** Stellung ausgeübt, unterliegt die hierfür gezahlte Vergütung dem Lohnsteuerabzug. Die Vergünstigung gem. § 46 Abs. 3 EStG, § 70 EStDV entfällt.

10.5.2 Hilfstätigkeit

Hängt eine Nebentätigkeit **unmittelbar** mit der Haupttätigkeit zusammen, handelt es sich bei ihr um eine sog. Hilfstätigkeit. Steuerrechtlich ist sie wie die Haupttätigkeit zu beurteilen (vgl. H 19.2 „Allgemeines" LStH). Aus diesem Grund kann eine an sich als nichtselbständig anzusehende (Neben-)Tätigkeit im Einzelfall selbständig sein. Die Vergütung aus der Nebentätigkeit unterliegt dann nicht der Lohnsteuer, sondern ist im Rahmen der Betriebseinnahmen aus der selbständigen Tätigkeit zu versteuern.

Beispiele:
1. Landwirt A hilft gelegentlich beim Kohlenhändler K aus, indem er Kohle an dessen Kunden ausliefert. Dabei muss sich A an die Weisungen des K halten.
Obwohl die Auslieferung der Kohle Wesensmerkmale einer nichtselbständigen Tätigkeit aufweist, ist A hinsichtlich dieser Tätigkeit selbständig.[2]
2. Landwirt B, der einen Betrieb vor allem zum Zuckerrübenanbau betreibt, ist Vorstandsmitglied der Zuckerfabrik Z-AG. Gleichzeitig ist er Aktionär der Gesellschaft.
B ist im Wesentlichen im Interesse seines landwirtschaftlichen Betriebs Aktionär und Vorstandsmitglied der Z-AG, um seine Zuckerrüben möglichst vorteilhaft zu verwer-

---
1 BFH, BStBl 2006 II S. 94, und H 19.0 „Zuordnung – Chefarzt" LStH
2 BFH, BStBl 1962 III S. 37.

ten. Seine Vorstandstätigkeit ist folglich wie die Haupttätigkeit, aus der er Einkünfte aus Land- und Forstwirtschaft gem. § 13 EStG erzielt, zu beurteilen.

Umgekehrt kann eine Hilfstätigkeit, die ihrer Art nach selbständig ausgeübt wird, im Einzelfall zu einer nichtselbständigen Tätigkeit werden.

10.5.3 Nebentätigkeit für denselben Arbeitgeber

10.5.3.1 Allgemeines

Probleme kann die Behandlung einer Nebentätigkeit bereiten, wenn ein Stpfl. für den Arbeitgeber der Haupttätigkeit weitere Leistungen gegen Entgelt erbringt. Im Grundsatz gilt jedoch auch hier, dass jede Tätigkeit für sich **gesondert** zu beurteilen ist. Daraus folgt, dass ein Arbeitnehmer für seinen Arbeitgeber mit weiteren Leistungen **selbständig** tätig sein kann.[1] Dies ist insbesondere anzunehmen, wenn diese Nebentätigkeit außerhalb des fest umgrenzten Arbeitsgebiets des Arbeitnehmers liegt und dieser sie weisungsfrei auf eigenes Risiko betreibt.

> **Beispiel:**
>
> V ist Prokurist und Leiter der Buchhaltung einer Versicherungsgesellschaft. Aus der Vermittlung von Versicherungsverträgen erhält er neben dem laufenden Gehalt Provisionen, die das Gehalt teilweise übersteigen. Er gewinnt seine Kunden teils im privaten Bereich, teils bei seiner dienstlichen Tätigkeit. Einen Teil seiner Provisionen gibt er als Schmiergelder an die vermittelten Unternehmen weiter. Die Vermittlertätigkeit gehört nicht zum arbeitsvertraglichen Arbeitsgebiet des V.
>
> V ist hinsichtlich seiner nebenberuflichen Vermittlertätigkeit als Gewerbetreibender zu behandeln. Er unterliegt bei dieser Tätigkeit nicht den Weisungen seines Arbeitgebers und trägt insbesondere das in dieser Tätigkeit liegende Risiko allein.[2]

Besonders entlohnte Leistungen des Arbeitnehmers, die nach dem Dienstverhältnis nicht geschuldet sind, führen regelmäßig nicht zu Einkünften aus nichtselbständiger Arbeit. Zu den Einkünften aus selbständiger Arbeit gem. § 18 EStG zählen daher i. d. R. Vergütungen, die Arbeitnehmer vom Arbeitgeber zur Abgeltung der originär in der Person des Arbeitnehmers entstandenen **Leistungsschutzrechte** (§§ 73 ff. UrhG) erhalten, es sei denn, diese Leistungsschutzrechte sind bereits ohne weiteres aufgrund des Arbeitsverhältnisses auf den Arbeitgeber übergegangen.[3] Hierunter fallen insbesondere zusätzliche Zahlungen an Orchester-, Chor- oder Ballettmitglieder für ihre Mitwirkung bei Fernsehübertragungen oder -aufzeichnungen von Opern, Ballettaufführungen oder Konzerten, die ihr Arbeitgeber veranstaltet.

Diese unabhängige Beurteilung gilt jedoch nicht, wenn die nichtselbständige Haupttätigkeit und die Nebentätigkeit **unmittelbar zusammenhängen** (H 19.2 „Allgemeines" LStH). Dann wird auch die Nebentätigkeit **nichtselbständig** erbracht.

---

1 BFH, BStBl 1972 II S. 460.
2 FG Baden-Württemberg, EFG 1976 S. 464.
3 BFH, BStBl 1995 II S. 471.

10 Dienstverhältnis

Dieser Zusammenhang kann dann bejaht werden, wenn dem Arbeitnehmer aus seinem Dienstverhältnis **Nebenpflichten** obliegen, die zwar im Dienstvertrag nicht ausdrücklich vorgesehen sind, deren Erfüllung der Arbeitgeber nach der tatsächlichen Gestaltung des Dienstverhältnisses und nach der Verkehrsauffassung aber erwarten darf – auch dann, wenn der Arbeitgeber die zusätzliche Leistung besonders vergüten muss (vgl. dazu H 19.2 „Nebentätigkeit bei demselben Arbeitgeber" LStH). Darüber hinaus ist eine freiwillig erbrachte Nebentätigkeit der Haupttätigkeit zuzuordnen, wenn sie mit der Haupttätigkeit so eng zusammenhängt, dass sie diese voraussetzt – sich also als deren **Hilfstätigkeit** darstellt – oder sich von der Haupttätigkeit nicht unterscheidet (vgl. dazu Tz. 10.5.2).

Beispiele:
1. Ein Orchestermusiker, der für seinen Arbeitgeber in einem Konzert als Solist mitwirkt, übt eine selbständige Nebentätigkeit aus, es sei denn, die solistische Tätigkeit gehört zur Nebenpflicht aus dem Dienstvertrag.[1]
2. A ist Assistenzarzt an einer Universitätsklinik. Als solcher erstattet er neben seiner Haupttätigkeit wissenschaftliche Gutachten. Die Gutachtenaufträge werden jeweils an die Universitätsklinik oder deren Direktor gerichtet. Die Verteilung der Gutachten an die einzelnen Assistenzärzte nimmt der Direktor vor.
A übt die Gutachtertätigkeit unselbständig aus. Die ihm für die gutachterliche Tätigkeit gezahlten Honorare sind zusammen mit seinen übrigen Dienstbezügen dem Lohnsteuerabzug zu unterwerfen.[2]
3. Der Oberarzt einer Klinik erhält vom Klinikdirektor für die Vertretung und für die Mitarbeit bei der Behandlung von Privatpatienten des Klinikdirektors besondere Vergütungen.
Es liegen Einkünfte aus nichtselbständiger Arbeit vor; Arbeitgeber ist der Klinikdirektor.
4. Bankangestellter B hilft freiwillig bei verschiedenen abendlichen Veranstaltungen seines Arbeitgebers mit (Aufbau, Garderobe, Ausschank) und erhält hierfür ein besonderes Entgelt.
Auch wenn B die Nebentätigkeiten aufgrund seines Arbeitsvertrags nicht schuldet, werden diese unter ähnlichen organisatorischen Umständen wie die Haupttätigkeit erbracht. Das Entgelt für die Hilfstätigkeiten ist Ausfluss seiner nichtselbständigen Tätigkeit.[3]

10.5.3.2 Nebenberufliche Lehr- und Prüfungstätigkeit

Eine Lehr- und Prüfungstätigkeit kann als Haupt- oder Nebentätigkeit ausgeübt werden. **Hauptamtlich** tätige Lehrer an öffentlichen oder privaten Schulen sind wegen ihrer festen Eingliederung in den Lehrbetrieb Arbeitnehmer (dazu R 19.2 LStR).

Als **Nebentätigkeit** kommt die Lehr- und Prüfungstätigkeit zum einen **neben** einer **selbständigen Haupttätigkeit** in Betracht.

---
[1] BFH, BStBl 1972 II S. 212.
[2] BFH, HFR 1963 S. 12.
[3] BFH vom 07.11.2006 VI R 81/02 (BFH/NV 2007 S. 426).

10.5 Mehrfachtätigkeit

Beispiel:
Ein selbständiger Handwerksmeister gehört dem Prüfungsausschuss einer Meisterschule an.

Zum anderen kann die Lehr- und Prüfungstätigkeit **neben** einer **nichtselbständigen Haupttätigkeit** ausgeübt werden.

Beispiel:
Ein verbeamteter Hochschullehrer ist nebenamtlicher Dozent an einer privaten Fortbildungsstätte.

10.5.3.2.1 Lehr- und Prüfungstätigkeit von nichtselbständig Tätigen

Zunächst soll die nebenberufliche Lehr- und Prüfungstätigkeit von Arbeitnehmern untersucht werden. Hierbei ist zu prüfen, ob die Lehr- und Prüfungstätigkeit **Teil der eigentlichen Dienstobliegenheiten** des nichtselbständig Tätigen aus der Haupttätigkeit ist.

Ist dies der Fall, gehören die entsprechenden Vergütungen für eine Lehr- und Prüfungstätigkeit zum laufenden Arbeitslohn aus der **Haupttätigkeit**. Das gilt auch dann, wenn das Entgelt für die Prüfungen und die Dienstbezüge des Arbeitnehmers aus zwei verschiedenen öffentlichen Kassen gezahlt werden.

Zu den dienstlichen Obliegenheiten gehört die Lehr- und Prüfungstätigkeit, wenn der Arbeitnehmer zur Erteilung des Unterrichts oder zur Abnahme der Prüfungen kraft seines Amtes verpflichtet ist.

Beispiele:
1. A ist Lehrer an einer öffentlichen Grundschule. Mit Genehmigung des Schulamts erteilt er wöchentlich 5 Stunden Unterricht an einer anderen öffentlichen Grundschule über seine Pflichtstunden hinaus.
Es liegt keine selbständige nebenberufliche Lehrtätigkeit vor, weil die Erteilung von Unterricht an einer öffentlichen Schule gleicher Art zu den Dienstobliegenheiten des A gehört. Die Vergütung für diesen Unterricht unterliegt zusammen mit seinem Gehalt dem Lohnsteuerabzug.[1]
Wäre A nebenamtlicher Dozent an einer Hochschule, würde es sich um eine nebenamtliche Lehrtätigkeit handeln, die regelmäßig selbständig ausgeübt wird (dazu unten).
2. Prof. Dr. X wirkt des Öfteren an der Abnahme akademischer Prüfungen mit (Doktorexamen, Diplomprüfung). Außerdem ist er als Mitglied des Prüfungsausschusses für das höhere Lehramt (wissenschaftliche Prüfung für das Lehramt an Gymnasien) tätig.
Die Mitwirkung an den akademischen Prüfungen gehört zu den ordentlichen Dienstaufgaben eines Hochschullehrers. Die Vergütungen aus dieser Tätigkeit unterliegen daher zusammen mit den übrigen Dienstbezügen dem Lohnsteuerabzug.[2]

---
1 BFH, BStBl 1976 II S. 291.
2 FG Köln, EFG 1987 S. 16.

Die Mitwirkung an den staatlichen Prüfungen für das höhere Lehramt ist für Prof. Dr. X dagegen als nebenberufliche Prüfungstätigkeit anzusehen. Die Vergütungen sind daher Einkünfte aus selbständiger Arbeit.[1]

Die gleichen Grundsätze gelten, wenn die Lehr- und Prüfungstätigkeit **im Rahmen eines Ausbildungsverhältnisses** ausgeübt wird und deshalb von einer dienstlichen Obliegenheit im engeren Sinne nicht gesprochen werden kann. Hier führt der enge unmittelbare Zusammenhang zwischen der Haupttätigkeit (z. B. Ausbildungsunterricht) und der Nebentätigkeit (z. B. freiwilliger zusätzlicher Unterricht) zur Annahme einer einheitlichen Tätigkeit für denselben Arbeitgeber.

Beispiel:
R ist Studienreferendar und erteilt Ausbildungsunterricht an einem Gymnasium in den Fächern Mathematik und Physik. Außerdem hat er aufgrund eines freiwillig übernommenen „nebenamtlichen Lehrauftrags" an der gleichen Schule und in denselben Fächern wöchentlich 6 Stunden Unterricht zu erteilen.
Die Einkünfte aus beiden von R ausgeübten Tätigkeiten sind als Arbeitslohn zu versteuern.[2]

Gehört die Lehr- oder Prüfungstätigkeit eines Arbeitnehmers **nicht** zu seinen **ordentlichen Dienstaufgaben,** ist zu prüfen, ob die Nebentätigkeit selbständig oder unselbständig ausgeübt wird. In der Regel ist die Ausübung der nebenberuflichen Lehrtätigkeit als Ausübung eines freien Berufs anzusehen (vgl. im Einzelnen R 19.2 LStR, H 19.2 „Nebenberufliche Lehrtätigkeit" und „Nebenberufliche Prüfungstätigkeit" LStH).

Liegt dem Vertragsverhältnis über die Lehrtätigkeit jedoch ein **Tarifvertrag** zugrunde, der insbesondere die teilweise Abgeltung von Feiertagen und eine angemessene Urlaubsvergütung vorsieht, spricht diese Tatsache für die nichtselbständige Ausübung der Tätigkeit der nebenberuflichen Lehrkraft (H 19.2 „Nebenberufliche Lehrtätigkeit" LStH).

Handelt es sich um eine nebenberufliche Lehrtätigkeit an einer Schule oder einem Lehrgang mit einem **allgemein feststehenden** (nicht von Fall zu Fall aufgestellten) **Lehrplan,** sind die nebenberuflichen Lehrkräfte i. d. R. Arbeitnehmer, es sei denn, dass sie in den Schul- oder Lehrgangsbetrieb **nicht fest eingegliedert** sind (R 19.2 Satz 1 LStR). Hat die Lehrtätigkeit nur einen geringen Umfang, kann das ein Anhaltspunkt dafür sein, dass eine solche Eingliederung in den Schul- oder Lehrgangsbetrieb nicht vorliegt (R 19.2 Satz 2 LStR). Nach R 19.2 Satz 3 LStR kann ein geringer Umfang in diesem Sinne stets angenommen werden, wenn die nebenberuflich tätige Lehrkraft bei der einzelnen Schule oder dem einzelnen Lehrgang in der Woche durchschnittlich nicht mehr als 6 Unterrichtsstunden erteilt. Maßgebend für die Berechnung der durchschnittlichen Unterrichtsstunden in der Woche ist das Schuljahr oder die Dauer des einzelnen Lehrgangs.

---
1 BFH, BStBl 1987 II S. 783.
2 FG Bremen, EFG 1977 S. 67.

10.5 Mehrfachtätigkeit

Beispiele:

1. A, Sachgebietsleiter beim Finanzamt, ist nebenberuflich als Lehrer tätig, und zwar
a) an einer Finanzhochschule, an der er im Sommersemester, das 4 Monate dauert, 24 Stunden Unterricht in Lohnsteuerrecht erteilt. Es findet insoweit keine Anrechnung auf die Arbeitszeit statt;
b) an einer Angestellten-Fachschule der Angestelltenkammer, wo er während eines Semesters Unterricht in Steuerrecht erteilt. Nach dem Lehrplan des Semesters (= 24 Wochen) sind in diesem Fach 150 Stunden vorgesehen. Die Vergütung richtet sich nach den tatsächlich von A abgehaltenen Unterrichtsstunden.

Die nebenberufliche Lehrtätigkeit des A an der Finanzhochschule ist als Ausübung eines freien Berufes anzusehen, sodass die Vergütungen hierfür nicht dem Lohnsteuerabzug unterliegen. Die Lehrtätigkeit gehört nicht zu den ordentlichen Dienstaufgaben des A. Eine feste Eingliederung in den Lehrbetrieb ist nicht gegeben.

Bei der Angestellten-Fachschule übt A die Lehrtätigkeit dagegen unselbständig aus. Er erteilt während des Semesters in der Woche durchschnittlich über 6 Stunden Unterricht (150 : 24). Die Vergütung unterliegt dem Lohnsteuerabzug.

2. B ist städtischer Baurat. Er unterrichtet daneben 6 Stunden wöchentlich an einer von der Handelskammer gemeinsam mit der Handwerkskammer unterhaltenen Abendfachschule. Grundlage des Vertragsverhältnisses ist der Tarifvertrag für nicht vollbeschäftigte Dozenten an Fachschulen. Danach richtet sich die Vergütung nach den tatsächlich von B gehaltenen Unterrichtsstunden; außerdem wird eine Urlaubs- und Feiertagsvergütung gezahlt.

Obwohl B die nebenberufliche Lehrtätigkeit nur in geringem Umfang ausübt und deshalb nach R 19.2 Satz 3 LStR eine feste Eingliederung in den Schulbetrieb nicht anzunehmen ist, übt B dennoch eine nichtselbständige Lehrtätigkeit aus. Für diese Einordnung sprechen der Tarifvertrag und die Urlaubs- und Feiertagsvergütung.[1]

Der Zahl der erteilten Wochenunterrichtsstunden kann bei der Entscheidung, ob eine selbständige oder eine nichtselbständige Tätigkeit anzunehmen ist, jedoch keine allein entscheidende Bedeutung beigemessen werden.[2] Kommt man schon aufgrund der Prüfung des Inhalts des Lehrauftragsverhältnisses zu dem Ergebnis, dass eine **selbständige Arbeit** vorliegt, kann dieses Ergebnis nicht durch die mehr oder weniger große Zahl der erteilten Wochenunterrichtsstunden in Frage gestellt werden. Insbesondere kann eine nach dem Ergebnis der Prüfung eindeutig als selbständig anzusehende Lehrtätigkeit nicht dadurch insgesamt zu einer nichtselbständigen werden, dass der Unterricht vorübergehend eine bestimmte Wochenstundenzahl überschreitet, ohne dass sich an dem sonstigen Status des Lehrbeauftragten etwas ändert.[3]

Eine **nichtselbständige Tätigkeit** ist aber anzunehmen, wenn zwar tatsächlich nur in ganz geringem Umfang Unterricht erteilt wird (z. B. nur 2 Stunden wöchentlich), sich aus der schriftlichen Vereinbarung über die Unterrichtstätigkeit aber ergibt,

---
1 BFH, BStBl 1972 II S. 618.
2 BFH, BStBl 1976 II S. 292.
3 BFH, BStBl 1985 II S. 51 (betreffend einen Lehrbeauftragten an einer Fachhochschule).

dass ein Arbeitsverhältnis – bürgerlich-rechtlich – gewollt und dies auch tatsächlich durchgeführt wird.[1]

10.5.3.2.2 Lehr- und Prüfungstätigkeit bei selbständiger Haupttätigkeit

Bei Personen, die die Lehr- und Prüfungstätigkeit als Nebentätigkeit zu einer selbständigen (gewerblichen oder freiberuflichen) Haupttätigkeit ausüben, gehören die Einkünfte aus der Nebentätigkeit im Regelfall zu den Einkünften aus **selbständiger Arbeit** (vgl. für Angehörige der freien Berufe H 19.2 „Nebenberufliche Lehrtätigkeit" LStH). Dies gilt auch für die nebenberufliche Lehrtätigkeit von Handwerksmeistern an Berufs- und Meisterschulen, wenn sich die Lehrtätigkeit ohne Schwierigkeit von der Haupttätigkeit trennen lässt (H 19.2 „Nebenberufliche Lehrtätigkeit" LStH).

10.6 Ehrenämter

Es gehört zum Begriff des Dienstverhältnisses, dass die betreffenden Personen, die als Arbeitnehmer angesehen werden, Arbeitslohn beziehen. Ist das nicht der Fall, ist keine Arbeitnehmereigenschaft gegeben. Die **unentgeltliche Ausübung** eines Ehrenamts ist deshalb keine Arbeitnehmertätigkeit.

An die Unentgeltlichkeit ist ein strenger Maßstab zu legen. Häufig werden im Zusammenhang mit einem Ehrenamt Beträge gewährt, die zwar nach der Ansicht des Zahlenden kein Arbeitslohn sein sollen, im steuerlichen Sinne aber Entgeltcharakter haben.

Beispiele:
1. Der Vorsitzende der Gemeindeversammlung erhält eine Aufwandsentschädigung zur Abgeltung des entstehenden Mehraufwands bei den Versammlungen.
2. Der Präsident der Handwerkskammer erhält eine Aufwandsentschädigung zur Abgeltung des Zeitaufwands.

Ist eine solche Vergütung festzustellen, dann ist i. d. R. ein Dienstverhältnis gegeben. Auf die Bezeichnung des Entgelts als „Aufwandsentschädigung", „Unkostenersatz", „Abgeltung des Haftungsrisikos" usw. kommt es nicht an. Das Entgelt stellt deshalb Arbeitslohn dar und unterliegt dem Lohnsteuerabzug (vgl. zu den Aufwandsentschädigungen Tz. 13.4.1). Voraussetzung ist aber stets, dass die Person, die ein Ehrenamt wahrnimmt, insoweit auch weisungsgebunden oder in den Geschäftsbetrieb des Auftraggebers eingegliedert ist. Entschädigungen für **selbständige Land- und Forstwirte, Gewerbetreibende** und **Angehörige freier Berufe** für ihre ehrenamtliche Tätigkeit in den **Berufs- und Standesorganisationen** werden i. d. R. als Ersatz für entgangene oder entgehende Einnahmen i. S. des § 24 Nr. 1 Buchst. a

---
[1] BFH, BStBl 1976 II S. 292 (betreffend einen Ingenieur, der an einer Technischen Abendschule wöchentlich 2 Stunden Unterricht erteilt).

EStG gezahlt. Sie sind deshalb insoweit Betriebseinnahmen, die im Rahmen der Haupttätigkeit zufließen, mit der sie zusammenhängen, und kein Arbeitslohn.

Übt ein **Arbeitnehmer** ein Ehrenamt **unentgeltlich** aus, das mit seiner Arbeitnehmertätigkeit in einem **inneren Zusammenhang** steht, können die ihm durch die Ausübung des Ehrenamts entstandenen Aufwendungen Werbungskosten bei den Einkünften aus nichtselbständiger Arbeit darstellen.[1]

> **Beispiel:**
> Arbeitnehmer A ist Mitglied der für seinen Beruf zuständigen Gewerkschaft und übt dort in mehreren Gremien Ehrenämter aus. Durch die Teilnahme an verschiedenen Tagungen der Gewerkschaft sind ihm Reisekosten entstanden, die ihm die Gewerkschaft nicht erstattet.
> Die Reisekosten sind als Werbungskosten bei den Einkünften aus nichtselbständiger Arbeit zu berücksichtigen.

10.7 Gefälligkeiten

Bei bloßen Gefälligkeiten wird kein Dienstverhältnis begründet, da dem Tätigwerden eine rechtsgeschäftliche Grundlage fehlt. Vielmehr steht die auf persönlicher Verbundenheit beruhende freiwillige Hilfeleistung im Vordergrund. Dies ist typischerweise im Bereich der Familien- oder Nachbarschaftshilfe der Fall. Eine durch die Gefälligkeit veranlasste Zuwendung des Hilfeempfängers ist deshalb nur eine Aufmerksamkeit oder eine Belohnung ohne Entgeltcharakter, **nicht** aber **Arbeitslohn.**

Für die Abgrenzung zwischen Dienstverhältnis und Gefälligkeit kommt es darauf an, ob der Beauftragte mit der konkreten Tätigkeit am Marktgeschehen teilnimmt, wofür die Höhe des Entgelts nicht entscheidend ist, aber ein Indiz sein kann.[2] Wenn die Vergütung die mit der Tätigkeit zusammenhängenden Aufwendungen nur unwesentlich übersteigt, fehlt es am Arbeitslohn und damit an einem Dienstverhältnis (H 19.3 „Allgemeines zum Arbeitslohnbegriff" LStH).

> **Beispiele:**
> **1.** A erledigt für seine betagte Nachbarin N jede Woche die Einkäufe und erhält dafür jeweils einen „Zuschuss zu den Benzinkosten" von 5 €.
> Die von N gezahlte Vergütung ist so gering, dass davon ausgegangen werden kann, sie deckt lediglich die Aufwendungen des A. Der „Zuschuss" stellt keinen Arbeitslohn dar, weshalb A nicht Arbeitnehmer der N ist.
> **2.** Landwirt L holt beim Kohlenhändler K mit seinem Gespann Kohlen für sich ab. Auf Bitten des K nimmt er aus Gefälligkeit gleichzeitig einige Zentner Kohlen für seinen Nachbarn mit. Er erhält dafür von K eine kleine „Entschädigung".
> Bei dem Kohlentransport für den Nachbarn handelt es sich um eine reine Gefälligkeit, weshalb L nicht Arbeitnehmer des K ist.

---
[1] BFH, BStBl 1981 II S. 368.
[2] BFH, BStB 1994 II S. 944, 1999 II S. 776.

10.8 Abgrenzung der Einkünfte aus nichtselbständiger Arbeit von den übrigen Überschusseinkünften

10.8.1 Einkünfte aus Kapitalvermögen (§ 20 EStG)

Soweit sich ein Gesellschafter-Geschäftsführer eine Gewinnausschüttung in Form von Arbeitslohn zuwendet (**verdeckte Gewinnausschüttung**; vgl. dazu Tz. 10.4.2.1), liegen nicht Einkünfte aus nichtselbständiger Arbeit, sondern Einkünfte aus Kapitalvermögen gem. § 20 Abs. 1 Nr. 1 Satz 2 EStG vor.

> **Beispiel:**
> G ist alleiniger Gesellschafter und gleichzeitig Geschäftsführer der Bau-GmbH. Nach dem Dienstvertrag erhält er ein Gehalt von 5.000 € monatlich. Das für die Besteuerung der Bau-GmbH zuständige Finanzamt hat bei der rechtskräftigen Körperschaftsteuerveranlagung nur ein Gehalt von 4.000 € als angemessen angesehen und deshalb einen Betrag von 1.000 € monatlich als verdeckte Gewinnausschüttung gem. § 8 Abs. 3 Satz 2 KStG dem Einkommen zugerechnet.
> G bezieht lediglich i. H. von 4.000 € monatlich Einnahmen aus nichtselbständiger Arbeit, gleichzeitig hat er jedoch Einnahmen aus Kapitalvermögen gem. § 20 Abs. 1 Nr. 1 Satz 2 EStG i. H. von 1.000 €.

Wird rückständiger **Arbeitslohn verzinst,** kann es zweifelhaft sein, ob die Zinsen zu den Einkünften aus nichtselbständiger Arbeit oder zu den Einkünften aus Kapitalvermögen gehören. Die Rechtsprechung nimmt das Letztere an. Die Zinsen haben ihre Grundlage nicht im Arbeitsverhältnis, sondern in dem gesetzlichen Tatbestand des Verzugs (§ 286 BGB).[1]

Zu den Kapitaleinkünften und nicht zum Arbeitslohn gehören auch die vom Finanzamt auf zu viel einbehaltene Lohnsteuer gezahlten **Erstattungszinsen**. Zwar hat die Rechtsprechung die Steuerbarkeit von Erstattungszinsen i. S. des § 233a AO verneint.[2] Der Gesetzgeber hat jedoch darauf reagiert und die Steuerbarkeit solcher Zinsen durch das JStG 2010 ausdrücklich gesetzlich normiert (§ 20 Abs. 1 Nr. 7 Satz 3 EStG).

10.8.2 Einkünfte aus Vermietung und Verpachtung (§§ 21 und 22 Nr. 3 EStG)

Zu den Einkünften aus Vermietung und Verpachtung gehören u. a. Entgelte für die Überlassung von Sachinbegriffen, insbesondere von beweglichen Wirtschaftsgütern, die betrieblich genutzt werden (§ 21 Abs. 1 Satz 1 Nr. 2 EStG), oder für die zeitlich begrenzte Überlassung von gewerblichen Urheberrechten (§ 21 Abs. 1 Satz 1 Nr. 3 EStG). Solche „Mietverhältnisse" kommen auch zwischen Arbeitnehmern und Arbeitgebern vor. In zahlreichen Fällen stellen Arbeitnehmer dem Arbeitgeber außer

---

1 BFH, BStBl 1982 II S. 113, 1990 II S. 532.
2 BFH, DStR 2010 S. 1229.

10.8 Abgrenzung nichtselbständige Arbeit – andere Überschusseinkunftsarten

der reinen Arbeitsleistung auch noch Gegenstände wie z. B. Arbeitsgerät gegen Entgelt zur Verfügung (§ 22 Nr. 3 EStG). In anderen Fällen überlässt ein Arbeitnehmer eine von ihm gemachte Erfindung seinem Arbeitgeber zur gewerblichen Verwertung gegen Entgelt.

Regelmäßig ist in diesen Fällen ein **einheitliches Dienstverhältnis** anzunehmen mit der Folge, dass die Vergütungen für die Zurverfügungstellung des eigenen Arbeitsgeräts oder für die Überlassung und Auswertung der Erfinderrechte zum Arbeitslohn des Arbeitnehmers gehören und dementsprechend als **Einkünfte aus nichtselbständiger Arbeit** zu versteuern sind (vgl. auch § 21 Abs. 3 EStG). Vergütungen des Arbeitgebers für die Beschaffung und Unterhaltung des Arbeitsgeräts sind jedoch als Werkzeuggeld oder Auslagenersatz im Allgemeinen steuerfrei – vorausgesetzt, dass sie angemessen sind (vgl. Tz. 13.4.7).

Beispiel:
Bauhandwerker stellen ihr Maurergerät, Musiker ihre eigenen Instrumente, Waldarbeiter ihre Motorsäge ihrem Arbeitgeber gegen besondere Vergütung (Werkzeuggeld, Instrumentengeld) zur Verfügung.
Es liegt ein einheitliches Dienstverhältnis vor und nicht ein besonderes, neben dem Dienstverhältnis bestehendes Mietverhältnis.

10.8.3 Sonstige Einkünfte (§ 22 EStG)

10.8.3.1 Private Veräußerungsgeschäfte (§ 22 Nr. 2 i. V. m. § 23 EStG)

Eine Überschneidung von Einkünften aus nichtselbständiger Arbeit mit solchen aus privaten Veräußerungsgeschäften wird nur sehr selten vorkommen. Ist sie doch einmal gegeben, geht die Einkunftsart nichtselbständige Arbeit vor (§ 23 Abs. 2 EStG).

Beispiel:
E ist Angestellter in der Effektenabteilung eines Bankhauses. Er erhält von seinem Arbeitgeber Mittel zur Vornahme von Börsengeschäften auf eigene Rechnung. Gleichzeitig gibt ihm sein Arbeitgeber die erforderlichen Hinweise zur Durchführung der Geschäfte.
Erzielt E in diesem Fall Einkünfte aus den Spekulationsgeschäften – sofern hier noch ein Anwendungsfall von § 23 Abs. 1 Nr. 2 EStG a. F. (seit VZ 2009: § 20 Abs. 2 Satz 1 Nr. 1, § 32d Abs. 1 EStG) gegeben ist –, werden diese als Einkünfte aus nichtselbständiger Arbeit anzusehen sein.

10.8.3.2 Einkünfte aus Leistungen (§ 22 Nr. 3 EStG)

Des Weiteren kann auch eine Abgrenzung der Einkünfte aus nichtselbständiger Arbeit zu den sonstigen Einkünften in Form des § 22 Nr. 3 EStG erforderlich sein (vgl. auch Tz. 10.8.2).

Wird z. B. ein Stpfl. als Landwirtschaftsmeister im elterlichen Betrieb tätig und erhält er – wegen der in Aussicht gestellten späteren Hofübergabe – lediglich ein Taschengeld und Naturalleistungen, stellt sich die Frage der Besteuerung, wenn die geplante Hofübergabe später nicht stattfindet und der Betreffende nachträglich eine Vergütung für die geleisteten Dienste erhält. In diesem Fall fehlt es an einem Dienstverhältnis, da es sich insoweit um einen tatsächlichen Zustand handelt, der nicht rückwirkend hergestellt werden kann. Vielmehr erfolgte die Tätigkeit auf familienrechtlicher Grundlage, so dass die nachträglich gewährten Vergütungen als sonstige Leistungen einzustufen sind (H 19.3 „Abgrenzung zu anderen Einkunftsarten" LStH).

10.8.3.3 Abgeordnetenbezüge (§ 22 Nr. 4 EStG)

Nach § 22 Nr. 4 EStG gehören zu den sonstigen Einkünften auch die an Abgeordnete des Deutschen Bundestages aufgrund des AbgG 1977, der Länderparlamente aufgrund entsprechender Gesetze der Länder sowie des Europaparlaments aufgrund des Europaabgeordnetengesetzes gezahlten **Entschädigungen** (einschließlich Amtszulagen, Zuschüssen zur Kranken- und Pflegeversicherung, Übergangsgelder, Überbrückungsgelder, Sterbegelder, Versorgungsabfindungen und Versorgungsbezügen). Gezahlte Aufwandsentschädigungen sind jedoch nach Maßgabe des § 3 Nr. 12 EStG steuerfrei (vgl. hierzu Tz. 13.4.1.2).

Für Zuschüsse zu Kranken- und Pflegeversicherungsbeiträgen gilt § 3 Nr. 62 Satz 1 EStG (Steuerfreiheit des gesetzlichen Arbeitgeberanteils zur Zukunftssicherung des Arbeitnehmers, vgl. § 22 Nr. 4 Satz 4 Buchst. a EStG) und für Versorgungsbezüge § 19 Abs. 2 EStG bezüglich des Versorgungsfreibetrags (vgl. § 22 Nr. 4 Satz 4 Buchst. b EStG) entsprechend. Mit dieser durch das AbgG 1977 eingeführten Steuerpflicht der Abgeordnetenentschädigung hat der Gesetzgeber dem „Diäten-Urteil" des BVerfG vom 05.11.1975[1] Rechnung getragen. In diesem Urteil hatte das BVerfG entschieden, dass die Tätigkeit eines Abgeordneten zu seiner Hauptbeschäftigung geworden und die Entschädigung dementsprechend ein Entgelt sei, das der Alimentation des Abgeordneten und seiner Familie diene. Als solches Entgelt habe die Alimentation den Charakter von Einnahmen erhalten und müsse deshalb nach den für alle Staatsbürger geltenden Grundsätzen der Besteuerung unterworfen werden.

Entgegen der Auffassung des BVerfG sieht der Gesetzgeber die Abgeordnetentätigkeit aber nicht als „berufliche" Tätigkeit an. Indem er die Entschädigungen der Steuerpflicht nach § 22 EStG unterwirft, trägt er der Sonderstellung der Abgeordneten als Träger des „freien Mandats" und „Vertreter des ganzen Volkes" Rechnung.

10.9 Dienstverhältnisse zwischen nahestehenden Personen

10.9.1 Allgemeines

Ebenso wie bei fremden Dritten kann auch zwischen Ehegatten, Eltern und ihren Kindern, Geschwistern, Partnern einer nichtehelichen Lebensgemeinschaft oder

---
[1] BVerfG vom 05.11.1975 (BVerfGE 40 S. 296).

10.9 Dienstverhältnisse zwischen nahestehenden Personen

sonstigen einander persönlich nahestehenden Personen ein Dienstverhältnis bestehen.

Denn familiäre oder persönlichen Beziehungen dürfen einer steuerlichen Anerkennung von Arbeitsverträgen nicht entgegenstehen (Art. 3 Abs. 1 und Art. 6 GG). Wegen des oftmals **fehlenden wirtschaftlichen Interessengegensatzes** besteht aber bei nahestehenden Personen die Gefahr, dass Vermögensverschiebungen nicht durch einen steuerbaren Leistungsaustausch veranlasst sind, sondern nur aus familiären oder sonstigen privaten Motiven heraus vorgenommen werden. Ein solcher Missbrauch von Gestaltungsmöglichkeiten ist insbesondere dann gegeben, wenn nicht abzugsfähige Unterhaltsaufwendungen und sonstige private Vermögenszuwendungen (§ 12 Nr. 1 und Nr. 2 EStG) beim „Arbeitgeber-Angehörigen" als Betriebsausgaben oder Werbungskosten behandelt werden, während sie beim „Arbeitnehmer-Angehörigen" Arbeitslohn darstellen – sich aufgrund von Steuerbefreiungen wie § 3 Nr. 16, Nr. 30 ff. EStG und Werbungskostenpauschalen (§ 9a EStG) steuerlich dort aber nicht auswirken.

Da die Motivation für den Leistungsaustausch eine innere Tatsache ist, ist eine Entscheidung darüber aufgrund einer **Gesamtwürdigung** aller äußerlich erkennbarer Indizien im Einzelfall zu treffen. So ist ein Dienstverhältnis zwischen **Ehegatten** steuerlich anzuerkennen, wenn es **eindeutig und ernstlich vereinbart** wurde, **tatsächlich vollzogen** wird sowie in Vereinbarung und Vollzug dem entspricht, was unter fremden Dritten üblich ist (sog. **Fremdvergleich**; R 4.8 Abs. 1 EStR und H 4.8 „Fremdvergleich" EStH). Entsprechendes gilt für die Anerkennung von Arbeitsverträgen zwischen **Lebenspartnern**.[1]

Auf andere nahestehende Personen sind diese besonderen Anforderungen nur begrenzt übertragbar. Grundsätzlich nach den gleichen Maßstäben ist die Mitarbeit von **Kindern** im elterlichen Betrieb aufgrund eines Ausbildungs- oder Dienstvertrags zu beurteilen (H 4.8 „Arbeitsverhältnisse mit Kindern" EStH). Allerdings sind Arbeitsverträge mit eigenen Kindern unter 15 Jahren und voll schulpflichtigen Kindern i. d. R. nichtig (§ 2 Abs. 1, §§ 5, 7 JArbSchG) und steuerrechtlich nicht anzuerkennen (R 4.8 Abs. 3 Satz 2 EStR).

Dagegen gelten die für Ehegatten zu beachtenden Grundsätze grundsätzlich nicht für Dienstverträge zwischen **Verlobten,** Partnern einer **nichtehelichen Lebensgemeinschaft, Geschwistern** usw., auch wenn im Einzelfall ein vergleichbares Näherverhältnis besteht (H 4.8 „Nichteheliche Lebensgemeinschaften" EStH).[2]

Im Folgenden soll auf die Anforderungen an die steuerliche Anerkennung von Dienstverträgen zwischen Ehegatten und zwischen Eltern und ihren Kindern näher eingegangen werden.

---
[1] Sofern nicht besonders erwähnt, gilt im Folgenden das zu Ehegatten Ausgeführte für Lebenspartner nach dem LPartG entsprechend (vgl. § 2 Abs. 8 EStG).
[2] FG Niedersachsen, EFG 2017 S. 482 (betreffend ein Arbeitsverhältnis eines Ingenieurs mit seiner ehemaligen Lebensgefährtin; Revision zugelassen).

10.9.2 Form und Zustandekommen des Arbeitsvertrags

Nach der Rechtsprechung bedarf es einer Vereinbarung **zu Beginn** des Arbeitsverhältnisses.

Nicht notwendig ist hingegen, dass der Arbeitsvertrag **schriftlich** abgeschlossen wurde. Ebenso wenig ist die Einhaltung bürgerlich-rechtlicher **Formvorschriften** wie z. B. bei Verträgen mit minderjährigen Kindern die familienrechtliche Genehmigung (§§ 1643, 1821 f. BGB) oder Bestellung eines Ergänzungspflegers (§§ 181, 1629 Abs. 2, §§ 1795, 1909 BGB) zwingende Voraussetzung für die steuerliche Anerkennung (R 4.8 Abs. 3 Satz 1 EStR). Die Beachtung oder Nicht-Beachtung kann aber indizielle Wirkung haben.

10.9.3 Inhalt des Arbeitsvertrags

Der Arbeitsvertrag muss **klar und eindeutig** sein sowie die **Hauptleistungspflichten** wie die zu erbringende Arbeitsleistung und deren Umfang sowie die Vergütung enthalten (dazu H 4.8 „Arbeitsverhältnisse zwischen Ehegatten – Der steuerrechtlichen Anerkennung eines Arbeitsverhältnisses steht entgegen" EStH).

Die vereinbarte Tätigkeit muss **über übliche familiäre Unterstützungsleistungen hinausgehen** (H 4.8 „Gelegentliche Hilfeleistung" EStH; dazu auch Tz. 10.7). Daher kann die steuerliche Anerkennung eines Arbeitsverhältnisses, das ein Vater mit seinem Kind über eine Aushilfstätigkeit im elterlichen Betrieb abgeschlossen hat, nicht deswegen versagt werden, weil Kinder familienrechtlich (§ 1619 BGB) zur Mithilfe im elterlichen Betrieb verpflichtet sind.[1] Handelt es sich aber um Hilfeleistungen, die wegen ihrer Geringfügigkeit oder Eigenart üblicherweise nicht auf arbeitsvertraglicher Grundlage erbracht werden, ist die steuerliche Anerkennung zu versagen (H 4.8 „Arbeitsverhältnisse mit Kindern" EStH).

Aus denselben Gründen kann auch ein Ehegatten-Unterarbeitsverhältnis eines Pfarrers mit seiner Ehefrau, die ihren Mann im Bereich der Jugend-, Alten- und Gemeindearbeit bei Besuchen im Pfarrhaus und beim Telefondienst unterstützt, nicht anerkannt werden, da die nur gelegentlichen und geringfügigen Hilfeleistungen ansonsten ehrenamtlich von Dritten unentgeltlich übernommen werden (H 4.8 „Arbeitsverhältnisse zwischen Ehegatten – Unterarbeitsverhältnis" EStH).

10.9.4 Ernsthaftigkeit

Grundsätzlich soll die **Höhe des Arbeitslohns angemessen** sein – also der geleisteten Arbeit entsprechen (Fremdvergleich).

Der steuerlichen Anerkennung eines Ehegatten-Dienstverhältnisses steht aber nicht entgegen, dass der vereinbarte Arbeitslohn **unüblich niedrig** ist, sofern aus dem

---
1 BFH, BStBl 1989 II S. 453.

10.9 Dienstverhältnisse zwischen nahestehenden Personen

Missverhältnis zwischen Leistung und Gegenleistung nicht auf einen mangelnden rechtsgeschäftlichen Bindungswillen zu schließen ist (H 4.8 „Arbeitsverhältnisse zwischen Ehegatten – Der steuerrechtlichen Anerkennung eines Arbeitsverhältnisses steht nicht entgegen" und „Fremdvergleich" EStH). Möglich ist nämlich ein sog. teilentgeltliches Rechtsgeschäft, bei dem die Mitarbeit teils auf (entgeltlicher) arbeitsvertraglicher und teils auf (unentgeltlicher) familiärer Grundlage geleistet wird.

Ist das Dienstverhältnis im Übrigen anzuerkennen, kann eine **unüblich hohe** Vergütung nur insoweit als Arbeitslohn behandelt werden, als sie angemessen ist, d. h. dem Arbeitslohn entspricht, den ein fremder Arbeitnehmer für eine gleichartige Tätigkeit erhalten würde.[1]

Sonstige Gegenleistungen wie Heirats- und Geburtsbeihilfen, Weihnachtsgratifikationen, Unterstützungen in Notfällen und ähnliche Zuwendungen können als Einkünfte aus nichtselbständiger Arbeit nur berücksichtigt werden, wenn derartige Zuwendungen in dem Betrieb des Unternehmers auch an fremde Arbeitnehmer üblicherweise gegeben werden.[2] **Vermögenswirksame Leistungen,** die dem Arbeitnehmer-Ehegatten nach dem 5. VermBG gewährt werden, sind ebenfalls steuerlich grundsätzlich anzuerkennen mit der Folge, dass bei Vorliegen der erforderlichen Voraussetzungen eine Arbeitnehmer-Sparzulage zu gewähren ist (§ 13 des 5. VermBG). Vereinbarungen über eine **Alters-** und/oder **Invaliditätssicherung** zugunsten des Arbeitnehmer-Ehegatten sind steuerlich grundsätzlich ebenfalls anzuerkennen mit der Folge, dass Leistungen des Arbeitgeber-Ehegatten hierfür Aufwendungen für die Zukunftssicherung i. S. des § 2 Abs. 2 Nr. 3 LStDV sind. Dies gilt selbst dann, wenn die Versicherungsleistung bei vorzeitigem Tod des Arbeitnehmer-Ehegatten ganz oder teilweise dem Arbeitgeber-Ehegatten zusteht (vgl. zur Zulässigkeit und steuerlichen Anerkennung einer Direktversicherung H 4.8 „Arbeitsverhältnis zwischen Ehegatten" EStH i. V. m. H 4b „Arbeitnehmer-Ehegatten" EStH).[3]

10.9.5 Tatsächliche Durchführung

Ein wichtiger Anhaltspunkt für das Vorliegen eines ernsthaft gewollten und durchgeführten Dienstverhältnisses zwischen Angehörigen ist zum einen, dass die vereinbarte **Arbeitsleistung** im vereinbarten Umfang und regelmäßig erbracht wird, der vereinbarte **Lohn** laufend und zu den üblichen Zeiten gezahlt wird (H 4.8 „Arbeitsverhältnis zwischen Ehegatten – Der steuerrechtlichen Anerkennung eines Arbeitsverhältnisses steht entgegen" EStH) sowie die entsprechenden **Lohnsteuer- und Sozialversicherungsabzugsbeträge** abgeführt werden.[4]

---

[1] BFH, BStBl 1987 II S. 121.
[2] BVerfG, BStBl 1970 II S. 652.
[3] Dazu auch BFH, BStBl 1980 II S. 350, 1982 II S. 119, 1984 II S. 60, 1986 II S. 559.
[4] BFH, BStBl 1964 III S. 131.

10 Dienstverhältnis

Notwendig für die steuerliche Anerkennung eines Ehegatten-Arbeitsverhältnisses ist daher, dass das vereinbarte Gehalt tatsächlich in die **Verfügungsmacht** des Arbeitnehmer-Ehegatten übergeht. Der Lohn muss also aus dem Vermögen des Arbeitgeber-Ehegatten ausscheiden und in den vom Arbeitgeberbereich eindeutig getrennten Einkommens- und Vermögensbereich des Arbeitnehmer-Ehegatten gelangen.

Von diesem Grundsatz ausgehend hat es die Rechtsprechung ursprünglich abgelehnt, die Überweisung des Gehalts auf ein Konto des Arbeitnehmer-Ehegatten, an welchem dem Arbeitgeber-Ehegatten nur ein Mitverfügungsrecht eingeräumt ist, oder auf ein Bankkonto, das – als sog. **Oder-Konto** – vom Arbeitnehmer- und Arbeitgeber-Ehegatten gemeinsam geführt wird, als ausreichend für die steuerliche Anerkennung des Ehegatten-Dienstverhältnisses anzusehen (vgl. dazu H 4.8 „Arbeitsverhältnisse zwischen Ehegatten – Der steuerrechtlichen Anerkennung eines Arbeitsverhältnisses kann entgegenstehen" EStH). Nunmehr ist die Zahlung auf ein Oder-Konto nur noch eines von mehreren Kriterien für die Beurteilung der Frage, ob ein Arbeitsverhältnis besteht (H 4.8 „Arbeitsverhältnisse zwischen Ehegatten – Der steuerrechtlichen Anerkennung eines Arbeitsverhältnisses steht nicht entgegen" EStH). Steht die tatsächlich geleistete Arbeit und ihre Entlohnung außer Frage, hat die Überweisung auf ein Oder-Konto als Prüfungskriterium keine Bedeutung mehr. Nur wenn der Arbeitnehmer überhaupt nicht berechtigt ist, über das Konto zu verfügen, ist kein Arbeitslohn geflossen und damit die steuerliche Anerkennung ausgeschlossen.[1]

Die geänderte Rechtsprechung hat in der Folge bewirkt, dass **nicht jegliche Abweichung** von vermeintlich üblichen Gestaltungen zur Versagung der steuerlichen Anerkennung führt. Beispielsweise wurde ein Arbeitsverhältnis anerkannt, obwohl der Arbeitgeber-Ehegatte dem Arbeitnehmer-Ehegatten das Gehalt wiederholt zu spät ausbezahlt hat. Im Rahmen der Gesamtwürdigung wurde der langjährigen beanstandungsfreien Auszahlung des Arbeitslohns sowie der Abführung von Lohnsteuer und Sozialversicherungsbeiträgen die größere Bedeutung beigemessen.[2]

Der steuerlichen Anerkennung des Ehegatten-Dienstverhältnisses steht nicht entgegen, wenn der vom Arbeitnehmer-Ehegatten tatsächlich bezogene Arbeitslohn dem Arbeitgeber-Ehegatten aufgrund einer eindeutigen Vereinbarung wieder als **Darlehen** zur Verfügung gestellt oder das zuvor auf einem Sparbuch angesparte Gehalt später dem Ehegatten-Arbeitgeber zwecks Verwendung im privaten oder geschäftlichen Bereich in größeren Beträgen **geschenkt** wird (H 4.8 „Arbeitsverhältnisse zwischen Ehegatten – Der steuerrechtlichen Anerkennung eines Arbeitsverhältnisses steht nicht entgegen" EStH).

Die Grundsätze für die steuerliche Anerkennung von Ehegatten-Dienstverhältnissen gelten auch, wenn die Ehegatten **wechselseitig Arbeitsverträge** geschlossen haben. Die Wechselseitigkeit ist aber ein starkes Indiz dafür, dass solche Verträge nicht

---
1 BFH vom 05.02.1997 X R 145/97 (BFH/NV 1997 S. 347).
2 BFH vom 26.06.1996 X R 155/94 (BFH/NV 1997 S. 182).

dem entsprechen, was unter Fremden üblich ist (H 4.8 „Arbeitsverhältnisse zwischen Ehegatten – Der steuerrechtlichen Anerkennung eines Arbeitsverhältnisses steht entgegen" EStH).

Ist ein Arbeitsverhältnis steuerrechtlich **nicht anzuerkennen,** sind Lohnzahlungen einschließlich einbehaltener und abgeführter Lohn- und Kirchensteuerbetrage usw. nicht als Betriebsausgaben abziehbar (H 4.8 „Rechtsfolgen bei fehlender Anerkennung" EStH).

Hinsichtlich weiterer Einzelheiten wird auf die entsprechenden Ausführungen in Band 3 der Grünen Reihe (Einkommensteuer) verwiesen.

11 Arbeitnehmer

11.1 Allgemeines

Nach § 1 Abs. 1 Satz 1 LStDV sind Arbeitnehmer im öffentlichen oder privaten Dienst angestellte oder beschäftigte Personen, die aus einem gegenwärtigen, früheren oder künftigen Dienstverhältnis Arbeitslohn beziehen.

> **Beispiel:**
> Der Beamte B ist pensioniert worden. Bei dem bezogenen Ruhegehalt handelt es sich um Arbeitslohn aus seinem (früheren) Dienstverhältnis (§ 19 Abs. 1 Satz 1 Nr. 2 EStG, § 2 Abs. 1 Satz 2 Nr. 2 LStDV). Damit ist B weiterhin Arbeitnehmer; seine Pension unterliegt als Arbeitslohn dem Lohnsteuerabzug.

Arbeitnehmer schulden die Leistung ihrer Arbeitskraft (§ 1 Abs. 2 LStDV) **höchstpersönlich** – können die „Einkunftsquelle nichtselbständige Arbeit" also nicht auf Dritte übertragen (dazu Tz. 10.4.1).

Arbeitnehmer können **nur natürliche Personen** sein, wobei es auf die **Geschäftsfähigkeit** nicht ankommt.

11.2 Rechtsnachfolger des Arbeitnehmers

Wenngleich der Arbeitnehmer nur selbst das Dienstverhältnis erfüllen kann, sind Arbeitnehmer auch der oder die Rechtsnachfolger dieses Arbeitnehmers (§ 19 Abs. 1 Satz 1 Nr. 2 EStG, § 1 Abs. 1 Satz 2 LStDV). Dabei handelt es sich i. d. R. um seinen oder seine Erben als Gesamtrechtsnachfolger (dazu H 19.9 „Erben als Arbeitnehmer" LStH). Da diese(r) selbst keine Arbeitsleistung erbracht haben (hat), erfolgt lediglich eine **personenbezogene Zurechnung** dieser Einnahmen. Die Besteuerung des Entgelts aus einem früheren Dienstverhältnis richtet sich also danach, ob der Arbeitslohn dem originären Arbeitnehmer oder dem Rechtsnachfolger (oder den Rechtsnachfolgern) zugeflossen ist.

> **Beispiel:**
> Nach dem Tod des Rentners R erhält dessen Ehefrau und Alleinerbin E vom ehemaligen Arbeitgeber des R weiterhin die bisher an ihn gezahlte Werkspension von 150 € monatlich.
>
> Bei der Werkspension handelt sich um Bezüge, die aus einem früheren Arbeitsverhältnis des Rechtsvorgängers der E herrühren (§ 1 Abs. 1 Satz 2 LStDV). Unerheblich ist dabei, ob der ehemalige Arbeitgeber des R die Bezüge freiwillig an E zahlt. Die Ehefrau ist deshalb Arbeitnehmerin im Sinne des Lohnsteuerrechts; die Werkspension ist Arbeitslohn. Der Lohnsteuereinbehalt erfolgt nach den individuellen Merkmalen der E.

11.3 Unbeschränkte und beschränkte Lohnsteuerpflicht

11.3.1 Sachliche Abgrenzung

Arbeitnehmer können nach § 1 EStG wie jede andere natürliche Person unbeschränkt oder beschränkt einkommensteuerpflichtig sein. Die unbeschränkte Steuerpflicht hat zur Folge, dass sämtliche Einkünfte dieser Person der Besteuerung im Inland unterworfen werden, unabhängig davon, ob sie im Inland oder im Ausland erzielt wurden (**Welteinkommensprinzip**). Dem gegenüber unterliegt eine beschränkt steuerpflichtige Person gem. § 1 Abs. 4 EStG der Einkommensteuer nur mit ihren inländischen Einkünften i. S. des § 49 EStG.

Die **unbeschränkt lohnsteuerpflichtigen Arbeitnehmer** bilden die Mehrzahl der Lohnsteuerfälle. Auf sie finden grundsätzlich alle Vorschriften des EStG und der LStDV uneingeschränkt Anwendung. Sie genießen vor allem die auf die Leistungsfähigkeit abstellenden Vergünstigungen bei der Besteuerung, die z. B. in der Ausgestaltung des Lohnsteuertarifs oder in der Berücksichtigung von außergewöhnlichen Belastungen zum Ausdruck kommen.

Beschränkt einkommensteuerpflichtige Personen können zahlreiche begünstigende und die persönlichen Verhältnisse berücksichtigende Vorschriften nicht in Anspruch nehmen, weil es dem Wohnsitzstaat grundsätzlich freisteht, welche steuerlichen Folgen er aus den persönlichen Verhältnissen seiner Bürger ziehen will.

Da **beschränkt lohnsteuerpflichtige Arbeitnehmer** in aller Regel ebenso wie unbeschränkt lohnsteuerpflichtige Arbeitnehmer ihren Lebensunterhalt aus einer Tätigkeit in Deutschland bestreiten, hat der Gesetzgeber es jedoch für geboten gehalten, die beschränkt und unbeschränkt lohnsteuerpflichtigen Arbeitnehmer hinsichtlich der Besteuerung weitgehend gleichzustellen. Maßgebend war hierfür vor allem der Gesichtspunkt der Gleichbehandlung und des Arbeitsfriedens. So können nach § 50 EStG beschränkt lohnsteuerpflichtige Arbeitnehmer die Werbungskosten grundsätzlich in voller Höhe nach § 9 EStG geltend machen oder den Arbeitnehmer-Pauschbetrag von 1.000 Euro nach § 9a Satz 1 Nr. 1 Buchst. a EStG in Anspruch nehmen. Ferner können sie den Sonderausgaben-Pauschbetrag nach § 10c EStG in Anspruch nehmen mit der Möglichkeit, die tatsächlichen Aufwendungen i. S. des § 10b EStG (steuerbegünstigte Zwecke) nachzuweisen. Zu beachten ist aber, dass sich die vorgenannten Pauschalen zeitanteilig ermäßigen (§ 50 Abs. 1 Satz 5 EStG), wenn dem Arbeitnehmer die Einkünfte aus nichtselbständiger Tätigkeit i. S. des § 49 Abs. 1 Nr. 4 EStG nicht während eines vollen Kalenderjahres oder Kalendermonats zugeflossen sind.

Die **Einkommensteuer** gilt bei beschränkt lohnsteuerpflichtigen Arbeitnehmern **durch den Lohnsteuerabzug als abgegolten** (§ 50 Abs. 2 Satz 1 EStG). Diese Abgeltungsfiktion entfällt jedoch, wenn nachträglich festgestellt wird, dass beim Arbeitnehmer die Voraussetzungen der unbeschränkten Einkommen- bzw. Lohnsteuerpflicht vorgelegen haben, z. B. dass der Arbeitnehmer einen Antrag nach § 1

Abs. 3 EStG gestellt hat (§ 50 Abs. 2 Satz 2 Nr. 2 EStG). Sie entfällt ferner für Einkünfte aus nichtselbständiger Arbeit i. S. des § 49 Abs. 1 Nr. 4 EStG, wenn eine Pflicht- oder Antragsveranlagung durchzuführen ist (§ 50 Abs. 2 Satz 2 Nr. 4 Buchst. a und b EStG).

11.3.2 Unbeschränkte Lohnsteuerpflicht

Unbeschränkt steuerpflichtig sind nach § 1 Abs. 1 EStG Arbeitnehmer, die **im Inland** einen **Wohnsitz oder** ihren **gewöhnlichen Aufenthalt** haben. Auf andere Umstände, insbesondere die Staatsangehörigkeit, kommt es nicht an.

Die Begriffe „Inland", „Wohnsitz" und „gewöhnlicher Aufenthalt" sind im EStG nicht näher definiert. Sie ergeben sich jedoch aus der Konzeption des EStG oder aus anderen für alle Steuerarten geltenden Gesetzen.

11.3.2.1 Inland

Der Inlandsbegriff des EStG wird zunächst durch die **hoheitlichen Grenzen** – also das Gebiet der Bundesrepublik Deutschland – bestimmt. Darüber hinaus gehört gem. § 1 Abs. 1 Satz 2 EStG zum Inland auch der zugehörige Anteil an der **ausschließlichen Wirtschaftszone** und dem **Festlandsockel**, soweit dort natürliche Ressourcen erforscht, ausgebeutet, erhalten oder bewirtschaftet werden. Erfasst werden damit z. B. Bohrinseln oder Offshore-Windkraftanlagen und -parks, die sich außerhalb der völkerrechtlichen Festlegung des Staatsgebiets, aber innerhalb dieser Zonen befinden. Die dort erzielten Einkünfte sind damit inländische Einkünfte i. S. § 49 EStG, so dass zumindest eine beschränkte Steuerpflicht vorliegt.

Schiffe unter Bundesflagge rechnen **auf hoher See** ebenfalls zum Inland (H 1a „Schiffe" EStH). Nach § 1 des Flaggenrechtsgesetzes und §§ 3 und 10 der Schiffsregisterordnung sind die einem deutschen Eigentümer gehörenden Kauffahrtei- und Seeschiffe in das Schiffsregister einzutragen und haben die Bundesflagge zu führen.

11.3.2.2 Wohnsitz

Einen Wohnsitz hat ein Arbeitnehmer dort, wo er eine Wohnung unter Umständen innehat, die darauf schließen lassen, dass er die Wohnung beibehalten und benutzen wird (§ 8 AO). Ob der Stpfl. über weitere Wohnungen im Ausland verfügt und wo er seinen Lebensmittelpunkt hat, spielt keine Rolle, da es nach § 1 Abs. 1 Satz 1 EStG nur darauf ankommt, dass **ein** Wohnsitz im Inland besteht.

Eine **Wohnung** setzt eingerichtete, zum Wohnen geeignete Räume voraus, die den Verhältnissen des Arbeitnehmers angepasst sind (AEAO zu § 8 Nr. 3). Ob eine Wohnung begründet worden ist, ist allein nach tatsächlichen und wirtschaftlichen Gesichtspunkten zu beurteilen. Wesentlich für den Wohnsitzbegriff ist das **Innehaben** einer Wohnung, d. h., der Arbeitnehmer muss rechtlich und tatsächlich über die Wohnung verfügen, sie insbesondere nutzen können. Dabei genügt es, dass der

11.3 Unbeschränkte und beschränkte Lohnsteuerpflicht

Arbeitnehmer die Wohnung z. B. über Jahre hinweg jährlich regelmäßig nur zweimal zu bestimmten Zeiten über einige Wochen nutzt (AEAO zu § 8 Nr. 4).

Beispiel:
S fährt auf ausländischen Schiffen zur See. Seinen jährlichen Urlaub, der ihm i. d. R. zweimal im Jahr gewährt wird, verbringt er in seiner Wohnung in Bremen, die ansonsten von ihm nicht genutzt wird.
S hat einen Wohnsitz in Bremen.

Diese Verfügungsmacht über die Wohnung kann auch durch **Familienangehörige** ausgeübt werden (AEAO zu § 8 Nr. 1).

Beispiele:
1. Ein deutscher Schiffsoffizier, der mit seiner Familie in Bremen wohnt, hatte bisher auf einem unter deutscher Flagge fahrenden Schiff angemustert und fährt nunmehr auf einem ausländischen Schiff zur See. Er kommt nur noch in größeren Zeitabständen nach Bremen zu seiner Familie.
Der Schiffsoffizier unterhält durch seine Familie nach wie vor einen Wohnsitz in Bremen. Er bleibt unbeschränkt einkommensteuerpflichtig.
2. Der ledige Student S, der in London studiert, hat im elterlichen Einfamilienhaus ein Zimmer beibehalten. Am Hochschulort bewohnt er ein gemietetes Zimmer in einem Studentenwohnheim.
S behält seinen bisherigen Wohnsitz bei den Eltern bei.

Kein Wohnsitz wird begründet, wenn der Arbeitnehmer die Wohnung von vornherein in der Absicht nimmt, sie **nur vorübergehend** (weniger als 6 Monate) beizubehalten und zu benutzen (AEAO zu § 8 Nr. 4).

Beispiel:
K, der die österreichische Staatsangehörigkeit besitzt und in Österreich seinen Wohnsitz hat, war von Juni bis Oktober 01 Aushilfskellner in München. Dort wohnte er in einer vom Arbeitgeber zur Verfügung gestellten Unterkunft.
K hat in München keinen (weiteren) Wohnsitz begründet.

11.3.2.3 Gewöhnlicher Aufenthalt

Der gewöhnliche Aufenthalt ist nur dann für die Begründung der unbeschränkten Steuerpflicht maßgebend, wenn es an einem Wohnsitz im Inland fehlt.

Seinen gewöhnlichen Aufenthalt hat ein Arbeitnehmer dort, wo er sich unter Umständen aufhält, die erkennen lassen, dass er an diesem Ort oder in diesem Land **nicht nur vorübergehend verweilt** (§ 9 Satz 1 AO). Maßgeblich ist also der **tatsächliche Aufenthalt** im Inland und die **Verweilsabsicht**, wobei „gewöhnlich" gleichbedeutend ist mit „dauernd" (AEAO zu § 9 Nr. 1 Satz 2).

Da die Verweilsabsicht oft nicht eindeutig feststellbar ist, gilt gem. § 9 Satz 2 AO Folgendes: Ein vorübergehender Aufenthalt im Inland begründet grundsätzlich keinen gewöhnlichen Aufenthalt. „Vorübergehend" sind Aufenthalte bis zu **6 Monate**. Daher ist ein zeitlich zusammenhängender Aufenthalt im Inland von mehr als

6 Monaten stets und von Beginn an als gewöhnlicher Aufenthalt anzusehen (AEAO zu § 9 Nr. 1 Satz 1). Die 6-Monats-Frist des § 9 Satz 2 AO setzt aber keine ununterbrochene körperliche Anwesenheit voraus, weshalb kurzfristige Unterbrechungen wie z. B. Familienheimfahrten oder Urlaube unbeachtlich sind (§ 9 Satz 2 Halbsatz 2 AO). Dies führt zu der Besonderheit, dass eine begonnene Frist weiterläuft und die Unterbrechungszeit mitgerechnet wird.

§ 9 Satz 3 AO enthält eine Billigkeitsregelung, nach der kein gewöhnlicher Aufenthalt vorliegt, wenn der Aufenthalt im Inland ausschließlich zu Besuchs-, Erholungs-, Kur- oder ähnlichen privaten Zwecken genommen wird und nicht länger als **ein Jahr** dauert.

Demgegenüber wird ein gewöhnlicher Aufenthalt bei längerer Abwesenheit **aufgegeben.** Davon kann grundsätzlich ausgegangen werden, wenn der Stpfl. zusammenhängend mehr als 6 Monate im Ausland lebt (dazu AEAO zu § 9 Nr. 4).

Beispiele:

1. Praktikant P aus Lissabon hält sich 5 Monate in Wolfsburg auf und arbeitet dort bei einem Automobilhersteller. Danach kehrt er – wie von vornherein beabsichtigt – in seine Heimat zurück.

P ist beschränkt steuerpflichtig, da er weder einen Wohnsitz noch seinen gewöhnlichen Aufenthalt im Inland begründet hat.

2. P aus dem obigen Beispiel wechselt nach 5 Monaten in Wolfsburg zu einem Automobilhersteller in Stuttgart und arbeitet dort weitere 6 Monate. Während seiner Zeit in Deutschland war P bei Verwandten und in Pensionen untergebracht.

Da eine Schlafstelle bei Verwandten oder im gelegentlich genutzten Hotelzimmer keine Wohnung i. S. des § 8 AO darstellt,[1] hat P keinen Wohnsitz im Inland begründet. P hält sich insgesamt mehr als 6 Monate im Inland auf und ist somit gem. § 9 AO vom Beginn seines Aufenthalts in Deutschland an unbeschränkt lohnsteuerpflichtig.

3. Gastarbeiter G war vom 01.06. bis 31.10.01 im Inland beschäftigt. Vom 01.11.01 bis 28.02.02 verbrachte er seinen Jahresurlaub bei seiner Familie im Heimatland. Anschließend war er wieder bis 31.03.03 im Inland tätig.

G ist bereits für das Jahr 01 als unbeschränkt lohnsteuerpflichtig zu behandeln, weil der Heimaturlaub die 6-Monats-Frist nicht unterbrochen hat.[2]

11.3.3 Erweiterte unbeschränkte Lohnsteuerpflicht

Die Regelung der unbeschränkten Steuerpflicht in § 1 Abs. 1 EStG erfährt durch § 1 Abs. 2 EStG eine Ausweitung. Danach unterliegen Arbeitnehmer, die die **deutsche Staatsangehörigkeit** besitzen, aber im Inland weder einen Wohnsitz noch ihren gewöhnlichen Aufenthalt haben, der **erweiterten unbeschränkten Lohnsteuerpflicht,** wenn sie

---
[1] Siehe dazu BFH, BStBl 1990 II S. 687.
[2] BFH, BStBl 1978 II S. 118.

11.3 Unbeschränkte und beschränkte Lohnsteuerpflicht

- zu einer inländischen juristischen Person des öffentlichen Rechts in einem Dienstverhältnis stehen und dafür Arbeitslohn aus einer inländischen öffentlichen Kasse beziehen und
- in dem Staat ihres Wohnsitzes oder gewöhnlichen Aufenthaltes lediglich in einem der beschränkten Einkommensteuerpflicht ähnlichen Umfang zu einer Steuer vom Einkommen herangezogen werden.

Bei diesen der erweiterten unbeschränkten Lohnsteuerpflicht unterliegenden Stpfl. handelt es sich vornehmlich um Beamte, Angestellte oder Arbeiter in den Auslandsvertretungen der Bundesrepublik Deutschland. Aber auch andere im Ausland tätige Staatsangehörige können der erweiterten unbeschränkten Lohnsteuerpflicht unterliegen.

Beispiel:
Ein Lehrer aus Bremen wird von seiner Behörde für eine Lehrtätigkeit an einer deutschen Schule in Argentinien abgestellt. Seine Bezüge erhält er weiterhin von der Dienststelle in Bremen. Der Lehrer ist unbeschränkt lohnsteuerpflichtig.
Wird der Lehrer unter Fortfall seiner Dienstbezüge beurlaubt und von dem Schulträger in Argentinien nach dortigem Recht angestellt, ist er nicht gem. § 1 Abs. 2 EStG unbeschränkt lohnsteuerpflichtig, auch wenn er vom Bundesverwaltungsamt Zuwendungen gem. § 44 BHO erhält. Die Bundesrepublik Deutschland ist in diesem Fall nicht Arbeitgeber.[1]
Hinsichtlich der Ausgleichszulage ist der Lehrer beschränkt lohnsteuerpflichtig gem. § 1 Abs. 4 i. V. m. § 49 Abs. 1 Nr. 4 EStG, da die Ausgleichszulage steuerlich Arbeitslohn aus dem Dienstverhältnis mit dem argentinischen Schulträger ist.[2]

Haushaltsangehörige der erweiterten Lohnsteuerpflicht unterliegenden Arbeitnehmer sind nur dann ebenfalls unbeschränkt steuerpflichtig nach § 1 Abs. 2 EStG, wenn sie die deutsche Staatsangehörigkeit besitzen **oder** keine Einkünfte beziehen **oder** nur Einkünfte beziehen, die ausschließlich im Inland steuerpflichtig sind.

Beispiel:
Ein Beamter an der deutschen Botschaft in Kanada ist mit einer Kanadierin verheiratet, die keine eigenen Einkünfte bezieht. Dem Beamten steht die StKl III zu, obwohl seine Ehefrau nicht die deutsche Staatsangehörigkeit besitzt. Sie ist (erweitert) unbeschränkt einkommensteuerpflichtig.

11.3.4 Unbeschränkte Steuerpflicht auf Antrag

Nach § 1 Abs. 3 EStG werden ferner natürliche Personen **auf Antrag als unbeschränkt steuerpflichtig** behandelt, die im Inland weder einen Wohnsitz noch ihren gewöhnlichen Aufenthalt haben, soweit sie inländische Einkünfte i. S. des § 49 EStG erzielen. Die Staatsangehörigkeit ist im Unterschied zu § 1 Abs. 2 EStG unerheblich.

---
1 BFH, BStBl 1988 II S. 768.
2 BFH, BStBl 1989 II S. 351.

11 Arbeitnehmer

Die Option hat jedoch nur derjenige, dessen im Kalenderjahr weltweit erwirtschafteten Einkünfte zumindest zu 90 % der deutschen Einkommensteuer unterliegen (**relative Begrenzung**) **oder** dessen nicht der deutschen Einkommensteuer unterliegende Einkünfte den Grundfreibetrag gem. § 32a Abs. 1 Satz 2 Nr. 1 EStG nicht übersteigen (**absolute Begrenzung**). Dieser Betrag ist zu kürzen, soweit es nach den Verhältnissen im Wohnsitzstaat des Stpfl. notwendig und angemessen ist. Dabei gelten inländische Einkünfte, die nach einem DBA nur der Höhe nach beschränkt besteuert werden dürfen, als nicht der deutschen Einkommensteuer unterliegend. Ferner bleiben bei der Ermittlung der Einkünfte solche Einkünfte unberücksichtigt, die einer ausländischen Besteuerung nicht unterlegen haben, soweit vergleichbare Einkünfte im Inland steuerfrei sind (§ 1 Abs. 3 Satz 4 EStG). Weitere Voraussetzung ist gem. § 1 Abs. 3 Satz 5 EStG, dass die Höhe der nicht der deutschen Einkommensteuer unterliegenden Einkünfte durch eine Bescheinigung der zuständigen ausländischen Steuerbehörde nachgewiesen wird (sog. Vordruck „Bescheinigung EU/EWR" oder „Bescheinigung außerhalb EU/EWR").

Unter diese Regelung, die aus verfassungs- und europarechtlichen Gründen in das EStG aufgenommen wurde, fallen insbesondere sog. **Grenzpendler.** Das sind Arbeitnehmer, die im benachbarten Ausland wohnen und in der Bundesrepublik Deutschland beschäftigt sind.

Beispiel:

A hat seinen Wohnsitz in Eupen (Belgien). Er ist als angestellter Ingenieur bei einem Unternehmen in Aachen tätig und erzielte daraus Einkünfte i. H. von 60.000 € im Kalenderjahr. Im gleichen Jahr hatte er in Belgien Einkünfte aus freiberuflicher Tätigkeit von 3.000 €.

A ist beschränkt steuerpflichtig mit seinen Einkünften aus nichtselbständiger Arbeit (§ 1 Abs. 4, § 49 Abs. 1 Nr. 4 Buchst. a EStG). Das Besteuerungsrecht für diese Einkünfte wird nach dem DBA-Belgien der Bundesrepublik Deutschland als Tätigkeitsstaat zugewiesen (Art. 15 Abs. 1 DBA-Belgien). Auf Antrag ist A gem. § 1 Abs. 3 EStG als unbeschränkt lohnsteuerpflichtig zu behandeln, da er die relative Einkünftegrenze nach § 1 Abs. 3 Satz 2 EStG (60.000 € : 63.000 €) einhält. Er muss jedoch die Höhe seiner freiberuflichen Einkünfte durch eine Bescheinigung der belgischen Steuerbehörde nachweisen (§ 1 Abs. 3 Satz 5 EStG).

11.3.5 Fiktive unbeschränkte Steuerpflicht

Die unbeschränkte Lohnsteuerpflicht von Staatsangehörigen eines EU-Mitgliedstaates oder eines Staates, auf den das Abkommen über den EWR anwendbar ist, oder von Personen, die auf Antrag als unbeschränkt lohnsteuerpflichtig behandelt werden, kann in bestimmten Fällen gleichwohl zu einer steuerlichen Benachteiligung führen. Da die im Ausland lebenden Familienangehörigen nicht unbeschränkt steuerpflichtig sind, wären nämlich personen- und familienbezogene Entlastungen nicht möglich. So können z. B. Unterhaltsleistungen an den geschiedenen oder dauernd getrennt lebenden Ehegatten gem. § 10 Abs. 1a Nr. 1 Satz 1 EStG nur dann als Son-

11.3 Unbeschränkte und beschränkte Lohnsteuerpflicht

derausgaben abgezogen werden, wenn der Empfänger unbeschränkt steuerpflichtig ist (sog. Realsplitting).

Da nach dem europäischen Recht jeder Bürger grundsätzlich das Recht hat, seinen Wohnsitz in jedem Mitgliedsstaat zu nehmen (sog. Freizügigkeit), sieht § 1a EStG folgende Sonderregelungen vor:

1. **Unterhaltsleistungen an geschiedene oder dauernd getrennt lebende Ehegatten** (§ 10 Abs. 1a Nr. 1 EStG), **Versorgungsleistungen im Zusammenhang mit Vermögensübergaben** (§ 10 Abs. 1a Nr. 2 EStG) und **Versorgungsausgleichsleistungen im Rahmen des** (schuldrechtlichen) **Versorgungsausgleichs** (§ 10 Abs. 1a Nr. 4 EStG) sind gem. § 1a Abs. 1 Nr. 1 EStG als Sonderausgaben abzugsfähig, wenn derjenige, der die Vergünstigung beantragt, sowohl EU- oder EWR-Staatsbürger als auch unbeschränkt steuerpflichtig ist. Der Empfänger der Leistung oder Zahlung muss – ungeachtet seiner Staatsangehörigkeit – seinen Wohnsitz oder gewöhnlichen Aufenthalt im Hoheitsgebiet eines anderen EU- oder EWR-Staates haben. Weitere Voraussetzung ist, dass die Besteuerung der Leistung oder Zahlung beim Empfänger durch eine Bescheinigung der zuständigen ausländischen Steuerbehörde nachgewiesen wird. Bei **Ausgleichszahlungen zur Vermeidung des Versorgungsausgleichs** gem. § 10 Abs. 1a Nr. 3 EStG ist die unbeschränkte Steuerpflicht des Empfängers zwar nicht ausdrücklich vorgeschrieben. Ein Sonderausgabenabzug bei solchen Ausgleichszahlungen an nicht unbeschränkt Stpfl. ist aber nicht möglich, da dies dem Korrespondenzprinzip mit Einkünftetransfer – der Besteuerung beim Empfänger gem. § 22 Nr. 1a EStG – widersprechen würde. Da § 1a Abs. 1 Nr. 1 EStG auch auf § 10 Abs. 1a Nr. 3 EStG Bezug nimmt, ist wie bei den anderen Tatbeständen des § 10 Abs. 1a EStG bei Zahlungen an Empfänger in EU- oder EWR-Staaten ein Abzug zuzulassen.

2. Die **Zusammenveranlagung** (Ehegatten-Splitting, § 26 Abs. 1 Satz 1, § 32a Abs. 5 EStG) ist für einen unbeschränkt Stpfl. mit EU- oder EWR-Staatsangehörigkeit gem. § 1a Abs. 1 Nr. 2 EStG auch dann möglich, wenn sein Ehegatte zwar nicht unbeschränkt steuerpflichtig ist, dieser aber seinen Wohnsitz oder gewöhnlichen Aufenthalt in einem anderen EU- oder EWR-Staat hat. Weitere Voraussetzung ist ein entsprechender schriftlicher Antrag sowie die Einhaltung der Einkunftsgrenzen gem. § 1a Abs. 1 Nr. 2 Satz 3 EStG. Bei der Frage, ob Ehegatten die relative oder absolute Wesentlichkeitsgrenze für das Wahlrecht zur Zusammenveranlagung in Fällen der fiktiven unbeschränkten Einkommensteuerpflicht (§ 1 Abs. 3 Satz 2 EStG) wahren, ist – anders als in R 1 Satz 3 EStR beschrieben – im Rahmen einer einstufigen Prüfung auf die Einkünfte beider Ehegatten abzustellen und der Grundfreibetrag zu verdoppeln (H 1a „Einkünfteermittlung zur Bestimmung der Einkunftsgrenzen" EStH).

Beispiel:

Der in Aachen tätige A (vgl. voriges Beispiel) wohnt mit seiner Ehefrau und seinem vierjährigen Sohn in Eupen (Belgien).

11 Arbeitnehmer

A ist gem. § 1 Abs. 3 EStG auf Antrag als unbeschränkt steuerpflichtig zu behandeln (vgl. oben). Nach § 1a Abs. 1 Nr. 2 EStG ist ihm auf Antrag die Zusammenveranlagung zu gewähren, obwohl seine Ehefrau nicht unbeschränkt einkommensteuerpflichtig ist. Ebenso kann A den Kinderfreibetrag gem. § 32 Abs. 6 EStG geltend machen.

Die erweiterte unbeschränkte Steuerpflicht nach § 1 Abs. 2 und 3 EStG gilt nur für die Einkommen- und Lohnsteuer sowie die staatlichen Zuschlagsteuern, nicht aber für die Kirchensteuer, für die der Wohnsitz oder der gewöhnliche Aufenthalt im Gebiet der steuerberechtigten Kirche Voraussetzung ist.[1]

11.3.6 Beschränkte Lohnsteuerpflicht

Natürliche Personen, die im Inland weder einen Wohnsitz noch ihren gewöhnlichen Aufenthalt haben (§ 1 Abs. 1 EStG) und nicht unter die erweiterte unbeschränkte Lohnsteuerpflicht gem. § 1 Abs. 2 EStG oder die unbeschränkte Lohnsteuerpflicht auf Antrag gem. § 1 Abs. 3 EStG fallen, sind mit ihren inländischen Einkünften aus nichtselbständiger Arbeit i. S. des § 49 Abs. 1 Nr. 4 EStG beschränkt lohnsteuerpflichtig (§ 1 Abs. 4 EStG); d. h., die Steuerpflicht beschränkt sich auf diese im Inland bezogenen Einkünfte.

11.3.6.1 Ausübung nichtselbständiger Arbeit im Inland
(§ 49 Abs. 1 Nr. 4 Buchst. a 1. Alt. EStG)

Der beschränkt lohnsteuerpflichtige Arbeitnehmer übt seine Tätigkeit im Inland aus, wenn er im Inland persönlich tätig wird.

Beispiel:
A wohnt in Polen. Er ist Angestellter eines Unternehmens in Frankfurt/Oder, wo er auch tätig ist (sog. Grenzpendler). A ist beschränkt lohnsteuerpflichtig; sein Gehalt unterliegt dem Lohnsteuerabzug.

Eine persönliche Tätigkeit wird nicht im Inland, sondern im Ausland ausgeübt, wenn ein im Inland wohnender Arbeitnehmer von seinem Arbeitgeber **ins Ausland geschickt** wird, um dort Arbeiten für den inländischen Arbeitgeber oder einen ausländischen Auftraggeber auszuführen, die nur an Ort und Stelle durchgeführt werden können.[2] Das Besteuerungsrecht für die im Ausland ausgeübte Tätigkeit steht ggf. nach dem einschlägigen DBA (z. B. Italien) dem anderen Staat zu, obwohl der Arbeitnehmer weiterhin unbeschränkt lohnsteuerpflichtig ist.[3]

Eine persönliche Tätigkeit im Inland wird auch von beschränkt lohnsteuerpflichtigen Arbeitnehmern ausgeübt, die als **Schiffspersonal** auf einem in ein inländisches Schiffsregister eingetragenen Kauffahrtei- oder Seeschiff unter deutscher Flagge tätig sind (dazu Tz. 11.3.2.1). Andererseits wird eine Tätigkeit im Inland nicht aus-

---
1 FG Köln, EFG 1983 S. 252.
2 BFH, BStBl 1971 II S. 804.
3 BFH, BStBl 1983 II S. 625.

11.3 Unbeschränkte und beschränkte Lohnsteuerpflicht

geübt, wenn ein beschränkt lohnsteuerpflichtiger Arbeitnehmer nur vorübergehend auf einem unter der Bundesflagge fahrenden Schiff während dessen Aufenthalt in einem ausländischen Hafen beschäftigt ist und von der deutschen Reederei entlohnt wird. Das in einem ausländischen Hafen liegende deutsche Schiff ist insoweit nicht Inland.[1]

11.3.6.2 Verwertung der Arbeit im Inland (§ 49 Abs. 1 Nr. 4 Buchst. a 2. Alt. EStG)

Die Verwertung der nichtselbständigen Arbeit im Inland ist ein Vorgang, durch den der Arbeitnehmer das Ergebnis seiner Tätigkeit dem Arbeitgeber zuführt. Mit „Verwerten" ist mithin ein **Nutzbarmachen** gemeint, das an einem Ort geschieht, der von der Ausübung der (tatsächlichen) Arbeit verschieden ist.[2]

Der BFH[2] begründet diese Auslegung damit, dass das Wort „verwerten" bedeutet, aus einem Gegenstand den in ihm steckenden Wert herauszuholen und nutzbar zu machen. Er verweist hierzu auf § 15 UrhG. Wenn der Gesetzgeber in § 49 Abs. 1 Nr. 4 Buchst. a EStG für das Vorliegen inländischer Einkünfte sowohl an die Ausübung als auch an die Verwertung der nichtselbständigen Arbeit anknüpfe, könne sich der Begriff der Verwertung nur auf diejenigen Fälle beziehen, in denen die nichtselbständige Arbeit an einem Ort verwertet wird, der nicht mit der Ausübung übereinstimmt. Für Fälle, in denen die nichtselbständige Arbeit nur am Ort der Ausübung verwertet werden könne, hätte es des Anknüpfungsmerkmals der Verwertung neben dem der Ausübung nicht bedurft. Diese Auslegung, der zuzustimmen ist, weil sie dem Gesetzeswortlaut und Gesetzeszweck entspricht, führt dazu, dass bei einem Tätigwerden im Ausland für einen inländischen Arbeitgeber nur in seltenen Fällen ein „Verwerten" und damit die beschränkte Lohnsteuerpflicht angenommen werden kann, zumal der BFH ausdrücklich die Zahlung des Arbeitslohns durch den inländischen Arbeitgeber als unbeachtlich bezeichnet hat.

> **Beispiele:**
>
> **1.** Der in Singapur ansässige K ist Kapitän eines unter der Flagge von Singapur fahrenden Schiffes, das von der in Bremen ansässigen Reederei R bereedert wird. Die R hat mit K einen Arbeitsvertrag abgeschlossen und zahlt ihm die Heuer. Das Schiff läuft nur gelegentlich den Hafen Bremen an.
>
> K übt seine nichtselbständige Arbeit auf dem Schiff und damit nicht im Inland aus. Seine auf dem Schiff ausgeübte Tätigkeit wird nicht im Inland verwertet, weil K das Ergebnis seiner Arbeit der R (seinem Arbeitgeber) nur auf dem Schiff selbst zuführen kann. Nur soweit das Schiff inländische Häfen anläuft, ist K im Inland tätig und insoweit beschränkt lohnsteuerpflichtig. Die Ausübung der Besteuerungsrechte auf internationaler Ebene ergibt sich aus Art. 15 Abs. 3 DBA-Singapur.
>
> **2.** Eine deutsche Fluggesellschaft unterhält auf den Bahamas eine unselbständige Niederlassung mit fünf Arbeitnehmern. Zu den Aufgaben der Niederlassung (Stationsbetrieb) gehört die Abfertigung der Flugzeuge und der Passagiere (Be- und Entladen

---

1 BFH, BStBl 1978 II S. 50.
2 BFH, BStBl 1987 II S. 377.

der Flugzeuge, Annahme und Weiterleitung des Passagiergepäcks, der beförderten Post usw.).

Die von den Arbeitnehmern der Fluggesellschaft auf den Bahamas ausgeübte Tätigkeit wird nicht im Inland verwertet. Die Arbeitnehmer können das Ergebnis ihrer nichtselbständigen Arbeit der Fluggesellschaft nur auf den Bahamas zuführen.

3. Der Angestellte A ist für das Hamburger Unternehmen U in Kuwait in der Weise tätig, dass er Kontakte mit dortigen Wirtschaftsunternehmen aufnimmt und diesen Auskünfte über die Produkte der U erteilt. Außerdem hat er die Aufgabe, den Markt zu beobachten und entsprechende Marktanalyseberichte für die U zu erstellen, die die Grundlage für deren unternehmerische Entscheidungen bilden sollen.

Soweit A in Kuwait Kontaktpflege betreibt, wird seine nichtselbständige Arbeit nicht im Inland verwertet. Er beeinflusst mit den Hinweisen auf die Produkte der U die Meinungsbildung der Geschäftsleute in Kuwait.

Mit der Marktbeobachtung und der Erstellung der Marktanalysen übt A dagegen eine nichtselbständige Arbeit in Kuwait aus, die im Inland verwertet wird. Insoweit schuldet er der U eine Leistung, die er dieser im Inland zuführt. A ist mithin teilweise beschränkt lohnsteuerpflichtig.

Des Weiteren wird eine nichtselbständige Tätigkeit auch dann im Inland verwertet, wenn es sich um Tätigkeiten handelt, deren **Auswertung** dem **Arbeitgeber ausdrücklich überlassen** ist. Dies ist insbesondere bei Künstlern, Schriftstellern usw. der Fall, die ihre Leistungen (z. B. Mitwirkung bei der Herstellung eines Films oder eines Buchs) nach den Bestimmungen des UrhG dem inländischen Arbeitgeber zur Verwertung überlassen.

Beispiel:
Der Filmschauspieler F mit Wohnsitz in Italien wird von einer in München ansässigen Filmgesellschaft zur Mitwirkung an einem Spielfilm verpflichtet. Die Dreharbeiten für den Film wurden weitgehend im Ausland, nur zum geringen Teil im Inland durchgeführt.

F ist mit seinen von der Filmgesellschaft erhaltenen Vergütungen beschränkt lohnsteuerpflichtig, weil seine nichtselbständige Arbeit im Inland, wo die Gesellschaft ihren Sitz hat, verwertet wird.[1]

11.3.6.3 Arbeitslohn aus inländischen öffentlichen Kassen
(§ 49 Abs. 1 Nr. 4 Buchst. b EStG)

Wird die nichtselbständige Arbeit nicht im Inland ausgeübt und besteht auch kein Wohnsitz oder gewöhnlicher Aufenthalt im Inland, wird aber der Arbeitslohn aus inländischen öffentlichen Kassen mit Rücksicht auf ein gegenwärtiges oder früheres Dienstverhältnis bezahlt, unterliegt der Arbeitnehmer mit diesen Bezügen der beschränkten Lohnsteuerpflicht, es sei denn, der Arbeitnehmer fällt unter die Regelungen gem. § 1 Abs. 2 und 3 EStG.

Öffentliche Kassen sind Kassen des Bundes, der Länder und Gemeinden, des Bundeseisenbahnvermögens und der Deutschen Bundesbank sowie sonstiger Körper-

---
[1] BFH, BStBl 1972 II S. 281, 1987 II S. 253.

schaften des öffentlichen Rechts. **Inländische** Kassen sind gegeben, wenn der Sitz der zahlenden Kasse im Inland ist oder wenn sie von Dienststellen des Bundes oder der Länder außerhalb des Inlands errichtet werden.

> **Beispiel:**
> Der französische Staatsbürger F mit Wohnsitz in Paris ist Angestellter der deutschen Botschaft in Paris. Seine Bezüge erhält er von der Bundesbesoldungskasse in Bonn.
> Da die unbeschränkte Steuerpflicht gem. § 1 Abs. 2 EStG an der französischen Staatsbürgerschaft scheitert, ist F nur beschränkt lohnsteuerpflichtig. Die unbeschränkte Steuerpflicht gem. § 1 Abs. 3 EStG tritt nur auf Antrag des F ein.

Der Gesetzgeber hat im JStG 1997 klargestellt, dass der Besteuerungstatbestand des § 49 Abs. 1 Nr. 4 Buchst. b EStG auch dann gegeben ist, wenn ein unmittelbarer Zahlungsanspruch nur gegen den ausländischen Dienstherrn, nicht aber gegen die inländische Kasse besteht. Dies betrifft vor allem die aus öffentlichen Mitteln gezahlten Gehälter von ins Ausland entsandten Bediensteten des Goethe-Instituts, des Deutschen Akademischen Austauschdienstes und ähnlicher Organisationen. Die hiervon betroffenen Stpfl. können sich nach § 1 Abs. 3 EStG auf Antrag als unbeschränkt steuerpflichtig behandeln lassen.

11.3.6.4 Tätigkeit als Geschäftsführer, Prokurist oder Vorstandsmitglied
(§ 49 Abs. 1 Nr. 4 Buchst. c EStG)

§ 49 Abs. 1 Nr. 4 Buchst. c EStG begründet eine Fiktion des Tätigkeitsortes.

> **Beispiel:**
> G ist Geschäftsführer einer GmbH mit Sitz in Freiburg i. Br. Er wohnt in Basel und erteilt seine geschäftlichen Weisungen usw. an die GmbH von dort aus. Nur an wenigen Tagen im Jahr begibt sich G zum Sitz der Gesellschaft.
> G ist Geschäftsführer einer GmbH (§ 35 GmbHG) mit Geschäftsleitung (§ 10 AO) im Inland, da Tätigkeiten, die typischerweise in der Erteilung von Weisungen bestehen, letztlich dort ausgeübt werden, wo diese empfangen und umgesetzt werden. Ob und wie lange sich G im Inland tatsächlich aufhält, ist genauso unerheblich wie der Sitz der Gesellschaft (§ 11 AO). G erzielt daher Einkünfte gem. § 49 Abs. 1 Nr. 4 Buchst. c EStG und ist somit beschränkt lohnsteuerpflichtig.

11.3.7 Zusammentreffen von unbeschränkter und beschränkter Lohnsteuerpflicht

Ein Arbeitnehmer kann innerhalb eines Kalenderjahres sowohl unbeschränkt als auch beschränkt lohnsteuerpflichtig sein. Um in diesem Fall eine unterschiedliche Besteuerung in demselben Kalenderjahr (Veranlagungszeitraum) zu vermeiden, bestimmt § 2 Abs. 7 Satz 3 EStG, dass die während der beschränkten Einkommensteuerpflicht erzielten inländischen Einkünfte (aus nichtselbständiger Arbeit) den während der unbeschränkten Einkommensteuerpflicht erzielten Einkünften (aus nichtselbständiger Arbeit) hinzuzurechnen sind. Es ist mithin eine Einkommensteuerveranlagung mit unbeschränkter Einkommensteuerpflicht durchzuführen.

Beispiel:

Der in Groningen (Niederlande) wohnhafte, an der dortigen Hochschule tätige Professor P ist an zwei Tagen in der Woche als Lehrbeauftragter an der Universität Aachen tätig. Im Juni 01 erhält er einen Ruf als ordentlicher Professor an die Universität Aachen, den er annimmt. Im Juli zieht er mit der Familie nach Aachen unter Aufgabe seiner Tätigkeit an der Hochschule in Groningen.

P ist bis einschließlich Juni 01 hinsichtlich seiner Einkünfte aus der Lehrtätigkeit in Aachen beschränkt lohnsteuerpflichtig. Ab Juli 01 ist er unbeschränkt steuerpflichtig. Gemäß § 2 Abs. 7 Satz 3 EStG ist P hinsichtlich seiner Einkünfte aus der Tätigkeit an der Universität Aachen für das ganze Kalenderjahr 01 als unbeschränkt steuerpflichtig zu behandeln und entsprechend zu veranlagen.

11.3.8 Besonderer Steuerabzug bei beschränkter Einkommensteuerpflicht

Durch § 50a EStG wird festgelegt, dass in bestimmten Fällen ein Steuerabzugsverfahren für beschränkt steuerpflichtige Personen durchzuführen ist. § 50a Abs. 1 Nr. 1 EStG unterwirft im Inland ausgeübte künstlerische, sportliche, artistische, unterhaltende und ähnliche Darbietungen dem 15 %igen Quellensteuerabzug gem. § 50a Abs. 2 EStG. Die Vorschrift begründet jedoch keine (beschränkte) Steuerpflicht, sondern setzt diese voraus. Wegen des Verweises auf § 49 Abs. 1 Nr. 4 EStG in § 50a Abs. 1 Nr. 1 EStG werden grundsätzlich auch Einkünfte aus nichtselbständiger Arbeit erfasst.

Unterliegen die Einkünfte aber dem Lohnsteuerabzug, was insbesondere bei inländischen Arbeitgebern der Fall ist (§ 38 Abs. 1 Nr. 1 EStG), erfolgt der Steuerabzug nur nach §§ 38 ff. EStG. Bei beschränkt lohnsteuerpflichtigen Arbeitnehmern ist das **besondere Steuerabzugsverfahren** i. S. von § 50a Abs. 1 Nr. 1 EStG also **subsidiär**.

Beispiel:

1. Die in Russland wohnende Sängerin S wird während der Saison 01/02 in Hamburg für zwei Gastspiele an der Staatsoper verpflichtet. Sie erhält eine Gage von jeweils 2.000 € pro Auftritt.

Die Einkommensteuer ist jeweils durch einen Steuerabzug von 15 % der Gage (600 €) zu erheben

2. Der bei einem Bundesligaverein angestellte Fußballprofi F hat seinen Wohnsitz in Belgien.

Es entfällt vorliegend der besondere Steuerabzug nach § 50a EStG. Der Bundesligaverein hat vielmehr die Lohnsteuer nach den allgemeinen Vorschriften für beschränkt lohnsteuerpflichtige Arbeitnehmer von den Bezügen des F einzubehalten und an das Finanzamt abzuführen. F hat ggf. die Möglichkeit, einen Antrag nach § 1 Abs. 3 EStG zu stellen.

12 Arbeitgeber

12.1 Allgemeines

Der Begriff des Arbeitgebers wird weder im EStG noch in der LStDV definiert. Mit der öffentlichen Körperschaft, dem Unternehmer oder dem Haushaltsvorstand enthält § 1 Abs. 2 LStDV lediglich einige Beispiele möglicher **Arbeitgeberarten**. Diese Aufzählung ist aber nicht abschließend, sodass eine natürliche oder juristische Person des privaten oder öffentlichen Rechts ebenso Arbeitgeber sein wie eine Personengesellschaft (R 19.1 Satz 1 LStR, H 19.1 „Arbeitgeber" LStH). Auch solche Personen, die selbst als Arbeitnehmer in einem Arbeitsverhältnis stehen, können ihrerseits Arbeitgeber sein.

Aus § 1 Abs. 2 LStDV lässt sich im Umkehrschluss ableiten, dass der Arbeitgeber derjenige ist, **dem** der **Arbeitnehmer** die **Arbeitskraft schuldet, unter dessen Leitung** er **tätig** wird oder **dessen Weisungen** er zu befolgen hat.[1] Kennzeichnend für den Begriff des Arbeitgebers ist danach insbesondere das Machtverhältnis, welches ihn berechtigt und befähigt, einen Arbeitnehmer einzustellen, zu entlassen und über seine Arbeitskraft zu verfügen, wobei er diese auch einem Dritten zur Verfügung stellen kann. Hinzu kommt, dass der Arbeitgeber das Unternehmerrisiko aus dem Arbeitsverhältnis trägt.

Arbeitgeber ist i. d. R., aber nicht notwendig, der zivilrechtliche **Vertragspartner** des Arbeitnehmers. Daher ist es unerheblich, ob der Arbeitnehmer seine **Arbeitsleistung** unmittelbar dem Arbeitgeber oder im Interesse des Arbeitgebers einem Dritten gegenüber erbringt.

Nicht entscheidend ist ferner, ob der Arbeitgeber oder ein Dritter den **Arbeitslohn** ganz oder teilweise zahlt, weil Arbeitgeber und Lohnzahlender verschiedene Personen sein können (vgl. § 38 Abs. 1 Satz 3 EStG, R 19.1 Satz 7 LStR; dazu Tz. 13.1.3.5). Zur **Einbehaltung** der **Lohnsteuer** ist gem. § 38 Abs. 1 Satz 1 Nr. 1 EStG nur der (inländische) Arbeitgeber, nicht ein Dritter verpflichtet.

Beispiel:

A ist Angestellter einer Bank. Zu den Aufgaben des A gehört auch die Vermittlung von Bausparverträgen für die Bausparkasse, wofür er von dieser Provisionen erhält.

Die von der Bausparkasse gezahlten Vermittlungsprovisionen gehören zum Arbeitslohn des A. Arbeitgeber des A ist nicht die Bausparkasse, sondern allein die Bank, die für die Provisionen Lohnsteuer einzubehalten und abzuführen hat.

---
1 BFH, BStBl 2011 II S. 986.

12.2 Die Arbeitnehmerüberlassung

Die Berechtigung, über die Arbeitskraft des Arbeitnehmers zu verfügen, kommt in der Arbeitnehmerüberlassung zum Ausdruck. Bei einem solchen **Leiharbeitsverhältnis** (Arbeitnehmer-Gestellungsvertrag) überlässt der Arbeitgeber (Verleiher) einem Dritten (Entleiher) auf Zeit einen Arbeitnehmer zur Arbeitsleistung.

Trägt der Verleiher des Arbeitnehmers das wirtschaftliche Risiko aus dem Arbeitsvertrag, dann ist er grundsätzlich Arbeitgeber. Wird demgegenüber das Risiko aus dem Arbeitsvertrag dem Entleiher aufgebürdet, spricht dies für die Arbeitgebereigenschaft des Entleihers. In der Regel ist jedoch davon auszugehen, dass der **Verleiher Arbeitgeber** im lohnsteuerrechtlichen Sinne ist (R 19.1 Satz 5 LStR).

Fraglich ist aber, was bei der **unerlaubten Arbeitnehmerüberlassung** gilt. Fehlt nämlich die zur gewerbsmäßigen Arbeitnehmerüberlassung erforderliche Erlaubnis gem. § 1 Abs. 1 Satz 1 AÜG, sind die Verträge zwischen dem Verleiher und dem Leiharbeitnehmer unwirksam (§ 9 Nr. 1 AÜG). Gleichzeitig fingiert § 10 Abs. 1 AÜG zum Schutz des Leiharbeitnehmers ein von Beginn an bestehendes Arbeitsverhältnis zwischen ihm und dem Entleiher – unabhängig vom Willen der beteiligten Personen.

Diese arbeitsrechtliche Regelung ist jedoch für die steuerrechtliche Beurteilung, wer in diesen Fällen Arbeitgeber und damit zur Einhaltung und Abführung der Lohnsteuer verpflichtet ist, grundsätzlich nicht maßgebend. Allerdings kann der Entleiher nach dem Gesamtbild der Verhältnisse steuerrechtlich Arbeitgeber sein (R 19.1 Satz 6 EStR und H 42d.2 „Steuerlicher Arbeitgeber" LStH).

13 Arbeitslohn

13.1 Begriff des Arbeitslohns

13.1.1 Definition des Gesetzes

Die Einnahmen aus nichtselbständiger Arbeit werden allgemein als „Arbeitslohn" bezeichnet, wobei es gleichgültig ist, ob sie einem Staatsbeamten, dem Generaldirektor eines Konzerns oder einem Hilfsarbeiter zufließen. Im EStG ist der Begriff „Arbeitslohn" nicht definiert. Stattdessen spricht § 19 Abs. 1 EStG von „Einkünften aus nichtselbständiger Arbeit". Zu diesen gehören nach § 19 Abs. 1 Nr. 1 EStG zum einen „Gehälter, Löhne, Gratifikationen und Tantiemen", d. h. Einnahmen, die man im allgemeinen Sprachgebrauch unter dem Sammelbegriff „Arbeitslohn" zusammenfasst. Zum anderen sind Einkünfte aus nichtselbständiger Arbeit auch „andere Bezüge und Vorteile", die „für eine Beschäftigung im öffentlichen und privaten Dienst" gewährt werden. Die Bezüge oder Vorteile müssen, um als steuerbare Einnahmen erfasst werden zu können, Güter sein, die „in Geld oder Geldeswert bestehen", und sie müssen dem Arbeitnehmer „aus dem Dienstverhältnis" zugeflossen sein (§ 8 Abs. 1 EStG, § 2 Abs. 1 Satz 1 LStDV). Demnach liegt „Arbeitslohn" im steuerlichen Sinne vor, wenn dem Arbeitnehmer **Geld oder geldwerte Güter für eine Beschäftigung** im öffentlichen oder privaten Dienst **zugeflossen** sind.

Im **Sozialversicherungsrecht** spricht man nicht von Arbeitslohn, sondern von „**Arbeitsentgelt**". Hierunter fallen alle laufenden oder einmaligen Einnahmen aus einer Beschäftigung, gleichgültig, ob ein Rechtsanspruch auf die Einnahmen besteht, unter welcher Bezeichnung oder in welcher Form sie geleistet werden und ob sie unmittelbar aus der Beschäftigung oder im Zusammenhang mit ihr erzielt werden (§ 14 Abs. 1 Satz 1 SGB IV). Insoweit besteht eine weitgehende Übereinstimmung des sozialversicherungsrechtlichen Begriffs „Arbeitsentgelt" mit dem steuerrechtlichen Begriff „Arbeitslohn". Allerdings erfährt das Arbeitsentgelt gegenüber dem Arbeitslohn eine Einschränkung insoweit, als ihm bestimmte lohnsteuerfreie Einnahmen nicht zuzurechnen sind (vgl. § 1 SvEV). Ebenfalls sind dem Arbeitsentgelt geldwerte Vorteile aufgrund verbilligt oder unentgeltlich gewährter Mahlzeiten im Betrieb oder Barzuschüsse hierzu, Zuwendungen aus Anlass von Betriebsveranstaltungen, Erholungsbeihilfen und sonstige Bezüge in einer größeren Zahl von Fällen grundsätzlich nicht zuzurechnen (vgl. § 1 Abs. 1 SvEV). Dagegen sind in der gesetzlichen Unfallversicherung und in der Seefahrt lohnsteuerfreie Zuschläge für Sonntags-, Feiertags- und Nachtarbeit für die Ermittlung des Arbeitsentgelts den Einnahmen hinzuzurechnen – jedoch mit einer Einschränkung bei der Unfallversicherung (vgl. § 1 Abs. 2 SvEV). Daneben kennt das Sozialversicherungsrecht noch den Begriff „**Arbeitseinkommen**". Hierunter ist nach § 15 SGB IV der nach den allgemeinen Gewinnermittlungsvorschriften des Einkommensteuerrechts ermit-

13 Arbeitslohn

telte Gewinn aus einer **selbständigen Tätigkeit** zu verstehen. Das Arbeitseinkommen des Sozialversicherungsrechts hat also nichts mit den Einkünften aus nichtselbständiger Arbeit im Sinne des Einkommensteuerrechts zu tun; es setzt eine Arbeitnehmertätigkeit gerade nicht voraus.

„Arbeitslohn" im einkommensteuerrechtlichen Sinne liegt also nur vor, wenn etwas **für** die Beschäftigung des Arbeitnehmers geleistet wird. Das ist der Fall, wenn die Vergütung oder der geldwerte Vorteil mit Rücksicht auf das Dienstverhältnis gezahlt oder eingeräumt wird und die Einnahme als Ertrag der nichtselbständigen Arbeit anzusehen ist, d. h., wenn die Leistung des Arbeitgebers **im weitesten Sinne als Gegenleistung** für das Zurverfügungstellen der individuellen Arbeitskraft des Arbeitnehmers anzusehen ist (dazu R 19.3 Abs. 1 Satz 1 LStR und H 19.3 „Allgemeines zum Arbeitslohnbegriff" LStH). Nicht erforderlich ist, dass der Einnahme eine konkrete Dienstleistung des Arbeitnehmers zugeordnet werden kann. Arbeitslohn setzt also objektiv voraus, dass zwischen dem Vorteil und dem Dienstverhältnis ein Zusammenhang besteht, und subjektiv voraus, dass der Arbeitnehmer die Einnahme als Frucht seiner Arbeit auffassen kann und der Arbeitgeber seine Leistung im weitesten Sinne als Gegenleistung für die Zurverfügungstellung der individuellen Arbeitskraft durch den Arbeitnehmer ansieht. Ob dieser **Veranlassungszusammenhang** zwischen den Einnahmen und dem Dienstverhältnis besteht, bestimmt sich weitgehend nach der **Verkehrsauffassung.**

Eine Gegenleistung liegt nicht vor, wenn die Vergütung die mit der Tätigkeit zusammenhängenden Aufwendungen nur unwesentlich übersteigt (z. B. bei Vergütungen eines Sportvereins an einen Amateursportler; dazu H 19.3 „Allgemeines zum Arbeitslohnbegriff" und „Beispiele – Nicht zum Arbeitslohn gehören" LStH; vgl. im Übrigen auch Tz. 10.7).

Aus dieser gesetzlichen Regelung folgt, dass alle Zuwendungen aufgrund eines zwischen Arbeitgeber und Arbeitnehmer bestehenden Arbeitsverhältnisses als Arbeitslohn anzusehen sind, wenn sie einen Austausch von Leistung und Gegenleistung beinhalten. Es können deshalb auch solche Vergütungen steuerrechtlich Arbeitslohn sein, auf die kein Rechtsanspruch besteht. Andererseits können bestimmte freiwillige Leistungen des Arbeitgebers nicht als Arbeitslohn besteuert werden, obwohl auch sie ihren Grund im bestehenden Arbeitsverhältnis haben, ihnen aber der Charakter einer Gegenleistung für eine Beschäftigung des Arbeitnehmers fehlt. Außerdem muss es sich bei allen als Arbeitslohn geltenden Vergütungen um Zahlungen oder Vorteilsgewährungen handeln, die mit Wissen und Wollen des Arbeitgebers geschehen. Vorteile, die sich ein Arbeitnehmer ohne Wissen seines Arbeitgebers verschafft, z. B. durch Unterschlagung oder Diebstahl, können daher nicht als Arbeitslohn behandelt und besteuert werden (H 19.3 „Beispiele – Nicht zum Arbeitslohn gehören" LStH).

Arbeitslohn ist grundsätzlich nur die **tatsächlich gezahlte** Vergütung. Unter den Begriff „Arbeitslohn" fallen auch die **Arbeitnehmerbeiträge** zur Arbeitslosen-,

13.1 Begriff des Arbeitslohns

Kranken-, Pflege- und Rentenversicherung (Gesamtsozialversicherung). Dagegen ist kein Arbeitslohn gegeben, wenn der Arbeitgeber wegen einer fehlerhaften Berechnung zur Nachentrichtung herangezogen wird. Wird der Arbeitgeber aber wegen einvernehmlichen Zusammenwirkens mit dem Arbeitnehmer bezüglich der Gesamtbeiträge in Anspruch genommen, liegt Arbeitslohn vor, auch wenn ein Rückgriff gegen den Arbeitnehmer wegen § 28g SGB IV ausscheidet. Übernimmt der Arbeitgeber bei einer **Nettolohnvereinbarung** eine Einkommensteuernachzahlung für den Arbeitnehmer für einen vorangegangenen VZ, wendet er diesem Arbeitslohn zu, weil der Arbeitnehmer gem. § 38 Abs. 2 Satz 1 EStG Schuldner der Lohnsteuer ist[1] (vgl. im Übrigen H 19.3 „Beispiele – Zum Arbeitslohn gehören" und „Beispiele – Nicht zum Arbeitslohn gehören" LStH). Der Lohn ist dem Arbeitnehmer aber erst mit der Nachentrichtung der Beiträge durch den Arbeitgeber zugeflossen.[2]

Des Weiteren ist als Arbeitslohn der **Verzicht** des Arbeitgebers **auf** die Geltendmachung einer **Schadensersatzforderung** gegenüber dem Arbeitnehmer einzustufen, da insoweit in der Vermögenssphäre des Arbeitnehmers eine Bereicherung – nämlich der Wegfall einer Verbindlichkeit – eintritt (H 19.3 „Beispiele – Zum Arbeitslohn gehören" und H 8.1 (9–10) „Verzicht auf Schadensersatz" LStH). In diesem Zusammenhang ist stets zu prüfen, ob ein (fiktiver) Werbungskostenabzug möglich ist, sodass es zu einer Steuererhöhung nur dann kommen kann, wenn ein solcher Werbungskostenabzug ausgeschlossen ist. Dies ist z. B. der Fall, wenn die Schadensersatzforderung auf einem Verkehrsunfall beruht und das auslösende Ereignis für diesen die alkoholbedingte Fahruntüchtigkeit war (H 8.1 (9–10) „Verzicht auf Schadensersatz" LStH).

Leistet ein Arbeitgeber **Zinsausgleichzahlungen** an eine Bank, die infolge dieser Zahlung dem Arbeitnehmer ein zinsvergünstigtes Darlehen zum Erwerb einer Eigentumswohnung gewährt, stellt diese Zahlung steuerpflichtigen Arbeitslohn dar.[3]

Arbeitslohn liegt hingegen nicht vor, wenn eine Zuwendung vom Arbeitgeber an den Arbeitnehmer **außerhalb des Dienstverhältnisses** und aus anderen Rechtsbeziehungen als dem Arbeitsvertrag geleistet wird.[4] Kein Arbeitslohn sind ferner mögliche geldwerte Vorteile, die nur in einem **losen Zusammenhang** mit dem Arbeitsverhältnis stehen.

> **Beispiel:**
>
> A nimmt an einer vom Lieferanten seines Arbeitgebers veranstalteten Gewinnauslosung für die Arbeitnehmer teil und erzielt einen nicht unbeträchtlichen Geldgewinn.

---

1 BFH, BStBl 2016 II S. 31.
2 BFH, BStBl 2008 II S. 58.
3 BFH, BStBl 2006 II S. 914.
4 Vgl. BFH, BStBl 2006 II S. 10 (betreffend die Anmietung eines Raumes innerhalb des Hauses des Arbeitnehmers; der Fremdvergleich hat dabei lediglich indizielle Bedeutung).

13 Arbeitslohn

Der Gewinn ist nicht als Arbeitslohn zu versteuern. Zum einen erwirbt A durch seine Teilnahme an der Auslosung nur eine Gewinnchance, die kein geldwerter Vorteil ist, zum anderen hat der Gewinn selbst seine Grundlage nicht im Dienstverhältnis, sondern nur in der Auslosung.[1]
Steuerpflichtiger Arbeitslohn läge nur vor, wenn die Auslosung so gestaltet wäre, dass die Arbeitnehmer mit dem besten Verkaufserfolg vom Lieferanten prämiert werden und außerdem unter ihnen noch die Auslosung einer zusätzlichen Prämie veranstaltet würde. Dann wäre der Zwischenschaltung der Auslosung kein entscheidendes Gewicht beizumessen (zur Behandlung von Verlosungen, die vom Arbeitgeber durchgeführt werden, siehe Tz. 13.1.2.4 „Verlosungen").

Ob der Arbeitslohn als solcher auch **bezeichnet** oder in welcher **Form** er gewährt wird, ist für seine steuerliche Behandlung bedeutungslos.[2] Deshalb gehören Entschädigungen zur Abgeltung nicht gewährten Urlaubs, zur Bestreitung eines dienstlichen Aufwands oder für rechtswidrig geleistete Mehrarbeit,[3] Unterhaltszuschüsse an Beamte im Vorbereitungsdienst,[4] Erschwerniszuschläge (z. B. Hitzezuschläge, Wasserzuschläge, Gefahrenzulagen, Schmutzzulagen), übernommene nachgeforderte Lohnsteuerbeträge usw. zum steuerbaren Arbeitslohn (H 19.3 „Beispiele – Zum Arbeitslohn gehören" LStH). Auch Ent- oder Belohnungen, die nur bei Eintritt eines bestimmten Erfolgs gezahlt werden, können Arbeitslohn sein.

Beispiele:
1. Ein Arbeitnehmer hat seinen Betrieb durch die schnelle Reparatur einer wichtigen Maschine vor einem hohen Schaden bewahrt. Er erhält von seinem Arbeitgeber einen größeren Geldbetrag „geschenkt".
Die Zuwendung ist Arbeitslohn, da sie Ausfluss des Arbeitsverhältnisses und eine zusätzliche Entlohnung für die Tätigkeit ist. Die Bezeichnung als „Schenkung" ist unerheblich.
2. Die zur Ausbildung eingestellten Finanzanwärter erhalten einen „Unterhaltszuschuss", dessen Höhe sich nach der angestrebten Laufbahn im öffentlichen Dienst, dem Alter und dem Familienstand richtet.
Lohnsteuerrechtlich liegt Arbeitslohn vor, da der Beamte seine Arbeitskraft zur Verfügung stellt.[5]
Das Gleiche gilt für die in privatrechtlichen Ausbildungsverhältnissen gezahlte Ausbildungsvergütung – auch soweit dieser Unterhaltscharakter zukommt.[6]
3. T ist im Rahmen des Tutorenprogramms einer Universität in einem Studentenwohnheim als Tutor zur Betreuung von Studierenden jüngerer Semester beschäftigt. Er erhält von der Universität ein laufendes monatliches Stipendium.
Es handelt sich bei dem Stipendium nicht um Arbeitslohn, weil es an der Eingliederung des Tutors in den Organismus der Universität fehlt (vgl. auch Tz. 10.4.6). Die

---
1 BFH, BStBl 1975 II S. 181.
2 BFH vom 14.06.2016 IX R 2/16 (BStBl 2016 II S. 901).
3 Vgl. dazu BFH vom 14.06.2016 IX R 2/16 (BStBl 2016 II S. 901, betreffend Feuerwehrmann); Sachgrund für die Zahlung war nicht die einen Schadensersatzanspruch begründende Handlung des Arbeitgebers, sondern allein die Arbeitsleitung des Arbeitnehmers.
4 BFH, BStBl 1982 II S. 643.
5 BFH, BStBl 1972 II S. 261 und 643.
6 BFH, BStBl 1985 II S. 644.

13.1 Begriff des Arbeitslohns

wiederkehrenden Bezüge sind als sonstige Einkünfte gem. § 22 Nr. 1 EStG zu versteuern.[1]

4. T ist für die Dauer eines Jahres im Rahmen einer Vorlesungs- und Seminarreihe über Steuerrecht als Tutor an einer Universität eingesetzt. Hierfür erhält er von der Universität ein monatliches „Stipendium" von 200 €. T hält selbständig, allerdings unter Leitung und Verantwortung des Professors P, Übungen und Arbeitsgemeinschaften für Studierende dieser Vorlesungs- und Seminarreihe ab.

Das „Stipendium" unterliegt als steuerpflichtiger Arbeitslohn dem Steuerabzug. T ist in den Organismus der Universität eingegliedert, da er verpflichtet ist, nach Weisungen des Professors P bestimmte Arbeitsleistungen zu erbringen.

Für die Frage, ob Arbeitslohn vorliegt, ist der **Zweck**, der mit der Zuwendung verfolgt wird, ebenfalls ohne Bedeutung.

Beispiele:

1. Kapitän K hat von seinem Reeder für die von seinem Schiff durchgeführte Rettung eines ausländischen Seeschiffes aus Seenot einen Anteil des an den Reeder gezahlten Bergelohns erhalten. Der Bergelohn wird u. a. dafür gezahlt, dass sich Seeleute für andere in Seenot befindliche Schiffe einsetzen – also aus ideellen Beweggründen.

Der Bergelohn ist Arbeitslohn und unterliegt deshalb dem Lohnsteuerabzug. Die Teilnahme an der Rettung fällt unter die Obliegenheiten des K, zu denen er aufgrund seines Arbeitsvertrags verpflichtet ist.[2]

2. B ist Bauarbeiter. Für seinen Einsatz bei der Verhütung von Unfällen hat er von der Tiefbau-Berufsgenossenschaft eine „Belohnung" erhalten.

Die Belohnung ist nicht Arbeitslohn. Auch wenn sie nur im Rahmen des Arbeitsverhältnisses des B anfallen kann, fehlt hier ein ausreichender Zusammenhang mit dem Arbeitsvertrag zwischen B und seinem Arbeitgeber. Außerdem wird die Belohnung aus allgemein menschlichen Erwägungen gezahlt.[3] Hiervon abzugrenzen sind solche Fälle, bei denen von einem Dritten Preise verliehen werden, die als leistungsbezogenes Entgelt angesehen und nicht als Ehrung der Persönlichkeit vorgenommen werden. Dann liegt Arbeitslohn vor.[4]

3. Ein Arbeitgeber führt in seinem Betrieb einen Unfallverhütungswettbewerb unter den Arbeitnehmern durch, um diese zu einem sicherheitsbewussten Verhalten zu motivieren und außerdem durch Reduzierung der Unfallkosten die Wirtschaftlichkeit des Betriebs zu erhöhen. Alle Arbeitnehmer, die im Wettbewerb eine bestimmte Bewertungseinheit erzielen, erhalten eine Prämie.

Die Prämie stellt steuerpflichtigen Arbeitslohn dar, da sie als Gegenleistung im weitesten Sinne für die Zurverfügungstellung der Arbeitskraft gewährt worden ist.[5]

Arbeitslohn sind auch Bezüge, die nur **möglicherweise** wegen eines Dienstverhältnisses gezahlt werden.

---
1 BFH, BStBl 1978 II S. 387.
2 BFH, BStBl 1957 III S. 40.
3 BFH, BStBl 1962 III S. 306.
4 BFH, BStBl 2009 II S. 668.
5 BFH, BStBl 1988 II S. 768.

13 Arbeitslohn

Beispiel:
Zwischen dem Buchhalter B und dem Kaufmann K ist strittig, ob zwischen ihnen ein Arbeitsverhältnis besteht. Es kommt deshalb zu einem Vergleich, aufgrund dessen K dem B einen Abfindungsbetrag zahlt.
Der Abfindungsbetrag ist steuerlich Arbeitslohn und unterliegt dem Lohnsteuerabzug.

Arbeitslohn sind schließlich auch laufende Bezüge, die im Hinblick auf ein **künftiges Dienstverhältnis** gezahlt werden, z. B. Studienbeihilfen durch ein Unternehmen (dazu Tz. 10.4.1).

Kein steuerpflichtiger Arbeitslohn sind dagegen **Studienbeihilfen** aus öffentlichen Mitteln zum Zwecke der Ausbildung (§ 3 Nr. 11 EStG), sofern der Empfänger mit den Bezügen nicht zu einer bestimmten wissenschaftlichen oder künstlerischen Gegenleistung oder zu einer bestimmten Arbeitnehmertätigkeit verpflichtet wird. Dies gilt auch für Studienbeihilfen anderer öffentlich-rechtlicher Körperschaften wie z. B. der evangelischen oder der katholischen Kirche. Keine steuerfreie Studienbeihilfe, sondern steuerpflichtiger Arbeitslohn liegt demgegenüber vor, wenn ein öffentlich Bedienstetet nach Abschluss einer Berufsfortbildungsveranstaltung (z. B. Besuch der Verwaltungsakademie) eine Beihilfe vom Arbeitgeber erhält.[1] Das Gleiche gilt, wenn die Studienbeihilfe nach Abschluss des Studiums und nach Beginn des Dienstverhältnisses nachgezahlt wird.[2] **Stipendien,** die unmittelbar aus öffentlichen Mitteln zur Förderung der Forschung oder zur Förderung der wissenschaftlichen oder künstlerischen Ausbildung oder Fortbildung gewährt werden, sind ebenfalls kein steuerpflichtiger Arbeitslohn (§ 3 Nr. 44 EStG).

Die Steuerfreiheit der Studienbeihilfen und der Stipendien führt jedoch dazu, dass Aufwendungen (z. B. für Unterkunft, Verpflegung), die im Zusammenhang mit dem Studium oder der wissenschaftlichen Fortbildung stehen, gem. § 3c Abs. 1 EStG i. d. R. nicht als Werbungskosten abgezogen werden können.[3]

13.1.2 Abgrenzung des Arbeitslohns gegenüber den nicht steuerbaren Zuwendungen

Begrifflich umfasst der (steuerbare) Arbeitslohn auch solche Bezüge, die nach § 3 EStG steuerfrei sind. Von diesen steuerfreien Zuwendungen sind Zahlungen des Arbeitgebers an den Arbeitnehmer zu unterscheiden, die sich bei objektiver Würdigung aller Umstände nicht als Entlohnung, sondern lediglich als notwendige Begleiterscheinung betriebsfunktionaler Zielsetzungen erweisen (H 19.3 „Allgemeines zum Arbeitslohnbegriff" LStH). Da Arbeitslohn nur dann vorliegt, wenn die Arbeitgeberleistung mit Rücksicht auf das Dienstverhältnis gewährt wird und zugleich eine Gegenleistung für das Zurverfügungstellen der individuellen Arbeits-

---
1 BFH, BStBl 1973 II S. 819.
2 BFH, BStBl 1977 II S. 68.
3 Siehe dazu BFH, BStBl 1977 II S. 207.

kraft des Arbeitnehmers ist, fehlt bei Zahlungen, die im „ganz überwiegend" **eigenbetrieblichen Interesse des Arbeitgebers** gewährt werden, der Arbeitslohncharakter. Ein einhergehendes Interesse des Arbeitnehmers an der Zuwendung kann dann vernachlässigt werden (H 19.3 „Allgemeines zum Arbeitslohnbegriff" LStH). Kein Arbeitslohn ist daher gegeben, wenn der Arbeitnehmer objektiv nicht oder nur in geringem Umfang bereichert ist, ihm die Zuwendung aufgedrängt wird, ohne dass er eine Wahl bei der Annahme des Vorteils hat, oder der Vorteil der Belegschaft als Gesamtheit zugewendet wird (vgl. R 19.3 Abs. 2 LStR und H 19.3 „Allgemeines zum Arbeitslohnbegriff" und „Beispiele – Nicht zum Arbeitslohn gehören" LStH).

Nicht steuerbare Zuwendungen sind z. B.

- Leistungen zur Verbesserung der Arbeitsbedingungen, z. B. die Bereitstellung von Dusch- und Aufenthaltsräumen,
- die unentgeltliche Überlassung unternehmenseigener Parkplätze,
- die unentgeltliche Benutzung firmeneigener Sportanlagen während der Arbeitspausen (dazu genauer Tz. 13.1.2.4),
- die gelegentliche Durchführung kultureller Veranstaltungen bei freiem Eintritt der Arbeitnehmer,
- die vom Arbeitgeber übernommenen Kosten von Vorsorgeuntersuchungen (H 19.3 „Beispiele – Nicht zum Arbeitslohn gehören" LStH),
- die von einem Arbeitgeber übernommenen Kosten für ein Rückentrainingsprogramm, sofern mit dem Training Belastungen entgegengewirkt werden soll, denen die Arbeitnehmer speziell durch ihre Tätigkeit am Bildschirm ausgesetzt sind.[1]

Ausnahmsweise kann auch die Gestellung einheitlicher bürgerlicher **Kleidung,** die während der Arbeitszeit zu tragen ist, aus überwiegend eigenbetrieblichem Interesse erfolgen, wenn es auf ein einheitliches Erscheinungsbild gegenüber der Öffentlichkeit ankommt und keine exklusiven Kleidungsstücke zur Verfügung gestellt werden.[2] Werden dagegen hochwertige Bekleidungsstücke an die Mitglieder der Geschäftsleitung und deren Ehepartner überlassen, ist hierin Arbeitslohn zu sehen.[3]

Die Übernahme von **Verwarnungs- oder Bußgeldern** durch den Arbeitgeber führt – ungeachtet der Frage, ob der Arbeitgeber ein solches rechtswidriges Verhalten angewiesen hat und anweisen darf – grundsätzlich zu steuerpflichtigem Arbeitslohn.[4] Zahlt ein Paketzustelldienst aber Verwarnungsgelder wegen Verstößen seiner Fahrer gegen Park- und Haltevorschriften bei der Auslieferung und Abholung von Paketen, erfüllt er lediglich eine eigene Verbindlichkeit, weil das Verwarnungsgeld gegen ihn als Halter festgesetzt wurde. Die Übernahme der Verwarnungsgelder hat dann keinen Entlohnungscharakter.[5]

---
[1] BFH vom 04.07.2007 VI B 78/06 (BFH/NV 2007 S. 1874).
[2] BFH, BStBl 2006 II S. 915.
[3] BFH, BStBl 2006 II S. 691.
[4] BFH, BStBl 2014 II S. 278 (betreffend ein Bußgeld wegen Verstößen gegen die Lenk- und Ruhezeiten).
[5] FG Düsseldorf, EFG 2017 S. 315 (Revision anhängig).

13 Arbeitslohn

Übernimmt der Arbeitgeber die Beiträge seiner angestellten Rechtsanwälte zu deren berufsständischen **Haftpflichtversicherung,** erfolgt diese Aufwendung nicht in seinem überwiegend eigenbetrieblichen Interesse. Da ein Rechtsanwalt zum Abschluss einer solchen Versicherung verpflichtet ist, besteht die Versicherung in seinem eigenen Interesse (dazu H 19.3 „Beispiele – Zum Arbeitslohn gehören" LStH). Entsprechendes gilt für die Übernahme der **Kammerbeiträge** für Geschäftsführer von Wirtschaftsprüfungs- und Steuerberatungsgesellschaften, sodass auch hier Arbeitslohn gegeben ist (H 19.3 „Beispiele – Zum Arbeitslohn gehören" LStH).

Erwirbt der **Arbeitgeber** hingegen einen **eigenen Haftpflichtversicherungsschutz** (z. B. eine in Form einer GmbH betriebene Rechtsanwaltskanzlei gem. § 59j BRAO oder eine Rechtsanwalts-GbR gem. § 51 BRAO) und deckt dieser Versicherungsschutz auch Schäden ab, die durch die angestellten **Rechtsanwälte** verursacht werden, erbringt der Arbeitgeber keine zu Arbeitslohn führenden Zuwendungen. Denn die Versicherung dient nur dem eigenen Schutz des Arbeitgebers. Die sich eventuell für die Arbeitnehmer ergebenden Vorteile sind dann bloße Reflexwirkungen einer originär ausschließlich eigenbetrieblichen Betätigung des Arbeitgebers, die nicht der Entlohnung seiner Arbeitnehmer dient. Ein geldwerter Vorteil ergibt sich für die angestellten Rechtsanwälte auch nicht daraus, dass diese ihren eigenen Versicherungsschutz auf die Mindestversicherungssumme begrenzen können.[1] Aus den gleichen Gründen führt die Betriebshaftpflichtversicherung eines **Krankenhauses** nicht zu Arbeitslohn der dort angestellten Ärzte, da der erworbene Versicherungsschutz zur Deckung des mit dem Betrieb des Krankenhauses erwachsenden Haftungsrisikos dient und die Einbeziehung der Arbeitnehmer in die Versicherung allein aus § 102 Abs. 1 VVG folgt.[2]

Ein überwiegend eigenbetriebliches Interesse scheidet auch dann aus, wenn ein Arbeitgeber für **Sicherungsmaßnahmen** am Wohnhaus seines Vorstandsmitglieds Aufwendungen tätigt, da das Vorstandsmitglied – bei allenfalls bestehender abstrakter Gefährdung seiner Person – ein nicht unerhebliches Eigeninteresse an den Sicherungsmaßnahmen hat, sodass in Höhe der übernommenen Aufwendungen Arbeitslohn vorliegt.[3]

Die Problematik bei der Abgrenzung zwischen steuerbarem Arbeitslohn und nicht steuerbarer Zuwendung besteht in der Wechselwirkung zwischen dem eigenbetrieblichen Interesse des Arbeitgebers und dem Ausmaß der Bereicherung beim Arbeitnehmer. Das eigenbetriebliche Interesse des Arbeitgebers ist umso geringer zu veranschlagen, je höher die Bereicherung des Arbeitnehmers anzusetzen ist. Nach Ansicht des BFH ist bei einer Gleichwertigkeit zwischen einem eigenbetrieblichen Interesse des Arbeitgebers einerseits und dem privaten Arbeitnehmerinteresse ande-

---
1 BFH vom 19.11.2015 VI R 74/14 (BStBl 2016 II S. 303, Rechtsanwalts-GmbH) und vom 10.03.2016 VI R 58/14 (BStBl 2016 II S. 621, Rechtsanwalts-GbR).
2 BFH, BStBl 2016 II S. 301.
3 BFH, BStBl 2006 II S. 541.

rerseits eine Zuordnung zum Arbeitslohn vorzunehmen.[1] Die äußerst schwierige Abwägung und Gewichtung der Interessenlagen führt dazu, dass dieses Rechtsgebiet überwiegend von Einzelentscheidungen geprägt ist und ständiger Veränderung unterliegt.

13.1.2.1 Aufmerksamkeiten

Aufmerksamkeiten gehören grundsätzlich zum steuerbaren Arbeitslohn.

Nach R 19.6 LStR sind aber sog. geringwertige Aufmerksamkeiten nicht dem Arbeitslohn zuzurechnen. Aufmerksamkeiten in diesem Sinne sind Zuwendungen des Arbeitgebers, die auch im gesellschaftlichen Verkehr üblicherweise ausgetauscht werden und zu keiner ins Gewicht fallenden Bereicherung des Arbeitnehmers führen. Hierunter fallen nach R 19.6 Abs. 1 LStR

– alle **Sachzuwendungen** des Arbeitgebers
– **bis** zu einem Wert von **60 Euro** (inklusive Umsatzsteuer), z. B. Blumen, Genussmittel oder ein Buch,
– die dem Arbeitnehmer oder seinem Angehörigen **aus Anlass eines besonderen persönlichen Ereignisses** zugewendet werden.

Übersteigt der Wert der Sachzuwendung die **Freigrenze** bzw. Nichtbeanstandungsgrenze von 60 Euro, ist die Zuwendung in vollem Umfang zu versteuern.

Geldzuwendungen gehören stets zum steuerbaren Arbeitslohn, auch wenn ihr Wert gering ist (R 19.6 Abs. 1 Satz 3 LStR).

13.1.2.2 Betriebsveranstaltungen

Nach bisheriger Rechtsauffassung gehörten Zuwendungen des Arbeitgebers an die Arbeitnehmer bei Betriebsveranstaltungen als Leistungen im ganz überwiegenden eigenbetrieblichen Interesse des Arbeitgebers dann **nicht** zum (steuerpflichtigen) **Arbeitslohn** i. S. des § 19 Abs. 1 Nr. 1 EStG, wenn es sich um herkömmliche (übliche) Betriebsveranstaltungen und um bei diesen Veranstaltungen übliche Zuwendungen handelt (R 19.5 Abs. 1 LStR). Dann sollten die Sachzuwendungen im Rahmen einer Betriebsveranstaltung nämlich weniger eine Gegenleistung des Arbeitgebers für bestimmte Dienste seiner Arbeitnehmer sein, als vielmehr Aufwendungen zur Förderung des Kontakts der Arbeitnehmer untereinander und damit des Betriebsklimas. Diese eigenbetriebliche Zielsetzung sei – sofern sie sich im üblichen Rahmen hält – von der Entlohnung individueller Dienste so weit entfernt, dass die damit verbundenen geldwerten Vorteile beim einzelnen Arbeitnehmer nicht mehr als Frucht seiner Dienstleistungen angesehen werden können.[2]

---
[1] BFH vom 28.06.2007 VI R 45/02 (BFH/NV 2007 S. 1871).
[2] BFH, BStBl 1985 II S. 529 und 532; FG Bremen, EFG 1982 S. 622.

13 Arbeitslohn

Nach dem neugeschaffenen § 19 Abs. 1 Satz 1 Nr. 1a EStG gehören Zuwendungen des Arbeitgebers an seinen Arbeitnehmer und dessen Begleitpersonen anlässlich von Betriebsveranstaltungen hingegen grundsätzlich zum **Arbeitslohn**. Damit hat der Gesetzgeber **ab** dem **VZ 2015** die steuerliche Behandlung von Betriebsveranstaltungen erstmals gesetzlich geregelt und zugleich auf die für die Stpfl. günstige neuere Rechtsprechung reagiert (vgl. dazu die Hinweise in den Fußnoten). **Bis einschließlich VZ 2014** sind die bisher maßgebenden Grundsätze – und damit auch die günstige Rechtsprechung – anwendbar.[1]

Zunächst ist zu klären, was unter einer **„Betriebsveranstaltung"** begrifflich zu verstehen ist. Als solche gelten Veranstaltungen auf betrieblicher Ebene mit gesellschaftlichem Charakter (§ 19 Abs. 1 Satz 1 Nr. 1a Satz 1 EStG). Hierunter fallen z. B. Betriebsausflüge, Weihnachtsfeiern, Jubiläumsfeiern, Jubilarfeiern oder Pensionärstreffen.[2] Gleichgültig ist, ob der Arbeitgeber, der Betriebsrat oder der Personalrat die einzelne Veranstaltung durchführt.[2] Voraussetzung für eine Einordnung als Betriebsveranstaltung ist jedoch, dass die **Möglichkeit der Teilnahme** allen Angehörigen des Betriebs oder des bestimmten Betriebsteils offensteht (§ 19 Abs. 1 Satz 1 Nr. 1a Satz 3 EStG). Das Recht zur Teilnahme darf sich nicht als Privilegierung einer bestimmten Arbeitnehmergruppe darstellen – also von der Stellung des Arbeitnehmers, der Gehaltsgruppe, der Dauer der Betriebszugehörigkeit oder besonderen Leistungen abhängen.[3] Folglich entscheidet der Kreis der Eingeladenen darüber, ob es sich um eine Betriebsveranstaltung oder um eine allgemeine betriebliche Veranstaltung handelt.[4] Unschädlich ist aber die Teilnahme von Begleitpersonen des Arbeitnehmers.

Beispiel:

Nach Abschluss der Betriebsversammlung lädt der Arbeitgeber alle Abteilungsleiter zu einem Abendessen in ein Restaurant ein.

Da die Teilnahme nicht allen Arbeitnehmern, sondern nur einer privilegierten Gruppe offensteht, handelt es sich nicht um eine Betriebsveranstaltung.

Als **„übliche Zuwendungen"** bei einer Betriebsveranstaltung gelten nunmehr insbesondere (und fließen damit in die „Bemessungsgrundlage" ein)[5]

– Speisen, Getränke, Tabakwaren und Süßigkeiten,

– die Übernahme von Übernachtungs- und Fahrtkosten, wenn die Fahrt an sich einen Erlebniswert beinhaltet, wie z. B. eine Flussfahrt auf einem Vergnügungsdampfer oder eine Busfahrt durch eine landschaftlich reizvolle Gegend,

---
1 Vgl. BMF vom 14.10.2015 (BStBl 2015 I S. 832), Tz. 8.
2 Vgl. BMF vom 14.10.2015 (BStBl 2015 I S. 832), Tz. 1.
3 Vgl. BMF vom 14.10.2015 (BStBl 2015 I S. 832), Tz. 4b.
4 BFH, BStBl 2006 II S. 440.
5 Vgl. BMF vom 14.10.2015 (BStBl 2015 I S. 832), Tz. 2.

- Musik, künstlerische Darbietungen sowie die Überlassung von Eintrittskarten für kulturelle oder sportliche Veranstaltungen, es sei denn, die Betriebsveranstaltung erschöpft sich z. B. in einem Theater- oder Stadionbesuch,

- Barzuwendungen, die statt der o. g. genannten Sachzuwendungen gewährt werden, wenn ihre zweckentsprechende Verwendung sichergestellt ist,

- Geschenke,

- Zuwendungen an Begleitpersonen des Arbeitnehmers sowie

- Aufwendungen für den äußeren Rahmen der Veranstaltung (z. B. Saalmiete, Eventmanager)[1].

Die vom Arbeitgeber erstatteten **Reisekosten,** die im Zusammenhang mit einer Betriebsveranstaltung entstehen, gehören nicht zu den Zuwendungen des Arbeitgebers anlässlich einer Betriebsveranstaltung. Reisekosten liegen ausnahmsweise vor, wenn die Betriebsveranstaltung außerhalb der ersten Tätigkeitsstätte des Arbeitnehmers stattfindet, die Anreise der Teilnahme an der Veranstaltung dient und die Organisation der Anreise dem Arbeitnehmer obliegt. Steuerfreie Erstattungen durch den Arbeitgeber sind nach den Grundsätzen des § 3 Nr. 13 oder 16 EStG zulässig.[2] Nicht zu den Reisekosten gehören aber Aufwendungen, die Teil der Veranstaltung sind.

In die Gesamtkosten des Arbeitgebers – und damit in die Bemessungsgrundlage für die Aufteilung auf die Teilnehmer – sind nur **Geschenke anlässlich von Betriebsveranstaltungen** einzubeziehen, nicht hingegen Geschenke bei Gelegenheit von Betriebsveranstaltungen. Die Finanzverwaltung[3] beanstandet es aus Vereinfachungsgründen nicht, wenn Geschenke, deren Wert je Arbeitnehmer 60 Euro nicht übersteigt, als Zuwendungen anlässlich einer Betriebsveranstaltung in die Gesamtkosten einbezogen werden (z. B. „Weihnachtspäckchen" anlässlich einer Weihnachtsfeier). Bei Geschenken oberhalb des Betrags ist im Einzelfall zu prüfen, ob sie anlässlich oder nur bei Gelegenheit einer Betriebsveranstaltung zugewendet werden. Dabei ist das Merkmal „anlässlich" erfüllt, wenn ein konkreter Zusammenhang zwischen der Betriebsveranstaltung und dem Geschenk besteht. Dies ist – unabhängig vom Wert des Geschenks – z. B. bei Verlosungsgewinnen anlässlich einer Tombola im Rahmen einer Weihnachtsfeier der Fall. Geschenke, die vom Zuwendenden nach § 37b Abs. 1 EStG mit 30 % pauschal besteuert werden, sind bei der Ermittlung der Gesamtkosten der Betriebsveranstaltung nicht zu berücksichtigen.[4]

---

1 Nach dem BFH (BStBl 2015 II S. 186) sind Kosten für die Ausgestaltung der Betriebsveranstaltung, insbesondere Mietkosten und Kosten für die organisatorischen Tätigkeiten eines Eventveranstalters, grundsätzlich nicht zu berücksichtigen. Dies gilt aber nur für die VZ **bis 2014** (vgl. oben).
2 Vgl. BMF vom 14.10.2015 (BStBl 2015 I S. 832), Tz. 6.
3 Vgl. BMF vom 07.12.2016 – IV C 5 – S 2332/15/10001, Tz. 2.
4 Vgl. BMF vom 07.12.2016 – IV C 5 – S 2332/15/10001, Tz. 3.

13 Arbeitslohn

Nicht einzubeziehen sind die **rechnerischen Selbstkosten** des Arbeitgebers für die Veranstaltung, wie z. B. die anteiligen Energie- und Wasserkosten während der Veranstaltung in den eigenen Räumen.[1]

Bis 31.12.2014 galt eine **Freigrenze:** Betrug der Wert der Zuwendungen einschließlich Umsatzsteuer anlässlich einer Betriebsveranstaltung insgesamt nicht mehr als **110 Euro** je Teilnehmer, war die Üblichkeit der Zuwendung nicht weiter zu prüfen und folglich nicht dem Arbeitslohn zuzurechnen. An die Stelle der Freigrenze ist **ab 01.01.2015** ein **Freibetrag** von **110 Euro** einschließlich Umsatzsteuer getreten (§ 19 Abs. 1 Satz 1 Nr. 1a Satz 3 EStG: „soweit"), um die Streitanfälligkeit zu reduzieren. Dieser Freibetrag gilt nach § 19 Abs. 1 Satz 1 Nr. 1a Satz 3 EStG je Veranstaltung und teilnehmendem Arbeitnehmer.

Der **Freibetrag** gilt für **bis zu zwei Betriebsveranstaltungen** jährlich (§ 19 Abs. 1 Satz 1 Nr. 1a Satz 4 EStG).[2] Ab der dritten Betriebsveranstaltung wird für den gleichen begünstigten Personenkreis Arbeitslohn zugewendet. Nimmt der Arbeitnehmer an mehr als zwei Betriebsveranstaltungen teil, kann der Arbeitgeber die beiden Veranstaltungen, für die der Freibetrag gelten soll, auswählen. Dient die Teilnahme eines Arbeitnehmers an einer Betriebsveranstaltung der Erfüllung beruflicher Aufgaben, z. B. wenn der Personalchef oder Betriebsrats- bzw. Personalratsmitglieder die Veranstaltungen mehrerer Abteilungen besuchen, ist der auf diesen Arbeitnehmer entfallende Anteil an den Gesamtaufwendungen hingegen kein Arbeitslohn (BMF a. a. O. Tz. 4c). Anzumerken ist, dass die Freigrenze gem. § 8 Abs. 2 Satz 11 EStG nicht neben dem Freibetrag anwendbar ist.

Für die **Aufteilung der Gesamtkosten** des Arbeitgebers ist auf die bei der Betriebsveranstaltung **anwesenden** und nicht auf die angemeldeten Teilnehmer abzustellen ist. Dies gilt auch dann, wenn die Zahl der angemeldeten Teilnehmer deutlich höher ist als die Zahl der anwesenden Teilnehmer. Eine Sonderregelung kommt in diesem Fall auch für die Cateringkosten nicht in Betracht.[3]

Nehmen **Begleitpersonen** der Arbeitnehmer wie Familienangehörige oder persönliche Gäste an der Betriebsveranstaltung teil, sind gem. § 19 Abs. 1 Satz 1 Nr. 1a Satz 5 EStG die Zuwendungen an diese Personen dem jeweiligen Arbeitnehmer zuzurechnen.[4] Neben den individuell zurechenbaren Aufwendungen gehört auch der rechnerische Anteil an den **Kosten,** die der Arbeitgeber gegenüber Dritten **für** den

---
1 Vgl. BMF vom 14.10.2015 (BStBl 2015 I S. 832), Tz. 2.
2 **Bis VZ 2014** richtete sich die Versteuerung nach der Anzahl der durchgeführten Veranstaltungen. Daher war es unschädlich, wenn der Arbeitnehmer an mehr als zwei unterschiedlichen Veranstaltungen teilnahm, die nicht demselben Personenkreis offenstanden (z. B. Betriebsausflug, Jubilarfeier und – wegen des Ausscheidens in diesem Jahr – Pensionärstreffen).
3 Vgl. BMF vom 07.12.2016 – IV C 5 – S 2332/15/10001, Tz. 1.
4 Nach dem BFH-Urteil vom 16.05.2013 VI R 7/11 (BStBl 2015 II S. 189) wird der auf die Familienangehörigen entfallende Aufwand den Arbeitnehmern bei der Berechnung, ob die Freigrenze überschritten ist, nicht zugerechnet, da die Übernahme der Kosten für diesen Personenkreis im Rahmen von Betriebsveranstaltungen regelmäßig keine Entlohnung darstellt. Dies gilt aber nur für die VZ **bis 2014** (vgl. oben).

äußeren Rahmen der Betriebsveranstaltung aufwendet, zu den Zuwendungen (§ 19 Abs. 1 Satz 1 Nr. 1a Satz 2 EStG). Dies gilt also nur für bezogene Fremdleistungen, weshalb anteilige Selbstkosten des Arbeitgebers wie z. B. Lohnkosten für Mitarbeiter, die die Veranstaltung vorbereiten, unberücksichtigt bleiben. Mit der Normierung reagiert der Gesetzgeber auf die geänderte (und von der Verwaltung nicht angewandte) Rechtsprechung, nach der Arbeitnehmern der auf Familienangehörige entfallende Aufwand nicht zuzurechnen sei[1] und Kosten für die Ausgestaltung der Betriebsveranstaltung nicht zu berücksichtigen seien.[2]

Bei der **Ermittlung des Werts** der (steuerpflichtigen) Zuwendung war **bis** zum **VZ 2014** § 8 Abs. 2 Satz 1 EStG (üblicher Endpreis des Abgabeorts) anzuwenden, und zwar auch für gewährte Mahlzeiten oder Unterkunft. Die amtlichen Sachbezugswerte nach der SvEV waren nicht anzusetzen. **Seit VZ 2015** sind gem. § 19 Abs. 1 Satz 1 Nr. 1a Satz 5 EStG die Zuwendungen abweichend von § 8 Abs. 2 EStG mit den anteilig auf den Arbeitnehmer und dessen Begleitpersonen entfallenden Aufwendungen des Arbeitgebers zu bewerten.

Beispiel:
An einer Betriebsveranstaltung nehmen 50 Arbeitnehmer teil, davon 10 mit ihren Ehegatten. Die zu berücksichtigenden Aufwendungen des Arbeitgebers belaufen sich auf 4.500 € (inkl. Umsatzsteuer).
Die Zuwendungen sind mit den anteilig auf die Arbeitnehmer und deren Begleitpersonen entfallenden Aufwendungen des Arbeitgebers anzusetzen, mithin 75 € pro Person (4.500 € : 60 Personen). Bei den 40 Arbeitnehmern, die allein teilnehmen, liegt der Wert der Zuwendungen unter 110 €, weshalb insoweit kein steuerpflichtiger Arbeitslohn vorliegt.
Bei den Arbeitnehmern, die mit ihren Ehegatten teilnehmen, beläuft sich der Wert der Zuwendung auf 2 × 75 € = 150 €. Bis einschließlich VZ 2014 lag ein steuerpflichtiger Sachbezug i. H. von 150 € vor (Freigrenze). Ab 01.01.2015 müssen die Arbeitnehmer nur den den Freibetrag nach § 19 Abs. 1 Satz 1 Nr. 1a Satz 3 EStG übersteigenden Betrag i. H. von 40 € als Arbeitslohn versteuern.

Gehören die Zuwendungen aus Anlass einer Betriebsveranstaltung (teilweise) zum Arbeitslohn, gelten für die Erhebung der **Lohnsteuer** die allgemeinen Vorschriften; insbesondere ist § 40 Abs. 2 Satz 1 Nr. 2 EStG (Erhebung der Lohnsteuer mit einem Pauschsteuersatz von 25 %) anwendbar. Zu beachten ist, dass auch nicht übliche Zuwendungen – insoweit abweichend von R 40.2 Abs. 1 Nr. 2 LStR – zu den maßgebenden Gesamtkosten einer Betriebsveranstaltung gehören.[3]

13.1.2.3 Fort- und Weiterbildungsleistungen

Berufliche Fort- oder Weiterbildungsleistungen des Arbeitgebers führen **nicht** zu **Arbeitslohn** (Sachbezug) des teilnehmenden Arbeitnehmers, wenn diese Bildungs-

---
1 BFH vom 16.05.2013 VI R 7/11 (BStBl 2015 II S. 189).
2 BFH, BStBl 2015 II S. 189.
3 Vgl. BMF vom 14.10.2015 (BStBl 2015 I S. 832), Tz. 5.

maßnahmen im **ganz überwiegend eigenbetrieblichen Interesse** des Arbeitgebers durchgeführt werden. Dabei ist es gleichgültig, wo diese Bildungsmaßnahmen abgehalten werden (R 19.7 Abs. 1 LStR).

Ein ganz überwiegendes betriebliches Interesse des Arbeitgebers kann angenommen werden, wenn die Bildungsmaßnahme die Einsatzfähigkeit des Arbeitnehmers im Betrieb des Arbeitgebers erhöhen soll (R 19.7 Abs. 2 Satz 1 LStR).[1] Bei (zumindest teilweiser) Anrechnung der Teilnahme auf die regelmäßige Arbeitszeit ist dies gegeben, sofern keine Anhaltspunkte für einen Besoldungscharakter der Zuwendung vorliegen (R 19.7 Abs. 2 Satz 3 LStR). Ebenso kann ein ganz überwiegend eigenbetriebliches Interesse des Arbeitgebers angenommen werden, wenn Bildungsmaßnahmen durch fremde Dritte auf Rechnung des Arbeitgebers erbracht werden (R 19.7 Abs. 1 Satz 3 LStR). Unschädlich ist auch eine Rechnungsausstellung auf den Arbeitnehmer, sofern der Arbeitgeber die Kostenübernahme bzw. den Aufwendungsersatz allgemein oder für die besondere Bildungsmaßnahme vor Vertragsabschluss schriftlich zugesagt hat (R 19.7 Abs. 1 Satz 4 LStR).

Fehlt ein **ganz überwiegendes betriebliches Interesse** des Arbeitgebers an der Fort- oder Weiterbildung des Arbeitnehmers, gehört der nach § 8 Abs. 2 EStG zu ermittelnde Wert der vom Arbeitgeber erbrachten Fortbildungsleistung zum **Arbeitslohn** (R 19.7 Abs. 2 Satz 6 LStR). In diesem Fall kann der Arbeitnehmer den Wert der Fortbildungsleistungen ggf. als Werbungskosten oder Sonderausgaben (§ 10 Abs. 1 Nr. 7 EStG) geltend machen (R 19.7 Abs. 2 Satz 7 LStR).

> **Beispiel:**
> S ist als Fahrer bei einem Unternehmen für Schwer- und Spezialtransporte angestellt. Aufgrund der gesetzlichen Bestimmungen sind die Fahrer verpflichtet, sich in bestimmten Zeitabständen weiterzubilden. Entsprechend seiner tarifvertraglichen Verpflichtung übernimmt der Arbeitgeber von S die Kosten für die vorgeschriebenen Fortbildungsmaßnahmen bei den ihm angestellten Fahrer.
> Die Übernahme der Fortbildungskosten führt bei S nicht zu steuerpflichtigem Arbeitslohn, da die Fortbildung nicht nur der Verbesserung der Sicherheit im Straßenverkehr dient, sondern auch der Sicherstellung des reibungslosen Ablaufs und der Funktionsfähigkeit des Betriebs, indem die Fahrer ihr Wissen über verkehrsgerechtes Verhalten etc. auffrischen und vertiefen. Für das eigenbetrieblichen Interesses des Arbeitgebers spricht zudem die tarifvertragliche Pflicht zur Kostenübernahme.[2]

Führt die Fort- oder Weiterbildungsleistung des Arbeitgebers beim Arbeitnehmer nicht zu einem Sachbezug (Arbeitslohn), können die Aufwendungen des Arbeitgebers (z. B. **Reisekosten**), die neben den eigentlichen Fort- bzw. Weiterbildungskosten anfallen und durch die Teilnahme des Arbeitnehmers an der Bildungsveranstaltung veranlasst sind, nach den allgemeinen Vorschriften über steuerfreie

---

[1] Nach BMF vom 04.07.2017 – IV C 5 – S 2332/09/10005 (BStBl 2017 I S. 882) sind Arbeitgeberleistungen für Deutschkurse zur beruflichen **Integration von Flüchtlingen** grundsätzlich dem ganz überwiegenden Interesse des Arbeitgebers zuzuordnen, wenn der Arbeitgeber die Sprachkenntnisse in dem für den Arbeitnehmer vorgesehenen Aufgabengebiet verlangt.
[2] FG Münster, EFG 2016 S. 1795.

13.1 Begriff des Arbeitslohns

Zuwendungen des Arbeitgebers aus Anlass von Reisen (§ 3 Nr. 13 und 16 EStG) zu behandeln sein (R 19.7 Abs. 3 LStR).

Teilweise werden Fortbildungsveranstaltungen vom Arbeitgeber auch in Form sog. „**Incentive-Reisen**" veranstaltet. Der in der Teilnahme an einer solchen Reise liegende geldwerte Vorteil ist dann steuerpflichtiger Arbeitslohn, wenn auf einer solchen Reise ein Besichtigungsprogramm angeboten wird, das einschlägigen Touristenreisen entspricht, und die Fortbildung bzw. der Erfahrungsaustausch zwischen den Arbeitnehmern demgegenüber zurücktritt (H 19.7 „Incentive-Reisen" LStH; vgl. dazu auch Tz. 13.1.2.4). Arbeitslohn bei einer Händler-Incentive-Reise ist anzunehmen, wenn der Arbeitnehmer von seiner Ehefrau begleitet wird, und zwar selbst dann, wenn er auf der Reise Betreuungsaufgaben und Ähnliches übernommen hat (H 19.7 „Incentive-Reisen" LStH). Lassen die Betreuungsaufgaben aber das Eigeninteresse des Arbeitnehmers an der Teilnahme am touristischen Programm in den Hintergrund treten, entsteht kein geldwerter Vorteil (H 19.7 „Incentive-Reisen" LStH).

Bei einer sog. **gemischten Veranlassung** der Bildungsreise, die sowohl im Interesse des Arbeitnehmers also auch im eigenbetrieblichen Interesse des Arbeitgebers durchgeführt wird, ist es grundsätzlich möglich, die Zuwendungen des Arbeitgebers in steuerbaren Arbeitslohn und nicht steuerbare Fort- und Weiterbildungsleistung nach dem Verhältnis von touristisch und betrieblich veranlasstem Teil der Reise aufzuteilen (H 19.7 „Incentive-Reisen" LStH).

13.1.2.4 Einzelfälle von Aufmerksamkeiten

Arbeitsessen

Stellt der Arbeitgeber seinen Arbeitnehmern im ganz überwiegend eigenbetrieblichen Interesse Mahlzeiten unentgeltlich oder teilentgeltlich zur Verfügung, gehören diese Zuwendungen grundsätzlich nicht zum Arbeitslohn. Dies gilt für Mahlzeiten im Rahmen „herkömmlicher" **Betriebsveranstaltungen** i. S. des § 19 Abs. 1 Satz 1 Nr. 1a (Satz 3) EStG für Mahlzeiten, die als **Aufmerksamkeiten** i. S. von R 19.6 Abs. 2 LStR einzustufen sind, und für die Beteiligung von Arbeitnehmern an einer **geschäftlich veranlassten Bewirtung** i. S. des § 4 Abs. 5 Satz 1 Nr. 2 EStG (R 8.1 Abs. 8 Nr. 1 LStR).

Speisen, die ein Arbeitgeber anlässlich und **während** eines **außergewöhnlichen Arbeitseinsatzes** seinen Arbeitnehmern unentgeltlich oder teilunentgeltlich im Betrieb gewährt, gehören nicht zum Arbeitslohn, wenn sie aus Gründen des Arbeitsablaufs überlassen werden und sich damit als notwendige Begleiterscheinung des außergewöhnlichen Arbeitseinsatzes erweisen. Ungewöhnlich sind nur solche Arbeitseinsätze, die einen unvorhersehbaren und ohne Aufschub zu erledigenden Arbeitsanfall, z. B. eine außergewöhnliche betriebliche Sitzung, betreffen (R 19.6 Abs. 2 Satz 2 LStR, H 19.6 „Bewirtung von Arbeitnehmern" LStH). Nicht begünstigt, sondern lohnsteuerpflichtiger Arbeitslohn sind deshalb die sog. Arbeitsessen, die im Rahmen regelmäßiger Geschäftsleitungssitzungen abgegeben werden.[1] Im Übrigen ist in jedem Fall zu prüfen, ob eine Abgabe kostspieliger Speisen und Getränke vorliegt, sodass von einer Belohnungsabsicht des Arbeitgebers auszugehen ist. Nach Verwaltungsauffassung ist auch bei Vorliegen eines außergewöhnlichen Arbeitseinsatzes das Arbeitsessen nur dann nicht zu berücksichtigen, wenn der Wert der abgegebenen Speisen und Getränke pro Ereignis und Arbeitnehmer **60 Euro** nicht überschreitet (R 19.6 Abs. 2 Satz 2 LStR).

Bewirtung aus Anlass von Diensteinführung, Verabschiedung und Ähnlichem

Nicht steuerbar sind nach der Regelung in R 19.3 Abs. 2 Nr. 3 LStR übliche Sachleistungen (z. B. Bewirtungsaufwendungen) des Arbeitgebers aus Anlass der Diensteinführung, eines Amts- oder Funktionswechsels, der Ehrung eines einzelnen Jubilars oder der Verabschiedung eines Arbeitnehmers, sofern die Zuwendungen einschließlich Umsatzsteuer nicht mehr als 110 Euro je teilnehmende Person betragen. Übersteigen die Aufwendungen die **110 Euro-Grenze**, sind die Aufwendungen insoweit dem Arbeitslohn des Arbeitnehmers hinzuzurechnen.

Fernsprechanschluss

Führt ein Arbeitnehmer vom **Dienstapparat im Betrieb** Privatgespräche, ist dieser geldwerte Vorteil gem. § 3 Nr. 45 EStG steuerfrei (vgl. auch H 19.3 „Steuerfrei sind" LStH und R 3.45 LStR).

Die vom Arbeitgeber übernommenen Kosten eines Telefonanschlusses in der **Wohnung** des **Arbeitnehmers** sind nach § 3 Nr. 50 EStG (Auslagenersatz) steuerfrei, soweit ein Zusammenhang mit betrieblich veranlassten Kosten besteht. Steuerfrei ersetzt werden kann der berufliche Anteil für den Grundpreis und die Anschlussgebühren. Aus Vereinfachungsgründen können ohne Einzelnachweis bis zu 20 % des Rechnungsbetrags, höchstens 20 Euro monatlich, steuerfrei ersetzt werden (vgl. im Einzelnen R 3.50 Abs. 2 Satz 3 ff. LStR).

Bei der lohnsteuerlichen Behandlung von **Autotelefonen** im eigenen PKW des Arbeitnehmers ist nach den gleichen Grundsätzen wie bei einem Telefonanschluss in der Wohnung des Arbeitnehmers zu verfahren. Befindet sich das Autotelefon in einem Firmenfahrzeug, bleiben sämtliche Aufwendungen für dieses selbständig bewertbare Wirtschaftsgut bei der Ermittlung des privaten Nutzungswerts für den PKW außer Betracht (R 8.1 Abs. 9, 10 Nr. 1 Satz 6 LStR).

Incentive-Reisen

Veranstaltet ein Arbeitgeber für bestimmte Arbeitnehmer sog. Incentive-Reisen in touristisch besonders interessante Länder als Belohnung für besondere Leistungen und zur Motivation zu weiteren Leistungssteigerungen, sind diese Leistungen grundsätzlich steuerbarer Arbeitslohn (H 19.7 „Incentive-Reisen" LStH). Insbeson-

---
[1] BFH, BStBl 1995 II S. 59.

dere anlässlich von Verkaufswettbewerben werden Prämien in Form kostenloser Reisen gewährt. Ebenso können Zuwendungen zu Arbeitslohn führen, wenn ein Arbeitnehmer von einem Geschäftspartner seines Arbeitgebers unentgeltlich eine Auslandsreise mit vorwiegend touristischem Charakter erhält. Die Tatsache, dass mit der Zuwendung die Zielsetzung des Geschäftspartners verbunden ist, die Geschäftsbeziehungen zum Arbeitgeber zu verbessern, steht dem Entlohnungscharakter solcher Incentive-Reisen nicht entgegen.

Ebenfalls ist von Arbeitslohn auszugehen, wenn Incentive-Reisen an Fachseminare geknüpft sind, es sei denn, das Fortbildungsprogramm überwiegt so stark, dass touristische Elemente bei der Reise von weit untergeordneter Bedeutung sind (siehe dazu Tz. 13.1.2.3).

Parkplätze

Die Überlassung betriebseigener Parkplätze stellt keinen Arbeitslohn dar. Dagegen führt die unentgeltliche Überlassung angemieteter Parkflächen zu einem steuerbaren geldwerten Vorteil, insbesondere dann, wenn diese dem Arbeitnehmer außerhalb der Arbeitszeit zur Verfügung stehen. Ebenfalls lohnsteuerpflichtig ist der Ersatz arbeitstäglicher Parkgebühren.

Schadensersatzleistungen

Schadensersatzleistungen des Arbeitgebers wegen **unerlaubter Handlung** (§§ 823, 847 BGB) oder wegen Gefährdungshaftung (§ 833 BGB) gehören nicht zum Arbeitslohn, da das schadensbegründende Ereignis seine Grundlage nicht im Arbeitsverhältnis hat.

Der Ersatz **immaterieller Schäden,** zu dem der Arbeitgeber gem. § 15 Abs. 2 AGG wegen einer Diskriminierung (z. B. Mobbing) verpflichtet ist, stellt ebenfalls keinen Arbeitslohn dar. Dies gilt auch dann, wenn der Arbeitgeber die behauptete Benachteiligung bestritten hat und lediglich aufgrund eines gerichtlichen Vergleichs zahlt.[1] Wird hingegen entgangener Arbeitslohn gem. § 15 Abs. 1 AGG ersetzt (z. B. aufgrund einer Kündigung, die gegen das Benachteiligungsverbot des AGG verstößt), handelt es sich um Einnahmen aus nichtselbständiger Arbeit.

Schadensersatzleistungen des Arbeitgebers wegen schuldhafter Verletzung **arbeitsvertraglicher Fürsorgepflichten** werden ebenfalls nicht dem steuerbaren Arbeitslohn zugerechnet (H 19.3 „Beispiele – Nicht zum Arbeitslohn gehören" LStH). Denn mit der Ausgleichszahlung wird der Arbeitnehmer lediglich so gestellt, wie er ohne das schuldhafte Verhalten des Arbeitgebers stehen würde. Ein arbeitsrechtlicher Schadensausgleich führt aber nur insoweit nicht zum Lohnzufluss, als dieser die Höhe des zu leistenden Schadensersatzes nicht übersteigt. Weitergehende (freiwillige) Zahlungen erfüllen somit den Lohnbegriff.

---

1 FG Rheinland-Pfalz vom 21.03.2017 – 5 K 1594/14 (EFG 2017 S. 835).

Steuerbarer Arbeitslohn liegt auch vor, wenn der Arbeitgeber auf eine ihm gegen den Arbeitnehmer zustehende **Schadensersatzforderung** aus dem Dienstverhältnis **verzichtet** oder diese **erlässt** (H 19.3 „Beispiele – Zum Arbeitslohn gehören" und H 8.1 Abs. 9-10 „Verzicht auf Schadensersatz" LStH).

Sportanlagen

Die unentgeltliche Benutzung **betriebseigener** Sportanlagen ist als nicht steuerbare Leistung anzusehen, falls das Interesse des Arbeitgebers an der Verbesserung der Arbeitsbedingungen gegenüber der Bereicherung beim Arbeitnehmer ganz überwiegend im Vordergrund steht. Dies trifft z. B. für die Überlassung betriebseigener Schwimmbäder oder Sportplätze zu, deren Benutzung der gesamten Belegschaft offensteht. Sind nur einzelne Personen nutzungsberechtigt, ist von einer Entlohnung und damit von einem steuerbaren geldwerten Vorteil auszugehen. Unabhängig von der Nutzungsmöglichkeit gilt dies auch dann, wenn der Arbeitgeber die unentgeltliche Ausübung von Sportarten dadurch ermöglicht, dass er Sportanlagen **anmietet.** So hat die Rechtsprechung in der unentgeltlichen Überlassung von durch den Arbeitgeber angemieteten Tennis- und Squashplätzen in jedem Fall steuerbaren Arbeitslohn gesehen.[1]

Eine Steuerbefreiung kann allenfalls im Rahmen der 44 Euro-Grenze (Freigrenze für Sachbezüge) erreicht werden (§ 8 Abs. 2 Satz 11 EStG).

Verlosungen

Bei betrieblichen Losgewinnen wird unterschieden, ob die Teilnahme an der Verlosung **an bestimmte Bedingungen geknüpft** ist oder ob sie der gesamten Belegschaft offensteht. Während bei der ersten Fallgruppe die Gewinne stets eine Entlohnung für eine bestimmte Leistung und damit Arbeitslohn des Arbeitnehmers darstellen, kann bei einer **für alle Arbeitnehmer** veranstalteten Verlosung die Annahme von Arbeitslohn unter dem Gesichtspunkt des ganz überwiegend eigenbetrieblichen Interesses des Arbeitgebers ausscheiden (H 19.5 „Verlosungsgewinne" LStH).

Fraglich ist, ab welchem Wert ein ganz überwiegend eigenbetriebliches Interesse des Arbeitgebers ausscheidet. Die Verwaltung wendet auch hier die für Aufmerksamkeiten geltende **Grenze von 60 Euro** an, bis zu der den Sachpreisen kein Entlohnungscharakter beigemessen wird (Nichtaufgriffsgrenze). Überschreitet der Wert des Sachpreises diese Grenze, ist von einer Bereicherung des Arbeitnehmers und damit vom Entgeltscharakter der Vorteilsgewährung auszugehen. Die Besteuerung ist beim jeweiligen Gewinn nach den für Einmalzahlungen geltenden Regeln vorzunehmen. Soweit die Verlosung im Rahmen einer **Betriebsveranstaltung** stattfindet, ist auch die Pauschalbesteuerung mit 25 % zulässig (§ 40 Abs. 2 Satz 1 Nr. 2 EStG). Zu beachten ist, dass auch nicht übliche Zuwendungen aus Anlass und nicht

---

[1] BFH, BStBl 1997 II S. 146.

nur bei Gelegenheit einer Betriebsveranstaltung – insoweit abweichend von R 40.2 Abs. 1 Nr. 2 LStR – zu den maßgebenden Gesamtkosten einer Betriebsveranstaltung gehören (siehe dazu Tz. 13.1.2.2).

13.1.3 Zufluss des Arbeitslohns

13.1.3.1 Zufluss als Besteuerungszeitpunkt – Begriffsbestimmung

Der Arbeitslohn ist vom Arbeitnehmer grundsätzlich in dem Kalenderjahr zu versteuern, in dem er ihn bezogen hat (§ 25 Abs. 1 EStG). „Bezogen" sind nach § 11 Abs. 1 Satz 1 EStG Einnahmen in dem Kalenderjahr, in dem sie dem Stpfl. zugeflossen sind. Von diesem Grundsatz wird für den **laufenden Arbeitslohn** eine Ausnahme gemacht. Gemäß § 11 Abs. 1 Satz 4 i. V. m. § 38a Abs. 1 Satz 2 EStG gilt laufender Arbeitslohn in dem Kalenderjahr als bezogen, in dem der Lohnzahlungszeitraum oder in den Fällen, in denen der Arbeitslohn abschlagsweise gezahlt wird (§ 39b Abs. 5 EStG), der Lohnabrechnungszeitraum endet. Die für das Lohnsteuerverfahren maßgeblichen Zeitpunkte gelten also auch für das Veranlagungsverfahren.

Zahlt ein **Arbeitnehmer** Arbeitslohn **zurück,** der dem Lohnsteuerabzug unterlegen hat, bleibt der früher gezahlte Arbeitslohn zugeflossen.[1] Die Rückzahlung ist dann im Kalenderjahr des tatsächlichen Abflusses einkünftemindernd als negative Einnahmen oder Werbungskosten zu berücksichtigen, ohne dass rückwirkend der Zufluss beseitigt wird (vgl. zur Behandlung der Rückzahlung Tz. 14.1.2.1).[2]

Im Gegensatz dazu sind **sonstige Bezüge** (z. B. dreizehntes Monatsgehalt, einmalige Abfindungen, Urlaubsgelder, die nicht fortlaufend gezahlt werden; siehe hierzu R 39b.2 Abs. 2 LStR) in dem Kalenderjahr bezogen, in dem sie dem Arbeitnehmer tatsächlich zufließen (§ 38a Abs. 1 Satz 3 EStG).

> **Beispiel:**
> A erhält seine Weihnachtszuwendung nicht mit dem Dezembergehalt, sondern erst im Januar des folgenden Jahres ausbezahlt.
> Diesen sonstigen Bezug hat A im Januar bezogen, da er ihm erst in diesem Monat zugeflossen ist. Die Weihnachtszuwendung unterliegt deshalb auch erst in diesem Monat dem Lohnsteuerabzug (vgl. R 39b.2 Abs. 2 Satz 2 Nr. 7 LStR).

Strittig war früher die Frage, ob es sich bei den Zahlungen von Arbeitslohn für **Lohnzahlungszeiträume des abgelaufenen Kalenderjahres** um laufenden Arbeitslohn oder um einen sonstigen Bezug handelt. Zwischenzeitlich ist diese Frage geklärt und die Finanzverwaltung vertritt in R 39b.2 Abs. 1 Nr. 7 LStR die Auffassung, dass Arbeitslohn für Lohnzahlungszeiträume des abgelaufenen Kalenderjahres dann zum laufenden Arbeitslohn gehört, wenn er innerhalb der ersten drei Wochen des nachfolgenden Kalenderjahres zufließt.

---

[1] BFH, BStBl 2007 II S. 315.
[2] BFH vom 04.05.2006 VI R 33/03 (BStBl 2006 II S. 911) und vom 14.04.2016 VI R 13/14 (BStBl 2016 II S. 778, betreffend beherrschenden Gesellschafter-Geschäftsführer).

Beispiel:
B wurde zum 01.12.01 vom Arbeitgeber eingestellt. Der Arbeitslohn für Dezember 01 wurde ihm am 15.01.02 ausbezahlt.

Es handelt sich um laufenden Arbeitslohn, da die Zahlung einen Lohnzahlungszeitraum des abgelaufenen Kalenderjahres betrifft, der innerhalb der ersten drei Wochen des nachfolgenden Kalenderjahres zugeflossen ist. Es handelt sich damit um Arbeitslohn des Jahres 01.

Dagegen liegen nach R 39b.2 Abs. 2 Nr. 8 LStR sonstige Bezüge vor, wenn der Arbeitslohn für Lohnzahlungszeiträume des abgelaufenen Kalenderjahres später als drei Wochen nach Ablauf dieses Jahres zufließt.

Beispiel:
C wurde zum 01.12.01 vom Arbeitgeber eingestellt. Der Arbeitslohn für Dezember 01 wurde ihm zusammen mit dem Januargehalt am 30.01.02 ausbezahlt.

Bei der Lohnzahlung für den Monat Dezember handelt es sich um einen sonstigen Bezug des Monats Januar 02.

Zugeflossen ist der Arbeitslohn dem Arbeitnehmer dann, wenn er über ihn als eigene Einnahme verfügen kann. Erforderlich, aber auch genügend ist die **wirtschaftliche Verfügungsmacht**; auf die rechtliche Verfügungsmacht kommt es nicht an (H 38.2 „Zufluss von Arbeitslohn" LStH). Sachbezüge in Form von Wirtschaftsgütern fließen mit Erlangung des wirtschaftlichen Eigentums[1], Sachbezüge als Leistung (z. B. eine Incentive-Reise) mit Inanspruchnahme durch den Arbeitnehmer[2] zu.

Bei der bloßen **Einräumung eines Anspruchs** gegen den Arbeitgeber oder gegen einen Dritten erfolgt noch kein Zufluss von Arbeitslohn. Die wirtschaftliche Verfügungsmacht wird beispielsweise erst dann eingeräumt, wenn der Arbeitgeber Beitragsleistungen an einen rechtlich selbständigen Pensionsfonds leistet und der Arbeitnehmer einen eigenen und unmittelbaren Rechtsanspruch gegenüber dem Dritten – hier dem Pensionsfonds – erhält.[3] Ebenso führt die Überlassung einer sog. Jahresnetzkarte zum sofortigen Zufluss von Arbeitslohn, sofern der Arbeitnehmer durch diese Jahresnetzkarte ein uneingeschränktes Nutzungsrecht erhält (H 38.2 „Zufluss von Arbeitslohn" LStH). Dagegen ist der Zufluss beim Recht auf den Erwerb eines verbilligten Job-Tickets[4] oder bei Aktienoptionen, die der Arbeitgeber dem Arbeitnehmer einräumt[5] erst mit Ausübung dieses Rechts gegeben. Mit der bloßen Zusage des Arbeitgebers, dem Arbeitnehmer künftig Leistungen zu erbringen, ist der Zufluss eines geldwerten Vorteils i. d. R. noch nicht verwirklicht.[6]

---
1 BFH, BStBl 1986 II S. 607.
2 BFH, BStBl 1990 II S. 711.
3 BFH vom 05.07.2007 VI R 47/02 (BFH/NV 2007 S. 1876); vgl. zur Übernahme der Pensionszusage eines beherrschenden Gesellschafter-Geschäftsführers gegen eine Ablösezahlung an den die Pensionsverpflichtung übernehmenden Dritten BMF vom 04.07.2017 – IV C 5 – S 2333/16/10002 (BStBl 2017 I S. 883) m. w. N.
4 BFH, BStBl 2013 II S. 382.
5 Siehe dazu BFH vom 01.02.2007 VI R 73/04 (BFH/NV 2007 S. 896) und vom 23.07.1999 VI B 116/99 (BStBl 1999 S. 684).
6 BFH, BStBl 2009 II S. 382.

Ein Zufluss von Arbeitslohn kann auch bei einem **Verzicht** des Arbeitnehmers auf einen Teil des ihm zustehenden Gehalts oder Lohns vorliegen, wenn der nicht in Anspruch genommene Anteil in einem bestimmten Sinne des verzichtenden Arbeitnehmers verwendet werden soll (z. B. um damit eine gemeinnützige Organisation zu unterstützen). In diesem Fall keinen Zufluss von Arbeitslohn anzunehmen, würde im Ergebnis die Umgehung des beschränkten Spendenabzugs nach § 10b EStG beinhalten. Wird der Verzicht jedoch ohne jede Verwendungsauflage ausgesprochen, dann ist kein Zufluss hinsichtlich des verzichteten Lohnanteils gegeben.[1] Das gilt auch bei einem Verzicht zugunsten des Arbeitgebers, um diesem die Erfüllung seiner satzungsgemäßen Aufgaben zu ermöglichen.[2]

13.1.3.2 Gutschrift von Arbeitslohn

Der Arbeitslohn kann dem Arbeitnehmer in den verschiedensten Formen zufließen. In der Regel wird der Lohn oder das Gehalt auf ein **Bankkonto überwiesen** oder **bar ausbezahlt**. In diesen Fällen tritt der Zufluss mit der Gutschrift auf dem Konto (Überweisung) oder der Auszahlung ein. Der Arbeitslohn kann dem Arbeitnehmer aber auch auf andere Arten zufließen.

Das „Zufließen" umfasst sowohl den unmittelbaren Übergang von Geld oder geldwerten Gütern in das Vermögen des Stpfl. wie auch diejenigen Fälle, in denen die Verwirklichung eines Anspruchs in so greifbare Nähe gerückt oder gesichert ist, dass er wirtschaftlich dem tatsächlichen Eingang der Leistung, auf die er gerichtet ist, gleichzustellen ist. Hierzu gehört insbesondere der Fall der **Gutschrift von Arbeitslohn** durch den Arbeitgeber. Hier liegt in der Gutschrift bereits ein Zufließen, wenn der Arbeitnehmer jederzeit infolge der Gutschrift über den Arbeitslohn verfügen kann. Es kommt jedoch darauf an, in wessen **Interesse** eine Gutschrift des Arbeitslohns statt einer Auszahlung erfolgt ist.[3] Nur wenn der Arbeitnehmer den Arbeitslohn in seinem Interesse und kraft seines freien Entschlusses – z. B. als **Kapitalanlage** – beim Arbeitgeber stehen und bei diesem gutschreiben lässt, liegt in der Gutschrift ein Zufluss des Arbeitslohns bei ihm. Ein solcher Zufluss durch Gutschrift ist zu verneinen, wenn die Kapitalanlage in einer **Beteiligung** des Arbeitnehmers **am Gewinn** des Unternehmens des Arbeitgebers besteht und die Gewinnbeteiligung für eine bestimmte Dauer gegen eine geringe Verzinsung nur gutgeschrieben wird. Die Gutschrift geschieht dann nämlich vorwiegend im Interesse des Arbeitgebers, der mit dieser Art der Gewinnbeteiligung eine günstige Finanzierungsmöglichkeit für sein Unternehmen geschaffen hat.[4] Ebenso fehlt es am Zufluss von Arbeitslohn, wenn aufgrund von Zahlungsschwierigkeiten des Arbeitgebers eine (bloße) **Gutschrift in den Büchern** des Arbeitgebers stattfindet.

---
1 BFH, BStBl 1993 II S. 884.
2 BFH, BStBl 1994 II S. 424 (betreffend DRK-Schwestern).
3 BFH, BStBl 1953 III S. 170.
4 BFH, BStBl 1982 II S. 469.

13 Arbeitslohn

> **Beispiel:**
>
> Gegen einen Beamten läuft ein Disziplinarverfahren. Der Dienstherr behält bis zu dessen Abschluss 25 % der Dienstbezüge ein und schreibt sie zunächst nur gut.
>
> Es liegt kein Zufluss des Arbeitslohns vor.

Kein Zufluss von Arbeitslohn liegt vor, wenn der Arbeitgeber dem Arbeitnehmer **zusagt,** ihm im Hinblick auf das gute Ergebnis eines Jahres bei Eintritt der Invalidität oder bei Erreichen des 65. Lebensjahres zusätzlich einen bestimmten Betrag zu zahlen. Es fehlt in diesem Fall an der wirtschaftlichen Verfügungsmacht des Arbeitnehmers über den zugesagten Betrag, auch wenn der Arbeitgeber in einer Steuerbilanz eine entsprechende Verpflichtung mit dem Gegenwartswert passivieren kann.[1] Insoweit führt ein Anspruch des Arbeitnehmers gegen den Arbeitgeber noch nicht zu einem Lohnzufluss.[2]

Entsprechend dem besonderen Herrschaftsverhältnis, das der alleinige Gesellschafter einer Kapitalgesellschaft, der gleichzeitig alleiniger Geschäftsführer ist, ausübt, sind Gehaltsgutschriften für den **Gesellschafter-Geschäftsführer** bei seiner Gesellschaft stets als Zufluss zu behandeln. Dies ist schon zur Verhinderung von Missbräuchen erforderlich. Es gibt keinen sachlichen Grund, bei der Körperschaftsteuer die Gutschrift des Gehalts als Betriebsausgabe anzuerkennen und bei der Lohnsteuer den Zufluss des entsprechenden Gehalts in Form der vorgenommenen Gutschrift zu verneinen.[3]

Bei **verwandtschaftlichen Beziehungen** zwischen Arbeitgeber und Arbeitnehmer ist ein strenger Maßstab bei der Prüfung der Frage anzulegen, ob ein gutgeschriebener Betrag zugeflossen ist.[4]

> **Beispiel:**
>
> Der beim Vater angestellte Sohn hat seinen Lohn stehen lassen, um dem Vater Investitionen im Betrieb zu ermöglichen.
>
> Hier hat das Stehenlassen des Lohns seinen Grund nicht in dem Arbeitsverhältnis, sondern in verwandtschaftlichen Beziehungen. Ein fremder Arbeitnehmer hätte in einem solchen Fall auf der Auszahlung seines Lohns bestanden. Der Lohn ist dem Sohn mithin bereits bei Gutschrift, und nicht erst bei der tatsächlichen Auszahlung zugeflossen.

Die vereinbarte Gutschrift von künftigem Arbeitslohn auf **Arbeitszeitkonten** führt unter bestimmten Voraussetzungen noch nicht zum Zufluss (siehe zu den Einzelheiten und den Voraussetzungen BMF vom 17.06.2009, BStBl 2009 I S. 1286).

---

1 BFH, BStBl 1965 III S. 83.
2 BFH, BStBl 2005 II S. 770 (zum Zuflusszeitpunkt von Arbeitslohn bei Wandeldarlehensverträgen).
3 BFH, BStBl 1972 II S. 72.
4 BFH, BStBl 1958 III S. 58.

13.1.3.3 Vorschüsse

Arbeitslohn ist grundsätzlich auch dann gegeben, wenn eine Zahlung des Arbeitgebers noch nicht die endgültige Lohnzahlung darstellt, sondern nur vorschussweise geleistet wird (zur Einbehaltungspflicht des Arbeitgebers vgl. § 38 Abs. 3 EStG). Dabei ist es gleichgültig, ob der Arbeitslohn bereits verdient ist (Abschlagszahlung) oder ob es sich um eine Vorauszahlung auf künftigen Arbeitslohn handelt (Vorschuss). Das bedeutet, dass der Arbeitgeber bei der jeweiligen Zahlung des Vorschusses oder der Abschlagszahlung Lohnsteuer einzubehalten hat. Bei Leistung von Abschlagszahlungen ist es dem Arbeitgeber jedoch gestattet, die Lohnsteuer erst bei der endgültigen Abrechnung des Lohns für einen bestimmten Zeitraum einzubehalten und abzuführen (§ 39b Abs. 5 EStG).

> **Beispiel:**
> Ein Arbeitnehmer erhält seinen Wochenlohn jeweils in einem Abschlag von 250 €. Nach der vierten Woche wird endgültig abgerechnet. Der Arbeiter hat noch 400 € zu erhalten. Die Lohnsteuer ist von $3 \times 250\ € + 400\ € = 1.150\ €$ nach einem Lohnzahlungszeitraum von vier Wochen einzubehalten.

Eine Vorschusszahlung ist nur dann nicht als Zahlung von Arbeitslohn zu behandeln, wenn es sich bei der Vorschusszahlung tatsächlich um die Begründung eines echten **Darlehensverhältnisses** zwischen Arbeitgeber und Arbeitnehmer handelt. Die Begründung eines solchen Darlehensvertrags ist auch mit steuerrechtlicher Wirkung grundsätzlich möglich. Sie setzt aber klare Abreden zwischen den Beteiligten über die Verzinsung, die Laufzeit, die Höhe und Fälligkeit von Tilgungsraten, die Kündigung, die Rückzahlung sowie ggf. über Sicherheitsleistungen voraus. Fehlt es hieran, ist im Zweifel davon auszugehen, dass der vom Arbeitgeber gezahlte „Darlehensbetrag" Arbeitslohn ist.[1]

> **Beispiel:**
> Ein Arbeitnehmer erhält zur Beschaffung von Einrichtungsgegenständen für die neue Wohnung vom Arbeitgeber einen „Vorschuss" von 1.000 €, der durch monatliche Raten von 50 € getilgt werden soll, die vom Gehalt abgezogen werden. Außerdem hat der Arbeitnehmer den Vorschuss angemessen zu verzinsen.
>
> Es liegt trotz der Bezeichnung „Vorschuss" eine Darlehensgewährung vor. Anders wäre der Fall z. B. zu beurteilen, wenn der Arbeitgeber auf die Rückzahlung verzichten würde.

13.1.3.4 Zahlung an Dritte

Arbeitslohn liegt nicht nur bei einer unmittelbaren Zuwendung des Arbeitgebers an den Arbeitnehmer vor, sondern auch dann, wenn der Arbeitgeber an Dritte leistet. Dieser allgemeine Grundsatz ergibt sich u. a. aus § 2 Abs. 2 Nr. 2 LStDV, wonach zum Arbeitslohn auch die Zahlungen an den Rechtsnachfolger des Arbeitnehmers gehören. Er beruht auf der Erwägung, dass eine einmal entstandene Arbeitslohnfor-

---
[1] RFH, RStBl 1935 S. 1173.

derung diese Eigenschaft nicht dadurch verliert, dass der Empfänger nicht mit demjenigen personengleich ist, der durch seine Arbeitsleistung die Lohnforderung erworben hat. Hauptfall ist die Zahlung des Arbeitslohns an die **Erben** des Arbeitnehmers, die Zahlung der üblichen Ruhegehälter, Witwen- und Waisenpensionen und Gnadenbezüge (siehe hierzu § 19 Abs. 1 Satz 1 Nr. 2 EStG). Auch Tantiemen, die nach dem Tod des Arbeitnehmers fällig werden, sind Arbeitslohn. Die Versteuerung ist in diesen Fällen beim Dritten (Erben, Witwe, Waisenkind) nach dessen persönlichen Merkmalen vorzunehmen.

Bei einer **entgeltlichen Abtretung** der Lohn- oder Gehaltsforderung ist das Abtretungsentgelt Ersatz für entgehenden Arbeitslohn und als solcher steuerpflichtig (§ 2 Abs. 2 Nr. 4 LStDV). Es unterliegt jedoch nicht dem Lohnsteuerabzug, weil der Abtretungsempfänger nicht Arbeitgeber im Sinne des Lohnsteuerrechts ist. Das Entgelt ist ggf. im Veranlagungsverfahren steuerlich zu erfassen. Dagegen hat der Arbeitgeber die Lohnsteuer aus dem Arbeitslohn einzubehalten, wenn er aufgrund der Abtretung an den Abtretungsempfänger zahlt. Dabei ist die Lohnsteuer so einzubehalten, wie wenn die Lohnforderung nicht abgetreten wäre. Es sind deshalb die lohnsteuerlichen Merkmale des Arbeitnehmers und nicht die des Abtretungsempfängers maßgebend. Auch wird die Lohnsteuer nach wie vor für Rechnung des Arbeitnehmers einbehalten, sodass sie bei dessen eventueller Veranlagung auf die Steuerschuld nach § 36 Abs. 2 Nr. 2 EStG anzurechnen ist.

Die gleichen Grundsätze gelten bei der **Pfändung des Arbeitslohns** zugunsten eines Gläubigers des Arbeitnehmers. Zahlt in diesem Fall der Arbeitgeber an den Pfändungsgläubiger, hat er die Lohnsteuer so einzubehalten, wie wenn er unmittelbar an den Pfändungsschuldner (den Arbeitnehmer) zahlen würde. Der Arbeitgeber hat hierbei jedoch die Vorschriften über den Pfändungsschutz des Arbeitseinkommens (§§ 850 ff. ZPO) zu beachten.[1]

Die **unentgeltliche Abtretung** einer Lohnforderung (z. B. durch Schenkung oder zum Zweck der Benachteiligung der Gläubiger des Arbeitnehmers) ist als Einkommensverwendung des abtretenden Arbeitnehmers steuerlich unbeachtlich. Der Arbeitgeber hat bei der Zahlung an den Abtretungsempfänger die Lohnsteuer so einzubehalten, als ob er an den Arbeitnehmer selbst gezahlt hätte. Dessen steuerliche Merkmale sind für die Steuerberechnung maßgebend.

13.1.3.5 Zahlung durch Dritte

Arbeitslohn setzt nicht voraus, dass der Vorteil vom Arbeitgeber zugewandt wird. Bei der Zahlung von Arbeitslohn durch Dritte ist zwischen einer unechten und einer echten Lohnzahlung zu differenzieren. Bei der **unechten Lohnzahlung** wird der Dritte lediglich als Zahlstelle für den Arbeitgeber tätig, d. h., dem Dritten kommt lediglich die Funktion eines Leistungsmittlers zu, so z. B. wenn der Dritte im Auf-

---

[1] BFH, BStBl 1964 III S. 621.

trag des Arbeitgebers handelt. Der Arbeitgeber ist in dieser Fallkonstellation weiterhin verpflichtet, den Lohnsteuerabzug vorzunehmen (§ 38 Abs. 1 Satz 1 EStG). Bei der **echten Lohnzahlung**, bei der der Dritte nicht bloß anstelle des Arbeitgebers zahlt, ist der Veranlassungszusammenhang mit der nichtselbständigen Tätigkeit besonders zu prüfen. Die von dem Dritten eingeräumten Vorteile müssen sich objektiv als Entgelt für die Arbeitsleistung im Rahmen des Dienstverhältnisses darstellen.[1] In diesen Fällen ist der Arbeitgeber zum Lohnsteuerabzug verpflichtet, sofern er weiß oder erkennen kann, dass solche Vergütungen erbracht werden (§ 38 Abs. 1 Satz 3 EStG). Aus Sicht des Arbeitnehmers muss der erlangte Vorteil wirtschaftlich die Frucht seiner Dienstleistung für den Arbeitgeber sein.[2]

In diesem Zusammenhang ist die steuerliche Behandlung des **Trinkgelds** besonders bedeutsam. Trinkgelder sind Zahlungen Dritter für besondere Leistungen oder als Anerkennung für Leistungen, die dem Dritten erbracht worden sind. Durch die Gewährung des Trinkgelds wird kein Dienstverhältnis des Zahlenden zu dem Empfänger begründet.[3] Vielmehr sind Trinkgelder Arbeitslohn im Rahmen des bestehenden Dienstverhältnisses, weil sie als zusätzliches Entgelt für erbrachte Dienstleistungen anzusehen sind.[4]

Werden die Trinkgelder **freiwillig**, d. h., ohne dass der Arbeitnehmer einen Rechtsanspruch auf sie hat (z. B. Trinkgelder an den Kellner über den Bedienungszuschlag hinaus), gezahlt, sind sie steuerbarer Arbeitslohn, aber gem. § 3 Nr. 51 EStG steuerfrei. Unter den Begriff der steuerfreien Trinkgelder fallen jedoch nicht die Gelder aus dem Spielbanktronc.[5]

Da der Arbeitgeber von der Vorteilsgewährung durch den Dritten keine Kenntnis haben muss, führt auch die Gewährung eines Trinkgelds **gegen den Willen des Arbeitgebers** zu Arbeitslohn.[6] Allerdings darf die Zahlung nicht eine gegen die Dienstpflichten gerichtete Leistung des Arbeitnehmers belohnen, weshalb **Schmier- oder Bestechungsgelder** keinen Arbeitslohn, sondern Einnahmen gem. § 22 Nr. 3 EStG darstellen.[7]

Trinkgelder, auf die der Arbeitnehmer einen **Rechtsanspruch** hat, beruhen auf einer arbeitsrechtlichen Anordnung oder einer Vereinbarung zwischen dem Arbeitgeber und dem Trinkgeldgeber. Ihre Höhe ist in der Anordnung oder Vereinbarung festgesetzt. Der Betrag des Trinkgelds ergibt sich i. d. R. aus der Rechnung, die dem Trinkgeldgeber erteilt wird. Trinkgelder, auf die der Arbeitnehmer einen Rechtsanspruch hat, sind insbesondere der **Bedienungszuschlag** von 10 oder 15 % im

---

1 BFH vom 28.02.2013 VI R 58/11 (BStBl 2013 II S. 642) und vom 10.04.2014 VI R 62/11 (BStBl 2015 II S. 191).
2 Siehe dazu BFH, BStBl 2009 II S. 668.
3 FG Baden-Württemberg, EFG 1985 S. 364.
4 BFH, BStBl 1993 II S. 117.
5 BFH, BStBl 2009 II S. 820.
6 RFH, RStBl 1994 S. 731.
7 BFH, BStBl 2000 II S. 396.

Gaststättengewerbe und die **Möbelgelder** im Möbeltransportgewerbe. Sie unterliegen mit dem übrigen Arbeitslohn in voller Höhe dem Lohnsteuerabzug.

Vermittlungsprovisionen, die der Arbeitnehmer von seinem Arbeitgeber erhält, sind grundsätzlich Arbeitslohn (R 19.4 Abs. 1 Satz 1 LStR). Entsprechendes gilt für weitergeleitete Provisionen, die ein Dritter an den Arbeitgeber zahlt und von diesem an den Arbeitnehmer weitergeleitet werden (R 19.4 Abs. 1 Satz 2 LStR). Vermittlungsprovisionen einer Bausparkasse oder eines Versicherungsunternehmens an die Arbeitnehmer von Kreditinstituten für den Abschluss von Bauspar- oder Versicherungsverträgen sind als Lohnzahlungen Dritter dem Lohnsteuerabzug zu unterwerfen, wenn die Vertragsabschlüsse während der Arbeitszeit vermittelt werden (R 19.4 Abs. 2 Satz 1 LStR, H 19.4 „Provisionen für im Innendienst Beschäftigte" LStH; siehe dazu auch Tz. 12.1). Gehört zum Aufgabengebiet des Arbeitnehmers des Kreditinstituts der direkte Kontakt mit dem Kunden des Kreditinstituts, z. B. bei Kunden- oder Anlageberatern, gilt dies auch für die Vermittlungsprovisionen für Vertragsabschlüsse außerhalb der Arbeitszeit (R 19.4 Abs. 2 Satz 2 LStR). Zum Arbeitslohn gehören auch entsprechende Provisionen für **Eigenversicherungen** und im **Verwandtenbereich** abgeschlossene Verträge, und zwar unabhängig davon, ob der Abschluss außerhalb oder während der Arbeitszeiten beim Kreditinstitut erfolgt ist (H 19.4 „Provisionen für Vertragsabschlüsse mit dem Arbeitnehmer" LStH).

Ist das **Kreditinstitut** aufgrund entsprechender vertraglicher Gestaltung gegenüber der Bausparkasse oder dem Versicherungsunternehmen **selbst provisionsberechtigt,** liegt bei Weiterleitung der Provisionen an Arbeitnehmer stets Arbeitslohn vor, und zwar unabhängig davon, welchen Aufgaben der Arbeitnehmer nachgeht, und unabhängig davon, ob die Verträge während der Arbeitszeit oder in der Freizeit abgeschlossen werden. Die auf Eigenverträge der Arbeitnehmer des Kreditinstituts entfallenden Provisionen bleiben im Rahmen des Rabattfreibetrags des § 8 Abs. 3 EStG bis 1.080 Euro steuerfrei, da das Kreditinstitut in diesem Fall selbst Vermittler ist (H 19.4 „Provisionen für Vertragsabschlüsse mit dem Arbeitnehmer" LStH).

Zahlung von Arbeitslohn durch Dritte liegt auch vor, wenn ein Arbeitnehmer Gutschriften einer Fluggesellschaft aus vom Arbeitgeber bezahlten dienstlichen Flügen zu Privatflügen verwendet (sog. **Miles & More**-Programme). Solche Sachprämien aus Kundenbindungsprogrammen bleiben nach § 3 Nr. 38 EStG bis zur Höhe von 1.080 Euro steuerfrei. Die Einkommensteuer für den steuerpflichtigen Teil kann nach § 37a EStG unmittelbar bei der Ausschüttung vom jeweiligen Prämienanbieter mit 2,25 % vom Gesamtwert der Prämien pauschal versteuert werden.

Bei **Rabattgewährung durch Dritte** ist der Sachbezug nach Auffassung der Finanzverwaltung als Arbeitslohn zu erfassen, wenn der Arbeitgeber an der Verschaffung dieser Preisvorteile aktiv mitgewirkt hat.[1] Dies ist der Fall, wenn

---

1 Vgl. hierzu BMF vom 20.01.2015 (BStBl 2015 I S. 143).

- aus dem Handeln des Arbeitgebers ein Anspruch des Arbeitnehmers auf den Preisvorteil entstanden ist oder
- der Arbeitgeber für den Dritten Verpflichtungen übernommen hat (z. B. Inkassotätigkeit) oder
- zwischen dem Arbeitgeber und dem Dritten eine enge wirtschaftliche oder tatsächliche Verflechtung oder enge Beziehung sonstiger Art besteht (z. B. ein Organschaftsverhältnis) oder
- dem Arbeitnehmer Preisvorteile von einem Unternehmen eingeräumt werden, dessen Arbeitnehmer ihrerseits Preisvorteile vom Arbeitgeber erhalten.

Die neuere Rechtsprechung sieht in der Mitwirkung des Arbeitgebers nur noch ein Indiz für die Annahme einer Lohnzahlung durch Dritte.[1] Bei von Dritten gewährten Preisvorteilen soll Arbeitslohn nur vorliegen, wenn der Dritte den Vorteil im Interesse des Arbeitgebers gewährt – nicht hingegen, wenn der Dritte ein eigenwirtschaftliches Interesse an der Rabattgewährung hat.[2] Daher stellt ein Rabatt, den ein Reiseveranstalter einer Reisebüroangestellten auf den marktüblichen Reisepreis gewährt, keinen steuerpflichtigen Arbeitslohn dar, wenn der Reiseveranstalter derartige Rabatte Reisebüroinhabern und deren Angestellten zur Sicherung der Geschäftsverbindung, der Auslastungsoptimierung etc. gewährt.[3]

13.1.3.6 Laufende und einmalige Bezüge

Es ist unerheblich, ob der Arbeitslohn in Form von laufenden oder einmaligen Bezügen gewährt wird (§ 2 Abs. 1 LStDV). **Laufende Bezüge** sind stets wiederkehrende Bezüge wie Lohn, Gehalt, Pension, Unterhaltszuschuss usw. **Einmalige Bezüge** sind Bezüge, die nicht zum laufenden Arbeitslohn gehören, also weder Gehalt noch Lohn für den üblichen Lohnzahlungszeitraum sind. Hierunter fallen insbesondere Tantiemen, Gratifikationen und Vergütungen für Arbeitnehmererfindungen. Zum Arbeitslohn zählt auch die Zuwendung, die der Arbeitgeber zahlt, um den Arbeitnehmer zum Abschluss des Arbeitsvertrags zu bewegen (z. B. sog. Handgeld bei Lizenzfußballspielern).

13.2 Arten des Arbeitslohns

13.2.1 Gehälter, Löhne

Als „**Gehalt**" wird im Allgemeinen das monatlich oder in größeren Abständen, als „**Lohn**" das in kürzeren Abständen (Tagen, Wochen, Stunden) gezahlte Entgelt für

---
1 BFH, FR 2013 S. 380.
2 BFH, BStBl 2015 II S. 184 und 191.
3 FG Düsseldorf vom 21.12.2016 – 5 K 2504/14 E (rkr.).

geleistete Arbeit bezeichnet. Für die steuerliche Einordnung ist diese Unterscheidung aber ohne Bedeutung.

13.2.2 Gratifikationen

Gratifikationen sind **Sondervergütungen** des Arbeitgebers an den Arbeitnehmer aus besonderem Anlass oder bei besonderer Gelegenheit (Weihnachten, Neujahr, Geschäftsabschluss und andere), die im Hinblick auf das Arbeitsverhältnis gewährt werden. Sie werden i. d. R. allen Arbeitnehmern des Betriebs gleichmäßig gezahlt. Auf sie besteht grundsätzlich kein Rechtsanspruch.

Gratifikationen, die nicht fortlaufend gezahlt werden, sind in aller Regel als **sonstige Bezüge** im Zeitpunkt des Zuflusses dem Lohnsteuerabzug zu unterwerfen (R 39b.2 Abs. 2 Nr. 3 LStR). Sie sind nur dann als laufende Bezüge zu versteuern, wenn sie nicht in einer Summe, sondern z. B. monatlich und zusammen mit den laufenden Bezügen gezahlt werden (R 39b.2 Abs. 1 LStR).

13.2.3 Tantiemen

Tantiemen sind nach dem Gewinn oder Umsatz bemessene Vergütungen (**Gewinn- oder Umsatzbeteiligungen**), die namentlich leitenden Angestellten bezahlt und i. d. R. nach Prozenten berechnet werden. Auf sie besteht, wenn sie arbeitsvertraglich geregelt sind, ein Rechtsanspruch. Der Anspruch auf Zahlung der Tantieme entsteht jedoch erst durch Feststellung der Bilanz durch die zuständigen Organe, z. B. die Gesellschafterversammlung. Dies ist im Zweifel auch dann anzunehmen, wenn ein bestimmter Mindestbetrag der Tantieme garantiert wird.

Zugeflossen ist eine vom Gewinn oder Umsatz abhängige Tantieme frühestens, wenn die Höhe anhand des Gewinns oder Umsatzes festgestellt ist und der Arbeitnehmer über sie wirtschaftlich verfügen kann (H 38.2 „Zufluss vom Arbeitslohn" LStH). Die bloße Genehmigung der Bilanz bei einer Kapitalgesellschaft oder die Aufstellung der Bilanz bei einer Personengesellschaft genügt nicht.[1] Besonderheiten gelten bei Leistungsbeziehungen zwischen einer Kapitalgesellschaft und ihrem **Gesellschafter-Geschäftsführer.** Hier erfolgt der Zufluss bereits in dem Zeitpunkt der Feststellung des Jahresabschlusses oder in einem anderen zivilrechtlich wirksam vereinbarten Zeitpunkt, es sei denn, die Kapitalgesellschaft ist im maßgeblichen Zeitpunkt zahlungsunfähig.[2]

13.2.4 Provisionen

Provisionen sind bei Arbeitnehmern Arbeitslohn, wenn sie Entgelt für eine im Rahmen des Arbeitsverhältnisses geleistete Arbeit sind, unabhängig davon, unter wel-

---
1 BFH, BStBl 1965 III S. 83.
2 BFH, BStBl 2014 II S. 491.

cher Bezeichnung und in welcher Form die Einnahmen geleistet werden (§ 2 Abs. 1 LStDV). So sind Provisionen eines Handelsvertreters dann dem Lohnsteuerabzug zu unterwerfen, wenn er zu dem von ihm vertretenen Unternehmen in einem echten Arbeitsverhältnis steht. Häufig erhalten Arbeitnehmer auch Vermittlerprovisionen für eine Tätigkeit, die nur als Ausfluss ihrer Haupttätigkeit anzusehen ist. Dann sind diese Provisionen ebenfalls Arbeitslohn aus dem Hauptarbeitsverhältnis.

> **Beispiel:**
>
> A ist bei einem Reisebüro beschäftigt. Er vermittelt bei dem Verkauf von Fahrkarten, beim Abschluss von Reisen usw. auch den Abschluss von Reisegepäckversicherungen und erhält dafür von der Versicherung eine Provision, die ihm sein Arbeitgeber im Auftrag der Versicherungsgesellschaft auszahlt.
>
> Die Provisionen sind Arbeitslohn und vom Arbeitgeber dem Lohnsteuerabzug zu unterwerfen.

Erhalten Arbeitnehmer eine Provision aber für eine Vermittlertätigkeit, die zwar Ausfluss ihres Dienstverhältnisses ist, die sie aber nur in der arbeitsfreien Zeit ausüben, liegt grundsätzlich kein steuerpflichtiger Arbeitslohn für eine Nebenbeschäftigung im Rahmen des Dienstverhältnisses vor. Die Provisionen sind dann ggf. im Wege der Veranlagung nach § 46 EStG der Einkommensteuer zu unterwerfen (dazu Tz. 13.1.3.5).

> **Beispiel:**
>
> Die Angestellten einer Sparkasse werden vom Arbeitgeber aufgefordert, in ihrer Freizeit Prämiensparlose zu verkaufen. Sie erhalten einen bestimmten Prozentsatz des Verkaufserlöses als Provision.
>
> Die gewährte Provision ist kein steuerpflichtiger Arbeitslohn, sondern gehört zu den gewerblichen Einkünften.[1]

Die Provisionen können als einmalige oder laufende Zuwendungen gewährt werden.

13.2.5 Ergebnislöhne

Oft entstehen bei einer „Gewinnbeteiligung" der Arbeitnehmer Zweifel, ob die ausgeschütteten Beträge echter Gewinn sind, der beim Empfänger als Einkünfte aus Gewerbebetrieb zu versteuern ist, oder ob Arbeitslohn vorliegt. In der Regel handelt es sich bei den „Ergebnislöhnen" um Einkünfte aus nichtselbständiger Arbeit, d. h. um Arbeitslohn, wenn nicht ausnahmsweise im Einzelfall besondere Vereinbarungen vorliegen, nach denen der „Arbeitnehmer" tatsächlich als Mitunternehmer oder als stiller Gesellschafter zu betrachten ist.[2]

---
[1] FG Rheinland-Pfalz, EFG 1972 S. 584.
[2] BFH, BStBl 1965 III S. 51 und 1968 II S. 356.

13.2.6 Sachbezüge

Zum Arbeitslohn gehören nicht nur Einnahmen, die in Geld bestehen, sondern auch Güter, die Geldeswert haben (§ 8 Abs. 1 EStG). Diese geldwerten Güter sind, um von ihnen Lohnsteuer erheben zu können, zuvor in Geld umzurechnen. Ob ein geldwerter Vorteil entsteht, ist dabei nach objektiven Merkmalen zu beurteilen. Ein steuerpflichtiger Sachbezug liegt deshalb auch vor, wenn der Arbeitnehmer sich das geldwerte Gut, wäre es ihm nicht vom Arbeitgeber gewährt worden, auf andere, nicht steuerpflichtige Weise hätte verschaffen können.

13.2.6.1 Begriff der Sachbezüge

Zu den Sachbezügen gehören alle Zuwendungen des Arbeitgebers an den Arbeitnehmer, die in der **Überlassung** oder **Gebrauchsüberlassung** von Wirtschaftsgütern bestehen. § 8 Abs. 2 Satz 1 EStG nennt beispielhaft die Überlassung von Wohnung, Kost, Waren und Dienstleistungen. Als weitere Sachbezüge kommen auch die Gewährung von Freifahrten,[1] die unentgeltliche oder verbilligte Überlassung von Wertpapieren[2] und Grundstücken[3] sowie die Einrichtung und Benutzung eines privaten Fernsprechanschlusses[4] in Betracht.

Sachbezüge sind alle geldwerten Güter, durch die der Arbeitnehmer **wirtschaftlich bereichert** wird. Kein steuerpflichtiger Sachbezug, sondern lediglich die Einräumung einer Chance liegt deshalb vor, wenn einem Arbeitnehmer im Rahmen des Arbeitsverhältnisses ein nicht-handelbares **Optionsrecht** (Aktienoptionen) auf den späteren Erwerb von Aktien des Arbeitgebers zu einem bestimmten Übernahmepreis gewährt wird. Eine steuerpflichtige Sachzuwendung kommt erst in Betracht, wenn der berechtigte Arbeitnehmer die Option ausübt und der Kurswert der Aktien den Übernahmepreis übersteigt.[5] Nach neuerer Rechtsprechung des BFH liegt grundsätzlich auch bei handelbaren Aktienoptionen erst dann ein Zufluss vor, wenn die Aktien in das wirtschaftliche Eigentum des Arbeitnehmers gelangen.[6] Es findet somit eine nachgelagerte Besteuerung statt.

Für die Steuerpflicht der Sachbezüge ist weiter Voraussetzung, dass sie als **Entgelt für die Dienstleistung** des Arbeitnehmers gedacht sind und dass der Vorteil objektiv den Umständen nach im Hinblick auf das Dienstverhältnis gewährt wird. Es kommt nicht darauf an, ob der Arbeitgeber das Wirtschaftsgut dem Arbeitnehmer bewusst und gewollt unter dem Verkehrswert überlässt.[7] Sind für die Gewährung in

---

1 BFH, BStBl 1971 II S. 55.
2 BFH, BStBl 1989 II S. 608 und 927.
3 BFH vom 10.11.1989 VI R 155/85 (BFH/NV 1990 S. 290).
4 BFH, BStBl 1974 II S. 177.
5 BFH, BStBl 2001 II S. 689.
6 BFH, BStBl 2009 II S. 382.
7 BFH, BStBl 1975 II S. 182.

erster Linie Interessen des Arbeitgebers maßgebend, z. B. die Überlassung einer nur im Dienst zu tragenden Uniform, dann liegt kein Arbeitslohn vor.

Erhält ein Arbeitnehmer von seinem Arbeitgeber **verbilligt** bestimmte **Waren** oder **Dienstleistungen**, liegt gem. § 8 Abs. 3 Satz 1 EStG steuerpflichtiger Arbeitslohn in Form eines geldwerten Vorteils vor. Allerdings ist dieser Sachbezug nach § 8 Abs. 3 Satz 2 EStG nur insoweit steuerpflichtig, als der daraus resultierende geldwerte Vorteil bei dem jeweiligen Dienstverhältnis insgesamt 1.080 Euro im Kalenderjahr übersteigt. Die Lohnsteuerpflicht beim Arbeitnehmer tritt außerdem in diesen Fällen nur ein, wenn der Arbeitgeber die entsprechenden Sachbezüge nicht nach § 40 EStG pauschal versteuert.

Ob ein **Bar-** oder ein **Sachbezug** vorliegt, bestimmt sich auf der Grundlage der arbeitsvertraglichen Vereinbarungen danach, was der Arbeitnehmer vom Arbeitgeber beanspruchen kann. Kann er anstelle der Sachleistung Barlohn verlangen, liegt kein Sachbezug vor (H 8.1 (1–4) „Geldleistung oder Sachbezug" LStH). Unerheblich ist also, auf welche Art und Weise der Anspruch erfüllt wird.

Nicht zum Sachlohn gehören **Vermittlungsprovisionen,** die der Arbeitgeber von einem Dritten für die vom Arbeitnehmer vermittelten Versicherungsverträge erhalten hat und die er an den Arbeitnehmer weiterleitet. Insoweit handelt es sich um Barlohn.[1]

Erfolgt eine Lohnzahlung in einer gängigen **ausländischen Währung**, ist hierin kein Sachbezug, sondern eine Vergütung in Geld zu sehen, sodass die Freigrenze des § 8 Abs. 2 Satz 11 EStG i. H. von 44 Euro **nicht** anzuwenden ist (R 8.1 Abs. 1 Satz 6 LStR).

Wird einem Arbeitnehmer die Möglichkeit eingeräumt, fällige Geldzahlungsansprüche (z. B. Urlaubsgeld) wahlweise ganz oder teilweise als **Warengutschrift** in Anspruch zu nehmen, handelt es sich dabei nicht um Sachlohn, sondern um eine Barlohnverwendung.[2]

Da es nicht auf die Art der Erfüllung ankommt, muss die mit der **Auflage** einer bestimmten Verwendung geleistete Zahlung nicht zwingend Barlohn sein.[3]

13.2.6.2 Bewertung der Sachbezüge

13.2.6.2.1 Bewertungsmaßstab

Der geldwerte Vorteil bei Sachbezügen ist entweder durch Einzelbewertung zu ermitteln oder mit einem amtlichen Sachbezugswert anzusetzen (R 8.1 Abs. 1 Satz 4 LStR). Bei der **Einzelbewertung** ist vom üblichen Endpreis am Abgabeort auszugehen (§ 8 Abs. 2 Satz 1 EStG). Soweit durch Rechtsverordnung nach § 17 Abs. 1

---

[1] BFH, BStBl 2008 II S. 52.
[2] BFH, BStBl 2008 II S. 530.
[3] BFH, BStBl 2011 II S. 383; a. A. noch BFH, BStBl 2005 II S. 137, wonach es sich bei einer zweckgebundenen Geldleistung (z. B. für die Anmeldung in einem Fitnessclub) nicht um Sachbezüge handelt.

Satz 1 Nr. 4 SGB IV für Arbeitnehmer Werte bestimmt worden sind (**amtliche Sachbezugswerte**), sind diese für die Besteuerung des Sachbezugs maßgebend (§ 8 Abs. 2 Satz 6 EStG). **Besondere Bewertungsvorschriften** gelten für die Bewertung von Waren und Dienstleistungen, die dem Arbeitnehmer vom Arbeitgeber erbracht werden (sog. Belegschaftsrabatte gem. § 8 Abs. 3 EStG), sowie für den Bezug von Vermögensbeteiligungen (§ 3 Nr. 39 EStG).

Übersicht über die verschiedenen Bewertungsmaßstäbe des § 8 EStG
§ 8 Abs. 2 Satz 1 EStG
– ortsüblicher Endpreis, d. h. inklusive Umsatzsteuer (§ 8 Abs. 2 Satz 1 EStG)
– Minderung um übliche Preisnachlässe (§ 8 Abs. 2 Satz 1 EStG) oder aus Vereinfachungsgründen um 4 % (R 8.1 Abs. 2 Satz 3 LStR)
– monatliche Freigrenze von 44 Euro (§ 8 Abs. 2 Satz 11 EStG)

§ 8 Abs. 2 Satz 2 bis 5 EStG
– Spezialvorschrift für die teil-/unentgeltliche Überlassung von Firmenwagen:
  Der Steuerpflichtige hat ein Wahlrecht:
  a) entweder pauschale Versteuerung mit 1 % des Listenpreises oder
  b) Ansatz der tatsächlich angefallenen Kosten (Fahrtenbuch-Methode)

§ 8 Abs. 2 Satz 6 und 7 EStG
– Bewertung bestimmter Sachbezüge nach der SvEV:
  § 2 Abs. 1 und Abs. 2 SvEV: Verpflegung
  § 2 Abs. 3 SvEV: Unterkunft
  § 2 Abs. 4 SvEV: Wohnung

§ 8 Abs. 2 Satz 10 EStG
– Für weitere Sachbezüge können die obersten Finanzbehörden mit Zustimmung des BMF Durchschnittswerte festsetzen.
  Zur steuerlichen Behandlung des Zinsvorteils aus einem Arbeitgeberdarlehen vgl. BMF-Schreiben vom 19.05.2015 (BStBl 2015 I S. 484).
– § 8 Abs. 2 Satz 1 EStG enthält den allgemeinen Bewertungsmaßstab. Die speziellen Regelungen in § 8 Abs. 2 Satz 2 bis 11 EStG gehen in ihrem Anwendungsbereich dieser Vorschrift vor.

§ 8 Abs. 3 EStG
– Spezialvorschrift für sog. Belegschaftsrabatte:
  Voraussetzungen: – Überlassung von Waren oder Dienstleistungen
                     – vom Arbeitgeber hergestellt, vertrieben oder erbracht
                     – nicht überwiegend für den Bedarf der Arbeitnehmer
                     – keine Pauschalversteuerung nach § 40 EStG

Rechtsfolge: – um 4 % geminderter Endpreis
– Freibetrag von 1.080 Euro

Nach früherer Verwaltungsmeinung hatte eine Prüfung des § 8 Abs. 3 EStG vorrangig zu erfolgen, da diese Vorschrift als Spezialvorschrift gegenüber § 8 Abs. 2 EStG angesehen wurde, sodass § 8 Abs. 2 EStG keine Anwendung findet (BMF vom 28.03.2007, BStBl 2007 I S. 356). In Übereinstimmung mit der Rechtsprechung nimmt die Finanzverwaltung nunmehr ein **Wahlrecht** des Stpfl. **zwischen § 8 Abs. 2 und Abs. 3 EStG** an: Liegen die Voraussetzungen des § 8 Abs. 3 EStG vor, kann der geldwerte Vorteil ohne Bewertungsabschlag und ohne Rabattfreibetrag oder mit diesen Abschlägen auf der Grundlage des Endpreises des Arbeitgebers bewertet werden (H 8.2 „Wahlrecht" LStH).

13.2.6.2.2 Einzelbewertung

Im Fall der Einzelbewertung sind Sachbezüge mit den um übliche Preisnachlässe geminderten **üblichen Endpreisen am Abgabeort** anzusetzen (§ 8 Abs. 2 Satz 1 EStG). Bei der Bewertung eines Sachbezugs ist deshalb kein Durchschnittsbetrag zu ermitteln, sondern der **tatsächliche Preis** anzusetzen, zu dem jeder Verbraucher die konkreten Waren oder Dienstleistungen erwerben oder in Anspruch nehmen kann. Dabei ist grundsätzlich auf den Letztverbraucher abzustellen. Üblicher Endpreis i. S. des § 8 Abs. 2 Satz 1 EStG ist mithin der Preis, der im allgemeinen Geschäftsverkehr von Letztverbrauchern in der Mehrzahl der Verkaufsfälle am Abgabeort für gleichartige Waren oder Dienstleistungen tatsächlich gezahlt wird.[1] Er schließt die **Umsatzsteuer** und **sonstige Preisbestandteile** ein.

Die **Üblichkeit** des Endpreises wird durch den Markt bestimmt. Der **Marktpreis** wird wiederum nach objektiven Gesichtspunkten ermittelt, wobei maßgebliche Handelsstufe i. d. R. der Einzelhandel ist.[1] Erst wenn sich für die tatsächlich zugewandte Ware oder Dienstleistung kein Marktpreis feststellen lässt, sind für die Bewertung gleichartige Waren und Dienstleistungen heranzuziehen (vgl. dazu auch R 8.1 Abs. 2 Satz 2 LStR).

Der übliche Endpreis ist gem. § 8 Abs. 2 Satz 1 EStG um die üblichen Preisnachlässe zu mindern. Bietet der Arbeitgeber die zu bewertende Ware oder Dienstleistung unter vergleichbaren Bedingungen in nicht unerheblichem Umfang fremden Letztverbrauchern zu einem niedrigeren als dem üblichen Preis an, ist dieser Preis anzusetzen. Aus Vereinfachungsgründen kann in Fällen, in denen der Arbeitnehmer nach § 8 Abs. 2 Satz 1 EStG zu bewertende Waren oder Dienstleistungen von seinem Arbeitgeber erhält, die Ware oder Dienstleistung **mit 96 % des Endpreises** angesetzt werden, zu dem sie der Arbeitgeber oder dessen Abnehmer fremden Letztverbrauchern im allgemeinen Geschäftsverkehr anbietet (R 8.1 Abs. 2 Satz 3 LStR).

---

1 BFH, BStBl 2005 II S. 795.

Bei der Bewertung ist auf den **Abgabeort** und nicht auf den Verbrauchsort abzustellen. Sachbezüge sind also – unabhängig vom Wohnort des einzelnen Arbeitnehmers – grundsätzlich nach den Verhältnissen an dem Ort zu bewerten, an dem der Arbeitgeber diese seinem Arbeitnehmer anbietet.[1] Dies ist z. B. der Sitz des Arbeitgebers.

Bei der Überlassung einer **Wohnung** ist der ortsübliche Mietwert für die Bewertung maßgebend (R 8.1 Abs. 6 Satz 1 LStR).

> **Beispiel:**
> Dem in Bremen beschäftigten A wird von seinem Arbeitgeber ein diesem gehörendes Einfamilienhaus in einem Dorf in der Nähe von Bremen zu einem monatlichen Mietzins von 800 € überlassen. Befände sich das Haus in Bremen, müsste A 1.200 € monatlich an Miete zahlen.
>
> Für die Bewertung des Sachbezugs kommt es auf die ortsübliche Miete in dem Dorf an, in dem A wohnt. Beträgt die übliche Miete dort für das überlassene Einfamilienhaus 800 €, liegt kein Sachbezug vor.

Lässt sich am Abgabeort der übliche Preis nicht feststellen, z. B. weil dort gleichartige Güter an fremde Letztverbraucher nicht abgegeben werden, ist der übliche Preis zu **schätzen** (§ 162 AO).

Die Bewertung des Sachbezugs ist auf den **Zeitpunkt** des Zuflusses gem. § 11 EStG vorzunehmen.[2] Auf spätere Änderungen kommt es nicht an. Unbeachtlich ist außerdem, ob der Arbeitnehmer die erhaltene Ware später zu einem höheren Preis an einen Dritten veräußert. Der erzielte „Gewinn" ist kein Arbeitslohn.

13.2.6.2.3 Freigrenze

Um nicht jeden geringen Sachbezug, den der Arbeitnehmer von seinem Arbeitgeber erhält, dem Lohnsteuerabzug unterwerfen zu müssen, hat der Gesetzgeber in § 8 Abs. 2 Satz 11 EStG eine Freigrenze eingeführt. Nach der genannten Vorschrift bleiben Sachbezüge, die nach § 8 Abs. 2 Satz 1 EStG einzeln zu bewerten sind, außer Ansatz, wenn die sich nach Anrechnung der vom Arbeitnehmer gezahlten Entgelte ergebenden Vorteile insgesamt **44 Euro im Kalendermonat** nicht übersteigen. Wird dieser Betrag überschritten, dann ist der Sachbezug in voller Höhe als geldwerter Vorteil i. S. des § 8 Abs. 1 EStG dem Lohnsteuerabzug zu unterwerfen.

> **Beispiel:**
> Der Arbeitgeber überlässt seinem Arbeitnehmer A eine kleine Wohnung zu einer Miete von 306 € monatlich. Die ortsübliche Miete würde 350 € monatlich betragen.
> Der geldwerte Vorteil nach § 8 Abs. 2 Satz 1 EStG beträgt 44 € im Kalendermonat. Nach § 8 Abs. 2 Satz 11 EStG kann er außer Ansatz bleiben.
>
> Würde die ortsübliche Miete über 350 € monatlich liegen, wäre der geldwerte Vorteil, den A erhält, in voller Höhe dem Lohnsteuerabzug zu unterwerfen.

---

[1] FG Köln, EFG 2007 S. 249.
[2] BFH, BStBl 2009 II S. 382.

13.2 Arten des Arbeitslohns

Da die Freigrenze nach dem Gesetzeswortlaut ausdrücklich auf den Sachbezug im Kalendermonat bezogen ist, kann sie **nicht** auf einen **Jahresbetrag umgerechnet** werden. Dies hat zur Folge, dass die in einigen Monaten nicht ausgenutzte Freigrenze in anderen Monaten nicht nachgeholt werden kann.

> **Beispiel:**
>
> Sachverhalt wie oben, jedoch Vermietung erst ab Juli des Jahres 01 zu einem Mietzins von nur 270 €.
>
> Der geldwerte Vorteil beträgt monatlich 80 € und ist demnach in voller Höhe lohnsteuerpflichtig. Es ist nicht zulässig, den in den Monaten Januar bis Juni 01 nicht ausgenutzten Betrag der Freigrenze von 264 € (44 € × 6) auf die Monate Juli bis Dezember 01 zu übertragen.

Für die Feststellung, ob die Freigrenze überschritten wird, sind sämtliche nach § 8 Abs. 2 Satz 1 EStG zu bewertenden Vorteile, die in einem Kalendermonat zufließen, **zusammenzurechnen** und auch bereits versteuerte Sachbezüge i. S. des § 8 Abs. 2 Satz 1 EStG einzubeziehen (R 8.1 Abs. 3 Satz 2 LStR). Als zusätzliche Dienstleistung sind Versand- und Verpackungskosten in die Bewertung der Sachbezüge und in die Berechnung der Freigrenze mit einzubeziehen, wenn ein vom Arbeitgeber beauftragtes Unternehmen Waren an den Arbeitnehmer versendet.[1]

Nicht einzubeziehen sind die nach § 8 Abs. 2 Satz 1 EStG zu bewertenden Vorteile, die nach §§ 37b, 40 EStG pauschal versteuert werden, sowie Vorteile, deren Wert nach den besonderen Bewertungsregelungen gem. § 8 Abs. 2 Satz 2 bis 10 EStG, § 8 Abs. 3 EStG oder § 3 Nr. 39 EStG (bzw. § 19a EStG a. F.) zu ermitteln sind (R 8.1 Abs. 3 Satz 1 und 3 LStR). Außer Ansatz bleiben somit Vorteile aus der Überlassung eines Firmenwagens und die mit dem amtlichen Sachbezugswert anzusetzende Unterkunft und Verpflegung. Auch auf Zukunftssicherungsleistungen des Arbeitgebers i. S. von § 40b EStG ist die Freigrenze von 44 Euro nicht anzuwenden (H 8.1 (1–4) „44 Euro-Freigrenze" und „Zukunftssicherungsleistungen" LStH).

> **Beispiel:**
>
> Der Arbeitgeber räumt seinem Arbeitnehmer das Recht ein, auf seine Kosten einmalig zu einem beliebigen Zeitpunkt bei einer Tankstelle gegen Vorlage einer Tankkarte (sog. Prepaid Card) bis zu einem Betrag von 44 € zu tanken. Barlohn kann der Arbeitnehmer stattdessen nicht verlangen. Der Arbeitnehmer tankt im Februar für 50 €. Dieser Betrag wird anschließend vom Konto des Arbeitgebers abgebucht.
>
> Es liegt ein nach § 8 Abs. 2 Satz 11 EStG steuerfreier Sachbezug i. H. der zugesagten 44 € vor, wenn dem Arbeitnehmer in diesem Monat keine weiteren Sachbezüge gewährt werden und der Arbeitgeber die übersteigenden 5 € einfordert (H 8.1 (1–4) „Geldleistung oder Sachbezug" und „Warengutscheine" LStH). Ein Abschlag von 4 % ist nicht vorzunehmen, wenn der Sachbezug durch eine zweckgebundene Geldleistung des Arbeitgebers verwirklicht oder ein Warengutschein mit Betragsangabe hingegeben wird (R 8.1 Abs. 2 Satz 3 und 4 LStR).

---

1 FG Baden-Württemberg, EFG 2016 S. 2060 (Revision anhängig).

Dagegen sind Zinsvorteile aus Arbeitgeberdarlehen zu berücksichtigen (H 8.1 (1–4) „44 Euro-Freigrenze" LStH).

Beispiel:
Ein Arbeitgeber hat eine Gruppenunfallversicherung zugunsten seiner Arbeitnehmer abgeschlossen. Der Beitrag für die Gruppenunfallversicherung ist monatlich fällig und beträgt 4 € je Arbeitnehmer.
Die Freigrenze von 44 € ist nicht anwendbar. Der Betrag stellt daher steuerpflichtigen Arbeitslohn dar. Es kommt aber eine Lohnsteuerpauschalierung in Betracht, da die Grenzen des § 40b Abs. 3 EStG nicht überschritten sind. Soweit die Arbeitnehmer Sachbezüge wie verbilligte Waren erhalten haben, ist bei der Berechnung der 44 €-Freigrenze der Beitrag zur Gruppenunfallversicherung nicht einzubeziehen.

13.2.6.2.4 Sozialversicherungsentgeltverordnung

Um die Bewertung der Sachbezüge zu vereinfachen und zu vereinheitlichen – und zwar sowohl regional als auch für die verschiedenen Rechtsgebiete (Steuerrecht und Sozialversicherungsrecht) –, bestimmt § 8 Abs. 2 Satz 6 EStG, dass bei Arbeitnehmern, für deren Sachbezüge durch Rechtsverordnung nach § 17 Abs. 1 Satz 1 Nr. 4 SGB IV Werte festgelegt sind, diese Werte auch für die steuerrechtliche Bewertung der Sachbezüge maßgebend sind. Nach § 17 Abs. 1 Satz 1 Nr. 4 SGB IV ist die Bundesregierung ermächtigt, durch Rechtsverordnung mit Zustimmung des Bundesrates den Wert der Sachbezüge nach dem **tatsächlichen Verkehrswert im Voraus für jedes Kalenderjahr** festzusetzen. Von dieser Ermächtigung hat die Bundesregierung durch den jährlichen Erlass der **SvEV** (früher: SachBezV) Gebrauch gemacht und auf diese Weise die Sachbezugswerte der allgemeinen Preisentwicklung angepasst.

Die in der jeweiligen SvEV festgesetzten Sachbezugswerte sind zunächst für die Besteuerung der Sachbezüge derjenigen Arbeitnehmer maßgebend, die der gesetzlichen Rentenversicherungspflicht unterliegen. Nach § 8 Abs. 2 Satz 7 EStG sind die Werte der SvEV jedoch auch für die übrigen, nicht der gesetzlichen Rentenversicherungspflicht unterliegenden Arbeitnehmer maßgebend (z. B. Geschäftsführer, Vorstände oder Beamte).

In der SvEV sind Sachbezugswerte für Verpflegung, Unterkunft und Wohnung, die dem Arbeitnehmer unentgeltlich oder verbilligt überlassen werden, festgesetzt. Dabei handelt es sich jeweils um einen **Monatswert**. Bei der Berechnung des Wertes für kürzere Zeiträume als einen Monat ist für jeden Tag ein Dreißigstel des Monatswertes zugrunde zu legen (§ 2 Abs. 6 Satz 1 SvEV).

Die Sachbezugswerte für **Verpflegung** sind gem. § 2 Abs. 1 SvEV aufgeteilt in solche für Frühstück, Mittagessen und Abendessen. Wird die Verpflegung nicht nur dem Arbeitnehmer selbst, sondern auch seinen nicht bei demselben Arbeitgeber beschäftigten Familienangehörigen zur Verfügung gestellt, erhöhen sich die entsprechenden Sachbezugswerte um bestimmte Prozentsätze (§ 2 Abs. 2 SvEV).

13.2 Arten des Arbeitslohns

Der Sachbezugswert für eine zur Verfügung gestellte **Unterkunft** beträgt gem. § 2 Abs. 3 Satz 1 SvEV ab VZ 2015 monatlich 223 Euro (im VZ 2014: 221 Euro; im VZ 2013: 216 Euro). Der Wert der Unterkunft nach der SvEV vermindert sich nach § 2 Abs. 3 Satz 2 SvEV um bestimmte Prozentsätze bei Aufnahme des Beschäftigten in den Haushalt des Arbeitgebers, bei Unterbringung in einer Gemeinschaftsunterkunft, für Jugendliche bis zur Vollendung des 18. Lebensjahres und Auszubildende oder bei Belegung der gewährten Unterkunft mit mehreren Beschäftigten. Eine Unterkunft im Sinne der SvEV ist gegeben, wenn die überlassenen Räumlichkeiten nicht als Wohnung angesehen werden können, z. B. Wohnraum bei Mitbenutzung von Bad, Toilette und Küche (R 8.1 Abs. 5 Satz 1 i. V. m. R 8.1 Abs. 6 Satz 2 bis 4 LStR).

Der Sachbezugswert für eine **Wohnung** ist mit der ortsüblichen Miete unter Berücksichtigung der sich aus der Lage der Wohnung zum Betrieb ergebenden Beeinträchtigungen zu bewerten (R 8.1 Abs. 6 Satz 1 LStR, § 2 Abs. 4 Satz 1 SvEV). Ist die Feststellung der ortsüblichen Miete im Einzelfall mit außergewöhnlichen Schwierigkeiten verbunden, kann die Wohnung mit den in § 2 Abs. 4 Satz 2 SvEV festgelegten Quadratmeterpreisen angesetzt werden. Bestehen gesetzliche Mietpreisbeschränkungen oder vertragliche Mietpreisbeschränkungen im sozialen Wohnungsbau, sind diese Beschränkungen bei der Ermittlung des Sachbezugswertes zu berücksichtigen (§ 2 Abs. 4 Satz 3 und 4 SvEV). Eine Wohnungsüberlassung liegt gem. R 8.1 Abs. 6 Satz 2 LStR nur vor, wenn eine in sich geschlossene Einheit von Räumen, in denen ein selbständiger Haushalt geführt werden kann, dem Arbeitnehmer zur Verfügung gestellt wird. Wesentlich ist, dass eine Wasserversorgung und -entsorgung, zumindest eine einer Küche vergleichbare Kochgelegenheit sowie eine Toilette vorhanden sind (Satz 3). Ein Einzimmerappartement mit Küchenzelle und WC als Nebenraum ist also eine Wohnung (Satz 4).

13.2.6.2.5 Sonstige Durchschnittswerte

Um die Bewertung derjenigen Sachbezüge, für die die SvEV keine Werte festsetzt, zu vereinheitlichen und zu vereinfachen, sind die obersten Finanzbehörden der Länder ermächtigt worden, mit Zustimmung des BMF die Werte von bestimmten Sachbezügen unter Berücksichtigung von Durchschnittswerten als Verwaltungsanweisung festzusetzen (§ 8 Abs. 2 Satz 10 EStG). Diese Befugnis kann nicht auf die OFD übertragen werden.

Die von den obersten Finanzbehörden der Länder bekannt gemachten Sachbezugswerte haben jedoch nicht den Charakter von verbindlichen Rechtsnormen und sind deshalb für die Finanzgerichte nicht bindend. Sie haben lediglich die Bedeutung von Erfahrungssätzen, die in § 162 AO (Schätzung der Besteuerungsgrundlagen) ihre Grundlage haben. Im Allgemeinen kann jedoch davon ausgegangen werden, dass die festgesetzten Sachbezugswerte den üblichen Endpreisen des Abgabeorts entsprechen. Sie werden deshalb in aller Regel, auch im Hinblick auf den Grundsatz der Gleichmäßigkeit der Besteuerung, von den Finanzgerichten beachtet.

13.2.6.3 Wichtige Einzelfälle von Sachbezügen

13.2.6.3.1 Belegschaftsrabatte

Mit der Vorschrift des § 8 Abs. 3 EStG wird die steuerliche Behandlung von Belegschaftsrabatten (Personalrabatten) gesetzlich geregelt. § 8 Abs. 3 EStG sieht vor, dass Vorteile, die der Arbeitnehmer aufgrund seines Dienstverhältnisses durch den **unentgeltlichen oder verbilligten Bezug von Waren oder Dienstleistungen** erhält, **steuerfrei** sind, soweit sie insgesamt **1.080 Euro** im Kalenderjahr nicht übersteigen. Voraussetzung ist, dass die Waren oder Dienstleistungen nicht überwiegend für den Bedarf der Arbeitnehmer hergestellt, vertrieben oder erbracht werden und ihr Bezug nicht nach § 40 EStG pauschal versteuert wird.

Der **Rabattfreibetrag** ist **arbeitgeberbezogen.** Das bedeutet für einen Arbeitnehmer, der gleichzeitig oder nacheinander im Kalenderjahr in mehreren Dienstverhältnissen steht, dass er den Rabattfreibetrag mehrmals in Anspruch nehmen kann (R 8.2 Abs. 1 Satz 1 Nr. 1 Satz 2 LStR).

Die Begünstigung des § 8 Abs. 3 EStG ist auf Waren und Dienstleistungen beschränkt. „**Waren**" sind Wirtschaftsgüter, die im Wirtschaftsverkehr wie Sachen (§ 90 BGB) behandelt werden, also auch elektrischer Strom und Wärme (R 8.2 Abs. 1 Satz 1 Nr. 2 Satz 2 LStR). Als „**Dienstleistungen**" sind alle anderen Leistungen anzusehen, die üblicherweise gegen Entgelt erbracht werden (R 8.2 Abs. 1 Satz 1 Nr. 2 Satz 3 LStR), wie z. B. Beförderungsleistungen, Beratung, Werbung, Datenverarbeitung, Kontoführung, Versicherungsschutz sowie Reiseveranstaltungen. Auch Nutzungsüberlassungen sind Dienstleistungen i. S. des § 8 Abs. 3 EStG, da auch sie gegen Entgelt erbracht werden.[1] So ist die leih- oder mietweise Überlassung von Grundstücken, Wohnungen, möblierten Zimmern oder von Kraftfahrzeugen, Maschinen oder anderen beweglichen Sachen ebenfalls eine Dienstleistung.

Die Waren oder Dienstleistungen dürfen **nicht überwiegend für den Bedarf der Arbeitnehmer** hergestellt, vertrieben oder erbracht werden. Waren, die der Arbeitgeber überwiegend für seine Arbeitnehmer herstellt (z. B. Kantinenessen im Metallbetrieb), oder Dienstleistungen, die der Arbeitgeber überwiegend für seine Arbeitnehmer erbringt, fallen nicht unter die Begünstigung des § 8 Abs. 3 EStG. Der Wert des Sachbezugs ist in diesen Fällen (nur) nach § 8 Abs. 2 EStG zu ermitteln.

Es muss sich darüber hinaus um Waren handeln, die **vom Arbeitgeber selbst hergestellt oder vertrieben** werden, oder um Dienstleistungen, die **vom Arbeitgeber erbracht** werden, wobei der Arbeitgeber sich autorisierter und für seine Rechnung tätiger Personen bedienen kann.[2] Nicht erforderlich für die Anwendung des § 8

---
[1] BFH, BStBl 1995 II S. 338.
[2] BFH, BStBl 1993 II S. 356 und 687.

Abs. 3 EStG ist zwar, dass die Leistung des Arbeitgebers zu seinem üblichen Geschäftsgegenstand gehört (H 8.2 „Waren und Dienstleistungen vom Arbeitgeber" LStH). Allerdings ist die Bewertung nicht nach § 8 Abs. 3 EStG vorzunehmen, wenn der Sachbezug durch den Arbeitgeber lediglich vermittelt wird.[1]

Beispiel:

Nimmt an einer für Bankkunden organisierten Reise auch ein Arbeitnehmer der Bank auf deren Kosten teil, kann der diesbezügliche geldwerte Vorteil nur dann nach § 8 Abs. 3 EStG bewertet werden, wenn die Bank nach zivilrechtlichen Grundsätzen Veranstalter und nicht lediglich Vermittler ist.

Die Begünstigung in § 8 Abs. 3 EStG gilt sowohl für **verbilligte** als auch für **unentgeltliche** Sachbezüge (R 8.2 Abs. 1 Satz 2 LStR). Sie ist mithin z. B. anwendbar auf den Haustrunk im Brauereigewerbe, den Freitabak in der Tabakindustrie und für die Deputate in der Land- und Forstwirtschaft sowie im Bergbau.

Die Anwendung des § 8 Abs. 3 EStG setzt voraus, dass der Arbeitgeber die entsprechenden Sachbezüge **nicht pauschal nach § 40 EStG versteuert.** Wählt der Arbeitgeber die Pauschalversteuerung, ist der geldwerte Vorteil nach § 8 Abs. 2 EStG zu bewerten. Dabei kann der Arbeitgeber bei jedem einzelnen Sachbezug, für den die Voraussetzungen des § 8 Abs. 3 EStG und bestimmte Tatbestände des § 40 EStG gleichzeitig vorliegen, zwischen der Pauschalbesteuerung, der Anwendung des § 8 Abs. 3 EStG (mit Bewertungsabschlag und Rabattfreibetrag) und der Anwendung des § 8 Abs. 2 EStG (ohne Bewertungsabschlag und Rabattfreibetrag) **wählen** (R 8.2 Abs. 1 Satz 1 Nr. 4 LStR). Die Aufteilung des einzelnen Sachbezugs ist allerdings nur zulässig, wenn die Pauschalierung beantragt wird und die Pauschalierungsgrenze des § 40 Abs. 1 Satz 3 EStG überschritten wird (H 8.2 „Aufteilung eines Sachbezugs" LStH). Das Wahlrecht zwischen der Pauschalbesteuerung und der Anwendung des § 8 Abs. 3 EStG spielt jedoch nur dann eine Rolle, wenn sich überhaupt – unter Berücksichtigung des Preisabschlags von 4 % und des Rabattfreibetrags – ein zu versteuernder geldwerter Vorteil ergibt. Bleibt der Sachbezug nach § 8 Abs. 3 EStG steuerfrei, stellt sich die Frage nach der Besteuerungsart nicht.

Für die **Bewertung des Sachbezugs** ist der Endpreis zugrunde zu legen, zu dem der Arbeitgeber die Waren oder Dienstleistungen fremden Letztverbrauchern im allgemeinen Geschäftsverkehr anbietet oder, falls der Arbeitgeber seine Waren oder Dienstleistungen nicht fremden Letztverbrauchern anbietet, der Preis, zu dem der dem Abgabeort „nächstansässige" Abnehmer die Waren oder Dienstleistungen an Letztverbraucher anbietet (§ 8 Abs. 3 Satz 1 EStG). Maßgebender Endpreis i. S. des § 8 Abs. 3 EStG ist der am Ende von Verkaufsverhandlungen als letztes Angebot stehende Preis.[2] Da auch Rabatte umfasst sind, ist damit der Preis entscheidend, den

---
[1] BFH, BStBl 1993 II S. 356 und 687.
[2] Vgl. dazu BMF vom 16.05.2013 (BStBl 2013 I S. 729).

der Arbeitgeber nach Abzug von Rabatten und sonstigen Vergünstigungen von Fremden im allgemeinen Geschäftsverkehr verlangt.[1]

Aufgrund der Schwierigkeiten bei der Ermittlung des tatsächlichen Angebotspreises beim Erwerb von Kraftfahrzeugen von Arbeitgebern in der Automobilbranche hat die Finanzverwaltung bisher einen Bewertungsabschlag von 80 % des Preisnachlasses gewährt (dazu BMF vom 18.12.2009, BStBl 2010 I S. 20). Diese Vereinfachungsregelung ist nicht mehr anzuwenden (BMF vom 16.05.2013, BStBl 2013 I S. 729).

Der **um 4 % geminderte Endpreis** ist der Geldwert des Sachbezugs. Als geldwerter Vorteil ist sodann der Unterschiedsbetrag zwischen diesem Geldwert und dem vom Arbeitnehmer gezahlten Entgelt anzusetzen (R 8.2 Abs. 2 Satz 8 LStR). Übersteigen die sich danach ergebenden geldwerten Vorteile für den Arbeitnehmer aus dem einzelnen Dienstverhältnis den **Rabattfreibetrag von 1.080 Euro** nicht, bleiben sie unberücksichtigt.

Beispiel:
Ein Möbelhändler überlässt einem Arbeitnehmer eine Sofaecke zu einem Preis von 3.000 €. Der durch Preisauszeichnung angegebene Endpreis beträgt 4.500 € (jeweils brutto).
Der vom Arbeitnehmer zu versteuernde geldwerte Vorteil wird wie folgt berechnet:

Endpreis	4.500 €
./. 4 %	180 €
	4.320 €
./. Kaufpreis	3.000 €
geldwerter Vorteil	1.320 €
./. Rabattfreibetrag	1.080 €
zu versteuern	240 €

Die gleichen Grundsätze gelten auch bei der Inanspruchnahme verbilligter Dienstleistungen des Arbeitgebers durch den Arbeitnehmer.

Beispiel:
R ist Angestellter in einem Reisebüro. Sein Arbeitgeber berechnet ihm für eine Pauschalreise zum Katalogpreis von 3.000 € einen Preis von 2.300 €. Der Arbeitgeber hat dabei auf seine Provision von 300 € verzichtet und gleichzeitig einen Teilbetrag von 400 € auf den an den Reiseveranstalter abzuführenden Preis von 2.700 € übernommen.
Berechnung des zu versteuernden geldwerten Vorteils:

Preis der Vermittlungsleistung	300 €
./. 4 %	12 €
„Kaufpreis"	288 €

Dieser geldwerte Vorteil übersteigt nicht den Rabattfreibetrag von 1.080 €, sodass er steuerfrei bleibt.

---
[1] BFH, BStBl 2013 II S. 402.

Die Verbilligung der Pauschalreise von 400 € fällt nicht unter die Regelung des § 8 Abs. 3 EStG, da der Arbeitgeber die Dienstleistung nicht erbringt. Dieser geldwerte Vorteil unterliegt nach § 8 Abs. 2 EStG dem Lohnsteuerabzug als steuerpflichtiger Sachbezug.

Vielfach werden Rabatte nicht nur den eigenen Arbeitnehmern gewährt, sondern als sog. **Konzernrabatte** auch Arbeitnehmern verbundener Unternehmen.

Beispiel:
Das Unternehmen A ist eine Organgesellschaft der B-AG. Das Unternehmen A gewährt Arbeitnehmern der B-AG beim Kauf eines PKW der Marke A denselben Rabatt wie den eigenen Arbeitnehmern.

Hier stellt sich die Frage, ob der geldwerte Vorteil, der in der Rabattgewährung liegt, zu den Einkünften aus nichtselbständiger Arbeit gehört und ob auf ihn, falls die erste Frage bejaht wird, die Vorschrift des § 8 Abs. 3 EStG anzuwenden ist.

Der vom Unternehmen A dem B-Arbeitnehmer gewährte geldwerte Vorteil hat seine Ursache im Dienstverhältnis des Arbeitnehmers, da der Vorteil ohne dieses nicht gewährt worden wäre. Folglich liegt eine **Lohnzahlung** durch einen Dritten vor (§ 38 Abs. 1 Satz 3 EStG).[1] Der geldwerte Vorteil, der in der Rabattgewährung liegt, gehört mithin zu den Einkünften aus nichtselbständiger Arbeit des Arbeitnehmers des verbundenen Unternehmens (B-AG).

Für die **Bewertung** des geldwerten Vorteils ist jedoch nicht § 8 Abs. 3 EStG maßgebend, sondern § 8 Abs. 2 EStG. Denn es handelt sich bei den von einem Unternehmen (im Beispielsfall: A) an die Arbeitnehmer des verbundenen Unternehmens (B-AG) verbilligt überlassenen Waren nicht um vom Arbeitgeber des Arbeitnehmers (im Beispielsfall B-AG) hergestellte, vertriebene oder erbrachte Waren, sondern um von einem Dritten hergestellte, vertriebene oder erbrachte Waren. Damit entfällt bei Konzernrabatten auch der Freibetrag des § 8 Abs. 3 EStG von 1.080 Euro.[2] Die Nichtanwendung des § 8 Abs. 3 EStG auf Konzernrabatte entspricht dem Sinn und Zweck des Gesetzes: Mit § 8 Abs. 3 EStG wollte der Gesetzgeber nur die Rabattgewährung des Arbeitgebers an seine eigenen Arbeitnehmer steuerlich begünstigen, allerdings beschränkt auf die Waren und Dienstleistungen, die der Arbeitgeber selbst herstellt, erbringt oder anbietet. Durch das Fehlen einer Konzernklausel in § 8 Abs. 3 EStG hat diese Absicht auch im Wortlaut des Gesetzes ihren Niederschlag gefunden und dazu geführt, dass eine überbetriebliche Rabattgewährung innerhalb eines Konzernverbunds nicht nach § 8 Abs. 3 EStG steuerbegünstigt ist.

Da der nach § 8 Abs. 2 EStG für die Bewertung des geldwerten Vorteils maßgebende übliche Endpreis am Abgabeort in diesen Fällen vielfach nur schwierig oder nur unter erheblichem Aufwand ermittelt werden kann, bestehen keine Bedenken, der Bewertung des geldwerten Vorteils denjenigen Endpreis der Ware oder

---
[1] BMF vom 20.01.2015 (BStBl 2015 I S. 143).
[2] BFH vom 08.11.1996 VI R 100/95 (BStBl 1997 II S. 330), VI R 101/95 (BFH/NV 1997 S. 471) und vom 18.09.2002 VI R 134/99 (BStBl 2003 II S. 371).

Dienstleistung zugrunde zu legen, zu dem das die Ware oder Dienstleistung überlassende Unternehmen sie fremden Letztverbrauchern im allgemeinen Geschäftsverkehr anbietet, wobei aus Vereinfachungsgründen 96 % dieses Preises als Sachbezugswert angesetzt werden können.

13.2.6.3.2 Kraftfahrzeuggestellung

In der unentgeltlichen Überlassung eines betrieblichen Kraftfahrzeugs durch den Arbeitgeber an den Arbeitnehmer liegt ein geldwerter Vorteil i. S. des § 8 Abs. 1 EStG, der als Arbeitslohn zusammen mit den übrigen Bezügen des Arbeitnehmers dem Lohnsteuerabzug zu unterwerfen ist.[1] Als private Nutzung gilt jede Nutzung außer der betrieblichen Nutzung für den Arbeitgeber. Fahrten des Arbeitnehmers zwischen seiner Wohnung und der ersten Tätigkeitsstätte (bis VZ 2013: regelmäßige Arbeitsstätte) stellen keine Privatnutzung dar.[2] Es spricht der Beweis des ersten Anscheins dafür, dass ein an den Arbeitnehmer überlassener PKW tatsächlich auch privat genutzt wird.[3]

Zur steuerlichen Erfassung dieses geldwerten Vorteils enthält § 8 Abs. 2 Satz 2 bis 5 EStG zwei Berechnungsmethoden, zwischen denen der Arbeitnehmer wählen kann.

a) 1 %-Methode

Der Wert der privaten Nutzung ist nach § 8 Abs. 2 Satz 2 i. V. m. § 6 Abs. 1 Nr. 4 Satz 2 EStG grundsätzlich mit **monatlich 1 % des inländischen**, auf volle 100 Euro abgerundeten **Listenpreises** im Zeitpunkt der Erstzulassung des Kraftfahrzeugs zzgl. der Kosten für werksseitig im Zeitpunkt der Erstzulassung eingebaute Sonderausstattungen wie Navigationsgeräte und Diebstahlsicherungssysteme sowie der Umsatzsteuer anzusetzen (R 8.1 Abs. 9 Nr. 1 Satz 6 LStR). Nicht zur Sonderausstattung gehören ein Autotelefon einschließlich Freisprechanlage sowie der Wert eines weiteren Satzes Reifen einschließlich Felgen (R 8.1 Abs. 9 Nr. 1 Satz 6 LStR). Kann das Kraftfahrzeug auch für Fahrten zwischen Wohnung und erster Tätigkeitsstätte genutzt werden, erhöht sich der so ermittelte Wert für jeden Kalendermonat um 0,03 % des oben genannten Listenpreises für jeden Kilometer der Entfernung zwischen Wohnung und erster Tätigkeitsstätte (§ 8 Abs. 2 Satz 3 EStG).

> **Beispiel:**
> Dem A wird von seinem Arbeitgeber ein PKW zur Nutzung unentgeltlich zur Verfügung gestellt. Der Listenpreis im Zeitpunkt der Erstzulassung einschl. Sonderausstattung und Umsatzsteuer betrug 25.000 €. A nutzt den PKW auch für Fahrten zwischen Wohnung und erster Tätigkeitsstätte (Entfernung 10 km).
> Der geldwerte Vorteil (Jahreswert) ist nach § 8 Abs. 2 Satz 2 und 3 i. V. m. § 6 Abs. 1 Nr. 4 Satz 2 EStG wie folgt zu berechnen:

---
1 BFH, BStBl 2014 II S. 643 und 2013 II S. 385, S. 700, S. 918.
2 BFH, BStBl 2012 II S. 362.
3 BFH vom 15.03.2007 VI R 94/04 (BFH/NV 2007 S. 1302).

13.2 Arten des Arbeitslohns

```
   12 % von 25.000 €                    =  3.000 €
+  0,03 % von 25.000 € × 10 km × 12     =    900 €
                                           3.900 €
```

Nach § 40 Abs. 2 Satz 2 EStG kann der Arbeitgeber Sachbezüge in Form der unentgeltlichen oder verbilligten Beförderung eines Arbeitnehmers zwischen Wohnung und erster Tätigkeitsstätte, sofern sie zusätzlich zum ohnehin geschuldeten Arbeitslohn geleistet werden, mit einem **Pauschsteuersatz** von 15 % besteuern, wobei die Lohnsteuer von ihm zu übernehmen ist (§ 40 Abs. 3 EStG). Die Pauschalierung ist begrenzt auf die zum Werbungskostenabzug zugelassenen Aufwendungen. Dies gilt auch bei der unentgeltlichen oder verbilligten Überlassung eines Kraftfahrzeugs an die Arbeitnehmer zur privaten Nutzung.

> **Beispiel:**
> Sachverhalt wie obiges Beispiel. Der Arbeitgeber will von der Pauschbesteuerung nach § 40 Abs. 2 Satz 2 EStG Gebrauch machen.
> Die Pauschsteuer wird wie folgt berechnet, wenn der PKW für Fahrten zwischen Wohnung und erster Tätigkeitsstätte an 180 Tagen genutzt worden ist:
> 180 × 10 km × 0,30 € = 540 €, davon 15 % = 81 €
> Der geldwerte Vorteil des obigen Beispiels ist demgemäß um 540 € zu kürzen, er beträgt mithin jetzt 3.360 €.

Übernimmt der Arbeitgeber **Straßenbenutzungsgebühren** (z. B. Mautgebühren) für Privatfahrten des Arbeitnehmers, sind diese Aufwendungen nicht durch die 1 %-Regelung abgegolten und daher bei dem Arbeitnehmer als Arbeitslohn zu erfassen.[1]

Zuschüsse des Arbeitnehmers zu den laufenden Aufwendungen für das vom Arbeitgeber überlassene Kraftfahrzeug (**Nutzungsvergütungen**) wie pauschale oder kilometerbezogene Nutzungsentgelte sind bei der Ermittlung des Nutzungswerts mindernd zu berücksichtigen, da es insoweit an einer Bereicherung des Arbeitnehmers fehlt (R 8.1 Abs. 9 Nr. 4 Satz 1 LStR).[2] Der steuerbare Vorteil des Arbeitnehmers besteht in der Differenz zwischen dem Wert der Nutzungsüberlassung gem. § 8 Abs.2 Satz 4 EStG und dem vom Arbeitnehmer zu zahlenden Nutzungsentgelt.[3]

Ebenso können Zuzahlungen des Arbeitnehmers zu den Anschaffungskosten des PKW nach R 8.1 Abs. 9 Nr. 4 Satz 2 und Satz 3 LStR im Zahlungsjahr und den darauf folgenden Jahren (H 8.1 (9–10) „Zuzahlungen des Arbeitnehmers" LStH) vom Nutzungswert (und nicht vom Listenpreis) abgezogen werden. Die im Zusammenhang mit der späteren Veräußerung des Firmenwagens durch den Arbeitgeber erfolgte teilweise Zuschussrückzahlung ist – soweit die früheren Zuschüsse den Nutzungswert gemindert haben – beim Arbeitnehmer als Arbeitslohn zu erfassen (R 8.1 Abs. 9 Nr. 4 Satz 4 LStR).

---
1 BFH, BStBl 2006 II S. 72.
2 Siehe auch BMF vom 19.04.2013 (BStBl 2013 I S. 513), Rz. 2.
3 BFH vom 30.11.2016 VI R 2/15 (DStR 2017 S. 371).

Beispiel:
Arbeitnehmer A leistet zu den Anschaffungskosten des Firmenwagens (Listenpreis 25.000 €, siehe Beispiel oben) einen Zuschuss von 5.000 €.

Nutzungswert	3.000 €
Zuschuss des Arbeitnehmers	3.000 €
verbleibender Nutzungswert	0 €

Nach früherer Auffassung war der Zuschuss nur im Jahr der Zahlung vom Nutzungswert abziehbar; eine Übertragung auf das nächste Jahr war mithin nicht möglich, es sind somit 2.000 € „verloren gegangen". Seit den LStH 2010 kann der Stpfl. im Jahr der Zahlung 3.000 € und im folgenden Jahr 2.000 € steuermindernd berücksichtigen (weiteres Beispiel, wenn zwischenzeitlich das Fahrzeug „gewechselt" wird, in H 8.1 (9–10) „Zuzahlungen des Arbeitnehmers" LStH).

Hingegen sollen bei der 1 %-Methode durch den Arbeitnehmer selbst getragene **individuelle Aufwendungen,** wie Treibstoffkosten, Versicherungsbeiträge oder Wagenpflegekosten, kein Nutzungsentgelt und dementsprechend auch nicht steuermindernd im Rahmen des geldwerten Vorteils bzw. als Werbungskosten zu berücksichtigen sein.[1] Nach neuerer Rechtsprechung ist dieser Auffassung nicht mehr zu folgen. Denn auch soweit der Arbeitnehmer einzelne nutzungsabhängige Kfz-Kosten übernimmt, fehlt es schon dem Grunde nach an einem steuerbaren Vorteil des Arbeitnehmers. Daher sind einzelne individuelle Kosten des Arbeitnehmers zu seinen Gunsten auf den geldwerten Vorteil anzurechnen, wenn der Arbeitnehmer den Umfang der selbst getragenen Kosten umfassend darlegt und nachweist. Übersteigen die Zuzahlungen und getragenen Kosten des Arbeitnehmers den privaten Nutzungsvorteil, führt der übersteigende Betrag aber weder zu negativem Arbeitslohn noch zu Werbungskosten, d. h. es erfolgt lediglich eine Minderung auf 0 Euro.[2]

Least der Arbeitgeber ein Kraftfahrzeug **und überlässt** es dem Arbeitnehmer auch zur privaten Nutzung, ist die Nutzungsüberlassung nach § 8 Abs. 2 Satz 2 bis 5 EStG zu bewerten, wenn der Anspruch auf die Kraftfahrzeugüberlassung aus dem Arbeitsvertrag oder aus einer anderen arbeitsrechtlichen Rechtsgrundlage resultiert. Dies ist der Fall, wenn der Anspruch im Rahmen einer steuerlich anzuerkennenden Gehaltsumwandlung mit Wirkung für die Zukunft vereinbart ist oder arbeitsvertraglicher Vergütungsbestandteil ist.[3] Überlässt der Arbeitgeber ein von ihm geleastes Fahrzeug dem Arbeitnehmer gegen Gehaltsumwandlung zur dienstlichen und privaten Verwendung dergestalt, dass der Barlohn des Arbeitnehmers u. a. um die vom Arbeitgeber getragenen Leasingraten gekürzt und die Privatnutzung nach der 1 %-Regelung besteuert wird, kann der Arbeitnehmer für die mit dem Leasingfahrzeug durchgeführten Dienstreisen keinen (zusätzlichen) Werbungskostenabzug geltend machen.[4]

---
1 BMF vom 19.04.2013 (BStBl 2013 I S. 513), Rz. 3 m. w. N.
2 BFH vom 30.11.2016 VI R 2/15 (DStR 2017 S. 371).
3 BMF vom 15.12.2016 (BStBl 2016 I S. 1449).
4 FG Berlin-Brandenburg, EFG 2016 S. 702.

13.2 Arten des Arbeitslohns

Hat der Arbeitnehmer die Möglichkeit, den Dienstwagen **auch im Rahmen einer anderen Einkunftsart zu nutzen,** ist der darin liegende geldwerte Vorteil bereits durch die Anwendung der 1 %-Methode abgegolten. Somit verzichtet die Finanzverwaltung im Ergebnis bei der Einkommensteuerveranlagung auf den Ansatz eines zusätzlichen geldwerten Vorteils (R 8.1 Abs. 9 Nr. 1 Satz 8 LStR).

b) Anteilige Gesamtkosten

Da der nach der 1 %-Methode ermittelte Wert der privaten Nutzung eines betrieblichen Kraftfahrzeugs sich nachteilig für den Arbeitnehmer auswirken kann, z. B. bei nur geringer privater Nutzung, hat der Gesetzgeber in § 8 Abs. 2 Satz 4 EStG **wahlweise die Ermittlung des Nutzungswerts anhand der gesamten Kraftfahrzeugaufwendungen** zugelassen. In diesem Fall sind die gesamten Aufwendungen durch Belege nachzuweisen und sodann aufgrund der durch ein ordnungsgemäßes Fahrtenbuch nachgewiesenen Fahrten für private Zwecke einschließlich der Fahrten zwischen Wohnung und erster Tätigkeitsstätte und den übrigen (dienstlichen) Fahrten verhältnismäßig aufzuteilen (vgl. R 8.1 Abs. 9 Nr. 2 Satz 1 LStR).

> **Beispiel:**
> A ist ein PKW zur dienstlichen und privaten Nutzung unentgeltlich zur Verfügung gestellt worden. Die durch Belege nachgewiesenen Gesamtaufwendungen betrugen im Jahr 6.000 €. Die Gesamtfahrleistung betrug 15.000 km. Die privat gefahrenen Kilometer einschließlich der Fahrten zwischen Wohnung und Arbeitsstätte betrugen 9.000 km.
> Das Verhältnis privater zu beruflicher Nutzung beträgt somit 3 : 2.
> Als Nutzungswert der Kraftfahrzeugüberlassung ist bei A ein Betrag von 3/5 von 6.000 € = 3.600 € anzusetzen.

Die Gesamtkosten sind als Summe der Nettoaufwendungen zzgl. der Umsatzsteuer einschließlich der Absetzungen für Abnutzungen zu ermitteln (R 8.1 Abs. 9 Nr. 2 Satz 8 und 10 LStR). Anstelle der AfA können die laufenden Leasingraten sowie die Leasingsonderzahlungen angesetzt werden (H 8.1 (9–10) „Gesamtkosten" LStH).

Die Gesamtkosten sind dann periodengerecht zu ermitteln, wenn der Arbeitgeber die Kosten des von ihm überlassenen PKW in seiner Gewinnermittlung entsprechend erfassen muss (H 8.1 (9–10) „Gesamtkosten" LStH). Ermittelt der Leasingnehmer hingegen seinen Gewinn gem. § 4 Abs. 3 EStG, kann die Leasingsonderzahlung bei Zahlung in voller Höhe als Betriebsausgabe (dazu H 11 „Leasing-Sonderzahlung" EStH) und entsprechend bei den Gesamtkosten berücksichtigt werden.

In diese Gesamtkosten sind die vom Arbeitnehmer **selbst getragenen Kosten** nicht miteinzubeziehen. Entsprechendes gilt für einen auf den Namen des Arbeitnehmers ausgestellten Schutzbrief, für Straßen- oder Tunnelbenutzungsgebühren sowie grundsätzlich auch für **Unfallkosten** (vgl. R 8.1 Abs. 9 Nr. 2 Satz 11 LStR). Es ist jedoch nicht zu beanstanden, wenn Unfallkosten nach Berücksichtigung von Erstattungen durch Dritte bis zu einer Höhe von 1.000 Euro netto je Schaden als Reparaturkosten in die Gesamtkosten einbezogen werden (vgl. R 8.1 Abs. 9 Nr. 2 Satz 12 LStR).

Im Rahmen der Unfallkosten ist auch die zivilrechtliche Schadensersatzpflicht des Arbeitnehmers zu berücksichtigen. Besteht ein Schadensersatzanspruch des Arbeitgebers gegenüber dem Arbeitnehmer nach allgemeinen zivilrechtlichen Regelungen aufgrund eines Unfalls – z. B. wegen einer Trunkenheitsfahrt oder einer Privatfahrt –, führt der Verzicht des Arbeitgebers auf die Geltendmachung des Schadensersatzes zu einem gesonderten geldwerten Vorteil (R 8.1 Abs. 9 Nr. 2 Satz 13 LStR). Hingegen liegt kein geldwerter Vorteil vor, wenn der Arbeitnehmer nicht schadensersatzpflichtig ist oder der Unfall sich auf einer beruflich veranlassten Fahrt ereignete. Eine solche beruflich veranlasste Fahrt ist bei Fahrten zwischen Wohnung und erster Tätigkeitsstätte oder bei einer Auswärtstätigkeit gegeben (R 8.1 Abs. 9 Nr. 2 Satz 16 LStR; zur Behandlung von Erstattungen durch Dritte – insbesondere Versicherungen – sowie bei einem Verzicht des Arbeitgebers auf den Abschluss einer Versicherung vgl. R 8.1 Abs. 9 Nr. 2 Satz 14 und 15 LStR).

Die Neuregelung zu den Unfallkosten – d. h. der mögliche Ansatz eines geldwerten Vorteils infolge eines Unfalls – gilt auch bei Anwendung der 1 %-Methode. Dies führt im Ergebnis dazu, dass Unfallkosten bis zu einer Höhe von 1.000 Euro zzgl. Umsatzsteuer nicht als zusätzlicher geldwerter Vorteil anzusetzen sind (vgl. R 8.1 Abs. 9 Nr. 1 Satz 9 i. V. m. Nr. 2 Satz 9 bis 16 LStR).

Ein **ordnungsgemäßes Fahrtenbuch** soll nach Auffassung der Finanzverwaltung (R 8.1 Abs. 9 und 10 Nr. 2 LStR) nur vorliegen, wenn die dienstlich und privat zurückgelegten Fahrtstrecken gesondert und laufend im Fahrtenbuch nachgewiesen sind. Für die dienstlichen Fahrten werden grundsätzlich folgende Angaben verlangt:

a) Datum und Kilometerstand zu Beginn und am Ende jeder einzelnen Auswärtstätigkeit,

b) Reiseziel und Reiseroute, diese jedoch nur bei Umwegen, sowie

c) Reisezweck und aufgesuchte Geschäftspartner.

Für Privatfahrten sollen jeweils Kilometerangaben genügen; für Fahrten zwischen Wohnung und erster Tätigkeitsstätte soll jeweils ein kurzer Vermerk im Fahrtenbuch ausreichen. Die Führung des Fahrtenbuchs kann nicht auf einen repräsentativen Zeitraum beschränkt werden, selbst wenn die Nutzungsverhältnisse keinen größeren Schwankungen unterliegen.

Anstelle eines manuell geführten Fahrtenbuchs kann ein elektronisches Fahrtenbuch eingesetzt werden, wenn sich daraus dieselben Erkenntnisse gewinnen lassen (siehe H 8.1 (9–10) „Elektronisches Fahrtenbuch" LStH).

Des Weiteren muss das Fahrtenbuch zeitnah erstellt sein und in sich eine geschlossene Form aufweisen sowie die zu erfassenden Fahrten (inklusive des am Ende der Fahrten erreichten Endkilometerstands) vollständig und im fortlaufenden Zusammenhang wiedergeben. Kleine Mängel sind unschädlich, wenn die Angaben ins-

13.2 Arten des Arbeitslohns

gesamt schlüssig sind (hierzu sowie zu weiteren Einzelheiten vgl. H 8.1 (9–10) „Ordnungsgemäßes Fahrtenbuch" LStH m. w. N.).

Eine durch ein Computerprogramm erstellte Liste erfüllt die Voraussetzungen für das Vorliegen eines ordnungsgemäßen Fahrtenbuchs nur dann, wenn nachträgliche Veränderungen an den zu einem früheren Zeitpunkt eingegebenen Daten nach der Funktionsweise des verwendeten Programms technisch ausgeschlossen sind oder in ihrer Reichweite in der Datei selbst dokumentiert und offengelegt werden.[1]

Trägt der **Arbeitnehmer** im Rahmen der Fahrtenbuchmethode **selbst Aufwendungen,** sind diese Kosten nicht in den Gesamtfahrzeugkosten enthalten und erhöhen nicht den individuell zu ermittelnden geldwerten Vorteil (R 8.1 Abs. 9 Nr. 2 Satz 8 LStR, H 8.1 (9–10) „Zuzahlungen des Arbeitnehmers" LStH). Ein vom Arbeitnehmer gezahltes Nutzungsentgelt mindert nicht die dem Arbeitgeber insgesamt entstandenen Aufwendungen für den zur Verfügung gestellten PKW, sondern den Wert des geldwerten Vorteils aus der Nutzungsüberlassung. Wie bei der 1 %-Methode ist weder ein Ansatz eines negativen geldwerten Vorteils (geldwerter Nachteil) aus der Dienstwagenüberlassung, noch ein Werbungskostenabzug möglich.[2]

c) Wahlrecht

Nicht gesetzlich geregelt ist die Frage, wann und wie der Arbeitnehmer das **Wahlrecht** hinsichtlich der beiden in § 8 Abs. 2 EStG enthaltenen Bewertungsmethoden für die Nutzungsüberlassung eines Kraftfahrzeugs ausüben kann. Um einen ordnungsgemäßen Lohnsteuerabzug für den jeweiligen Lohnzahlungszeitraum zu gewährleisten, muss der Arbeitnehmer im Benehmen mit dem Arbeitgeber sich für eines der beiden Verfahren rechtzeitig für jedes Kalenderjahr entscheiden (vgl. R 8.1 Abs. 9 Nr. 3 LStR). Das gewählte Verfahren darf dann bei demselben Kraftfahrzeug während des Kalenderjahres nicht gewechselt werden. Soweit die genaue Erfassung des privaten Nutzungswerts monatlich nicht möglich ist – z. B. bei der Ermittlung der anteiligen Gesamtkosten –, ist auf den Betrag des Vorjahres zurückzugreifen. Am Ende des Kalenderjahres oder bei Beendigung des Dienstverhältnisses ist der tatsächlich zu versteuernde Nutzungswert zu ermitteln und eine etwaige Lohnsteuerdifferenz auszugleichen (§§ 41c, 42b EStG).

Bei der 1 %-Methode kann der monatliche Nutzungswert ohne weiteres ermittelt werden. Der Arbeitnehmer ist bei der Veranlagung zur Einkommensteuer an das für die Erhebung der Lohnsteuer gewählte Verfahren jedoch nicht gebunden. Er kann es im Veranlagungsverfahren selbständig in anderer Weise ausüben, wobei auch hier das Verfahren bei demselben Kraftfahrzeug während des Kalenderjahres nicht gewechselt werden darf (R 8.1 Abs. 9 Nr. 3 Satz 4 LStR). Unklar ist jedoch, wie der Arbeitnehmer die auf das ihm überlassene Kraftfahrzeug entfallenden Kosten ermit-

---
1 BFH vom 21.03.2013 VI R 49/11 (BFH/NV 2013 S. 1399).
2 BFH vom 30.11.2016 VI R 49/14 (DStR 2017 S. 374).

teln soll, wenn der Arbeitgeber keine genaue Kostenzuordnung durchführt, z. B. wenn mehrere Kraftfahrzeuge dem Arbeitnehmer überlassen werden.

13.2.6.3.3 Mahlzeitengewährung

Mahlzeiten, die der Arbeitgeber seinen Arbeitnehmern arbeitstäglich unentgeltlich oder verbilligt **im Betrieb** gewährt, sind grundsätzlich mit dem anteiligen Sachbezugswert nach der SvEV anzusetzen (§ 8 Abs. 2 Satz 6 EStG, R 8.1 Abs. 7 Nr. 1 LStR). Dieser wird bei verbilligter Abgabe von Mahlzeiten um den vom Arbeitnehmer gezahlten Essenspreis gekürzt (R 8.1 Abs. 7 Nr. 3 LStR). Im Kalenderjahr 2016 beträgt der anzusetzende Wert für ein Mittag- oder Abendessen 3,10 Euro und für ein Frühstück 1,67 Euro.[1] Der Wert für Mahlzeiten, die ab dem Kalenderjahr 2017 gewährt werden, beträgt für ein Mittag- oder Abendessen 3,17 Euro und für ein Frühstück 1,70 Euro.[2]

Der geldwerte Vorteil besteht in den genannten Fällen im Unterschiedsbetrag zwischen dem Sachbezugswert und einer etwaigen Zahlung des Arbeitnehmers (H 8.1 (7) „Sachbezugsbewertung" LStH).

Beispiel für das Jahr 2017:

Preis der Mahlzeit für nicht unternehmensangehörige Personen	5,00 €
Sachbezugswert	3,17 €
(Zu-)Zahlung des Arbeitnehmers	2,00 €
geldwerter Vorteil	1,17 €

Ein geldwerter Vorteil entsteht danach nicht, wenn die Zahlung des Arbeitnehmers der Höhe des Sachbezugswerts nach der SvEV entspricht.

Werden die Mahlzeiten in einer **nicht vom Arbeitgeber selbst betriebenen** Kantine, Gaststätte oder vergleichbaren Einrichtung abgegeben, sind die Sachbezugswerte ebenfalls nach der SvEV anzusetzen, wenn der Arbeitgeber aufgrund vertraglicher Vereinbarung durch Barzuschüsse oder andere Leistungen an die die Mahlzeiten vertreibende Einrichtung zur Verbilligung der Mahlzeit beiträgt, z. B. durch verbilligte Überlassung von Räumen, Energie oder Einrichtungsgegenständen (R 8.1 Abs. 7 Nr. 2 LStR).

Erhält ein Arbeitnehmer von seinem Arbeitgeber Barzuschüsse in Form von **Essenmarken** (Essensgutscheine, Restaurantschecks), die von einer nicht vom Arbeitgeber selbst betriebenen Gaststätte oder einer vergleichbaren Einrichtung bei der Abgabe einer Mahlzeit in Zahlung genommen werden, ist nach R 8.1 Abs. 7 Nr. 4 Buchst. a Satz 1 LStR und BMF-Schreiben vom 24.02.2016 (BGBl 2016 I S. 238) nicht die Essenmarke mit ihrem ausgewiesenen Verrechnungswert, sondern die Mahlzeit mit dem maßgebenden Sachbezugswert als Arbeitslohn zu bewerten, wenn

---
1 BMF vom 09.12.2015 (BStBl 2015 I S. 1057).
2 BMF vom 08.12.2016 (BStBl 2016 I S. 1437).

13.2 Arten des Arbeitslohns

- tatsächlich eine Mahlzeit oder zum unmittelbaren Verzehr geeignete Lebensmittel abgegeben werden oder in den Pausen zum Verbrauch bestimmt sind,
- für jede Mahlzeit lediglich eine Essenmarke täglich in Zahlung genommen wird,
- der Verrechnungswert der Essenmarke den amtlichen Sachbezugswert einer Mittagsmahlzeit um nicht mehr als 3,10 Euro übersteigt
- der Zuschuss den tatsächlichen Preis der Mahlzeit nicht übersteigt und
- die Essenmarken nicht an Arbeitnehmer ausgegeben werden, die eine Auswärtstätigkeit ausüben, bei der die ersten drei Monate noch nicht abgelaufen sind (vgl. H 8.1 „Essenmarken nach Ablauf der Dreimonatsfrist bei Auswärtstätigkeit" LStH).

Bisher war für die Anwendung des Sachbezugswerts weitere Voraussetzung, dass zwischen dem Arbeitgeber und dem Unternehmen, das die Essenmarken oder Restaurantschecks annimmt, eine unmittelbare vertragliche Beziehung besteht. Diese vertragliche Beziehung ist nach R 8.1 Abs. 7 Nr. 4 Buchst. a Satz 2 LStR n. F. nicht mehr erforderlich. Der Sachbezugswert ist also auch dann anzuwenden, wenn der Arbeitgeber aufgrund der arbeitsvertraglichen Regelung oder einer anderen arbeitsrechtlichen Rechtsgrundlage seinem Arbeitnehmer einen Zuschuss zu den arbeitstäglichen Mahlzeiten gewährt, den der Arbeitnehmer bei jeder beliebigen Gaststätte oder vergleichbaren Einrichtung zum Kauf von Mahlzeiten einsetzen kann, und der Arbeitgeber die Einhaltung der übrigen Voraussetzungen gem. R 8.1 Abs. 7 Nr. 4 LStR sicherstellt und nachweist.

Beispiel:
Ein Arbeitnehmer erhält im Jahr 2017 von seinem Arbeitgeber 15 Essenmarken mit einem Verrechnungswert von jeweils 5 €. Dieser Verrechnungswert übersteigt nicht den Betrag von 6,27 € (3,10 € + Sachbezugswert von 3,17 €). Damit ist nicht der Verrechnungswert, sondern der Sachbezugswert in Höhe von 3,17 € als Wert für die erhaltenen Mahlzeiten anzusetzen.

Werden dagegen Mahlzeiten anlässlich einer **Auswärtstätigkeit** oder **doppelten Haushaltsführung** gewährt, deren Wert 60 Euro nicht übersteigt, sind diese ab VZ 2014 gem. § 8 Abs. 2 Satz 8 EStG mit dem Sachbezugswert anzusetzen. (Bis VZ 2013 erfolgt die Bewertung nach § 8 Abs. 2 Satz 1 EStG.[1]) Übersteigt der Preis für die Mahlzeit die 60 Euro-Grenze, ist der tatsächliche Preis anzusetzen (R 8.1 Abs. 8 Nr. 2 Satz 2 LStR).

Mahlzeiten sind alle Speisen, die üblicherweise der Ernährung dienen, einschließlich der dazu üblichen Getränke (H 8.1 (7) „Begriff der Mahlzeit" LStH). Die jeweilige Mahlzeit ist bei Bewertung nach der SvEV mit 1/30 des monatlichen Sachbezugswerts für Frühstück, Mittagessen oder Abendessen anzusetzen (§ 2 Abs. 6 Satz 1 SvEV).

---
1 BFH, BStBl 2009 II S. 547.

Die **Freigrenze** des § 8 Abs. 2 Satz 8 EStG von 60 Euro im Kalendermonat wird nicht angewendet, wenn der geldwerte Vorteil der gewährten Mahlzeit gemäß § 8 Abs. 2 Satz 6 EStG nach der SvEV ermittelt wird. Wird der geldwerte Vorteil demgegenüber nach § 8 Abs. 2 Satz 1 EStG ermittelt, wenn z. B. der geldwerte Vorteil allein im Wert der gewährten Essenmarken besteht, ist die Freigrenze zu beachten.

Soweit sich nach diesen Grundsätzen zusätzlicher Arbeitslohn in Form eines geldwerten Vorteils ergibt, kann der Arbeitgeber die Lohnsteuer pauschal mit 25 % übernehmen, es sei denn, die Mahlzeiten sind als Lohnbestandteile vereinbart (§ 40 Abs. 2 Satz 1 Nr. 1 EStG).

> **Beispiel:**
> Ein Arbeitnehmer ist auf einer eintägigen Fortbildungsveranstaltung seines Arbeitgebers, bei der der Arbeitgeber unentgeltlich ein Mittagessen zur Verfügung stellt. Der tatsächliche Wert der Mahlzeit beträgt 16 €.
> Der nach der SvEV anzusetzende Wert beläuft sich für 2017 auf einen Betrag von 3,17 €.

13.2.6.3.4 Wohnung

Der Aufwand eines Stpfl. für seine Wohnung bildet Einkommensverwendung, d. h., er gehört grundsätzlich zu den steuerlich nichtabzugsfähigen Ausgaben (§ 12 EStG). Mietzuschüsse, der Wert einer freien oder verbilligten Wohnung, Zuwendungen für die Beschaffung einer Wohnung und andere Vorteile, die der Arbeitgeber dem Arbeitnehmer für seine Wohnung gewährt, gehören deshalb zum steuerbaren Arbeitslohn (§ 19 Abs. 1 Satz 1 Nr. 1 EStG), und zwar gleichgültig, ob sie in Geld oder in der Gebrauchsüberlassung einer Wohnung (Sachbezug) gewährt werden.

Gewährt der Arbeitgeber seinem Arbeitnehmer unmittelbar im Zusammenhang mit der Wohnungsbeschaffung oder zur Verbilligung der Miete **Geldzahlungen,** sind diese grundsätzlich und in voller Höhe lohnsteuerpflichtiger Arbeitslohn (z. B. Ortszuschlag des Beamten oder Angestellten im öffentlichen Dienst, Erstattung der Zinsen für einen Kredit, den der Arbeitnehmer zum Bau oder Erwerb eines Eigenheims oder einer Eigentumswohnung von Dritten aufgenommen hat). Gleichfalls steuerpflichtiger Arbeitslohn liegt vor, wenn ohne jede Auflage der Arbeitgeber dem Arbeitnehmer einen **verlorenen Zuschuss** zum Bau oder Erwerb eines Eigenheims oder einer Eigentumswohnung gewährt.

Neben den Geldzuwendungen für Wohnzwecke kommen als **Sachbezüge** in Betracht: Überlassung einer Mietwohnung in einem Haus des Arbeitgebers (Werkswohnung), Überlassen von Wohnungen, die der Arbeitgeber selbst angemietet hat, Überlassen eines dem Arbeitgeber gehörenden Einfamilienhauses usw.

Der Vorteil, der dem Arbeitnehmer mit der Zuwendung für seine Wohnung zufließt, ist grundsätzlich bei **Geldleistungen** mit dem Betrag anzusetzen, den der Arbeitgeber dem Arbeitnehmer für den Erwerb oder die Beschaffung der Wohnung (des Eigenheims usw.) zur Verfügung stellt.

13.2 Arten des Arbeitslohns

Überlässt der Arbeitgeber dem Arbeitnehmer eine Wohnung zu einer verbilligten Miete oder unentgeltlich, ist als **geldwerter Vorteil** der Sachbezug ausgehend vom ortsüblichen Mietpreis zu bewerten (vgl. § 2 Abs. 4 Satz 1 SvEV). Die ortsübliche Miete ist vom FG als Tatsacheninstanz im Wege der Schätzung nach objektiven Gesichtspunkten zu ermitteln.[1] Dabei sind gesetzliche Mietpreisbindungen zu beachten (vgl. § 2 Abs. 4 Satz 3 f. SvEV, R 8.1 Abs. 6 Satz 8 LStR). Stehen solche Beschränkungen einem Mieterhöhungsverlangen entgegen, gilt dies jedoch nur, soweit die maßgebliche Ausgangsmiete den ortsüblichen Mietwert oder die gesetzliche zulässige Höchstmiete nicht unterschritten hat (R 8.1 Abs. 6 Satz 9 LStR).

Der **Mietwert eines Einfamilienhauses oder einer Wohnung,** die dem Arbeitnehmer vom Arbeitgeber als Dienstwohnung zugewiesen werden, ist steuerlich nach der Vergleichsmiete zu bestimmen (R 8.1 Abs. 6 Satz 5 LStR). Der Wohnungswert wird nicht dadurch gemindert, dass der Arbeitnehmer das Einfamilienhaus auf Wunsch des Arbeitgebers zu einer seiner Stellung gemäßen Repräsentation bezogen hat.[2] Ebenso wenig ist ein Abschlag von der ortsüblichen Miete gerechtfertigt, wenn die verbilligt überlassene Wohnung den persönlichen Bedürfnissen des Arbeitnehmers nicht entspricht, z. B. weil sie zu groß ist.[3] Ein Abschlag von der ortsüblichen Miete oder Kostenmiete kann aber geboten sein, wenn der Arbeitnehmer eine für seine persönlichen Verhältnisse zu große und aufwendige Wohnung im Interesse des Arbeitgebers von diesem verbilligt gemietet hat, um den Repräsentationsbedürfnissen des Arbeitgebers entsprechen zu können.[4]

> **Beispiel:**
>
> V ist Vorsitzender des Vorstands einer bedeutenden AG. Er bezieht auf Veranlassung der AG eine dieser gehörende Dienstvilla, die seinen persönlichen Wohnbedarf übersteigt und einige „Repräsentationsräume" enthält. V zahlt monatlich 1.000 € Miete an die AG. Die ortsübliche Miete würde 1.600 € betragen.
>
> Ein geldwerter Vorteil (Sachbezug) liegt nicht vor, wenn die ortsübliche Miete für die Villa ohne die „Repräsentationsräume" 1.000 € betragen würde.

Erhebt der Arbeitgeber (teilweise) keine Nebenkosten (z. B. Energie, Wasser, Heizung), liegt eine verbilligte Überlassung und damit ein Sachbezug nur vor, soweit die tatsächlich erhobene Miete zusammen mit den tatsächlich abgerechneten Nebenkosten die ortsübliche Miete, die sich aus der Kaltmiete sowie den umlagefähigen Nebenkosten zusammensetzt, unterschreitet.[5]

Bei der **Weitervermietung** vom Arbeitgeber angemieteter Wohnungen an den Arbeitnehmer bestimmt sich der geldwerte Vorteil i. d. R. nach dem Unterschiedsbetrag zwischen der vom Arbeitgeber gezahlten und der vom Arbeitnehmer zu zah-

---

1 BFH vom 24.07.2008 VI B 7/08 (BFH/NV 2008 S. 1838).
2 BFH, BStBl 1968 II S. 435.
3 BFH, BStBl 1969 II S. 73.
4 BFH, BStBl 1972 II S. 594.
5 BFH, BStBl 2011 II S. 946.

lenden Miete.[1] In gleicher Weise ist bei der **Unterbringung von Auszubildenden** durch den Arbeitgeber **in einem betriebsfremden Heim** als Sachbezug der Betrag zu versteuern, den der Arbeitgeber für den einzelnen Heimplatz bezahlt.[2] Das gilt selbst dann, wenn ein Teil der Auszubildenden im betriebseigenen Heim untergebracht ist und in diesen Fällen – zulässigerweise – der Wert der Unterbringung mit dem amtlichen Sachbezugswert nach der SvEV als Bemessungsgrundlage für die Lohnsteuer angesetzt wird.

Überlässt ein Arbeitgeber, der üblicherweise Wohnungen an Dritte vermietet (z. B. ein Wohnungsbauunternehmen), Wohnungen an die **Hauswarte oder Hausmeister** unentgeltlich oder verbilligt, ist der geldwerte Vorteil nach § 8 Abs. 3 EStG unter Berücksichtigung des dortigen Freibetrags zu ermitteln, da es sich bei der Wohnungsüberlassung um eine Dienstleistung im Sinne dieser Vorschrift handelt.[3]

Die vorstehenden Bewertungsgrundsätze gelten auch für **Dienstwohnungen** im Bereich des **öffentlichen Dienstes** einschließlich solcher Wohnungen für Arbeitnehmer von Körperschaften des öffentlichen Rechts (z. B. Religionsgemeinschaften, Sparkassen, Rundfunkanstalten). Bei der Festsetzung des steuerlich anzusetzenden Mietwerts sind die Finanzbehörden nicht an die Werte gebunden, die die für die Besoldung zuständigen Behörden ermittelt haben.[4]

13.2.6.3.5 Zinsvorteile

Gewährt der Arbeitgeber oder aufgrund des Dienstverhältnisses ein Dritter dem Arbeitnehmer unverzinsliche oder zinsverbilligte Darlehen, so liegt in der Zinsersparnis grundsätzlich ein geldwerter Vorteil.

Für die steuerliche Behandlung der Arbeitgeberdarlehen sind ausgehend von der Verwaltungsauffassung[5] die nachfolgenden Grundsätze zu beachten: Bei der Ermittlung der Höhe des geldwerten Vorteils ist zunächst zwischen der Bewertung nach § 8 Abs. 2 EStG einerseits und der Bewertung nach § 8 Abs. 3 EStG andererseits zu differenzieren, wobei Zinsvorteile erst dann als Sachbezug zu versteuern sind, wenn die Summe der noch nicht getilgten Darlehen am Ende des Lohnzahlungszeitraums 2.600 Euro (Nichtaufgriffsgrenze) nicht übersteigt.[6] Bei einem Arbeitgeberdarlehen, das ursprünglich zu einem geldwerten Vorteil geführt hat, entfällt daher von dem Zeitpunkt an der steuerpflichtige Vorteil, von dem an es durch Tilgung den Betrag von 2.600 Euro nicht mehr übersteigt.

---

1 BFH, BStBl 1972 II S. 490.
2 BFH, BStBl 1975 II S. 715.
3 BFH, BStBl 1995 II S. 339 (vgl. dazu auch Tz. 13.2.6.3.1).
4 BFH, BStBl 1979 II S. 629.
5 Vgl. BMF vom 19.05.2015 (BStBl 2015 I S. 484).
6 Vgl. BMF vom 19.05.2015 (BStBl 2015 I S. 484), Rz. 4.

13.2 Arten des Arbeitslohns

Beispiel:
Im Jahr 01 hat der Arbeitnehmer das Darlehen bis auf einen Betrag von 2.600 € getilgt. Von diesem Zeitpunkt an entfällt ein steuerpflichtiger geldwerter Vorteil bei ihm.

13.2.6.3.5.1 Bewertung nach § 8 Abs. 2 EStG

Eine Bewertung nach § 8 Abs. 2 EStG kommt beispielsweise dann in Betracht, wenn ein großer Elektrofachmarkt seinem Arbeitnehmer ein zinsverbilligtes Arbeitgeberdarlehen gewährt. Voraussetzung für die Erfassung eines geldwerten Vorteils ist der tatsächliche Zufluss eines solchen. Es liegt daher kein zu erfassender steuerlicher Vorteil vor, wenn der Arbeitgeber dem Arbeitnehmer ein Darlehen zu marktüblichen Konditionen – d. h. zu einem marktüblichen Zinssatz, der als **Maßstabszinssatz** bezeichnet wird – einräumt.[1] Bei der Bestimmung der Marktüblichkeit sind neben dem günstigsten Darlehensangebot mit vergleichbaren Bedingungen am Abgabeort auch allgemein zugängliche Internetangebote einzubeziehen, beispielsweise von Direktbanken.[2]

Die Höhe des Zinsvorteils und damit der zu bewertende geldwerte Vorteil nach § 8 Abs. 2 EStG bestimmt sich aus der Differenz zwischen dem Maßstabszinssatz für vergleichbare Darlehen am Abgabeort oder dem günstigsten Preis für ein vergleichbares Darlehen am Markt und dem individuell vereinbarten Zinssatz zwischen Arbeitgeber und Arbeitnehmer. Eine Vergleichbarkeit der Darlehen ist gegeben, wenn sie in den wesentlichen Punkten übereinstimmen. Hierzu zählen z. B. die Kreditart, die Laufzeit des Darlehens sowie die Dauer der Zinsfestlegung.[3]

Aus Vereinfachungsgründen können für die Bewertung nach § 8 Abs. 2 EStG als Maßstabszinssatz die bei Vertragsabschluss von der Deutschen Bundesbank zuletzt veröffentlichten Effektivzinssätze herangezogen werden, bei denen noch ein Abschlag von 4 % vorgenommen werden kann.[4] Für die Höhe des ermittelten Vorteils ist die Zahlungsweise – monatlich, vierteljährlich, halbjährlich oder jährlich – nicht maßgeblich.

Beispiel:[5]
Der Arbeitnehmer erhält von seinem Arbeitgeber ein Darlehen i. H. von 30.000 €. Der individuell vereinbarte Effektivzinssatz beträgt 2 % jährlich. Das Darlehen hat eine Laufzeit von 4 Jahren. Der von der Deutschen Bundesbank veröffentlichte Effektivzinssatz beläuft sich auf 4,71 %.

Zunächst ist auf den Effektivzinssatz der Deutschen Bundesbank der pauschale Abschlag von 4 % zu gewähren, sodass von einem Maßstabszinssatz von 4,52 % auszugehen ist. Die Zinsverbilligung beträgt 2,52 % (Maßstabszinssatz von 4,52 % abzgl.

---
1 Vgl. BMF vom 19.05.2015 (BStBl 2015 I S. 484), Rz. 3.
2 Vgl. BMF vom 19.05.2015 (BStBl 2015 I S. 484), Rz. 5.
3 Vgl. BMF vom 19.05.2015 (BStBl 2015 I S. 484), Rz. 8.
4 Vgl. BMF vom 19.05.2015 (BStBl 2015 I S. 484), Rz. 12 m. w. N.
5 Vgl. BMF vom 19.05.2015 (BStBl 2015 I S. 484), Rz. 13.

des vereinbarten Zinssatzes von 2 %). Der monatliche Vorteil beläuft sich somit auf 63 € (30.000 € × 2,52 % × 1/12). Aufgrund der Überschreitung der Nichtaufgriffsgrenze sowie der 44 €-Freigrenze ist die Zinsverbilligung als steuerpflichtiger geldwerter Vorteil zu versteuern.

Der unter Beachtung der Nichtaufgriffsgrenze von 2.600 Euro und der 44 Euro-Freigrenze ermittelte steuerpflichtige Vorteil kann auch nach § 37b EStG pauschal versteuert werden.

13.2.6.3.5.2 Bewertung nach § 8 Abs. 3 EStG

Werden zinsgünstige Darlehen hingegen von einem Arbeitgeber gewährt, der Darlehen vornehmlich an betriebsfremde Dritte vergibt (z. B. Kreditinstitute) und wird der geldwerte Vorteil nicht nach § 40 EStG pauschal versteuert, findet für die Bewertung des geldwerten Vorteils aus der Darlehensgewährung grundsätzlich § 8 Abs. 3 EStG Anwendung.[1] Somit ist der Anwendungsbereich von § 8 Abs. 3 EStG eröffnet, wenn beispielsweise ein Bankangestellter von seinem Arbeitgeber ein zinsverbilligtes Darlehen erhält.

Der maßgebliche Zinsvorteil ergibt sich aus dem Differenzbetrag zwischen dem um 4 % geminderten Effektivzinssatz, den der Arbeitgeber fremden Letztverbrauchern für Darlehen gleicher Kreditart anbietet (Preisaushang des Kreditinstituts) und dem individuell vereinbarten Zinssatz.[2]

Werden die Vorteile pauschal nach § 40 EStG versteuert, sind sie nach § 8 Abs. 2 EStG zu bewerten, d. h., es gelten die obigen Grundsätze.[3]

Wird der Nutzungsvorteil aus einem zinsgünstigen Darlehen nur zum Teil pauschal versteuert, weil der Vorteil die Pauschalierungsgrenze des § 40 Abs. 1 Satz 3 EStG (1.000 Euro) überschreitet, ist bei der Bewertung des individuell zu versteuernden Zinsvorteils der Teilbetrag des Darlehens außer Ansatz zu lassen, für den die Zinsvorteile gem. § 8 Abs. 2 EStG pauschal versteuert werden.[4]

Beispiel:[5]
Die Sparkasse gewährt ihrem Arbeitnehmer A am 01.01.01 ein Darlehen von 150.000 € zum Effektivzinssatz von 2 % jährlich. Die Zinsen sind vierteljährlich fällig. Im allgemeinen Geschäftsverkehr beträgt der Zinssatz der von der Sparkasse an fremde Kunden gewährten gleichartigen Darlehen 4,5 %. Der nachgewiesene günstigste Zinssatz für vergleichbare Darlehen am Markt beträgt 5 %.
Die Sparkasse beantragt die Pauschalbesteuerung nach § 40 Abs. 1 Satz 1 Nr. 1 EStG. A erhält von der Sparkasse keine weiteren pauschal zu versteuernden Vorteile. Es kann mithin der Höchstbetrag des § 40 Abs. 1 Satz 3 EStG von 1.000 € voll ausgenutzt werden. Der Zinsvorteil ist insoweit gem. § 8 Abs. 2 EStG zu ermitteln: Die

---
1 Vgl. BMF vom 19.05.2015 (BStBl 2015 I S. 484), Rz. 15.
2 Vgl. zu den Einzelheiten BMF vom 19.05.2015 (BStBl 2015 I S. 484), Rz. 16 f.
3 Vgl. BMF vom 19.05.2015 (BStBl 2015 I S. 484), Rz. 19.
4 Vgl. BMF vom 19.05.2015 (BStBl 2015 I S. 484), Rz. 21.
5 Vgl. BMF vom 19.05.2015 (BStBl 2015 I S. 484), Rz. 22.

Zinsverbilligung beträgt 2 % (marktüblicher Zinssatz von 4 % abzgl. Zinslast des A von 2 %). Der Zinsvorteil für das Jahr 01 beträgt 3.000 € (2 % von 150.000 €). Ein Zinsvorteil von 1.000 € ergibt sich unter Berücksichtigung der o. g. Zinsverbilligung von 2 % für ein Darlehen von 50.000 € (2 % von 50.000 € = 1.000 €).

Durch die Pauschalbesteuerung wird mithin nur ein Zinsvorteil aus einem Darlehensteilbetrag von 50.000 € abgedeckt. Der Zinsvorteil aus dem Restbetrag des Darlehens – 100.000 € – ist individuell unter Beachtung des § 8 Abs. 3 EStG zu versteuern, und zwar wie folgt:

Normalverzinsung mit 4,5 %		4.500,00 €
./.	Bewertungsabschlag von 4 % gem. § 8 Abs. 3 EStG	180,00 €
		4.320,00 €
./.	Zinslast des A 2 % von 100.000 €	2.000,00 €
	Zinsvorteil	2.320,00 €
./.	Rabattfreibetrag nach § 8 Abs. 3 EStG	1.080,00 €
	steuerpflichtiger Vorteil im Jahr	1.240,00 €

13.2.6.3.6 Darlehensgewährung im Übrigen

Grundsätzlich ist die Gewährung eines Darlehens an den Arbeitnehmer lohnsteuerlich ohne Bedeutung (Ausnahme siehe Tz. 13.2.6.3.5). Wird jedoch das Darlehen unter Bedingungen gegeben, die darauf schließen lassen, dass von vornherein an eine **Rückforderung nicht** ernsthaft gedacht wird, dann kann in der Hingabe des Darlehens eine lohnsteuerpflichtige Vergütung liegen.[1]

Wird in dem Darlehensvertrag vereinbart, dass die Tilgungsraten **mit dem Arbeitslohn verrechnet** werden sollen, liegt bürgerlich-rechtlich ein echter Darlehensvertrag vor. Dieser ist steuerlich anzuerkennen und kann nicht als Gehaltsvorschuss angesehen werden.

13.2.7 Forderungsverzicht des Arbeitgebers

Der Verzicht des Arbeitgebers auf eine ihm gegen den Arbeitnehmer zustehende Forderung ist grundsätzlich steuerpflichtiger Arbeitslohn.[2] Verzichtet der Arbeitgeber auf eine Forderung, die wegen wirtschaftlich ungünstiger Verhältnisse des Arbeitnehmers tatsächlich und auf die Dauer **uneinbringlich** ist, liegt in dem Erlass kein geldwerter Vorteil.[2]

Der Forderungserlass muss **mit Wissen des Arbeitnehmers** vorgenommen werden. Die Mitteilung braucht nicht ausdrücklich zu erfolgen, sie kann auch stillschweigend geschehen. Die bloße Ausbuchung der Forderung durch den Arbeitgeber

---
1 RFH, RStBl 1926 S. 329.
2 BFH, BStBl 1985 II S. 437.

bedeutet jedoch noch keinen formellen Erlass, der einen geldwerten Vorteil für den Arbeitnehmer darstellen könnte. Der **geldwerte Vorteil,** den der Arbeitnehmer bei einem Verzicht des Arbeitgebers erlangt, dürfte dem gemeinen Wert der Forderung im Zeitpunkt des Verzichts entsprechen, also i. d. R. dem Nennwert.

Ein Forderungsverzicht in diesem Sinne kann auch gegeben sein, wenn der Arbeitgeber bei Nachforderungen von Lohnsteuern sein **Rückgriffsrecht** gegenüber dem Arbeitnehmer nicht geltend macht.[1]

13.2.8 Einnahmen aus früherem Dienstverhältnis

Zum Arbeitslohn i. S. des § 19 Abs. 1 EStG gehören auch alle Einnahmen aus einem früheren Dienstverhältnis, unabhängig davon, ob sie dem zunächst Bezugsberechtigten oder seinem Rechtsnachfolger zufließen (§ 2 Abs. 2 Nr. 2 LStDV). Hierunter fallen insbesondere Wartegelder und Ruhegelder, aber auch Witwen- und Waisengelder und andere Bezüge und Vorteile aus früheren Dienstleistungen (§ 19 Abs. 1 Satz 1 Nr. 2 EStG).

13.2.8.1 Wartegelder und Ruhegelder

Wartegelder sind Beträge, die den in den einstweiligen Ruhestand versetzten Beamten usw. gezahlt werden. Sie kommen insbesondere bei den sog. „politischen Beamten" (z. B. Staatssekretäre) vor.

Ruhegelder sind die für frühere Dienste geleisteten nachträglichen Vergütungen, Entschädigungen, Pensionen usw., und zwar auch dann, wenn ein Dritter die Dienste geleistet hat, für die das Ruhegeld gezahlt wird. Handelt es sich jedoch um Nachzahlungen (z. B. Tantiemen), die einem Arbeitnehmer nach seinem Eintritt in den Ruhestand für die frühere aktive Tätigkeit gezahlt werden, liegt keine Ruhegeldzahlung vor. Die Nachzahlungen gehören zu den Bezügen für eine aktive Tätigkeit i. S. des § 2 Abs. 1 LStDV.[2] Nicht unter die Ruhegelder fallen die Renten aus der gesetzlichen Rentenversicherung. Soweit Renten aus der Rentenversicherung steuerpflichtig sind, unterliegen sie als sonstige Einkünfte nach § 22 Nr. 1 Satz 3 Buchst. a Doppelbuchst. aa EStG der Einkommensteuer und werden im Wege der Veranlagung erfasst. Ein Ruhegeld kann dem Grunde nach auch dann anzunehmen sein, wenn es in Form einer in wenigen Raten zu zahlenden Kapitalabfindung geleistet wird.

Vorruhestandsbezüge, wie z. B. die während der Freistellungsphase eines Altersteilzeitmodells gezahlten Bezüge, sind Erträge aus einem gegenwärtigen Dienstverhältnis und somit keine Versorgungsbezüge.[3]

Die Besteuerung der Ruhegelder ist in Tz. 13.3.4 dargestellt.

---
1 BFH, BStBl 1961 III S. 285.
2 BFH, BStBl 1972 II S. 459.
3 BFH, BStBl 2013 II S. 611.

13.2.8.2 Witwen- und Waisengelder

Witwen- und Waisengelder sind die vom Arbeitgeber nach dem Tod des Arbeitnehmers an dessen Angehörige gezahlten Beträge. Auch sie rechnen zum Arbeitslohn (§ 19 Abs. 1 Satz 1 Nr. 2 EStG), sodass der Arbeitgeber Lohnsteuer einzubehalten und abzuführen hat. Dagegen sind Witwen- und Waisenrenten aus der gesetzlichen Rentenversicherung kein Arbeitslohn, sondern sonstige Einkünfte i. S. des § 22 Nr. 1 Satz 3 Buchst. a Doppelbuchst. aa EStG.

Eine **Witwe**, die aufgrund der ihrem verstorbenen Ehemann gewährten Versorgungszusage Witwengeld bezieht, ist deshalb selbst Arbeitnehmerin. Ihre Bezüge werden unter Berücksichtigung der für sie maßgebenden Merkmale der Lohnsteuer unterworfen.[1] Unerheblich für die steuerliche Behandlung der Witwenbezüge ist, ob die Versorgungszusage bereits zu Lebzeiten des Ehemanns oder erst nach dessen Tod vom Arbeitgeber gegeben worden ist. Auf den Rechtsgrund der Zahlung und den Zeitpunkt seiner Entstehung kommt es nach § 2 Abs. 2 Nr. 2 LStDV nicht an.

Etwaige **Kinderzuschläge**, die mit der Pension an die Witwe gezahlt werden, gehören zum Arbeitslohn der Witwe.

Waisengeld dagegen ist Arbeitslohn des Kindes und wird deshalb bei Berechnung der Lohnsteuer nicht den Bezügen der Witwe hinzugerechnet.

13.2.9 Entschädigung für entgangenen Arbeitslohn
(§ 24 Nr. 1 EStG, § 2 Abs. 2 Nr. 4 LStDV)

Zum steuerpflichtigen Arbeitslohn gehören nach § 24 Nr. 1 EStG (§ 2 Abs. 2 Nr. 4 LStDV) auch **Entschädigungen**, die gewährt werden

a) als Ersatz für entgangene oder entgehende Einnahmen aus einem gegenwärtigen oder früheren Arbeitsverhältnis oder

b) für die Aufgabe oder Nichtausübung einer nichtselbständigen Tätigkeit als Arbeitnehmer.

Entschädigungen werden in aller Regel als **sonstige Bezüge** gezahlt und sind deshalb im Lohnsteuerverfahren nach § 39b Abs. 3 EStG zu versteuern. Nach § 34 Abs. 2 Nr. 2 EStG unterliegen sie jedoch als außerordentliche Einkünfte einem ermäßigten Steuersatz, der nach § 34 Abs. 1 EStG zu ermitteln ist (vgl. Tz. 13.3.3). Diesen ermäßigten Steuersatz kann der Arbeitnehmer grundsätzlich nur durch eine Veranlagung zur Einkommensteuer erhalten, die er gemäß § 46 Abs. 2 Nr. 8 EStG ausdrücklich beantragen muss. Nach § 39b Abs. 3 Satz 9 EStG kann bereits im Lohnsteuer-Abzugsverfahren die Steuerermäßigung des § 34 Abs. 1 EStG zumindest teilweise herbeigeführt werden. Die volle Steuerermäßigung kann jedoch nach

---
1 BFH, BStBl 1960 III S. 404.

wie vor nur im Veranlagungsverfahren erreicht werden (zur Behandlung von regulär zu besteuernden Entschädigungen vgl. R 39b.6 Abs. 5 LStR).

Die **Abgrenzung** zwischen einer dem ermäßigten Steuersatz unterliegenden Entschädigung und dem nach den allgemeinen Vorschriften über den Lohnsteuerabzug zu versteuernden Arbeitslohn ist nicht immer einfach zu treffen. Eine Entschädigung i. S. des § 24 Nr. 1 Buchst. a oder b EStG liegt nur vor, wenn es sich um eine Zahlung handelt, die durch den Verlust von Arbeitslohn bedingt ist. Eine Entschädigung muss unmittelbar an die Stelle des entgangenen oder entgehenden Arbeitslohns treten und aufgrund einer rechtlichen oder sittlichen Verpflichtung gewährt werden.

Eine **Entschädigung i. S. des § 24 Nr. 1 Buchst. a EStG** (als Ersatz für entgangene oder entgehende Einnahmen) setzt voraus, dass der Arbeitnehmer einen Schaden erlitten hat und die Entschädigung dem Ausgleich dieses **unfreiwilligen Einnahmeverlusts** dient. Die Vorschrift ist auch dann anwendbar, wenn der Arbeitnehmer an dem zum Einnahmeausfall führenden Ereignis (z. B. durch den Abschluss eines Vergleichs) **mitgewirkt** hat, sofern er dabei unter einem nicht unerheblichen rechtlichen, wirtschaftlichen oder tatsächlichen Druck gehandelt hat – er sich also in einer nicht von ihm, sondern vom Arbeitgeber herbeigeführten **Zwangslage** (z. B. durch dessen Kündigung) befunden hat.[1]

Eine Entschädigung muss dazu bestimmt sein, den durch den Wegfall der Einnahmen entstandenen **Schaden auszugleichen.** Wenn die Zahlung des Arbeitgebers lediglich eine Erfüllung bis zur rechtswirksamen Auflösung des Arbeitsverhältnisses entstandener Ansprüche darstellt, liegt keine Entschädigung i. S. des § 24 Nr. 1 Buchst. a EStG vor.[2] Ob der Arbeitnehmer nach dem Arbeitsvertrag einen Rechtsanspruch hat, beurteilt sich nach zivilrechtlichen Grundsätzen.

Folglich setzt eine Entschädigung in diesem Sinne voraus, dass die an die Stelle der bisherigen oder künftigen Einnahmen tretende Ersatzleistung auf einer **neuen Rechts- und Billigkeitsgrundlage** beruht.[3] Abfindungen, die zum Wegfall der zugesagten betrieblichen Altersversorgung führen, sind daher grundsätzlich Entschädigungen gem. § 24 Nr. 1 Buchst. a EStG.[4] Anders soll der Fall grundsätzlich zu beurteilen sein, wenn eine Abfindung o. Ä. für die Reduzierung einer Pensionszusage bei einer Fortsetzung des bisherigen Arbeitsverhältnisses gezahlt wird – und zwar auch dann, wenn die Weiterführung in veränderter Form (z. B. gem. § 613a BGB) erfolgt.[5]

---

1 BFH vom 20.10.1978 VI R 107/77 (BStBl 1979 II S. 176) und vom 11.01.2005 IX R 67/02 (BFH/NV 2005 S. 1044).
2 BFH, BStBl 2002 II S. 516.
3 BFH, BStBl 1991 II S. 703.
4 BFH vom 28.07.1993 XI R 4/93 (BFH/NV 1994 S. 165).
5 BFH vom 28.02.2005 XI B 182/03 (BFH/NV 2005 S. 1283) und vom 12.12.2007 XI B 23/07 (BFH/NV 2008 S. 376).

13.2 Arten des Arbeitslohns

Unschädlich ist es hingegen, wenn eine Ersatzleistung für den Fall der betriebsbedingten Kündigung bzw. der Nichtverlängerung des Dienstverhältnisses bereits **zu Beginn des Dienstverhältnisses vereinbart** wurde. Denn insoweit beruht die geleistete Entschädigung auf einer neuen Rechtsgrundlage.[1]

Ein freiwilliger Verzicht auf Einnahmen scheidet aus, wenn einem Arbeitnehmer vor Ablauf des zeitlich befristeten Arbeitsverhältnisses fristlos gekündigt wird und damit seine Tätigkeit tatsächlich endet, nachträglich jedoch eine Vereinbarung über die Auflösung des Dienstverhältnisses und über die Zahlung einer Entschädigung getroffen wird.[2] Die vereinbarte Entschädigung ist vom Finanzamt grundsätzlich in voller Höhe bei der Anwendung des § 24 Nr. 1 Buchst. a EStG zugrunde zu legen. Ein Vorteilsausgleich mit Einnahmen aus einem neuen Arbeitsverhältnis –selbst wenn es unmittelbar an das aufgelöste anschließt – findet i. d. R. nicht statt.[2]

In gleicher Weise liegt ein freiwilliger Verzicht auf laufende Einnahmen nicht vor, wenn in einem Versorgungsvertrag für den Fall der **Liquidation** des Unternehmens des Arbeitgebers ein Widerrufsvorbehalt enthalten ist, wobei gleichzeitig für diesen Fall eine zu vereinbarende Ablösungssumme zugesagt wird und nun der Liquidationsfall eintritt. Die Durchführung der Liquidation und der damit verbundene Widerruf der Versorgungsleistungen sind trotz der vertraglichen Abmachung für den Arbeitnehmer unfreiwillig. Der BFH[3] hat in einem derartigen Fall das Vorliegen einer Entschädigung i. S. des § 24 Nr. 1 Buchst. a EStG jedoch verneint. Er ist der Auffassung, dass die Abfindung lediglich eine andere Zahlungsmodalität der vertraglich vereinbarten Versorgung darstelle und es daher an einer anderen Rechts- oder Billigkeitsgrundlage fehle. Eine Entschädigung könne allenfalls dann angenommen werden, wenn für den Fall der Liquidation des ehemaligen Arbeitgebers hinsichtlich der Versorgungsbezüge eine Vereinbarung nicht getroffen worden sei. Andererseits hat der BFH in der Kapitalisierung eines Anspruchs auf laufende Versorgungsleistungen dann eine Entschädigung i. S. des § 24 Nr. 1 Buchst. a EStG gesehen, wenn der Arbeitnehmer sich dem entsprechenden Verlangen des Arbeitgebers praktisch nicht entziehen kann.[4]

Beispiel:

A ist Vorstandsmitglied einer AG. Die Anstellung ist jeweils auf fünf Jahre befristet. Für den Fall der Nichtwiederberufung hat A Anspruch auf laufende Versorgungsbezüge, deren Höhe sich nach der jeweiligen Gesamtbeschäftigungszeit bei der AG richtet. Im Jahr 05 war der letzte Anstellungsvertrag abgelaufen. A konnte nicht wieder zum Vorstandsmitglied bestellt werden, weil die AG ihre Auflösung und Liquidation beschlossen hatte. Die AG verlangte von A, er solle auf seine laufende Versorgung gegen eine Kapitalabfindung verzichten. Nur auf diese Weise sei es der AG möglich, die Liquidation abzuschließen.

---

1 BFH, BStBl 2004 II S. 349.
2 BFH, BStBl 1974 II S. 714.
3 BFH, BStBl 1978 II S. 375.
4 BFH, BStBl 1980 II S. 393.

Die Abfindung, die nach versicherungsmathematischen Grundsätzen auf der Basis des letzten Gehalts ermittelt wurde, ist eine Entschädigung gem. § 24 Nr. 1 Buchst. a EStG, die dem ermäßigten Steuersatz des § 34 Abs. 2 Nr. 2 und Abs. 1 EStG unterliegt. A hat aufgrund eines nicht unerheblichen tatsächlichen Drucks der AG auf seinen Versorgungsanspruch verzichten müssen. Es liegt keine Änderung der Zahlungsmodalität vor.

Da eine Entschädigung voraussetzt, dass sie auf einer neuen Rechtsgrundlage beruht und vom Arbeitnehmer nicht freiwillig abgeschlossen wurde, hat der BFH eine Entschädigung auch in dem Fall bejaht, in dem eine zugesagte Pension infolge Konkurses (heute: Insolvenz) des Arbeitgebers nicht geleistet werden kann und stattdessen nach § 8 Abs. 2 BetrAVG eine Pensionsabfindung vom **Pensionssicherungsverein** gezahlt wird.[1]

Umstritten ist, ob **Streikunterstützungen,** die eine Gewerkschaft an ihre streikenden Mitglieder zahlt, Entschädigungen i. S. des § 24 Nr. 1 Buchst. a EStG sind. Der BFH[2] ist der Auffassung, dass Streikunterstützungen kein Arbeitslohn sind. Werde der Vorteil dem Arbeitnehmer nämlich nicht vom Arbeitgeber, sondern von einem Dritten – wie im Fall der Zahlung des Streikgeldes durch die Gewerkschaft – zugewendet, sei Arbeitslohn nur dann anzunehmen, wenn zwischen der Zuwendung des Dritten und der Arbeitsleistung des Arbeitnehmers eine innere Verknüpfung bestehe und der Dritte nicht gegen den Willen und die Interessen des Arbeitgebers handele. Die Zuwendung sei nicht durch das Dienstverhältnis veranlasst, wenn sie auf eigenen, unmittelbaren rechtlichen oder wirtschaftlichen Beziehungen zwischen dem Arbeitnehmer und dem Dritten beruhe.[3] Diese Voraussetzungen seien bei Streikunterstützungen gegeben. Sie seien auch im weitesten Sinne nicht Gegenleistung für das Zur-Verfügung-Stellen der individuellen Arbeitskraft des Arbeitnehmers. Die Streikunterstützungen hätten ihre Rechtsgrundlage in der Mitgliedschaft des Arbeitnehmers bei der Gewerkschaft. Diese gewähre die Unterstützung zur Durchsetzung ihrer gewerkschaftlichen Ziele. Der Arbeitgeber habe mit der Unterstützungsleistung nichts zu tun; Streik und Streikunterstützungen richten sich vielmehr gegen seine Interessen.

Dieser Auffassung des BFH ist grundsätzlich zuzustimmen. Ihr steht nicht entgegen, dass die Gewerkschaftsbeiträge, aus denen die Streikunterstützungen letztlich gezahlt werden, als Werbungskosten gem. § 9 Abs. 1 Satz 3 Nr. 3 EStG abzugsfähig sind (vgl. Tz. 14.3.4). Es gibt nämlich keinen allgemeinen Rechtsgrundsatz des Inhalts, dass sämtliche durch einen Werbungskostenaufwand veranlassten Vorteile Einnahmen in der Einkunftsart sind, für die der Abzug geltend gemacht wird.

Während der BFH die Eigenschaft der Streikunterstützungen als Arbeitslohn i. S. des § 19 Abs. 1 Nr. 1 EStG zu Recht verneint hat, hat er die Frage, ob die Streik-

---

[1] BFH, BStBl 1994 II S. 167.
[2] BFH vom 30.03.1982 III R 150/80 (BStBl 1982 II S. 552), vom 24.10.1990 X R 161/88 (BStBl 1991 II S. 337) und vom 13.02.2008 IX R 63/06 (BFH/NV 2008 S. 1138).
[3] BFH, BStBl 1991 II S. 337.

13.2 Arten des Arbeitslohns

unterstützungen Entschädigungen i. S. des § 24 Nr. 1 Buchst. a EStG und damit steuerpflichtige Einkünfte sind, unterschiedlich beantwortet. Zunächst war er der Auffassung, dass die Streikunterstützungen Entschädigungen in der Form des Ersatzes entgangener Einnahmen (Arbeitslohn) sind.[1] Nunmehr vertritt der BFH die Meinung, dass die Streikunterstützung keine Entschädigung i. S. des § 24 Nr. 1 Buchst. a EStG ist.[2] Insgesamt unterliegen die Streikunterstützungen demnach nicht der Einkommensteuer. Der BFH geht dabei vom oben dargestellten Begriff der Entschädigung aus, wonach eine solche nur dann vorliegt, wenn der Arbeitnehmer, der selbst an der Herbeiführung des Einnahmeausfalls mitgewirkt hat, unter rechtlichem, wirtschaftlichem oder tatsächlichem Druck gehandelt hat. Bei einem Streik, an dem der Arbeitnehmer teilnimmt und deshalb Streikunterstützung erhält, sei der Druck hingegen in seiner eigenen Sphäre begründet. Der Arbeitnehmer sei nämlich freiwillig der Gewerkschaft beigetreten und habe damit die sich daraus ergebenden Folgen, einschließlich der Teilnahme an einem Streik, gebilligt.

Die neuere Rechtsauslegung des BFH ist nicht überzeugend. Der allein auf § 19 EStG gerichtete Blick scheint zu eng zu sein. Der Auffassung des BFH ist entgegenzuhalten, dass sie den Zusammenhang des § 19 EStG mit § 24 EStG verloren hat. § 24 Nr. 1 Buchst. a EStG, der nur klarstellende Bedeutung hat, wie sich aus den Gesetzesmaterialien ergibt, lässt erkennen, dass nicht nur die eigentliche Leistung, sondern auch Ersatzleistungen unter den Tatbestand der Einkünfte des § 2 Abs. 1 Nr. 4 EStG (Einkünfte aus nichtselbständiger Arbeit) fallen. Die besondere Bedeutung des § 24 Nr. 1 Buchst. a EStG – neben seiner Funktion als „Voraustatbestand" des § 34 Abs. 1 und 2 EStG (ermäßigter Steuersatz für außerordentliche Einkünfte) – besteht darin, auf die Möglichkeit der Tatbestandsverwirklichung bei Ersatzleistungen hinzuweisen. Bei dieser Interpretation der Vorschrift dürfte kein Grund bestehen, Ersatzleistungen, die alle Voraussetzungen des Entschädigungsbegriffs erfüllen, als Einkünfte aus nichtselbständiger Arbeit zu erfassen, dagegen aber solche Ersatzleistungen, bei denen das Merkmal der Entschädigung fehlt und die deshalb besonders „besteuerungswürdig" wären, nicht der Besteuerung zu unterwerfen. Die frühere Rechtsprechung des BFH[3] hat deshalb unseres Erachtens die Streikunterstützungen zu Recht als steuerpflichtige Einkünfte i. S. des § 24 Nr. 1 Buchst. a i. V. m. § 19 Abs. 1 und § 2 Abs. 1 Nr. 4 EStG angesehen, ohne sie allerdings als außerordentliche Einkünfte i. S. des § 34 Abs. 1 und 2 EStG zu behandeln.

Die gleichen Grundsätze gelten für **Aussperrungsunterstützungen,** die eine Gewerkschaft an ihre vom Arbeitgeber ausgesperrten Mitglieder zahlt.

Eine Entschädigung setzt ferner stets voraus, dass sie einen Schaden abgelten soll, der gegen den Willen des Arbeitnehmers eingetreten ist. Das ist z. B. nicht der Fall, wenn ein Arbeitnehmer bei fortbestehendem Arbeitsverhältnis für die **vorzeitige**

---
1 BFH, BStBl 1971 II S. 138 und 1982 II S. 552.
2 BFH, BStBl 1991 II S. 337.
3 BFH, BStBl 1982 II S. 552.

13 Arbeitslohn

Aufgabe einer Werkswohnung, die ihm der Arbeitgeber aufgrund des Angestelltenvertrags zur Verfügung zu stellen hat, eine Abfindung erhält. Der Arbeitgeber erfüllt mit der Zahlung der Abfindung lediglich einen Teil der ihm obliegenden vertraglichen Verpflichtung.[1] Die **Nachzahlung einer Altersrente** aus der gesetzlichen Rentenversicherung ist ebenfalls keine Entschädigung i. S. des § 24 Nr. 1 Buchst. a EStG. Sie stellt auch keine Entlohnung für eine mehrjährige Tätigkeit dar.[2] Auch die **Nachzahlung von Arbeitslohn** ist keine Entschädigung, sie unterliegt aber als Vergütung für eine mehrjährige Tätigkeit ggf. der Tarifvergünstigung des § 34 EStG.[3]

Bei einer **Entschädigung für die Aufgabe oder Nichtausübung einer nichtselbständigen Tätigkeit** (§ 24 Nr. 1 Buchst. b EStG) ist nicht Voraussetzung, dass ein unfreiwilliger Schaden – wie bei § 24 Nr. 1 Buchst. a EStG – entstanden ist. Die Vorschrift fordert nach ihrem Sinn und Zweck im Gegensatz zu § 24 Nr. 1 Buchst. a EStG, dass die Tätigkeit gerade **mit Wollen oder mit Zustimmung** des Betroffenen **aufgegeben** wird. Eine Tätigkeit wird aufgegeben, wenn sie endgültig nicht mehr ausgeübt wird. Die Nichtausübung kennzeichnet demgegenüber einen Zustand des Ruhens einer Tätigkeit, ohne dass diese bereits endgültig aufgegeben wird. Eine Entschädigung i. S. des § 24 Nr. 1 Buchst. b EStG wird nur dann „für" die Aufgabe einer Tätigkeit gezahlt, wenn der Arbeitgeber den Arbeitnehmer mit der Entschädigung zur einvernehmlichen, freiwilligen Aufgabe seiner Tätigkeit veranlassen will. Ferner bedeutet die Zahlung einer Entschädigung „für" die Aufgabe einer Tätigkeit auch, dass die Zahlung bei einer vorzeitigen Beendigung des Arbeitsverhältnisses im Wege gegenseitigen Einvernehmens über das hinausgehen muss, was dem Arbeitnehmer bis zur normalen Beendigung des Arbeitsverhältnisses an Lohn, Gehalt usw. zugestanden hätte.[4]

Beispiel:

V war seit 30 Jahren Provisionsvertreter bei H. Das Vertragsverhältnis wurde als Arbeitsverhältnis angesehen. Mit Wirkung vom 01.08.01 schied V nach einer Umorganisation aufgrund einer einvernehmlichen Vereinbarung aus den Diensten des H aus. Alle in seinem Besitz befindlichen Unterlagen einschließlich Kundenstamm übergab er H. Für die Zeit vom 01.08. bis 31.12.01 wurde eine monatliche Zahlung an V von 1.500 € vereinbart. Zum 15.01.02 sollte V als Abfindung aller Ansprüche aus dem Arbeitsverhältnis einschließlich der Altersversorgung eine Zahlung von 50.000 € erhalten.

Die 50.000 € sind eine nach § 24 Nr. 1 Buchst. b EStG begünstigte Entschädigung, da V seine Tätigkeit als Arbeitnehmer freiwillig endgültig aufgegeben hat und die Zahlung der 50.000 € den V zur Aufgabe seiner Tätigkeit veranlasst hat.

---
1 BFH, BStBl 1974 II S. 512.
2 BFH, BStBl 1970 II S. 784.
3 BFH, BStBl 1993 II S. 507.
4 BFH, BStBl 1976 II S. 490.

Unschädlich für die Annahme einer Entschädigung für die Aufgabe einer Tätigkeit ist auch, dass bereits im Arbeitsvertrag eine solche Möglichkeit vorgesehen ist, z. B. durch die Einräumung einer Option.[1]

Beispiel:
F hat mit einer Luftfahrtgesellschaft einen Arbeitsvertrag als Flugbegleiterin (Stewardess) abgeschlossen, wonach ihr mit Vollendung des 32. Lebensjahres das Recht eingeräumt wird, gegen Zahlung einer einmaligen Abfindungssumme von zweieinhalb Grundgehältern für jedes bis zum Ausscheiden erreichte Dienstjahr aus den Diensten der Fluggesellschaft auszuscheiden. F macht von diesem Recht Gebrauch.
Die ihr gezahlte Abfindung ist eine Entschädigung i. S. des § 24 Nr. 1 Buchst. b EStG.

Gegenstand einer Entschädigung i. S. des § 24 Nr. 1 Buchst. b EStG kann auch die Zahlung für ein **Wettbewerbsverbot** sein, wenn ein Arbeitnehmer sich im Arbeitsvertrag von vornherein verpflichtet, für die Zeit nach der Beendigung des Arbeitsverhältnisses eine bestimmte Tätigkeit in einem bestimmten Gebiet für eine festgelegte Zeit nicht auszuüben, und hierfür eine Abfindung erhält. Denn insoweit wird eine „Entschädigung für die Nichtausübung einer Tätigkeit" gewährt.[2] Dabei ist es unerheblich, dass ein solches Wettbewerbsverbot nicht auf einer neuen Rechts- oder Billigkeitsgrundlage – wie bei der Entschädigung i. S. des § 24 Nr. 1 Buchst. a EStG –, sondern auf dem ursprünglichen Arbeitsvertrag beruht. Diese unterschiedliche Handhabung rechtfertigt sich aus der unterschiedlichen Zielrichtung der beiden gesetzlichen Bestimmungen. Während im Fall des § 24 Nr. 1 Buchst. a EStG die Entschädigung als „Ersatz" für entgangene oder entgehende Einnahmen geleistet werden muss, ist im Fall des § 24 Nr. 1 Buchst. b EStG die „Entschädigung" als Gegenleistung „für" die Aufgabe oder Nichtausübung der Tätigkeit zu gewähren. Der Wegfall von Einnahmen ist mithin nicht Voraussetzung, sondern allenfalls eine mittelbare Folge der Aufgabe bzw. Nichtausübung der Tätigkeit.[2]

Eine Entschädigung für die Aufgabe einer Tätigkeit liegt demgegenüber nicht vor, wenn ein seinem Anstellungsvertrag nach unkündbarer leitender Angestellter eines Konzerns für die Aufgabe seiner Tätigkeit bei einzelnen Tochtergesellschaften, verbunden mit dem Wegfall der in Form einer Gewinnbeteiligung bestehenden Bezüge, vereinbarungsgemäß eine Abfindung erhält. Der Angestellte hat seine Tätigkeit beim Konzern nicht vollständig aufgegeben, sondern die Tätigkeit ist nur eingeschränkt worden.[3]

13.2.10 Beiträge des Arbeitgebers zugunsten der Alterssicherung (§ 19 Abs. 1 Satz 1 Nr. 3 EStG)

Durch die Regelung des § 19 Abs. 1 Satz 1 Nr. 3 Satz 1 EStG werden laufende Beiträge und laufende Zuwendungen des Arbeitgebers aus einem bestehenden Dienst-

---
1 BFH, BStBl 1987 II S. 106.
2 BFH, BStBl 1987 II S. 386.
3 BFH, BStBl 1976 II S. 286.

verhältnis an einen Pensionsfonds, eine Pensionskasse oder für eine Direktversicherung für eine betriebliche Altersversorgung (klarstellend) als Arbeitslohn angesehen. Zudem werden durch § 19 Abs. 1 Satz 1 Nr. 3 Satz 2 ff. EStG bestimmte Sonderzahlungen zu den Einkünften aus nichtselbständiger Arbeit gerechnet, z. B. Zahlungen des Arbeitgebers an eine Pensionskasse aus Anlass des Ausscheidens aus einer nicht kapitalgedeckten betrieblichen Altersversorgung.[1]

13.3 Steuerlich begünstigter Arbeitslohn

Grundsätzlich sind alle Einnahmen, die einem Arbeitnehmer oder seinem Rechtsnachfolger aus einem gegenwärtigen oder früheren Dienstverhältnis zufließen, als Arbeitslohn in vollem Umfang steuerpflichtig. Zur Erreichung wirtschafts- oder sozialpolitischer Ziele hält es der Gesetzgeber jedoch aus Gründen der Billigkeit oder zur Vereinfachung des Besteuerungsverfahrens für geboten, bestimmte Arten des Arbeitslohns oder sonstige Zuwendungen des Arbeitgebers an den Arbeitnehmer steuerlich zu begünstigen.

13.3.1 Jubiläumsgeschenke

Für Zahlungen anlässlich eines **Arbeitnehmerjubiläums** kommt der ermäßigte Steuersatz des § 34 Abs. 1 EStG zur Anwendung. Als „Vergütungen für eine mehrjährige Tätigkeit" i. S. von § 34 Abs. 2 Nr. 4 EStG wird diese Jubiläumszuwendung rechnerisch auf fünf Jahre verteilt (Anwendung der Fünftel-Methode; siehe hierzu auch Tz. 13.3.3).

Bei Zuwendungen im Zusammenhang mit einem Firmen- oder Geschäftsjubiläum liegen die Voraussetzungen für den ermäßigten Steuersatz nach § 34 Abs. 1 und Abs. 2 Nr. 4 EStG jedoch nur dann vor, wenn sie unter der Voraussetzung einer entsprechenden mehrjährigen Betriebszugehörigkeit gewährt werden (H 34.4 „Jubiläumszuwendungen" EStH).[2]

13.3.2 Zukunftssicherung der Arbeitnehmer (§ 2 Abs. 2 Nr. 3 LStDV)

13.3.2.1 Allgemeines

13.3.2.1.1 Begriff

Nach § 2 Abs. 2 Nr. 3 LStDV gehören zum Arbeitslohn auch Ausgaben des Arbeitgebers, die er leistet, um den Arbeitnehmer oder diesem nahestehende Personen für den Fall der **Krankheit,** des **Unfalls,** der **Invalidität,** des **Alters** oder des **Todes** abzusichern (Zukunftssicherung). Nach der gesetzlichen Begriffsbestimmung müs-

---
1 Vgl. zu den Einzelheiten BMF vom 31.03.2010 (BStBl 2010 I S. 270), Rz. 258 ff.
2 BFH, BStBl 1987 II S. 820.

13.3 Steuerlich begünstigter Arbeitslohn

sen die Aufwendungen des Arbeitgebers die Absicherung des Arbeitnehmers in den Fällen bezwecken, in denen das betreffende Ereignis (Krankheit, Unfall, Alter usw.) in der Person des Arbeitnehmers oder der ihm nahestehenden Person eintritt. Nicht zu den Maßnahmen für die Zukunftssicherung des Arbeitnehmers gehören deshalb Versicherungen auf das Leben des Arbeitgebers mit Bezugsberechtigung des Arbeitnehmers. Diese Art der Versicherung soll den Arbeitnehmer vor den Folgen der Arbeitslosigkeit schützen oder ihm den Wechsel des Arbeitsplatzes erleichtern, falls er infolge des Todes des Arbeitgebers dazu gezwungen ist.

> **Beispiel:**
> Ein älterer Arzt schließt mit einer Versicherungsgesellschaft einen Lebensversicherungsvertrag auf sein Leben zugunsten seiner Sprechstundenhilfe ab, damit diese im Fall seines Todes eine zumindest vorübergehende Absicherung erlangt.
> Die Prämienzahlungen stellen keine Aufwendungen für die Zukunftssicherung der Sprechstundenhilfe i. S. des § 2 Abs. 2 Nr. 3 LStDV dar.

Unerheblich ist, ob der Arbeitgeber sich dem Arbeitnehmer gegenüber zu bestimmten Leistungen verpflichtet und dem Arbeitnehmer somit ein Rechtsanspruch auf Erfüllung der Leistungen zusteht oder ob der Arbeitgeber seine Leistungen freiwillig oder unter Vorbehalt des Widerrufs erbringt. Wenn die Leistungen die Voraussetzungen des § 2 Abs. 2 Nr. 3 LStDV erfüllen, dann sind sie Arbeitslohn im Sinne dieser Bestimmung.

Wesentlich ist jedoch, dass der Arbeitnehmer einen **Rechtsanspruch** auf **spätere Leistungen** aus der Versorgungseinrichtung oder Versicherung hat, an die der Arbeitgeber seine Zahlungen zugunsten des Arbeitnehmers leistet.[1] Fehlt es an dieser Voraussetzung, liegt kein Arbeitslohn vor.

> **Beispiel:**
> Der Arbeitgeber A sagt seinem Arbeitnehmer F eine Pension zu. Zur Abdeckung des durch die Versorgungszusage entstandenen Risikos schließt A mit einer Versicherung einen Versicherungsvertrag ab, in dem sich die Versicherung dem A gegenüber verpflichtet, die Versicherungsleistungen an ihn zu erbringen, damit er seine Pensionszahlungen leisten kann (Rückdeckungsversicherung).
> Die Prämienzahlungen des A an die Versicherung sind kein dem F zufließender Arbeitslohn i. S. des § 2 Abs. 2 Nr. 3 LStDV.

13.3.2.1.2 Einzelne Merkmale

Voraussetzung für die Anerkennung der Ausgaben des Arbeitgebers für die Zukunftssicherung des Arbeitnehmers als Arbeitslohn ist, dass der **Arbeitnehmer** von der Zukunftssicherung **Kenntnis** hat oder den Umständen nach Kenntnis haben muss. Dieser Grundsatz ergibt sich aus der Rechtsnatur des Dienstvertrags. Auf die Form der Unterrichtung des Arbeitnehmers kommt es nicht an. Bei einer Pauschalversicherung genügt z. B. die Mitteilung an die Arbeitnehmer, dass sie auf Kosten

---
1 BFH, BStBl 1994 II S. 246 und 2006 II S. 500.

des Arbeitgebers bei einer bestimmten Versorgungseinrichtung versichert sind. Bei einer Einzelversicherung dagegen wird der Arbeitgeber in aller Regel mit dem betreffenden Arbeitnehmer eine ausdrückliche Vereinbarung treffen müssen. Der **Arbeitnehmer** muss der Zukunftssicherung ferner ausdrücklich oder stillschweigend **zustimmen**.

Die Leistung für die Zukunftssicherung des Arbeitnehmers muss vom Arbeitgeber grundsätzlich unmittelbar an die der Zukunftssicherung dienende Einrichtung (Versicherung, Pensionskasse usw.) geleistet werden. Es genügt jedoch, wenn der Arbeitgeber die Zahlung an den Arbeitnehmer bewirkt und dieser durch eine Bescheinigung der Zukunftssicherungseinrichtung nachweist, dass die erhaltenen Beträge zweckentsprechend verwendet worden sind.[1]

Beispiel:
Die Beihilfe-VO eines Landes gewährt den Beamten und Angestellten einen Zuschuss zur freiwilligen Krankenversicherung in einer bestimmten Höhe. Die Zuschüsse werden unmittelbar an die betreffenden Beamten und Angestellten ausbezahlt, weil eine Zahlung an die einzelnen, zahlreichen Versicherungsunternehmen praktisch nicht durchführbar ist.

Die Zuschüsse stellen Aufwendungen des Arbeitgebers für die Zukunftssicherung der Beamten und Angestellten dar, wenn diese durch Vorlage entsprechender Bescheinigungen oder durch Abgabe einer entsprechenden Erklärung die zweckentsprechende Verwendung der Zuschüsse nachweisen.[2] Es handelt sich nicht um nach § 3 Nr. 62 EStG steuerfreie Leistungen[3] (vgl. auch Tz. 13.3.2.3.2).

13.3.2.2 Arten der Zukunftssicherung

13.3.2.2.1 Allgemeines

Die Arbeitnehmer in der Bundesrepublik sind aufgrund der bestehenden Sozialgesetze gegen Krankheit, Unfall, Invalidität, Alter und Tod weitgehend abgesichert. Für die Arbeitnehmer besteht hierfür eine gesetzliche Versicherungspflicht in den gesetzlichen Kranken-, Pflege-, Unfall- und Rentenversicherungen (Sozialversicherungen). Für Beamte ist diese Sicherung durch die Beihilfevorschriften und die Versorgungsbestimmungen in den Beamtengesetzen gewährleistet. Da aber insbesondere die Versorgung der Arbeitnehmer durch die gesetzlichen Sozialversicherungsleistungen – im Gegensatz zur Versorgung der Beamten – als nicht in jedem Fall ausreichend angesehen wird, sind in der Vergangenheit immer mehr Arbeitgeber dazu übergegangen, ihren Arbeitnehmern zusätzliche Versorgungsleistungen zuzusagen (vgl. insbesondere die Zusatzversorgung der Arbeitnehmer im öffentlichen Dienst durch Bund, Länder und Gemeinden). Für diese **freiwillige** Zukunftssicherung der Arbeitnehmer bieten sich den Arbeitgebern viele Formen und Gestaltungsmöglichkeiten an.

---
1 BFH, BStBl 1973 II S. 588.
2 BFH, BStBl 1972 II S. 57.
3 BFH vom 21.12.1990 VI R 59/85 (BFHE 164 S. 226).

13.3 Steuerlich begünstigter Arbeitslohn

Da der freiwilligen betrieblichen Altersversorgung jedoch erhebliche Mängel anhafteten – so stand es z. B. im Belieben des Arbeitgebers, ob er eine Versorgungszusage widerruflich erteilte oder nicht, in welcher Höhe Rentenansprüche anderer Art angerechnet wurden, ob die Zusage bei Ausscheiden des Arbeitnehmers vor Erreichen der Altersgrenze entfallen sollte usw. –, hat der Gesetzgeber mit dem BetrAVG diese Mängel weitgehend beseitigt und damit die betriebliche Altersversorgung und Zukunftssicherung zu einem wertvollen und gesicherten Bestandteil im System der sozialen Sicherung gemacht. Hiernach sind Anwartschaften auf eine betriebliche Altersversorgung weitgehend unverfallbar (§§ 1 bis 4 BetrAVG). § 5 BetrAVG sieht ein Auszehrungsverbot vor. In § 6 enthält das BetrAVG eine Angleichung der Altersgrenze für die betriebliche Altersversorgung an diejenigen der gesetzlichen Rentenversicherung. §§ 7 bis 15 BetrAVG sehen eine Insolvenzsicherung in Form eines Pensionssicherungsvereins vor, welcher als Träger der Insolvenzsicherung für die Leistungen der betrieblichen Altersversorgung haftet (§ 14 BetrAVG). Gemäß § 16 BetrAVG sind die Arbeitgeber zu einer regelmäßigen Überprüfung der Höhe der laufenden Versorgungsleistungen verpflichtet. Neben diesen arbeitsrechtlichen Bestimmungen führt das BetrAVG auch die Arten auf, die dem Arbeitgeber für die Zukunftssicherung seiner Arbeitnehmer zur Verfügung stehen und deren Inanspruchnahme steuerlich begünstigt wird.

13.3.2.2.2 Innerbetriebliche Maßnahmen

Sagt der Arbeitgeber seinen Arbeitnehmern für die Fälle der Invalidität oder des Alters eine Zusatzversorgung zu, entsteht für ihn mit dieser bindenden Zusage eine entsprechend schuldrechtliche Verpflichtung. In Form einer **Pensionsrückstellung** wird er die entsprechenden Mittel bis zum Eintritt des Versorgungsfalls ansammeln. Eine solche Pensionsrückstellung wird nach § 6a EStG unter bestimmten Voraussetzungen (Rechtsanspruch des Arbeitnehmers auf zugesagte Leistung, Unverfallbarkeit und Schriftlichkeit der Zusage) auch **steuerrechtlich** als Rückstellung **anerkannt**. Will der Arbeitgeber das Risiko aus der gegebenen Versorgungszusage nicht voll oder allein tragen, besteht die Möglichkeit, das Risiko entsprechend auf eine Versicherung abzuwälzen. Es liegt dann eine **Versorgungszusage mit Rückdeckungsversicherung** vor.

13.3.2.2.3 Direktversicherung

Der Arbeitgeber kann die Zukunftssicherung seiner Arbeitnehmer auch in der Weise gewähren, dass er auf das Leben des Arbeitnehmers eine Lebensversicherung abschließt und gegenüber dem Versicherer den Arbeitnehmer oder dessen Hinterbliebene ganz oder teilweise, widerruflich oder unwiderruflich als Bezugsberechtigte der Leistungen aus dem Versicherungsvertrag benennt. Man spricht in diesen Fällen von einer Direktversicherung (vgl. § 1b Abs. 2 BetrAVG; R 40b.1 Abs. 1 LStR). Die Lebensversicherung kann als Kapitalversicherung, Rentenversicherung oder auch als fondsgebundene Lebensversicherung abgeschlossen werden (R 40b.1 Abs. 2 Satz 1 LStR). Eine nach dem 31.12.1996 abgeschlossene Kapitallebensversicherung ist als Direktversicherung jedoch nur dann anzuerkennen, wenn die Todesfallleistung während der gesamten Laufzeit des Versicherungsvertrages mindestens 60 % der Summe der Beiträge beträgt, die nach dem Versicherungsvertrag für die gesamte Vertragsdauer zu zahlen sind (R 40b.1 Abs. 2 Satz 4 LStR). Reine Unfallversicherungen sind hingegen keine Lebensversicherungen, auch wenn bei einem Unfall mit Todesfolge eine Leistung vorgesehen ist (R 40b.1 Abs. 2 Satz 7 LStR). Demgegenüber gehören Unfallzusatzversicherungen und Berufsunfähigkeitszusatzversicherungen, die im Zusammenhang mit Lebensversicherungen abgeschlossen werden, sowie selbständige Berufsunfähigkeitsversicherungen und Unfallversicherungen mit Prämienrückgewähr, bei denen der Arbeitnehmer Anspruch auf die Prämienrückgewähr hat, zu den Direktversicherungen (vgl. im Einzelnen R 40b.1 Abs. 2 Satz 8 LStR).

Nach § 4b EStG sind die **Ausgaben** des Arbeitgebers für eine Direktversicherung **voll abzugsfähig.** Es handelt sich um betrieblich veranlasste Aufwendungen, für die ein Aktivierungsverbot gilt. Der Anspruch aus ihr ist selbst dann nicht zu aktivieren, wenn dem Arbeitnehmer lediglich ein widerrufliches Bezugsrecht eingeräumt oder der Versicherungsanspruch vom Arbeitgeber abgetreten oder beliehen worden ist. Unter den Voraussetzungen des § 1b Abs. 1 BetrAVG ist nämlich die Verfallbarkeit der Anwartschaft aus der Direktversicherung arbeitsrechtlich ausgeschlossen, sodass der Arbeitgeber den Arbeitnehmer bei Eintritt des Versorgungsfalls die zugesagte Versorgung auch gewähren muss, wenn die Direktversicherung abgetreten oder beliehen ist. Die Anwartschaft des Arbeitnehmers aus der Direktversicherung verfällt nämlich nur in den in § 1b Abs. 1 BetrAVG genannten Fällen.

Scheidet ein Arbeitnehmer, für den eine Direktversicherung abgeschlossen worden ist, nach Eintritt der Unverfallbarkeit der Versicherung, aber vor Eintritt des Versorgungsfalles aus dem Dienstverhältnis aus, verbleibt ihm nur ein Teilanspruch aus der Versicherung (§ 2 Abs. 2 BetrAVG). Um jedoch die vollen Leistungen aus der Versicherung bei Eintritt des Versorgungsfalls zu erhalten, ist es deshalb zweckmäßig, die Direktversicherung in dem neuen Arbeitsverhältnis fortzusetzen. Um dies zu ermöglichen, haben die Versicherer ein „Abkommen zur Übertragung von Direktversicherungen (...) bei Arbeitgeberwechsel" abgeschlossen (abrufbar unter www.gdv.de). Darin wird die Vertragsänderung im Einvernehmen aller Beteiligten (also des versicherten Arbeitnehmers, des neuen sowie des alten Arbeitgebers wie auch des alten sowie des neuen Versicherungsunternehmens) in der Weise festgelegt, dass die ursprünglich vom alten Arbeitgeber abgeschlossene Direktversicherung im Rahmen eines vom neuen Arbeitgeber abgeschlossenen Gruppen- oder Sammelversicherungsvertrages „fortgesetzt" wird. Wird entsprechend dieser Abkommensbedingungen bei der Übertragung einer Direktversicherung im Fall des Arbeitgeberwechsels verfahren, ist auch steuerlich die Fortsetzung der Direktversicherung anzunehmen und nicht die Beendigung der alten und der Abschluss einer neuen Direktversicherung. Allerdings müssen dabei zwischen den Beteiligten gewisse Formalien erfüllt werden, mit denen sichergestellt wird, dass bei einer solchen Übertragung einer Direktversicherung für jeden Teil der Versicherungsleistungen die Gesamtdauer des Versicherungsvertragsverhältnisses erkennbar bleibt.

13.3.2.2.4 Selbständige Versorgungseinrichtungen

Der Arbeitgeber kann seinen Arbeitnehmern eine Zukunftssicherung schließlich auch in der Weise gewähren, dass er eine selbständige Versorgungseinrichtung für das Unternehmen oder für mehrere Unternehmen errichtet. Handelt es sich um eine rechtsfähige Versorgungseinrichtung, die dem Arbeitnehmer oder seinen Hinterbliebenen auf die zugesagten Leistungen einen **Rechtsanspruch** gewährt, liegt eine **Pensionskasse** bzw. ein Pensionsfonds vor (vgl. § 1b Abs. 3 BetrAVG). Gewährt die rechtsfähige Versorgungseinrichtung den Leistungsempfängern **keinen Rechtsanspruch** auf ihre Leistungen, spricht man von einer **Unterstützungskasse** (§ 1b Abs. 4 BetrAVG). Die Zuwendungen des Arbeitgebers an eine Pensions- oder Unterstützungskasse bzw. an einen Pensionfonds sind nach §§ 4c, 4d und 4e EStG als Betriebsausgaben abzugsfähig, soweit sie nicht zu einer Überdotierung der Kassen führen.

Die rechtsfähigen Versorgungseinrichtungen selbst sind nach § 5 Abs. 1 Nr. 3 KStG grundsätzlich körperschaftsteuerfrei. Soweit die Kassen jedoch überdotiert sind, sind sie partiell körperschaftsteuerpflichtig.

13.3.2.3 Lohnsteuerliche Behandlung der Aufwendungen des Arbeitgebers

13.3.2.3.1 Allgemeines

Je nach der vom Arbeitgeber gewählten Form der Zukunftssicherung ist auch die lohnsteuerliche Behandlung beim Arbeitnehmer verschieden. Entscheidend hierfür ist die Frage, in welchem Zeitpunkt ein Zufluss von Arbeitslohn anzunehmen ist. Durch § 19 Abs. 1 Satz 1 Nr. 3 Satz 1 EStG wird klargestellt, dass laufende Beiträge und Zuwendungen des Arbeitgebers aus einem bestehenden Dienstverhältnis an einen Pensionsfonds, eine Pensionskasse oder für eine Direktversicherung für eine betriebliche Altersversorgung zu den Einnahmen aus nichtselbständiger Arbeit gehören. Nach der Rechtsprechung sind Ausgaben des Arbeitgebers für die Zukunftssicherung gegenwärtig zufließender Arbeitslohn, wenn es sich – wirtschaftlich betrachtet – so darstellt, als ob der Arbeitgeber dem Arbeitnehmer Beträge zur Verfügung gestellt und der Arbeitnehmer sie zum Erwerb einer Zukunftssicherung verwendet hätte.[1] Die Annahme gegenwärtig zufließenden Arbeitslohns setzt insbesondere voraus, dass der Arbeitnehmer durch die Ausgaben des Arbeitgebers schon im Zeitpunkt der Ausgabe einen **unmittelbaren,** auch ohne Mitwirkung des

---
1 BFH, BStBl 1958 III S. 4 und 2000 II S. 406.

Arbeitgebers durchsetzbaren **Rechtsanspruch gegen den Versicherer** erwirbt[1] und dass er der Zukunftssicherung ausdrücklich oder stillschweigend zugestimmt hat[2].

Kein gegenwärtig zufließender Arbeitslohn, sondern eine **Versorgungszusage** liegt vor, wenn der Arbeitgeber dem Arbeitnehmer eine Versorgung aus eigenen, erst im Zeitpunkt der Zahlung bereitzustellenden Mitteln zusagt. Es unterliegen erst die späteren, aufgrund der Zusage geleisteten Versorgungszahlungen der Lohnsteuer, wobei es gleichgültig ist, ob sie in Renten- oder Kapitalform gewährt werden.[3] Demgemäß sind auch Beiträge, die der Arbeitgeber an eine Versicherung zum Zwecke der **Rückdeckung** der dem Arbeitnehmer erteilten Versorgungszusage leistet, kein gegenwärtig zufließender Arbeitslohn. Für die Abgrenzung zwischen Direktversicherung und Rückdeckungsversicherung sind regelmäßig die zwischen Arbeitgeber und Arbeitnehmer getroffenen Vereinbarungen (Innenverhältnis) maßgebend und nicht die Abreden zwischen Arbeitgeber und Versicherungsunternehmen (Außenverhältnis). Dabei setzt die Annahme einer Rückdeckungsversicherung voraus, dass die Versicherung im Interesse des Arbeitgebers abgeschlossen wurde, der Arbeitnehmer dazu keine Beiträge erbringt und aus der Versicherung keine unmittelbaren Ansprüche erlangt (vgl. im Einzelnen R 40b.1 Abs. 3 LStR).

Ebenfalls nicht lohnsteuerpflichtig sind Versicherungsprämien des Arbeitgebers für eine **Unfallversicherung** zugunsten seiner Arbeitnehmer im Zeitpunkt der Beitragsleistung, wenn dem Arbeitnehmer kein unentziehbarer Rechtsanspruch auf Versicherungsleistungen zusteht.[4]

Diese lohnsteuerrechtlich unterschiedliche Behandlung der Aufwendungen des Arbeitgebers für die Zukunftssicherung seiner Arbeitnehmer – hohe steuerliche Belastung bei Annahme gegenwärtig zufließenden Arbeitslohns, geringere Belastung bei späterer Versteuerung als Versorgungsleistungen – verstößt nach Auffassung des BFH nicht gegen den Gleichbehandlungsgrundsatz des Art. 3 GG.[5] Ob Aufwendungen des Arbeitgebers gegenwärtig zufließender Arbeitslohn oder nur eine Versorgungszusage sind, muss im Einzelfall nach den jeweiligen Vereinbarungen zwischen Arbeitgeber und Arbeitnehmer – also dem **Innenverhältnis** – beurteilt werden.[6]

Aufgrund dieser allgemeinen Grundsätze über die Entstehung der Lohnsteuerschuld bei Leistungen des Arbeitgebers für die Zukunftssicherung des Arbeitnehmers kann man folgende Abgrenzung treffen:

Kein Arbeitslohn fließt dem Arbeitnehmer zu, wenn der Arbeitgeber

---
1 BFH, BStBl 2000 II S. 408 und 2013 II S. 190.
2 BFH, BStBl 1976 II S. 599 und 694.
3 BFH, BStBl 1969 II S. 187.
4 BFH, BStBl 2009 II S. 385 (insbesondere auch zur Behandlung der Beitragsleistungen im Fall des Versicherungseintritts).
5 BFH, BStBl 1960 III S. 102.
6 BFH, BStBl 1961 III S. 191.

a) eine **Versorgungszusage** (Pensionszusage) erteilt und deshalb eine entsprechende (innerbetriebliche) Pensionsrückstellung gem. § 6a EStG bildet oder einer bereits bestehenden Rückstellung weitere Beträge zuführt, wobei es gleichgültig ist, ob der Arbeitgeber gleichzeitig eine Rückdeckungsversicherung abschließt oder nicht, oder

b) Beiträge einer rechtlich selbständigen betrieblichen **Unterstützungskasse,** die einen Rechtsanspruch auf Leistung nicht gewähren, zuwendet, auch wenn diese Zuwendungen gem. § 4d EStG als Betriebsausgaben abzugsfähig sind.

In den vorgenannten Fällen tritt die Steuerpflicht erst beim späteren Leistungsempfänger ein, wenn er laufende oder einmalige Leistungen aufgrund der Versorgungszusage usw. erhält, soweit die Leistungen nicht kraft gesetzlicher Bestimmung teilweise oder ganz steuerfrei sind (z. B. weil sie die Summe aus dem Versorgungsfreibetrag einschließlich Zuschlag gem. § 19 Abs. 2 EStG und dem Werbungskosten-Pauschbetrag gem. § 9a Nr. 1 Buchst. b EStG nicht übersteigen).

Der Kostenbeitrag für eine Zusage des Arbeitgebers eines Beamten auf bestimmte Zusatzleistungen im Krankheitsfall, der durch Barlohnumwandlung vom Arbeitnehmer erbracht wird, stellt als Versorgungszusage ebenfalls mangels Zuflusses keinen steuerpflichtigen Arbeitslohn dar. Die spätere Kostenübernahme im Krankheitsfall ist eine steuerfreie Beihilfeleistung gem. § 3 Nr. 11 EStG.

Steuerpflichtiger Arbeitslohn liegt dagegen vor, wenn der Arbeitgeber aufgrund einer zugesagten Zukunftssicherung

a) **Versicherungsbeiträge** für eine Direktversicherung des Arbeitnehmers aufwendet oder dem Arbeitnehmer für eine von diesem abgeschlossene Versicherung zahlt (erstattet), soweit nicht Steuerfreiheit gem. § 3 Nr. 62 EStG gegeben ist (vgl. § 19 Abs. 1 Satz 1 Nr. 3 Satz 1 EStG), oder

b) Beiträge (Umlagen) an eine rechtlich selbständige **Pensionskasse** oder einen **Pensionsfonds** leistet, wobei den Arbeitnehmern ein unentziehbarer Rechtsanspruch auf die Versorgungsleistungen zusteht (vgl. § 19 Abs. 1 Satz 1 Nr. 3 Satz 1 EStG).

Diese Beiträge sind gem. § 3 Nr. 63 EStG begrenzt steuerfrei (vgl. hierzu Tz. 13.3.2.3.4 und 13.3.2.3.6).

Die späteren aufgrund der Versorgungszusage dem Arbeitnehmer zufließenden Leistungen sind kein Arbeitslohn (§ 2 Abs. 2 Nr. 2 LStDV), sondern ggf. nach § 22 Nr. 5 EStG zu versteuern.

13.3.2.3.2 Ausgaben aufgrund gesetzlicher Verpflichtung

Ausgaben des Arbeitgebers, die dieser aufgrund sozialversicherungsrechtlicher oder anderer gesetzlicher Vorschriften oder aufgrund einer auf gesetzlicher Ermächtigung beruhenden Bestimmung zur Sicherstellung des Arbeitnehmers für den Fall der Krankheit, des Unfalls, des Alters oder des Todes zu erbringen hat, sind zwar ebenfalls Aufwendungen für die Zukunftssicherung im weiteren Sinn. Sie gehören aber, weil der Arbeitgeber mit ihnen eine **eigene** gesetzliche Verpflichtung erfüllt, nach § 3 Nr. 62 Satz 1 EStG **nicht** zum steuerpflichtigen Arbeitslohn. Derartige Arbeitgeberleistungen kann der Arbeitnehmer deshalb nicht als Sonderausgaben geltend machen (§ 10 Abs. 2 Nr. 1 EStG).

Zu den Ausgaben des Arbeitgebers für die Zukunftssicherung des Arbeitnehmers gehören somit in erster Linie die gesetzlichen Beitragsanteile des Arbeitgebers zur gesetzlichen **Sozialversicherung** (Krankenversicherung, Pflegeversicherung und Rentenversicherung) und zur **Arbeitslosenversicherung** des Arbeitnehmers. Darüber hinaus zählen hierzu auch Beiträge des Arbeitgebers zu einer berufsständischen Versorgungseinrichtung für Arbeitnehmer, die von der Versicherungspflicht in der gesetzlichen Rentenversicherung befreit sind (vgl. hierzu im Detail sowie zum weiteren Umfang R 3.62 Abs. 1 LStR). Neben den sozialversicherungsrechtlichen Bestimmungen gibt es auch **andere gesetzliche Vorschriften,** die den Arbeitgeber zur Zahlung von Zukunftssicherungsleistungen verpflichten. Derartige Leistungen des Arbeitgebers bleiben nach § 3 Nr. 62 EStG steuerfrei. So sind z. B. Krankenversicherungsbeiträge, die der Arbeitgeber nach § 9 Abs. 1 MuSchEltZV oder nach entsprechenden Rechtsvorschriften der Länder erstattet, steuerfrei (vgl. R 3.62 Abs. 1 Satz 3 LStR).

Demgegenüber fallen nicht unter die Steuerfreiheit des § 3 Nr. 62 EStG Zuschüsse des Dienstherrn zu den Beiträgen einer freiwilligen Krankenversicherung seiner beihilfeberechtigten Beamten aufgrund der Beihilfe-VO des Landes. Die Beihilfe-VO beruht auf einer Ermächtigung des jeweiligen Beamtengesetzes. Dieses ermächtigt jedoch nur zum Erlass von Vorschriften über die Zahlung von Beihilfen im Krankheits- oder Todesfall, nicht aber zur Zahlung von Zuschüssen zu den Krankenversicherungsbeiträgen. Soweit eine Beihilfe-VO gleichwohl die Zahlung eines derartigen Zuschusses vorsieht, liegt ein Verstoß gegen den gesetzlichen Ermächtigungsrahmen vor (vgl. Art. 80 Abs. 1 GG).[1]

Steuerfrei sind auch solche Beitragsteile, die aufgrund einer nach **ausländischen Gesetzen** bestehenden Verpflichtung an ausländische Sozialversicherungsträger, die einer inländischen Sozialversicherung vergleichbar sind, vom Arbeitgeber geleistet werden (R 3.62 Abs. 1 Satz 2 LStR). Zukunftssicherungsleistungen aufgrund einer **tarifvertraglichen** Verpflichtung können dagegen **nicht** nach § 3 Nr. 62 EStG steuerfrei bleiben (R 3.62 Abs. 1 Satz 4 LStR). Hingegen sind Beiträge zu der Zukunftssicherung des Arbeitnehmers, zu deren Leistung der Arbeitgeber aufgrund einer Allgemeinverbindlichkeitserklärung i. S. des § 5 TVG verpflichtet ist, steuerfrei i. S. des § 3 Nr. 62 Satz 1 Alt. 3 EStG.[2]

Über die Frage, ob die Ausgaben des Arbeitgebers für die Zukunftssicherung des Arbeitnehmers auf einer gesetzlichen Verpflichtung beruhen, hat die Finanzverwal-

---
1 BFH vom 21.12.1990 VI R 59/85 (BFHE 164 S. 226).
2 BFH, BStBl 2008 II S. 394.

13.3 Steuerlich begünstigter Arbeitslohn

tung in eigener Zuständigkeit zu entscheiden. Allerdings müssen die Finanzämter grundsätzlich der Entscheidung des zuständigen Sozialversicherungsträgers des Arbeitnehmers folgen, wenn sie nicht offensichtlich rechtswidrig ist (H 3.62 „Entscheidung des Sozialversicherungsträgers" LStH).

Übernimmt der Arbeitgeber den gesetzlichen **Arbeitnehmeranteil** zur Sozialversicherung oder den eigenen Beitragsanteil eines krankenversicherungspflichtigen Arbeitnehmers an eine Ersatzkasse, handelt es sich um **Arbeitslohn.** Das gilt, wenn der Arbeitgeber die übernommenen Beitragsanteile nicht mehr vom Arbeitslohn des Arbeitnehmers abziehen kann. Nach den Vorschriften des Sozialversicherungsrechts dürfen unterbliebene Abzüge von Sozialversicherungsbeiträgen nur bei der nächsten Lohnzahlung nachgeholt werden, es sei denn, dass der Arbeitgeber Beiträge schuldlos nachentrichtet.

Ausgaben des Arbeitgebers zur gesetzlichen Krankenversicherung und zur sozialen Pflegeversicherung eines gesetzlich krankenversicherungspflichtigen Arbeitnehmers sind insoweit steuerfrei, als der Arbeitgeber zur Tragung der Beiträge verpflichtet ist. Ein kassenindividueller Zusatzbeitrag (siehe § 242 SGB V) sowie der Beitragszuschlag für Kinderlose i. H. von 0,25 % (§ 55 Abs. 3 SGB XI) sind vom Arbeitnehmer allein zu tragen und können daher vom Arbeitgeber nicht steuerfrei erstattet werden (vgl. R 3.62 Abs. 2 Nr. 1 LStR).

Ist ein Arbeitnehmer nicht gesetzlich krankenversicherungspflichtig, jedoch **freiwillig** in der gesetzlichen Krankenversicherung **versichert,** sind **Zuschüsse** des Arbeitgebers zur Krankenversicherung und zur Pflegeversicherung oder privaten Pflege-Pflichtversicherung dieses Arbeitnehmers nach § 3 Nr. 62 EStG steuerfrei, soweit der Arbeitgeber nach § 257 Abs. 1 SGB V und § 61 Abs. 1 SGB XI zur Zuschussleistung verpflichtet ist. Diese Verpflichtung besteht bei Arbeitnehmern, die nur wegen der Überschreitung der Beitragsbemessungsgrenze nicht krankenversicherungspflichtig sind (zu den weiteren Einzelheiten vgl. R 3.62 Abs. 2 Nr. 2 LStR).

Nach § 257 Abs. 2 und 2a SGB V sowie nach § 61 Abs. 2 SGB XI ist der Arbeitgeber ferner zur Zahlung von Zuschüssen zu den Kranken- und Pflegeversicherungsbeiträgen verpflichtet, wenn der Arbeitnehmer **nicht krankenversicherungspflichtig** (z. B. Vorstandsmitglieder von Aktiengesellschaften oder Gesellschafter-Geschäftsführer einer GmbH mit einer Beteiligung von mindestens 50 %), jedoch bei einer **privaten Kranken- und Pflege-Pflichtversicherung** versichert ist. Voraussetzung für den Anspruch auf Zahlung der Arbeitgeberzuschüsse ist, dass der private Krankenversicherungsschutz Leistungen zum Inhalt hat, die ihrer Art nach auch den Leistungen des SGB V entsprechen (vgl. zur Höhe des Arbeitgeberzuschusses R 3.62 Abs. 2 Nr. 3 Satz 3 ff. LStR). Dabei ist nicht Voraussetzung, dass der private Krankenversicherungsschutz sich auf alle Leistungen des SGB V erstreckt. Die Vertragsleistungen der privaten Pflegeversicherung müssen den Leistungen der sozialen Pflegeversicherung nach Art und Umfang entsprechen (vgl. zu den weiteren Einzelheiten R 3.62 Abs. 2 Nr. 3 LStR).

Voraussetzung für eine steuerfreie Zahlung der Zuschüsse des Arbeitgebers zu einer privaten Krankenversicherung und zu einer privaten Pflege-Pflichtversicherung des Arbeitnehmers ist u. a., dass der Arbeitnehmer eine Bescheinigung des Versicherungsunternehmens vorlegt, in der bestätigt wird, dass die Voraussetzungen des § 257 Abs. 2a SGB V und des § 61 Abs. 6 SGB XI vorliegen und dass es sich bei den vertraglichen Leistungen um solche im Sinne des SGB V und XI handelt. Die Bescheinigung muss außerdem Angaben über die Höhe des für die vertraglichen Leistungen im Sinne des SGB V und XI zu zahlenden Versicherungsbeitrags enthalten. Die Bescheinigung ist als Unterlage zum Lohnkonto aufzubewahren.

Zahlt der Arbeitgeber die Beitragszuschüsse unmittelbar an den Arbeitnehmer aus, muss dieser die zweckentsprechende Verwendung bzw. den gewährten Versicherungsschutz usw. nach Ablauf des Kalenderjahres durch eine entsprechende Bescheinigung der Krankenkasse über die tatsächlichen Kranken- und Pflege-Pflichtversicherungsbeiträge nachweisen (R 3.62 Abs. 2 Nr. 3 LStR). Die Bescheinigungen hat der Arbeitgeber als Unterlage zum Lohnkonto aufzubewahren.

13.3.2.3.3 Den gesetzlichen Pflichtbeiträgen gleichgestellte Zuschüsse

Den Ausgaben des Arbeitgebers für die Zukunftssicherung, die aufgrund gesetzlicher Verpflichtung geleistet werden, sind nach § 3 Nr. 62 Satz 2 EStG gleichgestellt Zuschüsse des Arbeitgebers zu den Aufwendungen des Arbeitnehmers für eine Lebensversicherung, für eine freiwillige Weiterversicherung in der gesetzlichen Rentenversicherung oder für eine öffentlich-rechtliche Versicherungs- oder Versorgungseinrichtung seiner Berufsgruppe, wenn der Arbeitnehmer **von der Versicherungspflicht in der gesetzlichen Rentenversicherung** auf **eigenen Antrag befreit** worden ist (für die in R 3.62 Abs. 3 Satz 1 LStR aufgeführten Fälle). Zuschüsse des Arbeitgebers i. S. des § 3 Nr. 62 Satz 2 EStG liegen nicht vor, wenn der Arbeitnehmer kraft Gesetzes in der gesetzlichen Rentenversicherung versicherungsfrei ist (z. B. Vorstandsmitglieder einer Aktiengesellschaft; siehe hierzu § 1 Satz 4 SGB VI).

Der Höhe nach ist die Steuerfreiheit der Zuschüsse jedoch begrenzt (vgl. zu den Einzelheiten § 3 Nr. 62 Satz 3 EStG). Übersteigen die Arbeitgeberzuschüsse den hiernach steuerfreien Betrag, gehören sie insoweit zum steuerpflichtigen Arbeitslohn.

13.3.2.3.4 Beiträge an Direktversicherungen

Lebensversicherungen, die der Arbeitgeber zum Zweck der Zukunftssicherung seiner Arbeitnehmer abschließt, können in Form der Direktversicherung oder einer Rückdeckungsversicherung bestehen. Die Prämien für die Rückdeckungsversicherung sind kein Arbeitslohn und fallen deshalb auch nicht unter die Regelung des § 2 Abs. 2 Nr. 3 LStDV.[1]

---
[1] BFH, BStBl 1965 III S. 42.

13.3 Steuerlich begünstigter Arbeitslohn

Handelt es sich bei dem Versicherungsvertrag des Arbeitgebers aufgrund seiner rechtlichen Gestaltung und nach seinem Gesamtbild um eine **Direktversicherung** des Arbeitnehmers (zum Begriff siehe oben Tz. 13.3.2.2.2.3 und § 1b Abs. 2 BetrAVG), stellen die vom Arbeitgeber gezahlten Prämien Arbeitslohn dar.[1] Ist der Arbeitnehmer selbst Versicherungsnehmer und zahlt der Arbeitgeber zu den Prämien einen Zuschuss an den Arbeitnehmer oder gar die gesamten Prämien, ist auch in diesem Fall § 2 Abs. 2 Nr. 3 LStDV anwendbar. Voraussetzung ist jedoch, dass sich der Arbeitgeber im Rahmen des Arbeitsvertrags zur Zahlung der Prämien oder des Zuschusses neben der Gewährung von Arbeitslohn verpflichtet hat und dass er die Prämien unmittelbar an das Versicherungsunternehmen zahlt oder dass sichergestellt ist, dass der Arbeitnehmer die ihm übergebenen Beträge tatsächlich zur Zahlung der Prämien verwendet.

Rechtslage für Beiträge aufgrund einer vor dem 01.01.2005 erteilten Versorgungszusage (alte Rechtslage)

Nach § 40b Abs. 1 EStG a. F. kann der Arbeitgeber die Lohnsteuer von den Beiträgen für eine Direktversicherung des Arbeitnehmers mit einem **Pauschsteuersatz von 20 %** der Beiträge erheben. Für die Pauschalierung kommt es nicht darauf an, ob die Beiträge zusätzlich zu dem ohnehin geschuldeten Arbeitslohn oder aufgrund von Vereinbarungen mit den Arbeitnehmern anstelle des geschuldeten Barlohns erbracht werden. Der Arbeitgeber muss aber in jedem Fall aufgrund ausschließlich eigener rechtlicher Verpflichtung Schuldner der Beiträge sein, um die Pauschalbesteuerung in Anspruch nehmen zu können.[2]

Voraussetzung für die Möglichkeit der Pauschalversteuerung ist ferner, dass die Direktversicherung nicht auf den Erlebensfall eines früheren als des 60. Lebensjahres abgeschlossen und eine vorzeitige Kündigung des Versicherungsvertrags durch den Arbeitnehmer ausgeschlossen worden ist (§ 40b Abs. 1 Satz 2 EStG a. F.). Eine Pauschalversteuerung ist ferner nicht zulässig, wenn der Versicherungsanspruch aus einer Direktversicherung durch den Arbeitnehmer abgetreten oder beliehen wird. Im Versicherungsvertrag muss deshalb der Ausschluss der Abtretung oder Beleihung des unwiderruflichen Bezugsrechts enthalten sein (R 40b.1 Abs. 6 Satz 1 Nr. 2 LStR).

Für die Pauschalierung ist es grundsätzlich unerheblich, ob es sich bei der Direktversicherung um Kapitalversicherungen einschließlich Risikoversicherungen, um Rentenversicherungen oder fondsgebundene Lebensversicherungen handelt. Auch Kapitallebensversicherungen mit steigender Todesfallleistung sind unter bestimmten Voraussetzungen als Direktversicherung anzuerkennen (vgl. im Einzelnen R 40b.1 Abs. 2 Satz 2 ff. LStR). Nicht anerkannt werden Kapitalversicherungen mit einer Vertragsdauer von weniger als fünf Jahren (Ausnahme Gruppenversicherung entsprechend dem arbeitsrechtlichen Grundsatz der Gleichbehandlung; R 40b.1 Abs. 2

---
1 BFH, BStBl 1960 III S. 46 und 2005 II S. 213.
2 BFH, BStBl 1991 II S. 647.

Satz 5 LStR). Das Gleiche gilt für **Beitragserhöhungen** bei bereits bestehenden Kapitalversicherungen mit einer Restlaufzeit von weniger als fünf Jahren. Aus **Billigkeitsgründen** können jedoch Beitragserhöhungen steuerlich anerkannt werden, wenn sie im Zusammenhang mit der **Anhebung der Pauschalierungsgrenze durch das Steuer-Euroglättungsgesetz auf 1.752 Euro** erfolgt sind (R 40b Abs. 2 Satz 6 LStR).

Die den Arbeitnehmer regelmäßig begünstigende Pauschalbesteuerung ist nach § 40b Abs. 2 EStG nur insoweit zulässig, als die zu versteuernden Beiträge an die Direktversicherung den Betrag von **1.752 Euro jährlich für jeden Arbeitnehmer** nicht übersteigen oder nicht aus seinem ersten Dienstverhältnis bezogen werden.

Für diesen Grenzbetrag ist der Durchschnittsbetrag der Aufwendungen des Arbeitgebers für alle in einem Direktversicherungsvertrag versicherten Arbeitnehmer maßgebend (vgl. hierzu im Einzelnen R 40b.1 Abs. 9 LStR). Um die Steuervergünstigung jedoch sozialpolitisch sinnvoll zu begrenzen, wird die Einbeziehung solcher Arbeitnehmer in die Durchschnittsberechnung **ausgeschlossen,** für die steuerpflichtige **Beiträge von mehr als 2.148 Euro** geleistet werden.

Beispiel:

U hat für seine zehn Arbeitnehmer eine Direktversicherung (Sammelversicherung) abgeschlossen, die den Arbeitnehmern nach Erreichen des 65. Lebensjahres oder bei Eintritt der Arbeitsunfähigkeit eine monatliche Zusatzrente gewährt. Die Kündigung ist ausgeschlossen.

U hat im Jahr folgende Beiträge für die Versicherung zusätzlich zum Barlohn zu leisten: für drei Arbeitnehmer je 1.500 €, für zwei Arbeitnehmer je 1.750 €, für zwei Arbeitnehmer je 1.800 €, für einen Arbeitnehmer 2.000 € und für zwei Arbeitnehmer je 2.250 €.

U kann die Beiträge aller Arbeitnehmer mit Ausnahme derjenigen, für die er 2.250 € jährlich aufwendet, pauschal mit 20 % versteuern. Dies ergibt folgende Berechnung:

3 × 1.500 € = 4.500 €
2 × 1.750 € = 3.500 €
2 × 1.800 € = 3.600 €
1 × 2.000 € = 2.000 €
13.600 € : 8 = 1.700 € pro Arbeitnehmer

Übersteigt der Durchschnittsbetrag 1.752 Euro, kommt er als Bemessungsgrundlage für die Pauschalbesteuerung nicht in Betracht. Der Pauschalbesteuerung sind die tatsächlichen Leistungen zugrunde zu legen, soweit sie für den einzelnen Arbeitnehmer 1.752 Euro nicht übersteigen.

Beispiel:

Sachverhalt wie voriges Beispiel. U hat jedoch für 20 Arbeitnehmer folgende Jahresbeiträge für die Direktversicherung zu leisten:

für 10 Arbeitnehmer je 1.500 € =	15.000 €
für 5 Arbeitnehmer je 2.000 € =	10.000 €
für 5 Arbeitnehmer je 2.100 € =	10.500 €
	35.500 €

13.3 Steuerlich begünstigter Arbeitslohn

Da der Durchschnittsbetrag (35.500 € : 20 =) 1.775 € beträgt, kommt er als Bemessungsgrundlage für die Pauschalbesteuerung nicht in Betracht. U kann deshalb nur wie folgt mit 20 % pauschal besteuern:

für 10 Arbeitnehmer je 1.500 € =	15.000 €
für 10 Arbeitnehmer je 1.752 € =	17.520 €
	32.520 €

Für fünf Arbeitnehmer sind je 248 € und für fünf weitere Arbeitnehmer je 348 € dem normalen Lohnsteuerabzug (ggf. als sonstiger Bezug) zu unterwerfen.

Werden die Beiträge zur Direktversicherung vom Arbeitgeber laufend, d. h. monatlich, erbracht und übersteigt der Durchschnittsbetrag 146 Euro monatlich, sind die tatsächlichen monatlichen Beitragsleistungen der Pauschalbesteuerung zugrunde zu legen. Der Arbeitgeber kann in diesem Fall jeweils 146 Euro der tatsächlichen monatlichen Leistungen pauschal und den übersteigenden Betrag zum normalen Tarif versteuern oder die tatsächlichen monatlichen Leistungen so lange pauschal versteuern, bis sich ergibt, dass der Jahresbetrag von 1.752 Euro überschritten wird.

Beispiel:
U leistet ganzjährig folgende monatliche Zahlungen für eine Direktversicherung:

für 2 Arbeitnehmer je 300 € =	600 €
für 20 Arbeitnehmer je 175 € =	3.500 €
für 20 Arbeitnehmer je 150 € =	3.000 €
	7.100 €

Die monatlichen Zahlungen von 300 € je Arbeitnehmer sind nicht in die Durchschnittsberechnung einzubeziehen, da mit ihnen der Jahreshöchstbetrag von 2.148 € überschritten wird. Die Leistungen zugunsten der übrigen Arbeitnehmer übersteigen jährlich nicht 2.148 €. Für sie kann deshalb eine Durchschnittsberechnung vorgenommen werden. Der Durchschnittsbetrag beläuft sich auf (6.500 € : 40 =) 162,50 €. Da er jedoch den zulässigen Betrag von 146 € monatlich übersteigt, kommt er nicht als Bemessungsgrundlage in Betracht. U kann die monatlichen Beitragszahlungen an die Direktversicherung wie folgt pauschal mit 20 % versteuern.

a) für 2 Arbeitnehmer: 1. bis 5. Monat je 300 €, 6. Monat 252 €
   oder 12 Monate jeweils 146 €,
b) für 20 Arbeitnehmer: 1. bis 10. Monat je 175 €, 11. Monat 2 €
   oder 12 Monate jeweils 146 €,
c) für 20 Arbeitnehmer: 1. bis 11. Monat je 150 €, 12. Monat 102 €
   oder 12 Monate je 146 €

Soweit in den genannten Fällen a) bis c) die tatsächlichen Zahlungen die genannten Beträge übersteigen, sind sie dem normalen Lohnsteuerabzug zu unterwerfen.

Für Beiträge an eine **Direktversicherung,** die der Arbeitgeber für den Arbeitnehmer aus **Anlass der Beendigung des Dienstverhältnisses** erbracht hat, vervielfältigt sich gem. § 40b Abs. 2 Satz 3 EStG a. F. der Betrag von 1.752 Euro mit der Anzahl der Kalenderjahre, in denen das Dienstverhältnis des Arbeitnehmers zu dem Arbeitgeber bestanden hat. Eine Durchschnittsberechnung ist dabei aber nicht zulässig. Der vervielfältigte Betrag vermindert sich jedoch um die pauschal mit 20 % versteuerten Prämien, die der Arbeitgeber in dem Kalenderjahr, in dem das Dienstverhältnis beendet wird, und in den sechs vorangegangenen Kalenderjahren erbracht hat (§ 40b Abs. 2 Satz 4 EStG a. F.). Hierzu gehören insbesondere Fälle, in denen der Arbeitgeber eine gegebene Pensionszusage bei Ausscheiden des Arbeitnehmers durch Abschluss einer Direktversicherung gegen Einmalprämie ablöst.

Beispiel:
A ist seit 17 Jahren bei U beschäftigt. U hat ihm seinerzeit eine Pensionszusage erteilt. Im gegenseitigen Einvernehmen wird das Dienstverhältnis beendet. U schließt aus diesem Anlass eine Direktversicherung zugunsten des A, mit der dessen Pensionsansprüche abgegolten werden, gegen eine Einmalprämie von 28.000 € ab. Zu versteuernde Leistungen für die Zukunftssicherung des A hat U bisher nicht erbracht.
U kann den Betrag von 28.000 € pauschal mit 20 % versteuern, da dieser 17 Jahre × 1.752 € = 29.784 € nicht übersteigt.

Voraussetzung für die Zulässigkeit der Pauschalversteuerung der Beiträge an Direktversicherungen zugunsten der Arbeitnehmer ist nach § 40b Abs. 4 i. V. m. § 40 Abs. 3 EStG a. F. ferner, dass der **Arbeitgeber die pauschale Lohnsteuer übernimmt.** Er ist dann insoweit Schuldner der pauschalen Lohnsteuer, die im Übrigen weder auf die Einkommensteuer noch auf die Jahreslohnsteuer des Arbeitnehmers anzurechnen ist. Die pauschal versteuerten Beiträge bleiben außerdem bei einer Veranlagung zur Einkommensteuer des Arbeitnehmers außer Betracht.

Nach § 40b EStG ist die Pauschalierung der Lohnsteuer von Beiträgen zu einer Direktversicherung nur zulässig, wenn die Beiträge aus dem **ersten Dienstverhältnis** des Arbeitnehmers bezogen werden. Die Ausübung des Bestimmungsrechts des Arbeitnehmers ist für den Arbeitgeber insoweit bindend.[1]

Nicht zulässig ist eine **Pauschalversteuerung** der Beiträge an eine Direktversicherung **nach Maßgabe des § 40 Abs. 1 Satz 1 Nr. 1 EStG** (sonstige Bezüge in einer größeren Zahl von Fällen), und zwar auch nicht, wenn die Beiträge 1.752 Euro pro Arbeitnehmer jährlich übersteigen (§ 40b Abs. 4 Satz 2 EStG a. F.).

Werden Gewinnanteile zugunsten des Arbeitgebers beim Versicherungsunternehmen angesammelt, während der Versicherungsdauer mit fälligen Beiträgen des Arbeitgebers verrechnet oder an den Arbeitgeber ausgezahlt, handelt es sich um **Arbeitslohnrückzahlungen** an den Arbeitgeber. Soweit hierbei Zinsen der Kapitalertragsteuer gem. § 43 Abs. 1 Nr. 4 EStG unterliegen, ist die Kapitalertragsteuer Bestandteil der Arbeitslohnrückzahlung. Eine Arbeitslohnrückzahlung ist ebenfalls anzunehmen, wenn der Arbeitnehmer sein Bezugsrecht aus einer Direktversicherung (z. B. bei vorzeitigem Ausscheiden aus dem Dienstverhältnis) ganz oder teilweise ersatzlos verliert und das Versicherungsunternehmen als Arbeitslohn versteuerte Beiträge an den Arbeitgeber zurückzahlt. Der Zeitpunkt dieser Arbeitslohnrückzahlung bestimmt sich nach dem Zeitpunkt, in dem die den Verlust des Bezugsrechts begründenden Willenserklärungen (z. B. Kündigung oder Widerruf) wirksam geworden sind. Stammen die Arbeitslohnrückzahlungen aus pauschal versteuerten

---
[1] BFH, BStBl 1997 II S. 143.

13.3 Steuerlich begünstigter Arbeitslohn

Beitragsleistungen, mindern sie die gleichzeitig (im selben Kalenderjahr) anfallenden pauschalbesteuerungsfähigen Beitragsleistungen des Arbeitgebers. Wie dabei im Einzelnen zu verfahren ist, insbesondere wenn die Arbeitslohnrückzahlungen aus teilweise individuell und teilweise pauschalversteuerten Beitragsleistungen herrühren, ergibt sich aus R 40b Abs. 14 und 15 LStR.

Werden die Beitragsleistungen des Arbeitgebers zu einer Direktversicherung zusätzlich zum Arbeitslohn geleistet und von ihm pauschal nach § 40b EStG versteuert, bleiben sie in der **Sozialversicherung** beitragsfrei (§ 1 Abs. 1 Satz 1 Nr. 4 SvEV). Dabei spielt es keine Rolle, ob es sich bei den zusätzlichen Leistungen um laufende Zahlungen oder Einmalzahlungen handelt. Direktversicherungsbeiträge im Rahmen einer Gruppenversicherung bleiben ebenfalls beitragsfrei. Die bei der Lohnsteuerpauschalierung zulässige Durchschnittsberechnung gilt auch für die Sozialversicherung.

Zu weiteren Einzelheiten wird auf das BMF-Schreiben vom 24.07.2013 (BStBl 2013 I S. 1022, 2014 I S. 97 und 554), Rz. 349 ff. verwiesen.

Rechtslage für Beiträge aufgrund einer nach dem 31.12.2004 erteilten Versorgungszusage (neue Rechtslage)

Beiträge des Arbeitgebers aus dem ersten Dienstverhältnis zum Aufbau einer **kapitalgedeckten** betrieblichen Altersversorgung für eine Direktversicherung können nicht mehr mit 20 % vom Arbeitgeber pauschal versteuert werden. Stattdessen sind solche Beiträge gem. § 3 Nr. 63 EStG n. F. steuerfrei bis höchstens 4 % der Beitragsbemessungsgrenze in der allgemeinen Rentenversicherung. Dieser Betrag erhöht sich um einen Fixbetrag von 1.800 Euro (§ 3 Nr. 63 Satz 3 EStG). Beiträge, die durch diesen **Erhöhungs**betrag zwar steuerfrei sind, sind jedoch sozialversicherungspflichtig (vgl. hierzu § 1 Abs. 1 Satz 1 Nr. 9 SvEV, da dort lediglich auf § 3 Nr. 63 Satz 1 und 2 EStG und nicht auf Satz 3 Bezug genommen wird). Voraussetzung für die Steuerfreiheit ist, dass die späteren Versorgungsleistungen in Form einer Rente oder eines Auszahlungsplans vorgesehen sind.

Der steuerfreie Höchstbetrag einschließlich des Erhöhungsbetrags wird bei mehreren Arbeitgebern im Kalenderjahr auf jeden einzelnen Arbeitgeber bezogen, sodass er in jedem ersten Dienstverhältnis ausgeschöpft werden kann.

Die späteren Versorgungsleistungen unterliegen der nachgelagerten Besteuerung gem. § 22 Satz 1 Nr. 5 EStG n. F.

Beiträge für eine Direktversicherung aufgrund einer vor dem 01.01.2005 erteilten Versorgungszusage können vom Arbeitgeber weiterhin pauschal versteuert werden, wenn bis zum 30.06.2005 ein Antrag gestellt wird, für diese Beiträge auf die Steuerfreiheit nach § 3 Nr. 63 EStG n. F. zu verzichten (vgl. § 52 Abs. 6 EStG n. F.). In diesem Fall entfällt allerdings der Erhöhungsbetrag von 1.800 Euro.[1]

---
[1] Vgl. zu den weiteren Details BMF vom 24.07.2013 (BStBl 2013 I S. 1022), Rz. 349 ff.

Die späteren Versorgungsleistungen werden dann mit dem Ertragsanteil besteuert.
Durch das Betriebsrentenstärkungsgesetz wird der steuerfreie Höchstbetrag gem. § 3 Nr. 63 Satz 1 EStG ab 01.01.2018 von 4 % auf 8 % der Beitragsbemessungsgrenze angehoben. Zugleich fällt der in § 3 Nr. 63 Satz 3 EStG geregelte Erhöhungsbetrag von 1.800 Euro weg. Dagegen soll die Sozialversicherungsfreiheit dieser Beiträge weiterhin auf 4 % der Beitragsbemessungsgrenze begrenzt bleiben. Laufende Beiträge zu einer kapitalgedeckten betrieblichen Altersvorsorge, die gem. § 40b EStG a. F. pauschal versteuert werden, werden auf das neue steuerfreie Volumen von bis zu 8 % der Beitragsbemessungsgrenze angerechnet.

13.3.2.3.5 Beiträge für eine Unfallversicherung

Der Abschluss einer Unfallversicherung zugunsten der Arbeitnehmer durch den Arbeitgeber führt, da die Arbeitnehmer aus dieser Versicherung unmittelbar anspruchsberechtigt sind, zur Steuerpflicht der vom Arbeitgeber zu erbringenden Beitragsleistungen. Nach § 40b Abs. 3 EStG können auch Beiträge zu einer Unfallversicherung des Arbeitnehmers mit einem **Pauschsteuersatz von 20 %** versteuert werden. Voraussetzung ist, dass **mehrere Arbeitnehmer gemeinsam in einem Unfallversicherungsvertrag versichert** sind und der Teilbetrag, der sich bei einer Aufteilung der gesamten Beiträge durch die Zahl der begünstigten Arbeitnehmer ergibt, **62 Euro** (ohne Versicherungsteuer) im Kalenderjahr nicht übersteigt.

> **Beispiel:**
> U hat seine 10 Arbeitnehmer gemeinsam in einer Unfallversicherung versichert. Er zahlt dafür eine Jahresprämie von 500 €.
> U kann die Leistung mit 20 % pauschal versteuern, da der auf den einzelnen versicherten Arbeitnehmer entfallende Teilbetrag der Prämie nur 50 € beträgt.

Auch hier ist wie bei der Pauschalversteuerung der Beiträge zu einer Direktversicherung Voraussetzung, dass der Arbeitgeber die pauschale Lohnsteuer übernimmt. Eine pauschale Versteuerung nach anderen Vorschriften ist ausgeschlossen. Nicht Voraussetzung ist, dass es sich bei dem Dienstverhältnis des in der Unfallversicherung versicherten Arbeitnehmers um das erste Dienstverhältnis handelt.

13.3.2.3.6 Leistungen an Pensions- und Unterstützungskassen und an Pensionsfonds

Rechtslage für Beiträge aufgrund einer vor dem 01.01.2005 erteilten Versorgungszusage (alte Rechtslage)

Zuwendungen des Arbeitgebers an eine **Pensionskasse** unterliegen als gegenwärtig zufließender Arbeitslohn grundsätzlich dem Lohnsteuerabzug, da dem Arbeitnehmer gegenüber der Pensionskasse ein Rechtsanspruch auf Leistungen zusteht. Neben **laufenden Zuwendungen** (Beiträge) an Pensionskassen sind nach § 4c EStG auch Zuwendungen in Form von **Einmalbeträgen** steuerlich als Betriebsausgaben abzugsfähig, soweit sie auf einer in der Satzung oder im Geschäftsplan der Kasse

13.3 Steuerlich begünstigter Arbeitslohn

festgelegten Verpflichtung oder auf einer Anordnung der Versicherungsaufsichtsbehörde beruhen. Einmalbeiträge sind auch zulässig, wenn sie der Abdeckung von Fehlbeträgen dienen.

Nach § 3 Nr. 63 EStG sind die Arbeitgeberbeiträge bis zu 4 % der Beitragsbemessungsgrenze in der allgemeinen Rentenversicherung steuerfrei. Dies gilt jedoch nicht, soweit der Arbeitnehmer nach § 1a Abs. 3 BetrAVG verlangt hat, dass die Voraussetzungen für eine Förderung nach § 10a EStG oder nach Abschnitt XI (Altersvorsorgezulage) des EStG erfüllt werden. Voraussetzung für die Steuerfreiheit gem. § 3 Nr. 63 EStG ist, dass es sich um das erste Dienstverhältnis des Arbeitnehmers handelt. Außerdem muss es sich um Beiträge handeln, die im Kapitaldeckungsverfahren erhoben werden. Die vom Arbeitgeber geleisteten Beiträge müssen nach bestimmten individuellen Kriterien dem einzelnen Arbeitnehmer zuordenbar sein.[1]

Darüber hinausgehende Zuwendungen an eine Pensionskasse können unter den gleichen Voraussetzungen wie Beiträge des Arbeitgebers an eine Direktversicherung nach § 40b EStG mit einem **Pauschsteuersatz von 20 %** der Zuwendungen unter Übernahme der Lohnsteuer durch den Arbeitgeber versteuert werden. Für die Pauschalversteuerung müssen die gleichen betragsmäßigen Grenzen eingehalten werden wie bei den Beiträgen zur Direktversicherung: Der zu besteuernde Teil der Zuwendungen darf nicht höher als 1.752 Euro für den Arbeitnehmer jährlich sein. Bei Zuwendungen an mehrere Arbeitnehmer darf der durchschnittliche Anteil für den einzelnen Arbeitnehmer ebenfalls höchstens 1.752 Euro betragen, wobei Arbeitnehmer, für die mehr als 2.148 Euro Zuwendungen im Kalenderjahr geleistet werden, auszuscheiden sind. Eine Pauschalierung der Lohnsteuer nach § 40 Abs. 1 Satz 1 Nr. 1 EStG – sonstiger Bezug in einer größeren Zahl von Fällen – ist ebenfalls ausgeschlossen.

Als Pensionskassen i. S. des § 40b EStG kommen nicht nur rechtsfähige Versorgungseinrichtungen in Betracht, wie man der in § 1b Abs. 3 Satz 1 BetrAVG enthaltenen „arbeitsrechtlichen" Begriffsbestimmung entnehmen könnte, sondern auch nichtrechtsfähige Zusatzversorgungseinrichtungen, wie z. B. des öffentlichen Dienstes (R 40b.1 Abs. 4 LStR). Dies folgt aus dem Zweck des § 40b EStG, den sozialpolitisch wünschenswerten Ausbau der betrieblichen Altersversorgung lohnsteuerlich zu fördern. Dieser Zielsetzung würde eine unterschiedliche lohnsteuerliche Behandlung von Beiträgen an Pensionskassen, je nachdem ob sie eine rechtsfähige oder eine nichtrechtsfähige Einrichtung sind, widersprechen.

Zuwendungen des Arbeitgebers an einen **Pensionsfonds** sind ebenfalls grundsätzlich steuerpflichtiger Arbeitslohn. Die Arbeitgeberbeiträge sind jedoch unter den gleichen Voraussetzungen wie bei den Beiträgen zur Pensionskasse nach § 3 Nr. 63 EStG bis zu 4 % der Beitragsbemessungsgrenze in der allgemeinen Rentenversicherung steuerfrei. Im Gegensatz zu den Beiträgen des Arbeitgebers zu den Pensions-

---
1 Zu den Einzelheiten vgl. BMF vom 24.07.2013 (BStBl 2013 I S. 1022).

kassen besteht jedoch hier keine Möglichkeit der Lohnsteuerpauschalierung gem. § 40b EStG.

Zuwendungen an eine rechtsfähige **Unterstützungskasse** sind keine Leistungen des Arbeitgebers für die Zukunftssicherung seiner Arbeitnehmer und somit **nicht lohnsteuerpflichtig,** weil die Arbeitnehmer keinen Rechtsanspruch auf Leistungen aus der Kasse haben. Das Gleiche gilt für Pauschalzuweisungen des Arbeitgebers an die betriebliche Unterstützungskasse.[1] Die Zuwendungen an eine Unterstützungskasse, die ausschließlich aus Mitteln des Arbeitgebers gespeist wird, sind als Betriebsausgaben nur im Rahmen des § 4d EStG abzugsfähig. Dabei ist insbesondere die Unterscheidung zwischen Zuwendungen zum Deckungskapital einerseits und zum Reservepolster andererseits erforderlich (vgl. zu den Einzelheiten R 4d EStR).

Rechtslage für Beiträge aufgrund einer nach dem 31.12.2004 erteilten Versorgungszusage (neue Rechtslage)

Die bisherige Pauschalierungsmöglichkeit nach § 40b EStG durch den Arbeitgeber für Beiträge **in eine kapitalgedeckte** betriebliche Pensionskasse entfällt. Davon unberührt bleibt die weiterhin bestehende Möglichkeit der Pauschalversteuerung für Beiträge **in eine nicht kapitalgedeckte** Altersversorgung in einer Pensionskasse.

Die Beiträge an (kapitalgedeckte) Pensionskassen und Pensionsfonds sind gem. § 3 Nr. 63 EStG n. F. steuerfrei bis höchstens 4 % der Beitragsbemessungsgrenze in der Rentenversicherung. Dieser Betrag erhöht sich um einen Fixbetrag von 1.800 Euro.

Voraussetzungen für die Steuerfreiheit sind wie bei der Direktversicherung, dass es sich um das erste Dienstverhältnis handelt und dass die späteren Versorgungsleistungen in Form einer Rente oder eines Auszahlungsplans vorgesehen sind. Auch hier ist der Höchstbetrag arbeitgeberbezogen und kann in jedem ersten Dienstverhältnis ausgeschöpft werden.

Die späteren Versorgungsleistungen unterliegen der nachgelagerten Besteuerung gem. § 22 Satz 1 Nr. 5 EStG n. F.

Zur lohnsteuerlichen Behandlung von Zeitwertkonten-Modellen siehe BMF-Schreiben vom 17.06.2009 (BStBl 2009 I S. 1286) sowie BMF-Schreiben vom 24.07.2013 (BStBl 2013 I S. 1022).

Zu den Änderungen durch das Betriebsrentenstärkungsgesetz vgl. Tz. 13.3.2.3.4.

13.3.3 Vergütungen für eine mehrjährige Tätigkeit
(§ 34 Abs. 2 Nr. 4 i. V. m. § 34 Abs. 1 EStG)

Arbeitslohn, der die Vergütung für eine Tätigkeit darstellt, die sich über mehrere Jahre erstreckt, unterliegt der Lohnsteuer bzw. der Einkommensteuer zu den gewöhnlichen Steuersätzen.

---
1 BFH, BStBl 1958 III S. 268.

§ 34 Abs. 1 i. V. m. Abs. 2 Nr. 4 EStG gewährt jedoch eine Tarifermäßigung für diese Vergütungen, die in der teilweisen Verminderung der bei ungeschmälerter Erfassung eintretenden Progressionswirkung besteht.

Vergütungen für mehrjährige Tätigkeiten stellen nach § 34 Abs. 2 Nr. 4 EStG außerordentliche Einkünfte i. S. des § 34 Abs. 1 EStG dar und werden wie folgt besteuert:

Die Einkommensteuer auf außerordentliche Einkünfte beträgt das Fünffache der Differenz der Steuer auf das zu versteuernde Einkommen ohne die außerordentlichen Einkünfte und der Steuer auf das zu versteuernde Einkommen, in dem ein Fünftel der außerordentlichen Einkünfte enthalten ist.

Bei dieser Regelung werden die begünstigten Einkünfte rechnerisch nunmehr auf fünf Jahre verteilt („Fünftel-Regelung").

> **Beispiel:**
>
> A erhält im Jahre 03 eine Tantieme von 7.500 €, die auch die vertraglichen Tantiemeansprüche der Jahre 01 und 02 abgilt.
>
> Die auf die Tantieme entfallende Lohnsteuer ist in der Weise zu ermitteln, dass ein Fünftel des sonstigen Bezugs = 1.500 € als Bemessungsgrundlage der Lohnsteuer für den sonstigen Bezug anzusetzen (§ 39b Abs. 3 Satz 9 EStG) und die darauf entfallende Lohnsteuer sodann mit dem fünffachen Betrag einzubehalten und abzuführen ist (§ 39b Abs. 3 Satz 9 EStG; weiteres Beispiel in H 39b.6 „Beispiele: C" LStH).

Arbeitslohn für mehrere Jahre

Voraussetzung für die Anwendung der Tarifbegünstigung ist, dass es sich um eine Zusammenballung von Einkünften handelt, die auf wirtschaftlich vernünftigen Gründen beruht.

Die Vergütung muss grundsätzlich **in einem Kalenderjahr** und **zusammengeballt in einer Summe** erfolgen. Eine mehrjährige Tätigkeit muss sich **auf mehr als einen VZ** beziehen und sie muss länger als 12 Monate dauern (vgl. § 34 Abs. 2 Nr. 4 Halbsatz 2 EStG).

Der Zufluss mehrerer Teilbeträge einer **Entlassungsentschädigung** in unterschiedlichen VZ ist deshalb grundsätzlich schädlich. Dies gilt nicht, soweit neben der Hauptleistung nur eine weitere geringfügige Zahlung in einem anderen VZ erfolgt.[1] Der Rechtsprechung folgend[2] nimmt die Finanzverwaltung eine geringfügige Zahlung an, wenn diese nicht mehr als 10 % der Hauptleistung beträgt.[1] Darüber hinaus kann eine Zahlung unter Berücksichtigung der konkreten individuellen Steuerbelastung als geringfügig anzusehen sein, wenn sie niedriger ist als die tarifliche Steuerbegünstigung der Hauptleistung.[1]

---

1 BMF vom 04.03.2016 (BStBl 2016 I S. 277).
2 BFH vom 08.04.2014 IX R 28/13 (BFH/NV 2014 S. 1514).

Unerheblich ist auch, ob der Arbeitnehmer tatsächlich eine Arbeitsleistung erbringt; die Tarifermäßigung ist auch auf mehrere Jahre **vorausbezahlten Arbeitslohn** anzuwenden.[1]

Lohn- und Gehaltsnachzahlungen für frühere Jahre, z. B. wegen einer unwirksamen Kündigung des Arbeitsverhältnisses durch den Arbeitgeber,[2] sowie **Nachzahlungen von Versorgungsbezügen und Betriebsrenten** erfüllen die Voraussetzungen ebenso wie Zahlungen aufgrund einer freiwillig vereinbarten **Abfindung von Pensionsanwartschaften**.[3] Lohnnachzahlungen aus dem Vorjahr gehören aber nicht bereits deshalb zu den begünstigten Einkünften, weil sie – wie z. B. nachgezahltes Weihnachtsgeld – mit laufenden Lohnzahlungen zusammentreffen.[4]

Für Zahlungen anlässlich eines **Arbeitnehmerjubiläums** greift der ermäßigte Steuersatz.[5] Bei Zuwendungen im Zusammenhang mit einem **Geschäftsjubiläum** liegen die Voraussetzungen jedoch nicht vor, wenn diese ohne Rücksicht auf die Dauer einer entsprechenden mehrjährigen Betriebszugehörigkeit gewährt werden (H 34.4 „Jubiläumszuwendungen" EStR).[6]

Bei **Prämien für betriebliche Verbesserungsvorschläge** handelt es sich nicht um Vergütungen für eine mehrjährige Tätigkeit, wenn die Höhe der Prämie allein auf der Basis der Kostenersparnis des Arbeitgebers innerhalb eines Jahres nach Einführung des Verbesserungsvorschlags berechnet wird und nicht von der Dauer der für den Vorschlag verwendeten Zeit abhängig ist.[7]

Auch die Wertzuflüsse aufgrund der Ausübung von **Optionen** (z. B. das Recht, Aktien zu einem bestimmten Zeitpunkt zu einem bestimmten Wert zu beziehen) sind grundsätzlich Vergütungen für eine mehrjährige Tätigkeit. Dabei muss das Arbeitsverhältnis nach Einräumung der Optionen grundsätzlich noch für einen Zeitraum von 12 Monaten fortbestehen und die Optionslaufzeit zwischen Einräumung und Ausübung muss ebenfalls mehr als 12 Monate betragen (H 39b.6 „Fünftelungsregelung" LStH), es sei denn, das Optionsrecht ist auch für frühere Arbeitsleistungen eingeräumt worden.[8]

13.3.4 Versorgungsbezüge

Zum steuerpflichtigen Arbeitslohn gehören auch Bezüge und sonstige Vorteile, die ein Arbeitnehmer aufgrund eines **früheren Dienstverhältnisses** von seinem Arbeit-

---

1 BFH, BStBl 1970 II S. 683.
2 BFH, BStBl 1993 II S. 795.
3 BFH, BStBl 1993 II S. 27 und 2007 II S. 581.
4 BFH vom 06.12.1991 VI R 135/88 (BFH/NV 1992 S. 381) und vom 14.10.2004 VI R 46/99 (BStBl 2005 II S. 289).
5 BFH, BStBl 1985 II S. 117.
6 BFH, BStBl 1987 II S. 820.
7 BFH, BStBl 1997 II S. 222.
8 BFH, BStBl 2007 II S. 456.

13.3 Steuerlich begünstigter Arbeitslohn

geber erhält (§ 2 Abs. 2 Nr. 2 LStDV), wie z. B. die Beamtenpensionen und die betrieblichen Altersrenten. Diese Zahlungen unterliegen grundsätzlich in vollem Umfang der Besteuerung (Lohnsteuerabzug).

Demgegenüber werden Altersbezüge, die einem aus dem Dienstverhältnis ausgeschiedenen Arbeitnehmer aus einer gesetzlichen oder privaten Rentenversicherung zufließen, als sonstige Einkünfte gem. § 22 Nr. 1 Satz 3 Buchst. a EStG besteuert.

13.3.4.1 Rechtslage bis 31.12.2004

Bis zum VZ 2004 wurden **Renten** aus der **gesetzlichen Sozialversicherung** und private Leibrenten (z. B. Kapitallebensversicherung) steuerlich weitgehend gleich behandelt. Sie unterlagen nur mit dem Ertragsanteil der Besteuerung (vgl. § 22 Nr. 1 Satz 3 Buchst. a Doppelbuchst. bb Satz 4 EStG), was zu einer geringen steuerlichen Belastung geführt hat. Unter Berücksichtigung der Pauschbeträge für Werbungskosten und Sonderausgaben sowie des steuerfreien Existenzminimums blieben diese Renten in der Mehrzahl der Fälle steuerfrei. Da Bezieher von als Arbeitslohn geltenden Versorgungsleistungen ihre Bezüge grundsätzlich voll versteuern müssen, wurde diese Gruppe ehemaliger Arbeitnehmer nicht unerheblich benachteiligt.[1]

Als Ausgleich für diese Ungleichbehandlung hat der Gesetzgeber ab 1966 für Bezieher von Versorgungsbezügen den **Versorgungsfreibetrag** eingeführt, der sich nach § 19 Abs. 2 Satz 1 EStG a. F. auf 40 % der Versorgungsbezüge, höchstens jedoch 3.072 Euro jährlich belief. Der Arbeitgeber hatte den Versorgungsfreibetrag bei jeder Lohnzahlung ohne Eintragung auf der Lohnsteuerkarte anteilsmäßig zu berücksichtigen.

Versorgungsbezüge sind Bezüge und sonstige Vorteile (auch Sachbezüge), die auf einem früheren Dienstverhältnis beruhen. Neben den **Beamtenpensionen** und den sonstigen in § 19 Abs. 2 Satz 2 Nr. 1 EStG genannten Versorgungsbezügen im öffentlichen Dienst gehören dazu auch die Versorgungsbezüge im privaten Dienst wie sog. **Werkspensionen** bzw. **Betriebsrenten** privater Arbeitgeber (§ 19 Abs. 2 Satz 2 Nr. 2 EStG). Im Unterschied zu den Versorgungsbezügen im öffentlichen Dienst setzen die Versorgungsbezüge im privaten Dienst voraus, dass sie wegen des Erreichens der Altersgrenze, verminderter Erwerbsfähigkeit oder als Hinterbliebenenbezüge gewährt werden.

> **Beispiel:**
> Pensionär P bezieht von seinem früheren Arbeitgeber A ein Ruhegehalt von 8.000 € im Jahr. Weitere Einkünfte aus nichtselbständiger Arbeit liegen nicht vor. Die Werbungskosten übersteigen nicht den Arbeitnehmer-Pauschbetrag.
>
> A hat bei der Ermittlung der Jahreslohnsteuer von folgendem steuerpflichtigem Arbeitslohn auszugehen:

---
[1] Vgl. dazu auch BVerfG, BStBl 1980 II S. 541 und 1992 II S. 774.

Bruttogehalt (Versorgungsbezüge)	8.000 €
./. Versorgungsfreibetrag	
40 % ≙ 3.200 €, höchstens	3.072 €
	4.928 €
Wird P zur ESt veranlagt, so ist zur Ermittlung der Einkünfte i. S. des § 19 EStG der (damalige) Arbeitnehmer-Pauschbetrag abzuziehen mit	920 €
Einkünfte	4.008 €

Der Gesetzgeber hat den Begriff der Versorgungsbezüge definiert, ohne die steuerliche Begünstigung davon abhängig zu machen, dass die Versorgungsbezüge als laufende Bezüge während eines längeren Zeitraums gezahlt werden. Damit können auch **einmalige Bezüge** Versorgungsbezüge i. S. des § 19 Abs. 2 EStG sein, selbst wenn mit ihnen nur eine vorübergehende Versorgung oder eine einmalige Deckung von Kosten, die mit dem Eintritt des Versorgungsfalls zusammenhängen, abgegolten werden sollen.

Zu den nach § 19 Abs. 2 EStG steuerbegünstigten Versorgungsbezügen gehören deshalb insbesondere

1. das **Sterbegeld**, das Witwen (Witwern) von Beamten (Beamtinnen) oder anderen in der genannten Vorschrift bezeichneten Personen aufgrund beamtenrechtlicher Vorschriften gezahlt wird, sowie entsprechende Bezüge im öffentlichen oder privaten Dienst, z. B. nach dem TVöD[1]. Nicht zu den steuerbegünstigten Versorgungsbezügen gehören Bezüge, die für den Sterbemonat aufgrund des Arbeitsvertrags als Arbeitsentgelt gezahlt werden,

2. die **Übergangsversorgung,** die nach dem TVöD oder entsprechender Regelung gewährt wird, wenn das Übergangsgeld wegen Berufs- oder Erwerbsunfähigkeit oder wegen Erreichens der tariflichen oder sog. flexiblen Altersgrenze gezahlt wird,

3. die Bezüge der **Beamten im einstweiligen Ruhestand,**

4. **Unterhaltsbeiträge** nach den entsprechenden beamtenrechtlichen Vorschriften,

5. **Sonderzuwendungen** nach den entsprechenden beamtenrechtlichen Gesetzen (Weihnachtsgeld), wenn sie an Empfänger von Versorgungsbezügen nach § 19 Abs. 2 EStG gezahlt werden,

6. **Abfindungsrenten** nach den entsprechenden beamtenrechtlichen Bestimmungen,

7. **Emeritenbezüge** entpflichteter Hochschullehrer (H 19.8 „Emeritenbezüge entpflichteter Hochschullehrer" LStH). Zwar erhält ein emeritierter Hochschullehrer nach wie vor seine vollen Dienstbezüge und kein (geringeres) Ruhegehalt. Der Versorgungscharakter der Bezüge ist aber deshalb gegeben, weil sie das Entgelt für frühere Dienstleistungen sind. Ein Emeritus ist von seinen Pflichten

---
1 BFH, BStBl 1974 II S. 303 (betreffend den Bundesangestelltentarifvertrag).

(z. B. Abhalten von Vorlesungen) entbunden. Aus dieser Einordnung der Emeritenbezüge als Versorgungsbezüge folgt, dass Aufwendungen für eine weiter ausgeübte Forschungstätigkeit nicht als Werbungskosten bei diesen Einkünften geltend gemacht werden können.

Weitere Versorgungsbezüge i. S. des § 19 Abs. 2 EStG sind in R 19.8 LStR aufgeführt.

Bezieht ein Versorgungsberechtigter **Arbeitslohn** aus einem gegenwärtigen Dienstverhältnis und werden deshalb die Versorgungsbezüge gekürzt, sind nur die gekürzten Versorgungsbezüge nach § 19 Abs. 2 EStG steuerbegünstigt (R 19.8 Abs. 3 Satz 1 LStR). Das Gleiche gilt, wenn Versorgungsbezüge nach der **Ehescheidung** gekürzt werden (R 19.8 Abs. 3 Satz 1 LStR). Nachzahlungen von Versorgungsbezügen an selbst **nicht versorgungsberechtigte Erben** eines Versorgungsberechtigten sind nicht nach § 19 Abs. 2 EStG begünstigt (R 19.8 Abs. 3 Satz 2 LStR).

Keine Versorgungsbezüge sind dagegen die **Übergangsgebührnisse,** die Soldaten nach ihrem Ausscheiden aus der Bundeswehr nach § 11 SVG erhalten.[1] Sie sind nach der ausdrücklichen Regelung im SVG weder Ruhegehalt noch Unterhaltsbeitrag oder ein gleichartiger Bezug. Auch mit dem **Unterhaltsbeitrag** nach § 36 SVG, der in bestimmten Fällen ausgeschiedenen Berufssoldaten bis zur Höhe des Ruhegehalts bewilligt werden kann, sind sie nicht vergleichbar. Im Gegensatz zu den Übergangsgebührnissen dient der Unterhaltsbeitrag der Versorgung wie ein Ruhegehalt und ist deshalb nach § 19 Abs. 2 EStG begünstigt.

13.3.4.2 Rechtslage ab 01.01.2005

Insbesondere wegen der unterschiedlichen steuerlichen Behandlung von Rentnern und Pensionären – sowohl während der Erwerbsphase als auch beim Bezug der Alterseinkünfte – hat das BVerfG mit seinem Urteil vom 06.03.2002 das System der Besteuerung von Altersbezügen und Altersvorsorgeaufwendungen für verfassungswidrig erklärt.[2] Der Gesetzgeber war gehalten, eine Neuregelung zu schaffen, die diese Ungleichbehandlung beseitigt. Das ab dem VZ 2005 geltende Recht sieht einerseits eine volle Besteuerung der Alterseinkünfte aus der gesetzlichen Rentenversicherung, andererseits die volle Steuerfreiheit der in der Erwerbsphase geleisteten Vorsorgeaufwendungen (allerdings begrenzt auf einen Höchstbetrag) vor. Um eine Doppelbesteuerung zu vermeiden, ist eine langfristige Übergangsregelung vorgesehen, bis die nachgelagerte Vollbesteuerung erreicht ist.

Von der Neuordnung der Besteuerung der Alterseinkünfte durch das AltEinkG ist auch der Versorgungsfreibetrag betroffen: Bis 2040 wird diese Vergünstigung **schrittweise abgeschafft.** Abhängig vom Jahr des Versorgungsbeginns wird der Prozentsatz in den Jahren 2006 bis 2020 jährlich um 1,6 % auf 16 %, in den Jahren

---

1 BFH, BStBl 1974 II S. 490.
2 BVerfG, BStBl 2002 II S. 618.

13 Arbeitslohn

2021 bis 2040 jährlich um 0,8 % abgeschmolzen. Gleichzeitig wird der Höchstbetrag von 3.000 Euro im Jahr 2005 jährlich um 120 Euro (bis 2020) und danach um jährlich 60 € (bis 2040) schrittweise abgesenkt. Der jeweils gültige Wert kann der Tabelle in § 19 Abs. 2 Satz 3 EStG entnommen werden.

Wegen der Verminderung des Werbungskostenpauschbetrags für Versorgungsbezüge auf 102 Euro ab 2005 (vgl. § 9a Nr. 1 Buchst. b EStG) wird neben dem Versorgungsfreibetrag zusätzlich noch ein **Zuschlag** zum Versorgungsfreibetrag gewährt. Wie der Versorgungsfreibetrag verringert sich auch der Zuschlag schrittweise von 900 Euro im Jahr 2005 auf 0 Euro im Jahr 2040.

In der Übergangszeit wird der Versorgungsfreibetrag individuell ermittelt. Seine Höhe ist abhängig vom Jahr des Versorgungsbeginns, sodass jeder „Versorgungsjahrgang" seinen „eigenen" Versorgungsfreibetrag hat (sog. **Kohortenprinzip**). Die Berechnung erfolgt nur einmal im Jahr des Versorgungsbeginns – bzw. bei Versorgungsbezügen vor dem 01.01.2005 einmal in 2005 – und bleibt dann für die gesamte Laufzeit des Versorgungsbezugs grundsätzlich unverändert (§ 19 Abs. 2 Satz 8 EStG). Ändert sich die Höhe der Versorgungsbezüge, weil Anrechnungs-, Ruhens-, Erhöhungs- oder Kürzungsregelungen greifen (nicht jedoch bei regelmäßigen Anpassungen, § 19 Abs. 2 Satz 9 EStG), wird gem. § 19 Abs. 2 Satz 10 EStG auf dieser Grundlage ein neuer Versorgungsfreibetrag und Zuschlagsbetrag ermittelt.

Bemessungsgrundlage für den Versorgungsfreibetrag ist gem. § 19 Abs. 2 Satz 4 EStG das Zwölffache des Versorgungsbezugs für den ersten vollen Monat bzw. das Zwölffache des Versorgungsbezugs für Januar 2005 bei einem Versorgungsbeginn vor dem 01.01.2005. Dieser Betrag ist um voraussichtliche Sonderzahlungen (z. B. Urlaubs- oder Weihnachtsgeld), auf die im maßgebenden Jahr ein Rechtsanspruch besteht, zu erhöhen. Für jeden vollen Kalendermonat, für den keine Versorgungsbezüge gezahlt werden, ermäßigen sich der Versorgungsfreibetrag und der Zuschlagsbetrag um je ein Zwölftel (§ 19 Abs. 2 Satz 12 EStG).

Beispiel:
A erhält am 01.10.2005 erstmals Versorgungsbezüge in Höhe von monatlich 2.000 € brutto. Zum 01.12.2005 erfolgt eine Anpassung auf 2.030 €. Das Weihnachtsgeld beträgt 60 % des monatlichen Versorgungsbezugs.

Versorgungsbezüge		
2 × 2.000 €	4.000 €	
1 × 2.030 €	2.030 €	
Weihnachtsgeld	1.218 €	7.248 €
abzgl. Versorgungsfreibetrag Bemessungsgrundlage		
12 × 2.000 €	24.000 €	
Weihnachtsgeld	1.200 €	
Summe	25.200 €	
davon 40 %	10.080 €	

höchstens	3.000 €
Zuschlagsbetrag	900 €
Summe	3.900 €
anteilig 3/12	./. 975 €
Werbungskostenpauschbetrag	./. 102 €
zu versteuernde Versorgungsbezüge (Einkünfte gem. § 19 EStG)	6.171 €

Die Berechnungsgrundlagen und die Höhe des Versorgungsfreibetrags und des Zuschlagsbetrags sind gem. § 4 Abs. 1 Nr. 4 LStDV im Lohnkonto anzugeben.

13.3.5 Altersentlastungsbetrag

13.3.5.1 Rechtslage bis 31.12.2004

Zur steuerlichen Entlastung erhalten Stpfl., die vor Beginn des VZ das 64. Lebensjahr vollendet haben, den Altersentlastungsbetrag nach § 24a EStG. Diese Vorschrift gewährt Stpfl., deren Altersversorgung nicht (nur) aus Renten oder Pensionen besteht, einen **Freibetrag.** Begünstigt sind ebenso Pensionäre oder Rentner, die noch in einem gegenwärtigen Dienstverhältnis stehen und aus diesem Arbeitslohn beziehen. Der Altersentlastungsbetrag betrug bis zum VZ 2004 40 % des Arbeitslohns und der positiven Summe der Einkünfte, die nicht solche aus nichtselbständiger Arbeit sind, höchstens insgesamt 1.908 Euro. Er ist bei der Ermittlung des Gesamtbetrags der Einkünfte von der Summe der Einkünfte abzuziehen (§ 2 Abs. 3 EStG).

Da der Altersentlastungsbetrag bei der Besteuerung derjenigen Einkünfte einen Ausgleich schaffen soll, die nicht begünstigt sind, bleiben bei seiner Bemessung **Versorgungsbezüge** i. S. des § 19 Abs. 2 EStG, Einkünfte aus **Leibrenten** i. S. des § 22 Nr. 1 Satz 3 Buchst. a EStG und Versorgungsbezüge, die aufgrund der **Abgeordnetengesetze** gezahlt werden (§ 22 Nr. 4 Satz 4 Buchst. b EStG), außer Ansatz.

Die **Bemessungsgrundlage** für den Altersentlastungsbetrag setzt sich aus zwei selbständigen Bestandteilen zusammen: dem Arbeitslohn und der positiven Summe der Einkünfte, die weder solche aus nichtselbständiger Arbeit noch solche i. S. des § 24a Satz 2 EStG sind. Abgestellt wird also zum einen auf den **Arbeitslohn,** nicht auf die Einkünfte aus nichtselbständiger Arbeit. Für diese Regelung waren insbesondere Vereinfachungsgründe maßgebend: Bei Pensionären, die neben ihrer Pension oder Rente gleichzeitig Einkünfte aus einem gegenwärtigen Dienstverhältnis beziehen, wird eine Aufteilung des Arbeitnehmer-Pauschbetrags oder der diesen übersteigenden Werbungskosten auf die verschiedenen Einkunftsteile aus nichtselbständiger Arbeit entbehrlich. Darüber hinaus ermöglicht die Anknüpfung an den Arbeitslohn die Berücksichtigung des Altersentlastungsbetrags beim Lohnsteuerabzug durch den Arbeitgeber (§ 39b Abs. 2 Satz 3 EStG).

13 Arbeitslohn

Die zweite Komponente der Bemessungsgrundlage ist die **positive Summe der anderen Einkünfte** – nicht die Summe der positiven Einkünfte. Das bedeutet, dass diese Einkünfte außer Betracht bleiben, wenn ihre Summe nach Verrechnung negativ ist. Sie kürzen in diesem Fall nicht die Komponente „Arbeitslohn". Ein im Lohnsteuerverfahren gewährter Altersentlastungsbetrag kann deshalb bei der Veranlagung nicht mehr ganz oder teilweise entzogen werden, weil negative, nicht in Arbeitslohn bestehende Einkünfte vorlagen.

Beispiel:
Ein 65-jähriger Steuerpflichtiger hat bezogen:
Arbeitslohn 14.000 €
    darin enthalten
    Versorgungsbezüge i. H. von 6.000 €
Einkünfte aus Kapitalvermögen 500 €
Einkünfte aus Vermietung und Verpachtung ./. 1.500 €
Der Altersentlastungsbetrag beträgt 40 % des Arbeitslohns (14.000 € ./. 6.000 € = 8.000 €), das sind 3.200 €, höchstens jedoch 1.908 €. Die Einkünfte aus Kapitalvermögen und aus Vermietung und Verpachtung werden für die Berechnung des Altersentlastungsbetrags nicht berücksichtigt, weil ihre Summe negativ ist (./. 1.500 € + 500 € = ./. 1.000 €).

Bei der Zusammenveranlagung ist der Altersentlastungsbetrag jedem Ehegatten gesondert zu gewähren (§ 24a Satz 4 EStG).

Beispiel:
Die Eheleute A und B, beide über 65 Jahre alt, beziehen Einkünfte aus nichtselbständiger Arbeit, Kapitalvermögen und Vermietung und Verpachtung, und zwar: A einen Arbeitslohn von 3.600 € und Zinsen aus Wertpapieren i. H. von 7.100 €, B einen Arbeitslohn von 3.000 € und Mieteinkünfte von 750 €.
Die Altersentlastungsbeträge der Eheleute sind bei Zusammenveranlagung wie folgt zu berechnen:

Ehemann A:

Bruttoarbeitslohn		3.600 €
§ 20 EStG	7.100 €	
gemeinsamer Werbungskostenpauschbetrag	./. 102 €	
gemeinsamer Sparer-Freibetrag (VZ 2004)	./. 2.740 €	4.258 €
Bemessungsgrundlage		7.858 €
40 % × 7.858 € = 3.143 €, höchstens		1.908 €

Ehefrau B:

Bruttoarbeitslohn	3.000 €
§ 21 EStG	750 €
Bemessungsgrundlage	3.750 €

40 % × 3.750 €	1.500 €
Altersentlastungsbeträge für A und B	3.408 €

Der bei einer Veranlagung von Arbeitnehmern nach § 46 Abs. 3 EStG zu gewährende Härteausgleich von höchstens 410 Euro ist um den Altersentlastungsbetrag zu mindern, soweit dieser nicht schon durch begünstigte Einkünfte aus nichtselbständiger Arbeit aufgezehrt ist. Das Gleiche gilt für den Härteausgleich nach § 70 EStDV. Mit dieser Regelung soll vermieden werden, dass beide Vergünstigungen nebeneinander gewährt werden.

13.3.5.2 Rechtslage ab 01.01.2005

Wegen der Neuregelung der Besteuerung der Altersbezüge mit Wirkung vom 01.01.2005 (dazu Tz. 13.3.4.2) hat der Altersentlastungsbetrag seine verfassungsrechtliche Rechtfertigung verloren. Daher hat sich der Gesetzgeber entschieden, ihn parallel zum Anstieg des Besteuerungsanteils der Renten gem. § 22 Nr. 1 Satz 3 Buchst. a Doppelbuchst. aa EStG **schrittweise abzuschmelzen** (vgl. dazu die Tabelle in § 24a Satz 5 EStG). Dies geschieht durch eine Absenkung des Prozentsatzes von bisher 40 % um 1,6 % jährlich in den ersten 15 Jahren und durch eine Absenkung von 0,8 % in den folgenden 20 Jahren. Damit zusammenhängend wurde der Höchstbetrag zunächst auf 1.900 Euro (VZ 2005) abgerundet, um dann jährlich um 76 Euro (bis 2020) und danach um jährlich 38 Euro (bis 2040) abgebaut zu werden.

Das Abschmelzen des Altersentlastungsbetrags folgt dem **Kohortenprinzip**, sodass der maßgebliche Prozentsatz und der Höchstbetrag pro Jahrgang „eingefroren" werden. Die Tabelle in § 24a Satz 5 EStG stellt dabei auf das der Vollendung des 64. Lebensjahres folgende Kalenderjahr ab. Anders als bei der Absenkung des Versorgungsfreibetrags (dazu Tz. 13.3.4.2) stehen aber **nur** der ermittelte **Prozentsatz** und der **Höchstbetrag zeitlebens fest.** Die jeweilige Höhe des Altersentlastungsbetrags ist letztendlich abhängig von der Höhe der Bemessungsgrundlage und kann daher variieren.

Die Ermittlung des Altersentlastungsbetrags bei Ehegatten in der Zusammenveranlagung erfolgt auch in der Übergangszeit gesondert für jeden Ehegatten.

Durch das JStG 2008 wurde der Katalog der bei der Ermittlung der Bemessungsgrundlage des Altersentlastungsbetrags nicht zu berücksichtigenden Einkünfte erweitert (§ 24a Satz 2 EStG). Nunmehr dürfen neben den Versorgungsbezügen i. S. des § 19 Abs. 2 EStG, den Einkünften aus Leibrenten i. S. des § 22 Nr. 1 Satz 3 Buchst. a EStG und den Einkünften i. S. des § 22 Nr. 4 Satz 4 Buchst. b EStG auch die Einkünfte i. S. des § 22 Nr. 5 Satz 1 EStG (**Leistungen aus Altersvorsorgeverträgen, Pensionsfonds, Pensionskassen und Direktversicherungen**), soweit § 22 Nr. 5 Satz 11 EStG anzuwenden ist (Übertragung der Pensionsverpflichtung auf einen Pensionsfonds), sowie die Einkünfte i. S. des § 22 Nr. 5 Satz 2 Buchst. a EStG (bestimmte lebenslange **Renten, Berufsunfähigkeits-, Erwerbsminderungs- und Hinterbliebenenrenten**) nicht mehr bei der Ermittlung der Bemessungsgrundlage berücksichtigt werden.

13.4 Steuerfreie Einnahmen

13.4.1 Aufwandsentschädigungen

13.4.1.1 Allgemeines

Aufwandsentschädigungen sind Zahlungen, die dazu bestimmt sind, aus dienstlichen Gründen veranlasste Aufwendungen persönlicher und sachlicher Art abzugelten, die ihrem Wesen nach Werbungskosten sind.[1] Sie sind deshalb dem Grunde nach kein Arbeitslohn i. S. des § 2 LStDV. Nur soweit sie trotz ihrer Bezeichnung als „Aufwandsentschädigung" für Verdienstausfall oder Zeitverlust gewährt werden oder ein zu ersetzender Aufwand nicht vorhanden ist, sind sie als Einnahme aus einem Dienstverhältnis lohnsteuerpflichtiger Arbeitslohn.

Wenn § 3 Nr. 12 EStG bestimmte Aufwandsentschädigungen als steuerfrei bezeichnet, könnte man annehmen, dass es sich hierbei nur um eine gesetzgeberische Klarstellung handelt. Wie sich aus der Entstehungsgeschichte der Vorschrift aber ergibt, sind die einem Arbeitnehmer gezahlten Aufwandsentschädigungen grundsätzlich zu versteuernde Einnahmen aus nichtselbständiger Arbeit. Die Steuerfreiheit **bestimmter** Aufwandsentschädigungen in § 3 Nr. 12 EStG dient nach dem Willen des Gesetzgebers lediglich der Vereinfachung, wobei der Gesetzgeber davon ausgeht, dass in Höhe der gewährten Entschädigung ein Aufwand entstanden ist, der als Werbungskosten abzugsfähig wäre.[2]

Diese gesetzliche Regelung bedingt eine unterschiedliche steuerliche Behandlung der einem Arbeitnehmer gezahlten Aufwandsentschädigungen: Aufwandsentschädigungen an Arbeitnehmer im **privaten Dienst** sind grundsätzlich **steuerpflichtiger** Arbeitslohn, es sei denn, der Arbeitnehmer weist nach, dass er tatsächlich Aufwendungen in Höhe der Aufwandsentschädigung gehabt hat, die er als Werbungskosten geltend machen kann.[3] Bestimmte Aufwandsentschädigungen aus **Bundes- oder Landeskassen** sind dagegen stets, Aufwandsentschädigungen aus **sonstigen öffentlichen Kassen** weitgehend steuerfrei.

Diese unterschiedliche steuerliche Behandlung von Aufwandsentschädigungen ist im Hinblick auf Art. 3 Abs. 1 GG verfassungsrechtlich bedenklich: Wegen der Bevorzugung der Empfänger von Zuwendungen aus einer Bundes- oder Landeskasse hat das BVerfG § 3 Nr. 12 Satz 1 EStG für verfassungswidrig (aber weiterhin

---
1 BFH, BStBl 2007 II S. 308.
2 Vgl. BFH, BStBl 2013 II S. 799 und 2014 II S. 248.
3 BFH, BStBl 1954 III S. 79.

für anwendbar) erachtet.[1] Daran anknüpfend legt der BFH die Regelung verfassungskonform im Sinne des steuerfreien Werbungskostenersatzes aus (vgl. dazu Tz. 13.4.1.2.2.3).

13.4.1.2 Aufwandsentschädigungen aus öffentlichen Kassen (§ 3 Nr. 12 EStG)

13.4.1.2.1 Aufwandsentschädigungen aus einer Bundes- oder Landeskasse

Die aus einer Bundes- oder Landeskasse in Geld gezahlten Aufwandsentschädigungen sind nach **§ 3 Nr. 12 Satz 1 EStG** steuerfrei, wenn die Bezüge in einem (formellen) Bundes- oder Landesgesetz (Buchst. a), einer Rechtsverordnung (Buchst. b) oder von der Bundesregierung oder einer Landesregierung aufgrund Kabinettsbeschlusses (Buchst. c) als Aufwandsentschädigung festgesetzt sind. Die Entschädigungen müssen außerdem im Haushaltsplan des Bundes oder des betreffenden Landes ausdrücklich als Aufwandsentschädigungen ausgewiesen werden. Sind diese Voraussetzungen erfüllt, bedarf es keiner weiteren Prüfung, ob die Entschädigung beim Empfänger (in vollem Umfang) tatsächlich entstandenen dienstlichen Aufwand abdeckt.[2]

> **Beispiel:**
> Die Mitglieder der Regierungen in Bund und Ländern erhalten zur Abgeltung des ihnen entstehenden Aufwands neben dem Gehalt besondere „Entschädigungen". Diese sind nach § 3 Nr. 12 Satz 1 EStG steuerfrei, weil sie als Aufwandsentschädigungen festgesetzt und als solche in den Haushaltsplänen des Bundes und der Länder ausgewiesen sind.[3]

Zu den steuerfreien, nicht der Prüfung durch die Finanzämter unterliegenden Aufwandsentschädigungen gehört insbesondere die **an die Abgeordneten des Deutschen Bundestages** gem. § 12 AbgG gezahlte **Amtsausstattung**, zu der eine **Kostenpauschale** monatlich zur Abgeltung der Aufwendungen für Bürounterhaltung, Mehraufwendungen am Sitz des Bundestages und bei Reisen sowie der Kosten für „Fahrten in Ausübung des Mandats innerhalb der Bundesrepublik" gehört. Die Amtsausstattung umfasst außerdem Aufwendungen für die Beschäftigung von Mitarbeitern durch den Abgeordneten. Sie ist nach § 12 Abs. 1 AbgG ausdrücklich als Aufwandsentschädigung bezeichnet. Entsprechendes gilt für die an **Landtagsabgeordnete** gezahlten Amtsausstattungen nach den entsprechenden landesrechtlichen Bestimmungen. **Nicht** zu den steuerfreien Aufwandsentschädigungen der Abgeordneten gehören die monatliche Entschädigung nach § 11 AbgG, das Übergangsgeld nach § 18 AbgG und die Altersentschädigung nach §§ 19, 20 AbgG. Die Steuerpflicht dieser Bezüge ist vielmehr in § 22 Nr. 4 EStG ausdrücklich bestimmt.

---
1 BVerfG, BStBl 1999 II S. 502.
2 BFH, BStBl 2013 II S. 799.
3 Vgl. BFH, BStBl 1965 III S. 144 (betreffend die früheren Ministerialzulagen).

Das durch § 22 Nr. 4 i. V. m. § 3 Nr. 12 EStG geschaffene Sonderrecht für Abgeordnete ist verfassungsrechtlich bedenklich, aber durch das BVerfG gebilligt worden.[1]

13.4.1.2.2 Aufwandsentschädigungen aus öffentlichen Kassen für öffentliche Dienste

Liegen die Voraussetzungen des § 3 Nr. 12 Satz 1 EStG nicht vor, sind Aufwandsentschädigungen nur steuerfrei, wenn sie aus einer öffentlichen Kasse für öffentliche Dienste gezahlt werden (**§ 3 Nr. 12 Satz 2 EStG**). Obwohl diese Bestimmung davon ausgeht, dass Behörden grundsätzlich ihren Beamten oder Angestellten den entstandenen Dienstaufwand in tatsächlicher Höhe ersetzen und dass sie nicht unter der Bezeichnung „Aufwandsentschädigung" versteckt Arbeitslohn zahlen, haben die Finanzbehörden dennoch das Recht und die Pflicht, bei diesen Aufwandsentschädigungen aus öffentlichen Kassen zu **prüfen**, ob sie nicht für Zeitaufwand oder Verdienstausfall oder in einer Höhe gewährt werden, die den entstandenen Aufwand offensichtlich übersteigt. Ist dies der Fall, dann ist die „Aufwandsentschädigung" steuerpflichtiger Arbeitslohn (vgl. R 3.12 Abs. 2 LStR).

13.4.1.2.2.1 Öffentliche Kassen

Die Aufwandsentschädigung muss, um steuerfrei zu bleiben, aus einer öffentlichen Kasse gezahlt werden. Öffentliche Kassen sind Kassen öffentlich-rechtlicher Körperschaften. Eine Körperschaft des öffentlichen Rechts ist ein mitgliedschaftlich organisierter rechtsfähiger Verband des öffentlichen Rechts, der staatliche Aufgaben mit hoheitlichen Mitteln unter staatlicher Aufsicht wahrnimmt. Es ist jedoch nicht in jedem Fall erforderlich, dass der Träger einer öffentlichen Kasse eine Körperschaft des öffentlichen Rechts ist. Auch andere Gebilde können Träger öffentlicher Kassen sein. Wesentlich ist allein, dass der Träger der öffentlichen Kasse als solcher öffentliche Aufgaben erfüllt und die Kasse der Dienstaufsicht und der Prüfung der Finanzgebarung durch die öffentliche Hand untersteht (H 3.11 „Öffentliche Kassen" LStH). Aus dieser Begriffsbestimmung folgt, dass in § 3 Nr. 12 EStG nur **inländische** öffentliche Kassen angesprochen sind. Demzufolge sind z. B. Aufwandsentschädigungen, die das Europäische Parlament an seine Bediensteten zahlt, nicht nach § 3 Nr. 12 Satz 2 EStG steuerfrei.[2]

Zu den öffentlichen Kassen zählen demnach die Kassen des Bundes, der Länder, der Gemeinden, der Gemeindeverbände, der öffentlich-rechtlichen Religionsgesellschaften, die Ortskrankenkassen, Landwirtschaftliche Krankenkassen, Innungskrankenkassen und Ersatzkassen sowie die Kassen des Bundeseisenbahnvermögens, der Deutschen Bundesbank, der Berufsgenossenschaften, der Gemeindeunfallversicherungsverbände, der Deutschen Rentenversicherungen, der Knappschaften und die

---
1 BVerfG vom 26.07.2010 2 BvR 2227/08 (DStRE 2010 S. 1058, Nichtannahmebeschluss); vgl. auch BFH vom 11.09.2008 VI R 13/06 (BStBl 2008 II S. 928).
2 FG Bremen, EFG 1991 S. 519.

13.4 Steuerfreie Einnahmen

Unterstützungskassen der Postunternehmen (H 3.12 „Öffentliche Kassen" i. V. m. H 3.11 „Öffentliche Kassen" LStH). Demgegenüber sind die Kassen der kassenärztlichen Vereinigungen keine öffentlichen Kassen.

13.4.1.2.2.2 Öffentlicher Dienst

Der Empfänger der steuerfreien Aufwandsentschädigung aus einer öffentlichen Kasse muss öffentliche Dienste i. S. des § 3 Nr. 12 Satz 2 EStG leisten. Öffentliche Dienste leisten nicht nur Personen, die im Dienst einer juristischen des öffentlichen Rechts stehen und sich ausschließlich oder überwiegend mit hoheitlichen Aufgaben befassen, sondern auch Personen, die im Rahmen des öffentlichen Dienstes Aufgaben der sog. schlichten Hoheitsverwaltung erfüllen – vorausgesetzt, die Aufgaben sind nicht der Daseinsvorsorge zuzurechnen (R 3.12 Abs. 1 LStR i. V. m. H 3.12 „Daseinsvorsorge" LStH). Öffentliche Dienste im Sinne der genannten Vorschrift leisten dagegen solche Personen **nicht**, deren Tätigkeit für die Körperschaft des öffentlichen Rechts sich ausschließlich oder überwiegend auf die Erfüllung von Aufgaben in einem **land- oder forstwirtschaftlichen Betrieb** einer juristischen Person des öffentlichen Rechts oder in einem **Betrieb gewerblicher Art** einer juristischen Person des öffentlichen Rechts i. S. des § 1 Abs. 1 Nr. 6 KStG bezieht. Bei diesen Tätigkeiten handelt es sich um eine privatwirtschaftliche Betätigung einer juristischen Person des öffentlichen Rechts, die nicht mehr in den Bereich der schlichten Hoheitsverwaltung, sondern der fiskalischen Verwaltung fällt (R 3.12 Abs. 1 Satz 2 LStR i. V. m. H 3.12 „Fiskalische Verwaltung" LStH).

Die Entscheidung, ob es sich um einen Betrieb gewerblicher Art einer juristischen Person des öffentlichen Rechts handelt, richtet sich nach den Vorschriften des Körperschaftsteuerrechts (vgl. § 4 KStG). Hierbei ist es grundsätzlich ohne Bedeutung, ob der Betrieb von der Körperschaftsteuer befreit ist (H 3.12 „Fiskalische Verwaltung" LStH). Allerdings kann im Einzelfall, ausgehend vom Sinn und Zweck des § 3 Nr. 12 Satz 2 EStG – nämlich der Vereinfachung – und der im Steuerrecht herrschenden wirtschaftlichen Betrachtungsweise, eine besondere steuerrechtliche Beurteilung geboten sein. Ein Betrieb gewerblicher Art einer juristischen Person des öffentlichen Rechts wird dann nicht dem fiskalischen Bereich, sondern der Hoheitsverwaltung der Körperschaft des öffentlichen Rechts zugerechnet werden müssen, wenn er nicht in Konkurrenz zu privatwirtschaftlichen Unternehmen tritt und vornehmlich ohne Gewinnstreben der **Erfüllung gemeinwirtschaftlicher Aufgaben** dient. In einem solchen Fall leisten auch die Bediensteten dieses Betriebs öffentliche Dienste, da von ihrer Tätigkeit die Funktionsfähigkeit des als öffentliche Aufgabe anzusehenden Betriebs abhängt.[1]

Ausgehend von diesen Grundsätzen gehören zu den Betrieben gewerblicher Art, die der fiskalischen Verwaltung zuzurechnen sind, in aller Regel die von einer juristischen Person des öffentlichen Rechts unterhaltenen Betriebe, die der **Versorgung**

---
[1] BFH, BStBl 1973 II S. 401.

der Bevölkerung mit **Wasser, Gas, Elektrizität oder Wärme**, dem **öffentlichen Verkehr,** insbesondere dem Nahverkehr, oder dem Hafenbetrieb dienen (H 3.12 „Fiskalische Verwaltung" LStH). Auch die in der Rechtsform einer juristischen Person des öffentlichen Rechts betriebenen **Sparkassen** gehören zu den Betrieben gewerblicher Art (H 3.12 „Fiskalische Verwaltung" LStH). Demgegenüber ist die Tätigkeit eines Giro- und Sparkassenverbandes in der Rechtsform einer juristischen Person des öffentlichen Rechts, dem die in seinem Bereich bestehenden Sparkassen zwangsweise angehören, der schlichten Hoheitsverwaltung zuzurechnen.[1] Die Bediensteten der Deutschen Bahn AG sowie der Postunternehmen Deutsche Post AG, Deutsche Postbank AG und Deutsche Telekom AG leisten hingegen keine öffentlichen Dienste in diesem Sinne. Eine Sonderregelung enthält für die bei den Postunternehmen beschäftigten Beamten § 3 Nr. 35 EStG, wonach § 3 Nr. 12 EStG für diese Personen in bestimmtem Umfang weiterhin anwendbar ist.

Zum öffentlichen Dienst sind neben den Aufgaben der Gebietskörperschaften und der öffentlich-rechtlichen Religionsgemeinschaften auch Tätigkeiten in **Industrie- und Handelskammern, Berufskammern** der Rechtsanwälte, Notare, Ärzte, steuerberatenden Berufe usw. zu rechnen. Unterhält eine Berufskammer jedoch ein besonderes **Versorgungswerk** für seine Kammermitglieder (z. B. Ärzteversorgung einer Ärztekammer), dann gehört die Tätigkeit in den Organen oder Ausschüssen dieses Versorgungswerks **nicht** zu den öffentlichen Diensten i. S. des § 3 Nr. 12 Satz 2 EStG, da das Versorgungswerk ein Betrieb gewerblicher Art i. S. des § 1 Abs. 1 Nr. 6 KStG ist.[2] Demgegenüber leisten ehrenamtliche Vorstandsmitglieder eines Versorgungswerks grundsätzlich öffentliche Dienste im Sinne der Vorschrift (im Einzelnen H 3.12 „Öffentliche Dienste" LStH).

Bei der Ausübung des öffentlichen Dienstes kann es sich auch um eine **Nebentätigkeit** handeln. Unerheblich ist ferner, ob der Arbeitnehmer im Beamten- oder Angestelltenverhältnis beschäftigt ist. Deshalb leisten auch nur von Fall zu Fall im öffentlichen Dienst stehende Personen „öffentlichen Dienst" i. S. des § 3 Nr. 12 Satz 2 EStG, z. B. **Schöffen, Beisitzer, Sachverständige.** Die in den **Kreis- und Gemeindeverwaltungen ehrenamtlich tätigen** Personen erbringen ebenfalls öffentliche Dienste.

13.4.1.2.2.3 Aufwand

Die Aufwandsentschädigungen aus öffentlichen Kassen an öffentliche Dienste leistende Personen sind nur dann steuerfrei, wenn mit ihnen **steuerlich anzuerkennender** Aufwand abgegolten wird (vgl. R 3.12 Abs. 2 Satz 1 LStR). Der Begriff „Aufwand" deckt sich hierbei inhaltlich mit dem der „Werbungskosten".[3] Nur solche

---
1 BFH, BStBl 1976 II S. 418.
2 BFH, BStBl 1974 II S. 631.
3 BFH, BStBl 1993 II S. 50.

13.4 Steuerfreie Einnahmen

Aufwendungen sind steuerbefreit, die als Betriebsausgaben bzw. Werbungskosten abzugsfähig sind (R 3.12 Abs. 2 Satz 1 LStR).

Soweit unter der Bezeichnung „Aufwandsentschädigung" Beträge gezahlt werden, die nicht dazu bestimmt sind, einen steuerlich anzuerkennenden Aufwand abzugelten, sind diese Beträge steuerpflichtig.[1] Deshalb gehört die Entschädigung für Zeitverlust oder entgangenen Arbeitsverdienst ebenso zum steuerpflichtigen Arbeitslohn wie die Entschädigung für die Abgeltung eines Haftungsrisikos (R 3.12 Abs. 2 Satz 2 LStR).

Die Steuerfreiheit entfällt ferner, soweit dem Empfänger Aufwand nicht oder offenbar nicht in Höhe der gewährten Entschädigung erwächst. Deshalb ist eine Aufwandsentschädigung eines Beamten für die Zeit, in der er vom Dienst suspendiert war, nicht steuerfrei.[2]

13.4.1.2.2.4 Nachprüfungsrecht des Finanzamts

Das Finanzamt ist berechtigt und verpflichtet, die Voraussetzungen für die Steuerfreiheit der Aufwandsentschädigung im Einzelnen zu prüfen, insbesondere ob nicht unter der Bezeichnung „Aufwandsentschädigung" tatsächlich Arbeitslohn gewährt wird, weil offenbar mehr als der tatsächliche Aufwand ersetzt wird (R 3.12 Abs. 2 Satz 3 LStR).

Das Finanzamt hat jedoch die Verwendung der Aufwandsentschädigung **nicht im Einzelnen** nachzuprüfen, weil sonst der mit der Anerkennung der Steuerfreiheit der Aufwandsentschädigungen aus öffentlichen Kassen erstrebte Zweck der Vereinfachung vereitelt würde. Das Finanzamt hat lediglich zu prüfen, ob dem Empfänger nach Art seiner Dienstleistung erfahrungsgemäß steuerlich anzuerkennende Aufwendungen ungefähr in Höhe der empfangenen Aufwandsentschädigungen entstehen. Dabei ist die Gruppe der Bediensteten, der der Empfänger angehört, im Ganzen zu betrachten (R 3.12 Abs. 2 Satz 4 ff. LStR).

Zur **Erleichterung** der Feststellung, inwieweit es sich bei Aufwandsentschädigungen an öffentliche Dienste leistende Personen um eine steuerfreie Aufwandsentschädigung nach § 3 Nr. 12 Satz 2 EStG handelt, ist nach R 3.12 Abs. 3 LStR grundsätzlich wie folgt zu verfahren:

Sind der Kreis der Anspruchsberechtigten, der Betrag oder auch ein Höchstbetrag der den Anspruchsberechtigten aus einer öffentlichen Kasse gewährten Aufwandsentschädigung **durch Gesetz oder Rechtsverordnung bestimmt,** ist die Aufwandsentschädigung bei **hauptamtlich** tätigen Personen in voller Höhe steuerfrei. Handelt es sich um **ehrenamtlich** tätige Personen, sind 1/3, mindestens 200 Euro monatlich, der gewährten Aufwandsentschädigung steuerfrei zu belassen. Die Steuerfreiheit nur eines Teilbetrags der Aufwandsentschädigungen bei ehrenamtlich tätigen Per-

---
[1] BFH, BStBl 1962 III S. 425.
[2] BFH, BStBl 1958 III S. 224.

sonen ist dadurch gerechtfertigt, dass die diesen Personen gewährte Aufwandsentschädigung zum überwiegenden Teil den Aufwand an Zeit und Arbeitsleistung abgelten soll. Sind der Kreis der Anspruchsberechtigten, der Betrag oder auch ein Höchstbetrag **nicht durch Gesetz oder Verordnung bestimmt,** kann i. d. R. ohne weiteren Nachweis ein steuerlich anzuerkennender Aufwand i. H. von 200 Euro monatlich angenommen werden (zu den weiteren Einzelheiten vgl. R 3.12 Abs. 3 Satz 4 ff. LStR sowie H 3.12 „Übertragung nicht ausgeschöpfter steuerfreier Monatsbeträge (Beispiel)" LStH).

Bei Personen, die für **mehrere** Körperschaften des öffentlichen Rechts tätig sind, sind die vorgenannten steuerfreien Mindestbeträge auf die Entschädigung zu beziehen, die von der einzelnen öffentlich-rechtlichen Körperschaft an diese Personen gezahlt wird. Aufwandsentschädigungen für mehrere Tätigkeiten bei **einer** Körperschaft sind für die Anwendung der Mindest- und Höchstbeträge zusammenzurechnen. Bei einer **gelegentlichen ehrenamtlichen** Tätigkeit ist eine Umrechnung der steuerfreien Mindestbeträge von 200 Euro auf einen weniger als einen Monat dauernden Zeitraum der ehrenamtlichen Tätigkeit nicht vorzunehmen. Werden die steuerfreien Monatsbeträge nicht ausgeschöpft, können sie in andere Monate dieser Tätigkeiten im selben Jahr übertragen werden.

Beispiel:

E erhielt für eine ehrenamtliche Tätigkeit bei der Gemeinde folgende Aufwandsentschädigungen:

April	100 €	
Mai	150 €	
Juni	400 €	
	650 €	
3 × 200 €	./. 600 €	steuerfrei
steuerpflichtig	50 €	

Den Empfängern von Aufwandsentschädigungen bleibt es jedoch unbenommen, einen ihnen entstandenen **höheren Aufwand** beim Finanzamt glaubhaft zu machen oder nachzuweisen. Geschieht dies, dann ist der die Aufwandsentschädigung übersteigende Aufwand als Werbungskosten bzw. Betriebsausgaben abziehbar (R 3.12 Abs. 4 LStR).

Nach R 3.12 Abs. 3 Satz 10 LStR sind die obersten Landesfinanzbehörden befugt, im Benehmen mit den obersten Finanzbehörden des Bundes und der übrigen Länder Anpassungen an die im Land gegebenen Verhältnisse vorzunehmen, d. h. andere Mindest- und Höchstbeträge festzusetzen, bis zu deren Höhe die Aufwandsentschädigungen steuerfrei zu belassen sind. Von dieser Möglichkeit haben die obersten Landesfinanzbehörden Gebrauch gemacht.

Vielfach zahlen Gemeinden oder andere juristische Personen des öffentlichen Rechts für gelegentliche ehrenamtliche Tätigkeiten geringe Aufwandsentschädigungen, z. B. bei Wahlvorbereitungen. Für diese Aufwandsentschädigungen ist in R 3.12 Abs. 5 LStR zugelassen, dass davon ein Betrag bis zu 6 Euro täglich ohne nähere Prüfung als steuerfrei anerkannt werden kann. Übersteigt die Entschädigung diesen Betrag, dann ist allerdings zu prüfen, ob mit der Entschädigung auch ein Aufwand an Zeit und Arbeitsleistung sowie ein entgangener Verdienst abgegolten worden ist. Anstelle dieser Regelung kann auch nach R 3.12 Abs. 3 LStR (siehe dazu oben) verfahren werden.

13.4.1.2.2.5 Aufwandsentschädigung und Werbungskostenabzug

Da die Aufwandsentschädigung den mit der Ausübung des öffentlichen Dienstes entstehenden Aufwand weitgehend abgelten soll, ist daneben ein Abzug der durch die Tätigkeit entstehenden Aufwendungen als Werbungskosten nach § 9 Abs. 1 Satz 1 EStG grundsätzlich nicht zulässig. Dies folgt auch aus § 3c Abs. 1 EStG, wonach Ausgaben, die mit steuerfreien Einnahmen in unmittelbarem wirtschaftlichem Zusammenhang stehen, nicht als Werbungskosten abgezogen werden dürfen.

Die Antwort auf die Frage, wofür eine Aufwandsentschädigung gezahlt wird, ist dem jeweiligen Bundes- oder Landesgesetz oder einer entsprechenden Verordnung oder Satzung zu entnehmen, in denen die Zahlung der betreffenden Aufwandsentschädigung vorgesehen ist. Ergibt sich danach, dass die gezahlte Aufwandsentschädigung dazu bestimmt ist, **alle** mit dem Dienstverhältnis oder der Tätigkeit zusammenhängenden Aufwendungen abzugelten, dann ist ein Abzug von bestimmten Aufwendungen, z. B. für Dienstreisen, daneben als Werbungskosten nicht zulässig.[1]

Ergibt die Auslegung der entsprechenden gesetzlichen usw. Bestimmungen, dass mit der Aufwandsentschädigung **nur amtstypische** Aufwendungen abgegolten werden sollen, dann können daneben entstandene nicht amtstypische Ausgaben als Werbungskosten geltend gemacht werden.[2]

> **Beispiel:**
> B ist hauptamtlicher Bürgermeister einer Gemeinde im Land A. Nach dem einschlägigen Gesetz des Landes A erhält er eine Aufwandsentschädigung zur Abgeltung der mit seinem Amt verbundenen typischen Aufwendungen.
>
> B kann bei den Einkünften aus nichtselbständiger Arbeit als Bürgermeister seine „üblichen" Aufwendungen, die sein Beruf mit sich bringt, als Werbungskosten ohne Minderung durch die Aufwandsentschädigung geltend machen. Hierunter fallen z. B. Aufwendungen für Fahrten zwischen Wohnung und erster Tätigkeitsstätte.

In diesen Fällen soll jedoch nach R 3.12 Abs. 4 Satz 2 LStR die Anwendung des R 3.12 Abs. 3 LStR – die Erleichterung bei der Feststellung des steuerfreien Betrags

---
1 BFH, BStBl 1990 II S. 119 (betreffend Dienstaufwandsentschädigung eines hauptamtlichen Bürgermeisters in Baden-Württemberg), und FG Baden-Württemberg, EFG 1998 S. 724.
2 BFH, BStBl 1990 II S. 121, 123.

der Aufwandsentschädigung – (vgl. Tz. 13.4.1.2.2.4) entfallen. Das Finanzamt soll vielmehr anhand der tatsächlichen Verhältnisse des Einzelfalls prüfen, ob und in welcher Höhe der hauptamtlich tätigen Person die gezahlte Aufwandsentschädigung neben dem Werbungskostenabzug steuerfrei zu belassen ist.

13.4.1.3 Aufwandsentschädigungen seitens privater Arbeitgeber

Entschädigungen, die den im privaten Dienst beschäftigten Personen zur Bestreitung des durch den Dienst veranlassten Aufwands gezahlt werden, sind grundsätzlich **steuerpflichtiger** Arbeitslohn, sofern sie nicht im Einzelfall als Auslagenersatz, durchlaufende Gelder, Auslösungen oder Reisekosten steuerfrei sind.[1] Der Arbeitnehmer kann jedoch die ihm tatsächlich im dienstlichen Interesse entstandenen Aufwendungen als Werbungskosten geltend machen. Hierbei können unter Umständen auch so genannte **Repräsentationskosten**, d. h. Aufwendungen, die der Arbeitnehmer ausschließlich oder überwiegend im Interesse seines Arbeitgebers macht (z. B. Unterhaltung einer besonders kostspieligen Wohnung im betrieblichen Interesse, Bewirtung von Geschäftsfreunden in der Privatwohnung), berücksichtigt werden, falls sie sich als Werbungskosten abgrenzen lassen (vgl. hierzu R 9.1 Abs. 2 LStR).[2]

13.4.1.4 Steuerfreie Einnahmen aus bestimmten nebenberuflichen Tätigkeiten im Dienst oder Auftrag öffentlicher oder gemeinnütziger Einrichtungen (§ 3 Nr. 26 EStG)

13.4.1.4.1 Allgemeines

Nach § 3 Nr. 26 Satz 1 EStG sind Einnahmen aus nebenberuflichen Tätigkeiten als **Übungsleiter, Ausbilder, Erzieher, Betreuer oder vergleichbaren** nebenberuflichen Tätigkeiten, aus nebenberuflichen **künstlerischen** Tätigkeiten oder der nebenberuflichen **Pflege** alter, kranker oder behinderter Menschen zur Förderung gemeinnütziger, mildtätiger oder kirchlicher Zwecke (§§ 52 bis 54 AO) steuerfrei, wenn die Tätigkeiten im Dienst oder Auftrag einer juristischen Person des öffentlichen Rechts, die in einem Mitgliedstaat der Europäischen Union oder in einem Staat belegen ist, auf den das Abkommen über den Europäischen Wirtschaftsraum Anwendung findet, oder einer unter § 5 Abs. 1 Nr. 9 KStG fallenden Einrichtung ausgeübt werden. Dabei sind Einnahmen für die vorbezeichneten Tätigkeiten bis zur Höhe von insgesamt 2.400 Euro im Jahr als steuerfreie Aufwandsentschädigung anzusehen.

Ziel dieser Vorschrift ist es, Bürger, die im gemeinnützigen, mildtätigen oder kirchlichen Bereich tätig sind, von steuerlichen Verpflichtungen freizustellen, soweit sie für diese Tätigkeiten im Wesentlichen nur Aufwandsentschädigungen erhalten. Hierzu stellt das Gesetz die unwiderlegbare Vermutung auf, dass die Einnahmen aus

---
1 BFH, BStBl 1969 II S. 185.
2 Siehe auch BMF vom 06.07.2010 (BStBl 2010 I S. 614), Rz. 5.

einer solchen Tätigkeit bis zur Höhe von insgesamt 2.400 Euro im Jahr Aufwandsentschädigungen darstellen, die von der Einkommensteuer und damit auch vom Lohnsteuerabzug befreit sind. Um jedoch eine Ausweitung dieser – dem System des Einkommensteuerrechts widersprechenden – Vorschrift zu vermeiden, ist die Begünstigung zunächst auf die Tätigkeit als Übungsleiter, Ausbilder, Erzieher und auf vergleichbare Tätigkeiten beschränkt gewesen. Auslösender Faktor für die Befreiungsvorschrift war die Tatsache, dass vor allem Übungsleiter und Trainer in gemeinnützigen Sportvereinen mit ihren verhältnismäßig geringen Vergütungen steuerpflichtig waren und deshalb die Bereitschaft für eine solche Tätigkeit erheblich zurückging. Später sind dann aus ähnlichen Gründen die nebenberufliche Pflege alter, kranker oder behinderter Menschen (ab VZ 1990) und die nebenberuflichen künstlerischen Tätigkeiten (ab VZ 1991) in den Kreis der begünstigten Tätigkeiten aufgenommen worden. Des Weiteren hat die steuerliche Förderung von nebenberuflichen Tätigkeiten im gemeinnützigen, mildtätigen oder kirchlichen Bereich durch § 3 Nr. 26a EStG eine Erweiterung erfahren (vgl. hierzu Tz. 13.4.1.5).

13.4.1.4.2 Förderung gemeinnütziger, mildtätiger und kirchlicher Zwecke

Voraussetzung für die Steuerfreiheit der Einnahmen ist zunächst, dass es sich um Tätigkeiten zur Förderung gemeinnütziger, mildtätiger oder (nicht „und" wie im Gesetzeswortlaut) kirchlicher Zwecke handelt. Dies ist, wie der Wortlaut der Vorschrift vermuten lassen könnte, nicht nur bei den „vergleichbaren" Tätigkeiten erforderlich, sondern auch bei Tätigkeiten als Übungsleiter, Ausbilder, Erzieher, Künstler oder Pfleger. Diese Tätigkeiten sind mithin nicht schlechthin, sondern nur dann begünstigt, wenn sie der Förderung der bezeichneten Zwecke dienen.

Die Begriffe der gemeinnützigen, mildtätigen und kirchlichen Zwecke ergeben sich aus §§ 52 bis 54 AO.[1] Danach muss die Tätigkeit insbesondere auch der selbstlosen Förderung begünstigter Zwecke dienen.

Eine solche selbstlose Förderung liegt jedoch auch dann vor, wenn die begünstigte Tätigkeit diesen Zwecken nur mittelbar zugutekommt (R 3.26 Abs. 4 LStR).

> **Beispiel:**
> Einem Krankenhaus ist eine Pflegeschule angeschlossen, an der nicht nur Schüler dieses Krankenhauses, sondern auch externe Schüler unterrichtet werden. Der an dem Krankenhaus tätige Oberarzt A unterrichtet nebenberuflich an dieser Pflegeschule.
> A kann die Vergünstigung des § 3 Nr. 26 EStG in Anspruch nehmen. Die Unterrichtung des geschlossenen Kreises der Pflegeschüler dient zumindest mittelbar der Gesundheitspflege insgesamt.

Wird die Tätigkeit im Rahmen der Erfüllung des Satzungszwecks einer juristischen Person ausgeübt, die wegen Förderung gemeinnütziger, mildtätiger oder kirchlicher Zwecke steuerbegünstigt ist (z. B. nach § 5 Abs. 1 Nr. 9 KStG), ist im Allgemeinen

---
1 Vgl. dazu im Einzelnen die entsprechenden Ausführungen im Band 2 der Grünen Reihe „Abgabenordnung" bzw. im Band „Gemeinnützigkeit im Steuerrecht".

davon auszugehen, dass die Tätigkeit ebenfalls der Förderung dieser steuerbegünstigten Zwecke dient. Es kann mithin eine besondere Überprüfung entfallen. Das gilt auch, wenn die Tätigkeit in einem Zweckbetrieb i. S. der §§ 65 bis 68 AO ausgeübt wird (z. B. nebenberuflicher Übungsleiter bei sportlichen Veranstaltungen nach § 67a Abs. 1 AO). Wird dagegen die nebenberufliche Tätigkeit in einem steuerpflichtigen wirtschaftlichen Geschäftsbetrieb der im Übrigen steuerbegünstigten juristischen Person ausgeübt, wird das Merkmal der Förderung gemeinnütziger, mildtätiger und kirchlicher Zwecke nicht erfüllt (vgl. dazu R 3.26 Abs. 5 LStR).

Beispiel:

A ist nebenberuflicher Assistenztrainer in der Bundesligaabteilung eines Sportvereins, der als gemeinnützig nach § 5 Abs. 1 Nr. 9 KStG steuerbegünstigt ist.

A kann für die erhaltene Vergütung § 3 Nr. 26 EStG nicht in Anspruch nehmen, da die Bundesligaabteilung ein steuerpflichtiger wirtschaftlicher Geschäftsbetrieb i. S. des § 67a Abs. 3 Satz 2 AO ist.

Der Förderung begünstigter Zwecke kann auch eine nebenberufliche Tätigkeit für eine juristische Person des öffentlichen Rechts dienen (z. B. nebenberufliche Tätigkeit als Dozent an einer staatlichen Hochschule für Kunst und Musik). Dem steht nicht entgegen, dass die Tätigkeit in den Hoheitsbereich dieser Körperschaft fällt (R 3.26 Abs. 6 LStR).

13.4.1.4.3 Tätigkeiten im Dienst oder Auftrag bestimmter Körperschaften und Einrichtungen

Die in § 3 Nr. 26 EStG bezeichneten nebenberuflichen Tätigkeiten sind ferner nur begünstigt, wenn sie im Dienst oder Auftrag einer juristischen Person des öffentlichen Rechts, die in einem Mitgliedstaat der **EU** oder in einem Staat belegen ist, auf den das Abkommen über den **EWR** Anwendung findet, oder in einer unter § 5 Abs. 1 Nr. 9 KStG fallenden Einrichtung ausgeübt werden. Die frühere Beschränkung auf inländische Personen wurde wegen ihrer EU-Rechtswidrigkeit aufgehoben. Wegen des Abkommens über die Freizügigkeit (Personenfreizügigkeit) zwischen der Schweiz und der EU vom 21.06.1999 ist die Übungsleiterpauschale auch auf eine nebenberufliche Tätigkeit an einer öffentlich-rechtlichen Lehranstalt in der **Schweiz** anwendbar.[1]

Danach sind u. a. Tätigkeiten im Dienst oder Auftrag einer entsprechenden **juristischen Person des öffentlichen Rechts** stets nach § 3 Nr. 26 EStG begünstigt, sofern sie der Förderung eines gemeinnützigen, mildtätigen oder kirchlichen Zwecks dienen. Inländische juristische Personen des öffentlichen Rechts sind Gebietskörperschaften (Bund, Länder und Gemeinden) sowie Körperschaften des öffentlichen Rechts (z. B. Hochschulen, Industrie- und Handelskammern) und rechtsfähige Anstalten wie z. B. Rundfunkanstalten (R 3.26 Abs. 3 LStR).

---

[1] EuGH vom 21.09.2016 C-478/15 „Radgen" (DStR 2016 S. 2331).

13.4 Steuerfreie Einnahmen

Tätigkeiten im Dienst oder Auftrag **anderer Körperschaften, Personenvereinigungen oder Vermögensmassen** sind dagegen nur dann begünstigt, wenn diese Einrichtungen nach § 5 Abs. 1 Nr. 9 KStG von der Körperschaftsteuer befreit sind, weil sie nach der Satzung, dem Stiftungszweck oder der sonstigen Verfassung und nach der tatsächlichen Geschäftsführung ausschließlich und unmittelbar gemeinnützigen, mildtätigen oder kirchlichen Zwecken dienen. Da die Befreiung von der Körperschaftsteuer insoweit ausgeschlossen ist, als eine der in der Vorschrift aufgeführten Einrichtungen einen wirtschaftlichen Geschäftsbetrieb unterhält, kann eine Tätigkeit im Dienst oder Auftrag einer in dieser Vorschrift aufgeführten Einrichtung auch nur insoweit nach § 3 Nr. 26 EStG begünstigt sein, als sie nicht im Rahmen eines steuerpflichtigen wirtschaftlichen Geschäftsbetriebs erfolgt. Ebenso nicht begünstigt ist die Tätigkeit im Dienst oder Auftrag einer Körperschaft des öffentlichen Rechts, sofern sie im Rahmen eines Betriebs gewerblicher Art (§ 1 Abs. 1 Nr. 6 i. V. m. § 4 KStG) ausgeübt wird. Denn insoweit wird die Körperschaft des öffentlichen Rechts nicht gemeinnützig i. S. der §§ 52 bis 58 AO tätig.

13.4.1.4.4 Übungsleiter, Ausbilder, Erzieher, Betreuer und vergleichbare Tätigkeiten

Begünstigt sind nur Einnahmen aus Tätigkeiten als Übungsleiter, Ausbilder, Erzieher, Betreuer und aus vergleichbaren Tätigkeiten. Als **„vergleichbare Tätigkeiten"** kommen insoweit nur solche Tätigkeiten in Betracht, die den aufgeführten entsprechen, ihnen also ähnlich sind. Eine ähnliche Tätigkeit wird man immer dann anzunehmen haben, wenn das Gesamtbild der ausgeübten Tätigkeit dem Gesamtbild eines Übungsleiters, Ausbilders, Erziehers oder Betreuers entspricht.[1] Gemeinsames Merkmal der Tätigkeiten ist eine pädagogische Ausrichtung und eine Betätigung durch persönlichen Kontakt (R 3.26 Abs. 1 Satz 1 f. LStR).

Eine Steuerbefreiung nach § 3 Nr. 26 EStG kann dann nicht gewährt werden, wenn keine begünstigte Tätigkeit ausgeübt wird – auch wenn die übrigen Voraussetzungen vorliegen. Daher sind Tätigkeiten als Vorstandsmitglied eines Vereins, als Vereinskassierer oder als Gerätewart nicht nach § 3 Nr. 26 EStG begünstigt. Hierfür ist jedoch der Anwendungsbereich des § 3 Nr. 26a EStG zu prüfen (R 3.26 Abs. 1 Satz 5 LStR).

Im Bereich der **Ausbildung und Erziehung** fallen unter die begünstigte Nebentätigkeit insbesondere die **unterrichtende** Tätigkeit als Lehrer (z. B. an einer Volkshochschule), und zwar auch dann, wenn mit ihr verwaltende Tätigkeit verbunden sein sollte.[2] Keine einem Ausbilder oder Erzieher vergleichbare Tätigkeit ist das Verfassen und der Vortrag eines Rundfunk-Essays.[3]

---

1 BFH, BStBl 1973 II S. 730.
2 BFH, BStBl 1986 II S. 398 (betreffend Außenstellenleiter einer Kreisvolkshochschule).
3 BFH, BStBl 1992 II S. 176.

Zur Ausbildung rechnet auch die **Mitwirkung bei Prüfungen**. Dies gilt jedoch nur, wenn es sich dabei um eine Nebentätigkeit handelt, d. h. die Prüftätigkeit nicht zu den Obliegenheiten der Haupttätigkeit gehört (vgl. R 3.26 Abs. 2 Satz 5 LStR und Tz. 13.4.1.4.7). Die Entscheidung, nach der die Mitwirkung eines Universitätsprofessors an der Ersten Juristischen Staatsprüfung begünstigt sein soll,[1] erscheint daher bedenklich, weil nach Hochschul- und Besoldungsrecht die Prüfungstätigkeit Teil der Haupttätigkeit als Hochschullehrer ist. Keine begünstigte Tätigkeit ist die Mitwirkung eines Hochschullehrers an einer Universitätsabschlussprüfung, weil diese Mitwirkung zu den Berufspflichten gehört.[2] Als begünstigte Tätigkeit ist hingegen die Mitwirkung eines Finanzbeamten im Zulassungs- und Prüfungsausschuss für die Steuerberaterprüfung angesehen worden.[3] Entsprechendes muss für die gleichartige Tätigkeit eines Angehörigen der steuerberatenden Berufe gelten.

Mit „**Betreuung**" sind Tätigkeiten gemeint, die durch direkten pädagogisch ausgerichteten persönlichen Kontakt zu den betreuten Personen dem Kernbereich des ehrenamtlichen Engagements zurechenbar sind (vgl. R 3.26 Abs. 1 Satz 2 LStR). Seit VZ 2011 können Aufwandsentschädigungen für ehrenamtliche rechtliche Betreuer im Sinne des Betreuungsrechts (§§ 1908i, 1835a BGB), die beratend tätig werden und Betreuung im rechtsgeschäftlichen Sinn leisten, nur noch gem. § 3 Nr. 26b EStG steuerfrei sein.

13.4.1.4.5 Künstlerische Tätigkeit

Ob eine **künstlerische Tätigkeit** vorliegt, ist unter Würdigung der tatsächlichen Gegebenheiten zu entscheiden. Künstlerisch ist eine eigenschöpferische Tätigkeit, die zu Leistungen führt, in denen sich eine individuelle Anschauungsweise und eine besondere Gestaltungskraft widerspiegeln und die eine gewisse künstlerische Gestaltungshöhe erreichen.[4] Dieser Umschreibung kann man allerdings einen allgemein verbindlichen Kunstbegriff nicht entnehmen. Was Kunst ist, welchen Wert und welche Bedeutung ein Kunstwerk hat, kann nur mit Hilfe der in den jeweiligen Gesellschaften und Epochen geltenden Maßstäbe bestimmt werden.[5] Mit welcher Zielsetzung ein Künstler ein Werk schafft und wozu das von ihm Geschaffene später verwendet wird, ist unerheblich. Eine künstlerische Tätigkeit kann deshalb auch – und wohl vor allem bei der nebenberuflichen künstlerischen Tätigkeit – auf dem Gebiet der angewandten Kunst liegen. Neben der darstellenden künstlerischen Tätigkeit (als Schauspieler, Tänzer, Kabarettist usw.) können deshalb auch alle Arten der Musikausübung im Einzelfall als künstlerische Betätigung zu qualifizieren sein: Jazz-, Pop- und Rockmusik ebenso wie Tanz- und Unterhaltungsmusik.[6]

---
1 BFH, BStBl 1987 II S. 783.
2 FG Köln, EFG 1987 S. 16.
3 BFH, BStBl 1988 II S. 89.
4 BFH, BStBl 1981 II S. 21.
5 BFH, BStBl 1983 II S. 7 und 8.
6 BFH, BStBl 1990 II S. 643.

Als „künstlerisch" kann man im Einzelfall auch die Tätigkeit eines Redners ansehen.[1] Allerdings wird eine künstlerische Tätigkeit des Redners zu verneinen sein, wenn dieser mit bestimmten Schablonen arbeitet oder mit wenigen Grundmustern von Reden auskommt.[2]

13.4.1.4.6 Pflegetätigkeit

Begünstigt sind ferner Einnahmen für die nebenberufliche Pflege alter, kranker oder behinderter Menschen. Es muss sich dabei – wie das Wort „Pflege" belegt – um kranke, alte und behinderte Menschen handeln, die **pflegebedürftig** sind. Es genügt mithin nicht die Betreuung z. B. eines alten Menschen, der sich ansonsten durchaus noch selbst versorgen kann. Andererseits ist aber eine häusliche Betreuung durch ambulante Pflegedienste, z. B. bei Unterstützung der Grund- und Behandlungspflege, bei häuslichen Verrichtungen und Einkäufen, beim Schriftverkehr, bei der Altenhilfe entsprechend § 71 SGB XII usw., als Pflegetätigkeit i. S. des § 3 Nr. 26 EStG anzuerkennen (R 3.26 Abs. 1 Satz 4 LStR).

> **Beispiel:**
>
> A ist kaufmännische Angestellte. Daneben ist sie im Rahmen der Evangelischen Frauenhilfe bei der Betreuung alter Menschen tätig, indem sie diese zu Hause teilweise pflegt, für diese Einkäufe besorgt oder diese bei Spaziergängen begleitet.
> Die A für diese Tätigkeit gezahlte Entschädigung ist gem. § 3 Nr. 26 EStG bis zur Höhe von 2.400 € jährlich steuerfrei.

Schließlich fallen auch Sofortmaßnahmen gegenüber Schwerkranken und Verunglückten unter die Pflegetätigkeit i. S. des § 3 Nr. 26 EStG. Deshalb können z. B. nebenberuflich tätige Rettungssanitäter und Ersthelfer die steuerliche Begünstigung in Anspruch nehmen (R 3.26 Abs. 1 Satz 4 LStR).

13.4.1.4.7 Nebenberufliche Tätigkeiten i. S. des § 3 Nr. 26 EStG (Übungsleiterpauschale)

Nach § 3 Nr. 26 EStG sind Einnahmen nur steuerfrei, wenn die entsprechende Tätigkeit nebenberuflich ausgeübt wird. Nach dem Wortlaut setzt eine „nebenberufliche Tätigkeit" begrifflich eine „Haupttätigkeit" voraus. Daraus folgt, dass eine nebenberufliche Tätigkeit von der Haupttätigkeit inhaltlich abgrenzbar und von nur untergeordneter Bedeutung gegenüber der anderen Tätigkeit sein muss.[3] Eine nebenberufliche Tätigkeit i. S. des § 3 Nr. 26 EStG ist auch dann gegeben, wenn sie aufgrund einer Verpflichtung im Vertrag über die Haupttätigkeit ausgeübt wird.[4]

---

1 BFH, BStBl 1982 II S. 22.
2 BFH, BStBl 1987 II S. 376.
3 FG des Saarlandes, EFG 1984 S. 110; 1987 S. 107; FG Rheinland-Pfalz, EFG 1986 S. 9; FG Köln, EFG 1987 S. 16.
4 FG Baden-Württemberg, EFG 1991 S. 594.

Beispiel:
O ist Oberarzt an einem städtischen Krankenhaus. In seinem Dienstvertrag findet sich die Verpflichtung, im Bedarfsfall Unterricht an schulischen Einrichtungen der städtischen Krankenanstalten zu erteilen. Demgemäß erteilt O an der Schwesternschule des Krankenhauses Unterricht.

Es liegt eine nebenberufliche Tätigkeit als Ausbilder vor, die von der Tätigkeit des O als Oberarzt eindeutig inhaltlich abgrenzbar ist.[1]

Nicht erforderlich ist jedoch, dass es sich um eine Haupttätigkeit im steuerlichen Sinne handeln muss, d. h. eine Tätigkeit gegen Entgelt. So können auch z. B. Hausfrauen, Vermieter, Rentner, Arbeitslose oder Studenten eine nebenberufliche Tätigkeit i. S. des § 3 Nr. 26 EStG ausüben (R 3.26 Abs. 2 Satz 2 LStR).

Beispiel:
H ist Hausfrau. Sie ist bei einer Volksmusikschule als Blockflötenlehrerin für 6 Stunden wöchentlich tätig. Dafür erhält H pro Stunde eine Entschädigung von 12 €. Im Jahr hat sie insgesamt 3.168 € erhalten.

H ist nebenberuflich tätig. Von der erhaltenen Entschädigung gelten 2.400 € gem. § 3 Nr. 26 EStG als steuerfreie Einnahmen.

Bei der Auslegung des Gesetzes ist auf den Wortlaut und den Sinn und Zweck der Vorschrift abzustellen. Nach dem Wortlaut des § 3 Nr. 26 EStG setzt die Annahme einer nebenberuflichen Tätigkeit begrifflich einen Hauptberuf voraus, ohne dass zwingend die Erzielung von Einkünften aus diesem Hauptberuf erforderlich ist (so können z. B. Verluste erzielt werden). Nach dem Zweck des Gesetzes sollen Bürger, die im gemeinnützigen, mildtätigen oder kirchlichen Bereich nebenberuflich tätig sind, von steuerlichen Verpflichtungen freigestellt werden, soweit sie für diese Tätigkeit im Wesentlichen nur eine Aufwandsentschädigung erhalten (Bericht des Finanzausschusses des Bundestages, BT-Drucks. 8/3898 S. 8 zum Gesetzentwurf): Die Vorschrift soll „eine Belohnung für ehrenamtliche Tätigkeit, auf die die Vereine überhaupt nicht verzichten können", sein. Man werde dieses Gesetz „zum Nutzen und zur Unterstreichung des ehrenamtlichen Engagements in den Vereinen" verabschieden.

Aus dem Wortlaut des Gesetzes und seinem Sinn und Zweck ist somit zu entnehmen, dass der Gesetzgeber jedenfalls nicht diejenigen steuerlich bevorzugen will, die eine berufliche Tätigkeit, wenn auch nur in einem geringen zeitlichen Umfang oder gegen geringes Entgelt, ausüben, z. B. halbtags beschäftigte Lehrer, Geistliche, Musiker. Eine nebenberufliche Tätigkeit i. S. des § 3 Nr. 26 EStG liegt also nur vor, wenn sie – bezogen auf das Kalenderjahr – **nicht mehr als ein Drittel der Arbeitszeit eines vergleichbaren Vollzeiterwerbs** in Anspruch nimmt (R 3.26 Abs. 2 Satz 1 LStR). Die konkrete nebenberufliche Tätigkeit muss also neben einer Vollbeschäftigung ausgeübt werden **können**. Dabei sind **mehrere** gleichartige **Tätigkeiten** zusammenzufassen, wenn sie sich nach der Verkehrsanschauung als Ausübung

---
[1] BFH, BStBl 1993 II S. 20.

eines einheitlichen Hauptberufs darstellen (R 3.26 Abs. 2 Satz 4 LStR). Übt der Stpfl. jedoch mehrere verschiedenartige Tätigkeiten i. S. des § 3 Nr. 26 EStG aus, ist die Nebenberuflichkeit für jede Tätigkeit getrennt zu beurteilen (R 3.26 Abs. 2 Satz 3 LStR).

Ausgehend von dieser Gesetzesauslegung wird man mithin alle die „nebenberuflichen" Tätigkeiten von der Vergünstigung des § 3 Nr. 26 EStG ausnehmen müssen, die üblicherweise als Hauptberuf, wenn auch in einer Teilzeitbeschäftigung, ausgeübt werden. Dagegen fallen unter die Begünstigung solche nebenberuflichen Tätigkeiten, die nicht so sehr um des „Erwerbes willen" ausgeübt werden, sondern um der entsprechenden Einrichtung bei der Verwirklichung der gemeinnützigen usw. Ziele zu helfen.

Beispiele:

1. M ist Musikpädagoge an einem Konservatorium mit einem Gehalt von 35.000 € jährlich. Daneben unterrichtet er als Dozent an einer Musikhochschule mit 8 Semesterwochenstunden, üblich sind 24 Stunden.

M kann für die Tätigkeit an der Musikhochschule die Vergünstigung des § 3 Nr. 26 EStG nicht in Anspruch nehmen, da er nach dem Gesamtbild der Verhältnisse eine zweite berufliche Tätigkeit als Dozent ausübt.[1]

2. L ist Sportlehrer an einem Gymnasium mit voller Stundenzahl. Daneben ist er als Trainer der Fußballabteilung eines Sportvereins gegen eine Entschädigung von 10 € pro Trainingsstunde tätig. Er erzielte daraus insgesamt 2.550 € im Jahr.

L kann die Vergünstigung des § 3 Nr. 26 EStG mit der Folge in Anspruch nehmen, dass nur 150 € steuerpflichtig sind. Er übt nach dem Gesamtbild der Verhältnisse eine typische Nebentätigkeit aus.

3. J studiert Rechtswissenschaften und ist als Tutor an der Universität gegen ein monatliches Entgelt von 300 € tätig.

Das Studium ist als Haupttätigkeit des J anzusehen. Nach dem Gesamtbild der Verhältnisse kann man die Tätigkeit als Tutor noch als nebenberuflich einstufen, da derartige Tätigkeiten i. d. R. nur von Studierenden höherer Semester und nur befristet ausgeübt werden.[2]

13.4.1.4.8 Steuerfreibetrag

Steuerfrei sind nach § 3 Nr. 26 EStG nur Einnahmen für Tätigkeiten der genannten Art bis zum Betrag von 2.400 Euro.

Die Steuerfreiheit bis zu 2.400 Euro gilt unabhängig davon, für welche Zeit im Jahr eine begünstigte Tätigkeit ausgeübt wird. Auch wer nicht während des ganzen Jahres eine begünstigte Tätigkeit ausgeübt hat, kann seine Einnahmen daraus bis zu diesem Freibetrag als steuerfreie Aufwandsentschädigung behandeln (vgl. R 3.26 Abs. 8 Satz 1 und 3 LStR).

---

1 FG Hamburg, EFG 1990 S. 163.
2 FG Saarland, EFG 1984 S. 110.

13 Arbeitslohn

Beispiel:
A ist seit 01.07.01 nebenberuflich Trainer der Jugendfußballmannschaft eines gemeinnützigen Sportvereins. Er erhält eine monatliche Entschädigung von 200 €.
Die Einnahmen im Jahr 01 (Juli bis Dezember) von 1.200 € sind in vollem Umfang nach § 3 Nr. 26 EStG steuerfrei.

Der Freibetrag bezieht sich auf **sämtliche** Einnahmen, die ein Stpfl. innerhalb eines Kalenderjahres für begünstigte Tätigkeiten bezieht. Dabei ist es gleichgültig, ob er die Tätigkeit z. B. als Übungsleiter nur für eine oder mehrere der in § 3 Nr. 26 Satz 1 EStG aufgeführten Institutionen ausübt.[1]

Beispiel:
B ist nebenberuflich Trainer bei einem gemeinnützigen Sportverein. Daneben leitet er im Auftrag des Jugendamts der Stadt während der Sommerferien einige Jugendfreizeiten. Vom Sportverein erhielt er eine monatliche Entschädigung von 170 €, von der Stadt für die Freizeitenleitung 800 €, insgesamt im Jahr 01 mithin 2.840 € für begünstigte Tätigkeiten.
Steuerfrei nach § 3 Nr. 26 EStG sind insgesamt nur 2.400 €, während 440 € von B zu versteuern sind (ohne Berücksichtigung anderer Steuerbefreiungsvorschriften).

Wird die Entschädigung für eine Tätigkeit als Übungsleiter usw. nachträglich für mehrere Jahre gezahlt, stellt sich die Frage, ob und in welchem Umfang die Begünstigung des § 3 Nr. 26 EStG in Anspruch genommen werden kann. Geht man vom Zuflussprinzip des § 11 Abs. 1 Satz 1 EStG aus, dann ist die Nachzahlung im Jahr der Leistung abzüglich eines Freibetrags von 2.400 Euro zu versteuern.[2]

Beispiel:
L ist Lehrer und nebenberuflich Dozent an einer Volkshochschule. Für die Jahre 01 bis 04 erhält er Ende 04 die Vergütung nachträglich mit 3.800 € ausbezahlt.
L hat im Jahr 04 (3.800 € ./. 2.400 € =) 1.400 € zu versteuern, und zwar begünstigt gem. § 34 Abs. 1 i. V. m. Abs. 2 Nr. 4 EStG.

Sind die einem nebenberuflich Tätigen gezahlten Entschädigungen auch nach anderen Vorschriften steuerfrei, z. B. nach § 3 Nr. 12 oder 13 EStG, sind die Befreiungsvorschriften in der für den Stpfl. günstigsten Reihenfolge anzuwenden (R 3.26 Abs. 7 Satz 2 LStR).

Handelt es sich bei der begünstigten Tätigkeit um eine nichtselbständige Tätigkeit, kann der steuerfreie Höchstbetrag von 2.400 Euro beim **Lohnsteuerabzug** voll berücksichtigt werden. Eine dem Lohnzahlungszeitraum entsprechende **zeitanteilige Aufteilung ist nicht erforderlich,** selbst wenn feststeht, dass das Dienstverhältnis nicht bis zum Ende des Kalenderjahres besteht. Um sicherzustellen, dass in Fällen, in denen der Stpfl. mehrere solcher begünstigten Tätigkeiten nebeneinander oder nacheinander ausübt, die Steuerbefreiung nicht mehrfach in Anspruch genommen wird, hat der Arbeitgeber sich vom Arbeitnehmer schriftlich bestätigen zu las-

---
1 BFH, BStBl 1988 II S. 890.
2 So auch BFH, BStBl 1990 II S. 686.

sen, dass die Steuerbefreiung nicht bereits in einem anderen Dienst- oder Auftragsverhältnis berücksichtigt worden ist oder berücksichtigt wird. Diese Erklärung ist zum Lohnkonto zu nehmen (vgl. dazu R 3.26 Abs. 10 LStR).

13.4.1.4.9 Werbungskosten

Entstehen dem Stpfl. in unmittelbarem wirtschaftlichem Zusammenhang mit einer nach § 3 Nr. 26 EStG begünstigten Tätigkeit Werbungskosten, sind diese zunächst durch den steuerfreien Betrag von 2.400 Euro im Jahr abgegolten. Nur wenn die Aufwendungen die steuerfreie Aufwandsentschädigung übersteigen, kann der darüber hinausgehende Betrag insoweit als Werbungskosten geltend gemacht werden (§ 3 Nr. 26 Satz 2 EStG). Ein Werbungskostenabzug kommt demnach auf jeden Fall dann in Betracht, wenn die Einnahmen aus der Tätigkeit und die Ausgaben jeweils über dem Freibetrag liegen.[1] Für diesen Fall wird also von § 3c EStG abgewichen.

> **Beispiel:**
> A bezieht als nebenberuflicher Übungsleiter bei einem gemeinnützigen Sportverein Einnahmen von insgesamt 2.750 € im Jahr 01. Durch den Einsatz seines privaten PKW sowie durch Reparatur und Reinigung der Sportkleidung sind ihm im Jahr 01 als Werbungskosten abzugsfähige Aufwendungen von 2.450 € entstanden.
> Die steuerpflichtigen Einnahmen des A aus der Tätigkeit als Übungsleiter betragen (2.750 € ./. 2.400 € =) 350 €. Den verbleibenden Betrag der Aufwendungen von 50 € kann er als Werbungskosten geltend machen. Er wirkt sich steuerlich jedoch nur aus, wenn A bei seinen übrigen Einkünften aus nichtselbständiger Arbeit bereits Werbungskosten von insgesamt mindestens 1.000 € geltend machen kann. Ist dies nicht der Fall, entfällt eine Steuerminderung.

Sind die entstandenen Werbungskosten in einem Jahr besonders hoch, kann dies zu einer Minderung der übrigen Einnahmen aus nichtselbständiger Arbeit führen.

> **Beispiel:**
> Sachverhalt wie vorstehend. Zusätzlich erleidet A auf einer Fahrt zum Sportplatz mit seinem PKW einen Unfall, dessen Reparatur er selbst begleichen muss. Die ihm dadurch entstandenen Aufwendungen betragen 1.000 €, sodass A im Rahmen seiner Tätigkeit als Übungsleiter insgesamt 3.450 € Werbungskosten hatte.
> Die nach Abzug des steuerfreien Betrags von 2.400 € verbleibenden Aufwendungen von (3.450 € ./. 2.400 € =) 1.050 € sind in voller Höhe als Werbungskosten abzugsfähig. Um diesen Betrag kann A seine gesamten Einnahmen aus nichtselbständiger Arbeit mindern. Nach Verrechnung mit den verbleibenden steuerpflichtigen Einnahmen aus der Übungsleitertätigkeit (350 €) verbleiben somit ./. 700 €, die die übrigen Einnahmen aus nichtselbständiger Arbeit mindern.
> Handelt es sich bei der Übungsleitertätigkeit um eine freiberufliche Tätigkeit i. S. des § 18 Abs. 1 Nr. 1 EStG, dann entsteht hier ein Verlust von 700 €, der mit den übrigen Einkünften des A ausgeglichen werden kann.

Zweifelhaft ist, ob sich auch dann ein Verlust ergeben kann, wenn der Stpfl. für die begünstigte Tätigkeit nur Einnahmen von bis zu 2.400 Euro im Jahr oder gar keine

---
1 Vgl. dazu auch BFH, BStBl 2006 II S. 163.

Einnahmen erzielt. § 3 Nr. 26 Satz 2 EStG enthält hierzu keine Ausnahme, weshalb die Verwaltung den Abzug der die Einnahmen übersteigenden Kosten ablehnt (R 3.26 Abs. 9 Satz 1 LStR). Dagegen lassen sich das objektive Nettoprinzip sowie der Sinn und Zweck des § 3 Nr. 26 EStG anführen, der den Stpfl. begünstigen und nicht schlechter stellen soll. Daher müssen die Werbungskosten – über den Wortlaut der Vorschrift hinaus – auch dann abzugsfähig sein, soweit sie den Freibetrag übersteigen.[1]

Beispiel:
Sachverhalt wie vorstehend, jedoch hat A für seine nebenberufliche Tätigkeit nur 2.100 € im Jahr 01 bezogen.
Diese Einnahmen sind nach § 3 Nr. 26 EStG in vollem Umfang steuerfrei. A kann die den Betrag von 2.400 € übersteigenden Aufwendungen als Werbungskosten geltend machen. Insoweit werden die übrigen Einkünfte aus nichtselbständiger Arbeit gemindert, wenn bei diesen der Arbeitnehmer-Pauschbetrag (oder die höheren tatsächlichen Werbungskosten) bereits abgezogen wurde(n).

13.4.1.5 Steuerfreiheit wegen ehrenamtlicher Tätigkeit i. S. des § 3 Nr. 26a EStG (Ehrenamtspauschale)

Durch das Gesetz zur weiteren Stärkung des bürgerschaftlichen Engagements (BGBl 2007 I S. 2332) wurde mit Wirkung zum 01.01.2007 durch § 3 Nr. 26a EStG ein neuer Steuerbefreiungstatbestand für bestimmte ehrenamtliche Tätigkeiten eingefügt. Hiernach sind Einnahmen aus nebenberuflichen Tätigkeiten im Dienst bestimmter Auftraggeber bis zu einer Höhe von insgesamt 720 Euro im Jahr steuerfrei, sofern für die Einnahmen aus der Tätigkeit keine (vollständige oder teilweise) Steuerbefreiung nach § 3 Nr. 12, 26 oder 26b EStG gewährt wird.

13.4.1.5.1 Steuerbefreite Tätigkeiten

§ 3 Nr. 26a EStG sieht nicht wie § 3 Nr. 26 EStG eine Beschränkung auf bestimmte Tätigkeiten wie z. B. als Übungsleiter, Ausbilder oder Erzieher vor. Vielmehr wird eine Steuerbefreiung für sonstige nebenberufliche Tätigkeiten im gemeinnützigen, mildtätigen oder kirchlichen Bereich gewährt, die nicht schon bereits durch § 3 Nr. 12, 26 oder 26b EStG erfasst werden. Demnach ist auch die Tätigkeit von Vorstandsmitgliedern, Kassierern oder Platzwarten eines berücksichtigungsfähigen Auftraggebers steuerbefreit. Begünstigt ist jedoch nicht die Tätigkeit eines Amateursportlers, da es sich dabei nicht um eine Tätigkeit im gemeinnützigen Bereich handelt.

13.4.1.5.2 Nebenberufliche Ausübung der Tätigkeit

Die für die Inanspruchnahme der Steuerbefreiung erforderliche Nebenberuflichkeit ist dann gewahrt, wenn die Tätigkeit – bezogen auf das Kalenderjahr – **nicht mehr**

---
1 So FG Berlin-Brandenburg, EFG 2008 S. 1535, und FG Rheinland-Pfalz, EFG 2011 S. 1596.

als ein Drittel der Arbeitszeit eines vergleichbaren Vollzeiterwerbs in Anspruch nimmt. Aus dem maßgeblichen Kriterium des vergleichbaren Vollzeiterwerbs folgt, dass auch Personen ohne Hauptberuf im steuerrechtlichen Sinne – z. B. Vermieter, Studenten, Rentner oder Hausfrauen – eine nebenberufliche Tätigkeit ausüben können, sofern sie die zeitlichen Vorgaben einhalten.[1]

Für die Frage der Nebenberuflichkeit bei Ausübung **verschiedener** Tätigkeiten i. S. des § 3 Nr. 26 bzw. 26a EStG ist jede Tätigkeit eigenständig zu beurteilen. Handelt es sich hingegen um gleichartige Tätigkeiten, sind diese zusammenzufassen, sofern es sich nach der Verkehrsauffassung um die Ausübung eines einheitlichen Berufs handelt, z. B. Buchführungsarbeiten für mehrere gemeinnützige Körperschaften, bei denen die jeweilige Tätigkeit unterhalb der Ein-Drittel-Grenze liegt.[1]

Die Frage der Nebenberuflichkeit stellt sich insbesondere dann nicht, wenn die vorgebliche nebenberufliche Tätigkeit als Bestandteil einer Haupttätigkeit anzusehen ist.[1]

13.4.1.5.3 Berücksichtigungsfähiger Auftraggeber

Die Steuerbefreiung wird nur dann gewährt, wenn die Tätigkeit im Dienst oder Auftrag eines berücksichtigungsfähigen Auftraggebers erfolgt. Um welche Personen es sich hierbei handelt, ergibt sich unmittelbar aus § 3 Nr. 26a EStG.

Hiernach handelt es sich zum einen um **juristische Personen des öffentlichen Rechts,** die in einem EU-/EWR-Staat belegen sind. Dies sind z. B. Bund, Länder, Gemeinden, Rechtsanwaltskammern, Steuerberaterkammern oder Ärztekammern. Zum anderen werden auch Dienste für Einrichtungen i. S. des § 5 Abs. 1 Nr. 9 KStG begünstigt, die ausschließlich und unmittelbar gemeinnützige, mildtätige oder kirchliche Zwecke (vgl. insoweit §§ 52 bis 54 AO) verfolgen. Berücksichtigungsfähig ist die Tätigkeit auch dann, wenn die begünstigten Zwecke nicht unmittelbar, sondern – wie z. B. beim Kassierer – nur mittelbar gefördert werden. Bei einer Tätigkeit zur Erfüllung des Satzungszwecks der steuerbegünstigten Person kann i. d. R. angenommen werden, dass die Tätigkeit ebenfalls den steuerbegünstigten Zwecken dient.

13.4.1.5.4 Betragsmäßige Begrenzung der Höhe der Steuerfreiheit

Die Vergütungen für die Tätigkeiten sind bis zu einer Höhe von insgesamt 720 Euro **(Freibetrag)** im Jahr steuerfrei. Hierbei handelt es sich um einen **Jahresbetrag,** der nicht um solche Monate zu kürzen ist, in denen keine begünstigte Tätigkeit ausgeübt wird. Der Freibetrag wird aber nur einmal im Jahr gewährt, selbst wenn mehrere begünstigte Tätigkeiten zeitgleich ausgeübt werden. Der Freibetrag ist personenbezogen, sodass bei zusammenveranlagten Ehegatten jeder einen eigenen Freibetrag

---
1 BMF vom 21.11.2014 (BStBl 2014 I S. 1581), Tz. 2.

erhält. Die Übertragung eines nicht ausgeschöpften Freibetrags eines Ehegatten auf den anderen Ehegatten ist hingegen nicht zulässig.[1]

13.4.1.5.5 Konkurrenzverhältnis zu anderen Steuerbefreiungsvorschriften

Ausweislich des Gesetzeswortlauts ist die Steuerbefreiung dann ausgeschlossen, wenn für die Einnahmen ganz oder teilweise eine Steuerbefreiung nach § 3 Nr. 12 EStG (Aufwandsentschädigung aus öffentlichen Kassen, vgl. Tz. 13.4.1.2), nach § 3 Nr. 26 EStG (Übungsleiterpauschale, vgl. Tz. 13.4.1.4.7) oder nach § 3 Nr. 26b EStG (Aufwandsentschädigung gem. § 1835a BGB) gewährt wird oder gewährt werden könnte. Hingegen können andere Steuerbefreiungsvorschriften weiterhin angewendet werden. Ist auf eine Tätigkeit sowohl § 3 Nr. 26a EStG als auch eine oben nicht erwähnte Steuerbefreiungsvorschrift anzuwenden (z. B. § 3 Nr. 13 EStG), sind die Befreiungsvorschriften in der für den Stpfl. günstigsten Reihenfolge anzuwenden.[2]

13.4.1.5.6 Werbungskosten- bzw. Betriebsausgabenabzug

Gemäß § 3 Nr. 26a Satz 3 EStG können Werbungskosten in Abweichung von § 3c EStG nur insoweit abgezogen werden, als sie den Betrag der steuerfreien Einnahmen übersteigen).[3]

13.4.2 Reisekosten- und Fahrtauslagenersatz

13.4.2.1 Allgemeines

Die steuerliche Behandlung von Reisekostenerstattungen durch den Arbeitgeber richtet sich bei

- **Reisekostenvergütungen aus öffentlichen Kassen** nach § 3 Nr. 13 EStG und bei
- **Reisekostenvergütungen an Arbeitnehmer außerhalb des öffentlichen Dienstes** nach § 3 Nr. 16 EStG.

Aufwendungen eines im **privaten** Dienst angestellten Arbeitnehmers für Reisekosten, Umzugskosten und Mehraufwendungen bei doppelter Haushaltsführung können nach § 3 Nr. 16 EStG in dem Umfang steuerfrei erstattet werden, in dem beim Arbeitnehmer ein Werbungskostenabzug in Betracht kommt. Das bedeutet, dass z. B. die als Reisekostenvergütungen gezahlten Vergütungen für Verpflegung nur insoweit steuerfrei sind, als sie die Pauschbeträge nach § 9 Abs. 4a EStG nicht übersteigen.

---

[1] BMF vom 21.11.2014 (BStBl 2014 I S. 1581), Tz. 7.
[2] BMF vom 21.11.2014 (BStBl 2014 I S. 1581), Tz. 6.
[3] Siehe dazu BMF vom 21.11.2014 (BStBl 2014 I S. 1581), Tz. 9; wegen der Einzelheiten vgl. die Ausführungen zum wortgleichen § 3 Nr. 26 Satz 2 EStG in Tz. 13.4.1.4.9.

13.4 Steuerfreie Einnahmen

Für die aus **öffentlichen** Kassen nach reisekostenrechtlichen Vorschriften gezahlten Reisekostenvergütungen, Umzugskostenvergütungen und Trennungsgelder greift die besondere Steuerbefreiungsvorschrift des § 3 Nr. 13 EStG. Hatte diese Vorschrift in ihrer ursprünglichen Fassung noch zu einer Besserstellung der hiervon betroffenen Arbeitnehmer geführt, ist diese Ungleichbehandlung zwischenzeitlich im Wesentlichen beseitigt worden. Nach § 3 Nr. 13 Satz 2 EStG gelten die Abzugsbeschränkungen für Verpflegungsmehraufwendungen (§ 9 Abs. 4a EStG) nunmehr auch im öffentlichen Dienst, und die steuerfreie Erstattung von Trennungsgeldern ist ebenfalls entsprechend eingeschränkt worden (vgl. § 9 Abs. 1 Satz 3 Nr. 5 und Abs. 4a EStG). Darüber hinaus wurden die reisekostenrechtlichen Vorschriften überwiegend am Steuerrecht ausgerichtet, sodass i. d. R. nur noch die steuerlich zulässigen Beträge erstattet werden.

Das Finanzamt hat im Rahmen von § 3 Nr. 13 EStG zu prüfen, ob die Vorschriften des Reisekostenrechts zutreffend angewendet wurden und sich die Erstattung im Rahmen der steuerlich zulässigen Beträge hält. Im Übrigen hat das Finanzamt nur zu prüfen, ob die erstatteten Aufwendungen dem Grunde nach Werbungskosten darstellen (H 3.13 „Prüfung, ob Werbungskosten vorliegen" LStH).

13.4.2.2 Reisekosten

Im EStG findet sich keine Definition des Begriffs „Reisekosten". R 9.4 Abs. 1 Satz 1 LStR zählt zu den Reisekosten die **Fahrtkosten** (Eisenbahn- oder Schiffsfahrkarte, Flugschein, Kraftwagenkosten usw.), die **Verpflegungsmehraufwendungen,** die **Übernachtungskosten** (Unterbringungskosten am Reiseziel oder während einer mehrtägigen Reise) sowie die **Nebenkosten** (Kosten für Beförderung und Aufbewahrung von Gepäck, für Telefon usw.), soweit diese durch eine **beruflich veranlasste Auswärtstätigkeit** des Arbeitnehmers entstehen. Dies gilt gleichermaßen für private Arbeitnehmer wie für Beamte und Arbeitnehmer des öffentlichen Dienstes.

Festzuhalten ist zunächst, dass Reisekosten eine Auswärtstätigkeit des Arbeitnehmers voraussetzen.[1]

13.4.2.3 Auswärtstätigkeit

13.4.2.3.1 Gesetzliche Neuregelung

Die bis zum VZ 2007 geltende Unterscheidung zwischen Dienstreise, Einsatzwechseltätigkeit und Fahrtätigkeit ist aufgrund der Rechtsprechung des BFH[2] aufgegeben worden. Seit dem VZ 2008 gilt ein vereinheitlichtes Reisekostenrecht, nach dem nur noch das Vorliegen einer **„beruflich veranlassten Auswärtstätigkeit"** für die steuerliche Behandlung der Reisekosten maßgeblich ist. Es hat also ein Systemwechsel

---
1 So auch BFH, BStBl 2013 II S. 169.
2 Z. B. BFH, BStBl 2005 II S. 785.

von mehreren Reisekostenarten hin zu einer Reisekostenart stattgefunden, bei der einheitliche Reisekostensätze und ein einheitlicher Reisekostenbegriff verwendet werden.

Bis VZ 2013 war nur noch zu unterscheiden, ob der Arbeitnehmer seine Tätigkeit (teilweise) an seiner **„regelmäßigen Arbeitsstätte"** (vgl. dazu Tz. 14.3.1.2.1.2) oder auswärts erbringt. Da der Begriff der „regelmäßigen Arbeitsstätte" gesetzlich nicht definiert war, erfolgte seine Definition durch die Rechtsprechung und die Verwaltung (z. B. R 9.4 Abs. 2 LStR a. F.). Eine beruflich veranlasste Auswärtstätigkeit konnte demnach in zwei Fallkonstellationen vorkommen: Hat der Arbeitnehmer eine regelmäßige Arbeitsstätte, liegt eine Auswärtstätigkeit vor, wenn er vorübergehend außerhalb seiner Wohnung und an keiner seiner regelmäßigen Arbeitsstätten tätig wird. Hat der Arbeitnehmer hingegen keine regelmäßige Arbeitsstätte, handelt es sich um eine Auswärtstätigkeit, wenn der Arbeitnehmer seine Tätigkeit nur an ständig wechselnden Tätigkeitsstätten (Einsatzstellen) oder auf einem Fahrzeug erbringt.

Mit Wirkung **ab VZ 2014** hat der Gesetzgeber das Reisekostenrecht weiter vereinfacht und vereinheitlicht. Dabei wurde der Begriff der „regelmäßigen Arbeitsstätte" ohne sachliche Änderung durch den Begriff der **„ersten Tätigkeitsstätte"** ersetzt und in § 9 Abs. 4 EStG gesetzlich definiert. Die erste Tätigkeitsstätte ist der zentrale Begriff des Reisekostenrechts, da auf sie an zahlreichen Stellen im Gesetz (z. B. § 9 Abs. 1 Satz 3 Nr. 4, Nr. 4a, Abs. 4a EStG) Bezug genommen wird.

13.4.2.3.2 Erste Tätigkeitstätte

Der Arbeitnehmer kann gem. § 9 Abs. 4 Satz 5 EStG je Dienstverhältnis **nur eine** erste Tätigkeitsstätte haben. Fehlt es an einer solchen, hat der Arbeitnehmer nur auswärtige Tätigkeitsstätten.[1] Im Folgenden werden die Tatbestandsvoraussetzungen der ersten Tätigkeitsstätte näher bestimmt (vgl. dazu auch Tz. 14.3.1.2.1.3).

13.4.2.3.2.1 Ortsfeste betriebliche Einrichtung

Gemäß § 9 Abs. 4 Satz 1 EStG setzt die (erste) Tätigkeitsstätte eine ortsfeste betriebliche Einrichtung des Arbeitgebers, eines verbundenen Unternehmens (§ 15 AktG) oder eines vom Arbeitgeber bestimmten Dritten[2] voraus. Fahrzeuge, Flugzeuge, Schiffe oder Tätigkeitsgebiete ohne ortsfeste betriebliche Einrichtung sind daher keine Tätigkeitsstätte.[3] Da das häusliche Arbeitszimmer des Arbeitnehmers Teil seiner Wohnung ist, ist dieses ebenfalls keine Tätigkeitsstätte.

---
1 BMF vom 24.10.2014 (BStBl 2014 I S. 1412), Rz. 2.
2 Damit stellt sich der Gesetzgeber gegen die Rechtsprechung zur regelmäßigen Arbeitsstätte (z. B. BFH, BStBl 2013 II S. 169).
3 BMF vom 24.10.2014 (BStBl 2014 I S. 1412), Rz. 3.

13.4.2.3.2.2 Dauerhafte Zuordnung durch den Arbeitgeber

Liegt eine ortsfeste betriebliche Einrichtung vor, stellt sich die Frage, ob der Arbeitnehmer dieser dauerhaft zugeordnet ist.

Maßgeblich hierfür ist zunächst die ausdrückliche **Entscheidung des Arbeitgebers** durch Arbeitsvertrag, dienstrechtliche Verfügung etc. (§ 9 Abs. 4 Satz 2 EStG), was vom Arbeitgeber entsprechend zu dokumentieren ist.[1] Der Arbeitnehmer muss zwar an der zugeordneten Einrichtung tatsächlich persönlich tätig werden, weshalb eine rein gedankliche Zuordnung nicht ausreicht. Allerdings kommt es in diesen Fällen für die Begründung der ersten Tätigkeitsstätte auf die Art, den Umfang und den Inhalt der Tätigkeit nicht an. Auch spielt es keine Rolle (mehr[2]), wo der qualitative und quantitative Schwerpunkt der Tätigkeit liegt.[3]

> **Beispiel:**
>
> W ist als Wirtschaftsprüfer bei einer Wirtschaftsprüfungsgesellschaft mit Sitz in Hamburg angestellt. Seine Tätigkeit besteht im Wesentlichen in der Prüfung von Abschlüssen prüfungspflichtiger Unternehmen im Raum Stuttgart. W ist dem Unternehmenssitz, den er einmal wöchentlich für Prüfungsbesprechungen und Arbeitskonferenzen aufsucht, arbeitsrechtlich zugeordnet.
>
> Erste Tätigkeitsstätte des W ist der Sitz der Wirtschaftsprüfungsgesellschaft in Hamburg. Die einzelnen Reisen zu den zu prüfenden Unternehmen in Süddeutschland sind Dienstreisen bzw. es handelt sich hierbei um eine Auswärtstätigkeit.

Im Interesse der Rechtsklarheit nennt § 9 Abs. 4 Satz 3 EStG die **typischen Fälle** einer dauerhaften Zuordnung. Von einer solchen ist demnach insbesondere dann auszugehen, wenn der Arbeitnehmer

- unbefristet oder
- für die Dauer des Dienstverhältnisses oder
- für einen Zeitraum von mehr als 48 Monaten

an einer ortsfesten betrieblichen Einrichtung tätig werden soll. Die Beurteilung, ob eine dauerhafte Zuordnung vorliegt, ist im Rahmen einer auf die Zukunft gerichteten **Prognoseentscheidung** zu treffen (Ex-ante-Betrachtung).[4] Die Prognoseentscheidung bleibt auch dann maßgebend, wenn die tatsächlichen Verhältnisse durch unvorhersehbare Ereignisse – wie etwa Krankheit oder ungeplante betriebliche Abläufe – von der ursprünglichen Festlegung abweichen.[5] Ändert sich das Berufsbild des Arbeitnehmers aufgrund von Vorgaben des Arbeitgebers dauerhaft,

---

1 BMF vom 24.10.2014 (BStBl 2014 I S. 1412), Rz. 10.
2 Anders noch die Rechtsprechung zur regelmäßigen Arbeitsstätte; vgl. dazu BMF vom 24.10.2014 (BStBl 2014 I S. 1412), Rz. 8 m. w. N.
3 BMF vom 24.10.2014 (BStBl 2014 I S. 1412), Rz. 6 ff.
4 BMF vom 24.10.2014 (BStBl 2014 I S. 1412), Rz. 14.
5 BMF vom 24.10.2014 (BStBl 2014 I S. 1412), Rz. 16.

z. B. wenn ein Außendienstmitarbeiter auf Dauer in den Innendienst wechselt, ist dies folglich erst für die Zukunft zu berücksichtigen.[1]

> **Beispiel:**
> Arbeitnehmer Z ist von einem Bauunternehmen als technischer Zeichner ausschließlich für ein Projekt befristet für die Dauer von 20 Monaten eingestellt worden und soll laut Arbeitsvertrag am Firmensitz in Berlin tätig werden. Nach Ablauf der Befristung soll das Arbeitsverhältnis enden.
> Aufgrund der arbeitsrechtlichen Zuordnung hat Z ab seinem ersten Arbeitstag seine erste Tätigkeitsstätte in Berlin.

13.4.2.3.2.3 Fehlen einer dauerhaften Zuordnung durch den Arbeitgeber

Fehlt eine dauerhafte Zuordnung durch den Arbeitgeber – weil dieser keine Zuordnung vornehmen will oder eine Zuordnungsentscheidung weder nachgewiesen noch glaubhaft gemacht worden ist – oder ist sie nicht eindeutig, kommt die **Vermutungsregel** des § 9 Abs. 4 Satz 4 EStG zur Anwendung. Danach ist erste Tätigkeitsstätte die betriebliche Einrichtung, an der der Arbeitnehmer dauerhaft

- typischerweise arbeitstäglich oder
- je Arbeitswoche zwei volle Arbeitstage oder
- mindestens ein Drittel seiner vereinbarten regelmäßigen Arbeitszeit

tätig werden soll. Diese hilfsweise Zuordnung nach zeitlichen (= **quantitativen**) Kriterien erfolgt ebenfalls anhand einer in die Zukunft gerichteten **Prognose** zu Beginn des Dienstverhältnisses.

> **Beispiel:**
> Der unbefristet eingestellte Arbeitnehmer A soll dauerhaft in der Filiale in Köln arbeiten. In den ersten 24 Monaten arbeitet A an drei vollen Tagen wöchentlich in der Filiale in Leipzig und an zwei vollen Tage wöchentlich in Köln. In diesen 24 Monaten hat der Arbeitgeber A der Filiale in Leipzig arbeitsrechtlich zugeordnet.
> A hat in der Filiale in Leipzig keine erste Tätigkeitsstätte gem. § 9 Abs. 4 Satz 1 EStG. Zwar hat der Arbeitgeber ihn im Rahmen seines Direktionsrechts ausdrücklich dieser Filiale zugeordnet; doch erfolgte dies nicht dauerhaft, sondern nur für 24 Monate. Erste Tätigkeitsstätte ist vielmehr (von Anfang an) die Filiale in Köln gem. § 9 Abs. 4 Satz 4 Nr. 2 EStG, da er dort typischerweise je Arbeitswoche zwei volle Arbeitstage tätig werden soll.

Anders als bei der Zuweisung durch dienst- oder arbeitsrechtliche Festlegung (dazu Tz. 13.4.2.3.2.2) kommt es bei der Begründung der ersten Tätigkeitsstätte gem. § 9 Abs. 4 Satz 4 EStG zudem darauf an, dass der Arbeitnehmer an der entsprechenden betrieblichen Einrichtung seine **eigentliche berufliche Tätigkeit ausübt.** Allein ein regelmäßiges Aufsuchen der betrieblichen Einrichtung – z. B. zur Wartung und Pflege des Fahrzeugs, dessen Be- und Entladung oder zur Abgabe von Auftrags-

---
[1] BMF vom 24.10.2014 (BStBl 2014 I S. 1412), Rz. 15.

bestätigungen – führt noch nicht zu einer Qualifizierung der betrieblichen Einrichtung als erste Tätigkeitsstätte.[1]

Beispiel:
V ist angestellter Versicherungsvertreter bei einer Versicherungsgesellschaft, die ihn keiner betrieblichen Einrichtung dauerhaft zugeordnet hat. V sucht typischerweise zu Beginn jedes Arbeitstags die örtliche Niederlassung auf, um die abgeschlossenen Versicherungsverträge vom Vortag seinem Arbeitgeber zu übergeben.
Da eine arbeits- oder dienstrechtliche Festlegung auf eine Tätigkeitsstätte i. S. des § 9 Abs. 4 Satz 1 EStG fehlt, kann sich die erste Tätigkeitsstätte nur aus der quantitativen Zuordnung gem. § 9 Abs. 4 Satz 4 Nr. 1 EStG ergeben. Hier sucht V die örtliche Niederlassung zwar arbeitstäglich auf. Diese wird dadurch aber nicht zur ersten Tätigkeitsstätte, weil V seine eigentliche berufliche Tätigkeit – die Maklertätigkeit – dort nicht ausübt. Folglich hat V keine erste Tätigkeitsstätte.

Die aufgrund der Prognose getroffene Beurteilung bleibt so lange bestehen, bis sich die Verhältnisse maßgeblich ändern.[2]

13.4.2.3.2.4 Mehrere Tätigkeitsstätten

§ 9 Abs. 4 Satz 5 EStG stellt klar, dass ein Arbeitnehmer **je Dienstverhältnis höchstens eine erste Tätigkeitsstätte** haben kann – und zwar auch dann, wenn er mehrere Arbeitsstätten hat, die jeweils die Voraussetzungen von § 9 Abs. 4 Satz 1 bis 4 EStG erfüllen und daher als erste Tätigkeitsstätten in Betracht kommen.

In einem solchen Fall ist gem. § 9 Abs. 4 Satz 6 EStG vorrangig auf die Entscheidung des Arbeitgebers abzustellen. Nur dann, wenn dieser von seinem Bestimmungsrecht keinen Gebrauch macht oder die Bestimmung nicht eindeutig ist, wird zugunsten des Arbeitnehmers angenommen, dass die der Wohnung örtlich am nächsten liegende Tätigkeitsstätte erste Tätigkeitsstätte ist (§ 9 Abs. 4 Satz 7 EStG).

13.4.2.3.2.5 Bildungseinrichtung als erste Tätigkeitsstätte

Gemäß § 9 Abs. 4 Satz 8 EStG gilt als erste Tätigkeitsstätte auch eine Bildungseinrichtung, die außerhalb eines Dienstverhältnisses zum Zwecke eines Vollzeitstudiums oder einer vollzeitigen Bildungsmaßnahme aufgesucht wird.[3] Ein Vollzeitstudium oder eine vollzeitige Bildungsmaßnahme sollen insbesondere dann vorliegen, wenn der Stpfl. im Rahmen des Studiums oder im Rahmen der Bildungsmaßnahme für einen Beruf ausgebildet wird und daneben entweder keiner Erwerbstätigkeit nachgeht oder während der gesamten Dauer des Studiums oder der Bildungsmaßnahme eine Erwerbstätigkeit mit durchschnittlich bis zu 20 Stunden regelmäßiger wöchentlicher Arbeitszeit oder in Form eines geringfügigen Beschäftigungsverhältnisses i. S. der §§ 8 und 8a SGB IV ausübt.[4]

---
1 BMF vom 24.10.2014 (BStBl 2014 I S. 1412), Rz. 26.
2 Vgl. dazu im Einzelnen BMF vom 24.10.2014 (BStBl 2014 I S. 1412), Rz. 27.
3 Entgegen der Rechtsprechung zur regelmäßigen Arbeitsstätte (z. B. BFH, BStBl 2013 II S. 236).
4 BMF vom 24.10.2014 (BStBl 2014 I S. 1412), Rz. 33.

13 Arbeitslohn

13.4.2.4 Ersatz der Reisekosten durch den Arbeitgeber

13.4.2.4.1 Allgemeines

Der Arbeitgeber kann seinem Arbeitnehmer Reisekosten gem. § 3 Nr. 13 bzw. § 3 Nr. 16 EStG steuerfrei erstatten. Die tatsächlich nachgewiesenen Mehraufwendungen für Verpflegung können jedoch höchstens mit den in § 9 Abs. 4a EStG festgesetzten Pauschbeträgen steuerfrei erstattet werden (§ 3 Nr. 13 Satz 2 und Nr. 16 EStG). Die steuerfreie Erstattung der Aufwendungen für Familienheimfahrten bei doppelter Haushaltsführung mit dem eigenen Kraftfahrzeug ist nur unter den Voraussetzungen des § 9 Abs. 1 Satz 3 Nr. 5 Satz 5 ff. EStG möglich (vgl. R 9.11 Abs. 10 Satz 2 LStR). Wird dem Arbeitnehmer für die Auswärtstätigkeit im Rahmen seines Dienstverhältnisses ein **Kraftfahrzeug zur Verfügung** gestellt, dürfen die pauschalen Kilometer-Sätze durch den Arbeitgeber nicht – auch nicht teilweise – steuerfrei erstattet werden (R 9.5 Abs. 2 Satz 3 LStR).

Ob es sich im Einzelfall um eine steuerfreie Reisekostenvergütung oder um steuerpflichtigen Arbeitslohn handelt, hängt davon ab, ob tatsächlich eine Auswärtstätigkeit im Sinne der Lohnsteuerbestimmungen anzunehmen ist. Um dies jeweils nachprüfen zu können, ist der Arbeitgeber verpflichtet, sich vom Arbeitnehmer geeignete Unterlagen zum **Nachweis** der Voraussetzungen für die Steuerfreiheit vorlegen und – soweit die Reisekosten nicht zulässigerweise mit Pauschbeträgen erstattet werden – auch die Höhe der entstandenen Aufwendungen durch Reisekostenabrechnungen nachweisen zu lassen. Diese Reisekostenabrechnungen hat der Arbeitgeber zu den Lohnkonten der betreffenden Arbeitnehmer zu nehmen (R 9.5 Abs. 2 LStR). Eine Vereinbarung, wonach ein bestimmter Teil des Arbeitslohns als pauschale Reisekostenvergütung gelten soll, über die im Einzelnen nicht abgerechnet wird, reicht deshalb für die Anerkennung einer nach § 3 Nr. 16 EStG steuerfreien Reisekostenvergütung nicht aus.

Ersetzt der Arbeitgeber dem Arbeitnehmer die durch die **Benutzung des eigenen Kraftfahrzeugs** bei Dienstreisen entstandenen Aufwendungen in Form einer **Pauschvergütung,** handelt es sich bei dieser um steuerpflichtigen Arbeitslohn.[1] Eine Pauschvergütung liegt vor, wenn der Arbeitgeber eine Vergütung ohne Rücksicht auf den Umfang der tatsächlich ausgeführten Fahrten in bestimmter Höhe für einen bestimmten Zeitabschnitt zahlt (z. B. 300 Euro monatlich). Der Arbeitnehmer kann in diesem Fall die ihm entstandenen tatsächlichen Aufwendungen oder – bei fehlendem Einzelnachweis – die entsprechenden Kilometer-Sätze (dazu im Folgenden) als Werbungskosten geltend machen.

Beispiel:
Der angestellte Reisevertreter R erhält von seinem Arbeitgeber eine monatliche Vergütung von 200 € (Fixum) sowie eine Provision von 5 % der von ihm vermittelten Umsätze. 50 % des Fixums (= 100 €) gelten als pauschalierter Reisekostenersatz.

---

[1] BFH, BStBl 1972 II S. 137.

Das Fixum ist ebenso wie die Provision in voller Höhe steuerpflichtig. Der Reisevertreter kann die ihm entstandenen Reiseaufwendungen bei entsprechendem Nachweis als Werbungskosten geltend machen.

Anders verhält es sich dagegen bei pauschalen Reisekostenvergütungen an **politische Mandatsträger**, z. B. Kreistagsabgeordnete, die ohne Einzelnachweis aufgrund einer öffentlich-rechtlichen Satzung geleistet werden, sofern die Pauschalen nicht die tatsächlich entstandenen Reiseaufwendungen ersichtlich übersteigen.[1]

13.4.2.4.2 Fahrtauslagen

Unter dem Begriff „Fahrtkosten" werden die tatsächlichen Kosten des Stpfl. für die persönliche Benutzung eines Beförderungsmittels verstanden (R 9.5 Abs. 1 Satz 1 LStR). Hierbei ist wie folgt zu differenzieren:

Bei der Benutzung **öffentlicher Verkehrsmittel** können die Fahrtkosten fast immer nachgewiesen werden. Ist dies ausnahmsweise nicht möglich, ist wenigstens zu belegen, dass die Dienstreise überhaupt stattgefunden hat, und die Höhe der Fahrtauslagen durch Angabe des Reisewegs glaubhaft zu machen.

Hierbei ist zu beachten, dass Fahrtkostenerstattungen durch den Arbeitgeber nach § 3 Nr. 16 EStG nur steuerfrei sind, soweit höchstens die als Werbungskosten abziehbaren Beträge erstattet werden (vgl. H 9.5 „Werbungskostenabzug und Erstattung durch den Arbeitgeber" LStH).

Als Fahrtkosten kommen die Aufwendungen in Betracht, die dem Arbeitnehmer anlässlich des Beginns und des Endes der Auswärtstätigkeit entstanden sind. Bei längerfristigen Auswärtstätigkeiten kann der Arbeitgeber auch Aufwendungen des Arbeitnehmers für Zwischenheimfahrten – i. d. R. am Wochenende – steuerfrei ersetzen (H 9.5 „Allgemeines" LStH). Aufwendungen für Fahrten zwischen einer im Einzugsbereich des Zielorts gelegenen Unterkunft und der auswärtigen Tätigkeitsstätte am Zielort gehören ebenfalls grundsätzlich zu den aus Anlass einer Auswärtstätigkeit entstandenen Fahrtauslagen (H 9.5 „Allgemeines" LStH).

> **Beispiel:**
> Arbeitnehmer A hat seine erste Tätigkeitsstätte in Bremen. Sein Arbeitgeber hat ihn zur vorübergehenden Dienstleistung in der Filiale in München abgeordnet. A übernachtet in einem Hotel in Starnberg.
> Die Aufwendungen für die Fahrten zwischen dem Hotel in Starnberg und der Filiale in München sind erstattungsfähige Fahrtauslagen.

Benutzt der Arbeitnehmer einen **eigenen Kraftwagen,** können die auf die dienstlichen Fahrten entfallenden Kosten (Teilbetrag der jährlichen Gesamtkosten) steuerfrei ersetzt werden (R 9.5 Abs. 1 Satz 3 LStR). Zu den Gesamtkosten des Fahrzeugs gehören die Aufwendungen für Betriebsstoffe, für Wartungs- und Reparaturarbeiten, für die Garage am Wohnort, für Halterhaftpflicht- und Fahrzeugversicherung, für

---
[1] BFH, BStBl 2009 II S. 405.

Kraftfahrzeugsteuer sowie die Absetzungen für Abnutzung und Zinsen für ein Anschaffungsdarlehen (H 9.5 „Einzelnachweis" LStH; zu den durch die Entfernungspauschale abgegoltenen Kosten vgl. Tz. 14.3.1.2.3).

Dabei kann bei den **AfA** bei Personenkraftwagen und Kombifahrzeugen grundsätzlich eine Nutzungsdauer von 6 Jahren zugrunde gelegt werden. Bei einer hohen Fahrleistung kann auch eine kürzere Nutzungsdauer anerkannt werden (H 9.5 „Allgemeines" LStH). Der BFH geht bei einer normalen durchschnittlichen Fahrleistung bis zu 40.000 km von einer Nutzungsdauer von 8 Jahren aus.[1] Bei Anschaffung eines Gebrauchtfahrzeugs ist die entsprechende Restnutzungsdauer unter Berücksichtigung des Alters, der Beschaffenheit und des voraussichtlichen Einsatzes des Fahrzeugs zu schätzen (H 9.5 „Allgemeines" LStH).

Nicht zu den Fahrtkosten gehören Park- und Straßenbenutzungsgebühren, Aufwendungen für Insassen- und Unfallversicherungen sowie Verwarnungs-, Ordnungs- und Bußgelder. Demgegenüber gehören Leasingsonderzahlungen bei einem geleasten Kraftfahrzeug im Jahr der Zahlung in voller Höhe zu den Gesamtkosten (H 9.5 „Allgemeines" LStH).

Die für den Zeitraum von 12 Monaten ermittelten Gesamtkosten können die Grundlage für einen vom Arbeitnehmer errechneten Kilometer-Satz bilden, der so lange angesetzt und vom Arbeitgeber für die dienstlich gefahrenen Kilometer erstattet werden darf, bis sich die Verhältnisse wesentlich ändern, z. B. bis zum Ablauf des Abschreibungszeitraums oder bis zum Eintritt veränderter Leasingbedingungen (R 9.5 Abs. 1 Satz 4 LStR).

Ohne Einzelnachweis der tatsächlichen Gesamtkosten können folgende Kilometer-Sätze für jeden gefahrenen km anerkannt werden (R 9.5 Abs. 1 Satz 5 LStR, § 9 Abs. 1 Satz 3 Nr. 4a Satz 2 EStG):[2]

a)	bei einem Kraftwagen	0,30 €
b)	bei einem Motorrad oder Motorroller	0,13 €
c)	bei einem Moped oder Mofa	0,08 €
d)	bei einem Fahrrad	0,05 €

Für jede Person, die bei einer dienstlichen Fahrt **mitgenommen** wird, erhöht sich der Kilometer-Satz nach Buchstabe a) um 0,02 Euro und bei Buchstabe b) um 0,01 Euro. Mit diesen Pauschsätzen sind alle üblichen mit dem Betrieb des Fahrzeugs anfallenden Kosten abgegolten, mit Ausnahme der bei einer Dienstreise anfallenden Parkgebühren sowie der außergewöhnlichen Aufwendungen (z. B. Unfallkosten).

---

1 BFH, BStBl 1992 II S. 105.
2 BMF vom 24.10.2014 (BStBl 2014 I S. 1412), Rz. 36.

Hat der Arbeitgeber eine **Dienstreise-Kaskoversicherung** für das dem Arbeitnehmer gehörende Kraftfahrzeug abgeschlossen, ist die Prämienzahlung zwar kein Arbeitslohn. Nach der Rechtsprechung kann der Arbeitgeber jedoch den pauschalen Fahrtkostenersatz für Dienstreisen mit dem Kraftfahrzeug von 0,30 Euro pro km nur gemindert um die Kosten für die Kaskoversicherung steuerfrei erstatten.[1] Die Finanzverwaltung wendet dieses Urteil nicht an, da der Typisierungscharakter der Pauschale und der Vereinfachungsgedanke dadurch unterlaufen würden.[2]

Ersetzt der Arbeitgeber nach dem Dienstvertrag nur die Kosten der öffentlichen Verkehrsmittel, kann der Arbeitnehmer bei Benutzung eines eigenen Kraftfahrzeugs seine tatsächlichen Kosten, soweit sie ihm nicht ersetzt werden, als Werbungskosten geltend machen, sofern der Arbeitgeber nicht aus vernünftigen Gründen dem Arbeitnehmer die Benutzung der öffentlichen Verkehrsmittel vorgeschrieben, sondern ihm die Benutzung des eigenen Kraftwagens ausdrücklich oder stillschweigend gestattet hat.[3] Anstelle der tatsächlichen Kosten kann der Arbeitnehmer auch in diesem Fall ohne Einzelnachweis die o. g. Kilometer-Sätze geltend machen.[4]

Ersetzt der **Arbeitgeber** dem Arbeitnehmer die Aufwendungen für die Benutzung eines eigenen Kraftfahrzeugs mit einem **niedrigeren Betrag,** als der Arbeitnehmer im Einzelnen nachgewiesen hat oder – sofern ein Einzelnachweis nicht erfolgt – als die in den LStR vorgesehenen Kilometer-Sätze betragen, kann der Arbeitnehmer den Unterschiedsbetrag als Werbungskosten geltend machen (H 9.5 „Werbungskostenabzug und Erstattung durch den Arbeitgeber" LStH).[5] In gleicher Weise kann der Arbeitnehmer außergewöhnliche Aufwendungen, insbesondere Unfallkosten, die ihm anlässlich der Benutzung des Kraftfahrzeugs für die Dienstreise entstanden sind, als Werbungskosten geltend machen.[6]

> **Beispiel:**
> Der angestellte Handelsvertreter H benutzt für seine Dienstreisen seinen eigenen PKW. Sein Arbeitgeber zahlt ihm pro gefahrenen Kilometer einen Betrag von 0,20 €.
> H kann 0,10 € für jeden dienstlich gefahrenen Kilometer als Werbungskosten geltend machen.

Der Arbeitnehmer hat in den Erstattungsfällen seinem Arbeitgeber **Unterlagen** vorzulegen, aus denen sich die Voraussetzungen für die Steuerfreiheit der Erstattung und, soweit bei Benutzung eines eigenen Kraftfahrzeugs die Fahrtkosten nicht mit den pauschalen Kilometer-Sätzen erstattet werden, auch die tatsächlichen Gesamtkosten des Fahrzeugs ersichtlich sein müssen. Der Arbeitgeber hat diese Unterlagen als Belege zum Lohnkonto aufzubewahren (R 9.5 Abs. 2 LStR).

---

1 BFH, BStBl 1992 II S. 365.
2 Vgl. dazu H 9.5 „Pauschale Kilometersätze" LStH i. V. m. BMF vom 09.12.2015 (BStBl 2015 I S. 734).
3 BFH, BStBl 1968 II S. 395.
4 BFH, BStBl 1972 II S. 243.
5 BFH, BStBl 1982 II S. 498; BStBl 1972 II S. 67 und 257.
6 BFH, BStBl 1978 II S. 381.

13 Arbeitslohn

Fahrtkosten bei Auswärtstätigkeit

Bei Auswärtstätigkeiten können die entstandenen Aufwendungen für folgende Fahrten als Reisekosten angesetzt werden (H 9.5 „Allgemeines" LStH m. w. N.):

a) Fahrten zwischen Wohnung oder erster Tätigkeitsstätte und auswärtiger Tätigkeitsstätte oder Unterkunft am Ort oder im Einzugsbereich der auswärtigen Tätigkeitsstätte,

b) innerhalb desselben Dienstverhältnisses Fahrten zwischen mehreren auswärtigen Tätigkeitsstätten oder innerhalb eines weiträumigen Tätigkeitsgebietes und

c) Fahrten zwischen einer Unterkunft am Ort der auswärtigen Tätigkeit oder in ihrem Einzugsbereich und der auswärtigen Tätigkeitsstätte.

Aufwendungen für **Zwischenheimfahrten** während einer Auswärtstätigkeit gehören ebenfalls zu den steuerfrei erstattungsfähigen Fahrtauslagen, da ohne Antritt der Auswärtstätigkeit Kosten für derartige Heimfahrten nicht entstanden wären. Eine Erstattung nach den Grundsätzen für Familienheimfahrten bei doppelter Haushaltsführung entfällt in aller Regel, weil man bei einer Auswärtstätigkeit am Tätigkeitsort nicht zu „wohnen" pflegt und auch keinen eigenen Haushalt führt. Dies gilt auch für ledige Arbeitnehmer, die während einer Dienstreise Zwischenheimfahrten durchführen.[1] Auf die Dauer der Auswärtstätigkeit kommt es nicht an, sodass auch bei kurzen Auswärtstätigkeiten die Aufwendungen für Zwischenheimfahrten steuerfrei ersetzt werden können.[2]

Die früher bei der „Einsatzwechseltätigkeit" geltende **30 km-Grenze,** nach der Fahrtkosten grundsätzlich nur dann als Reisekosten angesetzt werden konnten, wenn die Entfernung zwischen Wohnung und Einsatzstelle mehr als 30 km betrug (vgl. R 38 Abs. 3 LStR 2005), ist durch die Neuregelung des Reisekostenrechts entfallen. Somit können die Fahrtkosten als Reisekosten unabhängig von der Entfernung zwischen Wohnung und auswärtiger Tätigkeitsstätte geltend gemacht werden.

13.4.2.4.3 Kosten einer Unterkunft/Übernachtungskosten

13.4.2.4.3.1 Abzugsfähige Kosten

Entstehen im Rahmen einer Auswärtstätigkeit notwendige Mehraufwendungen eines Arbeitnehmers für beruflich veranlasste Übernachtungen außerhalb der ersten Tätigkeitsstätte wie z. B. Kosten für die Nutzung eines Hotelzimmers, Mietaufwendungen für die Nutzung eines Zimmers oder einer Wohnung,[3] werden diese **zusätzlichen** Kosten nur in **tatsächlicher Höhe** als Werbungskosten berücksichtigt. Seit dem VZ 2014 ist dies in § 9 Abs. 1 Satz 3 Nr. 5a Satz 1 f. EStG geregelt; davor ergab sich dies (allgemein) aus § 9 Abs. 1 Satz 1 EStG.

---

[1] BFH, BStBl 1977 II S. 294.
[2] BFH, BStBl 1992 II S. 664.
[3] Vgl. dazu BMF vom 24.10.2014 (BStBl 2014 I S. 1412), Rz. 112.

13.4 Steuerfreie Einnahmen

Auf die **Angemessenheit** der zusätzlichen Unterkunft wie z. B. die Hotelkategorie oder die Größe der Unterkunft kommt es nicht an. Zu prüfen ist lediglich die **berufliche Veranlassung** dieser Unterkunftskosten[1] und das **Bestehen einer weiteren Wohnung**, an der der Arbeitnehmer seinen Lebensmittelpunkt hat oder seinen Lebensmittelpunkt wieder aufnehmen will. Ein eigener Hausstand muss dort nicht unterhalten werden. Anders als bei der doppelten Haushaltsführung (siehe dazu Tz. 13.4.2.4.7.3.1) wird also nicht vorausgesetzt, dass der Arbeitnehmer eine Hauptwohnung aus eigenem Recht oder als Mieter innehat und eine finanzielle Beteiligung an den Kosten der Lebensführung leistet. Ausreichend ist also z. B. ein Zimmer im Haushalt der Eltern. Ist die Unterkunft am auswärtigen Tätigkeitsort aber die einzige Wohnung/Unterkunft des Arbeitnehmers, liegt kein beruflich veranlasster Mehraufwand vor.[2]

Da die Unterkunftskosten nur in tatsächlicher Höhe abzugsfähig sind, dürfen **Pauschalen** für Übernachtungen bei Dienstreisen **nicht** angewendet werden. Liegt kein Einzelnachweis vor, sind die tatsächlichen Aufwendungen zu schätzen.[3] So ist z. B. ein pauschaler Ansatz von 5 Euro pro Übernachtung angemessen, wenn ein LKW-Fahrer in der Schlafkabine seines LKW übernachtet.[4] Aus Gründen der Vereinfachung lässt es die Verwaltung ausreichen, wenn der Kraftfahrer die ihm tatsächlich entstandenen und regelmäßig wiederkehrenden Reisenebenkosten für einen repräsentativen Zeitraum von drei Monaten im Einzelnen durch entsprechende Aufzeichnungen glaubhaft macht und so lange ansetzt, bis sich die Verhältnisse wesentlich ändern.[5]

Nutzt der Arbeitnehmer die auswärtige Unterkunft gemeinsam mit **anderen Personen,** die in keinem Dienstverhältnis zum selben Arbeitgeber stehen, dürfen gem. § 9 Abs. 1 Satz 3 Nr. 5a Satz 3 EStG nur diejenigen Aufwendungen angesetzt werden, die bei alleiniger Nutzung durch den Arbeitnehmer angefallen wären.[6] Es folgt also keine Aufteilung der tatsächlichen Werbungskosten nach Köpfen. Aus Vereinfachungsgründen geht die Verwaltung bei Kosten von 1.000 Euro monatlich für eine Wohnung im Inland von einer ausschließlich beruflichen Veranlassung aus. Bei höheren Aufwendungen kann die ortsübliche Miete für eine nach Lage und Ausstattung durchschnittliche Wohnung am Ort der auswärtigen Tätigkeitsstätte mit einer Wohnfläche bis zu 60 m² als Vergleichsmaßstab herangezogen werden.[7]

---

1 Vgl. dazu BMF vom 24.10.2014 (BStBl 2014 I S. 1412), Rz. 112.
2 BMF vom 24.10.2014 (BStBl 2014 I S. 1412), Rz. 114 f.
3 BFH, BStBl 2012 II S. 926.
4 FG München Urteil vom 02.09.2015 – 7 K 2393/13; ebenso FG Schleswig-Holstein, EFG 2013 S. 24.
5 BMF vom 04.12.2012 (BStBl 2012 I S. 1249).
6 So auch BFH, BStBl 2014 II S. 804 (zur Rechtslage bis VZ 2013 – regelmäßige Arbeitsstätte).
7 BMF vom 24.10.2014 (BStBl 2014 I S. 1412), Rz. 117.

Beispiele:
1. Arbeitnehmer A wird bei einer beruflich veranlassten Auswärtstätigkeit von seiner nicht erwerbstätigen Ehefrau begleitet. Für die Übernachtung im Doppelzimmer entstehen Kosten von 140 €. Ein Einzelzimmer hätte 80 € gekostet.
   Als Werbungskosten abziehbar sind nach § 9 Abs. 1 Satz 3 Nr. 5a Satz 3 EStG lediglich 80 €.
2. Wie Beispiel 1. Allerdings teilt sich A das Doppelzimmer mit einem Arbeitskollegen, der ihn aus beruflichen Gründen begleitet.
   Für jeden Arbeitnehmer können (140 € : 2 =) 70 € als Werbungskosten berücksichtigt werden.

Aufwendungen für **Mahlzeiten** gehören nicht zu den Unterkunfts-/Übernachtungskosten, sondern sind nur als Verpflegungsmehraufwendungen gem. § 9 Abs. 4a EStG (dazu Tz. 13.4.2.4.4) abzugsfähig.

13.4.2.4.3.2 Längerfristige Auswärtstätigkeit

Ab VZ 2014 können die tatsächlich entstehenden Unterkunftskosten nach Ablauf einer längerfristigen beruflichen Tätigkeit von **48 Monaten** an derselben auswärtigen Tätigkeitsstätte im **Inland** nur noch bis zur Höhe von 1.000 Euro im Monat als Werbungskosten abgezogen werden (§ 9 Abs. 1 Satz 3 Nr. 5a Satz 4 i. V. m. Nr. 5 Satz 4 EStG). Eine solche längerfristige berufliche Tätigkeit liegt erst dann vor, wenn der Arbeitnehmer an dieser Tätigkeitsstätte mindestens an drei Tagen in der Woche tätig wird. Andernfalls beginnt die 48-Monats-Frist nicht.[1] Fristbeginn ist auch dann die Aufnahme der längerfristigen Auswärtstätigkeit, wenn diese vor dem 01.01.2014 liegt. Aus Vereinfachungsgründen lässt es die Finanzverwaltung zu, dass die abziehbaren Übernachtungskosten erst ab dem ersten vollen Kalendermonat, der auf den Monat folgt, in dem die 48-Monats-Frist endet, auf 1.000 Euro begrenzt werden.[2] Bei einer längerfristigen Tätigkeit im **Ausland** gilt die Beschränkung des § 9 Abs. 1 Satz 3 Nr. 5a Satz 4 EStG nicht.[3]

Gemäß § 9 Abs. 1 Satz 3 Nr. 5a Satz 5 EStG führt eine **Unterbrechung** der beruflichen Tätigkeit an derselben auswärtigen Tätigkeitsstätte zu einem Neubeginn der 48-Monats-Frist, wenn die Unterbrechung mindestens 6 Monate dauert. Maßgeblich ist also nur die tatsächliche Dauer der Unterbrechung. Auf die Gründe (z. B. Urlaub, Krankheit, berufliche Tätigkeit an einer anderen Tätigkeitsstätte) kommt es demnach nicht an.

Die Prüfung des Unterbrechungszeitraums und des Ablaufs der 48-Monats-Frist erfolgt stets im Rahmen einer Ex-post-Betrachtung im Nachhinein mit Blick auf die zurückliegende Zeit.[1]

---
1 BMF vom 24.10.2014 (BStBl 2014 I S. 1412), Rz. 120.
2 BMF vom 24.10.2014 (BStBl 2014 I S. 1412), Rz. 122.
3 BMF vom 24.10.2014 (BStBl 2014 I S. 1412), Rz. 119.

13.4 Steuerfreie Einnahmen

Beispiele:

1. F ist angestellter Filialleiter bei einer Einzelhandelskette. Als erste Tätigkeitsstätte wurde ihm die Filiale in Augsburg zugewiesen. Seit 06.05.2013 betreut er aufgrund arbeitsrechtlicher Festlegungen an drei Tagen in der Woche die Filiale in Nürnberg. Dort übernachtet er regelmäßig zweimal wöchentlich in einer Pension für 1.200 € monatlich.

F kann die Übernachtungskosten, die ihm im Rahmen seiner Auswärtstätigkeit entstehen, grundsätzlich in voller Höhe abziehen (§ 9 Abs. 1 Satz 3 Nr. 5a Satz 1 f. EStG). Nach § 9 Abs. 1 Satz 3 Nr. 5a Satz 4 EStG besteht die unbeschränkte Abzugsmöglichkeit nur bis zum Ablauf des 05.05.2017. Dass die 48-Monats-Frist vor dem 01.01.2014 begonnen hat, ist dabei unerheblich. Aus Vereinfachungsgründen ist es nicht zu beanstanden, dass die Begrenzung der abziehbaren Übernachtungskosten erst ab dem ersten vollen Kalendermonat, der auf den Monat folgt, in dem die 48-Monats-Frist endet, erfolgt. F hat also ab Juni 2017 nur noch einen Werbungskostenabzug i. H. von 1.000 € im Monat.

2. Wie Beispiel 1. Allerdings war F aufgrund einer Weisung seines Arbeitgebers vom 01.08.2013 bis 31.03.2014 ausschließlich in der Filiale in Augsburg tätig. Ab 01.04.2014 nahm er seine dreitätige Auswärtstätigkeit in Nürnberg wieder auf, die wiederum zu monatlichen Übernachtungskosten von 1.200 € führt.

Die längerfristige Auswärtstätigkeit in Nürnberg wurde länger als 6 Monate – nämlich 7 Monate – unterbrochen. Gemäß § 9 Abs. 1 Satz 3 Nr. 5a Satz 5 EStG beginnt mit der Wiederaufnahme der beruflichen Tätigkeit am 01.04.2014 eine neue 48-Monats-Frist, die erst am 31.03.2018 endet. Daher kann F 1.200 € monatlich im Zeitraum 06.05.2013 bis 31.07.2013 und im Zeitraum 01.04.2014 bis 31.03.2018 als Werbungskosten abziehen. Ab 01.04.2018 gilt wieder die Begrenzung des § 9 Abs. 1 Satz 3 Nr. 5a Satz 4 EStG auf 1.000 €.

13.4.2.4.3.3 Erstattung der Kosten durch den Arbeitgeber

Die Kosten für eine aus dienstlichen Gründen notwendige Unterkunft (Übernachtung) im **Inland** kann der Arbeitgeber dem Arbeitnehmer **ohne Einzelnachweis** mit einem **Pauschbetrag** von **20 Euro** für jede Übernachtung steuerfrei ersetzen, sofern die Übernachtung dem Arbeitnehmer nicht aus dienstlichen Gründen verbilligt oder unentgeltlich gewährt worden ist (R 9.7 Abs. 3 Satz 1 und 6 LStR).[1]

Bei einer **Auslandsdienstreise** können die Kosten für eine Übernachtung ebenfalls **pauschal** bis zu einer bestimmten Höhe **ohne Einzelnachweis** steuerfrei ersetzt werden. Die Pauschbeträge werden jeweils vom BMF im Einvernehmen mit den obersten Finanzbehörden der Länder – i. d. R. für ein Jahr – bekannt gemacht (R 9.7 Abs. 3 Satz 2 ff. LStR). Die Bekanntmachung erfolgte durch BMF-Schreiben vom 09.12.2015 (BStBl 2015 I S. 1058) für Auslandsreisen ab 01.01.2016 und durch BMF-Schreiben vom 14.12.2016 (BStBl 2016 I S. 1438) für Auslandsreisen ab 01.01.2017.

Der Nachweis, dass eine Auswärtstätigkeit und eine Übernachtung stattgefunden haben, muss bei Zahlung der Pauschbeträge sichergestellt sein.

---

1 Vgl. dazu BMF vom 24.10.2014 (BStBl 2014 I S. 1412), Rz. 113.

Der Arbeitgeber kann aber auch die dem Arbeitnehmer durch die Übernachtung **tatsächlich entstandenen Unterkunftskosten** steuerfrei erstatten. Zur Ermittlung der steuerfreien Leistungen für Reisekosten dürfen die einzelnen Aufwendungsarten (Fahrtkosten, Übernachtungskosten, Verpflegungsmehraufwendungen und Reisenebenkosten) zusammengefasst werden. Die Leistungen sind steuerfrei, soweit sie die Summe der nach R 9.5 ff. EStR zulässigen Einzelerstattungen nicht übersteigen (R 3.16 Satz 1 LStR). Wird dabei durch die Zahlungsbelege nur ein Gesamtpreis für Unterkunft und Verpflegung nachgewiesen und lässt sich der Preis für die Verpflegung nicht feststellen (z. B. Tagungspauschale), ist der Gesamtpreis zur Ermittlung der Übernachtungskosten wie folgt zu kürzen:

1. für das Frühstück um 20 %
2. für das Mittag- und Abendessen um jeweils 40 %

des für den Unterkunftsort maßgebenden Pauschbetrags für Verpflegungsmehraufwendungen bei einer Auswärtstätigkeit mit einer Abwesenheitsdauer von mindestens 24 Stunden.[1] Dabei ist es unschädlich, wenn die tatsächlichen Kosten höher sind als die Pauschbeträge.

Als **Werbungskosten** im Rahmen der Reisekosten können nur die tatsächlichen Übernachtungskosten angesetzt werden, soweit sie nicht steuerfrei nach § 3 Nr. 13 bzw. 16 EStG erstattet werden (R 9.7 Abs. 2 LStR).

Der Arbeitgeber darf bei einer mehrtägigen Auswärtstätigkeit die Erstattung der Unterkunftskosten entweder mit den Pauschbeträgen oder in Höhe der tatsächlichen Kosten vornehmen. Ein **Wechsel der Erstattungsart** bei derselben Auswärtstätigkeit ist **nicht** zulässig.

Eine steuerfreie Erstattung in Form der Pauschbeträge ist ausgeschlossen, wenn eine Übernachtung in einem **Fahrzeug** stattfindet (R 9.7 Abs. 3 Satz 7 LStR, H 9.7 „Übernachtungskosten" LStH; siehe dazu auch Tz. 13.4.2.4.3.1).

13.4.2.4.4 Mehraufwendungen für Verpflegung

13.4.2.4.4.1 Allgemeines

Aufwendungen für die Verpflegung gehören grundsätzlich zu den nicht abzugsfähigen Kosten der Lebensführung (§ 12 Nr. 1 EStG). Eine Ausnahme gilt für **beruflich veranlasste** Mehraufwendungen für Verpflegung.

Die steuerfreie Erstattung des Mehraufwands für Verpflegung, der dem Arbeitnehmer entsteht, weil er auswärts beruflich tätig wird (bzw. der Abzug dieser Aufwendungen als Werbungskosten) ist nur im Rahmen von gesetzlich festgelegten **Pauschbeträgen** möglich.

---
[1] BMF vom 24.10.2014 (BStBl 2014 I S. 1412), Rz. 113.

Bis VZ 2013 waren diese in § 4 Abs. 5 Satz 1 Nr. 5 EStG a. F. – also im Bereich der Betriebsausgaben – geregelt und galten über die Verweisung in § 9 Abs. 5 EStG a. F. auch für den Werbungskostenabzug. Der Gesetzgeber sah drei von der Dauer der Abwesenheit von der Wohnung und der dauerhaften Tätigkeitsstätte abhängige Pauschalen (6 Euro, 12 Euro und 24 Euro) vor, die für alle Arten der beruflichen Auswärtstätigkeit galten.

Ergänzt wurde dies durch die Möglichkeit der **Lohnsteuer-Pauschalierung** nach § 40 Abs. 2 Satz 1 Nr. 4 EStG. Aufgrund dieser Vorschrift können Arbeitgeber, die ihren Arbeitnehmern über den Verpflegungspauschalen liegende Verpflegungsmehraufwendungen erstatten, die insoweit steuerpflichtigen Mehrbeträge mit 25 % Lohnsteuer pauschal versteuern. Die Pauschalierung der Lohnsteuer ist nach dem Gesetzeswortlaut allerdings nur möglich, soweit die steuerlichen Verpflegungspauschalen um nicht mehr als 100 % überschritten werden. Die Pauschalversteuerung gilt nur für Vergütungen anlässlich einer Auswärtstätigkeit mit einer Abwesenheit von mehr als 8 Stunden, jedoch nicht für die Erstattung von Verpflegungsmehraufwendungen wegen einer doppelten Haushaltsführung (R 40.2 Abs. 1 Nr. 4 LStR).

Mit Wirkung **ab VZ 2014** ist der Abzug von Verpflegungsmehraufwendungen dem Grunde und der Höhe nach abschließend in § 9 Abs. 4a EStG geregelt worden. Ein Abzug der **tatsächlich** entstandenen Mehraufwendungen scheidet aus (§ 9 Abs. 4a Satz 1 EStG). § 4 Abs. 5 Satz 1 Nr. 5 EStG verweist nunmehr auf diese Vorschrift.

Durch Verweisung auf die Vorschrift des § 9 Abs. 4a EStG in § 3 Nr. 13 Satz 2 und Nr. 16 EStG ist sichergestellt, dass auch bei der **Erstattung** der Mehraufwendungen durch den Arbeitgeber im öffentlichen und im privaten Dienst keine höheren Aufwendungen steuerfrei ersetzt werden als die gesetzlichen Pauschbeträge,, auch wenn der Arbeitnehmer einen tatsächlich entstandenen höheren Aufwand nachweist.

Wird ein Arbeitnehmer außerhalb seiner Wohnung und ersten Tätigkeitsstätte beruflich tätig, ist gem. § 9 Abs. 4a Satz 2 EStG zur Abgeltung des beruflich veranlassten Mehraufwands eine Verpflegungspauschale anzusetzen. Verpflegungsmehraufwendungen sind auch dann zu berücksichtigen, wenn der Arbeitnehmer keine erste Tätigkeitsstätte hat (§ 9 Abs. 4a Satz 4 Halbsatz 1 EStG), weil er z. B. in einem weiträumigen Tätigkeitsgebiet arbeitet. Als **Wohnung** im Sinne der Vorschrift ist der Hausstand, der den Mittelpunkt der Lebensinteressen des Arbeitnehmers bildet, sowie eine Unterkunft am Ort der ersten Tätigkeitsstätte im Rahmen der doppelten Haushaltsführung anzusehen (§ 9 Abs. 4a Satz 4 Halbsatz 2 EStG).

13.4.2.4.4.2 Auswärtstätigkeit im Inland

Bei einer Auswärtstätigkeit im Inland ist zwischen einer eintägigen und einer mehrtägigen Auswärtstätigkeit zu unterscheiden:

Bei einer **eintägigen Auswärtstätigkeit** kann dem Arbeitnehmer ein Betrag von 12 Euro steuerfrei erstattet werden, wenn er **ohne Übernachtung** außerhalb seiner Wohnung mehr als 8 Stunden von seiner Wohnung und der ersten Tätigkeitsstätte abwesend ist (§ 9 Abs. 4a Satz 3 Nr. 3 EStG). Beträgt die Abwesenheit weniger als 8 Stunden, können Mehraufwendungen für Verpflegung also nicht steuerfrei ersetzt werden.

Beispiel:
A wird von seinem Arbeitgeber zu einer eintägigen Montage nach Kiel entsandt. Die Dauer der Abwesenheit von seiner Wohnung beträgt 18 Stunden. Ihm sind nachgewiesenermaßen Mehraufwendungen für Verpflegung von 30 € entstanden (Kosten eines Mittag- und eines Abendessens abzgl. Haushaltsersparnis).
Der Arbeitgeber kann höchstens 12 € steuerfrei erstatten. Der Mehraufwand von 18 € ist auch nicht als Werbungskosten abzugsfähig.

Die Pauschale von 12 Euro gilt auch dann, wenn der Arbeitnehmer seine auswärtige berufliche Tätigkeit **über Nacht** – also an zwei Kalendertagen, **ohne zu übernachten** – ausübt und dadurch ebenfalls insgesamt mehr als acht Stunden von der Wohnung und der ersten Tätigkeitsstätte abwesend ist. Ist der Arbeitnehmer an einem Kalendertag mehrfach oder über Nacht auswärts tätig, können die Abwesenheitszeiten zusammengerechnet werden.[1] Im Fall der Tätigkeit über Nacht ohne Übernachtung können gem. § 9 Abs. 4a Nr. 3 Halbsatz 2 EStG die Abwesenheitszeiten für den Kalendertag berücksichtigt werden, an dem der Arbeitnehmer den überwiegenden Teil der insgesamt mehr als 8-stündigen Abwesenheit verbringt.

Beispiele:
1. K ist bei einer Installationsfirma tätig. Er wird zu einem Kunden zwecks Durchführung einer Reparatur geschickt. Die Abwesenheit von der Firma dauert 4 Stunden.
K hat keinen Anspruch auf steuerfreie Erstattung eines Verpflegungsmehraufwands.
Nachdem er zurückgekehrt ist, wird K vom Arbeitgeber erneut zu einem Kunden zwecks Reparaturarbeiten geschickt. Die Abwesenheit dauert über das Ende der normalen Arbeitszeit hinausgehend 5 Stunden.
Da beide Auswärtstätigkeiten zusammen über 8 Stunden gedauert haben, kann der Arbeitgeber dem K 12 € für die entstandenen Verpflegungsmehraufwendungen steuerfrei erstatten.

2. A wird von seinem Arbeitgeber zu einer dringenden Maschinenreparatur bei einer auswärtigen Filiale eingesetzt. Die Tätigkeit dauert von 17 Uhr Mittwoch bis um 6 Uhr Donnerstag.
A ist insgesamt 13 Stunden auswärts tätig. Diese Abwesenheitsdauer wird als auswärtige Tätigkeit am Mittwoch angesehen, sodass der Arbeitgeber für den Verpflegungsmehraufwand 12 € steuerfrei erstatten kann. Ohne Zusammenrechnung wäre keine Erstattung möglich.

Bei einer **mehrtägigen Auswärtstätigkeit** beträgt die Verpflegungspauschale

- 24 Euro für jeden Kalendertag, an dem der Arbeitnehmer 24 Stunden von seiner Wohnung und ersten Tätigkeitsstätte abwesend ist (§ 9 Abs. 4a Satz 3 Nr. 1 EStG) und

---
1 BMF vom 24.10.2014 (BStBl 2014 I S. 1412), Rz. 46.

- jeweils 12 Euro für den An- und Abreisetag, wenn der Arbeitnehmer an diesem, einem anschließenden oder vorhergehenden Tag außerhalb seiner Wohnung übernachtet (Nr. 2).

Für den An- und Abreisetag kommt es auf eine Mindestabwesenheitsdauer nicht an. Ebenso unerheblich ist es, ob der Arbeitnehmer die Reise von der Wohnung, der ersten oder einer anderen Tätigkeitsstätte aus antritt.[1]

Beispiel:
A unternimmt eine Auswärtstätigkeit, die sich von Dienstag bis Freitag erstreckt. Am Dienstag fährt er von seiner ersten Tätigkeitsstätte um 16 Uhr zur auswärtigen Tätigkeitsstätte und kehrt am Freitag um 19 Uhr in seine Wohnung zurück. Der Arbeitgeber kann folgende steuerfreie Erstattung für Verpflegungsmehraufwendungen vornehmen:

für Dienstag (Anreisetag)	12 €
für Mittwoch und Donnerstag (sog. „Zwischentage") je 24 €	48 €
für Freitag (Abreisetag)	12 €
zusammen	72 €

13.4.2.4.4.3 Auswärtstätigkeit im Ausland

Bei Auslandsdienstreisen treten an die Stelle der Pauschbeträge des § 9 Abs. 4a Satz 3 EStG länderweise unterschiedliche Pauschbeträge, die der Arbeitgeber höchstens steuerfrei zur Abgeltung des Mehraufwands an Verpflegung erstatten kann. Die Pauschbeträge werden jeweils vom BMF im Einvernehmen mit den obersten Finanzbehörden der Länder festgesetzt.

Sie betragen

– für die Fälle des § 9 Abs. 4a Satz 3 Nr. 1 EStG   120 %,

– für die Fälle des § 9 Abs. 4a Satz 3 Nr. 2 und 3 EStG   80 %,

der **Auslandstagegelder** nach dem Bundesreisekostengesetz (BRKG), wobei eine Aufrundung auf volle Euro stattfindet (§ 9 Abs. 4a Satz 5 EStG). Die ab 01.01.2016 geltenden Pauschbeträge wurden mit BMF-Schreiben vom 09.12.2015 (BStBl 2015 I S. 1058) und die ab 01.01.2017 geltenden Pauschbeträge mit BMF-Schreiben vom 14.12.2016 (BStBl 2016 I S. 1438) bekannt gemacht.

Für die in der Bekanntmachung der Auslandstagegelder nicht erfassten Länder sind die für Luxemburg geltenden Pauschbeträge maßgebend, für nicht erfasste Übersee- und Außengebiete eines Landes die für das Mutterland geltenden Pauschbeträge (R 9.6 Abs. 3 Satz 2 LStR).

Im Zusammenhang mit der Erstattung des Verpflegungsmehraufwands bei Auslandsdienstreisen in Höhe des Auslandstagegeldes ist im Übrigen Folgendes zu beachten:

---
[1] BMF vom 24.10.2014 (BStBl 2014 I S. 1412), Rz. 48.

a) Das Auslandstagegeld richtet sich nach dem **Ort,** den der Stpfl. vor 24 Uhr Ortszeit **zuletzt erreicht,** oder – wenn dieser Ort im Inland liegt – nach dem letzten Tätigkeitsort im Ausland (§ 9 Abs. 4a Satz 5 Halbsatz 2 EStG).

> **Beispiel:**
> Ein angestellter Handelsvertreter mit Wohnsitz in Kehl besucht morgens zunächst einen Kunden in Straßburg. Auf der Rückreise nimmt er ab dem späten Vormittag bis spät abends weitere Termine bei Kunden in Deutschland wahr. Die Dienstreise dauert insgesamt von 7 Uhr bis 22 Uhr.
> Der Arbeitgeber kann für die 15-stündige Abwesenheit das maßgebliche Auslandstagegeld i. H. von 26 € (80 % von 32 €) steuerfrei erstatten. Es ist bei einer einheitlichen Auswärtstätigkeit ohne jegliche Bedeutung, wenn die letzte Tätigkeitsstätte im Inland belegen ist und die überwiegende Zeit im Inland verbracht wird.

Führt ein Arbeitnehmer an einem Tag **mehrere Dienstreisen** durch, sind die Abwesenheitszeiten an diesem Tag zusammenzurechnen. Dies gilt auch für den Fall, dass der Arbeitnehmer an einem Tag sowohl eine Auslands- als auch eine Inlandsreise durchführt, und hat zur Folge, dass für diesen Tag ausschließlich das jeweilige Auslandstagegeld in Betracht kommt (R 9.6 Abs. 3 Satz 3 LStR).

> **Beispiel:**
> Ein angestellter Handelsvertreter mit Wohnsitz in Kehl unternimmt vormittags eine Dienstreise nach Straßburg, die 4 Stunden dauert. Zum Mittagessen ist er wieder zu Hause. Am Nachmittag führt er eine weitere Dienstreise von 5 Stunden von Kehl nach Offenburg durch.
> Der Arbeitgeber kann für die insgesamt 9-stündige Abwesenheit das maßgebliche Auslandstagegeld i. H. von 26 € steuerfrei erstatten, obwohl der Arbeitnehmer die überwiegende Zeit im Inland verbracht hat.

b) Bei **Flugreisen** gilt ein Staat in dem Zeitpunkt als erreicht, in dem das Flugzeug dort landet. Zwischenlandungen bleiben unberücksichtigt, es sei denn, hierdurch werden Übernachtungen notwendig. Bei einer mehr als zwei Tage dauernden Flugreise ist für die Tage, die zwischen dem Abflugtag und dem Landungstag liegen, das für Österreich geltende Auslandstagegeld maßgebend (R 9.6 Abs. 3 Satz 4 Nr. 1 LStR).

c) Bei **Schiffsreisen** ist das für Luxemburg geltende Tagegeld maßgebend. Abweichend hiervon gilt das Inlandstagegeld für das Personal auf deutschen Staatsschiffen bzw. auf Schiffen der Handelsmarine unter deutscher Flagge auf hoher See. Für die Tage der Einschiffung und Ausschiffung ist das für den Hafenort geltende Tagegeld maßgebend (R 9.6 Abs. 3 Satz 4 Nr. 2 LStR).

Bei einer Tätigkeit an **ständig wechselnden Tätigkeitsstätten oder** auf einem **Fahrzeug** (früher Fahr- oder Einsatzwechseltätigkeit) gelten angesichts des klaren Gesetzeswortlauts die allgemeinen Verpflegungspauschalen ebenfalls.

> **Beispiel:**
> M ist als angestellter Monteur auf ständig wechselnden Tätigkeitsstätten beschäftigt. Er ist täglich jeweils mehr als 8 Stunden von seiner Wohnung abwesend.

Sein Arbeitgeber kann ihm jeweils 12 € steuerfrei als Verpflegungspauschale erstatten.

13.4.2.4.4.4 Dreimonatsfrist

Ist der Arbeitnehmer bei einer längerfristigen beruflichen Tätigkeit an derselben Tätigkeitsstätte beschäftigt, dürfen die gesetzlichen Verpflegungspauschalen **nur für die ersten 3 Monate** steuerfrei gewährt werden (§ 9 Abs. 4a Satz 6 EStG). Eine längerfristige berufliche Tätigkeit an derselben Tätigkeitsstätte liegt vor, sobald der Arbeitnehmer an dieser mindestens an drei Tagen in der Woche tätig wird. Solange die auswärtige Tätigkeitsstätte an nicht mehr als zwei Tagen in der Woche aufgesucht wird, beginnt die Dreimonatsfrist somit nicht.[1]

Eine **Unterbrechung** der beruflichen Tätigkeit an derselben Tätigkeitsstätte führt gem. § 9 Abs. 4a Satz 7 EStG zu einem Neubeginn, wenn sie mindestens vier Wochen dauert. Es kommt also nur auf die Unterbrechungsdauer an; der Grund der Unterbrechung ist dagegen unerheblich.[2]

Die Prüfung des Unterbrechungszeitraums und des Ablaufs der Dreimonatsfrist erfolgt stets im Nachhinein mit Blick auf die zurückliegende Zeit (Ex-post-Betrachtung)[1].

13.4.2.4.4.5 Kürzung der Verpflegungspauschalen

Erhält der Arbeitnehmer im Rahmen einer Auswärtstätigkeit (im Inland oder Ausland) von seinem Arbeitgeber oder auf dessen Veranlassung von einem Dritten eine „übliche" **Mahlzeit zur Verfügung gestellt,** wird gem. § 8 Abs. 2 Satz 9 EStG auf eine Besteuerung verzichtet. Als „üblich" gilt eine Mahlzeit, deren Preis 60 Euro nicht übersteigt (§ 8 Abs. 2 Satz 8 EStG).[3]

Stattdessen sind die ermittelten Verpflegungspauschalen gem. § 9 Abs. 4a Satz 8 EStG

- bei einem übernommenen Frühstück um 20 %,
- bei einem übernommenen Mittag- und Abendessen um jeweils 40 %

der für einen vollen Kalendertag maßgebenden Verpflegungspauschale i. S. des § 9 Abs. 4a Satz 3 Nr. 1 (ggf. i. V. m. Satz 5) EStG zu kürzen. Der Kürzungsbetrag beträgt damit bei einem erhaltenen Frühstück 4,80 Euro (20 % von 24 Euro) und bei einem erhaltenen Mittag- und Abendessen jeweils 9,60 Euro (40 % von 24 Euro).

Diese Kürzung ist tagesbezogen vorzunehmen und darf maximal bis auf 0 Euro erfolgen.

---

[1] BMF vom 24.10.2014 (BStBl 2014 I S. 1412), Rz. 55.
[2] BMF vom 24.10.2014 (BStBl 2014 I S. 1412), Rz. 53.
[3] Siehe im Einzelnen BMF vom 24.10.2014 (BStBl 2014 I S. 1412), Rz. 61 ff.

Hat der Arbeitnehmer für die zur Verfügung gestellte Mahlzeit ein **Entgelt** gezahlt, mindert dieser Betrag gem. § 9 Abs. 4a Satz 10 EStG wiederum den ermittelten Kürzungsbetrag i. S. des § 9 Abs. 4a Satz 8 EStG.

13.4.2.4.4.6 Erstattung höherer Beträge durch den Arbeitgeber

Erstattet der Arbeitgeber dem Arbeitnehmer höhere Beträge als die in § 9 Abs. 4a Satz 3, 5 und 6 EStG festgesetzten Pauschalen, ist der über den in Betracht kommenden Pauschbetrag hinausgehende Betrag dem **Lohnsteuerabzug** zu unterwerfen.

Der Arbeitgeber kann jedoch nach § 40 Abs. 2 Satz 1 Nr. 4 EStG für den steuerpflichtigen Teil des Vergütungsbetrags für Verpflegungsmehraufwendungen die Lohnsteuer mit einem **Pauschsteuersatz** von 25 % erheben. Nach dem Gesetzeswortlaut geht dies allerdings nur, soweit die Vergütungen die ungekürzten Pauschbeträge um nicht mehr als 100 % übersteigen (R 40.2 Abs. 4 Satz 1 LStR).

> **Beispiel:**
> Ein Arbeitnehmer erhält aufgrund betrieblicher Vereinbarungen für eintägige Dienstreisen folgenden Ersatz für Verpflegungsmehraufwendungen:
> – bei einer Abwesenheit von mindestens 7 Stunden 12 €
> – bei einer Abwesenheit von mindestens 15 Stunden 26 €
>
> Die Vergütung von 12 € ist in vollem Umfang steuerpflichtig, wenn der Arbeitnehmer nicht mindestens acht Stunden von seiner Wohnung und seiner ersten Tätigkeitsstätte abwesend ist. Eine Pauschalbesteuerung nach § 40 Abs. 2 Satz 1 Nr. 4 EStG ist nicht möglich, da hier kein Pauschbetrag in Betracht kommt, der zu verdoppeln wäre.
>
> Die Vergütung von 26 € stellt bis zu 12 € steuerfreien und i. H. von 14 € steuerpflichtigen Arbeitslohn dar. Der steuerpflichtige Teil (14 €) kann i. H. von 12 € (max. 100 % der steuerfreien Verpflegungspauschale) mit 25 % pauschal besteuert werden. Die restlichen 2 € sind individuell zu versteuern. Es besteht aber die Pauschalierungsmöglichkeit gem. § 40 Abs. 1 Satz 1 Nr. 1 EStG nach R 40.2 Abs. 4 Satz 2 LStR.

Zur Ermittlung des steuerfreien Vergütungsbetrags (Geld und Sachbezüge) i. S. des § 3 Nr. 16 EStG dürfen die einzelnen Aufwendungsarten **zusammengefasst** werden. Diese zusammengefassten Leistungen sind steuerfrei, soweit sie die Summe der zulässigen Leistungen nach R 9.5 bis R 9.8 LStR (d. h. Fahrtkosten, Verpflegungsmehraufwendungen, Übernachtungskosten sowie Reisenebenkosten) nicht übersteigen. Hierzu zählen jedoch nicht solche Leistungen für Mahlzeiten, die mit dem maßgebenden amtlichen Sachbezugswert nach der SvEV angesetzt werden (vgl. zu den Einzelheiten R 3.16, R 8.1 Abs. 8 Nr. 2 LStR). In diesem Fall kann nach Auffassung der Verwaltung aus Vereinfachungsgründen der Betrag, der den steuerfreien Vergütungsbetrag übersteigt, einheitlich als Vergütung für Verpflegungsmehraufwendungen behandelt und in den Grenzen des § 40 Abs. 2 Satz 1 Nr. 4 EStG mit 25 % pauschal versteuert werden (R 40.2 Abs. 4 Satz 4 LStR).

13.4 Steuerfreie Einnahmen

Beispiel:
Ein Arbeitnehmer erhält wegen einer Dienstreise im Inland von Montag 11 Uhr (Anreise) bis Mittwoch 15 Uhr (Abreise) mit kostenloser Übernachtung und Bewirtung im Gästehaus eines Geschäftsfreunds (Frühstück, Mittagessen und Abendessen am Dienstag sowie Frühstück am Mittwoch) einen pauschalen Fahrtkostenersatz von 250 €, dem eine Fahrstrecke mit eigenem PKW von 500 km zugrunde liegt.

Steuerfrei sind:	– eine Fahrtkostenvergütung von	
	500 km × 0,30 €/km =	150,00 €
	– Verpflegungspauschalen von	
	12 € + (24 € ./. 4,80 € ./. 9,60 € ./. 9,60 €)	
	+ (12 € ./. 4,80 €) =	19,20 €
	insgesamt	169,20 €

Der Mehrbetrag von (250 € ./. 169,20 € =) 80,80 € kann mit einem Teilbetrag von 48 € (ungekürzte Verpflegungspauschale) pauschal mit 25 % versteuert werden.

13.4.2.4.4.7 Erstattung niedriger Beträge durch den Arbeitgeber

Sind die Ersatzleistungen des Arbeitgebers niedriger als die zulässigen Pauschbeträge, kann der Arbeitnehmer den **Unterschiedsbetrag** ohne Einzelnachweis als **Werbungskosten** geltend machen.[1]

Hat der Arbeitnehmer **mehrere Auswärtstätigkeiten** unternommen und hat er vom Arbeitgeber hierfür Ersatzleistungen erhalten, müssen die Ersatzleistungen des Arbeitgebers insgesamt den zulässigen Pauschbeträgen gegenübergestellt werden. Nur insoweit, als die zu gewährenden Pauschbeträge die gesamten Ersatzleistungen des Arbeitgebers übersteigen, kann der Unterschiedsbetrag als Werbungskosten anerkannt werden.[2]

Beispiel:
A nimmt auf Anordnung seines Arbeitgebers im Jahr 01 an zwei Lehrgängen von jeweils 20 Tagen teil (Abwesenheitsdauer jeweils 24 Stunden pro Tag). Hierfür erhält er vom Arbeitgeber als Ersatz für den Verpflegungsmehraufwand pro Lehrgang 325 € (für die ersten 10 Tage 25 € pro Tag, für die folgenden 10 Tage 7,50 € pro Tag). A könnte einen Pauschbetrag von 24 € pro Tag = insgesamt 960 € als Werbungskosten geltend machen.

Es können jedoch nur folgende Werbungskosten anerkannt werden: zulässiger Pauschbetrag 960 € ./. Arbeitgeberersatz von (2 × 325 € =) 650 € = 310 €.

13.4.2.4.5 Reisenebenkosten

Fallen während der Auswärtstätigkeit Nebenkosten an, z. B. für die **Beförderung** oder für die Aufgabe des **Gepäcks,** können diese dem Arbeitnehmer in Höhe der tatsächlichen Aufwendungen steuerfrei nach § 3 Nr. 16 EStG ersetzt werden (R 9.8 Abs. 3 LStR).

---
[1] BFH, BStBl 1980 II S. 79.
[2] BFH, BStBl 1992 II S. 367.

Steuerfreie Nebenkosten sind auch die Ausgaben des Arbeitgebers für Versicherungen zugunsten seines Arbeitnehmers, die Schäden abdecken sollen, die dem Arbeitnehmer infolge der beruflich bedingten auswärtigen Tätigkeit entstehen. Hierunter fallen z. B. **Reisegepäckversicherungen**, soweit sich der Versicherungsschutz auf eine beruflich bedingte Abwesenheit von der ersten Tätigkeitsstätte beschränkt, und **Unfallversicherungen**, soweit sie Berufsunfälle außerhalb der ersten Tätigkeitsstätte abdecken (H 9.8 „Reisegepäckversicherung" und „Unfallversicherung" LStH). Liegen gemischte Versicherungen zugunsten des Arbeitnehmers vor, dann ist nur die die beruflich bedingten Schäden abgeltende Prämienhöhe steuerfrei zu erstatten.[1]

Schließlich gehört zu den Reisenebenkosten, die dem Arbeitnehmer in nachgewiesener Höhe steuerfrei erstattet werden können, auch der **Ersatz eines Schadens,** den der Arbeitnehmer aufgrund der Auswärtstätigkeit erlitten hat, z. B. durch einen Verkehrsunfall aus Anlass der Auswärtstätigkeit mit dem eigenen Kraftfahrzeug oder infolge des Diebstahls von auf die Auswärtstätigkeit mitgenommenen Gegenständen. Ein solcher Schadensersatz ist jedoch nur dann steuerfreier Reisekostenersatz, wenn der Schaden sich als Konkretisierung einer reisespezifischen Gefährdung erweist und nicht nur gelegentlich bei der Reise eingetreten ist (H 9.8 „Schaden" LStH). Deshalb kann z. B. der Verlust von Kleidung, die bei der Auswärtstätigkeit benötigt wurde, steuerfrei ausgeglichen werden, nicht jedoch der Verlust einer Geldbörse oder von Schmuck (H 9.8 „Diebstahl", „Geld", „Schmuck" LStH; vgl. dazu auch Tz. 14.1.2.2).

Der Wertersatz des Arbeitgebers ist jedoch gem. § 3 Nr. 16 EStG nur in der Höhe steuerfrei, in der die Anschaffungs- oder Herstellungskosten des betreffenden Gegenstandes im Fall ihrer Verteilung auf die übliche Gesamtnutzungsdauer auf die Zeit nach dem Eintritt des Schadens entfallen würden **(fiktiver Buchwert).**[2] Da dieser fiktive Buchwert sowie die Notwendigkeit der Mitführung der in Verlust geratenen Gegenstände für die Auswärtstätigkeit häufig schwierig nachzuweisen sind, sind Arbeitgeber in der Praxis gut beraten, eine Reisegepäckversicherung für Auswärtstätigkeiten der Arbeitnehmer abzuschließen. Die Anerkennung der entsprechenden Prämien als steuerfreier Reisenebenkostenersatz dürfte i. d. R. keine Schwierigkeiten bereiten.

13.4.2.4.6 Reisekostenvergütungen aus öffentlichen Kassen

Reisekostenvergütungen aus öffentlichen Kassen sind nach § 3 Nr. 13 EStG grundsätzlich steuerfrei. Im Hinblick auf die Gleichbehandlung der Arbeitnehmer in privaten Dienstverhältnissen und im öffentlichen Dienst hat der Gesetzgeber allerdings die Steuerfreiheit von Vergütungen für **Verpflegungsmehraufwendungen** auf die Pauschbeträge des § 9 Abs. 4a EStG und von **Trennungsgeldern** auf die nach § 9

---
[1] Vgl. zu den Einzelheiten bei Unfallversicherungen BMF vom 28.10.2009 (BStBl 2009 I S. 1275).
[2] BFH, BStBl 1995 II S. 744.

13.4 Steuerfreie Einnahmen

Abs. 1 Satz 3 Nr. 5 und Abs. 4a EStG abziehbaren Aufwendungen beschränkt. Das bedeutet, dass auch öffentlich-rechtliche Arbeitgeber Verpflegungsmehraufwendungen bei einer längerfristigen vorübergehenden Tätigkeit an derselben Tätigkeitsstätte nur für drei Monate steuerfrei erstatten dürfen. Ebenso greift die Steuerfreiheit nicht für solche Mahlzeiten, die mit den maßgebenden amtlichen Sachbezugswerten nach der SvEV angesetzt werden (R 3.13 Abs. 1 i. V. m. R 8.1 Abs. 8 Nr. 2 LStR).

Für die Steuerfreiheit der Reisekostenentschädigung aus öffentlichen Kassen ist nicht Voraussetzung, dass die Tätigkeit des Empfängers hoheitlich ist. Es genügt, dass die auszahlende Stelle eine **öffentliche Kasse** ist und die **beamtenrechtliche Regelung über Reisekostenvergütungen in vollem Umfang anwendet** (zum Begriff der öffentlichen Kasse vgl. H 3.11 „Öffentliche Kassen" LStH). Werden die beamtenrechtlichen Regelungen nicht oder nicht in vollem Umfang angewendet, gehören die ersetzten Beträge zum steuerpflichtigen Arbeitslohn, soweit sie höher sind als die in diesen Regelungen festgesetzten Beträge und außerdem höher sind als die Pauschbeträge für Verpflegungsmehraufwand.

Im Einzelnen ergeben sich danach folgende Grundsätze:

1. Werden Reisekostenvergütungen dem Grund und der Höhe nach unmittelbar nach Maßgabe der Vorschriften des BRKG oder entsprechender Landesgesetze gewährt, sind sie nach § 3 Nr. 13 EStG steuerfrei (vgl. R 3.13 Abs. 1 und Abs. 2 Satz 1 LStR).

   Beispiel:
   Eine öffentlich-rechtliche Sparkasse zahlt ihren Angestellten Reisekostenvergütungen nach Maßgabe des Reisekostengesetzes des die Aufsicht führenden Landes.
   Die Reisekostenvergütungen bleiben steuerfrei, obwohl die Angestellten der Sparkasse keine hoheitliche Tätigkeit ausüben.

2. Werden Reisekostenvergütungen aufgrund einer im BRKG oder in entsprechenden landesrechtlichen Bestimmungen enthaltenen Ermächtigung gezahlt, sind sie ebenfalls steuerfrei, sofern der Empfänger der Reisekostenvergütung unmittelbar unter den persönlichen Geltungsbereich der erwähnten Gesetze fällt.

3. Werden gesetzliche Reisekostenbestimmungen des Bundes oder der Länder in Tarifverträgen oder anderen Vereinbarungen übernommen, sind die hiernach gezahlten Reisekostenvergütungen dem Grund und der Höhe nach in dem Umfang steuerfrei wie bei einer unmittelbaren Anwendung der reisekostenrechtlichen Regelungen (vgl. R 3.13 Abs. 2 Satz 2 LStR).

Nach Auffassung der Finanzverwaltung (H 3.13 „Prüfung, ob Werbungskosten vorliegen" LStH) ist in den Fällen der Zahlung von Reisekostenvergütungen aus öffentlichen Kassen nur zu prüfen, ob die ersetzten Aufwendungen vom Grundsatz her Werbungskosten sind.

Nicht unter den Anwendungsbereich von § 3 Nr. 13 EStG fallen die im Rahmen von Auslandseinsätzen geleisteten Aufwendung zur Anschaffung klimabedingter Kleidung. Es handelt sich insoweit um bürgerliche Kleidung und nicht um typische Berufskleidung (H 3.13 „Klimabedingte Kleidung" LStH). § 3 Nr. 13 EStG ist nämlich dahin gehend einschränkend auszulegen, dass nur solche Aufwendungen erfasst werden, die – wenn der Arbeitnehmer sie selbst getragen hätte – als Werbungskosten abziehbar wären.[1]

Sind die Reisekostenvergütungen aus der öffentlichen Kasse niedriger als die zulässigen Pauschbeträge, kann der Arbeitnehmer des öffentlichen Dienstes hinsichtlich der erstatteten **Fahrtauslagen** und Aufwendungen für **Verpflegungsmehraufwand** den Unterschiedsbetrag zwischen den Erstattungsbeträgen und den Pauschbeträgen grundsätzlich als Werbungskosten geltend machen. Das gilt nicht, wenn die Anwendung der Pauschbeträge offensichtlich zu einer unzutreffenden Besteuerung führen würde oder wenn der Dienstherr dem Arbeitnehmer eine zumutbare Weisung zur Begrenzung seiner Aufwendungen gegeben hat.[2] Werden den im öffentlichen Dienst tätigen Arbeitnehmern die **Übernachtungskosten** nach den Reisekostenbestimmungen ersetzt, kann der Arbeitnehmer den Unterschiedsbetrag zwischen dem Erstattungsbetrag und dem Pauschbetrag für Übernachtungskosten nicht als Werbungskosten geltend machen. Abzugsfähig ist nur der Unterschiedsbetrag zwischen dem Erstattungsbetrag und dem nachgewiesenen tatsächlichen Aufwand für die Übernachtung.[3]

13.4.2.4.7 Auslösungen

13.4.2.4.7.1 Allgemeines

Der Begriff „Auslösung" findet sich weder im EStG noch in der LStDV. Er wird gewöhnlich verwendet bei **pauschalen Entschädigungen,** die private Arbeitgeber ihren Arbeitnehmern zum Ausgleich **für Mehraufwendungen auf auswärtigen Bau- und Montagestellen** zahlen. Auslösungen sind deshalb ihrem Wesen nach Reisekostenvergütungen.

Arbeitsrechtlich sind Auslösungen i. d. R. in den einzelnen Tarifverträgen geregelt. **Steuerrechtlich** sind sie nach § 3 Nr. 16 EStG zu behandeln, d. h., sie sind grundsätzlich nur steuerfrei, wenn eine auswärtige Tätigkeit vorliegt und sie tatsächlich entstandene Mehraufwendungen des Arbeitnehmers abgelten sollen und – soweit sie zur Abgeltung von Verpflegungsmehraufwand gezahlt werden – die Pauschbeträge des § 9 Abs. 4a EStG nicht übersteigen.

13.4.2.4.7.2 Auslösungen bei Auswärtstätigkeiten

Liegt eine Auswärtstätigkeit vor, sind vom Arbeitgeber gezahlte **Auslösungen** als Reisekosten **steuerfrei** (R 3.16 LStR i. V. m. H 9.5 „Werbungskostenabzug und

---

[1] BFH, BStBl 2007 II S. 536.
[2] BFH, BStBl 1972 II S. 257.
[3] BFH, BStBl 1975 II S. 279.

13.4 Steuerfreie Einnahmen

Erstattung durch den Arbeitgeber" LStH). Voraussetzung ist jedoch, dass die Auslösung die für Reisekostenvergütungen vorgesehenen Pauschsätze nicht übersteigt.

Bei längerer Dauer der Auswärtstätigkeit und der damit verbundenen längeren Abwesenheit des Arbeitnehmers vom Ort seiner ersten Tätigkeitsstätte muss der Arbeitgeber prüfen, ob noch eine Auswärtstätigkeit im lohnsteuerrechtlichen Sinne vorliegt. Das ist dann nicht der Fall, wenn die auswärtige Arbeitsstätte zur ersten Tätigkeitsstätte geworden ist. Gleichwohl gezahlte Auslösungen sind dann nicht mehr steuerfrei, es sei denn, es handelt sich um Auslösungen wegen Vorliegens einer doppelten Haushaltsführung.

13.4.2.4.7.3 Auslösungen bei doppelter Haushaltsführung

Ist der Arbeitnehmer auf einer auswärtigen Arbeitsstätte beschäftigt und kehrt nicht täglich an seinen Wohnort zurück, können die ihm dadurch entstehenden notwendigen Mehraufwendungen vom Arbeitgeber in bestimmtem Umfang steuerfrei ersetzt werden, wenn eine doppelte Haushaltsführung vorliegt (R 3.16 i. V. m. R 9.11 LStR).

Eine **doppelte Haushaltsführung** setzt nach § 9 Abs. 1 Satz 3 Nr. 5 Satz 2 EStG Folgendes voraus:

a) Der Arbeitnehmer muss **außerhalb** des Ortes seiner **ersten Tätigkeitsstätte** einen **eigenen Hausstand** unterhalten.

b) Am Ort der ersten Tätigkeitsstätte muss er eine **Zweitwohnung** bewohnen.

c) Das Beziehen dieser **Zweitwohnung** am Ort der ersten Tätigkeitsstätte muss **beruflich veranlasst** sein.

Eine doppelte Haushaltsführung liegt hingegen nicht vor, solange es sich bei der auswärtigen Beschäftigung um eine Auswärtstätigkeit handelt (R 9.11 Abs. 1 Satz 2 LStR).

Sind die o. g. Tatbestandsmerkmale erfüllt, ist es unerheblich, ob in der Zeit nach Begründung der doppelten Haushaltsführung die Beibehaltung beider Wohnungen weiterhin beruflich veranlasst ist (H 9.11 „Beibehaltung der Wohnung" LStH). Allerdings sind die **Auslösungen** des Arbeitgebers zur Abgeltung der dem Arbeitnehmer durch die doppelte Haushaltsführung entstandenen notwendigen Mehraufwendungen **nur insoweit steuerfrei,** als sie die beim Arbeitnehmer als Werbungskosten abziehbaren Aufwendungen nicht übersteigen (§ 3 Nr. 16 EStG).

Die durch das JStG 1996 eingeführte Begrenzung der Abzugsfähigkeit der Mehraufwendungen wegen doppelter Haushaltsführung auf zwei Jahre (Zweijahresfrist) wurde aufgrund der Entscheidung des BVerfG[1] aufgehoben und entfällt damit generell für alle Fälle.

---
1 BVerfG, BStBl 2003 II S. 534.

13.4.2.4.7.3.1 Eigener Hausstand

Die doppelte Haushaltsführung setzt einen eigenen Hausstand außerhalb des Ortes der ersten Tätigkeitsstätte voraus. Hierfür bedarf es gem. § 9 Abs. 1 Satz 3 Nr. 5 Satz 3 EStG des **Innehabens einer Wohnung** sowie einer **finanziellen Beteiligung** an den Kosten der Lebensführung.

Ein eigener **Hausstand** erfordert zum einen eine eingerichtete, den Lebensbedürfnissen entsprechende **Wohnung** des Arbeitnehmers, in der sich ein Haushalt räumlich entfalten kann (R 9.11 Abs. 3 Satz 1 LStR). Eine Wohnung ist somit jede Unterkunft, die vom Arbeitnehmer zur Übernachtung genutzt wird. Nicht vorausgesetzt wird eine Wohnung im bewertungsrechtlichen Sinne, sodass auch vergleichsweise einfache und beengte Wohnverhältnisse ausreichen können (H 9.11 (1–4) „Eigener Hausstand" LStH).

Zum anderen bedarf es eines **eigenen** Hausstands des Arbeitnehmers. Die Wohnung muss grundsätzlich aus eigenem Recht, z. B. als Eigentümer oder als Mieter, genutzt werden. Ausreichen kann aber ein gemeinsames oder abgeleitetes Recht als Ehegatte, Lebenspartner, Lebensgefährte oder Mitbewohner (H 9.11 (1–4) „Eigener Hausstand" LStH). Ein eigener Hausstand kann daher auch dann bejaht werden, wenn der Arbeitnehmer in der Wohnung seines Lebensgefährten mit dessen Duldung lebt und sich finanziell in einem Umfang an der Haushaltsführung beteiligt, dass daraus auf eine gemeinsame Haushaltsführung geschlossen werden kann (H 9.11 (1–4) „Eigener Hausstand" LStH).

In dieser Wohnung muss der Arbeitnehmer einen eigenen Hausstand **„innehaben"** im Sinne von **„unterhalten"**. Dies erfordert, dass der Arbeitnehmer die Haushaltsführung bestimmen oder wesentlich mitbestimmen muss. Eine bloße Eingliederung in einen fremden Haushalt (z. B. in den der Eltern) reicht für die Annahme des Unterhaltens auch dann nicht aus, wenn eine Kostenbeteiligung erfolgt (H 9.11 (1–4) „Eigener Hausstand" LStH).

Das Unterhalten eines eigenen Hausstands ist auch mehr als das bloße Vorhalten einer Wohnung für gelegentliche Besuche oder Ferienaufenthalte.[1] Denn eine doppelte Haushaltsführung ist nicht gegeben, wenn am Ort der ersten Tätigkeitsstätte zugleich der Lebensmittelpunkt liegt.[2] Vielmehr muss die Wohnung außerhalb des Ortes der ersten Tätigkeitsstätte der auf Dauer angelegte **Mittelpunkt der Lebensinteressen** des Arbeitnehmers sein, sodass dieser Hausstand gegenüber der Wohnung am Ort der ersten Tätigkeitsstätte – der Zweitwohnung – als der Hauptstand anzusehen ist (R 9.11 Abs. 3 Satz 4 LStR).[3] Dies ist anhand einer **Gesamtwürdigung aller Umstände des Einzelfalls** festzustellen (H 9.11 „Mittelpunkt der Lebensinteressen" LStH). Indizien können sein, wie oft und wie lange

---
1 BFH, BStBl 2012 II S. 800 und 2013 II S. 208.
2 BFH, BStBl 2015 II S. 511.
3 BFH, BStBl 2013 II S. 627.

sich der Arbeitnehmer in der einen und der anderen Wohnung aufhält, wie beide Wohnungen ausgestattet und wie groß sie sind. Von Bedeutung sind auch die Dauer des Aufenthalts am Ort der ersten Tätigkeitsstätte, die Entfernung beider Wohnungen sowie die Zahl der Heimfahrten. Erhebliches Gewicht hat ferner der Umstand, zu welchem Wohnort die engeren persönlichen Beziehungen (z. B. Art und Intensität der sozialen Kontakte, Vereinszugehörigkeiten und andere Aktivitäten) bestehen.[1]

Besonderheiten bei Ehegatten und Lebenspartnerschaften

Abgesehen vom Fall des dauernden Getrenntlebens[2] wird bei **verheirateten** oder in einer eingetragenen Lebenspartnerschaft lebenden Arbeitnehmern der eigene Hausstand i. d. R. am Familienwohnort sein, wobei eine Familie auch nur aus den beiden Ehepartnern oder Lebenspartnern bestehen kann. An diesem „Familienhausstand" muss der Arbeitnehmer persönlich mitwirken und sich finanziell beteiligen.

Eine doppelte Haushaltsführung wird **beendet,** wenn sich der Mittelpunkt der Lebensinteressen an den Ort der ersten Tätigkeitsstätte verlagert. Dies ist i. d. R. der Fall, wenn der Arbeitnehmer am Ort der ersten Tätigkeitsstätte mit seinem Ehepartner und ggf. mit den Kindern eine familiengerechte Wohnung bezieht, auch wenn die frühere Familienwohnung beibehalten und zeitweise noch genutzt wird.[3]

Das zu verlangende Ausmaß der **persönlichen Mitwirkung** des Arbeitnehmers am Familienhaushalt hängt von den Gegebenheiten des Einzelfalls ab. Die persönliche Beteiligung am **Familienhaushalt** ist ein Indiz dafür, ob der Arbeitnehmer am Familienwohnort (noch) seinen Lebensmittelpunkt hat. Bedeutsam ist dabei insbesondere die Entfernung zwischen dem Familienwohnsitz und der Zweitwohnung. So reicht es i. d. R. bei ausländischen Arbeitnehmern (Gastarbeitern) im Hinblick auf die hohen Reisekosten und die langen Fahrtzeiten aus, wenn der Arbeitnehmer die Familie im Ausland einmal im Jahr besucht und in der Zwischenzeit brieflich oder telefonisch Kontakt hält.[4] Bei Arbeitnehmern mit Familien in noch weiter entfernt liegenden Ländern (z. B. Australien, Indien oder Korea) kann auch (mindestens) eine Heimfahrt innerhalb von zwei Jahren ausreichend sein (R 9.11 Abs. 3 Satz 6 LStR).

§ 9 Abs. 1 Satz 3 Nr. 5 Satz 3 EStG setzt zudem (ab VZ 2014 zwingend) eine **finanzielle Beteiligung** an den Kosten der Lebensführung voraus.[5] Dies hat der Arbeit-

---

[1] BFH vom 09.02.2015 VI B 80/14 (BFH/NV 2015 S. 675), vom 07.05.2015 VI R 71/14 (BFH/NV 2015 S. 1240) und vom 06.08.2014 VI B 38/14 (BFH/NV 2014 S. 1904).
[2] BFH, BStBl 2007 II S. 890.
[3] BFH vom 09.02.2015 VI B 80/14 (BFH/NV 2015 S. 675) und vom 07.05.2015 VI R 71/14 (BFH/NV 2015 S. 1240); FG München vom 23.09.2016 – 1 K 1125/13 (EFG 2016 S. 2052).
[4] BFH, BStBl 1978 II S. 26 (betreffend Gastarbeiter aus der Türkei); vgl. auch R 9.11 Abs. 3 Satz 5 LStR.
[5] Anders noch die Rechtslage bis VZ 2013: Die Beteiligung bzw. Nichtbeteiligung an den Kosten der Haushaltsführung ist zwar ein „gewichtiges Indiz", nicht aber zwingende Voraussetzung im Rahmen der Gesamtwürdigung (BFH, BStBl 2013 II S. 627 und 2012 II S. 800).

nehmer zwar grundsätzlich darzulegen. Bei **Ehegatten** oder Lebenspartnern mit den Steuerklassen III, IV oder V kann eine finanzielle Beteiligung an den Kosten der Haushaltsführung ohne entsprechenden Nachweis jedoch unterstellt werden.[1] Bei in der Bundesrepublik Deutschland tätigen **ausländischen Arbeitnehmern** wird verlangt, dass sie ihre finanzielle Beteiligung am Haushalt im Heimatland durch entsprechende Unterlagen nachweisen, z. B. durch Überweisungsbelege.[2] Eine maßgebende finanzielle Beteiligung wird in diesen Fällen aber nur verneint, wenn die nachgewiesenermaßen gezahlten Beiträge für die Unterhaltung des Haushalts im Heimatland erkennbar unzureichend sind.[3] Dabei sind an den Nachweis jedoch nicht dieselben Anforderungen zu stellen wie beim Nachweis der nach § 33a Abs. 1 EStG abziehbaren Unterhaltsleistungen an Familienangehörige.[4]

Nach ständiger Rechtsprechung des BFH wird eine doppelte Haushaltsführung auch dann anerkannt, wenn zwei Personen, die an verschiedenen Orten wohnen und auch dort ihre Arbeitsstätte haben, **heiraten** und nach ihrer Eheschließung eine dieser Wohnung zum Familienwohnsitz machen.[5] Maßgebliches Argument hierfür ist der durch Art. 6 Abs. 1 GG gewährte Schutz der Ehe. Diese Grundsätze können jedoch nicht ohne weiteres auf die **nichteheliche Lebensgemeinschaft** übertragen werden, da insoweit Art. 6 Abs. 1 GG nicht einschlägig ist. Eine doppelte Haushaltsführung kann bei einer nichtehelichen Lebensgemeinschaft jedoch dann vorliegen, wenn die Partner vor der Geburt eines gemeinsamen Kindes an verschiedenen Orten berufstätig sind, dort wohnen und im zeitlichen Zusammenhang mit der Geburt eines Kindes eine der beiden Wohnungen zur Familienwohnung machen. Insoweit greift wieder der Schutz des Art. 6 Abs. 1 GG, da hierdurch auch die Familie geschützt wird.[6]

Besonderheiten bei alleinstehenden Arbeitnehmern

Bei alleinstehenden Arbeitnehmern ist eine doppelte Haushaltsführung ebenfalls möglich.[7] Die zuvor genannten Voraussetzungen müssen auch hier vorliegen.

Insbesondere ist zu prüfen, ob ein **eigener Haushalt unterhalten** wird. So sind junge Arbeitnehmer, die nach Beendigung ihrer Ausbildung weiterhin – auch mit Kostenbeteiligung – im elterlichen Haushalt ihr Zimmer bewohnen, regelmäßig in den Hausstand der Eltern eingegliedert,[8] während bei älteren, wirtschaftlich selbständigen Arbeitnehmern, die mit ihren Eltern oder einem Elternteil in einem

---

1 BMF vom 24.10.2014 (BStBl 2014 I S. 1412), Rz. 100.
2 BFH, BStBl 1979 II S. 146.
3 BFH, BStBl 1978 II S. 26.
4 BFH, BStBl 1984 II S. 521.
5 H 9.11 „Eheschließung/Begründung einer Lebenspartnerschaft" LStH.
6 BFH, BStBl 2007 II S. 533.
7 Ständige Rechtsprechung seit BFH, BStBl 1995 II S. 180; vgl. auch BFH, BStBl 2012 II S. 800.
8 FG Düsseldorf, EFG 2009 S. 176.

13.4 Steuerfreie Einnahmen

gemeinsamen Haushalt leben, i. d. R. davon ausgegangen werden kann, dass sie die Führung des Haushalts mitbestimmen.[1]

Eine besondere Bedeutung kommt bei nicht-verheirateten Arbeitnehmern der Frage des Haupthausstands zu. Denn **mit zunehmender Dauer** der Auswärtstätigkeit spricht immer mehr dafür, dass die eigentliche Haushaltsführung und damit auch der **Mittelpunkt der Lebensinteressen** an den Ort der ersten Tätigkeitsstätte **verlagert** worden ist und die ursprüngliche Hauptwohnung lediglich für Besuchszwecke vorgehalten wird.[2]

Ein weiteres Indiz für die Verlegung des Lebensmittelpunkts an den Ort der ersten Tätigkeitsstätte kann die **Beschaffenheit** der jeweiligen **Unterkunft** des ledigen Arbeitnehmers sein: Entspricht die Wohnung am Ort der ersten Tätigkeitsstätte derjenigen am Heimatort hinsichtlich der Größe, Einrichtung, Ausstattung etc. oder übertrifft sie diese sogar, kann dies ebenfalls dafür sprechen, dass der Haupthausstand nunmehr am Ort der ersten Tätigkeitsstätte geführt wird.[3]

Anders als bei Verheirateten kann eine **finanzielle Beteiligung** an den Kosten der Lebensführung auch bei volljährigen ledigen Arbeitnehmern nicht generell unterstellt werden. Vielmehr ist diese **darzulegen**. Denn es genügt nicht, wenn der Arbeitnehmer im Haushalt der Eltern lediglich ein oder mehrere Zimmer unentgeltlich bewohnt oder ihm eine Wohnung im Haus der Eltern unentgeltlich zur Nutzung überlassen wird (siehe oben). Von einer finanziellen Beteiligung ist auszugehen, wenn die Barleistungen des Arbeitnehmers mehr als 10 % der monatlich regelmäßig anfallenden laufenden Kosten der Haushaltsführung (z. B. Miete, Mietnebenkosten, Kosten für Lebensmittel und andere Dinge des täglichen Bedarfs) betragen. Liegen die Barleistungen unter dieser Bagatellgrenze, kann der Arbeitnehmer eine hinreichende finanzielle Beteiligung auch auf andere Art und Weise (z. B. durch die Anschaffung von Haushaltsgegenständen oder Möbeln darlegen)[4]. Der Arbeitnehmer muss also die durchschnittlichen monatlichen Kosten der Lebensführung des Haupthausstands und seine nicht unwesentliche Kostenbeteiligung daran nachweisen.

---

1 BFH, BStBl 2013 II S. 208 und 627.
2 BFH, BStBl 2012 II S. 618; das FG Sachsen-Anhalt (Urteil vom 08.09.2016 – 6 K 511/13) hat eine doppelte Haushaltsführung abgelehnt, obwohl die Stpfl. ihr eigenes Einfamilienhaus am Heimatort aufwendig sanieren ließ und dieses nach Größe und Ausstattung gegenüber der angemieteten Wohnung am Ort der ersten Tätigkeitsstätte als höherwertig zu betrachten ist, sie 30 Heimfahrten im VZ unternahm und einen nicht unerheblichen Teil des Jahres am Heimatort verbrachte. Denn die Stpfl. war schon rund 18 Jahre außerhalb des Heimatortes beschäftigt. Der sehr langen Dauer am Ort der ersten Tätigkeitsstätte komme besonderes Gewicht zu, weil die Stpfl. ledig ist und weder einen festen Lebensgefährten noch Kinder als Bezugspersonen am Heimatort hat.
3 FG München, EFG 1997 S. 1305; FG Baden-Württemberg, EFG 1997 S. 867 und 1998 S. 186; vgl. aber FG Sachsen-Anhalt vom 08.09.2016 – 6 K 511/13.
4 BMF vom 24.10.2014 (BStBl 2014 I S. 1412), Rz. 100.

13.4.2.4.7.3.2 Wohnen am Ort der ersten Tätigkeitsstätte

Nach § 9 Abs. 1 Satz 3 Nr. 5 Satz 2 EStG muss der Arbeitnehmer am Ort der ersten Tätigkeitsstätte wohnen. Voraussetzung ist also, dass der **Ort des eigenen Hausstands** und der **Ort der ersten Tätigkeitsstätte auseinanderfallen.**

Eine Zweitwohnung (oder -unterkunft) in der Nähe des Ortes der ersten Tätigkeitsstätte steht einer Wohnung am Ort der ersten Tätigkeitsstätte gleich (R 9.11 Abs. 4 LStR)[1]. Unter „Ort der ersten Tätigkeitsstätte" ist also nicht die jeweilige politische Gemeinde zu verstehen, sondern der Bereich, der zu der konkreten Anschrift der ersten Tätigkeitsstätte (noch) als Einzugsgebiet anzusehen ist.[2] Auch wenn § 9 Abs. 1 Satz 3 Nr. 5 Satz 2 EStG nicht auf die **Entfernung** zwischen dem Haupthausstand und dem Ort der ersten Tätigkeitsstätte abstellt, spricht umso mehr für eine private Veranlassung der doppelten Haushaltsführung, je geringer die Entfernung der beiden Orte voneinander ist. Aus Vereinfachungsgründen nimmt die Verwaltung eine Zweitwohnung (oder -unterkunft) am Ort der ersten Tätigkeitsstätte an, wenn der Weg von dieser Zweitwohnung zur ersten Tätigkeitsstätte weniger als die Hälfte der Entfernung der kürzesten Straßenverbindung zwischen der Hauptwohnung und der ersten Tätigkeitsstätte beträgt.[1] Befinden sich der eigene Hausstand und die Zweitwohnung innerhalb derselben Stadt oder Gemeinde, kann für die Frage der beruflichen Veranlassung ebenfalls diese Vereinfachungsregelung herangezogen werden.[1]

Nach Auffassung der Rechtsprechung ist die Entfernung zwischen Hauptwohnung und erster Tätigkeitsstätte ein wesentliches, allerdings nicht das allein entscheidungserhebliche Merkmal. Vielmehr wohnt ein Arbeitnehmer bereits dann am Ort der ersten Tätigkeitsstätte, wenn er seine erste Tätigkeitsstätte von seiner Wohnung aus ungeachtet von Gemeinde- und Landesgrenzen **in zumutbarer Weise täglich aufsuchen kann,** was das FG durch tatrichterliche Würdigung im Einzelfall festzustellen hat.[3] Neben der Entfernung ist auch auf die Verkehrsanbindung mit privaten und öffentlichen Verkehrsmitteln, die Erreichbarkeit dieser Verkehrsmittel bei Arbeitsbeginn und -ende sowie eventuelle besondere Umstände beim Arbeitsablauf abzustellen. In einer Großstadt sind Fahrzeiten von etwa einer Stunde für die einfache Strecke üblich und ohne weiteres zumutbar – insbesondere dann, wenn es ein gut ausgebautes Netz von öffentlichen Nah- und Fernverkehrsverbindungen gibt.[4]

---

1 BMF vom 24.10.2014 (BStBl 2014 I S. 1412), Rz. 101.
2 BFH, BStBl 2012 II S. 833; FG Baden-Württemberg, EFG 2016 S. 1423 (Revision anhängig); FG Berlin-Brandenburg, EFG 2016 S. 1005 (Revision anhängig); FG Hamburg, EFG 2015 S. 808 (rkr.) und EFG 2014 S. 1185.
3 BFH, BStBl 2012 II S. 833; FG Münster vom 10.02.2017 – 4 K 1429/15; FG Baden-Württemberg, EFG 2016 S. 1423 (Revision anhängig).
4 BFH, BStBl 2012 II S. 833; FG Baden-Württemberg, EFG 2016 S. 1423 (Revision anhängig); FG Berlin-Brandenburg, EFG 2016 S. 1005 (Revision anhängig); FG Hamburg, EFG 2015 S. 808 (rkr.).

Ein „**Wohnen**" am Ort der ersten Tätigkeitsstätte verlangt einen gewissen **Dauerzustand**, was bei nur gelegentlichen Übernachtungen in einem Hotel nicht der Fall ist.[1] Andererseits ist es unerheblich, wie oft der Arbeitnehmer tatsächlich in der Zweitwohnung übernachtet (H 9.11 (1–4) „Nutzung der Zweitwohnung" LStH); er muss die festangemietete Wohnung nur jederzeit zur Verfügung haben[2]. Ausgehend vom Gesetzeswortlaut wird man für den Zweithaushalt nicht die Qualität eines Hausstandes verlangen dürfen, sodass hinsichtlich der Unterkunft keine hohen Anforderungen zu stellen sind. Daher erfüllt auch eine Gemeinschaftsunterkunft oder ein Hotelzimmer diese Voraussetzungen (H 9.11 (1–4) „Zweitwohnung am Beschäftigungsort" LStH).

13.4.2.4.7.3.3 Berufliche Veranlassung

Die doppelte Haushaltsführung muss **beruflich veranlasst** sein, d. h. durch das Arbeitsverhältnis des Arbeitnehmers. Eine berufliche Veranlassung liegt vor, wenn der Zweithaushalt am oder in der Nähe der ersten Tätigkeitsstätte deswegen begründet worden ist, um von dort aus die Arbeitsstätte täglich erreichen zu können (vgl. H 9.11 (1–4) „Zweitwohnung am Beschäftigungsort" LStH). Dies ist regelmäßig bei einem Wechsel des Ortes der ersten Tätigkeitsstätte aufgrund einer Versetzung, des Wechsels oder der erstmaligen Begründung eines Dienstverhältnisses anzunehmen (R 9.11 Abs. 2 Satz 1 LStR).

Die früher von der Rechtsprechung vertretene Auffassung, dass in den sog. „**Wegverlegungsfällen**" eine beruflich veranlasste doppelte Haushaltsführung nicht vorliegt,[3] ist zwischenzeitlich aufgegeben worden.[4] Verlegt also ein Arbeitnehmer seinen Haupthausstand aus privaten Gründen vom Ort der ersten Tätigkeitsstätte weg und nutzt daraufhin eine bereits vorhandene Wohnung am Ort der ersten Tätigkeitsstätte als Zweithaushalt, um von dort aus seiner Beschäftigung weiter nachgehen zu können, wird die doppelte Haushaltsführung mit Umwidmung der bisherigen Hauptwohnung in einen Zweithaushalt begründet. Die Dreimonatsfrist für die Abzugsfähigkeit von Verpflegungsmehraufwendungen beginnt in solchen Fällen mit dem Zeitpunkt der Umwidmung (R 9.11 Abs. 2 Satz 5 LStR, H 9.11 (5–10) „Verpflegungsmehraufwendungen" LStH). Unerheblich ist, ob der Arbeitnehmer verheiratet[5] oder ledig[4] ist. Steht jedoch bereits im Zeitpunkt der Wegverlegung des Lebensmittelpunkts vom Ort der ersten Tätigkeitsstätte fest bzw. ist geplant, dass ein Rückumzug erfolgen soll, ist kein Fall einer beruflich veranlassten doppelten Haushaltsführung gegeben (vgl. R 9.11 Abs. 2 Satz 6 LStR).

---

1 BFH vom 22.04.1998 XI R 59/97 (BFH/NV 1998 S. 1216).
2 FG Niedersachsen, EFG 2002 S. 321.
3 BFH, BStBl 1982 II S. 297.
4 BFH, BStBl 2009 II S. 1016.
5 BFH, BStBl 2009 II S. 1012.

13 Arbeitslohn

Beispiel:
A ist als Redakteur bei einer Zeitung in Dortmund tätig, wo sich zunächst auch der Familienwohnsitz befand. Im Jahr 01 errichtete A ein Einfamilienhaus in Gelsenkirchen, wohin die Familie Ende des Jahres zog. A fuhr nunmehr täglich von Gelsenkirchen nach Dortmund zur Arbeit. Im Jahr 06 mietete er in Dortmund ein Zimmer an und ging von diesem aus seiner Tätigkeit nach.
Die Begründung der doppelten Haushaltsführung im Jahr 06 ist beruflich veranlasst.

Ebenso wird eine beruflich begründete doppelte Haushaltsführung nicht dadurch beendet, dass der Familienhausstand innerhalb desselben Ortes verlegt wird.[1]

Eine Beschäftigung auch am Ort des Hauptwohnsitzes steht der Annahme einer doppelten Haushaltsführung nicht entgegen.[2]

Zweifelhaft ist, ob ein **durch Heirat** des Arbeitnehmers **begründeter doppelter Haushalt** beruflich veranlasst ist. Da die Heirat ein privater Vorgang ist, wurde die Frage früher verneint.[3] Dieser Auffassung ist entgegenzuhalten, dass § 9 Abs. 1 Satz 3 Nr. 5 Satz 2 EStG nur darauf abstellt, dass der Arbeitnehmer neben dem Haupthausstand am Mittelpunkt seiner Lebensinteressen eine Zweitwohnung am Ort der ersten Tätigkeitsstätte **aus beruflichen Gründen unterhält** (dazu H 9.11 (1–4) „Eheschließung/Begründung einer Lebenspartnerschaft" LStH).

Beispiel:
Der bisher ledige L heiratet. Sein möbliertes Zimmer in Bremen, wo er bisher und auch künftig tätig ist, behält er bei. Den Familienwohnsitz begründen die Eheleute in Bremerhaven, wo die Ehefrau vor der Heirat berufstätig war und auch weiterhin bleibt.
Da es weder darauf ankommt, ob der zweite Haushalt in Bremen in einer neuen Wohnung oder in der bisherigen, bis zur Wegverlegung des Lebensmittelpunkts bewohnten Wohnung begründet wird, noch auf die zeitliche Abfolge der Wegverlegung und der Begründung der Zweitwohnung (vgl. dazu H 9.11 (1–4) „Zeitlicher Zusammenhang" LStH), unterhält L einen beruflich bedingten doppelten Haushalt in Bremen.

Eine beruflich veranlasste doppelte Haushaltsführung kann auch dann vorliegen, wenn nicht der Arbeitnehmer, sondern der Ehegatte den Ort der ersten Tätigkeitsstätte wechselt und der Familienwohnsitz an diesen Ort verlegt wird, während der Arbeitnehmer die **ursprüngliche Familienwohnung als „Erwerbswohnung" beibehält** (vgl. H 9.11 (1–4) „Eheschließung/Begründung einer Lebenspartnerschaft" LStH).

Beispiel:
A ist in Bremen beschäftigt und wohnt hier mit seiner Frau sowie den beiden Kindern. Im Jahr 01 nimmt die Ehefrau in Hamburg eine nichtselbständige Tätigkeit auf und zieht mit den beiden Kindern dorthin um, ohne sich von A zu trennen. A bleibt während der Woche in Bremen wohnen und fährt regelmäßig am Wochenende zu seiner Familie nach Hamburg.

---
1 BFH, BStBl 2006 II S. 714.
2 BFH, BStBl 2007 II S. 609.
3 BFH, BStBl 1977 II S. 158.

Obwohl A seine Wohnung und seine erste Tätigkeitsstätte beibehält, hat sich durch den Wegzug der Familie der Lebensmittelpunkt verlagert. Ab diesem Zeitpunkt unterhält A in Bremen (nur noch) eine Zweitwohnung aus beruflichen Gründen und begründet dadurch eine doppelte Haushaltsführung.

Bei verheirateten Arbeitnehmern kann **für jeden Ehegatten** eine beruflich veranlasste **doppelte Haushaltsführung** vorliegen, wenn die Ehegatten außerhalb des Ortes ihres gemeinsamen Haupthausstands an verschiedenen Orten beschäftigt sind und jeweils dort eine Zweitwohnung beziehen (H 9.11 (1–4) „Ehegatten/Lebenspartner" LStH).

Beispiel:
Die Eheleute A haben eine gemeinsame Familienwohnung in Augsburg. Herr A ist als Lehrer in Hannover tätig, Frau A als Sekretärin in Frankfurt. Beide Eheleute haben an den Orten ihrer ersten Tätigkeitsstätte jeweils ein Zimmer gemietet, wo sie während der Woche wohnen. An den Wochenenden, während des Urlaubs usw. halten sie sich in der Familienwohnung in Augsburg auf.

Beiden Eheleuten können steuerfreie Auslösungen zur Abgeltung des Verpflegungsmehraufwands wegen doppelter Haushaltsführung gezahlt werden.

Bei **beiderseits berufstätigen** Eheleuten oder Lebensgefährten, die jeweils am Ort der ersten Tätigkeitsstätte aus beruflichen Gründen eine familiengerechte Wohnung unterhalten und in dieser während der Woche (und damit den weitaus überwiegenden Teil des Jahres) zusammenleben, befindet sich der Lebensmittelpunkt nicht automatisch am Ort der ersten Tätigkeitsstätte. Vielmehr ist der Lebensmittelpunkt auch in diesen Fällen anhand einer Gesamtwürdigung aller Umstände des Einzelfalls festzustellen.[1]

Beruflich veranlasst ist eine doppelte Haushaltsführung auch dann, wenn ein Arbeitnehmer infolge einer **Erkrankung** die täglichen Fahrten zur ersten Tätigkeitsstätte nicht mehr durchführen kann und sich deshalb dort nunmehr ein Zimmer mietet.[2]

13.4.2.4.7.3.4 Beibehaltung der doppelten Haushaltsführung

Entscheidend ist, dass die **Begründung** der doppelten Haushaltsführung beruflich veranlasst ist. Die Gründe für die **Beibehaltung** des doppelten Haushalts in der Folgezeit sind dann unerheblich (H 9.11 (1–4) „Beibehaltung der Wohnung" LStH). Für die Auffassung, wonach auch die Beibehaltung der doppelten Haushaltsführung beruflich veranlasst sein muss[3], gibt es dagegen keine gesetzliche Grundlage. Damit ist auch klargestellt, dass ein beruflich begründeter zweiter Haushalt durch bloßen Zeitablauf seine berufliche Veranlassung nicht verlieren kann.

---
1 BFH vom 07.05.2015 VI R 74/14 (BFH/NV 2015 S. 1240) und vom 08.10.2014 VI R 16/14 (BStBl 2015 II S. 511).
2 BFH, BStBl 1989 II S. 94.
3 So die vormalige Rechtsprechung (z. B. BFH, BStBl 1978 II S. 26).

13 Arbeitslohn

13.4.2.4.7.3.5 Kostenerstattung durch den Arbeitgeber

Liegt nach den vorgenannten Grundsätzen eine doppelte Haushaltsführung beim Arbeitnehmer vor, kann der Arbeitgeber die hierdurch entstandenen Aufwendungen **steuerfrei ersetzen.** Dabei dürfen die Erstattungsbeträge jedoch bei Verpflegungsmehraufwand die Höchstbeträge des § 9 Abs. 4a EStG und bei Familienheimfahrten die Pauschbeträge des § 9 Abs. 1 Satz 3 Nr. 5 Satz 5 ff. EStG nicht übersteigen (§ 3 Nr. 13 und 16 EStG). Danach bestehen folgende Möglichkeiten der steuerfreien Auslösungen:

1. **Tatsächliche Fahrtkosten** für die **erste** Fahrt **zum Ort der ersten Tätigkeitsstätte** (Beginn der doppelten Haushaltsführung) und für die **letzte** Fahrt **vom Ort der ersten Tätigkeitsstätte** zum Ort des eigenen Hausstands (Ende der doppelten Haushaltsführung)

   Benutzt der Arbeitnehmer für diese Fahrten ein **eigenes Kraftfahrzeug,** kann ein Betrag von 0,30 Euro pro gefahrenen km bei Benutzung eines Kraftwagens und ein Betrag von 0,13 Euro pro gefahrenen km bei Benutzung eines Motorrads oder Motorrollers steuerfrei ersetzt werden (R 9.11 Abs. 6 Nr. 1 LStR).

2. **Fahrtkosten für jeweils eine** tatsächlich durchgeführte **Familienheimfahrt wöchentlich** (§ 9 Abs. 1 Satz 3 Nr. 5 Satz 5 EStG).

   Die Aufwendungen für die Familienheimfahrt werden gem. § 9 Abs. 1 Satz 3 Nr. 5 Satz 6 EStG mit einer Entfernungspauschale von 0,30 Euro für jeden vollen Kilometer der Entfernung zwischen dem Ort des eigenen Hausstands und dem Ort der ersten Tätigkeitsstätte abgegolten.

   Stellt der **Arbeitgeber** dem Arbeitnehmer für Familienheimfahrten einen **Kraftwagen zur Verfügung,** sind zwei Fälle zu unterscheiden: Führt der Arbeitnehmer **eine Familienheimfahrt** durch, ist ein geldwerter Vorteil nicht anzusetzen (§ 8 Abs. 2 Satz 5 Halbsatz 2 EStG). Der Arbeitnehmer kann jedoch keinen Werbungskostenabzug geltend machen (§ 9 Abs. 1 Satz 3 Nr. 5 Satz 8 EStG). Für **weitere Familienheimfahrten** ist ein lohnsteuerpflichtiger Sachbezug anzusetzen. Dieser Sachbezug ist nach § 8 Abs. 2 Satz 5 Halbsatz 1 EStG für jede Fahrt mit 0,002 % des Listenpreises des überlassenen Kraftfahrzeugs pro Entfernungskilometer anzusetzen.

   > **Beispiel:**
   > Arbeitnehmer A hat einen PKW (Listenpreis 25.000 €) zur unentgeltlichen Nutzung auch für seine Familienheimfahrten vom Arbeitgeber erhalten. Die Entfernung zwischen der ersten Tätigkeitsstätte und dem eigenen Hausstand beträgt 50 km.
   > Für jeweils eine Familienheimfahrt wöchentlich ist kein geldwerter Vorteil anzusetzen.
   > Für jede weitere Familienheimfahrt ist jeweils folgender Sachbezug anzusetzen:
   > 50 km × 0,002 % von 25.000 € = 25 €.
   > Ein Werbungskostenabzug für A entfällt, weil nur eine Familienheimfahrt wöchentlich steuerlich berücksichtigt werden darf.

Sofern der Arbeitnehmer **mehr als einmal wöchentlich** eine **Heimfahrt** antritt, billigt ihm die Verwaltung gem. R 9.11 Abs. 5 Satz 2 LStR ein **Wahlrecht** zu, ob er die notwendigen Mehraufwendungen für die doppelte Haushaltsführung (i. S. des R 9.11 Abs. 5 LStR) oder die Fahrtkosten nach R 9.10 LStR (Fahrten zwischen Wohnung und erster Tätigkeitsstätte) geltend machen möchte. Dieses Wahlrecht kann pro Kalenderjahr für dieselbe doppelte Haushaltsführung nur einmal ausgeübt werden (R 9.11 Abs. 5 Satz 3 LStR).

Anstelle der Aufwendungen für eine Familienheimfahrt können auch die **Gebühren für ein Ferngespräch** bis zu einer Dauer von 15 Minuten mit Angehörigen, die zum eigenen Hausstand des Arbeitnehmers gehören, als Werbungskosten berücksichtigt werden (H 9.11 (5–10) „Telefonkosten" LStH; dazu auch Tz. 14.3.9).

Ist ausnahmsweise die **Besuchsfahrt der Ehefrau** zum Ort der ersten Tätigkeitsstätte des Arbeitnehmers einer Familienheimfahrt gleichzustellen, weil der Arbeitnehmer aus beruflichen Gründen gehindert ist, selbst eine Familienheimfahrt zu unternehmen, können nur die Fahrtkosten für diese umgekehrten Familienheimfahrten, nicht aber die Mehraufwendungen der Ehefrau für Verpflegung und Unterkunft als Werbungskosten abgezogen werden.[1] Liegt ein solcher Ausnahmefall, wie z. B. ein Bereitschaftsdienst, nicht vor, sind die Fahrtkosten des Ehegatten auch dann privat veranlasst und folglich nicht abzugsfähig, wenn es sich um eine längerfristige Auswärtstätigkeit des berufstätigen Arbeitnehmers handelt.[2]

Hat der Arbeitgeber oder auf seine Rechnung ein Dritter dem Arbeitnehmer zur Durchführung von **Familienheimfahrten** einen **Kraftwagen unentgeltlich** überlassen, kommt eine zusätzliche Erstattung von Aufwendungen für die Familienheimfahrten nicht in Betracht (R 9.11 Abs. 6 Nr. 2 Satz 2 i. V. m. Abs. 10 Satz 7 Nr. 1 LStR).

3. **Notwendige Mehraufwendungen für Verpflegung** (§ 9 Abs. 4a Satz 12 EStG)

Gem. § 9 Abs. 4a Satz 12 Halbsatz 1 EStG sind die Pauschalen des § 9 Abs. 4a Satz 3 EStG (**Inland**; dazu Tz. 13.4.2.4.4.2) und Satz 5 (**Ausland**; Tz. 13.4.2.4.4.3), die Dreimonatsfrist gem. § 9 Abs. 4a Satz 6 f. EStG (dazu Tz. 13.4.2.4.4.4) und die Kürzungsregelungen gem. § 9 Abs. 4a Satz 8 ff. EStG (dazu Tz. 13.4.2.4.4.5) anzuwenden. Das bedeutet, dass die Verpflegungsmehraufwendungen bei einer beruflich veranlassten doppelten Haushaltsführung nur für einen Zeitraum von **drei Monaten** nach Bezug der Zweitwohnung am Ort der ersten Tätigkeitsstätte gewährt werden.

---
[1] BFH, BStBl 1983 II S. 313 und 1975 II S. 64.
[2] BFH vom 22.10.2015 VI R 22/14 (BStBl 2016 II S. 179) und vom 02.02.2011 VI R 15/10 (BStBl 2011 II S. 456).

Gemäß § 9 Abs. 4a Satz 12 Halbsatz 2 EStG ist jedoch für jeden Kalendertag innerhalb der Dreimonatsfrist, an dem gleichzeitig eine Auswärtstätigkeit i. S. von § 9 Abs. 4a Satz 2 oder Satz 4 EStG ausgeübt wird, **nur** der jeweils **höchste** in Betracht kommende **Pauschbetrag** abziehbar.

Zu beachten ist auch, dass eine **unmittelbar vorausgehende Auswärtstätigkeit** i. S. des § 9 Abs. 4a Satz 2 EStG auf die Dreimonatsfrist anzurechnen ist (§ 9 Abs. 4a Satz 13 EStG).

Beispiele:

1. Arbeitnehmer A führt einen beruflich veranlassten doppelten Haushalt. Seine Familienheimfahrten laufen wie folgt ab: freitags Abfahrt nach Arbeitsende zur Familienwohnung, dort Ankunft 17 Uhr, montags Abfahrt von dort 5 Uhr, Ankunft an auswärtiger Arbeitsstätte 8 Uhr.

A kann in den ersten drei Monaten nach Begründung des doppelten Haushalts folgende Verpflegungsmehraufwendungen als Werbungskosten geltend machen:

für Freitag bei 17-stündiger Abwesenheit von der Familienwohnung	12 €
für Samstag und Sonntag	0 €
für Montag bei 19-stündiger Abwesenheit von der Familienwohnung	12 €
für Dienstag bis Donnerstag	24 €

2. Der verheiratete A wohnt in Bremen. Seit dem 01.06.01 ist er für seinen Arbeitgeber in Hamburg tätig. Im Juli 01 wird erkennbar, dass der Einsatz dort von längerer Dauer sein wird. A mietet deshalb ab 01.10.01 in Hamburg ein Zimmer an und begründet dadurch eine doppelte Haushaltsführung.

Die dem A von seinem Arbeitgeber gezahlten Auslösungen wegen Mehraufwendungen für Verpflegung sind gem. § 9 Abs. 4a Satz 13 EStG nur bis einschließlich August 01 steuerfrei, obwohl erst ab Oktober 01 eine doppelte Haushaltsführung besteht.

Entstehen dem Arbeitnehmer höhere Aufwendungen für die Verpflegung und weist er diese nach, darf der Arbeitgeber gleichwohl keine höheren Beträge als die vorgenannten steuerfrei erstatten (R 9.11 Abs. 10 Satz 7 Nr. 2 LStR).

4. **Notwendige Kosten der Unterkunft (R 9.11 Abs. 10 Satz 7 Nr. 3 LStR)**

Gemäß § 9 Abs. 1 Satz 3 Nr. 5 Satz 4 EStG können als Unterkunftskosten für eine doppelte Haushaltsführung im Inland die tatsächlichen Aufwendungen für die Nutzung der Unterkunft angesetzt werden. Der bis VZ 2013 vorzunehmende Vergleich mit einer „durchschnittlichen Wohnung von 60 m²" entfällt damit ebenso wie die Prüfung der Notwendigkeit und Angemessenheit.[1] Zu den Unterkunftskosten gehören z. B. die Miete und die Kosten der laufenden Reinigung sowie – bei einer im Eigentum des Arbeitnehmers stehenden Zweitwohnung – die tatsächlichen Aufwendungen wie die AfA oder die Schuldzinsen (dazu H 9.11 (5–10) „Eigene Zweitwohnung" LStH).[2]

---

1 BMF vom 24.10.2014 (BStBl 2014 I S. 1412), Rz. 102.
2 Siehe auch BMF vom 24.10.2014 (BStBl 2014 I S. 1412), Rz. 103 f.

13.4 Steuerfreie Einnahmen

a) Die Abzugsfähigkeit dieser Kosten ist jedoch auf einen **monatlichen Höchstbetrag von 1.000 Euro** begrenzt. Dieser Höchstbetrag ist ein Monatsbetrag, der nicht auf einen Kalendertag umzurechnen ist und grundsätzlich für jede doppelte Haushaltsführung des Arbeitnehmers gesondert gilt.[1] Grundsätzlich ist bei der Anwendung des Höchstbetrags § 11 EStG zu beachten. Soweit der monatliche Höchstbetrag nicht ausgeschöpft wird, kann das nicht ausgeschöpfte Volumen in andere Monate des Bestehens der doppelten Haushaltsführung im selben Kalenderjahr übertragen werden.[2]

Nach Auffassung der Finanzverwaltung umfasst der Höchstbetrag **sämtliche** entstehenden **Aufwendungen** wie Miete, Betriebskosten, Kosten der laufenden Reinigung und Pflege der Zweitwohnung oder -unterkunft, Aufwendungen (AfA) für notwendige Einrichtungsgegenstände und notwendigen Hausrat[3] (ohne Arbeitsmittel), Zweitwohnungsteuer, Rundfunkbeitrag, Miet- oder Pachtgebühren für PKW-Stellplätze, Aufwendungen für Sondernutzung (wie Garten), die vom Arbeitnehmer selbst getragen werden.[4] Wird die Zweitwohnung oder -unterkunft möbliert angemietet, sind die Aufwendungen bis zum Höchstbetrag berücksichtigungsfähig. Auch Aufwendungen für einen separat angemieteten Garagenstellplatz sind in den Höchstbetrag einzubeziehen und können nicht als „sonstige" notwendige Mehraufwendungen zusätzlich berücksichtigt werden. Maklerkosten, die für die Anmietung einer Zweitwohnung oder -unterkunft entstehen, sind nicht in die Grenze von 1.000 Euro miteinzubeziehen, sondern als Umzugskosten zusätzlich als Werbungskosten abziehbar oder vom Arbeitgeber steuerfrei erstattbar (vgl. dazu auch Tz. 13.4.4.1).[4]

b) Erhält der Arbeitnehmer **Erstattungen** wie z. B. Nebenkostenrückzahlungen, mindern diese im Zeitpunkt des Zuflusses die Unterkunftskosten der doppelten Haushaltsführung.[2]

c) Bei der Ermittlung der anzuerkennenden Unterkunftskosten nicht einzubeziehen ist hingegen ein **häusliches Arbeitszimmer** in der Zweitwohnung am Ort der ersten Tätigkeitsstätte. Der Abzug dieser Aufwendungen richtet sich vielmehr nach § 9 Abs. 5 Satz 1 i. V. m. § 4 Abs. 5 Satz 1 Nr. 6b EStG[2] (zum häuslichen Arbeitszimmer vgl. Tz. 14.3.3).

d) Ohne Einzelnachweis darf der Arbeitgeber die notwendigen Aufwendungen für die Zweitwohnung am Ort der ersten Tätigkeitsstätte für die **ersten drei Monate** mit einem Pauschbetrag von **20 Euro täglich** und **für die Folgezeit**

---

1 BMF vom 24.10.2014 (BStBl 2014 I S. 1412), Rz. 106.
2 BMF vom 24.10.2014 (BStBl 2014 I S. 1412), Rz. 105.
3 A. A. FG Düsseldorf, Urteil vom 14.03.2017 – 13 K 1216/16 E (Revision zugelassen): Aufwendungen für Einrichtungsgegenstände und notwendigen Hausrat werden vom Höchstbetrag des § 9 Abs. 1 Satz 3 Nr. 5 Satz 4 EStG nicht erfasst.
4 BMF vom 24.10.2014 (BStBl 2014 I S. 1412), Rz. 104.

mit einem Pauschbetrag von **5 Euro täglich** je Übernachtung steuerfrei **erstatten**, wenn dem Arbeitnehmer die Zweitwohnung nicht unentgeltlich oder teilentgeltlich zur Verfügung gestellt worden ist (R 9.11 Abs. 10 Satz 7 Nr. 3 Satz 1 LStR).

Bei einer **Tätigkeit im Ausland** gelten die vorherigen Ausführungen nicht.

a) Stattdessen sind (wie bisher) die tatsächlichen Aufwendungen für eine im Ausland belegene Zweitwohnung zu berücksichtigen, soweit sie **notwendig** und **angemessen** sind. Dies ist der Fall, soweit sie die ortsübliche Miete für eine nach Lage und Ausstattung durchschnittliche Wohnung am Ort der ersten Tätigkeitsstätte mit einer Wohnfläche bis zu 60 m² nicht überschreiten.[1]

b) Die Finanzverwaltung hat den Ansatz bestimmter **Pauschalbeträge ohne Einzelnachweis** der tatsächlichen Kosten zugelassen.[2] Ohne Einzelnachweis dürfen die notwendigen Aufwendungen für eine Zweitwohnung am Ort der ersten Tätigkeitsstätte im Ausland für die ersten **drei Monate** mit dem geltenden Auslandsübernachtungspauschbetrag und für die **Folgezeit** mit 40 % dieses Pauschbetrags steuerfrei erstattet werden (R 9.11 Abs. 10 Satz 7 Nr. 3 Satz 2 EStG). Zahlt der Arbeitgeber zur Abgeltung der notwendigen Mehraufwendungen für die doppelte Haushaltsführung mehr als die nach den vorgenannten Grundsätzen abzugsfähigen Kosten, ist der übersteigende Betrag steuerpflichtiger Arbeitslohn.

13.4.2.4.7.4 Auslösungen bei zeitlich beschränkter doppelter Haushaltsführung für Arbeitnehmer ohne eigenen Hausstand

Bei Arbeitnehmern ohne eigenen Hausstand am Mittelpunkt ihrer Lebensinteressen, insbesondere bei ledigen Arbeitnehmern, kann eine doppelte Haushaltsführung nicht angenommen werden, z. B. weil sie bisher nur im Haushalt der Eltern gelebt haben. Da diesen Arbeitnehmern aber gleichwohl bei einem Wohnungswechsel an den auswärtigen Ort der ersten Tätigkeitsstätte oder in dessen Nähe beruflich bedingte Aufwendungen entstehen, wurde bei ihnen für eine bestimmte Übergangszeit nach einem Wohnungswechsel an den Ort der ersten Tätigkeitsstätte eine doppelte Haushaltsführung unterstellt.

Diese Billigkeitsregelung in R 43 Abs. 5 LStR 2004 entfiel ab dem Jahr 2004, da es an den gesetzlichen Voraussetzungen des Vorliegens von zwei Haushalten fehlt. Von dieser Änderung sind insbesondere Kinder mit auswärtiger Berufsausbildung und einem Zimmer in der Wohnung der Eltern betroffen, da das Zimmer keinen eigenen Hausstand begründet.

---
1 BMF vom 24.10.2014 (BStBl 2014 I S. 1412), Rz. 107 i. V. m. R 9.11 Abs. 8 Satz 2 LStR.
2 Vgl. H 9.11 (5–10) „Pauschbeträge bei doppelter Haushaltsführung im Ausland" LStH i. V. m. BMF vom 09.12.2015 (BStBl 2015 I S. 1058).

13.4.3 Kaufkraftausgleich (§ 3 Nr. 64 EStG)

Arbeitnehmer des öffentlichen Dienstes mit dienstlichem Wohnsitz im Ausland erhalten nach den besoldungsrechtlichen Bestimmungen (z. B. §§ 52 ff. BBesG) bzw. den entsprechenden tarifvertraglichen Regelungen neben dem Grundgehalt zusätzlich besondere Auslandsdienstbezüge. Diese Gesamtbezüge sind somit höher als die Bezüge, die dem Arbeitnehmer bei einer gleichartigen Tätigkeit im Inland nach den Besoldungsgesetzen oder den tarifvertraglichen Regelungen zustehen würden. Die überschießenden Bezüge sollen im Wesentlichen die im Ausland in aller Regel erheblich höheren Lebenshaltungskosten ausgleichen. Zwar gehören Lebenshaltungskosten grundsätzlich zu den nach § 12 EStG nichtabzugsfähigen Aufwendungen. Die erhöhten Lebenshaltungskosten entstehen den Auslandsbediensteten aber aus beruflichen Gründen, sodass es dem Gesetzgeber gerechtfertigt erschien, sie zumindest teilweise steuerfrei zu stellen.

Nach **§ 3 Nr. 64 Satz 1 EStG** sind bei Arbeitnehmern, die in einem Dienstverhältnis zu einer inländischen juristischen Person des öffentlichen Rechts stehen und dafür Arbeitslohn aus einer inländischen öffentlichen Kasse beziehen, die Dienstbezüge für eine Tätigkeit im Ausland insoweit steuerfrei, als sie den Arbeitslohn, der bei einer gleichwertigen Tätigkeit am Ort der zahlenden öffentlichen Kasse dem Arbeitnehmer zustehen würde, übersteigen. Hierunter fallen insbesondere alle im diplomatischen Dienst der Bundesrepublik Deutschland stehenden Beamten, Angestellten und Arbeiter, und zwar unabhängig davon, ob sie unbeschränkt oder beschränkt einkommensteuerpflichtig sind.

> **Beispiel:**
> A ist als Gesandter bei der Deutschen Botschaft in London beschäftigt. Er erhält ein Grundgehalt nach der Besoldungsgruppe A 16 zzgl. Auslandsdienstbezüge gem. §§ 52 ff. BBesG.
> Die Gesamtbezüge sind in Höhe des Betrags steuerfrei, der die Bezüge eines in Berlin tätigen Beamten der Besoldungsgruppe A 16 übersteigt.

Im öffentlichen Dienst wird ferner Bediensteten, die ihren dienstlichen Wohnsitz in einem fremden Währungsgebiet haben und deshalb über ihre Dienstbezüge in der Währung dieses Gebietes verfügen müssen, zum Ausgleich des Unterschieds zwischen der Kaufkraft der fremden Währung und der Kaufkraft des Euro ein Zuschlag gezahlt. Dieser **Kaufkraftausgleich** ist ebenfalls nach § 3 Nr. 64 EStG steuerfrei.

Darüber hinaus ist gem. **§ 3 Nr. 64 Satz 2 EStG** der zuvor dargestellte § 3 Nr. 64 Satz 1 EStG auch in solchen Fällen anzuwenden, in denen das Dienstverhältnis zu einer anderen Person besteht, die aber den Arbeitslohn entsprechend den i. S. des § 3 Nr. 64 Satz 1 EStG geltenden Vorschriften ermittelt, der Arbeitslohn aus einer öffentlichen Kasse gezahlt wird und ganz oder im Wesentlichen aus öffentlichen Mitteln aufgebracht wird. Zu solchen mit öffentlichen Mitteln finanzierten Einrichtungen gehören beispielsweise Entwicklungsdienste, der Deutsche Akademische Austauschdienst oder das Deutsche Zentrum für Luft- und Raumfahrt e. V.

13 Arbeitslohn

Für Arbeitnehmer der Privatwirtschaft kann nach § 3 Nr. 64 Satz 3 EStG ein etwaiger Kaufkraftausgleich ebenfalls steuerfrei gezahlt werden, wenn der Arbeitnehmer aus dienstlichen Gründen für einen begrenzten Zeitraum ins Ausland entsandt wird und dort seinen Wohnsitz (§ 8 AO) oder gewöhnlichen Aufenthalt (§ 9 AO) hat. Ein „begrenzter Zeitraum" i. S. des § 3 Nr. 64 EStG ist gegeben, wenn bei der Entsendung ins Ausland die Rückkehr des Arbeitnehmers nach Beendigung der Auslandstätigkeit vorgesehen ist. Ob der Arbeitnehmer tatsächlich zurückkehrt oder nicht, ist unerheblich (R 3.64 Abs. 1 Satz 3 LStR). Die Steuerfreiheit des Kaufkraftausgleichs wird – abgesehen von einem Progressionsvorbehalt – nur dort praktische Bedeutung haben, wo die Steuerfreiheit des Arbeitslohns nicht ohnehin aufgrund der Bestimmungen eines DBA oder eines Erlasses gegeben ist.

Die Steuerfreiheit des Kaufkraftausgleichs ist jedoch beschränkt auf den Betrag, der im öffentlichen Dienst als Kaufkraftausgleich zu den Auslandsbezügen gezahlt wird, soweit dieser den für vergleichbare Auslandsdienstbezüge nach § 55 BBesG zulässigen Betrag nicht übersteigt. Dieser Kaufkraftausgleich wird jeweils vom Bundesministerium des Innern im Benehmen mit dem BMF festgesetzt. Die für die einzelnen Länder in Betracht kommenden Kaufkraftzuschläge werden danach vom BMF im BStBl bekannt gemacht. Ab 01.01.2016 gelten die BMF-Schreiben vom 29.12.2016 (BStBl 2017 I S. 42) und 26.04.2017 (BStBl 2017 I S. 743). Kaufkraftzuschläge für den Zeitraum 2012 bis 2015 ergeben sich aus dem BMF-Schreiben vom 14.01.2016 (BStBl 2016 I S. 142). Die bekannt gemachten Zuschläge beziehen sich jeweils auf den Auslandsdienstort einer Vertretung der Bundesrepublik Deutschland und gelten für den konsularischen Amtsbezirk der Vertretung. Das Verzeichnis der konsularischen Amtsbezirke und seine späteren Änderungen werden im Bundesanzeiger veröffentlicht. Für ein Land, das von einer Vertretung nicht erfasst wird, sind die Zuschläge für einen vergleichbaren konsularischen Amtsbezirk eines Nachbarlandes maßgebend.

Im **öffentlichen Dienst** wird der Kaufkraftausgleich als Zuschlagsatz auf das Grundgehalt und die Auslandsdienstbezüge gezahlt. Da es im **privaten Dienst** eine vergleichbare Bemessungsgrundlage i. d. R. nicht gibt, ist der steuerfreie Teil des Kaufkraftausgleichs durch einen entsprechenden Abschlag von den Gesamtbezügen einschließlich Kaufkraftausgleich zu bestimmen (vgl. Tabelle in H 3.64 „Abschlagssätze" LStH).

Gewährt der Arbeitgeber für die Unterkunftskosten und Mehraufwendungen für Verpflegung an den Arbeitnehmer **steuerfreien Ersatz,** gehören diese Zahlungen nicht zu den Gesamtbezügen (R 3.64 Abs. 5 Satz 6 LStR). Ist der tatsächlich gezahlte Kaufkraftausgleich niedriger als der Betrag, der sich bei Anwendung der Abschlagssätze der LStR ergibt, ist nur der niedrigere Betrag steuerfrei (R 3.64 Abs. 5 Satz 5 LStR). Wird der Zuschlagsatz rückwirkend erhöht, kann der Arbeitgeber die Lohnabrechnung wieder aufrollen und die zu viel einbehaltene Lohnsteuer erstatten. Dabei ist § 41c Abs. 2 und 3 EStG zu beachten (R 3.64 Abs. 6 LStR).

13.4.4 Umzugskostenvergütung

13.4.4.1 Umzugskostenvergütung aus öffentlichen Kassen

Beamte, die aus dienstlichen Gründen an einen anderen Dienstort versetzt werden oder auf dienstliche Anordnung innerhalb der politischen Gemeinde umziehen, erhalten aufgrund des BUKG und anderer in R 3.13 Abs. 2 LStR aufgeführter Rechtsgrundlagen eine Umzugskostenvergütung. Diese Umzugskostenvergütung umfasst im Wesentlichen die Erstattung der Beförderungsauslagen für das Umzugsgut und der Reisekosten, eine Mietentschädigung bei gleichzeitiger Belastung mit Miete für die alte und neue Wohnung, die notwendigen ortsüblichen Maklergebühren für die Vermittlung einer Mietwohnung und Garage sowie eine Pauschvergütung für sonstige Umzugsauslagen. Daneben können in besonderen Fällen noch weitere Entschädigungen oder Erstattungen geleistet werden (z. B. Erstattung der Auslagen für zusätzlichen Unterricht der Kinder). Diese Zuwendungen sind grundsätzlich steuerfrei (§ 3 Nr. 13 EStG); Besonderheiten bestehen bei den sonstigen Umzugsauslagen (siehe z. B. R 9.11 Abs. 9 LStR oder R 9.9 Abs. 3 i. V. m. Abs. 2 Satz 4 LStR). Zum steuerpflichtigen Arbeitslohn gehören jedoch die als Ersatz für die weggefallene Trennungsentschädigung nach den reisekostenrechtlichen Bestimmungen gezahlten sog. Mietbeiträge an öffentlich Bedienstete.[1]

Die nach den umzugskostenrechtlichen Maßgaben erstatteten Kosten sind steuerfrei, mit Ausnahme von Vergütungen für Verpflegungsmehraufwendungen, die die Pauschbeträge nach § 9 Abs. 4a EStG übersteigen (R 3.13 Abs. 1 Satz 2 LStR). § 3 Nr. 13 Satz 1 EStG ist dahingehend einschränkend auszulegen, dass die Steuerfreiheit nur dann eintritt, wenn der Stpfl. den Aufwand – hätte er diesen selbst getragen – als Werbungskosten abziehen könnte.[2]

Liegt keine berufliche Veranlassung vor oder ist ein Fall des § 12 Nr. 1 EStG gegeben, ist ein eventueller Ersatz nicht steuerfrei. Die Aufwendungen können jedoch im Einzelfall bei Vorliegen der entsprechenden gesetzlichen Voraussetzungen als außergewöhnliche Belastung nach § 33 EStG steuerlich berücksichtigt werden, wenn z. B. ein Wohnungswechsel wegen einer ansteckenden Krankheit eines Familienmitglieds des Beamten erforderlich wird,[3] nicht jedoch aufgrund der Kündigung durch den bisherigen Vermieter.[4]

Die beamtenrechtliche Regelung findet auch Anwendung bei anderen Körperschaften des öffentlichen Rechts (z. B. Sparkassen), sofern diese die für die Beamten geltenden gesetzlichen Vorschriften über die Umzugskostenvergütung auch für ihre Bediensteten in vollem Umfang anwenden (H 3.11 „Öffentliche Kassen" LStH).

---

1 BFH, BStBl 1971 II S. 772.
2 BFH, BStBl 2007 II S. 536.
3 BFH, BStBl 1960 III S. 310.
4 BFH, BStBl 1975 II S. 482.

13.4.4.2 Umzugskostenvergütung durch private Arbeitgeber

Umzugskostenvergütungen an private Arbeitnehmer sind lohnsteuerfrei, wenn der Umzug dienstlich veranlasst ist und soweit sie die durch den Umzug entstandenen Mehraufwendungen nicht übersteigen (§ 3 Nr. 16 EStG).

Ein Umzug ist z. B. **beruflich veranlasst** (dazu H 9.9 „Berufliche Veranlassung" LStH),

1. wenn durch ihn die **Entfernung** zwischen Wohnung und Tätigkeitsstätte **erheblich verkürzt** wird oder
2. wenn er **in ganz überwiegendem betrieblichem Interesse des Arbeitgebers** durchgeführt wird, z. B. beim Beziehen oder Räumen einer Dienstwohnung, die bestimmten Arbeitnehmern vorbehalten ist, oder
3. wenn er aus Anlass der **erstmaligen Aufnahme** einer beruflichen Tätigkeit, des **Wechsels des Arbeitgebers** oder im Zusammenhang mit einer **Versetzung** durchgeführt wird oder
4. wenn der eigene Hausstand zur **Beendigung einer doppelten Haushaltsführung** an den Ort der ersten Tätigkeitsstätte verlegt wird.

Eine erhebliche Verkürzung der Entfernung zwischen Wohnung und Tätigkeitsstätte ist anzunehmen, wenn sich die Dauer der täglichen Hin- und Rückfahrt insgesamt wenigstens zeitweise um mindestens eine Stunde ermäßigt (H 9.9 „Erhebliche Fahrzeitverkürzung" LStH).

Auch wenn sich die Fahrtzeit nicht verringert, ist eine berufliche Veranlassung gegeben, wenn der Arbeitnehmer an einen anderen Ort versetzt wird oder wenn er an einem anderen Ort ein neues Beschäftigungsverhältnis eingeht.

> **Beispiele:**
>
> **1.** A war in Bremen kaufmännischer Angestellter bei einem Unternehmen. Er wohnte in einem Vorort von Bremen und benötigte für seine Fahrt zu seiner ersten Tätigkeitsstätte bisher über eine Stunde.
>
> A nimmt eine neue Tätigkeit bei einem anderen Unternehmen in Mannheim auf, wo seine neue erste Tätigkeitsstätte ist. Er bezieht in der Nähe von Mannheim eine Wohnung. Die tägliche Fahrtzeit zu seiner ersten Tätigkeitsstätte beträgt jetzt ebenfalls über eine Stunde täglich.
>
> Obwohl sich die Fahrtzeit im Ergebnis nicht verkürzt hat, ist der Umzug beruflich veranlasst, da A eine Tätigkeit an einer anderen Tätigkeitsstätte aufgenommen hat. Die Verkürzung der Fahrtzeit durch den Umzug ist im Vergleich zu seiner bisherigen Wohnung in der Nähe von Bremen zu sehen.
>
> **2.** B ist in München wohnhaft und auch tätig. Er bewohnt eine Mietwohnung und benötigt für seine Hin- und Rückfahrt zur ersten Tätigkeitsstätte etwa $1^1/_2$ Stunden. B hat nach längerem Suchen eine Wohnung in der Nähe seiner ersten Tätigkeitsstätte gefunden und bezieht diese. Seine Fahrtzeit verkürzt sich auf $^1/_4$ Stunde täglich.
>
> Der Umzug ist beruflich veranlasst.

Für die Frage, ob durch den Umzug eine erhebliche Verkürzung der Wegstrecke erreicht wird, ist bei **beiderseits berufstätigen Ehegatten** keine Saldierung der Fahrzeitänderungen der Ehegatten vorzunehmen, d. h., die Fahrzeitänderungen werden weder addiert noch subtrahiert. Maßgeblich ist lediglich die erhebliche Fahrzeitverkürzung bei einem Ehegatten (H 9.9 „Erhebliche Fahrzeitverkürzung" LStH).

Ein Umzug ohne Wechsel des Arbeitgebers oder der ersten Tätigkeitsstätte wird vielfach nicht allein deshalb vorgenommen, um die Wohnung näher an die Tätigkeitsstätte heranzulegen. Vielmehr sind oft **private Gründe** mitursächlich für einen Wohnungswechsel, wie z. B. die Notwendigkeit einer größeren Wohnung infolge der Geburt eines Kindes, der Erwerb eines Eigenheims oder einer Eigentumswohnung oder der Wunsch nach einer besseren Wohnlage. Es ist deshalb stets zu prüfen, ob derartige private Motive die berufliche Veranlassung des Wohnungswechsels überlagern. Sind die privaten Motive nicht von untergeordneter Bedeutung, dann sind die Umzugskosten nicht beruflich veranlasst, sodass ein steuerfreier Ersatz der Umzugskosten nach § 3 Nr. 16 EStG nicht in Betracht kommt. Ebenfalls ausgeschlossen ist in einem solchen Fall der Abzug der Umzugsaufwendungen als Werbungskosten (§ 12 Nr. 1 EStG). So ist z. B. ein Umzug in ein Eigenheim oder eine Eigentumswohnung nur dann beruflich veranlasst, wenn genügend Anhaltspunkte dafür bestehen, dass der Arbeitnehmer in dieselbe oder in eine nach Lage und Ausstattung ähnliche Wohnung auch dann umgezogen wäre, wenn sie hätte gemietet werden müssen.[1] Eine solche „Motivforschung" obliegt jedoch nicht der Finanzbehörde; vielmehr ist es Sache des Arbeitnehmers, das Überwiegen der beruflichen Motive nachzuweisen bzw. überzeugend glaubhaft zu machen. Die **Feststellungslast** liegt bei ihm.

Die Voraussetzung, dass die durch den Umzug entstandenen **Mehraufwendungen angemessen** sind, ist als erfüllt anzusehen, wenn die dem Arbeitnehmer gezahlte Umzugskostenvergütung nicht höher ist als die einem vergleichbaren Bundesbeamten zustehende (dazu Tz. 14.3.8). Liegt bei einem in der Privatwirtschaft tätigen Arbeitnehmer also ein beruflich veranlasster Umzug vor, können diesem ohne Nachweis der Gesamtaufwendungen die gleiche Umzugskostenvergütung und die gleichen Nebenleistungen (vgl. Tz. 13.4.4.1) wie einem Beamten steuerfrei gewährt werden. Bei einem **Umzug aus dem Ausland** an den inländischen Ort der ersten Tätigkeitsstätte ist jedoch eine entsprechende Anwendung des § 10 AUV (pauschaler Ausstattungsbetrag) nicht zulässig, weil der Ausstattungsbetrag Lebenshaltungskosten i. S. des § 12 Nr. 1 Satz 2 EStG betrifft.[2] Damit ist auch der steuerfreie Ersatz für tatsächliche Anschaffungskosten von Gegenständen der Lebenshaltung, die durch den Umzug erforderlich waren (z. B. Kleidung, Herd, Haushaltsmaschinen), nicht zulässig. Ein gleichwohl gewährter Erstattungsbetrag wäre lohnsteuerpflichtiger Arbeitslohn.

---
1 BFH, BStBl 1987 II S. 81.
2 BFH, BStBl 1993 II S. 192 und 1995 II S. 17.

Weist der Arbeitnehmer nach, dass die ihm entstandenen Umzugskosten höher sind als die Pauschbeträge nach dem BUKG, können sie in der **nachgewiesenen Höhe** steuerfrei ersetzt werden (R 9.9 Abs. 2 Satz 4 LStR). Der Nachweis der Umzugskosten ist ferner notwendig bei einem Umzug anlässlich der Begründung oder Beendigung einer **doppelten Haushaltsführung,** weil dafür die Pauschalierung nach dem BUKG nicht gilt.

Der Arbeitnehmer hat seinem Arbeitgeber Unterlagen vorzulegen, aus denen die tatsächlichen Aufwendungen für den Umzug ersichtlich sein müssen. Der Arbeitgeber hat diese Unterlagen als Belege zum Lohnkonto zu nehmen (R 9.9 Abs. 3 LStR).

13.4.5 Durchlaufende Gelder und Auslagenersatz

Beträge, die der Arbeitnehmer vom Arbeitgeber erhält, um sie für ihn auszugeben (durchlaufende Gelder), und Beträge, durch die Auslagen des Arbeitnehmers für den Arbeitgeber ersetzt werden (Auslagenersatz), gehören nach § 3 Nr. 50 EStG nicht zum Arbeitslohn und sind deshalb nicht lohnsteuerpflichtig. Der **Auslagenersatz** gilt in der **Vergangenheit** gemachte Aufwendungen ab, während **durchlaufende Gelder** Beträge sind, die für **zukünftige** Ausgaben bestimmt sind. In beiden Fällen liegen aber in gleicher Weise Zahlungen im Interesse des Arbeitgebers vor, wobei der Arbeitnehmer als Bote oder Vertreter des Arbeitgebers handelt. Hat der Arbeitnehmer ein eigenes Interesse an den Aufwendungen, liegen weder Auslagenersatz noch durchlaufende Gelder vor.[1]

Im Wesentlichen lassen sich folgende Arten von Auslagenersatz und durchlaufenden Geldern unterscheiden:

a) Der Arbeitnehmer tritt **im Namen und für Rechnung seines Arbeitgebers** auf, z. B. als dessen Bote.

> **Beispiel:**
> A erhält vom Arbeitgeber 100 €, um damit eine Rechnung eines Gläubigers des Arbeitgebers i. H. von 100 € zu bezahlen.

Hier handelt es sich um durchlaufende Gelder im „engsten" Sinne. Bezahlt A die Rechnung zunächst aus eigenen Mitteln und bekommt die 100 Euro später von seinem Arbeitgeber erstattet, handelt es sich um Auslagenersatz.

b) Der Arbeitnehmer tritt **im eigenen Namen, aber für Rechnung seines Arbeitgebers** auf; die Ausgabe wird also ausschließlich oder überwiegend durch die Interessen des Arbeitgebers veranlasst.

> **Beispiel:**
> Ein Angestellter überreicht im eigenen Namen, aber auf Veranlassung seines Arbeitgebers ein Geschenk an einen Kunden und bekommt die Aufwendungen für das Geschenk ersetzt oder vorher ausbezahlt.

---
1 BFH, BStBl 1971 II S. 137.

13.4 Steuerfreie Einnahmen

Hier liegen Auslagenersatz oder durchlaufende Gelder im weiteren Sinne vor. Auslagenersatz liegt beispielsweise auch dann vor, wenn der Arbeitgeber dem angestellten Orchestermusiker aufgrund tarifvertraglicher Verpflichtungen Aufwendungen für die Instandsetzung des dem Arbeitnehmer gehörenden Musikinstruments erstattet. Insoweit liegt – aufgrund der tarifvertraglichen Regelungen – das Risiko der Entstehung von Kosten in der betrieblichen Sphäre des Arbeitgebers (H 3.50 „Ersatz von Reparaturkosten" LStH).

Steuerfreier Auslagenersatz im weiteren Sinne kann auch vorliegen, wenn der Arbeitgeber seinem Arbeitnehmer die diesem im Interesse des Arbeitgebers entstandenen **Auslagen pauschal ersetzt.** Die Pauschalierung wird aber nur unter engen Voraussetzungen anerkannt, da pauschaler Auslagenersatz i. d. R. zu Arbeitslohn führt (R 3.50 Abs. 2 Satz 1 LStR). Ausnahmsweise kann pauschaler Auslagenersatz steuerfrei bleiben, wenn er regelmäßig wiederkehrt und der Arbeitnehmer für einen repräsentativen Zeitraum von drei Monaten die entstandenen Aufwendungen im Einzelnen nachweist (R 3.50 Abs. 2 Satz 2 LStR). Ist die Pauschalabgeltung überhöht oder ist anhand der vorgelegten oder angebotenen Beweismittel nicht aufklärbar, ob sie den tatsächlichen Aufwendungen weitgehend entspricht, ist sie insgesamt steuerpflichtiger Arbeitslohn. Eine bestimmte monatliche Betragsgrenze, z. B. 50 Euro, ist nicht ausschlaggebend.[1]

> **Beispiele:**
> 1. B ist Leiter einer auswärtigen Baustelle des Unternehmens Z. Er erhält zur Abgeltung geringer Ausgaben im Interesse des Unternehmens (z. B. für Rauchwaren, Getränke für die Baustofflieferanten) monatlich einen Betrag von 12 €.
> Es liegt steuerfreier Auslagenersatz vor.[2]
> 2. Ein Bewachungsinstitut zahlt seinen Wachmännern, die ständig mit einem ihnen gehörenden Wachhund ausgerüstet sind, ein tägliches „Hundegeld" von 3 € für die Pflege und Fütterung des Hundes.
> Das „Hundegeld" ist als Auslagenersatz nach § 3 Nr. 50 EStG steuerfrei.

c) Ein Arbeitgeber zahlt seinem Arbeitnehmer **pauschal Beträge, die dieser nach eigenem Ermessen** (z. B. für die Kundenwerbung) **verwenden** soll. Die Beträge verwendet der Arbeitnehmer für eigene Rechnung im eigenen Namen. Hier handelt es sich um durchlaufende Gelder oder Auslagenersatz im „weitesten" Sinne. Derartige Beträge sind aber nicht nach § 3 Nr. 50 EStG steuerfrei. Sie gehören zum steuerpflichtigen Arbeitslohn. Der Arbeitnehmer kann die ihm entstandenen Aufwendungen ggf. nach § 9 Abs. 1 EStG als Werbungskosten geltend machen. Ein Auslagenersatz ist auch dann nicht steuerfrei nach § 3 Nr. 50 EStG, wenn die dem Arbeitnehmer zur Verfügung gestellten Beträge gleichzeitig Kosten der Lebenshaltung des Arbeitnehmers ersetzen, z. B. wenn ein Arbeitgeber seinen Arbeitnehmern Verzehraufwendungen ersetzt, die diesen durch vom Arbeitgeber veranlasste Besu-

---
1 BFH, BStBl 1995 II S. 906.
2 BFH vom 21.08.1959 VI 1/59 (DB 1959 S. 1129).

che von Gaststätten (Kunden des Arbeitgebers) während bestimmter „Festzeiten" (Kirchweihzeit etc.) entstanden sind.[1]

Man kann mithin folgende **Abgrenzung** vornehmen:

Bei **durchlaufenden Geldern** geht die Leistung des Arbeitgebers nicht in das Vermögen des Arbeitnehmers über, da dieser fremdes Geld verwaltet und als Geld des Arbeitgebers an dessen Stelle ausgibt.

Die Annahme von **Auslagenersatz** setzt voraus, dass kein eigenes Interesse des Arbeitnehmers an der Ausgabe besteht. Die Aufwendungen müssen der Arbeitsausführung dienen, im ausschließlichen oder ganz überwiegenden Interesse des Arbeitgebers getätigt werden und dürfen nicht zu einer Bereicherung des Arbeitnehmers führen.

Demzufolge hat der BFH ein an angestellte Musiker für die Abnutzung eigener wertvoller Instrumente gezahltes Instrumentengeld als steuerpflichtigen Arbeitslohn behandelt und auch zutreffend eine Steuerbefreiung nach § 3 Nr. 30 EStG (Werkzeuggeld) abgelehnt.[2] Soweit den Musikern jedoch ein Instrumentengeld für den regelmäßigen Bedarf sich ständig verschleißender Hilfsmittel, wie z. B. Saiten, Rohre und Blätter, gezahlt wird, kommt ein steuerfreier Auslagenersatz in Betracht. Ist der Arbeitgeber dagegen aufgrund tarifvertraglicher Regelungen dazu verpflichtet, einem angestellten Orchestermusiker die Kosten der Instandsetzung des dem Arbeitnehmer gehörenden Musikinstrumentes zu erstatten, ist hierin ein steuerfreier Auslagenersatz zu sehen (H 3.50 „Ersatz von Reparaturkosten" LStH). Als maßgebend wurde die tarifvertragliche Verpflichtung des Arbeitgebers angesehen, die erforderlichen Instandsetzungskosten zu ersetzen, ohne dass sich der Arbeitgeber dem entziehen könnte.

Dagegen kann die vom Arbeitgeber erstattete Garagenmiete für eine vom Arbeitnehmer angemietete Garage zur Unterbringung des vom Arbeitgeber zur Verfügung gestellten Dienstwagens als steuerfreier Arbeitslohn behandelt werden (H 3.50 „Garagenmiete" LStH).

Erfüllen vom Arbeitgeber geleistete Zahlungen die vorgenannten Voraussetzungen nicht, dann handelt es sich in jedem Fall bei gleichwohl gezahltem „Auslagenersatz" um steuerpflichtigen Arbeitslohn, weil davon auszugehen ist, dass die Leistung mit Rücksicht auf das Dienstverhältnis vorgenommen wird. Beim Arbeitnehmer ist dann zu prüfen, ob er die mit der Zuwendung bestrittenen Aufwendungen als Werbungskosten geltend machen kann. Eine generelle Steuerfreiheit als sog. Werbungskostenersatz ist nicht gegeben, weil sich aus den Regelungen in § 3 EStG eindeutig ergibt, dass der Gesetzgeber die Zulässigkeit eines **generellen** steuerfreien Werbungskostenersatzes verneint (vgl. z. B. § 3 Nr. 12, 13, 16, 30, 31 und 32 EStG).

---
1 BFH, BStBl 1976 II S. 231.
2 BFH, BStBl 1995 II S. 906.

13.4 Steuerfreie Einnahmen

So ist es mit dem Gesetz wohl kaum vereinbar, wenn die Finanzverwaltung in R 19.3 Abs. 1 Satz 2 Nr. 4 LStR **pauschale Fehlgeldentschädigungen**, die im Kassen- und Zähldienst geleistet werden, nicht zum steuerpflichtigen Arbeitslohn rechnet, sondern als Auslagenersatz ansieht, soweit sie im Monat 16 Euro nicht übersteigen. Denn Kassenverluste bei Arbeitnehmern im Kassen- und Zähldienst sind als Werbungskosten berücksichtigungsfähig (§ 9 Abs. 1 Satz 1 EStG). Man kann der Finanzverwaltung allenfalls dann zustimmen, wenn man darin eine gerechtfertigte Vereinfachungsmaßnahme sieht.[1] Ein Arbeitnehmer ist im Kassen- und Zähldienst beschäftigt, wenn er mit der Annahme von Einzahlungen und mit der Leistung von Auszahlungen im baren Zahlungsverkehr oder mit der Beitreibung oder mit der Abholung und Ablieferung von Zahlungsmitteln beauftragt ist. Nicht erforderlich ist dabei, dass der Arbeitnehmer hauptberuflich oder ausschließlich im Kassen- und Zähldienst beschäftigt ist. Eine Beschäftigung im unbaren Zahlungsverkehr (z. B. Giroverkehr) genügt nicht. Arbeitnehmer, die im Kassen- oder Zähldienst beschäftigt sind, sind z. B. Kassierer in Warenhäusern oder Supermärkten. Eine Fehlgeldentschädigung, die an im Kassen- oder Zähldienst beschäftigte Arbeitnehmer gezahlt wird, ist aber nur dann bis zu 16 Euro monatlich steuerfrei, wenn sie in einem Gesetz festgelegt ist oder aufgrund einer arbeitsrechtlichen Gesamtvereinbarung (Tarifvertrag, Betriebsordnung) oder aufgrund einer Einzelvereinbarung zwischen dem Arbeitgeber und dem Arbeitnehmer neben dem Gehalt zur Abdeckung des Risikos von Kassenverlusten gezahlt wird, die der Arbeitnehmer aus seiner Tasche tragen muss.[2]

13.4.6 Überlassung typischer Berufskleidung

Die Aufwendungen eines Arbeitnehmers für seine Kleidung gehören grundsätzlich zu den nach § 12 Nr. 1 EStG nichtabzugsfähigen Kosten der Lebenshaltung. Nur soweit es sich um typische Berufskleidung (dazu Tz. 14.3.5) handelt, sind die Aufwendungen dafür beruflich veranlasst und können als Werbungskosten nach § 9 Abs. 1 Satz 3 Nr. 6 EStG geltend gemacht werden. Wird typische Berufskleidung **unentgeltlich oder verbilligt zur Verfügung gestellt,** würde dies dazu führen, dass der Arbeitnehmer den in der Gestellung der Berufskleidung liegenden geldwerten Vorteil (Sachbezug nach § 8 Abs. 1 EStG) zunächst als Arbeitslohn versteuern und danach die entsprechenden Aufwendungen als Werbungskosten geltend machen müsste. Um diesen umständlichen Weg zu vermeiden, hat der Gesetzgeber in § 3 Nr. 4 und 31 EStG für bestimmte Fälle die unentgeltliche oder verbilligte Überlassung von Berufskleidung steuerfrei gestellt.

So sind bei Angehörigen der Bundeswehr, der Bundespolizei, der Zollverwaltung, der Bereitschaftspolizei der Länder, der Vollzugspolizei, der Berufsfeuerwehr der Länder und Gemeinden und bei Vollzugsbeamten der Kriminalpolizei des Bundes,

---
1 Siehe zudem FG Münster, EFG 2000 S. 556 zur Frage von Arbeitslohn bei Kassenfehlbeträgen.
2 BFH, BStBl 1962 III S. 286.

13 Arbeitslohn

der Länder und Gemeinden der **Geldwert der** aus Dienstbeständen überlassenen **Dienstkleidung** sowie die **Einkleidungsbeihilfen und Abnutzungsentschädigungen** für die Dienstkleidung nach § 3 Nr. 4 Buchst. a und b EStG steuerfrei. Diese Steuerfreiheit gilt für sämtliche Dienstkleidungsstücke, die die Angehörigen der genannten Berufsgruppen nach den jeweils maßgebenden Dienstbekleidungsvorschriften zu tragen verpflichtet sind (R 3.4 LStR).

§ 3 Nr. 31 EStG stellt die unentgeltliche oder verbilligte **Überlassung typischer Berufskleidung** durch den Arbeitgeber an den Arbeitnehmer steuerfrei. Zur Berufskleidung zählen insbesondere die **Arbeitsschutzkleidung,** die auf die jeweilige Berufstätigkeit zugeschnitten ist (z. B. Schutzkleidung der Müllabfuhr), oder Kleidungsstücke, die nach ihrer **uniformartigen Beschaffenheit** objektiv berufliche Funktionen erfüllen (z. B. Anzug für Straßenbahnfahrer mit Emblem der Verkehrsgesellschaft; dazu im Einzelnen Tz. 14.3.5 „Kleidung").

Nach § 3 Nr. 31 EStG ist auch die **Barablösung** eines nicht nur einzelvertraglichen Anspruchs auf Gestellung von typischer Berufskleidung steuerfrei, wenn die Barablösung betrieblich veranlasst ist und die entsprechenden Aufwendungen des Arbeitnehmers nicht offensichtlich übersteigt. Derartige steuerfreie Barablösungen setzen mithin voraus, dass der Arbeitnehmer nach Gesetz (z. B. nach Unfallverhütungsvorschriften), Tarifvertrag oder Betriebsvereinbarung einen Anspruch auf Gestellung von Arbeitskleidung hat, der aus betrieblichen Gründen durch die Barvergütung abgelöst wird (R 3.31 Abs. 2 Satz 1 LStR).

Beispiel:

P ist Postbediensteter und aufgrund der bestehenden dienstrechtlichen Regelungen zum Tragen von Dienstkleidung (Kleidungsstücke mit Abzeichen der Deutsche Post AG in bestimmtem Schnitt und bestimmter Farbe) verpflichtet. Die Dienstkleidung kann über eine Kleiderkasse bezogen werden. Die Deutsche Post AG zahlt P hierzu einen Barzuschuss.

Der Barzuschuss ist steuerfrei, weil es für die Deutsche Post AG zweckmäßiger und günstiger ist, die Dienstkleidung durch die Bediensteten selbst bei der Kleiderkasse besorgen zu lassen.

Soweit sich P jedoch bei der Kleiderkasse normale Hemden, Schuhe oder Hosen kauft, ist der Barzuschuss nicht steuerfrei.

Pauschale Barablösungen sind auch insoweit steuerfrei, als sie zur Abgeltung der **Instandhaltungs-** und ähnlicher Kosten sowie des Verschleißes gezahlt werden (R 3.31 Abs. 2 Satz 3 LStR).

Hingegen ist der Ersatz von Aufwendungen für **bürgerliche Kleidung** steuerpflichtiger Arbeitslohn. Es handelt sich hierbei um Kleidungsstücke, die außerhalb des Berufs getragen werden können.[1]

---
1 FG Baden-Württemberg, EFG 2006 S. 809.

13.4.7 Werkzeuggelder

In einigen Berufen sind Arbeitnehmer aufgrund tarifvertraglicher Bestimmungen, des Einzelarbeitsvertrags oder gewohnheitsrechtlicher Übung verpflichtet, das zur Erfüllung ihrer Dienstleistungspflicht erforderliche Werkzeug (z. B. Motorsägen von Waldarbeitern) selbst zu stellen. Die für die Benutzung der eigenen Werkzeuge im Betrieb des Arbeitgebers den Arbeitnehmern gezahlten Entschädigungen sind als sog. Werkzeuggeld steuerfrei nach § 3 Nr. 30 EStG.

Als „**Werkzeug**" i. S. des § 3 Nr. 30 EStG gelten nicht nur Arbeitsgeräte, die unmittelbar der Ausübung des Berufs des Arbeitnehmers dienen, sondern auch Arbeitsgeräte, die dem Arbeitsprozess nur mittelbar dienen.[1] Werkzeuge sind nach dem allgemeinen Sprachgebrauch Geräte, die zur Bearbeitung von Werkstücken oder Werkstoffen dienen. Zu Recht behandelt deshalb die Finanzverwaltung in R 3.30 Satz 2 LStR als Werkzeuge i. S. des § 3 Nr. 30 EStG nur solche Hilfsmittel, die zur leichteren Handhabung, Herstellung oder Bearbeitung eines Gegenstandes verwendet werden. Werkzeuge sind zwar Arbeitsmittel (vgl. § 9 Abs. 1 Satz 3 Nr. 6 EStG), jedoch nur solche, die im Rahmen der handwerklichen Berufe genutzt werden. So ist z. B. weder eine Schreibmaschine oder ein Computer noch ein Musikinstrument (R 3.30 Satz 2 LStR; H 3.30 LStH) ein Werkzeug i. S. des § 3 Nr. 30 EStG. Würde man demgegenüber § 3 Nr. 30 EStG als für alle Arbeitsmittel anwendbar ansehen, würde man damit zum einen gegen den Gesetzeswortlaut, der gerade zwischen Werkzeug – als Arbeitsmittel im engeren Sinne – und Arbeitsmittel – im weiteren Sinne – unterscheidet, zum anderen gegen die Tendenz des EStG verstoßen, den steuerfreien Werbungskostenersatz einzuschränken.

Bei der Zahlung sog. Instrumenten-, Saiten-, Rohr- und Blattgelder an **Musiker** durch den Arbeitgeber sind diese Voraussetzungen nicht erfüllt, sodass ein steuerfreies Werkzeuggeld i. S. des § 3 Nr. 30 EStG nicht vorliegt. Es handelt sich bei diesen Zahlungen, soweit sie nicht überhöht sind und den tatsächlichen Aufwendungen weitgehend entsprechen, um nach § 3 Nr. 50 EStG steuerfreien Auslagenersatz, ansonsten um steuerpflichtigen Werbungskosten-Ersatz.[2]

Ein **pauschales** Werkzeuggeld, das ohne Einzelnachweis der tatsächlichen Aufwendungen gezahlt wird, wird als steuerfrei anerkannt, wenn es abgilt:

1. die regelmäßigen Absetzungen für Abnutzung,

2. die üblichen Betriebs-, Instandhaltungs- und Instandsetzungskosten sowie

3. die Kosten der Beförderung des Werkzeugs zwischen Wohnung und Tätigkeitsort (R 3.30 Satz 4 LStR).

---
[1] BFH, BStBl 1963 III S. 299.
[2] BFH, BStBl 1995 II S. 906.

Soweit mit dem pauschalen Werkzeuggeld auch ein Zeitaufwand des Arbeitnehmers für die Wartung des Werkzeugs abgegolten werden soll, ist insoweit eine Steuerfreiheit nach § 3 Nr. 30 EStG nicht gegeben (R 3.30 Satz 5 LStR).

13.4.8 Sammelbeförderung von Arbeitnehmern und Fahrtkostenzuschüsse

Zahlreiche Arbeitnehmer benutzen für ihre Fahrten von der Wohnung zur ersten Tätigkeitsstätte den eigenen Kraftwagen. Um die dadurch eintretende Belastung der Umwelt sowie die Zusammenballung von Verkehrsströmen zu bestimmten Tageszeiten einzuschränken, hat der Gesetzgeber steuerliche Erleichterungen in das EStG aufgenommen, um die Arbeitnehmer von der Benutzung eines Kraftfahrzeugs für diese Fahrten abzuhalten. So sind durch § 3 Nr. 32 EStG Sammelbeförderungen von Arbeitnehmern durch den Arbeitgeber weitgehend steuerfrei. Die nach § 3 Nr. 34 EStG a. F. bisher steuerfreien Zuschüsse des Arbeitgebers zu den Aufwendungen des Arbeitnehmers für Fahrten zwischen Wohnung und erster Tätigkeitsstätte mit öffentlichen Verkehrsmitteln im Linienverkehr oder als Sachzuwendung in Form von Job-Tickets oder Fahrberechtigungen sind dagegen ab dem Jahr 2004 grundsätzlich steuerpflichtiger Arbeitslohn (vgl. dazu auch Tz. 13.2.6.2.3). § 3 Nr. 34 EStG n. F. enthält seit dem Jahr 2008 stattdessen Regelungen zur Steuerfreiheit von Leistungen zur Verbesserung des allgemeinen Gesundheitszustandes und der betrieblichen Gesundheitsförderung.[1] Im Einzelnen gilt Folgendes:

13.4.8.1 Sammelbeförderung

Aufwendungen des Arbeitnehmers für Fahrten zwischen Wohnung und erster Tätigkeitsstätte können von ihm als Werbungskosten bei den Einkünften aus nichtselbständiger Arbeit abgesetzt werden. Zuschüsse des Arbeitgebers hierzu oder die unentgeltliche oder verbilligte Beförderung zwischen Wohnung und erster Tätigkeitsstätte durch den Arbeitnehmer gehören grundsätzlich zum steuerpflichtigen Arbeitslohn. Dies folgt auch aus § 40 Abs. 2 Satz 2 EStG, wonach der Arbeitgeber diese Sachbezüge oder Zuschüsse, die zusätzlich zum ohnehin geschuldeten Arbeitslohn gezahlt werden, mit einem Pauschsteuersatz von 15 % unter Übernahme der Lohnsteuer versteuern kann. Durch § 3 Nr. 32 EStG werden jedoch unentgeltliche oder verbilligte Sammelbeförderungen des Arbeitnehmers zwischen Wohnung und erster Tätigkeitsstätte durch den Arbeitgeber ausdrücklich steuerfrei gestellt.

---

[1] Übernimmt der Arbeitgeber die Aufwendungen für die Teilnahme seiner Arbeitnehmer an einwöchigen Seminaren zur Vermittlung grundlegender Erkenntnisse über einen gesunden Lebensstil (sog. **„Sensibilisierungswoche"**), die keinen Bezug zu berufsspezifischen Erkrankungen haben, führt dies zu Arbeitslohn, der aber im Rahmen des § 3 Nr. 34 EStG steuerfrei belassen werden kann (FG Düsseldorf vom 26.01.2017 – 9 K 3682/15 L, EFG 2017 S. 732; Revision anhängig).

Unter dem Begriff „**Sammelbeförderung**" ist die durch den Arbeitgeber organisierte bzw. zumindest veranlasste Beförderung mehrerer Arbeitnehmer zu verstehen, wobei diese Beförderung nicht auf einem Entschluss des Arbeitnehmers beruhen darf und aufgrund einer besonderen Rechtsgrundlage erfolgt, z. B. eines Tarifvertrags oder einer Betriebsvereinbarung (H 3.32 „Sammelbeförderung" LStH). Allerdings muss diese Sammelbeförderung für den betrieblichen Einsatz des Arbeitnehmers notwendig sein.

Als **Beförderungsmittel** muss ein vom Arbeitgeber oder in dessen Auftrag von einem Dritten eingesetztes Fahrzeug vorgesehen sein (z. B. PKW, Omnibus, Kleinbus).

Die **Notwendigkeit** der Sammelbeförderung wird in den Fällen anzunehmen sein, in denen

1. die Beförderung mit öffentlichen Verkehrsmitteln sehr zeitraubend oder überhaupt nicht möglich ist oder
2. der Arbeitsablauf eine gleichzeitige Arbeitsaufnahme der beförderten Arbeitnehmer erfordert (z. B. Gleisbauzug; vgl. R 3.32 LStR).

13.4.8.2 Fahrtkostenzuschüsse

Bis einschließlich VZ 2003 waren Zuschüsse des Arbeitgebers für Fahrten zwischen Wohnung und Arbeitsstätte mit öffentlichen Verkehrsmitteln im Linienverkehr, die zusätzlich zum ohnehin geschuldeten Arbeitslohn gezahlt wurden, steuerfrei (§ 3 Nr. 34 Satz 1 EStG a. F.). Die Steuerfreiheit ist ab dem 01.01.2004 durch Aufhebung des § 3 Nr. 34 EStG weggefallen. Somit ist auch die Steuerbefreiung für Sachzuwendungen in Form von Job-Tickets oder Fahrberechtigungen weggefallen.

Sofern der Arbeitnehmer solche Zuschüsse oder Sachzuwendungen erhält, gehören sie nun zum steuerpflichtigen Arbeitslohn. Im Gegenzug kann der Arbeitnehmer die Entfernungspauschale für Fahrten zwischen Wohnung und erster Tätigkeitsstätte gem. § 9 Abs. 1 Satz 3 Nr. 4 EStG i. H. von 0,30 Euro für jeden Entfernungskilometer als Werbungskosten abziehen, sofern nicht der Arbeitgeber für diese Zuschüsse gem. § 40 Abs. 2 Satz 2 EStG eine Pauschalversteuerung mit 15 % vornimmt (vgl. § 40 Abs. 2 Satz 3 EStG).

13.4.9 Private Nutzung von betrieblichen Personalcomputern und Telekommunikationsgeräten

Nach § 3 Nr. 45 EStG ist der Vorteil aus der privaten Nutzung von betrieblichen Notebooks, Tablets und Mobiltelefonen steuerfrei. Hierzu gehört auch die Nutzung von Zubehör und Software. Es kommt nicht darauf an, ob die Nutzung im Betrieb oder in der Wohnung gewährt wird. Entscheidend ist allein, dass die zur Nutzung überlassenen Geräte dem Arbeitgeber oder einem Dritten gehören. Wird dagegen dem Arbeitnehmer unentgeltlich oder verbilligt ein Personalcomputer (ggf. nebst

Zubehör und Internetzugang) übereignet, liegt eine steuerpflichtige Sachzuwendung vor. Nach § 40 Abs. 2 Satz 1 Nr. 5 EStG kann jedoch der Arbeitgeber von der Pauschallohnversteuerung mit 25 % Gebrauch machen.

Die durch § 3 Nr. 45 EStG vorgenommene Beschränkung der Steuerfreiheit auf den Personenkreis der Arbeitnehmer verletzt nicht den Gleichheitsgrundsatz, sodass bei selbständig tätigen Personen die Steuerfreiheit nicht eingreift und demzufolge die anteiligen Aufwendungen für eine private Nutzung den Gewinn erhöhen.[1]

13.4.10 Heirats-, Geburts- und sonstige Beihilfen sowie Zuwendungen zur Kinderbetreuung

Nach § 2 Abs. 2 Nr. 5 LStDV gehören grundsätzlich auch Beihilfen, die der Arbeitnehmer in bestimmten Fällen vom Arbeitgeber erhält, zum Arbeitslohn. Aus sozialen Gründen hat der Gesetzgeber derartige Beihilfen in Fällen der Heirat, der Geburt oder des Notfalls von der Steuerpflicht befreit. Allerdings ist diese Steuerfreiheit von der Erfüllung bestimmter Voraussetzungen abhängig.

13.4.10.1 Heirats- und Geburtsbeihilfen

Die Steuerfreiheit von **Geburts- und Heiratsbeihilfen** gem. § 3 Nr. 15 EStG a. F. ist ab dem VZ 2006 **gestrichen** worden.

13.4.10.2 Sonstige Beihilfen

Vielfach gewähren Arbeitgeber ihren Arbeitnehmern in **Krankheits- und Todesfällen** sowie in sonstigen **besonderen Notfällen** Beihilfen oder Unterstützungen. Diese Beihilfen und Unterstützungen sind, soweit sie aus einer öffentlichen Kasse gezahlt werden, nach § 3 Nr. 11 EStG (vgl. im Einzelnen zu den steuerfreien Leistungen R 3.11 Abs. 1 LStR) grundsätzlich steuerfrei; soweit sie an private Arbeitnehmer gezahlt werden, sind sie nur in bestimmten Fällen und in bestimmtem Umfang steuerfrei (R 3.11 Abs. 2 LStR). Diese unterschiedliche Behandlung der Beihilfen, je nachdem ob sie von einem privaten Arbeitgeber oder aus öffentlichen Mitteln geleistet werden, ist verfassungsgemäß und verstößt nicht gegen den Gleichheitsgrundsatz des Art. 3 Abs. 1 GG.[2]

13.4.10.2.1 Beihilfen aus öffentlichen Kassen

Als „Beihilfen aus öffentlichen Kassen" gelten insbesondere die den Beamten und Arbeitnehmern im öffentlichen Dienst aufgrund der beamtenrechtlichen oder tarifrechtlichen Bestimmungen gezahlten Beihilfen und Unterstützungen.

---

1 BFH, BStBl 2006 II S. 715.
2 BVerfG vom 19.02.1991 1 BvR 1231/85 (HFR 1991 S. 494).

Keine steuerfreie Beihilfe liegt jedoch vor, wenn ein Beamter nach den Bestimmungen der Beihilfe-VO einen **Zuschuss** zu seinen Beiträgen an eine **freiwillige Krankenversicherung** erhält, und zwar unabhängig davon, ob er im Zuschussjahr Leistungen der Krankenkasse erhalten hat oder nicht. Bei dem Zuschuss handelt es sich um eine Leistung des Arbeitgebers für die Zukunftssicherung des Beamten, die lohnsteuerpflichtig ist.[1] Die Steuerfreiheit ist weder nach § 3 Nr. 11 EStG (Beihilfe aus öffentlichen Mitteln wegen Hilfsbedürftigkeit) noch nach § 3 Nr. 62 EStG (Ausgaben für die Zukunftssicherung aufgrund gesetzlicher Verpflichtung) möglich.

Den Beihilfen aus öffentlichen Kassen werden Beihilfen gleichgestellt, die von Unternehmen und Betrieben gezahlt werden, die sich **überwiegend in öffentlicher Hand** befinden. Voraussetzung ist, dass die Entlohnung sowie die Gewährung von Beihilfen usw. ausschließlich nach den für Arbeitnehmer des öffentlichen Dienstes geltenden Vorschriften und Vereinbarungen geregelt sind und die Unternehmen oder Betriebe einer staatlichen oder kommunalen Aufsicht und Prüfung der Finanzgebarung bezüglich der Entlohnung und Gewährung der Beihilfen unterliegen (R 3.11 Abs. 1 Nr. 3 LStR).

Steuerfrei sind auch Beihilfen usw. an Arbeitnehmer von Unternehmen, die sich **nicht überwiegend in öffentlicher Hand** befinden (z. B. staatlich anerkannte Privatschulen), wenn hinsichtlich Entlohnung, Reisekostenvergütungen und Gewährung von Beihilfen usw. nach den für den öffentlichen Dienst geltenden Regelungen verfahren wird. Ferner müssen die Vorschriften über die Haushalts-, Kassen- und Rechnungsführung und die Rechnungsprüfung der Bundes- oder Landesverwaltung beachtet werden sowie das Unternehmen der Prüfung durch den Bundesrechnungshof oder einen Landesrechnungshof unterliegen (R 3.11 Abs. 1 Nr. 4 LStR). Eine Steuerfreiheit von Beihilfen kann in den genannten Fällen auch in Betracht kommen, soweit die Mittel hierfür aus einem öffentlichen Haushalt stammen und ihre Verwendung einer gesetzlichen Kontrolle unterliegt.[2]

13.4.10.2.2 Beihilfen von privaten Arbeitgebern

Unterstützungen, die von privaten Arbeitgebern an einzelne Arbeitnehmer gezahlt werden, sind nach R 3.11 Abs. 2 LStR steuerfrei, wenn die Unterstützung dem Anlass nach **gerechtfertigt** ist, z. B. in Krankheits- und Unglücksfällen. Für die Steuerfreiheit der Beihilfen müssen, wenn der Betrieb mindestens fünf Arbeitnehmer beschäftigt (R 3.11 Abs. 2 Satz 3 LStR), darüber hinaus folgende Voraussetzungen erfüllt sein:

1. Es muss sich um Unterstützungen handeln, die aus einer mit eigenen Mitteln des Arbeitgebers geschaffenen, aber von diesem unabhängigen, mit ausreichender

---
[1] BFH, BStBl 1973 II S. 588.
[2] BFH, BStBl 1984 II S. 113.

Selbständigkeit ausgestatteten Einrichtung (Unterstützungskasse oder Hilfskasse für Fälle der Not oder Arbeitslosigkeit) gewährt werden.

Dabei genügt es, wenn die Kasse zwar keine bürgerlich-rechtliche Rechtspersönlichkeit, aber eine steuerlich selbständige Unterstützungskasse ist, auf deren Verwaltung der Arbeitgeber keinen oder doch keinen maßgebenden Einfluss hat.

2. Die Unterstützungen müssen aus Beiträgen gezahlt werden, die der Arbeitgeber dem Betriebsrat oder sonstigen Vertretern der Arbeitnehmer zu dem Zwecke überweist, dass diese aus diesen Beträgen ohne maßgebenden Einfluss des Arbeitgebers Unterstützungen an die Arbeitnehmer gewähren.

3. Schließlich müssen die Unterstützungen vom Arbeitgeber selbst nach Anhörung des Betriebsrats oder sonstiger Vertreter der Arbeitnehmer oder nach einheitlichen Grundsätzen gezahlt werden.

Die Unterstützungen sind selbst bei Vorliegen der genannten Voraussetzungen nur **bis** zu einem Betrag von **600 Euro je Kalenderjahr steuerfrei**. Nur wenn ein besonderer Notfall vorliegt, ist auch die über diesen Freibetrag hinausgehende Unterstützungszahlung steuerfrei (R 3.11 Abs. 2 Satz 5 f. LStR).

Wann ein **Unterstützungsfall** vorliegt, ist nach den Verhältnissen des Einzelfalls unter Berücksichtigung der Verkehrsanschauung zu entscheiden. Der Stellungnahme des Betriebsrats kommt hierbei große Bedeutung zu. Bei Beurteilung, ob ein **besonderer Notfall** vorliegt, sind auch die Einkommensverhältnisse und der Familienstand des Arbeitnehmers zu berücksichtigen (R 3.11 Abs. 2 Satz 6 LStR). Erholungsbeihilfen, Wirtschaftsbeihilfen und Überbrückungsbeihilfen sind grundsätzlich steuerpflichtiger Arbeitslohn, sofern sie nicht ausnahmsweise als Notstandsbeihilfen anzusehen sind (H 3.11 „Erholungsbeihilfen und andere Beihilfen" LStH).

13.4.10.3 Zuwendungen zur Kinderbetreuung

Zuwendungen des Arbeitgebers an seine Arbeitnehmer zur Betreuung von Kindern wurden bisher unterschiedlich behandelt. Geschah die Betreuung von Kindern z. B. in einem sog. Betriebskindergarten, lag nach Auffassung des BFH eine steuerfreie Annehmlichkeit vor.[1] Zahlte der Arbeitgeber demgegenüber dem Arbeitnehmer einen Zuschuss zur Unterbringung des Kindes in einem betriebsfremden Kindergarten, nahm die Rechtsprechung steuerpflichtigen Arbeitslohn an.[2] Diese unterschiedliche steuerliche Behandlung eines zumindest wirtschaftlich gleichartigen Sachverhalts war unbefriedigend.

Der Gesetzgeber hat deshalb in § 3 Nr. 33 EStG Leistungen des Arbeitgebers zur Unterbringung und Betreuung von nicht schulpflichtigen Kindern der Arbeitnehmer in Kindergärten oder vergleichbaren Einrichtungen von der Einkommensteuer frei-

---
1 BFH, BStBl 1963 III S. 329.
2 BFH, BStBl 1975 II S. 888.

gestellt. Bei den Leistungen des Arbeitgebers kann es sich um Sachzuwendungen oder um Barzahlungen handeln.

Beispiele:

1. Die F-GmbH unterhält für ihre Arbeitnehmer einen Betriebskindergarten, der von ihr voll finanziert wird. In diesem Kindergarten können die Arbeitnehmer ihre nicht schulpflichtigen Kinder während der Arbeitszeit betreuen lassen. Ein Entgelt wird von den Arbeitnehmern hierfür nicht gefordert.

Es liegt zwar ein nach § 8 Abs. 1 EStG grundsätzlich steuerpflichtiger geldwerter Vorteil vor, der jedoch gem. § 3 Nr. 33 EStG steuerfrei gestellt wird.

2. Die Z-KG zahlt ihren Arbeitnehmern, die ihre nicht schulpflichtigen Kinder in einem Kindergarten untergebracht haben, um ihrer beruflichen Tätigkeit nachgehen zu können, zu der vom Arbeitnehmer selbst zu zahlenden monatlichen Kindergartengebühr einen Zuschuss von 80 % dieser Gebühr.

Der Zuschuss ist gem. § 3 Nr. 33 EStG steuerfrei.

Aus Vereinfachungsgründen kann die **Nicht-Schulpflichtigkeit** von Kindern angenommen werden, wenn das Kind noch nicht das schulpflichtige Alter erreicht hat (zurzeit ist dies das sechste Lebensjahr) oder wenn es trotz Vollendung des sechsten Lebensjahres ausdrücklich vom Schulbesuch noch zurückgestellt worden ist (z. B. wegen fehlender Schulreife; siehe im Einzelnen R 3.33 Abs. 3 LStR).

Als **Kindergärten** oder vergleichbare Einrichtungen i. S. des § 3 Nr. 33 EStG sind alle diejenigen Kindergärten oder Einrichtungen zu verstehen, in denen Kinder von entsprechenden Fachkräften betreut werden. Hierunter fallen insbesondere die gemeindlichen und kirchlichen Kindergärten oder Spielkreise sowie die Kindergärten und ähnliche Einrichtungen, die von freien Trägern, wie z. B. der Arbeiterwohlfahrt oder dem Deutschen Roten Kreuz, unterhalten werden. Aber auch private Kindergärten oder von den Eltern selbst betriebene Kindergärten oder vergleichbare Einrichtungen, wie z. B. Krabbelstuben, Kinderkrippen und Spielkreise, wird man als Kindergärten oder vergleichbare Einrichtungen i. S. des § 3 Nr. 33 EStG behandeln müssen. Richtschnur dürften jeweils die einschlägigen Landesgesetze über Kindergärten und Kinderhorte sein, in denen im Einzelnen bestimmt ist, welche Voraussetzungen eine Einrichtung erfüllen muss, um als Kindergarten oder vergleichbare Einrichtung behandelt zu werden. Sie unterliegen zudem der Aufsicht der Jugendämter der Gemeinden.

Der Unterbringung in einem Kindergarten oder einer ähnlichen Einrichtung kann die **Betreuung des Kindes im eigenen Haushalt nicht gleichgestellt** werden, z. B. durch Kinderpflegerinnen, Hausgehilfinnen oder Familienangehörige. Zur Entlohnung dieser Personen gezahlte Zuschüsse des Arbeitgebers sind mithin nicht steuerfrei. Soweit Arbeitgeberleistungen auch den Unterricht eines Kindes ermöglichen, sind sie ebenfalls nicht steuerfrei (R 3.33 Abs. 2 Satz 4 und 5 LStR). Nicht nach § 3 Nr. 33 EStG steuerfrei erstattet werden können Arbeitgeberleistungen, die nur mittelbar der Betreuung des Kindes dienen, z. B. die Beförderung zwischen Wohnung und Kindergarten.

Weitere Voraussetzung für die Steuerfreiheit der Arbeitgeberleistung ist nach § 3 Nr. 33 EStG, dass sie **zusätzlich** zum ohnehin geschuldeten Arbeitslohn erbracht wird. Damit ist eine Umwandlung von Arbeitslohn in eine derartige Leistung zwar zulässig, sie führt jedoch nicht zur Steuerfreiheit der Kinderbetreuungsleistungen (R 33 Abs. 5 LStR).

13.4.11 Zuschläge für Sonntags-, Feiertags- oder Nachtarbeit

Nach § 3b EStG sind **Zuschläge, die für tatsächlich geleistete Sonntags-, Feiertags- oder Nachtarbeit neben dem Grundlohn** gezahlt werden, unter bestimmten Voraussetzungen **steuerfrei**. Ursprünglich waren nur gesetzliche oder tarifliche Zuschläge für Sonntags-, Feiertags- oder Nachtarbeit steuerfrei. Diese Regelung hielt das BVerfG jedoch für verfassungswidrig, weil sie die Zuschläge unterschiedlich behandelte, je nachdem, ob sie aufgrund eines Gesetzes oder eines Tarifvertrags oder aus anderen Gründen (z. B. aufgrund eines Einzelarbeitsvertrags) gezahlt wurden.[1] Nunmehr ist es unerheblich, aufgrund welcher Rechtsgrundlage an einen Arbeitnehmer Zuschläge für Sonntags-, Feiertags- oder Nachtarbeit gezahlt werden (vgl. R 3b Abs. 1 LStR).

Für nicht verfassungswidrig hält das BVerfG hingegen die Steuerfreiheit von Zuschlägen der genannten Art an Arbeitnehmer, obwohl **andere Stpfl.** gleichartige oder ähnliche Zusatzvergütungen für an Sonntagen, Feiertagen oder während der Nachtzeit erbrachte Leistungen in voller Höhe versteuern müssen (z. B. Honorarzuschläge für die Inanspruchnahme eines Arztes während dieser Zeiten durch einen Privatpatienten, Zuschläge für die Abgabe von Medikamenten zur Nachtzeit).[1]

Dies ändert nichts daran, dass die Vorschrift ein „Fremdkörper" im Einkommensteuerrecht, das die Stpfl. entsprechend ihrer Leistungsfähigkeit zur Einkommensteuer heranzieht, ist. Die Zuschläge tragen aber nicht unwesentlich zur Leistungsfähigkeit ihrer Empfänger bei, wie die starken Proteste der Gewerkschaften und ihrer Mitglieder gegen ab und an erhobene Vorschläge zur Beseitigung des § 3b EStG zeigen. Nur ergänzend sei erwähnt, dass die Steuerfreiheit der genannten Zuschläge während des Zweiten Weltkriegs eingeführt wurde, wobei sie an bestimmte Einkommensgrenzen gebunden war. Es war also eine kriegsbedingte soziale Maßnahme. Heute kommt sie auch Arbeitnehmern mit hohen Löhnen oder Gehältern zugute.

13.4.11.1 Allgemeines

Begünstigt sind alle Arbeitnehmer im einkommensteuerrechtlichen Sinne und somit auch Arbeitnehmer-Ehegatten, sofern deren Arbeitsverhältnis steuerlich anerkannt werden kann, sowie Arbeitnehmer, deren Lohn pauschal nach § 40a EStG versteuert wird.

---
1 BVerfG, BStBl 1987 II S. 625.

Zu den begünstigten Personen zählten bislang auch **Gesellschafter-Geschäftsführer einer GmbH.** Der BFH geht jedoch davon aus, dass die an einen Gesellschafter-Geschäftsführer geleisteten Überstundenvergütungen als verdeckte Gewinnausschüttungen (und infolgedessen als Einkünfte aus Kapitalvermögen) zu behandeln sind.[1] H 3b „Einkünfte aus nichtselbständiger Arbeit" LStH übernimmt diese Rechtsprechung und stellt klar, dass § 3b EStG nur auf solche Zuschläge anzuwenden ist, die ohne diese Vorschrift den Einkünften aus nichtselbständiger Tätigkeit zuzurechnen sind. Dies folgt sowohl aus der Entstehungsgeschichte als auch aus dem Wortlaut der Vorschrift, in der es heißt „neben dem Grundlohn gezahlte Zuschläge". Erhält ein Gesellschafter-Geschäftsführer von der Kapitalgesellschaft neben seinem Grundgehalt auch Vergütungen für Sonntags-, Feiertags- oder Nachtarbeit, liegt nur ausnahmsweise keine verdeckte Gewinnausschüttung vor (H 3b „Einkünfte aus nichtselbständiger Arbeit" LStH).

13.4.11.2 Zahlung von Zuschlägen

Voraussetzung für die Anwendung des § 3b EStG ist zunächst, dass **neben dem Grundlohn Zuschläge** für tatsächlich geleistete Sonntags-, Feiertags- oder Nachtarbeit gezahlt werden. Ein solcher Zuschlag kann in einem Gesetz, einem Tarifvertrag, einer Betriebsvereinbarung oder einem Einzelarbeitsvertrag geregelt sein (vgl. R 3b Abs. 1 LStR). Aus dem Begriff „Zuschlag" folgt, dass ein solcher nicht vorliegt, d. h. nicht neben dem Grundlohn gezahlt wird, wenn er aus dem arbeitsrechtlich geschuldeten Arbeitslohn herausgerechnet wird, selbst wenn im Hinblick auf eine ungünstig liegende Arbeitszeit ein höherer Lohn gezahlt wird (H 3b „Zuschlag zum Grundlohn" LStH).

> **Beispiel:**
> N ist Kellner in einer Nachtbar. Sein Lohn ist im Hinblick auf die ungünstige Arbeitszeit mit 20 % Bedienungsgeld, mindestens 1.500 € monatlich, vereinbart.
> Es ist nicht zulässig, z. B. 5 % des Bedienungsgelds als „Zuschlag für Nachtarbeit" steuerfrei zu belassen.

Auch aus einer **Umsatzbeteiligung** können deshalb Zuschläge für Sonntags-, Feiertags- oder Nachtarbeit nicht abgespalten und nach § 3b EStG steuerfrei belassen werden. Unschädlich ist es jedoch, wenn neben einem Zuschlag für Sonntags-, Feiertags- oder Nachtarbeit, die gleichzeitig Mehrarbeit ist, keine gesonderte Mehrarbeitsvergütung zum Grundlohn oder ein Grundlohn gezahlt wird, der die Mehrarbeit mit abgilt (R 3b Abs. 1 Satz 4 LStR).

Zu beachten ist, dass bei einer **Nettolohnvereinbarung** der Zuschlag nur steuerfrei ist, wenn er neben dem vereinbarten Nettolohn bezahlt wird (R 3b Abs. 1 Satz 3 LStR).

---
[1] BFH, BStBl 1997 II S. 577.

13 Arbeitslohn

Die **Barabgeltung eines Freizeitanspruchs oder Freizeitüberhangs** oder Zuschläge wegen Mehrarbeit oder wegen anderer als durch die Arbeitszeit bedingter Erschwernisse oder Zulagen, die lediglich nach bestimmten Zeiträumen bemessen werden, sind keine begünstigten Lohnzuschläge (R 3b Abs. 1 Satz 6 LStR).

Betroffen sind insbesondere die Zuschlagsregelungen in den Tarifverträgen für den öffentlichen Dienst, z. B. der TVöD. Diese Tarifverträge enthalten eine Regelung für Feiertagszuschläge, die unterschiedliche Zuschlagssätze vorsieht, je nachdem, ob der Arbeitnehmer von dem gleichzeitig angebotenen Freizeitausgleich Gebrauch macht. Nach den jeweiligen Vorschriften wird ein Zuschlag bzw. ein höherer Zuschlag nur bezahlt, wenn kein Freizeitausgleich gewährt wird.

> **Beispiel:**
>
> Ein Unternehmen verfährt aufgrund einer Betriebsvereinbarung für Arbeit an Sonntagen nach einer Zuschlagsregelung, die dem Arbeitnehmer folgendes Wahlrecht einräumt:
>
> Für die Sonntagsarbeitsstunden wird ein Freizeitausgleich und ein Lohnzuschlag in Höhe der gesetzlichen Höchstzuschlagssätze des § 3b EStG gewährt. Verzichtet der Arbeitnehmer auf den Freizeitausgleich, erhöht sich der zu zahlende Lohnzuschlag für Sonntagsarbeit um 100 %.
>
> Wählt der Arbeitnehmer z. B. die höhere Barlohnalternative, ergibt sich demzufolge für Sonntagsarbeit ein Zeitzuschlag von 150 %. Wirtschaftlich handelt es sich bei den erhöhten Sonntagszulagen um sog. Mischzuschläge. Unabhängig von der Bezeichnung wird ein Teil i. H. von 100 % des Grundlohns für Mehrarbeit geleistet. Lediglich der verbleibende Teil von 50 %, der auch dem jeweiligen Sonntagszuschlag mit Freizeitausgleich entspricht, wird als echter Zeitzuschlag gezahlt.

Die Steuerfreiheit nach § 3b EStG ist nicht zu gewähren, wenn der Arbeitnehmer aufgrund einer (tarifvertraglichen) Vereinbarung für an einem Feiertag geleistete Arbeit einen entlohnten Freizeitausgleich grundsätzlich erhält und Arbeitnehmer und Arbeitgeber sich nachträglich darauf verständigen, dass dieser Freizeittag tatsächlich nicht in Anspruch genommen wird, sondern vielmehr durch eine Vergütung ausgeglichen werden soll.[1]

Zeitzuschläge für **ärztliche Bereitschaftsdienste** für tatsächlich geleistete Sonntags-, Feiertags- oder Nachtarbeit sind nicht steuerfrei, es sei denn, der Bereitschaftsdienst war für die begünstigte Zeit angeordnet und die Zuschläge übersteigen die in § 3b EStG vorgesehenen Prozentsätze, gemessen an der Bereitschaftsvergütung, nicht.[2]

Nicht begünstigt sind regelmäßige und fortlaufende Zuschläge für **Wechselschichtarbeit,** welche auch im Rahmen der Nachtarbeit gewährt werden, da solche Zuschläge einen finanziellen Ausgleich für wechselnde Dienste und die damit verbundenen besonderen Belastungen durch den Biorhythmuswechsel darstellen.

---
1 BFH vom 09.06.2005 IX R 68/03 (BFH/NV 2006 S. 37).
2 BFH, BStBl 2002 II S. 883.

Daher ist die einem Polizeibeamten gezahlte Zulage gem. § 17a EZulV nicht steuerfrei i. S. des § 3b EStG.[1]

13.4.11.3 Grundlohn

Grundlohn ist nach § 3b Abs. 2 EStG der **laufende Arbeitslohn,** der dem Arbeitnehmer bei der für ihn maßgebenden regelmäßigen Arbeitszeit für den jeweiligen **Lohnzahlungszeitraum** zusteht. Dieser ist in einen Stundenlohn umzurechnen und mit höchstens 50 Euro anzusetzen (§ 3b Abs. 2 EStG). Dabei ist es ohne Bedeutung, in welcher Form der Arbeitslohn gewährt wird (Barlohn und/oder Sachbezüge). Sonstige Bezüge und Einmalbezüge sind kein laufender Arbeitslohn; sie gehören deshalb nicht zum Grundlohn.

Zum Grundlohn gehören insbesondere

– laufend gewährte vermögenswirksame Leistungen,
– Zuschläge und Zulagen, die wegen der Besonderheit der Arbeit in der regelmäßigen Arbeitszeit gezahlt werden (z. B. Erschwerniszulage, Schichtzuschläge),[2]
– Nach- oder Vorauszahlungen von Arbeitslohn, welche zum laufenden Arbeitslohn gehören,
– die nach § 3 Nr. 63 EStG steuerfreien Beiträge des Arbeitgebers, soweit es sich um laufenden Arbeitslohn handelt (R 3b Abs. 2 Satz 2 Nr. 1 Buchst. c Satz 3 LStR).

Nicht Teil des Grundlohns sind

– Vergütungen für Mehrarbeit,
– Zuschläge für Sonntags-, Feiertags- oder Nachtarbeit – und zwar unabhängig davon, ob sie nach § 3b EStG steuerfrei oder steuerpflichtig sind,
– steuerfreie Bezüge (z. B. laufende Aufwandsentschädigungen nach § 3 Nr. 12 EStG, Reisekostenvergütungen, Umzugskostenvergütungen),
– nach § 40 EStG pauschal besteuerte Bezüge (z. B. Barzuschüsse für Mahlzeiten, Zuschüsse für Fahrten zwischen Wohnung und erster Tätigkeitsstätte, wenn der Arbeitgeber sie pauschal versteuert).

Für die Ermittlung des Grundlohnanspruchs ist die Regelung des R 3b Abs. 2 Satz 2 Nr. 2 bis 4 LStR zugrunde zu legen.

Der sich danach ergebende Grundlohn ist für den jeweiligen **Lohnzahlungszeitraum** zu ermitteln (Basisgrundlohn). Bezieht sich die Lohnvereinbarung auf einen anderen Zeitraum als den Lohnzahlungszeitraum, ist der Basisgrundlohn durch Ver-

---

[1] BFH vom 15.02.2017 VI R 30/16 (BStBl 2017 II S. 644) und vom 07.07.2005 IX R 81/98 (BStBl 2005 II S. 888).
[2] **Zuschläge für Wechselschichttätigkeit,** die der Arbeitnehmer für seine Wechselschicht regelmäßig und fortlaufend bezieht, gehören zum steuerpflichtigen Grundlohn (H 3b „Wechselschichtzuschlag" LStH).

13 Arbeitslohn

vielfältigung des vereinbarten Stundenlohns mit der Stundenzahl der regelmäßigen Arbeitszeit im Lohnzahlungszeitraum zu ermitteln. Bei einem monatlichen Lohnzahlungszeitraum soll sich die Stundenzahl der regelmäßigen Arbeitszeit aus dem 4,35-fachen der wöchentlichen Arbeitszeit ergeben, wobei Arbeitszeitausfälle (z. B. durch Urlaub, Krankheit) außer Betracht bleiben sollen (R 3b Abs. 2 Satz 2 Nr. 2 Buchst. a LStR). Es ist also nicht die Zahl der tatsächlich geleisteten Arbeitsstunden, sondern die voraussichtliche – übliche – Stundenzahl im Lohnzahlungszeitraum maßgebend. Nur wenn eine vereinbarte Arbeitszeit nicht feststellbar ist (z. B. bei leitenden Angestellten, Geschäftsführern), soll die tatsächliche Arbeitszeit maßgebend sein.

Beispiele:
1. S ist in einem Dreischichtbetrieb tätig und hat eine tarifliche Arbeitszeit von 38 Stunden wöchentlich. Lohnzahlungszeitraum ist der Monat. S hat Anspruch auf folgende Entlohnung:
– Normallohn von 9 € für jede im Monat geleistete Arbeitsstunde,
– Schichtzuschlag von 0,25 € pro Arbeitsstunde,
– Zuschlag für Samstagsarbeit von 0,50 € je Samstagsarbeitsstunde,
– Spätarbeitszuschlag von 0,90 € je Arbeitsstunde zwischen 18 Uhr und 20 Uhr,
– Überstundenzuschlag von 2,50 € pro Überstunde,
– vermögenswirksame Leistung von 39 € monatlich,
– Beitrag zu einer Direktversicherung von 50 € monatlich.

Im Juli hat S infolge Urlaubs nur an 10 Tagen insgesamt 80 Stunden gearbeitet. In diesen 80 Stunden sind enthalten:

– regelmäßige Arbeitsstunden	76
– Überstunden	4
– Samstagsstunden	12, davon 2 Überstunden
– Spätarbeitsstunden	16, davon 2 Überstunden

Es betragen
a) der **Basisgrundlohn**

9 € Stundenlohn × 38 Stunden × 4,35	1.487,70 €
0,25 € Schichtzuschlag × 38 Stunden × 4,35	41,33 €
vermögenswirksame Leistung	39,00 €
Beitrag zur Direktversicherung	50,00 €
	1.618,03 €

b) **Grundlohnzusätze**

0,50 € Samstagszuschlag × 10 Stunden	5,00 €
0,90 € Spätarbeitszuschlag × 14 Stunden	12,60 €

c) der **Grundlohn** im Lohnzahlungszeitraum 1.635,63 €

d) der für Begrenzung der Steuerfreiheit der Zuschläge maßgebende Grundlohn

$$\frac{1.635{,}63\ \text{€}}{38\ \text{Stunden} \times 4{,}35} \qquad 9{,}89\ \text{€}$$

13.4 Steuerfreie Einnahmen

Die Vergütung für die vier Überstunden ist nicht in den Grundlohn einzubeziehen, weil nicht in die regelmäßige Arbeitszeit fallend.

Würde A für Sonntagsarbeit einen Zuschlag von 6 € pro Arbeitsstunde erhalten, könnten davon 50 % des Stundengrundlohns von 9,89 € = 4,95 € steuerfrei gezahlt werden, während der Restbetrag von 1,05 € steuerpflichtig wäre.

2. A ist mit einer tariflich geregelten Arbeitszeit von 37,5 Stunden wöchentlich tätig. Der Lohnzahlungszeitraum ist der Monat. Die Zuschläge für Sonntags-, Feiertags- und Nachtarbeit im Lohnzahlungszeitraum sowie nicht im Voraus feststehende Bezüge sind nach den Verhältnissen des Vormonats zu bemessen. Im Lohnzahlungszeitraum März betragen

– der Basislohn	1.690 €
– Grundlohnzusätze (bemessen nach Monat Februar)	150 €
– im Februar betrug der Basisgrundlohn	1.470 €

Für die Ermittlung des steuerfreien Anteils der Sonntags- usw. Zuschläge, die A im März zustehen, ist von folgendem Grundlohn auszugehen:

Basisgrundlohn Februar	1.470 €
Grundlohnzusätze März	150 €
	1.620 €

Der für die Berechnung des steuerfreien Anteils der Zuschläge maßgebende Grundlohn pro Stunden beträgt

$$\frac{1.620 \, €}{37,5 \text{ Stunden} \times 4,35} \qquad 9,93 \, €$$

13.4.11.4 Definition der Begriffe Sonntags-, Feiertags- und Nachtarbeit

In § 3b Abs. 2 Satz 2 bis 4 EStG ist im Einzelnen bestimmt, was Sonntags-, Feiertags- und Nachtarbeit i. S. des § 3b EStG ist. Es ist mithin nicht maßgebend, was andere Gesetze oder der jeweilige Tarifvertrag, in dem Zuschlagszahlungen für die genannten Tage vorgesehen sind, als Sonntags-, Feiertags- oder Nachtarbeit bestimmen.

„**Sonntags- und Feiertagsarbeit**" ist danach nur die Arbeit, die an den genannten Tagen in der Zeit von 0 Uhr bis 24 Uhr geleistet wird. Wird die Nachtarbeit vor 0 Uhr aufgenommen, dann gilt als Sonntags- und Feiertagsarbeit auch die Arbeit in der Zeit von 0 bis 4 Uhr des auf den Sonntag oder Feiertag folgenden Tages (vgl. § 3b Abs. 3 Nr. 2 EStG).

Beispiel:
P ist Portier in einem Hotel. Sein Arbeitsvertrag sieht Zuschläge i. S. des § 3b EStG vor. Er beginnt seinen Nachtdienst im Hotel am Sonntag um 22 Uhr.
Obwohl die „normale" Sonntagsarbeit um 24 Uhr endet, wird sie durch § 3b Abs. 3 Nr. 2 EStG als bis zum Montag um 4 Uhr fortdauernd fingiert.

Welche Tage als **Feiertage** i. S. des § 3b EStG gelten, ergibt sich aus den am Ort der Arbeitsstätte geltenden Regelungen (§ 3b Abs. 2 Satz 4 EStG), z. B. Feiertagsgesetz des Landes Baden-Württemberg.

13 Arbeitslohn

„**Nachtarbeit**" ist gem. § 3b Abs. 2 Satz 2 EStG die Arbeit in der Zeit von **20 Uhr bis 6 Uhr**. Dabei wird Nachtarbeit, die vor 0 Uhr aufgenommen wird, für die Zeit von 0 bis 4 Uhr durch einen erhöhten Zuschlag von 40 % (normaler Zuschlag von 25 %, § 3b Abs. 1 Nr. 1 EStG) begünstigt (vgl. § 3b Abs. 3 Nr. 1 EStG).

13.4.11.5 Nachweis der tatsächlich geleisteten Sonntags-, Feiertags- oder Nachtarbeit

Die Zuschläge für Sonntags-, Feiertags- oder Nachtarbeit sind nur dann steuerfrei, wenn sie für **tatsächlich geleistete** Sonntags-, Feiertags- oder Nachtarbeit gezahlt werden. Der Stpfl. muss somit eine tatsächliche Arbeitsleistung erbracht haben. Werden Zuschläge ohne Arbeitsleistung im begünstigten Zeitraum erbracht, z. B. Lohnfortzahlung im Urlaubsfall, sind diese Leistungen steuerpflichtig (H 3b „Tatsächliche Arbeitsleistung" LStH). Des Weiteren folgt aus dieser gesetzlichen Regelung, dass die an Sonntagen, an Feiertagen oder während der Nachtzeit geleistete Arbeit sowie die gesonderte Berechnung des Grundlohns, zu dem ein Zuschlag gezahlt wird, **einzeln nachgewiesen** werden müssen, und zwar i. d. R. durch Anschreibung, ggf. aber auch durch Zeugenbeweis.[1] Deshalb sind Zuschläge für Sonntags-, Feiertags- oder Nachtarbeit, die ein von der betrieblichen Arbeit **freigestelltes Betriebsratsmitglied** vom Arbeitgeber neben seinem laufenden Arbeitslohn ausbezahlt erhält, nicht nach § 3b EStG steuerfrei. Die Zuschläge werden dem Betriebsratsmitglied nicht für tatsächlich geleistete Arbeit an Sonntagen, Feiertagen oder während der Nacht gezahlt, sondern gem. den Bestimmungen des BetrVerfG zum Ausgleich des dem Betriebsratsmitglied durch seine Tätigkeit im Betriebsrat entstehenden Verdienstausfalls (H 3b „Tatsächliche Arbeitsleistung" LStH). Ebenso sind Zuschläge, die in dem nach § 11 MuSchG gezahlten **Mutterschutzlohn** enthalten sind oder bei Lohnfortzahlung im Krankheits- oder Urlaubsfall weitergezahlt werden, nicht nach § 3b EStG steuerfrei (H 3b „Tatsächliche Arbeitsleistung" LStH).

Ist die Einzelanschreibung und die Einzelbezahlung der geleisteten Sonntags-, Feiertags- oder Nachtarbeit wegen der Besonderheiten der Arbeit und der Lohnzahlungen nicht möglich, darf das Betriebsstättenfinanzamt den Teil der Vergütung, der als steuerfreier Zuschlag i. S. des § 3b EStG anzuerkennen ist, von Fall zu Fall feststellen. Im Interesse einer einheitlichen Behandlung der Arbeitnehmer desselben Berufszweigs darf das Betriebsstättenfinanzamt die Feststellung nur auf Weisung der Oberfinanzdirektion treffen. Gegebenenfalls ist eine Weisung der obersten Landesfinanzbehörde notwendig (z. B. Regelungen für Seeleute).

Werden Zuschläge für Sonntags-, Feiertags- oder Nachtarbeit mit festen Beträgen (z. B. wöchentlich oder monatlich) **pauschal** ohne Rücksicht auf die tatsächlich geleisteten Arbeitsstunden zu den genannten Zeiten gezahlt, sind die Zahlungen

---
[1] BFH, BStBl 1991 II S. 298.

nicht nach § 3b EStG steuerfrei (H 3b „Pauschale Zuschläge" LStH).[1] Werden die pauschalen Zuschläge jedoch nur als Abschlagszahlungen oder als Vorschüsse für tatsächlich geleistete Sonntags-, Feiertags- oder Nachtarbeit gewährt, dann können sie ganz oder teilweise steuerfrei gezahlt werden, wenn

1. der steuerfreie Betrag nicht höher ist als nach den in § 3b EStG genannten Prozentsätzen,
2. der steuerfreie Betrag nach dem durchschnittlichen Grundlohn und der durchschnittlich im Kalenderjahr tatsächlich anfallenden begünstigten Arbeit bemessen wird,
3. die Verrechnung mit den einzeln ermittelten Zuschlägen jeweils vor Erstellung der Lohnsteuerbescheinigung vorgenommen wird, d. h. spätestens zum Jahresende oder beim Ausscheiden des Arbeitnehmers,
4. bei der Pauschalzahlung erkennbar ist, welche (getrennt aufzuführenden) Zuschläge abgegolten sein sollen und nach welchem Prozentsatz des Grundlohns die Zuschläge bemessen worden sind,
5. die Pauschalzahlung tatsächlich ein Zuschlag ist, der neben dem Grundlohn gezahlt wird, und nicht etwa ein aus dem Arbeitslohn herausgerechneter Betrag (vgl. zu den weiteren Einzelheiten R 3b Abs. 7 LStR).

13.4.11.6 Höhe der steuerfreien Zuschläge

Die Zuschlagshöhe ist nach der Art der geleisteten Arbeit gestaffelt, wobei ein Zusammentreffen verschiedener Zuschläge möglich ist.

Zuschläge sind steuerfrei nach § 3b Abs. 1 EStG, soweit sie folgende Prozentsätze des Grundlohns nicht übersteigen:

– für Nachtarbeit 25 %,
– für „normale" Sonntagsarbeit 50 %,
– für Arbeit am 31. Dezember ab 14 Uhr und an den gesetzlichen Feiertagen 125 %,
– für Arbeit am 24. Dezember ab 14 Uhr, am 25. und 26. Dezember (Weihnachtsfeiertage) sowie am 1. Mai 150 %

Nach § 3b Abs. 3 Nr. 1 EStG erhöht sich der Zuschlag für Nachtarbeit, die vor 0 Uhr begonnen wurde, in der Zeit von 0 bis 4 Uhr auf 40 %

Ist ein gesetzlicher Feiertag zugleich ein Sonntag, dann ist der Zuschlag auf die Höhe des Feiertagszuschlags begrenzt (R 3b Abs. 4 LStR). Wird an Sonn- oder Feiertagen Nachtarbeit geleistet, können die Zuschlagssätze für Nachtarbeit neben den Zuschlagssätzen für Sonntags- oder Feiertagsarbeit steuerfrei gezahlt werden. Dies gilt auch dann, wenn nur eine Zuschlagsart gezahlt wird (R 3b Abs. 3 LStR).

---
[1] Vgl. dazu auch BFH vom 29.11.2016 VI R 61/14 (BFH/NV 2017 S. 663).

Beispiel:
Portier P, der lediglich tarifliche Sonntagszuschläge von 75 % erhält, hat von Sonntag 20 Uhr bis Montag 7 Uhr Dienst. Für diese 11 Stunden erhält er einen Grundlohn i. S. des § 3b EStG von 10 € und einen Zuschlag von 7,50 € für Sonntagsarbeit, mithin für 11 Stunden einen Zuschlag von 82,50 €.

Nach § 3b EStG können folgende Zuschläge steuerfrei bleiben:

8 Stunden Sonntagsarbeit × 50 % von 10 € (20 Uhr bis 4 Uhr)	40,00 €
6 Stunden Nachtarbeit × 25 % von 10 €	15,00 €
4 Stunden Nachtarbeit × 40 % von 10 €	16,00 €
insgesamt	71,00 €

13.4.11.7 Zusammentreffen mit Mehrarbeitszuschlägen

Sonntags-, Feiertags- und Nachtarbeit ist oft zugleich Mehrarbeit. Für die steuerliche Behandlung der hierbei gezahlten Zuschläge sind folgende Fälle zu unterscheiden (R 3b Abs. 5 LStR):

a) Die Zuschläge für Sonntags-, Feiertags- und Nachtarbeit sind getrennt festgesetzt und werden beim Zusammentreffen mit Mehrarbeitszuschlägen **nebeneinander** in voller Höhe oder gekürzt gezahlt. Die Zuschläge für Sonntags-, Feiertags- und Nachtarbeit sind steuerfrei, während die Mehrarbeitszuschläge steuerpflichtig sind.

b) Es ist ein **einheitlicher** Zuschlag festgesetzt, durch den sowohl der Sonntags-, Feiertags- und Nachtarbeitszuschlag als auch der Mehrarbeitszuschlag abgegolten wird (sog. **Mischzuschlag**). Der Mischzuschlag ist im Verhältnis des vereinbarten Zuschlags für Mehrarbeit zum vereinbarten Zuschlag für Sonntags-, Feiertags- oder Nachtarbeit aufzuteilen.

Beispiel:
Der für A einschlägige Tarifvertrag sieht einen Mehrarbeitszuschlag von 25 % des Grundlohns und einen Zuschlag für Nachtarbeit von 15 % vor. Für Nachtarbeit, die gleichzeitig Mehrarbeit ist, sieht der Tarifvertrag einen Zuschlag von 60 % vor.

Erhält A einen solchen Mischzuschlag, dann ist dieser in Höhe von 3/8 steuerfrei.

Ein erkennbar zusammengerechneter einheitlicher Zuschlag liegt nicht vor, wenn der Tarifvertrag z. B. einen Zuschlag für Mehrarbeit vorsieht, einen Zuschlag für Nachtarbeit aber nur dann, soweit es sich dabei um Mehrarbeit handelt. Der Nachtarbeitszuschlag ist im Rahmen des § 3b EStG steuerfrei.[1]

c) Es werden **nur** die Zuschläge für Sonntags-, Feiertags- oder Nachtarbeit gezahlt, z. B. weil sie höher sind. Die Zuschläge sind in voller Höhe steuerfrei.

d) Es wird **nur** der Mehrarbeitszuschlag gezahlt, z. B. weil er höher ist. Der Mehrarbeitszuschlag ist steuerpflichtig.

---

1 BFH, BStBl 1978 II S. 574.

e) Ein Zuschlag für Sonntags-, Feiertags- oder Nachtarbeit ist nicht vereinbart, weil solche Arbeiten regelmäßig zu verrichten sind (z. B. Nachtwächter). Ein für diese Arbeiten etwa gezahlter Mehrarbeitszuschlag kann nicht steuerfrei bleiben, auch wenn die Mehrarbeit z. B. am Sonntag geleistet wird.

13.4.12 Sonstige steuerfreie Einnahmen

13.4.12.1 Leistungen aus öffentlichen Mitteln

Vielfach werden dem Arbeitnehmer aufgrund eines bestehenden oder früheren Arbeitsverhältnisses aus öffentlichen Mitteln Leistungen gewährt, die weitgehend den vom Arbeitgeber gezahlten Lohn erhöhen sollen, weil eine förderungswürdige Arbeit ausgeübt wird (z. B. Bergmann), oder die wegen Beendigung oder Unterbrechung des Dienstverhältnisses Lohnausfälle ersetzen sollen (z. B. Arbeitslosengeld). Diese Leistungen sind nach § 3 EStG weitgehend steuerfreie Bezüge. Hierunter fallen insbesondere folgende Leistungen:

a) Leistungen aus einer **Krankenversicherung,** aus einer **Pflegeversicherung** und aus der **gesetzlichen Unfallversicherung,** Sachleistungen und Kinderzuschüsse aus den gesetzlichen Rentenversicherungen einschließlich der Sachleistungen nach dem Gesetz über eine Alterssicherung der Landwirte, Übergangsgeld nach dem SGB VI und Geldleistungen nach §§ 10, 36 bis 39 des Gesetzes über die Alterssicherung für Landwirte, das Mutterschaftsgeld, der Zuschuss zum Mutterschaftsgeld und der Zuschuss bei Beschäftigungsverboten für die Zeit vor oder nach einer Entbindung sowie für den Entbindungstag während einer Elternzeit nach beamtenrechtlichen Vorschriften (§ 3 Nr. 1 EStG);

b) Leistungen zur Arbeitsförderung, insbesondere **Arbeitslosengeld,** Teilarbeitslosengeld, Kurzarbeitergeld (vgl. des Weiteren R 3.2 LStR; § 3 Nr. 2 Buchst. a EStG);

c) das **Insolvenzgeld** und vergleichbare Leistungen gem. § 3 Nr. 2 Buchst. b EStG;

d) Bezüge aus öffentlichen Mitteln oder aus Mitteln einer öffentlichen Stiftung, die wegen **Hilfsbedürftigkeit** oder als Beihilfe zu dem Zweck bewilligt werden, die **Erziehung** oder **Ausbildung,** die **Wissenschaft** oder Kunst unmittelbar zu fördern (§ 3 Nr. 11 EStG). Hierunter fallen insbesondere die Studienbeihilfen öffentlich-rechtlicher Körperschaften wie z. B. Land, Gemeinde oder Bundeswehr.[1] Dagegen fällt eine Beihilfe für einen Wissenschaftler, der eine Habilitationsschrift vorlegen will, nicht unter die Befreiungsvorschrift (H 3.11 „Steuerfreiheit nach § 3 Nr. 11 EStG" LStH). Die Steuerfreiheit dieser Bezüge setzt eine offene Verausgabung nach Maßgabe der haushaltsrechtlichen Vorschriften voraus (H 3.11 „Steuerfreiheit nach § 3 Nr. 11 EStG" LStH);

---

1 BFH, BStBl 1973 II S. 734, 736, 819 und 848.

e) **Stipendien,** die aus öffentlichen Mitteln oder von zwischen- oder überstaatlichen Einrichtungen zur Förderung der Forschung oder zur Förderung der wissenschaftlichen oder künstlerischen Ausbildung oder Fortbildung gewährt werden (§ 3 Nr. 44 EStG). Stipendien zur Förderung der Forschung sind sowohl insoweit, als sie verwendet werden, um die sachlichen Voraussetzungen zur Erfüllung einer Forschungsaufgabe zu schaffen (Sachbeihilfe), als auch soweit sie für die persönliche Lebensführung des Empfängers gedacht sind, steuerfrei.[1] Stipendien zur Förderung der künstlerischen oder wissenschaftlichen Ausbildung oder Fortbildung sind stets in vollem Umfang steuerfrei, unabhängig davon, ob sie zur Bestreitung des Lebensunterhalts des Empfängers oder für den durch die Ausbildung usw. entstandenen Aufwand bestimmt sind.[1] Allerdings können entstandene Aufwendungen bei einem gewährten Stipendium für Studienzwecke dann nur unter Beachtung des § 3c Abs. 1 EStG abgezogen werden;[2]

f) bestimmte Leistungen nach dem **Arbeitsplatzschutzgesetz** (§ 3 Nr. 47 EStG);

g) bestimmte Leistungen nach dem **Unterhaltssicherungsgesetz** (§ 3 Nr. 48 EStG);

h) Leistungen aus öffentlichen Mitteln, insbesondere an Arbeitnehmer des **Steinkohlen- und Erzbergbaus** aus Anlass von Stilllegungen und anderen einschränkenden Maßnahmen (§ 3 Nr. 60 EStG).

Soweit die vorstehend aufgeführten Leistungen echten Lohnersatzcharakter haben, unterliegen sie jedoch dem **Progressionsvorbehalt** nach § 32b Abs. 1 Nr. 1 EStG. Hierunter fallen insbesondere das Arbeitslosengeld, das Krankengeld, das Mutterschaftsgeld oder vergleichbare Lohnersatzleistungen.

13.4.12.2 Steuerbefreiung aufgrund internationaler Abkommen

Schließlich enthalten zahlreiche internationale und zwischenstaatliche Verträge, die die Bundesrepublik Deutschland abgeschlossen hat oder denen sie beigetreten ist, besondere Steuerbefreiungen, die auch Einkünfte aus nichtselbständiger Arbeit betreffen. Diese früher im EStG enthaltenen Steuerbefreiungen stellen nach Ratifizierung des jeweiligen Vertrags durch Bundestag und Bundesrat einen Teil des Völkerrechts dar und können deshalb nicht mehr einseitig von der Bundesrepublik Deutschland geändert werden. Aus diesem Grund ist von ihrer weiteren Aufnahme in § 3 EStG abgesehen worden. Es handelt sich im Wesentlichen um das Gehalt oder die Bezüge von Bediensteten internationaler Einrichtungen, die in der Bundesrepublik Deutschland tätig und deshalb unbeschränkt oder beschränkt steuerpflichtig sind.

---

1 BFH, BStBl 2004 II S. 190.
2 BFH, BStBl 1977 II S. 207.

13.4.12.3 Steuerfreiheit von Einnahmen für Pflegeleistungen

Pflegebedürftige Personen können nach den gesetzlichen Bestimmungen über die Pflegeversicherung (SGB XI) anstelle von Sachleistungen ein sog. Pflegegeld erhalten, dessen Höhe vom Grad der Pflegebedürftigkeit (Pflegestufe) abhängt. Das Pflegegeld soll den Pflegebedürftigen in die Lage versetzen, zur Pflege ihm **nahestehende Personen** in Anspruch nehmen und diese für die Pflegeleistungen entschädigen zu können. Das Pflegegeld ist beim Pflegebedürftigen – soweit überhaupt steuerbar – eine steuerfreie Einnahme gem. § 3 Nr. 1 EStG. Nimmt der Pflegebedürftige eine beruflich tätige fremde Pflegekraft in Anspruch, dann ist die gezahlte Vergütung bei dieser eine steuerpflichtige Einnahme. Wird die Pflege von einem Angehörigen wahrgenommen und erhält dieser vom Pflegebedürftigen dafür aus dem Pflegegeld eine Entschädigung, wird oft zweifelhaft sein, ob diese Zahlung beim pflegenden Angehörigen zu einer steuerpflichtigen Einnahme führt. Für diese Fälle stellt § 3 Nr. 36 EStG klar, dass diese Einnahmen unter bestimmten Voraussetzungen steuerfrei sind. Im Einzelnen müssen folgende Voraussetzungen erfüllt sein:

a) Es muss sich um Leistungen zur Grundpflege oder hauswirtschaftlichen Versorgung des Pflegebedürftigen handeln.

b) Die Vergütung (Entschädigung) darf das nach § 37 SGB XI in Betracht kommende Pflegegeld nicht übersteigen.

c) Die Pflegeleistungen müssen von einem Angehörigen des Pflegebedürftigen oder einer anderen Person, die damit eine sittliche Pflicht i. S. des § 33 Abs. 2 EStG gegenüber dem Pflegebedürftigen erfüllt, erbracht werden.

> **Beispiel:**
> Frau F ist die Pflegetochter der pflegebedürftigen Frau P. Sie hat die Grundpflege der Pflegemutter übernommen und erhält dafür monatlich 80 % des an Frau P gezahlten Pflegegeldes.
> Die Einnahmen sind steuerfrei. Frau F ist zwar keine Angehörige von Frau P, jedoch eine Person, die gegenüber Frau P eine sittliche Pflicht als Pflegetochter erfüllt.

Entsprechendes gilt gem. § 3 Nr. 36 Satz 2 EStG, wenn der Pflegebedürftige Pflegegeld nicht von der gesetzlichen Pflegeversicherung (Krankenkasse), sondern von einer privaten Pflegeversicherung nach den Vorgaben des SGB XI oder eine Pauschalbeihilfe nach den Beihilfevorschriften für häusliche Pflege erhält.

Nach der Gesetzesbegründung gilt die Steuerbefreiung auch für Pflegepersonen, die auf ein **formelles Arbeitsverhältnis** Wert legen, z. B. weil sie den Schutz der gesetzlichen Krankenversicherung anstreben. Die Vergütungen für die Pflegeleistungen aufgrund eines derartigen formellen Arbeitsverhältnisses sind jedoch nur dann steuerfrei, wenn der Pflegeperson **ausschließlich** Beträge gezahlt werden, die die pflegebedürftige Person als Pflegegeld erhalten hat und die somit unter § 3 Nr. 36 EStG fallen. Werden dem pflegenden Angehörigen darüber hinaus Vergütungen gezahlt, weil er z. B. noch weitere Leistungen erbringt, die nicht als Pflege im engeren Sinne angesehen werden können, dann dürfte ein lohnsteuerpflichtiges Beschäftigungsverhältnis vorliegen. In diesem Fall ist die gesamte Vergütung, d. h. einschließlich des aus dem Pflegegeld stammenden Anteils, als Arbeitslohn i. S. des § 19 Abs. 1 Nr. 1 EStG zu versteuern.

13.4.12.4 Leistungen nach dem Altersteilzeitgesetz

Der Gesetzgeber förderte aus arbeitsmarktpolitischen Gründen den Übergang älterer Arbeitnehmer in den Ruhestand zunächst durch das bis zum 31.12.1988 befristete Vorruhestandsgesetz und anschließend durch das ATG. Sinn und Zweck des zum 01.08.1996 in Kraft getretenen ATG mit später vorgenommenen Änderungen (z. B. insbesondere dem Gesetz zur Verbesserung der Rahmenbedingungen für die Absicherung flexibler Arbeitszeitregelungen und zur Änderung anderer Gesetze, BGBl 2008 I S. 2940) ist neben der Erleichterung des Übergangs älterer Arbeitnehmer in den Ruhestand die Schaffung neuer Arbeitsplätze für arbeitslose Arbeitnehmer oder Arbeitnehmer, die ihre Ausbildung beendet haben.

Die Vergünstigungen des ATG können nach dessen § 2 Abs. 1 in Anspruch genommen werden, wenn

– der Arbeitnehmer das **55. Lebensjahr vollendet** hat,

– die Arbeitszeit des Arbeitnehmers **auf die Hälfte der bisherigen wöchentlichen Arbeitszeit reduziert** wird und der Arbeitnehmer versicherungspflichtig beschäftigt ist und

– der Arbeitnehmer innerhalb der letzten 5 Jahre vor Beginn der Altersteilzeit mindestens 1.080 Kalendertage (= 3 Jahre) in einem versicherungspflichtigen Beschäftigungsverhältnis gestanden hat.

Der Abschluss eines Altersteilzeitvertrags wurde gem. § 4 ATG von der Bundesagentur für Arbeit durch einen **Zuschuss an den Arbeitgeber** gefördert, wenn im Wesentlichen folgende Voraussetzungen des § 3 Abs. 1 ATG vorliegen:

– der Arbeitgeber muss den Arbeitslohn um 20 % des Arbeitsentgelts für die Altersteilzeit aufstocken, wobei die Aufstockung auch weitere Entgeltbestandteile umfassen kann;

– zusätzlich hat der Arbeitgeber für den Arbeitnehmer Beiträge zur gesetzlichen Rentenversicherung mindestens in der Höhe des Betrags zu leisten, der auf 80 % des Regelarbeitsentgelts für die Altersteilzeitarbeit entfällt, begrenzt auf den Unterschiedsbetrag zwischen 90 % der monatlichen Beitragsbemessungsgrenze und dem Regelarbeitsentgelt (höchstens bis zur Beitragsbemessungsgrenze);

– darüber hinaus muss der Arbeitgeber die frei gewordene Stelle durch einen beim Arbeitsamt arbeitslos gemeldeten Arbeitnehmer bzw. eine vergleichbare Person (siehe hierzu § 3 Abs. 1 Nr. 2 ATG) besetzen;

– des Weiteren muss die freie Entscheidung des Arbeitgebers bei einer über 5 % der Arbeitnehmer des Betriebes hinausgehenden Inanspruchnahme sichergestellt sein oder eine Ausgleichskasse der Arbeitgeber oder eine gemeinsame Einrichtung der Tarifvertragsparteien bestehen, wobei beide Voraussetzungen in Tarifverträgen verbunden werden können (vgl. § 3 Abs. 1 Nr. 3 ATG).

Die Förderung der Alterszeit durch die Bundesagentur für Arbeit nach § 4 ATG ist letztmalig für Personen möglich, die die Voraussetzungen des § 2 ATG spätestens im Dezember 2009 erfüllt haben (vgl. § 16 ATG).

Das Altersteilzeitarbeitsverhältnis kann als normales **Teilzeitarbeitsverhältnis** oder als **Blockzeitarbeitsverhältnis** ausgestaltet werden. Im Gegensatz zum Teilzeitarbeitsverhältnis, bei dem die wöchentliche Arbeitszeit durchgehend auf die Hälfte reduziert wird, arbeitet der Arbeitnehmer in aller Regel bei der Blockarbeitszeit zunächst im bisherigen Umfang weiter, wird jedoch in der zweiten Hälfte des Altersteilzeitarbeitsverhältnisses in vollem Umfang freigestellt. Unabhängig von der konkreten Ausgestaltung erhält der Arbeitnehmer in beiden Fällen durchgehend die Hälfte des Arbeitslohns zzgl. der Aufstockungsbeträge.

Steuerfreiheit der Aufstockungsbeträge und zusätzlichen Beiträge zur gesetzlichen Rentenversicherung (§ 3 Nr. 28 EStG)

Beim Arbeitnehmer sind die vom Arbeitgeber geleisteten Aufstockungsbeträge i. S. des § 3 Abs. 1 Nr. 1 Buchst. a ATG sowie die Beiträge und Aufwendungen i. S. des § 3 Abs. 1 Nr. 1 Buchst. b ATG und des § 4 Abs. 2 ATG (**Aufstockungsbeträge** und **zusätzliche Beiträge zur gesetzlichen Rentenversicherung**) steuerfrei (§ 3 Nr. 28 EStG).

Gemäß § 1 Abs. 3 Satz 2 ATG kommt es für die Anwendung der Steuerbefreiungsvorschrift (§ 3 Nr. 28 EStG) nicht darauf an, dass die Altersteilzeit vor dem 01.01.2010 begonnen wurde und durch die Bundesagentur gefördert wird (R 3.28 Abs. 2 Satz 2 LStR).

Gehen die Aufstockungsbeträge und zusätzlichen Beiträge zur gesetzlichen Rentenversicherung über die im ATG genannten Mindestbeträge hinaus, sind die Leistungen des Arbeitgebers auch insoweit steuerfrei (siehe zu den Einzelheiten R 3.28 Abs. 3 LStR, insbesondere zur betragsmäßigen Begrenzung).

Grundsätzlich ist die Steuerbefreiung vom Vorliegen der Voraussetzungen des § 2 ATG abhängig, z. B. Vollendung des 55. Lebensjahres oder Verringerung der tariflichen regelmäßigen wöchentlichen Arbeitszeit auf die Hälfte. Nach dem Gesetzeswortlaut des § 3 Nr. 28 EStG kommt es für die Steuerfreiheit der Aufstockungsbeträge und zusätzlichen Beiträge zur gesetzlichen Rentenversicherung auf die weiteren Voraussetzungen für den Erstattungsanspruch des Arbeitgebers gegen die Bundesanstalt für Arbeit nicht an. Deshalb wird in R 3.28 Abs. 2 Satz 1 LStR klargestellt, dass für die Steuerfreiheit die Wiederbesetzung des frei gewordenen Arbeitsplatzes unmaßgeblich ist.

Steuerfreiheit kommt dagegen nicht mehr für Zahlungen in Betracht, die nach Beendigung der Altersteilzeit oder nach der für den Arbeitnehmer geltenden gesetzlichen Altersgrenze für die Regelaltersrente (§ 5 Abs. 1 Nr. 1 ATG) erfolgen.

Auf die Aufstockungsbeträge bzw. Zuschläge nach § 3 Nr. 28 EStG findet der **Progressionsvorbehalt** Anwendung (siehe § 32b Abs. 1 Satz 1 Nr. 1 Buchst. g EStG).

Steuerliche Behandlung von Beitragszahlungen nach § 187a SGB VI

Arbeitnehmer, die mindestens 24 Monate vor Rentenantrag eine Altersteilzeit im Sinne des ATG ausgeübt haben, können bereits vorzeitig die Altersrente beanspruchen (zum Zeitpunkt der Inanspruchnahme der Altersrente bei Altersteilzeitarbeit und der Anhebung der Altersgrenze gilt § 237 SGB VI). Da dies zu einer Minderung der Altersrente führen kann, wurde Versicherten, die die Altersrente vorzeitig in Anspruch nehmen wollen, in § 187a SGB VI die Möglichkeit eingeräumt, durch zusätzliche freiwillige Beiträge zur gesetzlichen Rentenversicherung Abschläge bei der Altersrente zu vermeiden.

Übernimmt bzw. erstattet der Arbeitgeber dem Arbeitnehmer diese zusätzlichen Beiträge zur Rentenversicherung, handelt es sich hierbei um eine Maßnahme der freiwilligen Zukunftssicherung des Arbeitgebers, die nicht nach § 3 Nr. 62 EStG steuerfrei wäre. Rückwirkend zum 01.01.1997 wurde deshalb § 3 Nr. 28 EStG dahin gehend geändert, dass Zahlungen des Arbeitgebers zur Übernahme der Beiträge i. S. des § 187a SGB VI – begrenzt auf die Hälfte der Beiträge – steuerfrei bleiben.

Zuschläge für statusbezogene Beschäftigungen gem. § 27 Abs. 1 Nr. 1 bis 3 SGB III

Steuerfrei sind nach § 3 Nr. 28 EStG auch Zuschläge für Beamte, Richter, Soldaten etc., die eine Altersteilzeitregelung in Anspruch nehmen. Allerdings unterliegen diese Zuschläge ebenfalls dem Progressionsvorbehalt des § 32b EStG.

13.4.12.5 Beiträge zur betrieblichen Altersversorgung

Rechtslage für Versorgungszusagen vor dem 01.01.2005 (alte Rechtslage)

Beiträge des Arbeitgebers aus dem ersten Dienstverhältnis an eine Pensionskasse oder einen Pensionsfonds, die grundsätzlich im Zeitpunkt der Zahlung als Arbeitslohn des Arbeitnehmers anzusehen sind, waren gem. § 3 Nr. 63 EStG a. F. bis zu einem Betrag von 4 % der Beitragsbemessungsgrenze in der Rentenversicherung steuerfrei, es sei denn, die Beiträge werden für eine Altersversorgung i. S. von § 10a Abs. 1 Satz 4 EStG entrichtet oder der Arbeitnehmer hat verlangt, dass nach § 1a Abs. 3 des Gesetzes zur Verbesserung der betrieblichen Altersvorsorge die Voraussetzungen für eine Förderung nach § 10a EStG oder Abschnitt XI des EStG erfüllt werden.

In einer den steuerfrei gestellten Beiträgen entsprechenden Höhe sind die späteren Versorgungsleistungen gem. § 22 Satz 1 Nr. 5 EStG a. F. in voller Höhe zu versteuern (insoweit nachgelagerte Besteuerung).

13.4 Steuerfreie Einnahmen

Rechtslage für Versorgungszusagen nach dem 31.12.2004 (neue Rechtslage)

Durch das AltEinkG wurde die einkommensteuerliche Behandlung der Altersvorsorgeaufwendungen, der Altersbezüge einschließlich der Versorgungszusagen sowie das Besteuerungssystem (d. h. der Wechsel zur nachgelagerten Besteuerung) grundlegend geändert (vgl. dazu auch Tz. 13.3.4.2).

14 Werbungskosten

14.1 Begriff der Werbungskosten

14.1.1 Allgemeines

Werbungskosten sind nach § 9 Abs. 1 Satz 1 EStG **Aufwendungen zur Erwerbung, Sicherung und Erhaltung der Einnahmen** bei den Überschusseinkünften. Durch den Werbungskostenabzug wird das objektive Nettoprinzip verwirklicht, nach dem nur die Einkünfte – also der Überschuss der (Erwerbs-)Einnahmen über die (Erwerbs-)Ausgaben – zu besteuern sind.

Der Wortlaut der Vorschrift deutet darauf hin, dass die Aufwendungen die Erzielung der Einnahmen bezwecken müssen – also auf einen finalen Zusammenhang zwischen Aufwendungen und Einnahmen. Damit würde sich der Werbungskostenbegriff von dem Betriebsausgabenbegriff des § 4 Abs. 4 EStG, der lediglich eine kausale Verknüpfung („Aufwendungen, die durch den Betrieb veranlasst sind") voraussetzt, unterscheiden. Er wäre somit enger.

Aus diesem Grund vertreten sowohl die Rechtsprechung[1] also auch die Finanzverwaltung (R 9.1 Abs. 1 Satz 1 EStR) die Auffassung, dass sich die Definition von Betriebsausgaben und Werbungskosten dem Grunde nach nicht unterscheiden darf. Werbungskosten sind deshalb alle Aufwendungen, die durch die Erzielung von Einkünften aus nichtselbständiger Arbeit (oder einer anderen Einkunftsart i. S. des § 2 Abs. 1 Nr. 4 bis 7 EStG) **veranlasst** sind.

Als durch die Erzielung von Einkünften aus nichtselbständiger Arbeit veranlasst sind alle Aufwendungen anzusehen, die in einem **objektiven Zusammenhang** mit der Arbeitnehmertätigkeit stehen und **subjektiv** gemacht werden, um die Arbeitnehmertätigkeit und die daraus fließende Einnahmeerzielung zu fördern (H 9.1 „Berufliche Veranlassung" LStH). Dabei ist der objektive Zusammenhang stets zwingend, während die subjektive Absicht kein notwendiges Merkmal des Werbungskostenbegriffs ist.[2] Daher können auch unfreiwillige Ausgaben oder Zwangsaufwendungen Werbungskosten sein.[3]

Die Annahme eines objektiven Zusammenhangs setzt keinen unmittelbaren oder engen zeitlichen Zusammenhang zwischen den Aufwendungen und der Arbeitnehmertätigkeit voraus. Es genügt ein **mittelbarer Zusammenhang** – wenn also die Aufwendungen den Beruf des Arbeitnehmers im weitesten Sinne fördern.[4] Dies ist aber nur dann gegeben, wenn die Aufwendungen in einem **wirtschaftlichen**

---

[1] BFH, BStBl 1981 II S. 368.
[2] BFH, BStBl 1982 II S. 442 und 2007 II S. 317.
[3] Vgl. z. B. BFH, BStBl 2012 II S. 829 und 2014 II S. 850.
[4] BFH, BStBl 2003 II S. 403 (betreffend Aufwendungen für eine Umschulung).

14.1 Begriff der Werbungskosten

Zusammenhang mit der Arbeitnehmertätigkeit stehen (H 9.1 „Zusammenhang mit dem Beruf" LStH). Ein allenfalls loser und entfernter Zusammenhang reicht nicht aus.[1]

Diese vom sog. Veranlassungsprinzip ausgehende Definition des Werbungskostenbegriffs bedeutet zugleich, dass es für die Anerkennung von Aufwendungen als Werbungskosten (ebenso wie bei den Betriebsausgaben) grundsätzlich **nicht** darauf ankommt, dass sie **notwendig, zweckmäßig** und **üblich** sind. Denn der erforderliche wirtschaftliche Zusammenhang zwischen Aufwendungen und Arbeitnehmertätigkeit wird nicht dadurch beseitigt, dass das Handeln des Stpfl. unwirtschaftlich ist.[2] Der Arbeitnehmer kann deshalb grundsätzlich frei entscheiden, welche Aufwendungen er aus beruflichen Gründen machen will.[3] Das gilt mithin auch regelmäßig für solche Aufwendungen, die der Arbeitnehmer bei Nichtbeachtung von Weisungen seines Arbeitgebers macht.[4]

Dieses freie Entscheidungsrecht des Arbeitnehmers ist dann eingeschränkt, wenn die Aufwendungen zu den **nichtabzugsfähigen Kosten der privaten Lebensführung** i. S. des § 12 EStG gehören (dazu Tz. 14.1.3).[5] Ein schuldhafter Verstoß gegen Rechtsvorschriften führt aber noch nicht dazu, dass eine Handlung und die damit zusammenhängenden Aufwendungen privat veranlasst sind.[6]

14.1.2 Die einzelnen Merkmale des Werbungskostenbegriffs

14.1.2.1 Aufwendungen

Aufwendungen i. S. des § 9 EStG sind Ausgaben, die in Geld oder Geldeswert bestehen und durch ihr Abfließen beim Arbeitnehmer eine Vermögensminderung bewirken.

Nur **tatsächliche** Ausgaben können Werbungskosten sein, nicht hingegen **ersparte** Ausgaben.

> **Beispiel:**
> Der Angestellte A wäre berechtigt, bei einer dienstlich veranlassten Bahnreise die 1. Wagenklasse zu benutzen. Er benutzt tatsächlich nur die 2. Wagenklasse.
> Er kann deshalb nur die Fahrtkosten der 2. Wagenklasse geltend machen und nicht die der 1. Wagenklasse.

---

1 BFH, BStBl 1983 II S. 295 (betreffend Zinsen für ein Darlehen, das dem Arbeitgeber zwecks Erhalts des Arbeitsplatzes gewährt wurde); BFH, BStBl 2010 II S. 198 (betreffend einen Verlust aus der Veräußerung einer Beteiligung am Arbeitgeber).
2 BFH, BStBl 1977 II S. 238.
3 BFH, BStBl 1981 II S. 735.
4 A. A. BStBl 1968 II S. 150.
5 BFH, BStBl 1972 II S. 247.
6 BFH vom 28.11.1977 GrS 2-3/77 (BStBl 1978 II S. 105).

14 Werbungskosten

Aufwendungen, die der Erzielung künftigen Arbeitslohns dienen, können **vorweggenommene** Werbungskosten sein, sofern der Arbeitslohn ernsthaft in Aussicht steht – also ein hinreichend konkreter, objektiv feststellbarer Zusammenhang mit der Arbeitnehmertätigkeit besteht (H 9.1 „Vorweggenommene Werbungskosten" LStH). Dafür ist erforderlich, dass der Arbeitnehmer im Zeitpunkt der geleisteten Aufwendungen einen endgültigen Entschluss zur Einkünfteerzielung gefasst und diesen zwischenzeitlich nicht wieder aufgegeben hat.[1] Dies muss der Stpfl. nachweisen. Ein typischer Fall vorweggenommener Werbungskosten sind Bewerbungskosten.

Dagegen sind Aufwendungen „ins Blaue hinein" zur Erzielung künftiger **unsicherer** Einnahmen keine Werbungskosten.[2] Bei den Aufwendungen zur Erlangung künftiger Einnahmen ist es unerheblich, ob der erhoffte Überschuss (bzw. überhaupt Einnahmen) später tatsächlich erzielt wird (sog. fehlgeschlagene oder **vergebliche Werbungskosten**).[3]

> **Beispiel:**
> Ein Rechtsassessor beabsichtigt, später Syndikus bei einer Außenhandelsbank zu werden. Diese macht seine Einstellung von Fremdsprachenkenntnissen abhängig. Der Assessor besucht deshalb einen Sprachkurs in London.
> Die Aufwendungen hierfür können als Werbungskosten bei seinen Einkünften aus nichtselbständiger Arbeit berücksichtigt werden, auch wenn der Assessor später bei der Außenhandelsbank nicht eingestellt wird.

Auch Aufwendungen nach Aufgabe der Erwerbstätigkeit können als **nachträgliche Werbungskosten** bei den Einkünften aus nichtselbständiger Arbeit abziehbar sein, wenn diese Aufwendungen noch in einem wirtschaftlichen Zusammenhang mit dem früheren Dienstverhältnis stehen (H 9.1 „Nachträgliche Werbungskosten" LStH).

> **Beispiel:**
> H war Geschäftsführer einer GmbH. Er wird von der Krankenkasse nach seinem Ausscheiden aus der Geschäftsführung als Haftender für nicht abgeführte Sozialversicherungsbeiträge der Arbeitnehmer der GmbH in Anspruch genommen.
> Die auf den Haftungsanspruch geleisteten Zahlungen sind nachträgliche Werbungskosten.

Das Ausscheiden geldwerter Güter aus dem Vermögen des Arbeitnehmers braucht sich nicht als Aufwand im betriebswirtschaftlichen Sinne darzustellen. Wegen des Veranlassungsprinzips ist es auch unerheblich, ob der Aufwand **ohne oder gegen den Willen** des Arbeitnehmers entstanden ist.

> **Beispiel:**
> P ist Polizeibeamter. Sein PKW wird eines Nachts vorsätzlich von Personen in Brand gesetzt, die sich damit für sein dienstliches Vorgehen gegen sie rächen wollen.

---
1 BFH vom 09.07.2013 IX R 21/12 (BFH/NV 2013 S. 1778).
2 Vgl. BFH, BStBl 1996 II S. 452.
3 BFH, BStBl 1962 III S. 467.

Der entstandene Vermögensschaden ist als Werbungskosten bei den Einkünften des P aus nichtselbständiger Arbeit abzugsfähig, weil er mit der beruflichen Tätigkeit des P in (mittelbarem) Zusammenhang steht.[1]

Aufwendungen liegen auch vor, wenn dem Arbeitnehmer ein **Rückforderungs- oder Ersatzanspruch** zusteht (z. B. gegen den Arbeitgeber).[2] Erhält der Arbeitnehmer als Ersatz für die ausgefallenen Einnahmen oder die geleisteten Aufwendungen eine Schadensersatz- oder Versicherungsleistung, liegen insoweit Einnahmen gem. § 19 EStG vor. **Verzichtet** der Arbeitnehmer auf die Geltendmachung von Ersatzleistungen, steht dies dem Werbungskostenabzug ebenfalls nicht entgegen.[3] Nur dann, wenn dieser Verzicht auf „rein persönlichen" Gründen beruht (§ 12 Nr. 2 EStG), soll der Werbungskostenabzug ausscheiden.[4]

Noch keine Werbungskosten sind Aufwendungen des Arbeitnehmers, die er für eine spätere beruflich veranlasste Ausgabe **anspart.** Sie werden es erst dann, wenn sie als Werbungskosten verausgabt werden (R 9.1 Abs. 4 Satz 1 LStR).

Beispiel:
P ist Postbediensteter und als solcher Mitglied der Kleiderkasse der Deutschen Post AG. Er zahlt monatlich einen bestimmten Beitrag an die Kleiderkasse. Nach Erreichen einer bestimmten Summe seines Guthabens kauft er sich bei der Kleiderkasse neue Dienstkleidung (Berufskleidung).
Die monatlichen Beiträge an die Kleiderkasse sind noch keine Werbungskosten. Erst die Aufwendungen für den Erwerb der Dienstkleidung sind nach § 9 EStG abzugsfähige Werbungskosten.

Hat ein Arbeitnehmer beruflich veranlasste Aufwendungen jedoch dadurch erspart, dass er entsprechende **Sachbezüge** erhalten hat, stehen der Wert der Sachbezüge entsprechenden Aufwendungen gleich (R 9.1 Abs. 4 Satz 2 LStR). Die Sachbezüge sind vorbehaltlich der Abzugsbeschränkungen nach § 9 Abs. 1 Satz 3 Nr. 5, 7 und Abs. 5 EStG mit dem Wert als Werbungskosten abziehbar, mit dem sie als steuerpflichtiger Arbeitslohn erfasst worden sind.

Beispiel:
Ein Arbeitgeber (kein Kreditinstitut oder Ähnliches) gewährt einem Arbeitnehmer ein zinsloses Darlehen i. H. von 20.000 €, damit sich der Arbeitnehmer sein steuerlich anerkanntes häusliches Arbeitszimmer mit Schreibtisch, Schreibtischstuhl und Aktenschränken einrichten kann. Der Maßstabszinssatz beträgt 5 % (nach Abzug des pauschalen Abschlags von 4 %).
Die Zinsersparnis i. H. von 5 % aus 20.000 € = 1.000 € ist als geldwerter Vorteil bei den Einkünften aus nichtselbständiger Arbeit zu erfassen (§ 8 Abs. 2 Satz 1 EStG).[5]
Dadurch, dass der als Einnahme versteuerte Nutzungsvorteil zur Erzielung von Einkünften eingesetzt wird, wird er verbraucht und fließt als Aufwendung i. S. von § 9

---

1 BFH, BStBl 1982 II S. 442.
2 BFH vom 22.10.2002 VI R 16/02 (BFH/NV 2003 S. 164).
3 BFH, BStBl 1967 III S. 570.
4 BFH, BStBl 1970 II S. 765.
5 Vgl. auch BMF vom 19.05.2015 (BStBl 2015 I S. 484).

Abs. 1 EStG ab. Der Arbeitnehmer kann somit neben der Abschreibung für die Arbeitsmittel auch die Zinsersparnis als Werbungskosten geltend machen.

Zahlt ein Arbeitnehmer **zu viel erhaltenen** (versteuerten) **Arbeitslohn** an seinen Arbeitgeber **zurück**, bleibt der Arbeitslohn in dem entsprechenden VZ zugeflossen (keine Anwendung von § 175 Abs. 1 Nr. 2 AO; vgl. H 11 „Rückzahlung von Arbeitslohn" LStH; vgl. dazu Tz. 13.1.3.1). Strittig ist die Behandlung des zurückgezahlten Betrags im VZ der Rückzahlung: Die Rechtsprechung nahm früher (stets) negative Einnahmen aus nichtselbständiger Arbeit an.[1] Die Rückzahlung sei nämlich kein Aufwand zur Erlangung, Sicherung oder Erhaltung von Einnahmen aus dem Arbeitsverhältnis, sondern schaffe nur einen Ausgleich für früher zu viel erhaltenen und versteuerten Arbeitslohn. Lediglich „technisch" sollen die Rückzahlungen wie Werbungskosten behandelt werden, um den erforderlichen Ausgleich steuerlich möglichst praktisch vornehmen zu können. Demnach sei es nicht zulässig, den Rückzahlungsbetrag bei seiner Berücksichtigung mit dem Arbeitnehmer-Pauschbetrag des § 9a Satz 1 Nr. 1 Buchst. a EStG zu verrechnen.[1] Der neueren Rechtsprechung lässt sich meist nicht (mehr) entnehmen, ob sie zurückgezahlte Einnahmen als negative Einnahmen oder Werbungskosten behandelt.[2] Geht man von Werbungskosten aus, wird durch die Rückzahlung konsequenterweise auch der Arbeitnehmer-Pauschbetrag aufgezehrt.

Ebenfalls keine Werbungskosten sind die einem Arbeitnehmer während der Zeit der Nichtbeschäftigung **entgangenen Einkünfte,** und zwar selbst dann nicht, wenn er sich während dieser Zeit eine neue Arbeitsstelle gesucht hat.[3]

14.1.2.2 Zusammenhang der Aufwendungen mit dem Arbeitslohn

Die entstandenen Werbungskosten sind (nur) bei der Einkunftsart zu berücksichtigen, mit der sie ursächlich zusammenhängen (§ 9 Abs. 1 Satz 2 EStG). Deshalb sind Werbungskosten bei den Einkünften aus nichtselbständiger Arbeit nur solche Aufwendungen, die **unmittelbar oder mittelbar** mit der Arbeitnehmertätigkeit und den Einnahmen daraus zusammenhängen.

Aus diesem Grund sind z. B. Aufwendungen eines **emeritierten Professors** (Hochschullehrers) für eine weiterhin ausgeübte Forschungstätigkeit ohne eigene Einnahmen daraus keine Werbungskosten bei den weiterhin in voller Höhe bezahlten Bezügen.[4] Die Bezüge werden nämlich nicht für eine gegenwärtige Beschäftigung im öffentlichen Dienst gezahlt, sondern für frühere Dienstleistungen, d. h., sie sind Versorgungsbezüge i. S. des § 19 Abs. 1 Satz 1 Nr. 2 EStG (dazu Tz. 13.3.4.1). **Kosten der Strafverteidigung** können hingegen grundsätzlich Werbungskosten sein, wenn der strafrechtliche Vorwurf durch ein berufliches Verhalten des Stpfl. veranlasst ist

---

1 BFH, BStBl 1964 III S. 184.
2 BFH, BStBl 2006 II S. 911, 2010 II S. 299 und 2016 II S. 778.
3 BFH, BStBl 1978 II S. 216.
4 FG Hamburg vom 19.07.2012 – 3 K 33/11.

14.1 Begriff der Werbungskosten

(H 9.1 „Strafverteidigungskosten" LStH). Sind die Strafverteidigungskosten hingegen privat veranlasst und übersteigen sie nach einem Freispruch den durch die Staatskasse zu tragenden Betrag (z. B. wegen einer Honorarvereinbarung), ist dieser übersteigende Betrag auch nicht als außergewöhnliche Belastung i. S. des § 33 EStG abzugsfähig. Es fehlt insoweit das Merkmal der Zwangsläufigkeit.[1]

Mit anderen Einkunftsarten zusammenhängende Aufwendungen (z. B. Zinsen für ein Hypothekendarlehen) werden im Lohnsteuerverfahren nicht berücksichtigt, und zwar selbst dann nicht, wenn die Aufwendungen in dem Arbeitsverhältnis begründet sind.[2]

> **Beispiel:**
> V wird von der F-AG zum Vorstand bestellt. Er verpflichtet sich vor seiner Bestellung, eigene Aktien der AG im Nennwert von 50.000 € zu erwerben. Die Mittel für den Aktienkauf beschafft sich V bei einer Bank durch Aufnahme eines verzinslichen Kredits.
>
> Die von V gezahlten Darlehenszinsen können nicht als Werbungskosten bei den Einkünften aus nichtselbständiger Arbeit berücksichtigt werden, obwohl sie in einem gewissen Zusammenhang mit seiner Arbeitnehmertätigkeit stehen. Es handelt sich um Aufwendungen im Rahmen der Einkünfte aus Kapitalvermögen.

Eine Vermögensaufwendung des Arbeitnehmers **zur Erlangung des Arbeitsplatzes** kann aber im Zeitpunkt des Verlustes des geleisteten Betrags zu Werbungskosten bei § 19 EStG führen, wenn der Verlust durch das Arbeitsverhältnis unmittelbar oder mittelbar veranlasst ist.

> **Beispiel:**
> V soll von der F-AG zum Vorstand bestellt werden. Er kann seine Tätigkeit aber noch nicht aufnehmen, weil er erst sein bestehendes Arbeitsverhältnis lösen muss. Die F-AG verlangt von V eine zinslose Kaution von 10.000 €, die V zahlt.
>
> V konnte infolge Erkrankung seine Tätigkeit als Vorstand bei der F-AG nicht aufnehmen. Später, nach Gesundung, kam es nicht mehr zu einem Anstellungsvertrag. Die Kaution konnte die F-AG infolge einer Insolvenz nicht zurückzahlen.
>
> Der Verlust der Kaution kann bei V zu Werbungskosten bei den Einkünften aus nichtselbständiger Arbeit führen, wenn der Verlust der Kaution von ihm nicht zu vertreten ist, z. B. weil die F-AG trotz sofortiger Rückforderung seitens des V nicht gezahlt hat.[3]

Allerdings darf der Zusammenhang der Aufwendung mit der Arbeitnehmertätigkeit nicht allzu lose und entfernt sein. So ist der **Verlust eines Vermögensgegenstandes** wegen seiner Zuordnung zum Privatvermögen – der Arbeitnehmer hat kein dem Betriebsvermögen gleichzusetzendes „Arbeitsvermögen" – grundsätzlich kein zu Werbungskosten führender Aufwand.

---
1 BFH, BStBl 2008 II S. 223.
2 BFH, BStBl 1961 III S. 431.
3 BFH vom 13.01.1989 VI R 51/85 (BStBl 1989 II S. 382); Gleiches kann bei einem Schuldanerkenntnis gelten (BFH vom 02.03.2005 VI R 36/01, BFH/NV 2006 S. 33).

Beispiel:

Arbeitnehmer A unternimmt eine beruflich veranlasste Reise. Auf dieser wird ihm seine Geldbörse entwendet, in der sich auch das Geld zur Bestreitung der Reisekosten befindet.

Der Verlust führt nicht zu Werbungskosten in Form von Reisenebenkosten, da der Zusammenhang mit der Arbeitnehmertätigkeit zu lose ist (H 9.8 „Geld" LStH; vgl. dazu auch Tz. 13.4.2.4.5).

Der Verlust eines Vermögensgegenstandes kann jedoch dann zum Werbungskostenabzug dem Grunde nach führen, wenn der Verlust in einem engen Zusammenhang mit der beruflichen Tätigkeit steht und trotz zumutbarer Sicherheitsvorkehrungen des Arbeitnehmers eingetreten ist (H 9.8 „Diebstahl" LStH).

Beispiel:

Arbeitnehmer A unternimmt mit dem PKW eine Dienstreise, bei der er unterwegs in einem Hotel übernachtet. Den PKW stellt er verschlossen in der Hotelgarage ab, wobei er die für die Übernachtung nicht benötigten Gepäckstücke im Kofferraum lässt. Ihm wird aus dem PKW ein Mantel gestohlen.

Der Verlust des Mantels führt dem Grunde nach zu Werbungskosten (Reisenebenkosten), jedoch nur in Höhe des Zeitwerts des Mantels.

In manchen Fällen berühren Aufwendungen **gleichzeitig** das Arbeitsverhältnis und **andere Einkunftsarten,** ohne dass im Einzelfall eine klare Abgrenzung möglich ist. In solchen Fällen müssen die Aufwendungen im Wege der Schätzung zerlegt und auf die einzelnen Einkunftsarten verteilt werden.[1]

Beispiel:

Dr. B ist Chefarzt eines Krankenhauses. Gleichzeitig übt er eine Privatpraxis aus. Seine Aufwendungen für Arztkittel, Zeitschriften, Berufshaftpflicht usw. hängen mit beiden Tätigkeiten zusammen. Sie sind deshalb entsprechend dem Umfang der beiden von Dr. B ausgeübten Tätigkeiten auf diese aufzuteilen und als Werbungskosten bei den Einkünften aus nichtselbständiger Arbeit und als Betriebsausgaben bei den Einkünften aus selbständiger Arbeit zu berücksichtigen.

14.1.3 Abgrenzung der Werbungskosten von den Kosten der Lebensführung

Die Abgrenzung der Werbungskosten von den Kosten der privaten Lebensführung ist durch die Entscheidung des Großen Senats des BFH vom 21.09.2009[2] entscheidend geändert worden. Zum Verständnis der Bedeutung dieser Entscheidung wird zunächst die alte Auffassung des BFH (Tz. 14.1.3.1) dargestellt, bevor auf die neue Rechtslage eingegangen wird (Tz. 14.1.3.2).

---
1 BFH, BStBl 2008 II S. 937.
2 BFH vom 21.09.2009 GrS 1/06 (BStBl 2010 II S. 672).

14.1.3.1 Rechtslage vor der Entscheidung des Großen Senats des BFH zum allgemeinen Aufteilungs- und Abzugsverbot

Nach § 12 Nr. 1 EStG dürfen Aufwendungen für die Lebensführung weder bei den einzelnen Einkunftsarten noch vom Gesamtbetrag der Einkünfte abgezogen werden. Zu den Kosten der Lebensführung gehören insbesondere die für den Haushalt des Stpfl. und für den Unterhalt seiner Familienangehörigen aufgewendeten Beträge (Satz 1). Die Aufwendungen für die Lebensführung, die die wirtschaftliche oder gesellschaftliche Stellung des Arbeitnehmers mit sich bringt, sind selbst dann nicht abzugsfähig, wenn sie auch zur Förderung der Tätigkeit des Arbeitnehmers gemacht werden (sog. Repräsentationsaufwendungen gem. § 12 Nr. 1 Satz 2 EStG).

Probleme entstehen insbesondere dann, wenn die Aufwendungen in nicht unerheblicher Weise sowohl durch die Lebensführung als auch durch die berufliche Tätigkeit veranlasst sind. Die Rechtsprechung leitete aus § 12 Nr. 1 Satz 2 EStG ein **allgemeines Aufteilungs- und Abzugsverbot** für diese sog. **gemischten Aufwendungen** ab.[1]

14.1.3.2 Die Entscheidung des Großen Senats des BFH vom 21.09.2009: Abkehr vom allgemeinen Aufteilungs- und Abzugsverbot

Mit seiner Entscheidung vom 21.09.2009 hat der Große Senat des BFH[2] seine bisherige Rechtsprechung, nach der § 12 Nr. 1 Satz 2 EStG ein allgemeines Aufteilungs- und Abzugsverbot enthalte, aufgegeben. Gegenstand dieser Entscheidung war die steuerliche Behandlung von gemischt veranlassten **Reiseaufwendungen.** Diese können demnach in (abziehbare) Erwerbsaufwendungen und nicht abziehbare Kosten der Lebensführung zeitanteilig aufgeteilt werden, wenn die erwerbsbezogenen Zeitanteile feststehen und nicht von untergeordneter Bedeutung sind. Bedeutsam ist dies zunächst insbesondere für die Fallgruppe der Flugkosten, die im Zusammenhang mit einer gemischt veranlassten Reise stehen.

Darüber hinaus beinhaltet die Entscheidung auch eine generelle Neuerung bei der Abzugsfähigkeit von gemischten Aufwendungen. Nunmehr ist von einem **Aufteilungsgebot** zwischen betrieblich oder beruflich veranlassten Aufwendungen einerseits und Kosten der privaten Lebensführung andererseits auszugehen. Nach Auffassung der Finanzverwaltung ist dieses Aufteilungsgebot insbesondere nach den folgenden Grundsätzen zu behandeln.[3]

---

[1] BFH (GrS), BStBl 1971 II S. 17 und 21, 1984 II S. 557 und 588.
[2] BFH vom 21.09.2009 GrS 1/06 (BStBl 2010 II S. 672).
[3] Vgl. R 9.1 Abs. 2 Satz 3 LStR, H 9.1 „Gemischte Aufwendungen" LStH i. V. m. BMF vom 06.07.2010 (BStBl 2010 I S. 614).

14.1.3.2.1 Nichtabziehbare Aufwendungen der Lebensführung

Eine Aufteilung der Aufwendungen kommt nicht in Betracht, wenn es sich um nichtabziehbare Aufwendungen der privaten Lebensführung gem. **§ 12 Nr. 1 Satz 1 EStG** handelt, sodass eine eventuell bestehende berufliche Veranlassung unbeachtlich ist. Unter diese Fallgruppe fallen insbesondere Aufwendungen für die Wohnung, die Ernährung, die Kleidung, die Kindererziehung und die persönlichen Bedürfnisse des täglichen Lebens. Da diese Aufwendungen bereits durch den Grundfreibetrag und die Freibeträge für Kinder abgegolten sind bzw. als Sonderausgaben oder außergewöhnliche Belastungen abgezogen werden können, ist ein solches Abzugsverbot gerechtfertigt.

So sind folgende Aufwendungen nicht als Werbungskosten abziehbar, da sie nicht trennbar sind und es sich überwiegend um Lebensführungskosten handelt:

- Kosten der **bürgerlichen Kleidung** (dazu Tz. 14.3.5)
- Aufwendungen für privaten **Flugsport** einschließlich der Flüge, die zur Erhaltung der Privatpilotenlizenz erforderlich sind – selbst wenn die beim Fliegen gewonnenen Erfahrungen für die Berufsausübung nützlich sind[1]
- Aufwendungen für **Körperpflege und Kosmetika,** und zwar selbst dann nicht, wenn die Aufwendungen hierfür vornehmlich beruflich bedingt außergewöhnlich hoch sind, z. B. bei einer Schauspielerin oder Fernsehansagerin (H 9.1 „Körperpflege und Kosmetika" LStH)
- Aufwendungen für die Beschaffung einer **Brille** oder eines **Hörgeräts,** auch wenn die Behebung des körperlichen Mangels im beruflichen Interesse liegt (H 12.1 „Medizinisch-technische Hilfsmittel und Geräte" EStH)
- **Kontoführungsgebühren** mit Ausnahme des beruflich veranlassten Anteils, der ggf. pauschal nach dem Verhältnis beruflich und privat veranlasster Kontenbewegungen aufzuteilen ist (H 9.1 „Kontoführungsgebühren" LStH)
- **Einbürgerungskosten,** auch wenn dadurch die Arbeitnehmertätigkeit abgesichert wird (H 9.1 „Einbürgerung" LStH)
- Aufwendungen für ein **Seminar zur Persönlichkeitsentfaltung** können beruflich veranlasst sein, wenn die Veranstaltung auf die berufsspezifischen Bedürfnisse des Stpfl. ausgerichtet ist.[2] Hingegen sind Aufwendungen zum **Erlernen der deutschen Sprache** Aufwendungen für die allgemeine Lebensführung – selbst dann, wenn die Deutschkenntnisse für die Erlangung eines Arbeitsplatzes förderlich sind.[3]

---
1 BFH vom 17.11.1989 VI R 8/86 (BStBl 1990 II S. 306) und vom 09.08.1996 VI R 38/96 (BFH/NV 1997 S. 107).
2 BFH, BStBl 2009 II S. 108.
3 BFH, BStBl 2007 II S. 814.

- Zahlungen eines Gastarbeiters zur **Verkürzung des Wehrdienstes** im Heimatland, um die Arbeitsstelle in Deutschland nicht zu verlieren[1]

Ebenfalls nicht abziehbar – und damit nicht aufzuteilen – sind Aufwendungen gem. **§ 12 Nr. 1 Satz 2 EStG.** Ob Repräsentationsaufwendungen oder zumindest teilweise Werbungskosten des Arbeitnehmers vorliegen, bleibt einer Einzelfallentscheidung vorbehalten. So stellen Veranstaltungen aus persönlichem Anlass (z. B. Geburtstag, Trauerfeier) regelmäßig ein bedeutendes Indiz, aber nicht das allein entscheidende Kriterium für die Annahme von Repräsentationsaufwendungen dar (dazu genauer Tz. 14.3.9).

14.1.3.2.2 Ausschließlich beruflich veranlasste Aufwendungen

Der Abzug der vorgenannten Aufwendungen kommt jedoch ausnahmsweise dann in Betracht, wenn die Aufwendungen ausschließlich oder nahezu ausschließlich beruflich veranlasst sind, z. B. bei Arbeitsmitteln wie der typischen Berufskleidung gem. § 9 Abs. 1 Satz 3 Nr. 6 EStG (dazu Tz. 14.3.5), beim häuslichen Arbeitszimmer gem. § 9 Abs. 5 Satz 1 i. V. m. § 4 Abs. 5 Satz 1 Nr. 6b EStG (dazu Tz. 14.3.3), bei Verpflegungsmehraufwendungen gem. § 9 Abs. 4a EStG (siehe dazu Tz. 14.3.2) oder bei Aufwendungen für die doppelte Haushaltsführung gem. § 9 Abs. 1 Satz 3 Nr. 5 EStG (siehe dazu Tz. 13.4.2.4.7.3).

14.1.3.2.3 Gemischte Aufwendungen

Aufwendungen, die weder von § 12 Nr. 1 EStG erfasst sind noch eindeutig dem beruflichen oder privaten Bereich zugeordnet werden können, aber einen vom Stpfl. nachgewiesenen abgrenzbaren beruflichen Anteil enthalten, sind bei Vorliegen eines Veranlassungszusammenhangs zwischen den Aufwendungen und der Einkünfteerzielung **grundsätzlich aufzuteilen.**

Von diesem Grundsatz gibt es zwei **Ausnahmen:**

- Bei einer **untergeordneten beruflichen** Mitveranlassung (≤ 10 %) sind die Aufwendungen insgesamt nicht als Werbungskosten abzugsfähig. Die Aufwendungen werden dann vollumfänglich der Privatsphäre zugeordnet.

- Bei einer **untergeordneten privaten** Mitveranlassung (≤ 10 %) sind die Aufwendungen grundsätzlich insgesamt – also ohne Aufteilung – abzugsfähig, sofern keine anderen Abzugsbeschränkungen eingreifen.

Liegt kein Fall einer solchen untergeordneten Veranlassung vor (weder in die noch in die andere „Richtung"), ist nach Möglichkeit eine Aufteilung der Aufwendungen nach den **Veranlassungsbeiträgen** vorzunehmen. Dabei ist ein geeigneter, dem jeweiligen Einzelfall gerecht werdender objektiver Aufteilungsmaßstab zugrunde zu legen. Als mögliche Kriterien können beispielsweise Zeit-, Mengen- oder Flächen-

---

[1] BFH, BStBl 1986 II S. 459.

anteile oder eine Aufteilung nach Köpfen dienen. Eine **Schätzung** der Veranlassungsbeiträge ist möglich. Darüber hinaus muss für die Abzugsfähigkeit der Aufwendungen der berufliche Veranlassungszusammenhang nachgewiesen werden.

Beispiel:
Der angestellte Reisevertreter V benutzt seinen PKW sowohl für Berufs- als auch für Privatfahrten. Er zeichnet die gesamten Aufwendungen für das Kraftfahrzeug auf und hält außerdem die beruflich gefahrenen km fest.
Die Aufwendungen einschl. der AfA für den PKW sind im Verhältnis der dienstlich zu den privat gefahrenen km aufzuteilen und, soweit sie auf die dienstlich gefahrenen km entfallen, als Werbungskosten abzugsfähig.

Bei einer gemischt veranlassten **Reise** eines Arbeitnehmers sind der An- und/oder Abreisetag nur zu berücksichtigen, wenn diese Tage zumindest teilweise für touristische bzw. berufliche Unternehmungen zur Verfügung standen. Ansonsten sind diese Tage bei der Aufteilung als neutral zu behandeln.[1]

Besteht **keine geeignete Schätzungsgrundlage** bzw. sind die **Veranlassungsbeiträge nicht trennbar,** dann gelten die Aufwendungen insgesamt als privat veranlasst.

Beispiel:
Richter R hat sich ein elektronisches Tonbandgerät zum Preis von 500 € gekauft, mit dem er teilweise seine Urteilsentwürfe und sonstigen dienstlichen Schriftsätze diktiert. R benutzt das Gerät im Übrigen privat. Den Umfang der jeweiligen Nutzung gibt R nicht an.
Hinsichtlich der Benutzung des Tonbandgeräts gibt es keinen zuverlässigen Maßstab, um festzustellen, zu wie viel Prozent R sein Tonbandgerät privat oder beruflich nutzt. R kann deshalb die Aufwendungen für die Anschaffung des Tonbandgeräts nicht, und zwar auch nicht teilweise, als Werbungskosten absetzen (vgl. auch Tz. 14.3.5).[2]

Eine **schätzungsweise Aufteilung** der Gesamtaufwendungen für die Nutzung eines Vermögensgegenstandes sowohl für private als auch für berufliche Zwecke soll jedoch dann zulässig sein, wenn zumindest gewisse Erfahrungswerte für einen Aufteilungsmaßstab vorhanden sind (z. B. Erfahrungswerte von Verbraucherverbänden).

Beispiel:
Arbeitnehmer A wäscht seine typische Berufskleidung (Latzhosen, Malerkittel usw.) zusammen mit seiner privaten Wäsche in seiner Waschmaschine zu Hause. Er macht die anfallenden Kosten für die Nutzung der Waschmaschine zum Teil als Werbungskosten geltend.
Der Abzug als Werbungskosten ist zulässig, wenn A anhand von Erfahrungswerten der Verbraucherverbände (oder des Herstellers der Waschmaschine) die jeweils anfallenden Kosten (pro Waschgang) nachweist und entsprechend dem Anteil der gewaschenen Berufskleidung aufteilt.[3]

---

[1] BFH, BStBl 2010 II S. 687 (nicht eindeutig ist insoweit die Auffassung der Finanzverwaltung, vgl. BMF vom 06.07.2010, BStBl 2010 I S. 614, Rz. 15, Beispiel 3).
[2] BFH, BStBl 1960 III S. 274 und 1971 II S. 327.
[3] BFH, BStBl 1993 II S. 837 und 838.

Demgegenüber kommt eine Aufteilung der Beiträge für eine **kombinierte Rechtsschutzversicherung** (z. B. Familien-, Arbeits- und Verkehrsrechtsschutz) im Wege der Schätzung nicht in Betracht. Als Werbungskosten kann nur der Anteil der Prämien berücksichtigt werden, der nach der Schadenstatistik der einzelnen Versicherungsgesellschaften auf den beruflichen Bereich entfällt. Dieser Prämienanteil ist durch eine Bescheinigung der Versicherungsgesellschaft nachzuweisen.[1]

14.1.3.3 Schuldhaft verursachte Aufwendungen

Schuldhaft verursachte Aufwendungen sind solche, die Folge eines vorsätzlichen oder fahrlässigen Verstoßes gegen Rechtsvorschriften sind. Damit ist jedoch noch nichts darüber gesagt, ob solche Aufwendungen im Zusammenhang mit einer Arbeitnehmertätigkeit stehen. Wird z. B. ein Arbeitnehmer, der auf einer Dienstfahrt mit dem eigenen PKW einen Unfall verursacht hat, wegen fahrlässiger Körperverletzung zu einer **Geldstrafe** verurteilt, besteht zwischen der Geldstrafe und der Arbeitnehmertätigkeit zweifellos ein Zusammenhang. Gleichwohl ist die Geldstrafe nicht als Werbungskosten abzugsfähig. Dies folgt aus § 12 Nr. 4 EStG, wonach in einem Strafverfahren festgesetzte Geldstrafen, sonstige Rechtsfolgen vermögensrechtlicher Art, bei denen der Strafcharakter überwiegt, und Leistungen zur Erfüllung von Auflagen oder Weisungen, soweit die Auflagen oder Weisungen nicht lediglich der Wiedergutmachung des durch die Tat verursachten Schadens dienen, nicht abgezogen werden dürfen. Unberührt von dem Abzugsverbot von Geldstrafen in § 9 Abs. 5 Satz 1, § 4 Abs. 5 Satz 1 Nr. 8 EStG und § 12 Nr. 4 EStG bleibt jedoch die Abzugsfähigkeit von **Strafverfahrenskosten** als Werbungskosten, z. B. von Strafverteidigerkosten, wenn der Schuldvorwurf durch die berufliche Tätigkeit veranlasst war (H 9.1 „Strafverteidigungskosten" LStH; vgl. auch Tz. 14.3.9).

Geldauflagen, z. B. Auflagen, die gem. § 17 OWiG wegen Verstoßes gegen das Lebensmittelrecht auferlegt werden, können aufgrund der Regelung des § 12 Nr. 4 EStG ebenfalls nicht als Werbungskosten abgezogen werden, soweit die Geldauflage nicht der Wiedergutmachung des durch die Tat verursachten Schadens dient. Zu beachten ist, dass die Übernahme einer Geldauflage bzw. Geldbuße, die gegen einen bei einem Arbeitgeber beschäftigten Arbeitnehmer wegen Verstößen gegen das Lebensmittelrecht verhängt worden sind, zu Arbeitslohn führt, wenn der Arbeitgeber die Zahlung nicht aus ganz überwiegend eigenbetrieblichem Interesse übernimmt.[2]

Ist durch das schuldhafte Verhalten eines Arbeitnehmers ein **Schaden** entstanden, können sowohl der (Eigen- und Fremd-)Schaden selbst als auch die Aufwendungen zu seiner Beseitigung Werbungskosten sein. Wegen der Wertungsfreiheit der Besteuerung kommt es für die Einordnung als Werbungskosten nur auf die berufli-

---
[1] BFH vom 31.01.1997 VI R 97/94 (BFH/NV 1997 S. 346).
[2] BFH, BStBl 2009 II S. 151.

che Veranlassung an.[1] Steht die den Schaden verursachende Handlung mit der Lebensführung im Zusammenhang, fallen die Folgeaufwendungen unter das Abzugsverbot des § 12 EStG – und zwar auch dann, wenn sie in einem Zusammenhang mit der Arbeitnehmertätigkeit stehen.

Beispiel:

Arbeitnehmer A verursacht auf einer Dienstfahrt mit dem PKW alkoholbedingt einen Unfall. Die Unfallkosten sind nicht als Werbungskosten abzugsfähig, weil sich A durch den Alkoholgenuss von seiner dienstlichen Tätigkeit „getrennt" hat. Der Unfall fällt in den Bereich der privaten Lebensführung.[2]

14.1.4 Abgrenzung der Werbungskosten von den Sonderausgaben

Sonderausgaben sind bestimmte, in § 10 EStG aufgeführte Ausgaben, die ihrer Natur nach zwar Kosten der Lebensführung sind, aber aus sozialen oder wirtschaftspolitischen Gründen ganz oder in bestimmtem Umfang bei der Ermittlung des Einkommens (§ 2 Abs. 4 EStG) abgesetzt werden können.

Häufig erfüllen Ausgaben sowohl den Werbungskosten- als auch den Sonderausgabenbegriff, z. B. die Beiträge für eine berufliche **Haftpflichtversicherung.** Diese Ausgaben sind im Allgemeinen als Werbungskosten zu behandeln, weil der Werbungskosten- dem Sonderausgabenabzug grundsätzlich vorgeht (vgl. Wortlaut des § 10 Abs. 1 Satz 1 EStG). Gehören die Ausgaben hingegen überwiegend zur privaten Sphäre, werden sie nur als Sonderausgaben berücksichtigt, auch wenn ein Zusammenhang mit dem ausgeübten Beruf eindeutig besteht. Beiträge zu **Lebens- oder Unfallversicherungen** sind deshalb grundsätzlich als Sonderausgaben (§ 10 Abs. 1 Satz 1 Nr. 3a EStG) zu behandeln, auch wenn die Versicherung das Berufsrisiko mit abdecken soll.[3] Ebenso sind die Beiträge zur gesetzlichen Rentenversicherung gem. § 10 Abs. 1 Satz 1 Nr. 2 Buchst. a EStG nur als Sonderausgaben abzugsfähig.[4] Nur wenn eine **Unfallversicherung** ausschließlich das besondere Berufsrisiko abdeckt, können die Versicherungsprämien Werbungskosten sein. Beiträge für Unfallversicherungen, die das Unfallrisiko sowohl im beruflichen als auch im privaten Bereich abdecken, können im Wege der Schätzung aufgeteilt werden.[5]

---

1 BFH vom 28.11.1977 GrS 2-3/77 (BStBl 1978 II S. 105).
2 BFH, BStBl 1984 II S. 435.
3 BFH, BStBl 1963 III S. 399 und 1976 II S. 599 (betreffend „Loss-of-Licence-Versicherung" (Berufsunfähigkeitsversicherung) von Flugkapitänen).
4 Die Nichtanerkennung von Altersvorsorgeaufwendungen als vorweggenommene Werbungskosten ist nach Auffassung des BVerfG (BStBl 2016 II S. 801) verfassungsgemäß.
5 BMF vom 28.10.2009 (BStBl 2009 I S. 1275), Tz. 1.

14.1.5 Werbungskosten und Ersatz der Aufwendungen durch den Arbeitgeber

Viele Arbeitgeber ersetzen ihren Arbeitnehmern die diesen beruflich veranlassten Aufwendungen. Anders als beim sog. Auslagenersatz (vgl. dazu Tz. 13.4.5) ersetzt der Arbeitgeber dem Arbeitnehmer beim sog. **Werbungskostenersatz** Aufwendungen, die ihrer Natur nach Werbungskosten sind – also im Interesse des Arbeitnehmers angefallen sind. Dies führt beim Arbeitnehmer zu **steuerbarem und grundsätzlich steuerpflichtigem Arbeitslohn,** dem jedoch abziehbare Werbungskosten in gleicher Höhe gegenüberstehen. Aus Gründen der Vereinfachung erfolgt insoweit eine Saldierung.[1] Nur in den in § 3 Nr. 13, 16, 30, 31, 32 EStG abschließend genannten Fällen sind die Einnahmen steuerfrei,[2] was insoweit einen Werbungskostenabzug ausschließt (§ 3c Abs. 1 EStG).

14.2 Pauschbeträge für Werbungskosten

14.2.1 Der Arbeitnehmer-Pauschbetrag

14.2.1.1 Allgemeines

Zur Vereinfachung des Lohnsteuerabzugs sind die Werbungskosten mit einem festen Betrag, der mehrfach erhöht und zwischenzeitlich auch reduziert wurde, in die Lohnsteuertabelle eingearbeitet. Seit dem VZ 2011 beträgt der Pauschbetrag bei Einnahmen aus nichtselbständiger Arbeit nach § 9a Satz 1 Nr. 1 Buchst. a EStG **1.000 Euro.**

Eine Minderung des Lohnsteuerabzugs tritt mithin nur dann ein, wenn die tatsächlichen Werbungskosten den Arbeitnehmer-Pauschbetrag von 1.000 Euro übersteigen.

Soweit es sich um Versorgungsbezüge i. S. des § 19 Abs. 2 EStG handelt, wird von Einnahmen aus nichtselbständiger Arbeit gem. § 9a Satz 1 Nr. 1 Buchst. b EStG lediglich ein Pauschbetrag von 102 Euro abgezogen.

Der Arbeitnehmer-Pauschbetrag ist auch dann nicht zu kürzen – d. h., der Arbeitnehmer hat einen Rechtsanspruch auf den Ansatz eines ungekürzten Pauschbetrags – wenn keine oder nur geringfügige Werbungskosten angefallen sind (H 9a „Allgemeines" LStH). Erzielt ein Stpfl. aber sowohl Einnahmen aus nichtselbständiger Arbeit als auch Einnahmen aus selbständiger Arbeit, sind die durch die unterschiedlichen Tätigkeiten veranlassten Aufwendungen den jeweiligen Einkunftsarten als Werbungskosten oder Betriebsausgaben zuzuordnen und aufzuteilen, und zwar ggf. auch im Schätzungswege. Der Stpfl. kann insbesondere nicht nach seinem Ermessen bestimmen, welcher Einkunftsart er die Aufwendungen zurechnen möchte, um so

---
[1] BFH, BStBl 2007 II S. 536.
[2] BFH, BStBl 2007 II S. 536 m. w. N.

auf diese Weise neben dem Arbeitnehmer-Pauschbetrag sämtliche nachgewiesenen Aufwendungen als Betriebsausgaben geltend machen zu können.[1]

14.2.1.2 Pauschbetrag bei mehreren Dienstverhältnissen

Bei Arbeitnehmern mit mehreren Dienstverhältnissen ist der Arbeitnehmer-Pauschbetrag von 1.000 Euro nur **einmal** zu berücksichtigen.[2]

14.2.1.3 Pauschbetrag bei Ehegatten

Sind **beide** Ehegatten Arbeitnehmer, so steht **jedem** von ihnen der Arbeitnehmer-Pauschbetrag in voller Höhe zu. Übersteigende Werbungskosten können nur beim eigenen Dienstverhältnis des jeweiligen Ehegatten berücksichtigt werden, nicht aber bei dem des anderen Ehegatten.

14.2.2 Pauschalierte Werbungskosten

Aus Vereinfachungsgründen besteht bei bestimmten Werbungskosten die Möglichkeit des Ansatzes von Pauschalen statt des Einzelnachweises. So können bei beruflich veranlassten Fahrten mit dem eigenen PKW, die nicht Fahrten zwischen Wohnung und erster Tätigkeitsstätte sowie keine Familienheimfahrten sind, gem. § 9 Abs. 1 Nr. 4a Satz 2 EStG anstelle der tatsächlichen Aufwendungen 0,30 Euro pro km angesetzt werden (vgl. H 9.5 „Pauschale Kilometersätze" LStH).[3]

14.3 Einzelne Arten von Werbungskosten

Im Folgenden sollen vor allem diejenigen Werbungskosten behandelt werden, die in § 9 EStG ausdrücklich erwähnt sind oder denen aus anderen Gründen besondere Bedeutung zukommt.

14.3.1 Kraftfahrzeugkosten

14.3.1.1 Allgemeines

Aufwendungen für die Benutzung eines Kraftfahrzeugs bei der Ausübung der Arbeitnehmertätigkeit sind **grundsätzlich** als Werbungskosten abzugsfähig.

Kosten für den **Erwerb des Führerscheins** sind grundsätzlich keine Werbungskosten, da fast immer ein privates, nicht berufsbedingtes Interesse im Vordergrund steht und i. d. R. ein objektiver Aufteilungsmaßstab fehlt (H 12.1 „Führerschein" EStH)[4].

---
1 BFH, BStBl 2008 II S. 937.
2 BFH, BStBl 1959 III S. 220.
3 Vgl. auch BMF vom 24.10 2014 (BStBl 2014 I S. 1412), Rz. 36.
4 Siehe auch BMF vom 06.07.2010 (BStBl 2010 I S. 614), Rz. 19.

14.3 Einzelne Arten von Werbungskosten

Das gilt insbesondere für den Führerschein der Klasse B (früher: Klasse III), der zum Führen eines PKW berechtigt – und zwar auch dann, wenn für Fahrten zwischen Wohnung und erster Tätigkeitsstätte ein PKW benötigt wird.[1]

Aufwendungen für den Erwerb des Führerscheins sind nur dann Werbungskosten, wenn dieser **unmittelbare Voraussetzung** für die Ausübung des Berufs (z. B. als Bus-, LKW- oder Taxi-Fahrer) ist. Der Erwerb des Führerscheins für Lastkraftwagen usw. (Klasse C, CE; früher: Klasse II) wird daher in aller Regel berufsbedingt sein.[2] Im Übrigen ist der Werbungskostenabzug nur denkbar, wenn der Arbeitnehmer den Führerschein nahezu ausschließlich für berufliche Zwecke erwirbt und selbst keinen Kraftwagen besitzt und auch keinen PKW anschaffen will.[3]

Beispiel:
A ist Angestellter eines Transportunternehmens und fährt einen Klein-LKW. Da er als Fernkraftfahrer mehr verdienen kann, erwirbt er den Führerschein der Klasse CE. Er wird danach als Fernkraftfahrer beschäftigt.
Die Aufwendungen für den Erwerb des Führerscheins der Klasse CE sind Werbungskosten.

Entsprechendes gilt für den **Kostenersatz**: Ersetzt der Arbeitgeber dem Arbeitnehmer dessen Aufwendungen für den Erwerb des Führerscheins der Klasse B, handelt es sich grundsätzlich um steuerpflichtigen Arbeitslohn. Ausnahmsweise kann etwas anderes gelten, wenn der Führerschein im Rahmen einer umfassenden Gesamtausbildung auf Kosten des Arbeitgebers erworben wird.[4] Ebenso führt die Übernahme der Führerscheinkosten für die Klasse B bei Straßenwärtern nicht zu Arbeitslohn, weil der Erwerb notwendige Voraussetzung für den Erwerb der Fahrerlaubnis Klasse C ist und das Nichtbestehen zur Beendigung des Ausbildungsdienstverhältnisses führt.[5] Erwirbt ein Arbeitnehmer im Interesse des Arbeitgebers den Führerschein einer besonderen Führerscheinklasse (z. B. C1/C), ist der Ersatz durch den Arbeitgeber kein steuerpflichtiger Arbeitslohn, wenn der Erwerb im ganz wesentlichen Interesse des Arbeitgebers liegt.[6]

Mit Ausnahme der Fahrten zwischen Wohnung und erster Tätigkeitsstätte (dazu Tz. 13.4.2.3) sowie der Familienheimfahrten im Rahmen einer doppelten Haushaltsführung (dazu Tz. 13.4.2.4.1), bei denen der Werbungskosten-Abzug grundsätzlich auf die Entfernungspauschale beschränkt ist, sind in den sonstigen Fällen beruflich veranlasster Fahrten mit dem privaten PKW die **tatsächlich entstandenen Aufwen-**

---
1 BFH vom 15.02.2005 VI B 188/04 (BFH/NV 2005 S. 890).
2 BFH, BStBl 1969 II S. 431 und 433; FG Baden-Württemberg, EFG 2007 S. 179.
3 FG Köln, EFG 1985 S. 120.
4 BFH, BStBl 2003 II S. 886 (betreffend Polizeianwärter, die neben der Fahrerlaubnis für die Klasse des Fahrzeugs eine besondere, polizeispezifische Berechtigung besitzen müssen und bei denen die allgemeine Fahrerlaubnis nur eine „Dreingabe" ist).
5 FinMin Nordrhein-Westfalen vom 13.12.2004 – S 2332 – 76 – V B 3.
6 FinMin Bayern vom 16.06.2004 (DStR 2004 S. 1217) – betreffend Feuerwehrleute.

dungen anteilig abzugsfähig. Zu den Gesamtkosten eines Fahrzeugs gehören außer den laufenden Aufwendungen für Kraftstoff, Öl, Haftpflichtversicherung, Kaskoversicherung, Garagenmiete, Reparaturen (H 9.5 „Einzelnachweis" LStH) und Kfz-Steuer auch die Beiträge zu einem Kraftfahrerverband (z. B. ADAC, AvD). Nicht zu den Gesamtkosten eines Fahrzeugs zählen z. B. Park- und Straßennutzungsgebühren oder Beiträge zu Insassen- oder Unfallversicherungen. Diese Kosten können als Reisenebenkosten erfasst werden.

Die **Anschaffungskosten** für einen PKW sind nur in Höhe der jährlichen Absetzungen für Abnutzung, die von der voraussichtlichen Nutzungsdauer des PKW abhängt, absetzbar. Der BFH hält bei privaten PKW regelmäßig eine Nutzungsdauer von 8 Jahren für gegeben.[1] Demgegenüber kann nach Auffassung der Finanzverwaltung eine Nutzungsdauer von sechs Jahren zugrunde gelegt werden (H 9.5 „Einzelnachweis" LStH). Bei hoher Fahrleistung ist auch eine geringere Nutzungsdauer möglich.[2] Bei Kauf eines gebrauchten PKW ist die entsprechende Restnutzungsdauer unter Berücksichtigung des Alters, der Beschaffenheit und des voraussichtlichen Einsatzes des PKW zu schätzen (H 9.5 „Einzelnachweis" LStH). Die Zinsen für ein **Anschaffungsdarlehen** sind ebenfalls als Aufwendungen für das Kraftfahrzeug als Werbungskosten anteilig abzugsfähig.[3] Hat der Arbeitnehmer einen PKW, den er auch für berufliche Fahrten nutzt, **geleast,** ist eine zu Leasingbeginn zu erbringende Sonderzahlung in dem Kalenderjahr der Zahlung in voller Höhe zu den Gesamtkosten zu rechnen (H 9.5 „Einzelnachweis" LStH).

Nicht zu den Gesamtkosten gehören die **Kosten zur Beseitigung der Folgen eines Unfalls.** Diese sind Werbungskosten, wenn der Unfall auf einer ausschließlich zu beruflichen Zwecken unternommenen Fahrt entstanden ist (zur Geltendmachung dieser Kosten neben der Entfernungspauschale vgl. Tz. 14.3.1.2.3). Dabei ist es unerheblich, ob der Unfall auf ein schuldhaftes Verhalten des Arbeitnehmers selbst zurückzuführen ist; insbesondere ist ein Verstoß gegen Verkehrsvorschriften unbeachtlich[4], sofern keine überlagernden Gründe vorliegen (siehe nächster Absatz). Es kommt mithin allein darauf an, ob die Fahrt selbst, bei der der Unfall geschehen ist, **durch das Arbeitsverhältnis** veranlasst worden ist. Dies ist z. B. bei Fahrten des Arbeitnehmers zwischen Wohnung und erster Tätigkeitsstätte unzweifelhaft (vgl. H 9.10 „Unfallschäden" LStH) – und zwar selbst dann, wenn der Arbeitnehmer die normale Fahrtroute verlässt, um sein Fahrzeug zu betanken und das **Tanken** der einzige Grund für den Umweg gewesen ist (H 9.10 „Unfallschäden" LStH). Bei anderen Fahrten des Arbeitnehmers mit dem Kraftfahrzeug liegt eine Veranlassung durch das Arbeitsverhältnis i. d. R. vor, wenn der Arbeitnehmer eine Dienstreise unter-

---
1 BFH vom 26.07.1991 VI R 82/89 (BStBl 1992 II S. 1000) und vom 11.12.1992 VI R 102/92 (BFH/NV 1993 S. 362).
2 BFH vom 09.12.1999 III R 74/97 (BStBl 2001 II S. 311) und vom 02.10.2001 VI B 111/01 (BFH/NV 2002 S. 190).
3 BFH, BStBl 1983 II S. 17.
4 BFH vom 28.11.1977 GrS 2-3/77 (BStBl 1978 II S. 105).

14.3 Einzelne Arten von Werbungskosten

nimmt. Auch bei Familienheimfahrten ist eine berufliche Veranlassung stets anzunehmen.

Die Veranlassung durch das Arbeitsverhältnis kann aber vorübergehend unterbrochen oder ganz aufgehoben sein. Eine Unterbrechung wird anzunehmen sein, wenn der Arbeitnehmer aus nicht beruflichen Gründen einen **Umweg** fährt (z. B. um einen Bekannten zu besuchen). Tritt auf einer solchen Umwegfahrt ein Unfall ein, sind die Schadensaufwendungen keine Werbungskosten (H 9.10 „Unfallschäden" LStH). Die berufliche Veranlassung wird gelöst, wenn der Arbeitnehmer z. B. seinen Entschluss, zur ersten Tätigkeitsstätte zu fahren, aufgibt und stattdessen den Arzt aufsucht. Eine aus privaten Gründen befahrene Umwegstrecke liegt auch dann vor, wenn Eltern ein Kleinkind unmittelbar vor Arbeitsbeginn in den Hort bringen. Dies gilt selbst dann, wenn die Eltern ihren Beruf ohne Betreuung ihres Kindes durch Dritte nicht ausüben können (H 9.10 „Unfallschäden" LStH). Etwaige Unfallkosten sind dann keine Werbungskosten, sondern nichtabzugsfähige Kosten der Lebensführung gemäß § 12 Nr. 1 EStG. Wird auf einer beruflichen Fahrt durch **Alkoholeinfluss** ein Unfall herbeigeführt, dann unterbricht diese zur privaten Lebensführung zuzurechnende Unfallursache die berufliche Veranlassung und führt dazu, dass der Werbungskostenabzug entfällt (H 9.10 „Unfallschäden" LStH).

Ist nach diesen Grundsätzen ein Unfall als durch die berufliche Tätigkeit verursacht anzusehen, gehören zu den **berücksichtigungsfähigen Kosten** auch die Aufwendungen zur Wiederherstellung der Gesundheit, die Prozesskosten und die Schadensersatzleistungen an Dritte, soweit der Arbeitnehmer diese Kosten selbst getragen hat. Auch eine infolge des Unfalls etwa eingetretene **Wertminderung** des Kraftfahrzeugs kann zu einem Werbungskostenabzug gemäß § 9 Abs. 1 Nr. 7 i. V. m. § 7 Abs. 1 Satz 7 EStG führen.

Bei einem **Totalschaden** bestimmt sich die Höhe der Absetzung für außergewöhnliche Abnutzung (AfaA) nach der Differenz zwischen dem „fiktiven Rest(buch)wert" des Kraftfahrzeugs im Zeitpunkt des Unfalls und dem Zeitwert des Kraftfahrzeugs nach dem Unfall.[1] Bei der Bestimmung des „fiktiven Rest(buch)werts" ist von den ursprünglichen Anschaffungskosten des Stpfl. und einer betriebsgewöhnlichen Nutzungsdauer von grundsätzlich 6 Jahren auszugehen. Ist die betriebsgewöhnliche Nutzungsdauer des Kraftfahrzeugs am Unfalltag bereits abgelaufen, kommt die Berücksichtigung einer AfaA nicht mehr in Betracht (H 9.10 „Unfallschäden" LStH).

Beispiel:
Arbeitnehmer A hat am 01.04.01 ein Kraftfahrzeug für 50.000 € (inklusive Umsatzsteuer) angeschafft. Auf einer Fahrt von der Wohnung zur ersten Tätigkeitsstätte fährt A am 30.09.02 durch eigenes Verschulden gegen einen Baum und verursacht einen Totalschaden. Das Kraftfahrzeug hat nach dem Unfall laut Sachverständigengutachten nur noch einen Schrottwert von 5.000 €.

---
1 BFH, BStBl 1995 II S. 318.

Anschaffungskosten	50.000 €
zeitanteilige AfA für 01	./. 6.250 €
„fiktiver Restbuchwert" zum 31.12.01	43.750 €
AfA für 02 (zeitanteilige AfA i. H. von $^9/_{12}$)	./. 6.250 €
„fiktiver Restbuchwert" zum 30.09.02	37.500 €
Zeitwert nach dem Unfall	./. 5.000 €
Abschreibung für außergewöhnliche Abnutzung	32.500 €

Lässt der Stpfl. ein **unfallbeschädigtes Kraftfahrzeug nicht reparieren,** bemisst sich die AfaA nicht nach den bei der Reparatur voraussichtlich angefallenen Kosten, sondern ebenfalls nach der Differenz zwischen dem „fiktiven Rest(buch)wert" des Kraftfahrzeugs im Zeitpunkt des Unfalls und dem Zeitwert des Kraftfahrzeugs nach dem Unfall.[1]

Der sog. **merkantile Minderwert** ist jedoch nicht als Werbungskosten abzugsfähig, wenn der auf einer beruflichen Fahrt beschädigte Kraftwagen repariert und weiterhin benutzt wird (H 9.10 „Unfallschäden" LStH). In diesem Fall können nur die tatsächlich getragenen Reparaturaufwendungen als Werbungskosten abgezogen werden.

Nach der neuen Rechtsprechung des BFH sind AfaA eines durch Unfall beschädigten Kraftfahrzeugs nur noch im **VZ des Schadenseintritts** möglich.[2] Der Stpfl. hat demnach nicht mehr die Möglichkeit, mit der Geltendmachung des Schadens bis zur endgültigen Klärung möglicher Ersatzansprüche gegen Dritte (z. B. die Versicherung) abzuwarten.

Nicht als Werbungskosten abzugsfähig sind aber die auf den Unfall zurückzuführenden Aufwendungen des Arbeitnehmers für die Tilgung von **Geldstrafen,** Bußgeldern, Verwarnungsgebühren oder ähnlichen Auflagen und Weisungen (§ 9 Abs. 5 Satz 1 i. V. m. § 4 Abs. 5 Satz 1 Nr. 8, § 12 Nr. 4 EStG).

Abzugsfähig sind grundsätzlich nur die nachgewiesenen oder glaubhaft gemachten Kraftfahrzeugkosten. Es ist auch ein **Teilnachweis** der tatsächlichen Gesamtkosten möglich. Der nicht nachgewiesene Teil kann geschätzt werden. Hierbei ist jedoch von den für den Stpfl. ungünstigsten Umständen auszugehen (vgl. H 9.5 „Einzelnachweis" LStH). Dagegen können die tatsächlichen Aufwendungen nicht durch die Tabellen der Automobilclubs nachgewiesen werden. Diese Tabellen werden nur nach betriebswirtschaftlichen Grundsätzen aufgestellt und wollen den Autobesitzern zeigen, welche Kosten ihnen durch die Kraftfahrzeugbenutzung im Durchschnitt entstehen können. Sie sind deshalb für den Nachweis der steuerlich anzuerkennenden Kraftfahrzeugkosten nicht ohne weiteres verwertbar.[3]

---

1 BFH vom 21.08.2012 VIII R 33/09 (BStBl 2013 II S. 171) mit Verweis auf BFH vom 30.06.1995 VI R 26/95 (BStBl 1995 II S. 744).
2 BFH, BStBl 1998 II S. 443.
3 BFH, BStBl 1977 II S. 295 und BStBl 1992 II S. 854.

14.3 Einzelne Arten von Werbungskosten

14.3.1.2 Aufwendungen für Fahrten zwischen Wohnung und erster Tätigkeitsstätte mit eigenen oder zur Nutzung überlassenen Kraftfahrzeugen

Bis VZ 2013 konnte der Arbeitnehmer gem. § 9 Abs. 1 Satz 3 Nr. 4 EStG a. F. Aufwendungen für die Wege zwischen seiner Wohnung und seiner regelmäßigen Arbeitsstätte als Werbungskosten geltend machen.

Die zwischenzeitlich durch den Gesetzgeber eingefügte **Beschränkung der Abzugsfähigkeit** der Aufwendungen für Fahrten zwischen Wohnung und Arbeitsstätte gem. § 9 Abs. 2 EStG a. F. ist aufgrund des Urteils des BVerfG vom 09.12.2008 zu Recht aufgehoben worden.[1] Nach dieser Regelung sollten Aufwendungen für Fahrten zwischen Wohnung und Arbeitsstätte keine Werbungskosten darstellen und erst ab dem 21. Entfernungskilometer „wie" Werbungskosten behandelt werden. Aufgrund des BVerfG-Urteils hat der Gesetzgeber rückwirkend zum 01.01.2007 die Gesetzeslage zur Entfernungspauschale von 2006 wiederhergestellt.

Mit Wirkung **ab VZ 2014** hat der Gesetzgeber den Begriff der „regelmäßigen Arbeitsstätte" durch den der **„ersten Tätigkeitsstätte"** ersetzt und das neue Tatbestandsmerkmal in § 9 Abs. 4 EStG legal definiert. Zu den Werbungskosten gehören demnach auch die Aufwendungen des Arbeitnehmers für Fahrten zwischen Wohnung und erster Tätigkeitsstätte (§ 9 Abs. 1 Satz 3 Nr. 4 EStG n. F.). Dabei ist es unerheblich, ob der Arbeitnehmer für die Fahrten zwischen Wohnung und erster Tätigkeitsstätte ein **eigenes oder ihm zur Nutzung überlassenes Kraftfahrzeug** benutzt oder ob er auf sonstige Weise zu seinem Arbeitsplatz kommt. Der Gesetzgeber spricht insoweit von einer **Entfernungspauschale.** Dem Arbeitnehmer wird somit unabhängig vom Verkehrsmittel eine Pauschale beim Werbungskostenabzug gewährt. Diese gesetzliche Einschränkung des Werbungskostenabzugs begegnet keinen verfassungsrechtlichen Bedenken.[2]

Auch die Privilegierung **öffentlicher Verkehrsmittel** ist im Hinblick auf Art. 3 Abs. 1 GG unbedenklich, da der Gesetzgeber grundsätzlich nicht gehindert ist, außerfiskalische Förderungs- und Lenkungsziele aus Gründen des Gemeinwohls zu verfolgen.[3] Dass nach § 9 Abs. 2 Satz 2 EStG Aufwendungen für die Benutzung öffentlicher Verkehrsmittel auch angesetzt werden können, soweit sie den im Kalenderjahr insgesamt als Entfernungspauschale abziehbaren Betrag übersteigen, ist erkennbar von umwelt- und verkehrspolitischen Zielen getragen.[3]

14.3.1.2.1 Wohnung, regelmäßige Arbeitsstätte, erste Tätigkeitsstätte

14.3.1.2.1.1 Wohnung

Nach dem Zweck des § 9 Abs. 1 Satz 3 Nr. 4 EStG ist der Begriff **„Wohnung"** weit auszulegen. Er umfasst sowohl die Familienwohnung als auch das möblierte Zim-

---
1 BVerfG vom 09.12.2008 2 BvL 1/07, 2 BvL 2/07, 2 BvL 1/08, 2 BvL 2/08 (BVerfGE 122 S. 210).
2 BVerfG, BStBl 1970 II S. 140.
3 BFH vom 15.11.2016 VI R 4/15 (BStBl 2017 II S. 228).

mer (R 9.10 Abs. 1 Satz 2 EStR). Wohnung im Sinne der Vorschrift kann mithin jede „irgendwie geartete Unterkunft" sein.[1] Es kommen also z. B. die Unterkunft eines Seemannes auf dem Schiff,[2] das Hausboot, ein Ferienhaus, der Wohnwagen, sogar der Schlafplatz in einer Massenunterkunft in Betracht (R 9.10 Abs. 1 Satz 2 EStR). Allerdings darf es sich nicht um eine Unterkunft handeln, in der der Arbeitnehmer nur kurzfristig aus privaten Gründen übernachtet (z. B. Hotelzimmer, Wohnung der Freundin; vgl. H 9.10 „Wohnung" LStH).

Hat ein Arbeitnehmer **mehrere Wohnungen,** von denen aus er zur ersten Tätigkeitsstätte fährt, können die Fahrtaufwendungen von jeder Wohnung aus grundsätzlich Werbungskosten sein, da sie beruflich veranlasst sind. Ihre Höhe wird aber maßgebend durch das private Wohnbedürfnis des Arbeitnehmers mitbestimmt. Der Gesetzgeber hat es deshalb für gerechtfertigt angesehen, die Fahrtkosten von einer Wohnung dann nicht mehr dem beruflichen Bereich zuzurechnen, wenn diese Wohnung weniger dem normalen Wohnbedürfnis als vielmehr anderen Bedürfnissen, z. B. dem der Erholung, dient. § 9 Abs. 1 Satz 3 Nr. 4 Satz 6 EStG bestimmt somit, dass in den Fällen, in denen der Arbeitnehmer mehrere Wohnungen hat, von denen er seine erste Tätigkeitsstätte (bis VZ 2013: regelmäßige Arbeitsstätte) anfährt, nur die Fahrtkosten von der am nächsten zur ersten Tätigkeitsstätte (regelmäßigen Arbeitsstätte) liegenden Wohnung als Werbungskosten abzugsfähig sind. Dieser Grundsatz gilt nur dann nicht, wenn die weiter entfernt liegende Wohnung den Mittelpunkt der Lebensinteressen des Arbeitnehmers bildet und von diesem nicht nur gelegentlich aufgesucht wird (siehe auch R 9.10 Abs. 1 Satz 3 LStR).

Der **Mittelpunkt der Lebensinteressen** befindet sich bei einem **verheirateten Arbeitnehmer** regelmäßig am Wohnort der Familie (R 9.10 Abs. 1 Satz 4 LStR, H 9.10 „Wohnung" LStH). Eine weiter entfernt liegende Familienwohnung muss der Arbeitnehmer auch tatsächlich aufsuchen, und zwar nicht nur gelegentlich. Die Finanzverwaltung beurteilt dies anhand einer Gesamtwürdigung und lässt fünf Fahrten im Kalenderjahr bei entsprechenden Umständen ausreichen (H 9.10 „Wohnung" LStH). Ohne nähere Prüfung stellt die Familienwohnung den Mittelpunkt der Lebensinteressen dar, wenn der Arbeitnehmer sie mindestens sechsmal im Kalenderjahr aufsucht (R 9.10 Abs. 1 Satz 5 LStR).

Bei **anderen Arbeitnehmern** befindet sich der Mittelpunkt der Lebensinteressen an dem Wohnort, zu dem die engeren persönlichen Beziehungen bestehen (R 9.10 Abs. 1 Satz 6 LStR). Diese können ihren Ausdruck besonders in Bindungen an Personen, z. B. Eltern, Verlobte, Freunde, finden, aber auch in Vereinszugehörigkeiten und anderen Aktivitäten (R 9.10 Abs. 1 Satz 7 LStR). Sucht der Arbeitnehmer diese Wohnung im Durchschnitt mindestens zweimal im Monat auf, ist davon auszugehen, dass sich dort der Mittelpunkt seiner Lebensinteressen befindet (R 9.10 Abs. 1 Satz 8 LStR). Die Fahrtkosten von der entfernter liegenden Wohnung des Arbeitneh-

---
[1] BFH, BStBl 1983 II S. 306.
[2] BFH, BStBl 1972 II S. 245.

14.3 Einzelne Arten von Werbungskosten

mers, die den örtlichen Mittelpunkt seiner Lebensinteressen darstellt, sind auch dann als Werbungskosten abzugsfähig, wenn die Fahrt an einer näher zur ersten Tätigkeitsstätte (regelmäßigen Arbeitsstätte) liegenden Wohnung unterbrochen wird. Die Höhe der Werbungskosten bemisst sich in diesem Fall ausschließlich danach, wie weit die erste Tätigkeitsstätte (regelmäßigen Arbeitsstätte) von der Lebensmittelpunktwohnung des Arbeitnehmers entfernt liegt (H 9.10 „Wohnung" LStH). Die vorstehenden Ausführungen gelten unabhängig davon, ob sich der Lebensmittelpunkt im Inland oder im Ausland befindet (R 9.10 Abs. 1 Satz 9 LStR).

Beispiel:
Der verheiratete Arbeitnehmer A wohnt mit seiner Familie in einem Einfamilienhaus bei Potsdam, während sich seine erste Tätigkeitsstätte in rund 40 km entfernten Berlin befindet. In Berlin hat A ein möbliertes Zimmer gemietet, in dem er vor allem dann nächtigt, wenn er die Arbeit sehr spät am Abend beendet.

A kann für seine Fahrten zwischen Wohnung und erster Tätigkeitsstätte grundsätzlich die Entfernung zwischen dem Haus bei Potsdam und der ersten Tätigkeitsstätte in Berlin zugrunde legen, auch wenn er von seinem Haus aus zunächst die Wohnung in Berlin aufsucht, bevor er zur Arbeit weiterfährt.

14.3.1.2.1.2 Regelmäßige Arbeitsstätte (bis VZ 2013)

Der bis VZ 2013 maßgebliche Begriff der „regelmäßigen Arbeitsstätte" war gesetzlich nicht definiert. Nach der Rechtsprechung handelt es sich dabei um eine ortsfeste dauerhafte betriebliche Einrichtung des Arbeitgebers, der der Arbeitnehmer zugeordnet ist und die er nicht nur gelegentlich, sondern mit einer gewissen Nachhaltigkeit – also fortdauernd und immer wieder – aufsucht.[1]

Bei der regelmäßigen Arbeitsstätte handelt es sich i. d. R. um den Betrieb, einen Zweigbetrieb oder eine Arbeitsstätte des **Arbeitgebers**.[2] Anders als bei der ersten Tätigkeitsstätte (dazu Tz. 14.3.1.2.1.3) gibt es nach der Rechtsprechung außerhalb dieser betrieblichen Einrichtungen des Arbeitgebers keine regelmäßige Arbeitsstätte.[3]

Des Weiteren muss es sich um eine **dauerhafte** betriebliche Einrichtung des Arbeitgebers handeln. Daher ist eine auswärtige (Groß-)Baustelle keine regelmäßige Arbeitsstätte i. S. des § 9 Abs. 1 Satz 3 Nr. 4 EStG a. F., auch wenn der Arbeitnehmer diese fortdauernd und immer wieder aufsucht.[4]

Wird der Arbeitnehmer **vorübergehend** – z. B. aufgrund einer befristeten Abordnung – an einer anderen (dauerhaften) betrieblichen Einrichtung tätig, wird diese neue Tätigkeitsstelle nicht zur regelmäßigen Arbeitsstätte.[5] Hingegen liegt keine vorübergehende Auswärtstätigkeit, sondern eine regelmäßige Arbeitsstätte vor,

---
1 BFH, BStBl 2012 II S. 34 und 2014 II S. 777.
2 BFH, BStBl 2012 II S. 34.
3 Z. B. BFH vom 15.05.2013 VI R 18/12 (BStBl 2013 II S. 838) – betreffend Leiharbeiter.
4 BFH vom 20.03.2014 VI R 74/13 (BStBl 2014 II S. 854).
5 BFH, BStBl 2014 II S. 68.

wenn anzunehmen ist, dass der auswärtige Tätigkeitsort durch eine dauerhafte Versetzung des Arbeitnehmers zu dessen regelmäßiger Arbeitsstätte geworden ist. In diesem Fall wird die neue Arbeitsstätte bereits vom ersten Tag an zur regelmäßigen Arbeitsstätte.[1]

Da eine Arbeitsstätte schon begrifflich ein Arbeitsverhältnis voraussetzt, kann eine **Bildungseinrichtung**, die außerhalb eines Dienstverhältnisses zum Zwecke eines Vollzeitstudiums oder einer vollzeitigen Bildungsmaßnahme aufgesucht wird, wie z. B. eine Universität, keine regelmäßige Arbeitsstätte sein.[2] Die Fahrtkosten können demnach in tatsächlicher Höhe als Werbungskosten berücksichtigt werden. (Ab VZ 2014 hat sich diese Rechtsprechung durch § 9 Abs. 4 Satz 8 EStG n. F. überholt).

Unter Aufgabe seiner früheren Rechtsprechung[3] hat der BFH entschieden, dass es innerhalb desselben Dienstverhältnisses **nur eine regelmäßige Arbeitsstätte** geben kann.[4] Wird der Arbeitnehmer in mehreren betrieblichen Einrichtungen des Arbeitgebers tätig, ist der **ortsgebundene Mittelpunkt** der dauerhaft angelegten beruflichen Tätigkeit des Arbeitnehmers regelmäßige Arbeitsstätte. Dies ist nach den konkreten Umständen des jeweiligen Einzelfalls zu beurteilen.[5] Der Arbeitnehmer muss dort wenigstens einen Teil der ihm insgesamt übertragenen Arbeiten verrichten, sodass er die Arbeitsstätte mit einer gewissen Nachhaltigkeit immer wieder aufsucht. Nach Auffassung der Finanzverwaltung ist eine regelmäßige Arbeitsstätte dann gegeben, wenn der Arbeitnehmer die betriebliche Einrichtung des Arbeitgebers im Kalenderjahr durchschnittlich mindestens an einem Arbeitstag pro Arbeitswoche aufsucht oder diese aufgrund der dienst- oder arbeitsrechtlichen Vereinbarung aufzusuchen hat (vgl. R 9.4 Abs. 3 Satz 3 LStR a. F.).

Werden Arbeitnehmer, wie z. B. Handelsvertreter oder Kundendienstmonteure, an ständig wechselnden Orten tätig, waren diese **wechselnden Einsatzstellen** nach früherer Rechtsprechung regelmäßige Arbeitsstätten i. S. des § 9 Abs. 1 Satz 3 Nr. 4 EStG, wenn sie im „normalen Einzugsbereich" der Wohnung des Arbeitnehmers lagen.[6] Diese Rechtsprechung hat der BFH aufgegeben: Für Fahrten zwischen der Wohnung und wechselnden Einsatzstellen greift die Entfernungspauschale nicht ein; stattdessen sind die tatsächlichen Aufwendungen als Werbungskosten abziehbar.[7] Somit stellt weder das Revierkommissariat, das ein Polizeibeamter der Autobahnpolizei im Streifeneinsatzdienst arbeitstäglich höchstens eine Stunde aufsucht,

---
1 BFH, BStBl 2014 II S. 66.
2 BFH, BStBl 2013 II S. 234.
3 Z. B. BFH, BStBl 2002 II S. 878 (betreffend Bezirksleiter einer Einzelhandelskette).
4 BFH, BStBl 2012 II S. 34, 36 und 38.
5 BFH, BStBl 2014 II S. 342.
6 BFH, BStBl 1995 II S. 137; demgemäß R 38 Abs. 3 LStR 2005: Entfernungsgrenze von 30 km.
7 BFH, BStBl 2009 II S. 475.

um dort insbesondere den Dienstwagen zu übernehmen, noch das aus verschiedenen Autobahnabschnitten bestehende Einsatzgebiet dessen regelmäßige Arbeitsstätte dar[1] (zur Rechtslage ab VZ 2014 vgl. Tz. 14.3.1.2.10).

Die regelmäßige Arbeitsstätte braucht kein fester oder räumlich eng begrenzter Ort zu sein. Daher kann auch ein **weiträumiges, zusammenhängendes Arbeitsgebiet** wie ein Werks- oder Klinikgelände[2] eine regelmäßige Arbeitsstätte sein, wenn sich dort eine ortsfeste betriebliche Einrichtung befindet, die nach ihren infrastrukturellen Gegebenheiten mit einem Betriebssitz oder mit einer sonstigen betrieblichen Einrichtung des Arbeitgebers vergleichbar ist.[3] So ist z. B. bei einem Forstarbeiter das großräumige Revier, in dem er arbeitstäglich tätig ist und in dem sich eine ortsfeste betriebliche Einrichtung des Arbeitgebers befindet, seine regelmäßige Arbeitsstätte.[3] Ein Stadtgebiet oder ein Hafengebiet wie der Hamburger Hafen[4] stellen hingegen keine einheitlichen Arbeitsstätten dar (zur Rechtslage ab VZ 2014 vgl. Tz. 14.3.1.2.10).

14.3.1.2.1.3 Erste Tätigkeitsstätte (ab VZ 2014)

Mit Wirkung **ab VZ 2014** ersetzt der Begriff der „ersten Tätigkeitsstätte" den der „regelmäßigen Arbeitsstätte". Gemäß § 9 Abs. 4 Satz 1 EStG ist **erste Tätigkeitsstätte** die ortsfeste betriebliche Einrichtung des Arbeitgebers, eines verbundenen Unternehmens (§ 15 AktG) oder eines vom Arbeitgeber bestimmten Dritten (sog. „Leiharbeitnehmer"), der der Arbeitnehmer dauerhaft zugeordnet ist. Dies kann auch die **Ausbildungsstätte**, nicht hingegen das **häusliche Arbeitszimmer** sein.[5] Gemäß § 9 Abs. 4 Satz 5 EStG kann ein Arbeitnehmer je Dienstverhältnis höchstens **eine erste Tätigkeitsstätte** haben. Daher kann ein Arbeitnehmer mit mehreren Dienstverhältnissen auch mehrere erste Tätigkeitsstätten haben – je Dienstverhältnis jedoch höchstens eine.[6]

Weil es sich um eine **„ortsfeste"** Einrichtung handeln muss, erfüllen Baucontainer, die auf einer Großbaustelle längerfristig fest mit dem Erdreich verbunden sind und in denen sich z. B. Baubüros, Aufenthaltsräume oder Sanitäreinrichtungen befinden, diese Voraussetzung, nicht aber Fahrzeuge, Flugzeuge, Schiffe oder Tätigkeitsgebiete ohne ortsfeste betriebliche Einrichtungen.[7]

Dieser Tätigkeitsstätte muss der Arbeitnehmer **„dauerhaft zugeordnet"** werden. Eine Tätigkeitsstätte wird also in erster Linie durch dienst- oder arbeitsrechtliche Festlegungen sowie die diese ausfüllenden Absprachen und Weisungen **bestimmt**

---
1 BFH vom 19.10.2016 VI R 32/15 (BFH/NV 2017 S. 281); vgl. auch BFH vom 09.11.2015 VI R 8/15 (BFH/NV 2016 S. 196).
2 BFH, BStBl 2014 II S. 1011.
3 BFH, BStBl 2012 II S. 32.
4 BFH, BStBl 1997 II S. 333.
5 BMF vom 24.10.2014 (BStBl 2014 I S. 1412), Rz. 27.
6 BMF vom 24.10.2014 (BStBl 2014 I S. 1412), Rz. 29.
7 BMF vom 24.10.2014 (BStBl 2014 I S. 1412), Rz. 3.

(§ 9 Abs. 4 Satz 2 EStG). Nicht (mehr) entscheidend ist, ob an der festgelegten Tätigkeitsstätte der qualitative Schwerpunkt der Tätigkeit liegt oder liegen soll.[1] Die typischen Fälle einer dauerhaften Zuordnung sind die unbefristete Zuordnung des Arbeitnehmers zu einer bestimmten betrieblichen Einrichtung,[2] die Zuordnung für die gesamte Dauer des (befristeten oder unbefristeten) Dienstverhältnisses oder die Zuordnung über einen Zeitraum von 48 Monaten hinaus (§ 9 Abs. 4 Satz 3 EStG). Die Zuordnung „bis auf Weiteres" ist nach Auffassung der Finanzverwaltung eine unbefristete Zuordnung und damit dauerhaft.[3]

Allerdings reicht eine rein gedankliche Zuordnung allein nicht aus. Vielmehr muss der Arbeitnehmer in der festgelegten Tätigkeitsstätte zumindest in ganz geringem Umfang **tätig werden,** indem er dort Hilfs- und Nebentätigkeiten ausübt (z. B. Rüstzeiten, Abholung oder Abgabe von Kundendienstfahrzeugen oder LKWs einschließlich deren Be- und Entladung, Abgabe von Auftragsbestätigungen, Stundenzetteln, Krankmeldungen, Urlaubsanträgen oder Ähnlichem)[4]. Da die Zuordnungsentscheidung des Arbeitgebers eindeutig sein muss, ist sie von diesem zu dokumentieren.[5]

Für die Beurteilung, ob eine dauerhafte Zuordnung vorliegt, ist eine auf die Zukunft gerichtete **Prognose** (sog. Ex-ante-Betrachtung) maßgebend. Ändert der Arbeitgeber die Zuordnung dauerhaft, ist dies (nur) mit Wirkung für die Zukunft zu berücksichtigen.[6] Eine Änderung der Zuordnung kann auch vorliegen, wenn sich das Berufsbild des Arbeitnehmers aufgrund von Vorgaben des Arbeitgebers dauerhaft verändert, z. B. wenn ein Außendienstmitarbeiter auf Dauer in den Innendienst wechselt.[7]

Trifft der Arbeitgeber keine ausdrücklichen Entscheidung, wird gem. § 9 Abs. 4 Satz 3 EStG eine dauerhafte Zuordnung des Arbeitgebers **unterstellt,** wenn der Arbeitnehmer an einer Tätigkeitsstätte unbefristet, für die Dauer des Dienstverhält-

---

1 Vgl. dazu im Einzelnen BMF vom 24.10.2014 (BStBl 2014 I S. 1412), Rz. 6 ff.
2 Die erste Tätigkeitsstätte eines **Piloten** ist der Heimatflughafen, wenn ihm dieser im Arbeitsvertrag zugewiesen ist. Denn der Umfang der am Flughafen zu erbringenden Vor- und Nachbereitung der Flugeinsätze reiche aus, um den Flughafen als „Tätigkeitsstätte" zu bezeichnen (FG Hamburg vom 13.10.2016 – 6 K 20/16, EFG 2017 S. 27 – Revision anhängig; ebenso FG Hessen vom 23.02.2017 – 1 K 1824/15, EFG 2017 S. 823 – betreffend **Flugpersonal**, Revision anhängig). Entsprechendes gilt für einen **Polizeibeamten im Streifendienst:** Die unbefristete Zuordnung zu dessen Dienststelle (Revier) und die dortige Vornahme von Hilfs- und/ oder Nebentätigkeiten begründet eine erste Tätigkeitsstätte (FG Niedersachsen vom 24.04.2017 – 2 K 168/16, EFG 2017 S. 980 – Revision anhängig).
3 BMF vom 24.10.2014 (BStBl 2014 I S. 1412), Rz. 13; a. A. FG Niedersachsen, EFG 2017 S. 202 (Revision anhängig): Die Zuweisung „bis auf Weiteres" in einer betrieblichen Einrichtung des Entleihers tätig zu sein, könne nicht als unbefristet i. S. des § 9 Abs. 4 Satz 3 Alt. 1 EStG angesehen werden. Ungeachtet dessen sei bei einem Leiharbeitsverhältnis eine dauerhafte Zuordnung des Leiharbeitnehmers zu einem Entleihbetrieb schon aufgrund der gesetzlichen Beschränkung der Arbeitnehmerüberlassung nicht denkbar.
4 BMF vom 24.10.2014 (BStBl 2014 I S. 1412), Rz. 6.
5 BMF vom 24.10.2014 (BStBl 2014 I S. 1412), Rz. 10.
6 BMF vom 24.10.2014 (BStBl 2014 I S. 1412), Rz. 14 und 16.
7 BMF vom 24.10.2014 (BStBl 2014 I S. 1412), Rz. 15.

nisses oder über einen Zeitraum von 48 Monaten hinaus tätig werden soll.[1] Bei einer sog. **Kettenabordnung** ist keine dauerhafte Zuordnung zu einer Tätigkeitsstätte gegeben, wenn die einzelne Abordnung jeweils einen Zeitraum von höchstens 48 Monaten umfasst.[2]

Fehlt es an einer Zuordnung durch den Arbeitgeber oder ist diese Festlegung nicht eindeutig, erfolgt **hilfsweise** eine **quantitative Zuordnung** – also nach zeitlichen Kriterien. Gemäß § 9 Abs. 4 Satz 4 EStG ist die betriebliche Einrichtung erste Tätigkeitsstätte, an der der Arbeitnehmer dauerhaft typischerweise arbeitstäglich oder je Arbeitswoche zwei volle Arbeitstage oder mindestens ein Drittel seiner vereinbarten regelmäßigen Arbeitszeit tätig werden soll.[3] Dies ist zu Beginn des Dienstverhältnisses anhand einer in die Zukunft gerichteten Prognoseentscheidung zu beurteilen, die so lange Bestand hat, bis sich die Verhältnisse maßgeblich ändern.[4] Soll der Arbeitnehmer an einer Tätigkeitsstätte arbeitstäglich, aber weniger als $1/3$ der vereinbarten regelmäßigen Arbeitszeit tätig werden, führt dies nur dann zu einer ersten Tätigkeitsstätte, wenn der Arbeitnehmer dort typischerweise arbeitstäglich seine eigentliche berufliche Tätigkeit und nicht nur Vorbereitungs-, Hilfs- oder Nebentätigkeiten durchführen soll.[5]

Erfüllen **mehrere Tätigkeitsstätten in einem Dienstverhältnis** die quantitativen Kriterien für die Annahme einer ersten Tätigkeitsstätte, kann der Arbeitgeber gem. § 9 Abs. 4 Satz 6 EStG die erste Tätigkeitsstätte bestimmen. Dabei muss es sich nicht um die Tätigkeitsstätte handeln, an der der Arbeitnehmer den zeitlich überwiegenden oder qualitativ bedeutsameren Teil seiner beruflichen Tätigkeit ausüben soll.[6] Macht der Arbeitgeber von diesem Bestimmungsrecht keinen Gebrauch oder ist die Bestimmung nicht eindeutig, ist die der Wohnung des Arbeitnehmers örtlich am nächsten liegende Tätigkeitsstätte die erste Tätigkeitsstätte (§ 9 Abs. 4 Satz 7 EStG).

Beispiele:

1. Bankkaufmann B wird unbefristet bei einer Geschäftsbank eingestellt (Fünf-Tage-Arbeitswoche). Für einen Zeitraum von drei Jahren soll er überwiegend in der Bankfiliale in Dresden arbeiten. In der Filiale in Meißen soll er durchschnittlich nur einmal wöchentlich an Teambesprechungen, Schulungen etc. teilnehmen. Im Arbeitsvertrag des B ist geregelt, dass er der Filiale in Meißen dauerhaft zugeordnet ist.

    Erste Tätigkeitsstätte des B ist von Anfang an die Filiale in Meißen, da er dieser arbeitsvertraglich dauerhaft zugeordnet ist (§ 9 Abs. 4 Satz 1 f. EStG). Unerheblich ist, dass dort weder der qualitative noch der quantitative Schwerpunkt seiner Tätigkeit liegt.

---

1 Zu dieser Prognoseentscheidung vgl. BMF vom 24.10.2014 (BStBl 2014 I S. 1412), Rz. 13 ff.
2 BMF vom 24.10.2014 (BStBl 2014 I S. 1412), Rz. 18.
3 Vgl. dazu FG Nürnberg vom 08.07.2016 – 4 K 1836/15 (EFG 2016 S. 1692) – betreffend **Baustellenarbeiter.**
4 BMF vom 24.10.2014 (BStBl 2014 I S. 1412), Rz. 27.
5 BMF vom 24.10.2014 (BStBl 2014 I S. 1412), Rz. 26 und 28.
6 BMF vom 24.10.2014 (BStBl 2014 I S. 1412), Rz. 30.

2. Sachverhalt wie unter Nr. 1: Allerdings sieht der Arbeitsvertrag vor, dass B für die ersten drei Jahre der Filiale in Dresden zugeordnet wird. Weiter ist geregelt, dass B danach dauerhaft der Filiale in Meißen zugeordnet wird, da er ab diesem Zeitpunkt nur noch dort tätig werden soll.
Erst nach drei Jahren wird die Filiale in Meißen erste Tätigkeitsstätte des B gem. § 9 Abs. 4 Satz 1 f. EStG.
Für die ersten drei Jahre nach der Einstellung fehlt es hingegen an einer dauerhaften Zuordnung i. S. des § 9 Abs. 4 Satz 1 EStG. Insbesondere kann keine Zuordnung an die Filiale in Dresden unterstellt werden, da B weder unbefristet noch für die Dauer seines Arbeitsverhältnisses noch für einen Zeitraum von mehr als 48 Monaten in der Filiale in Dresden tätig werden soll (§ 9 Abs. 4 Satz 3 EStG). Mangels Festlegung durch den Arbeitgeber ist hilfsweise eine quantitative Zuordnung gem. § 9 Abs. 4 Satz 4 EStG zu prüfen: In der Filiale in Dresden hat B keine erste Tätigkeitsstätte, da er dort nicht dauerhaft tätig werden soll. Erste Tätigkeitsstätte ist auch nicht die Filiale in Meißen, da B dort die quantitativen Kriterien nach § 9 Abs. 4 Satz 4 Nr. 1 und 2 EStG nicht erfüllt. Daher hat B in den ersten drei Jahren seiner Tätigkeit keine erste Tätigkeitsstätte.

3. S ist angestellter Servicetechniker bei einem Hausgeräteherstellter. Er sucht arbeitstäglich dessen Betrieb auf, gibt die Auftragsbestätigungen vom Vortag ab, nimmt neue Aufträge sowie den Firmenwagen samt Werkzeug entgegen und erledigt dann die Reparaturen vor Ort bei den Kunden. Der Arbeitgeber hat S keiner betrieblichen Einrichtung dauerhaft zugeordnet.
S hat keine erste Tätigkeitsstätte. Der Betrieb seines Arbeitgebers wird auch durch das regelmäßige Aufsuchen nicht zur ersten Tätigkeitsstätte, da er seine eigentliche berufliche Tätigkeit nicht an diesem Ort ausübt.

4. Der in Herne wohnende Filialleiter F soll typischerweise arbeitstäglich in den drei Filialen Bochum, Dortmund und Witten seines Arbeitgebers tätig werden. Er fährt morgens mit seinem eigenen PKW regelmäßig zur Filiale in Dortmund, dann zur Filiale in Bochum, von dort zur Filiale in Witten und von dieser zurück zu seiner Wohnung. Die Filiale in Bochum liegt der Wohnung des F am nächsten. Der Arbeitgeber ordnet F arbeitsrechtlich keiner Filiale dauerhaft zu.
Mangels Bestimmung durch den Arbeitgeber gem. § 9 Abs. 4 Satz 6 EStG ist erste Tätigkeitsstätte die Filiale in Bochum, da diese der Wohnung am nächsten liegt (§ 9 Abs. 4 Satz 7 EStG). Die Tätigkeiten in Dortmund und Witten sind beruflich veranlasste Auswärtstätigkeiten. Da F von seiner Wohnung zu einer auswärtigen Tätigkeitsstätte, von dort zur ersten Tätigkeitsstätte und von dort wieder zu einer anderen auswärtigen Tätigkeitsstätte fährt, liegen keine Fahrten zwischen Wohnung und erster Tätigkeitsstätte vor, sondern Fahrten, für die Reisekostengrundsätze gelten.

Als erste Tätigkeitsstätte gilt ferner eine **Bildungseinrichtung,** die außerhalb eines Dienstverhältnisses zum Zwecke eines Vollzeitstudiums oder einer vollzeitigen Bildungsmaßnahme aufgesucht wird, wie z. B. eine Universität (§ 9 Abs. 4 Satz 8 EStG). Eine Nebenerwerbstätigkeit ist unschädlich.[1]

14.3.1.2.1.4 Ansatz der Entfernungspauschale

Fährt der Arbeitnehmer mehrmals täglich zu derselben ersten Tätigkeitsstätte (bis VZ 2013: regelmäßigen Arbeitsstätte), z. B. um am Mittag zu Hause zu essen, kann

---
1 BMF vom 24.10.2014 (BStBl 2014 I S. 1412), Rz. 33.

die Entfernungspauschale **nur einmal pro Arbeitstag** angesetzt werden.[1] Das gilt selbst dann, wenn die mehrfachen täglichen Heimfahrten aus Krankheitsgründen oder aufgrund ärztlicher Verordnung ausgeführt werden (z. B. Krankendiät oder ärztlich verordnete Ruhepause)[2] oder wenn es sich um einen Körperbehinderten handelt, für den § 9 Abs. 2 Satz 3 EStG in Betracht kommt.[3]

Anders ist dies hingegen zu beurteilen, wenn der Arbeitnehmer **mehrere Dienstverhältnisse** mit jeweils einer ersten Tätigkeitsstätte hat. Kehrt der Arbeitnehmer von der ersten Tätigkeitsstätte des ersten Dienstverhältnisses zu seiner Wohnung zurück und fährt er sodann weiter zur ersten Tätigkeitsstätte des zweiten Dienstverhältnisses, kann er für beide Fahrten die Entfernungspauschale geltend machen. Fährt der Arbeitnehmer täglich in zeitlicher Abfolge die beiden ersten Tätigkeitsstätten hingegen ohne Rückkehr zur Wohnung nacheinander an, ist nach Verwaltungsauffassung der Weg zur zuerst aufgesuchten ersten Tätigkeitsstätte als Umwegstrecke zur nächsten ersten Tätigkeitsstätte anzusehen. Die zur Ermittlung der Entfernungspauschale maßgebliche Entfernung darf dabei höchstens die Hälfte der Gesamtstrecke betragen.[4]

Beispiele:

1. Ein Arbeitnehmer ist bei zwei Arbeitgebern tätig. Vormittags ist er in der ersten Tätigkeitsstätte des Arbeitsverhältnisses 1 (Entfernung zur Wohnung: 30 km) und nachmittags in der ersten Tätigkeitsstätte des Arbeitsverhältnisses 2 (Entfernung zur Wohnung: 40 km) tätig. Die Mittagspause verbringt er zu Hause.

Die Aufwendungen für die Fahrten mit dem eigenen PKW zu den beiden ersten Tätigkeitsstätten können mit der Entfernungspauschale von 0,30 € für 70 km (30 km + 40 km) als Werbungskosten geltend gemacht werden.

2. Ein Arbeitnehmer fährt arbeitstäglich vormittags von seiner Wohnung zur ersten Tätigkeitsstätte des Arbeitsverhältnisses 1, nachmittags weiter zur ersten Tätigkeitsstätte des Arbeitsverhältnisses 2 und von dort abends zur Wohnung zurück. Die Entfernung zwischen der Wohnung und der ersten Tätigkeitsstätte des Arbeitsverhältnisses 1 beträgt 30 km, zwischen den beiden ersten Tätigkeitsstätten 40 km und zwischen der ersten Tätigkeitsstätte des Arbeitsverhältnisses 2 und der Wohnung 50 km.

Die Gesamtentfernung beträgt 30 km + 40 km + 50 km = 120 km, die Entfernung zwischen der Wohnung und den beiden ersten Tätigkeitsstätten 30 + 50 km = 80 km. Da dies mehr als die Hälfte der Gesamtentfernung von 60 km (120 km : 2) ist, sind für die Ermittlung der Entfernungspauschale 60 km anzusetzen.

14.3.1.2.1.5 Entfernung zwischen Wohnung und erster Tätigkeitsstätte

Für die Bestimmung der Entfernung ist die **kürzeste Straßenverbindung** zwischen Wohnung und erster Tätigkeitsstätte maßgebend. Eine andere als die kürzeste Straßenverbindung kann zugrunde gelegt werden, wenn diese offensichtlich verkehrs-

---
1 BMF vom 31.10.2013 (BStBl 2013 I S. 1376), Tz. 1.7.
2 BFH, BStBl 1963 III S. 134 und 1964 III S. 342.
3 BFH, BStBl 1976 II S. 452.
4 Vgl. BMF vom 31.10.2013 (BStBl 2013 I S. 1376), Tz. 1.8.

günstiger ist und vom Arbeitnehmer regelmäßig für die Wege zwischen Wohnung und erster Tätigkeitsstätte benutzt wird (§ 9 Abs. 1 Satz 3 Nr. 4 Satz 4 EStG). Verkehrsgünstiger ist eine von der kürzesten Straßenverbindung abweichende Strecke, wenn der Arbeitnehmer die erste Tätigkeitsstätte – trotz gelegentlicher Verkehrsstörungen – i. d. R. schneller und pünktlicher erreicht.[1]

Zum Ansatz kommen **nur volle Kilometer** der Entfernung; ein angefangener Kilometer bleibt unberücksichtigt. Die Entfernungsbestimmung richtet sich nach der **Straßenverbindung**. Sie ist also unabhängig von dem Verkehrsmittel, das tatsächlich für den Weg zwischen Wohnung und erster Tätigkeitsstätte benutzt wird.[1]

Für die Abzugsfähigkeit der Aufwendungen für Fahrten zwischen Wohnung und erster Tätigkeitsstätte als Werbungskosten kommt es nicht darauf an, wie weit die erste Tätigkeitsstätte von der Wohnung entfernt liegt oder ob der Arbeitnehmer im Hinblick auf die tägliche Arbeitszeit in der Lage ist, die Hin- und Rückfahrten arbeitstäglich durchzuführen. Entscheidend ist allein, dass es sich um eine Fahrt zwischen der Wohnung, die den Lebensmittelpunkt des Arbeitnehmers darstellt, und seiner ersten Tätigkeitsstätte handelt.[2] Damit hat der BFH seine einschränkende Rechtsprechung aufgegeben, wonach ein Abzug der Fahrtkosten als Werbungskosten nur dann zulässig sein soll, wenn ein Arbeitnehmer nach den allgemeinen Erfahrungen und unter Berücksichtigung der mit sehr weiten Fahrten verbundenen Strapazen und des Zeitaufwands derartige Fahrten i. d. R. nicht arbeitstäglich auf sich nehmen würde.[3]

> **Beispiel:**
> A ist ledig und bewohnt in der Wohnung seiner Eltern in Frankfurt/M. unentgeltlich ein Zimmer. In Hamburg ist er beschäftigt und bewohnt dort während der Arbeitswoche ein angemietetes möbliertes Zimmer. An den Wochenenden, an Feiertagen usw. fährt er jeweils mit seinem PKW nach Frankfurt.
> A kann mangels eigenen Haushalts in Frankfurt keine Kosten für eine doppelte Haushaltsführung gem. § 9 Abs. 1 Satz 3 Nr. 5 EStG geltend machen (siehe dazu Tz. 13.4.2.4.7.3.1). Seine Fahrten zwischen Frankfurt und Hamburg und zurück sind Fahrten zwischen Wohnung und erster Tätigkeitsstätte i. S. des § 9 Abs. 1 Satz 3 Nr. 4 EStG. Die Aufwendungen sind mit dem Pauschsatz von 0,30 € pro Entfernungskilometer als Werbungskosten anzusetzen.

Nach R 9.11 Abs. 5 Satz 2 LStR haben Arbeitnehmer, auf die die Grundsätze über die **doppelte Haushaltsführung** anwendbar sind, die **Wahl**, ob sie bei mehr als einer wöchentlichen Heimfahrt die Fahrten zwischen der ersten Tätigkeitsstätte und dem Mittelpunkt der Lebensinteressen als Familienheimfahrten i. S. des § 9 Abs. 1 Satz 3 Nr. 5 EStG oder als Wege zwischen Wohnung und erster Tätigkeitsstätte i. S. des § 9 Abs. 1 Satz 3 Nr. 4 EStG geltend machen. Entscheidet sich der Arbeitnehmer für Letzteres, kann er daneben Mehraufwendungen für Verpflegung und Kosten

---
1 BMF vom 31.10.2013 (BStBl 2013 I S. 1376), Tz. 1.4.
2 BFH, BStBl 1986 II S. 221.
3 Vgl. BFH, BStBl 1983 II S. 306.

14.3 Einzelne Arten von Werbungskosten

der Unterkunft am Beschäftigungsort nicht geltend machen. Der Arbeitnehmer kann das Wahlrecht bei derselben doppelten Haushaltsführung für jedes Kalenderjahr nur einmal ausüben (R 9.11 Abs. 5 Satz 3 LStR).

14.3.1.2.2 Höhe der Entfernungspauschale

Die Entfernungspauschale beträgt gem. § 9 Abs. 1 Satz 3 Nr. 4 Satz 2 EStG für jeden Arbeitstag, an dem der Arbeitnehmer die erste Tätigkeitsstätte aufsucht, **0,30 Euro für jeden vollen Kilometer** der **Entfernung** zwischen Wohnung und erster Tätigkeitsstätte.

Die Entfernungspauschale ist auf einen **Höchstbetrag** von **4.500 Euro** im Kalenderjahr begrenzt. Diese Begrenzung besteht nicht, soweit der Arbeitnehmer einen eigenen oder ihm zur Nutzung überlassenen **Kraftwagen** benutzt. Der Höchstbetrag gilt also nur

– wenn der Arbeitnehmer mit dem Motorrad, Motorroller, Moped, Fahrrad oder zu Fuß zur ersten Tätigkeitsstätte gelangt oder
– bei Teilnahme an einer Fahrgemeinschaft für die Tage, an denen er nicht selbst fährt, oder
– bei Benutzung öffentlicher Verkehrsmittel, es sei denn, es werden höhere Aufwendungen nachgewiesen, § 9 Abs. 2 Satz 2 EStG.

> **Beispiel:**
> Arbeitnehmer A fährt im Kalenderjahr an 220 Tagen mit seinem eigenen PKW morgens von seiner Wohnung in Ludwigsburg zu seiner 17,7 km entfernten ersten Tätigkeitsstätte in Stuttgart und abends von dort zurück zu seiner Wohnung. Die von ihm benutzte Strecke ist die kürzeste Straßenverbindung.
> Die Aufwendungen für die Wege zwischen Wohnung und erster Tätigkeitsstätte sind gem. § 9 Abs. 1 Satz 3 Nr. 4 EStG i. H. von 1.122 € (220 Tage × 17 km × 0,30 €) als Werbungskosten zu berücksichtigen.

Benutzt der Arbeitnehmer einen eigenen oder zur Nutzung überlassenen PKW, muss er lediglich **nachweisen** bzw. glaubhaft machen, dass er die Wegstrecke zwischen Wohnung und erster Tätigkeitsstätte entsprechend zurückgelegt hat. Der detaillierte Nachweis der tatsächlichen Aufwendungen für den Kraftwagen, die über der Höchstgrenze von 4.500 Euro liegen, ist nicht erforderlich.[1]

Gemäß § 9 Abs. 1 Satz 3 Nr. 4 Satz 3 EStG gilt die Entfernungspauschale nicht für **Flugstrecken** und Strecken mit steuerfreier **Sammelbeförderung** durch den Arbeitgeber nach § 3 Nr. 32 EStG. Bei Flugstrecken werden die tatsächlichen Aufwendungen des Arbeitnehmers angesetzt,[2] wobei jedoch die Entfernungspauschale auch für die An- und Abfahrten zum und vom Flughafen gilt.

---
1 BMF vom 31.10.2013 (BStBl 2013 I S. 1376), Tz. 1.3.
2 BFH, BStBl 2009 II S. 724.

Wird nur **eine** Fahrt am Arbeitstag durchgeführt – also Hin- oder Rückfahrt –, weil sich z. B. an die Hinfahrt eine Auswärtstätigkeit anschließt, die an der Wohnung des Arbeitnehmers endet, sind die Pauschbeträge nur zur Hälfte anzusetzen (H 9.10 „Fahrtkosten" LStH).

14.3.1.2.3 Durch die Entfernungspauschale abgegoltene Kosten

Gemäß § 9 Abs. 2 Satz 1 EStG sind durch die Entfernungspauschale **sämtliche Aufwendungen** abgegolten, die durch die Wege zwischen Wohnung und erster Tätigkeitsstätte und durch Familienheimfahrten veranlasst sind. Es ist also grundsätzlich nicht zulässig, anstelle der Entfernungspauschale die tatsächlichen Aufwendungen oder neben der Entfernungspauschale einzelne tatsächliche Aufwendungen geltend zu machen.

Während die Rechtsprechung früher zwischen den (abgegoltenen) gewöhnlichen Aufwendungen[1] einschließlich der Absetzungen für Abnutzung und den sog. außergewöhnlichen Unfallkosten, die neben der Entfernungspauschale als Werbungskosten geltend gemacht werden konnten,[2] unterschieden hat, sollen nunmehr wegen des klaren Wortlauts der (ab VZ 2001 neugefassten) Vorschrift grundsätzlich „sämtliche" – also auch außergewöhnliche – Kosten unabhängig von ihrer Höhe abgegolten sein.[3] Diese Abgeltungswirkung begegnet keinen verfassungsrechtlichen Bedenken.[4] Damit hat sich die Rechtsprechung weitgehend der Auffassung der Finanzverwaltung[5] angeschlossen.

Strittig ist dagegen weiterhin die Behandlung von **Unfallkosten,** die auf einer Fahrt zwischen Wohnung und erster Tätigkeitsstätte oder auf einer zu berücksichtigenden Familienheimfahrt entstehen. Während die Aufwendungen nach der Rechtsprechung mit der Entfernungspauschale abgegolten sind,[4] berücksichtigt die Finanzverwaltung diese aus Billigkeitsgründen als außergewöhnliche Aufwendungen im Rahmen der allgemeinen Werbungskosten nach § 9 Abs. 1 Satz 1 EStG neben der Entfernungspauschale (H 9.10 „Unfallschäden" EStH).[5] Voraussetzung ist jedoch, dass sich der Unfall auf einer beruflich veranlassten Fahrt oder auf einem beruflich bedingten Umweg ereignet hat (zu den berücksichtigungsfähigen Umwegstrecken vgl. Tz. 14.3.1.1).

Lässt man – der Verwaltung folgend – den Abzug beruflich bedingter Unfallkosten neben der Entfernungspauschale zu, sind die nach dem Unfall vom Arbeitnehmer ggf. zu zahlenden **höheren Haftpflichtversicherungsprämien** aber mit der Entfernungspauschale abgegolten (H 9.10 „Unfallschäden" LStH), auch wenn die höheren

---
1 Vgl. auch BFH, BStBl 1979 II S. 372 (betreffend Parkgebühren), 1967 III S. 576 (betreffend Vollkaskoprämien) und 2010 II S. 805 (betreffend Finanzierungskosten).
2 BFH, BStBl 1978 II S. 380 (betreffend Unfallkosten).
3 BFH, BStBl 2014 II S. 849.
4 BFH vom 15.11.2016 VI R 4/15 (BStBl 2017 II S. 228).
5 BMF vom 31.10.2013 (BStBl 2013 I S. 1376), Tz. 4.

Prämienzahlungen grundsätzlich Werbungskosten sind. Gleiches gilt für die Kosten für einen **Austauschmotor**.[1]

Macht ein Arbeitnehmer bei einer Fahrt zwischen Wohnung und erster Tätigkeitsstätte aus beruflichem Anlass einen **Umweg**, z. B. um Post abzuholen, ist zu prüfen, ob gleichwohl das Aufsuchen der ersten Tätigkeitsstätte oder der Wohnung im Vordergrund steht. Ist dies der Fall, können die tatsächlichen Kraftfahrzeugkosten nur für die Umwegstrecke als Werbungskosten (Auswärtstätigkeit) berücksichtigt werden, während die Kosten für die übliche Strecke der Fahrt zwischen Wohnung und erster Tätigkeitsstätte mit der Entfernungspauschale gem. § 9 Abs. 1 Satz 3 Nr. 4 EStG anzusetzen sind (vgl. H 9.10 „Dienstliche Verrichtungen auf der Fahrt" LStH).

Kreditzinsen, die ein Arbeitnehmer für ein zur Finanzierung des Autokaufs aufgenommenes Darlehen zahlen muss, sind keine Werbungskosten bei den Einkünften aus nichtselbständiger Arbeit. Bei dem PKW handelt es sich, auch wenn er für Fahrten zwischen Wohnung und erster Tätigkeitsstätte benutzt wird, nicht um ein Arbeitsmittel, sondern um einen Vermögensgegenstand im Privatbereich. Dies gilt selbst dann, wenn der angeschaffte PKW Ersatz für ein auf einer beruflichen Fahrt beschädigtes Kraftfahrzeug ist (H 9.10 „Unfallschäden" LStH). Aber selbst wenn man die Kreditzinsen insoweit als Werbungskosten ansehen würde, als sie auf die berufliche Nutzung des PKW entfallen, wären sie durch die Entfernungspauschale des § 9 Abs. 1 Satz 3 Nr. 4 EStG abgegolten.

14.3.1.2.4 Fahrgemeinschaften und Entfernungspauschale

Unabhängig davon, ob er selbst fährt oder mitgenommen wird, kann jeder Teilnehmer einer Fahrgemeinschaft die Entfernungspauschale entsprechend der für ihn maßgebenden Entfernungsstrecke in Anspruch nehmen. **Umwegstrecken,** insbesondere zum Abholen von Mitfahrern, sind jedoch nicht in die Entfernungsermittlung einzubeziehen.

Zu beachten ist jedoch, dass für den Teilnehmer der Fahrgemeinschaft an Tagen, an denen er nicht mit dem eigenen oder zur Nutzung überlassenen PKW (selbst) fährt, der Höchstbetrag von 4.500 Euro gilt. Das bedeutet, dass bei **wechselseitigen Fahrgemeinschaften** zunächst der Höchstbetrag von 4.500 Euro für die Arbeitstage ausgeschöpft werden kann, an denen der Arbeitnehmer mitgenommen wurde. Deshalb ist zunächst die (auf 4.500 Euro begrenzte) anzusetzende Entfernungspauschale für die Tage zu berechnen, an denen der Arbeitnehmer mitgenommen wurde. Anschließend ist die anzusetzende (unbegrenzte) Entfernungspauschale für die Tage zu ermitteln, an denen der Arbeitnehmer seinen eigenen Kraftwagen benutzt hat. Die

---
1 BMF vom 31.10.2013 (BStBl 2013 I S. 1376), Tz. 4.

Summe der so ermittelten Entfernungspauschalen ergibt die Höhe der abzugsfähigen Werbungskosten.[1]

Beispiel:
A ist Teilnehmer einer aus insgesamt drei Kollegen bestehenden Fahrgemeinschaft. Die Entfernung zum Arbeitsplatz beträgt für A 130 km. A ist an 70 Tagen selbst gefahren und wurde an 140 Tagen mitgenommen.
Entfernungspauschale für die Tage der Mitnahme:
140 Tage × 0,30 € × 130 km = 5.460 €, höchstens   4.500 €
Entfernungspauschale für Tage, an denen A selbst gefahren ist:
70 Tage × 0,30 € × 130 km   2.730 €
anzusetzende Entfernungspauschale   7.230 €

Fährt ständig nur ein Mitglied einer Fahrgemeinschaft, kann es die Entfernungspauschale nur für die Entfernung von seiner Wohnung zur ersten Tätigkeitsstätte geltend machen. Die Begrenzung durch den Höchstbetrag ist für dieses Mitglied unbeachtlich. Eine Umwegstrecke zum Abholen der Mitfahrer ist nicht in die Entfernungsermittlung einzubeziehen.[1]

Die von den Mitfahrern **erhaltenen Mitfahrvergütungen** sind bei den Einkünften aus § 22 Nr. 3 EStG als Einnahmen zu erfassen (H 22.8 „Einnahmen aus Leistungen i. S. d. § 22 Nr. 3 EStG sind" EStH). Hiervon sind die Aufwendungen für die Umwegstrecken in tatsächlicher Höhe abzuziehen. Die von den Mitgliedern **gezahlten Mitfahrvergütungen** sind bei diesen durch die Entfernungspauschale abgegolten.

14.3.1.2.5 Benutzung verschiedener Verkehrsmittel

Oftmals legen Arbeitnehmer die Wege zwischen Wohnung und erster Tätigkeitsstätte auf unterschiedliche Weise zurück, d. h. eine Teilstrecke mit dem Kraftwagen und eine weitere Teilstrecke mit öffentlichen Verkehrsmitteln (Park & Ride), oder es werden für einen Teil des Jahres der eigene Kraftwagen und für den anderen Teil öffentliche Verkehrsmittel benutzt. Auch in derartigen Mischfällen ist – unabhängig vom tatsächlich benutzten Verkehrsmittel – zunächst die maßgebende Entfernung für die kürzeste Straßenverbindung zu ermitteln. Auf der Grundlage dieser Entfernung ist die anzusetzende Entfernungspauschale für die Fahrten zwischen Wohnung und erster Tätigkeitsstätte zu berechnen.

Die Teilstrecke, die mit dem eigenen oder zur Nutzung überlassenen **Kraftwagen** zurückgelegt wird, ist in voller Höhe anzusetzen. Dabei kann eventuell eine von der kürzesten Straßenverbindung abweichende verkehrsgünstigere Strecke zugrunde gelegt werden (dazu Tz. 14.3.1.2.1.5). Der verbleibende Teil der maßgebenden Entfernung entfällt dann auf **öffentliche Verkehrsmittel.** Die anzusetzende Entfernungspauschale ist also zunächst für die Teilstrecke und Arbeitstage zu ermitteln, an

---
1 BMF vom 31.10.2013 (BStBl 2013 I S. 1376), Tz. 1.5.

14.3 Einzelne Arten von Werbungskosten

denen der Arbeitnehmer seinen eigenen oder einen ihm zur Nutzung überlassenen Kraftwagen eingesetzt hat. Anschließend ist die anzusetzende Entfernungspauschale für die Teilstrecke und Arbeitstage zu ermitteln, an denen der Arbeitnehmer öffentliche Verkehrsmittel benutzt. Beide Beträge ergeben die insgesamt anzusetzende Entfernungspauschale, weshalb in Mischfällen auch ein höherer Betrag als 4.500 € angesetzt werden kann.

Beispiele:
1. Arbeitnehmer A hat seine erste Tätigkeitsstätte an 220 Arbeitstagen im Kalenderjahr aufgesucht. Er fährt jeweils mit dem eigenen PKW 30 km zur nächsten Bahnstation und legt von dort aus weitere 100 km mit öffentlichen Verkehrsmitteln (Bahn, Bus) zurück. Die kürzeste Straßenverbindung zwischen seiner Wohnung und der ersten Tätigkeitsstelle beträgt 110 km. An Aufwendungen für öffentliche Verkehrsmittel sind A (monatlich 200 € × 12 =) 2.400 € entstanden.

Von der maßgebenden Straßenverbindung von 110 km entfällt eine Teilstrecke von 30 km auf Fahrten mit dem eigenen Kraftwagen, sodass sich hierfür eine Entfernungspauschale gem. § 9 Abs. 1 Nr. 4 EStG von 220 Arbeitstagen × 30 km × 0,30 € = 1.980 € ergibt. Für die verbleibende Teilstrecke mit öffentlichen Verkehrsmitteln von (110 km – 30 km =) 80 km errechnet sich eine Entfernungspauschale von 220 Arbeitstagen × 80 km × 0,30 € = 5.280 €. Allerdings gilt für diese Teilstrecke der Höchstbetrag von 4.500 €, sodass sich eine insgesamt anzusetzende Entfernungspauschale von 6.480 € ergibt. Die tatsächlichen Aufwendungen für die Fahrten mit öffentlichen Verkehrsmitteln von 2.400 € bleiben unberücksichtigt, da sie unterhalb der für das Kalenderjahr insgesamt anzusetzenden Entfernungspauschale i. H. von 6.480 € liegen.

2. Arbeitnehmer A fährt im Kalenderjahr an 216 Tagen zu seiner ersten Tätigkeitsstätte. Nachdem er die komplette Fahrtstrecke von 120 km, die zugleich die kürzeste Straßenverbindung ist, zunächst (144 Tage) mit dem eigenen PKW gefahren ist, hat er sich aus Frust über den täglichen Stau ein Bahnticket gekauft und fährt die restlichen 72 Tage (= 4 Monate) mit öffentlichen Verkehrsmitteln. Die entsprechende Monatskarte kostet 200 €.
Die Entfernungspauschale gem. § 9 Abs. 1 Nr. 4 EStG beträgt 7.776 € (216 Arbeitstage × 120 km × 0,30 €). Da A jedoch für einen Zeitraum von 72 Tagen öffentliche Verkehrsmittel benutzt hat, ist (nur) insoweit der Höchstbetrag von 4.500 € zu beachten. Die anzusetzende Entfernungspauschale ist deshalb wie folgt zu ermitteln:
- 144 Arbeitstage × 120 km × 0,30 € = 5.184 €. Eine Begrenzung auf den Höchstbetrag i. H. von 4.500 € erfolgt nicht.
- 72 Arbeitstage × 120 km × 0,30 € = 2.592 €. Diese kommen zum Ansatz, da der Höchstbetrag i. H. von 4.500 € nicht überschritten wird.

Insgesamt ergibt sich eine Entfernungspauschale von 5.184 € + 2.592 € = 7.776 € (vgl. oben). Da die tatsächlichen Kosten für die Benutzung der öffentlichen Verkehrsmittel (4 Monate × 200 € = 800 €) niedriger sind, bleiben sie unberücksichtigt.

14.3.1.2.6 Zahl der Arbeitstage

Die Entfernungspauschale wird nur entsprechend der Zahl der **tatsächlichen Arbeitstage** gewährt. Steht am Beginn des Kalenderjahrs die Zahl der Arbeitstage, an denen das Kraftfahrzeug für Fahrten zwischen Wohnung und erster Tätigkeitsstätte benutzt wird, noch nicht fest, ist sie zu schätzen. Dabei sind die Art der

Arbeitszeit (Fünf-Tage-Woche) und die Urlaubsdauer zu berücksichtigen. Weist der Arbeitnehmer nach, dass er auch zum Teil an Sonntagen arbeiten muss, sind entsprechende Zuschläge zu machen.

14.3.1.2.7 Erstattung der Fahrtaufwendungen durch den Arbeitgeber

Ersetzt der Arbeitgeber dem Arbeitnehmer die Aufwendungen für die Benutzung des eigenen Kraftfahrzeugs für Fahrten zwischen Wohnung und erster Tätigkeitsstätte, gehören die ersetzten Aufwendungen zum **steuerpflichtigen Arbeitslohn** des Arbeitnehmers. Sie unterliegen deshalb dem Lohnsteuerabzug. Das gilt auch, wenn der Arbeitgeber die Fahrtaufwendungen nur teilweise ersetzt oder die Kosten für bestimmte Aufwendungen übernimmt, z. B. die Vollkaskoprämie für den PKW des Arbeitnehmers.[1]

Nach § 40 Abs. 2 Satz 2 EStG kann der Arbeitgeber die ersetzten Aufwendungen (Zuschüsse) mit einem **Pauschsteuersatz** von 15 % pauschal unter Übernahme der Lohnsteuer versteuern. Maßgeblich für die Höhe des pauschalierten Betrags sind die tatsächlichen Aufwendungen des Arbeitnehmers für die Fahrten zwischen Wohnung und erster Tätigkeitsstätte, jedoch höchstens der Betrag, den der Arbeitnehmer als Werbungskosten nach § 9 Abs. 1 Satz 3 Nr. 4 und Abs. 2 EStG geltend machen könnte (R 40.2 Abs. 6 Satz 2 LStR).[2] Die pauschal versteuerten Bezüge mindern dann aber die nach § 9 Abs. 1 Satz 3 Nr. 4 und Abs. 2 EStG abzugsfähigen Werbungskosten des Arbeitnehmers (§ 40 Abs. 2 Satz 3 EStG).

> **Beispiele:**
> 1. A erhält von seinem Arbeitgeber X einen monatlichen Zuschuss zu seinen Aufwendungen für die Fahrten mit dem eigenen PKW zwischen Wohnung und erster Tätigkeitsstätte i. H. von 45 €. A fährt an fünf Tagen in der Woche zur ersten Tätigkeitsstätte, die 10 km von seiner Wohnung entfernt liegt. X macht von der Möglichkeit der Pauschalversteuerung nach § 40 Abs. 2 EStG keinen Gebrauch.
> Die 45 € monatlich sind dem übrigen Arbeitslohn des A hinzuzurechnen und von X mit diesem dem Lohnsteuerabzug zu unterwerfen. A kann für die arbeitstäglichen Fahrten zwischen Wohnung und erster Tätigkeitsstätte 10 km × 0,30 € = 3,00 € täglich als Werbungskosten geltend machen.
> 2. Wie Sachverhalt 1, jedoch versteuert X die 45 € Zuschuss monatlich pauschal mit 15 %.
> Die Pauschalversteuerung ist zulässig, weil der Zuschuss die durchschnittlich im Monat abzugsfähigen Werbungskosten i. S. des § 9 Abs. 1 Satz 3 Nr. 4 EStG (15 × 3,00 € = 45 €) nicht übersteigt. Die Finanzverwaltung geht aus Vereinfachungsgründen von durchschnittlich 15 Arbeitstagen pro Monat aus.[3]
> A kann in diesem Fall jedoch keine Werbungskosten für Fahrtaufwendungen mit dem eigenen PKW geltend machen, da die nach § 9 Abs. 1 Satz 3 Nr. 4 EStG abzugsfähigen Werbungskosten durch den Zuschuss abgedeckt werden. Ein Werbungskosten-

---
1 BFH, BStBl 1991 II S. 814.
2 BMF vom 31.10.2013 (BStBl 2013 I S. 1376), Tz. 5.1.
3 BMF vom 31.10.2013 (BStBl 2013 I S. 1376), Tz. 5.2.

abzug käme allerdings in Betracht, falls mehr als 180 Fahrten im Kalenderjahr durchgeführt werden.

Auf die (ggf. auf 4.500 Euro) begrenzte Entfernungspauschale sind sowohl die zuvor genannten pauschal besteuerten Arbeitgeberleistungen nach § 40 Abs. 2 Satz 2 EStG bis zur Höhe der abziehbaren Entfernungspauschale als auch die nach § 8 Abs. 2 Satz 11 EStG (44 Euro-Grenze) und § 8 Abs. 3 EStG (Rabattfreibetrag) steuerfreien Sachbezüge für Fahrten zwischen Wohnung und erster Tätigkeitsstätte **anzurechnen.**[1] Die vorgenannten steuerfreien oder pauschal besteuerten Arbeitgeberleistungen sind vom Arbeitgeber zu bescheinigen (§ 41 b Abs. 1 Satz 2 Nr. 6 und 7 EStG).

14.3.1.2.8 Gestellung von Kraftfahrzeugen durch den Arbeitgeber

Stellt der Arbeitgeber dem Arbeitnehmer einen Kraftwagen für Fahrten zwischen Wohnung und erster Tätigkeitsstätte unentgeltlich oder verbilligt zur Verfügung, liegt darin ein **geldwerter Vorteil,** der grundsätzlich in voller Höhe steuerpflichtig ist (vgl. Tz. 13.2.6.3.2 und 13.4.2.4.2). Der Arbeitnehmer kann die Aufwendungen für Fahrten zwischen Wohnung und erster Tätigkeitsstätte im Rahmen des § 9 Abs. 1 Satz 3 Nr. 4 EStG mit der Entfernungspauschale von 0,30 Euro als **Werbungskosten** geltend machen, da es nicht darauf ankommt, wie und womit der Arbeitnehmer zum Arbeitsplatz gelangt (vgl. § 9 Abs. 1 Satz 3 Nr. 4 Satz 2 Halbsatz 2 EStG). Eine Verrechnung des geldwerten Vorteils mit den Werbungskosten kommt nicht in Betracht.

Da der Arbeitnehmer die Entfernungspauschale unabhängig von der Höhe seiner Aufwendungen für die Wege zwischen Wohnung und erster Tätigkeitsstätte erhält, gilt dies auch dann, wenn ihm der Arbeitgeber ein Kraftfahrzeug für die Wege zwischen Wohnung und erster Tätigkeitsstätte überlässt und diese Arbeitgeberleistung nach § 8 Abs. 3 EStG (Rabattfreibetrag) **steuerfrei** ist, so z. B. wenn ein Mietwagenunternehmen dem Arbeitnehmer einen Mietwagen für die Fahrten zwischen Wohnung und erster Tätigkeitsstätte überlässt.[1]

Die Geltendmachung der Entfernungspauschale kann für den Arbeitnehmer nachteilig sein, da ihm der Werbungskosten-Pauschbetrag von 1.000 Euro ganz oder teilweise verloren geht. Zur Vermeidung dieses Nachteils kann der Arbeitgeber den geldwerten Vorteil, der in der Überlassung des Kraftfahrzeugs an den Arbeitnehmer für Fahrten zwischen Wohnung und erster Tätigkeitsstätte liegt, nach § 40 Abs. 2 Satz 2 EStG pauschal mit 15 % versteuern mit der Folge, dass der Arbeitnehmer einen Werbungskostenabzug insoweit nicht mehr geltend machen kann.

Beispiel:
Arbeitnehmer A nutzt für die täglichen Fahrten (200 Tage im Jahr) zwischen Wohnung und erster Tätigkeitsstätte (Entfernung 15 km) unentgeltlich den ihm überlassenen Fir-

---
1 BMF vom 31.10.2013 (BStBl 2013 I S. 1376), Tz. 1.9.

menwagen (Bruttolistenpreis 25.000 €). Der geldwerte Vorteil beträgt pro Jahr (1 %-Methode):

12 × 1 % von 25.000 €	= 3.000 €
12 × 0,03 % von 25.000 € × 15 km	= 1.350 €
	4.350 €

Von diesem Betrag können pauschal gem. § 40 Abs. 2 EStG versteuert werden: 15 km × 0,30 € × 200 Tage = 900 €. Der Restbetrag von 3.450 € ist dem normalen Lohnsteuerabzug zu unterwerfen.
A kann keine Werbungskosten gem. § 9 Abs. 1 Satz 3 Nr. 4 EStG geltend machen.

14.3.1.2.9 Behinderte Menschen

Gemäß § 9 Abs. 2 Satz 3 EStG können behinderte Menschen, deren Grad der Behinderung **mindestens 70** beträgt oder deren Grad der Behinderung weniger als 70, aber **mindestens 50** beträgt und die in ihrer Bewegungsfähigkeit im Straßenverkehr erheblich beeinträchtigt sind, anstelle der Entfernungspauschalen die **tatsächlichen Aufwendungen** für die Wege zwischen Wohnung und erster Tätigkeitsstätte und für Familienheimfahrten bei doppelter Haushaltsführung ansetzen. Der Grad der Geh- und/oder Sehbehinderung und eine Beeinträchtigung der Bewegungsfähigkeit im Straßenverkehr sind nach § 9 Abs. 2 Satz 4 EStG durch amtliche Unterlagen wie z. B. den Behindertenausweis nachzuweisen.

Bei Benutzung eines eigenen oder zur Nutzung überlassenen **Kraftwagens** können die Fahrtkosten aus Vereinfachungsgründen auch mit den pauschalen Kilometersätzen gem. § 9 Abs. 1 Satz 3 Nr. 4a EStG angesetzt werden.[1] Demnach ist ohne Einzelnachweis ein Ansatz von 0,30 Euro je gefahrenem Kilometer möglich.

Wenn Blinde oder anderweitig körperbehinderte Arbeitnehmer, die ein Kraftfahrzeug nicht selbst führen können, mit dem eigenen PKW zur ersten Tätigkeitsstätte gebracht und wieder abgeholt werden, können ihnen die durch das viermalige Zurücklegen der Strecke zwischen Wohnung und erster Tätigkeitsstätte entstehenden Aufwendungen in voller Höhe, d. h. einschließlich der **Leerfahrten,** als Werbungskosten anerkannt werden.[2]

Werden die Wege zwischen Wohnung und erster Tätigkeitsstätte mit **verschiedenen Verkehrsmitteln** zurückgelegt, kann das Wahlrecht – Entfernungspauschale oder tatsächliche Kosten – für beide zurückgelegten Teilstrecken nur einheitlich ausgeübt werden.[1]

14.3.1.2.10 Fahrtkosten bei einem Sammelpunkt und einem weiträumigen Tätigkeitsgebiet

Arbeitnehmer, die keine erste Tätigkeitsstätte i. S. des § 9 Abs. 4 EStG haben, können ab VZ 2014 bei typischerweise arbeitstäglichen Fahrten zu einem vom Arbeit-

---
1 BMF vom 31.10.2013 (BStBl 2013 I S. 1376), Tz. 3.
2 BFH, BStBl 1978 II S. 260.

geber durch dienst- oder arbeitsrechtliche Festlegung dauerhaft vorgegebenen Ort, der die Kriterien für eine erste Tätigkeitsstätte nicht erfüllt (sog. „**Sammelpunkt**") und bei typischerweise arbeitstäglichen Fahrten zu oder innerhalb eines **weiträumigen Tätigkeitsgebiets** nur (noch) die Entfernungspauschale geltend machen (§ 9 Abs. 1 Satz 3 Nr. 4a Satz 3 EStG).

Anders als nach der Rechtslage bis VZ 2013 (dazu Tz. 14.3.1.2.1.2) kommt es nicht mehr darauf an, ob der Arbeitnehmer eine ortsfeste Einrichtung des Arbeitgebers anfährt.

Zu beachten ist, dass § 9 Abs. 1 Satz 3 Nr. 4a Satz 3 EStG nicht eine erste Tätigkeitsstätte fingiert, sondern lediglich die Geltung der Entfernungspauschale für Fahrten von der Wohnung zum Sammelpunkt oder zum nächstgelegenen Zugang zu dem weiträumigen Tätigkeitsgebiet festlegt. Auf die Berücksichtigung von **Verpflegungsmehraufwendungen** oder **Übernachtungskosten** hat dies keinen Einfluss, da der Arbeitnehmer weiterhin außerhalb einer ersten Tätigkeitsstätte und somit auswärts beruflich tätig wird.[1]

14.3.1.2.10.1 Sammelpunkt

Bus- oder LKW-Fahrer und Kundendienstmonteure haben regelmäßig keine erste Tätigkeitsstätte. Entsprechendes gilt für Seeleute, die auf einem Schiff tätig werden sollen, da das Schiff keine ortsfeste betriebliche Einrichtung des Arbeitgebers ist. Sollen sich diese Arbeitnehmer aber dauerhaft und typischerweise arbeitstäglich an einem Sammelpunkt wie z. B. einem Busdepot, einem bestimmten Anleger oder dem Treffpunkt für einen betrieblichen Sammeltransport einfinden, um von dort aus ihre unterschiedlichen Einsatzorte aufzusuchen oder ihre berufliche Tätigkeit aufzunehmen, werden die Fahrten von der Wohnung zu diesem Sammelpunkt gleich behandelt wie Fahrten von der Wohnung zur ersten Tätigkeitsstätte.[2]

Treffen sich mehrere Arbeitnehmer typischerweise arbeitstäglich an einem bestimmten Ort, um von dort aus im Rahmen einer **privat organisierten Fahrgemeinschaft** gemeinsam zu ihren Tätigkeitsstätten zu fahren, liegt hingegen kein Sammelpunkt i. S. des § 9 Abs. 1 Satz 3 Nr. 4a Satz 3 EStG vor. Denn es fehlt insoweit an einer dienst- oder arbeitsrechtlichen Festlegung des Arbeitgebers.[3]

14.3.1.2.10.2 Weiträumiges Tätigkeitsgebiet

In Abgrenzung zur ersten Tätigkeitsstätte liegt ein weiträumiges Tätigkeitsgebiet vor, wenn die vertraglich vereinbarte Arbeitsleistung auf einer **festgelegten Fläche** und nicht innerhalb einer ortsfesten betrieblichen Einrichtung des Arbeitgebers,

---

1 BMF vom 24.10.2014 (BStBl 2014 I S. 1412), Rz. 39 und 44.
2 BMF vom 24.10.2014 (BStBl 2014 I S. 1412), Rz. 37; dazu auch FG Nürnberg vom 13.05.2016 – 4 K 1536/15 (EFG 2016 S. 1240) – betreffend LKW-Fahrer.
3 BMF vom 24.10.2014 (BStBl 2014 I S. 1412), Rz. 38.

eines verbundenen Unternehmens (§ 15 AktG) oder bei einem vom Arbeitgeber bestimmten Dritten ausgeübt werden soll. In einem solchen weiträumigen Tätigkeitsgebiet werden i. d. R. Briefzusteller, Hafenarbeiter[1] oder Forstarbeiter tätig, nicht hingegen Arbeitnehmer, die wie Bezirksleiter, Vertriebsmitarbeiter, mobile Pflegekräfte oder Schornsteinfeger verschiedene Niederlassungen oder Wohnungen in einem festgelegten Gebiet anfahren).[2]

Ein Arbeitnehmer, der **in mehreren ortsfesten Einrichtungen** seines Arbeitgebers, eines verbundenen Unternehmens oder eines vom Arbeitgeber bestimmten Dritten, die innerhalb eines bestimmten Bezirks gelegen sind, beruflich tätig werden soll, wird nicht in einem weiträumigen Tätigkeitsgebiet, sondern an verschiedenen, ggf. sogar ständig wechselnden Tätigkeitsstätten tätig.[3]

Gemäß § 9 Abs. 1 Satz 3 Nr. 4a Satz 3 EStG kann der Arbeitnehmer für **Fahrten zu dem zur Wohnung nächstgelegenen Zugang** zu dem weiträumigen Tätigkeitsgebiet nur die Entfernungspauschale geltend machen. Wird das weiträumige Tätigkeitsgebiet immer von **verschiedenen Zugängen** aus betreten oder befahren, ist die Entfernungspauschale bei diesen Fahrten aus Vereinfachungsgründen nur für die kürzeste Entfernung von der Wohnung zum nächstgelegenen Zugang anzuwenden.[4]

Für alle **Fahrten innerhalb des weiträumigen Tätigkeitsgebiets** sowie für die zusätzlichen Kilometer bei den **Fahrten von der Wohnung zu einem weiter entfernten Zugang** können weiterhin die tatsächlichen Kosten oder der sich am BRKG orientierende maßgebliche pauschale Kilometersatz angesetzt werden (§ 9 Abs. 1 Satz 3 Nr. 4a Satz 4 EStG).

Beispiel:
S ist angestellter Schornsteinfeger bei einem Schornsteinfegermeisterbetrieb. Im VZ fuhr er an 150 Arbeitstagen mit seinem eigenen PKW zum nächstgelegenen Zugang des von ihm täglich zu betreuenden Gebiets, der 20 km entfernt von seiner Wohnung liegt. An 70 Arbeitstagen fuhr S von seiner Wohnung über einen weiter entfernt gelegenen Zugang (25 km) in das Gebiet.
Da die Fahrten von der Wohnung zu dem weiträumigen Tätigkeitsgebiet wie Fahrten von der Wohnung zu einer ersten Tätigkeitsstätte behandelt werden, kann S für Fahrten zum nächstgelegenen Zugang lediglich die Entfernungspauschale in Höhe von 0,30 € je Entfernungskilometer (= 150 Arbeitstage × 20 km × 0,30 € = 900 €) als Werbungskosten ansetzen. Die Fahrten innerhalb des zu betreuenden Gebiets können mit den tatsächlichen Kosten oder aus Vereinfachungsgründen mit dem pauschalen Kilometersatz i. H. von 0,30 € je tatsächlich gefahrenen Kilometer berücksichtigt werden. Bei den Fahrten zum einen weiter entfernt gelegenen Zugang werden ebenfalls nur 20 km mit der Entfernungspauschale (70 Arbeitstage × 20 km × 0,30 € = 420 €) berücksichtigt. Die jeweils zusätzlichen 5 km für den tatsächlich längeren Hin- und Rückweg werden ebenso wie die Fahrten innerhalb des weiträumigen Tätigkeits-

---

1 Vgl. dazu z. B. FG Hamburg vom 30.08.2016 – 2 K 218/15 (EFG 2016 S. 1937) – betreffend die Arbeiter des Gesamthafengebiets Hamburg; Revision anhängig.
2 BMF vom 24.10.2014 (BStBl 2014 I S. 1412), Rz. 41.
3 BMF vom 24.10.2014 (BStBl 2014 I S. 1412), Rz. 45.
4 BMF vom 24.10.2014 (BStBl 2014 I S. 1412), Rz. 42.

gebiets mit den tatsächlichen Kosten oder aus Vereinfachungsgründen mit dem pauschalen Kilometersatz in Höhe von 0,30 € je gefahrenem km (70 Arbeitstage × 10 km × 0,30 € = 210 €) berücksichtigt.

14.3.2 Mehraufwendungen für Verpflegung

14.3.2.1 Abzugsfähigkeit von Mehraufwendungen für Verpflegung

Vergleiche dazu die Ausführungen in Tz. 13.4.2.4.4.

Erhält der Arbeitnehmer steuerfreie Erstattungen für Verpflegung, ist gem. § 9 Abs. 4a Satz 11 EStG ein Werbungskostenabzug insoweit ausgeschlossen. Auch darüber hinausgehende Mehraufwendungen für Verpflegung kann der Arbeitnehmer nicht als Werbungskosten geltend machen.

14.3.2.3 Nachweispflicht der Mehraufwendungen

Einen Nachweis über die Höhe der anlässlich einer Auswärtstätigkeit entstandenen Mehraufwendungen für Verpflegung braucht der Arbeitnehmer nicht zu führen. Der Gesetzgeber hat mit der Regelung in § 9 Abs. 4a EStG das Entstehen derartiger Aufwendungen unterstellt, allerdings die Abzugsfähigkeit auf die Pauschbeträge beschränkt. Da der Stpfl. einen Rechtsanspruch auf Berücksichtigung der gesetzlichen Pauschbeträge hat,[1] muss er dem Finanzamt lediglich nachweisen bzw. glaubhaft machen, dass eine Auswärtstätigkeit in der behaupteten zeitlichen Dauer tatsächlich stattgefunden hat.

14.3.3 Aufwendungen für ein häusliches Arbeitszimmer

14.3.3.1 Überblick über die Rechtsentwicklung

Mit dem durch das JStG 1996 neu eingefügten § 4 Abs. 5 Satz 1 Nr. 6b EStG wurde i. V. m. § 9 Abs. 5 Satz 1 EStG ab dem VZ 1996 eine sachliche und betragsmäßige Beschränkung des Werbungskostenabzugs für steuerlich anzuerkennende Arbeitszimmer eingeführt. So ordnet § 9 Abs. 5 Satz 1 i. V. m. § 4 Abs. 5 Nr. 6b Satz 1 EStG diese Aufwendungen grundsätzlich den nicht abziehbaren Werbungskosten zu und sehen in § 4 Abs. 5 Satz 1 Nr. 6b Satz 2 und 3 EStG nur in eng begrenzten Fällen Ausnahmen hiervon vor. Durch das JStG 1997 wurde diese Regelung ab dem VZ 1997 auf den Bereich der Sonderausgaben ausgedehnt und ist nach § 10 Abs. 1 Nr. 7 Satz 4 (vormals Satz 5) EStG für Aufwendungen eines Stpfl. für seine Berufsausbildung sinngemäß anzuwenden.

Das generelle Abzugsverbot wurde bis VZ 2006 lediglich in zwei Fällen durchbrochen: Bildete das häusliche Arbeitszimmer den Mittelpunkt der gesamten betrieblichen und beruflichen Betätigung, waren die Kosten hierfür in voller Höhe Wer-

---
[1] BFH, BStBl 2006 II S. 567.

bungskosten. Waren die Voraussetzungen des Vollabzugs nicht gegeben, durften die Aufwendungen für das häusliche Arbeitszimmer insgesamt bis zu 1.250 Euro als Werbungskosten abgezogen werden, wenn die berufliche Nutzung des Arbeitszimmers mehr als die Hälfte der gesamten betrieblichen und beruflichen Tätigkeit beanspruchte oder für die berufliche Tätigkeit kein anderer Arbeitsplatz zur Verfügung stand.

Mit dem StÄndG 2007 hat der Gesetzgeber die Regelungen verschärft, indem er mit Wirkung ab VZ 2007 die zuletzt genannte beschränkte Abzugsmöglichkeit ersatzlos gestrichen hat.

Das BVerfG hat mit Beschluss vom 06.07.2010 die Verschärfung, soweit sie einen (beschränkten) Abzug ausschloss, wenn für die betriebliche oder berufliche Tätigkeit kein anderer Arbeitsplatz zur Verfügung steht – und nur insoweit –, als für unvereinbar mit Art 3 Abs. 1 GG erklärt.[1] Entsprechend der Vorgaben des BVerfG regelte der Gesetzgeber durch das JStG 2010, dass ein Arbeitszimmer rückwirkend für die Jahre ab VZ 2007 (wieder) mit 1.250 Euro pro Jahr anzuerkennen ist, wenn für die berufliche Tätigkeit kein anderer Arbeitsplatz zur Verfügung steht.[2] Die bis zum Jahr 2006 geltende Regelung, dass ein beschränkter Abzug auch dann möglich ist, wenn die berufliche Nutzung des Arbeitszimmers mehr als die Hälfte der gesamten betrieblichen und beruflichen Nutzung beansprucht, wurde in die Neuregelung hingen nicht wieder aufgenommen.

Demnach sind bei Aufwendungen für ein häusliches Arbeitszimmer nach aktueller Gesetzeslage drei Fallgruppen zu unterscheiden:

1. Unbegrenzter Abzug

Arbeitnehmer, bei denen das häusliche Arbeitszimmer den **Mittelpunkt der gesamten betrieblichen und beruflichen Betätigung** bildet, können die Aufwendungen unbegrenzt als Werbungskosten abziehen (§ 9 Abs. 5 Satz 1, § 4 Abs. 5 Satz 1 Nr. 6b Satz 3 Alt. 2 EStG).

2. Abzugsbegrenzung auf 1.250 Euro

Ist das Arbeitszimmer nicht Mittelpunkt der gesamten betrieblichen und beruflichen Betätigung des Arbeitnehmers, dürfen die Aufwendungen für das häusliche Arbeitszimmer insgesamt bis zu 1.250 Euro als Werbungskosten abgezogen werden, wenn für die berufliche Tätigkeit **kein anderer Arbeitsplatz** zur Verfügung steht (§ 9 Abs. 5 Satz 1, § 4 Abs. 5 Satz 1 Nr. 6b Satz 2 i. V. m. Satz 3 Alt. 1 EStG).

---
1 BVerfG vom 06.07.2010 2 BvL 13/09 (BStBl 2011 II S. 318).
2 Vgl. dazu BMF vom 02.03.2011 (BStBl 2011 I S. 195), Rz. 26.

14.3 Einzelne Arten von Werbungskosten

3. Abzugsverbot

In allen anderen Fällen darf ein Arbeitnehmer die Aufwendungen für sein häusliches Arbeitszimmer nicht als Werbungskosten abziehen (§ 9 Abs. 5 Satz 1, § 4 Abs. 5 Satz 1 Nr. 6b Satz 1 EStG).

14.3.3.2 Definition des „häuslichen Arbeitszimmers"

Unbeachtlich ist zunächst, ob sich die Wohnung, zu der das häusliche Arbeitszimmer gehört, im **Eigentum** des Stpfl. befindet oder von ihm **gemietet** ist.[1]

14.3.3.2.1 Funktion und Ausstattung des häuslichen Arbeitszimmers

Vom Abzugsverbot bzw. von der Abzugsbeschränkung betroffen ist nur das häusliche Arbeitszimmer. Hierbei handelt es sich um einen Raum, der aufgrund seiner Lage, Funktion und Ausstattung in die häusliche Sphäre des Stpfl. eingebunden ist. Dieser Raum muss vorwiegend der **Erledigung gedanklicher, schriftlicher, verwaltungstechnischer oder -organisatorischer Arbeiten** dienen. Neben einer büromäßigen Tätigkeit können auch geistige, künstlerische oder schriftstellerische Betätigungen die Einordnung des Raumes als häusliches Arbeitszimmer rechtfertigen.[2] Ein solcher Raum ist typischerweise mit Büromöbeln eingerichtet, wobei regelmäßig der Schreibtisch das zentrale Möbelstück ist.[3] Folglich ist davon auszugehen, dass in einem Raum, der nicht entsprechend einem Arbeitszimmer eingerichtet ist, eine nicht untergeordnete private Mitbenutzung (dazu Tz. 14.3.3.2.2) stattfindet.[4]

14.3.3.2.2 Private Mitbenutzung des Raums

Neben der büromäßigen Ausstattung setzt ein häusliches Arbeitszimmer voraus, dass der Raum ausschließlich oder nahezu ausschließlich zu betrieblichen und/oder beruflichen Zwecken genutzt wird, wobei eine **untergeordnete** private Mitbenutzung bis zu 10 % unschädlich ist.[2]

Beispiele:

1. Muss der als Arbeitszimmer genutzte Raum durchquert werden, um in einen im Tagesablauf relativ selten aufzusuchenden Raum wie z. B. das Schlafzimmer zu gelangen, liegt eine untergeordnete private Mitbenutzung vor.[5]

---
1 BMF vom 02.03.2011 (BStBl 2011 I S. 195), Rz. 4.
2 BMF vom 02.03.2011 (BStBl 2011 I S. 195), Rz. 3.
3 BFH vom 27.07.2015 GrS 1/14 (BStBl 2016 II S. 265).
4 Vgl. dazu BFH vom 22.03.2016 VIII R 24/12 (BStBl 2016 II S. 884) – betreffend einen mit einem Schreibtisch, einem Flipchart, einem langen Tisch mit sechs Stühlen, einem Regal und einem Kachelofen mit umlaufender Bank ausgestatteten Raum – und vom 08.09.2015 III R 62/11 (BStBl 2017 II S. 163) – betreffend einen mit Büromöbeln und einer Küchenzeile ausgestatteten Raum) –: jeweils Abzugsfähigkeit abgelehnt.
5 BFH, BStBl 1988 II S. 1000.

2. Ist der Raum der einzige Zugang zur Terrasse und zum Garten und fehlt es zudem an seiner optischen und akustischen Abgeschlossenheit gegenüber dem angrenzenden Esszimmer, ist keine untergeordnete private Mitbenutzung gegeben.[1]

Eine nahezu ausschließliche betriebliche und/oder berufliche Nutzung des Arbeitszimmers kommt aber nur dann in Betracht, wenn die übrigen Räume für den nach der Lebenserfahrung notwendigen familiären Wohnbedarf ausreichen.[2]

Beträgt die private Mitbenutzung mehr als 10 %, ist eine Aufteilung und anteilige Berücksichtigung der Kosten nicht möglich, da bei **gemischt-genutzten Arbeitszimmern** § 4 Abs. 5 Satz 1 Nr. 6b EStG eine Spezialregelung zum allgemeinen Aufteilungsgebot (dazu Tz. 14.1.3.3.2) darstellt.[3] Folglich sind Aufwendungen für eine „**Arbeitsecke**" insgesamt nicht abziehbar (§ 12 Nr. 1 EStG). Denn die Abtrennung durch ein Regal, einen Raumteiler etc. genügt nicht, um aus einem einheitlichen Raum zwei Räume zu machen.[4] Ebenso wenig berechtigt ein sog. Durchgangszimmer, das erkennbar auch privaten Zwecken dient, zum Werbungskostenabzug.[4]

Ist die Inanspruchnahme des betreffenden Raums für **berufliche Zwecke von ganz untergeordneter Bedeutung,** wie z. B. bei einer Flugbegleiterin (Stewardess) für die Flugvor- und -nachbereitung, können die Kosten für ein häusliches Arbeitszimmer auch dann nicht geltend gemacht werden, wenn für einige (wenige) berufliche Tätigkeiten kein anderer Arbeitsplatz zur Verfügung steht.[5]

14.3.3.2.3 Abgrenzung zum betriebsstättenähnlichen Raum

Nicht unter die Abzugsbeschränkung des § 9 Abs. 5 Satz 1 i. V. m. § 4 Abs. 5 Satz 1 Nr. 6b EStG fallen die sog. betrieblich genutzten oder betriebsstättenähnlichen Räume, bei denen ein vollständiger Abzug der Aufwendungen möglich ist. Hierbei handelt es sich um Räume, die ihrer **Ausstattung und Funktion** nach nicht einem Büro entsprechen wie z. B. reine („passive") Lager-, Archiv- oder Ausstellungsräume oder rein technische Arbeitsräume wie eine Werkstatt, auch wenn sie sich im Wohnbereich des Stpfl. befinden.[6]

Ein betriebsstättenähnlicher Raum kann bei einem Arbeitnehmer auch dann gegeben sein, wenn der Raum nach außen hin erkennbar für intensiven und dauerhaften **Publikumsverkehr** geöffnet ist (z. B. eine ärztliche Notfallpraxis oder ein genehmigtes Geschäftszimmer eines Gerichtsvollziehers[7]), was anhand der Umstände des Einzelfalls zu beurteilen ist.[8]

---

1 FG Baden-Württemberg, EFG 2001 S. 1055.
2 BFH, BStBl 1985 II S. 467.
3 BFH vom 27.07.2015 GrS 1/14 (BStBl 2016 II S. 265).
4 BFH vom 22.03.2016 VIII R 10/12 (BStBl 2016 II S. 881).
5 FG Düsseldorf vom 24.04.2017 – 8 K 1262/15 E.
6 BMF vom 02.03.2011 (BStBl 2011 I S. 195), Rz. 5.
7 FG Baden-Württemberg vom 22.03.2017 – 4 K 3694/15.
8 BFH vom 18.04.2012 X R 57/09 (BStBl 2012 II S. 770) und vom 27.06.2011 VIII B 22/10 (BFH/NV 2011 S. 1682).

> **Beispiel:**
> Der bei einer Behörde angestellte Förster F unterhält in der eigenen Wohnung ein Dienstzimmer, für das die Behörde eine monatliche Dienstzimmerentschädigung zahlt.
> Bei dem Dienstzimmer handelt es sich um einen betriebsstättenähnlichen Raum, wenn es die Funktionsfähigkeit der Behörde sicherstellt und die Behörde dem F Vorgaben zum Vorhalten des Raums (z. B. hinsichtlich des Publikumsverkehrs) macht.[1]

14.3.3.2.4 Abgrenzung zum außerhäuslichen Arbeitszimmer

§ 9 Abs. 5 Satz 1 und § 4 Abs. 5 Satz 1 Nr. 6b Satz 1 EStG setzen ein „häusliches" Arbeitszimmer voraus. Eine solche **Einbindung in die häusliche Sphäre** liegt insbesondere dann vor, wenn der Raum zur privat genutzten Wohnung oder zum privat genutzten Wohnhaus gehört, wobei der Raum sowohl ein Wohnraum als auch ein Zubehörraum (z. B. im Keller) sein kann.[2] Beim häuslichen Arbeitszimmer besteht eine innere häusliche Verbindung des Raums mit der privaten Lebenssphäre des Stpfl.[3] durch seine Zugehörigkeit zur Wohnung selbst oder durch seine unmittelbare räumliche Nähe zur Wohnung. In **Mehrfamilienhäusern** besteht dieser räumliche Zusammenhang, wenn ein Arbeitszimmer horizontal oder vertikal an die Wohnung angrenzt bzw. auf einer Etage unmittelbar gegenüberliegt.[4] Auch hebt ein eigener Zugang durch den Garten den räumlichen Zusammenhang nicht auf.[5]

Demgegenüber ist ein außerhäusliches Arbeitszimmer gegeben, wenn der Raum weder im Wohnbereich des Stpfl. liegt noch im unmittelbaren räumlichen Zusammenhang an diesen angrenzt. Dies ist z. B. der Fall, wenn ein Raum außerhalb des Wohnhauses in der Nachbarschaft angemietet wird oder zwischen der Wohnung und dem Arbeitszimmer Räume liegen, die auch von fremden Dritten wie Mietern betreten werden können.[6] Maßgeblich für die Abgrenzung zwischen der Häuslichkeit und der Außerhäuslichkeit sind die Verhältnisse des Einzelfalls.[3]

> **Beispiele:**
> **1.** Arbeitnehmer A wohnt im zweiten Stock eines Mehrfamilienhauses. Er mietet sich einen Raum im Dachgeschoss dieses Hauses an, in dem er sich ein Arbeitszimmer mit Telearbeitsplatz einrichtet. Zur Wohnung gehört ein Abstellraum im Keller des Mehrfamilienhauses.
>
> Da der angemietete Raum im Dachgeschoss des Mehrfamilienhauses nicht in unmittelbarer räumlicher Nähe zur Privatwohnung des A liegt, handelt es sich bei ihm um ein außerhäusliches Arbeitszimmer.[3] Die Aufwendungen für den Raum sind aufgrund der beruflichen Veranlassung voll abzugsfähig; § 9 Abs. 5 Satz 1 und § 4 Abs. 5 Satz 1 Nr. 6b Satz 1 EStG finden keine Anwendung.

---
1 FG Köln, EFG 2015 S. 811.
2 BMF vom 02.03.2011 (BStBl 2011 I S. 195), Rz. 3.
3 BMF vom 02.03.2011 (BStBl 2011 I S. 195), Rz. 4.
4 BFH, BStBl 2004 II S. 69 und 72.
5 BFH, BStBl 2003 II S. 350.
6 BFH vom 20.06.2012 IX R 56/10 (BFH/NV 2012 S. 1776).

2. Sachverhalt wie oben; der Abstellraum des A befindet sich nicht im Keller, sondern im Dachgeschoss neben dem angemieteten Arbeitszimmer.

Da auch Zubehörräume wie der Abstellraum zur häuslichen Sphäre des Stpfl. gehören[1] und das Arbeitszimmer unmittelbar an diesen Zubehörraum angrenzt, ist es in die häusliche Sphäre des A eingebunden. Bei dem angemieteten Raum handelt es sich also trotz der Trennung vom eigentlichen Wohnbereich des A um ein häusliches Arbeitszimmer.

14.3.3.3 Abzug der Aufwendungen für das häusliche Arbeitszimmer

Fallgruppe 1: Mittelpunkt der gesamten betrieblichen und beruflichen Tätigkeit

Ist das häusliche Arbeitszimmer **Mittelpunkt** der **gesamten** betrieblichen **und** beruflichen Tätigkeit, können die Aufwendungen **in voller Höhe** als Werbungskosten abgezogen werden.

Maßgeblich ist dabei, ob der Stpfl. nach dem Gesamtbild der Verhältnisse und den Tätigkeitsmerkmalen im häuslichen Arbeitszimmer diejenigen Handlungen vornimmt und Leistungen erbringt, die für die konkret ausgeübte betriebliche oder berufliche Tätigkeit wesentlich und prägend sind. Dies bestimmt sich nach dem inhaltlichen (**qualitativen**) Schwerpunkt seiner betrieblichen und beruflichen Betätigung.[2] Das zeitliche Moment, d. h. der **quantitative** Umfang der Nutzung des Arbeitszimmers, tritt in den Hintergrund und hat lediglich indizielle Bedeutung.[3]

Übt ein Arbeitnehmer **nur eine berufliche Tätigkeit** aus, die in qualitativer Hinsicht gleichwertig sowohl im häuslichen Arbeitszimmer als auch am außerhäuslichen Arbeitsort erbracht wird, ist das häusliche Arbeitszimmer dann der Mittelpunkt der gesamten betrieblichen und beruflichen Tätigkeit, wenn der Arbeitnehmer mehr als die Hälfte seiner Arbeitszeit im Arbeitszimmer tätig ist.[4]

> **Beispiele:**
>
> 1. Der Mittelpunkt der beruflichen Betätigung von **Lehrern** ist regelmäßig nicht im häuslichen Arbeitszimmer, weil die berufsprägenden Merkmale im Unterrichten in der Schule bestehen, auch wenn die überwiegende Arbeitszeit auf die Vor- und Nachbearbeitung des Unterrichts im häuslichen Arbeitszimmer entfällt.[5]
>
> 2. Dies gilt entsprechend für **Hochschullehrer**.[6] Demgegenüber liegt bei Hochschullehrern, die in einem **Fernstudium** tätig sind, der Mittelpunkt ihrer gesamten betrieblichen und beruflichen Tätigkeit im häuslichen Arbeitszimmer.[7]

---
1 BFH, BStBl 2003 II S. 515.
2 BMF vom 02.03.2011 (BStBl 2011 I S. 195), Rz. 9.
3 BMF vom 02.03.2011 (BStBl 2011 I S. 195), Rz. 10.
4 BMF vom 02.03.2011 (BStBl 2011 I S. 195), Rz. 11.
5 BMF vom 02.03.2011 (BStBl 2011 I S. 195), Rz. 13.
6 BFH, BStBl 2012 II S. 234.
7 FG Münster, EFG 2010 S. 1680.

14.3 Einzelne Arten von Werbungskosten

3. Die berufsprägende Tätigkeit von **Richtern** ist die Teilnahme an Sitzungen und mündlichen Verhandlungen, weshalb das häusliche Arbeitszimmer nicht der Mittelpunkt ihrer gesamten Betätigung ist.[1]

4. Bei **Außendienstmitarbeitern** ist danach zu differenzieren, ob der qualitative Schwerpunkt ihrer Tätigkeit im Innendienst oder im Außendienst liegt. Ist die Präsentation von Produkten bei Kunden wesentlich und prägend für ihre Tätigkeit, stellt das Arbeitszimmer nicht den Betätigungsmittelpunkt dar.[2] Ausnahmsweise ist der Fall anders zu beurteilen, wenn ein Handelsvertreter wesentlich mehr vor- und nachbereitende Arbeiten im häuslichen Arbeitszimmer erledigt.[3] Dieses Urteil zeigt, dass sich die Abzugsfähigkeit des Arbeitszimmers **nicht** allein aus der **Berufsbezeichnung** ableiten lässt, sondern es auf die konkrete betriebliche oder berufliche Betätigung des Stpfl. ankommt.

5. Daher hat auch ein **Dirigent**, dem **zugleich** als **Manager des Orchesters** umfangreiche Verwaltungsaufgaben obliegen, die nur zu Hause erledigt werden können, seinen Tätigkeitsschwerpunkt im Arbeitszimmer.[4]

6. Die das Berufsbild eines **Gerichtsvollziehers** prägende Tätigkeit findet außerhalb seines häuslichen Arbeitszimmers statt.[5]

7. **Heimarbeiter** oder Arbeitnehmer mit **Tele-Arbeitsplatz** haben den Mittelpunkt ihrer Tätigkeit im häuslichen Arbeitszimmer, wenn im Arbeitsvertrag eine überwiegende Tätigkeit dort vereinbart ist. Daran ändert sich auch nichts, wenn die Arbeitsleistung teilweise an einem Arbeitsplatz im Betrieb erbracht wird.[6]

Lässt sich der **qualitative Mittelpunkt** der Tätigkeit **nicht feststellen,** scheidet ein Vollabzug der Aufwendungen gem. § 9 Abs. 5 Satz 1, § 4 Abs. 5 Satz 1 Nr. 6b Satz 3 Alt. 2 EStG aus. So kann z. B. bei einem **Architekten**, dem die **Bauüberwachung** obliegt, kein konkreter Tätigkeitsschwerpunkt festgestellt werden.[7]

Werden **mehrere berufliche oder betriebliche Tätigkeiten nebeneinander** ausgeübt, ist keine Einzelbetrachtung der jeweiligen Tätigkeit vorzunehmen. Vielmehr sind sämtliche betrieblichen und beruflichen Tätigkeiten in ihrer Gesamtheit zu erfassen.[8] Im Rahmen dieser Gesamtbetrachtung lassen sich insgesamt drei Fallgruppen bilden:

– Haben alle beruflichen bzw. betrieblichen Tätigkeiten jeweils ihren Mittelpunkt im häuslichen Arbeitszimmer, liegt auch dort der Mittelpunkt der Gesamttätigkeit.

– Haben dagegen alle beruflichen und betrieblichen Tätigkeiten ihren Mittelpunkt außerhalb des häuslichen Arbeitszimmers oder ist ein Schwerpunkt nicht fest-

---
[1] BFH vom 08.12.2011 VI R 13/11 (BStBl 2012 II S. 236) und vom 06.11.2014 VI R 4/14 (BFH/NV 2015 S. 485).
[2] BMF vom 02.03.2011 (BStBl 2011 I S. 195), Rz. 13.
[3] FG Münster, EFG 2015 S. 889.
[4] FG Baden-Württemberg, EFG 2015 S. 888 (rkr.).
[5] FG Baden-Württemberg vom 28.04.2014 – 13 K 146/13 (rkr.).
[6] BFH, BStBl 2006 II S. 600.
[7] BFH, BStBl 2004 II S. 50.
[8] Vgl. dazu BMF vom 02.03.2011 (BStBl 2011 I S. 195), Rz. 12.

zustellen, kann der Mittelpunkt der gesamten Tätigkeit ebenfalls nicht im häuslichen Arbeitszimmer liegen.

– Haben dagegen nicht alle, sondern nur eine einzelne berufliche oder betriebliche Tätigkeit ihren Schwerpunkt im häuslichen Arbeitszimmer, ist i. d. R. davon auszugehen, dass das Arbeitszimmer nicht den Mittelpunkt der Gesamttätigkeit bildet.

Der Stpfl. hat jedoch insoweit die Möglichkeit, anhand konkreter Umstände des Einzelfalls nachzuweisen bzw. glaubhaft zu machen, dass die Gesamttätigkeit einem einzelnen qualitativen Schwerpunkt zugeordnet werden kann und dieser im häuslichen Arbeitszimmer liegt.

Beispiel:
Wird neben der Heim- oder Telearbeit eine weitere Tätigkeit mit anderweitigem Mittelpunkt ausgeübt, kommt ein uneingeschränkter Abzug aufgrund der erforderlichen Gesamtbetrachtung grundsätzlich nicht mehr in Betracht. Eine Ausnahme hiervon ist nur dann gegeben, wenn alle weiteren Tätigkeiten mit anderweitigem Mittelpunkt zusammen von ganz untergeordneter Bedeutung sind und der Schwerpunkt der Gesamttätigkeit im häuslichen Arbeitszimmer liegt.

Übt ein Stpfl. mehrere betriebliche und berufliche Tätigkeiten nebeneinander aus und bildet das häusliche Arbeitszimmer den Mittelpunkt der gesamten betrieblichen und beruflichen Betätigung, sind die Aufwendungen hierfür entsprechend dem Nutzungsumfang den darin ausgeübten Tätigkeiten zuzuordnen.[1]

Fallgruppe 2: Für die betriebliche oder berufliche Tätigkeit steht kein anderer Arbeitsplatz zur Verfügung

Bildet das häusliche Arbeitszimmer nicht den Mittelpunkt der gesamten betrieblichen und beruflichen Tätigkeit, steht dem Arbeitnehmer für die betriebliche **oder** berufliche Tätigkeit aber **kein anderer Arbeitsplatz** zur Verfügung, können die Aufwendungen **bis zu 1.250 Euro jährlich** als Werbungskosten geltend gemacht werden.

Höchstbetrag

Der Betrag von 1.250 Euro ist **kein Pausch-, sondern ein Höchstbetrag,** d. h., abziehbar sind nur die tatsächlich angefallenen bzw. die anteiligen tatsächlich angefallenen Werbungskosten, maximal jedoch 1.250 Euro.

Der Höchstbetrag ist ein **Jahresbetrag** und als solcher – anders als die tatsächlich angefallenen Aufwendungen – auch dann nicht anteilig zu kürzen, wenn die Voraussetzungen nur für einen Teil des Jahres vorgelegen haben.[2]

Bildet das häusliche Arbeitszimmer nicht den Mittelpunkt der gesamten betrieblichen und beruflichen Betätigung, steht für einzelne Tätigkeiten jedoch kein anderer

---
1 BMF vom 02.03.2011 (BStBl 2011 I S. 195), Rz. 19.
2 BMF vom 02.03.2011 (BStBl 2011 I S. 195), Rz. 22.

14.3 Einzelne Arten von Werbungskosten

Arbeitsplatz zur Verfügung, sind die Aufwendungen für das Arbeitszimmer entsprechend dem Nutzungsumfang der darin ausgeübten Tätigkeiten zuzuordnen. Der Stpfl. kann die Kosten dann anteilig insgesamt bis zum Höchstbetrag abziehen. Der Höchstbetrag kann aber **nicht mehrfach für verschiedene Tätigkeiten** in Anspruch genommen werden.[1]

Beispiel:
Arbeitnehmer A nutzt sein häusliches Arbeitszimmer zu 40 % für eine unternehmerische Nebentätigkeit und zu 60 % für seine nichtselbständige Tätigkeit. Nur für Letztere steht ihm kein anderer Arbeitsplatz zur Verfügung. Die Aufwendungen für das Arbeitszimmer betragen 3.000 € im VZ.
Die Aufwendungen sind nach dem Nutzungsverhältnis aufzuteilen. Auf die nichtselbständige Tätigkeit entfallen 60 % von 3.000 € = 1.800 €, die bis 1.250 € als Werbungskosten abzugsfähig sind. Auf die unternehmerische Nebentätigkeit entfallen 40 % von 3.000 € = 1.200 €, die A nicht abziehen kann.

Wird ein Arbeitszimmer **von mehreren Personen genutzt,** kann – unter den oben genannten Voraussetzungen – jeder Nutzende die Aufwendungen abziehen, die er getragen hat. Nach Auffassung der Finanzverwaltung ist der Höchstbetrag nach dem jeweiligen Nutzungsanteil aufzuteilen und nicht mehrfach zu gewähren.[2] Demgegenüber geht die Rechtsprechung nicht (mehr) von einem objektbezogenen, sondern von einem **personen- oder subjektbezogenen Höchstbetrag** aus.[3] Das heißt, jeder Stpfl., der die Voraussetzungen in eigener Person erfüllt, kann seine Aufwendungen bis zum Höchstbetrag einkünftemindernd geltend machen.

Beispiel:
Die Ehegatten M und F nutzen bei hälftigem Miteigentum gemeinsam ein häusliches Arbeitszimmer. Die Gesamtaufwendungen hierfür betragen 5.000 €. Nur für den Arbeitnehmer M ist das Arbeitszimmer der Mittelpunkt der gesamten betrieblichen und beruflichen Betätigung. Arbeitnehmerin F steht für die im Arbeitszimmer ausgeübte berufliche Tätigkeit kein anderer Arbeitsplatz zur Verfügung.
M kann gem. § 9 Abs. 5 Satz 1 i. V. m. § 4 Abs. 5 Satz 1 Nr. 6b Satz 3 Alt. 2 EStG 50 % von 5.000 € = 2.500 € als Werbungskosten und F kann gem. § 9 Abs. 5 Satz 1 i. V. m. § 4 Abs. 5 Satz 1 Nr. 6b Satz 2, Satz 3 Alt. 1 EStG 1.250 € als Werbungskosten abziehen.

Kein anderer Arbeitsplatz

Ob für die berufliche Tätigkeit des Arbeitnehmers ein anderer Arbeitsplatz zur Verfügung steht, ist im Rahmen einer tätigkeitsbezogenen Betrachtung nach **objektiven Gesichtspunkten** zu beurteilen; subjektive Erwägungen des Stpfl. zur Annehmbarkeit des Arbeitsplatzes sind unbeachtlich.[4] Entscheidend ist also zunächst, ob die

---
1 BMF vom 02.03.2011 (BStBl 2011 I S. 195), Rz. 20.
2 BMF vom 02.03.2011 (BStBl 2011 I S. 195), Rz. 21.
3 BFH vom 15.12.2016 VI R 53/12 und VI R 86/123 (DStR 2017 S. 439 und 442); zur vormaligen Rechtsprechung vgl. BMF vom 02.03.2011 (BStBl 2011 I S. 195), Rz. 21.
4 BMF vom 02.03.2011 (BStBl 2011 I S. 195), Rz. 14 f.

konkrete Tätigkeit einen büromäßigen Arbeitsplatz erfordert. Wird dies bejaht, ist zu klären, ob ein anderer Arbeitsplatz (als das häusliche Arbeitszimmer) für sämtliche Aufgaben dieser Erwerbstätigkeit zur Verfügung steht.[1] Ist dies nicht der Fall und ist der Stpfl. daher auf sein häuslichen Arbeitszimmer angewiesen, ist der Anwendungsbereich des beschränkten Werbungskostenabzuges eröffnet, z. B. bei einem **Bereitschaftsdienst** außerhalb der normalen Arbeitszeiten (nach Dienstschluss), bei dem ein Zugang zum regulären Arbeitsplatz nicht möglich ist.[1] Ein anderer Arbeitsplatz steht auch dann nicht zur Verfügung, wenn von dem zur Verfügung gestellten Arbeitsplatz eine **Gesundheitsgefahr** ausgeht.[2]

Von diesem Ausnahmefall abgesehen, gilt als „anderer Arbeitsplatz" grundsätzlich jeder Arbeitsplatz, der objektiv zur Erledigung büromäßiger Arbeiten geeignet ist. Weitere Anforderungen an die Beschaffenheit werden grundsätzlich nicht gestellt, sodass es unerheblich ist, ob der andere Arbeitsplatz ruhig, angemessen oder frei von Publikumsverkehr ist und damit ein konzentriertes Arbeiten erlaubt.[3]

Ein anderer Arbeitsplatz erfordert insbesondere keinen eigenen, räumlich abgeschlossenen Arbeitsbereich oder einen individuell zugeordneten Arbeitsplatz, weshalb ein Arbeitsplatz in einem **Großraumbüro** oder in der **Schalterhalle** einer Bank grundsätzlich ausreichend ist.[3] Ein **Poolarbeitsplatz** mit wechselndem Schreibtisch ist ein anderer Arbeitsplatz i. S. des § 4 Abs. 5 Satz 1 Nr. 6b Satz 2 EStG, wenn der Stpfl. jederzeit auf einen nutzbaren Arbeitsplatz zugreifen kann. Stehen den Mitarbeitern hingegen insgesamt zu wenige Poolarbeitsplätze zur Verfügung, ist dieses Merkmal nicht erfüllt.[4]

Da der vorhandene andere Arbeitsplatz dem Arbeitnehmer aber nur dann für seine berufliche Betätigung zur Verfügung steht, wenn dieser ihn in dem konkret erforderlichen Umfang und in der konkret erforderlichen Weise **tatsächlich nutzen kann**,[2] ist anhand der objektiven Umstände des Einzelfalls zu prüfen, ob der andere Arbeitsplatz sowohl aufgrund seiner Beschaffenheit (Größe, Lage, Ausstattung etc.) als auch aufgrund der Rahmenbedingungen – insbesondere der Ausgestaltung – büromäßig verwendbar ist.[5] So soll z. B. ein Hochschuldozent für seine Tätigkeit als Lehrbeauftragter in einem anderen Fachbereich auf sein häusliches Arbeitszimmer angewiesen sein, wenn er an der Universität nur einen ihm zugewiesenen Laborraum nutzen kann, der nicht über einen Drucker, einen Scanner oder die erforderliche Fachliteratur verfügt – der also nicht ausreichend ausgestattet ist.[6] Ob sich der Stpfl. um einen geeigneten Arbeitsplatz bemüht hat, ist steuerlich unerheblich.[7]

---

1 BMF vom 02.03.2011 (BStBl 2011 I S. 195), Rz. 17.
2 BFH, BStBl 2014 II S. 674.
3 BMF vom 02.03.2011 (BStBl 2011 I S. 195), Rz. 14.
4 BFH vom 26.02.2014 VI R 37/13 (BStBl 2014 II S. 570) und vom 16.09.2015 IX R 19/14 (BFH/NV 2016 S. 380).
5 BFH, BStBl 2004 II S. 78 und 775.
6 FG Rheinland-Pfalz vom 07.09.2016 – 1 K 2571/14.
7 FG Rheinland-Pfalz vom 07.09.2016 – 1 K 2571/14.

14.3 Einzelne Arten von Werbungskosten

Übt ein Stpfl. **mehrere betriebliche oder berufliche Tätigkeiten nebeneinander** aus, ist für jede einzelne Tätigkeit zu prüfen, ob ein anderer Arbeitsplatz zur Verfügung steht. Dabei kommt es nicht darauf an, ob ein für eine Tätigkeit zur Verfügung stehender Arbeitsplatz auch für eine andere Tätigkeit genutzt werden kann (z. B. Firmenarbeitsplatz für eine nebenberuflich ausgeübte schriftstellerische Tätigkeit).[1]

Zu beachten ist aber, dass ein Stpfl. mit zwei beruflich/betrieblich veranlassten Arbeitszimmern den **Höchstbetrag nur einmal** geltend machen kann.[2]

14.3.3.4 Abzugsfähige Aufwendungen

Unter die Abzugsbegrenzung bzw. das Abzugsverbot fallen sowohl Aufwendungen für das häusliche Arbeitszimmer als auch Aufwendungen für die Ausstattung des häuslichen Arbeitszimmers.

a) Zu den **Aufwendungen für das häusliche Arbeitszimmer** gehören u. a. die Renovierungskosten für das Arbeitszimmer sowie die anteiligen Aufwendungen für Miete, für Schuldzinsen für Kredite, die zur Anschaffung, Herstellung oder Renovierung des Gebäudes aufgenommen worden sind, für die Gebäude-AfA, für Versicherungen (auch Hausratversicherung), für öffentliche Gebühren für Wasser, Müllabfuhr usw., für die Grundsteuer sowie für Strom und Heizung.[3] Grundsätzlich sind Aufwendungen für Nebenräume wie z. B. die Küche, die in die häusliche Sphäre eingebunden sind und zu einem nicht unerheblichen Teil privat genutzt werden, beim häuslichen Arbeitszimmer nicht zu berücksichtigen.[4] Dagegen sollen die Kosten für die Modernisierung des Badezimmers anteilig zu den Kosten für das häusliche Arbeitszimmer gehören, soweit sie wesentlich sind und den Wert des Gesamtgebäudes erhöhen.[5]

Befindet sich das Arbeitszimmer in einem dem Arbeitnehmer und seinem **Ehegatten** gemeinsam gehörenden Einfamilienhaus (Eigentumswohnung), sind die anteilig auf das Arbeitszimmer entfallenden Aufwendungen einschließlich der anteiligen Gebäude-AfA grundsätzlich unabhängig vom Miteigentumsanteil des Ehegatten zu berücksichtigen, jedoch nur soweit der Arbeitnehmer-Ehegatte selbst Aufwendungen getragen hat. Dies gilt sogar, wenn das Gebäude, in dem sich das Arbeitszimmer befindet, dem Ehegatten des Arbeitnehmers zu Alleineigentum gehört und der Arbeitnehmer-Ehegatte sich an den Anschaffungs- oder Herstellungskosten des Gebäudes beteiligt hat. Allein aufgrund der Tatsache, dass ein Arbeitnehmer gemeinsam mit seinem Ehegatten ein Arbeitszimmer in der Wohnung seines Ehegatten benutzt, kann er aber keine anteiligen Aufwen-

---
1 BMF vom 02.03.2011 (BStBl 2011 I S. 195), Rz. 16.
2 FG Rheinland-Pfalz, DStRE 2016 S. 837 (Revision anhängig).
3 BMF vom 02.03.2011 (BStBl 2011 I S. 195), Rz. 6.
4 BFH, BStBl 2016 II S. 611.
5 FG Münster, EFG 2015 S. 1073.

dungen als Werbungskosten geltend machen (vgl. dazu H 9.14 „Drittaufwand" LStH).

Die anteiligen, dem Grunde nach abzugsfähigen Aufwendungen sind nach dem **Verhältnis** der Fläche des Arbeitszimmers zur reinen Wohnfläche einschließlich des Arbeitszimmers zu ermitteln, wenn das Arbeitszimmer in einem Raum i. S. der Wohnflächenverordnung liegt (sog. Hauptraum). Liegt das Arbeitszimmer in einem nicht zur Wohnfläche gehörenden Nebenraum, erfolgt die Aufteilung unter Einbeziehung der Haupt- und Nebenräume – also der Gesamtfläche des Gebäudes.[1]

> **Beispiel:**
>
> Die Gesamtwohnfläche des Einfamilienhauses des A beträgt 150 m^2. A benutzt einen 12 m^2 großen Raum als häusliches Arbeitszimmer im Wohnbereich. Die im Jahr angefallenen Gesamtkosten für das Haus betragen 4.500 €.
>
> Der auf das Arbeitszimmer entfallende Anteil dieser Kosten ist wie folgt zu berechnen: Die anteilige Fläche des Arbeitszimmers beträgt 8 % der Gesamtfläche. Mithin sind 8 % von 4.500 € = 360 € als Werbungskosten abzugsfähig.

Wird die **Gesamtwohnfläche** eines Einfamilienhauses, in dem sich ein häusliches Arbeitszimmer befindet, **vergrößert**, ändert sich der Aufteilungsmaßstab für die auf das Arbeitszimmer entfallenden Werbungskosten entsprechend. Bei einer Finanzierung der Erweiterung durch Kredit sind die anfallenden Schuldzinsen dem Arbeitszimmer selbst dann anteilig zuzuordnen, wenn das Arbeitszimmer durch die Baumaßnahme nicht unmittelbar betroffen ist.[2]

b) Zu den **Aufwendungen für die Ausstattung** des häuslichen Arbeitszimmers gehören z. B. Fenstervorhänge und Gardinen sowie Teppiche, Tapeten und Zimmerbeleuchtung.[3]

Nicht unter das Abzugsverbot oder die Abzugsbeschränkung fallen **Arbeitsmittel** (dazu Tz. 14.3.5), und zwar nicht nur Arbeitsmittel im engeren Sinne, wie z. B. der Computer, Fachbücher oder Büromaterial, sondern alle zum unmittelbaren Arbeitseinsatz bestimmten Wirtschaftsgüter. Daher werden auch Aufwendungen für die **arbeitsbedingte Zimmereinrichtung,** wie z. B. der Bücher- oder Aktenschrank, der Schreibtisch, der Schreibtischstuhl oder die Schreibtischlampe, nicht vom Abzugsverbot erfasst. Dies folgt aus der insoweit gegenüber § 4 Abs. 5 Satz 1 Nr. 6b EStG vorrangigen gesetzlichen Regelung für Arbeitsmittel (§ 9 Abs. 1 Satz 3 Nr. 6 EStG).[4]

---
1 BFH, BStBl 2015 II S. 382.
2 BFH, BStBl 1995 II S. 729.
3 BMF vom 02.03.2011 (BStBl 2011 I S. 195), Rz. 6.
4 Vgl. BMF vom 02.03.2011 (BStBl 2011 I S. 195), Rz. 8.

14.3.3.5 Häusliches Arbeitszimmer während der Erwerbslosigkeit

Nutzt ein **Erwerbsloser** das Arbeitszimmer zur Vorbereitung auf eine künftige Tätigkeit, kann er die Aufwendungen für das Arbeitszimmer nur geltend machen, wenn ihm unter den zu erwartenden Umständen auch ein entsprechender Werbungskostenabzug bei seiner künftigen Tätigkeit zustehen würde.[1]

14.3.4 Beiträge zu Berufsverbänden

Ist der Arbeitnehmer Mitglied eines Berufsverbands (Gewerkschaft, Beamtenbund), sind die **Mitgliedsbeiträge** Werbungskosten (§ 9 Abs. 1 Satz 3 Nr. 3 EStG). Mitgliedsbeiträge für einen **Interessenverband** sind nur dann Werbungskosten, wenn dieser als Berufsverband auch die spezifischen Interessen des Arbeitnehmers vertritt. Ob dies der Fall ist, ist nicht nur nach der Satzung, sondern auch nach der tatsächlichen Verbandstätigkeit zu beurteilen.[2] Nicht zu den Beiträgen i. S. des § 9 Abs. 1 Satz 3 Nr. 3 EStG zählen Aufwendungen eines Arbeitnehmers, die diesem im Zusammenhang mit einer **ehrenamtlichen** Tätigkeit für seine Gewerkschaft oder seinen Berufsverband entstehen. Diese sind aber gem. § 9 Abs. 1 Satz 1 EStG als Werbungskosten abzugsfähig.[3]

Reiseaufwendungen eines Arbeitnehmers für eine **gewerkschaftliche Bildungsreise,** die vor allem allgemeintouristische Zwecke verfolgt[4], sind ebenso wenig Werbungskosten i. S. des § 9 Abs. 1 Satz 3 Nr. 3 EStG wie Aufwendungen für Veranstaltungen des Berufsverbands, die der **Förderung des Allgemeinwissens** der Teilnehmer dienen. Um nichtabzugsfähige Kosten der Lebensführung handelt es sich insbesondere stets bei Aufwendungen, die dem Arbeitnehmer aus Anlass von gesellschaftlichen Veranstaltungen der Gewerkschaften und Berufsverbände entstanden sind, und zwar auch dann, wenn die gesellschaftliche Veranstaltung im Zusammenhang mit einer rein fachlichen oder beruflichen Tagung oder Sitzung stand (z. B. Gesellschaftsabend eines Verbandstages). Dagegen sind Aufwendungen für gewerkschaftliche oder berufsständische Veranstaltungen, die der beruflichen Fortbildung der Teilnehmer dienen, als Fortbildungskosten abzugsfähig (vgl. Tz. 14.3.7).

14.3.5 Aufwendungen für Arbeitsmittel

Aufwendungen des Arbeitnehmers für Arbeitsmittel, insbesondere für Werkzeuge und übliche Berufskleidung, gehören ebenfalls zu den Werbungskosten gem. § 9

---

[1] Vgl. BMF vom 02.03.2011 (BStBl 2011 I S. 195), Rz. 23.
[2] BFH, BStBl 1994 II S. 33 (betreffend Mitgliedschaft eines GmbH-Geschäftsführers beim Wirtschaftsrat der CDU e. V.).
[3] BFH, BStBl 1981 II S. 368.
[4] BFH, BStBl 1993 II S. 539.

Abs. 1 Satz 3 Nr. 6 EStG – und zwar auch dann, wenn sie sehr hoch sind.[1] Die im Gesetz genannte Aufzählung ist nur beispielhaft. Arbeitsmittel sind demnach alle Gegenstände, die unmittelbar der Erledigung dienstlicher Aufgaben dienen.[2]

Unter diesen Begriff fallen vielfach Wirtschaftsgüter, die auch der privaten Lebensführung dienen und entsprechend privat genutzt werden, was eine **Abgrenzung zu den nichtabziehbaren Lebenshaltungskosten** erfordert. Die Entscheidung, ob es sich um ein Arbeitsmittel oder ein Wirtschaftsgut der Lebensführung handelt, ist grundsätzlich von der tatsächlichen bzw. der beabsichtigten **Verwendung im Einzelfall** abhängig.[2] Aufwendungen für derartige Wirtschaftsgüter können dann voll als Werbungskosten nach § 9 Abs. 1 Satz 3 Nr. 6 EStG abgezogen werden, wenn die private Mitbenutzung des jeweiligen Wirtschaftsguts ausgeschlossen oder **von untergeordneter Bedeutung** (≤ 10 %) ist (H 9.12 „Aufteilung der Anschaffungs- oder Herstellungskosten" LStH). Im Übrigen ist eine **Aufteilung** gemischt veranlasster Aufwendungen in Werbungskosten und nichtabziehbare Kosten i. S. des § 12 Nr. 1 EStG nur möglich, wenn ein objektiver Aufteilungsmaßstab besteht und der berufliche Veranlassungsbeitrag nicht von untergeordneter Bedeutung ist (vgl. dazu H 9.12 „Aufteilung der Anschaffungs- oder Herstellungskosten" LStH und Tz. 14.1.3.2).

Im Einzelnen kommen vornehmlich folgende Wirtschaftsgüter und Gegenstände als Arbeitsmittel in Betracht:

Bücher und Zeitschriften

Fachbücher und **Fachzeitschriften** sind stets Arbeitsmittel, wenn sie auf den Beruf des Arbeitnehmers bezogen sind (z. B. Steuerfachliteratur eines Steuerfachangestellten, eines Steuerbeamten,[3] eines Richters am Finanzgericht, die Enzyklopädie des Tierreichs eines Biologielehrers[4] oder ein Nachschlagewerk in einer Fremdsprache, die der Lehrers unterrichtet[5]) und ihre ausschließliche oder ganz überwiegend berufliche Nutzung nachgewiesen bzw. glaubhaft gemacht worden ist (H 9.12 „Fachbücher und Fachzeitschriften" LStH). So ist bei der Literatur eines Lehrers auf die beabsichtigte Verwendung jedes einzelnen Buchs bzw. jeder einzelnen Zeitschrift im Unterricht oder zur Unterrichtsvorbereitung abzustellen. Dabei ist nicht ausschließlich maßgebend, in welchem Umfang der Inhalt des Werks in welcher Häufigkeit Eingang in den Unterricht gefunden hat (H 9.12 „Fachbücher und Fachzeitschriften" LStH).

Bei einer gemischten Nutzung ist eine Aufteilung der Aufwendungen in einen beruflich bedingten und in einen privat veranlassten Teil zwar grundsätzlich mög-

---
1 BFH, BStBl 1989 II S. 356.
2 BFH, BStBl 2011 II S. 723.
3 FG Nürnberg, EFG 1980 S. 233.
4 FG Berlin, EFG 1972 S. 179.
5 BFH, BStBl 1982 II S. 67 (betreffend die „Encyclopaedia Britannica").

14.3 Einzelne Arten von Werbungskosten

lich. Fehlt es aber an einem geeigneten Aufteilungsmöglichkeit wie z. B bei einer (regionalen oder überregionalen) **Tages- oder Wochenzeitung oder -zeitschrift** (H 12.1 „Tageszeitung" EStH)[1] oder einem **allgemeinen Nachschlagewerk** wie „Der Große Brockhaus"[2], sind die entsprechenden Aufwendungen insgesamt nichtabzugsfähige Lebenshaltungskosten, auch wenn das Schriftwerk für berufliche Zwecke gelesen wird. Dagegen kann das Beziehen einer Zeitung, die nicht als Tages- oder Wochenzeitung im engeren Sinne anzusehen ist, durchaus beruflich veranlasst sein, so dass die Aufwendungen hierfür als Werbungskosten nach § 9 Abs. 1 Satz 3 Nr. 6 EStG abzugsfähig sind. Dabei muss es sich allerdings um einen engen Bezug zur beruflichen Tätigkeit des Arbeitnehmers handeln.[3]

Kleidung

Die „**normale**" oder „**bürgerliche**" **Kleidung** gehört nicht zu den Arbeitsmitteln i. S. des § 9 Abs. 1 Satz 3 Nr. 6 EStG, da der Arbeitnehmer stets – sei es im privaten, sei es im beruflichen Bereich – bekleidet ist. Aufwendungen für die Anschaffung oder durch den Verschleiß von normaler Kleidung, die im Beruf getragen wird, sind deshalb grundsätzlich nicht als Werbungskosten abzugsfähig,[4] auch wenn die Kleidung im Beruf einer besonders hohen Abnutzung unterliegt.[5] Ein Werbungskostenabzug kommt ausnahmsweise nur dann in Betracht, wenn sich der besonders hohe Verschleiß vom normalen Verschleiß der Kleidung objektiv und leicht nachprüfbar trennen lässt und nicht von untergeordneter Bedeutung ist.[6] Aufwendungen für die **Beseitigung von** (außergewöhnlichen) **Schäden**, die in unmittelbarem Zusammenhang mit der Berufsausübung stehen, stellen hingegen auch bei **bürgerlicher Kleidung** („normale") Werbungskosten dar.[7]

Eine Ausnahme von dem Grundsatz der Nichtabzugsfähigkeit der Aufwendungen für Kleidung gilt nur für die sog. **typische Berufskleidung.** Dabei handelt es sich um Kleidungsstücke, die nach ihrer Beschaffenheit objektiv nahezu ausschließlich für die berufliche Verwendung bestimmt und wegen der Eigenart des jeweils ausgeübten Berufs notwendig sind.[8] Als solche typische Berufskleidung wird neben dem weißen Kittel des Arztes,[9] der Robe des Richters, der Dienstkleidung von Angehörigen der Bundeswehr,[10] der Polizeiuniform[11] oder dem Monteuranzug des

---

1 BFH, BStBl 1983 II S. 715, und FG Hessen, DStRE 2009 S. 1099 (betreffend die „FAZ"); BFH, BStBl 1990 II S. 19 (betreffend das Abonnement von „Der Spiegel" und „Die Zeit" durch einen Kulturkritiker).
2 BFH, BStBl 1957 III S. 328.
3 BFH vom 19.01.1996 VI R 64/95 (BFH/NV 1996 S. 402) betreffend das „Handelsblatt".
4 BFH, BStBl 1980 II S. 75.
5 BFH vom 10.10.1986 VI R 61/83 (BFH/NV 1987 S. 33).
6 BFH, BStBl 1981 II S. 781.
7 BFH, BStBl 1970 II S. 7.
8 BFH, BStBl 1996 II S. 202.
9 BFH, BStBl 1991 II S. 348.
10 BFH, BStBl 1972 II S. 379.
11 BFH, BStBl 1993 II S. 837.

Mechanikers (R 3.31 Abs. 1 Satz 3 Nr. 1 LStR) auch solche Kleidung angesehen, die außer in dem betreffenden Beruf auch sonst – jedoch in anderen Bereichen – getragen wird, wie z. B. der schwarze Anzug eines Oberkellners[1] oder eines Leichenbestatters[2]. Das schwarze Sakko und die schwarzen Hosen eines Orchestermusikers[3] sowie der Trachtenanzug des Geschäftsführers eines bayerischen Lokals[4] werden dagegen von der Rechtsprechung nicht als Arbeitsmittel anerkannt.

Normale bürgerliche Kleidung wird nicht dadurch zur Berufskleidung, dass eine bestimmte einheitliche (bürgerliche) Kleidung **arbeitsvertraglich** zu tragen ist[5] oder die Kleidung auf Veranlassung des Arbeitgebers mit einem **Firmenemblem** oder **Dienstabzeichen** versehen wird[6]. Ist die private Nutzung der mit einem aufgenähten Firmenemblem versehenen Kleidung so gut wie ausgeschlossen, handelt es sich dagegen um typische Berufskleidung (R 3.31 Abs. 1 Satz 3 Nr. 2 LStR).[7]

Bei Arbeitnehmern, die aufgrund ihres Berufs einen **hohen Verbrauch** an Kleidung haben, weil sie stets modisch gekleidet sein müssen (z. B. Fernsehansager, Schauspieler, Instrumentalsolist), sind die Aufwendungen für bürgerliche Kleidung auch dann nicht als Werbungskosten abziehbar, wenn sie außergewöhnlich hoch sind (H 9.1 „Bürgerliche Kleidung" LStH).

Zu den Aufwendungen für typische Berufskleidung, die als Werbungskosten abgezogen werden können, gehören auch **Instandhaltungs- und Reinigungskosten.** Geschieht die Reinigung der Berufskleidung in einer privaten Waschmaschine (z. B. die Diensthemden eines Polizisten), können die anfallenden Aufwendungen geschätzt werden.[8] Dabei sind der Schätzung ggf. repräsentative Daten von Verbraucherverbänden oder Herstellern zugrunde zu legen. Die Schätzung kann aber auch von der jährlich anfallenden Menge der zu waschenden typischen Berufskleidung ausgehen.

Möbel

Möbel dienen in aller Regel den persönlichen Lebensbedürfnissen, sodass Aufwendungen hierfür nicht als Werbungskosten nach § 9 Abs. 1 Satz 3 Nr. 6 EStG abgezogen werden können. Dies gilt jedoch nicht für ausschließlich oder nahezu ausschließlich beruflich genutzte Möbel, wie z. B. den **Schreibtisch**, den **Schreibtischstuhl**, die **Schreibtischlampe**, den **Bücherschrank** und das **Bücher-**

---

1 BFH, BStBl 1979 II S. 519.
2 BFH, BStBl 1971 II S. 50.
3 FG Münster vom 13.07.2016 – 8 K 3646/15 E.
4 BFH, BStBl 1980 II S. 73.
5 FG Düsseldorf, EFG 2001 S. 362.
6 BFH, BStBl 1996 II S. 202 (betreffend Lodenmantel eines Forstbeamten); so auch H 3.31 „Lodenmantel" LStH.
7 BFH vom 06.06.2005 VI B 80/04 (BFH/NV 2005 S. 1792).
8 BFH, BStBl 1993 II S. 837 und 838.

14.3 Einzelne Arten von Werbungskosten

regal. Diese zum unmittelbaren Arbeitseinsatz bestimmten Gegenstände sind als Arbeitsmittel Werbungskosten i. S. von § 9 Abs. 1 Satz 3 Nr. 6 EStG.

Aufwendungen für Arbeitsmittel sind keine Aufwendungen, die unter das Abzugsverbot des häuslichen **Arbeitszimmers** fallen. Aufwendungen für die Ausstattung des Arbeitszimmers, z. B. Teppiche, Fenstervorhänge oder Gardinen, werden hingegen von der Abzugsbeschränkung des § 4 Abs. 5 Satz 1 Nr. 6b EStG erfasst (siehe dazu Tz. 14.3.3.4).

Bei einem ausschließlich beruflich genutzten Möbelstück können die Absetzungen für Abnutzung auch dann als Werbungskosten abgesetzt werden, wenn es sich um **antiquarische** Möbelstücke handelt und ihr Wert voraussichtlich steigen wird.[1]

Nicht als Werbungskosten abziehbar sind jedoch die **Transportkosten** eines derartig beruflich genutzten Möbelstücks bei einem privat veranlassten Umzug (H 9.12 „Transport" LStH).

Werden Möbel zunächst aus privaten Gründen angeschafft und außerhalb der Einkunftsarten genutzt und **erst nach einiger Zeit für die berufliche Tätigkeit verwendet** (z. B. zur Einrichtung des häuslichen Arbeitszimmers), sind die Anschaffungskosten auf die Gesamtnutzungsdauer einschließlich der Zeit vor der Nutzungsänderung zu verteilen. Als Werbungskosten (AfA) ist nur der Teil der Anschaffungskosten abziehbar, der auf die Zeit nach der Nutzungsänderung entfällt (H 9.12 „Absetzung für Abnutzung" LStH).

Musikinstrumente

Bei **Berufsmusikern** gehören die genutzten Musikinstrumente grundsätzlich zu den Arbeitsmitteln, sodass die Aufwendungen hierfür nach § 9 Abs. 1 Satz 3 Nr. 6 EStG als Werbungskosten abzugsfähig sind.[2]

Bei **Musiklehrern** ist dagegen die Abgrenzung zwischen Arbeitsmittel und privatem Gegenstand schwieriger zu ziehen. Es wird auf die Umstände des Einzelfalls ankommen. So hat der BFH den Konzertflügel einer an einer Schule angestellten Musiklehrerin nicht als Arbeitsmittel anerkannt, da in diesem Fall ein Klavier ausgereicht hätte.[3] Diese Einschränkung folgt aus der in § 9 Abs. 5 Satz 1 EStG angeordneten entsprechenden Anwendung des § 4 Abs. 5 Satz 1 Nr. 7 EStG über das Verbot des Abzugs unangemessener Aufwendungen (vgl. Tz. 14.4.4). Dagegen hat der BFH bei einer Dozentin an einer Musikhochschule den für 30.000 DM angeschafften Flügel als Arbeitsmittel angesehen.[4]

---

1 BFH, BStBl 1986 II S. 355 (für einen 100 Jahre alten Schreibtisch mit Schreibtischsessel).
2 BFH, BStBl 1971 II S. 459.
3 BFH, BStBl 1978 II S. 459.
4 BFH, BStBl 1989 II S. 356.

14 Werbungskosten

Sportgeräte und Sportkleidung

Arbeitsmittel können auch die Sportkleidung und Sportgeräte sein wie z. B. die Fußballschuhe oder der Badmintonschläger bei Lehrern, Übungsleitern usw. Gegebenenfalls ist auch hier eine Aufteilung vorzunehmen. Ausschließlich beruflich veranlasst sind die Sportaufwendungen eines Arbeitnehmers hingegen dann, wenn er dienstlich zur Sportausübung verpflichtet ist, wobei er allerdings die Sportart wählen kann.[1]

Technische Geräte

Die Aufwendungen für einen privat angeschafften, in der Wohnung aufgestellten **Computer** sind in vollem Umfang als Werbungskosten abziehbar, wenn die private Mitbenutzung 10 % nicht übersteigt.[2] Geht der private Nutzungsanteil darüber hinaus (bis 90 %), können die Kosten aufgeteilt werden. Bei einer nicht unwesentlichen beruflichen Nutzung des Computers kann aus Vereinfachungsgründen von einer hälftigen Aufteilung der Aufwendungen – d. h., ein Teil wird einkünftemindernd berücksichtigt und der andere Teil der Aufwendungen wird der privaten Lebensführung zugerechnet – ausgegangen werden, sofern kein anderer Aufteilungsmaßstab nachgewiesen wird.

Bei der **Internetnutzung** wird sogar eine glaubhaft gemachte Darstellung akzeptiert.[3]

Als Arbeitsmittel anerkannt wurden auch ein **Diktiergerät**[4] oder das **Telefon**[5], nicht dagegen die **Videokamera** eines Projektmanagers[6] oder ein **Fernsehgerät**[7].

Verlust von Vermögensgegenständen

Der Verlust von Vermögensgegenständen des Arbeitnehmers führt dann zu Werbungskosten i. S. des § 9 Abs. 1 Satz 1 EStG, wenn es sich um den Verlust von **Arbeitsmitteln** handelt.[8]

Der Verlust **sonstiger Vermögensgegenstände** berechtigt nur dann zum Abzug von Werbungskosten, wenn der Gegenstand in einem engen Zusammenhang mit der beruflichen Tätigkeit und trotz zumutbarer Sicherheitsvorkehrungen abhandengekommen oder zerstört worden ist (H 9.8 „Diebstahl" LStH; vgl. dazu auch Tz. 13.4.2.4.5). Der Arbeitnehmer muss in einem solchen Fall nachweisen, dass

---

1 FG des Saarlandes, EFG 1991 S. 377 (betreffend Tennissport eines Polizeibeamten).
2 BFH, BStBl 2004 II S. 958.
3 Vgl. FinMin Nordrhein-Westfalen vom 08.12.2000 (DB 2001 S. 231) und vom 14.02.2002 (DStR 2002 S. 403).
4 BFH, BStBl 1971 II S. 327.
5 BFH, BStBl 1986 II S. 200.
6 BFH vom 21.06.1994 VI R 16/94 (BFH/NV 1995 S. 216).
7 BFH, BStBl 1975 II S. 407.
8 BFH, BStBl 1980 II S. 75 (betreffend Berufskleidung), 1983 II S. 586 und 1993 II S. 44 (betreffend den PKW).

eine berufliche Veranlassung für die Mitnahme des Gegenstandes bestand – bei einem **Mantel** wohl zu bejahen – und dass die zumutbaren Sicherheitsvorkehrungen getroffen worden sind, was beim Abstellen des PKW auf einem öffentlichen Parkplatz zumindest zweifelhaft ist. Außerdem lässt der BFH der Höhe nach nur den Teil der Anschaffungskosten des jeweiligen Gegenstands als Werbungskosten zu, der bei einer Verteilung der Anschaffungskosten auf die geschätzte Gesamtnutzungsdauer des Gegenstandes auf die Zeit nach dem Verlust entfällt.[1] Ein solcher Nachweis wird insbesondere dann schwer gelingen, wenn der Arbeitnehmer keine Belege mehr über die Anschaffungskosten des Gegenstands hat. Nach alledem dürfte es zweckmäßiger sein, eine Reisegepäckversicherung abzuschließen, deren Prämien als Werbungskosten abzugsfähig sind, wenn die Versicherung auf berufliche Reisen beschränkt ist. Bei einer allgemeinen Versicherung für sämtliche Reisen des Arbeitnehmers kann ein anteiliger Abzug der Prämien als Werbungskosten in Betracht kommen, wenn der Versicherer seine Kalkulation offenlegt.[2] Der Diebstahl der **Geldbörse** während einer Dienstreise berechtigt auch dann nicht zum Werbungskostenabzug, wenn sich in ihr das Reisegeld für die Dienstreise befindet (H 9.8 „Diebstahl" und „Geld" LStH).

14.3.6 Absetzungen für Abnutzung

Zu den Werbungskosten gehören nach § 9 Abs. 1 Satz 3 Nr. 7 EStG ferner die Absetzungen für Abnutzung (**AfA**) eines Wirtschaftsguts, dessen Verwendung oder Nutzung durch den Arbeitnehmer zur Erzielung von Arbeitslohn sich erfahrungsgemäß über einen Zeitraum von mehr als einem Jahr erstreckt (§ 7 Abs. 1 Satz 1 EStG). Gemäß § 9 Abs. 1 Satz 3 Nr. 6 Satz 2 EStG gilt diese Regelung auch bei den **Arbeitsmitteln.** Die Aufwendungen für die Anschaffung oder Herstellung eines Arbeitsmittels können daher nicht sofort im Jahr der Zahlung als Werbungskosten abgesetzt werden, sondern nur verteilt auf das Jahr der Anschaffung oder Herstellung und die folgenden Jahre der betriebsgewöhnlichen Nutzungsdauer (§ 7 Abs. 1 Satz 1 EStG). Im Jahr der Anschaffung oder Herstellung des Arbeitsmittels vermindert sich gem. § 7 Abs. 1 Satz 4 EStG für dieses Jahr der Absetzungsbetrag um jeweils ein Zwölftel für jeden vollen Monat, der dem Monat der Anschaffung oder Herstellung vorangeht.

> **Beispiel:**
>
> A hat sich am 30.04.01 einen Schreibtisch zum Preis von 500 € gekauft. Dieser hat eine Nutzungsdauer von 5 Jahren.
>
> A kann im Jahr 01 (500 € : 5 Jahre × 9/12 =) 75 € AfA gem. § 9 Abs. 1 Satz 3 Nr. 7 Satz 1 i. V. m. § 7 Abs. 1 Satz 1, 2 und 4 EStG als Werbungskosten abziehen. Die restlichen 425 € werden in den Jahren 02 bis 05 jeweils mit den vollen 100 € und im Jahr

---
[1] BFH, BStBl 1994 II S. 256 und 1995 II S. 744.
[2] Vgl. BFH, BStBl 1993 II S. 519.

06 mit (500 € : 5 Jahre × 3/12 =) 25 € berücksichtigt, d. h. mit Ablauf des Monats März 06 endet die im April 01 begonnene Nutzungsdauer von 5 Jahren.

Im Rahmen des § 9 Abs. 1 Satz 3 Nr. 7 EStG sind auch Absetzungen für außergewöhnliche technische oder wirtschaftliche Abnutzung (**AfaA**) gem. § 7 Abs. 1 Satz 7 EStG zulässig.[1] Die AfaA (z. B. bei Beschädigung oder Zerstörung) sind neben der gewöhnlichen Absetzung zusätzlich i. d. R. in dem Kalenderjahr als Werbungskosten zu berücksichtigen, in dem die Entwertung des Wirtschaftsguts eingetreten ist.[2]

Mangels Verweises in § 9 Abs. 1 Satz 3 Nr. 7 EStG ist eine **Teilwertabschreibung** bei Arbeitsmitteln nicht möglich. Eine solche kommt nur bei Wirtschaftsgütern des Betriebsvermögens in Betracht.

Bei der Anschaffung **geringwertiger Wirtschaftsgüter** (sog. GWG) ist nach § 9 Abs. 1 Satz 3 Nr. 6 Satz 2 i. V. m. Nr. 7 Satz 2 EStG die entsprechende Anwendung des § 6 Abs. 2 Satz 1 bis 3 EStG zugelassen. Danach können die Anschaffungs- oder Herstellungskosten von Arbeitsmitteln einschließlich der Umsatzsteuer im Jahr ihrer Verausgabung in voller Höhe als Werbungskosten abgesetzt werden, wenn sie **ausschließlich der Umsatzsteuer** für das einzelne Arbeitsmittel **410 Euro** (sofern Anschaffung nach dem 31.12.2017 erfolgt: 800 Euro; vgl. § 52 Abs. 12 Satz 3 EStG) nicht übersteigen.

Beispiel:
Arbeitnehmer A schafft sich einen Computer für berufliche Zwecke zum Preis von 487,90 € (= 410 € Nettopreis + 77,90 € Umsatzsteuer) an.
A kann die Anschaffungskosten von 487,90 € für dieses Arbeitsmittel sofort in voller Höhe als Werbungskosten absetzen, da sie 410 € ausschließlich Umsatzsteuer nicht übersteigen.

Anschaffungskosten, die zeitanteilig auf die Nutzungsdauer des Wirtschaftsguts zu verteilen sind oder sofort als Werbungskosten abgesetzt werden können, sind alle Aufwendungen, die der Arbeitnehmer erbringen muss, um das Wirtschaftsgut für seine Zwecke gebrauchsfertig zu erhalten. Zu den Anschaffungskosten gehören daher neben dem Kaufpreis für das Wirtschaftsgut auch die ggf. anfallenden Anschaffungsnebenkosten wie Fracht- und Versandkosten, Anschlusskosten usw. Demgegenüber mindern Rabatte, Skonti usw. die Anschaffungskosten.

Werden Wirtschaftsgüter zunächst für eine private Nutzung angeschafft und erst später einer beruflichen Nutzung zugeführt, können die Absetzungen für Abnutzung vom Zeitpunkt der beruflichen Nutzung an als Werbungskosten geltend gemacht werden. Das gilt auch für Wirtschaftsgüter, die der Arbeitnehmer geschenkt bekommen hat. Die Anschaffungskosten sind in diesem Fall auf die Gesamtnutzungsdauer einschließlich der Zeit der privaten Nutzung zu verteilen. Als Werbungskosten

---
1 BFH, BStBl 2013 II S. 171.
2 BFH, BStBl 1969 II S. 160.

14.3 Einzelne Arten von Werbungskosten

(AfA) ist nur der Teil der Anschaffungskosten abziehbar, der auf die Zeit der beruflichen Nutzung entfällt. Der auf den Zeitraum vor der Verwendung als Arbeitsmittel entfallende Teil der Anschaffungskosten des Wirtschaftsguts (**fiktive AfA**) gilt als abgesetzt und ist daher „verloren" (dazu H 9.12 „Absetzung für Abnutzung" LStH).

> **Beispiel:**
> A hat sich im Januar 01 für 1.500 € einen Schreibtisch mit einer Gesamtnutzungsdauer von 5 Jahren gekauft, den er bis einschließlich Dezember 02 privat nutzt. Ab Januar 03 richtet er sich ein steuerlich anzuerkennendes häusliches Arbeitszimmer ein, in das er den Schreibtisch stellt.
>
> Von der 5-jährigen Gesamtnutzungsdauer entfallen 2 Jahre auf die private und 3 Jahre auf die berufliche Nutzung. A kann mithin in den Jahren 03 bis 05 jährlich 300 € als Werbungskosten gem. § 9 Abs. 1 Satz 3 Nr. 7 Satz 1 i. V. m. § 7 Abs. 1 Satz 1 und 2 EStG geltend machen.

Entfällt nach der o. g. Umwidmung auf die Zeit der beruflichen Nutzung nur noch ein Anteil an den Anschaffungskosten, der den Betrag von 410 Euro nicht übersteigt, kann dieser Anteil sofort als Werbungskosten geltend gemacht werden (H 9.12 „Absetzung für Abnutzung" LStH).

Ein bei der **Veräußerung eines Arbeitsmittels** entstehender etwaiger Veräußerungsgewinn ist einkommensteuerlich unbeachtlich, es sei denn, es würde ein Veräußerungsgewinn i. S. von § 23 Abs. 1 Satz 1 Nr. 2 EStG realisiert.

14.3.7 Aus- und Fortbildungskosten

14.3.7.1 Ausbildung

14.3.7.1.1 Überblick über die Rechtsentwicklung

Die Frage der steuerlichen Berücksichtigung von Berufsausbildungskosten ist seit Ende 2002 strittig. Bis dahin ordnete der BFH derartige Aufwendungen den Kosten der privaten Lebensführung (§ 12 Nr. 1 EStG) zu.[1] Ende 2002 änderte der BFH seine Rechtsprechung und entschied, dass Aufwendungen für eine erstmalige Berufsausbildung als vorweggenommene Werbungskosten abzugsfähig sind, wenn sie in einem konkreten, objektiv feststellbaren Zusammenhang mit (später) steuerbaren Einnahmen stehen.[2] Der Gesetzgeber fürchtete durch das Ansammeln von Verlustvorträgen während der Studienzeit, die sich dann bei der Aufnahme der ersten einkommensteuerlich relevanten Berufstätigkeit steuermindernd auswirken würden, erhebliche Steuerausfälle und reagierte mit der Einfügung des § 12 Nr. 5 EStG a. F. ab VZ 2004. Nach dieser Vorschrift gehörten Aufwendungen des Stpfl. für seine erstmalige Berufsausbildung oder für ein Erststudium, das zugleich eine Erstausbildung vermittelt, wenn diese Berufsausbildung oder dieses Erststudium nicht im Rahmen eines Dienstverhältnisses stattfinden, zu den nichtabzugsfähigen Aus-

---

[1] Z. B. BFH, BStBl 1993 II S. 115.
[2] Vgl. BFH, BStBl 2003 II S. 403 sowie S. 407.

gaben (§ 12 Nr. 1 EStG). Gleichzeitig wurde in § 10 Abs. 1 Nr. 7 EStG der Sonderausgabenabzug für derartige Aufwendungen auf 4.000 Euro begrenzt. Aus Sicht des Gesetzgebers ist die Qualifizierung als Sonderausgabe vorteilhaft, da sich der Sonderausgabenabzug auf einen eventuell vorzunehmenden Verlustvortrag nicht auswirkt.

Trotz dieses Abzugsverbots erkannte der BFH die Kosten einer Erstausbildung[1] und eines Erststudiums[2] (weiterhin) als vorab entstandene Werbungskosten an, weil § 12 Nr. 5 EStG a. F. ebenso wie § 10 Abs. 1 Nr. 7 EStG den Vorrang des Werbungskostenabzugs unberührt lasse. Der Gesetzgeber reagierte erneut und fügte § 4 Abs. 9 und § 9 Abs. 6 ins EStG ein, wonach Aufwendungen des Stpfl. für seine erstmalige Berufsausbildung oder für ein Erststudium, das zugleich eine Erstausbildung vermittelt, rückwirkend ab VZ 2004 keine Werbungskosten bzw. Betriebsausgaben sind, wenn diese Berufsausbildung oder dieses Erststudium nicht im Rahmen eines Dienstverhältnisses stattfinden. Gleichzeitig wurde der Sonderausgabenabzug ab VZ 2012 von 4.000 Euro auf 6.000 Euro erhöht. Der BFH (VI. Senat) hat nunmehr in mehreren Verfahren das BVerfG angerufen und ihm die Frage vorgelegt, ob der Ausschluss des Werbungskostenabzugs für Berufsausbildungskosten verfassungswidrig ist.[3]

Mit Wirkung ab VZ 2015 wurde § 12 Nr. 5 EStG a. F. aufgehoben und § 9 Abs. 6 EStG neu gefasst. Seit VZ 2015 sind Aufwendungen des Stpfl. für seine Berufsausbildung oder für sein Studium nur dann Werbungskosten, wenn der Stpfl. zuvor bereits eine Erstausbildung (Berufsausbildung oder Studium) abgeschlossen hat oder wenn diese Berufsausbildung oder das Studium im Rahmen eines Dienstverhältnisses stattfinden (§ 9 Abs. 6 Satz 1 EStG). Von einer Entscheidung des BVerfG dürfte aufgrund der nahezu unveränderten Rechtslage auch § 9 Abs. 6 EStG n. F. betroffen sein. Die Festsetzung der Einkommensteuer ergeht seit VZ 2004 vorläufig gem. § 165 Abs. 1 Satz 2 Nr. 3 AO.[4]

Strittig ist auch, was unter einer **„erstmaligen Berufsausübung"**, die bei einem folgenden Zweitstudium oder einer folgenden weiteren Ausbildung zum Werbungskostenabzug berechtigt, zu verstehen ist. Im Gegensatz zur Finanzverwaltung[5] hielt der BFH (VI. Senat) hierfür weder einen geordneten Ausbildungsgang noch eine bestimmte Ausbildungsdauer oder einen formalen Abschluss für erforderlich.[6] Der Gesetzgeber hat auf diese Rechtsprechung reagiert und verlangt ab VZ 2015 gem. § 9 Abs. 6 Satz 2 EStG für eine Berufsausbildung als Erstausbildung grundsätzlich eine geordnete Ausbildung mit einer Mindestdauer von 12 Monaten bei vollzeitiger

---
1 BFH, BStBl 2012 II S. 553 und 561.
2 BFH, BStBl 2012 II S. 557.
3 BFH vom 17.07.2014 VI R 8/12 (BFHE 247 S. 64) und VI R 2/12 (BFHE 247 S. 25).
4 Vgl. BMF vom 20.01.2017 (BStBl 2017 I S. 66).
5 BMF vom 22.09.2010 (BStBl 2010 I S. 721), Rz. 4.
6 BFH vom 27.10.2011 VI R 52/10 (BStBl 2012 II S. 825) betreffend Rettungssanitäter und vom 28.02.2013 VI R 6/12 (BStBl 2015 II S. 180) betreffend Flugbegleiterin.

14.3 Einzelne Arten von Werbungskosten

Ausbildung und einer Abschlussprüfung (zu den einzelnen Ausnahmen hiervon vgl. § 9 Abs. 6 Satz 3 ff. EStG).

14.3.7.1.2 Die gesetzliche Regelung seit VZ 2015

Gemäß § 9 Abs. 6 EStG in der ab VZ 2015 geltenden Fassung sind folgende Konstellationen denkbar:

- Handelt es sich um ein Erststudium oder eine erstmalige Berufsausbildung, muss danach differenziert werden, ob dieses Studium oder die Ausbildung **im Rahmen eines Dienstverhältnisses** (§ 1 Abs. 2 LStDV) erfolgt. Ist dies der Fall (z. B. ein duales Studium an einer Dualen Hochschule, Berufsakademie usw.), können die beruflich veranlassten Aufwendungen als Werbungskosten abgezogen werden. Liegt dagegen kein Dienstverhältnis vor, sind die Aufwendungen lediglich als Sonderausgaben i. S. des § 10 Abs. 1 Nr. 7 EStG bis zu 6.000 Euro im Kalenderjahr abziehbar.

- Hat der Stpfl. ein **Erststudium und/oder** eine erstmalige **Berufsausbildung abgeschlossen** und nimmt er ein weiteres Studium bzw. eine weitere Berufsausbildung auf, kommt es für die Frage der Abzugsfähigkeit der Aufwendungen nur noch auf den beruflichen Veranlassungszusammenhang an. Ist dieser gegeben – d. h., es liegt ein konkreter, objektiv feststellbarer Zusammenhang mit späteren steuerpflichtigen Einnahmen vor –, sind die Aufwendungen als Werbungskosten abzugsfähig. Ist dieser Zusammenhang nicht gegeben, sind Aufwendungen für das weitere Studium bzw. die weitere Berufsausbildung als Sonderausgaben gem. § 10 Abs. 1 Nr. 7 EStG abzugsfähig.

- Aufwendungen für **Umschulungsmaßnahmen**, die einen Berufswechsel vorbereiten, können bei einem vorliegendem Veranlassungszusammenhang als Werbungskosten abgezogen werden (R 9.2 Abs. 2 Satz 3 LStR).

Hieraus ergibt sich Folgendes:

Aufwendungen im Zusammenhang mit dem Besuch einer **allgemeinbildenden Schule** stellen regelmäßig keine Werbungskosten dar (H 9.2 „Allgemein bildende Schulen" LStH).[1]

Kosten im Zusammenhang mit einem **Ausbildungsdienstverhältnis** sind wie bisher als Werbungskosten abzugsfähig, da sie in unmittelbarem Zusammenhang mit Einnahmen stehen, z. B. bei einem Referendariat zur Vorbereitung auf das zweite Staatsexamen oder bei Beamtenanwärtern (vgl. H 9.2 „Ausbildungsdienstverhältnis" LStH).

Aufwendungen für ein **Promotionsstudium** und die Promotion selbst sind als Betriebsausgaben bzw. Werbungskosten abzugsfähig, sofern ein erwerbsbedingter Veranlassungszusammenhang gegeben ist und dem Promotionsstudium/der Pro-

---

[1] Vgl. auch BMF vom 22.09.2010 (BStBl 2010 I S. 721), Rz. 7.

motion ein abgeschlossenes Studium vorangeht, wovon i. d. R. auszugehen ist.[1]
Kosten für ein **Zweitstudium** sind i. d. R. Werbungskosten, wenn sie im Zusammenhang mit einer gegenwärtigen oder zukünftigen Berufsausübung stehen. So führt ein **Masterstudiengang** grundsätzlich zum Werbungskostenabzug, wenn ein abgeschlossenes (Bachelor-)Hochschulstudium Zulassungsvoraussetzung ist, was i. d. R. der Fall ist.[2] Wird hingegen ein Masterstudiengang besucht, der zeitlich und inhaltlich auf den vorangegangenen Bachelorstudiengang abgestimmt ist – also auf ihm aufbaut –, ist er Teil der Erstausbildung (sog. konsekutiver Masterstudiengang)[3].

Ebenso sind Kosten für ein postgraduales **Zusatz-, Ergänzungs- und Aufbaustudium** i. d. R. als Werbungskosten abzugsfähig, auch wenn sie den Wechsel in eine neue Berufsart ermöglichen sollen.[4]

Aufwendungen für eine **Umschulungsmaßnahme** als Grundlage für eine neue Berufs- oder Erwerbsart sind als vorweggenommene Werbungskosten abzugsfähig (z. B. Umschulung von einer Industriekauffrau zur Fahrlehrerin). Der Veranlassungszusammenhang zur Einnahmeerzielungsabsicht wird bejaht, wenn ein objektiv feststellbarer Zusammenhang mit späteren Einnahmen besteht.

14.3.7.2 Fortbildung

Aufwendungen für die Fortbildung in einem erlernten Beruf können bei einem vorliegenden Veranlassungszusammenhang als Werbungskosten abgezogen werden (R 9.2 Abs. 2 Satz 3 LStR). Daher sind z. B. Aufwendungen einer leitenden Redakteurin zur **Verbesserung** ihrer beruflichen **Kommunikationsfähigkeiten** Werbungskosten (H 9.2 „Fortbildung" LStH).

14.3.7.2.1 Studienreisen

Abzugsfähige Fortbildungskosten können ferner die Aufwendungen eines Arbeitnehmers für eine Studienreise sein, wenn bzw. soweit die Reise beruflich veranlasst ist. Bei einer **gemischt veranlassten Reise** ist eine Aufteilung in einen als Werbungskosten abziehbaren Teil und in einen als Kosten der privaten Lebensführung nicht abziehbaren Teil möglich, soweit die beruflichen und privaten Veranlassungsbeiträge voneinander abgrenzbar sind.[5] Dies erfolgt nach Maßgabe der beruflich und privaten veranlassten Zeitanteile, sofern die beruflich veranlassten Zeitanteile feststehen und nicht von untergeordneter Bedeutung sind. Im Einzelfall kann es jedoch geboten sein, einen anderen Aufteilungsmaßstab anzuwenden bzw. gänzlich von einer Aufteilung abzusehen (vgl. dazu Tz. 14.1.3.2).

---

1 BMF vom 22.09.2010 (BStBl 2010 I S. 721), Rz. 26.
2 BMF vom 22.09.2010 (BStBl 2010 I S. 721), Rz. 24.
3 Vgl. dazu BMF vom 08.02.2016 (BStBl 2016 I S. 226), Rz. 19.
4 BMF vom 22.09.2010 (BStBl 2010 I S. 721), Rz. 22.
5 Vgl. BMF vom 06.07.2010 (BStBl 2010 I S. 614), Rz. 18.

14.3 Einzelne Arten von Werbungskosten

Zunächst ist zu klären, ob und inwieweit die Reise **beruflich veranlasst** ist – die Verfolgung privater Interessen (z. B. Erholung, Bildung) nach dem Anlass der Reise, dem vorgesehenen Programm und der tatsächlichen Durchführung also nahezu ausgeschlossen ist (H 12.2 „Allgemeines EStH)[1]. Das gilt insbesondere für sog. **Auslandsgruppenreisen.**[2] Die berufliche (Mit-)Veranlassung ist anhand der Gesamtumstände des Einzelfalls zu ermitteln.[2] Ein nur allgemeinberufliches Interesse reicht dafür nicht aus. Vielmehr sollte das Reiseprogramm auf die **besonderen beruflichen Bedürfnisse** des Arbeitnehmers zugeschnitten sein, wofür ein **homogener Teilnehmerkreis** ein Indiz ist.[3] Das berufsbezogene Reiseprogramm muss straff **durchorganisiert** sein und den Arbeitnehmer **zur Teilnahme verpflichten.**[4]

So hat der BFH den Fortbildungscharakter einer Gruppenreise abgelehnt, die Richter und Staatsanwälte nach Japan unternommen haben, um dort Gerichte und juristische Fakultäten zu besuchen. Für die richterliche und staatsanwaltliche Tätigkeit in Deutschland sei eine Kenntnis des japanischen Rechts und der Gerichtsorganisation i. d. R. nicht notwendig.[5] Die berufliche Veranlassung wurde ebenfalls verneint bei einer Saharareise eines Geographie-Professors,[6] bei einer Ungarnreise eines Geographie-Professors ohne entsprechenden Forschungsauftrag oder entsprechende Vorlesungen,[7] bei einer Türkeireise einer türkische Kinder unterrichtenden Lehrerin[8] oder einer Polenreise eines Rechtsreferendars[9].

Werden anlässlich einer privaten oder als privat anzusehenden Reise einzelne Fortbildungsveranstaltungen besucht (z. B. Bildungsreise eines Lehrers in die USA, wo er an einigen Fachveranstaltungen an Schulen teilnimmt), können die durch den Besuch der Fortbildungsveranstaltungen entstandenen Aufwendungen aber als Werbungskosten anerkannt werden.[10]

14.3.7.2.2 Sprachkurse

Aufwendungen für **Sprachkurse im Inland** sind als Werbungskosten abzugsfähig, wenn ein konkreter beruflicher Anlass für das Erlernen der Sprache besteht.[11] Dies kann sogar schon gegeben sein, wenn die Fremdsprachenkenntnisse erst für die nächste Stufe der angestrebten beruflichen Tätigkeit erforderlich sind.[12] Der Besuch eines **Deutschkurses durch einen ausländischen Arbeitnehmer** für das Erlernen

---

1 Vgl. BMF vom 06.07.2010 (BStBl 2010 I S. 614), Rz. 18.
2 Vgl. dazu OFD Frankfurt vom 13.04.2012 (IStR 2012 S. 729), Tz. 1.
3 Vgl. dazu OFD Frankfurt vom 13.04.2012 (IStR 2012 S. 729), Tz. 2.1 f.
4 Vgl. dazu OFD Frankfurt vom 13.04.2012 (IStR 2012 S. 729), Tz. 2.3.
5 BFH, BStBl 1993 II S. 612.
6 BFH, BStBl 1982 II S. 69.
7 BFH, BStBl 1991 II S. 575.
8 BFH vom 08.07.1988 VI R 118/86 (BFH/NV 1989 S. 93).
9 BFH vom 07.09.1990 VI R 110/87 (BFH/NV 1991 S. 232).
10 BFH, BStBl 1975 II S. 70.
11 BFH, BStBl 2002 II S. 579.
12 BFH, BStBl 2002 II S. 579.

der deutschen Sprache zählt regelmäßig zu den Kosten der privaten Lebensführung, selbst wenn ausreichende Deutschkenntnisse für einen angestrebten Ausbildungsplatz förderlich sind.[1]

Sprachkurse im Ausland sind nur dann als Fortbildungsveranstaltungen anzusehen, wenn sie in entsprechender schulartiger Form durchgeführt werden und der Arbeitnehmer damit nicht gleichzeitig einen ausländischen Erholungs- oder Urlaubsaufenthalt verbindet.[2] So ist der Sprachkurs einer Hotelsekretärin vom BFH als Fortbildungsmaßnahme anerkannt worden, weil in diesem Beruf Fremdsprachen eine notwendige Voraussetzung für die Ausübung sind.[3] Das gilt in gleicher Weise für den Sprachkurs einer Flugbegleiterin, insbesondere wenn der erfolgreiche Besuch des Sprachkurses mit einer Gehaltserhöhung verbunden ist.[4] Der Abzug von Aufwendungen für einen Sprachkurs kann nicht deswegen abgelehnt werden, weil er in einem anderen Mitgliedstaat der Europäischen Union, des Europäischen Wirtschaftsraums oder in der Schweiz stattgefunden hat. Erforderlich ist insoweit eine Gleichbehandlung mit Inlandsreisen (H 9.2 „Fremdsprachenunterricht" LStH)[5].

Aufwendungen zum Erlernen von **Grundkenntnissen in einer gängigen Fremdsprache** (z. B. Englisch oder Französisch) sind dagegen regelmäßig keine Fortbildungskosten,[6] es sei denn, diese reichen für die berufliche Tätigkeit aus. Dabei kann der Ort, an dem der Sprachkurs durchgeführt wird, ein Indiz für eine private Mitveranlassung sein (H 9.2 „Fremdsprachenunterricht" LStH).

14.3.7.2.3 Sportkurse

Sportkurse sind in aller Regel Veranstaltungen, die aus privaten Gründen besucht werden, sodass die Aufwendungen hierfür nach § 12 Nr. 1 EStG nicht abzugsfähig sind. Nur ausnahmsweise und unter eng begrenzten Voraussetzungen kann ein Sportkurs, insbesondere wenn mit seinem erfolgreichen Besuch der Erwerb einer besonderen Qualifikation verbunden ist, als Fortbildungsveranstaltung im steuerlichen Sinne anerkannt werden (z. B. Lehrgang zum Erwerb einer Schulskileiter-Lizenz,[7] Skilehrgang zur Erlangung der Zusatzqualifikation als Sportarzt[8]). Voraussetzung für den Abzug der Aufwendungen für einen solchen Sportlehrgang als Werbungskosten ist u. a., dass der Arbeitnehmer diese Sportart auch tatsächlich unterrichtet[9], die betreffende Sportart in ihren Grundzügen bereits ausübt (z. B.

---
1 BFH, BStBl 2007 II S. 814.
2 BFH, BStBl 1980 II S. 746.
3 BFH, BStBl 1979 II S. 114.
4 FG des Saarlandes, EFG 1991 S. 725.
5 Siehe auch BMF vom 26.09.2003 (BStBl 2003 I S. 447).
6 BFH, BStBl 1993 II S. 787.
7 BFH, BStBl 1989 II S. 91.
8 BFH, BStBl 1990 II S. 134.
9 BFH vom 26.08.1988 VI R 72/87 und VI R 76/87 (BFH/NV 1989 S. 292).

Beherrschen des Skilaufens[1]), an dem Lehrgang nur Personen teilnehmen, die die Qualifikation erwerben wollen,[2] und dass der Lehrgang auch tatsächlich entsprechend dem Lehrgangsziel ausgerichtet und durchgeführt wird[3].

14.3.7.2.4 Umfang der abzugsfähigen Aufwendungen

Liegt eine Fortbildungsmaßnahme vor, sind diejenigen Aufwendungen als Werbungskosten abzugsfähig, die hierfür notwendig sind. Dies sind insbesondere die Gebühren für die Fortbildungsmaßnahme, die Kosten für die den Lehrstoff betreffende Literatur, Prüfungsgebühren und Aufwendungen für Fahrten zwischen Wohnung und Bildungseinrichtung. Da die auswärtige Bildungseinrichtung i. d. R. erste Tätigkeitsstätte wird, können gem. § 9 Abs. 4 Satz 8 EStG neben der Entfernungspauschale (§ 9 Abs. 1 Satz 3 Nr. 4 EStG) notwendige Mehraufwendungen wegen einer beruflich veranlassten doppelten Haushaltsführung (§ 9 Abs. 1 Satz 3 Nr. 5 EStG) sowie Mehraufwendungen für Verpflegung (§ 9 Abs. 4a EStG) angesetzt werden.

Erhält der Arbeitnehmer für die von ihm besuchten Fortbildungsveranstaltungen **Leistungen der Arbeitsförderung** nach dem **SGB III** oder nach dem **BAföG**, entfällt **insoweit** der Abzug der entstandenen Fortbildungskosten als Werbungskosten gem. § 9 Abs. 1 EStG. Da die Leistungen nach dem SGB III gem. § 3 Nr. 2 EStG und die nach dem BAföG gem. § 3 Nr. 11 EStG steuerfrei sind, dürfen die insoweit in unmittelbarem wirtschaftlichem Zusammenhang stehenden Ausgaben nach § 3c Abs. 1 EStG nicht als Werbungskosten abgezogen werden. Dieses Abzugsverbot gilt auch dann, wenn die steuerfreien Leistungen nach dem SGB III oder dem BAföG erst in dem auf das Entstehungsjahr der Fortbildungskosten folgenden Kalenderjahr gewährt werden. Denn das Abzugsverbot des § 3c Abs. 1 EStG geht dem in § 11 EStG enthaltenen Prinzip zur Zuordnung von Einnahmen und Ausgaben vor.

Nicht in einem unmittelbaren wirtschaftlichen Zusammenhang mit den Fortbildungskosten stehen aber Leistungen, die dem Arbeitnehmer zur Bestreitung seines Lebensunterhalts und des Lebensunterhalts der von ihm zu unterhaltenden Familienangehörigen gewährt werden (z. B. Unterhaltsgeld). Derartige **Unterhaltsgelder** sind deshalb nicht gem. § 3c Abs. 1 EStG bei den als Werbungskosten abziehbaren Fortbildungskosten anzurechnen.[4]

Beispiel:
A war als Angestellter tätig. Ihm war betriebsbedingt gekündigt worden. Um seine Chancen auf einen neuen Arbeitsplatz zu verbessern, besucht A einen Fortbildungskurs der Angestelltenkammer zwecks Erlangung der Qualifikation „Personalsachbearbeiter mit EDV-Kenntnissen". Die Kursgebühren betragen insgesamt 2.400 €, zu

---
1 BFH vom 26.08.1988 VI R 80/87 (BFH/NV 1989 S. 293).
2 BFH vom 26.08.1988 VI R 158/87 (BFH/NV 1989 S. 221).
3 Vgl. die vom BFH, BStBl 1989 II S. 91, im Einzelnen aufgestellten Kriterien.
4 BFH, BStBl 1977 II S. 507.

denen er aus öffentlichen Mitteln von der Agentur für Arbeit eine Beihilfe von 1.200 € erhält. Außerdem erhält A Arbeitslosengeld.
A kann als Werbungskosten für den Besuch der Fortbildungsmaßnahme 2.400 € ./. 1.200 € = 1.200 € geltend machen. Das Arbeitslosengeld ist nicht anzurechnen.

14.3.8 Umzugskosten

Kosten für die Wohnung und damit auch die Aufwendungen für den Bezug einer Wohnung gehören grundsätzlich zu den nach § 12 Nr. 1 EStG nichtabzugsfähigen Lebensführungskosten. Ist der Umzug in eine neue Wohnung jedoch durch die berufliche Tätigkeit des Arbeitnehmers veranlasst, dann sind die Aufwendungen hierfür Werbungskosten (R 9.9 Abs. 1 LStR; vgl. auch die Ausführungen zur Umzugskostenvergütung bei Tz. 13.4.4). Dies ist in aller Regel der Fall, wenn der Arbeitnehmer seine Wohnung wechselt, weil er **an einem anderen Ort als dem bisherigen Wohnort beruflich tätig wird** (vgl. H 9.9 „Berufliche Veranlassung" LStH). Dabei ist es unschädlich, wenn der Wohnungswechsel erst mehrere Jahre nach Arbeitsantritt an der ersten Tätigkeitsstätte durchgeführt wird.[1] In einem solchen Fall wird der Werbungskostenabzug nicht dadurch unzulässig, dass der Arbeitnehmer an der neuen ersten Tätigkeitsstätte eine Eigentumswohnung oder ein eigenes Haus bezieht.[2]

Zweifelhaft ist, ob ein Umzug auch dann beruflich veranlasst ist, wenn der Arbeitnehmer ihn vornimmt, **ohne** dass ein **Arbeitsplatzwechsel** vorliegt. Hier nimmt die Rechtsprechung an, dass eine berufliche Veranlassung dann gegeben ist, wenn die neue Wohnung bezogen wird, um die Entfernung zur ersten Tätigkeitsstätte erheblich zu verkürzen (vgl. dazu H 9.9 „Berufliche Veranlassung" LStH). Eine solche **erhebliche Fahrzeitverkürzung** liegt vor, wenn sich die Dauer der täglichen Hin- und Rückfahrt insgesamt wenigstens zeitweise um mindestens eine Stunde ermäßigt (H 9.9 „Erhebliche Fahrzeitverkürzung" LStH). Muss der Arbeitnehmer den Weg zwischen Wohnung und erster Tätigkeitsstätte mehrmals am selben Tag zurücklegen, z. B. um in den Abendstunden zu Besprechungen zur Verfügung zu stehen, sind für die Berechnung der Ersparnis auch diese Fahrten zu berücksichtigen.[3] Die grundsätzlich erforderliche erhebliche Fahrzeitverkürzung kann in Ausnahmefällen entbehrlich sein, wenn die erste Tätigkeitsstätte nach dem Umzug fußläufig ohne Nutzung von Verkehrsmitteln erreichbar ist.[4] Für die Annahme der beruflichen Veranlassung soll nämlich auch der wegfallende Stress durch Nutzung öffentlicher Verkehrsmittel mit viel Gepäck zu berücksichtigen sein.[5]

---

1 BFH, BStBl 1989 II S. 917 (betreffend Umzug an Beschäftigungsort nach zehnjähriger doppelter Haushaltsführung).
2 BFH, BStBl 1987 II S. 81; FG Rheinland-Pfalz, EFG 1983 S. 111; FG Baden-Württemberg, EFG 1985 S. 444.
3 BFH, BStBl 1983 II S. 16.
4 BFH vom 02.02.2000 X B 80/90 (BFH/NV 2000 S. 945).
5 FG Köln, EFG 2016 S. 991.

14.3 Einzelne Arten von Werbungskosten

Bei einem beruflich veranlassten Umzug soll der Bezug eines Eigenheims (Eigentumswohnung) unschädlich sein, wenn der Arbeitnehmer voraussichtlich – bei Nichtbezug des Eigenheims – in dieselbe oder in eine nach Lage und Ausstattung ähnliche Wohnung gezogen wäre.[1] Bei **Ehegatten,** die beide berufstätig sind, sind die Umzugskosten insgesamt als Werbungskosten abzugsfähig, wenn mindestens bei einem von ihnen eine Zeitersparnis von einer Stunde eintritt.[2] Allerdings erfolgt weder eine Zusammenrechnung der bei den beiden berufstätigen Ehegatten eingetretenen Zeitersparnis noch eine Saldierung (H 9.9 „Erhebliche Fahrtzeitverkürzung" LStH). Nach Auffassung des BFH sind bei einer arbeitstäglichen Fahrtzeitverkürzung von mindestens einer Stunde private Gründe für den Umzug wie z. B. ein erhöhter Wohnbedarf wegen der Geburt eines Kindes unbeachtlich (vgl. H 9.9 „Erhebliche Fahrtzeitverkürzung" LStH).

Ein beruflich veranlasster Umzug ohne Arbeitsplatzwechsel liegt ferner vor, wenn der Arbeitnehmer im **ganz überwiegend betrieblichen Interesse des Arbeitgebers** den Umzug durchführt, insbesondere beim Beziehen oder Räumen einer Dienstwohnung auf Veranlassung des Arbeitgebers (H 9.9 „Berufliche Veranlassung" LStH).

Ist der Umzug beruflich veranlasst, sind die Umzugskosten anlässlich der Begründung, Beendigung oder des Wechsels einer **doppelten Haushaltsführung** grundsätzlich notwendige Mehraufwendungen im Rahmen der doppelten Haushaltsführung gem. § 9 Abs. 1 Satz 3 Nr. 5 EStG. Nach R 9.11 Abs. 9 Satz 2 LStR ist allerdings ein Einzelnachweis der Umzugskosten erforderlich, weil keine Pauschvergütung für sonstige Umzugskosten gem. § 10 BUKG möglich ist.

Bei einem beruflich veranlassten Umzug werden nach R 9.9 Abs. 2 Satz 1 LStR und H 9.9 „Höhe der Umzugskosten" LStH die Umzugskosten bis zur **Höhe** der Beträge anerkannt, die ein vergleichbarer Bundesbeamter bei Versetzung aus dienstlichen Gründen erhalten würde, mit Ausnahme der Pauschalen nach §§ 19, 21 AUV (Aufwendungen für die Ausstattung der neuen Wohnung und für klimabedingte Kleidung) und der Auslagen für die Anschaffung einer eigenen Wohnung nach § 9 Abs. 1 BUKG (Maklergebühren etc.). Werden die nach dem BUKG und der AUV festgesetzten Grenzen eingehalten, ist nach R 9.9 Abs. 2 Satz 2 LStR bei einem beruflich veranlassten Umzug nicht zu prüfen, ob die Umzugskosten Werbungskosten darstellen.

Nach § 5 Abs. 1 BUKG können unter anderem folgende Aufwendungen als Werbungskosten berücksichtigt werden:
- notwendige Auslagen für das **Befördern des Umzugsguts** von der bisherigen zur neuen Wohnung (§ 6 BUKG)
- Auslagen für die beim Umzug anfallenden **Reisekosten** des Arbeitnehmers und seiner zur häuslichen Gemeinschaft gehörenden Personen, wie z. B. Fahrtkosten,

---
[1] BFH, BStBl 1992 II S. 494.
[2] BFH vom 21.02.2006 IX R 79/01 (BStBl 2006 II S. 598) und vom 23.05.2006 VI R 56/02 (BFH/NV 2006 S. 1650).

14 Werbungskosten

Verpflegungsmehraufwand (§ 9 Abs. 4a EStG) und unter Umständen Übernachtungskosten nach den Grundsätzen der Dienstreise, sowie – in eingeschränktem Umfang – Reisekosten für die Besichtigung oder das Suchen der neuen Wohnung (§ 7 BUKG)
- **Mietentschädigungen** für die alte Wohnung, längstens jedoch für 6 Monate, sowie Mietentschädigungen für die neue Wohnung, längstens jedoch für 3 Monate (§ 8 BUKG)
- andere Auslagen, wie z. B. **Maklergebühren** für die Vermittlung der neuen **Mietwohnung** (R 9.9. Abs. 2 Satz 1 LStR) oder Kosten für den umzugsbedingten zusätzlichen **Unterricht für die Kinder**, allerdings nur im Rahmen eines Höchstbetrags (§ 9 BUKG).
  Der Höchstbetrag für zusätzlichen Unterricht für ein Kind beträgt bei Beendigung des Umzugs ab 01.03.2014 1.802 Euro und ab 01.03.2015 1.841 Euro[1] sowie ab 01.03.2016 1.882 Euro und ab 01.02.2017 1.926 Euro[2].
- die **Pauschvergütung für sonstige Umzugsauslagen,** da durch die vorgenannten Auslagen nicht alle Umzugskosten wie z. B. Anmeldungen oder Abmeldungen abgedeckt werden (§ 10 BUKG). Die Pauschale beträgt bei Verheirateten bei Beendigung des Umzugs ab 01.03.2014 1.429 Euro, ab 01.03.2015 1.460 Euro[1], ab 01.03.2016 1.493 Euro und ab 01.02.2017 1.528 Euro[2]. Bei Ledigen beträgt die Pauschale bei Beendigung des Umzugs ab 01.03.2014 715 Euro, ab 01.03.2015 730 Euro[1], ab 01.03.2016 746 Euro und ab 01.02.2017 764 Euro[2]. Der jeweilige Pauschbetrag erhöht sich bei Berücksichtigung weiterer Personen, insbesondere Kinder (vgl. dazu die entsprechenden BMF-Schreiben).
  Anstelle dieser Pauschalvergütung für sonstige Umzugsauslagen kann der Arbeitnehmer die **höheren nachgewiesenen sonstigen Umzugsauslagen** geltend machen (R 9.9 Abs. 2 Satz 4 LStR). Dies gilt insbesondere bei einem Umzug anlässlich der Begründung, der Beendigung oder des Wechsels einer doppelten Haushaltsführung, da in diesem Fall die Pauschalvergütung generell nicht zum Ansatz kommt (R 9.11 Abs. 9 Satz 1 f. LStR).

Dem Arbeitnehmer bleibt es unbenommen, **höhere Umzugskosten,** die die Pauschalbeträge verdrängen, im Einzelnen **nachzuweisen.** Bei einem Einzelnachweis ist von der Finanzverwaltung zu prüfen, ob und inwieweit die Aufwendungen Werbungskosten oder nichtabziehbare Kosten der Lebensführung sind, wie z. B. Aufwendungen für die Neuanschaffung von Einrichtungsgegenständen (R 9.9 Abs. 2 Satz 3 LStR).

Nicht zu den Umzugskosten gehören die bei einem Haus- oder Wohnungskauf angefallenen Maklerkosten. Diese sind vielmehr Teil der Anschaffungskosten des Hauses oder der Wohnung. Ein Abzug dieser Kosten ist auch insoweit nicht möglich, als sie bei der Vermittlung einer vergleichbaren Mietwohnung angefallen wären (H 9.9 „Höhe der Umzugskosten" LStH).

Ebenfalls nicht zu den Umzugskosten gehören Aufwendungen für die Ausstattung der neuen Wohnung, z. B. Renovierungskosten der neuen Wohnung sowie Abstandszahlungen an den bisherigen Mieter der neuen Wohnung für übernommene Gegenstände, z. B. für Gardinen (H 9.9 „Höhe der Umzugskosten" LStH).

---
1 Siehe BMF vom 06.10.2014 (BStBl 2014 I S. 1342).
2 Siehe BMF vom 18.10.2016 (BStBl 2016 I S. 1147).

14.3.9 Sonstige Werbungskosten

Außer den unter den vorangehenden Tz. 14.3.1 bis 14.3.8 gesondert behandelten Arten von Werbungskosten gibt es noch zahlreiche andere Aufwendungen, die bei beruflicher Veranlassung ggf. als Werbungskosten bei den Einkünften aus nichtselbständiger Arbeit abgezogen werden können. Im Folgenden sollen kurz einige der wichtigsten sonstigen Werbungskosten behandelt werden.

Bewirtungskosten

Eine **berufliche Veranlassung** von Bewirtungsaufwendungen liegt nur vor, wenn die Bewirtung durch die berufliche Tätigkeit des Arbeitnehmers veranlasst ist. Die Aufwendungen dürfen vom Arbeitgeber **nicht erstattet** werden. Eine Erstattung ist nicht gegeben, wenn der Arbeitgeber dem Arbeitnehmer eine monatliche Pauschale für Bewirtungsaufwendungen zahlt, da diese Pauschalzahlung als steuerpflichtiger Arbeitslohn zu behandeln ist.

Bei Bewirtungsaufwendungen eines Arbeitnehmers ist durch eine **Gesamtwürdigung** aller Umstände des **Einzelfalls** festzustellen, ob es sich um nichtabzugsfähige Repräsentationsaufwendungen gem. § 12 Nr. 1 Satz 2 EStG oder um zumindest teilweise abzugsfähige Werbungskosten handelt.[1] Dabei ist neben dem **Anlass** der Feier zu berücksichtigen, wer als Gastgeber auftritt und die Gästeliste bestimmt,[2] ob es sich bei den Gästen um Kollegen, Mitarbeiter etc. des Arbeitnehmers handelt, an welchem Ort und zu welcher Uhrzeit die Veranstaltung stattfindet, ob das Fest den Charakter vergleichbarer beruflich veranlasster Feiern hat, ob der finanzielle Rahmen der Aufwendungen mit einer betrieblichen Veranstaltung vergleichbar ist etc.[3] Die berufliche Veranlassung hat der Arbeitnehmer nachzuweisen.[4]

Kosten für die Bewirtung von **Geschäftsfreunden** des Arbeitgebers sind grundsätzlich Werbungskosten, weil sie i. d. R. durch berufliche Zwecke veranlasst sind. Eine erfolgsabhängige Entlohnung eines leitenden Arbeitnehmers spricht dabei als Indiz für die berufliche Veranlassung.[5]

Bei Veranstaltungen, die ein Arbeitnehmer **ausschließlich für Arbeitskollegen** ausrichtet, schließt ein privater Anlass wie z. B. der Geburtstag allein die berufliche Veranlassung folglich nicht (mehr[6]) aus. Lädt der Arbeitnehmer nur ausgesuchte

---
1 BMF vom 06.07.2010 (BStBl 2010 I S. 614), Rz. 5; zur Angemessenheit und zum Nachweis von Bewirtungsaufwendungen vgl. Tz. 14.4.3.
2 Richtet der Arbeitgeber einen Empfang anlässlich des runden Geburtstags eines Arbeitnehmers aus und handelt es sich dabei um ein Fest des Arbeitgebers, gehören übliche Sachleistungen für die Feier bis zu einer Freigrenze von 110 € nicht zum Arbeitslohn (R 19.3 Abs. 2 Nr. 4 LStR).
3 BFH vom 18.08.2016 VI R 52/15 (BFH/NV 2017 S. 151) betreffend Habilitationsfeier und vom 20.01.2016 VI R 24/15 (BStBl 2016 II S. 744) betreffend Feier eines Dienstjubiläums.
4 BFH vom 12.04.2007 VI R 77/04 (BFH/NV 2007 S. 1643).
5 BFH, BStBl 2009 II S. 11.
6 Anders die frühere Rechtsprechung (vgl. BFH, BStBl 1993 II S. S. 350 und 403; Hessisches FG, EFG 1997 S. 792).

Arbeitskollegen ein, liegt eine private Veranlassung nahe; wird die Einladung nach abstrakt-berufsbezogenen Kriterien ausgesprochen (alle Amtsangehörige, alle Mitglieder einer Abteilung etc.), spricht dies eher für eine berufliche Veranlassung.[1]

Daher wurden die Kosten eines angestellten Geschäftsführers mit variablem Gehalt für eine Feier anlässlich seines 25-jährigen Dienstjubiläums[2], für eine Geburtstagsfeier[3], für eine Betriebsweihnachtsfeier[4] oder für eine Abschiedsfeier eines Oberarztes[5], eines Brigadegenerals aus dem aktiven Dienst[6] oder eines leitenden Beamten[7] als Werbungskosten anerkannt.

Handelt es sich wegen der Teilnahme privater Gäste (Freunde und Bekannte des einladenden Arbeitnehmers) um eine **gemischt beruflich und privat veranlasste Feier**, sind die Aufwendungen nach Köpfen aufzuteilen.[8] Ob Aufwendungen für die Gäste aus dem beruflichen Umfeld (nahezu) ausschließlich beruflich veranlasst sind, liegt insbesondere dann nahe, wenn deren Einladung primär in dem beruflichen Ereignis gründet und nicht von privaten Neigungen bestimmt war.[9] Für die Aufteilung der Kosten ist auf die anwesenden und nicht auf die angemeldeten Teilnehmer abzustellen. Dies gilt auch dann, wenn die Zahl der angemeldeten Teilnehmer deutlich höher ist als die Zahl der anwesenden Teilnehmer.[10]

Bürgschaften

Wird der Arbeitnehmer aus einer zugunsten seines Arbeitgebers übernommenen Bürgschaft in Anspruch genommen, können die Aufwendungen Werbungskosten bei den Einkünften aus nichtselbständiger Arbeit sein, wenn sich der Arbeitnehmer zur Sicherung seines Arbeitsplatzes verbürgt hat.[11] Sie können dabei auch vorab entstandene Werbungskosten sein, wenn die Bürgschaft im Hinblick auf eine künftige Tätigkeit eingegangen worden ist und der Arbeitnehmer in Anspruch genommen wird.[12] Gleiches gilt beim Verlust einer zur Erlangung des Arbeitsplatzes hingegebenen **Kaution**.[13] Wird ein **Gesellschafter-Geschäftsführer** aus einer gegenüber der Kapitalgesellschaft übernommenen Bürgschaft in Anspruch genommen, spricht umso mehr für einen engeren Veranlassungszusammenhang zu den Einkünften aus

---

1 BFH vom 20.01.2016 VI R 24/15 (BStBl 2016 II S. 744) betreffend eine Feier am Vormittag anlässlich des 40-jährigen Dienstjubiläums im Sozialraum des Finanzamts.
2 BFH, BStBl 2007 II S. 459.
3 FG Rheinland-Pfalz vom 12.11.2015 – 6 K 1868/13 (Revision anhängig).
4 BFH vom 19.06.2008 VI R 12/07 (BFH/NV 2008 S. 1997).
5 BFH vom 24.09.2009 III R 79/06 (BFH/NV 2010 S. 875).
6 BFH, BStBl 2008 II S. 870.
7 FG München vom 21.07.2009 – 6 K 2907/08 (DStRE 2010 S. 719.).
8 BMF vom 06.07.2010 (BStBl 2010 I S. 614), Rz. 15 Beispiel 2.
9 BFH, BStBl 2015 II S. 1013 (betreffend eine Feier aus Anlass des Geburtstags und der bestandenen Steuerberaterprüfung).
10 Vgl. BMF vom 07.12.2016 – IV C 5 – S 2332/15/10001.
11 BFH vom 24.04.1997 IV R 42/96 (BFH/NV 1997 S. 837).
12 BFH, BStBl 1980 II S. 395.
13 BFH, BStBl 1989 II S. 382.

14.3 Einzelne Arten von Werbungskosten

Kapitalvermögen und damit für nachträgliche Anschaffungskosten der Beteiligung, je höher die Beteiligung ist. Umgekehrt ist eine nur sehr geringe Beteiligung ein Indiz dafür, dass die Bürgschaftsübernahme durch das Arbeitsverhältnis veranlasst ist. Zu welcher Einkunftsart der engere Veranlassungszusammenhang besteht, ist eine Tatsachenentscheidung und abhängig von den Umständen des Einzelfalls.[1]

Darlehen

Ein Darlehen des Arbeitnehmers an seinen Arbeitgeber mit Verzinsung führt zu Einkünften aus Kapitalvermögen (§ 20 Abs. 1 Nr. 7 EStG), und zwar auch dann, wenn es zur Sicherung des Arbeitsplatzes gegeben worden ist. Der Verlust eines solchen Darlehens kann jedoch zu Werbungskosten bei den Einkünften aus nichtselbständiger Arbeit führen, wenn der Arbeitnehmer das Risiko des Darlehensverlustes aus beruflichen Gründen bewusst auf sich genommen hat. Berufliche Gründe können angenommen werden, wenn ein Außenstehender – insbesondere eine Bank – mit Rücksicht auf die Gefährdung der Darlehensforderung das Darlehen nicht gewährt hätte.[2] Die Nichtgewährung des Darlehens durch Dritte ist allerdings nur ein Indiz für die berufliche Veranlassung, nicht notwendige Voraussetzung für den Werbungskostenabzug.[3] Unerheblich ist, ob das Darlehen verzinslich oder unverzinslich gewährt worden ist.

Gesellschaftsanteile

Erwirbt ein Arbeitnehmer eine Beteiligung am Stammkapital einer GmbH, weil der Erwerb Voraussetzung für seine Beschäftigung als Arbeitnehmer der GmbH (Geschäftsführer) ist, kann er einen später eintretenden (wirtschaftlichen) Verlust seiner Beteiligung an der GmbH nicht als Werbungskosten bei den Einkünften aus nichtselbständiger Arbeit geltend machen.[4]

Kontogebühren

Diese gehören grundsätzlich zu den Kosten der Lebensführung. Die Gebühren sind nur insoweit als Werbungskosten abziehbar, als sie durch die Gutschrift von Gehaltsüberweisungen oder andere beruflich veranlasste Überweisungen entstanden sind.[5] Aus Vereinfachungsgründen erkennt die Finanzverwaltung einen Betrag von 16 Euro pro Jahr ohne Nachweis als Werbungskosten an.[6]

---

1 BFH vom 29.09.2015 II R 23/14 (BStBl 2016 II S. 104) und vom 03.09.2015 VI R 58/13 (BStBl 2016 II S. 305).
2 BFH vom 07.02.2008 VI R 75/06 (BStBl 2010 II S. 48) und vom 10.04.2014 VI R 57/13 (BStBl 2014 II S. 850).
3 BFH vom 10.04.2014 VI R 57/13 (BStBl 2014 II S. 850).
4 BFH, BStBl 1995 II S. 644.
5 BFH, BStBl 1984 II S. 560.
6 OFD Hannover vom 30.04.2002 (DStR 2002 S. 1132).

14 Werbungskosten

Nebentätigkeitsverluste

Vielfach führen Nebentätigkeiten eines Arbeitnehmers nicht zu steuerlichen Auswirkungen, weil diese Nebentätigkeit infolge fehlender Absicht der Überschusserzielung als sog. Liebhaberei angesehen wird. Steht diese steuerlich eigentlich unbeachtliche Nebentätigkeit in einem engen Zusammenhang mit der Arbeitnehmertätigkeit, stellt sich die Frage, ob ein sich bei dieser Nebentätigkeit ergebender Aufwendungsüberschuss (Verlust) zu Werbungskosten bei den Einkünften aus nichtselbständiger Tätigkeit im Hauptberuf führen kann. Der BFH hat die Frage für den Fall bejaht, dass die Inkaufnahme der Verluste aus der Nebentätigkeit durch den nichtselbständigen Beruf veranlasst ist (einkünfteübergreifende Betrachtung).[1] Eine Veranlassung in diesem Sinne ist demnach anzunehmen, wenn die Nebentätigkeit für den Hauptberuf Vorteile von solchem Gewicht mit sich bringen kann, dass demgegenüber denkbare private Gründe für die Ausübung der Nebenbeschäftigung und Inkaufnahme der daraus resultierenden Verluste auszuschließen oder von ganz untergeordneter Bedeutung sind. Dies ist stets eine Entscheidung im Einzelfall.[2]

Parteibeiträge

Sonderbeiträge, die Parteimitglieder aufgrund der Parteisatzung oder entsprechender Beschlüsse der Parteiorgane neben dem normalen Parteibeitrag im Hinblick auf ihre berufliche Tätigkeit (Mandate) an die Partei zu leisten haben, sind keine Werbungskosten bei den Einkünften aus nichtselbständiger Tätigkeit (Mandatstätigkeit). Es handelt sich vielmehr um erhöhte Mitgliedsbeiträge, die nur im Rahmen der §§ 10b und 34g EStG steuermindernd geltend gemacht werden können.[3]

Prozesskosten

Gerichtskosten und Aufwendungen für einen Rechtsanwalt sind Werbungskosten, wenn es sich um **berufsbedingte Rechtsstreitigkeiten** handelt.[4] Solche liegen z. B. vor bei einem Lohnstreit, bei einem Kündigungsschutzverfahren, bei einem Eingruppierungsverfahren, bei einem Verfahren um Einstellung als Angestellter oder Beamter vor den Arbeits- oder Verwaltungsgerichten.

Auch Kosten eines **Strafverfahrens** können Werbungskosten sein, wenn die Straftat in Ausübung der dienstlichen Verrichtung des Arbeitnehmers begangen wurde und sich noch im Rahmen der beruflichen Tätigkeit bewegt und nicht auf privaten Umständen beruht (vgl. auch Tz. 14.1.2.2 und 14.1.3.3). Eine erwerbsbezogene Veranlassung wird aufgehoben, wenn die strafbare Handlung mit der Erwerbstätigkeit des Stpfl. nur insoweit im Zusammenhang steht, als diese eine Gelegenheit zu einer

---
1 BFH, BStBl 1994 II S. 510 (betreffend nebenberufliche Konzerttätigkeit eines angestellten Musikpädagogen).
2 BFH, BStBl 2004 II S. 1071.
3 BFH, BStBl 1991 II S. 396; FG Bremen, EFG 1990 S. 466.
4 BFH, BStBl 2012 II S. 829.

14.3 Einzelne Arten von Werbungskosten

Straftat verschafft.[1] Gleiches gilt, wenn der Arbeitnehmer seinen Arbeitgeber bewusst schädigen wollte oder sich oder einen Dritten durch die schädigende Handlung bereichert hat.[2] So wird der Zusammenrechnungszusammenhang bei Taten durchbrochen, die mit dem ausgeübten Beruf zwar im objektiven Zusammenhang, zu ihm selbst aber in Widerspruch stehen. Dies ist z. B. der Fall bei Exzesshandlungen im Rahmen einer dienstlichen Fahrt[3], der Beihilfe zum Mord bei einem Polizeibeamten[4] oder der bewussten Schädigung des Arbeitgebers[5].

Folgt einem berufsbedingten Prozess ein weiterer Prozess über die Anwaltskosten, teilen diese **Folgekosten** das rechtliche Schicksal der Hauptsachekosten.[6] Im Übrigen können Prozesskosten außergewöhnliche Belastungen i. S. des § 33 EStG sein.

Telekommunikationsaufwendungen

Gebühren für das **Telefon**, **Handy** oder **Internet** sind Werbungskosten, wenn sie in einem unmittelbaren Zusammenhang mit dem Beruf entstanden sind. Das gilt sowohl für die Gesprächsgebühren als auch für die Grundgebühren.[7]

Nach R 9.1 Abs. 5 LStR können beruflich veranlasste Telekommunikationsaufwendungen als Werbungskosten **anteilig** abgezogen werden. Hierbei genügt es, dass der Arbeitnehmer für einen repräsentativen Zeitraum von drei Monaten den beruflichen Anteil im Einzelnen nachweist. Er kann den danach ermittelten durchschnittlichen Monatsbetrag für das ganze Jahr ansetzen. Aus Vereinfachungsgründen können ohne Einzelnachweis bis zu 20 % des Rechnungsbetrags, höchstens 20 Euro monatlich, als Werbungskosten abgezogen werden, wenn erfahrungsgemäß beruflich veranlasste Telekommunikationsaufwendungen anfallen. Bei Fehlen geeigneter Unterlagen über die einzelnen Gebühren müssen die jeweiligen beruflichen Anteile an den Gesamtgebühren ggf. geschätzt werden.[8]

Aus Anlass einer **doppelten Haushaltsführung** geführte Ferngespräche des Arbeitnehmers mit seiner Familie sollen dann beruflich veranlasst sein, wenn das Telefongespräch statt einer Familienheimfahrt geführt wird, wobei die Dauer des Gesprächs auf 15 Minuten begrenzt sein soll (H 9.11 (5–10) „Telefonkosten" LStH; dazu auch Tz. 13.4.2.4.7.3.5).

Unfallversicherung

Vergleiche dazu Tz. 14.1.4.

---
1 BFH vom 19.03.1987 IV R 140/84 (BFH/NV 1987 S. 577).
2 BFH vom 20.10.2016 VI R 27/15 (DStRE 2017 S. 207).
3 FG Rheinland-Pfalz, EFG 2009 S. 31.
4 FG Köln, EFG 1985 S. 342.
5 BFH vom 20.10.2016 VI R 27/15 (DStRE 2017 S. 207); FG Rheinland-Pfalz, EFG 2010 S. 1491.
6 BFH, BStBl 1984 II S. 314.
7 BFH, BStBl 1981 II S. 131.
8 BFH, BStBl 1979 II S. 149.

14 Werbungskosten

Wahlkampfkosten

Aufwendungen eines Bewerbers für die Wahl in ein hauptberufliches kommunales Spitzenamt sind Werbungskosten, und zwar auch dann, wenn der Bewerber nicht gewählt worden ist.[1] Demgegenüber sind Wahlkampfkosten eines Fraktionsangestellten für die Wahl zum Bundes- oder Landtag keine Werbungskosten, auch wenn die Kandidatur auf Verlangen des Arbeitgebers erfolgte.[2]

Werbegeschenke

Aufwendungen eines Arbeitnehmers für Werbegeschenke an Kunden sind unter den Einschränkungen des § 4 Abs. 5 Satz 1 Nr. 1 EStG als Werbungskosten zu berücksichtigen (vgl. Tz. 14.4.2).

Wohnungskosten

Aufwendungen für die Wohnung eines Arbeitnehmers und seiner Familie gehören zu den nichtabzugsfähigen Kosten der Lebensführung (§ 12 Nr. 1 EStG).

Nur ausnahmsweise können sie Werbungskosten bei den Einkünften aus nichtselbständiger Arbeit sein, was insbesondere bei Vorliegen einer doppelten Haushaltsführung i. S. des § 9 Abs. 1 Satz 3 Nr. 5 EStG der Fall ist (dazu Tz. 13.4.2.4.7.3).

14.4 Beschränkung des Werbungskostenabzugs

14.4.1 Allgemeines

Nach § 4 Abs. 5 Satz 1 EStG sind bestimmte Betriebsausgaben in vollem Umfang oder zum Teil vom Abzug bei der Gewinnermittlung ausgeschlossen. Durch die genannten Vorschriften soll verhindert werden, dass ein – nach Ansicht des Gesetzgebers – unangemessener betrieblicher Aufwand bei der Einkommensteuer mindernd berücksichtigt und damit teilweise auf die Allgemeinheit abgewälzt wird.[3]

Da Betriebsausgaben und Werbungskosten weitgehend gleichgestellt sind, ordnet § 9 Abs. 5 Satz 1 EStG die entsprechende Anwendung von § 4 Abs. 5 Satz 1 Nr. 1 bis 4, 6b bis 8a, 10, 12 und Abs. 6 EStG bei der Ermittlung der abzugsfähigen Werbungskosten an. Daher können die folgenden Aufwendungen des Arbeitnehmers, die ihm durch seine berufliche Tätigkeit entstanden sind, nicht oder nicht in vollem Umfang als Werbungskosten abgezogen werden.

---

1 BFH, BStBl 1974 II S. 407 und 1996 II S. 431.
2 FG Köln, EFG 1989 S. 170.
3 BFH, BStBl 1981 II S. 58.

14.4.2 Geschenke

Geschenke des Arbeitnehmers an Arbeitskollegen berühren grundsätzlich die private Lebensführung, weshalb die entsprechenden Aufwendungen i. d. R keine Werbungskosten darstellen.[1] Dagegen sind Aufwendungen des Arbeitnehmers für Geschenke an den Arbeitgeber, an Kunden des Arbeitgebers oder deren Mitarbeiter i. d. R. Werbungskosten, die aber nach § 9 Abs. 5 Satz 1 i. V. m. § 4 Abs. 5 Satz 1 Nr. 1 Satz 1 EStG grundsätzlich nicht abzugsfähig sind.

Ein Geschenk ist eine unentgeltliche **Zuwendung** an einen Dritten. Gegenstand einer Zuwendung können alle Güter sein, die in Geld oder Geldeswert bestehen.

Unentgeltlich ist eine Zuwendung, wenn ihr keine bestimmte Gegenleistung des Empfängers gegenübersteht und sie nach dem Willen des Gebers auch nicht als Gegenleistung für eine bestimmte Leistung des Empfängers erbracht wird (R 4.10 Abs. 4 Satz 2 EStR).

Beispiele:

1. Der bei einer Wohnungsbaugesellschaft angestellte A nennt dem bei einer Versicherungsgesellschaft angestellten Versicherungsvertreter V die Namen der Erwerber der neu errichteten Eigentumswohnungen oder Einfamilienhäuser. Kommt es zu einem Versicherungsabschluss, lässt V dem A jeweils eine Flasche Sekt zukommen.

Es liegt jeweils eine unmittelbare Gegenleistung des A vor, sodass es sich bei den genannten Zuwendungen des V nicht um Geschenke handelt.

2. V macht seinen von ihm betreuten Versicherungsnehmern zu bestimmten Anlässen (z. B. Weihnachten, besonderen Geburtstagen) ein kleines Sachgeschenk, um ggf. weitere Versicherungen abschließen zu können.

Die Zuwendungen des V stehen nicht im Zusammenhang mit einer bestimmten Gegenleistung und sind daher Geschenke (R 4.10 Abs. 4 Satz 4 EStR).

Keine Geschenke sind auch **Kranz- und Blumenspenden** anlässlich einer Beerdigung (R 4.10 Abs. 4 Satz 5 Nr. 1 EStR).

Das Abzugsverbot des § 4 Abs. 5 Satz 1 Nr. 1 Satz 1 EStG greift seinem Wortlaut nach nicht ein, wenn der Empfänger des Geschenks **Arbeitnehmer des Schenkers** ist. Dies setzt voraus, dass ein Arbeitsverhältnis unmittelbar zwischen dem Schenker und dem Empfänger besteht. Ein arbeitnehmerähnliches Verhältnis, wie es z. B. zwischen einem Dienstvorgesetzten und seinen ihm unterstellten Mitarbeitern besteht, ist nicht ausreichend.

Beispiel:

A, angestellter Abteilungsleiter eines Unternehmens und tantiemeberechtigt, macht den in seiner Abteilung tätigen Arbeitnehmern zu Weihnachten Geschenke, um sie zu guten Arbeitsleistungen anzuspornen.

Die Geschenkaufwendungen fallen unter das grundsätzliche Abzugsverbot des § 9 Abs. 5 Satz 1, § 4 Abs. 5 Satz 1 Nr. 1 Satz 1 EStG, da die unterstellten Mitarbeiter nicht in einem Arbeitsverhältnis zu A stehen.

---

[1] BFH, BStBl 1984 II S. 557.

Keine Gleichstellung erfolgt ebenso bei Personen, die aufgrund von bestimmten Verträgen (z. B. Handelsvertretervertrag) in ständigen Geschäftsbeziehungen stehen (vgl. R 4.10 Abs. 2 Satz 2 EStR).

Das Abzugsverbot gilt nach § 4 Abs. 5 Satz 1 Nr. 1 Satz 2 EStG nicht, wenn die Anschaffungs- oder Herstellungskosten der einem Empfänger im (Kalender-)Jahr zugewendeten Gegenstände zusammengerechnet **35 Euro** nicht übersteigen. Da ein Arbeitnehmer nicht zum Vorsteuerabzug berechtigt ist, berechnen sich die Anschaffungs- oder Herstellungskosten einschließlich der **Umsatzsteuer** (R 4.10 Abs. 3 Satz 1 EStR). Es handelt sich bei dem Betrag um eine **Freigrenze** und nicht um einen Freibetrag, d. h., 35 Euro sind voll abziehbar, ab 35,01 Euro entfällt jeder Abzug.

> **Beispiel:**
> Sachverhalt wie voriges Beispiel, wobei die den Mitarbeitern gemachten Geschenke jeweils weniger als 35 € (brutto) gekostet haben.
> A kann die Geschenkaufwendungen als Werbungskosten abziehen, da sie beruflich veranlasst sind.[1]

Macht der Arbeitnehmer einer Person im Jahr **mehrmals** beruflich veranlasste Geschenke, sind die Aufwendungen hierfür insgesamt nicht abzugsfähig, wenn die Anschaffungskosten zusammengerechnet 35 Euro überstiegen haben – auch wenn das einzelne Geschenk einen Wert unter diesem Betrag hatte.

> **Beispiel:**
> Ein angestellter Versicherungsvertreter macht einem Kunden zur Geburt des ersten Kindes ein Geschenk (Anschaffungskosten 20 €) und zu Weihnachten desselben Jahres ein Weingeschenk (Anschaffungskosten 45 €).
> Es handelt sich um Geschenke i. S. von § 9 Abs. 5 Satz 1, § 4 Abs. 5 Satz 1 Nr. 1 Satz 1 EStG. Da die Anschaffungskosten insgesamt 35 € überstiegen haben, sind die Aufwendungen für beide Geschenke nicht als Werbungskosten abzugsfähig. Im Übrigen dürfte es beim Geburtsgeschenk bereits an der beruflichen Veranlassung fehlen.[1]

14.4.3 Bewirtungsaufwendungen

Wie bereits ausgeführt (vgl. dazu Tz. 14.3.9), sind Aufwendungen für die Bewirtung von Personen bei einem Arbeitnehmer nur insoweit als Werbungskosten abzugsfähig, als die Bewirtung **beruflich veranlasst** ist. § 9 Abs. 5 Satz 1 i. V. m. § 4 Abs. 5 Satz 1 Nr. 2 Satz 1 EStG schränken den Abzug beruflich veranlasster Bewirtungsaufwendungen weiter ein: Diese sind bei einem geschäftlichen Anlass nicht abzugsfähig, soweit sie 70 % der angemessenen und nachgewiesenen Aufwendungen übersteigen.

Die **Abzugsbeschränkung i. H. von 70 %** gilt folglich nicht, wenn der Stpfl. nicht aus „**geschäftlichem Anlass**", sondern aus „allgemeinen beruflichen Gründen"

---
[1] Vgl. dazu BFH, BStBl 1984 II S. 557.

14.4 Beschränkung des Werbungskostenabzugs

bewirtet, da die Begriffe „berufliche Veranlassung" und „geschäftlicher Anlass" (vgl. R 4.10 Abs. 6 f. EStR) nicht identisch sind. Mangels geschäftlichen Anlasses sind die Aufwendungen daher grundsätzlich in voller Höhe abziehbar, wenn der Arbeitnehmer nicht selbst Bewirtender ist, weil es sich um ein „Fest des Arbeitgebers" handelt,[1] oder wenn ein leitender Angestellter Mitarbeiter bewirtet, um diese zu Leistungssteigerungen zu motivieren[2].

Zum **Nachweis** der Höhe und der beruflichen Veranlassung der Aufwendungen hat der Arbeitnehmer gem. § 9 Abs. 5 Satz 1 i. V. m. § 4 Abs. 5 Satz 1 Nr. 2 Satz 2 EStG schriftlich die folgenden Angaben zu machen: Ort, Tag, Teilnehmer und Anlass der Bewirtung sowie Höhe der Aufwendungen. Hat die Bewirtung in einer Gaststätte stattgefunden, genügen Angaben zu dem Anlass und den Teilnehmern der Bewirtung; die Rechnung über die Bewirtung ist beizufügen (§ 4 Abs. 5 Satz 1 Nr. 2 Satz 3 EStG).

Beispiele:

1. Der leitende Angestellte A hat aus Anlass eines Verkaufsgesprächs einige Kunden in einer Gaststätte bewirtet. Auf der Rechnung der Gaststätte sind neben dem Anlass der Bewirtung nur die Kunden als Teilnehmer aufgeführt.

Der Nachweis entspricht nicht der vom Gesetz geforderten Form, da A nicht als Teilnehmer aufgeführt ist.[3] A kann die Abzugsfähigkeit allerdings erreichen, wenn die Namensangabe vom Rechnungsaussteller auf der Rechnung oder durch eine ergänzende Urkunde nachgeholt wird (H 4.10 (5–9) „Nachholung von Angaben" EStH). Allerdings ist der Name der bewirteten Personen entbehrlich, wenn der Gesamtbetrag der Rechnung 150 € nicht übersteigt (R 4.10 Abs. 8 Satz 4 EStR).

2. A führt die Bewirtung in einer Nachtbar durch. Für den Verzehr sind Kosten von 400 € pro Teilnehmer entstanden.

Aufwendungen für Nachtlokale mit Varieté-, Striptease- und anderen Darbietungen sind bei einem offensichtlichen Missverhältnis des Werts der verzehrten Speisen und Getränke zur Höhe der Aufwendungen nicht nach § 9 Abs. 5 Satz 1, § 4 Abs. 5 Satz 1 Nr. 2 EStG abziehbar, sondern unterliegen dem vollen Abzugsverbot des § 9 Abs. 5 Satz 1 i. V. m. § 4 Abs. 5 Satz 1 Nr. 7 EStG[4] (siehe dazu Tz. 14.4.4).

Bewirtungsaufwendungen können also nur als Werbungskosten berücksichtigt werden,

– soweit deren Höhe und berufliche Veranlassung in der vorgeschriebenen Form nachgewiesen werden und

– soweit diese nachgewiesenen Aufwendungen nach der allgemeinen Lebenserfahrung als angemessen anzusehen sind. Von diesem (Rest-)Betrag sind dann **70 %** abzugsfähig.

---

1 BFH, BStBl 2008 II S. 870 (betreffend die Kommandoübergabe eines Brigadegenerals).
2 BFH, BStBl 2009 II S. 11.
3 BFH, BStBl 1990 II S. 903.
4 BFH, BStBl 1990 II S. 575.

Beispiel:
Sachverhalt wie voriges Beispiel 1, wobei der Nachweis in der vorgeschriebenen Form erfüllt ist. Die Bewirtungsaufwendungen haben für A und drei Kunden insgesamt (angemessene) 180 € (brutto) betragen.

Da die Abzugsbegrenzung bei der Bewirtung von Personen aus geschäftlichem Anlass auch für den Teil der Aufwendungen gilt, der auf den an der Bewirtung teilnehmenden Stpfl. entfällt (R 4.10 Abs. 6 Satz 7 EStR), kann A 70 % von 180 € = 126 € als Werbungskosten bei seinen Einkünften aus nichtselbständiger Arbeit geltend machen.

14.4.4 Sonstige unangemessene Aufwendungen

Aufwendungen des Arbeitnehmers, die ohne berufliche Veranlassung Kosten der Lebensführung wären[1] und nicht schon gem. § 9 Abs. 5 Satz 1 i. V. m. § 4 Absatz 5 Satz 1 Nr. 1 bis 4 und 6b EStG oder § 12 Nr. 1 EStG (teilweise) vom Werbungskostenabzug ausgeschlossen sind, sind nach § 9 Abs. 5 Satz 1 i. V. m. § 4 Abs. 5 Satz 1 Nr. 7 EStG nicht abzugsfähig, soweit sie nach allgemeiner Verkehrsauffassung als unangemessen anzusehen sind. Durch diesen Auffangtatbestand hat der allgemeine Grundsatz, dass der Arbeitnehmer selbst bestimmen kann, welche Aufwendungen er im beruflichen Interesse macht, eine Einschränkung erfahren. Der Gesetzgeber will mit dieser Einschränkung verhindern, dass ein unangemessener beruflicher Repräsentationsaufwand mit steuerlicher Auswirkung einkunftsmindernd berücksichtigt werden kann.

Das Abzugsverbot des § 9 Abs. 5 Satz 1, § 4 Abs. 5 Satz 1 Nr. 7 EStG greift also nur ein, wenn es sich um Aufwendungen des Arbeitnehmers handelt, die ohne Anwendung dieser Vorschrift als **Werbungskosten** abzuziehen wären.[2] Handelt es sich um Aufwendungen für Arbeitsmittel, die nicht sofort in voller Höhe als Werbungskosten abgezogen werden können, sondern nur im Wege der AfA nach § 9 Abs. 1 Satz 3 Nr. 7 i. V. m. § 7 EStG, sind ggf. die **AfA** als Aufwendungen i. S. des § 4 Abs. 5 Satz 1 Nr. 7 EStG zu behandeln.[3]

Die Lebensführung eines Arbeitnehmers berühren Aufwendungen, die **durch persönliche Motive** des Arbeitnehmers **mitveranlasst** sind.[4] Hierunter fallen insbesondere Aufwendungen des Arbeitnehmers, die er in seinem repräsentativen Bereich macht. Es kommen hiernach insbesondere Aufwendungen des Arbeitnehmers für den beruflich genutzten PKW oder für das häusliche Arbeitszimmer in Betracht.[5]

Bei der Entscheidung, ob bestimmte beruflich veranlasste Aufwendungen nach der allgemeinen Verkehrsauffassung als unangemessen anzusehen sind, ist auf die **Umstände des Einzelfalls** abzustellen, da § 4 Abs. 5 Satz 1 Nr. 7 EStG keine abso-

---
1 BFH, BStBl 1987 II S. 853.
2 BFH, BStBl 1986 II S. 904 und 1990 II S. 575.
3 BFH, BStBl 1987 II S. 108.
4 BFH, BStBl 1976 II S. 97 und 2014 II S. 679.
5 Vgl. dazu BFH, BStBl 1980 II S. 340 und 1986 II S. 905.

14.4 Beschränkung des Werbungskostenabzugs

luten Höchstbeträge für einen angemessenen Aufwand enthält.[1] Maßstab für die vorzunehmende Angemessenheitsprüfung ist dabei, ob ein ordentlicher und gewissenhafter Arbeitnehmer angesichts erwarteter Vorteile und Kosten die Aufwendungen dem Grunde und der Höhe nach ebenfalls auf sich genommen hätte.[2]

Nach der allgemeinen Verkehrsauffassung unangemessene Aufwendungen sind nicht in vollem Umfang, sondern **nur insoweit** nicht als Werbungskosten abzugsfähig, als sie die **Grenze der Angemessenheit übersteigen.** Wie hoch die zu beurteilenden Aufwendungen sind und in welchem Maß sie als unangemessen anzusehen sind, ist danach ohne Bedeutung. Im Hinblick auf den Zweck des § 4 Abs. 5 Satz 1 Nr. 7 EStG, Missbräuche zu verhindern, ist von der Vorschrift deshalb nur dann Gebrauch zu machen, wenn die Aufwendungen als solche ins Gewicht fallen und die Grenze des Angemessenen erheblich überschreiten.

> **Beispiel:**
> V ist angestellter Versicherungsvertreter und unterhält in seinem Einfamilienhaus ein steuerlich anzuerkennendes häusliches Arbeitszimmer, in dem er auch seine Kunden empfängt und berät. Für dieses Arbeitszimmer hat V einen Orientteppich für 15.000 € erworben.
> Die Aufwendungen hierfür können zwar dem Grunde nach als Werbungskosten angesehen werden, sie sind jedoch nach § 9 Abs. 1 Satz 3 Nr. 7 EStG nur im Wege der Absetzungen für Abnutzung zu berücksichtigen. Allerdings überschreiten die Kosten des Teppichs die Angemessenheit erheblich, berühren die Lebensführung des V und scheiden damit für die Ermittlung der anzuerkennenden AfA-Beträge teilweise aus.
> Für die Ermittlung der abzugsfähigen AfA-Beträge sind deshalb diese gekürzten Anschaffungskosten anzusetzen. Die Frage der Angemessenheit ist einer Einzelfallentscheidung vorbehalten.

Nach seinem Wortlaut beschränkt § 4 Abs. 5 Satz 1 Nr. 7 EStG **nur die Höhe** des Werbungskostenabzugs auf einen angemessenen Betrag.[3] Der BFH hat jedoch in einer Entscheidung bei Aufwendungen, die in besonderem Maße die private Lebenssphäre betreffen, die Aufwendungen **dem Grunde nach** nicht zum Abzug zugelassen.[4] Ein derartiges generelles Abzugsverbot ist rechtsdogmatisch bedenklich und auf den speziellen Einzelfall zu begrenzen.

14.4.5 Nichtabzugsfähige Werbungskosten

Während die vorgenannten Aufwendungen zumindest teilweise als Werbungskosten abzugsfähig sind, sind in § 4 Abs. 5 Satz 1 EStG auch Aufwendungen aufgeführt, die grundsätzlich nicht als Betriebsausgaben und damit über § 9 Abs. 5 Satz 1 EStG auch nicht als Werbungskosten einkunftsmindernd berücksichtigt werden dürfen.

---

1 BFH, BStBl 1987 II S. 853 und 1988 II S. 629.
2 BFH vom 23.11.1988 I R 149/84 (BFH/NV 1989 S. 362).
3 Vgl. dazu BFH vom 19.01.2017 VI R 37/15 (BStBl 2017 II S. 526) – betreffend Dienstreisen eines Geschäftsführers einer GmbH mit dem eigenen Privatflugzeug, das er auch selbst steuern darf.
4 BFH, BStBl 1990 II S. 575 (betreffend den Besuch von Nachtbars und Bordellen).

14 Werbungskosten

Diese insbesondere in § 4 Abs. 5 Satz 1 Nr. 3, 4, 8, 8a, 10, 12 und Abs. 6 EStG aufgeführten Aufwendungen können mithin nicht als Werbungskosten abgezogen werden. Es handelt sich um folgende Aufwendungen:

14.4.5.1 Aufwendungen für Gästehäuser

Nichtabzugsfähig sind nach § 9 Abs. 5 Satz 1 i. V. m. § 4 Abs. 5 Satz 1 Nr. 3 EStG Aufwendungen für Einrichtungen des Arbeitnehmers, die der Bewirtung oder Beherbergung von „Geschäftsfreunden" dienen (Gästehäuser), nicht Gegenstand einer (weiteren) mit Gewinn oder Überschuss ausgeübten Tätigkeit sind (vgl. § 4 Abs. 5 Satz 2 EStG) und sich außerhalb des Ortes der ersten Tätigkeitsstätte[1] befinden. Wenn es auch nur selten vorkommen wird, dass ein Arbeitnehmer ein solches Objekt unterhält, um in ihm „Geschäftsfreunde" unterzubringen und zu bewirten, sind derartige Fälle nicht auszuschließen, insbesondere bei Arbeitnehmern mit erfolgsabhängigen Vergütungen.

Beispiel:
A ist Generalagent einer großen Sachversicherung. Er ist aufgrund der vertraglichen Gestaltung als Arbeitnehmer im steuerrechtlichen Sinne einzuordnen, obwohl er eine überwiegend erfolgsabhängige Vergütung erhält. Das Büro des A befindet sich in Bremen. A hat ein eigenes Ferienhaus auf Sylt, in dem er des Öfteren Geschäftsfreunde auf seine Kosten beherbergt und verköstigt.

Die A hierdurch entstandenen Aufwendungen wie z. B. die AfA (R 4.10 Abs. 11 Satz 1 EStR) sind nicht als Werbungskosten abzugsfähig, obwohl sie durch seine berufliche Tätigkeit veranlasst sind.

14.4.5.2 Aufwendungen für Jagd, Fischerei und Jachten

Nach § 9 Abs. 5 Satz 1 i. V. m. § 4 Abs. 5 Satz 1 Nr. 4 EStG sind Aufwendungen eines Arbeitnehmers für Jagd oder Fischerei, für Segel- oder Motorjachten sowie für ähnliche Zwecke und die hiermit zusammenhängenden Bewirtungen nicht abzugsfähig.

Beispiel:
B ist Vorstand einer Werft-AG, steuerrechtlich mithin Arbeitnehmer.[2] Er ist Eigentümer einer Segeljacht. Diese benutzt er vorwiegend für Fahrten mit Geschäftsfreunden, insbesondere möglichen Kunden der Werft.

Die Aufwendungen für die Segeljacht sind nicht als Werbungskosten abzugsfähig, obwohl man sie dem Grunde nach durchaus als Werbungskosten i. S. des § 9 Abs. 1 Satz 1 EStG ansehen kann.

---
1 Befindet sich das eigene Gästehaus am Ort der ersten Tätigkeitsstätte, kommen § 9 Abs. 5 Satz 1 und § 4 Abs. 5 Satz 1 Nr. 7 EStG zur Anwendung (vgl. R 4.10 Abs. 10 Satz 2 EStR).
2 BFH, BStBl 1997 II S. 255.

14.4.5.3 Geldbußen, Ordnungs- und Verwarnungsgelder sowie ähnliche Leistungen

Nach § 9 Abs. 5 Satz 1 i. V. m. § 4 Abs. 5 Satz 1 Nr. 8 Satz 1 EStG dürfen Geldbußen, Ordnungsgelder und Verwarnungsgelder nicht als Werbungskosten abgezogen werden, wenn sie von einem Gericht oder einer Behörde in der Bundesrepublik Deutschland oder von Organen der Europäischen Union festgesetzt worden sind – auch wenn sie beruflich veranlasst sind. Dieses Abzugsverbot gilt gem. § 4 Abs. 5 Satz 1 Nr. 8 Satz 2 EStG darüber hinaus für Leistungen zur Erfüllung von Auflagen oder Weisungen, die in einem berufsgerichtlichen Verfahren erteilt worden sind, soweit die Auflagen oder Weisungen nicht lediglich der Wiedergutmachung des durch die Tat verursachten Schadens dienen.

Umfasst die Geldbuße auch den durch die rechtswidrige Handlung erlangten Vorteil, was vornehmlich bei den von den Organen der Europäischen Gemeinschaften verhängten Geldbußen der Fall ist, kann es zu einer verfassungswidrigen Doppelbelastung kommen.[1] Denn der erlangte Vorteil unterliegt der Einkommensteuer. Um diese Doppelbelastung zu vermeiden, ist in § 4 Abs. 5 Satz 1 Nr. 8 Satz 4 EStG geregelt, dass das Abzugsverbot für Geldbußen nicht gilt, soweit der wirtschaftliche Vorteil, der durch den Gesetzesverstoß erlangt wurde, abgeschöpft worden ist, wenn die Steuern vom Einkommen und Ertrag, die auf den wirtschaftlichen Vorteil entfallen, nicht abgezogen worden sind.

Nicht unter das Abzugsverbot fallen Aufwendungen, die mit dem Straf- oder Ordnungswidrigkeitsverfahren zusammenhängen, ohne selbst Ahndungscharakter zu haben (dazu auch Tz. 14.1.2.2, 14.1.3.3 und 14.3.9).

14.4.5.4 Hinterziehungszinsen

Nach § 235 AO sind hinterzogene Steuern zu verzinsen. Schuldner dieser Hinterziehungszinsen ist derjenige, zu dessen Vorteil die Steuern hinterzogen worden sind. Nach § 9 Abs. 5 Satz 1 i. V. m. § 4 Abs. 5 Satz 1 Nr. 8a EStG können Hinterziehungszinsen nicht als Werbungskosten abgezogen werden.

Beispiel:

Arbeitnehmer A hat für das ganze Jahr 01 erhöhte Aufwendungen für eine beruflich veranlasste doppelte Haushaltsführung geltend gemacht, obwohl ab März 01 die Voraussetzungen hierfür entfallen sind, da A seitdem wieder an seinem Hauptwohnort tätig ist. Dem Finanzamt wird diese Tatsache aufgrund einer Außenprüfung im Jahr 03 bekannt. Es fordert nunmehr von A die zu wenig gezahlten Steuern nach und setzt gleichzeitig Hinterziehungszinsen gegen ihn fest.

A kann die Zinsen nicht als Werbungskosten bei seinen Einkünften aus nichtselbständiger Arbeit geltend machen, obwohl sie in unmittelbarem wirtschaftlichem Zusammenhang mit diesen stehen.

---
1 BVerfG, BStBl 1990 II S. 483.

14.4.5.5 Bestechungs- und Schmiergelder

In § 9 Abs. 5 Satz 1 i. V. m. § 4 Abs. 5 Satz 1 Nr. 10 EStG ist schließlich ein Abzugsverbot für Bestechungs- und Schmiergelder enthalten. Dieses Verbot bedeutet, dass die Zuwendung von Vorteilen und damit zusammenhängende Aufwendungen nicht als Werbungskosten abgezogen werden können, wenn mit der Zuwendung des Vorteils **objektiv** gegen das Straf- oder Ordnungswidrigkeitenrecht verstoßen wird. Auf ein Verschulden des Zuwendenden, auf die Stellung eines Strafantrags oder auf eine tatsächliche Ahndung kommt es also nicht an (R 4.14 Satz 1 EStR). Erfasst werden nicht nur Straftaten mit Inlandsbezug, sondern auch Auslandstaten, z. B. Leistungen an ausländische Amtsträger und Abgeordnete (R 4.14 Satz 2 EStR). Unter den Anwendungsbereich des § 4 Abs. 5 Nr. 10 EStG fallen beispielsweise die Bestechung im in- und ausländischen Verkehr i. S. des § 299 Abs. 2 StGB, die Vorteilsgewährung i. S. des § 333 StGB oder die Bestechung i. S. des § 334 StGB.

Von Bedeutung ist bei der Anwendung des § 4 Abs. 5 Satz 1 Nr. 10 EStG, dass das **Steuergeheimnis** des § 30 AO insoweit gelockert ist, als die Finanzbehörde die Sachverhalte, die einen **Tatverdacht** begründen, der Staatsanwaltschaft bzw. der Ordnungsbehörde mitzuteilen hat (§ 9 Abs. 5 Satz 1 i. V. m. § 4 Abs. 5 Satz 1 Nr. 10 Satz 3 EStG).

14.4.5.6 Aufwendungen zur Förderung staatspolitischer Zwecke

Ausgaben zur Förderung staatspolitischer Zwecke sind Mitgliedsbeiträge und Spenden an politische Parteien i. S. des § 2 PartG (§ 10b Abs. 1, 2 EStG). Nach § 9 Abs. 5 Satz 1 i. V. m. § 4 Abs. 6 EStG sind solche Ausgaben keine Werbungskosten.

Beispiel:

A ist in seiner Partei ein maßgebender Funktionär. Als solcher wird er in den Landtag gewählt und sodann zum Minister berufen. Nach dem Parteistatut ist ein bestimmter Prozentsatz seiner Bezüge als Minister als Mitgliedsbeitrag an die Partei zu zahlen.

Der Mitgliedsbeitrag ist in der über das normale Maß hinausgehenden Höhe durch die Arbeitnehmertätigkeit des A als Minister veranlasst. Damit könnte man den Werbungskostencharakter des Mitgliedsbeitrags bejahen. § 9 Abs. 5 Satz 1 i. V. m. § 4 Abs. 6 EStG verbietet dies jedoch ausdrücklich.

15 Vermögensbildung der Arbeitnehmer

Die Förderung der Vermögensbildung der Arbeitnehmer ist eines der wichtigen sozialpolitischen und wirtschaftspolitischen Ziele in der Bundesrepublik, einem sozialen Rechtsstaat. Zur Verwirklichung dieses Zieles wurde die Vermögensbildung durch zahlreiche, auch auf steuerlichem Gebiet liegende Maßnahmen allgemein gefördert (z. B. durch erhöhte Abschreibungen nach dem früheren § 7b EStG oder durch Gewährung eines Sonderausgabenabzugs gem. § 10e EStG – bis einschließlich 1995 – zur Förderung des Eigenheims oder der Eigentumswohnung von Arbeitnehmern). Da die steuerliche Förderung jedoch infolge des progressiven Einkommensteuertarifs vor allem Steuerpflichtigen mit hohem Einkommen zugutekommt, ist der Gesetzgeber in den letzten Jahren mehr und mehr zu einer Förderung durch Prämien oder Zulagen oder durch eine Minderung der tariflichen Einkommensteuer übergegangen. Außerdem wurde von der Förderung des Konten- und Versicherungssparens abgesehen und stattdessen mehr Gewicht auf die Förderung des Erwerbs von Vermögen, insbesondere in Form von Beteiligungen, gelegt. So beschränkt sich die staatliche Förderung im Rahmen des 5. VermBG und des § 3 Nr. 39 EStG auf bestimmte Vermögensbeteiligungen sowie Bausparverträge und ähnliche Anlageformen.

Die Förderung der Vermögensbildung durch Bau oder Erwerb von Eigenheimen oder Eigentumswohnungen durch die Gewährung von steuerlichen Vergünstigungen (z. B. § 10e EStG) wurde mit Wirkung ab 1996 ebenfalls durch eine Förderung mittels Gewährung staatlicher Zulagen abgelöst. Nach dem Eigenheimzulagengesetz (EigZulG) erhielten die Erbauer oder Erwerber von Eigenheimen oder Eigentumswohnungen für die Dauer von 8 Jahren (Förderungszeitraum) eine Eigenheimzulage von höchstens 1.250 Euro jährlich ggf. zzgl. einer Kinderzulage. Allerdings gibt es die Eigenheimzulage letztmalig für Objekte, mit deren Herstellung vor dem 01.01.2006 begonnen wurde oder deren Anschaffung aufgrund eines vor diesem Zeitpunkt rechtswirksam abgeschlossenen obligatorischen Vertrags oder gleichstehenden Rechtsakts erfolgte (zu den Einzelheiten siehe § 19 Abs. 9 EigZulG).

Entsprechend der Förderung des Wohnungseigentums nach dem EigZulG mittels Zulage wurde der Abzug von Bausparbeiträgen als Sonderausgaben ab 1996 gestrichen, gleichzeitig jedoch die Förderung des Bausparens durch das WoPG verbessert. So wurden die Einkommensgrenzen des WoPG auf 25.600 Euro bzw. 51.200 Euro heraufgesetzt (§ 2a WoPG) und die Höchstbeträge der begünstigten Aufwendungen ebenfalls erhöht, sodass sie jetzt 512 Euro für alleinstehende und 1.024 Euro für verheiratete Arbeitnehmer/Lebenspartner betragen (§ 3 Abs. 2 und 3 WoPG). Die Wohnungsbau-Prämie beträgt **8,8 %** ab dem Sparjahr 2004, davor waren es 10 % (vgl. § 3 Abs 1 WoPG).

Die folgenden Ausführungen beschränken sich auf die Förderung der Vermögensbildung bei Arbeitnehmern gem. § 3 Nr. 39 EStG und dem 5. VermBG.

15 Vermögensbildung der Arbeitnehmer

15.1 Überlassen von Vermögensbeteiligungen an Arbeitnehmer

Die lohnsteuerliche Behandlung der Überlassung von Vermögensbeteiligungen an Arbeitnehmer wurde durch das Mitarbeiterkapitalbeteiligungsgesetz vom 07.03.2009 in systematischer Hinsicht wesentlich verändert. Die früher in § 19a EStG enthaltene Regelung zur Steuerfreistellung von an Arbeitnehmer überlassenen Vermögensbeteiligungen wurde aufgehoben und durch die Neuregelung des § 3 Nr. 39 EStG ersetzt. § 3 Nr. 39 EStG ist für den Steuerpflichtigen zum Teil günstiger als der früher anzuwendende § 19a EStG, wenngleich besondere Voraussetzungen vorliegen müssen.

Unter dem Gesichtspunkt des steuerlichen Bestandschutzes hat der Gesetzgeber in § 52 Abs. 27 EStG eine Anwendungsregelung geschaffen, nach der § 19a EStG weiterhin anzuwenden ist, wenn die Vermögensbeteiligung vor dem 01.04.2009 überlassen wird oder wenn wegen einer bereits am 31.03.2009 existierenden Vereinbarung ein Anspruch auf eine Überlassung einer Vermögensbeteiligung besteht und die Vermögensbeteiligung vor dem 01.01.2016 überlassen wurde. Weitere Voraussetzung ist, dass der Arbeitgeber bei demselben Arbeitnehmer nicht § 3 Nr. 39 EStG anzuwenden hat. Durch diese Regelung wird für einen längeren Übergangszeitraum ein Bestandschutz eingeräumt.

Erhält der Arbeitnehmer im Rahmen eines gegenwärtigen Dienstverhältnisses unentgeltlich oder verbilligt eine bestimmte Vermögensbeteiligung (i. S. des § 2 Abs. 1 Nr. 1 Buchst. a, b, f bis l und Abs. 2 bis 5 des 5. VermBG, vgl. Tz. 15.2.2) am Unternehmen des Arbeitgebers, so ist der Vorteil steuerfrei, soweit dieser insgesamt nicht 360 Euro im Kalenderjahr übersteigt. Als Unternehmen des Arbeitgebers gilt auch eine Konzernbeteiligung i. S. des § 18 AktG (vgl. § 3 Nr. 39 Satz 3 EStG).

Eine weitere Voraussetzung für die Gewährung der Steuerfreiheit ist in § 3 Nr. 39 Satz 2 EStG geregelt. Hiernach muss die Vermögensbeteiligung allen Arbeitnehmern offenstehen, die im Zeitpunkt der Bekanntgabe des Angebots ein Jahr oder länger ununterbrochen in einem gegenwärtigen Dienstverhältnis zum Unternehmen gestanden haben.

Für die Bestimmung des Wertes der Vermögensbeteiligung ist der gemeine Wert maßgeblich (§ 3 Nr. 39 Satz 4 EStG).

Das Merkmal des gegenwärtigen Dienstverhältnisses ist auch bei solchen Arbeitnehmern erfüllt, deren Dienstverhältnis ruht, z. B. während der Elternzeit oder der Mutterschutzfristen. Bei Personen mit ausschließlichem Bezug von Versorgungsbezügen ist das Merkmal des gegenwärtigen Dienstverhältnisses nicht mehr erfüllt. Insbesondere ist für die Annahme eines gegenwärtigen Dienstverhältnisses nicht erforderlich, dass es sich um ein erstes Dienstverhältnis handelt. Da § 3 Nr. 39 EStG auf das Dienstverhältnis bezogen ist, kann der Arbeitnehmer die Steuerbefreiung für jedes Dienstverhältnis (auch nacheinander bzw. nebeneinander von mehreren Dienstverhältnissen möglich) in Anspruch nehmen.

Zu weiteren Einzelheiten wird auf das BMF-Schreiben vom 08.12.2009 (BStBl 2009 I S. 1513) verwiesen.

15.2 Zuwendungen aufgrund des Fünften Vermögensbildungsgesetzes

Die Förderung der Vermögensbildung der Arbeitnehmer durch das 5. VermBG besteht darin, dass Arbeitnehmer, die **vom Arbeitgeber** eine vermögenswirksame Leistung bekommen, zusätzlich **vom Staat** unter bestimmten Voraussetzungen eine Arbeitnehmer-Sparzulage erhalten.

Nach dem 5. VermBG können **vermögenswirksame Leistungen** nur in ganz bestimmten Anlageformen, die das Gesetz im Einzelnen vorschreibt, angelegt werden (Tz. 15.2.3 und 15.2.4).

Die **Arbeitnehmer-Sparzulage** wird nur gewährt, wenn das Einkommen des Arbeitnehmers eine bestimmte Einkommensgrenze nicht übersteigt. Die Arbeitnehmer-Sparzulage beträgt 9 % bzw. 20 % der vermögenswirksamen Leistungen, maximal jedoch aus einem Berücksichtigungsvolumen von 470 Euro bzw. 400 Euro (vgl. § 13 Abs. 2 des 5. VermBG) (Tz. 15.2.6).

Die für die Förderung geltenden Einkommensgrenzen betragen in der Variante des § 13 Abs. 1 **Nr. 1** des 5. VermBG bei zusammenveranlagten Ehegatten/Lebenspartnern 40.000 Euro und bei sonstigen Personen 20.000 Euro (Anlage in Vermögensbeteiligungen) bzw. im Rahmen des § 13 Abs. 1 **Nr. 2** des 5. VermBG bei zusammenveranlagten Ehegatten/Lebenspartnern 35.800 Euro, bei sonstigen Personen 17.900 Euro (Bausparbeiträge und Anlagen zum Wohnungsbau). Als maßgebliche Bemessungsgrundlage für die Ermittlung der Einkommensgrenzen dient das zu versteuernde Einkommen i. S. des § 2 Abs. 5 EStG, sodass insbesondere auch § 2 Abs. 5 Satz 2 EStG zu beachten ist. Hiernach ist das zu versteuernde Einkommen bei Arbeitnehmern mit zu berücksichtigenden Kindern i. S. des § 32 EStG um die Freibeträge für Kinder i. S. des § 32 Abs. 6 EStG zu kürzen.

15.2.1 Begünstigter Personenkreis

Vermögenswirksame Leistungen können nach § 1 Abs. 2 des 5. VermBG **allen Arbeitnehmern** einschließlich der zu ihrer Berufsausbildung Beschäftigten erbracht werden. Als Arbeitnehmer gelten hierbei auch die in Heimarbeit beschäftigten Personen. Nach § 1 Abs. 4 des 5. VermBG gelten die Vorschriften des Gesetzes – das seinem Charakter nach ein arbeitsrechtliches und nicht ein steuerrechtliches Gesetz ist – für **Beamte, Richter, Berufssoldaten und Soldaten auf Zeit** entsprechend.

15 Vermögensbildung der Arbeitnehmer

Keine Arbeitnehmer i. S. des 5. VermBG sind Mitglieder von Organen juristischer Personen, die zu deren gesetzlicher Vertretung berufen sind (z. B. Geschäftsführer einer GmbH, Vorstandsmitglied einer AG), sowie grundsätzlich die durch Gesetz, Satzung oder Gesellschaftsvertrag zur Vertretung einer Personengesamtheit berufenen Personen (z. B. vertretungsberechtigter „Geschäftsführer" einer OHG). So ist z. B. auch der Geschäftsführer einer Innungskrankenkasse, der gleichzeitig Mitglied des Vorstands ist, der zur gesetzlichen Vertretung der Kasse berufen ist, von den Vergünstigungen des 5. VermBG ausgeschlossen, obwohl er einkommensteuerlich ebenso wie die übrigen Mitglieder von Vertretungsorganen Arbeitnehmer ist.[1]

Zu den begünstigten Personen gehören jedoch auch **Arbeitnehmer-Ehegatten**, d. h. Arbeitnehmer, die in einem Dienstverhältnis zu ihrem Ehegatten stehen.[2]

Nicht zu dem nach § 1 Abs. 2 und 4 des 5. VermBG begünstigten Personenkreis gehören ferner alle Personen, die nicht mehr in einem aktiven Dienstverhältnis stehen, d. h. insbesondere **Rentner und Pensionäre**. In seinem eigentlichen Anwendungsbereich kommt das 5. VermBG nur solchen Arbeitnehmern zugute, die noch nicht aus dem Erwerbsleben ausgeschieden sind.[3] Der Ausschluss der Versorgungsempfänger von vermögenswirksamen Leistungen ist auch nicht verfassungswidrig.

15.2.2 Vermögenswirksame Leistungen

Vermögenswirksame Leistungen sind nach § 2 Abs. 1 des 5. VermBG Geldleistungen, die der Arbeitgeber für den Arbeitnehmer anlegt

a) als Sparbeiträge des Arbeitnehmers aufgrund eines Sparvertrags über Wertpapiere oder andere Vermögensbeteiligungen (Tz. 15.2.3.1)

- zum Erwerb von Aktien, die vom Arbeitgeber ausgegeben werden oder die an einer deutschen Börse zum regulierten Markt zugelassen oder in den geregelten Freiverkehr einbezogen sind;

- zum Erwerb von Wandelschuldverschreibungen, die vom Arbeitgeber ausgegeben werden oder an einer deutschen Börse zum regulierten Markt zugelassen oder in den Freiverkehr einbezogen sind, sowie vom Arbeitgeber ausgegebene Gewinnschuldverschreibungen; dabei müssen Namensschuldverschreibungen in bestimmter Weise verbürgt oder gesichert sein;

- zum Erwerb von Anteilen an OGAW-Sondervermögen sowie an als Sondervermögen aufgelegten offenen Publikums-AIF sowie von Anteilen an offenen EU-Investmentvermögen und offenen ausländischen AIF unter näheren Voraussetzungen;

---
1 BFH vom 15.10.1976 VI R 232/74 (BStBl 1977 II S. 53).
2 BFH vom 19.09.1976 VI R 172/73 (BStBl 1976 II S. 81).
3 Siehe hierzu auch BMF vom 23.07.2014 (BStBl 2014 I S. 1175).

15.2 Zuwendungen aufgrund des Fünften Vermögensbildungsgesetzes

- zum Erwerb von Genussscheinen, die vom Arbeitgeber als Wertpapiere ausgegeben werden oder an einer deutschen Börse zum regulierten Markt zugelassen sind und von inländischen Unternehmen, die keine Kreditinstitute sind, ausgegeben werden, wenn mit den Genussscheinen das Recht am Gewinn eines Unternehmens verbunden ist; der Arbeitnehmer darf nicht Mitunternehmer i. S. des § 15 Abs. 1 Nr. 2 EStG sein;
- zur Begründung oder zum Erwerb eines Geschäftsguthabens einer inländischen Genossenschaft; ist die Genossenschaft nicht Arbeitgeber, so müssen zur Anlage als vermögenswirksame Leistungen bestimmte weitere Voraussetzungen erfüllt sein, die die Sicherheit der erworbenen Anteile gewährleisten sollen;
- zur Übernahme einer Stammeinlage oder eines Geschäftsanteils an einer inländischen GmbH, wenn die Gesellschaft das Unternehmen des Arbeitgebers ist;
- zur Begründung oder zum Erwerb einer Beteiligung als stiller Gesellschafter i. S. des § 230 HGB an einem inländischen Unternehmen des Arbeitgebers, wobei der Arbeitnehmer nicht Mitunternehmer i. S. des § 15 Abs. 1 Nr. 2 EStG werden darf;
- zur Begründung oder zum Erwerb einer Darlehensforderung gegen den Arbeitgeber, wenn die Darlehensforderung auf dessen Kosten verbürgt oder sonst abgesichert ist;
- zur Begründung oder zum Erwerb eines nicht verbrieften Genussrechts am inländischen Unternehmen des Arbeitgebers, wenn damit das Recht am Gewinn des Unternehmens verbunden ist und der Arbeitnehmer nicht als Mitunternehmer i. S. des § 15 Abs. 1 Nr. 2 EStG angesehen werden kann;

b) als Aufwendungen des Arbeitnehmers aufgrund eines Wertpapier-Kaufvertrags zum Erwerb bestimmter Wertpapiere (Tz. 15.2.3.2);

c) als Aufwendungen des Arbeitnehmers aufgrund eines Beteiligungs-Vertrags (Tz. 15.2.3.3) oder eines Beteiligungs-Kaufvertrags (Tz. 15.2.3.4) zur Begründung oder zum Erwerb von bestimmten – nicht verbrieften – Beteiligungsrechten;

d) als Aufwendungen des Arbeitnehmers, die nach den Vorschriften des WoPG angelegt werden; die Voraussetzungen für die Gewährung der Wohnungsbau-Prämie nach dem WoPG brauchen nicht vorzuliegen;

e) als Aufwendungen des Arbeitnehmers
- zum Bau, zum Erwerb oder zur Erweiterung eines Wohngebäudes oder einer Eigentumswohnung, die im Inland belegen sein müssen;
- zum Erwerb eines Dauerwohnrechts im Sinne des WEG an einer im Inland belegenen Wohnung;

15 Vermögensbildung der Arbeitnehmer

- zum Erwerb eines inländischen Grundstücks zum Zwecke des Wohnungsbaus oder
- zur Erfüllung von Verpflichtungen, die im Zusammenhang mit den vorstehend bezeichneten Vorhaben eingegangen worden sind;

f) als Sparbeiträge des Arbeitnehmers aufgrund eines Sparvertrags i. S. des § 8 des 5. VermBG (Tz. 15.2.3.5);

g) als Beiträge des Arbeitnehmers aufgrund eines Kapitalversicherungsvertrags i. S. des § 9 des 5. VermBG (Tz. 15.2.3.6).

h) als Aufwendungen des Arbeitnehmers, der nach § 18 Abs. 2 oder 3 des 5. VermBG die Mitgliedschaft in einer Genossenschaft oder Gesellschaft mit beschränkter Haftung gekündigt hat, zur Erfüllung von Verpflichtungen aus der Mitgliedschaft, die nach dem 31.12.1994 fortbestehen oder entstehen.

Aktien, Wandelschuldverschreibungen, Gewinnschuldverschreibungen oder Genussscheine sowie Genossenschaftsguthaben und GmbH-Stammeinlagen oder GmbH-Anteile von verbundenen Unternehmen des Arbeitgebers (Unternehmens) stehen eigenen Aktien usw. des Arbeitgebers gleich (§ 2 Abs. 2 des 5. VermBG). Das Gleiche gilt für Geschäftsguthaben bei einer Genossenschaft, Stammeinlagen/Geschäftsanteile an einer Gesellschaft mit beschränkter Haftung, stille Beteiligungen und Darlehen an verbundene Unternehmen des Arbeitgebers.

Vermögenswirksame Leistungen können nach § 3 Abs. 1 des 5. VermBG auch erbracht werden **zugunsten des nicht dauernd getrennt lebenden Ehegatten oder Lebenspartners** des Arbeitnehmers, der mindestens seit Beginn des maßgebenden Kalenderjahres mit dem Arbeitnehmer verheiratet ist, zugunsten der in § 32 Abs. 1 EStG bezeichneten **Kinder,** die zu Beginn des maßgebenden Kalenderjahres das 17. Lebensjahr noch nicht vollendet haben, und zugunsten der **Eltern** oder eines Elternteils des Arbeitnehmers, wenn der Arbeitnehmer zu den vorbezeichneten Kindern der Eltern oder des Elternteils gehört. Das gilt jedoch nicht für die Anlage vermögenswirksamer Leistungen aufgrund von Wertpapier-Kaufverträgen, Beteiligungs-Verträgen oder Beteiligungs-Kaufverträgen (§§ 5 bis 7 des 5. VermBG).

Die vermögenswirksamen Leistungen sind nach § 3 Abs. 2 des 5. VermBG vom Arbeitgeber jeweils für den berechtigten Arbeitnehmer **unmittelbar** an das Unternehmen oder Institut zu leisten, bei dem die vermögenswirksame Anlage erfolgt ist. Dabei sind gegenüber dem Unternehmen oder Institut die vermögenswirksamen Leistungen zu kennzeichnen und die zulagebegünstigten Beträge besonders auszuweisen. Das Unternehmen oder Institut hat seinerseits ebenfalls die vermögenswirksamen Leistungen besonders zu kennzeichnen und die zulagebegünstigten Beträge besonders auszuweisen.

Eine vermögenswirksame Leistung, die als Aufwendung für den Wohnungsbau (obiger Buchstabe e) angelegt wird, ist vom Arbeitgeber auf Verlangen des Arbeitnehmers unmittelbar an diesen zu überweisen, wenn er dem Arbeitgeber eine schriftli-

15.2 Zuwendungen aufgrund des Fünften Vermögensbildungsgesetzes

che Bestätigung des Gläubigers vorgelegt hat, dass die Anlage bei ihm die Voraussetzungen des § 2 Abs. 1 Nr. 5 des 5. VermBG erfüllt. Der Arbeitgeber hat die Richtigkeit der Bestätigung nicht zu prüfen (§ 3 Abs. 3 des 5. VermBG).

Diese Anlagevorschriften gelten nicht für die Anlage vermögenswirksamer Leistungen aufgrund von Wertpapier-Kaufverträgen (§ 5 des 5. VermBG), Beteiligungs-Verträgen (§ 6 Abs. 1 des 5. VermBG) und Beteiligungs-Kaufverträgen (§ 7 Abs. 1 des 5. VermBG) mit dem Arbeitgeber (§ 3 Abs. 2 Satz 5 des 5. VermBG).

15.2.3 Anlageformen für vermögenswirksame Leistungen

Nach dem 5. VermBG können vermögenswirksame Leistungen nur noch in bestimmten Anlageformen, die das Gesetz im Einzelnen vorschreibt und ausgestaltet, angelegt werden. Abweichend hiervon sieht das 5. VermBG keine gesonderte Vertragsform für **Anlagen nach dem Wohnungsbau-Prämiengesetz** (Tz. 15.2.2 Buchst. d) und für **Aufwendungen zum Wohnungsbau** (Tz. 15.2.2 Buchst. e) keine besonderen Anlageformen vor. Aufwendungen zum Wohnungsbau können unmittelbar für den gewünschten Zweck eingesetzt werden, ohne dass bestimmte Verwendungs- oder Sperrfristen zu beachten sind. Bei Anlagen nach dem Wohnungsbau-Prämiengesetz sind allerdings die im Wohnungsbau-Prämiengesetz bestimmten Fristen zu beachten.

Für die übrigen Anlagen gilt Folgendes:

15.2.3.1 Sparvertrag über Wertpapiere oder andere Vermögensbeteiligungen
(§ 4 des 5. VermBG)

Ein Sparvertrag über Wertpapiere oder andere Vermögensbeteiligungen ist insbesondere ein Vertrag mit einem inländischen Kreditinstitut bzw. einer Kapitalanlagegesellschaft oder einer Kapitalverwaltungsgesellschaft, in dem sich der Arbeitnehmer verpflichtet, bestimmte Wertpapiere zu erwerben oder nicht verbriefte Vermögensbeteiligungen zu begründen oder zu erwerben und hierfür einmalig oder auf die Dauer von 6 Jahren laufend vermögenswirksame Leistungen einzahlen zu lassen oder selbst andere Beträge einzuzahlen (§ 4 Abs. 1 des 5. VermBG).[1] Erworben werden können damit insbesondere Wertpapiere oder andere Vermögensbeteiligungen der unter Tz. 15.2.2 Buchst. a aufgeführten Arten.

Die Förderung der aufgrund eines solchen Sparvertrags abgelegten vermögenswirksamen Leistungen setzt nach § 4 Abs. 2 des 5. VermBG voraus, dass mit den Leistungen eines Kalenderjahres spätestens bis zum Ablauf des folgenden Kalenderjahres die Wertpapiere erworben oder die Rechte begründet oder erworben werden (**Verwendungsfrist**). Des Weiteren müssen die erworbenen Wertpapiere für sieben Jahre (**Sperrfrist**) festgelegt werden und es darf über sie nicht durch Rückzahlung,

---
[1] Siehe auch BMF vom 23.07.2014 (BStBl 2014 I S. 1175), Tz. 5.

Abtretung, Beleihung oder in anderer Weise verfügt werden (§ 4 Abs. 2 Nr. 2 des 5. VermBG).

Verfügt der Arbeitnehmer gleichwohl **vor Ablauf** der Sperrfrist über die eingezahlten vermögenswirksamen Leistungen, **entfällt** gem. § 13 Abs. 5 des 5. VermBG der **Anspruch auf die Arbeitnehmer-Sparzulage.**

Unschädlich ist eine vorzeitige Verfügung nach § 4 Abs. 4 des 5. VermBG in folgenden Fällen:

- Tod oder völlige Erwerbsunfähigkeit des Arbeitnehmers oder seines Ehegatten/Lebenspartners,

- Verfügung mindestens 2 Jahre nach Beginn der Sperrfrist, wenn der Arbeitnehmer nach Vertragsabschluss, aber vor der vorzeitigen Verfügung geheiratet oder eine Lebensgemeinschaft begründet hat,

- Arbeitslosigkeit, die im Zeitpunkt der vorzeitigen Verfügung seit mindestens einem Jahr ununterbrochen besteht,

- Verwendung der Leistungen innerhalb von 3 Monaten nach der Verfügung zu einer außerbetrieblichen, beruflichen Weiterbildung (siehe die Details hierzu in § 4 Abs. 4 Nr. 4 des 5. VermBG),

- der Arbeitnehmer hat nach Vertragsabschluss unter Aufgabe der nichtselbständigen Tätigkeit eine selbständige Erwerbstätigkeit aufgenommen und der Gemeinde nach § 138 Abs. 1 AO dies mitgeteilt,

- festgelegte Wertpapiere werden veräußert und der Erlös wird bis Ablauf des dem Veräußerungsmonat folgenden Kalendermonats zum Erwerb neuer gleichartiger Wertpapiere wiederverwendet; eine Ausnahme gilt für Erlöse bis zu 150 Euro insgesamt.

Unschädlich ist ferner eine Verfügung während der Sperrfrist, wenn der Sparvertrag auf ein anderes Kreditinstitut übertragen wird und dieses in die Rechte und Pflichten des übertragenden Kreditinstituts eintritt (§ 4 Abs. 5 des 5. VermBG).

Ein Sparvertrag wird **unterbrochen** und kann nicht fortgeführt werden, wenn in einem Kalenderjahr, das dem Kalenderjahr des Vertragsabschlusses folgt, weder vermögenswirksame Leistungen noch andere Beträge eingezahlt werden (§ 4 Abs. 6 des 5. VermBG). Die Unterbrechung tritt auch dann ein, wenn Einzahlungen zurückgezahlt oder Rückzahlungsansprüche aus dem Vertrag abgetreten oder beliehen werden. Unschädliche vorzeitige Verwendungen gelten dagegen nicht als Rückzahlung.

Auf einen Sparvertrag über Wertpapiere oder andere Vermögensbeteiligungen eingezahlte vermögenswirksame Leistungen eines Kalenderjahres, die nicht innerhalb der maßgebenden Fristen nach § 4 Abs. 2 Nr. 1 des 5. VermBG zum Erwerb von Wertpapieren usw. verwendet worden sind (**Spitzenbeträge**), werden gefördert, wenn sie am Ende eines Kalenderjahres insgesamt 150 Euro nicht übersteigen und

15.2 Zuwendungen aufgrund des Fünften Vermögensbildungsgesetzes

bis zum Ablauf der Sperrfrist zweckentsprechend verwendet werden (§ 4 Abs. 3 des 5. VermBG).

15.2.3.2 Wertpapier-Kaufvertrag (§ 5 des 5. VermBG)

Ein Wertpapier-Kaufvertrag ist ein Kaufvertrag zwischen dem Arbeitnehmer und dem Arbeitgeber zum Erwerb von Wertpapieren i. S. des § 2 Abs. 1 Nr. 1 Buchst. a bis f, Abs. 2 Satz 1, Abs. 3 und 4 des 5. VermBG (Tz. 15.2.2 Buchst. a) mit der Vereinbarung, den vom Arbeitnehmer geschuldeten Kaufpreis mit vermögenswirksamen Leistungen zu verrechnen oder mit anderen Beträgen zu zahlen (§ 5 Abs. 1 des 5. VermBG).

Auch hier ist eine **Sperrfrist** von 6 Jahren einzuhalten, die am 1. Januar des Kalenderjahres beginnt, in dem das Wertpapier erworben wird; zudem darf auch keine „schädliche" Verfügung vorliegen (vgl. zu den Einzelheiten § 5 Abs. 2 des 5. VermBG). Die Fälle der unschädlichen vorzeitigen Verfügungen, die für den Sparvertrag gelten (Tz. 15.2.3.1), sind im Hinblick auf § 4 Abs. 4 Nr. 1 bis 5 des 5. VermBG auch hier anzuwenden (§ 5 Abs. 2 des 5. VermBG). Ein Spitzenausgleich wie beim Sparvertrag über Wertpapiere usw. (Tz. 15.2.3.1) ist jedoch nicht zugelassen, weil dies dem Verbot der Werksparkassen (§ 3 Nr. 1 KWG) widersprechen würde.

15.2.3.3 Beteiligungs-Vertrag (§ 6 des 5. VermBG)

Ein Beteiligungs-Vertrag ist nach § 6 Abs. 1 des 5. VermBG ein Vertrag zwischen dem Arbeitnehmer und dem Arbeitgeber über die Begründung von Rechten i. S. des § 2 Abs. 1 Nr. 1 Buchst. g bis l und Abs. 4 des 5. VermBG (Tz. 15.2.2 Buchst. c) für den Arbeitnehmer am Unternehmen des Arbeitgebers mit der Vereinbarung, die vom Arbeitnehmer für die Begründung geschuldete Geldsumme (z. B. zum Erwerb eines GmbH-Anteils) mit vermögenswirksamen Leistungen zu verrechnen oder mit anderen Beträgen zu zahlen. Nach § 6 Abs. 2 des 5. VermBG kann ein solcher Beteiligungs-Vertrag aber auch mit einem Unternehmen geschlossen werden, das mit dem Unternehmen des Arbeitgebers verbunden oder nach § 2 Abs. 2 Satz 4 des 5. VermBG an diesem Unternehmen (still) beteiligt ist, wenn es sich um die Begründung von Rechten i. S. des § 2 Abs. 1 Nr. 1 Buchst. g bis l, Abs. 2 Satz 2 und 5 und Abs. 4 des 5. VermBG handelt (Geschäftsguthaben an Genossenschaft, GmbH-Anteil, stille Beteiligung i. S. des § 230 HGB usw.).

Ebenso kann ein Beteiligungs-Vertrag auch zwischen dem Arbeitnehmer und einer Kredit-, Bau- oder Wohnungsgenossenschaft, die nicht Arbeitgeber des Arbeitnehmers ist, geschlossen werden, wenn die Genossenschaft die Voraussetzungen des § 2 Abs. 1 Nr. 1 Buchst. g Halbsatz 2 des 5. VermBG erfüllt und mit dem Vertrag ein Geschäftsguthaben bei der Genossenschaft für den Arbeitnehmer begründet werden soll.

In allen Fällen tritt eine Förderung ebenfalls nur ein, wenn eine **Sperrfrist** von 6 Jahren eingehalten wird. Vorzeitige Verfügungen sind in den gleichen Fällen wie bei Sparverträgen über Wertapiere (Tz. 15.2.3.1) unschädlich (vgl. zu den Einzelheiten § 6 Abs. 3 des 5. VermBG).

15.2.3.4 Beteiligungs-Kaufvertrag (§ 7 des 5. VermBG)

Anknüpfend an die Regelung über den Beteiligungs-Vertrag beschreibt § 7 Abs. 1 des 5. VermBG den Beteiligungs-Kaufvertrag als einen Kaufvertrag zwischen dem Arbeitnehmer und dem Arbeitgeber zum Erwerb von Geschäftsguthaben an einer Genossenschaft, von GmbH-Anteilen oder stillen Beteiligungen i. S. des § 230 HGB (§ 2 Abs. 1 Nr. 1 Buchst. g bis l des 5. VermBG) bzw. von Rechten i. S. des § 2 Abs. 2 Satz 2 bis 5 und Abs. 4 des 5. VermBG durch den Arbeitnehmer mit der Vereinbarung, den vom Arbeitnehmer geschuldeten Kaufpreis mit vermögenswirksamen Leistungen zu verrechnen oder mit anderen Beträgen zu zahlen. Einen Beteiligungs-Kaufvertrag über den Erwerb eines Geschäftsanteils an einer GmbH kann der Arbeitnehmer auch mit dieser GmbH abschließen, wenn die GmbH mit dem Unternehmen seines Arbeitgebers verbunden ist (§ 7 Abs. 2 des 5. VermBG).

Die übrigen Förderungsvoraussetzungen (Sperrfrist, unschädliche Verfügungen usw.) sind die gleichen wie beim Beteiligungs-Vertrag (vgl. § 6 Abs. 3 des 5. VermBG), § 7 Abs. 3 des 5. VermBG.

15.2.3.5 Sparvertrag (§ 8 des 5. VermBG)

Die Förderung der Vermögensbildung wurde durch das Steuerreformgesetz 1990 vom 25.07.1988 (BGBl 1988 I S. 1093) auf Vermögensbeteiligungen und Anlagen nach dem Wohnungsbau-Prämiengesetz sowie Aufwendungen für den Wohnungsbau beschränkt. Für vermögenswirksame Leistungen, die in einem Sparvertrag angelegt werden, erhält der Arbeitnehmer **keine Arbeitnehmer-Sparzulage mehr.**

Die Bedeutung einer Anlage nach § 8 des 5. VermBG beschränkt sich seitdem auf das Verhältnis zwischen Arbeitgeber und Arbeitnehmer. Nur bei einer Anlage im Sinne dieser Vorschrift handelt es sich um eine vermögenswirksame Leistung nach dem 5. VermBG, die den Arbeitgeber verpflichtet, entsprechende Leistungen zusätzlich zum Arbeitslohn zu gewähren.

Ein Sparvertrag ist ein Vertrag mit einem Kreditinstitut, in dem sich der Arbeitnehmer verpflichtet hat, einmalig oder für die Dauer von 6 Jahren laufend vermögenswirksame Leistungen einzahlen zu lassen oder andere Beträge einzuzahlen (§ 8 Abs. 1 und 2 des 5. VermBG). Es können mithin auch Beträge eingezahlt werden, die keine vermögenswirksamen Leistungen sind. Die Höhe der einzelnen Beträge ist nicht begrenzt.

Voraussetzung ist, dass eine **Sperrfrist von 7 Jahren** eingehalten wird (§ 8 Abs. 2 Nr. 2 des 5. VermBG). Die Sperrfrist ist eingehalten, wenn während der Laufzeit die

15.2 Zuwendungen aufgrund des Fünften Vermögensbildungsgesetzes

Leistungen festgelegt und die Rückzahlungsansprüche aus dem Vertrag weder abgetreten noch beliehen werden. Danach ist der Anspruch auf Zinsen frei verfügbar. Die Sperrfrist beginnt stets mit dem 1. Januar des Kalenderjahres, in dem die vermögenswirksame Leistung beim Kreditinstitut eingeht (bei laufenden Einzahlungen die erste vermögenswirksame Leistung).

Unschädlich ist jedoch eine vorzeitige Verfügung in den Fällen des § 4 Abs. 4 Nr. 1 bis 5 i. V. m. § 8 Abs. 3 des 5. VermBG (Tz. 15.2.3.1). Darüber hinaus liegt eine schädliche Verfügung nicht vor, wenn der Arbeitnehmer innerhalb der Sperrfrist mit den angesparten Beträgen Wertpapiere, Schuldverschreibungen, Genussscheine, Anleiheforderungen, Anteile an Sondervermögen im Sinne des Investmentgesetzes oder Anteile an offenen EU-Investmentvermögen und ausländischen AIF und die gekauften Wertpapiere für den Rest der Sperrfrist festlegt. Im Einzelnen wird auf § 8 Abs. 4 des 5. VermBG verwiesen. Unschädlich ist schließlich auch eine Überweisung der eingezahlten Beträge vor Ablauf der Sperrfrist auf einen vom Arbeitnehmer oder seinem nicht dauernd getrennt lebenden Ehegatten oder Lebenspartner abgeschlossenen Bausparvertrag, der noch nicht zugeteilt sein darf (vgl. § 8 Abs. 5 des 5. VermBG).

15.2.3.6 Kapitalversicherungsvertrag (§ 9 des 5. VermBG)

Für vermögenswirksame Leistungen, die in einem Kapitalversicherungsvertrag angelegt sind, erhält der Arbeitnehmer **keine Arbeitnehmer-Sparzulage mehr** (siehe Tz. 15.2.3.5).

In § 9 des 5. VermBG ist schließlich geregelt, unter welchen Voraussetzungen vermögenswirksame Leistungen zum Erwerb von Versicherungsleistungen eingesetzt werden können. Es handelt sich um Verträge über Kapitalversicherungen gegen laufenden Beitrag auf den Erlebens- oder Todesfall (vgl. zu den Einzelheiten § 9 Abs. 1 bis 5 des 5. VermBG).

15.2.4 Begründung der vermögenswirksamen Leistung

Vermögenswirksame Leistungen werden i. d. R. durch vertragliche Vereinbarungen begründet (§ 1 Abs. 1 des 5. VermBG). Nur bei Beamten, Richtern und Soldaten (§ 1 Abs. 4 des 5. VermBG) tritt anstelle der vertraglichen Vereinbarung eine gesetzliche Regelung im Gesetz über Beamte, Richter, Berufssoldaten und Soldaten auf Zeit.

Vermögenswirksame Leistungen werden hauptsächlich **zusätzlich zum Arbeitslohn** vereinbart. Nach § 11 des 5. VermBG können aber auch **Teile des Arbeitslohns** als vermögenswirksame Leistungen angelegt werden.

Das Gesetz sieht in § 10 Abs. 1 des 5. VermBG insbesondere folgende verschiedene Formen der Vereinbarung vor:

– Einzelvertrag zwischen Arbeitgeber und Arbeitnehmer,

15 Vermögensbildung der Arbeitnehmer

- Betriebsvereinbarung zwischen Arbeitgeber und Betriebsrat,
- Tarifvertrag zwischen Arbeitgeberverband und Gewerkschaft.

Nach § 12 des 5. VermBG werden vermögenswirksame Leistungen nur dann gefördert, wenn der Arbeitnehmer die Anlageform und das Anlageunternehmen (ggf. mit Zustimmung des Arbeitgebers, wenn in dessen Unternehmen angelegt wird) frei wählen kann **(Wahlfreiheit)**. Es steht der staatlichen Förderung jedoch nicht entgegen, wenn durch Tarifvertrag die Anlage auf die Anlageformen des § 2 Abs. 1 Nr. 1 bis 5, Abs. 2 bis 4 des 5. VermBG beschränkt wird (§ 12 Satz 2 des 5. VermBG). Danach kann zwar die Anlage in nicht zulagebegünstigte Geldsparverträge und Kapitalversicherungsverträge ausgeschlossen werden, die Wahlfreiheit zwischen sämtlichen zulagebegünstigten Anlageformen bleibt aber erhalten.

15.2.4.1 Begründung durch Tarifvertrag

Nach § 10 Abs. 5 des 5. VermBG kann der Arbeitgeber auf tarifvertraglich vereinbarte vermögenswirksame Leistungen die betrieblichen Sozialleistungen anrechnen, die dem Arbeitnehmer in dem Kalenderjahr bisher schon als vermögenswirksame Leistungen erbracht worden sind.

15.2.4.2 Begründung durch Einzelvertrag

Die Vereinbarung einer vermögenswirksamen Leistung durch Einzelvertrag geschieht durch den Abschluss eines entsprechenden Vertrags zwischen dem Arbeitgeber und dem jeweiligen Arbeitnehmer. Ein solcher Einzelvertrag kann auch nach § 11 Abs. 1 des 5. VermBG dadurch geschlossen werden, dass der Arbeitnehmer beim Arbeitgeber schriftlich den Abschluss eines Vertrags über die vermögenswirksame Anlage von Teilen seines Arbeitslohns beantragt. Die aufgrund einer solchen Vereinbarung vermögenswirksam angelegten Teile des Arbeitslohns sind vermögenswirksame Leistungen im Sinne des 5. VermBG (§ 11 Abs. 2 des 5. VermBG).

Die Verpflichtung des Arbeitgebers zum Abschluss eines solchen Vertrags besteht nach § 11 Abs. 3 des 5. VermBG jedoch nur, wenn der Arbeitnehmer die vermögenswirksame Anlage von Teilen des Arbeitslohns entweder in monatlichen, der Höhe nach gleich bleibenden Beträgen von mindestens 13 Euro oder in vierteljährlich gleich bleibenden Beträgen von mindestens 39 Euro oder nur einmal im Kalenderjahr in Höhe eines Betrags von mindestens 39 Euro verlangt.

Während des Kalenderjahres kann der Arbeitnehmer bei Anlage in monatlichen Beträgen die Art der vermögenswirksamen Anlage und das Unternehmen oder Institut, bei dem sie erfolgen soll, nur mit Zustimmung des Arbeitgebers wechseln.

Um den Arbeitgeber durch die Anlage von Teilen des Arbeitslohns als vermögenswirksame Leistungen nicht unnötig zu belasten, kann der Arbeitgeber einen Termin im Kalenderjahr bestimmen, zu dem die Arbeitnehmer des Betriebs oder Betriebsteils die einmalige Anlage von Teilen des Arbeitslohns als vermögenswirksame Leistungen verlangen können (§ 11 Abs. 4 des 5. VermBG). Die Bestimmung dieses Termins unterliegt jedoch der Mitbestimmung nach den jeweils in Betracht kommenden Vorschriften (z. B. BetrVerfG). Der Termin ist in jedem Kalenderjahr erneut bekannt zu machen. Zu einem anderen als dem vom Arbeitgeber bestimmten Termin kann der Arbeitnehmer eine einmalige Anlage von Teilen des Arbeitslohns als vermögenswirksame Leistung nur verlangen, wenn es sich um Arbeitslohn handelt, der im letzten Lohnzahlungszeitraum des Kalenderjahres erzielt wird, oder um Zuwendungen, die im Zusammenhang mit dem Weihnachtsfest oder zum Jahresende gezahlt werden (z. B. Weihnachtsgeld oder Jahresgratifikation).

Hat der Arbeitnehmer einen Einzelvertrag über die vermögenswirksame Anlage von Teilen seines Arbeitslohns abgeschlossen, so kann er nur einmal im Kalenderjahr vom Arbeitgeber schriftlich die Aufhebung, Einschränkung oder Erweiterung des Vertrags verlangen. Im Fall der Aufhebung ist der Arbeitgeber nicht verpflichtet, in demselben Kalenderjahr einen entsprechenden neuen Vertrag abzuschließen (§ 11 Abs. 5 des 5. VermBG).

In Tarifverträgen oder Betriebsvereinbarungen kann von den vorstehenden Formvorschriften, Terminen usw. abgewichen werden (§ 11 Abs. 6 des 5. VermBG).

15.2.5 Rechtsnatur der vermögenswirksamen Leistungen

Sowohl die nach § 11 des 5. VermBG angelegten Teile des Arbeitslohns als auch die vom Arbeitgeber nach § 10 des 5. VermBG zusätzlich gewährten vermögenswirksamen Leistungen sind **steuerpflichtige Einnahmen** im Sinne des EStG und unterliegen als Arbeitsentgelt der **Sozialversicherungspflicht** (§ 2 Abs. 6 des 5. VermBG).

Vermögenswirksame Leistungen liegen auch insoweit vor, als kein Anspruch auf Arbeitnehmer-Sparzulage besteht, weil

– die vermögenswirksame Leistung in einen Sparvertrag (§ 8 des 5. VermBG) oder einen Kapitalversicherungsvertrag (§ 9 des 5. VermBG) einbezahlt wird,

– die zulagebegünstigten Höchstbeträge (§ 13 Abs. 2 des 5. VermBG)

  oder

– die Einkommensgrenzen (§ 13 Abs. 1 des 5. VermBG) überschritten werden.

15.2.6 Arbeitnehmer-Sparzulage (§ 13 des 5. VermBG)

Die Förderung der Vermögensbildung der Arbeitnehmer durch das 5. VermBG besteht darin, dass die Arbeitnehmer, die eine zusätzliche vermögenswirksame Leistung erhalten oder die einen Teil ihres Arbeitsentgelts vermögenswirksam anlegen, eine Arbeitnehmer-Sparzulage erhalten (§ 13 Abs. 1 und 2 des 5. VermBG).

15 Vermögensbildung der Arbeitnehmer

Die Arbeitnehmer-Sparzulage können nur Arbeitnehmer, die Einkünfte aus nichtselbständiger Arbeit i. S. des § 19 Abs. 1 EStG beziehen, erhalten. Dazu gehören auch Beamte, Richter, Berufssoldaten und Soldaten auf Zeit. Zwar gehören zu diesen Einkünften i. S. des § 19 Abs. 1 EStG auch Ruhegelder usw. aufgrund eines früheren Dienstverhältnisses. Pensionäre, Rentner usw. sind jedoch von den Vergünstigungen des Gesetzes ausgeschlossen (vgl. Tz. 15.2.1).

Die Arbeitnehmer-Sparzulage gilt weder als steuerpflichtige Einnahme im Sinne des EStG noch als Arbeitsentgelt im Sinne des Sozialversicherungsrechts. Arbeitsrechtlich gilt sie nicht als Bestandteil des Lohnes oder Gehalts. Der Anspruch auf die Zulage ist nicht übertragbar (§ 13 Abs. 3 des 5.VermBG).

15.2.6.1 Einkommensgrenzen

Die Arbeitnehmer-Sparzulage wird nur gewährt, wenn bestimmte Einkommensgrenzen – differenzierend nach der Art der angelegten vermögenswirksamen Leistungen (vgl. § 13 Abs. 1 Nr. 1 und 2 des 5. VermBG) – nicht überschritten werden (§ 13 Abs. 1 des 5. VermBG). Entscheidend ist hierbei das **zu versteuernde Einkommen** (§ 2 Abs. 5 EStG) in dem Kalenderjahr, in dem die vermögenswirksamen Leistungen angelegt worden sind, sodass insbesondere auch § 2 Abs. 5 Satz 2 EStG zu beachten ist. Hiernach ist das zu versteuernde Einkommen bei Arbeitnehmern mit zu berücksichtigenden Kindern i. S. des § 32 EStG um die Freibeträge für Kinder i. S. des § 32 Abs. 6 EStG zu kürzen.

Da das 5. VermBG auf das zu versteuernde Einkommen abstellt, liegen die Grenzen, bezogen auf den Bruttoarbeitslohn des Arbeitnehmers, tatsächlich erheblich höher.

15.2.6.2 Umfang der staatlichen Förderung

Ab dem Jahr 1999 wurde die bis dahin einheitliche Förderung aufgegeben und es wurden für verschiedene Arten von vermögenswirksamen Leistungen unterschiedlich hohe Sparzulagen und unterschiedlich hohe Begünstigungsvolumen eingeführt (§ 13 Abs. 2 des 5. VermBG; sog. Zweikörbeförderung).

Anlage von vermögenswirksamen Leistungen **in Vermögensbeteiligungen** (§ 2 Abs. 1 Nr. 1 bis 3 und Abs. 2 bis 4 des 5. VermBG)	Anlage von vermögenswirksamen Leistungen **im Wohnungsbau** (§ 2 Abs. 1 Nr. 4 bis 5 des 5. VermBG)
Für die Anlage von vermögenswirksamen Leistungen in betriebliche und außerbetriebliche Vermögensbeteiligungen wird eine **Sparzulage von 20 %** bis zu einem **Höchstbetrag der Anlage von 400 Euro** gewährt.	Für Aufwendungen zum Wohnungsbau und Anlagen nach dem Wohnungsbau-Prämiengesetz wird eine **Sparzulage von 9 %** bis zu einem **Höchstbetrag der Anlage von 470 Euro** gewährt.

15.2 Zuwendungen aufgrund des Fünften Vermögensbildungsgesetzes

Beide Förderarten können nebeneinander beansprucht werden, sodass vermögenswirksame Leistungen bis zu 870 Euro jährlich mit einer Arbeitnehmer-Sparzulage von insgesamt 122,30 Euro (aufgerundet 123 Euro, wobei jeder Anlagevertrag auf volle Euro aufzurunden ist)[1] begünstigt sind (20 % aus max. 400 Euro und 9 % aus max. 470 Euro).

Stehen **beide Ehegatten/Lebenspartner in einem Arbeitsverhältnis,** so kann **jeder** von ihnen für seine vermögenswirksamen Leistungen die Arbeitnehmer-Sparzulage bis zum jeweiligen Höchstbetrag erhalten. Die von einem Ehegatten/Lebenspartner nicht ausgenutzte Arbeitnehmer-Sparzulage kann jedoch nicht auf den anderen Ehegatten/Lebenspartner übertragen werden.

Die Arbeitnehmer-Sparzulage ist nicht auf das Dienstverhältnis, sondern auf den einzelnen Arbeitnehmer bezogen. Das bedeutet, dass ein Arbeitnehmer, der in **mehreren Dienstverhältnissen** steht und daraus vermögenswirksame Leistungen bezieht, die Arbeitnehmer-Sparzulage hierfür bis zum in Betracht kommenden Höchstbetrag nur **einmal** in Anspruch nehmen kann.

15.2.6.3 Entstehung und Ausbezahlung

Der **Anspruch auf Arbeitnehmer-Sparzulage** entsteht mit Ablauf des Kalenderjahres, in dem die vermögenswirksame Leistung angelegt worden ist (§ 13 Abs. 4 des 5. VermBG). Er **entfällt** nach § 13 Abs. 5 des 5. VermBG mit Wirkung für die Vergangenheit, soweit die gesetzlichen Festlegungsfristen oder die sonstigen Voraussetzungen des 5. VermBG oder des WoPG nicht eingehalten werden (vgl. zu den Einzelheiten § 13 Abs. 5 des 5. VermBG). Eine Ausnahme von diesem Grundsatz enthält § 13 Abs. 5 Satz 3 des 5. VermBG für Umtausch- oder Abfindungsfälle bei Wertpapieren, wenn erworbene Wertpapiere oder Rechte wertlos werden oder wenn der Arbeitnehmer über nach § 2 Abs. 1 Nr. 4 des 5. VermBG angelegte vermögenswirksame Leistungen nach Maßgabe des § 4 Abs. 4 Nr. 4 des 5. VermBG i. H. von mindestens 30 Euro verfügt.

Die **Arbeitnehmer-Sparzulage** wird **auf Antrag des Arbeitnehmers vom zuständigen Wohnsitz-Finanzamt festgesetzt und ausbezahlt** (§ 14 Abs. 4 des 5. VermBG). Der Arbeitnehmer hat den Antrag auf amtlich vorgeschriebenem Vordruck zu stellen. Weitere Einzelheiten ergeben sich aus der nach § 14 Abs. 7 des 5. VermBG zu erlassenden VermBDV.

Seit 1994 wird die Arbeitnehmer-Sparzulage nicht mehr sofort nach ihrer Festsetzung ausbezahlt, da aus Gründen der Haushaltskonsolidierung die Fälligkeit auf spätere Jahre verlagert wurde. Nach § 14 Abs. 4 Satz 4 des 5. VermBG erfolgt die Auszahlung erst

---
[1] Vgl. BMF vom 23.07.2014 (BStBl 2014 I S. 1175), Tz. 15 Abs. 10 und Tz. 16 Abs. 3.

- mit Ablauf der für die Anlageform vorgeschriebenen Sperrfrist nach dem 5. VermBG,
- mit Ablauf der im WoPG oder in der WoPDV genannten Sperr- und Rückzahlungsfristen,
- mit Zuteilung des Bausparvertrags oder
- in den Fällen unschädlicher Verfügung.

Bei Rechtsstreitigkeiten über die Festsetzung und Auszahlung der Arbeitnehmer-Sparzulage ist der Finanzrechtsweg gegeben (§ 14 Abs. 8 des 5. VermBG).

Zu weiteren Einzelheiten vgl. BMF-Schreiben vom 23.07.2014 (BStBl 2014 I S. 1175).

16 Zuschlagsteuern zur Lohnsteuer

16.1 Allgemeines

Nach Art. 105 Abs. 2 i. V. m. Art. 106 Abs. 1 Nr. 6 GG kann der Bund eine Ergänzungsabgabe zur Einkommensteuer (Lohnsteuer) und zur Körperschaftsteuer erheben. Außerdem lässt das Gesetz zur Förderung der Stabilität und des Wachstums der Wirtschaft (StabG) vom 08.06.1967 (BGBl 1967 I S. 527) die Erhebung eines – ggf. rückzahlbaren – Konjunkturzuschlags zur Einkommensteuer (Lohnsteuer) und zur Körperschaftsteuer zu, wenn dies aus konjunkturpolitischen Gründen erforderlich ist.

Von diesen gesetzlichen Möglichkeiten ist in den vergangenen Jahren wiederholt Gebrauch gemacht worden. So hat der Bund in den vergangenen Jahrzehnten z. B. eine Ergänzungsabgabe, einen zurückzuzahlenden Konjunkturzuschlag und einen Stabilitätszuschlag zur Einkommensteuer (Lohnsteuer) und Körperschaftsteuer erhoben. Der Zweck der Abgabenerhebung war jeweils unterschiedlich: Erzielung von Mehreinnahmen für den Bund zur Erfüllung besonderer Aufgaben, Steuerung der Konjunktur oder Sicherung der Stabilität in der Bundesrepublik Deutschland.

Um die durch die Wiedervereinigung der ehemaligen DDR mit der Bundesrepublik Deutschland am 03.10.1990 vom Bund zu erbringenden hohen Ausgaben für die „Sanierung" der neuen Bundesländer in den Bereichen der Wirtschaft, der öffentlichen Verwaltung, der Kultur, der Verkehrswege usw. leisten zu können, hat der Bund von der eingeräumten Möglichkeit zur Erhebung einer Ergänzungsabgabe erneut Gebrauch gemacht. So wurde zunächst für die Jahre 1991 und 1992 aufgrund des Solidaritätszuschlaggesetzes (SolZG) vom 24.06.1991 ein **Solidaritätszuschlag** als Ergänzungsabgabe auf die Einkommen- und Körperschaftsteuer erhoben. Als sich nach Ablauf des Jahres 1992 herausstellte, dass der „Aufbau Ost" vom Bund erheblich mehr Aufwendungen erfordert als ursprünglich angenommen, wurde durch das Solidaritätszuschlaggesetz (SolZG) vom 23.06.1993 (BGBl 1993 I S. 944 und 975) erneut ab 1995 ein Solidaritätszuschlag (SolZ) eingeführt, und zwar unbefristet. Allerdings hat sich die Bundesregierung bei Verabschiedung des Gesetzes verpflichtet, die Notwendigkeit der Erhebung eines SolZ jährlich zu überprüfen.

Nach Art. 140 GG i. V. m. Art. 137 Abs. 6 Weimarer Verfassung, der insoweit fortgeltendes Verfassungsrecht ist, sind ferner die Kirchen und Religionsgemeinschaften, sofern sie eine Körperschaft des öffentlichen Rechts sind, befugt, nach Maßgabe landesrechtlicher Bestimmungen von ihren Mitgliedern eine **Kirchensteuer** in der Form eines Zuschlags zur Einkommensteuer (Lohnsteuer) zu erheben.

Allen diesen Zuschlagsteuern ist gemeinsam, dass ihre Bemessungsgrundlage die Einkommensteuer oder Lohnsteuer ist. Dieses Verfahren bewirkt, dass alle Vergünstigungen – aber auch alle Nachteile – im Bereich der Einkommen- oder Lohnsteuer sich ebenfalls unmittelbar bei den Zuschlagsteuern auswirken. Wird z. B. die Einkommensteuer (Lohnsteuer) bei einem Arbeitnehmer durch den Lohnsteuerabzug abgegolten oder werden die Einkünfte aus nichtselbständiger Arbeit bei der Veranlagung zur Einkommensteuer oder beim Lohnsteuer-Jahresausgleich nicht erfasst, so gilt dies nach § 51a Abs. 3 EStG auch für die mit der Lohnsteuer zusammen erhobene Zuschlagsteuer.

Im Hinblick auf den mit dem JStG 1996 eingeführten Familienleistungsausgleich durch Gewährung der Freibeträge für Kinder oder durch Zahlung von Kindergeld, die als „Steuervergütung" gilt (§ 31 EStG), musste durch eine Korrektur der Bemessungsgrundlage für die Zuschlagsteuer bei Steuerpflichtigen mit Kindern sichergestellt werden, dass die Einführung des Familienleistungsausgleichs nicht zu einer Benachteiligung führt. Da nämlich die Berücksichtigung von Kindern jetzt zunächst durch Gewährung von Kindergeld geschieht, das laufend monatlich als Steuervergütung gezahlt wird, würde eine Beibehaltung der ohne Berücksichtigung der Freibeträge für Kinder festgesetzten Einkommensteuer als Bemessungsgrundlage der Zuschlagsteuer zu einer erheblichen steuerlichen Benachteiligung der betroffenen Steuerpflichtigen führen. Bei ihnen würde die Zuschlagsteuer das Vorhandensein von zu unterhaltenden Kindern nicht berücksichtigen und damit gegen den Grundsatz der Erhebung von Ertragsteuern entsprechend der Leistungsfähigkeit verstoßen. Aus diesen Gründen bestimmt § 51a Abs. 2a EStG, dass **Bemessungsgrundlage für die Zuschlagsteuern die Einkommensteuer ist, die abweichend von § 2 Abs. 6 EStG unter Berücksichtigung von Freibeträgen für Kinder festzusetzen** wäre.

Beispiel:
A ist verheiratet und hat zwei unter 18 Jahre alte Kinder. Er erzielte im Jahr 01 ein zu versteuerndes Einkommen von 25.000 €. Er erhielt im Jahr 01 an Kindergeld 4.752 €.
Bemessungsgrundlage der Einkommensteuer für A ist das zu versteuernde Einkommen von 25.000 €, wobei die 4.752 € Kindergeld auf die Einkommensteuer angerechnet werden.

Bemessungsgrundlage für die Zuschlagsteuern (SolZ und KiSt) ist die Einkommensteuer, die sich aufgrund folgender Bemessungsgrundlage ergibt:

zu versteuerndes Einkommen	25.000 €
./. zwei Freibeträge für Kinder	14.712 €
Bemessungsgrundlage für Einkommensteuer (fiktiv)	10.288 €

Die sich für dieses zu „versteuernde" Einkommen ergebende Einkommensteuer ist Bemessungsgrundlage für die Zuschlagsteuern.

Nach dieser gesetzlichen „Grundregelung" ist auch beim Steuerabzug vom laufenden Arbeitslohn und beim Lohnsteuer-Jahresausgleich zu verfahren. Deshalb bestimmt § 51a Abs. 2a EStG, dass als Bemessungsgrundlage beim Steuerabzug für Arbeitslohn die Lohnsteuer maßgebend ist, die sich ergibt, wenn man in den Steuerklassen I, II und III die Freibeträge für ein Kind von 7.356 Euro und für die Steuerklasse IV von 3.678 Euro abzieht.

16.2 Kirchensteuer

Die am längsten bestehende Zuschlagsteuer ist die Kirchensteuer der Religionsgesellschaften, die als Körperschaften des öffentlichen Rechts anerkannt sind. Es sind dies insbesondere die katholische und die evangelische Kirche. Das Steuererhebungsrecht ist den Kirchen durch Art. 140 GG i. V. m. Art. 137 Abs. 6 der Weimarer Reichsverfassung ausdrücklich verfassungsrechtlich zugestanden worden. Maßgebend für die Erhebung sind im Einzelnen die Landeskirchensteuergesetze und die kirchlichen Steuerordnungen oder Steuergesetze. In den Landeskirchensteuergesetzen wird dabei ausdrücklich auch auf § 51a EStG verwiesen, sodass diese Vorschrift in vollem Umfang für die Kirchensteuern gilt.

Die Kirchensteuer wird von den steuerberechtigten Kirchen vor allem – neben Kirchengrundsteuer und/oder Kirchgeld – in der Form eines Zuschlags zur Einkommen- oder Lohnsteuer erhoben. Die Zuschlagsteuer beträgt 8 oder 9 % der jeweiligen Maßstabsteuer. Zuständig für die Festsetzung der Kirchensteuersätze sind die steuerberechtigten Kirchen selbst, wobei die Zustimmung der zuständigen obersten Landesbehörden einzuholen ist. Verwaltet werden die Kirchensteuern, die in der Form einer Zuschlagsteuer zur Einkommen- oder Lohnsteuer erhoben werden, i. d. R. von den Landesfinanzverwaltungen, wobei die für die Einkommensteuer geltenden Vorschriften anzuwenden sind, d. h. z. B. auch die Vorschriften über die Einbehaltung und Abführung von Steuern durch den Arbeitgeber.

Bei der Erhebung der Kirchensteuer ist insbesondere § 51a Abs. 2a EStG zu beachten, der den Kinderabzugsbetrag regelt. Danach hat der Arbeitgeber bei Ermittlung der von ihm einzubehaltenden und abzuführenden Kirchenlohnsteuer als Bemessungsgrundlage nicht die „normale" Lohnsteuer, sondern die gem. § 51a Abs. 2a EStG sich ergebende, verminderte Lohnsteuer für den Abzug von Zuschlagsteuern zugrunde zu legen.

Wird die **Maßstabsteuer pauschaliert** (z. B. die Lohnsteuer gem. § 40a EStG bei Teilzeitbeschäftigten), so ist die pauschalierte Lohnsteuer Bemessungsgrundlage für die Kirchensteuer. Voraussetzung ist jedoch, dass die Arbeitnehmer, deren Lohnsteuer pauschaliert wird, einer erhebungsberechtigten Kirche angehören.[1] Die Erhebung der Kirchensteuer in Pauschalierungsfällen kann mithin nur dann unterbleiben, wenn der Arbeitgeber nachweist, dass der bzw. die betreffenden Arbeitnehmer keiner kirchensteuerberechtigten Kirche angehören (= sog. Nachweisverfahren).[1] Die Finanzverwaltung hat deshalb angeordnet, dass der Arbeitgeber die Unterlage über die fehlende Kirchensteuerpflicht des Arbeitnehmers als Beleg zum Lohnkonto nehmen und aufbewahren muss (R 41.1 Abs. 4 LStR).

Allerdings kann der Arbeitgeber bei der Pauschalierung der Lohnsteuer nach den § 40, § 40a Abs. 1, 2a und 3 und § 40b EStG die Kirchensteuer mit einem ermäßigten Steuersatz erheben (= sog. vereinfachtes Verfahren). Die Anwendung dieses ver-

---
[1] BFH vom 30.11.1989 I R 14/87 (BStBl 1990 II S. 993).

einfachten Verfahrens stellt ein Wahlrecht des Arbeitgebers dar. Damit wird in pauschaler Weise dem Umstand Rechnung getragen, dass nicht alle Arbeitnehmer Mitglied einer steuererhebenden Kirche sind.[1]

Die Höhe **des ermäßigten Kirchensteuersatzes** ist unabhängig von der Höhe des anzuwendenden vollen Kirchensteuersatzes; so beträgt z. B. in Baden-Württemberg bei einem vollen Kirchensteuersatz von 8 % der ermäßigte Kirchensteuersatz 6 %,[2] während in Brandenburg bei einem vollen Kirchensteuersatz von 9 % der ermäßigte nur 5 % ausmacht.[3]

Hinweis: In den Pauschalierungsfällen des § 37b EStG besteht ebenfalls die Möglichkeit bezüglich der Kirchensteuer das Nachweisverfahren oder das vereinfachte Verfahren anzuwenden (vgl. zu den Einzelheiten gleichlautenden Ländererlass vom 08.08.2016, BStBl 2016 I S. 773).

16.3 Solidaritätszuschlag

Nachdem zur „Finanzierung der Einheit" in den Jahren 1991 und 1992 ein SolZ von allen unbeschränkt und beschränkt Einkommensteuerpflichtigen erhoben worden war, wird seit 1995 erneut zum „Aufbau Ost" ein SolZ erhoben. Bei Arbeitnehmern ist der **SolZ** sowohl **vom laufenden Arbeitslohn** als auch **von den sonstigen Bezügen** zu erheben. Die **Bemessungsgrundlage** für den SolZ ist ebenso wie bei der Kirchensteuer die sich nach § 51a Abs. 2 und 2a EStG ergebende Einkommensteuer (vgl. zur Bemessungsgrundlage beim Steuerabzug vom Arbeitslohn § 3 Abs. 2a SolZG).

Nach dem geänderten Solidaritätszuschlaggesetz[4] (wurde zum 01.01.1998 der Solidaritätszuschlag von 7,5 %-Punkte auf nunmehr im Regelfall 5,5 %-Punkte gesenkt. Darüber hinaus hat der Gesetzgeber die sog. Nullzone und den sich anschließenden Übergangsbereich erweitert.

Beim **laufenden Arbeitslohn** ist der SolZ nach § 3 Abs. 4 SolZG nur zu erheben, wenn die Bemessungsgrundlage im jeweiligen Lohnzahlungszeitraum

– bei monatlicher Lohnzahlung
 in der Steuerklasse III mehr als 162 Euro und in den übrigen Steuerklassen mehr als 81 Euro,

– bei wöchentlicher Lohnzahlung
 in der Steuerklasse III mehr als 37,80 Euro und in den übrigen Steuerklassen mehr als 18,90 Euro,

---
1 vgl. zu den Einzelheiten gleichlautenden Erlass vom 08.08.2016 (BStBl 2016 I S. 773).
2 Vgl. BStBl 2017 I S. 471.
3 Vgl. FinMin Brandenburg vom 27.2.2015 – 36-S 2444-002/11.
4 Gesetz zur Senkung des Solidaritätszuschlags vom 21.11.1997 (BStBl 1997 I S. 967).

16.3 Solidaritätszuschlag

– bei täglicher Lohnzahlung
in der Steuerklasse III mehr als 5,40 Euro und in den übrigen Steuerklassen mehr als 2,70 Euro beträgt (**„Nullzone"**).

Darüber hinaus beträgt der SolZ nach § 4 Satz 2 SolZG nicht mehr als 20 % des Unterschiedsbetrags zwischen der Bemessungsgrundlage und den nach § 3 Abs. 3 bis 5 SolZG maßgebenden Freigrenzen (**„Übergangsbereich"**).

Mit dieser Freigrenzen-Regelung wird eine Milderung der steuerlichen Belastung durch den SolZ bei geringeren Einkünften erreicht.

Bei **sonstigen Bezügen** und bei **Lohnsteuer-Pauschalierung** sind keine Freigrenzen für den SolZ vorgesehen.

Der SolZ beträgt ab 1998 nach § 4 SolZG 5,5 % der jeweiligen Bemessungsgrundlage (§ 51a Abs. 2 und Abs. 2a EStG). Dabei sind die oben genannten Freigrenzen zu beachten.

Der SolZ ist auch, weil er an die „zu erhebende" Lohnsteuer anknüpft, auf die nach §§ 40, 40a und 40b EStG zulässige **Pauschal-Lohnsteuer** mit 5,5 % zu zahlen.

Hinweis: Ebenso fällt ein SolZ i. H. von 5,5 % auf die Einkommensteuer i. S. des § 37b EStG an.

Da in den genannten Pauschalierungsfällen der Arbeitgeber i. d. R. die Lohnsteuer übernehmen muss bzw. übernimmt, ist auch der SolZ von ihm zu übernehmen. Der SolZ bekommt somit ebenso wie die Lohnsteuer Abgeltungswirkung.

Zu weiteren Einzelheiten vgl. „Merkblatt zum Solidaritätszuschlag im Lohnsteuer-Abzugsverfahren ab 1995"[1].

Zwischenzeitlich sind erhebliche Zweifel an der Verfassungsmäßigkeit des SolZ aufgekommen, sodass das Niedersächsische FG mit Beschluss vom 25.11.2009[2] die andauernde Erhebung des SolZ für verfassungswidrig hält und demzufolge gem. Art. 100 Abs. 1 GG das Gesetz dem BVerfG zur verfassungsrechtlichen Überprüfung vorgelegt hat.

Mit Beschluss vom 08.09.2010[3] hat das BVerfG die Vorlage als unzulässig zurückgewiesen. Insbesondere weist das BVerfG darauf hin, dass es verfassungsrechtlich nicht geboten sei, den Solidaritätszuschlag von vornherein zu befristen oder ihn nur für einen ganz kurzen Zeitraum zu erheben.

Allerdings hat das Niedersächsische FG erneut mit Beschluss vom 21.08.2013 dem BVerfG[4] die Frage der Verfassungsmäßigkeit der Erhebung des Solidaritätszuschlags vorgelegt.

---
1 BMF vom 20.09.1994 (BStBl 1994 I S. 757).
2 Niedersächsisches FG vom 25.11.2009 – 7 K 143/08 (EFG 2010 S. 1071).
3 BVerfG vom 08.09.2010 – 2 BvL 3/10 (DB 2010 S. 2146).
4 Niedersächsisches FG vom 21.08.2013 – 7 K 143/08 (DStRE 2014 S. 534); Az. beim BVerfG: 2 BvL 6/14).

16 Zuschlagsteuern zur Lohnsteuer

Der BFH hat bereits mehrfach geäußert, dass er den SolZ nicht für verfassungswidrig hält.[1]

Aufgrund der Fraglichkeit der Verfassungsmäßigkeit hinsichtlich des Solidaritätszuschlaggesetzes 1995 setzt die Finanzverwaltung sämtliche Festsetzungen des Solidaritätszuschlags für die Veranlagungszeiträume ab 2005 vorläufig gem. § 165 Abs. 1 Satz 2 Nr. 3 AO fest.[2]

---

[1] BFH vom 21.07.2011 II R 50/09 (BFH/NV 2011 S. 1685), vom 28.06.2006 VII B 324/05 (BStBl 2006 II S. 692) und vom 15.06.2016 II B 91/15 (BStBl 2016 II S. 846).
[2] BMF vom 20.01.2017 (BStBl 2017 I S. 66).

Dritter Teil:
Der Familienleistungsausgleich

17 Steuerfreistellung des Existenzminimums eines Kindes

17.1 Verfassungsrechtliche Vorgabe und gesetzliche Systematik

Kindergeld nach § 66 Abs. 1 EStG und steuerliche Freibeträge für Kinder nach § 32 Abs. 6 EStG sind beides Instrumente des sog. Familienleistungsausgleichs. Ab dem Jahr 2017 beträgt das Kindergeld monatlich für die ersten zwei Kinder jeweils 190 Euro, für das dritte Kind 198 Euro (ab 2018: 200 Euro) und für jedes weitere Kind 223 Euro (ab 2018: 225 Euro). Die steuerlichen Freibeträge betragen für jeden Elternteil für jedes Kind (2.358 Euro (ab 2018: 2.394 Euro) + 1.320 Euro =) 3.678 Euro. Das Kindergeldrecht des Einkommensteuerrechts stellt das Kindergeld in einen unmittelbaren Zusammenhang mit der Steuerfreistellung eines Einkommensbetrags in Höhe des Existenzminimums eines Kindes. Für zu berücksichtigende Kinder werden danach entweder Kindergeld oder die steuerlichen Freibeträge gewährt. Gemäß § 31 EStG erfolgt dabei vorrangig die monatliche Zahlung von Kindergeld als Steuervergütung. Die steuerlichen Freibeträge für Kinder werden damit beim Abzug der Lohnsteuer grundsätzlich nicht berücksichtigt (Ausnahme: Ermittlung eines Freibetrags nach § 39a Abs. 1 Nr. 6 EStG). Die als Lohnsteuerabzugsmerkmal gebildete Zahl der Kinderfreibeträge wirkt sich allerdings auf die Erhebung des Solidaritätszuschlags und der Kirchenlohnsteuer aus (siehe auch Tz. 2.5.3.1). Für die Berechnung dieser beiden Zuschlagsteuern ist nach § 51a Abs. 2a EStG im Rahmen des Lohnsteuerabzugsverfahrens die Lohnsteuer maßgebend, die sich ergibt, wenn die als Lohnsteuerabzugsmerkmal gebildete Zahl der Kinderfreibeträge berücksichtigt wird. Aus diesem Grund soll an dieser Stelle ein Überblick über die Grundzüge der Berücksichtigung von Kindern bei der Einkommensteuer gegeben werden, der allerdings der eher geringeren Relevanz im Rahmen des Lohnsteuerabzugsverfahrens angemessen sein wird.

Nähere Ausführungen zur Berücksichtigung von Kindern bei der Einkommensteuer finden sich in GRÜNE Reihe Band 3, Einkommensteuer, Niemeier, Schnitter, Kober Nöcker, Stuparu, Tz. 30.2, und in der Dienstanweisung zum Kindergeld nach dem Einkommensteuergesetz (DA-KG 2016) des BZSt vom 22.08.2016 (BStBl 2016 I S. 826).

Die Berücksichtigung von Kindern kann man in drei Prüfungsstufen aufteilen. Zunächst muss ein **Kind** i. S. von § 32 Abs. 1 und 2 EStG vorliegen (Kind im Sinne des Einkommensteuerrechts). Darunter fallen leibliche Kinder des Arbeitnehmers (oder seines Ehegatten), angenommene (adoptierte) Kinder und Pflegekinder. Dann muss ein **Berücksichtigungstatbestand** nach § 32 Abs. 3 oder Abs. 4 Satz 1 und Abs. 5 EStG vorliegen. Anschließend muss geprüft werden, ob eine Berücksichtigung nach § 32 Abs. 4 Satz 1 und Abs. 5 EStG nicht gem. § 32 Abs. 4 Satz 2 und 3 EStG infolge einer Erwerbstätigkeit des Kindes nach Abschluss einer erstmaligen Berufsausbildung oder eines Erststudiums ausscheidet. Für die Berücksichtigungstatbestände gilt das **Monatsprinzip,** wonach das Vorliegen der Voraussetzungen für die Berücksichtigung als Kind für jeden Monat gesondert zu prüfen ist. Hierbei genügt es, dass die Voraussetzungen an wenigstens einem Tag des Kalendermonats vorgelegen haben. Somit wird ein Kind grundsätzlich vom Beginn des Monats an, in dem die Tatbestandsvoraussetzungen erfüllt sind, berücksichtigt. Entsprechend endet die Berücksichtigung mit Ablauf des Monats, in dem die Tatbestandsvoraussetzungen wegfallen. Jedoch ist **für den Lohnsteuerabzug § 51a Abs. 2a EStG maßgebend,** wonach die Berechnung der Zuschlagsteuern **Solidaritätszuschlag und Kirchenlohnsteuer** immer unter Berücksichtigung der **Jahres**freibeträge für Kinder erfolgt, auch wenn die Voraussetzungen für die Gewährung der Kinderfreibeträge nur für einen Teil des Kalenderjahres vorgelegen haben. Nach einer Entscheidung auf Bundesebene soll dies entsprechend auch für die Berechnung des Solidaritätszuschlags und der Kirchensteuer im Rahmen der Einkommensteuerveranlagung gelten. Der Familienstand des Kindes ist für seine Berücksichtigung grundsätzlich unerheblich. Auch ist die unbeschränkte Einkommensteuerpflicht des Kindes nicht Voraussetzung für seine Berücksichtigung. Bei der Gewährung eines Kinderfreibetrags ist insoweit allerdings § 32 Abs. 6 Satz 4 EStG zu beachten, wonach die Freibeträge entsprechend den wirtschaftlichen Verhältnissen im Wohnsitzstaat des Kindes gekürzt werden können.[1]

Die Berücksichtigungstatbestände sind vom Alter des Kindes abhängig. Gemäß § 32 Abs. 3 EStG wird ein Kind im Sinne des Einkommensteuerrechts vom Monat seiner Geburt an und in jedem folgenden Kalendermonat berücksichtigt, zu dessen Beginn es das 18. Lebensjahr noch nicht vollendet hat. Bei dieser Fristberechnung sind § 187 Abs. 2 Satz 2 und § 188 Abs. 2 BGB zu beachten. Danach wird ein Lebensjahr mit Ablauf des Tages vollendet, der dem Tag vorhergeht, der durch seine Zahl dem Geburtstag entspricht. Ein am 02.04.1999 geborenes Kind vollendet daher sein 18. Lebensjahr mit Ablauf des 01.04.2017 und kann bis einschließlich April 2017 als Kind nach § 32 Abs. 3 EStG berücksichtigt werden unabhängig davon, ob es einer Erwerbstätigkeit nachgeht.

Ab dem Monat, zu dessen Beginn das Kind sein 18. Lebensjahr vollendet hatte, muss für die steuerliche Berücksichtigung als Kind noch ein zusätzlicher Berücksichtigungstatbestand des § 32 Abs. 4 oder 5 EStG hinzukommen. § 32 Abs. 4 EStG

---

1 Zur danach vorzunehmenden Ländergruppeneinteilung siehe auch BMF vom 20.10.2016 (BStBl 2016 I S. 1183).

17.1 Verfassungsrechtliche Vorgabe und gesetzliche Systematik

erfasst insbesondere Kinder, die zwar arbeitslos, aber als arbeitssuchend gemeldet sind, und Kinder, die sich in einer Berufsausbildung oder einer gewissen, ggf. durch einen Mangel an Ausbildungsplätzen hervorgerufenen Übergangszeit befinden, ebenso Kinder, die einen bestimmten freiwilligen sozialen Dienst ableisten, und bestimmte behinderte Kinder. Auch bei diesen Berücksichtigungstatbeständen sind Altersvoraussetzungen zu beachten. § 32 Abs. 5 EStG ermöglicht unter bestimmten Umständen eine Erweiterung des zeitlichen Berücksichtigungsrahmens bei ansonsten nach § 32 Abs. 4 EStG gegebenen Berücksichtigungstatbeständen. Eine Sonderstellung nehmen Kinder ein, die wegen körperlicher, geistiger oder seelischer Behinderung außerstande sind, sich selbst zu unterhalten. Diese Kinder können ohne Altersbegrenzung berücksichtigt werden, falls die Behinderung vor Vollendung ihres 25. Lebensjahres eingetreten ist. Ansonsten endet die Berücksichtigung als Kind grundsätzlich spätestens dann, wenn das Kind sein 21. (arbeitsloses, aber arbeitsuchendes Kind) oder sein 25. Lebensjahr vollendet hat, außer es tritt eine zeitlich begrenzte Verlängerung nach § 32 Abs. 5 EStG ein.

Der häufigste Berücksichtigungsgrund für Kinder, die bereits das 18. Lebensjahr vollendet haben, ist das Stadium der Berufsausbildung gem. § 32 Abs. 4 Satz 1 Nr. 2 Buchst. a EStG. Berufsausbildung ist die Ausbildung zu einem künftigen Beruf. In Berufsausbildung befindet sich, wer sein Berufsziel noch nicht erreicht hat, sich aber ernstlich darauf vorbereitet. Der Vorbereitung auf ein Berufsziel dienen alle Maßnahmen, bei denen es sich um den Erwerb von Kenntnissen, Fähigkeiten und Erfahrungen handelt, die als Grundlagen für die Ausübung des angestrebten Berufs geeignet sind. Zur Berufsausbildung gehört neben dem Besuch von Allgemeinwissen vermittelnden Schulen wie Grund-, Haupt- und Oberschulen sowie von Fachschulen und Hochschulen auch die Ausbildung in einem berufsbezogenen Ausbildungsverhältnis (z. B. die Ausbildung für einen handwerklichen, kaufmännischen, technischen oder wissenschaftlichen Beruf sowie in der Hauswirtschaft aufgrund eines Berufsausbildungsvertrages oder an einer Lehranstalt). Berufsausbildung in diesem Sinne umfasst somit die Formen der Schulausbildung, der berufsbezogenen Ausbildung und der Hochschulausbildung. Zur Berufsausbildung gehört auch die Weiterbildung im erlernten und ausgeübten Beruf, wenn diese dazu dient, zu einer höheren beruflichen Qualifikation zu gelangen, sowie die Ausbildung für einen anderen Beruf (vgl. auch A 15 DA-KG 2016).

Gemäß § 32 Abs. 4 Satz 2 EStG wird ein Kind nach Vollendung des 18. Lebensjahres, bis auf die Ausnahme eines nach § 32 Abs. 4 Satz 1 Nr. 3 EStG zu berücksichtigenden behinderten Kindes, dann nicht berücksichtigt, wenn es nach Abschluss einer erstmaligen Berufsausbildung oder eines Erststudiums einer Erwerbstätigkeit nachgeht. Allerdings ist eine Erwerbstätigkeit mit bis zu 20 Stunden regelmäßiger wöchentlicher Arbeitszeit, ein Ausbildungsdienstverhältnis oder ein geringfügiges Beschäftigungsverhältnis i. S. der §§ 8 und 8a SGB IV unschädlich (§ 32 Abs. 4 Satz 3 EStG).

Unter dem Begriff „Berufsausbildung" ist eine berufliche Ausbildung unter Ausschluss eines Studiums zu verstehen. Eine **Berufsausbildung** i. S. des **§ 32 Abs. 4 Satz 2 EStG** liegt vor, wenn das Kind durch eine berufliche Ausbildungsmaßnahme die notwendigen fachlichen Fertigkeiten und Kenntnisse erwirbt, die zur Aufnahme eines Berufs befähigen. Voraussetzung ist, dass der Beruf durch eine Ausbildung in einem öffentlich-rechtlich geordneten Ausbildungsgang erlernt wird[1] und der Ausbildungsgang durch eine Prüfung abgeschlossen wird. Hierzu gehören bspw. Berufsausbildungsverhältnisse gem. § 1 Abs. 3, §§ 4 bis 52 BBiG sowie anerkannte Lehr- und Anlernberufe oder vergleichbar geregelte Ausbildungsberufe aus der Zeit vor dem In-Kraft-Treten des BBiG (§ 104 BBiG).

Die Berufsausbildung ist als erstmalige Berufsausbildung anzusehen, wenn ihr keine andere abgeschlossene Berufsausbildung beziehungsweise kein abgeschlossenes berufsqualifizierendes Hochschulstudium vorausgegangen ist. Eine Ausnahme hiervon liegt vor, wenn das Kind das angestrebte Berufsziel noch nicht erreicht hat (siehe unten). Wird ein Kind ohne entsprechende Berufsausbildung in einem Beruf tätig und führt es die zugehörige Berufsausbildung nachfolgend durch (nachgeholte Berufsausbildung), handelt es sich dabei um eine erstmalige Berufsausbildung.[1]

Entsprechendes gilt für ausländische Berufsausbildungsabschlüsse, die inländischen Abschlüssen gleichgestellt sind. Bei Abschlüssen aus einem Mitgliedstaat der Europäischen Union (EU) oder einem Vertragsstaat des Europäischen Wirtschaftsraums (EWR) oder der Schweiz ist i. d. R. davon auszugehen, dass eine Gleichartigkeit vorliegt.

Ein **Studium** i. S. des **§ 32 Abs. 4 Satz 2 EStG** liegt dann vor, wenn es sich um ein Studium an einer Hochschule i. S. des § 1 HRG handelt. Hochschulen im Sinne dieser Vorschrift sind Universitäten, Pädagogische Hochschulen, Kunsthochschulen, Fachhochschulen und sonstige Einrichtungen des Bildungswesens, die nach Landesrecht staatliche Hochschulen sind. Gleichgestellt sind private und kirchliche Bildungseinrichtungen sowie Hochschulen des Bundes, die nach Landesrecht als Hochschule anerkannt werden (§ 70 HRG). Studien können auch als Fernstudien durchgeführt werden (§ 13 HRG). Welche schulischen Abschlüsse oder sonstigen Voraussetzungen den Zugang zum Studium eröffnet haben, ist dabei unerheblich.

Ein Studium stellt dann ein **Erststudium** i. S. des § 32 Abs. 4 Satz 2 EStG dar, wenn es sich um eine Erstausbildung handelt. Es darf ihm kein anderes durch einen berufsqualifizierenden Abschluss beendetes Studium bzw. keine andere abgeschlossene nichtakademische Berufsausbildung i. S. des § 32 Abs. 4 Satz 2 EStG vorangegangen sein. Eine Ausnahme hiervon liegt vor, wenn das Kind das angestrebte Berufsziel noch nicht erreicht hat (siehe unten). Ein Studium wird aufgrund der entsprechenden Prüfungsordnung einer inländischen Hochschule durch eine Hochschulprüfung oder eine staatliche oder kirchliche Prüfung abgeschlossen (§§ 15, 16 HRG).

---
1 BFH vom 06.03.1992 VI R 163/88 (BStBl 1992 II S. 661).

17.1 Verfassungsrechtliche Vorgabe und gesetzliche Systematik

Ist aufgrund objektiver Beweisanzeichen jedoch erkennbar, dass das Kind sein **angestrebtes Berufsziel noch nicht erreicht** hat, kann auch eine **weiterführende Ausbildung** noch als **Teil der Erstausbildung** zu qualifizieren sein.[1] Abzustellen ist dabei darauf, ob die weiterführende Ausbildung in einem engen sachlichen Zusammenhang mit der nichtakademischen Ausbildung oder dem Erststudium steht und im engen zeitlichen Zusammenhang durchgeführt wird.[2] Ein enger sachlicher Zusammenhang liegt vor, wenn die nachfolgende Ausbildung z. B. dieselbe Berufssparte oder denselben fachlichen Bereich betrifft. Ein enger zeitlicher Zusammenhang liegt vor, wenn das Kind die weitere Ausbildung zum nächstmöglichen Zeitpunkt aufnimmt oder sich bei mangelndem Ausbildungsplatz zeitnah zum nächstmöglichen Zeitpunkt für die weiterführende Ausbildung bewirbt. Unschädlich sind Verzögerungen, die z. B. aus einem zunächst fehlenden oder einem aus schul-, studien- oder betriebsorganisatorischen Gründen erst zu einem späteren Zeitpunkt verfügbaren Ausbildungsplatz resultieren. Unschädlich ist es auch, wenn das Kind infolge Erkrankung oder wegen eines Beschäftigungsverbots nach den §§ 3 und 6 MuSchG daran gehindert ist, die weitere Ausbildung aufzunehmen. Erst wenn die für das von Kind und Eltern bestimmte Berufsziel geeigneten Grundlagen erreicht sind, stellt eine weitere Ausbildung eine Weiterbildung oder eine Zweitausbildung dar.

Unter dem **Begriff „Erwerbstätigkeit"** ist nicht nur eine nichtselbständige Tätigkeit zu verstehen. Ein Kind ist vielmehr erwerbstätig, wenn es einer auf die Erzielung von Einkünften gerichteten Beschäftigung nachgeht, die den Einsatz seiner persönlichen Arbeitskraft erfordert.[3] Hieraus folgt, dass der Begriff „Erwerbstätigkeit" auch durch eine land- und forstwirtschaftliche, eine gewerbliche und eine selbständige Tätigkeit erfüllt werden kann. Die Verwaltung eigenen Vermögens ist demgegenüber keine Erwerbstätigkeit.

Unschädlich ist eine Erwerbstätigkeit dann, wenn die regelmäßige wöchentliche Arbeitszeit insgesamt nicht mehr als 20 Stunden beträgt. Hierbei ist von der individuell vertraglich vereinbarten Arbeitszeit auszugehen. Eine vorübergehende (höchstens 2 Monate andauernde) Ausweitung der Beschäftigung auf mehr als 20 Stunden ist unbeachtlich, wenn während des Zeitraums innerhalb eines Kalenderjahres, in dem einer der Grundtatbestände des § 32 Abs. 4 Satz 1 Nr. 2 EStG erfüllt ist, die durchschnittliche wöchentliche Arbeitszeit nicht mehr als 20 Stunden beträgt.

Beispiel:
Ein Kind schließt nach dem Abitur eine Lehre ab und studiert ab Oktober 2016. Gemäß vertraglicher Vereinbarung ist das Kind ab dem 01.04.2016 mit einer wöchentlichen Arbeitszeit von 20 Stunden als Bürokraft beschäftigt. In den Semesterferien arbeitet das Kind – aufgrund einer zusätzlichen vertraglichen Vereinbarung – vom 01.08. bis zur Kündigung am 30.09.2016 in Vollzeit mit 40 Stunden wöchentlich. Ab

---
1 BFH vom 03.07.2014 III R 52/13 (BStBl 2015 II S. 152).
2 BFH vom 15.04.2015 V R 27/14 (BStBl 2016 II S. 163).
3 BFH vom 16.05.1975 VI R 143/73 (BStBl 1975 II S. 537).

dem 01.11.2016 ist das Kind gemäß vertraglicher Vereinbarung mit einer wöchentlichen Arbeitszeit von 15 Stunden als Verkaufsaushilfe tätig. Somit ergeben sich folgende Arbeitszeiten pro voller Woche:
- vom 01.04 bis 31.07.2016 (17 Wochen):
20 Stunden pro Woche
- vom 01.08. bis 30.09.2016 (8 Wochen):
40 Stunden pro Woche (= Ausweitung der Beschäftigung)
- vom 01.11. bis 31.12.2016 (8 Wochen):
15 Stunden pro Woche

Die durchschnittliche wöchentliche Arbeitszeit beträgt 15 Stunden; Berechnung:

$$\frac{(17 \text{ Wochen} \times 20 \text{ Std.}) + (8 \text{ Wochen} \times 40 \text{ Std.}) + (8 \text{ Wochen} \times 15 \text{ Std.})}{52 \text{ Wochen}} = 15 \text{ Std./Woche}$$

Das Kind ist aufgrund des Studiums das gesamte Jahr 2016 nach § 32 Abs. 4 Satz 1 Nr. 2 Buchst. a EStG zu berücksichtigen. Das Studium wird jedoch nach Abschluss einer erstmaligen Berufsausbildung durchgeführt, sodass das Kind nach § 32 Abs. 4 Satz 2 und 3 EStG nur berücksichtigt werden kann, wenn die ausgeübte Erwerbstätigkeit unschädlich ist. Da die Ausweitung der Beschäftigung des Kindes lediglich vorübergehend ist und gleichzeitig während des Vorliegens des Grundtatbestandes nach § 32 Abs. 4 Satz 1 Nr. 2 EStG die durchschnittliche wöchentliche Arbeitszeit 20 Stunden nicht übersteigt, ist die Erwerbstätigkeit unschädlich. Das Kind ist während des gesamten Kalenderjahres zu berücksichtigen.

Variante:

Würde das Kind während der Semesterferien dagegen vom 01.07. bis 30.09.2016 (= mehr als 2 Monate) vollzeiterwerbstätig sein, wäre die Ausweitung der Erwerbstätigkeit nicht nur vorübergehend und damit diese Erwerbstätigkeit als schädlich einzustufen. Dies gilt unabhängig davon, dass auch hier die durchschnittliche wöchentliche Arbeitszeit 20 Stunden nicht überschreiten würde. Das Kind könnte demnach für die Monate Juli, August und September 2016 nicht berücksichtigt werden.

Ein **Ausbildungsdienstverhältnis** ist **unschädlich**. Es liegt dann vor, wenn die Ausbildungsmaßnahme Gegenstand des Dienstverhältnisses ist.[1] Zu den Ausbildungsdienstverhältnissen zählen z. B. die Berufsausbildungsverhältnisse gem. § 1 Abs. 3, §§ 4 bis 52 BBiG. Dementsprechend liegt kein Ausbildungsdienstverhältnis vor, wenn die Berufsausbildung oder das Studium nicht Gegenstand des Dienstverhältnisses ist, auch wenn die Berufsbildungsmaßnahme oder das Studium seitens des Arbeitgebers durch Hingabe von Mitteln, z. B. eines Stipendiums, gefördert wird. Eine neben einem Ausbildungsdienstverhältnis ausgeübte geringfügige Beschäftigung ist hingegen unschädlich.

Eine **geringfügige Beschäftigung** i. S. der §§ 8 und 8a SGB IV ist ebenfalls unschädlich. Sie liegt vor, wenn das Arbeitsentgelt aus dieser Beschäftigung regelmäßig im Monat 450 Euro nicht überschreitet (geringfügig entlohnte Beschäftigung). Das gilt nicht, wenn gleichzeitig mehrere geringfügige Beschäftigungsverhältnisse bestehen und das Entgelt hieraus insgesamt mehr als 450 Euro beträgt. Die wöchentliche Arbeitszeit und die Anzahl der monatlichen Arbeitseinsätze sind dabei

---

[1] Vgl. R 9.2 LStR und H 9.2 „Ausbildungsdienstverhältnis" LStH.

17.1 Verfassungsrechtliche Vorgabe und gesetzliche Systematik

unerheblich. Eine geringfügige Beschäftigung liegt nach § 8 Abs. 1 Nr. 2 SGB IV ebenfalls vor, wenn das Entgelt zwar 450 Euro im Monat übersteigt, die Beschäftigung aber innerhalb eines Kalenderjahres auf längstens 2 Monate oder 50 Arbeitstage nach ihrer Eigenart begrenzt zu sein pflegt oder im Voraus vertraglich begrenzt ist (**kurzfristige Beschäftigung**). Der 2-Monats-Zeitraum gilt als zeitliche Grenze, wenn die Beschäftigung an mindestens 5 Tagen pro Woche ausgeübt wird. Bei Beschäftigungen von regelmäßig weniger als 5 Tagen pro Woche ist die Begrenzung von 50 Arbeitstagen maßgeblich. Die Zeiten mehrerer kurzfristiger Beschäftigungen werden zusammengerechnet. Dies gilt auch dann, wenn die einzelnen Beschäftigungen bei verschiedenen Arbeitgebern ausgeübt werden. Wird durch eine Zusammenrechnung mehrerer kurzfristiger Beschäftigungen die Grenze von 2 Monaten oder 50 Arbeitstagen überschritten, handelt es sich um eine regelmäßig ausgeübte Beschäftigung.

Eine geringfügige Beschäftigung kann neben einer Erwerbstätigkeit i. S. des § 32 Abs. 4 Satz 2 EStG nur ausgeübt werden, wenn dadurch insgesamt die Grenze von 20 Stunden nicht überschritten wird.

Bei der Beurteilung, ob ein geringfügiges Beschäftigungsverhältnis vorliegt, ist grundsätzlich die Einstufung des Arbeitgebers maßgeblich. Hierzu kann eine Bescheinigung des Arbeitgebers oder ein anderer Nachweis vorgelegt werden.

Bei der Prüfung, ob die Voraussetzungen des § 32 Abs. 4 Satz 1 bis 3 EStG vorliegen, ist auf den **Kalendermonat abzustellen.** Es genügt, wenn in dem jeweiligen Monat an einem Tag die Anspruchsvoraussetzungen vorliegen. Bei dem Grenzbetrag des § 32 Abs. 4 Satz 2 EStG handelt es sich um einen einheitlichen Jahresbetrag. Er ermäßigt sich gem. § 32 Abs. 4 Satz 7 EStG allerdings für jeden Kalendermonat, in dem die besonderen Voraussetzungen des § 32 Abs. 4 Satz 1 Nr. 1 und 2 EStG an keinem Tag vorgelegen haben, um ein Zwölftel. Diese Monate werden Kürzungsmonate genannt. Im Einklang damit bleiben dann aber Einkünfte und Bezüge des Kindes, die auf diese Kalendermonate entfallen, bei der Prüfung, ob der maßgebliche Grenzbetrag eingehalten wurde, gem. § 32 Abs. 4 Satz 8 EStG außer Ansatz.

Beispiel:

Ein Kind schließt nach dem Abitur zunächst eine Berufsausbildung mit der Gesellenprüfung ab und studiert ab dem Jahr 2015. Ab dem 20.07.2017 nimmt es unbefristet eine Teilzeitbeschäftigung mit 30 Stunden pro Woche auf. Im Jahr 2017 vollendet das Kind sein 23. Lebensjahr.

Aufgrund des Studiums ist das Kind nach § 32 Abs. 4 Satz 1 Nr. 2 Buchst. a EStG zu berücksichtigen. Das Studium wird jedoch nach Abschluss einer erstmaligen Berufsausbildung durchgeführt, sodass das Kind nach § 32 Abs. 4 Satz 2 EStG nur berücksichtigt werden kann, wenn es keiner Erwerbstätigkeit nachgeht. Die Erwerbstätigkeit des Kindes ist gem. § 32 Abs. 4 Satz 3 EStG zwar grundsätzlich als schädlich einzustufen. Das Kind kann aber für jeden Kalendermonat berücksichtigt werden, in dem wenigstens an einem Tage die Anspruchsvoraussetzungen – hier „keiner Erwerbstätigkeit nachgeht" – vorgelegen haben, somit für die Monate Januar bis Juli 2017. Für die Monate August bis Dezember 2017 kann das Kind nicht berücksichtigt werden.

Werden die **Grenzen** für eine **geringfügige Beschäftigung** während eines Monats **überschritten**, kann das Kind ab dem auf das Überschreiten folgenden Monat nicht mehr berücksichtigt werden. Dies gilt, solange die Grenzen überschritten werden bzw. die entsprechende Beschäftigung ausgeübt wird.

Für nähere Informationen zur steuerlichen Berücksichtigung volljähriger Kinder siehe BMF-Schreiben vom 08.02.2016 (BStBl 2016 I S. 226).

Übertragung von Freibeträgen für Kinder

Ausnahmsweise kann in den gesetzlich geregelten Fällen des § 32 Abs. 6 Satz 6 und 7 EStG auf **Antrag** eine **Übertragung der Freibeträge** für Kinder vom Berechtigten auf eine andere Person erfolgen. Eine einvernehmliche Übertragung der Freibeträge von einem Elternteil auf den anderen ist allerdings nicht möglich. Die Übertragung des Kinderfreibetrags kann nach § 38b Abs. 2 Satz 2 EStG bereits für die Durchführung des Lohnsteuerabzugs berücksichtigt werden. Der Zähler 1 kann als Lohnsteuerabzugsmerkmal beim Übertragungsempfänger gebildet werden, wenn der Arbeitnehmer darlegt, dass die Voraussetzungen für die Übertragung erfüllt sind und eine summarische Prüfung keine Anhaltspunkte dafür ergibt, dass die Angaben des Arbeitnehmers unzutreffend sind oder sich die Voraussetzungen im Laufe des Kalenderjahres ändern werden. Letztlich entschieden wird über die Übertragung des Kinderfreibetrags aber erst im Rahmen der Veranlagung des Arbeitnehmers. Der andere Elternteil ist deshalb lediglich berechtigt, aber nicht verpflichtet, im Übertragungsfall einen Antrag auf Bildung einer geringeren Zahl der Kinderfreibeträge als Lohnsteuerabzugsmerkmal zu stellen (vgl. § 38b Abs. 3 EStG).

Beispiel:

Die 7-jährige Vera lebt im Haushalt ihrer von ihrem Vater geschiedenen Mutter. Der Vater leistet, wie schon immer seit der Scheidung, keinen Barunterhalt, obwohl ein solcher gerichtlich festgelegt worden ist. Die Mutter ist Arbeitnehmerin.

Die Mutter erhält zum einen nach § 64 Abs. 2 Satz 1 EStG das Kindergeld für Vera. Zudem kann sich die Mutter nach § 32 Abs. 6 Satz 6 EStG den Kinderfreibetrag von Veras Vater übertragen lassen. Sie kann sich auch nach § 38b Abs. 2 Satz 2EStG bereits für die Durchführung des Lohnsteuerabzugs den Zähler 1 als Lohnsteuerabzugsmerkmal bilden lassen, da sie aufgrund seines bisherigen Verhaltens glaubhaft machen kann, dass Veras Vater seiner Unterhaltspflicht im Wesentlichen nicht nachkommt. Die Berücksichtigung des vollen Kinderfreibetrags hat zwar keine Auswirkung auf den Lohnsteuerabzug, aber auf die Berechnung der Zuschlagsteuern Solidaritätszuschlag und Kirchensteuer.

17.2 Auszahlung des Kindergeldes als Steuervergütung

Gemäß § 31 EStG erfolgt für berücksichtigungsfähige Kinder das Jahr über vorrangig die monatliche Zahlung von Kindergeld als Steuervergütung (siehe Tz. 17.1). Falls einem Arbeitnehmer nach §§ 62, 64 EStG die Auszahlung von Kindergeld für ein nach § 63 EStG zu berücksichtigendes Kind zusteht, kann in den Auszahlungsvorgang der Arbeitgeber eingeschaltet sein. Dies hängt davon ab, ob es sich bei dem Arbeitnehmer um einen Angehörigen des öffentlichen Dienstes oder um einen in der Privatwirtschaft beschäftigten Arbeitnehmer handelt. Damit es jedoch überhaupt zur Auszahlung von Kindergeld kommen kann, wird zunächst einmal das Kindergeld nach § 70 Abs. 1 Satz 1 EStG von der sog. Familienkasse durch Bescheid festgesetzt. Die Festsetzung durch Bescheid ist erforderlich, da es sich beim Kindergeld um eine Steuervergütung i. S. von § 37 AO handelt, auf die gem. § 155 Abs. 6 AO die für die Steuerfestsetzung geltenden Vorschriften sinngemäß Anwendung finden. Allerdings kann aufgrund der Sondervorschrift § 70 Abs. 2 Satz 2 EStG von der Erteilung eines schriftlichen Änderungsbescheids abgesehen werden, wenn eine Änderung nur wegen einer Anhebung der Kindergeldbeträge erforderlich ist. Zudem enthalten § 70 Abs. 2 und 3 EStG eigenständige Änderungsvorschriften für die Kindergeldfestsetzung, die die im Übrigen ebenfalls anwendbaren Änderungsvorschriften der §§ 172 ff. AO ergänzen. Die Familienkasse ist grundsätzlich zugleich auch als die das Kindergeld auszahlende Stelle vorgesehen.

Zahlung des Kindergeldes an Angehörige des öffentlichen Dienstes

Den Angehörigen des öffentlichen Dienstes wird das Kindergeld nach § 72 EStG durch die Familienkassen ihres öffentlich-rechtlichen Arbeitgebers ausgezahlt. Diese Familienkassen setzen dann das Kindergeld auch fest und sind insoweit Familienkassen im Sinne des Kindergeldrechts. Für Kindergeldansprüche aufgrund über- oder zwischenstaatlicher Rechtsvorschriften ist die Ausnahmevorschrift des § 72 Abs. 8 EStG zu beachten. Eine Ausnahme von der Festsetzungs- und Auszahlungspflicht durch den öffentlich-rechtlichen Arbeitgeber besteht nach § 72 Abs. 3 EStG im Bereich der Religionsgesellschaften des öffentlichen Rechts und im Bereich der Freien Wohlfahrtspflege. Für diese Ausnahmefälle gilt dann dasselbe wie für private Arbeitgeber.

Andererseits wird die Festsetzungs- und Auszahlungspflicht nach § 72 Abs. 2 EStG auch auf die privaten Arbeitgeber Deutsche Post, Deutsche Postbank AG und Deutsche Telekom AG übertragen, soweit Kindergeld ihrer jeweiligen Beamten und Versorgungsempfänger betroffen ist.

Da es sich beim Kindergeld nach § 31 Satz 3 EStG um eine Steuervergütung handelt, wird das vom Arbeitgeber auszuzahlende Kindergeld nach § 72 Abs. 7 EStG im Rahmen des Lohnsteuer-Anmeldungsverfahrens von dem Betrag, den der Arbeitgeber insgesamt an Lohnsteuer einzubehalten hat, entnommen und bei der nächsten Lohnsteuer-Anmeldung gesondert abgesetzt. Das ausgezahlte Kindergeld ist also in derjenigen Lohnsteuer-Anmeldung abzusetzen, mit der die Lohnsteuer angemeldet wird, aus der der Arbeitgeber das Kindergeld entnommen hat. Das auszuzahlende Kindergeld mindert somit den ans Finanzamt abzuführenden Betrag. Das Kindergeld muss deshalb in der Lohnsteuer-Anmeldung und später auch in der Lohnsteuerbescheinigung gesondert ausgewiesen werden. Nach § 72 Abs. 7 Satz 3 EStG kann es auf Antrag sogar zu Erstattungsansprüchen des Arbeitgebers gegen das Finanzamt kommen.

Zahlung des Kindergeldes an Arbeitnehmer außerhalb des öffentlichen Dienstes

Bei Arbeitnehmern in der Privatwirtschaft wird nach § 70 Abs. 1 EStG das Kindergeld von der behördlichen Familienkasse festgesetzt und von dieser auch ausgezahlt. Die Familienkassen sind organisatorisch Teil der Bundesagentur für Arbeit. Diese stellt ihre Dienststellen als Familienkassen dem BZSt zur Verfügung, da die Durchführung des Familienleistungsausgleichs nach der Maßgabe der §§ 31, 62 bis 78 EStG gem. § 5 Abs. 1 Nr. 11 FVG dem BZSt obliegt. Das den Arbeitgeber betreffende Lohnsteuer-Anmeldungsverfahren wird dadurch nicht berührt.

Abkürzungen

a. A.	anderer Ansicht	BetrAVG	Gesetz zur Verbesserung der betrieblichen Altersversorgung (Betriebsrentengesetz)
AbgG	Abgeordnetengesetz		
Abs.	Absatz		
Abschn.	Abschnitt	BetrVerfG	Betriebsverfassungsgesetz
abzgl.	abzüglich	BFH	Bundesfinanzhof
AdV	Aussetzung der Vollziehung	BFHE	Entscheidungen des Bundesfinanzhofs
AEAO	Anwendungserlass zur Abgabenordnung		
		BFH/NV	Sammlung amtlich nicht veröffentlichter Entscheidungen des Bundesfinanzhofs
a. F.	alte Fassung		
AfA	Absetzung für Abnutzung		
AfaA	Absetzung für außergewöhnliche Abnutzung	BGB	Bürgerliches Gesetzbuch
		BGBl	Bundesgesetzblatt
AFG	Arbeitsförderungsgesetz	BHG	Berlinhilfegesetz 1964
AG	Aktiengesellschaft	BHO	Bundeshaushaltsordnung
AGG	Allgemeines Gleichbehandlungsgesetz	BKGG	Bundeskindergeldgesetz
		BMF	Bundesministerium der Finanzen
AIF	Alternative Investmentfonds	BMWF	Bundesminister für Wirtschaft und Finanzen
AktG	Aktiengesetz		
Alt.	Alternative	BpO	Betriebsprüfungsordnung
AltEinkG	Alterseinkünftegesetz	BR	Bundesrat
AO	Abgabenordnung 1977	BRAO	Bundesrechtsanwaltsordnung
ArEV	Verordnung über die Bestimmung des Arbeitsentgelts in der Sozialversicherung – ArbeitsentgeltsVO	BRKG	Bundesreisekostengesetz
		BSHG	Bundessozialhilfegesetz
		BSozG	Bundessozialgericht
		BStBl	Bundessteuerblatt
Art.	Artikel	BT	Bundestag
ATE	Auslandstätigkeitserlass	Buchst.	Buchstabe
ATG	Altersteilzeitgesetz	BUKG	Bundesumzugskostengesetz
AÜG	Arbeitnehmerüberlassungsgesetz	BVerfG	Bundesverfassungsgericht
AUV	Auslandsumzugskostenverordnung	BVerfGE	Entscheidungen des Bundesverfassungsgerichts
		BVerwG	Bundesverwaltungsgericht
BAföG	Bundesausbildungsförderungsgesetz	BVerwGE	Entscheidungen des Bundesverwaltungsgerichts
BAG	Bundesarbeitsgericht	BVFG	Gesetz über die Angelegenheiten der Vertriebenen und Flüchtlinge
BAnz	Bundesanzeiger		
BAVG	Gesetz zur Verbesserung der betrieblichen Altersversorgung	BVG	Bundesversorgungsgesetz
		BZSt	Bundeszentralamt für Steuern
BB	Betriebs-Berater	bzw.	beziehungsweise
BBG	Bundesbeamtengesetz	DA-FamEStG	Dienstanweisung zur Durchführung des Familienleistungsausgleichs nach dem X. Abschnitt des Einkommensteuergesetzes
BBesG	Bundesbesoldungsgesetz		
BBiG	Berufsbildungsgesetz		
BdF	Bundesminister der Finanzen		
BeamtVG	Beamtenversorgungsgesetz	DB	Der Betrieb
BerlinFG	Berlinförderungsgesetz	DBA	Doppelbesteuerungsabkommen
betr.	betreffend	d. h.	das heißt

Abkürzungen

DRK	Deutsches Rotes Kreuz	GrS	Großer Senat
DStR	Deutsches Steuerrecht	H	Hinweis in den EStH bzw. LStH
DStRE	Deutsches Steuerrecht Entscheidungsdienst	HAG	Heimarbeitsgesetz
		HFR	höchstrichterliche Finanzrechtsprechung
DStZ	Deutsche Steuer-Zeitung		
EFG	Entscheidungen der Finanzgerichte	HGB	Handelsgesetzbuch
		HRG	Hochschulrahmengesetz
EheG	Ehegesetz	i. d. F.	in der Fassung
EigZulG	Eigenheimzulagengesetz	IdNr.	Identifikationsnummer
ELStAM	elektronische Lohnsteuerabzugsmerkmale	i. d. R.	in der Regel
		i. H.	in Höhe
ErbStG	Erbschaftsteuergesetz	i. S.	im Sinne
ErgAbgG	Ergänzungsabgabegesetz	IStR	Zeitschrift für europäische und internationale Steuer- und Wirtschaftsberatung
ErzUrlVO	Erziehungsurlaubsverordnung		
ESt	Einkommensteuer		
EStDV	Einkommensteuer-Durchführungsverordnung		
		i. V. m.	in Verbindung mit
		JArbSchG	Jugendarbeitsschutzgesetz
EStG	Einkommensteuergesetz	JAV	Verordnung über den Lohnsteuerjahresausgleich
EStH	Einkommensteuer-Hinweise		
EStR	Einkommensteuer-Richtlinien	JStErgG	Jahressteuer-Ergänzungsgesetz
EStRG	Einkommensteuerreformgesetz	JStG	Jahressteuergesetz
etc.	et cetera	KAGG	Gesetz über Kapitalanlagegesellschaften
eTIN	elektronische Transfer-Identifikations-Nummer		
		KAV	Kindergeldauszahlungsverordnung
EU	Europäische Union	KG	Kommanditgesellschaft
EuGH	Gerichtshof der Europäischen Union	Kj.	Kalenderjahr
		km	Kilometer
EWR	Europäischer Wirtschaftsraum	KonjZG	Gesetz über die Erhebung eines rückzahlbaren Zuschlags zur Einkommensteuer und Körperschaftsteuer
EZulV	Erschwerniszulagenverordnung		
f.	folgende [Seite]		
ff.	folgende [Seiten]		
FG	Finanzgericht	KStG	Körperschaftsteuergesetz
FGO	Finanzgerichtsordnung	KStDV	Körperschaftsteuer-Durchführungsverordnung
FinMin	Finanzministerium		
FR	Finanzrundschau	KWG	Kreditwesengesetz
FVG	Finanzverwaltungsgesetz	LAG	Landesarbeitsgericht
GbR	Gesellschaft bürgerlichen Rechts (BGB-Gesellschaft)	LfSt	Landesamt für Steuern
		LPartG	Lebenspartnerschaftsgesetz
GDL	Gesetz über die Ermittlung des Gewinns aus Land- und Forstwirtschaft	LSt	Lohnsteuer
		LStDV	Lohnsteuer-Durchführungsverordnung
gem.	gemäß	LStH	Lohnsteuer-Hinweise
GewStG	Gewerbesteuergesetz	LStR	Lohnsteuer-Richtlinien
GG	Grundgesetz vom 25.05.1949	MuSchG	Mutterschutzgesetz
ggf.	gegebenenfalls	m. w. N.	mit weiteren Nachweisen
GmbH	Gesellschaft mit beschränkter Haftung	n. F.	neue Fassung
		NJW	Neue Juristische Wochenschrift
GmbHG	Gesetz betreffend die Gesellschaften mit beschränkter Haftung	o. Ä.	oder Ähnliches
		o. g.	oben genannt

Abkürzungen

OGAW	Organismen für gemeinsame Anlagen in Wertpapieren	StKl	Steuerklasse
		StLex	Steuer-Lexikon
OWiG	Gesetz über Ordnungswidrigkeiten	Stpfl.	Steuerpflichtiger
PartG	Parteiengesetz	StRefG	Steuerreformgesetz
PKW	Personenkraftwagen	StRK	Steuerrechtskartei
Prof.	Professor	StSenkG	Steuersenkungsgesetz
PflegeVG	Pflegeversicherungsgesetz	StuW	Steuer und Wirtschaft
R	Richtlinienabschnitt	SubvAbG	Subventionsabbaugesetz
RAO	Reichsabgabenordnung	SvEV	Sozialversicherungsentgelt-verordnung
RdF	Reichsminister der Finanzen		
refDatumAG	Referenzdatum Arbeitgeber	SVG	Soldatenversorgungsgesetz
RFH	Reichsfinanzhof	TVG	Tarifvertragsgesetz
RG	Reichsgericht	TVöD	Tarifvertrag für den öffentlichen Dienst
RGBl	Reichsgesetzblatt		
RKnappG	Reichsknappschaftsgesetz	Tz.	Textziffer
rkr.	rechtskräftig	u. a.	unter anderem
RStBl	Reichssteuerblatt	UrhG	Urheberrechtsgesetz
RVO	Reichsversicherungsordnung	UStG	Umsatzsteuergesetz
Rz.	Randziffer	usw.	und so weiter
S.	Seite	VermBDV	Verordnung zur Durchführung der lohnsteuerlichen Vorschriften des Gesetzes zur Förderung der Vermögensbildung der Arbeitnehmer
SachBezV	Sachbezugsverordnung		
SchwbG	Schwerbeschädigtengesetz		
SGB	Sozialgesetzbuch		
SoldVG	Soldatenversorgungsgesetz		
sog.	so genannt(er)		
SolZ	Solidaritätszuschlag	VermBG	Gesetz zur Förderung der Vermögensbildung der Arbeitnehmer
SolZG	Solidaritätszuschlagsgesetz		
SparPG	Spar-Prämiengesetz		
StabG	Gesetz zur Förderung der Stabilität und des Wachstums der Wirtschaft	vgl.	vergleiche
		VO	Verordnung
		VStG	Vermögensteuergesetz
StabZG	Stabilitätszuschlaggesetz	VVG	Versicherungsvertragsgesetz
stak	steuer-aktuell	VZ	Veranlagungszeitraum
StÄndG	Steueränderungsgesetz	WEG	Wohnungseigentumsgesetz
StAnpG	Steueranpassungsgesetz	WK	Werbungskosten
StDÜV	Steuerdaten-Übermittlungsverordnung	WoBauG	Wohnungsbaugesetz
		WoPG	Wohnungsbau-Prämiengesetz
StEK	Steuererlasse in Karteiform	WoPR	Richtlinien zum Wohnungsbau-Prämiengesetz
StKapErhG	Gesetz über steuerliche Maßnahmen bei Erhöhung des Nennkapitals aus Gesellschaftsmitteln und bei Überlassung von eigenen Aktien an Arbeitnehmer		
		z. B.	zum Beispiel
		ZPO	Zivilprozessordnung
		zzgl.	zuzüglich

Paragraphenschlüssel

Gesetz zur Förderung der Vermögensbildung der Arbeitnehmer (5. VermBG)

1	574
1 Abs. 1	581
1 Abs. 4	573, 581
2 Abs. 1	574
3 Abs. 1	576
3 Abs. 2	576
4	577
5	579
6	579
7	580
8	580
9	581
10 Abs. 1	581
11	581
13 Abs. 1 Nr. 1	573
13 Abs. 1 Nr. 2	573
13 Abs. 2	573

Arbeitnehmerüberlassungsgesetz (AÜG)

1	304
9	304
10 Abs. 1	304

Einkommensteuergesetz (EStG)

1 Abs. 1	292
1 Abs. 2	134, 294
1 Abs. 3	134, 295
1 Abs. 3 Satz 4	296
1 Abs. 4	291, 298
1a	297
2 Abs. 5	61
2 Abs. 5 Satz 2	573
2 Abs. 7 Satz 3	301
3	310
3 Abs. 2	475
3 Nr. 1	481, 483
3 Nr. 2	481
3 Nr. 4	463
3 Nr. 11	310, 375, 468, 553
3 Nr. 12	397
3 Nr. 13	416, 438
3 Nr. 16	416, 458
3 Nr. 26 Satz 1	404
3 Nr. 28	485
3 Nr. 30	465
3 Nr. 31	462, 464
3 Nr. 32	466
3 Nr. 33	470
3 Nr. 34	467
3 Nr. 36	405, 483
3 Nr. 39	336, 571–572
3 Nr. 44	482
3 Nr. 45	161, 467
3 Nr. 47	482
3 Nr. 48	482
3 Nr. 50	460
3 Nr. 51	329
3 Nr. 56	186
3 Nr. 60	482
3 Nr. 62	375–377
3 Nr. 62 Satz 1	284, 376
3 Nr. 62 Satz 2	378
3 Nr. 62 Satz 3	378
3 Nr. 63	187, 375, 383–385

Paragraphenschlüssel

§	Seite	§	Seite
3 Nr. 63 n. F.	386	9a Satz 2	70
3 Nr. 64	455–456	10 Abs. 1 Nr. 7	318, 548–549
3b	472	10 Abs. 2 Nr. 1	376
3c	553	10c	70
4 Abs. 5 Satz 1 Nr. 1	563	10e, 10g, 10h, 10i	99
4 Abs. 5 Satz 1 Nr. 2	564	11	553
4 Abs. 5 Satz 1 Nr. 3	568	11 Abs. 1 Satz 1	323
4 Abs. 5 Satz 1 Nr. 4	568	11 Abs. 1 Satz 3	323
4 Abs. 5 Satz 1 Nr. 6b	527	12 Nr. 1	495, 552, 554
4 Abs. 5 Satz 1 Nr. 7	566	12 Nr. 4	499
4 Abs. 5 Satz 1 Nr. 8	569	12 Nr. 5	547
4 Abs. 5 Satz 1 Nr. 8a	569	13	257
4 Abs. 5 Satz 1 Nr. 10	570	15	257
4 Abs. 6	570	15 Abs. 1 Nr. 2	266
4 Nr. 1 Buchst. b	366	15 Abs. 2	257
6 Abs. 1 Nr. 4 Satz 2	346	18	257
6a	371	19	255
8 Abs. 1	334	19 Abs. 1 Nr. 1	305, 313
8 Abs. 2 Satz 1	317, 335	19 Abs. 1 Nr. 2	361
8 Abs. 2 Satz 2	346	19 Abs. 1 Nr. 3	367, 375
8 Abs. 2 Satz 2 bis 5	336, 346	19 Abs. 1 Satz 1 Nr. 3 Satz 1	375
8 Abs. 2 Satz 3	346	19a	572
8 Abs. 2 Satz 6 und 7	336	20	282
8 Abs. 2 Satz 8	336, 341	20 Abs. 1 Nr. 7	559
8 Abs. 2 Satz 9	335	21	282
8 Abs. 3	330, 336, 342–343	21 Abs. 1 Nr. 2	282
8 Abs. 3 Satz 1	343	21 Abs. 1 Nr. 3	282
8 Abs. 3 Satz 2	335	22	283
9	291	22 Nr. 1 Satz 3 Buchst. a	389
9 Abs. 1	488, 539–540, 545, 553	22 Nr. 2	283
9 Abs. 1 Nr. 3	373, 539	22 Nr. 3	283
9 Abs. 1 Nr. 4	507	22 Nr. 4	284
9 Abs. 1 Nr. 6	540–541	22 Nr. 5	375
9 Abs. 1 Nr. 7	505, 545	22 Satz 1 Nr. 5 n. F.	386
9 Abs. 2	524	23	283
9 Abs. 5	506, 527, 562, 567	23 Abs. 1 Nr. 2	283
9a Satz 1 Nr. 1 Buchst. a	69, 291, 501	23 Abs. 2	283
9a Satz 1 Nr. 1 Buchst. b	375, 392, 501	24 Nr. 1	361
		24 Nr. 1 Buchst. a	362

§	Seite	§	Seite
24a	393	39a Abs. 1 Nr. 5	99
24b	40	39a Abs. 1 Nr. 6	53
25	323	39a Abs. 1 Nr. 7	99
31 Satz 3	52, 601	39a Abs. 2 Satz 4	59, 96
32 Abs. 1 und 2	593	39a Abs. 3 Satz 3	98
32 Abs. 3	594	39a Abs. 4	241
32 Abs. 4	594	39a Abs. 4 Satz 2	132
32 Abs. 4 Satz 7	599	39b Abs. 2	393
32 Abs. 4 Satz 8	599	39b Abs. 2 Satz 5 Nr. 3	48, 71
32 Abs. 5	595	39b Abs. 5	323
32 Abs. 6	593	39c	128
32a	61	39c Abs. 1	227
32a Abs. 1 Nr. 1	296	39e Abs. 2 Satz 1 Nr. 5	76
33a Abs. 2	106	39f	47
33b Abs. 6	96	40	335
34 Abs. 1	386	40 Abs. 1	152
34 Abs. 1 Satz 3	147	40 Abs. 1 Nr. 2	210
34 Abs. 2	147, 247	40 Abs. 2	157
34 Abs. 2 Nr. 4	386	40 Abs. 2 Satz 1 Nr. 2	157, 317
36 Abs. 1 Nr. 2	328	40 Abs. 2 Satz 1 Nr. 5	161
36 Abs. 2 Nr. 2	23	40 Abs. 2 Satz 2	188
37a	150	40 Abs. 3	150, 209
37b	197	40a	164
38 Abs. 1	23	40a Abs. 1	180
38 Abs. 1 Satz 2	122	40a Abs. 2	164, 166
38 Abs. 1 Satz 3	126	40a Abs. 2a	165, 176
38 Abs. 2	201	40a Abs. 3	181
38 Abs. 3	209	40a Abs. 4	182
38 Abs. 3a	123, 215–216	40a Abs. 6	175
38 Abs. 3a Satz 1	124	40b Abs. 1 a. F.	379
38 Abs. 3a Satz 2	125, 232	40b Abs. 2 Satz 2	188, 191
38 Abs. 4	127, 209	40b Abs. 4	194
38a	63	41 Abs. 1	135
38a Abs. 1 Satz 3	323	41 Abs. 1 Satz 7	137
38b	40	41b	205
38b Nr. 3	41	41b Abs. 1 Satz 2	206
38b Nr. 5	45, 50	41b Abs. 1 Satz 3	207
38b Nr. 6	50	41b Abs. 3	205
39 Abs. 3	52	41b Abs. 6	118
39 Abs. 3a	600	41c	212, 227, 456
39 Abs. 5	55, 91	41c Abs. 4	213, 230
39a	96	42b Abs. 1	241, 244
39a Abs. 1 Nr. 4	98	42b Abs. 1 Satz 3	120

Paragraphenschlüssel

§	Seite
42b Abs. 2	247
42b Abs. 3	249
42b Abs. 4	137
42d Abs. 1 Nr. 4	215
42d Abs. 5	224
42d Abs. 6	220
42d Abs. 7	221
42d Abs. 9 Satz 2	216
42e	110
42f	114, 233
42f Abs. 3	232
42g	234
46 Abs. 2 Nr. 3a	48
46 Abs. 2 Nr. 5a	120, 144
49 Abs. 1 Nr. 4	131, 292, 298
49 Abs. 1 Nr. 4 Buchst. a	299
49 Abs. 1 Nr. 4 Buchst. a 1. Alt.	298
49 Abs. 1 Nr. 4 Buchst. a 2. Alt.	299
49 Abs. 1 Nr. 4 Buchst. b	300
49 Abs. 1 Nr. 4 Buchst. c	301
50 Abs. 1 Satz 5	291
50 Abs. 2	133
50 Abs. 2 Nr. 2	292
50 Abs. 2 Nr. 4	292
50 Abs. 2 Satz 1	291
50a Abs. 1	132
50a Abs. 1 Nr. 1	302
51a	588
51a Abs. 2	53, 591
51a Abs. 2a	49, 52, 593
52 Abs. 27	572
52b	208
62 Abs. 2	53
63 Abs. 1 Satz 3	53
72	601

§	Seite
Gewerbesteuergesetz (GewStG)	
2	257
Heimarbeitsgesetz (HAG)	
2 Abs. 1	269
2 Abs. 2	270
2 Abs. 3	270
6	271
7a	271
8	271
Lohnsteuer-Durchführungsverordnung (LStDV)	
1 Abs. 1	259
1 Abs. 1 Satz 2	290
1 Abs. 2	303
1 Abs. 2 Satz 2	255
2 Abs. 2 Nr. 1	360
2 Abs. 2 Nr. 2	327, 360
2 Abs. 2 Nr. 3	368
2 Abs. 2 Nr. 4	361
2 Abs. 2 Nr. 5	468
4	135
Sozialgesetzbuch (SGB) IV	
12 Abs. 1 bis 4	270
17 Abs. 1 Nr. 4	336
28g	307

§	Seite	§	Seite
SGB VI		**Urheberrechtsgesetz**	
2 Abs. 1 Nr. 6	270	**(UrhG)**	
187a	486		
237	486	73 ff.	275
Solidaritätszuschlaggesetz		**Umsatzsteuergesetz**	
(SolZG)		**(UStG)**	
3 Abs. 4	253, 590		
4	253, 591	2	257
Sozialversicherungsentgeltverordnung		**Wohnungsbau-Prämiengesetz**	
(SvEV)		**(WoPG)**	
1 Abs. 1 Nr. 3	157	3 Abs. 1	571
		3 Abs. 2	571

Stichwortverzeichnis

A

Abfindungsrente 390
Abführung der Lohnsteuer 201
Abgeordneter 284
Abnutzbare Wirtschaftsgüter 545
Abrufberechtigung, elektronische Lohnsteuerabzugsmerkmale 88
Abrufsperre, elektronische Lohnsteuerabzugsmerkmale 88
Absetzung für Abnutzung 545
— außergewöhnliche Abnutzung 546
— bei Arbeitsmitteln 539
— bei geringwertigen Wirtschaftsgütern 546
— eines Wirtschaftsguts 545
Abtretung, von Lohnansprüchen 328
Altersentlastungsbetrag 393–395
Alterssicherung, Beträge des Arbeitgebers 367
Altersteilzeitgesetz, Leistungen nach dem – 484
Altersversorgung, betriebliche 368
Amtlicher Programmablaufplan 81
Änderung der Lohnsteuerabzugsmerkmale 91
Anmeldung der Lohnsteuer 201
Anrufungsauskunft 110
Anschaffungskosten 546
Antrag 134
Antragsgrenze 90, 102
— bei der Ermittlung von Freibeträgen 102
Anzeigepflicht
— des Arbeitgebers 127
— des Arbeitnehmers 87
— nach § 38 Abs. 4 Satz 3 EStG 127
Arbeitgeber
— Begriff 303
— Rechte des – 230
Arbeitgeberanteile 375

Arbeitnehmer
— als Steuerschuldner 208
— ausländische Fotomodelle 269
— Begriff 85
— Pflichten der – 85
— Rechte der – 90
— Typusbegriffe 259
Arbeitnehmeranteil zur Sozialversicherung, Übernahme durch Arbeitgeber 377
Arbeitnehmer-Sparzulage 583
Arbeitnehmerüberlassung 122, 303
— ausländische Verleiher 122
— inländisches aufnehmendes Unternehmen 122
Arbeitseinkommen 305
Arbeitsentgelt 305
Arbeitslohn 305
— Abgrenzung gegenüber den nicht steuerbaren Zuwendungen 310
— Arbeitnehmeranteile 306
— Berufshaftpflichtversicherung 312
— Darlehen 359
— Forderungsverzicht 360
— Kleidung 311
— Pensionszusage 375
— Schadensersatzforderung 307
— schwankender – 242
— überwiegendes betriebliches Interesse 311–313, 318
— Zahlung an Dritte 327
— Zahlung durch Dritte 126, 328
    — konzernverbundene Unternehmen 127
— Trinkgeld 329
— Vermittlungsprovision 330
Arbeitsmittel 540
Arbeitsstätte, regelmäßige 509
Arbeitszeitkonten 326
Arbeitszimmer, häusliches 527
Aufbewahrung des Lohnkontos 138
Aufenthalt, gewöhnlicher 292
Aufholtarif 67, 139

Stichwortverzeichnis

Aufmerksamkeiten 313, 319
— Arbeitsessen 319
— Bewirtung 320
— Einzelfälle von Aufmerksamkeiten 319
  — Arbeitsessen 319
  — Bewirtung aus Anlass von Diensteinführung, Verabschiedung u. Ä. 320
  — Fernsprechanschluss 320
  — Incentive-Reisen 320
  — Parkplätze 321
  — Schadensersatzleistungen 321
  — Sportanlagen 322
  — Verlosungen 322
Aufrundung von Freibeträgen 107–108
Aufstockungsbeträge 485
Aufwandsentschädigungen
— Begriff 396
— bei künstlerischer Tätigkeit 408
— bei nebenberuflicher Tätigkeit 404
— bei Pflegetätigkeit 409
— bei privaten Arbeitnehmern 404
— der Abgeordneten 397
— im öffentlichen Dienst 397
— öffentliche Kassen 398
— seitens privater Arbeitgeber 404
— und Werbungskostenabzug 403
Aufwendungen 539
— für Arbeitsmittel 539
Ausbilder 407
Ausgleichsberechtigter 243
Ausgleichsverpflichteter 243
Aushilfskräfte in der Land- und Forstwirtschaft 181
— Pauschalbesteuerung 181
Aushilfstätigkeit 265
Auslagenersatz 460
Ausländische Einkünfte 247
Auslandsbeamte 456
Auslandsreise 429
Auslandstätigkeitserlass 248
Auslösungen 440
— bei Auswärtstätigkeiten 440
— bei Dienstreisen 440
— bei doppelter Haushaltsführung 441
— bei Tätigkeit im Ausland 433

Außenprüfung 233
Außergewöhnliche Belastung 105
Auswärtstätigkeit 417
— Dienstreise 417
— Einsatzwechseltätigkeit 417
— Fahrtätigkeit 417
— Fahrtkosten 426
— regelmäßige Arbeitsstätte 418

B

Bedienungsgeld 329
Beihilfe 157
Beiträge, an Berufsverbände (Gewerkschaften) 539
Beiträge zur betrieblichen Altersversorgung 486
Belastung, zumutbare 105
Belohnung 308
Berücksichtigung von Kindern 593
— Berücksichtigungstatbestände 594
  — Altersvoraussetzungen 595
  — Berufsausbildung 595
  — Kürzungsmonate 599
  — Monatsprinzip 594
— Existenzminimum eines Kindes 593
— Lohnsteuerabzug 594
— Übertragung der Freibeträge für Kinder 600
Berufskleidung 463, 541
— Ausgaben für – 541
Berufsverband 539
Beschränkte Lohnsteuerpflicht 298
— Arbeitslohn aus inländischen öffentlichen Kassen 300
— Ausübung nichtselbständiger Arbeit 298
— besonderer Steuerabzug bei beschränkter Einkommensteuerpflicht 302
— Tätigkeit als Geschäftsführer, Prokurist oder Vorstandsmitglied 301
— Verwertung der Arbeit 299
Beteiligungs-Kaufvertrag 579
Beteiligungs-Vertrag 579
Betrieb gewerblicher Art 399
Betriebsstätte 112

Betriebsstättenfinanzamt 112
Betriebsveranstaltungen 313
— Pauschsteuer bei – 157
Bewirtungskosten 564
Bezüge
— Lohnsteuerabzug bei sonstigen – 143, 246
— Pauschsteuer bei – 157
— sonstige – 143
Bürgschaftskosten 558

D

Darlehen, Gewährung durch Arbeitgeber 327, 359
Deputate 334
Dienstgang, Aufwendungen bei – 429
Dienstkleidung 464
Dienstverhältnisse 284
— Angehörige 284
— Ehrenämter 280
— Zusammentreffen mit anderen Tätigkeiten, Einzelfall: Nebenberufliche Lehr- und Prüfungstätigkeit 276
— — Nebentätigkeit für denselben Arbeitgeber 275
Dienstwohnung 356
Direktversicherungen 371, 383
Doppelte Haushaltsführung
— Auslösung bei – 441
— Begriff 441
— Familienheimfahrten bei – 450
— Ferngespräch bei – 451
— Verpflegungsmehraufwand bei – 451
— Wegverlegungsfälle 447
— zeitlich beschränkte – 454
Doppelte Haushaltsführung, Begriff 441
Durchlaufende Gelder 461–462

E

Ehegatten
— Oder-Konto 288
— Sonderausgaben bei – 105
— Steuerklasse bei – 41

— Unterarbeitsverhältnis 286
— Werbungskosten bei – 103
Ehrenamtspauschale 414
Einbehaltung der Lohnsteuer 200
Einheitlicher Pauschsteuersatz 164
Einkommen 61
— zu versteuerndes – 61
Einkünfte, aus Vermietung und Verpachtung 99
Einkünfte aus nichtselbständiger Arbeit
— Abgrenzung zu den Gewinneinkünften 265
— — Merkmal der Selbständigkeit 257
— Abgrenzung zu den Überschusseinkünften 282
— — Einkünfte aus Kapitalvermögen 282
— — Einkünfte aus Vermietung und Verpachtung 282
— — sonstige Einkünfte 283
— Einzelfälle 271
Elektronische Lohnsteuerabzugsmerkmale 29
— Abrufberechtigung 88
— Abrufsperre 88
— Antrag auf Änderung 92
— Antrag auf Auskunft 90
— authentifizierte Arbeitgeber 31
— Bekanntgabe 33
— Bildung und Änderung 34
— Einspruch 33
— gesonderte Feststellung von Besteuerungsgrundlagen 32
— Kinderfreibetragszähler 38
— Negativliste 89
— Positivliste 89
— Vollsperrung 89
— Vorbehalt der Nachprüfung 32
— Zugehörigkeit zu einer Religionsgemeinschaft 59
— Zuständigkeit 35
Elektronische Lohnsteuerbescheinigung 113
Emeritenbezüge 390
Entfernungspauschale 507, 517
— abgegoltene Kosten 518

615

Stichwortverzeichnis

— Arbeitstage 521
— Fahrgemeinschaften 519
Entlastungsbetrag für Alleinerziehende 40
— Erhöhungsbetrag 41
— für Verwitwete 105
— Haushaltsgemeinschaft 40, 55
Entschädigung
— für Abgeordnete 284
— für entgangenen Arbeitslohn 361
Erbe 328
Ergebnislohn 333
Erlass von Lohnsteuer 205
Erschwerniszulage 308
Erstattung von Lohnsteuer 227
— durch das Finanzamt 229
— durch den Arbeitgeber 228
Erstattungszinsen 282
Erweiterte unbeschränkte Lohnsteuerpflicht 134
Erzieher 407
Essenmarken 352
Essensgewährung 352

F

Fachbücher 540
Fachzeitschriften 540
Fahrgemeinschaften 519
Fahrtaufwendungen, Erstattung durch den Arbeitgeber 522
Fahrtauslagen 416
Fahrten zwischen Wohnung und erster Tätigkeitsstätte 507
— außergewöhnliche Unfallkosten bei – 504
— bei Behinderten 524
— Erstattung der Kosten für – 522
Fahrtenbuch 350
Fahrtkosten, bei Dienstreisen 426
Fahrtkostenzuschüsse 467
Faktorverfahren 47
Familienheimfahrten 450
Familienkasse 601

Fehlgeldentschädigungen 463
Feiertagsarbeit, Zuschläge für – 472
Fernsprechanschluss, Überlassung durch Arbeitgeber 334
Festlandsockel 292
Filmschauspieler 263
Förderung staatspolitischer Zwecke 570
Forderungsverzicht als Lohn 359
Fortbildungskosten 547
— als Sonderausgaben 548
— als vorweggenommene Werbungskosten 547
— Auslandsgruppenreise 551
— erstmalige Berufsausbildung 549
— Erststudium 549
— Fortbildung 550
— gemischt veranlasste Reise 550
— Sprachkurse 551
— Studienreise 550
— Umfang der abzugsfähigen Aufwendungen 553
— weitere Berufsausbildung 549
— weiteres Studium 549
Fort- und Weiterbildungsleistungen 317
Freibetrag
— Antragsgrenze für – 96
— Aufteilung bei Arbeitnehmerehepaar 106
— ehrenamtliche Tätigkeit – 280
— Lohnsteuerabzugsmerkmale 96
Freibetragsberechnung 103
— außergewöhnliche Belastungen 105
— Entlastungsbetrag nach § 24b EStG 105
— Sonderausgaben 104
— Werbungskosten 103
Freie Wohnung 334
Freistellungsbescheinigung 134
— bei beschränkt steuerpflichtigen Arbeitnehmern 134
Fristversäumung 244
Führerschein, Kosten für – 502

616

G

Gastarbeiter 294
Gästehäuser 568
Geburtsbeihilfe 468
Gehalt, Begriff 331
Geldbuße 569
Gelegenheitsarbeiter 264
Geringer Arbeitslohn 164
Geringfügig Beschäftigte 164
— einheitlicher Pauschsteuersatz 171
— geringfügig entlohnte Beschäftigung 166, 179
— geringfügige Beschäftigung in Privathaushalten 167
— kurzfristige Beschäftigung 179–180
— Minijob 166, 179
— pauschale Beiträge zur Rentenversicherung 166
— Pauschalierung der Lohnsteuer 164
— sonstige (gewerbliche) geringfügige Beschäftigung 167
— Zusammenrechnung mit anderen Beschäftigungen 168
Geringfügig entlohnte Beschäftigung 179–180
— kurzfristige Beschäftigung 180
Geringwertige Wirtschaftsgüter 546
Gesamtschuldnerschaft von Arbeitnehmern und Dritten 219
— Haftung bei Arbeitnehmerüberlassung 220
Geschenkaufwendungen 563
Geschiedene Arbeitnehmer 40
Gesonderte Feststellung von Besteuerungsgrundlagen 32
Getrenntleben von Ehegatten 42
Gewerkschaft 539
— Beiträge an – 539
Gewinnbeteiligung 325
Gratifikationen 332
Großbuchstabe S 120, 137
Grundlohn 475
Gutschrift von Arbeitslohn 325

H

Haftung für Lohnsteuer 207
— bei Übernahme von Pflichten des Arbeitgebers 216
— der Erwerber eines Betriebs 215
— des gesetzlichen Vertreters 215
— Einschränkung der Haftung 212
— Einwendungen gegen die Inanspruchnahme 224
— Gesamtschuldnerschaft 216
— von Arbeitnehmern und Dritten 219
— Haftung bei Arbeitnehmerüberlassung 220
Haftungsbescheid 221
Halbteilungsgrundsatz 252
Hausgewerbetreibender 269
Haushaltsnahe Minijobs 175
Haushaltsscheckverfahren 175
Hausstand, eigener 441
Heimarbeiter 269
Heimathafen 112
Heiratsbeihilfe 468
Hinterziehungszinsen 569
Hinzurechnungsbetrag 99

I

Identifikationsnummer 30, 118
Instrumentengeld 462

J

Jagd, Fischerei und Jachten 568
Jahresarbeitslohn 63
Jahreslohnsteuer 246
Jahreslohnsteuertabelle 65
Jubiläumsgeschenke 368

K

Kassen- und Zähldienst 463
Kaufkraftausgleich 455
Kilometersatz 450

Stichwortverzeichnis

Kind 593
— Haushaltsgemeinschaft 55
Kinderfreibetrag 51
— als Lohnsteuerabzugsmerkmal 51
— Freibetrag für Betreuungs- und Erziehungs- oder Ausbildungsbedarf 51
— im Lohnsteuer-Ermäßigungsverfahren 53
— Übertragung 39
Kinderfreibetragszähler 38
Kindergeld 593, 601
Kinderzuschlag 361
Kirchensteuer 589
Kirchensteuermerkmal 59
Kleinbetragsgrenze 224
Konjunkturzuschlag 587
Kontoführungsgebühren 559
Kosten der privaten Lebensführung
— Aufteilungsgebot 495, 530
— Aufteilungsverbot 495
— gemischte Aufwendungen 495
— Reiseaufwendungen 495
Kraftfahrzeug, eigenes 346, 507
— Überlassung durch Arbeitgeber 450, 523
— unentgeltliche Überlassung 523
Kraftfahrzeuggestellung 346, 523
— 1 %-Methode 346
— anteilige Gesamtkosten 349
— Fahrtenbuch 350
— Wahlrecht 351
— Zuzahlung 347
Kraftfahrzeugkosten 502
— Begriff 502
— bei Dienstreisen 504
— Fahrten zwischen Wohnung und erster Tätigkeitsstätte 507
 — Entfernung 515
 — Höhe der Entfernungspauschale 517
 — Sonderregelung für Behinderte 524
 — weiträumiges Arbeitsgebiet 511
 — Wohnung 507
— nichtabzugsfähige Kosten der Lebensführung durch Alkoholeinfluss 505

— Unfallschäden 504
— Totalschaden 505
Kurzfristige Beschäftigung 179–180

L

Ladevorrichtung, Pauschbesteuerung 162
Lebensführungskosten 566
Lebensversicherung, befreiende – 378
Leiharbeitsverhältnis 304
Leistungen aus öffentlichen Mitteln 481
Lohn, Begriff 331
Lohnabrechnungszeitraum 84, 142
Lohnkonto 135
Lohnsteuer
— Abführung von – 201
— Anmeldung der – 201
— Arbeitslohnzahlung durch Dritte 126
— Einbehaltung der – 200
— elektronische Lohnsteuerbescheinigung 118
— Ermittlung der – 138
Lohnsteuerabrechnung, maschinell 249
Lohnsteuerabzug durch Dritte, Zahlung des Arbeitslohns 124
Lohnsteuerabzugsmerkmale
— elektronische –, siehe dort
— gesonderte Feststellung von Besteuerungsgrundlagen 91
Lohnsteuerabzugspflichtige Personen 122
— Arbeitgeber 122
— ausländischer Verleiher 122
— bei Übernahme der Pflichten des Arbeitgebers 125
— Lohnsteuerabzugspflicht eines Dritten 123
Lohnsteuer-Anmeldung 201
Lohnsteuer-Anmeldungszeitraum 201
Lohnsteuer-Außenprüfung 233
Lohnsteuerberechnung 138
— bei Nettolohnzahlung 142
— bei sonstigen Bezügen 143
Lohnsteuerbescheinigung 205
— elektronische – 118
— Identifikationsnummer 118
— Wechsel des Arbeitgebers 137

Stichwortverzeichnis

Lohnsteuereinbehalt, verschiedenartige Bezüge 117
Lohnsteuerermäßigung, Antragsfrist zur – 97
Lohnsteuer-Ermäßigungsverfahren 53
Lohnsteuer-Jahresausgleich 241
— permanenter – 249
Lohnsteuerkarte 29
Lohnsteuer-Nachschau 234
— Datenzugriff 237
— Durchführung 236
— Mitwirkungspflichten 237
— Rechtsbehelf 239
— Übergang zur LSt-Außenprüfung 238
Lohnsteuerpflicht
— beschränkt lohnsteuerpflichtige Arbeitnehmer 291
— erweiterte unbeschränkte – 134
Lohnsteuertabelle 63
— allgemeine und besondere – 66
— Lohnsteuerabzug mit – 63
— Tabellenfreibeträge 68–69
Lohnzahlungszeitraum 82

M

Mahlzeitengewährung 158, 352
Maßstabsteuer 587
Mehraufwendungen für Verpflegung 430
— bei Außendiensttätigkeit 435
— bei Dienstreisen 430
— Pauschbeträge 430
— Werbungskosten 527
Mehrjährige Tätigkeit 386
Miles & More-Programme 330
Möbel 542
Möbelgeld 330
Monatstabelle 65
Musiker als Arbeitnehmer 264

N

Nachforderung von Lohnsteuer 209
— Bescheid über – 221
Nachforderungsbescheid 222–223

Nachtarbeit, Zuschläge für – 472
Negativliste, elektronische Lohnsteuerabzugsmerkmale 89
Nettolohn 142
Nichtabzugsfähige Werbungskosten 562, 567
Notfall, Beihilfe bei – 470

O

Öffentliche Kasse 300
Öffentlicher Dienst 398
Ordnungsgeld 569
Ortsumzug 458

P

Partei, Beiträge an – 570
Pauschalbesteuerung von Sachzuwendungen nach § 37b EStG
— Einzelzuwendungen 199
— Konzernverbund 199
— Pauschalierungswahlrecht 198
Pauschale Lohnsteuerberechnung 125
— bei Nacherhebung der Lohnsteuer 156, 210
— einheitlicher Pauschsteuersatz 171
— für geringfügig Beschäftigte 164
— für kurzfristig Beschäftigte 180
— für Zukunftssicherungsleistungen 186
— mit festem Pauschsteuersatz 157
— von Sachzuwendungen 197
Pauschalierung 152
Pauschalierung der Kirchensteuer 185, 252
Pauschalierung der Lohnsteuer 150
Pauschalierung der Lohnsteuer mit festen Pauschsteuersätzen
— Abgeltungsteuer 151
— Aushilfskräfte in der Land- und Forstwirtschaft 181
— bei Erholungsbeihilfen 157
— bei Fahrten zwischen Wohnung und erster Tätigkeitsstätte 162
— bei Internetzuschüssen 161
— bei Kirchensteuer 185

Stichwortverzeichnis

— bei Mahlzeitgewährung 158
— bei Übereignung von Personalcomputern 161
— bei Verpflegungsmehraufwand 160
— für Teilzeitbeschäftigte und geringfügig Beschäftigte, geringfügig entlohnte Beschäftigung ohne pauschalen Beitrag des Arbeitgebers zur Rentenversicherung 176
  — geringfügig entlohnte Beschäftigung und pauschaler Beitrag des Arbeitgebers zur Rentenversicherung 166
  — Hauptbeschäftigung 168
  — pauschale Beiträge zur Rentenversicherung 166, 170
  — Wahlrecht 164, 177
  — Zusammenrechnung 168
— kurzfristige Beschäftigung 180
— Pauschbesteuerung mit festen Pauschsteuersätzen 157
Pauschalierung für Zukunftssicherungsleistungen 186
— Altzusagen 187, 190
— betriebliche Altersvorsorge 186
— Direktzusagen 190
— Durchschnittsberechnung 188
— Gruppenunfallversicherungen 194
  — Freigrenze 195
  — Rahmenvertrag 195
— kapitalgedeckte Pensionskassen 191
— nachgelagerte Besteuerung 186
— Neuzusagen 187
— Sonderzahlungen 194
— umlagefinanzierte Pensionskassen 186, 192
  — Beendigung des Dienstverhältnisses 189
  — Steuerfreiheit nach § 3 Nr. 56 EStG 190
— Verzichtserklärung 191
Pauschalierungspflicht gem. § 40b Abs. 4 EStG 194
Pauschbesteuerung
— Ladevorrichtung 162
— Zuschüsse für eine Ladevorrichtung 162

Pauschbetrag
— Arbeitnehmer – 69, 501
— für Behinderte 58
— für Hinterbliebene 58
— Pflege – 106
Pensionsfonds 373, 384, 486
Pensionskassen 373, 386, 486
Pensionsrückstellung 371
Pfändung, von Lohn 328
Pflegegeld 483
Pflege-Pauschbetrag 106
Politische Partei 570
Positivliste, elektronische Lohnsteuerabzugsmerkmale 89
Private Nutzung von betrieblichen Personalcomputern und Telekommunikationsgeräten 467
Provisionen 332
Provisionsnachlass 345
Prüfungsbericht 234

R

Rabattgewährung
— durch Arbeitgeber, Belegschaftsrabatte 342
— durch Dritte 330
Rechtsbehelf 222
Rechtsgrundlagen 25
Referendar als Arbeitnehmer 265
Reisekosten 416
— Pauschbeträge für Verpflegungskosten 430
— Umfang 417
— Vergütungen an Arbeitnehmer außerhalb des öffentlichen Dienstes 416
— Vergütungen aus öffentlichen Kassen 416
Reisekostenersatz 422, 441
— aus öffentlichen Kassen 438
— Fahrtauslagen 423
Reisenebenkosten 437
Rückgriff 226
Rückgriffsrecht des Arbeitgebers 226

Stichwortverzeichnis

Rückzahlung von Lohn 382
Ruhegeld 360

S

Sachbezug 334
— Aktienoptionen 334
— Begriff 334
— Belegschaftsrabatte 342
— Betriebsveranstaltungen 313
— Bewertung des - 335
— Kraftfahrzeuggestellung 346
— Lohnsteuer bei - 201
— Überlassung durch den Arbeitgeber 346
— Warengutschrift 335
— Zinsvorteile als - 356
Sammelbeförderung von Arbeitnehmern 466
Sammelkonto 138
Schichtzuschläge 479
Schmiergelder 570
Schuldzinsen 519
Selbstverschuldete Aufwendungen 499
Sofortiger Einsatz 181
Solidaritätszuschlag 590
— Aufzeichnungspflichten 254
— Lohnsteuerabzug 254
— Lohnsteuer-Jahresausgleich 254
Sonderausgaben, Pauschbetrag bei - 70
Sonntagsarbeit, Zuschläge für - 472
Sonstige Beihilfen 468
Sonstige Bezüge 144
— für mehrere Jahre 147
Sozialversicherung 305
Sozialversicherungsentgeltverordnung 340
— sonstige Sachbezugswerte 341
— Unterkunft 341
— Verpflegung 340
— Wohnung 341
Sportgeräte, -kleidung 544
Sprachkurs, Aufwendungen für - 552
Stabilitätszuschlag 587
Sterbegeld 390
Steuerabzug bei beschränkter Einkommensteuerpflicht 302

Steuerabzug bei beschränkter Steuerpflicht mit Abgeltungswirkung 133
— Freistellungsbescheinigung 134
Steuerbefreiung aufgrund internationaler Abkommen 482
Steuerermäßigung 99
— bei Förderung des Wohnungseigentums 99
Steuerfreie Einnahmen aus bestimmten nebenberuflichen Tätigkeiten 404
Steuergläubiger 26
Steuerklassen 40
— Änderung der - 92
— Berücksichtigung einer ungünstigeren Steuerklasse 51
— Steuerklassenkombination 46
— Wechsel der - 93–94
Steuerklassenwechsel 48, 93
Steuerschuldner 209
Strafen 499
Streikunterstützungen 364
Studienreise 550
Studierende 550
Stundung der Lohnsteuer 205
Synchronsprecher als Arbeitnehmer 264

T

Tagestabelle 65
Tantiemen 332
Tarif 61
Tarifformel 81
Tarifvertrag 581
Teilzeitbeschäftigte 164
Totalschaden 505

U

Überbrückungsgebührnisse 391
Übergangsgeld 390
Übergangszeitraum 208
Übernachtungskosten 429
Übernahme der Pflichten des Arbeitgebers 125
Überschusseinkünfte 255

Stichwortverzeichnis

Übertragung des Kinderfreibetrags 39
Übertragung eigener Aktien 574
Übungsleiter 407
Umzugskosten 554
Umzugskostenvergütung 457
— aus öffentlichen Kassen 457
— durch private Arbeitgeber 458
Unangemessene Aufwendungen 566
Unbeschränkte Lohnsteuerpflicht auf Antrag 134
Unbeschränkte Steuerpflicht 291
Unbeschränkte und beschränkte Lohnsteuerpflicht 301
Unfallkosten
— bei Fahrten zwischen Wohnung und erster Tätigkeitsstätte 507
— bei Kraftfahrzeugnutzung 507
Unfallversicherung 374
Unterhaltsbeitrag 390
Unterhaltszuschuss 308
Unterstützungskasse 373
Urlaubsentschädigung 305

V

Verfahren 107
Vergütungen für eine mehrjährige Tätigkeit 386
Verlust von Vermögensgegenständen 544
Vermietung und Verpachtung, Einkünfte aus – 98
Vermittlungsprovisionen 330
Vermögensbildung 5. VermBG 571
— Anlageformen 577
   — Beteiligungs-Kaufvertrag 580
   — Beteiligungs-Vertrag 579
   — Kapitalversicherungsvertrag 581
   — Sparvertrag 580
   — Sparvertrag über Wertpapiere oder andere Vermögensbeteiligungen 577
   — Wertpapier-Kaufvertrag 579
— begünstigter Personenkreis 573
— vermögenswirksame Leistungen 574
Vermögenswirksame Leistungen
— Anlageformen 577

— Rechtsnatur 583
— Vereinbarung der – 581
Verpflegungsmehraufwendungen 430
— Nachweispflicht 527
— Pauschbeträge für – 431
Verschiedenartige Bezüge, Lohnsteuereinbehalt 117
Versorgungsbezüge 389
Versorgungsfreibetrag 140, 391
Verwarnungsgeld 569
Verwertung im Inland 299
Verwitwet 43
Vollsperrung, elektronische Lohnsteuerabzugsmerkmale 89
Vorbehalt der Nachprüfung 32
Vorruhestand 360
Vorschuss 327
Vorsorgepauschale 71
— Einarbeitung in die Lohnsteuertabelle 65
— Mindestbetrag für die Kranken- und Pflegeversicherung 77
— Mindestvorsorgepauschale 79
— Nebenrechnung 79
— Teilbetrag für die Krankenversicherung 73
— Teilbetrag für die private Kranken- und Pflegeversicherung 74
   — Basisabsicherung 75
   — Beitragsbescheinigung 75
   — Zuschüsse zu einer privaten Kranken- und Pflegeversicherung 75
— Teilbetrag für die Rentenversicherung 72
— Teilbetrag für die soziale Pflegeversicherung 74

W

Wahlkampfkosten 562
Waisengeld 361
Wartegeld 360
Werbegeschenke 562

Werbungskosten 488
— Abgrenzung von den Sonderausgaben 500
— Abgrenzung zu Kosten der Lebensführung 494
— Allgemeines 488
— Arbeitnehmer-Pauschbetrag 501
  — Allgemeines 501
  — bei Ehegatten 502
  — bei mehreren Dienstverhältnissen 502
— Aufwendungen 489
— Begriff 488
— Einzelfälle 557
  — Bewirtungskosten 557
  — Bürgschaften 558
  — Darlehen 559
  — Fernsprechgebühren 561
  — Gesellschaftsanteile 559
  — Kontogebühren 559
  — Nebentätigkeitsverluste 560
  — Parteibeiträge 560
  — Prozesskosten 560
  — Unfallversicherung 561
  — Wahlkampfkosten 562
  — Werbegeschenke 562
  — Wohnungskosten 562
— Ersatz von 501
— Geldauflage 499
— Kosten der Strafverteidigung 492
— künftiger Arbeitslohn 490
— nachträgliche Aufwendung 490
— nichtabzugsfähige — 562, 568
— nichtabzugsfähige sonstige unangemessene Kosten 566
— pauschalierte — 502
— Pauschbetrag für — 70
— Rückzahlung 492
— Veranlassungsprinzip 488
— Verlust eines Vermögensgegenstandes 494
Werbungskostenabzug, Beschränkung 562
Werkswohnung 341
Werkzeuggeld 465

Wertpapier-Kaufvertrag 579
Witwengeld 361
Wochentabelle 65
Wohnsitz 292
Wohnung 354
— Überlassung durch Arbeitgeber 354
— Zuwendungen zur Beschaffung 354
Wohnwagen 508

Z

Zerlegung 27
Zinsen
— als Arbeitslohn 356
— für rückständigen Arbeitslohn 282
Zufluss von Arbeitslohn 323
— Aktienoptionen 324
— Arbeitszeitkonten 326
— Gutschrift 325
— Jahresnetzkarte 324
— Verzicht 325
— von sonstigen Bezügen 323
— wirtschaftliche Verfügungsmacht 324
Zukunftssicherung
— Begriff 368
— Beiträge zur Ersatzkasse als — 376
— Beiträge zur Sozialversicherung als — 376
— Lebensversicherung als — 376
— Pauschalversteuerung 153, 386
— Zuschuss zur befreienden Lebensversicherung als — 376
— Zuschuss zur privaten Krankenversicherung 75, 377
Zukunftssicherung, Begriff, Pauschalierung der Lohnsteuer 153
Zumutbare Belastung 105
Zuschlag für Mehrarbeit 480
Zuschläge für Sonntags-, Feiertags- oder Nachtarbeit
— Barabgeltung eines Freizeitanspruchs 474
— Definition der Begriffe Sonntags-, Feiertags- und Nachtarbeit 477
— Grundlohn 475

Stichwortverzeichnis

— Höhe der Steuerfreiheit 479
— Nachweis 478
— Übergangsregelung 481
— Zahlung von Zuschlägen 473
— Zeitzuschläge für ärztliche Bereitschaftsdienste 474
— Zusammentreffen mit anderen Zuschlägen 480
Zuschlagsteuer 587

Zuständigkeit
— für Änderung der Lohnsteuerabzugsmerkmale 92
— für elektronische Lohnsteuerabzugsmerkmale 35
Zuwendung des Arbeitgebers zur Kinderbetreuung 470
Zwischenheimfahrten 426
Zwischenmeister 270